PROPRIEDADE INTELECTUAL

Preencha a **ficha de cadastro** no final deste livro
e receba gratuitamente informações
sobre os lançamentos e as promoções da
Editora Campus / Elsevier.

Consulte também nosso catálogo
completo e últimos lançamentos em
www.campus.com.br

PROPRIEDADE INTELECTUAL

Edson Beas Rodrigues Jr.
Fabrício Polido
Organizadores

ELSEVIER

CAMPUS
JURÍDICO

Editoração Eletrônica
SBNIGRI Artes e Textos Ltda.

Copidesque
Maria da Glória Silva de Carvalho

Revisão Gráfica
Hugo de Lima Corrêa

Projeto Gráfico
Elsevier Editora Ltda.
A Qualidade da Informação
Rua Sete de Setembro, 111 — 16º andar
20050-006 — Rio de Janeiro — RJ — Brasil
Telefone: (21) 3970-9300 Fax (21) 2507-1991
E-mail: info@elsevier.com.br
Escritório São Paulo
Rua Quintana, 753 – 8º andar
04569-011 – Brooklin – São Paulo – SP
Telefone: (11) 5105-8555

ISBN: 978-85-352-2703-1

Central de Atendimento
Tel.: 0800-265340
Rua Sete de Setembro, 111, 16º andar – Centro – Rio de Janeiro
E-mail: info@elsevier.com.br
Site: www.campus.com.br

CIP-Brasil. Catalogação-na-fonte.
Sindicato Nacional dos Editores de Livros, RJ

Propriedade intelectual: novos paradigmas, conflitos e desafios / Edson Beas Rodrigues Jr., Fabrício Polido (orgs.). – Rio de Janeiro: Elsevier, 2007.

Vários autores.
Bibliografia.
ISBN 978-85-352-2703-1

1. Propriedade intelectual – Leis e legislação – Brasil 2. Propriedade intelectual (Direito internacional) I. Rodrigues Júnior, Edson Beas. II. Polido, Fabrício.

07-5111 CDU-347.78

Para a Professora Maristela Basso, por suas lições que nem o tempo ou os vermes consumirão.

Agradecimentos

Ao Instituto de Direito do Comércio Internacional e Desenvolvimento e a seus membros, pelo apoio e estímulo diários.

À Professora Rachel Sztajn, Faculdade de Direito da Universidade de São Paulo, cujo apoio foi fundamental para a concretização desta obra.

A todos os autores, por suas generosas contribuições.

A Aline Lamha, Analluza Bolívar, Bruno Quintão de Souza, Camila e Caroline de Camargo Silva Venturelli, Daniela Marcos, Gabriela Zuffo, Guilherme Carboni, Gustavo Fávaro, Mariana Louzada, Priscilla César, Sílvia Sartorelli Van Rooijen, Viviane Kunisawa pelo importante trabalho de tradução, adaptação e revisão técnica dos artigos.

Às Sras. Edna Tsutsui e Aiko Endo, da Secretaria do Departamento de Direito Internacional da Faculdade de Direito da Universidade de São Paulo, pela amizade e pelo apoio pessoal e acadêmico.

A Ana Toni e Ondina Leal, da Fundação Ford, pelo apoio concedido aos projetos desenvolvidos pelo Grupo de Propriedade Intelectual do Instituto de Direito do Comércio Internacional e Desenvolvimento, sem o qual não teria sido possível a concretização da presente obra.

Os Autores

Edson Beas Rodrigues Jr. (organizador e co-autor)

Realizou estudos de Graduação na Faculdade de Direito da Universidade de São Paulo (FDUSP). É membro do Grupo de Propriedade Intelectual do Instituto de Direito do Comércio Internacional e Desenvolvimento - IDCID. Doutorando pela Faculdade de Direito da Universidade de São Paulo. Advogado e Consultor em São Paulo, especialista em temas relacionados à propriedade intelectual em geral, direitos autorais, indústria farmacêutica, biodiversidade, biotecnologia e conhecimentos tradicionais indígenas. Ex-consultor para o Programa das Nações Unidas para o Desenvolvimento (PNUD).

Fabrício Bertini Pasquot Polido (organizador e co-autor)

Realizou estudos de Graduação na Faculdade de Direito da Universidade de São Paulo (FDUSP) e Eberhard-Karls-Universität Tübingen, na Alemanha. Doutorando em Direito Internacional pela Faculdade de Direito da Universidade de São Paulo. Membro do Grupo de Propriedade Intelectual do Instituto de Direito do Comércio Internacional e Desenvolvimento (IDCID). Professor Assistente de Direito Internacional da Faculdade de Direito da Fundação Armando Alvares Penteado. Advogado e Consultor em São Paulo.

Andrea Koury Menescal

Doutoranda pelo Instituto de Pesquisa em Ciência e Tecnologia (IWT) da Universidade de Bielefeld, na Alemanha.

Andréa Nascimento Müller

Advogada, especializada em propriedade intelectual e investimento estrangeiro. Obteve Diploma de Estudos Aprofundados em Relações Internacionais com especialização em Direito Internacional no Instituto de Altos Estudos Internacionais em Genebra. Atualmente trabalha na Conferência das Nações Unidas sobre Comércio e Desenvolvimento em Genebra.

Andreas Heinemann

Professor da Universidade de Zurique. Foi professor do Centro de Direito Europeu e Comparado da Universidade de Lausanne, na Suíça. Realizou estudos de Graduação em Direito e Economia nas Universidades de Bonn, Hagen, Genebra e Munique. Foi pesquisador do Max-Planck-Institut für ausländisches und internationales Patent-, Urheber- und Wettbewerbsrecht, em Munique (1993-1996) e é Doutor pela Faculdade de Direito da Universidade de Munique (1996).

Andrew Christie

Davies Collison Cave Professor of Intellectual Property e Diretor do Intellectual Property Research Institute of Australia (www.ipria.org). Professor Associado da Faculdade de Direito da Universidade de Melbourne, onde leciona as disciplinas de Direito da Propriedade Intelectual nos cursos de Graduação e Pós-Graduação. É membro do Grupo de Especialistas do Centro de Mediação e Arbitragem da Organização Mundial da Propriedade Intelectual (OMPI).

Carlos Maria Correa

Professor da Faculdade de Direito da Universidade de Buenos Aires. Diretor do Centro de Estudios Interdisciplinarios de Derecho Industrial y Económico.

Christopher Heath

Doutor em Direito em Salzburg, na Áustria. Ex-chefe do Departamento para Ásia, do Instituto Max Planck, em Munique. Juiz do Órgão de Apelações do Ofício Europeu de Patentes, em Munique.

Dalindyebo Shabalala

Advogado e Diretor do Programa de Propriedade Intelectual e Desenvolvimento Sustentável do Centro para Direito Ambiental Internacional (CIEL). Ex- pesquisador do Projeto Acesso a Conhecimento, Propriedade Intelectual da Organização Intergovernamental South Centre, em Genebra.

David Castle

Professor Associado do Departamento de Filosofia da Universidade de Guelph, em Ontário, no Canadá. Pesquisador no Ontario Research Development Challenge Fund e do Canadian Institutes of Health Research. Atualmente desenvolve pesquisas em dois projetos canadenses relacionados à biotecnologia genômica e ética: Canadian Program on Genomics e Global Health and Bridging the Genomics Divide.

Daniel Gervais

Oslers Professor of Intellectual Property and Technology Law da Faculdade de Direito da Universidade de Ottawa, no Canadá. Realizou estudos de Graduação e Pós-Graduação em Direito na Universidade McGill e Universidade de Montreal. Especialista pela ICHUI, em Genebra, na Suíça, e Doutor em Direito pela Universidade de Nantes, na França, foi ainda Professor-visitante na Stanford Law School (2004). Integra atualmente o grupo de especialistas em nomes de domínio no Centro de Arbitragem e Mediação da OMPI (WIPO Arbitration and Mediation Centre) e é consultor junto à Organização para a Cooperação Econômica e Desenvolvimento (OCDE).

E. Richard Gold

Professor titular da Catédra Bell em e-Governance da Faculdade de Direito da Universidade McGill, em Montreal, no Canadá. Diretor do Centro de Política em Propriedade Intelectual da Universidade McGill.

Kevin Outterson

Professor Associado da Faculdade de Direito da West Virginia University, nos Estados Unidos. Realizou estudos de Graduação em Direito na Northwestern University e Pós-Graduação pela University of Cambridge (LL.M.). Foi professor-visitante na Anglia Law School, da Universidade Politécnica de Anglia, e pesquisador do Lauterpacht Research Centre for International Law, em Cambridge (Inglaterra) entre 2001 e 2002. Integra atualmente o FDA Task Force da American Health Lawyers Association (AHLA).

Kimberlee Weatherall

Diretora-Associada do Intellectual Property Research Institute of Australia (Ipria), Universidade de Melbourne.

Gustavo Fávaro Arruda

Advogado em São Paulo. Trabalhou no núcleo de Direito do Comércio Internacional de L. O. Baptista Advogados Associados. Graduado em Direito pela Universidade de São Paulo (USP), foi pesquisador do IDCID.

Joseph Straus

Professor Titular da Faculdade de Direito da Universidade de Munique na Alemanha e Universidade Ljubljana, na Eslovênia. Marshall B. Coyne Visiting Professor of International and Comparative Law, George Washington University School of Law, Washington D.C. Diretor do Instituto Max Planck para Direito da Propriedade Intelectual, Concorrencial e Tributário, em Munique. Diretor do Centro de Propriedade Intelectual de Munique. Uma das 50 personalidades mais influentes do cenário mundial da propriedade intelectual (Revista *Managing Intellectual Property*, 2003, 2004 e 2005).

Karina Correa Pereira

Realizou estudos de Graduação na Universidade Presbiteriana Mackenzie em 2000, e é especialista em Direito Empresarial pela Pontifícia Universidade Católica (2001). LL.M. em Direito e Tecnologia pela Universidade de Ottawa, no Canadá (2005); Doutoranda pela Universidade de Ottawa.

L. Martin Cloutier

Professor do Departamento de Administração e Tecnologia, Universidade de Quebec, em Montreal, no Canadá. Completou projetos de pesquisa interdisciplinares e interuniversitários, nos quais utilizou métodos de modelização e simulação quantitativas microeconômicas, macroeconômicas e sistêmicas. Seus trabalhos mais recentes enfocam nos impactos gerados pela gestão da propriedade intelectual sobre a performance de empresas de biotecnologia.

Mark J. Davison

Professor da Faculdade de Direito da Universidade Monash, na Austrália. Autor de inúmeras obras que exploram a interface propriedade intelectual e direito concorrencial. Autor do livro australiano de referência em Direito Marcário. Prof. Davidson conduziu inúmeros projetos educacionais na Tailândia, Vietnã e Indonésia.

P. Bernt Hugenholtz

Doutor em Direito pela Universidade de Amsterdã. Professor de Direito da Propriedade Intelectual do Instituto de Direito da Informação da Universidade de Amsterdã (IViR). Desde 2003, exerce as funções de Juiz da Corte de Apelações de Arnhem.

Pablo de Camargo Cerdeira

Bacharel em Direito pela Faculdade de Direito da Universidade de São Paulo (USP). Gestor de Projetos na Escola de Direito do Rio de Janeiro da Fundação Getulio Vargas. Pesquisador nos trabalhos sobre "Licenciamento Compulsório de Medicamentos", resultado de pesquisa realizada para a ONG Instituto do Direito do Comércio Internacional e do Desenvolvimento - IDCID. Sócio do Kaminski, Cerdeira e Pesserl Advogados.

Peter Drahos

Diretor do Centro para Governança do Conhecimento e Desenvolvimento e coordenador do Programa de rede de instituições regulatórias da Universidade Nacional Australiana. Ex-professor de direito da propriedade intelectual no Centro para Estudos Legais Comerciais, Queen Mary College, Universidade de Londres.

Sam Howard-Spink

Doutorando em Ecologia das Mídias no Departamento de Cultura e Comunicações da Universidade de Nova York, nos Estados Unidos.

Seiiti Arata Jr.

Graduado em Direito pela Universidade de São Paulo - USP (2001). Mestre em Direito Internacional pela Universidade de São Paulo - USP (2006). Ex-Pesquisador da Fundação de Amparo à Pesquisa do Estado de São Paulo - Fapesp (1998-1999). Membro da Comissão Especial de Informática Jurídica da Ordem dos Advogados do Brasil - Secção São Paulo. Fundador da Arata Academy - *www.arataacademy.com*. UN Fellow no escritório das Nações Unidas em Genebra no Grupo de Trabalho sobre Governança da Internet (2005).

Shamnad Basheer

Advogado e pesquisador associado do Centro de Propriedade Intelectual da Universidade de Oxford, no Reino Unido.Frank H. Marks Visiting Associate Professor of Law, na Faculdade de Direito da Universidade George Washington, em Washington DC, nos Estados Unidos.

Sílvia Regina Patrício Sartorelli Van Rooijen

Engenheira Agrônoma formada pela Universidade de São Paulo (ESALQ- USP) e advogada especializada em proteção de cultivares do setor ornamental e agrícola.

Sophie Waller

Advogada na Austrália, onde milita nas áreas de Propriedade Intelectual, Direito Comercial e Empresarial. Ex-pesquisadora do Intellectual Property Research Institute of Australia. Sophie é graduada em direito e em ciências, com especialização em genética. Atualmente está completando seu Master of Laws pela Unversidade de Melbourne.

Thomas Cottier

Professor de Direito Europeu e Internacional Econômico da Faculdade de Direito da Universidade de Berna na Suíça. É Diretor do World Trade Institute (WTI) e do Programa de Pós-Graduação em Direito Internacional e Economia (Master of International Law and Economics). Realizou estudos de Graduação na Faculdade de Direito da Universidade de Berna e foi pesquisador na University of Michigan Law School, nos Estados Unidos, e no Wolfson College, em Cambridge (UK). Professor-convidado do Graduate Institute, em Genebra, na Suíça e do Instituto Europeu da Universidade de Saarbrücken Alemanha, desde 2001.

Thiago Luchesi

Advogado, Mestre em Direito Internacional pela Faculdade de Direito da Universidade de São Paulo (FDUSP) e pelo Instituto de Altos Estudos Internacionais, em Genebra, na Suíça. Atualmente é Doutorando em Direito Internacional em Genebra.

Wu Zhen

Mestre em Direito da Propriedade Intelectual, em Munique, na Alemanha) ex-consultora em direito chinês da propriedade intelectual em Bird & Bird, em Düsseldorf, na Alemanha. Atualmente é General Counsel da GE Security para Ásia e Pacífico.

Apresentação

O direito da propriedade intelectual (DPI) é o ramo do direito privado mais internacionalizado e que apresenta maiores impactos (tanto positivos quanto negativos) sobre interesses públicos e difusos da atualidade. A entrada em vigor do Acordo sobre Aspectos de Direito da Propriedade Intelectual relacionados ao Comércio (Acordo TRIPS), em meados dos anos 1990, dentro do contexto normativo da Organização Mundial do Comércio (OMC), deu novo fôlego à presença do DPI no cenário do Direito Internacional. Imediatamente, o tema passou a ser tratado com grande interesse pelos estudiosos e profissionais do direito do comércio internacional, direito da integração, direito econômico internacional e, por último, mas não menos importante, pelos expertos em desenvolvimento humano. Novos problemas passaram a ser objeto de estudo e trabalho do operador do direito da propriedade intelectual, influenciando, igualmente, outros campos das ciências sociais, humanas e exatas. A interface Propriedade Intelectual–Comércio–Desenvolvimento surge como tema interdisciplinar e como proposta de reflexão para a construção de novos modelos de regulação normativa que reconciliem tanto o desenvolvimento material quanto o humano, sobretudo no mundo em desenvolvimento. Em decorrência dos patamares mínimos fixados pelo Acordo TRIPS - que vinculam, atualmente, 150 Estados - o direito comparado passa a desempenhar importante papel no desenvolvimento interpretativo das normas domésticas de propriedade intelectual.

Partindo-se da esfera internacional - o estabelecimento das Uniões de Paris e de Berna, ainda ao final do século XIX, e a instituição da Organização Mundial da Propriedade Intelectual (OMPI) -, a propriedade intelectual foi, aos poucos, se incorporando à realidade dos Estados e do cidadão comum, tornando-se onipresente e essencial na vida humana. O Acordo TRIPS, ao reconhecer a necessidade de proteção da propriedade intelectual no conjunto das relações econômicas internacionais, levou ao "casamento de conveniência" entre direitos de propriedade intelectual e comércio internacional, a partir do qual os Estados-membros da OMC passariam a adotar padrões mínimos de proteção normativa em seus contextos nacionais, justamente como forma de cumprimento das obrigações assumidas. Restaria então saber como Estados, em diferentes graus de desenvolvimento cultural, material e legal, estabeleceriam regimes de proteção à propriedade intelectual compatíveis com um padrão internacional controvertido, imposto a partir dos desejos e necessidades dos países industrializados.

Embora a propriedade intelectual permeie desde o mais supérfluo ao mais essencial na vida humana, passando por moda, bebidas destiladas, tecnologia da informação, alimentos, produtos culturais e medicamentos, e a despeito do papel de vanguarda desempenhado pelo Brasil nas arenas internacionais – voltado para a flexibilização dos patamares de proteção dos direitos de propriedade intelectual, de maneira a tornarem-se mais adequados às necessidades e demandas dos países em desenvolvimento –, uma sólida cultura em torno do tema, no contexto nacional, ainda é inexistente. Nossa cultura da propriedade intelectual é pobre e reflete fortemente uma perspectiva parcial da realidade.

O presente livro, composto pela coletânea de trabalhos científicos de nível e importância internacionais, todos inéditos para o público brasileiro, propõe-se a oferecer a acadêmicos e operadores do direito brasileiro – inclusive aos juízes envolvidos com causas relacionadas à propriedade intelectual – um arsenal de novas concepções em torno dos mais importantes temas da propriedade intelectual. Os autores oferecem subsídios para uma análise, interpretação e aplicação das normas brasileiras de proteção da propriedade intelectual de maneira conducente não apenas ao resguardo de interesses privados, mas, acima de tudo, com vistas a beneficiar interesses públicos e difusos locais, geralmente negligenciados pelas políticas e práticas dominantes no Brasil nesse domínio legal de poucos. Enfim, o propósito da presente obra é eminentemente pragmático.

Tudo isso está consolidado no presente trabalho e reflete, antes de tudo, a importante rede de cooperação institucional e o debate científico conduzido pelo grupo de propriedade intelectual do Instituto de Direito do Comércio Internacional e Desenvolvimento (www.idcid.org.br) nos últimos anos. A iniciativa pioneira do IDCID de criar um grupo de trabalhos em direito da propriedade intelectual ofereceu uma contribuição acadêmica inigualável para a renovação do estudo do DPI no Brasil. O IDCID associou sua vocação internacional ao compromisso de oferecer alternativas político-legais plausíveis, orientadas a questões de desenvolvimento humano e econômico sustentável. Por esta razão, a presente obra é dedicada à Profa. Maristela Basso.

Que os leitores sejam motivados a trilhar e desbravar os caminhos tortuosos da interface Propriedade Intelectual, Comércio e Desenvolvimento, assim como contribuir para um desenho e aplicação das normas brasileiras de proteção da propriedade intelectual de maneira mais harmônica com os interesses humanos que permeiam este ramo do direito. Se tal objetivo for alcançado, a presente obra terá plenamente cumprido seu objetivo original.

Edson Beas Rodrigues Jr.
Fabrício Bertini Pasquot Polido

Sumário

Parte III
Direitos de Autor e Conexos: Conflito Entre Interesses Públicos de Difusão e Privados de Restrição

Parte IV
Novos Temas e Desafios do Direito da Propriedade Intelectual: Base de Dados, Biotecnologia, Conhecimentos Tradicionais e Direito Internacional Privado

PARTE V
Política e Comércio Internacionais e Transferência de Tecnologia

PARTE I

Patentes e Desenho Industrial

1 RECURSOS DE PRÉ-CONCESSÃO E REVISÃO PÓS-CONCESSÃO NO ÂMBITO DA CONVENÇÃO SOBRE A PATENTE EUROPÉIA*

JOSEPH STRAUS**

1. Introdução

Antes da adoção do Acordo sobre Aspectos dos Direitos de Propriedade Intelectual relacionados ao Comércio (ADPIC ou TRIPS) em 1994, as disposições das legislações nacionais relacionadas a procedimentos judiciais e administrativos, mesmo nos Estados-membros da União de Paris para Proteção da Propriedade Industrial, ou nos Estados-membros do Tratado de Cooperação em Matéria de Patente (PCT), ou nos Estados-membros da Convenção sobre a Patente Européia (CPE), não estavam sujeitas a nenhum padrão internacional obrigatório. Porém, desde a entrada em vigor do Acordo TRIPS, em 1995, a situação modificou-se.

A expansão do rol de matérias elegíveis de proteção por patentes e o alto nível dos direitos conferidos por uma patente a partir do Acordo TRIPS foram acompanhados, por um lado, por disposições que fortaleceram a posição dos titulares de patentes quando da efetiva proteção - judicial e/ou administrativa - de seus direitos e, por outro lado, por disposições que impõem aos membros da Organização Mundial do Comércio (OMC) princípios fundamentais a serem aplicados para assegurar os direitos das partes envolvidas, por exemplo, em procedimentos relacionados à aquisição ou ma-nutenção de direitos da propriedade intelectual, particularmente os procedimentos de nulidade administrativa e interpartes como

* Artigo traduzido e adaptado por Edson Beas Rodrigues Jr. Revisão de Viviane Kunisawa.

** Doutor em Direito pela Universidade de Munique e Doutor *Honoris Causa* pela Universidade de Ljubljana. Professor de Direito das Universidades de Munique e de Ljubljana. Diretor do Instituto Max Planck para Direito da Propriedade Intelectual, Concorrencial, Tributário em Munique, na Alemanha.

oposição, revogação e cancelamento. O art. 62.4 do TRIPS, combinado com os arts. 41.2 e 41.3, exige que tais procedimentos sejam justos e eqüitativos, não sejam desnecessariamente complicados ou onerosos, nem comportem prazos não razoáveis ou atrasos indevidos. As decisões sobre o mérito de um caso serão, de preferência, escritas e fundamentadas, postas à disposição, pelo menos das partes do processo, sem atraso indevido ("prontamente"). Finalmente, tais decisões serão baseadas apenas em provas sobre as quais as partes tenham tido oportunidade de se manifestar.

Além destes importantes princípios resguardando os direitos dos titulares e depositantes de pedidos de patentes, bem como os direitos de seus competidores e oponentes, o art. 62.5 do TRIPS contém outra importante salvaguarda: as decisões administrativas finais, em quaisquer dos procedimentos supramencionados, estarão sujeitas à revisão por uma autoridade judicial ou quase judicial. Entretanto, há uma exceção, a saber, em casos de oposições malsucedidas (apresentada por terceiros) ou nulidades administrativas (não interpartes), desde que as razões para esses procedimentos possam estar sujeitas à invalidação.[1]

Quanto à situação no âmbito da CPE, a Grande Câmara de Recursos do Escritório Europeu de Patentes (EEP) esclareceu que tanto a oposição interpartes quanto os recursos formam parte do procedimento de concessão de patentes européias, mesmo se ocorrerem após a mesma.[2] A oposição pós-concessão foi estabelecida pelos Estados-membros da CPE com o objetivo de não prolongar o intervalo entre o depósito do pedido e a concessão da patente, mas permaneceu parte integrante do procedimento de concessão como um todo.[3] Esta perspectiva permanece verdadeira, mesmo sendo os processos pós-concessão no âmbito da CPE, em princípio, considerados procedimentos contenciosos entre partes normalmente representando interesses opostos.[4] Embora a Grande Câmara de Recursos do EEP tenha deixado a questão da aplicabilidade direta do TRIPS em aberto, ela qualificou os processos de recurso e oposição como aqueles previstos no art. 62, e não no art. 32 do TRIPS, que impõe aos Estados-membros da OMC a obrigação de oferecer "oportunidade para recurso judicial contra qualquer decisão de anular ou de caducar uma patente". Logo, decisões da Câmara de Recursos – no âmbito da versão atualmente em vigor da CPE[5] – são finais, não estando sujeitas à revisão judicial.[6] Conseqüentemente, não é irreal acreditar que os princípios estabelecidos no art. 62 do TRIPS possam vir a ser aplicados às decisões proferidas pelo EEP a partir da entrada em vigor do acordo TRIPS.[7]

2. Admissibilidade e Objetivos do Recurso e seus Efeitos no Âmbito da CPE

De acordo com o art. 106.1 da CPE, um recurso somente poderá ser interposto, em princípio, contra decisões finais, ou seja, decisões que põem fim a processos. No caso de decisões intermediárias ou interlocutórias, um recurso apenas poderá ser apresentado quando especificamente for permitido na decisão (art. 106.3 da CPE). Estes tipos de decisões intermediárias separadamente recorríveis são, entretanto, uma prática comum para a manutenção de patentes na forma emendada em processos de oposição.

Com exceção das decisões da Divisão de Busca do EEP (na verdade, relatórios de busca), todas as decisões de primeira instância dos órgãos do EEP, i.e., da Seção de Protocolo, da Divisão de Exame e da Divisão Jurídica, estão sujeitas a recurso. Isto também é verdadeiro para decisões em geral da Divisão de Oposição, mas também em casos encaminhados à Divisão de Oposição pelas Câmaras de Recursos com reivindicações emendadas e, por conseguinte, com determinações de adequação do relatório descritivo. Neste último caso, entretanto, apenas as decisões da Divisão de Oposição a respeito da referida adequação estão sujeitas a recurso.[8] Apenas decisões que forem proferidas por órgãos competentes do EEP são recorríveis. Logo, por exemplo, nem comunicações escritas do Vice-Presidente encarregado da Direção Geral V, no qual a Divisão Jurídica está incorporada,[9] nem a decisão de um diretor de departamento a qual rejeita uma argüição de falta de imparcialidade oposta contra um examinador ou membro da Divisão de Oposição[10] são recorríveis. Geralmente, questões relacionadas a custas não podem ser o único objeto de um recurso[11].

Uma vez que no sistema de concessão de patentes européias o não-cumprimento pelo depositário de certas formalidades pode implicar o arquivamento do pedido (ficção jurídica), em processos não terminados por uma decisão (Regra 69.1 da CPE), uma comunicação da perda de um direito pode ser convertida em uma decisão, se a pessoa notificada requerer, dentro de dois meses a partir da notificação da comunicação, uma decisão pelo EEP sobre a matéria (Regra 69.2 da CPE).

A limitação temporal para se interpor um recurso é de dois meses a contar da data da notificação da decisão a ser recorrida. O recurso deve ser interposto de forma expressa e definitiva.[12] Uma petição escrita com as razões da apelação deve ser apresentada em quatro meses, a contar da notificação da decisão (art. 108 da CPE). As razões do recurso não devem simplesmente estar restritas à afirmação de que a decisão impugnada é incorreta; mas devem apontar as razões de fato e de direito com base nas quais a decisão proferida deve ser reformada. Não é suficiente que os recorrentes meramente se refiram, de forma geral, a passagens da literatura mostrando o estado da arte ou às Diretrizes de Exame do EEP, sem apresentar sua argumentação de forma suficientemente clara.[13]

O principal objetivo do recurso interpartes é oferecer à parte perdedora a oportunidade de contestar a decisão proferida pela Divisão de Oposição do EEP. Questões fora do escopo da decisão não podem fazer parte do recurso. Conseqüentemente, novos argumentos para oposição apenas podem figurar no recurso somente com a aprovação do titular da patente. Em recursos, um novo argumento para oposição é por definição aquele que não foi levantado ou substanciado na petição de oposição nem foi introduzido ao processo pela Divisão de Oposição.[14]

O recurso tem efeito suspensivo (art. 106.1, segunda frase, CPE). Logo, os efeitos de um depósito de pedido de patente européia ou de uma patente européia são mantidos durante todo o procedimento do recurso, independentemente de a decisão recorrida ter considerado o pedido arquivado, ter rejeitado o pedido, ou ainda ter a patente sido anulada (pela Divisão de Oposição). Por isso, as taxas anuais também devem continuar a ser pagas.[15]

3. Partes em um Recurso

De acordo com o art. 107 da CPE, "qualquer parte nos processos afetada adversamente poderá recorrer. As outras partes no processo serão legalmente partes no recurso". Logo, qualquer parte envolvida em primeira instância poderá recorrer se tiver sido afetada de modo adverso pela decisão. Este não é o caso se, por exemplo, o titular da patente no processo de oposição desistir de seu pedido principal relativo às reivindicações tal como concedidas pela Divisão de Exame, e mantiver, como único, o pedido secundário restringido, e as reivindicações daquele primeiro pedido forem concedidas pela Divisão de Oposição em decisão interlocutória. Em tal situação, o titular da patente está ciente de que, se a Divisão de Oposição conceder seu pedido principal, perderá o direito de recorrer, já que a decisão não o afetará adversamente.[16] Um efeito adverso pode defluir da decisão tomada como um todo ou apenas de parte da mesma. Por esta razão, o recorrente não pode impugnar uma decisão ou parte de uma decisão que não o afete adversamente.[17] Por outro lado, o recorrente poderá interpor recurso contra uma decisão tomada como um todo ou em parte (Regra 64.b da CPE). Este é o princípio da livre disposição das partes.[18] Dentro destes limites, é o recorrente quem determina no recurso a extensão da reforma da decisão recorrida.[19]

Aquelas partes dos procedimentos de primeira instância que não recorreram ou não puderam, porque a decisão proferida não lhes afetou adversamente, figurarão (automaticamente) como partes no recurso (art. 107, segunda frase, CPE). Isto é particularmente importante em recursos de oposição interpartes para aquelas partes que não puderam recorrer porque não haviam sido afetadas adversamente pela decisão da Divisão de Oposição.

Além das partes envolvidas nos procedimentos de primeira instância, as chamadas partes intervenientes - com fundamento no art. 105 da CPE -, embora não diretamente envolvidas nos processos de primeira instância, podem participar do recurso. Uma parte interveniente é qualquer terceira parte que prove que um processo por infração foi instaurado contra ela. O mesmo se aplica a qualquer terceira parte que prove que o titular da patente pediu que ela cessasse uma alegada infração de certa patente e também que ela instaurou um processo para que um tribunal declare que ela não está infringindo tal patente. Entretanto, um pré-requisito necessário para um terceiro tido como infrator intervir em processos de oposição é que deve haver um processo de oposição em andamento, no qual o tido infrator possa intervir.[20] Conseqüentemente, qualquer parte interveniente apenas pode participar quando uma parte legítima apresentar um recurso. A parte interveniente somente pode se tornar um participante no processo se intervier durante processos de recursos pendentes.[21] Em tal caso, a intervenção deve se basear em qualquer fundamento previsto no art. 100 da CPE. Entretanto, se um elemento novo for levantado pela parte interveniente, o caso deve ser encaminhado à primeira instância para novo exame, exceto se razões especiais justificarem procedimento diverso, por exemplo, quando o titular da patente não desejar que o caso seja reenviado para primeira instância.[22]

4. Os Direitos Processuais das Partes Envolvidas

De acordo com a jurisprudência da Grande Câmara de Recursos do EEP, a todas as partes do processo, em regra, são atribuídos os mesmos direitos processuais.[23] Este princípio, que a Grande Câmara de Recursos do EEP deduziu a partir do "princípio geral da igualdade perante a lei e, conseqüentemente, perante os tribunais que aplicam a lei", reconhecido pelos Estados Contratantes da CPE,[24] agora também se reflete no Acordo TRIPS.

Apesar deste princípio geral, a letra do art. 107 da CPE, cujas primeira e segunda frases fazem distinção entre "recorrentes" e "partes de direito dos processos de recurso", levanta a questão sobre seus respectivos status. A Grande Câmara de Recursos do EEP lidou com esta questão em inúmeros casos e desenvolveu sua inter-pretação de forma gradual. Os princípios aplicáveis foram resumidos e complementa-dos na decisão G 1/99, de 2 de abril de 2001,[25] conforme veremos a seguir.

Apenas aquelas partes que interpõem um recurso admissível têm o status de recorrentes, enquanto partes que não apresentam recurso têm o status de partes de direito dos processos de recurso. Estas últimas não têm qualquer status legal independente do recurso, mas apenas lhes é assegurado o direito de serem ouvidas no mesmo. Uma parte não-recorrente, como recorrida, tem a oportunidade de apresentar informações e documentos que julgar adequados e necessários nos processos de recurso, a fim de defender os resultados obtidos perante a primeira instância.[26] A Grande Câmara de Recursos deduziu de G 4/93 que a parte não-recorrente não pode, em princípio, apresentar pedido que vá além do objeto do recurso interposto pelo recorrente.[27] A Câmara enfatizou que, se a versão da patente foi aceita pela Câmara, então, visto que o titular da patente intencionalmente aceitou esta versão seja por adotá-la como base de seu pedido principal perante a Divisão de Oposições, ou por não apresentar recurso, o titular/recorrido não poderá solicitar outra versão da patente durante o recurso, a menos que esta versão seja uma restrição da versão mantida.[28]

Quanto ao princípio da proibição da chamada "reformatio in pejus", a Grande Câmara de Recursos do EEP, em G 1/99, em princípio, manteve sua jurisprudência anterior,[29] mas a interpretou de forma a implicar que um pedido apresentado por uma parte não-recorrente pode, em circunstâncias muito específicas e de maneira muito restrita, alterar o objeto do processo.[30] A Câmara primeiramente enfatizou que, com respeito a emendas que poderiam ter sido feitas durante a oposição, os recursos não estão restritos a questões de fato e de direito dos procedimentos perante a Divisão de Oposição, e objeções manifestadas em primeira instância podem ser levantadas nos recursos, com a conseqüência de que a base, a partir da qual as limitações foram estabelecidas, pode ainda ser modificada. A Câmara ainda considerou que não seria eqüitativo permitir ao oponente/recorrente ou à Câmara apresentar novos "ataques" e privar o titular da patente/recorrido de meios de defesa de seus interesses. Em particular, se a patente não pode ser mantida por razões que não foram levantadas na primeira instância, o titular não-apelante merece proteção por razões de eqüidade.[31] Conseqüentemente, sob circunstâncias muito específicas, durante o recurso, o titular da patente/recorrido (parte de direito do recurso), que não puder superar a deficiência a qual é decorrente de emenda introduzida na versão da patente conforme mantida pela Divisão de Oposição, mas que não preenche os requisitos da CPE, por introduzir uma ou mais características limitantes originalmente reveladas, poderá apresentar pedido de supressão da emenda inadmissível mantida pela Divisão de Oposição, mas dentro dos limites do art. 123(3) EPC, mesmo se a situação do oponente/apelante tornar-se pior.[32] Em outras palavras, a Grande Câmara de Recursos confirmou que a proibição da *reformatio in pejus* deve ser aplicada nos processos de recurso do EEP, mas pode, por razões de eqüidade e sob circunstâncias muito limitadas, ser contornada.

Partes do recurso podem desistir do recurso. A desistência do recurso não precisa ser aprovada pela Câmara de Apelação.[33] Dependendo do status da parte desistente, porém, as conseqüências de tal ato diferem. No caso de desistência do recurso pelo único recorrente, o processo de recurso é terminado, seja em um processo *ex parte* ou interpartes, no que concerne a questões substantivas.[34] Isto decorre do princípio da livre disposição das partes, que rege os procedimentos de recurso. Sob tais circunstâncias, nem a Câmara,[35] nem a parte de direito do recurso,[36] pode dar seguimento ao processo. Uma vez que uma parte de direito do recurso não tem um direito independente para dar continuidade ao recurso, alguém que tenha sido adversamente afetado por uma decisão de primeira instância deve ser aconselhado a interpor recurso, com o intuito de evitar o risco, por exemplo, de que uma patente seja mantida em sua forma de primeira instância, mesmo se objetivamente não preencha as condições de patenteabilidade, apenas porque o único oponente/recorrente, malsucedido perante a Divisão de Oposição, por qualquer razão, desista de seu recurso.[37] A situação difere no caso de haver vários recorrentes independentes:

desde que pelo menos um dos recorrentes independentes continue o processo, as partes de direito poderão tomar parte.

Neste contexto, deve-se ainda acrescentar que a desistência da oposição em fase recursal, caso o oponente seja o único apelante, equivale à desistência do recurso. Logo, os processos de recurso são terminados "independentemente da aprovação do titular da patente e independentemente da opinião da Câmara de Recursos sobre a manutenção ou não da patente".[38] Se, entretanto, o oponente for o recorrido, a desistência da oposição não afeta de maneira alguma o curso dos procedimentos de recurso.[39]

5. Decisão

Antes de se tratar brevemente do conteúdo e efeitos das decisões das Câmaras de Recursos do EEP, há que se mencionar um instrumento jurídico específico da CPE chamado revisão interlocutória, conforme previsto no art. 109 da CPE. Em recursos *ex parte*, o departamento, cuja decisão é contestada e para o qual o recurso é apresentado primeiramente, pode e deve retificar sua decisão, se a considerar admissível e bem fundamentada. Este pode ser o caso se os documentos disponíveis não tiverem sido devidamente analisados, ou se documentos apresentados dentro do prazo, por equívoco do Escritório, não foram processados no tempo devido etc.[40] Se o recurso não for admitido no prazo de três meses a partir do recebimento da petição com a fundamentação, ele deverá ser enviado à Câmara de Recursos sem demora e sem comentários quanto ao mérito (art. 109.2 da CPE).

Devemos ainda acrescentar que segundo a Regra 66.1 da CPE, salvo disposição em contrário, as disposições relativas aos processos tramitando perante o departamento que proferiu a decisão contra a qual o recurso foi interposto devem ser aplicáveis aos procedimentos de recurso *mutatis mutandis*. Por conseqüência, em princípio, a Câmara de Recursos, com base no art. 114.1 da CPE, pode examinar os fatos por iniciativa própria, ou seja, *ex officio*. Entretanto, uma vez que o propósito, como já mencionado, do recurso é apenas oferecer à parte vencida a possibilidade de discutir o mérito da Divisão de Oposição, e tendo em vista as suas características de procedimento judicial, a Grande Câmara de Recursos decidiu que se justifica aplicar o art. 114.1 da CPE a recursos de uma maneira geralmente mais restritiva que em oposições.[41] Contudo, também esclareceu que "no caso de emendas das reivindicações ou de outras partes da patente no curso de uma oposição ou de um recurso, tais emendas devem ser totalmente examinadas quanto a sua compatibilidade com os requisitos da CPE" (*e.g.* em relação às disposições dos arts. 123.2 e 123.3 da CPE).[42]

De acordo com o art. 111.1 da CPE, a Câmara de Recursos do EEP, depois de ter examinado sua admissibilidade, decide o recurso ou por meio do exercício de seus poderes, dentro da competência do departamento que era responsável pela decisão recorrida (i.e. decide acerca de questões substantivas), ou remete o caso ao departamento para nova análise. Na hipótese de reenvio para nova análise do caso, o departamento cuja decisão foi recorrida está vinculado pela *ratio decidendi* da Câmara de Recursos desde que os fatos sejam os mesmos (art. 111.2 da CPE). Sem entrar em detalhes, deve-se notar que o conteúdo das decisões da Câmara de Recursos, sendo *res judicata*, vincula também a Câmara de Recursos em procedimentos de recurso posteriores. Tal conteúdo constitui um obstáculo absoluto a ações subseqüentes envolvendo o mesmo pedido, demanda ou causa de ação, e as mesmas partes.[43]

Dependendo de qual departamento do EEP a decisão recorrida emanou, a Câmara poderá revogar ou manter a patente ou manter a patente na forma emendada. Isto pode resultar de uma simples denegação do recurso. Os seguintes exemplos de decisões substantivas da Câmara de Recursos do EEP podem ser dados:

- Seção de Depósito – equivocadamente rejeitada a data de depósito, de acordo com o art. 80 da CPE: a decisão contestada é reformada (1); depósito de Patente n......, não mais pendente, é reconhecida a data de depósito....(2); o caso é reenviado para o departamento de primeira instância para concessão do documento de prioridade conforme solicitado pelo recorrente em....(3).[44]
- Divisão de Exame – equivocadamente recusado o depósito reivindicando matéria excluída de proteção patentária, de acordo com art. 52.4 da CPE – como método cirúrgico e terapêutico: a decisão sob recurso é reformada (1); o caso é reenviado à primeira instância para novo exame a partir das reivindicações 1 a 17, de acordo com o pedido principal (2).[45]
- Divisão de Oposição – mantida a patente na forma emendada – a Câmara manteve a patente em sua forma emendada: a decisão contestada é reformada (1); o caso é reenviado ao departamento de primeira instância com a determinação de manter a patente européia com base nas reivindicações (1) a (3) do anexo da carta de... e do relatório descritivo e desenhos, conforme originalmente depositados (2).[46]
- Divisão de Oposição – patente equivocadamente mantida apesar da falta de atividade inventiva, baseado em documento tardiamente apresentado, o qual foi admitido pela Câmara: a decisão da Divisão de Oposição é reformada (1); A patente européia é anulada (2).[47]
- Divisão de Oposição – equivocadamente anulada a patente conforme concedida por objeto sem novidade – a Câmara considerou as reivindicações emendadas novas e, por isso, permitidas: a decisão recorrida é reformada (2); o caso é reenviado à primeira instância com determinação de manter a patente, devendo as seguintes reivindicações e relatório descritivo e desenhos serem adaptados: reivindicações 1 a 8 devem ser adaptadas de acordo com o sexto pedido auxiliar apresentado durante os procedimentos orais (3).[48]

Finalmente, e apenas por questões de completude, note-se que também nos recursos sob a égide da CPE a Câmara de Recursos tem, eventualmente, que considerar e decidir a respeito de um pedido de patente européia ou patente européia com base apenas no texto apresentado, ou com o qual o depositante ou proprietário da patente (art. 113.2 da CPE) concordou. Entretanto, em recursos de oposição, a Regra 58.4 da CPE não deve ser necessariamente aplicada se as partes envolvidas tiverem oportunidade adequada de apresentar seus comentários, i.e. o depositário ou titular da patente concordar, por exemplo, com as emendas das reivindicações propostas. Esta posição tem sido justificada por diferentes composições qualificadas da Divisão de Oposição, por um lado, e da Câmara de Recursos, por outro.[49] Em qualquer caso, a declaração do titular da patente no recurso de que ele não mais aprova a patente conforme concedida, ou de que ele desiste de tal aprovação e que ele não pretende apresentar uma forma emendada, resulta em uma revogação da patente em sua totalidade.[50] O mesmo é verdade se as razões para oposição justificarem a manutenção da patente européia na forma emendada apenas e se o titular não emendar as reivindicações (art. 101.2, Regra 58.2, art. 113.2).[51]

6. A Futura Petição de Acordo com o Art. 112 da CPE

Conforme brevemente indicado no início do presente artigo,[52] atualmente, as decisões das Câmaras de Recursos do EEP são finais e, exceto pelos procedimentos de nulidade perante os tribunais nacionais, não estão sujeitas a nenhum outro procedimento de revisão judicial.

Entretanto, a Grande Câmara de Recursos do EEP em G 1/97 não só decidiu que decisões da Câmara de Recursos não podem ser anuladas ou modificadas por quaisquer dos órgãos do EEP ou pelos tribunais dos Estados contratantes, mas também fez a seguinte observação:

> Embora a Grande Câmara de Recursos tenha concluído que, dentro do contexto da CPE, pedidos baseados em alegação de violação de princípio processual fundamental não podem ser validamente apresentados, e, em particular, que um remédio especial não pode ser criado por uma via judicial com fundamento no art. 125 da CPE, ela, porém, deseja enfatizar que enquanto, por um lado, a certeza jurídica e o princípio de que todo litígio deve ter fim dentro de um período razoável são elementos essenciais em qualquer sistema judicial; por outro lado, uma flagrante violação a princípios processuais fundamentais é contrária à idéia de justiça e seriamente prejudica a imagem dos órgãos judiciais envolvidos. Este seria o caso, por exemplo, se viesse a ser evidente que uma decisão fora crucialmente influenciada por um ato ilícito ou mesmo criminal, tal como forjar documentos ou fornecer prova oral falsa. O legislador é, conseqüentemente, convidado a oferecer a possibilidade de revisão de decisões finais da Câmara de Recursos em casos nos quais uma séria violação de um princípio processual ocorra. O legislador não deve apenas definir quais são os casos de violação, mas também estabelecer os instrumentos necessários para lidar com estas situações,

incluindo medidas para proteção de terceiras partes. Em vista da natureza fundamental de tal remédio, e o fato de que no Sistema de Patentes Européias a base para estes remédios processuais (em sentido amplo) é lidada no âmbito CPE, esta possibilidade de obtenção de uma revisão deve ser prevista, no mínimo no que concerne seus princípios básicos, na própria Convenção."[53]

Tendo em vista as observações feitas pela Grande Câmara de Recursos, deve-se concluir que, ao contrário da linha seguida pelos tribunais alemães e ingleses,[54] direitos processuais fundamentais das partes envolvidas em procedimentos perante o EEP não são adequadamente resguardados, uma vez que o sistema não oferece o remédio de revisão judicial das decisões da Câmara de Recursos, mesmo em casos em que uma decisão tenha sido indubitavelmente influenciada por um ato ilícito ou mesmo criminal, tal como forjar documentos ou fornecer provas falsas. O sistema, como explicitamente observado e condenado pela Grande Câmara de Recursos, acaba por tolerar violações flagrantes aos princípios processuais fundamentais, o que é contrário à idéia de justiça e prejudica seriamente a imagem dos órgãos judiciais envolvidos, i.e. a Câmara de Recursos do EEP.

Não deve ser uma surpresa que a "súplica" da Grande Câmara de Recursos não tenha sido em vão: com o Ato de revisão da Convenção sobre a concessão de Patentes Européias de 5 de outubro de 1973, última revisão em 17 de dezembro de 1991, e em 29 de novembro de 2000 (Ato de Revisão da CPE),[55] a CPE passou pelas seguintes reformas que aqui interessam: art. 22.1.*c*, instituindo a responsabilidade da Grande Câmara de Recursos para "decidir sobre petições de revisão de decisões da Câmara de Recursos, segundo o art. 112 *a*". Além disso, o novo art. 112 *a* foi introduzido à Convenção e apresenta a seguinte redação:

> Petição para Revisão pela Grande Câmara de Recursos.
>
> (1) Qualquer parte nos processos de recurso adversamente afetada pela decisão da Câmara de Recursos poderá apresentar uma petição para revisão da decisão pela Grande Câmara de Recursos.
>
> (2) A petição somente poderá ser apresentada com o fundamento de que:
>
> (*a*) um membro da Câmara de Recursos tomou parte na decisão em violação ao Art. 24, parágrafo 1, ou a despeito de ter sido excluído em uma decisão de acordo com o Art. 24, parágrafo 4;
>
> (*b*) a Câmara de Recursos incluiu uma pessoa não nomeada como membro da Câmara de Recursos;
>
> (*c*) uma violação fundamental ao Art. 113 ocorreu;
>
> (d) qualquer outro vício processual fundamental definido nos Regulamentos de Implementação tenha ocorrido no recurso; ou
>
> (*e*) um ato criminoso estabelecido sob as condições estabelecidas nos Regulamentos de Implementação pode ter tido um impacto na decisão.
>
> (3) A petição para revisão não terá efeito suspensivo.
>
> (4) A petição para revisão deverá ser apresentada em uma declaração fundamentada, de acordo com os Regulamentos de Implementação. Caso baseada no parágrafo 2

(*a*) a (*d*), a petição deverá ser apresentada dentro de dois meses contados a partir da notificação da decisão da Câmara de Recursos. Caso baseado no parágrafo 2(*e*), a petição deverá ser apresentada dentro de dois meses da data na qual o ato criminoso tenha ocorrido e em qualquer caso não após cinco anos da notificação da decisão da Câmara de Recursos. A petição não será considerada como apresentada até o pagamento das taxas estabelecidas.

(5) A Grande Câmara de Recursos examinará a petição para revisão de acordo com os Regulamentos de Implementação. Caso a petição seja deferida, a Grande Câmara de Recursos reformará a decisão revista e reabrirá o processo perante as Câmaras de Recursos de acordo com os Regulamentos de Implementação.

(6) Qualquer pessoa que, em um Estado Contratante designado, tenha de boa-fé usado ou realizado sérios e efetivos esforços para usar a invenção que é objeto de um pedido de patente européia publicado ou uma patente européia no período entre a decisão da Câmara de Recursos revista e a publicação da menção da decisão da Grande Câmara de Recursos sobre a petição, poderá continuar, sem pagamento, tal uso no curso de seu negócio ou para as necessidades do mesmo.

Conforme corretamente observado por Messerli,[56] o art. 112 *a* da CPE oferece um remédio judicial especial. A petição não apresenta efeito suspensivo. Logo, é apenas a partir da decisão da Grande Câmara de Recursos que a decisão contestada da Câmara de Recursos é reformada, a validade legal formal (*formelle Rechtskraft*) é removida (*iudicium rescindens*).[57] Apesar de a lista de razões para peticionar previstas no art. 112 *a* da CPE ser exaustiva, o § 2 (d) estabeleceu a competência do Conselho Administrativo da Organização da Patente Européia para adicionar à "violação fundamental do art. 113" como fundamento para petição "qualquer outro vício processual fundamental definido nos Regulamentos de Implementação ocorrido nos recursos". Logo, um certo grau de flexibilidade do sistema tem sido preservado.[58] A linguagem usada, isto é, "violação fundamental" deve indicar que uma "certa restrição" na interpretação das violações do, por exemplo, direito de ser ouvido, no âmbito do art. 113 da CPE, é permitida.[59]

Em junho de 2002, a Força Tarefa de Revisão da CPE distribuiu uma minuta dos "Novos Regulamentos de Implementação no âmbito da CPE de 2000",[60] a qual deveria ter sido adotada no final de 2002. A proposta de nova Regra 67c, intitulada "Obrigação de levantar objeções" apresenta a seguinte redação:

> Uma petição no âmbito do Art. 112 *a*, parágrafo 2 (a) a (d), é somente admissível quando uma objeção a respeito do vício processual for levantada durante o recurso e rejeitada pela Câmara de Recursos, exceto quando for impossível levantar tal objeção durante o recurso.[61]

De acordo com o art. 8º do Ato de Revisão da CPE, o texto revisto deverá entrar em vigor dois anos a contar da data de depósito do instrumento de ratificação ou acessão pelo décimo quinto Estado Contratante, ou, em caso de todos os Estados Contratantes terem depositado seus documentos em período mais curto, três meses depois do último depósito. A versão revisada deve ser aplicada a todos os pedidos de patentes européias depositados a partir de sua entrada em vigor, bem como a todas as patentes concedidas relativas a tais depósitos, salvo determinação em contrário do Conselho Administrativo, por maioria de três quartos dos Estados Contratantes representados e votantes (art. 7º do Ato de Revisão da CPE).[62] Em 28 de junho de 2001, o Conselho Administrativo da Organização da Patente Européia exerceu seus poderes previstos no art. 7º, § 2º, do Ato de Revisão da CPE.[63]

De acordo com o art. 1º, nº 4, desta decisão: "O art. 112 *a* deve ser aplicado a decisões da Câmara de Recursos tomadas a partir de sua entrada em vigor."

Logo, o art. 112 *a*, a partir da data de entrada em vigor da versão revisada da CPE, será aplicado também a patentes já concedidas antes desta data assim como a pedidos de patente européia pendentes.[64] Apesar disto, entretanto, resta claro que levará anos antes que o art. 112 torne-se efetivo. É também igualmente claro que, no presente momento, conforme explicitamente admitido pela Grande Câmara de Recursos,[65] direitos processuais fundamentais, constitucionalmente garantidos na maioria dos Estados Contratantes, não são adequadamente resguardados no âmbito do sistema da CPE. Desde que o legislador não incluiu o art. 112 *a* no art. 6º - disposições provisórias - do Ato de revisão da CPE, o sistema da CPE não oferece nenhum remédio judicial especial para "violações flagrantes de direitos processuais fundamentais". Em face disto, pode-se somente observar que o legislador ou não percebeu a amplitude do impacto desta decisão que negligencia tais direitos ou deliberadamente decidiu que até a entrada em vigor do Ato de Revisão, i.e. por muitos anos, decisões da Câmara de Recursos do EEP mesmo que baseadas nas piores violações de direitos processuais fundamentais terão de ser toleradas no sistema da CPE, em detrimento dos interesses das partes negativamente afetadas por tais decisões! Em outras palavras, deve ser tolerado, por exemplo, que uma patente européia depositada perante o Escritório Alemão de Marcas e Patentes - isto é, um direito exclusivo garantido ao seu titular segundo o art. 14(I)1 da Lei Fundamental Alemã (Grundgesetz = Constituição), como propriedade privada[66] - seja irrevogavelmente anulada e que o direito constitucionalmente garantido[67] quanto ao desenvolvimento alcançado pelo titular da patente seja irrevogavelmente perdido, apesar de a decisão do Órgão de Apelação poder ter sido crucialmente influenciada, *e.g.* por um ato criminoso, tal como forjar documentos, explicitamente reconhecido pela Grande Câmara de Recursos.

Torna-se desnecessário enfatizar que, até a entrada em vigor do Ato de Revisão, os procedimentos interpartes da CPE perante as Câmaras de Recursos falharão em respeitar os patamares obrigatórios do TRIPS. Um procedimento que não oferece qualquer remédio contra "violações flagrantes a princípios processuais fundamentais" não preenche as exigências de justiça e eqüidade,[68] nem respeita o princípio da "justiça natural". Apesar da jurisprudência dos tribunais alemães e ingleses,[69] que consideraram as decisões das Câmaras de Recursos do EEP finais e incontestáveis, bem como dos princípios gerais de procedimentos judiciais aplicados aos recursos da CPE[70], a questão que deve ser levantada é se tal atraso deliberado quanto ao respeito de direitos processuais fundamentais não viola o direito de acesso à justiça previsto no art. 6º, § 1º, da Convenção Européia de Direitos Humanos (CEDH), bem como, por exemplo, a garantia de direitos básicos previstos nos arts. 14, 24.1 e 103 da Constituição Alemã. Sem entrarmos em detalhes, deve-se observar, primeiramente, que tais decisões foram ou proferidas antes da decisão no caso G 1/97 da Grande Câmara de Recursos, ou não levaram em conta tal decisão.[71] E m segundo lugar, seu julgamento a respeito dos princípios que regem os direitos processuais das partes nos recursos da CPE está em clara contradição com a observação feita pela Grande Câmara de Recursos em G 1/97.[72] Considerando-se este último aspecto, o sistema da CPE como um todo deve ser visto como desnaturando a essência do direito de acesso à justiça e desproporcional ao propósito do art. 6º, § 1º, da CEDH, conforme interpretação da Corte Européia de Direitos Humanos,[73] uma vez que, às partes de um recurso no âmbito da CPE, não é oferecido remédio válido em todas as circunstâncias agora enumeradas no art. 112 *a* da CPE. Isto é bem demonstrado pela total inabilidade de o titular de uma patente européia depositada em um país designado; isto é, um direito de propriedade garantido pela Constituição daquele país, prevenir a perda final de sua propriedade baseada em uma decisão da Câmara de Recursos do EEP anulando aquela patente, mesmo em casos nos quais a decisão tenha sido crucialmente influenciada por um ato ilícito ou mesmo criminal. Tal sistema também está aquém dos padrões previstos no art. 24.1 da Constituição Alemã, a qual proíbe a implementação doméstica de um tratado internacional que viole direitos básicos.[74] Logo, uma vez que o art. 112 *a* da CPE não entrou em vigor, partes em um recurso no âmbito da CPE, negativamente afetadas por uma decisão da Câmara de Recursos, devem ser investidas no direito de ter acesso a remédios processuais especiais oferecidos pelas legislações dos respectivos países designados quanto à decisão contestada,[75] ou por analogia ao art. 112 *a* da CPE.

7. Conlusão

O recurso no âmbito da CPE, tal como previsto na Convenção e aplicado pela Câmara de Recursos do EEP, sem dúvida, desde a decisão da Grande Câmara de Re-cursos no caso G 1/99 em abril de 2001, oferece um melhor equilíbrio entre os direitos processuais das partes de direito no procedimento de apelação. A prática da Câmara deve ser vista como justa e equânime, embora, ao contrário da situação no âmbito da legislação alemã e inglesa, não ofereça a possibilidade de apresentação de um recurso dependente cruzado.[76] Entretanto, enquanto o art. 112 *a* da CPE não entrar em vigor, o recurso no âmbito da CPE permanecerá seriamente defeituoso e não estará em consonância com os princípios do TRIPS. O uso de remédios processuais especiais oferecidos pelos Estados Contratantes da CPE não pode ser visto – além do fato de que ainda terão de ser aceitos pelos tribunais nacionais – como uma solução satisfatória.

A importância do procedimento de recurso reflete-se no fato de que, no ano 2000, 1.262 novos casos de recursos foram registrados e 1.208 decididos. Em 31 de dezembro de 2000, 3.259 recursos encontravam-se pendentes perante o EEP. A duração média dos procedimentos levados às Câmaras Técnicas de Recursos era, no ano 2000, de cerca de menos de 32 meses (*ex parte*: 31 meses; interpartes: 32 meses), o que resulta em uma duração um pouco mais longa do que aquela de 1999. A extensão dos procedimentos é um assunto muito delicado e uma questão que pode ser responsável por algumas preocupações sérias e por alguns problemas quanto à imagem do sistema de patentes em geral aos olhos do grande público. Isto é particularmente verdadeiro se for levada em consideração a extensão temporal cumulativa dos procedimentos de oposição e de recurso, o que, em casos extremos – mas não raros –, pode chegar a 10 anos ou mais. Esta situação certamente coloca em cheque o cumprimento dos padrões do TRIPS. Entretanto, caso eu não esteja equivocado, o Escritório Europeu de Patentes está em boa companhia, uma vez que a situação em outros países e sistemas não difere muito substancialmente daquela enfrentada pelo EEP. Isto não deve significar de maneira alguma que a situação deve ser aceita, muito pelo contrário, deve ser um incentivo para se congregar forças, em âmbito internacional, para que soluções aceitáveis e melhores sejam encontradas.

Notas

1. Sem tratarmos especificamente da questão da aplicabilidade direta das disposições do TRIPS pelos tribunais dos Estados-membros da OMC ou pela Corte Européia de Justiça (CEJ), fazemos referência à decisão da CEJ de 30 de setembro de 2001 – Schieving Nijstad vof and others v. Robert Groeneveld (Processo nº C-89/99) do qual podemos inferir que autoridades judiciais dos Estados-membros da União Européia (UE) devem aplicar as disposições do TRIPS diretamente, desde que sejam suficientemente específicas (cf. itens 34, 68 e 70 da decisão). Além disso, mesmo se as cortes tiverem de aplicar normas domésticas em decorrência da falta de previsão específica pelo TRIPS, tal aplicação deverá ser feita – dentro do possível – à luz da letra e dos propósitos daquilo previsto pelo TRIPS (item 35 da decisão) (33 IIC 718-724 (2002). No mesmo sentido, veja-se a decisão do Supremo Tribunal Alemão de 2 de maio de 2002, Mitt. 2002, 454, 456 – Faxkarte.

2. G 1/97, nº.5(e) das Razões, OJ EPO 2002, 322, p. 352.

3. *Ibidem*, OJ EPO 2000, 353.

4. Cf. G 9/91, nº 2 das Razões, *in fine*, OJ EPO 1993, 408, p. 412.

5. Esta situação modificar-se-á quando o Ato de Revisão da CPE de 2000 entrar em vigor. Veja-se infra VI.

6. Com exceção dos processos de nulidade perante os tribunais nacionais dos países-membros da CPE, previstos no art. 138 (1) da CPE (EPC, cf. G 1/97, OJ EPO 2000, 322; UK High Court of Justice/Patents Court (1997) R.P.C. 245 Tribunal Constitucional da Alemanha, GRUR 2001, 728, e Corte Administrativa da Bavária, OJ EPO 2000, 205, p. 210).

7. Cf. G 1/97, nº 5 das Razões, OJ EPO 2000, 349 e ss.

8. Cf., *e.g.* T 843/91, OJ EPO 1994, 832.

9. J 12/85, OJ EPO 1986, 155.

10. G 5/91, OJ EPO 1992, 617.

11. T 154/90, OJ EPO 1993, 505.

12. Cf. ver as decisões mencionadas em Muir/Brandi/Dohrn/Gruber, European Patent Law – Law and Procedures under the EPC and PCT, Oxford etc. 1999, p. 231.

13. Cf. T 220/83, OJ EPO 1986, 249 (primeira nota).

14. G 1/99, nº 6.1 das Razões, OJ EPO 2001, 381ss., at 389; G 1/95, nº 5.3 das Razões, OJ EPO 1996, 615.

15. Sobre o assunto veja-se Stauder/Singer (Joos), Europäisches Patentübereinkommen, 2nd. Ed., Cologne 2000, Art. 106, nºs 2-52 (p. 532-541).

16. Cf. G 1/99, nº 9.1 das Razões, OJ EPO 2001, 392. Para uma visão mais aprofundada, ver Singer/Stauder (Joos). *Op. cit.* art. 107, nº 22 ss. (p. 544 ss.) e os casos do EEP mencionados.
17. G 1/99, nº 6.3 das Razões, OJ EPO 2001, 389, 390.
18. G 1/99, nº 6.2 das Razões, OJ EPO 2001, 389.
19. G 1/99, nº 6.4, OJ EPO 2001, 390.
20. G 4/91, nº 7 das Razões, OJ EPO 1993, 707, p. 712.
21. G 1/94, Primeira nota e nota nºs 10 das Razões, OJ EPO 1994, 787, 794.
22. G 1/94, nº 13 das Razões, OJ EPO 1994, 795. Por uma questão de clareza, deve ser apontado que o status legal de partes intervenientes em processos de oposição é ainda incerto. Vide *e.g.* Singer/Stauder (Joos), *op. cit.*, art. 107, nºs 54, 55 (at p. 551, 552) e Singer/Stauder (Günzel), *op. cit.*, art. 105, nº 21 s.
23. Cf. G 1/86, nº 13 das Razões, OJ EPO 1987, 447, at 453, e G 1/97, nº 3, último parágrafo das Razões, OJ EPO 2000, 345.
24. G 1/86, *ibidem.*
25. OJ EPO 2001, 381.
26. nº 6.1 das Razões (id. 390), fazendo referência ao G 4/93, nºs. 8, 10 e 11 das Razões.
27. nº 7 das Razões (id. 391).
28. nº 9.1 das Razões (id. 392, 393).
29. nº G 4/93, nº 10 das Razões.
30. nº 10.3 das Razões (id. 395).
31. nº 12 das Razões (id. 396).
32. nº 15 das Razões (id. 398, 399).
33. Cf. J 19/82, OJ EPO 1984, 6.
34. G 8/91, OJ EPO 1993, 346.
35. G 7/91, OJ EPO 1993, 356.
36. G 2/91, OJ EPO 1992, 206.
37. G 8/81, nº 10.2 das Razões, OJ EPO 1993, 353.
38. Cf. G 8/93, OJ EPO 1994, 887; T 117/86, OJ EPO 1989, 401; T 323/89, OJ EPO 1992, 169.
39. Cf. T 629/90, OJ EPO 1992, 654.
40. Vide Singer/Stauder (Joos), *op. Cit.*, art. 109 nºs . 14-16, p. 563.
41. G 9/91, nº 18 das Razões, OJ EPO 1993, 419, cf. também G 9/92, nº 2 das Razões, OJ EPO 1994, 875, p.881. Cf. também Waage, Principles of Procedure in European Patent Law, Munich 2002, p. 141 ss.
42. G 9/91, nº 19 das Razões, OJ EPO 1993, 420 (ênfase adicionada). Veja também Singer/Stauder (Joos), *op. cit.*, art. 110, nºs 44, 89 (p. 570 s. 579).
43. Cf. T934/91, nº 3 das Razões, OJP EPO 1994, 184, p. 190. Para mais detalhes sobre *res judicata* ver Singer/Stauder (Joos), *op. cit.* art. 111, nºs 29 ss. (p. 587s.).
44. Cf., *e.g.*, J 18/96, OJ EPO 1998, 403, 412.
45. Cf., *e.g.*, T 329/94, OJ EPO 1998, 241, 249.
46. Cf. T 136/95, JO EPO 1998, 198, 210.
47. Cf., *e.g.*, T 85/93, OJ EPO 1998, 183, 198.
48. Cf., *e.g.* T 1149/97, OJ EPO 2000, 259, 280.
49. Cf. T 219/83, nº 16 das Razões, OJ 1986, 211, 223 s.
50. Cf. T 73/84, OJ EPO 1985, 241.
51. Cf. Singer/Stauder (Schachenmann), *op. cit.*, art. 113, nºs . 63-67 (at p. 615); Bernhardt/Krasser, Lehrbuch des Patentrechts, 4th ed., Munich, 1986, p. 478s.
52. Veja nota I. 4.
53. OJ EPO 2000, 322 (nº 9 das Razões, at p. 356 s. – ênfase adicionada)
54. Ver as decisões referidas na nota nº 5.
55. OJ EPO 2001, 3.
56. Die Überprüfung von Entscheidung der Beschwerdekammern dês Europäischen Patentamts nach dem neuen art. 112 *a* EPÜ, GRUR 2001, 979.
57. *Ibidem*, p. 981 (coluna esquerda) e 983 (coluna direita).
58. Cf. Messerli, GRUR 2001, 982.

59. Veja Messerli, GRUR 2001, 982: *"Damit gibt er zu erkennen, dass er eine gewisse Zurückhaltung für angezeigt erachtet."*
60. Doc. IMPREGSe.
61. Ênfase adicionada.
62. Deve-se notar ainda que, de acordo com o art. 6º – "Aplicação Provisória do Ato", certas disposições da CPE revisada deverão ser aplicadas apenas provisoriamente. O art. 112 *a*, porém, não está incluído no rol.
63. OJ EPO 2001, 139.
64. Veja também Messerli, GRUR 2001, 984.
65. G 1/97, OJ EPO 2000, 356 (veja notas supra nºs 6.3.2.3 e 6.3.2.4).
66. O que tem sido abordado pela Corte Constitucional Alemã: "*Das bedeutet für das Patentrecht: Zu den konstituierenden Merkmalen des Patentrechts als Eigentum im Sinne der Verfassung gehören die grundsätzliche Zuordnung der vermögenswerten Ergebnisses der schöpferischen Leistung an den Patentinhaber im Wege privatrechtlicher Normierung und seine Freiheit,in eigener Verantwortung darüber verfügen zu können. Das macht den grundgesetzlich geschützten Kern des Patentrechts aus.*" (Decisão de 1º de Maio de 2000, GRUR 2001, 43, at 44).
67. Este direito básico aplica-se a nacionais bem como a estrangeiros (cf. Schmidt/Bleibetreu/Klein, Kommentar zum Grundgesetz, 8th ed., Neuwied etc. 1995, art. 14nº28, at p. 401).
68. Veja nota *supra* nº 5.2.1. Deve-se notar que a análise do TRIPS pelo Órgão Especial de Apelações em G 1/97 (OJ EPO 2000, 351 ss. – (d) e (e) das Razões) concentrou-se quase que exclusivamente na interpretação da correta relação entre o art. 32 e o art. 62.5 de TRIPS, mas em momento algum lidou com as conseqüências geradas a partir do fato de que o art. 62.4 de TRIPS refere-se aos padrões gerais processuais previstos nos arts. 41.2 e 42.3 de TRIPS.
69. Cf. decisões referidas na nota de rodapé nº 6.
70. Cf., *e.g.*, Corte Constitucional Federal Alemã, GRUR 2001, 729.
71. Este é caso na Corte Constitucional Federal Alemã, GRUR 2001, 728.
72. Cf. *supra* VI. 2 (OJ EPO 2000, 356, nº 9 das Razões).
73. Em Waite and Kennedy versus Germanty, Application nº 26083/94, NJW 1999, 1133.
74. Cf. Decisão da Corte Constitucional Federal no Caso Maastricht, 33I.L.M. 388 (1994), p. 414; e caso Solange, BVerfGE 73, 339 (p. 375, 376).
75. Tais remédios existem, e.g., na Áustria, França, Alemanha, Itália, Holanda, Espanha, Suíça, e no Reino Unido (cf. J 3/95, OJ EPO 1997, 493 (506 e ss.)).
76. Veja para o caso alemão, BGH, GRUR 1983, 725, 727 – Ziegelsteinförmling. Cf. também Muir/Brandi/Dohrn/Gruber, *op.cit.*, p. 241, 242.

2 OS LIMITES DOS DIREITOS PATENTÁRIOS EM TERMOS TEMPORAIS, GEOGRÁFICOS E DE CONTEÚDO*

CHRISTOPHER HEATH**

1. Maristela Basso, Brasil e Direitos Patentários

Um estrangeiro à procura de um estudo acadêmico de fôlego sobre o marco regulatório brasileiro de proteção da propriedade industrial ficará facilmente desapontado: muito pouco pode ser encontrado para satisfazer a curiosidade (ao contrário do que ocorre na Argentina); no mais, o único Código Comentado de Propriedade Industrial disponível no mercado brasileiro foi elaborado e editado pelo escritório de advocacia Dannemann Siemsen,[1] cujo conteúdo reflete, freqüentemente, perspectivas tendenciosas em favor dos titulares de Direitos de Propriedade Intelectual, que são – alguém suspeitaria dizer – a grande clientela deste escritório. O que falta, conseqüentemente, é uma análise doutrinária neutra; e é um êxito logrado por Maristela Basso ter criado um núcleo de pesquisa acadêmica em direito da propriedade intelectual na Universidade de São Paulo. A partir de lá, ela iniciou um processo de colocação dos Direitos de Propriedade Intelectual no lugar a que pertencem: no ponto de equilíbrio entre os interesses dos titulares de direitos privados e do interesse público. Não apenas em países em desenvolvimento, mas também entre os países desenvolvidos, vêm surgindo vozes críticas – tanto do

---

* Texto traduzido e adaptado por Edson Beas Rodrigues Jr.

** Doutor em Direito; juiz do Órgão de Apelações do Ofício Europeu de Patentes, em Munique. Ex-chefe do Departamento para Ásia do Instituto Max Planck, em Munique.

Judiciário[2] quanto da Academia[3] – contra a expansão desmedida dos Direitos de Propriedade Intelectual.

O presente artigo procurará focar-se em algumas das limitações aos direitos patentários. A presente análise se baseará nos ensinamentos de Josef Kohler sobre as "conexões entre as formas de uso" e a função social das patentes, com vistas a reequilibrar os limites dos direitos patentários.[4] O artigo analisará criticamente as opiniões expressas pelos Comentários à Lei de Propriedade Industrial coordenado e escrito por Dannemann Siemsen advogados.

2. Justificações e Limitações ao Regime Patentário

Filho da livre concorrência, porém excluindo-a, o sistema patentário é um clássico exemplo da tensão entre os monopólios e o livre-mercado: um escopo de proteção muito restrito ofereceria incentivos insuficientes para fomentar inovação, enquanto, ao revés, um escopo muito amplo obstaculizaria inovação e levaria a uma alocação ineficiente de recursos. Entretanto, uma recomendação econômica em direção ao escopo ideal de proteção é quase impossível: Machlup já provou que, no fim das contas, nenhuma das justificações para a existência e manutenção do sistema patentário (veja adiante) é conclusiva.[5] Mas se as vantagens econômicas de uma exceção limitada à livre concorrência não podem ser claramente provadas, menos ainda será possível determinar os limites para tal exceção.[6] Porém, alguns parâmetros podem ser identificados, que devem ser satisfeitos pelo regime patentário, com vistas a dar ao titular da patente um monopólio-recompensa pelo amplo acesso à sua invenção: o Estatuto de Monopólios de 1624 exigia que a concessão de um monopólio não privasse o público daquilo que já era por ele usufruído, exigindo, pois, que a invenção fosse nova. E para que o público pudesse se beneficiar da invenção, esta deveria ser revelada de maneira que permitisse a reprodução de todas as características cuja proteção é reivindicada por uma pessoa habilitada naquele campo específico da técnica.[7] Ainda, o objeto do direito patentário deveria ser equilibrado com os interesses do inventor e do público em geral:[8] enquanto ao inventor deve ser concedido um escopo de proteção equivalente ao objeto da invenção, o direito patentário não deve impedir o progresso tecnológico por conta de insegurança jurídica ou proibição de pesquisa e inovação envolvendo a invenção protegida como ponto de partida.

Na época em que havia discussões sérias sobre a introdução ou abolição do regime patentário – na Inglaterra, entre 1850 e 1875; na Alemanha, entre 1860 e 1877; na Holanda, entre 1850 e 1910 – basicamente quatro teorias foram utilizadas para justificar o regime patentário:

(1) A propriedade do inventor sobre suas invenções era um direito natural (*droit de l'homme*). Esta teoria é inconsistente com a limitação temporal (direitos de propriedade podem ser herdados e são perpétuos, então, por que os direitos patentários não deveriam seguir as mesmas regras?),

e com o fato de que o titular da patente pode excluir terceiros que chegaram ao mesmo resultado, de forma independente, de explorar sua invenção.

(2) O inventor deveria ser recompensado por meio da concessão de um monopólio. De acordo com esta teoria, seria necessário analisar os esforços envidados pelo inventor: por que deveria o inventor que pouco investiu ser recompensado da mesma forma que aquele que investiu indiscutivelmente mais? Se um inventor é recompensado por sua contribuição à sociedade, não teria ele que compartilhar sua recompensa com aqueles que serviram de base para se alcançar aquele resultado? E por que (questão já levantada pela teoria 1) deveria apenas o primeiro inventor ser recompensado, de forma que seja autorizado a impedir o uso de todos aqueles que chegaram, posteriormente, à mesma invenção?

(3) Com vistas a ampliar o estado da técnica (o que é considerado desejável), a sociedade deveria oferecer um incentivo para inovar. O regime patentário deveria, em outras palavras, adicionar "o combustível do interesse à chama do gênio" (Abraham Lincoln). Esta teoria pressupõe que "patentes são o meio mais barato e eficiente para se oferecer estes incentivos".[9] Para que isto seja verdadeiro, o regime patentário de qualquer país deve ser compatível com suas exigências sociais e tecnológicas.[10] Logo, esta teoria presume que o inventor não tem um direito *per se*, mas que a sociedade oferece ao inventor um monopólio regulado por condições que são socialmente favoráveis.[11] O regime patentário torna-se, conseqüentemente, um instrumento de política interna, e escolhas apropriadas devem ser feitas de modo que não impeçam o desenvolvimento de novos avanços em relação ao produto ou processo patenteado.

Isto toca o cerne do que será discutido adiante, no item 5, sobre avanços por meio de experimentos.[12]

(4) Com o objetivo de estimular o titular do direito patentário a revelar sua invenção ao público, o direito de monopólio deveria ser concedido como retribuição. O direito patentário é, logo, um contrato entre o público e o inventor, e a obrigação assumida pelo último seria a de revelar sua invenção. Esta teoria é melhor para esclarecer porque a primeira pessoa a reivindicar proteção (= revelar) deveria ser recompensada desproporcionadamente. Mas com vistas a ser consistente deveria o Estado exigir uma distinção entre as invenções que, mesmo antes do depósito do pedido de proteção, seriam detectáveis de qualquer maneira, daquelas que não seriam. De acordo com esta teoria, apenas aquelas invenções que não seriam parte do domínio público sem o depósito do pedido de proteção seriam protegíveis. Por outro lado, estudos sociológicos recentes são altamente críticos em relação ao mecanismo de revelação (limitada) adotado pelo regime patentário, que

impediria uma melhor cooperação, *e.g.* entre universidades[13]. Esta teoria também reforça a interdependência entre o monopólio patentário e a função social do sistema. Com base tanto na teoria (3) quanto na (4), a imposição de obrigações de natureza social ao titular da patente é inerente ao sistema, e os direitos patentários devem, pois, não ser interpretados isoladamente, mas dentro do contexto de um sistema legal.

Josef Kohler não se fundamentou em nenhuma das teorias supramencionadas para justificar as obrigações sociais do titular da patente; ele considerou a concessão do monopólio razão suficiente para impor, ao titular da patente, certas condutas. Esta é uma idéia relativamente moderna: mesmo no direito concorrencial, uma empresa monopolista ou que tenha posição dominante deve cumprir com regras de mercado diferentes daquelas seguidas por empresas comuns.

> A justificação para este princípio geral é a seguinte: normalmente é deixado à discricionariedade de cada um utilizar ou não seus direitos, sendo tal conduta correta se este comportamento indiferente não trouxer desvantagens suficientes ao público em geral; mas se este for o caso, o indivíduo não poderá impedir o acesso do público a um patrimônio culturalmente importante por meio de seu não-uso: o exercício deste direito, conseqüentemente, torna-se uma obrigação de viés social. Isto se aplica a todos os casos em que o titular de um direito detém um monopólio, no qual o não-exercício deste direito irá impedir que certo país ou mesmo o mundo inteiro tenha acesso a um bem: a ninguém é permitido explorar uma posição de monopólio, podendo impedir terceiros de figurar no mercado, sem garantir ao público os frutos deste ganho econômico, e isto é especialmente verdadeiro para uma invenção de caráter social e seus imensos impactos em todas as circunstâncias da vida.[14]

Enquanto a exigência de exploração da invenção não será discutida neste momento, deve-se ter em mente que a função das patentes é de estimular, e não restringir. Com o fito de produzir benefícios sociais a partir do direito patentário, este não deve ser invocado em casos nos quais sua observância e aplicação resultaria em uma perda social sem que houvesse, ao mesmo tempo, qualquer ganho para o titular da patente. No caso de infração a direitos patentários por uso de terceiros, tal infração deve ser determinada pelo prejuízo causado ao titular da patente, e não com base na vantagem que pode ter sido auferida pelo ato de terceiro. Esta parece ser a perspectiva adotada pelo art. 43 (I) da LPI que não considera infração aos direitos do titular de uma patente certos atos cometidos sem "prejuízo ao interesse econômico do titular da patente". Logo, infração exige prejuízos ao titular da patente, e não lucros auferidos por terceiros.

3. Da Conexão Entre as Formas de Uso e os Limites Sociais dos Direitos Patentários

A legislação patentária mais avançada do século XIX era a inglesa, e foi também a primeira a contemplar a tensão intrínseca entre livre-comércio e os monopólios patentários. A legislação inglesa resolveu este conflito por meio da hoje conhecida doutrina da licença tácita: com vistas a assegurar o livre-comércio e o livre trânsito de bens, o comprador de um produto patenteado era considerado titular de uma permissão (licença) para usar o produto como bem entendesse, salvo se o titular explicitamente restringisse os limites desta "licença":

> É aberto ao titular da patente, em virtude de seu monopólio de natureza estatal, efetuar uma venda submodo ou acompanhada de condições restritivas, as quais não seriam aplicáveis no caso de comércio de bens comuns... a imposição destas condições, no caso de venda, não é presumida, mas, ao contrário, a venda tendo sido efetuada, a presunção é que o comprador se sub-roga nos direitos amplos do vendedor. Os direitos do comprador sobre o bem protegido serão limitados, apenas se forem trazidas ao seu conhecimento, no momento da compra, as condições limitadoras de seu direito, pelo titular da patente ou seu representante legal".[15]

Josef Kohler não queria inserir tal doutrina no direito patentário continental, por acreditar que não seria apropriado, principalmente porque o titular da patente poderia fixar condições de uso para vendas subseqüentes do produto. Kohler tentou encontrar uma solução fundamentada na justificação do regime patentário, de forma que garantisse ao titular da patente um monopólio sobre a produção do produto objeto da patente, mas que não se estendesse a outros atos de uso. A partir destas considerações, Kohler desenvolveu a doutrina sobre a conexão entre as diferentes formas de uso (*e.g.*, produção, venda, oferecer à venda, importar, exibir etc.):[16]

> [452] 5. Conexão entre formas de uso:
> a. Geral
> § 178.
> As diferentes formas pelas quais uma invenção pode ser utilizada gozam de uma certa independência, apesar de não faltar conexão entre elas, e estas se manifestarem em considerações legais importantes.
> Em particular, os princípios básicos a seguir se aplicam:
> I. Toda patente concede direitos sobre todas as formas de exploração possível, de acordo com o tipo de invenção: não é correto conceder uma patente cobrindo o mero direito de uso, e para outra o mero direito de produção. É igualmente impossível posteriormente rebaixar os poderes conferidos ao titular da patente. É apenas possível conceder a terceiros uma licença cobrindo um ou vários dos poderes conferidos pela patente, dentro dos limites geográficos em que a patente deve ser explorada. Este aspecto será analisado mais aprofundadamente no ponto quatro deste artigo.
> II. As conexões entre as formas de uso têm certas conseqüências:
> A. O uso e distribuição dos produtos patenteados estão sempre em conexão com a produção, ou seja, são uma continuação desta última, são um desenvolvimento econômico adicional à exploração da patente que se concentra na produção do objeto da patente;
> B. O uso doméstico e distribuição de bens podem ser a continuação de um prévio ato de distribuição doméstica, se o uso e distribuição subseqüentes forem conseqüência legal de uma distribuição prévia.

De A. decorre o seguinte:

1. se o objeto da patente tiver sido produzido, em âmbito doméstico, de forma legítima, conseqüentemente poderá também ser comercializado e utilizado em âmbito interno. Logo:

Tivesse sido produzido por um licenciado, [453] o objeto pode ser vendido e utilizado por terceiros, mesmo quando a licença expirar; o mesmo se aplica em casos de produção por uma pessoa temporariamente autorizada a usar a patente, sendo a patente transferida, posteriormente, a outrem;

Se os bens foram produzidos legitimamente por um usuário anterior, este terá também o direito de comercializar os bens, e terceiras partes terão o direito de usá-los;

Uma vez que o produto foi legalmente produzido, qualquer comprador subseqüente poderá usá-lo (veja Circuit Court Northern District New York 1889, Comm. Dec. 1890, 283), mesmo não se conseguindo estabelecer qualquer relação legal direta com o titular da patente. Este princípio se aplica especialmente ao possuidor de boa-fé, mas também ao possuidor em geral: um possuidor de má-fé que usar uma máquina pode cometer um crime contra a propriedade, mas não contra um direito de patente.

O comprador de bens legalmente produzidos é protegido pela legislação patentária, mesmo em casos em que o comprador vendeu os produtos sob certas condições; se os bens entram no comércio, tais restrições podem ser impostas sobre o comprador por meio de obrigações contratuais, e podem também ser impostas em relação a compradores subseqüentes no limite das obrigações previamente assumidas pelo vendedor ou nos limites da compra efetuada com má-fé, *e.g.*, por explorar a ignorância do representante do titular que, conseqüentemente, não impõe restrições previamente assumidas. Tais restrições, porém, não podem ser impostas por meio do direito patentário (diferente da perspectiva norte-americana, para a qual tais restrições têm efetividade na esfera do direito patentário, pelo menos em casos envolvendo comprador de má-fé).

...

O princípio supra não pode ser ab-rogado pelo titular da patente: a cláusula que exige que um certo produto produzido legalmente apenas pode ser distribuído de determinado modo, ou apenas pode ser utilizado por certa pessoa, é sem efeito e ocasionaria um ônus comercial de difícil administração. Uma vez que a pessoa legalmente autorizada colocou o bem no comércio, este está liberado para livre distribuição e nenhum tipo de interferência é tolerável. Certamente, é possível impor restrições contratuais; embora tais restrições apenas tenham efeito contratual, como esclarecido acima. Isto é aplicável mesmo quando a pessoa autorizada produz bens patenteados, mas ainda não os distribuiu. Se os bens forem roubados, as leis penais regulando furto/roubo são as únicas que se aplicam: o possuidor dos bens pode ser tido como ladrão ou como receptador de mercadorias roubadas, mas não como infrator de patentes, embora utilize e distribua os bens. E se os bens são melhorados [455], o titular da patente não pode se opor à execução de atos desta natureza. Mas para isso é exigido que o bem já tenha sido produzido, de forma legal, anteriormente. Pode, logo, ser uma contravenção contra as obrigações contratuais se um inventor concorda com um vendedor A que A deverá vender os bens a um número de pessoas previamente indicado, e A age contrariamente ao pré-estipulado. Mas tal contravenção não pode nunca ser considerada contrária à legislação patentária; o mesmo se um comerciante varejista fornece os bens patenteados àqueles que o titular da patente queria impedir de ter acesso.[17]

Josef Kohler, conseqüentemente, faz uma conexão entre as formas de uso das patentes para estabelecer limites aos direitos do titular das patentes. Ele toma em consideração o ato de produção como o ponto de partida para sua teoria, segundo a qual todos atos adicionais de exploração comercial seguintes à produção autorizada são cobertos por este último e, por isso, não exigem autorização do titular da patente.[18]

O titular da patente pode, logo, apenas invocar seus direitos sobre aqueles produtos cuja manufatura, a princípio, infrinjam seu direito, mas não sobre outros. E enquanto regimes legais nacionais que implementam o TRIPS vêm expandindo o número de atos considerados infratores (e.g. os atos de importação), isto não aumenta, porém, o número de produtos contra os quais os direitos patentários podem ser invocados. Em outras palavras, as diferentes formas de uso dependem umas das outras, podendo ser invocadas apenas contra produtos infratores. Os direitos individuais conferidos ao titular de patentes formam, pois, um leque de direitos que não podem ser separados uns dos outros.

Não muito depois de Kohler, a visão de que o mero ato de produzir deveria exaurir os direitos do titular da patente foi levantada.[19] O ato decisivo, porém, deveria ser o primeiro de caráter comercial, perspectiva esta que tem sido repetidamente adotada pela Corte Européia de Justiça.[20] Logo, o direito de patente pode ser invocado antes do primeiro ato de natureza comercial envolvendo os bens protegidos pelo titular da patente ou pelo seu representante (licenciado, por exemplo), mas não depois. No caso de bens comercializados por terceiros sem o consentimento do titular da patente, este poderá invocar seus direitos em qualquer momento, ou seja, sobre esses bens o seu direito decorrente da patente nunca se exaure. O primeiro ato de caráter comercial deve ser o correto parâmetro de referência, já que a essência do monopólio é sua realização comercial por meio da colocação do produto no mercado. É neste momento que o lucro decorrente do monopólio é fruído, e é ao lucro do monopólio que o titular da patente tem direito e que o direito patentário deve oferecer a ele. Deste raciocínio pode-se inferir uma conclusão adicional ao que foi dito: todos os atos listados nas legislações patentárias nacionais protegem o titular da patente contra atos de infração cometidos por terceiros, desde que estes atos interfiram no monopólio comercial do titular; e se tais atos não interferirem na exploração comercial do monopólio conferido pela patente, não há, pois, infração.[21] Isto significa que para se determinar infração a direitos patentários não é suficiente que terceiros pratiquem algum dos atos listados na legislação local de propriedade industrial, mas tal ato deve também, e principalmente, interferir naquilo que é exclusivamente reservado ao titular da patente: o ato de exploração comercial dos produtos patenteados por meio de sua comercialização.[22]

4. Dos Limites Territoriais do Direito Patentário

Como é bem sabido, os direitos patentários são territoriais e apenas protegíveis no território em que a proteção foi reivindicada. Porém, existe também a tendência em certas legislações nacionais patentárias de se proteger o titular da patente contra atos de infração cometidos no exterior, *e.g.* U.S.C. Sec. 271 (f), disposição que cobre atos de exportação de partes de produtos que, se montados nos Estados Unidos, seriam considerados ilegais.[23]

Mesmo na ausência deste tipo de disposição legal, algumas cortes tendem a considerar a comercialização no exterior ato de infração, desde que, pelo menos, o ato de oferta comercial tenha ocorrido internamente. Neste sentido, mencionaremos um caso decidido recentemente na Itália. Os réus, a partir da sede de seus negócios, em Milão, intermediavam contratos celebrados entre produtores não europeus e compradores também não europeus em relação a produtos patenteados na Itália, sem que tais produtos jamais tivessem sido importados para a Itália. A Corte julgou as transações ocorridas em Milão como infratoras à patente local, uma vez que o negócio configurou o ato de "oferecer à venda" produtos patenteados.[24] Este caso não é único.[25] A Suprema Corte italiana sustentou que o propósito das disposições da Lei de Patentes italiana é "impedir terceiros de se envolverem em toda e qualquer atividade comercial relacionada à patente que possa gerar vantagem econômica/comercial". Gerhard Schricker, um importante acadêmico alemão, justificou esta linha de ação:

> Os atos individuais de infração são independentes uns dos outros... A oferta à venda não está compreendida no ato de primeira comercialização como um ato meramente preparatório... Em outras palavras, é irrelevante se o ato de oferecer à venda implica preparar para que haja um ato infrator de comercialização ou que ele se relacione a um produto cuja produção já se qualifique como um ato de infração. Mesmo que a produção tome lugar num país estrangeiro, no qual não haja direitos patentários reconhecidos sobre dado bem, a oferta doméstica configura ato de infração... Tendo em vista a independência do ato de oferecer à venda, este deve qualificar como ato infrator, mesmo se a entrega do bem ocorrer apenas depois de a patente ter expirado, desde que a oferta à venda tenha ocorrido durante a vida da patente.[26]

A questão que se levanta é se a visão mencionada anteriormente vai ao encontro da teoria de conexões entre formas de uso e ao encontro dos limites definidos dos direitos patentários: Os atos de uso (produção, oferecer à venda, venda, exportação, importação) definidos pelas legislações patentárias são reservados ao titular da patente, em relação a certos produtos controlados por ele no âmbito geográfico da patente. No caso acima, a exploração econômica dos produtos fora da Itália não está reservada ao titular da patente, já que não era a intenção comercializá-los no domínio territorial da patente (Itália). Mas um uso pode infringir se este for reservado ao titular da patente em relação a certo produto ou processo. Isto é diferente quando os bens oferecidos no mercado doméstico forem produzidos no exterior por terceiros: aqui, o uso econômico de tais bens é reservado ao titular da patente, podendo excluir terceiros da comercialização de bens que infrinjam seu direito. Esta conexão entre oferecer à venda e comercialização é tão visível aqui quanto no caso de exaustão de direitos: a oferta de bens que já foram previamente comercializados pelo titular da patente não pode também ser impedida, tendo em vista que a comercialização subseqüente dos bens protegidos não pode mais ser controlada pelo titular da patente. No mais, deve-se ainda mencionar que o titular da patente não pode impedir atos de terceiros apenas por estes poderem auferir alguma vantagem. O titular da patente, entretanto, pode proibir aqueles atos que tenham o potencial de diminuir a extensão de seu monopólio. Não é a vantagem do infrator que é o ponto de referência, mas a perda incorrida pelo titular da patente. Os limites sociais dos direitos patentários[27] exigem uma resposta à seguinte questão: o que deve ser reconhecido ao titular da patente para que se possa determinar o que ele pode impedir terceiros de fazer?

5. Dos Limites Temporais dos Direitos Patentários

Direitos patentários são concedidos por um período de vinte anos, a contar do depósito do pedido. Em alguns países, a vida de patentes farmacêuticas pode ser estendida, se a comercialização dos produtos patenteados tiver sido obstruída pelas exigências para sua aprovação.[28] Depois da expiração da patente, terceiros podem livremente utilizar o conhecimento protegido, mas não durante sua vida. Mas e quanto aos atos preparatórios de terceiros durante a vida da patente, com vistas a comercializar os produtos patenteados imediatamente após a patente expirar?

De terceiros produzindo medicamentos genéricos se exige, no mínimo, uma aprovação simplificada para comercialização, mesmo se o princípio ativo for bioequivalente ao fármaco já previamente aprovado. Para a aprovação simplificada, testes de bioequivalência são necessários; se tais testes não forem permitidos durante a vida da patente, a aprovação de comercialização seria atrasada por um período substancial, e os produtores de genéricos não seriam capazes de comercializar seus produtos imediatamente depois da patente expirar. Com o objetivo de superar este obstáculo, o legislativo e as cortes de diversas jurisdições diferentes vêm adotando soluções diversas:

(a) de acordo com decisões de Cortes norte-americanas[29] e britânicas,[30] testes com o intuito de obtenção de aprovação para comercialização não são cobertos pela exceção de pesquisa, prevista em suas legislações patentárias, sendo considerados atos infratores. Nos Estados Unidos, porém, a Lei Hatch-Waxman exime testes de substâncias bioequivalentes com o objetivo de se obter aprovação de comercialização.[31]

(b) As Cortes japonesas[32] e italianas[33] vêm considerando que aprovação para comercialização é meramente um ato de preparação para exploração comercial do produto, após a expiração da patente. Se o titular da patente pudesse se opor a tais atos preparatórios, a vida da patente seria injustificadamente estendida.

(c) A Suprema Corte do Japão também justificou a exceção para testes, ao considerar que a Lei de Produtos Farmacêuticos não poderia exigir a condução de novos testes clínicos em seres humanos com o propósito de gerar conhecimentos que a Lei de Patentes não considera novos.

(d) Finalmente, a Suprema Corte da Alemanha[34] considerou tais testes como cobertos pela exceção de pesquisa, quando, pelo menos, algumas informações adicionais fossem geradas, o que é, na prática, o caso mais comum.

As posições supra são diferentes tanto na justificativa quanto no resultado. Quando uma infração é negada, esta é fundamentada tanto nos limites temporais quanto no conteúdo da patente. Quando uma infração é admitida, esta é fundamentada tendo em vista tanto a falta de informações adicionais geradas pelos testes de bioequivalência, quanto pela natureza comercial dos testes efetuados. Em todo caso, as seguintes observações devem ser feitas:

Atos de natureza não-comercial – testes ou outros – não devem estar dentro do objeto de proteção do direito patentário, haja vista que a patente é um monopólio para exploração comercial. Atos de natureza não-comercial não necessitam da exceção de pesquisa para serem considerados não-infratores. A tentativa de reduzir o âmbito de aplicação da exceção de pesquisa para atos de natureza não-comercial é, pois, não apenas incorreta, mas inadequada:

> O objeto da patente não é explorado quando, dentro de uma empresa, testes são conduzidos envolvendo um produto ou um processo; estes atos não alcançam a finalidade da invenção. Uma visão oposta levaria a resultados indefensáveis. Se alguém quisesse impedir uma indústria química de trabalhar sobre o objeto patenteado de terceiros, após sua publicação, procedimentos de defesa em favor desta indústria química seriam praticamente abolidos. Além disso, qualquer desenvolvimento adicional de tecnologia seria impedido, salvo se testes para aparelhos mecânicos pudessem usar processos ou máquinas patenteadas como ponto de partida... Pietzker procura sustentar que a execução de testes em pequena escala são permissíveis, *e.g.*, em laboratórios, mas não em empresas. Em um sem-número de casos, isto significaria uma completa proibição de testes, já que testes, em regra, são conduzidos apenas em empresas.[35]

Resumindo, qualquer regime patentário que deseje fomentar progresso tecnológico (e qual regime não tem este propósito?) deve permitir dois tipos de uso experimental: primeiramente, experimentos para se verificar que o que foi descrito no pedido depositado efetivamente funciona, e, segundo, experimentos executados para se avançar a invenção protegida, em termos tecnológicos, e, logo, ampliar o estado da técnica. Ambos usos experimentais servem a interesses fundamentais do público: invenções patenteadas que não funcionam conforme pedido depositado/carta patente são, no melhor dos mundos, inúteis, e no pior, reveladas insuficientemente descritas. Logo, proteção para estas invenções não deve ser concedida, ou deve ser invalidada, de forma que não se crie a impressão equivocada sobre a existência de um direito protegido. Quanto à segunda razão, se o regime patentário tem como missão estimular novos desenvolvimentos na área tecnológica, tais incentivos não devem ser disponibilizados apenas para o titular de uma dada patente, mas também a todos potenciais futuros titulares de patentes que, por meio de experimentos, estão em posição de desenvolver tecnologias alternativas que não são infratoras, são tecnologicamente superiores e, possivelmente, patenteáveis. O titular da patente pode e deve apenas obter o monopólio para a exploração comercial de sua própria invenção, mas não cobrindo futuras pesquisas: o titular da patente pode proibir a produção do produto patenteado para uso como material experimental para outras tecnologias, mas não para avançar a tecnologia patenteada como tal. Por exemplo, ninguém, além do titular da patente, tem autorização para produzir comercialmente um catalisador para ser usado em reações facilitadas por este: este ato seria conduzido em detrimento ao monopólio comercial do titular da patente.[36] Mas todos deveriam ser autorizados a produzir tal catalisador para se assegurar que ele é funcional, ou para avançar em termos tecnológicos, ou ainda, para substituí-lo por uma alternativa tecnológica superior.[37] Nestes limites, tais atos conduzindo à inovação são eximidos.

É, porém, debatido o limite em que novos resultados podem ser alcançados legitimamente por meio de testes de bioequivalência. Estes testes pretendem provar equivalência e não superioridade. Por esta razão, algumas cortes invocaram limitações temporais das patentes: uma exploração comercial é permitida depois da patente expirar; no entanto, o bloqueio de atos preparatórios para este fim estenderia injustamente a vida da patente. Esta argumentação é similar àquela usada no caso de comercialização no exterior: o titular da patente não é privado de qualquer vantagem comercial reservada a ele, uma vez que a comercialização ocorrerá apenas depois da patente expirar. Neste respeito, testes clínicos não privam o titular da patente de qualquer ganho decorrente de seu direito de monopólio, salvo se forem conduzidos de forma que interfera nas vendas do titular da patente.[38] O mesmo é verdadeiro para outros atos como os de estocagem.[39] Entretanto, veja também o ponto 7, sobre ônus da prova.

6. Dos Limites dos Direitos Patentários em Termos de Conteúdo – a Exaustão

6.1. Terminologia

O termo "exaustão", quando usado no contexto dos direitos de propriedade intelectual, é adotado nos dias atuais em muitas línguas. Os franceses se referem a *épuisement*, os espanhóis ao *esgotamiento*, os japoneses ao *shomô riron* ou *shojinron*, e os alemães ao *Erschöpfung*. O alemão Josef Kohler, que provavelmente foi o primeiro jurista a estabelecer os fundamentos doutrinários do conceito de exaustão, não estabeleceu um termo apropriado para a teoria. Em 1902, quando proferiu decisão pela Suprema Corte Imperial alemã (Reichsgericht), referiu-se ao termo consumição (*Konsumtion*[40]).

O termo – o qual, algumas vezes, não é bem compreendido – não se refere à existência de direitos de propriedade intelectual, mas aos limites em exercitá-los em relação a certos produtos. Não o direito como tal é exaurido, mas as possibilidades de exercê-lo.

6.2. Conceitos Doutrinais sobre Exaustão Doméstica

O conceito de exaustão se relaciona à limitação ao exercício de direitos de propriedade intelectual. A criação de tal limitação tornou-se necessária para reconciliar o conceito de exclusividade reconhecida pela legislação patentária com o bom senso e as exigências do comércio moderno. Direitos autorais e patentários concedem ao titular direitos exclusivos de exploração comercial. Estes se relacionam não apenas à produção, mas também à distribuição comercial de produtos protegidos.

Tomado literalmente, o titular do direito poderia não apenas controlar a produção e primeira comercialização dos produtos protegidos, mas também todos os atos subseqüentes de revenda, empréstimo, aluguel, exportação e importação dos produtos protegidos. O bom senso nos alerta que isto dificilmente poderia funcionar assim, já que iria sufocar o comércio destes produtos. Ao determinar e justificar os limites de tais direitos exclusivos, um grande número de conceitos vem sendo desenvolvido. O sistema inglês desenvolveu a doutrina da "licença tácita", regulando produtos protegidos por direitos de propriedade intelectual pelas normas do direito de propriedade. No último caso, a venda de um produto pelo seu titular transfere todos os direitos de propriedade ao comprador, salvo se certos direitos forem excluídos da transferência. Logo, o mesmo deveria se aplicar a produtos protegidos por direitos de propriedade intelectual: o comprador estaria autorizado a negociar estes produtos da maneira que desejasse, salvo se o vendedor retivesse algum(s) direito(s). Este conceito é fundamentado nos princípios de transferência do título de propriedade e, conseqüentemente, nos princípios desenvolvidos sob os auspícios do direito contratual, tendo a vantagem de aplicar as mesmas regras de transferência tanto para a propriedade real quanto para a intelectual, informando o comprador imediatamente a respeito de quaisquer restrições relacionadas à livre disposição dos bens adquiridos, ao mesmo tempo em que coloca o ônus de informar as restrições no vendedor.[41]

O conceito de exaustão, subseqüentemente desenvolvido por Josef Kohler em seu manual sobre direito patentário de 1900, segue uma linha diferente. Kohler considerou insatisfatório que o vendedor dos bens protegidos devesse estar numa posição de limitar qualquer distribuição comercial subseqüente. Para ele, o livre fluxo de bens exigia uma noção de limites absolutos, intrínsecos aos direitos patentários. Para Kohler, apenas uma doutrina que inserisse livre-comércio nos limites absolutos dos direitos patentários poderia oferecer um grau razoável de certeza. Kohler, logo, desenvolveu duas teses e uma conclusão. Sua primeira tese se referia à justificação do regime patentário. Direito patentário foi desenvolvido para recompensar o titular de patente por seus esforços inventivos por meio da alocação de um direito de monopólio que o autorizasse a excluir terceiros da exploração comercial de sua invenção protegida. A segunda tese de Kohler se relaciona à conexão entre as formas de uso comercial (ponto 3 do presente artigo). As diferentes formas de uso das patentes (produção, venda, aluguel, empréstimo, exportação, importação) não podem ser vistas isoladamente, mas estão interligadas profundamente. De fato, elas poderiam ser vistas como expressões diferentes de um direito comum. Com base nestas duas teses, a conclusão de Kohler foi a seguinte: uma vez que a patente concede ao seu titular a oportunidade de receber uma recompensa por meio da exclusão de terceiros, esta recompensa poderia ser obtida uma vez para cada produto. Uma vez que o titular da patente tivesse usado a invenção patenteada com respeito a certo produto, ele não poderia mais exercitar seu direito sobre este dado produto. Esta limitação não era confinada à forma de uso escolhida pelo titular da patente, mas levando em conta que as formas de uso fluem umas das outras, todos os atos comerciais subseqüentes envolvendo este mesmo produto estariam abarcados. Se o titular da patente tivesse vendido um artigo patenteado, ele não poderia mais excluir terceiros de se envolver em qualquer atividade comercial envolvendo este produto, *e.g.*, venda, aluguel ou exportação. Esta conexão entre as formas de uso foi justificada pela tese de Kohler sobre a função da patente: se ao titular da patente foi concedida uma oportunidade de obter uma recompensa sobre cada produto patenteado produzido, o primeiro ato de uso comercial satisfaria esta exigência, e o titular não estaria mais autorizado a exercitar seu direito patentário em relação a este produto, independentemente da modalidade de uso. Restrições contratuais não podem limitar a exaustão, embora possam ser acionáveis pelo direito contratual. A doutrina de Kohler envolve, logo, o primeiro ato comercial e não a primeira venda, o que é diferente pela lei norte-americana.[42] É igualmente irrelevante a que extensão o titular da patente concorda com futuros usos do produto patenteado.[43] E, finalmente, a questão sobre reparo autorizado/reconstrução não-autorizada não mantém relação com exaustão de direitos, mas sim exige o cotejo entre o ato de reparar e as reivindicações presentes na patente.[44] Logo, a doutrina inglesa da licença tácita não foca na delimitação do escopo de proteção reconhecido pelo direito patentário, mas em aspectos de livre-comércio. Em presumindo que as regras sobre bens intangíveis seguem as regras de propriedade sobre tangíveis, quaisquer limitações devem ser apresentadas ao comprador no momento da transferência.[45]

A LPI brasileira, em seu art. 43 (IV) condiciona a exaustão à comercialização de "produto fabricado de acordo com patente de processo ou de produto que tiver sido colocado no mercado interno diretamente pelo titular da patente ou com seu consentimento". Quanto à exaustão doméstica de direitos, a lei brasileira adotou a linha de Kohler, e qualquer limitação feita pelo titular da patente quando da primeira comercialização (sentido amplo) seria uma limitação contratual, mas não poderia estender o monopólio patentário. Uma questão adicional se refere à exaustão internacional, tópico discutido no contexto de importações paralelas. Antes que essa pergunta possa ser respondida no contexto do marco legal brasileiro, alguns pontos gerais sobre o assunto devem ser apresentados.

6.3. Questões Doutrinárias Relacionadas à Exaustão Internacional

O titular da patente, por conta do primeiro ato comercial, auferiu os benefícios que a lei patentária desejava lhe conferir. Esta regra certamente se aplica no contexto de comercialização doméstica, mas e quanto aos casos do titular da patente comercializar seu produto protegido no exterior, e uma terceira parte subseqüentemente o importar? De acordo com Kohler, sua doutrina de exaustão aplica-se apenas no contexto doméstico. A justificativa adotada por Kohler é a mesma seguida pela Suprema Corte dos Estados Unidos, em julgado de 1890, caso este freqüentemente citado como o primeiro caso contra a legalidade de importações paralelas.[46]

Tanto Kohler quanto a Suprema Corte dos Estados Unidos estão corretos ao afirmar que o mero fato de que o titular da patente não pode se opor à circulação de bens no país exportador não é razão automática para que ele não possa se opor à importação subseqüente. O Caso norte-americano envolvia bens que na Alemanha eram comercializados com a autorização de uma licença compulsória; estes bens não eram, pois, comercializados pelo titular da patente ou por seu licenciado. Nestas circunstâncias, não há razão para se presumir que a lei norte-americana (a lei do país de importação) deva permitir a importação de tais produtos pela mera razão que foram comercializados legalmente na Alemanha. Esta linha de raciocínio faria, equivocadamente, os direitos do titular da patente no país de importação dependentes de seus direitos no país de exportação – o que configuraria uma infração ao art. 4bis da Convenção de Paris. Nem Kohler nem a Suprema Corte dos Estados Unidos chegaram a analisar a que extensão a comercialização de bens patenteados no país de exportação influenciaria nos direitos do titular da patente no país de importação. Estes direitos não podem ser exauridos não porque a comercialização no exterior foi legítima, mas porque o titular da patente, por meio de comercialização no exterior, já teve a oportunidade de receber aqueles benefícios conferidos e desejados pela lei patentária em relação aos bens em questão. Se o titular da patente pudesse controlar a importação, ele exercitaria seus direitos sobre os mesmos bens duas vezes: uma vez quando da comercialização do bem no exterior, e a outra, quando controlasse a importação dos bens. Pela doutrina de Kohler sobre as conexões entre as formas de uso, isto é incorreto.

Aplicando seriamente a doutrina da remuneração, teríamos de perguntar se o titular da patente receberia uma recompensa de natureza monopolística pela comercialização dos produtos protegidos no exterior. Se a resposta for positiva, a importação não pode ser impedida (e as importações paralelas seriam legítimas), se negativa, o titular da patente pode impugnar a importação paralela. Casos em que não foi obtida qualquer recompensa de natureza monopolística: comercialização de produtos sem o consentimento do titular da patente (*e.g.* porque inexiste patente sobre o produto no país de exportação, ou porque a comercialização dos produtos foi autorizada por uma licença compulsória), ou a comercialização dos produtos foi feita pelo titular da patente, porém, não em condições exclusivas (devido à ausência de patente no país de exportação ou os preços dos produtos são fixados pelo Estado, em vez de ditados pelo mercado). Ainda sob um ângulo diferente, esta idéia também é correta: se o titular de certa patente também detém patentes em outras jurisdições, estas se referem a uma única invenção. Logo, não há a necessidade de se conceder ao inventor várias recompensas pelo desenvolvimento de uma única invenção.[47] Mas, ainda deve-se mencionar que as regras de exaustão nacional não são funcionais devido a déficits de execução: no caso de um fotógrafo profissional argentino querer tirar fotos das cataratas do Iguaçu, e para isso cruzasse a fronteira e fosse para o Brasil para uma sessão de fotos, e finalmente fosse para o Paraguai, em cada país ele necessitaria de autorização do titular da patente para importar seu equipamento fotográfico. O mesmo seria verdade para equipes de câmeras profissionais estrangeiros que viessem ao Brasil para, digamos, filmar uma partida de futebol. Se os titulares das patentes insistissem em aplicar seus direitos em tais circunstâncias, as regras de exaustão nacional seriam abolidas por pressão do grande público.

No âmbito do direito internacional, nem a Convenção de Paris nem o Acordo TRIPS obriga os países a adotarem ou vetarem a doutrina da exaustão internacional. A inserção de um "direito de importação" no TRIPS não responde à questão: pela doutrina de Kohler sobre a conexão entre as formas de uso, o direito de importação é parte do leque de direitos que são exauridos quando do primeiro ato de caráter comercial e, logo, não pode ser invocado contra estes bens. O fato de que o Acordo TRIPS não adota a doutrina da exaustão internacional é uma outra razão para seu descrédito: um acordo que, em seus propósitos, visa a promover o livre-comércio pode facilmente ter seus propósitos desviados pela adoção de regras de exaustão nacional.

Contra estes fatos, as regras dos arts. 43 (IV), 68, § 4º da LPI deviam ser interpretadas da seguinte forma:

(I) O direito de importação mencionado no art. 42 da LPI não menciona nada sobre exaustão nacional ou internacional.[48]

(II) O art. 43 (IV) é uma regra que esclarece a exaustão nacional. Não é conclusiva, porém, quanto à exaustão internacional, podendo ser entendida tanto quanto uma regra máxima quanto mínima (isto é, exaustão é gerada, pelo menos, pela comercialização em âmbito doméstico, ou apenas pela comercialização em âmbito doméstico).

(III) O art. 43 (IV), juntamente com o art. 68, § 4º, da LPI, parece indicar que, quando o titular da patente comercializa seus produtos em âmbito doméstico, ele pode se opor à importação paralela. Mas quando o titular supre o mercado com importações, ele não o pode. Esta disposição é silenciosa sobre o que acontece se ambas situações ocorrerem simultaneamente (o titular da patente importa parte e produz parte domesticamente), ou se nenhum for o caso (o titular da patente não a explora localmente).

O art. 68, § 4º, da LPI aparentemente evita discriminações: quando o titular da patente produz domesticamente, ele está sujeito às condições domésticas de mercado e não sofrerá concorrência de seus próprios produtos comercializados em outro país. Quando o titular da patente importa os produtos, ele está sujeito às condições domésticas de mercado apenas para comercializar os produtos. Esta disposição pode ser entendida como um acordo entre a doutrina da exaustão nacional e internacional, mas a distinção entre produção local e importação é problemática, por conta do escopo do art. 27.1 de TRIPS.

Como é o caso para a maioria dos países em desenvolvimento (e talvez para a maioria dos países em geral), o Brasil estaria em uma situação melhor se adotasse uma regra absoluta de exaustão internacional.[49]

Tal qual o Japão, o Brasil poderia adotar a regra de exaustão nacional combinada com a doutrina de licença tácita para importações. A Suprema Corte do Japão afirma, neste ponto:

> Entretanto, as considerações supra (sobre exaustão) não são aplicáveis se o titular de uma patente japonesa comercializa os produtos patenteados no exterior. Primeiramente, no país em que os produtos foram comercializados, o titular da patente japonesa pode nem mesmo ter uma patente paralela correspondente à japonesa. E, ainda, a patente japonesa e aquela paralela existente no país em que foi comercializado o produto devem ser consideradas direitos separados. Não se pode argumentar porém que a venda de produtos cobertos por uma patente paralela recompensaria o titular da patente duplamente, já que este ato pode qualificar como ato de uso doméstico de uma patente.
>
> Alguns apontamentos também devem ser feitos sobre a relação entre livre movimento de bens no comércio internacional e os interesses do titular da patente. Em nossa sociedade atual, comércio internacional e economia nos afetam amplamente e oferecem condições de rápido desenvolvimento. Mesmo no caso de bens comprados no exterior, importados para o Japão e colocados em circulação no mercado doméstico, há a necessidade de se criarem condições para a livre distribuição dos bens, incluindo sua importação. Mesmo se transações econômicas forem concretizadas no exterior,

como princípio geral, o comprador obtém não apenas o objeto como tal, mas também os direitos investidos no bem objeto da transação. Em outras palavras, o vendedor transfere seus direitos. Para se permitir tais transações e para estabelecer condições para o comércio internacional na sociedade moderna atual, é presumido que o titular da patente que transferiu sua propriedade sobre os bens protegidos no exterior tenha também investido o comprador, bem como posteriores compradores, no direito de se envolver em futuras transações com terceiros, incluindo a importação para o Japão, uso no Japão e transferência da propriedade neste mercado.

Contra esta linha, o titular da patente japonesa que comercializa produtos patenteados no exterior e que deseja impedir sua comercialização e uso em nosso país por compradores subseqüentes, tem de deixar bem claro seu desejo/tais restrições quando negociando com seus compradores estrangeiros, e tem de esclarecer quais os limites de tais restrições, pelo bem e proteção de compradores subseqüentes. Na ausência destes esclarecimentos, tais atos não podem ser considerados uso da patente no Japão, ou seja: (a) se os produtos patenteados forem comercializados no exterior, é presumido que tais produtos possam vir a ser importados para o Japão se o titular da patente coloca em circulação estes bens, no exterior, sem qualquer reserva no momento da venda. O comprador direto ou qualquer outro comprador subseqüente comprou os bens sem quaisquer restrições que possam ser aplicadas aos produtos quando comercializados no Japão.

(b) Por outro lado, se o titular da patente se reserva o direito, no momento da transferência, sobre o uso no Japão quando vendendo os produtos no exterior, no momento da transferência o titular da patente concordou com o comprador que a venda ou uso do produto patenteado não deveria ser autorizado no Japão. Se claramente indicado nos produtos, esta restrição será também válida contra compradores subseqüentes do produto patenteado ao longo da cadeia de distribuição, mesmo no caso de existir um grande número de intermediários. Entende-se, então, que os produtos foram vendidos sob certas condições restritivas, e que qualquer comprador é livre para aceitar ou não estas limitações, no momento da compra.

(c) No caso em que as atividades de comercialização no exterior foram conduzidas por uma empresa afiliada ou subsidiária ou por pessoa com a mesma legitimidade que o titular da patente, o caso deve ser tratado como se o próprio titular da patente tivesse comercializado os produtos patenteados.

(d) Tendo em vista o fato de que o direito do comprador de distribuir os produtos patenteados deve ser preservado, parece-nos correto desconsiderar a existência de patente paralela no país de comercialização.

A vantagem desta solução seria a falta de necessidade de emendar a legislação brasileira de propriedade industrial.

7. Do Ônus da Prova

Regularmente, as cortes colocam o ônus da prova no réu, se este quiser usar das limitações dos direitos patentários como defesa. Na Europa, a livre circulação de bens, às vezes, faz com que as Cortes transfiram o ônus da prova ao titular da patente,[50] mas isto é raro.

Poder-se-ia tomar uma posição diferente. Kohler já não tinha considerado exaustão como uma exceção que o réu poderia provar ou argumentar, mas um limite inerente ao direito. Este artigo adota a mesma linha. Se o titular da patente alega que os bens são falsificados, terá de provar. Se os bens não o são (isto é, se foram comercializados pelo titular da patente ou com seu consentimento), sua existência no mercado é uma evidência que sua comercialização é legítima. Para que as importações paralelas sejam consideradas ilegais, o titular da patente deverá provar que os bens foram introduzidos no mercado externo e entraram no mercado doméstico sem sua autorização.

Em casos de publicidade e testes clínicos, este artigo adota a posição que tais atos não são ilegais *per se.* Mas, o titular da patente deverá provar que qualquer ato cometido por um terceiro não é apenas um ato de uso como definido em lei, mas acima de tudo uma interferência no monopólio comercial do titular da patente. O titular da patente, logo, terá de mostrar que o ato de terceiros interfere na exploração comercial dos produtos patenteados. Este não será o caso quando os produtos apenas forem comercializados no exterior, ou quando forem usados apenas no âmbito de testes clínicos (pequena escala). O problema é diferente quando terceiro produz bens durante a vida da patente, com vistas a comercializá-los imediatamente após a patente expirar, ou deseja comercializá-los no exterior. Neste caso, a produção doméstica exigiria que o terceiro mostrasse aos tribunais que os bens não surgiriam, possivelmente, no mercado doméstico durante a vida da patente.[51]

8. Conclusão

Espera-se que esta análise tenha mostrado que determinar os direitos e suas limitações é de modo algum tão simples quanto alguns comentadores brasileiros ou as resoluções da Associação Internacional para Proteção da Propriedade Intelectual querem nos fazer acreditar. Pelo contrário, a extensão dos direitos patentários deve ser determinada pela lógica que permeia o regime patentário, e pela função das patentes de assegurar um monopólio de caráter comercial. Estes resultados podem ser alcançados pela interpretação da lei, e não pela sua reforma. Conseqüentemente, seria extremamente necessário oferecer aos acadêmicos, juízes, estudantes e outros operadores brasileiros do direito um comentário profundo e crítico da LPI, e quem estaria mais bem gabaritado a editar tal comentário que Maristela Basso e seu time de pesquisadores? O autor ficaria honrado em contribuir para a consecução desta importante tarefa.

Notas

1. Dannemann Siemsen, *Propriedade Intelectual no Brasil,* Rio de Janeiro, 2000.
2. Alguns dos assuntos atualmente em discussão: proteção de invenções não mais elegíveis de proteção por direitos da propriedade intelectual por meio da aplicação de normas de proteção contra concorrência desleal. Esta linha foi adotada pela Suprema Corte alemã para proteger bancos de dados: decisão de 9 de maio de 1999, 923 – "Tele-info CD". Também outras decisões apontam nesta direção. Recentemente, porém, esta tendência

foi modificada na Suprema Corte alemã, a partir do caso - "Lego III" - (decisão de dezembro de 2004 - ainda não publicada), com o objetivo de evitar a expansão de direitos de propriedade intelectual bem determinados por meio da invocação de princípios de concorrência desleal. No campo patentário, a Suprema Corte alemã, em decisão sobre testes clínicos, também foi na direção seguida por este artigo, ao permitir testes clínicos conduzidos por empresas produtoras de medicamentos genéricos, salvo se tais testes levarem a uma perda em vendas pelo titular. Das cortes européias, a Corte Comercial de Zurique (Suíça) parece a mais crítica quanto à expansão dos Direitos de Propriedade Intelectual. Esta foi a única corte européia a endossar a doutrina da exaustão internacional de direitos: decisão de 23 de novembro de 1998, GRUR Int. 1991, 556 - "Kodak" (posteriormente reformada pela Suprema Corte da Suíça).

3. Nos círculos acadêmicos, tal crítica é comumente apresentada por economistas: LESSIG, L., *The Future of Ideas - The Fate of the Commons in a Connected World*, New York, 2001; STIEG-LITZ, J., *How to Fix the IP Imbalance*, Managing Intellectual Property Rights, October 2004, 28. Na área dos direitos autorais: K. Koelmann, *Copyright Law and Economics in the EU Copy-right Directive*, Intellectual Property and Competition Law, v. 35, (IIC), 2004, p. 603; na área dos direitos de patente: J. Brinkhof, Wishlist in the Area of Patent Law, 35 IIC 407 (2004).

4. Neste exercício de reequilíbrio, o presente artigo segue uma linha "tradicional" fundamentada na tensão inerente entre os direitos da propriedade intelectual e o concorrencial e o interesse público. Posteriormente, duas outras linhas em direção à limitação extrínseca dos direitos da propriedade intelectual foram favorecidas. A primeira limita os direitos da propriedade intelectual por direitos fundamentais, tal como o direito à liberdade de expressão (a liberdade de expressão prevaleceu sobre as limitações impostas pelas normas de concorrência desleal em duas decisões da Corte Constitucional alemã: Decisões de 12 de dezembro de 2000 - "Benetton I" e de 11 de março de 2003, 1 BvR 426/02 - "Benetton II". Um desenvolvimento parecido pode ser observado em algumas decisões envolvendo marcas, ver C. Geiger, *Fundamental Rights, a Safeguard for the Coherence of Intellectual Property Law?* 35 IIC 268 (2004)). A segunda invoca os princípios do direito antitruste (J. Drexl, *IMS Health* and *Trinko* - Antitrust Placebo for Consumers Instead of Sound Economics in Refusals-to-Deal Cases, 35 IIC 788 (2004)). Ambas as linhas apenas raramente levam aos resultados esperados. Estas linhas podem corrigir resultados absurdos, mas não são base para definir os limites dos direitos da propriedade intelectual.

5. MACHLUP, Fritz, *An Economic Review of the Patent System, Study of the Subcommittee on Patents, Trademarks and Copyrights*, Washington, 1958, p. 76-78.

6. KOELMAN, J. (nota 4), p. 619-620: "Se o nível ótimo de incentivo não pode ser auferido, não será possível também identificar o nível ótimo de exclusividade que a lei deveria reconhe-cer."

7. A correlação entre divulgação e escopo da reivindicação é fundamental, uma vez que o titular da patente pode autonomamente definir a última. Deve, logo, ser examinado em qual extensão o escopo da patente está alinhado àquilo que é divulgado. Particularmente, para invenções genéticas, este, normalmente, não é o caso: G. Dutfield / U. Suthersanen, *The Innovation Dilemma: Intellectual Property and the Historical Legacy of Cumulative Creativity*, [2004] Intellectual Property Quarterly (I.P.Q.), p. 379, 402. Este ponto é de particular importância para países nos quais patentes não são examinadas, que é o caso de muitos países em desenvolvimento que simplesmente utilizam os resultados dos exames elaborados pelos escritórios de patentes dos países industrializados ou simplesmente não analisam com a devida atenção depósitos e publicações estrangeiros. Seria, portanto, uma grande compensação para países em desenvolvimento oferecer amplas possibilidades de requerer anulação de patentes, como é o caso na Tailândia. Lá, um pedido de patente para um medicamento para tratamento do HIV/AIDS foi depositado pela Bristol Myers Squibb (BMS) perante o Departamento de Propriedade Intelectual da Tailândia (DPI), em 7 de julho de 1992. O pedido tinha prioridade nos EUA e a reivindicação era limitada a uma dosagem entre 5-100 mg de DDI por dose. Durante o procedimento de exame, o depositário desistiu da limitação, ilegalmente ampliando o escopo da reivindicação. Uma ação de anulação foi ajuizada por um grupo de portadores do vírus HIV, levantando a questão se tal grupo se qualificaria como de "interessados" perante a lei tailandesa. A lei tailandesa neste aspecto contém uma limitação comparável ao art. 56 da Lei brasileira de Propriedade Industrial (LPI) e um caso paralelo poderia também surgir no Brasil. Poderíamos esperar que a doutrina brasileira apresentasse alguns esclarecimentos sobre o que seja "pessoa com legítimo interesse". Nos Comentários à LPI editado por Dannemann Siemsen, encontramos a seguinte definição (p. 140-141): "O legítimo interesse de que trata o artigo em tela é, sem dúvida, de direito material. Como leciona o ilustre Professor Desembargador Federal aposentado Sérgio de Andréa Ferreira (em *As duas espécies de ações de nulidade de registro marcário*, *Revista Forense* vol. 346, p. 151-152), "a questão de legitimidade, nesta ação, não é requisito processual, mas condição de fundo, questão prévia de mérito, embora não ao mérito principal, à questão

fundamental, que na espécie consiste no acertamento da existência, na hipótese, de um ou de alguns dos motivos da nulidade" – Como este, são poucos exemplos que possam melhor servir para demonstrar a falta de profundidade e relevância acadêmica dos comentários de Dannemann Siemsen. O comentário supra-referido é tão pomposo quanto esvaziado de sentido, e não faz nada no sentido de esclarecer a dúvida sobre o que seja pessoa com interesse legítimo. A única pergunta relevante é deixada em aberto: Quem é uma pessoa interessada? Apenas um competidor ou alguém seriamente afetado pela patente, tal qual um paciente que depende da droga patenteada, como foi o caso na Tailândia? Esta questão foi trabalhada pela decisão da Corte de Propriedade Intelectual da Tailândia de 2 de outubro de 2002. A Corte considerou que, uma vez que a patente confere ao seu titular direitos de exclusivo, atenção especial deve ser dada quando os direitos decorrentes da patente são aplicados a fármacos, que são necessidades básicas ao ser humano. Patentes permitem que produtores de fármacos cobrem preços acima dos custos marginais e o exercício de direitos de patente por seu titular pode levar a preços abusivos e suprimento restrito de produtos essenciais. A Corte considerou que a Declaração de Doha sobre TRIPS e Saúde Pública, adotada em 14 de novembro de 2001 durante a Conferência Ministerial da Organização Mundial do Comércio (OMC), reflete as preocupações dos Membros em relação à "gravidade dos problemas de saúde pública afligindo muitos países em desenvolvimento e com menor desenvolvimento relativo", e especialmente reconhece preocupações sobre os efeitos das patentes sobre os preços de medicamentos. A Corte reafirmou em que condições a lei patentária tailandesa deve ser aplicada de forma a proteger o direito do público ao acesso a medicamentos, e julgou que pessoas interessadas em casos envolvendo patentes não devem ser apenas produtores ou concorrentes que estão proibidos de utilizar a invenção protegida. No caso de fármacos, todos aqueles que precisam de medicamentos patenteados devem ser considerados pessoas interessadas e legitimadas a ajuizar, por exemplo, ações requerendo a revogação de patentes inválidas. O autor propõe que esta interpretação seja adotada em face do art. 56 da LPI e espera que esta proposta seja mais útil e pragmática que discussões doutrinárias sobre a natureza dos legitimados para processarem.

8. Detalhes extraídos de KRASSER, Rudolf, Patentrecht, 5th ed. Munich 2004, p. 740 e ss.

9. FISHER, M., *Classical Economics and Philosophy of the Patent System*, [2005] I.P.Q. 1, 14. A teoria do incentivo é atualmente mencionada amplamente pelos tribunais, por exemplo.

10. Deve-se ter em mente também que o direito patentário transfere os esforços inventivos das áreas mais importantes, em termos de benefícios (*e.g.* desenvolvimento de drogas contra malária), para as mais lucrativas (*e.g.* medicamentos contra pressão alta, obesidade etc.). Políticas internas devem, pois, oferecer incentivos diferentes, uma vez que escolhas baseadas em lucratividade tornaram-se um ônus social.

11. Novamente, esta teoria falha ao tentar explicar por que apenas o primeiro inventor deveria obter o monopólio, e por que os inventores subseqüentes, os quais não copiaram, não deveriam receber nenhuma recompensa, e devem ser mesmo privados da possibilidade de usarem suas invenções.

12. As vantagens sociais das patentes como estímulo para inovar devem ser equilibradas com os custos sociais de patentes que bloqueiam futura atividade inventiva.

13. Commission on Intellectual Property Rights, Integrating Intellectual Property Rights and Development Policy. Relatório da Comissão de Direitos da Propriedade Intelectual (organizada pelo Departamento para Desenvolvimento Internacional da Grã-Bretanha). Londres, 2002. Disponível em : <www.iprcommission.org> (acesso em 19 de dezembrom de 2003).

14. KOHLER, Josef, Handbuch des deutschen Patentrechts (Handbook of German Patent Law), Mannheim 1900, p. 613. Kohler queria evitar a mera produção no exterior, por meio da incidência de altos tributos sobre produtos importados (615).

15. Privy Council, *National Phonograph Company of Australia Ltd. v. Menck,* 3 February 1911, [28] R.P.C. 229, 248.

16. Este citação é uma tradução livre do *Manual de Direito Patentário,* KOHLER, Josef, Handbuch des deutschen Patentrechts, Mannheim 1900, p. 452 et seq.

17. KOHLER, Josef, *Handbuch des Deutschen Patentrechts*, Mannheim, 1900, p. 453-456.

18. Esta fato leva à doutrina da exaustão de Kohler que é mais bem explicada no item 6 deste artigo. Como Kohler toma a produção como o fato decisivo, ele não considera infração a patente comercializar bens produzidos legalmente, mas roubados antes da primeira comercialização.

19. *E.g.* ISAY, Hermann, *Patentgesetz (Commentary on the Patent Act)*, 6th ed. 1932, p. 246.

20. Por exemplo, em Peak Holding AB *vs.* Axolin-Elinor AB, decisão de 30 de outubro, 2004 (exaustão de bens com marca comercial independente de qualquer limitação contratual que exista sobre o comprador; sem exaustão antes do primeiro ato comercial, embora os bens sejam comercializados para futura venda comercial):

decisão sumarizada em Managing IP, january 2005, p. 12. Para o Brasil, esta questão encontra resposta relativamente fácil no art. 43, IV, LPI, que relaciona exaustão do direito de patente sobre bens que tiverem sido colocados no mercado.

21. Esta regra encontra sua base legislativa no art. 43(I), LPI, o qual – embora no contexto de uso privado – limita atos permissíveis "desde que não acarretem prejuízo ao interesse econômico da titular do patente".

22. Poder-se-ia levantar duas objeções neste momento. Primeiramente, que a única função do direito patentário é recompensar o titular da patente, *e.g.* CONDE GALLEGO, Beatriz, *Handel-sbezogene Aspekte des Lizenzkartellrechts* (Trade related Aspects of Anti-trust law related to Licensing), Bern 2003, p. 137 com outras referências. As críticas são normalmente limitadas à natureza do monopólio patentário, o qual foi insuficientemente descrito pela doutrina da recompensa. Infelizmente, os críticos não apontam o que mais o direito patentário deve alcançar por meio da alocação de um direito de exclusivo ao seu titular. Segundo, que o titular da patente pode desejar explorar seu direito de maneira diferente da comercialização, *e.g.* por meio do mero bloqueio de potenciais concorrentes. Enquanto isto é certamente uma forma de exploração, isto não altera a definição de infração: também em tal caso, a patente é infringida pela comercialização de produtos infratores. Para a definição de infração, é irrelevante como o titular da patente se comporta; apenas é relevante o que o direito patentário deve alocar ao titular da patente. O comportamento do titular da patente pode tornar-se relevante para questões de licenciamento compulsório ou para cálculo de perda e danos.

23. Não apenas a própria disposição legal é questionável, mas também a concessão de perdas e danos com base nas vendas ocorridas no exterior, onde o titular da patente não tinha qualquer direito patentário: A & T vs. Microsoft, S. D. Nova York, 2004.

24. Suprema Corte italiana, 3 de abril de 2003, tradução para o alemão disponível em GRUR Int. 2003, p. 876 – "Omeprazole".

25. Corte de Apelação de Stuttgart, 13 de outubro de 1997, GRUR Int. 1997, p. 806 – "Fender Musikinstrumente" (direito de marcas); Halmar Robicon Group v. Toshiba, US District Court W D Pennsylvania, 17 de novembro de 1999, 53 USPQ 2d 1501 (direito patentário). Nos EUA, existem também casos em sentido contrário: P. Signore/P. Michon, The Impact of US Patents on International Business, Managing IP November 2004, p. 28-29.

26. G. Schricker, Anbieten als Verletzungstatbestand im Patent- und Urheberrecht (Oferta à venda como ato infrator no direito patentário e autoral), GRUR Int. 2004, p. 786.

27. Limites sociais das patentes são tão populares para os titulares de direitos quanto água benta para os espíritos malignos. A Corte Constitucional alemã (BVerfG, 1 BvR 1864/95 of 10 May 2000 – "Clinical Trials") teve de lembrar aos titulares de direitos que "com vistas a determinar a constitucionalidade dos limites legais do artigo 11(2) da Lei Patentária alemã, deve ser presumido que os legisladores não apenas devem proteger os interesses individuais, mas também têm o papel de limitar os direitos individuais em nome do interesse público; os legisladores devem encontrar um justo equilíbrio entre a esfera individual e pública."

28. Para a Comunidade Européia, ver a Regulação nº 1.610 de 23 de julho de 1996. As exigências exatas de extensão ("certificado de proteção suplementar") estão em disputa: Corte Européia de Justiça (CEJ), 10 de maio de 2001, 33 IIC 34 (2002) – "Chloridazon". Nos EUA, tal extensão foi introduzida pelo Patent Term Restoration Act (Hatch-Waxman Act). As regras devem ser interpretadas combinadas com aquelas que governam a aprovação de comercialização de produtos genéricos (Diretiva nº 65/1965) e as regras sobre proteção de dados farmacêuticos (Diretiva nº 2001/1983 – dez anos a contar da data de depósito dos dados). Para uma visão interessante – embora de alguma forma tendenciosa – sobre o regime europeu, ver M. Campolini, Protection of Innovative Medical Products and Registration of Generic Products in the European Univion, [2003] E.I.P.R. 91.

É de alguma forma anômalo o sistema brasileiro, no qual a concessão de patentes farmacêuticas anuência prévia da Anvisa, ou seja, a Anvisa necessariamente devera reanalizar os pedidos depositados de patentes farmaceuticas e, apenas quando confirmado que preenchem os critérios da patenteabilidade, anuirá com a concessão da patente, autorizado, pois, o INPI a concedê-la.

29. Roche Products vs. Bolar Pharmaceuticals, CAFC, 733 F. 2d 858 (1984).

30. Monsanto vs. Stauffer, English High Court, 31 July 1984, 17 IIC 115 (1986).

31. Mas não testes pré-clínicos: Integra Lifesciences vs. Merck, CAFC, 6 March 2003, 1626 Patent, Trademark and Copyright Journal 200 (2003).

32. Japanese Supreme Court, 16 april 1998, 30 IIC 448 (1999) – "Clinical Trials III".

33. Tribunal de Milão, 12 de junho de 1995, 1996 Giur. Annot. di Diritto Industriale 13.

34. Suprema Corte alemã, 11 de julho de 1995, 28 IIC 103 (1997) = [1997] R.P.C. 623 - "Testes Clínicos I"; Suprema Corte alemã, 17 de abril de 1997, [1998] R.P.C. 423 - "Testes Clínicos II".
35. ISAY, Hermann, Patentgesetz (*Commentary on the Patent Act*), 6th ed. 1932, 235. No mesmo sentido, Tanuja *vs.* Garde, The Effect of Disparate Treatment of the Experimental Use Exemption on the Balancing Act of U.S.C. § 104, 35 IIC 241, 253 (2004): "se tal pesquisa estiver sujeita ao direito de exclusivo do titular da patente, o primeiro titular poderia efetivamente impedir não apenas a concorrência, mas também toda pesquisa que possa levar a tal concorrência, bem como aprimoramento da tecnologia patenteada".
36. Conseqüentemente, o catalisador não poderá ser empregado como uma ferramenta de pesquisa. É uma questão diferente saber em qual extensão a expansão dos domínios do regime patentário também permite o uso sem permissão de invenções patenteadas como ferramentas de pesquisa: D. Faye. Exploitation of Research Tools in Plant Biotechnology: Access through Application of the Experimental Use Exception (I), [2003/2004] 5 Bio-Science Law Review 179.
37. Conforme posição dissidente da juíza Newman (Integra Life *vs.* Sciences, cf. nº 26): "estivesse tal pesquisa sujeita à proibição imposta pelo titular da patente, o avanço da tecnologia se encerraria". Mas, conforme já discutido acima, a exceção de pesquisa não se aplica quando o produto patenteado for utilizado com o objetivo de aprimorar diferente objeto. Logo, a exceção de pesquisa não depende da natureza comercial do objeto, mas da intenção do usuário.
38. Um aspecto que também foi abordado pela Suprema Corte alemã em sua decisão de 17 de abril de 1997: "Se um experimento não se identificar com a solução técnica (patenteada) ou se experimentos tive-rem sido conduzidos em larga escala, tais atividades não se justificarão, uma vez que o escopo do uso experimental foi transposto. O mesmo também é correto para casos em que experimentos são conduzidos com o propósito de interferir no mercado dos produtos do inventor. Nestes casos, experimentos não servem o propósito de progresso técnico, mas são utilizados como meio de perseguir interesses competitivos".
39. Uma disposição sobre estocamento (a produção de artigos por uma terceira parte durante a vida da patente com o objetivo de comercializá-los a partir do esgotamento da patente) foi considerada contrária ao acordo TRIPS pelo Órgão de Solução de Controvérsias da OMC, DS/114, 7 de Abril de 2000. De acordo com esta decisão o direito sobre uma patente é o "direito de impedir atividade comercial competitiva, cujo carácter não é alterado pelo mero atraso na recompensa comercial". Kohler considera a estocagem uma infração ("a própria produção é uma vantagem comercial", p. 443), uma vez que considera o ato de produção ato decisivo para a recompensa comercial. A visão de Kohler teria sido diferente se tivesse adotado como ato decisivo o primeiro ato de comercialização.
40. Reichsgericht in Zivilsachen (RGZ) 50, 362 - "Duotal".
41. Esta solução é defendida por H. Cohen Jehoram, *Prohibition of Parallel Imports Through Intellectual Property Rights*, 30 IIC 495 [1999].
42. Em Arizona Cartridge Manufacturers *vs.* Lexmark, US District Court N D of California, 30 September 2003, 68 USPQ 2d 1786, a Corte confirmou restrições de uso único para toners de tinta para impressoras como uma condição que bloqueia a exaustão de direito. No Japão, a postura adotada é diferente, ver: Osaka High Court, 1 December 2000 (unpublished) - "Tissue Dispenser".
43. Em decisão do Tribunal de Justiça de Tóquio, de 29 de novembro de 2001, 15 L & T 83 (2002) - "Acycrobil", o réu já tinha obtido aprovação para comercialização de medicamento genérico, mas a patente apenas expiraria um ano depois. A dificuldade era que a permissão para comercialização exigia que o produto fosse efetivamente comercializado dentro de seis meses. O réu, logo, comprou uma certa quantidade de drogas patenteadas, extraiu o princípio ativo e com eles produziu seus medicamentos genéricos. Não houve infração, uma vez que os produtos pateteados já haviam sido produzidos e comercializados pelo titular da patente, e por isso, seus direitos já haviam se exaurido.
44. Um caso instrutivo a este respeito é o refil de câmaras descartáveis. Neste caso, o mecanismo para carregar o filme era protegido como modelo de utilidade pela Konica. Como as câmeras foram vendidas para que fossem descartadas depois do uso, não era certamente interesse da Konica ter terceiros reutilizando as câmeras, mas foi isso exatamente o que aconteceu. Uma vez removido o filme das câmeras para ser revelado, algumas lojas trocavam a bateria, colocavam novo filme e as comercializavam como câmaras descartáveis seminovas. A corte distrital de Tóquio não aplicou a doutrina da exaustão a este caso (Tokyo District Court, 6 June 2000, 1712 Hanrei Jihô 175 - "Konica"), enquanto as cortes norte-americanas julgaram que não houve infração: CAFC, Jazz Photo Corp. *vs.* US ITC, 264 F 3d 1094 (2001). A Corte Distrital de Tóquio fundamentou-se no fato de que durante o

procedimento de reposição, o mecanismo patenteado da máquina estava em funcionamento. Mesmo se isto fosse verdade, a doutrina da exaustão foi desenvolvida exatamente para eximir atos de uso comercial após a primeira comercialização pelo titular da patente. Se forem seguidos os argumentos da Corte Distrital de Tóquio, qualquer fotógrafo profissional teria de pedir autorização, antes de qualquer uso, para o titular da patente sobre a câmera. O caso seria diferente se o mecanismo patenteado da máquina tivesse sido substituído.

45. Esta é uma posição clara da legislação britânica: Roussel Uclaf v. Hockley, English Patents Court, 9 October 1995, [1996] R. P. C. 441.

46. Emile Boesch v. Albert Gräff, US Supreme Court, 3 March 1890, 133 U.S. 787.

47. O autor já se debruçou sobre estes temas em C. Heath, *Parallel Imports and International Trade*, 28 IIC 623 - 628 [1997].

48. O que parece ser reconhecido pelos comentários de Dannemann/Siemsen, *ibid.* p. 115.

49. Como é argumentado por VAUTIER, K., *The Economics of Parallel Imports*, em HEATH, Christopher (ed.), *Parallel Imports in Asia*, Kluwer Law International, 2004. A survey of Asian countries revela que a maioria dos países aplicam a doutrina da exaustão internacional em um sentido ou em outro.

50. Suprema Corte alemã, 23 de outubro de 2003, Direito de Marca, 2004, 69 - "stüssy II".

51. É difícil adotar a postura da legislação canadense de eximir de infração para atos de estocagem *a priori*. Freqüentemente, tais bens estocados entram no mercado doméstico antes do que deveriam, e terceiros deveriam, logo, provar que tomaram as precauções devidas para evitar essa liberação.

3

A ÍNDIA "SE RENDE" AO TRIPS: A LEI DE PATENTES DE 2005*, **

SHAMNAD BASHEER***

---

* Traduzido e adaptado por Edson Beas Rodrigues Jr., Gabriela Zuffo e Analluza Bolívar.

** O setor industrial indiano, explorando com eficiência a oportunidade oferecida pela ausência de um sistema forte de proteção de invenções farmacêuticas via patentes, logrou desenvolver uma das mais importantes plataformas de produção de medicamentos genéricos do mundo, a qual é responsável, presentemente, em grande medida, pelo abastecimento global de medicamentos cujos preços são acessíveis às populações dos países em desenvolvimento e com menor desenvolvimento relativo. Entretanto, considerando que o Acordo TRIPS não é um acordo opcional (princípio do *single undertaking*), todos os estados-membros da OMC, incluindo a Índia, apesar de em prazos diferentes, tiveram ou terão de conceder patentes sobre produtos farmacêuticos. Neste contexto, a experiência legislativa indiana de conciliar a proteção de sua capacidade produtiva de genéricos, acesso a medicamentos e obrigações decorrentes do Acordo TRIPS é interessante ao Brasil, considerando que a lei brasileira de propriedade industrial é frágil, em termos de proteção a interesses genuinamente públicos. O texto explora possíveis caminhos a serem replicados pelo Brasil. (N.E.)

*** Advogado e pesquisador associado do Centro de Propriedade Intelectual da Universidade de Oxford, no Reino Unido. Professor visitante da Faculdade de Direito da Universidade George Washington.

A controvertida emenda à Lei de Patentes da Índia (Emenda) de 2005 (Lei ou Emenda de 2005)[1] é considerada o passo final da Índia de observância às obrigações previstas no Acordo TRIPS.[2] Esta lei passou por um processo relativamente longo, o qual se iniciou com um projeto de lei de 2003, desenvolvido sob o auspício do partido governista Bharatiya Janata – BJP. Tal projeto não teve continuidade devido à dissolução do Lok Sabha, baixo parlamento indiano.

O novo Congresso endossou o referido projeto de lei, entretanto, considerando a insegurança sobre a possibilidade de aprovar o projeto dentro do prazo limite fixado pelo acordo TRIPS – 1º de janeiro de 2005 – o conteúdo do projeto de lei foi aprovado por meio de um decreto presidencial.[3] Devido às pressões dos partidos de esquerda,[4] novas mudanças foram realizadas no decreto presidencial, mudanças estas aprovadas pelo Parlamento, em março de 2005, como emenda à lei de patentes da Índia. Após a sanção presidencial e de sua publicação no Diário Oficial da Índia, a nova lei de patentes da Índia, finalmente, entrou em vigor, produzindo efeitos retroativos a 1º de janeiro de 2005.[5]

A introdução de patentes para produtos farmacêuticos e a conseqüente ameaça à internacionalmente reconhecida indústria indiana de genéricos, a qual até o momento assegurou o suprimento de drogas com preços acessíveis ao mundo, rapidamente disseminou protestos, tanto nacionais quanto internacionais, em extensão jamais testemunhada nos anais da produção legislativa de propriedade intelectual da Índia. O resultado disso é uma lei que tenta equilibrar os interesses concorrentes de uma variedade de atores, incluindo produtores locais de medicamentos genéricos, a comunidade local envolvida com pesquisa e desenvolvimento, companhias farmacêuticas estrangeiras multinacionais, grupos da sociedade civil ocupados com a matéria acesso a medicamentos e, por último, mas não menos importante, advogados da área de propriedade intelectual.[6] Apesar da construção desse delicado equilíbrio merecer alguns aplausos, desapropriada foi a apressada introdução de disposições que vão contra os testados princípios da lei patentária, as quais potencialmente gerarão litígios.

1. Os Destaques da Emenda de 2005

O presente artigo destaca algumas das principais mudanças trazidas pela emenda de 2005, bem como examina as suas maiores implicações. Em particular, enfoca na introdução de patentes sobre produtos farmacêuticos e no impacto que, potencialmente, será gerado sobre o acesso a medicamentos.

1.1. Patentes de Produtos para Invenções Farmacêuticas

A mudança mais proeminente e controversa foi a revogação da Seção 5 da Lei de Patentes de 1970, desta forma abrindo caminho para a concessão de patentes para produtos farmoquímicos. Tal seção estabelecia que, em caso de reivindicações sobre invenções alimentícias, farmacêuticas, químicas, somente patentes relativas a métodos ou processos de produção poderiam ser obtidas.

Essa estratégia deliberada de se negar proteção patentária a invenções farmacêuticas remonta ao Relatório do Comitê Ayyangar, que lançou as bases para a Lei de Patentes de 1970.[7] O Comitê concluiu que estrangeiros detinham entre 80 e 90% das patentes indianas, e que mais de 90% dessas patentes não eram nem ao menos exploradas em território indiano. O Comitê concluiu ainda que o sistema estava sendo explorado pelas multinacionais a fim de obterem controle monopólico do mercado, especialmente em setores vitais, tais como o alimentício, químico e farmacêutico. Medicamentos eram inacessíveis ao grande público em geral, e os índices de preços de produtos farmacêuticos subiam rapidamente. O Comitê, destarte, recomendou que a certas invenções, como as farmacêuticas, alimentícias ou químicas, fosse concedida apenas proteção por meio de patentes de processo.[8] A bem desenvolvida indústria indiana de genéricos é testemunha viva do amplo alcance desse relatório.[9]

Naturalmente é temido que, com a introdução de patentes sobre produtos farmacêuticos, haverá um rápido aumento no preço de medicamentos e um impacto negativo ao acesso a drogas essenciais.[10] A indústria multinacional farmacêutica, por outro lado, argumenta que tais patentes são essenciais para fomentar inovação e estimular a transição das companhias farmacêuticas locais do modelo de "cópias" para o de empresas dedicadas à Pesquisa e Desenvolvimento.[11] Argumenta-se ainda que tal mudança servirá melhor aos interesses indianos no longo prazo e que existem salvaguardas adequadas no regime de patentes e em outros textos legais, capazes de controlar o aumento no preço das drogas.

1.2. Patenteabilidade de Software

A Seção 3 (k) da Lei de Patentes de 1970 excluiu o programa de computador *per se* do alcance da patenteabilidade. A chave da questão aqui é que tal exclusão acarretou interpretações conflitivas no Escritório de Patentes, levando examinadores a concederem patentes a softwares associados a hardwares, ou quando os softwares demonstrassem uma aplicação técnica de algum tipo.[12] O Decreto Presidencial de 2004 restringiu a exclusão, estabelecendo que um software com "aplicação técnica" para a indústria ou quando "combinado a um hardware" seria patenteável.[13] Devido à vigorosa oposição do movimento do software livre,[14] essa previsão legal foi excluída da Lei de 2005. A posição anterior adotada pela Lei de Patentes de 1970, de que um "programa de computador *per se*" não era patenteável, agora prevalece.

Interessante notar que recente manual do Escritório de Patentes da Índia, que estabelece diretrizes para a interpretação da Lei de Patentes, chega a conclusão semelhante àquela do Decreto Presidencial de 2004. O manual estabelece:[15]

> A Lei de Patentes exclui da patenteabilidade o software *per se*. As invenções relacionadas ao uso de programas de computadores podem ser patenteadas, sob a Lei de Patentes de 1970, quando reivindicada a combinação entre componentes de hardware e software de um computador, que estabeleça um "avanço técnico" em

relação ao estado da arte. É necessário para o requerente que descreva a "contribuição técnica" para o estado da arte, quando a invenção envolver software. O problema técnico, a ser solucionado pela invenção, deve ser suficientemente descrito, ou seja, como o hardware é controlado pelo software para superar o problema anteriormente descrito. O "caráter técnico" da invenção deve ser apresentado de maneira bastante clara nas reivindicações.

2. Definições Problemáticas

Um elemento inapropriado resultante do apressado processo legislativo foi a introdução de definições que não somente vão contra os conceitos assentados da lei de patentes, como também desafiam a lógica. Os principais estão elucidados a diante.

2.1. Nova Invenção

"Nova Invenção" foi elucidada como "qualquer invenção ou tecnologia que não tenha sido antecipada por meio da publicação em qualquer documento, ou utilizada no país ou em qualquer outra parte do mundo anteriormente à data do depósito do pedido de patente com as especificações completas, em outras palavras, o objeto cuja proteção é perseguida não deve ter caído em domínio público nem deve integrar o estado da arte". [16]

Parece que a intenção por trás dessa disposição é de definir um padrão de "novidade" – que juntamente à "não-obviedade" (ou "passo inventivo") e "utilidade" ("aplicabilidade industrial") formam a tríade das condições de patenteabilidade. [17] Entretanto, um termo como "nova invenção" realmente leva ao questionamento, em primeiro lugar, sobre o que é uma invenção. A Seção 2 (j) define invenção como "um novo produto ou processo envolvendo um passo inventivo e capaz de aplicação industrial". Uma vez que "novo" integra o termo "invenção", introduzir o termo "nova invenção" para definir novidade é redundante e reflete péssima técnica. Um modo mais claro de fazer isso teria sido definir o termo "novo" como um componente já encontrado no termo "invenção".

A definição de "nova invenção" sofre de outra debilidade. Enquanto parece abraçar o padrão de novidade absoluta, a Lei ainda mantém, em seu art. 25, a noção de "novidade relativa". Este dispositivo estipula que um pedido de patente pode ser oposto com fundamento no conhecimento ou uso na Índia antes da data da apresentação do pedido. Neste sentido, o fundamento para oposição é baseado em "novidade relativa", ou seja, a invenção era conhecida ou utilizada na Índia, independentemente de ter sido conhecida ou utilizada em qualquer outra parte do mundo. A definição de "nova invenção", adotada pela Lei de 2005, no entanto, exige "novidade absoluta", ou seja, a invenção não pode ter sido "antecipada por nenhuma publicação ou **utilizada em nenhum país do mundo**".

Consideremos um pedido para a invenção "X" depositado na Índia, a qual já tenha sido utilizada na China em algum momento anterior. Parece-nos que este pedido poderia ser recusado pelo Escritório de Patentes com base no argumento de que a invenção já foi utilizada na China e, conseqüentemente, não configura uma "nova invenção". Entretanto, no estágio de oposição, um terceiro não poderia opor-se à concessão do referido pedido de patente, com fulcro na Seção 25 da Lei de 2005, se a invenção não tiver sido utilizada ou divulgada na Índia anteriormente à data de prioridade/depósito. Tal conflito é estranho, posto que um terceiro[18] interessado possui maior possibilidade do que um examinador indiano de patentes de estar ciente de um uso no exterior da invenção em análise.

2.2. Teste do "Passo Inventivo"

A Lei de 2005 faz uma série de mudanças no anterior teste de "não-obviedade" ou "passo inventivo". Conforme a nova definição, lê-se: "O passo inventivo significa a característica de uma invenção que envolva um avanço técnico se comparado com conhecimento existente, ou possuindo significância econômica ou ambos, e ainda implica que a invenção não seja óbvia para uma pessoa habilitada naquela arte."[19]

Como se pode observar a partir dessa definição, enquanto o referencial básico para se julgar se há inventividade permanece, sendo que a invenção "não seja óbvia para uma pessoa habilitada no campo técnico", o requisito de que a invenção possua um "avanço técnico" ou uma "significância econômica" de alguma maneira foi adicionado.

Essa alteração no padrão nos parece estranha, considerando que o principal motivo da existência do critério do "passo inventivo" é o de determinar quando uma invenção avança suficientemente na técnica, de tal maneira que seja passível de garantir um direito exclusivo. Isto é, sem dúvida, alcançado da melhor forma possível por meio do teste que verifique se a invenção, apesar de inovadora, é "não óbvia" para uma pessoa habilitada na técnica.[20] Por si só, o teste da não-obviedade é difícil de ser aplicado – critérios adicionais como "avanço técnico" e "significação econômica" apenas aumentam a complexidade. Contrariamente à sugestão de alguns comentadores, a adição dos termos "avanço técnico" e "significância econômica" ao teste da "não-obviedade" não diminui a necessidade da observância do critério do "passo inventivo", pelo contrário, a lei indiana tornou mais onerosa sua satisfação.[21]

Além disso, "significância econômica" parece mais com um padrão de "utilidade" ou de "aplicação industrial". Por meio da inclusão desses critérios ao padrão da "não-obviedade/passo inventivo", a Lei gera considerável incerteza. Como bem observado: "A Lei de 2005 interfere nos princípios tradicionais da Lei de Patentes e com esse processo criou-se uma nova definição, que pode levar a interpretações frágeis."[22]

3. Substâncias Farmacêuticas

O termo "substâncias farmacêuticas" foi estranhamente definido na Seção 2 (1) como "qualquer entidade nova que envolva um ou mais passos inventivos". Definido desta maneira ampla, somos forçados a questionar se poderia um telefone celular que emprega tecnologia avançada ser uma substância farmacêutica, se for demonstrado que tal entidade é nova e envolve um ou mais passos inventivos?

O que causa ainda mais perplexidade sobre esta definição é o fato de que o termo "substância farmacêutica" não é mencionado em qualquer outro lugar na Lei de Patentes.[23] Ausente tal termo no ato, há de se pensar, por qual motivo o legislativo, com toda sua sabedoria, não considerou apropriado elucidar tal conceito.

4. Exclusão de "Novos Usos"

A Seção 3(d) da Lei de Patentes de 1970 excluía "novos usos para uma substância conhecida" do âmbito do termo "invenção". A Lei de 2005 expandiu essa exceção estabelecendo que a "mera descoberta de nova forma de uma substância conhecida, a qual não resulte na melhora da eficácia já conhecida daquela substância", também não deve ser patenteável. Estabelece ainda que sais, ésteres, éteres, polimorfos, metabólitos etc. devem ser considerados as "mesmas substâncias", salvo se "diferirem significantemente em suas propriedades no que tange à eficácia".

A introdução de uma nova definição para o termo "substância", através da explanação acima, resultaria em algumas batalhas interpretativas. Se, por exemplo, X1 é uma forma polimórfica de X, então uma demonstração de aumento de eficácia elevaria X1 à categoria de uma nova substância (como sugerido pela explicação da seção)?[24] Em suma, até que ponto realmente a comprovação do aumento da eficácia transforma uma "nova forma" de uma substância existente em uma nova substância?

A fim de responder a esta indagação, deve-se, primeiramente, discutir o que o termo "eficácia" significa exatamente. Deveria este termo ser interpretado de maneira semelhante à interpretação adotada por agências de vigilância sanitária?

É interessante notar que a referida disposição da Lei de 2005, a qual, diga-se, não apresenta paralelo em nenhuma outra legislação patentária do mundo, é uma reprodução da Diretiva Européia que regula segurança em medicamentos. O art. 10(2) (b) da Diretiva 2004/27/EC define "produto genérico" como "um medicamento com a mesma composição qualitativa e quantitativa em substâncias ativas, a mesma forma farmacêutica que o medicamento de referência e cuja bioequivalência com este último tenha sido demonstrada por estudos adequados de biodisponibilidade. Os diferentes sais, ésteres, éteres, isômeros, misturas de isômeros, complexos ou derivados de uma substância ativa são considerados uma mesma substância ativa, a menos que difiram significativamente em propriedades relacionadas com segurança e/ou eficácia, caso em que o requerente deve fornecer dados suplementares destinados a fornecer provas da segurança e/ou da eficácia dos vários sais, ésteres ou derivados de uma substância ativa autorizada. As diferentes formas farmacêuticas orais de libertação imediata são consideradas uma mesma forma farmacêutica. O requerente pode ser dispensado da apresentação dos estudos de biodisponibilidade, se puder demonstrar que o medicamento genérico satisfaz os critérios pertinentes definidos nas directrizes pormenorizadas na matéria."[25]

Como pode-se imaginar, a transposição cega da disposição de um contexto regulatório farmacêutico para o marco legal patentário pode gerar problemas. Primeiramente, a transposição torna mais previsível que o termo "eficácia" seja interpretado no sentido adotado pelas agências regulatórias sanitárias, conseqüentemente, seria difícil que depositantes de pedidos de patentes satisfizessem tal critério. Companhias farmacêuticas, geralmente, depositam pedidos de patentes no estágio inicial da descoberta de uma droga; apenas muito depois que estudos clínicos (fase III) são conduzidos para alinhavar informações relativas à eficácia terapêutica da droga. A exigência de apresentação de informações relativas à eficácia no momento do depósito do pedido da patente é onerosa.[26]

Se, por outro lado, o termo "eficácia" for entendido de uma maneira liberal a ponto de incluir, de modo genérico, uma vantagem adicional no uso de uma nova forma, é possível que um bom número de formulações farmacêuticas venha a qualificar-se como novas substâncias, mediante demonstração de aumento de eficácia.

A nova Seção 3(d) parece estar limitada somente a novas formas que demonstrem um aumento na "eficácia" conhecida. Portanto, este dispositivo não se aplica ao caso em que uma nova forma apresente um uso completamente diverso (e não apenas um aumento de eficácia *vis-à-vis* o uso previamente conhecido). Se a intenção política desta disposição é intensificar os padrões de inventividade e impedir a concessão de patentes frívolas e óbvias, parece-nos bastante ilógico o que foi feito – posto que um novo uso para uma nova forma é certamente mais inventivo que apenas a demonstração do aumento da eficácia previamente conhecida.

Assim como a definição problemática sobre o "passo inventivo" discutida anteriormente, esta disposição oferece uma excelente plataforma para uma "meticulosa análise verbal, à qual advogados são freqüentemente tentados devido ao seu treinamento".[27]

5. Recursos de Pré-Concessão e Revisão Pós-Concessão

A Lei de Patentes de 1970 é equipada com um robusto mecanismo de recursos de pré-concessão, estabelecendo diversos fundamentos para oposição à concessão de patentes, incluindo-se falta de novidade, passo inventivo ou aplicação industrial (os tradicionais critérios de patenteabilidade) ou que a matéria cuja projeção é reivindicada não é elegível de proteção patentária ou que a invenção não divulga a fonte ou origem geográfica do material biológico empregado para o desenvolvimento da invenção.[28]

A Lei de 2005 introduz, pela primeira vez, um mecanismo de revisão de pós-concessão. Dentro de um ano da concessão da patente, uma "parte interessada" pode opor-se à patente concedida, com fundamentos idênticos àqueles disponíveis na fase de recurso de pré-concessão.[29] A diferença-chave entre os mecanismos de pré-concessão e pós-concessão parece ser o fato de que, enquanto "qualquer pessoa" pode opor-se à concessão na fase de pré-concessão, na fase de pós-concessão, "partes interessadas" poderiam fazê-lo.

Um competidor que não lograr impugnar um pedido de patente nas fases pré e pós-concessão tem, ainda, uma terceira oportunidade de fazê-lo – poderá pedir a revogação da patente, com base na Seção 64 da Lei de Patentes.[30] Aqui novamente, os fundamentos que poderão ser evocados para se pleitear a revogação (seja por meio de uma petição direta endereçada ao Escritório de Patentes, seja na forma de uma reconvenção, em procedimentos de infração) são extremamente semelhantes àqueles das fases de pré e pós-concessão. Essa combinação de mecanismos de oposição de pré-concessão, oposição pós-concessão e revogação tornam o regime bastante eficiente ao filtrar reivindicações frívolas.[31]

6. Regime de Licenciamento Compulsório

Esta é uma das áreas em que houve maiores mudanças, tanto substantivas quanto procedimentais.

6.1. Licenciamento Compulsório Automático para Solicitações Tipo *Mailbox*

A maior mudança substantiva foi a adição de um novo fundamento para a concessão de licenças compulsórias. Como é bem sabido, a Índia reformou seu marco legal de patentes em 1999 com o objetivo de aceitar o depósito de pedidos de patentes de invenções farmacêuticas e colocá-los em uma "caixa de correios", a qual seria "aberta" para exame formal e substantivo em 2005 – daí esses pedidos serem normalmente conhecidos como pedidos tipo *mailbox*. Essa emenda correspondia a uma obrigação imposta pelo TRIPS, objetivando preservar a novidade de invenções farmacêuticas nos países em desenvolvimento e de menor desenvolvimento relativo, que não concediam patentes de produtos sobre invenções farmacêuticas em 1995.[32] Em virtude do mecanismo *mailbox*, pedidos de patente farmacêutica teriam a "novidade" examinada com base na data de seu depósito, e não com referência a 2005 – o ano em que a patente de produto farmacêutico foi pela primeira vez incorporada ao marco legal de patentes da Índia.

A Lei estabelece que, no caso de pedidos tipo *mailbox* se converterem em patentes, uma licença compulsória automática seria concedida para as companhias de genéricos que, antes de 2005, houvessem realizado "investimentos significativos" e estivessem produzindo e comercializando droga coberta por pedido *mailbox*.[33] Tal licença é sujeita ao pagamento de *royalty* razoável. Entretanto, não foi fixado nenhum referencial específico para determinar a "razoabilidade" do *royalty*, e é provável que este tema gere disputas nos próximos anos.[34] Talvez tenha-se que recorrer ao amplo critério da Seção 90 da Lei, que estabelece que, quanto ao *royalty* pagável, deve-se atentar à "natureza da invenção, aos gastos incorridos pelo titular da patente ao produzir ou desenvolver a invenção ou à obtenção e manutenção da patente, entre outros fatores relevantes".

Será interessante observar como essa nova disposição particularmente se desenvolverá nos próximos anos. Há reminiscências da disposição "licença de direito" do antigo regime de patentes. Invenções relacionadas a alimentos e medicamentos eram sujeitas a uma concessão de uma "licença de direito" automática, após um período de 3 anos, a contar da data de registro da patente.[35] Em outras palavras, qualquer pessoa interessada em explorar uma invenção patenteada, favorecida por uma "licença de direito", poderia fruir de uma licença automática, sem necessitar estabelecer qualquer razão específica para tanto.[36]

6.2. Licença Compulsória para Exportação

A fim de incorporar o que é usualmente referido como a Decisão do § 6º [37] da Declaração de Doha da Organização Mundial do Comércio, o Decreto Presidencial introduziu a Seção 92A, a qual permite a concessão de licenças compulsórias para permitir a exportação de produtos farmacêuticos a países sem capacidade de produção própria. Infelizmente, este dispositivo legal sofria de um grave defeito: a disposição determinava que o exportador também obtivesse uma licença compulsória no país importador. A disposição falhou em satisfazer às situações nas quais não existia patente no respectivo país importador,[38] tampouco qualquer exigência de se lá obter uma licença compulsória. A Lei de 2005, destarte, buscou retificar essa falha ao acrescentar que um exportador pode recorrer à Seção 92A, quando o país importador "tiver, por notificação ou outro meio, autorizado a importação de produtos farmacêuticos patenteados provenientes da Índia".[39]

6.3. Mudanças Procedimentais

O procedimento geral para obtenção de uma licença compulsória, de acordo com as regras fixadas pelo Capítulo XVI da Lei de Patentes da Índia, estabelece que na maioria dos casos, um pedido de licenciamento compulsória somente poderá ser examinado se as negociações para a obtenção de uma licença voluntária não tiverem logrado êxito dentro de um período razoável de tempo. Para impedir titulares de patentes de se arrastarem nas negociações voluntárias em detrimento dos requerentes, a Lei considera "razoável" o período de negociação de até seis meses.

7. Uso Governamental

A maioria dos regimes patentários prevê que, em certas circunstâncias, o governo está autorizado a usar uma patente existente ("uso governamental"). A

Lei de 2005 expande o alcance da licença de "uso governamental" em alguns aspectos, mas o reduz em outros. A nova versão da Seção 2 (h) inclui incentivar qualquer "instituição total ou substancialmente financiada pelo Governo", no âmbito de um "acordo governamental", a utilizar uma invenção patenteada. Entretanto, o Conselho para Pesquisa Científica e Industrial (Council for Scientific and Industrial Research – CSIR), instituição científica de primeira linha, foi agora excluído do âmbito desta norma. Isto talvez tenha ocorrido em reconhecimento ao fato de que o Conselho (CSIR) estava patenteando extensivamente, sendo, pois, em vários aspectos, um ator privado.[40]

8. Exceção Bolar

O regime indiano de patentes sintetizou o que é usualmente referido como exceção "Bolar"[41] – uma exceção que permite aos produtores de genéricos fabricar drogas patenteadas, em quantidade limitada, durante o período de duração da patente, com o intuito de colher informações a serem encaminhadas à autoridade encarregada de aprovar a comercialização de medicamentos. Esta exceção permite, pois, que genéricos adentrem o mercado assim que a patente expirar.

A Seção 107A da Lei de Patentes (versão de 2002) excluía de infração o ato de produzir, usar ou vender uma invenção patenteada com o propósito de obter informações a serem encaminhadas à autoridade regulatória. A Lei de 2005 expande o escopo da disposição, adicionando o ato de "importar". Este acréscimo, indubitavelmente, vem ao encontro dos esforços da indústria de genéricos, que vem empregando todos os meios possíveis de mitigar os efeitos adversos do regime patentário.

9. Importações Paralelas

A Seção anterior 107A (b) não considerava infração a importação de um produto patenteado, desde que comprovado que tal importação era proveniente de um exportador "devidamente autorizado pelo titular da patente a vender ou distribuir o produto". A Lei de 2005 facilitou atos de importação, dispensando a autorização do titular da patente – a Lei apenas requer que o exportador do produto patenteado esteja "devidamente autorizado pela lei a produzir, comercializar ou distribuir o produto".

De acordo com esta disposição emendada, poder-se-ia sustentar que uma indústria farmacêutica indiana poderia construir uma plataforma de produção em Bangladesh[42] para produzir e exportar medicamentos para a Índia. Na ausência de patentes em Bangladesh e/ou qualquer outra norma legal impeditiva de produção/exportação, tal companhia, presumivelmente, estaria "devidamente autorizada", sob a égide das leis de Bangladesh, a "vender ou distribuir o produto".

Nesse sentido, a disposição é extremamente ampla em seu escopo e talvez possa ferir o TRIPS, cujo art. 6º estabelece, em uma parte pertinente, que "(...) nada neste Acordo será utilizado para tratar da questão da exaustão dos direitos de propriedade intelectual".

O significado do art. 6º é esclarecido pelo art. 5º (d) da Declaração de Doha, que dispõe: "O propósito dos dispositivos do Acordo TRIPS que sejam relevantes para a exaustão de direitos de propriedade intelectual é o de permitir que cada Membro seja livre para fixar suas próprias diretrizes (..) sem qualquer interferência (...)".

Entretanto, o exemplo hipotético citado anteriormente envolvendo uma companhia indiana estabelecendo unidade produtiva em Bangladesh não envolve "exaustão".[43] Não há nenhuma primeira comercialização da droga patenteada efetuada pelo titular da patente – em vez disto, a droga é produzida e então exportada por uma terceira parte. Em resumo, a essência do direito exclusivo de importação, conforme estabelecido pelo art. 28 do TRIPS, é afetada.

10. Algumas Implicações Amplas da Lei de 2005

10.1. Acesso a Medicamentos

Embora a Lei de 2005 tenha introduzido amplas mudanças no regime de patentes, a disposição mais controversa é a que introduz patentes de produto para invenções farmacêuticas. Membros da sociedade civil estão preocupados que tal disposição cause um aumento excessivo nos preços de medicamentos e impacte desfavoravelmente no acesso a drogas importantes. Argumenta-se que as flexibilidades disponíveis em TRIPS não foram efetivamente exploradas e salvaguardas adequadas não foram inseridas no sistema, com vistas a assegurar suprimento acessível de medicamentos.[44]

A Lei de 2005 congrega um importante número de salvaguardas que objetivam assegurar que a produção de medicamentos de genéricos não seja ameaçada. A Lei também dispõe de mecanismos para assegurar acesso a novas drogas. Algumas disposições-chave da Lei de 2005 e de outras leis relacionadas serão discutidas adiante.

10.2. Licenciamento Compulsório

Como mencionado anteriormente, a inclusão de dois novos fundamentos para o licenciamento compulsório (um relativo à exportação para países sem capacidade produtiva e o outro relacionado à produção de drogas cujos pedidos de patente foram depositados via mecanismo *mailbox*[45]) teve um grande impacto em assegurar às indústrias indianas a continuação de suas atividades produtivas a custos mais baixos que aqueles incorridos pela indústria da inovação.

Entretanto, apesar desses novos fundamentos, o novo regime pouco contribuiu para dirimir os entraves administrativos e procedimentais que obstaculizaram, já presentes no regime anterior de patentes, o emprego de licenças compulsórias.[46] A título de exemplo, podemos mencionar o caso envolvendo um pedido de concessão de licença compulsória, feito sob a égide da lei anterior, que percorreu uma longa estrada até a Suprema Corte de Calcutá; quando lá chegou a patente estava para expirar.[47]

A Lei de 2005 apenas minimizou um dos problemas procedimentais, ao estabelecer que "negociações voluntárias" com o titular da patente deveriam ser concluídas em 6 meses.[48] Sem embargo, "na realidade a teoria é outra". No mais, termos controversos, como "*royalties* razoáveis" (termo empregado no contexto da emissão de licença compulsória com vistas a autorizar indústrias indianas de genéricos a produzirem drogas objeto de pedidos tipo *mailbox*), poderiam atravancar significativamente o andamento de processos de concessão de licenças compulsórias.

Todavia, é importante esclarecer que uma possível razão para o uso não-ótimo do mecanismo de licenciamento compulsório, no passado, deveu-se à ausência de uma plataforma industrial local bem desenvolvida. Dispensável dizer que, atualmente, no contexto das invenções farmacêuticas, isto não mais é um problema, uma vez que a Índia detém uma indústria local bem desenvolvida, com extensa *expertise* e aptidão para utilizar o sistema de licenciamento compulsório.[49] Nos anos porvindouros, a Índia provavelmente oferecerá campo fértil para o desenvolvimento de jurisprudência em matéria de licenciamento compulsório, ao menos referente a invenções farmacêuticas.

10.3. Danos Retroativos

A nova emenda à Seção 11A da Lei de Patentes interfere, consideravelmente, no monopólio concedido a patentes farmacêuticas resultantes dos pedidos tipo *mailbox*.

A Seção 11A (7) dispõe que os titulares de patentes estão investidos no direito de reivindicar danos retrospectivamente à data de publicação de seus pedidos de patente, o que significa que desde o momento em que o pedido de patente é publicado, um terceiro corre o risco de ter de pagar perdas e danos, em caso de infração. A Lei, entretanto, dispõe que tais direitos a reivindicar o recebimento de danos retrospectivos não são aplicáveis aos pedidos farmacêuticos do tipo *mailbox*. Esta realidade associada ao fato de que os 20 anos de duração da patente são contados a partir da data em que foi depositado o pedido tipo *mailbox*, reduzirá a força das patentes farmacêuticas decorrentes dos pedidos tipo *mailbox*, o que beneficiará a contínua produção de genéricos a preços baixos.[50]

Por conseguinte, a falha em assegurar remédios retroativos para pedidos tipo *mailbox*, em conjunto com a decisão de torná-los automaticamente suscetíveis a licenças compulsórias, assegurará que o suprimento de drogas genéricas existentes a preços razoáveis não terá seu acesso indevidamente dificultado. De modo limitado, produtores de genéricos poderão também explorar a exceção para pesquisa[51] e a ampla exceção Bolar regulada pela Seção 107A da Lei de Patentes.[52]

10.4. Nível da Patenteabilidade

O questionamento se o novo regime terá impacto sobre o acesso a novas drogas é um assunto mais debatido. Isto dependerá significativamente do alcance da patenteabilidade de invenções farmacêuticas. Apesar das reivindicações da sociedade civil da restrição da patenteabilidade de invenções farmacêuticas a apenas novas entidades químicas (NEQs),[53] nenhuma limitação expressa foi introduzida.[54] Entretanto, isso não significa automaticamente que todas estas substâncias (incluindo novas entidades químicas, formulações, novos sistemas de liberação das drogas etc.) merecerão proteção patentária. Muito pelo contrário, o estabelecimento de um critério de inventividade mais rigoroso e a expansão da proibição de "novos usos", introduzidos pela Lei de 2005, podem viabilizar a restrição de novas concessões.[55] Conforme assinalado anteriormente, uma interpretação bem estrita do termo "eficácia" pode resultar na concessão de muito poucas patentes para inovações farmacêuticas incrementais, fundadas em novas formas de substâncias já preeexistentes.[56]

Ao lado da exclusão de "novos usos", a Lei de Patentes indiana traz muitas exclusões de patenteabilidade;[57] podemos mencionar a exceção para método de tratamento médico[58] e a exclusão de produtos da natureza.[59] Estas disposições podem, efetivamente, ser empregadas para limitar o âmbito de proteção das invenções farmacêuticas.

Neste sentido, o Escritório de Patentes da Índia tem uma tradição sedimentada de abordagem conservadora em matéria de patenteabilidade.[60] Fundando-se no referido Relatório Ayyangar e no mantra de que um número menor de patentes fomentaria o fortalecimento da indústria local, o Escritório de Patentes, no passado, adotou uma abordagem "política" em matéria de patenteabilidade, negando proteção para várias invenções que mereciam proteção patentária em outras partes do globo. Com certeza essa tendência era perceptível até o final de 2001, quando o escritório de patentes não aprovou um pedido de patente da Dimminaco AG (uma companhia de biotecnologia suíça), reivindicando um método de produção de uma vacina viva, ao considerar que o termo "manufatura" não incluía um processo que tivesse como produto final uma substância viva.[61]

Logo, possivelmente critérios de patenteabilidade e exclusões de patenteabilidade serão interpretados pelo Escritório de Patentes de maneira rigorosa, de modo a excluir invenções que não representem um genuíno avanço terapêutico. O Escritório de Patentes poderia beber da experiência de países industrializados que rigorosamente observaram os critérios de patenteabilidade em alguns casos, com vistas a impedir o efeito "*evergreening*", ou seja, a perpetuação da proteção de invenções que pouco ou nada acrescentam ao estado da técnica. Por exemplo, a patente secundária da SmithKline sobre um polimorfo da cimetidina, concedida aproximadamente cinco anos depois da patente original, foi invalidada no Reino Unido e em outros países, com fundamento de que tal polimorfo não poderia ser considerado "novo", ou seja, era inevitavelmente obtido pela aplicação de processo já reivindicado na patente original.[62]

É pertinente notar neste contexto que o art. 27 do acordo TRIPS estipula que "qualquer invenção, de produto ou de processo, em todos os setores tecnológicos, será patenteável, desde que seja nova, envolva um passo inventivo e seja passível de aplicação industrial".[63] Tal dispositivo oferece algum espaço de manobra para que os Estados-membros definam os critérios de patenteabilidade, da maneira que considerem mais de acordo aos seus interesses nacionais.[64] Estados-membros, de fato, vêm refinando os critérios de patenteabilidade de acordo com as especificidades de cada campo tecnológico, levando em conta as demandas de cada setor tecnológico.[65] Por exemplo, em 2001, a nova versão das diretrizes de aplicação industrial do Escritório de Marcas e Patentes dos EUA (USPTO) tinham como alvo as invenções biotecnológicas.[66] No mesmo sentido, também é importante assinalar que uma norma alemã dispõe que o monopólio patentário referente a seqüências genéticas é limitado à função específica divulgada, não cobrindo todas funções possíveis.[67]

10.5. Mecanismo de Oposição

Ao lado do que já foi dito, um mecanismo robusto de oposição (pré-concessão e pós-concessão) poderia filtrar patentes frívolas. Alguns pedidos tipo *mailbox* já foram impugnados sob os auspícios de procedimentos de pré-concessão. Por exemplo, a Natco Pharma Ltda; uma companhia farmacêutica indiana, se opôs a um pedido de patente da Novartis India Ltd. relacionada a uma droga para o tratamento do câncer, o mesilato imtinib, alegando faltar novidade. De acordo com a Natco, o pedido de patente depositado na Índia reivindica um cristal (Beta) de uma droga que já era conhecida em 1993.[68] Esta oposição atrairá considerável atenção, posto que a Novartis já detém direito exclusivo de comercialização [69] para esta mesma droga (a qual é vendida sob a marca comercial Glivec) e, com base neste direito, já logrou proibir muitas empresas produtoras de medicamentos genéricos a produção deste medicamento.[70]

10.6. Controle de Preço/Regime de Proteção da Concorrência

O receio de que o preço dos produtos farmacêuticos patenteados subisse muito e rapidamente ignorou a existência de mecanismos de controle de preço e o recém-instituído regime de proteção da concorrência na Índia.

Quando a Índia aprovou sua Lei de Patentes em 1970, simultaneamente, aprovou um mecanismo legal de controle de preços (o Drug Price Control Order – DPCO foi criado sob os auspícios da Lei de Artigos Essenciais de 1955), com o intuito de controlar o preço de matérias-primas farmacêuticas listadas e, conseqüentemente, assegurar acesso a medicamentos ao público em geral.[71] Sob este mecanismo, preços de matérias-primas farmacêuticas e suas fórmulas eram fixados pelo governo, que permitia uma margem de lucro de 100% sobre o preço de fábrica. No mais, os preços das drogas não cobertas pelo mecanismo de controle de preços também eram monitorados.

Entretanto, após um período, em decorrência da pressão da indústria farmacêutica indiana, o número de drogas listadas no Drug Price Control Order caiu de 347, em 1979, para 76, em 1995.[72] Em 2002, a nova política farmacêutica indiana, que pretendia relaxar ainda mais os meios de controle de preços de medicamentos, teve sua legalidade discutida, pois, de acordo com esta política, medicamentos essenciais (aqueles que podem salvar vidas) poderiam vir a ser excluídos da lista do DPCO. O pedido de anulação da referida política está, presentemente, sendo examinada pela Suprema Corte da Índia.[73]

Pelo que foi dito até o momento, poder-se-ia acreditar que o sistema da Índia de controle de preços é dispensável. Entretanto, há indicações de que, em decorrência do potencial impacto a ser gerado pela Lei de 2005 sobre os preços de medicamentos, o governo considere fortalecer o controle de preços, para fomentar a concorrência e assegurar medicamentos acessíveis ao público em geral. Para este fim, uma nova legislação (Drug Pricing Act - Regulation & Management) está sendo considerada. [74] Este projeto de lei, ao lado da manutenção do DPCO, propõe, dentre outros pontos, o monitoramento de preços em toda a rede de distribuição e um mecanismo de fixação negociada de preços para novas/drogas patenteadas. Este projeto de lei ainda enfatiza o corte de despesas promocionais, que contribuem substancialmente para os preços de medicamentos.

A Lei de Proteção da Concorrência de 2002 substituiu a antiga Lei de Monopólios e Práticas Comerciais Restritivas, de 1969.[75] Moldada pelo regime de proteção da concorrência da Comunidade Européia, é possível transpor à Índia a jurisprudência européia sobre restrição a práticas abusivas adotadas pelos titulares de direitos de propriedade intelectual.[76] Em especial, a Seção 4 da lei, que proíbe empresas de abusarem de sua posição dominante, reflete a proibição prevista no art. 82 do Tratado que estabelece a União Européia (Tratado de Roma). Esta disposição oferece exemplos de condutas que importam em abuso da posição dominante e inclui que "a imposição de uma condição injusta ou discriminatória, ou preço na aquisição ou venda de bens ou serviços, incluindo preços predatórios, salvo quando adotados para favorecer a concorrência". Uma disposição semelhante na CE foi interpretada como forma de proscrever altos preços monopólicos.[77]

11. Encorajando uma Cultura da Inovação na Índia

A indústria farmacêutica multinacional argumenta que um regime patentário de proteção de produtos é essencial para encorajar a pesquisa e o desenvolvimento de novas drogas e para fomentar o desenvolvimento de novas drogas pela indústria local. É preciso notar, entretanto, que as habilidades básicas de engenharia reversa (habilidades em química orgânica) são diferentes das habilidades exigidas para o desenvolvimento de novas drogas (habilidades no setor de química médica).[78] Além disso, o custo de pesquisa e de introdução de uma nova droga no mercado é colossal.[79] Permanece sem resposta a questão se os incentivos do sistema patentário são capazes de realizar seus fins últimos (fomento de inovação em favor da sociedade) e se as companhias indianas estarão aptas a competir com as companhias multinacionais globais neste setor.[80] Ao menos, espera-se que um regime que proteja produtos encorajará multinacionais globais a terceirizarem parte de suas atividades produtivas e condução de testes clínicos para a Índia e entrar em parcerias comerciais com companhias indianas.[81]

12. Implicações do Acordo TRIPS

Embora a Lei de 2005 tenha o propósito de ser o último passo da Índia em direção à total observância dos compromissos decorrentes do acordo TRIPS, a compatibilidade de algumas de suas provisões com o TRIPS pode ser debatida.

O art. 27 de TRIPS estabelece que "qualquer invenção, de produto ou de processo, em todos os setores tecnológicos, será patenteável, desde que seja nova, envolva um passo inventivo e seja passível de aplicação industrial".

A não-concessão de direitos retroativos aos pedidos tipo *mailbox*, conjuntamente com torná-los automaticamente suscetíveis ao licenciamento compulsório, pode ser uma violação ao art. 27 – depositantes de pedidos de patentes tipo *mailbox* podem argumentar que, quando comparados a outros campos da tecnologia, foram objeto de discriminação.[82]

O Painel da OMC no caso Canadá – Proteção Patentária de Produtos Farmacêuticos[83] estabeleceu que o termo "discriminação" era um "...termo normativo, de conotação pejorativa, que refere-se a resultados de uma imposição injustificada de tratamento diferenciado desvantajoso". Até que ponto o citado tratamento desvantajoso concedido aos pedidos tipo *mailbox* é uma "imposição injustificada" dependerá da avaliação de questões de saúde pública e acesso a medicamentos na Índia e a relação de causalidade existente entre tais questões e as disposições que, em teoria, desrespeitam o acordo TRIPS. Deve-se ter em mente que o art. 27.1 deve ser interpretado no contexto da Declaração de Doha, a qual dispõe em seu § 4º:

> Concordamos que o Acordo TRIPS não impede e não deve impedir que os Membros adotem medidas de proteção à saúde pública. Deste modo, ao mesmo tempo em que reiteramos nosso compromisso com o Acordo TRIPS, afirmamos que o Acordo pode e deve ser interpretado e implementado de modo a implicar apoio ao direito dos Membros da OMC de proteger a saúde pública e, em particular, de promover o acesso de todos aos medicamentos.

Em segundo lugar, a Seção 84 (1) (c) da Lei, a qual autoriza o licenciamento compulsório de invenções não exploradas na Índia, poderia ser considerada contrária ao referido art. 27 do acordo TRIPS, o qual proíbe qualquer tratamento discriminatório baseado na origem da produção. Esta questão ainda precisa ser resolvida pelo Painel da OMC – uma oportunidade foi perdida quando os Estados Unidos voluntariamente retiraram sua reclamação contra o Brasil, país cuja legislação possui um dispositivo semelhante ao da lei indiana.[84]

Enquanto a compatibilidade das disposições com o TRIPS não está inteiramente clara, o argumento de que a Seção emendada 107A (b), a qual trata de importação paralela, contradiz o art. 28 do TRIPS é robusto.[85] Considerando que esta seção não está limitada a invenções farmacêuticas, qualquer argumento potencial sugerindo concessão de tratamento diferencial para produtos farmacêuticos não será válido.

12.1. A Pressa é Inimiga da Perfeição

Como foi evidenciado pela discussão acima, algumas das disposições introduzidas pela Lei de 2005 poderiam ter sido desenhadas de maneira mais cuidadosa. O ato de definir um termo ("substância farmacêutica") que não é posteriormente referido na Lei não pode, mesmo com uma ampla dose de indulgência, ser considerado boa técnica legislativa. Definições de "nova invenção" e "passo inventivo" introduzidas pela Lei não somente contrariam os princípios bem estabelecidos do direito das patentes, como também geram inconsistências em face de outros dispositivos da própria Lei.

Estes equívocos não são surpreendentes, posto que a maioria das disposições problemáticas passaram por um processo legislativo que durou menos de três meses – entre dezembro de 2004 (quando o Decreto Presidencial foi aprovado) e março de 2005 (quando o projeto de lei foi encaminhado ao Parlamento). Em grande medida, as mudanças realizadas no texto do Decreto Presidencial foram realizadas para tranqüilizar os partidos de esquerda. Um caso exemplificativo é o dispositivo que trata do "passo inventivo", o qual é uma reprodução literal de uma lista de recomendações feita pelo Partido Comunista da Índia,[86] que, por sua vez, parece ter se baseado em um relatório produzido por uma comissão composta por personalidades.[87]

Um processo deliberativo mais lento e cuidadoso poderia ter produzido um regime mais estratégico e com disposições mais claras. Em um momento em que o termo "patente" era despido de seu real significado para a maioria dos indianos, o esforço legislativo baseou-se em um brilhante relatório de um Comitê que circunavegou pelas experiências legais mundiais e sumarizou tudo aquilo que considerou ser o melhor às necessidades da Índia.[88] O sucesso da indústria de genéricos hoje é testemunha, embora de maneira restrita, do brilhantismo de sua prudência. Este relatório adquiriu quase um *status* canônico no escritório de patentes, que continua a nele fundar-se, fortemente, para determinar as fronteiras da patenteabilidade.[89]

Contrastemos o passado com a presente Lei de Patentes: os esforços legislativos iniciaram-se ao final de 2002 e pouco foi feito; o tema teria merecido a avaliação de uma Comissão Parlamentar Técnica.[90] Pelo contrário, enquanto eram debatidas as disposições relacionadas às emendas de 2005, o governo repetidamente refugiou-se no fato de que as questões objeto das emendas já haviam sido discutidas por um Comitê Parlamentar Conjunto, constituído para examinar as emendas de 2002 à Lei de Patentes de 1970.[91] Conforme o Partido Comunista da Índia acertadamente colocou: "Nós falhamos em compreender como as deliberações do Comitê Parlamentar Conjunto, que avaliaram as emendas de 2002 à Lei de Patentes, poderiam ser referidas como se fossem a última palavra em temas em discussão no presente. A Comissão Parlamentar Conjunta não retém qualquer autoridade sobre este tema."[92]

Os interesses, em 2005, sendo mais altos, seria de se esperar uma avaliação mais detalhada do regime de patentes, e um exercício legislativo muito mais elaborado. Como apontado pelo editorial do *New York Times*: "Raro o Parlamento Indiano tratar de um tema de tamanha importância global."[93]

O debate em torno do Projeto de Lei foi também caracterizado por um foco restrito aos produtos farmacêuticos. Foi amplamente esquecido que a remoção da Seção 5 não apenas introduziu patentes de produtos para substâncias farmacêuticas, mas também para outras substâncias químicas, incluindo produtos agroquímicos.

13. Conclusão: Para Onde Caminham os Interesses Nacionais?

O Ato de Patentes em sua forma final é o resultado de política, *lobby* e obviamente, compromisso. Com pressões concorrentes advindas de diversas partes (multinacionais, sociedade civil, coalizão comunista e um partido de oposição que realizou a mudança mais surpreendente, chegando ao ponto de desaprovar um projeto de lei por ele redigido), o governo enfrentou o processo político-legislativo mais pedregoso da história indiana de elaboração de leis em matéria de propriedade intelectual. Adicione-se a este contexto que o governo teve de alcançar um ponto de equilíbrio entre tantas forças conflitantes dentro das balizas fixadas pelo sistema TRIPS/OMC.

Esta habilidosa manobra em torno de interesses concorrentes certamente merece aplausos. Entretanto, o resultado líquido de tal compromisso e de um processo legislativo apressado é uma falta de clareza legal.

O preço dessas deficiências irá, sem dúvidas, manifestar-se nos próximos anos – em forte contraste, temos a experiência da legislação patentária indiana de 1970, cuja cautela resultou na geração da importante indústria de genéricos local, que se tornou o orgulho da nação.

Notas

1. A lei de patentes da Índia (versão emendada em 2005) está disponível, em sua integralidade em: http://www.wipo.int/clea/docs_new/pdf/en/in/in018en.pdf
2. A fim de obedecer ao TRIPS, o Ato das patentes de 1970 (Índia) foi emendado duas vezes, em 1999 e a mais recente, em 2002, a Emenda do Ato das Patentes de 2002.

3. Decreto (Emenda) de Patentes de 2004 (ou apenas "Decreto") - Patents (Amendment) Ordinance 2004 (hereafter "Ordinance"), *The Patents (Amendment) Act, 2005*, nº 15 of 2005 (*The Gazette of India*, reg.nº DL-N(04)/0007/2003-05).

4. CPI, CPI(M), RSP e Bloco Progressista ¾ desses partidos suportam o controle da coalizão governamental.

5. Este Ato foi publicado como lei no Diário Oficial da Índia em 5 de abril de 2005. *O Ato (Emenda) de Patentes de 2005*, nº 15 de 2005 (*Diário Oficial da Índia*, Reg. nº DL-N(04)/0007/2003-05).

6. Ver ABBOTT, F.M. *Beginning of a New Policy Chapter: A Hopeful Way Forward in Addressing Public Health Needs*, Financial Express (6 april 2005). Disponível em: http://www.financialexpress.com/fe_full_story.php?content_id=87112 (Acesso em: 20 maio 2005).

7. R. Relatório Ayyangar na revisão da Lei de Patentes (Nova Delhi, 1959) (após *"Relatório Ayyangar"*).

8. ADELMAN, J. e BALDIA, *Prospects and Limits of the Patent Provision in the TRIPS Agreement: The Case of India, Vanderbilt Journal of Transnational Law*, v. 29, 1996, p. 507

9. Em 2003, o tamanho do mercado farmacêutico indiano foi estimado em 4.9 bilhões de dólares. Isto constitui aproximadamente 1% do comércio farmacêutico global, e aproximadamente 10% do total do mercado de genéricos do mundo. Atualmente, a Índia está entre os cinco principais grandes produtores de drogas do mundo e tem o maior número de plataformas de produção aprovadas pelo FDA norte-americana, fora dos Estados Unidos. A Índia também é a 14ª maior exportadora de drogas do mundo e exporta drogas no montante de 3.2 bilhões de dólares para mais de 65 países. Ver CHOUDHURI, Sudip, *R&D for Development of New Drugs for Neglected Diseases: How can India Contribute' A Study Commissioned by the CIPIH* (31 de março de 2005).

10. A título de ilustração, ver CHAUDHURI, Shubham et ali, *Estimating the Effects of Global Patent Protection in Pharmaceuticals: A Case Study of Quinolones in India* (New Haven Yale University, 6 december 2004). Ver também *Product Patents: Implications for Pharmaceutical Industry and Consumers*, Estudo preparado pela UNCTAD India Programme. Disponível em http://www.unctadindia.org/MeetingOnProductPatents-ImplicationsForPharmaceuticalIndustry-April04-2005_Presentation.pdf (Acesso em: 5 julho 2005).

11. Proteção de Patentes para produtos farmacêuticos fornecerá aos cientistas indianos incentivos para descobrirem e desenvolverem novas drogas salva-vidas.Ver *PhRMA Welcomes Passage of Patent Bill in India* (23 de março de 2005). Disponível em <http://www.phrma.org/mediaroom/press/releases/23.03.2005.1157.cfm>.

12. 'De acordo com fontes, mais de 150 patentes sobre "efeitos técnicos de software" foram concedidas no país pela prioridade dada ao Decreto legislativo de dezembro. Essas patentes foram concedidas apesar da ambigüidade legal que priorizou a edição deste Decreto legislativo. Ver *Software Patents under Ordinance Face Reversal,* 29 de março de 2005, disponível em: <http://www.financialexpress.com/fe_full_story.php?content_id=86454> (Acesso em: 15 maio 2005).

13. Seção 3 (b) do Decreto legislativo de 2004 excluiu 'um programa de computador *per se* diverso de sua aplicação industrial técnica ou uma combinação com um hardware'.

14. Ver *Representation made by the Free Software Foundation of India to the Government of India to immediately withdraw The Patents (Amendment) Ordinance*, 2004 <http://fsf.org.in/representation/representation.html> (Acesso em: 20 junho 2005).

15. Manual de Prática e Procediemnto de Patentes - *Manual of Patent Practice and Procedure* (Patent Office, New Delhi, 2005) 156. O manual, entretanto, previne que *o conteúdo desse manual incluindo as diretrizes objetivam apenas ilustrar, não têm pretensão legal. Em caso de qualquer conflito, previsões legais do Ato de Patentes prevalecerão.*

16. Seção 2(1)(l) do Ato de Patentes de 1970, como emendado pelo Ato de 2005.

17. A maioria dos regimes de Patentes prevê que com o intuito de ser patenteada, uma invenção deve ser nova, não óbvia (para uma pessoa habilitada no campo da arte) e ter aplicação industrial.

18. Mais freqüente do que pensamos, um terceiro que apresente oposição a um pedido de patente é um competidor em relação ao pedido.

19. Seção 2(1)(j) do Ato de Patentes de 1970, como emendado pelo Ato de 2005.

20. Conforme o termo "pessoa habilitada no campo da arte" é concebido, talvez valha a pena atentar à visão de Lord Hoffman em *Biogen Inc. v. Medeva Plc* [1997] RPC 1, quem era claramente cético em relação a tais "concepções antropomórficas de justiça" de variados cultos da imaginação e às vezes pessoas improváveis que a lei inventou para incorporar conceitos como "razoabilidade", "eficácia negocial" e "falta de inventividade".

21. Ilustrativamente, ver GOPAKUMAR, K.M. e AMIN, T. *Patents (Amendment) Bill: A Critique Economic and Political Weekly* (9 de abril de 2005) p. 1503-1504 que estabelece: *Destarte, a definição dilui os requisitos de um passo inventivo e aumenta as provisões existentes em benefício do possuidor da patente.*

22. Pilai, M., *India: India's Patents Bill, 2005 - Is It TRIPS Compliant? Mondaq Newsletter* (31 de março de 2005) Disponível em: http://www.mondaq.com/i_article.asp_Q_articleid_E_31717.
23. Seção 92A, que lida com licenças compulsórias no contexto de exportação para países com capacidades mínimas de produção, faz uso do termo "produtos farmacêuticos". Entretanto, este termo é usado em um sentido diverso de "substâncias farmacêuticas", como ficou evidente pelo fato de que é definido propriamente na Seção 92A. A absurda definição na Seção 2(1)(ta) não pode por isso reivindicar para "produtos farmacêuticos" sob a Seção 92A.
24. Sobre se tal determinação faria qualquer diferença prática é discutível - posto que a nova "forma" bem como a nova "substância" mereceriam a proteção de patente enquanto produto.
25. Versão em português de Portugal.
26. "A tarefa de provar eficácia é mais difícil, cara, e morosa que a tarefa de provar segurança". The Independent Institute, History of FDA Regulation: 1902-Presente, disponível em: http:/www.fdareview.org/history.shtml. Outro autor comenta que: "graças à lei de 1963, o FDA (agência regulatória sanitária norte-americana) exige que produtores de materiais médicos e farmacêuticos provem que novas drogas e aparelhos são tanto seguros quanto efetivos - porém, o FDA recusou-se a definir, claramente, eficácia". James Bovard, Bureaucratic Tyrants, 25(23) Conn. L. Trib. 15 (7 de junho de 1999).
27. Um sentimento bastante citado do Lord Diplock no famoso caso Catnic, em que a "construção propositada" *doctrine of claim interpretation* no Reino Unido foi envolvida. Ver *Catnic Components Ltd v Hill & Smith Ltd.,* [1982] RPC 183 em 43.
28. Capítulo V (Seções 25-28) do Ato de Patentes de 1970.
29. Seção 25 (2) do Ato de Patentes, emendado pelo *At* de 2005.
30. Bastante no mesmo sentido do mecanismo de oposição pós-concessão, deve ser uma "pessoa interessada" quem iniciará o desafio e não qualquer pessoa.
31. Seção 64 do Ato de Patentes.
32. Art. 70.8 do TRIPS. Na disputa da OMC iniciada pelos Estados Unidos contra a Índia devido ao não-cumprimento dessa disposição, o órgão de apelação da OMC decidiu que a Índia seria obrigada a fornecer um mecanismo legal apropriado ao temporário arranjo da caixa de correio. Ver OMC - *Índia: Proteção Patentária para Produtos Químicos Farmacêuticos e Agrícolas.* (19 de dezembro de 1997) WT/DS50/AB/R. O Ato (Emenda) de Patentes de 1999 foi introduzido como uma resposta a essa imposição, e foram de fato concedidos os efeitos retroativos desde 1995, a data na qual a Índia supostamente havia instituído a facilidade do caixa de correio - *mailbox* sob o TRIPS.
33. Provisão para Seção 11A do Ato de Patentes de 1970, como emendado pelo Ato de 2005.
34. É pertinente notar que durante os debates parlamentares, um relevante número de membros sugeriu que uma taxa específica de *royalty* ou um teto para esta taxa do *royalty* deveria ser fixado. (Ver comentários específicos do Sr. Maneka Gandhi e Shri Suresh Kurup.) Entretanto, no momento da votação, a cláusula foi adotada com as palavras "*royalty* razoável" e nenhuma porcentagem específica foi fixada. Ver o debate de Lok Sabha (22 de março de 2005), disponível em http://164.100.24.230/Webdata/datalshom001/dailydeb/22032005.htm. (Acesso em: 4 junho 2005).
35. Seção 87 do Ato de Patentes, 1970. Esta provisão foi banida pelo Ato (Emenda) de Patentes, 2002. Desde 1970 o regime permite apenas "processo de patente" nos casos de invenções farmacêuticas, por isso não foi muito surpreendente ter sido essa provisão de licenciamento compulsório invocada pelos produtores de genéricos.
36. Ver S Kumar *'Difference between Compulsory Licence and Licence of Right', Clube de Publicações do Escritório de Patentes* (September 1975 - on file with the author).
37. Decisão de implementar o § 6º da Declaração de Doha (WTO Doc JOB(03)/177 e WT/L/540, de 30 de agosto de 2003).
38. De fato, na sua maioria os países que têm pequena ou nenhuma capacidade de produção são os membros considerados de menor desenvolvimento relativo e que por isso terão até 2016 para introduzir patentes de produtos para o campo farmacêutico. É por isso absurdo esperar qualquer existência de patentes em relação a invenções farmacêuticas nesses países durante este período.
39. Lei de Patentes de 1970, seção 92A.
40. 'Tendo depositado 184 patentes pelo mecanismo do Acordo de Cooperação em Patentes (PCT), apenas no ano de 2002, a CSIR - Conselho para Pesquisa Científica e Industrial alcançou a coreana Samsung'. Ver *Samsung Finds its Match in CSIR* The Hindu Business Line (27 de julho de 2003) - http://www.blonnet.com/2003/07/27/stories/ 2003072701380100.htm.

41. Nomeado após um caso da corte norte-americana, *Roche Prods Inc v Bolar Pharm Co Inc* 733 F.2d 858, 863 (Fed. Cir. 1984), no qual a Corte decidiu que o "uso experimental" - uma exceção permitida pela lei americana - não era amplo o bastante para permitir o *Bolar* para desenvolver e submeter um produto genérico à aprovação regulamentadora antes de expirar a patente da Roche. O Ato Hatch-Waxman nos Estados Unidos, que introduziu tal exceção em favor de indústrias genéricas, foi responsável por essa decisão.

42. Pelo § 7º da *Declaração de Doha, um país-membro de menor desenvolvimento relativo (LDC) como Bangladesh terá prazo até 1 de janeiro de 2016 para introduzir patentes de produtos para invenções farmacêuticas.* Ver Declaração sobre o Acordo TRIPS e Saúde Pública WTO Doc WT/MIN(01)/DEC/2 de 20 de novembro de 2001 ("Declaração de Doha").

43. Um direito de propriedade intelectual é "exaurido" quando ele não mais consegue ser imposto pela entidade que possui o direito. Um sistema de "exaurimento nacional" significa que o direito de um titular de patente é apenas exaurido na nação na qual o bem foi vendido (normalmente em sua pátria mãe). O titular da patente, por isso, ainda detém o direito de controlar a venda de bens para outros países por meio de compradores de seu país natal. Contrariamente, um sistema de "exaurimento internacional" permite um comércio paralelo, desde que os direitos dos titulares de patentes sejam considerados internacionalmente exauridos em uma primeira venda, e eles não tenham o direito de controlar o que acontece aos bens após a venda. Ver GALLUS, N., *Parallel Policies On Pharmaceutical Parallel Trade*, International Trade Law and Regulation, v.3, novembro de 2005, p.77.

44. De acordo com o Projeto de Acesso Global à Saúde, uma ONG americana que advogo para a causa dos pacientes com AIDS, direitos humanos e comércio justo, o Ato de 2005 '... falha ao completamente utilizar das salvaguardas da saúde pública disponíveis aos membros da OMC, sob o TRIPS, os quais foram reafirmados pela Declaração de Doha no Acordo do TRIPS e Saúde Pública (Declaração de Doha)'. Ver *The Impact of India's Amended Patents Act to Access to Affordable HIV Treatment* Disponível em: www.healthgap.org/press_releases/05/020105_hgap_fs_india_ipr.pdf (Acesso em: 2 junho 2005).

45. Um item jornalístico notou que há 8.926 pedidos no *mailbox*. Ver NARENDRANATH, K.G. *Patent mailbox opens: Pfizer is top applicant* Financial Express (21 March 2005) Disponível em http://www.financialexpress.com/fe_full_story.php?content_id=85782.

46. Para uma análise de alguns desses obstáculos procedimentais, ver CHAUDHURI, Sudip *TRIPS Agreement and the Amendment of Patents Act in India,* Economic and Political Weekly (EPW), Special Article (10 de agosto de 2002), p. 8.

47. *Imperial Chemicals Industries Ltd. v Controller General of Patents, Designs and Trademarks and Anr.* (Kolkata High Court, Decision dated 4 de julho de 1997.)

48. Uma nova explicação a esse respeito foi adicionada à Seção 84 (6).

49. Deveríamos ter em mente que prioritariamente para o Ato de 2005, apenas processo de patentes para invenções farmacêuticas deveriam estar disponíveis. Companhias de genéricos tinham permissão para trabalhar sobre esses processos com facilidade, sem recorrer a qualquer forma de licenciamento, seja ele compulsório ou voluntário. Da mesma forma, muito poucos processos eram na atualidade patenteados, desde que o termo de proteção durava meros sete anos e tais processos poderiam de qualquer forma ser designados com facilidade. Ver BANERJI, S. *Who Controls Domestic Law- Making? The TRIPS Agreement and the Indian Intellectual Property Regime,* Paper for the Political Studies Association-UK 50th Annual Conference (10-13 de Abril de 2000, Londres) Disponível em: http://www.psa.ac.uk/cps/2000/Banerji%20Shondeep.pdf. Acesso em: 17 junho 2005.

50. Para um tratamento mais detalhado sobre esse tópico, ver BASHEER, S. *Of Generics, Pharmaceutical Patents And The Countdown To 2005: A Note To Policy Makers*, Economic Times (26 September 2004). Disponível em: http:// www.patentmatics.org/pub2004/pub11a.doc. (Acesso em: 10 junho 2005).

51. A Seção 47 (3) resumiu a exceção de "uso experimental" no contexto indiano e prevê que uma patente poderá ser utilizada por qualquer pessoa "para o mero propósito de experimentar ou pesquisar incluindo a concessão de instruções para pupilos". Esta exceção parece ser bastante ampla - entretanto, seu âmbito está, no momento, para ser testado no Tribunal.

52. Ver discussão anterior sobre a Seção intitulada "Exceção *Bolar*".

53. "*A Patenteabilidade Farmacêutica deveria ser restringida somente a moléculas/propriedades químicas e médicas. Isto ajudaria a exclusão de reivindicações frívolas.*" KEAYLA, B. K., *Patents Amendment Ordinance 2005: A Critique National Working Group on Patent Laws* (fevereiro de 2005).

54. O governo, portanto, constituiu um comitê técnico para determinar quando a restrição da concessão de patentes para substâncias farmacêuticas a somente propriedades químicas (NCEs) estaria de acordo com o TRIPS. Ver *Technical Panel to Look into IPR Issues* Financial Express (5 de abril de 2005). Disponível em: http:// www.financialexpress.com/fe_full_story.php?content_id=87046. (Acesso em: 12 maio 2005.)

55. Ver a discussão sob a Seção intitulada *Teste de Passo Inventivo e Nova Exclusão de Uso.*

56. É pertinente notar que um membro do Parlamento, Shri Kharabela Swain, opinou, durante os debates parlamentares, que patentes deveriam ser dadas para "inovações incrementadoras", posto que os cientistas indianos não possuem o *know-how* ou o capital necessário para trazer à tona novas propriedades químicas, mas possuem o *know-how* para improvisar. Ver os debates de Lok Sabha (22 de março de 2005) nº 32.

57. O princípio da elegibilidade patentária, em termos gerais, refere-se à exigência de que dada matéria para qual proteção patentária é perseguida seja inerentemente adequada à proteção patentária, no sentido de se adequar às matérias que o marco legal patentário deva proteger. O termo "patenteabilidade", por outro lado, refere-se àquele grupo de princípios que informam os requisitos que devem ser satisfeitos por uma matéria passível de proteção patentária (invenção), para que possa ser concedida uma patente válida. Estes requisitos são: novidade, inventividade (não-obviedade), utilidade (aplicação industrial) e suficiência descritiva. Ver Justine Pila, Bound Futures: Patent law and Modern Biotechnology, 9 B.U.J. Sci. & Tech. L. 326, 341-356 (2003).

58. Seção 3(I) exclui da patenteabilidade "qualquer processo médico, cirúrgico, curativo, profilático, diagnóstico, terapêutico ou qualquer outro processo de tratamento de seres humanos".

59. Seção 3(c) exclui da patenteabilidade "descoberta de qualquer entidade viva ou substâncias não-vivas que ocorrem naturalmente".

60. Para uma discussão mais detalhada sobre este assunto, ver BASHEER, S. *Policy Style' Reasoning at the Indian Patent Office.* Este ensaio (com autorização do autor), submetido como parte dos requisitos para dissertação para o BCL em Oxford, julgado como o segundo melhor artigo em uma competição promovida pelo Stanford Technology Law Review (STLR), irá em breve ser publicado no *Periódico Trimestral de Propriedade Intelectual* (*IPQ*) (art. 3º, 2005)

61. *Dimminaco AG v. Controller of Patents and Designs & Others* (2002) IPLR July 255 (Kolkata High Court). Ver Basheer ibid.

62. SmithKline and French Laboratories Ltd. V. Evans Medical Ltd. (1989) FSR 561. Veja também Trevor Cook *et al.*, Pharmaceuticals, Biotechonology and the Law 86, 89 (1991). Ver ainda o pedido de patente da Dow Chemicals (não publicado - SRIS O/179/83) e o pedido da Sheel International (SRIS O/187/83), que tiveram rejeitadas as reivindicações a isômeros óticos ativos, pois foram considerados óbvios, uma vez que suas propriedades melhoradas não eram inesperadas, havendo uma expectativa sobre sua existência).

63. O art. 27 contém a seguinte nota de esclarecimento "Para os fins deste artigo, os termos 'passo inventivo' e 'passível de aplicação industrial' podem ser caracterizados por um Membro como sinônimos aos termos 'não-óbvio' e 'utilizável'."

64. Na opinião da Comissão Britânica de Direitos da Propriedade Intelectual (CBDPI) "Existe, portanto, amplo escopo para que os países em desenvolvimento determinem, por conta própria, com que grau de rigor os padrões comuns do TRIPS devem ser aplicados e como alocar o ônus da evidência." A CBDPI recomenda a aplicação de critérios de novidade, inventividade e aplicação industrial rigorosos, estimulando os países em desenvolvimento a adotarem critérios de patenteabilidade mais restritos que aqueles correntemente aplicados pelos países industrializados. Comission on Intellectual Property Rights, Integrating Intellectual Property Rights and Development Policy 114, 123 (2002), disponível em: http://www.iprcommission.org.

65. Isto é normalmente feito por meio de "diretrizes de exame" a serem observadas por escritórios nacionais de patentes ou Estados-membros. No contexto de invenções farmacêuticas, ver Patent Office, Examination Guidelines for Patent Applications relating to Medical Inventions in the UK Patent Office (março, 2004), disponível em: http:// www.patent.gov.uk/patent/reference/mediguidlines/claims.htm (Acesso em: 1 novembro de 2005).

66. Ver Utility Examination Guidelines, 66 (4) Fed. Reg. 1092 (5 de janeiro, 2001), disponível em: http:// www.uspto.gov/web/offices/com/sol/notices/utilexmguide.pdf. Estas diretrizes demandam que um depositário identifique uma utilidade substancial e crível para a invenção reivindicada. A existência das diretrizes se devem à dificuldade em se determinar se determinadas invenções biotecnológicas, tais como aquelas cobrindo genes ou proteínas, realmente apresentam alguma aplicação industrial. Freqüentemente, as invenções não evidenciam suas aplicações. Tal exigência também vem sendo feita pelo Escritório Europeu de Patentes (EPO). Veja decisão do EPO que revoga a patente EP 0630405 (ICOS Corporation), 20 de junho, 2001, citado no relatório da CBDPI.

67. Uma emenda aprovada pelo Parlamento alemão, em 2004, limita a proteção patentária à seqüência genética cujas funções foram divulgadas à época do depósito do pedido de patente. Assim, uma patente sobre uma seqüência de DNA humano usado para uma função específica não cobriria uma segunda função descoberta posteriormente por outro investigador que pesquisou a mesma seqüência genética. Ned Stafford, German Biopatent Law Passed, Scientist, 10 de dezembro, 2004. Disponível em: http:// www.the-scientist.com/news/ 20041209/01/ (Acesso em: 28 outubro 2005).

68. Outros fundamentos para oposição incluem o fato de que o objeto do pedido recai sobre objeto excluído de proteção, Seção 3(d), uma vez que a reivindicação de uma nova forma que não demonstra qualquer aumento na eficácia não é patenteável. A oposição também aduz que a invenção reivindicada não envolve inventividade. Ver *Natco Opposes Novartis' Patent Claim.* Disponível em: http://inhome.rediff.com/money/2005/jun/20natco.htm (Acesso em: 14 julho 2005).

69. De acordo com o art. 70.9 do TRIPS, Capítulo IV A do regime indiano de patentes (o qual foi agora eliminado pelo Ato de 2005) que previa que até o momento em que o regime de produto patenteado para invenções farmacêuticas havia sido estabelecido, direitos limitados conhecidos como "mercado de direitos exclusivos" seriam concedidos a invenções que iam de encontro a certos critério i.e. o requerente tinha de ter um *patent issued* em um país estrangeiro, obter aprovação de mercado de uma autoridade relevante naquele país, bem como de uma autoridade relevante na Índia. Como o próprio nome sugere, o ponto crucial deste conceito é o direito limitado a um mercado exclusivo das drogas e remédios em questão. O direito de mercado exclusivo dura cinco anos ou até que haja a concessão ou rejeição da patente (Seção 24 B do Ato de Patentes). Apesar dos 17 pedidos depositados para obter a concessão de uma EMR, durante o período no qual o sistema de *mailbox* estava em funcionamento, apenas quatro foram concedidas. Ver SARAN, A. *A Changing Regime: India's Tryst with January 1, 2005,* IPBA *Journal, nº 38*, junho de 2005.

70. Ver Chaudhuri, Sudip, *TRIPS and Changes in Pharmaceutical Patent Regime in India, Working Paper nº 535* (Indian Institute of Management, Calcutá, janeiro de 2005).

71. Ver GUPTA, R., *TRIPS Compliance: Dealing With The Consequences Of Drug Patents In India, Houston Journal of International Law*, v. 26, 2004, p. 599.

72. NARRAIN, S., *A Life Saving Order, Frontline,* v. 21, nº 15 (Jul 17 - 30 de 2004). Disponível em: http:// www.frontlineonnet.com/fl2115/stories/20040730004110300.htm (Acesso em: 3 julho 2005).

73. Ver *S. C. Concern Over Non-Inclusion of Essential Drugs', The Hindu* (2 August 2003) Disponível em: http:// www.hinduonnet.com/thehindu/2003/08/02/stories/2003080204201300.htm (Acesso em: 22 junho 2005).

74. NARENDRANATH, K.G., *DPCO May be Retained in New Drug Pricing Act'*, The Financial Express (1 August 2005) Disponível em: http://www.financialexpress.com/fe_full_story.php?content_id=98022 (Acesso em: 2 agosto 2005).

75. Apenas algumas das disposições desta nova lei entraram em vigor (S. 1, 2, 7-17, 22, 23, 36, 49-65 entraram em vigor devido às notificações. nºs S.O. 340(E) e S.O. 715(E), de 31 de março de 2003 e 19 de junho de 2003, respectivamente).

76. Para uma comparação do regime da Índia e da União Européia (UE), ver VISWANATHAN, A. *From Commanding Heights to Competition: A Comparative Analysis of India's Competition Act 2002 with UK/EC Law* 14 (7) 2003 ICCLR 229.

77. Esta possibilidade foi pela primeira vez reconhecida pela Corte de Justiça Européia (ECJ) em *Sirena v. Eda,* [1971] C.M.L.R. 260. Casos posteriores incluindo o caso *United Brands Co. v. Commission* [1978] E.C.R. 207 e o *British Leyland Plc. v. Commission* [1986] E.C.R. 3263.

78. Ver Dr S Subramaniam *Pharmaceutical R&D in India: Addressing the Emerging Model of Drug Innovation* Presentation at Chatham House Conference (London 1 February 2005). Disponível em: http://www.chathamhouse.org.uk/ pdf/conferences/proceedings/subr0105.ppt.

79. O custo capitalizado corrente médio de desenvolver uma nova droga é estimado em US$ 870 milhões. Ver DIMASI, J. A., HANSEN, R.W. e GRABOWSKI, H. J. *The Price of Innovation: New Estimates of Drug Development Costs, Journal of Health Economics*, v. 22, 2003, p.151-185. Esta estimativa foi criticada como não sendo representativa "...do que as companhias realmente gastam para descobrir e desenvolver propriedades moleculares. Isto inclui as despesas para uso de dinheiro para pesquisar drogas mais do qualquer outro investimento (conhecido como 'oportunidade de custo do capital')". Ver *Critique of the DiMasi/Tufts Methodology and Other Key Prescription Drug R&D Issues* Disponível em: http:// www.citizen.org/congress/reform/drug_industry/articles.cfm?ID=6532 (Acesso em: 15 julho 2005).

80. Para um bom estudo sobre estratégias firmes emergentes na era pós-patente, ver SAMPATH, P.G., *Economic Aspects of Access to Medicines after 2005: Product Patent Protection and Emerging Firm Strategies in the Indian Pharmaceutical Industry* Study commissioned by the CIPIH, WHO em http://www.who.int/intellectualproperty/studies/PadmashreeGehlSampathFinal.pdf (Acesso em: 10 julho 2005).

81. SAHA, Manojit, *Drug Patent: A Viagra for Indian Pharmaceutical Industry* Deccan Herald (4 April 2005). Disponível em: http://www.deccanherald.com/deccanherald/apr42005/93626200543.asp.

82. Adicional a isto temos o fato de que o termo de proteção para tais pedidos correm desde o ano em que foram depositados (entre 1995 e 2005) - conseqüentemente, se o pedido foi depositado em 1995, o requerente perderá o benefício de 10 anos no mínimo.

83. Relatório do Painel (7 de abril de 2000) WT/DS114/R) para 794.

84. *Brazil - Measures Affecting Patent Protection (DS199),* Pedido de estabelecimento de um painel pelos Estados Unidos, WT/DS199/3 (9 de janeiro de 2001).

85. Ver discussão anterior sob a seção intitulada "Importações Paralelas".

86. *Left Parties on Amendments to the Indian Patent Ac* (December 2004). Disponível em: http://www.cpim.org/upa/2004_patents.pdf (Acesso em: 14 junho 2005).

87. *Report of the Fourth Peoples, Commission on Review of Legislations Amending Patents Act 1970, Recommendations of the National Working Group on Patent Laws and Public Interest Legal Support & Research Centre* (New Delhi, India, outubro de 2004) 29.

88. Relatórionº6 do Comitê Ayyangar.

89. Ver BASHEER, nota *supra* n. 52.

90. Legislações contenciosas (ou problemáticas) na Índia são, freqüentemente, enviadas a Comissões Parlamentares Técnicas para exame das disposições propostas.

91. Como colocado na nota 1 *supra*, o Ato de Patentes Indiano de 1970 foi emendado anteriormente por duas vezes para se adequar ao TRIPS: primeiramente em 1999 o Ato (Emenda) de Patentes de 1999 e em 2002 o Ato (Emenda) de Patentes de 2002. A maioria das mudanças nas emendas de 2002 foram baseadas nas recomendações feitas pelo Comitê da Junta Parlamentar constituído para este propósito pelo governo. Ver *Report of the Joint Committee on Patents (Second) Amendment Bill 1999* Rajya Sabha Secretariat (December 2001).

92. Ver *Left Parties on Amendments to the Indian Patent Act,* nota 77.

93. Ver *AIDS Drugs Threatened* (5 March 2005) Disponível em: http://www.nytimescom/2005/03/o5/opinion/05sat3html, (Acesso em: 10 junho 2005).

4 PROTEÇÃO DE DESENHO NÃO-REGISTRADO*

WU ZHEN**

* Trabalho preparado sob a orientação do Prof. Dr. Ansgar Ohly. Texto traduzido e adaptado por Analluza Bolívar.

**General counsel da GE Security para Ásia e Pacífico.

1. Introdução

Como proteger um desenho[1] em um mercado sempre em mutação sem atravancar o fluxo inovativo e sem criar efeitos anticoncorrenciais tornou-se um dos principais tópicos do Direito e Economia da Propriedade Intelectual. Este artigo questiona a eficiência do atual sistema de proteção de desenho para suprir as verdadeiras necessidades de diferentes setores industriais e para manter o equilíbrio entre a livre concorrência e os incentivos à inovação. Revemos as principais convenções internacionais relacionadas à proteção internacional de desenhos e analisamos o porquê desse sistema ser incapaz de atingir adequadamente seus fins propostos. Examinamos as pricipais caracterísiticas do sistema de proteção de desenhos industriais não-registrados do Reino Unido e da Comunidade Européia, e algumas diferenças entre os dois. Ademais, enfocaremos nas recentes transformações econômicas e mercadológicas, com vistas a propormos que para responder às demandas sociais e tecnológicas, o sistema de proteção do desenho industrial não-registrado deve ser integrado ao sistema vigente de proteção de desenhos industriais registrados. Este artigo ilustra concretamente as justificativas do sistema de desenho industrial não-registrado e um processo em três etapas para internacionalizar tal direito. Finaliza concluindo que a proteção ao desenho não-registrado é uma tendência global que deveria gradualmente obter reconhecimento mundial e, conseqüentemente, ser incorporada ao Acordo TRIPS.

2. Tradicional Estrutura Bipolar do Sistema de Propriedade Intelectual

Assim como as patentes e direitos autorais, o direito do desenho industrial tem uma função de recompensa e de incentivo, ou seja, é uma ferramenta cultural e comercial – fator importante no mundo econômico – estimulando inovação, promovendo competição, conduzindo ao crescimento econômico e aumentando o nível de vida das populações. Para o aprofundamento e desenvolvimento dessa cultura, um sistema moderno e bem equilibrado de proteção de desenhos industriais é indispensável[2]. Entretanto, apesar da repetida retórica da importância do desenho industrial, o tema de sua proteção goza de um *status* um tanto inapropriado no mundo da propriedade intelectual, confinado dentre as antiquadas estruturas do sistema de proteção de obras literárias e artísticas, de um lado, e dos direitos de propriedade industrial, de outro.

2.1. Estrutura Bipolar – Patentes e Direitos Autorais

A Propriedade Intelectual, em termos mais simples, é o direito de exclusivo incidente sobre novas e originais criações intelectuais, especialmente novas e originais invenções, expressões artísticas ou outras construções intelectuais.[3] Propriedade Intelectual é, na verdade, um termo amplo, sob o qual inserimos patentes, direitos autorais e conexos, marcas, desenhos industriais, indicações geográficas, topografias de circuitos integrados e proteção de informações confidenciais.[4]

Apesar de as criações intelectuais existirem já na era pré-industrial, o sistema de propriedade intelectual não foi estabelecido até o advento da revolução industrial. No período entre os séculos XVII e XVIII houve uma evolução da estrutura econômica, um crescimento substantivo do mercado consumidor, e um tremendo aumento do produto social, fenômenos estes que ocorreram nos principais países industrializados, resultando não apenas em pressões competitivas domésticas, mas em pressões internacionais que levaram a uma maior demanda por inovação. Finalmente, esses fatores sociais e econômicos contribuíram para a constituição de um sistema internacional de propriedade intelectual.

Em 1883, a Convenção de Paris para a Proteção da Propriedade Intelectual ("Convenção de Paris") foi firmada. Três anos depois, teve lugar a negociação e celebração da Convenção de Berna para a Proteção de Obras Artísticas e Literárias

("Convenção de Berna"). As duas grandes convenções dividiram o sistema internacional de propriedade intelectual em dois compartimentos estanques: de um lado, direito da propriedade literária e artística e, de outro, direitos de propriedade industrial.[5] Portanto, um quadro constitucional mundial de propriedade intelectual desenvolvido cem anos atrás, que, direta ou indiretamente, configura diversos sistemas domésticos.

No fim do século XX, para estimular o desenvolvimento econômico pós-industrial, o Acordo Sobre Aspectos de Direitos da Propriedade Intelectual Relacionados ao Comércio (ADPIC, Agreement on Trade-Related Aspects of Intellectual Property Rights, acordo mais conhecido pelo acrônimo TRIPS) foi estabelecido. Este estabeleceu padrões mínimos universais para proteção da propriedade intelectual, constituindo-se no terceiro pilar do sistema internacional de proteção da propriedade intelectual. No entanto, o Acordo TRIPS falhou em superar o sistema preexistente; expandiu e reforçou o sistema do século XIX por meio da sua deliberada adoção.[6]

Em relação à estrutura bipolar, J.H. Reichman apontou essa demarcação histórica há muitos anos: a Convenção de Paris assumiu a proteção de criações industriais, sobretudo, patentes industriais e marcas comerciais. A Convenção de Berna estabeleceu "a União para a proteção dos direitos dos autores em suas obras artísticas e literárias." Enquanto o paradigma patentário e suas variantes concedem um relativamente curto período de proteção forte às invenções que preencham seus estritos *standards* substantivos, a maior parte das obras literárias e artísticas independentemente criadas receberam uma proteção mais frágil, sem embargo, por período maior.[7]

A conseqüência dessa classificação é de suma importância e, em última instância, afeta os diferentes tipos de proteção para a propriedade intelectual. Os diversos direitos de propriedade intelectual são divididos por essa demarcação: ora o direito depende do preenchimento de certas formalidades para surgir, ora o direito nasce automaticamente em um momento específico.[8]

2.1.1. Direito Forte de Patente, Porém Limitado Dentro dos Territórios Relevantes

Tradicionalmente, um número de direitos de propriedade intelectual, como patentes, marcas e desenhos industriais caem na ampla definição de propriedade industrial, que "deve ser entendida no sentido mais amplo e deve ser aplicada não só para a indústria e comércio propriamente ditos, como também para a agricultura e indústrias extrativistas e para todos os produtos manufaturados ou naturais", definição essa utilizada pelo art. 1(3) da Convenção de Paris.[9] O direito da Propriedade Industrial, principalmente as normas referentes a patentes, oferece aos inventores um direito de monopólio que pode durar até 20 anos se forem satisfeitos os requisitos de patentabilidade (*e.g.* novidade, inventividade e aplicação industrial). Entretanto, o custo para obtenção deste monopólio temporário são as formalidades administrativas. Direitos de Propriedade Industrial são assegurados pela completação, com sucesso, da fase administrativa (depósito e exame formal e substantivo dos pedidos de concessão de patentes). Devido ao fato de esse direito de exclusivo garantir a seu proprietário o privilégio de poder excluir terceiros de praticar determinadas atividades, o exame substantivo para a análise dos requisitos de patentabilidade é necessário para a observação das formalidades[10]. Um pedido de patente que satisfaça as formalidades de determinado Estado não o qualifica automaticamente para proteção em outro território. Um direito multinacional de patente somente pode ser baseado em uma miríade de direitos patentários nacionais distintos, cada qual obtido por meio da observância das formalidades apropriadas nacionais.

2.1.2. Direitos Autorais Fracos e sem Formalidades

No sentido oposto, obras literárias e artísticas, devido a suas características não-comerciais e não-industriais são excluídas do sistema de proteção da propriedade industrial. Leis domésticas de direitos autorais baseadas na Convenção de Berna concedem a autores e artistas uma proteção relativamente frágil contra cópias pelo período de suas vidas, mais 50 anos, a serem contados da sua morte.[11] A proteção internacional dos direitos autorais é conferida conforme os patamares mínimos de proteção previstos na Convenção de Berna, assim como pelo Princípio do Tratamento Nacional, também previsto na mesma Convenção. Obras protegidas por direitos autorais automaticamente gozam dos mesmos direitos "mínimos" em todos os países-membros da União, sem a necessidade de preenchimento de quaisquer formalidades administrativas, uma vez preenchidas as exigências fixadas na Convenção de Berna.[12] A título de exemplo, um trabalho que obtenha proteção autoral em seu país originário também goza dos mesmos direitos em outros países da União. Assim a proteção internacional é automaticamente estabelecida.

No entanto, direitos autorais não criam direitos de monopólio no sentido empregado no âmbito da propriedade industrial. Protegem apenas a expressão de uma idéia, mas não a idéia *per se.* Outros estão livres para criarem obras similares (explorando as mesmas idéias), contanto que o façam independentemente e por meio de seus próprios esforços. Ademais, sistemas de proteção de direitos autorais contam com determinadas exceções/limitações aos direitos de exclusivo dos titulares de direitos autorais que, em regra, protegem interesses públicos e sociais. Enfim, direitos autorais são uma espécie de direito fraco, válido, entretanto, por um longo período quando comparado ao termo da patente.

2.2. Restrições à Clássica Estrutura Bipolar

Enquanto o sistema patentário e o de direitos autorais tornaram-se mais especializados e gradualmente desenvolveram-se separadamente, tornou-se inevitável que uma espécie de "terra de ninguém" da propriedade intelectual as separasse. Os primeiros ocupantes dessa "terra de ninguém" foram os desenhos industrialmente aplicáveis.[13] Prof. Reichman ainda destacou em seu estudo sobre os Híbridos Legais que essa estrutura bipolar vem sendo desvalorizada devido à sua inabilidade para lidar, adequadamente, com o comportamento de tantas valiosas criações intelectuais que atualmente habitam esse universo[14].

2.3. Discriminações de Proteção sob a Estrutura Bipolar

Com a fundação do direito global da propriedade intelectual ao final do século XX, o sistema clássico de propriedade intelectual fundado pelas Convenções de Paris e de Berna, caracterizado por uma moldura constitucional em que duas esferas amplas de atividade protegida podiam ser visualizadas, dividida em propriedade "industrial" e "artística", desaparece. Os objetos clássicos de proteção da propriedade intelectual localizavam-se nos dois extremos desses espectros, nominalmente, patentes para invenções de um lado e obras literárias e artísticas do outro. Apesar de haver uma linha demarcatória entre os dois extremos, modelos de propriedade intelectual desviantes ou marginais ocupam uma posição ao fim ou perto do fim do espectro, tais quais os modelos de utilidade, desenhos industriais registrados e marcas, no lado da propriedade intelectual, enquanto podemos encontrar a obra de arte aplicada do lado da propriedade artística.[15]

Nos dois extremos, quando os objetos preenchem as condições relevantes, podem gozar da densa e ampla proteção concedida às patentes ou obras literárias ou artísticas, o que equivale ao alcance máximo de proteção disponível sob os paradigmas legais atuais. Os objetos que desviam dos extremos do espectro e encontram-se em uma posição intermediária, desde que se encaixem nos *standards* de patentes ou direitos autorais, ainda assim receberão uma proteção "rasa". Essa discriminação quanto à proteção não é rara dentro dessa moldura bipolar. Alguns objetos gozam de um maior escopo de proteção enquanto outros recebem um tipo de proteção mais restrito.

2.4. Limitações da Estrutura Tradicional

Após a Revolução Industrial, a importância da inovação era clara – esta permitia que os produtores melhorassem a qualidade e quantidade de seus produtos, satisfazendo o mercado e as demandas dos consumidores. Os economistas liberais do século XIX reconheceram, apesar de as leis de patentes e direitos autorais concederem um certo período de monopólio ao inventor/autor contra os *free-riders*, que tais sistemas legais, de fato, estimulavam a concorrência, no longo prazo, assegurando investimento em inovação, divulgando invenções ou obras originais, estimulando a renovação e disseminando conhecimento e tecnologia. Portanto, apenas invenções patenteáveis e as obras literárias e artísticas protegíveis, como exceções às regras concorrenciais, estavam presentes nas Grandes Convenções, estruturando a moldura bipolar legal do fim do século XIX.

Esse sistema certamente atingiu as já mencionadas demandas econômicas e sociais de seu tempo, entretanto, no começo do século XXI as circunstâncias econômicas e tecnológicas mudaram consideravelmente. Nos últimos trinta anos, uma grande quantidade de novas tecnologias surgiu. Especificamente, com o advento da internet e do comércio eletrônico, a nova economia está substituindo o modelo tradicional de negócios.

Atualmente a tradicional moldura legal da propriedade intelectual confronta os inevitáveis desafios emergentes dessa revolução social. Primeiramente, apesar de fornecer ampla e densa proteção a algumas novas tecnologias, os objetos que não se adaptam aos extremos dos dois espectros tradicionais, os novos objetos de proteção – cultivares, desenhos não-registrados, indicações geográficas, topografia de circuitos integrados, informações não-divulgadas, bancos de dados e concorrência desleal – recebem uma proteção mais estrita e frágil, mesmo preenchendo rigorosos critérios de proteção. Em segundo lugar, os ciclos dos produtos tornaram-se muito mais curtos em comparação com a situação de cem ou mesmo trinta anos atrás. Os fabricantes estão se deparando com pressões cada vez maiores para manterem sua posição no mercado, o que os faz investir mais intensivamente em inovação. A propriedade intelectual torna-se a principal locomotiva do desenvolvimento econômico devido às suas características de não-rivalidade e efeitos em rede. A maior parte dos direitos de propriedade intelectual contém enorme valor comercial e afeta diretamente o sucesso do negócio. O alcance da comercialização desses direitos atinge um grau que nunca havia sido antes atingido. Os tradicionais paradigmas legais dominantes são incapazes de fornecer proteção apropriada e pontual às novas e atualizadas explorações da propriedade intelectual. É essencial que se ajuste o velho sistema de proteção da propriedade intelectual para acomodar as necessidades e interesses especiais surgidos com essas mudanças.

3. Desenho Industrial – Desvio da Tradicional Estrutura Bipolar

De pura criação artística da era pré-industrial para uma ferramenta comercial da era pós-industrial, o desenho industrial elevou radicalmente sua posição no domínio econômico e, portanto, necessita de maior proteção legal em resposta a essa transformação.

3.1. Origens Históricas

O desenho, que é definido como o desenho ornamental ou estético de produtos, é uma definição formada durante a Revolução Industrial. Não havia uma diferença discernível entre arte e indústria durante a era pré-industrial. Com a maioria da população em um nível baixo de subsistência, produtos feitos por artistas/artesãos eram quase sempre destinados à classe razoavelmente rica, e a clientela principal vinha da Igreja, da Corte e dos mercadores. Cada artigo finalizado era feito individualmente, resultando em altos custos por unidade do produto. Os artistas/artesãos eram totalmente inadaptados a fatores de mercado ou consumo[16].

Ao final do século XVIII, com o rápido desenvolvimento de novas tecnologias e conseqüentemente maior produtividade, o produto gerado pela sociedade aumentou velozmente, gerando pressões competitivas, o que levou a demandas por inovação. Para distinguir o produto e atrair a já mais ampla classe consumidora, os proprietários de fábricas deviam não só buscar reduzir o custo dos produtos como fazê-los funcionar melhor, o que finalmente resultou no desenho industrial. O desenho industrial foi pela primeira vez protegido pelos Acts de 1787, na Inglaterra, assim como o trabalho artístico "para o incentivo das artes do desenho e da estampagem de linho, algodão, musselinas, por meio da investidura das propriedades mencionadas nos desenhistas, estampadores e proprietários por um tempo limitado"[17]. A improvável aliança entre os distintos mundos da arte e da indústria surgiu durante o período denominado Revolução Industrial e foi mantida daí em diante.[18]

Durante o século XIX, surgiu uma maior demanda de mercado devido ao maior nível de renda e à necessidade de se elevar o *standard* de vida. Para satisfazer à crescente demanda dos consumidores, os fabricantes, buscando maiores patamares de lucratividade, passaram a usar o desenho com fins de maior aceitação comercial. A associação do desenho de produtos com produção e consumo em massa levou a uma clara atitude hostil com relação ao desenho, mudando-se os paradigmas de produção: passamos da realidade do produto de alto custo e alta qualidade (artesanal) para o de bens de baixos custos e, normalmente, baixa qualidade. Isso garantiu que o desenho não fosse mais considerado obra artística e fosse excluído da proteção do sistema de direitos autorais. Uma lei francesa de 1806 visava à proteção do desenho industrial em separado do desenho artístico. Mais tarde, uma regulação norte-americana de 1842 protegeria o desenho no âmbito da legislação patentária norte-americana, devendo os pedidos serem depositados no U.S. Patent Office.[19] Portanto, foi feita a demarcação entre obras artísticas e o trabalho manufaturado industrial.[20]

Juntamente com a expansão do comércio intrafronteiriço, os bens que ostentassem desenhos de qualidade superior agregavam maiores vantagens para atrair os consumidores. O bom desenho havia se tornado uma questão importante nas economias nacionais, tanto que necessitava de intervenção legislativa. Ao mesmo tempo, o produtor percebia que desenho de sucesso gerava maiores recursos que os seus custos iniciais (de desenvolvimento). Esta realidade conduziu à evolução da proteção do desenho, passando este objeto a ter sua proteção regulada por um ramo especializado da propriedade industrial na metade do século XIX.[21] Subseqüentemente, isso resultou na proteção do desenho industrial em todos os países da União de Paris, desde 1883.[22]

No século XXI, o designer torna-se mais preocupado com o comércio e com obras que criem uma imagem atrativa aos consumidores. O advento de novos materiais e tecnologias na sociedade contemporânea dá ao designer mais flexibilidade para a criação de estilos atrativos para os produtos.

3.2. Definição e Proteção do Objeto

A definição de desenho é uma questão de alta relevância porque o escopo de proteção reside basicamente nisso. A partir do final do século XIX, o Reino Unido primeiramente definiu desenho como "padrões novos e originais" de têxteis (Acts de 1787 e de 1794).[23] Com a economia de escala e competição intensificada surgindo em cada setor econômico, a definição de desenho e seu escopo de proteção inevitavelmente se estenderam mais e mais amplamente nos últimos dois séculos.

Nem a Convenção de Paris nem a Convenção de Berna ou o Acordo da Haia, ou quase nenhum ordenamento doméstico, definem desenho.[24] Como um termo legal, desenho é basicamente entendido como o aspecto ornamental ou estético de um artigo, que pode constituir-se de características tridimensionais, tais como a forma ou a superfície de um artigo que se destaquem de uma superfície plana, ou de aspectos bidimensionais, tal qual o arranjo de padrões, linhas ou cores em uma superfície plana com o intuito de produzir um efeito visual.[25] O termo "artigo" inclui um amplo leque de produtos industriais ou artesanais, de têxteis a móveis, embrulhos para jóias, bens domésticos, brinquedos etc. Essa definição transfere o desenho de um objeto da seara dos direitos autorais para o ramo da propriedade industrial. Desenhos são normalmente protegidos sob regimes legais *sui generis* ou códigos de propriedade industrial.

Quanto aos requisitos de proteção, o desenho deve ser "novo" e/ou "original". Um desenho pode ser protegido sob leis nacionais se for uma criação independente e tiver efeitos gerais distintos de quaisquer outros desenhos conhecidos ou previamente existentes.

Normalmente, quaisquer aspectos técnicos do artigo com aplicações práticas são excluídos da proteção. Tal exceção é reconfirmada pela afirmação expressa no Acordo TRIPS: "Os Membros poderão estabelecer que essa proteção não se estenderá a desenhos determinados essencialmente por considerações técnicas ou funcionais."[26]

O desenho enquanto conceito legal cobre apenas os aspectos ou características aplicados a um artigo ou produto, mas não o artigo ou produto em si. Em outras palavras, o direito sobre um desenho não pode impedir terceiros de produzir os mesmos produtos ou similares com diferentes características desenvolvidas por suas próprias atividades criativas. Apesar disso, o objeto de proteção do desenho é limitado à aparência bi ou tridimensional de um artigo, mas o escopo de proteção do design não é confinado às características mesmas desse produto, mas estende-se a quaisquer efeitos similares englobando quaisquer outros produtos. O titular de um desenho protegido deve ter o direito de impedir que terceiros, sem seu consentimento, produzam, vendam ou importem artigos levando ou contendo um desenho que seja uma cópia, ou substancialmente similar ao seu desenho protegido, quando tais atos sejam realizados com propósitos comerciais.[27]

3.3. Caracteres Especiais do Direito do Desenho/Design

Desenho industrial contém tanto valor estético quanto utilidade industrial. Conseqüentemente, ele não se enquadra perfeitamente dentro dos dois extremos da estrutura bipolar do sistema de propriedade intelectual. Desde sua primeira aparição na lei britânica, ao final do século XVIII, o desenho oscilou entre "a obra do artista", produto da criatividade, simultaneamente imune às e protegido das exigências do mercado e do público, e "o trabalho industrialmente manufaturado, produto feito para e cujo fim são determinados mercados".[28] O direito do desenho evoluiu em direção ao do sistema de propriedade industrial, porém, o elemento estético-artístico ainda desempenha importante papel para dar aos produtos uma aparência comercialmente mais atrativa.[29] Assim, a Convenção de Berna estabeleceu que, se nenhuma proteção especial (para obras de arte aplicada e desenhos industriais) fosse concedida no país de origem, tais obras deveriam ser protegidas como obras artísticas.[30] O Acordo TRIPS adotou a posição de Berna sem qualquer avanço, o que resultou de certa forma na intensificação do conflito entre os dois sistemas, ao invés de solucioná-lo.

De fato, desenho industrial é um híbrido legal. Pode ser coberto por diversas proteções potenciais: direito *sui generis*, marcas, patentes, direitos autorais, e possivelmente, por normas que coíbem atos de concorrência desleal. Qualquer tentativa de incluí-lo exclusivamente em um só sistema é indubitavelmente dogmática.

4. Meios de Proteção

4.1. Proteção Patentária para Desenho

Uma patente é um direito exclusivo concedido sobre uma invenção que apresente uma maneira nova de se fazer algo ou que ofereça uma solução técnica nova para um problema. Proteção patentária significa que uma invenção não possa ser produzida, utilizada, distribuída ou vendida comercialmente sem o consentimento do proprietário da patente, durante certo período de tempo, normalmente 20 anos.[31] Dado o fato que o direito patentário possui fortes efeitos anti-concorrenciais, o sistema patentário estabelece um série de requisitos de proteção rígidos, *e.g.* novidade, inventividade ou não-obviedade e aplicabilidade industrial, para que se equilibre o monopólio do inventor com interesses públicos relevantes. Tal mecanismo atinge o objetivo de estimular a inovação e a livre concorrência.

Enquanto o desenho é uma ferramenta de marketing (comercialização) destinada a atrair consumidores, acelerar a produção em massa e facilitar o uso, normalmente não é uma inovação técnica pura ou uma invenção de produto industrial em si, mas a aparência do produto por meio da forma ou de uma combinação em particular de linhas, cores ou uma característica distinta. Confinado ao produto em si, o desenho é raramente uma novidade como uma patente e dificilmente apresenta inventividade. Pelo contrário, o desenho concentra-se na aplicação industrial. A arte do designer enfoca não a criação de técnicas novas e não-óbvias desse ou daquele tipo, mas o uso das antigas, com vistas a desenvolver produtos úteis[32]. Tais diferenças garantem que a maioria dos desenhos seja excluída de proteção patentária devido a sua obviedade.[33] Mesmo que os produtos que incorporem o desenho sobrevivam aos rígidos requerimentos patentários, leva-se dois anos em média para obter patentes na maior parte dos países. Para muitas indústrias, quando a patente é concedida, o produto ou seu desenho já está obsoleto. Ademais, o procedimento de obtenção de patente é caro e moroso. Quando tal custo em tempo e dinheiro é sopesado com a probabilidade de receber uma proteção comercialmente valiosa, a maior parte dos designers não está disposta a proteger seu desenho por meio do sistema ineficiente de patentes. Eles ou procuram proteção menos forte para seus desenhos ou os revelam mesmo sob o risco de haver concorrência parasitária.

Por fim, vale assinalar que, apesar das patentes cobrirem tanto os aspectos ornamentais quanto funcionais do desenho, na prática, freqüentemente, apresentam uma proteção inadequada.

4.2. Proteção Autoral para Desenho Industrial/Design

Direito Autoral é um termo legal utilizado para descrever direitos concedidos para autores por suas obras literárias e artísticas. Quando alguém cria uma obra artística ou literária original, suficientemente criativa, passa a deter o direito exclusivo de praticar/autorizar determinados atos em relação à sua obra, tal qual o direito de reproduzi-la, distribuí-la, disponibilizá-la ao público. Se um terceiro, não autorizado, praticar um dos atos restritos aos titulares de direitos autorais, estes poderão impedir a continuidade destes atos e obter perdas e danos.

Uma obra, sob o sistema de Berna, uma vez criada, é automaticamente protegida, não havendo formalidades para sua proteção. A Convenção de Berna facilita ainda mais a proteção internacional de obras literárias e artístias por meio do seu sistema de "pontos de conexão" ao sistema, arrolados em seu art. 3º.

Contrariamente às patentes, direitos autorais podem fornecer a um designer proteção internacional imediata contra cópias não-autorizadas sem qualquer custo ou formalidade. Ademais, direitos autorais possuem um período de proteção comparativamente mais longo, consistindo no tempo de vida do autor mais 50 anos, contados da primeira publicação da obra. Para desenhos com propósitos industriais, poucos produtos possuem tamanho ciclo de vida. A maior parte deles desaparece do mercado em alguns anos, quando os clientes encontram um substituto melhor. Um termo de proteção dessa dimensão é desnecessário para a maioria dos desenhos. A partir desse ponto de vista, os direitos autorais forneceriam uma superproteção para desenhos, apresentando efeitos adversos no livre mercado e exauririam as escolhas de diferenciação dos produtos[34].

Portanto, todos os outros países, com exceção da França, diferenciam entre desenho e obra de arte aplicada. O desenho é considerado uma propriedade industrial. Mesmo sob alguns sistemas legais domésticos, o desenho pode adquirir proteção patentária, mas deve preencher os requisitos especiais para isso. Nos tribunais norte-americanos, os aspectos ornamentais de um artigo útil podem receber proteção autoral, mas apenas na medida em que possam ser separados dos aspectos funcionais do artigo. A Lei de Direitos Autorais alemã também adotou o conceito de nível de originalidade ou de criatividade como um pré-requisito para a proteção autoral. O desenho deve apresentar algum grau de originalidade para obter proteção autoral como uma obra de arte aplicada.[35] No Japão e na África do Sul o número de cópias é a principal distinção entre a obra de arte aplicada e o desenho industrial: se um Desenho se presta à produção em massa, ele pode apenas ser protegido pela Lei de Desenho Industrial, não pela Lei de Direitos Autorais.

Conseqüentemente, os direitos autorais não possuem a fundação teórica apropriada para fornecer proteção ao Desenho Industrial.

4.3. Proteção Marcária para Desenho Industrial

Devido ao fato de a proteção patentária ser impraticável para a maioria dos desenhos industriais e a inadequação da proteção concedida pelo direito autoral, poderia o direito de marcas oferecer a apropriada proteção para desenhos industriais? À primeira vista, poder-se-ia pensar que o direito de marcas seria apropriado, considerando que, em certo grau, houve uma aproximação entre esta área e o desenho industrial. Uma grande parcela das legislações domésticas concede ao direito de marcas um amplo leque de proteção, ou seja, usualmente qualquer signo capaz de distinguir bens ou serviços de um fornecedor dos demais qualifica-se à proteção marcária. As marcas, assim como o desenho industrial, expandiram seus potenciais objetos de proteção. Em segundo lugar, o desenho industrial é fortemente destacado como uma "ferramenta mercadológica" com impacto sobre o público em geral. Tais caracteríticas demonstram que o desenho industrial está mais próximo ao direito de marcas que dos direitos autorais ou de patentes.[36]

As vantegens de se obter proteção marcária são significantes. Teoricamente o período de proteção marcária pode ser infinito pela simples renovação do registro. Ademais, sem as exigências rigorosas do sistema patentário ou do direito autoral – novidade universal e algum grau de conteúdo estético – a proteção marcária é mais atraente para designers.[37]

Ainda, marcas operam como "distintivos de origem" que deveriam ser capazes de distinguir bens ou serviços de uma empresa daqueles fornecidos por outras.[38] Já o desenho industrial não é criado com esse propósito; o desenho combina estética e funcionalidade para facilitar a aplicação de um processo industrial e ampliar o apelo comercial do produto. Para que um desenho industrial obtenha proteção marcária, deverá, além de sua função normal visual, ser capaz de transmitir uma mensagem sobre a origem comercial do produto. Esta capacidade é menos inerente à forma de um produto do que à palavra[39]. O direito de marca pode proteger a forma de um produto, por exemplo, protegendo marcas tridimensionais. Tal proteção, no entanto, é raramente concedida porque o público geralmente não percebe a forma de um produto como uma fonte de identificação de origem, diferentemente do que ocorre com as palavras.

Ademais, a marca deve ser registrada em respeito a certas classes de bens ou serviços. Salvo se o titular da marca detiver uma marca de alto renome, os titulares do direito basicamente não poderão impedir que outros utilizem a mesma ou marca similar em relação a bens ou serviços distintos, se tal uso não causar confusão no público consumidor. No âmbito do direito de marcas, o escopo de proteção é estreitado, passando-se do direito de impedir terceiros, não-autorizados, a produzir o desenho industrial protegido para o direito de impedir terceiros de empregar o desenho como marca comercial para determinadas classes de bens ou serviços. Por conseguinte, o direito de marcas também não oferece proteção apropriada para a maior parte dos desenhos industriais.

4.4. Proteção para Desenho Industrial via Concorrência Desleal

Desde que a Convenção de Paris regulamentou que os países da União deveriam oferecer proteção efetiva contra quaisquer atos de concorrência, em questões industriais ou comerciais, contrários às práticas honestas,[40] a maior parte das leis domésticas, apesar das distintas tradições legais, desenvolveu regras relevantes para fomentar a prática justa no mercado, por meio do desenvolvimento de sistemas *sui generis* ou regras gerais de dano civil para garanti-las.[41]

Destinadas a garantir uma concorrência justa no mercado, as normas sobre concorrência desleal proíbem, principalmente, os atos de um competidor que podem resultar em confusão, desacreditar os negócios alheios, danificar a reputação alheia, confundir o público ou revelar ou apropriar segredos de comércio no curso dos negócios. Um ato de concorrência desleal danifica o competidor por meio das já mencionadas faltas ou más condutas. Qualquer violação de um direito de propriedade intelectual invariavelmente envolve uma falta ou uma má conduta por parte do imitador, portanto a lei de concorrência desleal pode proteger, de maneira indireta, os direitos do proprietário e, assim, ser empregada para complementar a proteção de desenhos.[42]

No entanto, a maior parte dos tribunais nacionais reluta em utilizar leis de concorrência desleal para proteção de direitos de propriedade intelectual. A razão é simples. Se o desenho puder ser protegido por meio de remédios previstos no próprio sistema de propriedade intelectual, não seria necessária a obtenção de uma garantia adicional por meio das leis de concorrência desleal; se a proteção houver sido negada ao desenho ou se este deixa de ser protegido sob o sistema de propriedade intelectual, seria indefensável oferecer ou manter um monopólio sob a lei de concorrência desleal. Qualquer hipótese interferiria no delicado equilíbrio entre as leis de propriedade intelectual e as leis concorrenciais, podendo resultar em uma proteção anticoncorrencial da propriedade intelectual.

Assim, apenas as máterias que não são protegidas por nenhum direito de propriedade intelectual seriam cobertas pelo manto de proteção da lei de concorrência desleal. Será que a lei de concorrência desleal preenche a lacuna no sistema de propriedade intelectual e se torna a principal fonte de proteção ao desenho industrial? A resposta é não. A maioria das leis domésticas, dentro do intuito de encorajar a competição, permite e até encoraja a imitação, a menos que o objeto imitado esteja imunizado contra cópias pelas leis.[43] Portanto, para que haja um ato de concorrência desleal - imitação de um produto - por exemplo, o autor deve provar que o objeto imitado é individualmente competitivo ou que a imitação causa confusão quanto à origem ou que o imitador explora a reputação do produtor originário ou quebra um dever de confiança,[44] ou que o imitador comercializa seu produto como se fosse produzido pelo produtor originário,[45] ou a rotulagem do produto adquire "um segundo significado" (ou seja, passa a desempenhar um papel de identificador da fonte do produto).[46]

Essas disposições não apenas apresentam ao designer uma proteção negativa, mas também estabelecem altas exigências para proteção. Primeiramente, apenas se terceiros imitarem seu desenho é que o designer poderá solicitar remédios no Poder Judiciário. Sem imitação, não há direito para o designer, se sua obra não for protegida por nenhum dos direitos de propriedade intelectual. Normalmente a lei de repressão à concorrência desleal é um ramo específico da lei de responsabilidade civil. Ela proscreve certos atos sem conceder direitos, o que resulta na ausência de certeza legal aos designers. Em segundo lugar, presume-se que o suposto imitador não infrinja o trabalho do designer, salvo se este provar a violação sob determinadas exigências. Este ônus de prova coloca os designers em uma posição de desvantagem quando da proteção de suas criações intelectuais. Finalmente, os remédios fornecidos pela lei de concorrência desleal não são tão fortes quanto aqueles fornecidos pelas leis de propriedade intelectual. Mesmo que a imitação constitua-se em um ato de concorrência desleal, não há, no entanto, nenhum direito de propriedade intelectual vigente, portanto os remédios concedidos pelos tribunais não visam a indenizar os danos totais do designer, mas reverter uma situação concorrencialmente injusta, por exemplo, a cessação da imitação e a eliminação da confusão.

A lei de concorrência desleal serve a um fim específico – assegurar um mercado competitivo justo. Apesar de poder proteger o desenho contra a imitação que der margem a confusão, quando esse desenho não for qualificado para nenhum dos direitos de propriedade intelectual, não se pode substituir completamente as leis de propriedade intelectual para proteção de desenhos.

5. Três Sistemas de Proteção de Desenho Industrial

Devido à natureza híbrida do desenho, não há um meio universalmente aceito de protegê-lo e a maior parte dos países possui um sistema próprio de proteção. Algumas leis nacionais protegem o desenho como propriedade industrial através de uma legislação específica *sui generis*, baseada em conceitos básicos do direito das patentes com as necessárias formalidades para registro. Alguns outros países adotam uma proteção autoral tão ampla de maneira que englobe desenhos, concedendo proteção sem quaisquer formalidades de registro. Apesar de as leis domésticas diferirem muito no tocante aos sistemas de proteção, em suma, há três sistemas principais em prática.[47]

5.1. Proteção Não-Cumulativa

Alguns sistemas nacionais seguem rigidamente o modelo estabelecido pelas Grandes Convenções, que demarcou os direitos intelectuais em dois sistemas hermeticamente selados: direitos de propriedade literária e artística e direitos de propriedade intelectual.[48] No tocante ao desenho, há também uma rígida distinção entre desenho industrial e desenho artístico. Sob essa abordagem, a distinção da natureza do desenho é o critério para a determinação do meio de proteção. Se um desenho é considerado "industrial", apenas a legislação específica relacionada aos desenhos registrados pode ser aplicada; se o desenho é "artístico", apenas a lei de direitos autorais será aplicável.[49] Tal demarcação leva a duas distintas formas de proteção, cada qual possuindo um escopo distinto e separado. A Itália é um desses países que insistem na "dualidade da arte". Desenhos ornamentais são normalmente inelegíveis para proteção autoral, porque não mais são obras artísticas, mas tornaram-se obras cujos objetivos são primordialmente comerciais.

5.2. Proteção Cumulativa

Contrariamente à clara divisão entre sistema *sui generis* de proteção e proteção via direitos autorais, há também a noção de que desenhos ornamentais de artigos úteis/funcionais deveriam receber proteção como obras artísticas, apesar de seu caráter eminentemente industrial.[50]

Sistemas nacionais que adotam tal abordagem concedem uma proteção totalmente cumulativa. O propósito do desenho não tem papel algum na definição. O direito autoral concede proteção para a mesma criação, não importando se seu destino é a aplicação na indústria de massa ou apenas apreciação estética. A base legal desse sistema foi apresentada por Pouillet, na França: a chamada "teoria da unidade da arte". Isso significa que não poderia haver discriminação quanto ao grau de proteção conforme formas distintas de criatividade estética e que todas as criações estariam sujeitas à proteção sob a lei autoral. Essa teoria é seguida na França, que estende a proteção autoral a todas as artes industriais, inclusive desenhos comerciais, integrando gradualmente direitos autorais e direito de desenho industrial em um único sistema. Por conseguinte, uma obra de arte aplicada também pode obter proteção autoral e *sui generis*.

5.3. Sistema Intermediário

Em adição a esses dois sistemas conflitantes, há algumas leis nacionais que permitem a proteção cumulativa por meio dos Direitos Autorais e de direitos *sui generis* relacionados a desenhos, mas a proteção está sujeita a certas condições. Uma criação somente poderá beneficiar-se da aplicação cumulativa se preencher as condições, que variam de país para país, mas que são geralmente baseadas em um alto nível de esforço criativo ou no importante aspecto artístico da obra.[51] Esse sistema, tipificado pela Alemanha, concede proteção autoral a um número limitado de desenhos excepcionais, mas rejeita o restante sob o argumento de que falta "o nível necessário de criatividade". Se o nível demandado de criatividade não for alcançado, o desenho poderá ser protegido via sistema *sui generis*. As condições determinadas, exemplificadamente o nível de criatividade, são uma importante divisa entre a proteção autoral e a proteção específica de desenho industrial, que determina diretamente qual sistema de proteção deverá ser aplicado.

6. Atual Sistema Internacional de Proteção

Com a Revolução Industrial no século XVIII, surgiu a produção em massa e com isso o comércio não estava mais restrito a apenas um território nacional ou regional. A propriedade intelectual, enquanto importante ferramenta econômica, foi incorporada aos produtos tangíveis, cruzando fronteiras nacionais. Uma abordagem puramente doméstica ou absolutamente territorial não servia ao desenvolvimento econômico, sendo demandada pelo crescente comércio internacional uma perspectiva global para a proteção da propriedade intelectual.

6.1. Convenções Internacionais de Propriedade Intelectual Relacionadas ao Desenho Industrial

No século passado, a proteção de propriedade intelectual para desenhos tornou-se mais e mais importante. Tanto que tratados internacionais especificamente abordando a questão do desenho industrial - Acordo da Haia, relativo a desenhos e modelos industriais (Acordo da Haia) e o Acordo de Locarno, que estabelece uma classificação internacional para desenhos e modelos industriais (Acordo de Locarno) - finalmente surgiram. Contudo, devido à natureza híbrida do desenho, é difícil de se encontrar qualquer convenção ou acordo internacional que claramente defina a proteção legal para a matéria. A proteção para desenhos, como uma espécie de pêndulo, oscilou entre dois regimes, demarcados pelas duas principais convenções de propriedade intelectual. Esse problema ainda não foi resolvido pela postura ambivalente do Acordo TRIPS perante essa matéria.

61.1. Convenção de Paris

Concluída em 1883, a Convenção de Paris para a Proteção da Propriedade Industrial foi o primeiro tratado internacional relevante sobre propriedade intelectual. A Convenção de Paris foi revisada inúmeras vezes. O objetivo desta Convenção é o de estabelecer um regime internacional de propriedade industrial, incluindo categorias e definições dos objetos protegíveis, períodos mínimos de proteção, princípio do tratamento nacional e direitos de prioridade.

6.1.1.1. Objeto Passível de Proteção e Desenho

A Convenção de Paris identifica expressamente o desenho de natureza industrial como propriedade industrial e passível de proteção do tipo patentária.[52] No entanto, previamente à introdução do art. 5 quinquies pela revisão de Lisboa de 1958, o qual estipulou que "os desenhos industriais devem ser protegidos em todos os países da União", não havia previsão nas versões anteriores da Convenção para garantir que os países da União efetivamente apresentassem uma legislação para a proteção de desenhos. Mesmo sob a revisão de Lisboa, não há normas regendo a definição de desenho industrial e período mínimo de proteção. Há, sem embargo, uma obrigação em aberto que os estados-membros poderiam cumprir através de legislação especializada sobre desenho ou através de suas legislações de direitos autorais ou de repressão à concorrência desleal.

Com exceção de classificar desenho industrial como propriedade intelectual e exigir de todos os membros da União de Paris a concessão de proteção a desenhos industriais, a Convenção de Paris não harmoniza quaisquer previsões substantivas de proteção ao desenho.

6.1.1.2. Tratamento Nacional e Desenho

Ao desenho como propriedade industrial é garantido o tratamento nacional sob o art. 2º da Convenção de Paris. Resulta deste dispositivo que desenhos industriais criados por quaisquer nacionais da União devem receber tratamento, em todos os países da União, igual àquele concedido aos nacionais do território onde a proteção é perseguida. Em outras palavras, um estrangeiro de um país da União de Paris terá direito a benefícios e tratamento igual ao concedido aos nacionais e residentes no país onde busca proteção. A discriminação com base na nacionalidade fora proibida.

O elemento de conexão para o tratamento nacional estabelecido na Convenção de Paris é a existência de uma relação pessoal com qualquer Estado-Membro da União de Paris. Qualquer desenho industrial criado por um nacional ou por alguém com domicílio habitual em um Estado-membro da União deve receber a mesma proteção que este concede aos trabalhos de seus próprios nacionais.

6.1.1.3. Direito de Prioridade e Desenho

A mais importante disposição na Convenção de Paris é o direito de prioridade para todas as propriedades industriais. Qualquer pessoa que tenha devidamente depositado um pedido de patente, modelo de utilidade, desenho industrial ou marca em um dos países da União, ou seu sucessor em título, deve gozar, para o propósito de depósito em outros países, de um direito de prioridade durante os períodos fixados pela Convenção.[53] Os períodos de prioridades devem ser de 12 meses para patentes e modelos de utilidade e seis meses para desenhos industriais e marcas, a partir da data de depósito do primeiro pedido.[54]

Contudo, a Convenção também determina as exigências para que se possa gozar o direito de prioridade. Qualquer pessoa buscando obter vantagens de prioridade de um pedido anteriormente depositado deverá fazer uma declaração indicando a data de tal pedido e o país no qual foi feito, no momento em que for feito novo depósito, em outro país-membro da União. Os membros da União podem solicitar ao depositário que desejar gozar do direito de prioridade, que apresente uma cópia do pedido anteriormente apresentado, um certificado da mesma autoridade mostrando a data do pedido, traduzido, se necessário.

6.1.1.4. Caducidade de Desenho

O art. 5B da Convenção de Paris dispõe que "a proteção dos desenhos industriais não caducará por falta de exploração nem por introdução de objetos semelhantes aos que estão protegidos".

6.1.2. Convenção de Berna

A Convenção de Berna para a Proteção de Obras Artísticas e Literárias foi o primeiro tratado de Direitos Autorais internacional de relevo, tendo sido concluído em 1886 e revisado diversas vezes, sendo sua versão atualizada a de Paris, aprovada em 1971. Além do tratamento nacional e dos direitos mínimos da Convenção, esta determina certos períodos mínimos de proteção para autores de obras literárias e artísticas.

6.1.2.1. Objeto Passível de Proteção e Desenho

O art. 2(1) da Convenção de Berna estipula uma lista não-taxativa de obras passíveis de serem protegidas: "Todas as produções nos domínios literário, científico e artístico, qualquer que seja o modo ou forma de sua expressão, tais quais..."

À parte das obras literárias e artísticas, as seguintes obras são reconhecidas como desenhos pela Convenção: desenhos puramente artísticos, tais quais trabalhos de desenho, pintura, arquitetura, escultura, gravação e litografia; desenhos industriais, tais quais obras de arte aplicada.[55]

Entretanto, dada a falta de uma definição clara e uma interpretação mais aprofundada pela Convenção, obras de arte aplicadas estão sob a jurisdição dos membros da União. É uma questão de legislação dos países da União a determinação da extensão da aplicação de suas leis a obras de arte aplicada e desenhos e modelos industriais, assim como as condições sob as quais tais obras, desenhos e modelos devam ser protegidos.[56] Em outras palavras, Estados-membros determinam livremente se concedem ou não direitos autorais a uma obra de arte aplicada. Apesar disso, os Estados-membros são obrigados a fornecer proteção autoral a uma obra/desenho se não houver legislações específicas para desenho industrial ou modelos nesses países.

6.1.2.2. Tratamento Nacional e Desenho Industrial

Uma das motivações para concluir a Convenção de Berna era a de resolver o conflito de leis que surge quando uma obra é explorada internacionalmente. Com o crescimento do comércio transfronteiriço no século XIX, a distribuição das obras literárias e artísticas não ficava mais restrita a seus países de origem, portanto o princípio do tratamento igualitário entre estrangeiros e nacionais era uma demanda urgente. Tal demanda foi atendida pelo art. 5º da Convenção, o qual impõe a todos os membros a obrigação de oferecer aos estrangeiros os mesmo direitos concedidos a seus nacionais.

No entanto, a Convenção estabelece uma condição especial ao desenho no que concerne à aplicação do tratamento nacional. Obras de arte ou desenho aplicados são passíveis de proteção em outros países da União apenas na extensão da natureza da proteção que recebem no país de origem. As obras protegidas no país de origem somente como desenhos e modelos devem receber em outro país proteção para desenhos e modelos. Salvo se não houver proteção especial no país de origem, desenhos deverão ser protegidos como obras artísticas.[57]

6.1.2.3. Requisitos para Proteção

Designers terão direito à proteção se possuírem algum elemento de conexão com a Convenção de Berna, a qual liga a obra a um país que tenha aderido à Convenção.[58] O art. 3(1) da Convenção estabelece que há um elemento de conexão se os autores possuírem ou uma relação pessoal (nacional ou domicílio habitual) com um país da União de Berna ou se seus trabalhos forem publicados primeira ou simultaneamente em um país da União.

Se uma obra qualificar-se para proteção autoral sob a Convenção, o autor pode gozar e exercitar seus direitos sem a exigência de formalidade alguma dentro de qualquer país da União.[59] A proteção não deve ser condicionada ao atendimento de qualquer formalidade como registros, depósitos. Contudo, a ambigüidade do art. 2(7) leva ao entendimento de que obras de arte aplicadas não gozam dessa vantagem, podendo os países da União determinar o alcance e os patamares de proteção autoral para desenhos.

6.1.2.4. Período de Proteção

Diferentemente da regra geral de que o período de proteção de uma obra deve ser a vida do autor mais 50 anos, a Convenção de Berna estabelece uma regra especial no art. 7(4) para obras fotográficas e obras de arte aplicadas, prevendo um período muito mais curto: vinte e cinco anos contando da conclusão da obra.[60]

6.1.3. Acordo TRIPS

O Acordo TRIPS não resolveu o quebra-cabeça da proteção de desenho industrial deixado pelas Convenções de Paris e Berna, pelo contrário, aceitou e seguiu as duas abordagens oferecidas por estas Convenções: direitos autorais e proteção *sui generis* de desenho. Tal adoção até exclui as obras de arte aplicadas e o desenho industrial de dois princípios básicos do TRIPS: Tratamento Nacional e Tratamento da Nação Mais Favorecida, porque as últimas estão sujeitas a exceções já estabelecidas em convenções existentes.[61]

6.1.3.1. Proteção Autoral

Quanto à proteção autoral, o art. 9º do Acordo TRIPS estipula que os membros devem cumprir os arts. 1 ao 21 da Convenção de Berna (1971) e seu apêndice. Conseqüentemente, todos os estados-membros da OMC, mesmo que não sejam membros da Convenção de Berna, devem adotar as disposições substantativas referidas – matéria protegível, direitos mínimos, período de proteção e tratamento nacional estabelecidas pela Convenção. Entretanto, o Acordo TRIPS dá liberdade a seus membros no que tange à questão dos direitos morais. Membros não possuem direitos ou obrigações sob este acordo no que diz respeito aos direitos conferidos pelo art. 6bis da Convenção de Berna ou aos direitos dele derivados.[62]

6.1.3.2. Proteção *Sui Generis* ao Desenho

Em adição à obrigação de dar cumprimento aos arts. 1 ao 12 e 19 da Convenção de Paris (1967), o Acordo TRIPS, em sua Seção 4, regula a proteção ao desenho.[63] Portanto, ademais de obedecerem às disposições da Convenção de Paris quanto aos desenhos industriais, os Estados-membros da OMC também estão obrigados a conceder proteção a certos tipos de desenhos, baseados nas exigências previstas no art. 25.

(1) Matéria Protegível e Requisitos para Proteção

Como o Acordo TRIPS foi deliberadamente construído tendo por base a Convenção de Paris, não há disposições ou diretrizes que estabeleçam uma divisão entre desenhos industriais e obras de arte aplicadas, ou que esclareçam melhor a matéria protegível sob o termo "desenho industrial". Pelo contrário, desenhos devem preencher três requisitos opcionais para proteção: devem ser independentemente criados, novos ou originais. Apesar de o art. 25 estabelecer condições mínimas de proteção aos desenhos, o tipo de proteção não é claro e ainda vaga entre proteção autoral – que demanda criação independente e originalidade – e proteção *sui generis*, que demanda novidade. De qualquer modo, com exceção da única exigência absoluta – criação independente –, os estados-membros têm a opção de escolher entre o critério da novidade ou da originalidade.

(2) Desenhos/Padrões Têxteis

O Acordo TRIPS destina um artigo especial para padrões têxteis. Sob essa disposição, cada membro assegurará que os requisitos para garantir proteção a padrões de tecidos – particularmente no que se refere a qualquer custo, exame ou publicação – não dificultem injustificavelmente a possibilidade de buscar e de obter essa proteção. Os membros devem ser livres para cumprir essa determinação através da Lei de Desenho Industrial ou da Lei de Direitos Autorais.

Essa é uma boa tentativa de atender às demandas do mercado. A indústria têxtil, devido ao breve ciclo de seu produto, necessita de uma proteção rápida e barata. Entretanto, padrões têxteis não podem obter a proteção apropriada, salvo se for concedida em um procedimento que dispense exame prévio, enfim, um sistema de custos mínimos, seja no âmbito de um sistema *sui generis* de proteção de desenho industrial ou direitos autorais.

(3) Período de Proteção

Se um Desenho está sob proteção autoral como obra de arte aplicada em um Estado-membro, mesmo se o Acordo TRIPS obrigar todos os membros a concederem o termo da vida do autor mais 50 anos para todas as obras, esse desenho estará sujeito à disposição especial fixada na Convenção de Berna que concede um período de pelo menos 25 anos, a contar-se da feitura de tal obra.[64]

O TRIPS prevê a duração da proteção por meio do art. 26 (3), devendo totalizar, ao menos, 10 anos.

(4) Direitos Conferidos

Com base no art. 26 (1) do Acordo TRIPS, todos os Estados-membros devem reconhecer os seguintes direitos mínimos ao detentor de um desenho industrial protegido contra terceiros: produzir, vender ou importar artigos que ostentem ou incorporem um desenho que constitua uma cópia, ou seja, substancialmente copiem o desenho protegido, quando esses atos sejam realizados com fins comerciais.

(5) Exceções

Entretanto, o Acordo TRIPS deixa a possibilidade aos Estados-membros de limitarem a proteção ao desenho industrial, conforme disposto nos arts. 25 (1) e 26 (2).

Primeiramente, os Estados-membros podem estabelecer que tal proteção não se estenda aos desenhos ditados essencialmente por considerações técnicas ou funcionais.[65] Excluir desenhos cujo propósito seja somente ou essencialmente técnico ou funcional é permitido pelo Acordo TRIPS. Em segundo lugar, membros podem estabelecer outras exceções, desde que tais exceções não conflitem injustificavelmente com a exploração normal de desenhos industriais protegidos, nem prejudiquem injustificavelmente o legítimo interesse do titular do desenho protegido, levando em conta o legítimo interesse de terceiros.[66]

6.1.4. O Acordo da Haia

O Acordo da Haia relativo a desenhos e modelos industriais foi concluído em 6 de novembro de 1925. Até o presente momento foi revisado diversas vezes e atualmente é objeto de três revisões: a Ata de Londres de 1934, a Ata da Haia de 1960 e a Ata de Genebra de 2003.[67] Este acordo visa a facilitar a proteção do desenho industrial em diversos países por meio de um mecanismo centralizado de depósito, similar ao registro internacional de marcas do Tratado de Madrid[68] e ao depósito internacional de patentes do Tratado de Cooperação de Patentes.

O sistema da Haia de depósito internacional de desenhos industriais propicia ao detentor do desenho industrial a possibilidade de ter sua proteção garantida em diversos países por meio de um único depósito realizando perante o Escritório Internacional da OMPI, em uma única língua, com o pagamento de um conjunto de taxas em uma única moeda (franco suíço). É administrado pelo Escritório Internacional da OMPI, em Genebra.

6.1.4.1. Depósito Internacional pelo Sistema da Haia – Direito de Realizar um Depósito Internacional

O direito de depositar internacionalmente um desenho industrial depende da conexão com algum dos Estados signatários do Acordo da Haia: cidadão de um Estado signatário, ou pessoas que, não sendo cidadãos de nenhum Estado signatário, residam ou possuam estabelecimentos industriais ou comerciais reais e efetivos no território de Estado signatário.[69] Em suma, não são todos que têm o direito de depositar internacionalmente um desenho industrial. Apenas o depositante que preencha um dos três requisitos o terá. O depositante poderá fazer o depósito internacional diretamente no Escritório Internacional da OMPI ou através de um Escritório Nacional de Propriedade Industrial ou no Escritório de Desenho Industrial de um estado signatário.[70] Contudo, estados signatários estão livres para requerer que o depósito seja realizado por meio de seus escritórios de patentes domésticos, ou diretamente na OMPI.

6.1.4.2. Classificação de um Depósito Internacional

Existem duas revisões dentro da estrutura do sistema da Haia que levam a três tipos de estados signatários: estados vinculados exclusivamente à Ata de 1934, estados vinculados exclusivamente à Ata de 1960 e estados vinculados tanto à Ata de 1934 quanto à de 1960.[71]

Estas atas regulam diferentes questões, tais como documentação a ser apresentada, a língua na qual o depósito deverá ser realizado e as taxas que são devidas. É importante, portanto, para o depositante saber em qual das seguintes categorias seu depósito se encaixa.

6.1.4.3. Requisitos para um Depósito Internacional

1) Conteúdo do Depósito

Para um depósito internacional completo o depositante deverá entregar a ficha de depósito e uma ou mais fotos ou outras representações gráficas do desenho industrial, e deverá pagar as taxas envolvidas prescritas na Regulamentação. O art. 5 da Ata de 1960 dispõe detalhadamente todos os requisitos do depósito. Na prática, o depositante deve preencher um dos dois formulários oficiais, um para o depósito regulado pelo Decreto de 1934 e o outro para depósitos regulados exclusivamente pelo Decreto de 1960. Ademais, o depósito deverá conter um certo número de cópias exigidas.

2) Requerimento do Direito de Prioridade

O depositante poderá requerer o direito de prioridade baseando-se no art. 4º da Convenção de Paris. Deverá indicar a data, o estado e o número do depósito que dá direito à prioridade juntamente com o depósito. A Convenção de Paris oferece seis meses como período de prioridade para desenhos industriais. Se o depósito internacional de um desenho for feito seis meses antes do primeiro depósito do mesmo design num estado-membro do Acordo da Haia e se a prioridade for requerida para o depósito internacional, a data de prioridade deverá ser aquela do primeiro depósito.[72]

3) Línguas de Trabalho

Francês é a única língua de trabalho oficial estipulada pela Ata de 1934, contudo o inglês foi adicionado como língua de trabalho pela Ata de 1960. De acordo com as três classificações de depósito mencionadas, francês ou inglês podem ser usados, com exceção do depósito internacional exclusivamente regulado pelo Decreto de 1934.

6.1.4.4. Exame do Depósito Internacional

O Escritório Internacional não conduz qualquer exame substantivo quanto à questão da novidade do desenho industrial, mas tão-somente realiza um exame formal, que é exigido pelo regramento dos dois decretos. O depósito internacional será considerado feito na data em que o Escritório Internacional receber o depósito na forma correta, com as taxas pagas e as fotografias ou outras representações gráficas do desenho.[73]

O Estado signatário cuja lei interna regulamentar um exame detalhado com base na novidade ou em um procedimento de oposição por terceiros terá o direito de recusar proteção ao depósito internacional feito pelo Escritório Internacional. Em caso de recusa, o escritório nacional deverá notificar o Escritório Internacional dentro de seis meses, informando que o design industrial não preenche os requisitos da lei interna. Se tal recusa não for informada dentro de um período de seis meses, o depósito internacional se tornará efetivo no Estado a partir da data de seu depósito.[74]

6.1.4.5. Efeitos do Depósito Internacional

Quando um depósito obedece a todos os requisitos necessários e é feito perante o Escritório Internacional, seus efeitos dentro do país designado dependem de ter o país notificado a recusa daquela proteção ou não ao Escritório Internacional.

Como já foi notado, o escritório de cada país designado tem o direito de recusar proteção em seu território. Contudo, esta recusa não afeta a validade do depósito como tal – mas simplesmente afirma a não-proteção do depósito no território do país que emitiu a recusa. Portanto, o Sistema da Haia, diferentemente do Sistema de Madrid, não levanta o problema do ataque central, que resulta no colapso de todo o sistema de registro internacional, caso o cancelamento do depósito primígeno seja obtido no país de origem.[75]

Quando nenhuma recusa é notificada ao Escritório Internacional, o depósito registrado no Escritório Internacional deverá ter o mesmo efeito em cada um dos estados signatários designados pelo depositante em seu formulário de depósito, como se o design tivesse sido depositado diretamente no escritório de tais Estados.[76] O início da proteção se dará ou na data do depósito no Estado cujo escritório não realizar um exame substantivo do depósito ou não julgar oposições ou na data de vencimento dos seis meses do período limite da recusa no Estado em que o escritório realiza um exame mais aprofundado do depósito ou julga oposições.[77]

6.1.4.6. Termo de Proteção

O art. 7º da Ata de 1934 e os arts. 10 e 11 da Ata de 1960 do Acordo da Haia estabelecem diferentes prazos de duração de um depósito internacional.

A Ata de 1934 concede proteção por um período de 15 anos ao depósito internacional, a partir da data do depósito feito no Escritório Internacional. Esse período é dividido em dois, um período de 5 anos e um período de 10 anos.

Antes do vencimento do primeiro período (5 anos do depósito), o depositante poderá prolongar seu depósito por um segundo período de 10 anos, através do encaminhamento de um formulário para o Escritório Internacional antes da data do vencimento juntamente com uma taxa de extensão da proteção.

Contrariamente ao disposto na Ata de 1934, o Decreto de 1960 prescreve um período mínimo de proteção de 10 anos em seus arts. 10 e 11. Porém, se o Estado signatário prever proteção maior que 10 anos, o depósito internacional poderá ser renovado por período adicional de 5 anos naquele Estado, equiparando-se ao período total de proteção permitido para depósitos nacionais.[78]

6.1.4.7. Problemas com o Sistema e Novos Desenvolvimentos

O sistema da Haia proporciona vantagens importantes para os detentores de direitos sobre desenhos industriais, tais como, o depósito centralizado, a probabilidade de se pagar taxas mais baixas se a proteção em diversos países for designada, depósito em uma única língua, cobrança das taxas em uma única moeda, eficiência administrativa ao se trabalhar com escritórios estrangeiros e economia de escala ao usar um único formato de depósito e incluir múltiplos desenhos industriais.[79] Contudo, ainda existem alguns problemas no sistema de Haia.

O principal problema é que muitos países de grande porte não fazem parte do Acordo da Haia. A cobertura geográfica é limitada a 29 países signatários, sendo que a maior parte é européia, tais como os países do Benelux, França, Alemanha, Grécia, Hungria, Itália, Liechtenstein, Moldávia, Romênia, Eslovênia, Espanha e Suíça, enquanto a maior parte dos países Asiáticos e Americanos não está nesta lista como, por exemplo, os Estados Unidos, China e Japão.

Além disso, o Sistema da Haia sofre grande concorrência com o sistema da Comunidade Européia de proteção de desenhos. Sendo assim, caso não haja significativa adesão ao Acordo da Haia, os signatários europeus, grandes usuários do sistema, gradualmente abandonarão o sistema da Haia pelo sistema comunitário.

Outro problema do sistema da Haia é a existência de diferentes procedimentos aplicáveis aos países signatários que fazem parte da Ata de 1934 ou da de 1960. Isto significa um emaranhado de regras que pode demonstrar que o sistema da Haia não se tornou o sucesso esperado pela OMPI.[80]

6.1.4.8. Novos Desenvolvimentos do Acordo da Haia

Salvo se a adesão ao Acordo da Haia se expandir, há pouca necessidade para sua existência. Portanto, o Acordo da Haia precisa ser atualizado a fim de atrair mais membros. Em 1999, uma nova versão do Acordo da Haia foi concluída em Genebra (a Ata de Genebra). A ata já está em vigor desde 23 de dezembro de 2003. Com a finalidade de atrair mais membros ao Acordo, a ata de Genebra, além de se preocupar mais com os países cuja legislação protetiva de desenho industrial contém algumas características particulares, também trata sobre postergar a publicação do pedido depositado. As soluções acordadas seguem adiante:

1) Conteúdo do Depósito Internacional

Conforme a ata de Genebra, existem três tipos de conteúdo para um depósito: o conteúdo obrigatório, o conteúdo obrigatório adicional e o conteúdo opcional.

O conteúdo obrigatório consiste nas informações que devem estar presentes em todo depósito internacional ou acompanhá-lo. O conteúdo obrigatório adicional deve ser incluído em um depósito internacional, onde uma ou mais partes contratantes foram designadas. Essas informações consistem em elementos adicionais que podem ser notificados por uma parte contratante cujo escritório seja examinador. Finalmente, o conteúdo opcional poderá ser fornecido pelo depositante, mas a ausência destes dados não constituiria irregularidade no depósito internacional. As informações adicionais podem ser fornecidas pelos depositantes como um meio de evitar recusa pela parte contratante designada.

2) Postergar a Publicação

Conforme a ata de Genebra, o depositante tem o direito de requerer que a publicação do pedido seja postergada. O período de postergação é normalmente de 30 meses após a data de depósito ou, caso a prioridade tenha sido reclamada, a contar da data de prioridade. Contudo, se os países contratantes designados somente permitirem um período inferior a 30 meses, a publicação ocorrerá segundo as regulamentações destes países. Se os países contratantes designados declararem que a postergação não é possível conforme sua legislação, o depositante tem o direito de retirar a designação destes Estados de seu pedido.

6.1.4.9. Outros Avanços

O nome do acordo foi alterado para "Acordo da Haia sobre o Registro Internacional de Desenhos Industriais". O termo depósito internacional foi substituído pelo termo inscrição internacional ou registro internacional.

A ata de Genebra também propicia o estabelecimento de uma ligação entre o sistema de registro internacional e sistemas regionais, tais como o Sistema da Comunidade Européia ou o sistema da Organização Africana de Propriedade Intelectual, ao proporcionar a organizações intergovernamentais a possibilidade de aderir ao Ato.

A ata de Genebra objetiva a reconciliação de dois objetivos conflitantes, o de atrair países com Escritórios Examinadores ao sistema, tais como Estados Unidos e Japão, e oferecer aos depositantes um meio simples, rápido e acessível de obter a proteção de seus desenhos industriais no exterior.[81]

6.1.5. Sistema Classificatório de Locarno

O Acordo Locarno, concluído em 1968, objetiva a criação de uma classificação única e harmônica para o registro de desenhos industriais entre os membros da União. Atualmente, existem 48 partes-contratantes, incluindo 35 países europeus. Contudo o depósito da Classificação de Locarno não é limitado aos membros signatários, a maioria dos países que possuem algum sistema de registros de desenhos industriais também adotou esta classificação em suas legislações internas.[82] Por exemplo, todos os países-membros da Ata de 1960 do Acordo da Haia utilizam a classificação de Locarno, e a Diretiva Européia sobre Desenhos também o faz.

Entretanto, a Classificação de Locarno é de caráter meramente administrativo e não vincula países-membros.[83] A classificação internacional atual possui 31 classes e subclasses relacionadas a uma lista alfabética de produtos às quais desenhos são incorporados.

6.2. Direito de Design Não-Registrado

O desenho industrial já figurou como o quebra-cabeça mais complicado do mundo da propriedade intelectual.[84] A natureza híbrida do desenho industrial levou a maioria das legislações domésticas a oscilarem entre a proteção nos moldes da proteção patentária e da proteção marcária e a busca por um meio de proteção apropriado a este singular direito da propriedade intelectual. Contudo, nos últimos cem anos, todos os componentes existentes, tais como os três regimes básicos de proteção do desenho industrial (sistema cumulativo, sistema não-cumulativo e sistema intermediário) já foram utilizados, até o direito de desenhos não registrados surgir, pela primeira vez, no Reino Unido em 1988 e depois na União Européia em 2002.[85]

6.2.1. Direito Não-Registrado no Reino Unido

Sob a influência da Convenção de Paris de 1883, o sistema de registro desenvolvido no Reino Unido para desenhos com apelo visual veio relembrar o sistema de patentes, o qual sabidamente protege inovações funcionais.[86] O

Registered Industrial Design Act de 1949 propicia a concessão de um direito de exclusivo por um período de 25 anos. Conseqüentemente, requer-se certo grau de novidade para que o desenho seja uma criação passível de registro, assim como exame substancial antes da concessão de direitos. Ademais, o desenho deve ser industrialmente aplicável.

Entretanto, a legislação de patentes não é a única proteção concedida para desenhos industriais no Reino Unido. Sob a Convenção de Berna, os países da União estão livres para escolher como irão proteger o desenho industrial. A legislação do Reino Unido introduziu um direito *sui generis* por meio da promulgação do Código de Propriedade Industrial de 1988. Este código protege os desenhos industriais contra cópia, sem exigir o preenchimento de qualquer formalidade. Esse direito está, contudo, apenas disponível aos países da União Européia ou para os nacionais de determinados países (por exemplo, Nova Zelândia), ou aqueles que comercializaram um produto na União Européia primeiramente.

6.2.2. Direito de Desenho Industrial Não-Registrado – Objeto Protegível

De acordo com a legislação britânica (Código), Seção 213(1), desenho industrial significa o desenho de qualquer aspecto da forma ou configuração (interno ou externo) do total ou parte de um artigo. Decoração de superfície, que poderá ser bidimensional, pintura do desenho ou embelezamento estão excluídos da proteção.[87] Desenho Industrial gerado por computador, conforme especificado na Seção 263, não é passível de proteção. Ademais, o termo "configuração" não foi entendido como outro meio de se dizer forma, mas sim como um arranjo dos elementos para que a diagramação de circuito elétrico seja até aceito como desenho industrial para propósitos de proteção, conforme a Seção 263(1).[88]

A jurisprudência alargou o escopo da lei para qualquer desenho industrial tridimensional. As cortes britânicas sustentam que a definição de desenho industrial segundo as normas britânicas não exige que o desenho seja visível. Assim, mesmo desenhos com características microscópicas, tais como peculiaridades de lentes de contato as quais são invisíveis a olho nu, estariam sujeitos à proteção.

A provisão de proteção do direito de desenho industrial não-protegido também se aplica para artigos feitos em um *kit* de partes completo ou substancialmente completo de componentes que se agregam em um único artigo. Portanto, é possível que um design industrial não-registrado subsista em um componente distinto do direito não-registrado de design industrial no artigo montado.

Até certo ponto, as normas de proteção de desenhos industriais não-registrados possuem uma aplicação mais vasta que aquelas que regulam a proteção do desenho registrado. Contudo, ambos os sistemas são potencialmente aplicáveis a um mesmo objeto: enquanto o direito de desenho industrial registrado apenas protege o desenho industrial cujas características de aparência sejam externas ou ao objeto cuja superfície externa do artigo seja transparente, o direito de desenho industrial não-registrado não faz tal exigência.

Contudo, as leis britânicas dispõem sobre algumas exceções à proteção de desenhos não-registrados. As seguintes características estão excluídas da proteção de desenho industrial não-registrado: Métodos ou princípios de construção são excluídos do escopo de proteção. Esta é uma exceção óbvia e ocorre o mesmo na legislação de direito de desenho industrial registrado.

Decorações de superfície também são excluídas. Como foi notado, existem dois tipos de decoração de superfície incluídas nesta disposição: decorações justapostas à superfície do objeto e características decorativas da própria superfície. Ademais, a superfície da decoração não poderá ser limitada à característica estética, mas estende-se às características que servem a um propósito funcional.

As exceções mais importantes da lista são do tipo "must fit/devem servir" e "must match/ devem encaixar". A lei britância exclui as características de forma ou configuração de um objeto que

(i) impossibilitam o objeto de ser conectado, ou colocado dentro, em volta ou contra outro objeto de forma que nenhum dos objetos possa exercer sua função, ou

(ii) sejam dependentes da forma de outro artigo, com o qual o designer pretende que o artigo forme uma parte integral.[89]

6.2.3. Critério de Proteção: Originalidade

Para ser protegido, o desenho industrial não-registrado deverá ser "original". Isto significa que o desenho industrial não poderá resultar da cópia de outros trabalhos já existentes; deverá, pois, ser resultado da criação do próprio designer. Tempo, trabalho e habilidade deverão ter sido investidos a ponto de atrair proteção do tipo autoral.[90]

A seção 213(4) estipula um requisito adicional por meio de uma definição negativa: o design industrial não será "original" se for considerado lugar-comum no campo do desenho industrial no tempo de sua criação. Esse critério pode ser entendido como o mesmo princípio presente no regime de direitos autorais; porém seu desenvolvimento neste campo dá-se de maneira diferente, conforme veremos a seguir:

No caso C&H Engineering *vs.* Klucznik, a corte sustentou que o critério de originalidade deverá ser aplicado no sentido do direito autoral; o conceito de "lugar-comum" seria análogo ao de novidade. A corte sustentou que o teste de originalidade para o direito de desenho industrial não-registrado é um pouco mais profundo que o teste exigido pela lei de direitos autorais, mas um pouco menos rígido que o teste de novidade da legislação de desenho industrial registrado.[91]

Contudo, no caso Farmers Build Ltd *vs.* Carrier Bulk Materials, o Tribunal de Apelação evitou esta perspectiva. Ao contrário, foi empregado um teste de dois níveis para a questão da originalidade.

Primeiramente, o Tribunal determinou se o desenho industrial para o qual a proteção era perseguida era "original" no sentido empregado pelo sistema de direitos autorais. Se o desenho industrial não fosse cópia de nenhum desenho industrial preexistente, então seria considerado "original". Em segundo lugar, a Corte questionou se o desenho industrial seria um "lugar-comum" para os técnicos da área. Para responder a tal questão, seria necessário verificar a similiaridade do desenho industrial para o qual a proteção era buscada com desenhos de objetos similares, do mesmo campo do desenho objeto do litígio. O lugar-comum, primeiramente, depende da extensão da similaridade entre os vários desenhos. Mas um design pode não ser lugar-comum por meio da combinação do lugar-comum e ingredientes corriqueiros se esta combinação não for óbvia.

6.2.4. Escopo de Proteção

A Seção 226 (1) do Código concede ao titular de um desenho industrial não-registrado o direito exclusivo de reproduzir o desenho para fins comerciais, produzindo objetos a partir do desenho protegido.

O direito de desenho industrial não-registrado será violado na hipótese de qualquer terceiro, não autorizado, praticar ou autorizar outrem a praticar alguma das prerrogativas exclusivas investidas no titular. O mesmo dispositivo também determina que o direito de desenho industrial não será violado, salvo se terceiro não autorizado copiar integral ou substancialmente o desenho protegido.

O direito de exclusivo do titular também será violado se terceiro, não autorizado, importar objeto infrativo ao Reino Unido para fins comerciais, tê-lo em sua posse para fins comerciais, vendê-lo, alugá-lo, ofertá-lo no comércio ou expô-lo no curso de atividades comerciais.[92] Contudo, a exigência do conhecimento, prevista na Seção 227 do Código, pode ter criado um ônus adicional aos titulares de desenhos industriais: sem comprovar que o infrator sabia ou teria razões para saber que infringiu um direito de outrem, não há fundamento para a propositura de uma ação.

O titular de desenho não-registrado tem o direito de propor ação com pedido liminar contra aqueles que infringirem seu direito. Se houver infração, o titular do desenho poderá obter compensação por danos sofridos, danos punitivos e lucros cessantes. Obviamente que os artigos infrativos e qualquer outro bem desenhado a partir do desenho protegido poderá ser confiscado ou destruído.

6.2.5. Duração da Proteção

Sob a Seção 216, o direito ao desenho vence:

- Quinze anos após o fim do ano, no qual o desenho foi pela primeira vez gravado em um suporte ou algum produto foi, pela primeira vez, produzido de acordo com o desenho, qualquer dos eventos que ocorrer primeiro, ou

- Se objetos feitos de acordo com o desenho se tornarem disponíveis para compra ou comercialização dentro de cinco anos após o fim daquele ano, dez anos após o fim do ano no qual algum destes atos tenha sido praticado (comercialização ou disponibilização ao comércio).

O direito sobre desenho industrial não-registrado dura entre 10 e 15 anos, dependendo do tempo em que o designado objeto é trazido ao mercado. Contudo, na segunda situação, se objetos feitos com o desenho tornam-se disponíveis em qualquer lugar do mundo, por ou com licença do detentor do direito do desenho, para compra ou comercialização, dentro de cinco anos do final da fixação do desenho, o direito sobre o desenho somente durará por 10 anos, a contar-se do ano em que se iniciou sua exploração comercial.[93]

O direito de desenho industrial não-registrado é uma nova saída adotada pela Lei de Propriedade Industrial do Reino Unido, não havendo direito equivalente anteriormente a 1988.[94] O direito de desenho industrial não-registrado visa a preencher o vácuo na proteção aos desenhos de natureza primariamente funcional, que estão fora do âmbito de proteção dos sistemas de direitos autorais, patentes e das leis que concedem proteção *sui generis*. Contudo, o novo direito apenas estende a proteção de direito autoral ao desenho industrial,[95] por um período limitado. Este novo direito é fundado na idéia de que toda a área do desenho industrial seria coberta por duas espécies de desenhos: estéticos e funcionais.

Quando a União Européia preparou sua Diretiva de Desenho, não seguiu, conforme veremos a seguir, o modelo britânico, adotando um novo sistema de proteção de desenhos.

7. Harmonização das Leis Européias de Desenho Industrial

Nos anos 50, a Comissão Européia já pretendia harmonizar as normas de propriedade intelectual, a fim de minimizar as barreiras internas ao comércio criadas por leis nacionais sobre a matéria. Até os anos 80, avanços no comércio internacional estimularam as tentativas da Comissão. Após a adoção da proteção *sui generis* para semicondutores, a inclusão do TRIPS na OMC e a regulamentação européia da marca comercial comunitária, nos anos 90, já era tempo de harmonizar as diferentes legislações nacionais de desenho industrial.[96] Entretanto, da primeira proposta provisória feita pelo Instituto Max Planck de Direitos de Patentes, Autorais e Concorrência, em 1991, até a aprovação da diretiva que estabelece o desenho comunitário europeu, levou-se mais de dez anos. Após superarem as discussões sobre a extensão da proteção a ser concedida a partes de reposição, o regulamento da Diretiva foi aprovado. Assim, criou-se um sistema revolucionário unificado para obtenção de um direito unificado em relação a desenhos industriais, no âmbito da Comunidade Européia. Tal direito produz efeitos uniformes por todo o território da Comunidade.[97] Desde 6 de março de 2002, existe o desenho industrial não-registrado comunitário europeu (UCD). A partir de 1º de janeiro de 2003 também passou a existir o desenho industrial registrado comunitário europeu (RCD).

7.1. Principais Características do Regulamento de Desenho Industrial Europeu – Existência de Duas Formas de Proteção: Sistema de proteção unitária e proteção cumulativa[98]

O Regulamento[99] da Diretiva cria duas formas de proteção: UCD (*unregistered community design* ou desenho comunitário não-registrado) e RCD (*registered community design* ou desenho comunitário registrado), ambos estão sujeitos ao mesmo critério de proteção e podem ser cumuladas. O art. 1º do Regulamento explicitamente estipula que um desenho comunitário pode ser protegido pelos dois direitos de desenho industrial.

- O RCD é o tradicional direito de desenho industrial *sui generis*, o qual demanda o registro nos órgãos responsáveis, sem, contudo, submetê-los a exame substancial. Esse direito estende-se a todos os produtos nos quais o desenho é materializado ou aos quais é aplicável.
- O UCD é um novo direito que visa a conceder uma proteção apropriada, sem o peso das formalidades de registro, às indústrias que produzem uma grande quantidade de desenhos industriais para produtos que, freqüentemente, possuem vida curta de comercialização.[100] Este é um direito de curto prazo, que protege o desenho industrial de forma imediata e temporária. O detentor do desenho industrial tem direito a requerer um maior tempo de proteção ao desenho não-registrado, durante o período de graça de 12 meses. O detentor do desenho é livre para escolher as diferentes formas de proteção baseado nas demandas de mercado.

7.2. O Direito Unitário de Desenho Industrial da Comunidade

O alvo principal da Regulamentação é obter, por meio de um depósito feito perante o Escritório de Harmonização do Mercado Interno (OHIM) em conformidade com um único procedimento e uma única lei, um direito de desenho industrial para uma área englobando todos os Estados-membros.[101] O desenho industrial comunitário deverá gozar de características unitárias,[102] a qual incluirá:

- Procedimento de registro centralizado na OHIM, invalidade substancialmente unificada pelo art. 25 da Regulamentação e procedimentos centralizados nas Cortes de Desenho Industrial da Comunidade ou OHIM.
- Concessão de liminares pan-européias: estas liminares poderão ser obtidas nas cortes da comunidade que tenham jurisdição baseada no art. 82(1-4).

Cumulação com legislações nacionais

O regulamento não preclui a aplicação aos desenhos industriais protegidos de outras normas européias comunitárias protetivas, *e.g.* normas relacionadas a desenho industrial, marcas, patentes e modelos de utilidade não-registrados, concorrência desleal ou responsabilidade civil.[103]

Ao mesmo tempo, devido à harmonização incompleta da lei de direitos autorais, a regulamentação permite a proteção cumulativa sob a lei de direitos autorais, deixando os Estados-membros livres para estabelecerem a extensão da proteção sob o direito autoral e as condições sob as quais tal proteção é conferida.[104]

7.3. Desenho Industrial Não-Registrado da Comunidade Européia

Durante a história legislativa de 10 anos, a Comissão Européia percebeu que a proteção do desenho industrial é um híbrido que não está em harmonia com a tradicional demarcação da propriedade intelectual ou industrial, a qual intencionalmente escapou dos moldes tradicionais das Grandes Convenções e tomou uma perspectiva original para criar a proteção de desenho industrial *made-to-measure*, ou seja, dois estágios de proteção, sendo o inicial não registrado – termo curto de proteção contra cópia a partir da divulgação pública do desenho industrial – e subseqüentemente registrado, sistema este que confere um maior período de proteção.[105]

7.3.1. Definições: Desenho e Produto

O desenho é aquele que segue as condições estabelecidas no Regulamento e para o qual podem ser concedidos ambos os direitos, UCD e RCD. O regulamento define "desenho" como a aparência do produto ou parte do produto resultante das características do próprio produto ou de suas ornamentações, tais como linhas, contornos, forma, textura e material.[106]

"Produto", para o Regulamento, significa: qualquer item industrial ou manufaturado, incluindo pacote, aparência, símbolos gráficos, tipografias e partes *inter alia* destinadas a formar um produto complexo, composto de múltiplos componentes que podem ser substituídos, o que permite a montagem e desmontagem do produto", com a exclusão de programas de computador.[107]

Por não haver restrições a como o desenho pode ser, a nova lei é relevante para todos os fabricantes de bens de qualquer espécie e qualquer aparência. Porém, um desenho deverá/poderá ser excluído dos dois tipos de proteção se sua aparência for ditada somente por sua função técnica ou se for contrária a políticas públicas ou princípios aceitos de moralidade.

7.3.2. Exigências para Proteção

Tanto o UCD como o RCD estão sujeitos aos mesmos critérios de proteção: ser novo e possuir caráter individual.[108]

Um desenho é novo quando não existe outro desenho prévio idêntico ou diferente apenas em detalhes mínimos e disponível ao público. Possui uma característica individual se a impressão total que produziu ao usuário informado difere da impressão total de qualquer desenho que tenha sido previamente feito.

No entanto, o desenho não precisa de qualidade estética para este propósito. O único requisito é uma certa diferença na aparência total se comparada a desenho similar que já é conhecido do público médio. Espera-se que seja razoavelmente baixo o nível que deva ser atingido por um desenho específico para que possua um caráter individual.

Para decidir se um desenho é novo ou tem caráter individual para que se inicie sua proteção deve-se, primeiramente, colocar a seguinte questão: "Quando um desenho deverá estar disponível para o público?". No art. 7º do Regulamento, o conceito de "ter estado disponível ao público" inclui qualquer registro, exibição na Comunidade, exceto quando tais eventos não puderem ser razoavelmente conhecidos no curso normal dos negócios. O Regulamento concede um período de graça de 12 meses para o depósito do pedido de proteção a desenhos registrados. O período de graça incidentalmente permite ao UCD e RCD coexistirem pacificamente com a divulgação de desenhos não-registrados, de maneira que não se destrua a novidade do RCD.[109]

7.4. Direitos de Desenhos Comunitários Não-Registrados (UCD)

Apesar de o UCD ser restrito aos mesmos requisitos de proteção que o RCD, aquele desenho detém menos direitos fortes se comparado com o direito de total monopólio concedido pelo RCD.

O UCD deverá conferir a seu detentor o direito de impedir que qualquer terceiro não-autorizado use seu desenho, se o uso contestado resultar em cópia do desenho protegido. Contudo, se o desenho contestado resultar em um trabalho independente de criação por um designer que foi razoavelmente sensato para não criar algo familiar ao desenho disponível para o público, o desenho resultante não será considerado cópia.[110]

Para obter sucesso em processos de infração de desenho industrial não-registrado (UCD), o detentor do UCD violado tem o ônus de provar que o infrator conhecia e reproduziu seu desenho, ou que a similaridade entre os dois desenhos (o protegido e o potencialmente infrator) é tão grande que seria improvável que o segundo desenho fosse uma criação independente. Esta disposição é um compromisso com a certeza legal e o interesse público. A Comissão acredita que a natureza exclusiva de um direito pode ser concedida se for consistente com a certeza legal, tal como no caso do RCD.[111] UCD beneficia-se de proteção limitada a um curto período de tempo e apenas contra cópia, com vistas a minimizar a incerteza legal.

7.4.1. Início e Duração da Proteção ao Desenho Comunitário Não-Registrado

Um desenho não-registrado que atenda aos requisitos do Regulamento europeu deverá ser protegido pelo prazo de três anos, a contar da data em que o desenho foi divulgado ao público no território da Comunidade.[112] Conforme já mencionado, o período de três anos pretende salvaguardar o interesse de algumas indústrias (por exemplo, indústria de brinquedos, móveis e cerâmica) que precisam de uma proteção rápida e barata para atender à realidade de um mercado que se recicla rapidamente. O detentor do UCD tem a possibilidade de transformar sua proteção não-registrada em registrada (transformar o UCD em RCD) por meio do registro de seu desenho perante a OHIM, durante o período de graça de 12 meses.

Para iniciar o período de proteção UCD, o regulamento claramente estabelece dois requisitos.

Primeiro é a data de divulgação. Esta é a data em que o desenho foi publicado, exibido, usado no comércio ou de outra forma divulgado, de tal forma que, no curso normal dos negócios, tais eventos poderiam tornar-se razoavelmente conhecidos na Comunidade. Há um outro tipo de divulgação que, porém, não é considerado público: a divulgação por terceiro, sob condições explícitas ou implícitas de confidencialidade, não será tida como divulgação pública.[113]

Segundo, é uma restrição territorial. Apenas se a divulgação anteriormente mencionada acontecer, primeiramente, dentro do território da União Européia, o período de proteção para o UCD ter-se-á iniciado. Portanto, se um desenho for primeiramente divulgado fora da Comunidade, esta divulgação destruirá a novidade para a proteção UCD. Isso por que já faltará o requisito de novidade para a Comunidade Européia. Em outras palavras, não haverá período de graça do UCD.[114]

7.4.2. Escopo de Proteção

O art. 10 do Regulamento concede o mesmo escopo de proteção tanto para UCD quanto ao RCD, entretanto o desenho registrado goza de direitos mais amplos que o não-registrado. Ambos os direitos são protegidos contra desenhos de terceiros que produzirem, no usuário informado, uma impressão geral similar à gerada pelo desenho protegido. A esse respeito não há exigência de cópia idêntica, ou pura cópia resultando em desenho com a mesma impressão geral.[115] Se um infrator efetuou algumas mudanças imateriais no desenho, resultando ainda na mesma impressão geral ao usuário informado, o desenho em questão recai no escopo de proteção do desenho protegido.

7.4.3. Presunção de Validade

Diferentemente do RCD, nos procedimentos judiciais por violação a um UCD, as Cortes de Desenho Comunitário, designadas pelos Estados-Membros em seus territórios, não ameaçarão a validade do UCD até que o detentor do direito esteja apto a provar que seu desenho atende aos seguintes requisitos:

- O desenho foi divulgado na Comunidade do modo como está previsto pelo art. 11 do regulamento.
- O desenho possui caráter individual.[116]

Esses padrões são onerosos para o detentor do direito UCD. Muito embora, tal restrição ao direito possa ser justificada pela certeza legal necessária a terceiros.

7.4.4. Invalidade

O RCD será declarado inválido em depósito à OHIM ou por meio da Corte Comunitária de Desenho nos processos de violação, enquanto o UCD só pode ser declarado inválido por uma corte da Comunidade de acordo com certas circunstâncias. A OHIM não possui jurisdição na invalidação UCD, salvo se o UCD tiver sido encaminhado ao escritório por ser caso de invalidação de RCD.

As bases para invalidar o UCD são as mesmas prescritas pelo RCD no art. 25 do Regulamento, a saber:

- O desenho não preenche os requisitos dispostos no Regulamento (requisitos de proteção).
- O detentor do direito não tem direito a sê-lo.
- O desenho conflita com direito anterior, como um desenho, signo distintivo ou marca.

As decisões finais sobre invalidade proferidas pelas cortes de desenho da Comunidade são vinculantes a todas as cortes de todos os estados-membros.

7.5. Diferenças entre o Direito de Desenho Não-Registrado do Reino Unido e o Direito de Desenho Não-Registrado da Comunidade Européia

O direito de desenho não-registrado do Reino Unido é costumeiramente considerado fonte original do desenho não-registrado europeu. Na verdade, o direito de desenho não-registrado do Reino Unido originou-se do direito de marca e pretende fornecer proteção para desenhos funcionais. Já o UCD europeu objetiva superar modelos ineficientes de proteção desenho industrial não-registrado. Comparando a história legislativa e os estatutos, existem mais diferenças do que similaridades entre estes dois direitos.[117] As principais diferenças são tratadas as seguir.

7.5.1. Critério de Proteção

O principal requisito para a proteção de desenho não-registrado no Reino Unido é a originalidade. Apenas ao desenho gerado pela própria criatividade do designer, sem copiar de outros trabalhos existentes, será dada proteção. A legislação do Reino Unido é baseada no direito de marca e "impõe" o sistema de proteção marcária ao desenho não-registrado;

No caso do Regulamento Europeu, um desenho será protegido se for novo e tiver características individuais. Esses critérios se aproximam dos de direito da propriedade industrial, que normalmente são novidade e passo inventivo.

7.5.2. Objeto Passível de Proteção

A legislação britânica considera desenho qualquer aspecto da forma ou configuração do todo ou parte de um artigo, mas exclui a decoração de superfície que já está incluída no escopo da proteção autoral. Daí a proteção britânica, no que concerne a desenhos não-registrados, estar confinada a desenhos tridimensionais.

Sob a Regulação européia, desenho é a aparência de parte ou do todo de um produto resultante do arranjo de linhas, contornos, cores, formas ou materiais de um produto ou sua ornamentação.

A decoração de superfície está explicitamente incluída dentre os objetos passíveis de proteção.

7.5.3. Requisito de Visibilidade

A Corte do Reino Unido sustentou que características microscópicas de desenhos também podem ser protegidas desenhos não-registrados. Por outro lado, a legislação comunitária européia exclui as características não visíveis de componentes da proteção UCD. Porque, se um componente não é visível durante o uso normal, não seria necessário que fosse novo e que tivesse características individuais e, portanto não poderia ser protegido por UCD.[118]

7.5.4. Qualificação para Proteção

O requisito de início do UCD é que o desenho tenha sido divulgado ao público dentro da Comunidade. Não há outras restrições, tais como nacionalidade ou residência do proprietário do direito. Um indivíduo não pertencente à União Européia ou qualquer pessoa que não resida na Comunidade, se revelar o desenho primeiramente dentro da Comunidade, pode ser proprietário do direito UCD.

Conforme a legislação do Reino Unido, somente os desenhos de cidadãos dos países do Reino Unido, membros da Comunidade Européia ou de outros países determinados, podem obter o direito à proteção do desenho não-registrado.

7.5.5. Período de Proteção

O direito de proteção ao desenho industrial não-registrado no Reino Unido é de 10 ou 15 anos, dependendo da data em que o desenho tornou-se disponível ao público. Esse período de proteção é bem mais longo que o período concedido pelo UCD. Conforme o regulamento, um UCD somente irá usufruir três anos de proteção a partir da data em que o desenho foi revelado na Comunidade. O período de proteção de três anos não é baseado em princípios de direitos autorais, mas nas demandas práticas de mercado de algumas indústrias.

Em resumo, o direito de proteção ao desenho não-registrado tem raízes na lei de direitos autorais, pois requer originalidade para que possa haver proteção e oferece um período de proteção comparativamente longo, enquanto o UCD é o único sistema que se distancia da tradicional questão: patente *vs.* sistema de direitos autorais. Existe um compromisso entre os dois sistemas para suprir a natureza híbrida da proteção do desenho. O sistema requer absoluta novidade; o direito de exclusivo pode ser violado por meio de cópia, mas não pela criação independente de um designer que não estiver familiarizado com o desenho protegido. O sistema proporciona rápida proteção sem custo para todos os produtos do setor industrial.

7.6. Direito de Desenho Não-Registrado – Um Suplemento ao Direito de Desenho Registrado

7.6.1. Tempo para o Desenho Não-Registrado: O Quebra-Cabeça da Proteção do Desenho

Já foi notado que, além de patentes, modelos de utilidade e normas de repressão à concorrência desleal, desenhos também podem adquirir proteção através de lei de proteção de desenho *sui generis* ou pelas normas de direitos autorais através de três opções distintas: cumulação, não-cumulação e cumulação parcial. Quando o direito de desenho industrial não-registrado surge, algumas questões são naturalmente levantadas: é necessário conferir algum direito adicional ao desenho não-registrado? Este novo direito impede a livre competição? Para responder a estas questões devemos adotar as perspectivas econômicas e as comerciais para alcançarmos uma conclusão.

Desde a revolução industrial, especialmente nos últimos cinqüenta anos, novas tecnologias trouxeram numerosas transformações sociais e também mudaram os produtos do mercado e os hábitos dos consumidores. O desenho tornou-se um instrumento-chave para o produtor tornar-se mais competitivo, para manter sua posição no mercado e maximizar a lucratividade. O desenho nunca foi tão valioso para indústrias, por isso a proteção apropriada é muito mais necessária agora do que foi em qualquer outro período histórico. Por outro lado, houve poucas mudanças na proteção do desenho nos últimos 100 anos. A proteção do desenho variou conforme um padrão cíclico: de subproteção para superproteção.[119] Nenhuma das leis existentes propicia proteção consistente para desenhos. Designers se digladiam com o quebra-cabeça da propriedade intelectual: não importa para onde se virem – seja para a lei de desenho *sui generis*, direitos autorais ou patentes – seus trabalhos permanecem inadequadamente protegidos.

A subproteção inicial resultou da exagerada aproximação ao sistema patentário, uma vez que poucos desenhos qualificavam-se para esta proteção, considerando que os requisitos eram muito rigorosos. Então, muitos países recorreram a leis de direitos autorais para retificar a situação de subproteção. Contudo, leis de direitos autorais, inevitavelmente, superprotegiam os desenhos, daí a maioria dos países voltou ao regime de propriedade industrial para, então, modificá-lo novamente.

Subproteção crônica conduz à superproteção crônica. E assim se sucede mundialmente no sistema de propriedade intelectual sem qualquer consideração quanto à quebra do padrão cíclico.

8. Mercado e Desenvolvimento Tecnológico

A dinâmica do poder econômico da Revolução Industrial mudou o processo de produção e levou tanto ao crescimento da produção quanto da demanda, resultando numa pressão competitiva. Para atender às demandas de mercado e dos consumidores, os produtores recorreram ao aprimoramento da apresentação física de seus produtos. Tal desenvolvimento, finalmente, resultou na proteção ao desenho por legislações domésticas e sua inclusão na Convenção de Paris.

Há cem anos, o desenho detinha apenas funções simples como atender a algumas demandas de consumidores e mercado, mas hoje sua função possui um papel muito mais significativo no mercado. De acordo com o modelo de Howard e Guile para competitividade de mercado, as três comercializações – a de tecnologia, a estimulada por desenhos e a conduzida pelo mercado – são três forças distintas para comercialização bem-sucedida de qualquer produto.[120] Atualmente, a recuperação global está ganhando tração, e nas corporações ao redor do mundo o desenho de alta qualidade está alimentando um forte retorno. Seja com produtos inovadores, combinações híbridas de antigos produtos ou pesquisa repensando a experiência integral do consumidor, as companhias têm usado o desenho para gerar vendas e lucros. O desenho tem desenvolvido um papel importante para corporações e também é um grande contribuinte para a economia global.

8.1. *status* de Proteção Não-Satisfeito

É cada vez maior a importância das demandas por desenho e proteção urgente contra cópia, a qual dilui o retorno do investimento dos designers. Os direitos de propriedade intelectual concedidos pelos Estados deveriam ter o incentivo e a recompensa como seus objetivos, visando a encorajar o surgimento de mais inovações. Tal objetivo é preenchido no campo da proteção do desenho? Está claro que as leis de patentes, marcas e concorrência desleal não podem alcançar isto sozinhas. A lei *sui generis* específica de desenho alcança o mesmo objetivo? O estudo "Prospective Study about Design Registration Demand at a European Union Level", realizado pela Quota Union, deu-nos uma resposta negativa. A pedido da OHIM, a Quota Union realizou estudo sobre a demanda de registros de desenho na União Européia e nos Estados Unidos. Hoje, 87,7% das companhias pesquisadas possuem seu próprio departamento de desenho, enquanto apenas 22% registram todos os seus desenhos e 37% registram somente alguns deles. Além dos designers duvidarem dos benefícios do sistema de proteção de desenhos, as principais razões pelas quais as companhias não protegiam seus desenhos por meio do registro são as seguintes: a longevidade dos desenhos é muito curta; o custo é alto; desenhos não são inovadores; o registro não protege suficientemente o desenho; o processo burocrático é complicado; os designers não sabem quão bem-sucedidos serão os desenhos no mercado.

Este estudo descreve uma visão tipicamente realista da proteção do registro do desenho, sob o qual os designers não conseguem obter proteção suficiente. Especialmente para indústria têxtil, a proteção oferecida por meio do registro é limitada. Os desenhos são rapidamente mudados e podem então ser registrados como se fossem novidade. Por outro lado, se produtos têm uma vida cíclica muito curta, a proteção não é geralmente aplicável, vez que o processo de registro é moroso: um exemplo são os produtos da moda. Além das razões anteirormente mencionadas, a complexidade do processo burocrático de registro internacional e o custo total são também grandes barreiras para designers buscarem proteção multinacional. A não-vinculação da proteção internacional ao desenho deixa-o exposto ao perigo de aproveitadores em uma área territorial muito maior.

É óbvio, no mercado em transformação, que o padrão de proteção ao desenho não preenche adequadamente os objetivos fixados. Portanto, uma proteção mais eficaz se faz necessária.

8.2. Por que um Direito de Desenho Não-Registrado

Por que adotar um direito adicional dentro do sistema de proteção ao desenho existente? Alguns podem argumentar que essa proposta tende a superproteger o desenho de tal forma que prevaleça sobre o valor do livre-comércio.[121]

Conforme Peter Drahos afirma, qualquer trabalho merece uma recompensa.[122] Industriais desejam poder contar com uma proteção legal segura antes de investir recursos e esforços no desenvolvimento e treinamento de pessoal necessário para lançar um novo produto no mercado.

Qualquer deterioração no retorno irá desencorajar inovações futuras. Leis de desenho *sui generis* somente garantem a recuperação deste investimento pelo sistema de registro, contudo, o estudo conduzido pela Quota Union mostra que 41% das companhias pesquisadas na União Européia não buscam a proteção de seus designs por meio de registro, devido a razões externas e internas.

Esta pesquisa revela que quase metade das companhias pesquisadas não considera o sistema de registro uma medida apropriada para a proteção de seus designs. Devido a defeitos constitucionais, a maioria dos designs que possuem um investimento substancial de trabalho, tempo e esforço e qualificam-se para proteção legal, infelizmente, cai no domínio de aproveitadores. O aproveitador não incorre em qualquer gasto, ao contrário do criador originário do desenho que cria o desenho e o mercado para o produto. A perspectiva de ser usurpado por um aproveitador diminui o investimento em inovações. Isto entra em choque com os objetivos da lei de propriedade intelectual. A proteção ao desenho precisa ser mais eficaz no século XXI.

Já foi provado que, para retificar esta queda em investimentos por meio do retorno, a lei de direitos autorais não é a medida apropriada, uma vez que tal medida conduz à superproteção e quebra o delicado equilíbrio entre propriedade intelectual e livre concorrência. Alguns países perceberam este problema e tentaram criar um sistema apropriado em resposta ao mercado e às mudanças econômicas.

8.3. Tendência da Legislação Internacional de Desenho

O direito de desenho não-registrado foi primeiramente adotado, em 1998, no Reino Unido. Catorze anos depois, a existência do desenho não-registrado comunitário alçou a matéria a um novo nível de desenvolvimento. Esse novo progresso promoveu desenvolvimentos relacionados em muitos países. Por exemplo, no Japão uma nova lei sobre concorrência desleal propicia a proteção de desenhos que estão entrando no mercado contra cópia por um período limitado de tempo, sem qualquer registro.[123]

De fato, houve uma tentativa similar nos Estados Unidos de legislar acerca da proteção não-registrada contra cópia para uma grande variedade de produtos, seguida pelo registro para aumentar o tempo de proteção, entre o final dos anos 80 e início dos anos 90. Devido à oposição feita por produtores de peças de reposição para automóveis e de seguradoras de veículos, essa proposta não foi aprovada pelo Congresso.[124] No entanto, a adoção do direito de desenho não-registrado no Reino Unido, Europa e Japão fez da proteção automática a partir da divulgação do desenho/produto no mercado uma tendência global.

84. Direito de Desenho Não-Registrado

A proteção de curto prazo ao desenho não-registrado comunitário não é uma proteção independente do sistema, a qual pode substituir completamente o registro clássico de longo período, mas um suplemento necessário ao sistema existente. Ela utiliza uma perspectiva original que traz inspiração tanto dos direitos autorais quanto da lei de patentes para superar os defeitos inerentes do sistema de direito registrado.[125]

O desenho não-registrado comunitário proporciona proteção rápida para a entrada de produtos da indústria no mercado, sem o custo de proteção de um sistema com um amplo escopo de proteção – idêntico ao desenho registrado da Comunidade. Ademais, proporciona também à indústria uma opção para simplesmente transformar o direito não-registrado em um direito registrado de longo período dentro dos 12 meses da data na qual o desenho tenha se tornado disponível ao público. Isto garante proteção a todo investimento em desenhos contra cópia no mercado, encorajando a indústria a lançar mais produtos com melhores desenhos e também estimula a competição entre produtos na Comunidade.

Para evitar a superproteção de desenhos, a Comissão Européia encurtou a duração da proteção não-registrada para três anos e também estipulou que o desenho não-registrado deve atender aos mesmos requisitos de proteção que aqueles de desenho registrado. Ademais, o desenho não-registrado vale somente contra cópia e não possui direitos tão amplos quanto aqueles decorrentes do registro. Tais restrições minimizam a incerteza legal para o público e também mantêm o equilíbrio desejado entre proteção legal e livre concorrência.

9. Proposta para Internacionalizar o Direito do Desenho Não-Registrado – Direitos de Propriedade Intelectual no Comércio Internacional e no Acordo TRIPS

Desde a década de 1970, a importância da propriedade intelectual no comércio internacional, na economia global e nas relações internacionais cresceu consideravelmente. Os direitos de propriedade intelectual, patentes, direitos autorais, marcas e desenho têm multiplas aplicações industriais e quase todas companhias envolvidas em todo tipo de indústria tornaram-se os principais utilizadores e desenvolvedores dessas criações intelectuais. Algumas companhias rotineiramente buscam proteção do direito de propriedade intelectual para seus produtos, de modo que se maximize o retorno de seus enormes investimentos em pesquisa e desenvolvimento. Muito do valor agregado a seus bens não vem do custo direto da produção, mas desses *inputs* intangíveis, protegíveis por direitos de propriedade intelectual como criatividade e reputação.[126]

Ademais, o licenciamento e a transferência de direitos de propriedade intelectual tornaram-se outro enorme ramo do comércio internacional. Por exemplo, estima-se que a porcentagem de exportações norte-americanas com um alto conteúdo de propriedade intelectual subiu de 9,9% em 1947 para 27,4% em 1986.[127] Enquanto na maioria dos países em desenvolvimento, onde não há proteção dos direitos de propriedade intelectual ou a sua observância é fraca, a imitação é permitida e pode-se copiar produtos que incorporam propriedade intelectual sem maiores custos, com o fim de vendê-los localmente ou no exterior. A Comissão Norte-Americana de Comércio Internacional estimou, em 1988, que as corporações norte-americanas eram (e continuaram sendo) vítimas de "pirataria intelectual" estrangeira, atingindo prejuízos entre 40 e 60 bilhões de dólares por ano.[128] Tais atos deterioraram severamente os interesses dos titulares de direitos de propriedade intelectual e os levaram a fazer um *lobby* altamente efetivo, que influenciou a política tanto doméstica quanto externa. Daí que os direitos de propriedade intelectual relacionados ao comércio foram a agenda principal durante a Rodada Uruguai do GATT e, resultando, finalmente, no Acordo TRIPS.

O Acordo TRIPS tornou-se o principal instrumento de proteção internacional da propriedade intelectual. Ele impõe uma série de patamares mínimos substanciais a todos os Estados-membros da OMC e também fornece um mecanismo de solução de controvérsias, ou seja, um sistema para resolver, sob a égida da OMC, conflitos de proteção da propriedade intelectual entre Estados-membros. Um direito de propriedade intelectual que, anteriormente, existia em apenas um país pode agora ultrapassar a restrição territorial e obter proteção similar por meio do patamar mínimo do Acordo TRIPS imposto a todos os Estados-membros. O Acordo TRIPS é um instrumento indispensável para recém-surgidos direitos da propriedade intelectual, se objetivarem receber reconhecimento e efetividade internacionais.

9.1. Estágios para Internacionalizar o Direito de Desenho Não-Registrado

Como mencionado, a melhor maneira de se internacionalizar o direito do desenho não-registrado é sua adoção pelo Acordo TRIPS. Contudo, os diferentes níveis de industrialização, desenvolvimento social e político levaram vários países a adotarem abordagens diversas com relação à proteção de desenhos. Alguns países, especialmente na África, são virtualmente destituídos de um setor industrial. Outros, por exemplo, na Ásia, são economias industriais exportadoras extremamente dinâmicas e tendem a ter seus próprios produtos protegidos por desenhos industriais. Mesmo em países industrializados, como os EUA, os interesses pela proteção de desenhos variam amplamente dentre os diferentes setores industriais.[129] Não parece provável que se imponha a proteção ao desenho não-registrado à maioria dos países por meio do Acordo TRIPS. Entretanto, esse objetivo ainda pode ser alcançado em um processo comparativamente longo, conforme os três passos seguintes:

- Etapa inicial: Adoção do Direito de Desenho Não-Registrado em mais Legislações Domésticas

Apesar de o Acordo TRIPS ter possibilitado a proteção multinacional da propriedade intelectual, todos os direitos de propriedade intelectual ainda seguem o princípio da territorialidade. Para que se possa proteger determinado bem intangível em um país específico, este bem deverá observar os critérios de proteção relevantes fixados territorialmente. Não há exceções para os direitos de desenho não-registrado. Se um designer desejar ter seu desenho não-registrado protegido em certo país, deverá observar as normas locais regulando a matéria. Um direito doméstico é a premissa da proteção doméstica e uma miríade de direitos domésticos é a base da proteção internacional. Conseqüentemente, o passo inicial para que se internacionalize o direito do desenho não-registrado é a criação de mais direitos domésticos de desenho não-registrado por meio de sua introdução em mais legislações domésticas de países interessados.

O direito do desenho não-registrado já é concedido no Reino Unido, na Comunidade Européia e no Japão. Apesar de os Estados Unidos terem falhado em sua tentativa de adotar o direito de desenho não-registrado em sua legislação, as companhias norte-americanas, encorajadas pelo fato de que a obtenção de proteção ao desenho previamente à introdução de seus produtos no mercado tornou-se uma tendência global e, pelo novo progresso alcançado pela Comunidade Européia, podem apoiar a repropositura de um novo projeto de lei. Simultaneamente, alguns países asiáticos estão crescendo rapidamente em sua própria indústria de desenho. Por exemplo: a sul-coreana Samsung recebeu cinco Industrial Design Excellence

Awards (IDEA) em 2004. Essa é a primeira vez que uma companhia asiática recebe cinco IDEAs nos 24 anos de história dessa competição.[130] As principais companhias nesses países terão um importante papel a desempenhar no *lobby* em seus legislativos domésticos para seguirem a tendência de aceitarem o direito de desenho não-registrado pró-designer.

- Etapa seguinte: Desenvolvimento por Meio de Acordos Bi ou Multilaterais

Juntamente com a globalização econômica, a maior parte das companhias desenvolve o mercado multinacional. Seus produtos não são vendidos em apenas um país, mas lançados globalmente. Devido à natureza territorial do direito de propriedade intelectual, um desenho não-registrado protegido no país A não pode demandar a mesma proteção em um país B. Como superar tal restrição territorial para proteger o desenho não-registrado internacionalmente? Um velho padrão pode ser aplicado para responder a essa questão: a entrada em tratados bi ou multilaterais. Tais tratados podem ser baseados no princípio da reciprocidade material, o que significa que o país A protegeria os desenhos vindos do país B tão-somente se o país B concedesse proteção comparável a desenhos oriundos do país A.

Por exemplo, se a União Européia e o Japão concluírem um acordo bilateral sobre proteção de desenho não-registrado baseado no princípio da reciprocidade, o Japão deveria proteger desenhos não-registrados de qualquer Estado-membro da União Européia se seus desenhos não-registrados também fossem protegidos sob a Regulação comunitária. Assim, um desenho que era restrito a um território pode ser protegido em uma área multiterritorial, em que esses países assinaram tratados de proteção recíproca de desenho.

Na história do direito da propriedade intelectual, pode-se encontrar um precedente de sucesso cem anos atrás. A França e a Bélgica assinaram o primeiro tratado bilateral de direitos autorais para superarem seu então atraso na proteção dos direitos autorais: a não-proteção a estrangeiros. Isso levou, em última instância, à Convenção de Berna de 1886. Encorajam-se os proponentes do direito do desenho não-registrado para que sigam esse inspirador precedente para atingirem seus objetivos.

- Etapa Final: Adoção do Direito de Desenho Industrial Não-Registrado no Acordo TRIPS

O Acordo TRIPS, sem dúvidas, é o instrumento mais importante do marco legal internacional sobre propriedade intelectual. É impossível atingir a proteção internacional dos direitos de desenho industrial não-registrado sem o suporte do Acordo TRIPS. O Acordo TRIPS é o melhor instrumento para se internacionalizar o direito não-registrado de desenho industrial. Somente se a proteção do desenho industrial não-registrado for adotada em conformidade com os padrões mínimos do Acordo TRIPS é que a concessão dessa proteção será um dever obrigatório para todos os países-membros da OMC. Quando o desenho industrial não-registrado for introduzido em mais legislações domésticas e mais desenvolvido for por meio de tratados bilaterias ou multilaterais entre países interessados, o próximo passo para a proteção do desenho industrial será, inevitavelmente, sua adoção pela OMC/TRIPS. Dado que diversas objeções serão levantadas por variadas indústrias em diferentes países de tempos em tempos, demorará um pouco para se atingir este alvo. Contudo, desde que o direito de desenho industrial não-registrado foi primeiramente introduzido na União Européia, a disponibilização desta proteção a partir da divulgação do desenho no mercado tornou-se uma tendência global. Tal tendência inserirá, em última instância, o direito de desenho industrial não-registrado no Acordo TRIPS. Uma vez iniciado o processo, este não poderá ser posteriormente revertido, e o fim último do processo é a adoção da matéria pelo Acordo TRIPS.

10. Conclusão

Faz mais de um século desde que o desenho industrial começou a ser protegido pela Convenção de Paris como um direito da Propriedade Industrial. Após todo esse tempo, a proteção da propriedade intelectual para o desenho industrial está longe de ser adequada.

A maioria dos países oscilou entre as duas facções da estrutura bipolar tradicional: subproteção sob o sistema de patente e superproteção sob as leis de direitos autorais. A lei *sui generis* de desenho industrial foi introduzida a fim de superar as limitações daquele ineficiente padrão, que impunha rígidas formalidades para proteção. Algumas indústrias tiveram de abandonar essa proteção impraticável, dado o ciclo extremamente curto de produtos de desenho industrial combinado com a incerteza sobre a habilidade do designer de obter um registro válido de desenho industrial.

Três soluções diferentes a esse quebra-cabeça podem ser encontradas em diferentes países: concessão cumulativa de proteção *sui generis* e proteção de direito autoral; concessão parcialmente cumulativa dessas duas proteções e sistema não-cumulativo. Nenhum deles, contudo, pode proporcionar proteção adequada ao desenho. Portanto, uma reforma do sistema de desenho industrial se faz necessária.

Parcialmente inspirada pelo direito de desenho industrial não-registrado do Reino Unido, a União Européia introduziu, de modo mais eficaz, a proteção ao desenho industrial: proteção ao desenho industrial em dois estágios, de maneira simples, barata e com proteção imediata, sendo esses seus objetivos primordiais. Além da imediaticidade e do baixo custo da proteção contra cópias, o novo sistema também proporciona às indústrias uma opção de transformar o direito de desenho industrial não-registrado em um desenho registrado, cuja proteção é longa.

Além do direito de desenho industrial registrado proporcionar proteção ao desenho industrial não-registrado de maneira suplementar, o sistema de proteção do desenho não-registrado é um modo mais eficiente de proteção do desenho industrial. Pode ser verdade que países com diferentes níveis de desenvolvimento possuam conflitos de interesse neste assunto. Mas, mesmo assim, é tempo de começar o processo de internacionalização do direito de desenho industrial não-registrado por meio da introdução deste em legislações domésticas. Assim, o tema poderá ser mais desenvolvido por intermédio de tratados bilaterais entre os países interessados. Em última instância, haverá o reconhecimento global da matéria e sua absorção pelo Acordo TRIPS. A presente proposta pode não ser perfeita para o desenvolvimento da proteção ao desenho industrial. São soluções, contudo, mais eficazes e eficientes e em linha com as demandas industriais.

Notas

1. O termo Desenho no presente artigo pode ser igualmente interpretado como desenho industrial. Ambos significam desenhos industrialmente aplicados.
2. Notas Explanatórias para a Proposta em *Towards a European Design* (Max Planck Institute for Foreign and International Patent, Copyright and Competitional Law, Munich, 1991).
3. Ron Idra e J. L. Rogers, *Profit from Intellectual Property*, Sphinx Publishing, Naperville, 2003.
4. Agreement on Trade-Related Aspects of Intellectual Property Rights (daqui para frente Acordo TRIPS).
5. Reichman, J.H. *Charting the Collapse of the Patent-Copyright Dichotomy: Premises for A Restructured International Intellectual Property System*, (1993) 13 Cardozo Arts & Ent LJ 475, p. 3.
6. Ver nota 5 *supra*, p. 2
7. Reichman, J.H.*Legal hybrids between the patent and copyright paradigms,*(1994) Colum.L.Rev.2432, na p. 6.
8. Bainbrige, B. *Intellectual Property (fifth edition),* Pearson Education Limited, Harlow, 2002, p. 4
9. *Convenção de Paris,* art. 1(3).
10. Ver nota 8 *supra*, p. 4.
11. *Convenção de Berna*, art. 7(1).
12. Ver nota 11 *supra*, arts. 3,4 e 5.
13. Phillips, J. & Firth, A. *Introduction to Intellectual Property Law(fourth Edition),* Butterworths, London, 2001, p. 370
14. Ver nota 7 *supra.*
15. Ver nota 7 *supra.*
16. Suthersanen, U. *Design Law in Europe,* Sweet & Maxwell, London, 2000, p. 4 a 6
17. Letterman, G.G. *Basics of International Intellectual Property Law,* Transnational Pulishers Inc. Ardsley, 2001, p. 312
18. Ver nota 16 supra, p. 6.
19. Goldstein, P. *International Intellectual Property Law,* Foundation Press, New York, 2001 p. 552
20. Ver nota 16 *supra*, p. 9.
21. Ver nota 19, p. 552.
22. Ver nota 9, art. 5 quinquies.
23. Ver nota 16 *supra*, p. 224.
24. Cohen, D. *The International Protection of Designs,* Kluwer Law International Ltd, London, 2000, p.1.
25. Ver nota 17 *supra*, p. 312.
26. Ver nota 3 *supra*, art. 25(1).
27. Ver nota 3 *supra*, art. 26(1).
28. Ver nota 16 *supra*, p. 10.
29. Ver Dratler, J. Jr. *Trademark Protection for Industrial Designs,*(1988) U.ILL.L.Rev.887, na Parte II.
30. Ver nota 5 *supra*, art. 2(7).
31. Ver nota 17 *supra*, p. 165-166.
32. Ver nota 19 *supra.*
33. Ver nota 7 *supra.*
34. Frenkel, R.G. *Intellectual Property in the Balance: Proposals for Improving Industrial Design Protection in the Post-TRIPS Era,* Loyola of Los Angeles Law Review, jan, 1999. p. 574.
35. Ver nota 19 *supra*, p.162. G. Schricker, *Farewell to the"Level of Creativity" in German Copyright law?* at part II.

36. A. Kur, *Community Trademarks and Commnunity Designs – Distant cousins or two sides of the same coin,* MIPLC 2004 Class Lecture Syllabus, 2003, p. 2.
37. Ver nota 16 *supra*, p. 398.
38. Ver nota 6 *supra*, p. 8.
39. Ver nota 34 *supra*, p. 5.
40. Ver nota 9 supra, art. 10*bis* (1-2).
41. Há legislação específica contra concorrência desleal na Alemanha, mas o mesmo tópico é coberto por figuras de responsabilidade civil previstas nas legislações da França e na Inglaterra.
42. Ver nota 16, p. 402.
43. Brown, R.S. *Design Protection: An Overview,* 34 UCLA L. Rev. 1341.
44. *The German Draft Act Against Unfair Competition (2003),* at § 4. Nº. 9.
45. Essa é a abordagem do direito inglês, exceto direito do desenho industrial não-registrado e proteção de direitos autorais de *low threshold.* O direito inglês também concedia proteção especial de *tort* para *passing off* contra imitação de produtos se a oferta dos produtos imitados configurar em representação.
46. Under the U. S. law protection can be sought for trade dress, before it can be protected it must ordinarily obtain a connection in the consumer's mind between the product and its producer, whether that producer is known or unknown.
47. Ver nota 24 *supra*, p. 3.
48. Ver nota 4 *supra.*
49. Ver nota 24 *supra*, p. 4.
50. Ver nota 10 *supra*, p.553 J. H. Reichman, *Design Protection in Domestic and Foreign Copyright Law: From the Berne Revision of 1948 to the Copyright Act of 1976.*
51. Ver nota 24 *supra*, p. 4.
52. Ver nota 16 *supra.*
53. Ver nota 9, art. 4 A (1).
54. Ver nota 9, art. 4 A. C (1) e (2).
55. Ver nota 24 *supra*, p. 80.
56. Ver nota 11 *supra*, art. 2(7).
57. Ver nota 11 *supra*, art. 2(7).
58. Ver nota 19, p.147.
59. Ver nota 11, art. 5(2).
60. Ver nota 11, art. 7(4).
61. Ver nota 4, arts. 3(1) e 4(b).
62. Ver nota 4, art. 9.
63. Ver nota 4, art. 2.
64. Ver nota 11, art. 7(4).
65. Ver nota 4, art. 25(1).
66. Ver nota 4, art. 26(2).
67. Ver nota 24, p. 1.
68. Ver nota 16, p. 442.
69. Acordo da Haia, Ata de 1960, art. 3º.
70. Ver nota 16, p. 443.
71. Ver nota 24, p. 24.
72. Ver nota 71, art. 9.
73. Ver nota 71, art. 6(2).
74. Ver nota 71, art. 8(1).
75. Ver nota 24, p. 50.
76. *Tratado da Haia 1934*, art. 4(2) e nota 71 *supra*, art. 7(1).
77. Ver nota 71, art. 8(1).
78. Ver nota 71 *supra*, art. 11(2).
79. Fryer,W.T. III. *International Industial Design Law Developments*, Fordham Intellectual Property, Media and Entertainment Law Journal, Summer, 1993, p. 378.
80. Ver nota 16 *supra*, p. 442-443.
81. Ver nota 24, p. 73.

82. Ver nota 16, p. 444.
83. *The Locarno Agreement,* art. 2(1).
84. Reichman, J. H. *Past and Current Trends in the Evolution of Design Protection Law – A Comment,* Fordham Intellectual Property, Media and Entertainment Law Journal, Summer, 1993, p. 1.
85. *Council Regulation (EC) Nº 6/2002 of 12 December 2001 on Community Designs* 2001.
86. Ver nota 13 *supra*, p. 370.
87. Ver nota 13 *supra*, p. 380-381.
88. Ver nota 8 *supra*, p. 504.
89. Ver nota 88, parte III, Seção 213(3).
90. Torrenmans, P. *Intellectual Property Law (3rd Edition),* Butterworths, London, 2001, at p. 340-341, *Farmers Build Ltd v Carier Bulk Materials Handling Ltd* (1999) RPC461, at 475 per Mummery LJ and *C & H Engineering v F Klucznik & Sons Ltd* (1992) FSR 421.
91. Ver nota 16, p. 307.
92. Ver nota 88, Seção 227(1).
93. Ver nota 88, Seção 216(1) e (2).
94. Ver nota 8, p. 459.
95. Ver nota 8, p. 503.
96. Musker, D. *Community Design Law, Principles and Practice,* Sweet & Maxwell, London, 2001, at p. lix.
97. Ver nota 89, at recitals (1).
98. Ver Massa, C. and Strowel, A. *Community Design: Cinderella Revamped,* (2003), E.I.P.R. Issue 2, at p.1.
99. COUNCIL REGULATION (EC) Nº 6/2002 ON COMMUNITY DESIGNS.
100. Ver nota 89, at recitals (16).
101. Ver nota 89, at recitals (5).
102. Ver nota 89, no art. 1(3).
103. Ver nota 89, at recitals (31).
104. Ver nota 89, at recitals (32).
105. Saez,V. *The Unregistered Community Design* (2002) E.I.P.R Issue 12, p. 585.
106. Ver nota 89, art. 3(a).
107. Ver nota 89, art. 3(b-c).
108. Ver nota 89, art. 4.1.
109. Ver nota 103, p. 5.
110. Ver nota 89, art. 19.2.
111. Ver nota 89, at recitals 21.
112. Ver nota 89, art. 11.1.
113. Ver nota 89, art. 11.2.
114. Ver nota 103, p. 4.
115. Ver nota 101, p. 106.
116. Ver nota 89 *supra*, art. 85.2.
117. Ver nota 101 *supra*, p. 97.
118. Ver nota 89 *supra*, art. 4.2.(a).
119. Ver nota 87 *supra*.
120. W. G. Howard Jr. and Bruce R. Guile, *Profiting from Innovation, Technology and the Wealth of Nations* eds N. Rosenberg, R. Landau and D. Mowery, Standford University Press, Standford, 1992, p. 397.
121. Ver nota 87 *supra*.
122. Drahos, P. *A Philosophy of Intellectual Property* (Ashgate Publishing limted, Hampshire, 1996), p. 32.
123. W. T. Fryer, III, *Design Patent System For The Twenty-First Centur* (1996), AIPLA Quarterly Jouranl, at VIII.G
124. W. T. Fryer, III, *European Union (EU) Revolutionizes General Industrial Design Protection* (2002), at 903.
125. Ver nota 109 *supra*, p. 585.
126. Dutfield, G. *Intellectual Property rights, Trade and Biodivesity,* Earthscan Publications Ltd, London, 2000, p. 10.
127. Ver nota 130 *supra*, p. 10.
128. Ver nota 130 *supra*, p. 11.
129. Ver nota 130 *supra*, p. 12.
130. Nussbaum B, *The Best Product Designs of The Year* winners 2004, BusinessWeek, 2004.

PARTE II

Propriedade Intelectual e Direito à Saúde

1

PATENTES DE MEDICAMENTO E SAÚDE PÚBLICA

GUSTAVO FÁVARO ARRUDA*

PABLO DE CAMARGO CERDEIRA**

Após a criação da OMC e a celebração do TRIPS, o regime dos direitos de Propriedade Intelectual foi submetido a uma disciplina rígida de direito internacional, baseada em patamares mínimos de proteção. Apesar do marco histórico que representa, com papel fundamental no fomento ao progresso técnico-científico da sociedade globalizada, esta estrutura de proteção, no caso específico dos medicamentos, possui uma faceta perversa: privilegia egoisticamente a remuneração do inventor sem a respectiva contribuição ao estado da técnica. Nos casos de associação fixa de medicamentos, o sistema impede que tratamentos mais adequados possam ser ministrados. Nos casos de *evergreening* ou de patenteamento de substâncias não obrigatoriamente patenteáveis, revela estratégias de maximização

* Advogado em São Paulo. Graduado em Direito pela Universidade de São Paulo (USP), foi pesquisador do IDCID - Instituto do Direito do Comércio Internacional e do Desenvolvimento suportado pela Fundação Ford para pesquisas sobre Saúde Pública e Acesso a Medicamento.

** Bacharel em Direito pela Faculdade de Direito da Universidade de São Paulo (USP). Gestor de Projetos na Escola de Direito do Rio de Janeiro da Fundação Getulio Vargas. Pesquisador nos trabalhos sobre "Licenciamento Compulsório de Medicamentos", resultado de pesquisa realizada para o Instituto do Direito do Comércio Internacional e do Desenvolvimento - IDCID. Sócio do Kaminski, Cerdeira e Pesserl Advogados.

de lucros da indústria farmacêutica, em termos permitidos, mas não obrigatórios pelo Acordo. Ao menos com relação a estes dois últimos casos, compactuar com estas práticas significa prezar pelos lucros vultosos de empresas transnacionais em detrimento do acesso aos medicamentos, bens essenciais.

1. Introdução

As invenções relacionadas à área da saúde são muito peculiares e exigem especial atenção para o regime de proteção que se lhes confere. Se as patentes representam, por um lado, fomento ao desenvolvimento de novos medicamentos, por outro, elas podem inviabilizar a saúde pública e o acesso de milhões de pessoas às caras inovações biomédicas.

O objetivo deste trabalho, pois, é trazer certa luz sobre como este aparente paradoxo se apresenta e qual seria, principalmente para os países em desenvolvimento, a melhor forma de enfrentá-lo.

Grosso modo, qualquer invenção, seja ela de produto ou de processo, é patenteável, desde que seja nova, envolva um passo inventivo e seja passível de aplicação industrial. Patenteada, a invenção recebe proteção contra seu uso por terceiros, pois o seu detentor possuirá os direitos exclusivos de: (i) evitar que outros produzam, usem, coloquem à venda, vendam ou importem o produto; e (ii) evitar que terceiros usem o processo ou coloquem à venda, vendam ou importem o produto obtido diretamente por aquele processo. Ou seja, o inventor terá o monopólio de exploração da sua invenção.

Nota-se, assim, que os privilégios concedidos pelas patentes existem em função do estímulo que representam para novas invenções. Afinal, "das invenções depende a expansão industrial e tecnológica. Das idéias, o desenvolvimento da humanidade. Logo, o interesse do Estado é encorajar e recompensar os autores e inventores"[1].

Em uma visão bastante simplista, o fundamento para a concessão de patentes salta aos olhos e pode ser visto de duas formas: (i) numa perspectiva individual, identificando-o como uma forma de remuneração e estímulo ao trabalho do inventor; e (ii) numa ótica publicista, na qual o fundamento da patente seria o interesse público no estímulo ao progresso tecnológico e científico.

C. Salomão Filho,[2] aprofundando-se no tema, explica que uma discussão doutrinária havida na Alemanha sobre os fundamentos da concessão das patentes identificou ao menos cinco teses, das quais as quatro primeiras justificam os privilégios concedidos pelas patentes segundo uma idéia de contraprestação.[3]

A quinta e última destas teorias, a mais aceita nos dias atuais, é a teoria do estímulo ao investimento. Segundo esta corrente, os privilégios concedidos pelas patentes teriam como fundamento a proteção e o estímulo aos investimentos empresariais no desenvolvimento de novas tecnologias.

Ocorre que há um número imenso de variáveis relacionadas a elementos químicos e, sem a devida atenção aos critérios de patenteabilidade, poderá haver excessivo privilégio do inventor, sem que haja qualquer contribuição deste ao estado da técnica.

Como será demonstrado, os direitos de propriedade intelectual (PI), muitas vezes, colidem com imperativos de saúde pública e privilegiam, egoisticamente, a remuneração do inventor ao acesso aos medicamentos.

Isto ocorre, como se demonstrará, de três formas: (i) quando as patentes impedem a associação fixa de medicamentos; (ii) por meio dos procedimentos *de evergreening*; e (iii) mediante a concessão de patentes a substâncias não obrigatoriamente patenteáveis.

Ao menos com relação às duas últimas, contudo, há uma saída hermenêutica. Em uma perspectiva de saúde pública e de privilégio ao acesso aos medicamentos, serão identificadas nos itens (ii) e (iii) estratégias de empresas farmacêuticas para aumentar a proteção e, conseqüentemente, os preços dos medicamentos em termos permitidos, mas não obrigatórios pelos tratados internacionais que o Brasil faz parte.

Com isto, o que se obtém não é o fomento ao progresso técnico-científico. É, simplesmente, o reforço ou a perpetuação desmesurada dos direitos de monopólio concedidos e, conseqüentemente, a manutenção dos preços em níveis artificialmente elevados.

É preciso ter em mente que as patentes proporcionam remuneração ao inventor por meio de um ônus que geram para o consumidor. Este ônus é tolerável na maior parte das áreas do conhecimento, em função da contraprestação que a publicização da invenção representa. Vale a regra: quem quiser dispor da inovação que pague por ela e, em troca, garante-se que sua documentação será pública após expirado o prazo protetivo. Contudo, esta lógica é particularmente preocupante em se tratando de bens essenciais, como os medicamentos, em países com imensas populações de baixo poder aquisitivo. Em última análise, o ônus representa restrição ou até proibição de acesso ao tratamento disponível, relegando-o aos mais abastados financeiramente.

Compreender isto é fundamental. Só assim é possível iluminar o senso comum de que é sempre benéfico fortalecer os privilégios concedidos pelos direitos de PI, esclarecendo até que ponto eles são úteis para fomentar as invenções e idéias das quais depende a mencionada expansão industrial e tecnológica.

Identificar esta distorção permite a prática consciente dos patamares mínimos de proteção patentária com os quais o Brasil está efetivamente vinculado perante a Organização Mundial do Comércio (OMC). Aplicá-los pode ser parte de uma estratégia de ação lícita para reduzir preços e aumentar o acesso da população aos medicamentos.

2. O Regime Atual de Proteção aos Direitos de Propriedade Intelectual

Em 1994, com a criação da OMC, o regime de proteção aos direitos de PI foi substancialmente alterado. A adoção do TRIPS (sigla em inglês que designa o acordo da OMC sobre os Aspectos dos Direitos de Propriedade Intelectual

Relacionados ao Comércio) representa um marco histórico no fortalecimento dos privilégios e da proteção conferida a autores e inventores. A PI passou, então, a ser tratada como uma questão principalmente de comércio, sobrepondo-se tal interpretação à sua original função social.

Antes da Rodada do Uruguai, cerca de 50 países-membros do GATT não conferiam proteção aos direitos de PI relacionados a produtos farmacêuticos.[4] Isto deixou de ser possível com o surgimento do TRIPS e da estrutura institucional da OMC.

O Acordo estabelece, em seu art. 1º, que o sistema de proteção aos direitos de PI na OMC é feito por meio de patamares mínimos de proteção. Ou seja, os membros podem, mas não estão obrigados, a prover proteção mais ampla que a exigida no TRIPS.

No processo de internalização da normativa da OMC, muitos Estados deixaram de atentar para detalhes do Acordo que possibilitam a concessão de privilégios muito mais amplos que os patamares mínimos inicialmente negociados. Neste ínterim, esqueceram-se, também, das justificativas que fundamentam a concessão dos privilégios das patentes: a contraprestação inventiva.

3. Patentes e o Impedimento à Associação Fixa de Medicamentos

A primeira rota de colisão das patentes com os objetivos de saúde pública e acesso a medicamentos ocorre nos casos de impedimento técnico-comercial à produção de um único remédio formado por compostos patenteados para diferentes laboratórios.

A associação de dois ou mais medicamentos tem se mostrado uma grande arma da medicina no combate às mais variadas moléstias. Isto ocorre, principalmente, por quatro motivos: (i) determinado agente infeccioso pode mais facilmente se tornar resistente a um medicamento que a vários de uma só vez; (ii) um remédio pode ser utilizado para potencializar o efeito de outro; (iii) um remédio pode ser utilizado para conter um indesejado efeito colateral de outro; ou (iv) dois ou mais efeitos distintos são desejados ao mesmo tempo.

Além dos motivos de ordem bioquímica que justificam a utilização conjunta de medicamentos, há outros fatores político-econômicos que devem ser salientados. Entre eles, pode-se citar a redução do preço de custo do remédio e a facilidade no tratamento. Este último, aliás, é especialmente importante nos casos de populações carentes, que, geralmente, apresentam grandes dificuldades para compreender e seguir prescrições que envolvam múltiplos remédios várias vezes ao dia, como o tratamento da AIDS.[5]

O mencionado problema com as patentes surge quando duas delas impedem, reciprocamente, a associação de dois ou mais medicamentos – a fabricação de um comprimido único –, se os detentores das patentes não se dispuserem a fazer o licenciamento cruzado, uns para os outros, das mesmas.

O caso exemplar é o do coquetel da AIDS, que é produzido com a utilização de três medicamentos: a Zidovudina (AZT), a Lamivudina (3TC) e a Nevirapina (NVR). Os dois primeiros medicamentos são patenteados para a GlaxoSmithKline e o último para o laboratório Boehringer Ingelheim. Apesar de produzirem, comprovadamente, um resultado melhor quando ministrados conjuntamente, não existe no mercado um comprimido único, com os três componentes. Em razão das patentes existentes, nenhum laboratório poderia produzir o coquetel em um único comprimido sem abrir mão de seus direitos patentários para o titular dos direitos do outro medicamento. Nem mesmo a GlaxoSmithKline e o Boehringer Ingelheim teriam esta licença.[6]

Existe apenas um laboratório que produz um produto com os três componentes. Ele se chama Cipla e situa-se na Índia, pois lá, até 2006, quando o TRIPS passou a viger, não eram aceitas as patentes de medicamentos.

O mais dramático, neste caso, é que o licenciamento cruzado para a produção do coquetel não interessa financeiramente a nenhum dos dois laboratórios. Na situação atual eles podem negociar, sem concorrência, a venda dos seus medicamentos. Havendo um licenciamento cruzado entre os dois laboratórios, para que se permitisse a produção de um novo medicamento resultante da associação fixa entre eles, ambos passariam a concorrer entre si, perdendo a exclusividade de mercado. Os dois laboratórios produziriam o coquetel completo, produtos concorrentes, ao passo que, hoje, quem precisa da associação tem de comprar produtos que não encontram concorrentes.

Neste caso, ao contrário dos demais apresentados adiante, não se trata de uma estratégia da indústria farmacêutica para aumentar os níveis de proteção e exclusividade que desfrutam. Nem sequer uma admissão mais restrita do TRIPS aponta uma saída. Trata-se de uma proibição em que o Acordo é categórico, em que os direitos de PI andam na contramão dos fundamentos que justificam a sua existência.

4. *Evergreening*

Como se disse, fora este primeiro caso em que a patente em si constitui um óbice à saúde pública, podemos identificar ao menos dois casos em que a indústria farmacêutica possui uma estratégia hermenêutica bem definida para aumentar os níveis de proteção e exclusividade de que desfruta. O primeiro é tratado neste item 4. O segundo, no item 5 subseqüente.

Neste primeiro caso, o que ocorre é a utilização de lacunas no Acordo e, principalmente, nas legislações nacionais que o internalizam, para prorrogar os direitos de monopólio concedidos inicialmente pelo prazo de 20 anos, em um procedimento que ficou conhecido como *evergreening*.

O termo *evergreening*, assim, é empregado para designar a extensão do período de exclusividade de mercado por meio da concessão e combinação sucessiva de múltiplas patentes em termos não obrigatórios, mas apenas permitidos pelo TRIPS.

Isto só é possível pois, no tocante às invenções de medicamentos; as patentes podem estar relacionadas a mais de um aspecto para sua proteção, que são:

- Uma prescrição médica – método de uso ou uso para fins terapêuticos aliado a um objetivo;
- Uma combinação de produtos – medicamentos que atuando em conjunto produzem efeito diferenciado;
- Um produto – um princípio ativo; e,
- Um processo produtivo – desenvolvimento, concentração, purificação.

Assim, um mesmo medicamento pode encontrar diversas defesas nas patentes, de acordo com a razão escolhida para sua proteção. Uma molécula produzida em laboratório pode ser patenteada por si mesma (patente de produto); pode ser também protegida sua forma de produção (patente de processo); sua forma de ser ministrada, contra determinadas doenças (patente de uso); e sua utilização em conjunto com outras moléculas (patentes de associação fixa).

Um bom exemplo de como isto ocorre é o AZT. Apenas sobre este medicamento a GlaxoSmithKline detém, ou deteve, mais de 5 patentes diferentes. Originalmente produzido e patenteado para o combate ao câncer, hoje o AZT é patenteado para uso isolado contra o HIV, para uso em combinação com a Lamivudina (Combivir), para uso em conjunto com a Lamivudina e o Abacavir (Trivizir), para uso combinado com a Lamivudina e o Abacavir em forma de comprimidos. Cada uma dessas patentes dura 20 anos desde o registro, o que pode fazer com que patentes sucessivas sobre o mesmo produto façam sua proteção durar muito mais que o prazo previsto em lei.

Desta forma, a característica de combinações e formas de utilização permitidas pelos medicamentos, somada ao prazo de vigência mínimo das patentes estabelecido pelo TRIPS – 20 anos, art. 33 –, acaba gerando uma extensão do período de proteção. Cada uma dessas combinações, formas de produção e formas de utilização ensejam uma nova patente e um novo período de proteção de mais 20 anos, ainda que seja mínima, ou nenhuma, a contribuição para o estado da técnica.

Não há, no entanto, qualquer exigência do TRIPS para que os Estados compactuem com esta prática. A aceitação passiva do *evergreening* tem trazido como conseqüência principal a manutenção de altos níveis de preços e, claro, lucros vultosos para as farmacêuticas, sempre em detrimento da saúde pública e do consumidor. Além disso, como não poderia deixar de ser, tem dificultado ou até impossibilitado o acesso a medicamentos, principalmente nos casos de países em desenvolvimento e de menor desenvolvimento relativo.

Evitar uma proteção mais ampla que a exigida pelo Acordo, principalmente no caso dos países mais pobres que nada ganham com o fortalecimento da indústria farmacêutica transnacional é, no mínimo, sensato. Identificar e aplicar os patamares mínimos de patenteabilidade, um pré-requisito. Afinal, a saúde e nutrição públicas também são protegidas pelo Acordo.

Em princípio, quanto maior elasticidade for conferida aos critérios de patenteabilidade do TRIPS, maior a proteção aos medicamentos e menor o acesso da população a eles. Afinal, como bem acentua C. Correa, "The flexibility or strictness in the application of the patentability criteria may vary across countries and over time. The correct interpretation and application of the patentability criteria are crucial for balancing public and private interests, and also to help avoid excesses that undermine the credibility of the patent system".[7]

Esta elasticidade é tratada nos itens a seguir, que explorarão as modalidades já citadas de *evergreening*: (i) patentes de novo uso ou segundo uso; (ii) patentes de associação fixa; (iii) as várias patentes de produto; e (iv) patentes de constituição.

4.1. Novo Uso ou Segundo Uso

Conforme mencionado, as patentes no mundo farmacêutico raramente se referem a novas entidades químicas, ou seja, novos princípios ativos que aumentam o arcabouço disponível para utilização médica.

A particularidade dos medicamentos poderem ser administrados de diversas formas, com inúmeros objetivos, somada a uma eventual patenteabilidade destas, pode gerar o efeito conhecido como "novo uso" ou "segundo uso", modalidades de *evergreening*.

Novo uso consiste, pois, na obtenção de nova patente para um mesmo produto, desta vez relacionado a fim terapêutico distinto da indicação para a qual o produto foi inicialmente patenteado.

Esta forma de se obter uma nova proteção para um mesmo produto é conhecida como "fórmula suíça" e infelizmente é aceita em nosso país, de acordo com o Instituto Nacional de Propriedade Intelectual - INPI:[8]

> "2.39.2.4 - Reivindicações do tipo:
>
> i) Uso do produto X caracterizado por ser utilizado na preparação de um medicamento para tratar a doença Y.
>
> j) Uso do produto X caracterizado por ser utilizado na preparação de um medicamento para tratar a doença Y, tratamento este que consiste na conhecida "fórmula suíça", e é quase exclusivamente utilizada em invenções de segundo uso médico. É privilegiável, observando-se quanto as considerações contidas no item 2.23 anterior. No caso de reivindicações do tipo (10) se deve exigir a retirada do texto que descreve o tratamento, não porque se estaria protegendo o método terapêutico, mas, sim, porque seria inconsistente com o objeto da proteção."

O exemplo do AZT mencionado anteriormente é bastante elucidativo de como isso ocorre. O medicamento foi desenvolvido e patenteado pelo GlaxoSmithKline nos idos de 1960 para ser utilizado no combate a alguns tipos de câncer. Em meados dos anos 80, quando já seria de utilização livre, foi descoberto que o AZT poderia ser utilizado como anti-retroviral, e que seria útil, portanto, no combate à AIDS. Então, nova patente foi concedida e o AZT continua sendo produzido e comercializado a um valor cerca de 33 vezes maior que o valor necessário para a obtenção de lucro normal de mercado. Segundo o informe "Patentes de medicamentos en el punto de mira"[9] dos Médicos Sem Fronteiras (MSF), enquanto o coquetel para AIDS custa cerca de US$ 10.000,00 nos países ricos, os genéricos são vendidos por cerca de US$ 300,00.

O art. 27 do TRIPS, contudo, exige apenas a concessão de patente de produto ou de processo, e silencia sobre a patenteabilidade do uso. Como requisitos, exige apenas que a invenção seja nova, envolva um passo inventivo e seja passível de aplicação industrial. Nos §§ 2 e 3, o art. 27 traz exceções à matéria patenteável, seja quando ofende a ordem pública ou a moralidade, inclusive para proteger a vida ou a saúde humana, animal ou vegetal, seja quando se trate de métodos diagnósticos, terapêuticos e cirúrgicos para o tratamento de seres humanos ou de animais.

Está claro que, nos casos de patente de uso, o produto protegido não é novo, assim como o seu processo de produção. A única novidade é o objetivo da sua administração, para pacientes em casos diferentes dos originais.

O TRIPS, entretanto, não fornece orientação explícita para estes casos. Não há nenhuma exigência por parte do Acordo para que esse tipo de patente seja concedida, mesmo que se considerasse novo o método terapêutico.

Mas, sob o regime do TRIPS, os países têm ampla liberdade para conferir proteção maior. Tudo depende de quanta flexibilidade se queira dar aos requisitos de novidade, atividade inventiva e aplicação industrial (art. 27 do TRIPS).

Na Europa, por exemplo, uma ficção legal autoriza a patenteabilidade de um produto conhecido para uma determinada indicação.[10] Os EUA têm uma posição ainda mais elástica, conferindo a patente de uso para um particular método de uso (*method-of-use*), o que amplia ainda mais as possibilidades de concessão de diversas patentes para um mesmo medicamento[11].

A posição dos Escritórios de Patente nos países em desenvolvimento ou de menor desenvolvimento relativo (no caso do Brasil o INPI), quanto ao uso ou método de uso, deve ser a de privilegiar a acessibilidade financeira dos medicamentos. É fundamental, assim, que se trate o "uso" da seguinte maneira: (i) considerar o caso como mera descoberta e não como invenção; (ii) atestar, no caso, a ausência de aplicabilidade industrial; (iii) enquadrar o uso na exceção de método terapêutico (no caso brasileiro, não considerado invenção explicitamente pela LPI[12]); e, (iv) reconhecer a falta de novidade, uma vez que, embora utilizado para um fim diverso, o produto em si e a forma de sua produção são as mesmas.

Aliás, o TRIPS permite de maneira expressa que os países-membros considerem não-patenteáveis as invenções (art. 8.1) e os métodos terapêuticos (art. 27.3, *a*) necessários à manutenção da saúde pública. Não haveria, portanto, nenhuma irregularidade em não conceder tais patentes.

A aceitação da patenteabilidade do uso ou novo uso não é unânime no contexto internacional. Países como a Coréia do Sul explicitamente não aceitam esse tipo de privilégio. O Reino Unido, em informe da sua Comissão sobre os Direitos da

Propriedade Intelectual – CIPR – recomendou que os países em desenvolvimento não permitissem as patentes de segundo uso. No art. 21 da decisão 486 do Regime Comum da Propriedade Intelectual da Comunidade Andina, foi expressamente negado o direito a patente de novo uso.[13]

O Brasil não prevê expressamente a patente de uso ou novo uso na LPI, mas, como vimos, o INPI, ao examinar o pedido, pode aceitar ou não a concessão do privilégio e tem, historicamente, optado pela primeira alternativa.

Quando o tema é acesso a medicamentos, a patenteabilidade do primeiro uso já pode ser considerada temerária e ensejadora de *evergreening*. Deve, pois, ser evitada.

Ainda que não se adote qualquer alteração legislativa para se restringir a patenteabilidade do uso, o que seria louvável, o INPI, como mencionado acima, não deve aceitar estas patentes, principalmente pela ausência de atividade inventiva. Deve-se considerar a indicação do medicamento como mera descoberta, nos termos do inciso VIII do art. 10 da LPI.

4.2. *Combo-Patents*

A segunda forma de *evergreening* é conhecida como patente de associação fixa ou, em inglês, *combo-patent*.

Já foram mencionadas anteriormente as vantagens de se produzir um único comprimido com diversos medicamentos. Naquele caso, o enfoque foi demonstrar que as patentes podem impedir este vantajoso procedimento.

Agora, a perspectiva é diversa. Qualquer que seja o objetivo da combinação, as patentes de associação fixa funcionam de forma similar à patente de novo uso no que diz respeito à extensão do período de exclusividade. Dois ou mais medicamentos conhecidos e já privilegiados por patentes anteriormente são associados e patenteados de novo. É o que se convencionou chamar de *combo-patents* ou patentes de associação fixa.

Um exemplo bastante conhecido foi o da concessão de patente nos EUA[14] para a associação fixa entre: Aspirina 325mg, Carisoprodol 200mg e Fosfato de Codeína 16mg. Nota-se, neste caso, que o detentor da patente artificialmente estendeu a proteção concedida para cada uma das substâncias.

Recentemente no Brasil, o Ministério da Saúde aprovou o Caduet, um medicamento da Pfizer que se destinará ao tratamento da hipertensão e do colesterol ao mesmo tempo.[15] Trata-se de medicamento composto por dois dos remédios mais vendidos no mundo: o Lípitor (atorvastatina) e o Norvasc (amlodipina), ambos já anteriormente patenteados. Desta forma, os direitos exclusivos que protegem o Lípitor, cuja patente expira em 2008 no Brasil, poderão ser artificialmente prolongados por mais 20 anos. Após a expiração da primeira patente ele poderá ser produzido para uso isolado, mas se for associado à amlodipina, para melhor controle da hipertensão e do colesterol, somente a Pfizer poderá fazê-lo.

Da mesma forma como ocorre com as patentes de novo uso, o patenteamento de drogas ministradas em conjunto, quando já anteriormente patenteadas, não é aceito pacificamente pelos membros da OMC e os mesmos argumentos do item anterior também aqui se aplicam. Não há produto novo e nem um processo de produção novo. Há apenas um novo método terapêutico e isso os classificaria como não patenteáveis pelo TRIPS, em sua interpretação mais objetiva. Ademais, a utilização de uma combinação de remédios com sucesso não envolve um passo inventivo. Trata-se de mera descoberta.

4.3. Patentes de Produto e suas Variáveis

Os elementos químicos possuem um número tão grande de variáveis possíveis que, sem a devida atenção aos critérios de patenteabilidade, pode haver a concessão de inúmeras patentes de produto para uma mesma substância química, sem que haja qualquer contribuição ao estado da técnica.

O que se obtém como resultado da concessão dessas múltiplas variáveis de patentes de produto não é o progresso técnico-científico. É, simplesmente, a perpetuação dos direitos de exclusividade e a manutenção de níveis de preços monopolisticamente elevados.

Os itens a seguir tratam destas inúmeras possibilidades de patentes de produto e como elas são utilizadas para ensejar *evergreening*.

4.3.1. Patentes de Seleção

Uma patente de seleção é aquela que protege um único elemento pertencente a um grupo de elementos já patenteado anteriormente.

O conceito consiste em "pinçar" a espécie de um gênero já protegido e patenteá-la novamente, sob a alegação de ter sido encontrada uma característica individual não mencionada para o grupo todo.

Pelo menos com relação ao elemento químico selecionado, esta patente pode ser ensejadora de *evergreening*, estendendo o seu período de proteção além do previsto pelo TRIPS.

As patentes de seleção têm sido negadas em diversos países quando a vantagem alegada é uma propriedade que é compartilhada em maior ou menor grau por todo o grupo.

A Alemanha, por exemplo, negou a concessão de patentes de seleção sob a alegação de que o descobrimento de um grupo de elementos, ainda que grande, é equivalente, para os propósitos de passo inventivo, à descoberta de cada composto específico do grupo.[16]

Os escritórios de patente não deveriam aceitar solicitações de patente de seleção, pois se o produto específico já estava à disposição do público, já pertencia ao estado da técnica, ainda que não houvesse qualquer publicação a respeito.

4.3.1.1. Polimorfismo

Um exemplo de possível patente de seleção é o do polimorfismo. Ele ocorre quando um determinado princípio ativo apresenta diversas formas polifórmicas, isto é, quando um determinado elemento químico se cristaliza com diversas formas espaciais diferentes, sendo que estas apresentam propriedades distintas, mais ou menos eficazes contra determinados agentes infecciosos.

Essas formas devem, necessariamente, ser consideradas como pertencentes ao estado da técnica, quando forem inevitavelmente obtidas pelo mesmo processo básico de obtenção do produto do grupo patenteado.

Exemplos concretos ocorreram com a Cimetidina, um medicamento patenteado para a SmithKline, que, posteriormente, solicitou outra patente para um seu polimorfo. Esta segunda patente, contudo, foi declarada nula no Reino Unido sob a alegação apresentada anteriormente, ou seja, que os polimorfos poderiam ser conseguidos pelo mesmo processo de obtenção do grupo a que pertenciam e, portanto, já integrariam o estado da técnica[17].

Também com relação a este item há grande margem de discricionariedade deixada pelo TRIPS. Caberá, pois, aos escritórios de patente se posicionarem, principalmente, sobre os requisitos de novidade e passo inventivo.

4.3.1.2. Isômeros Ópticos

Outro exemplo em que se poderia, eventualmente, aplicar as patentes de seleção seria o de isômeros ópticos. Estes são substâncias químicas formadas, na grande maioria das vezes, por cadeias carbônicas que se assemelham umas em relação às outras como uma imagem e seu reflexo.

Na maior parte dos casos, no entanto, não se deve reconhecer a existência do passo inventivo desta invenção. É fato notório que este tipo de molécula existe em abundância, sendo uma rotina para os laboratórios realizarem pesquisas para descobrirem qual dos isômeros, isoladamente, possui o melhor efeito. Ou seja, este tipo de invenção decorre de maneira evidente, óbvia, do estado da técnica. O custo de pesquisa para obtenção de isômeros ópticos, em geral, já foi absorvido pelo primeiro desenvolvimento.

4.3.2. Patente de Constituição

A segunda variável das patentes de seleção que merece atenção é a patente de constituição. Este caso refere-se à patente do modo em que um determinado medicamento se apresenta para utilização.

Alguns princípios ativos são tão versáteis que podem ser ministrados na forma de gotas, comprimidos ou até para uso tópico ou intravenoso.

Em praticamente todos os casos, o efeito desejado e o princípio ativo utilizado para alcançá-lo são iguais. Parece claro, portanto, que não são atingidos os requisitos da novidade e passo inventivo, embora este tipo de patente seja admitido com certa freqüência.

Um exemplo de como isso pode ocorrer é o Ofloxacin, uma droga relevante no tratamento de pacientes com HIV. Já foram concedidas patentes para este medicamento em sua forma oral, injetável e até para sua forma de uso tópico ocular.[18]

5. Substâncias Não-Patenteáveis

A terceira e última forma de colisão das patentes com os imperativos de saúde pública é a concessão de patentes para proteger invenções de substâncias – formulações – não obrigatoriamente patenteáveis.

Conforme mencionado anteriormente, a patente de produto é uma das formas de patente utilizadas pelo setor farmacêutico para proteger suas invenções.

Para o TRIPS, qualquer produto será patenteável, desde que preencha os requisitos previstos no art. 27.1, primeira parte. Ou seja, pode-se conceder uma patente da formulação, desde que esta seja nova, envolva um passo inventivo e seja passível de aplicação industrial. Trata-se do princípio da patenteabilidade absoluta.

Importante, portanto, identificar em que casos este princípio não se aplica. Se interpretado literalmente, tal não permitiria o estabelecimento de qualquer exceção à matéria patenteável, seja para remédios em geral, seja para grupos ou tipos específicos de remédios. Nem mesmo no caso dos medicamentos essenciais, assim classificados pela Organização Mundial de Saúde, se poderia flexibilizar a regra.

5.1. Substâncias Encontradas na Natureza

Muitos produtos farmacêuticos são baseados em produtos biológicos extraídos de plantas e algas ou são encontrados no próprio corpo humano, como proteínas e hormônios.

A questão de se saber se estes produtos são patenteáveis depende significativamente de eles serem caracterizados como invenções – patenteáveis – ou como descobertas – não patenteáveis.

A eventual patenteabilidade de produtos que 'copiam' substâncias existentes na natureza deu lugar a um considerável debate, e a soluções divergentes, mesmo entre os países industrializados. Os Estados Unidos e alguns países europeus tendem a admitir que uma substância existente na natureza pode ser patenteada, sempre e quando seja isolada ou se apresente em forma purificada; outros países consideram que em tais casos não existe 'invenção', mas simplesmente um 'descobrimento' que não pode dar origem a direitos privados de propriedade intelectual.[19]

O TRIPS não define o que seja uma invenção, ele apenas especifica os requisitos que ela deve ter para ser considerada patenteável. Isto deixa uma grande margem para que os países definam, de acordo com seus critérios de conveniência e oportunidade, o que deve ser considerado uma invenção e, logo, se as substâncias encontradas na natureza devem ser patenteáveis ou não.

É claro que, sob a perspectiva do acesso a medicamentos, o que mais interessa é caracterizar estas substâncias como meras descobertas, evitando-se, assim, a sua patenteabilidade.

O fundamento das leis de propriedade intelectual é que uma ampla proteção pode fomentar a atividade inventiva e, desta forma, beneficiar a sociedade como um todo. Ora, nos casos de materiais de origem biológica este ônus sustentado pela sociedade em nome do desenvolvimento técnico-científico parece desnecessário ou até mesmo contraproducente, uma vez que não há que se falar em fomento à criação de novas substâncias.

No caso específico do DNA, macromoléculas consideradas blocos de construção da natureza, deve-se liberá-los para o uso da comunidade científica e para qualquer outra forma de aplicação produtiva.

No entanto, a capacidade dos países-membros de restringir a patenteabilidade de substâncias encontradas na natureza é limitada pelo próprio acordo, que exige a patenteabilidade de microorganismos e processos essencialmente biológicos para a produção de plantas ou animais (art. 27.3.b).

De qualquer forma, nos casos de substâncias encontradas na natureza, ainda seria admitida a concessão da patente do processo de obtenção desse produto em uma forma utilizável comercialmente.

Deve-se notar que a não-concessão de patentes para produtos encontrados na natureza se refere apenas às patentes de produto. Não haveria como excluir, de acordo com o art. 27 do TRIPS, a patenteabilidade do processo empregado para isolar, purificar ou adequar a uma forma comercialmente viável esta substância; a dispensa da proteção patentária da substância em si possibilitaria, inclusive, a diminuição das chances de se aplicar técnicas de *evergreening*.

Não há que se alegar, assim, que a exclusão da patenteabilidade de substâncias encontradas na natureza poderia desestimular investimentos em atividades de pesquisa e desenvolvimento.

5.2. Prodrogas ou Metabólitos Ativos

Muitas vezes, o efeito desejado de um determinado medicamento é obtido por meio da ingestão de um composto inativo que, ao ser metabolizado pelo corpo, é decomposto em outras substâncias que serão responsáveis pelo efeito desejado. Estas substâncias são chamadas de metabólitos ativos ou prodrogas.

A indústria farmacêutica, então, no afã de estender a proteção sobre um medicamento, pode tentar acumular a patente do composto inativo com uma eventual patente sobre o seu metabólito ativo.

As patentes sobre estes tipos de substâncias, no entanto, não cumprem os requisitos de passo inventivo e de novidade. Primeiro porque, para um técnico no assunto, as prodrogas decorrem de maneira evidente do estado da técnica e não são mais que um método terapêutico, não privilegiável. Depois, porque o metabólito ativo já era acessível ao público ainda que não houvesse descrição escrita ou oral da sua ocorrência.

6. Conclusão

Atualmente, o regime de proteção aos direitos de PI está submetido a uma disciplina rígida de direito internacional. Os países-membros da OMC, inclusive o Brasil, concordaram com o estabelecimento de patamares mínimos de proteção, conforme disposto em um acordo específico - o TRIPS.

A celebração deste Acordo foi brindada por intelectuais e acadêmicos de todo o mundo. Representa um marco histórico na evolução dos direitos de autores e inventores, um pontapé no fomento das idéias e invenções do qual depende o desenvolvimento técnico-científico da sociedade globalizada.

A aplicação rígida dos termos do Acordo para os medicamentos, no entanto, revela uma faceta perversa, cheia de egoísmo e afastada dos princípios e fundamentos que justificam a própria existência destes direitos imateriais.

As patentes, nos casos aqui mencionados, confrontam o interesse público. Nos casos de associação fixa de medicamentos, chegam a impedir que tratamentos mais adequados possam ser ministrados. Nos casos de evergreening ou de patenteamento de substâncias não obrigatoriamente patenteáveis, revelam estratégias de maximização de lucros da indústria farmacêutica, em termos permitidos mas não obrigatórios pelo Acordo.

Ao menos com relação a estes dois últimos casos, não é compreensível admitir uma postura passiva de escritórios de patentes e governos nacionais, especialmente em países em desenvolvimento.

Compactuar com estas práticas significa prezar pelos lucros vultosos de empresas transnacionais em detrimento de qualquer contribuição delas para o estado da técnica. O resultado, como se não bastasse, é a dificuldade ou quase impedimento no acesso aos medicamentos, bens essenciais.

Urge reequilibrar interesses públicos e privados nessas relações. Não se propõe, para tanto, qualquer afastamento da disciplina geral da matéria. Basta uma pitada de bom senso.

7. Referências Bibliográficas

Baker, Brook K, *The Importance of Combo-Drugs: Another Argument for Compulsory and Voluntary Licences*, s.l., 2001, disponível em: <http://lists.essential.org/pipermail/pharm-policy/2001-August/001352.html> Acesso em: 10 novembro 2005.

Basso, Maristela, *O Direito Internacional da Propriedade Intelectual*, Porto Alegre, Livraria do Advogado, 2000.

_____. O Regime Internacional de Proteção da Propriedade Intelectual da OMC/TRIPS, in Amaral Jr., Alberto do (coord.), *OMC e Comércio Internacional*, São Paulo, Aduaneiras, 2002, p. 113-160.

Boulet, Pascale; Garrison, Christopher; Hoen, Ellen't, *Patentes de Medicamentos en el Punto de Mira – Compartiendo Conocimientos Prácticos sobre las Patentes Farmacéuticas*, Madrid, Médicos Sem Fronteiras, 2003, disponível em: <http://www.msf.es/pdf/patentes_mira.pdf> (Acesso em: 10 novembro 2005).

Buchalla, Anna Paula, "Na Versão Dois em Um – Dois dos Remédios mais Vendidos do Mundo Agora Juntos, num só Comprimido", Revista *Veja*, edição 1.845, ano 37, nº 11, 17 março 2004, p. 96-97.

Chirrac, Pierre, *Working compulsory according to TRIPS. The essential drug candidates, Médicins Sans Frontières* (mimeo), 1994, p. 24, *apud* Correa, Carlos M. *Integrating Public Heath Concerns into Patent Legislation in Developing Countries*. Argentina: University of Buenos Aires, s.d., disponível em: <http://www.southcentre.org/publications/publichealth/publichealth.pdf> (Acesso em: 10 novembro de 2005).

Correa, Carlos M., *Integrating Public Heath Concerns into Patent Legislation in Developing Countries*, Argentina, University of Buenos Aires, *s.d.*, disponível em: <http://www.southcentre.org/publications/publichealth/publichealth.pdf> (Acesso em: 10 novembro de 2005).

______. *Recent Developments in the Field of Pharmaceutical Patents: Implementation of the TRIPS Agreement*, Universidad de Buenos Aires, 1998, disponível em: <http://www.haiweb.org/campaign/novseminar/correa2.html> (Acesso em: 10 novembro de 2005).

Correa, Carlos M. – Yusyf, Abdulqawi A., *Intellectual Property and International Trade: The Trips Agreement*, Kluwer Law, London, s.d.

Grub, Philip. *Patents for chemicals, pharmaceuticals and biotechnology. Fundamentals of global law, practice and strategy*. Oxford: Clarendon Press, 1999, p. 197-199, apud, Correa, Carlos M. *Integrating Public Heath Concerns into Patet Legislation in Developing Countries*. Argentina: University of Buenos Aires, s.d. disponível em: http://www.southcentre.org/publications/publichealth/ publichealth.pdf (Acesso em: 10 novembro de 2005).

Médicos sem fronteiras, *Patentes de Medicamentos em Evidência – Compartilhando Experiência Prática sobre Patentes de Produtos Farmacêuticos*, s.l., s.e., 2003, disponível em http://www.msf.org.br/campanha/relatorio_ patente.pdf (Acesso em: 10 novembro de 2005).

Quaker united nations office, *What did Developing Countries get in Doha? – Some QUNO Assesments of the WTO Ministerial Conference*, Geneva, s.d., disponível em: http://www.geneva.quno.info/pdf/final_Doha_assessment.pdf (Acesso em: 10 novembro de 2005).

Quaker united nations office – ministry of foreign affaires norway, The WTO TRIPS Agreement and the Protection of Public Health: Implementing Paragraph 6 of the Doha Declaration, s.e., Utstein Klster, 2002, disponível em: http://www.geneva.quno.info/pdf/final%20Utstein%20report.pdf (Acesso em: 10 novembro de 2005).

Salomão Filho, Calixto, *Direito Concorrencial – As Condutas*, São Paulo: Malheiros, 2003.

Soares, José Carlos Tinoco, *Lei de Patentes, Marcas e Direitos Conexos* – Lei nº 9.279 de 14.05.1996, São Paulo: Revista dos Tribunais, 1997.

Notas

1. BASSO, M. *O Direito Internacional da Propriedade Intelectual*, Porto Alegre: Livraria do Advogado, 2000, p.23.
2. *Direito Concorrencial – As Condutas*, São Paulo, Malheiros, 2003, p. 127-128, nota 34.
3. A primeira, a teoria do direito natural (*Naturechtstheorie*), é essencialmente individualista e baseia-se na explicação clássica naturalista que o criador teria um direito natural ao patenteamento, pois seria o dono exclusivo da invenção. A segunda, a teoria contratual (*Vertragstheorie*), fundamenta a concessão das patentes em uma recompensa devida pela comunidade pela publicização da invenção. Percebe-se, também aqui, uma perspectiva eminentemente individualista. A terceira, a teoria da recompensa (*Belohnungstheorie*), aproxima-se bastante da anterior, a teoria contratual. Aqui, porém, a patente representaria uma recompensa ao bem-estar individual proporcionado pela patente, ainda que, em muitos casos, este bem-estar proporcionado seja questionável. A quarta, a teoria do estímulo (*Anspornungstheorie*), procura, de certa forma, atribuir um preço ao interesse público, uma vez que fundamenta a concessão da patente simplesmente no estímulo a novas invenções.
4. Fonte: UNCTAD 1996.
5. Em reportagem publicada na revista *Veja* afirmou-se que os remédios ministrados associadamente são uma arma dos médicos para manter os pacientes fiéis aos tratamentos, uma vez que "mais da metade das vítimas de doenças crônicas em geral largam o tratamento no meio. Entre os hipertensos, (...) 85% o fazem no primeiro ano de tratamento". Cf. A. P. Buchalla, em *Na Versão Dois em Um*, Revista *Veja*, edição 1.845, ano 37, nº 11, 17 março de 2004, p. 96-97.
6. BOULET, P. – GARRISON, C., – HOEN, E., *Patentes de Medicamentos en el Punto de Mira – Compartiendo Conocimientos Prácticos sobre las Patentes Farmacéuticas*, Madrid, 2003, p. 8.
7. *Integrating Public Health Concerns into Patent Legislation in Developing Countries*, University of Buenos Aires, p. 38.
8. INPI, Diretrizes para o exame de pedidos de patente nas áreas de biotecnologia e farmacêutica depositados após 31/12/1994.
9. BOULET, P. – C. GARRISON – E. HOEN, *Patentes de Medicamentos* cit. (nota 6), p. 8.
10. Convenção Européia sobre Patentes, Art. 54: Novidade. "5 – As disposições dos parágrafos 1 a 4 não excluem a patenteabilidade, para a execução de um dos métodos citados no art. 52, parágrafo 4, de uma substância ou composição compreendida no estado da técnica, com a condição de que a sua utilização para qualquer método referido no dito parágrafo não esteja compreendida no estado da técnica."
11. CORREA C., *Integrating Public Health* cit. (nota 7), p. 22.
12. Art. 10, VIII.
13. Mesmo com tal decisão o Peru, em 1997, concedeu patente de novo uso à Pfizer, pelo Viagra. O caso foi levado ao Tribunal Andino de Justiça, que entendeu que a referida patente violava as normas da Comunidade Andina.
14. Esta patente venceu em 13/08/2002.
15. A previsão era que o Caduet chegaria ao mercado em maio de 2004, nos EUA, e em agosto do mesmo ano, no Brasil.
16. GRUB, P. *Patents for chemicals, pharmaceuticals and biotechnology. Fundamentals of global law, practice and strategy*, Oxford, Clarendon Press, 1999, p. 197-199, *apud*, C. CORREA, *Integrating Public Health* cit. (nota 7), p. 52.
17. CORREA, C. *Integrating Public Health* cit. (nota 7), p. 53.
18. CHIRRAC, P. *Working compulsory according to TRIPS. The essential drug candidates*, Médicins Sans Frontieres (mimeo), 1994, p. 24, *apud* C. CORREA, *Integrating Public Health* cit. (nota 7), p. 55.
19. BASSO, M. *O Direito Internacional* cit. (nota 1), p. 232.

2

FAIR FOLLOWERS: EXPANDINDO O ACESSO A MEDICAMENTOS GENÉRICOS PARA A POPULAÇÃO DE BAIXA E MÉDIA RENDAS

KEVIN OUTTERSON*

1. Introdução

O presente artigo debate algumas das importantes questões sobre a interface entre os direitos de propriedade intelectual, sobretudo a proteção patentária na indústria farmacêutica, e o acesso a medicamentos pelas populações de baixa e média rendas, considerando nesse contexto, fundamentalmente, os países não-membros da Organização para Cooperação e Desenvolvimento Econômico

---

* Professor Associado da Faculdade de Direito da West Virginia University, nos Estados Unidos. Pelos comentários e sugestões recebidos, agradece profundamente a Dan Rosan, aos Professores John Duffy, Valorie Vojdik, e Peter Yu e aos participantes do *WHO Global Forum for Health Research* (Forum 8), realizado em novembro de 2004, na Cidade do México. Pelos trabalhos de tradução do artigo para o português e revisão técnica, agradece a Bruno de Souza, Bacharel em Direito pela Universidade de Vila Velha (Espírito Santo/BR) e Pós-Graduando na West Virginia University; Priscilla César, Analluza Bolivar, Fabricio Polido. O presente trabalho foi concretizado graças ao financiamento irrestrito concedido pela Faculdade de Direito da West Virginia University e à excelente colaboração de pesquisa de David Davies.

(OCDE). Como crítica central de seu trabalho, o autor busca enfatizar a retórica implicada no Direito da Propriedade Intelectual e nos modelos econômicos para explicar dilemas comuns da concorrência, estrutura da indústria, inovação, rivalidade e apropriação de bens nos mercados. Sugere igualmente a adoção de modelos e estratégias alternativas para aquisição de medicamentos pela população de baixa e média rendas (*e.g.* racionalização e expansão do licenciamento de patentes farmacêuticas, preços diferenciados de aquisição de medicamentos e patentes em regime de *buy-out* a serem exploradas no domínio público). Reitera a importância do princípio do *fair follwing* a justificar a observância dos direitos de propriedade intelectual e o equilíbrio entre interesses dos titulares e do público demandando acesso aos medicamentos patenteados. O trabalho posiciona argumentos sobre a proteção patentária na indústria farmacêutica, incentivos à inovação e pleno acesso a medicamentos – variáveis comumente colocadas em conflito no domínio normativo da propriedade intelectual.

2. De *Free Riders* e Piratas a *Fair Followers*[1]

Os agentes de comércio nos Estados Unidos freqüentemente empregam a retórica do *free riding* e da pirataria quando discutem temas relacionados aos direitos de propriedade intelectual (DPIs) na área de medicamentos (Benson, 2005; Drahos & Braithwaite, 2002). *Free-rider* é termo recorrente quando os governos de países desenvolvidos, membros da OCDE (Organização para a Cooperação e Desenvolvimento Econômico), utilizam-se de poder monopsônico na negociação de descontos envolvendo preços de produtos farmacêuticos patenteados (PhRMA 2005, US Department of Commerce, 2004; Outterson, 2004, 2005b). Governos mais pobres, geralmente, não dispõem de poder de mercado suficiente – enquanto compradores – para alcançar descontos na aquisição de medicamentos patenteados em prol de suas populações de baixa e média rendas. Nesses casos, poderiam recorrer a medicamentos genéricos e ao licenciamento compulsório. Como resposta, autoridades do Departamento de Comércio Exterior dos Estados Unidos e titulares de direitos de propriedade intelectual inflamam o discurso e rotulam tal atividade como de pirataria.

Os *free riders* utilizam algo pelo qual não pagaram. O termo em si nos leva a pensar em alguém tomando um ônibus sem pagar o preço pela passagem. Entretanto, *free riding* não está limitado a bens tangíveis e serviços. Com a propriedade intangível, *free riding* não é apenas possível, porém, de muitas maneiras, mais fácil. O ato de baixar músicas da Internet (*download*) é um novo caso paradigmático para a ocorrência do *free riding*.

Pirataria, por sua vez, constitui crime contra a humanidade. Os piratas roubavam e destruíam gratuitamente, estupravam e matavam com total indiferença. Assim, "pirataria" não é o termo apropriado quando se busca garantir medicamentos essenciais para as pessoas mais pobres do mundo. Os Médicos Sem Fronteiras

(MSF) romperam com tal paradigma legal quando passaram a oferecer a terapia anti-retroviral (ARV) em Khayelistsha Township, na África do Sul, em 2001. O crime contra a humanidade – a pirataria – teria sido uma falha estudada ao se agir diante da crise da AIDS.

A retórica do Direito da Propriedade Intelectual (PI) deveria considerar a estrutura econômica do conhecimento na área farmacêutica, pois, diferentemente da propriedade tangível, o conhecimento farmacêutico não sofre exaustão ou congestão. Em termos econômicos, é geralmente destituído de rivalidade. O presente artigo explora as poderosas implicações daquela característica e conclui que as populações de baixa e média renda deveriam ser estimuladas a utilizar conhecimento farmacêutico de forma lícita e correta, como *fair followers*. Particularmente, os *fair followers* deveriam usar versões genéricas de baixo custo de medicamentos essenciais patenteados para maximizar o acesso, contanto que incentivos para inovação não sejam prejudicados.

3. Direitos de Propriedade São Desenhados para Resolver os Problemas de Rivalidade e Apropriação

O sistema dominante de direitos de propriedade faz todo sentido para as categorias tradicionais de bens tangíveis. Coisas físicas são sujeitas a, pelo menos, dois problemas endereçados por regras de propriedade: a rivalidade e a apropriação.

3.1. Rivalidade

Qualquer item que possa sofrer exaustão ou congestão é submetido à rivalidade. A congestão ocorre quando muitas pessoas buscam o uso simultâneo do bem: se todas as pessoas tivessem o mesmo direito sobre meu carro, então, eu não poderia encontrá-lo sempre disponível quando quisesse utilizá-lo; dez mil pessoas não podem dormir simultaneamente na mesma cama, ou cultivar no mesmo pequeno campo, ou comer meu figo. A exaustão ocorre quando múltiplos usuários degradam o recurso. Exemplos clássicos incluem campos agrícolas submetidos a uma intensa exploração e a pesca predatória. (Hardin, 1968).

A economia de mercado, base dos países desenvolvidos membros da OCDE, depende dos direitos de propriedade como uma solução primária para a concorrência. A propriedade é confiada a uma pessoa, e a essa pessoa é dado o controle de uso do bem protegido, incluindo o direito de excluir terceiros. O proprietário toma as decisões a respeito do uso de sua propriedade, incluindo questões de congestão e exaustão. Contudo, a propriedade não é absoluta e os proprietários são também sujeitos às obrigações, particularmente quando suas ações afetam negativamente outros indivíduos. A propriedade poderia também ser tomada por um uso público com compensação por intermédio do poder de soberano de domínio eminente.

Culturas jurídicas e moralmente globalizadas geralmente respeitam a propriedade privada. Se um indivíduo toma uma propriedade sem permissão, nós o chamamos de ladrão. Normas morais cobrem áreas semelhantes, mas uma exceção poderia ser feita a uma criança faminta, pegando uma fatia extra do pão de uma família rica, pois, neste caso, a necessidade é imensa e a perda é ínfima; então, talvez, tomar a propriedade seja moralmente justificável nesse caso. Sentimentos morais semelhantes têm impulsionado os Médicos Sem Fronteiras (MSF) e sua Campanha para Acesso a Medicamentos Essenciais. São campanhas para reduzir, de modo significativo, os preços de medicamentos para os pobres, mesmo quando não há versões genéricas ou produção sob licenciamento compulsório (MSF, 2005a). A necessidade médica é imensa e o dano da apropriação é minúsculo; assim, a ação não é somente apropriada, mas poderia ser classificada como uma necessidade moral. Os Médicos Sem Fronteiras não foram presos, como piratas ou ladrões; ao contrário, foram reconhecidos mundialmente por conta de seus serviços prestados à humanidade.

3.2. Apropriação

O segundo problema endereçado pelas regras de propriedade envolve a apropriação, ou, mais precisamente, a inaptidão para retornos apropriados sobre recursos de fundo comum. Ausente uma ferramenta de apropriação, nenhum indivíduo sozinho detém incentivos econômicos para investir em recursos de fundo comum. Poucos adquiririam ou manteriam um automóvel se não pudessem controlar seu uso subseqüente. Aquele que toma conta do pomar cuida de suas árvores na primavera, em antecipação à colheita no outono. Regras de propriedade permitem a uma pessoa (o "proprietário") apropriar-se dos frutos de seu investimento. Acredita-se que a sociedade geralmente é beneficiada quando proprietários investem em suas propriedades, particularmente, se deveres são impostos para oferecer uma justificativa às externalidades negativas, tais como a poluição.

3.3. Intangíveis

Consideremos, agora, o caso dos direitos de propriedade para bens intangíveis como as patentes, os direitos autorais, os segredos comerciais e outros. Bens intangíveis são, ainda, mais expostos à apropriação por estranhos. Roubar o meu carro requer um roubo físico; tomar a minha terra levará a uma ocupação física adversa, ambos são, relativamente, fáceis de ser identificados. Usar uma patente ou um segredo empresarial sem permissão pode ser mais difícil de descobrir, e mais fácil de ser realizado. Arquivos de música e vídeo podem ser copiados anonimamente pela Internet, e tal cópia pode ser efetuada em muitos lugares simultaneamente e ao redor do mundo. E o artista e o distribuidor talvez nunca venham a saber. Da mesma forma, é possível copiar o conhecimento farmacêutico.

Durante muitos anos a Índia produziu versões genéricas não-licenciadas de medicamentos que ainda estavam sob proteção patentária fora da Índia e, em muitos casos, esses medicamentos foram o melhor ou o único recurso a baixo custo para programas humanitários na África e em outros lugares do mundo.

Esse tipo de atividade poderia reduzir incentivos à inovação. A apropriação em investimentos de PI deveria ser mais difícil se muitos potenciais consumidores não pagassem. Leis de PI limitam a má apropriação (ou *free riding*) a partir da criação de barreiras legais temporárias, tais como patentes e direitos autorais. Mas a analogia entre propriedade tangível e intangível desmantela a questão da concorrência. Bens tangíveis são submetidos a um padrão de rivalidade nos mercados, sofrendo exaustão e congestão. Mas a maioria dos bens intangíveis são não-concorrenciais, incluindo o conhecimento biomédico, o qual forma a base da indústria farmacêutica. A maior parte do conhecimento farmacêutico não está submetida à rivalidade nos mercados, e esse fato possibilita a transformação de *free riding* e pirataria em *fair following*, ou seja, o uso do conhecimento farmacêutico de forma justa, lícita, correta.

4. Reconsiderando Direitos Morais e de Propriedade Relacionados ao Conhecimento Não-Concorrencial na Área Farmacêutica

Diferentes normas relacionadas à propriedade podem ser adequadas para o conhecimento não-concorrencial. O pão é consumido quando alguém dele se alimenta, mas o conhecimento pode ser compartilhado por um número infinito de pessoas sem exaustão ou acumulação. A rivalidade ainda afeta a expressão física do conhecimento, como livros e pílulas, mas o conhecimento por si mantém-se não-concorrencial. Ele pode ser largamente disseminado sem criar deficiências - um benefício potencial para a humanidade.

Bens não submetidos a um regime concorrencial podem resultar em diferentes normas morais concernentes a apropriação indevida. Retornemos ao exemplo da criança faminta, no qual se partiu do pressuposto de que um pão era um alimento - bem - não submetido à concorrência; o exemplo bíblico é Jesus alimentando a multidão com o milagre dos pães e peixes: quanto mais os discípulos distribuíam o conteúdo dos cestos, mais comida aparecia, e embora eles tivessem começado com apenas cinco pães e dois pequenos peixes, milhares de bocas foram alimentadas e as sobras de comida encheram doze cestos (Mateus 14: 13-21). Em um mundo de bens não sujeitos à competição, o imperativo moral requereria o ato de dividir. Se a corrida de ônibus de fato nada custa, todos poderiam andar.

Normas relacionadas à propriedade também devem ser reconsideradas. Por definição, usuários adicionais podem ser incluídos sem exaustão, acumulação ou outros custos. Se o problema de apropriação (o investimento *per se*) pode ser resolvido, então, a hegemonia das normas absolutas que regem a propriedade seria desfeita. Se a questão da apropriação (investimento) pode ser resolvida, não existe razão para o fortalecimento de direitos de PI a ponto de ser negado o acesso aos bens protegidos a usuários adicionais, em especial quando estes são populações de baixa e média rendas que se deparam com o acesso inadequado a medicamentos essenciais.

Por exemplo, o Lipitor (atorvastatin calcium) é um importante medicamento liporredutor patenteado pela Pfizer. A necessidade médica mundial para a redução do colesterol é grande, tanto em países ricos quanto em pobres (OMC, 2004). Empresas fabricantes de medicamentos genéricos poderiam vender dosagens bem mais baratas sem congestão ou exaustão, porém, se assim atuasse, a apropriação pela Pfizer poderia ser diminuída. E para que seja bem-sucedido, o *fair following* deve simultaneamente aumentar o nível de acesso ao medicamento genérico do Lipitor, sem limitar os incentivos ótimos à inovação da Pfizer.

A indústria farmacêutica enquadra a questão como pertencente à categoria dos "direitos" de propriedade intelectual, porém com pouca atenção para os potenciais "deveres" dos titulares. A indústria supõe que a maximização das leis de PI e, destarte, a apropriação farmacêutica, seria a melhor forma de ação (PhRMA, 2005). Ocorre que, a criação de direitos de propriedade acarreta, às vezes, externalidades negativas associadas, as quais implicam imediatamente em deveres aos titulares. Com a propriedade real, a externalidade negativa poderia ser a poluição, e um possível dever seria a sua eliminação. Com a propriedade intelectual na área farmacêutica, uma externalidade negativa é o acesso inadequado: milhões (na verdade, bilhões) de pessoas não possuem acesso a medicamentos patenteados que poderiam melhorar sua condição de saúde (Outterson, 2005d). O dever correlato poderia ser o de permitir o *fair following*. Em outras palavras, se questões de apropriação (investimento) são resolvidas e os bens não são submetidos à concorrência, então, nenhuma razão restaria para negar o acesso a usuários adicionais, especialmente, para populações de baixa e média rendas que enfrentam problemas relacionados ao acesso inadequado a medicamentos essenciais patenteados.

O conceito de "dever" em PI pode parecer radical, mas já é uma característica proeminente da legislação norte-americana sobre medicamentos e alimentos. A atual prática dos Estados Unidos, de permitir a entrada de medicamentos genéricos no mercado após a expiração da patente, é uma aplicação imperfeita dessa política, incorporada na Hatch-Waxman Act. A maximização inconsciente dos direitos de propriedade intelectual na área farmacêutica é uma alternativa ruim de política pública, pois, se tomássemos sua conclusão lógica, medicamentos genéricos deveriam ser totalmente abolidos. Consumidores pagariam preços mais altos e muitos sofreriam efeitos adversos do acesso inadequado à saúde. A opção de política pública mais razoável seria a de aperfeiçoamento dos incentivos à inovação farmacêutica, equilibrando acesso e inovação (Outterson, 2005a, p. 217-222).

Para aqueles que pensam no ponto de equilíbrio do mercado americano, temos todas as razões para supor que a otimização ensejaria diferentes resultados em outros países, particularmente, entre populações de baixa renda. Em tais grupos, suas pobrezas limitarão a efetividade da apropriação, permitindo a relativização das leis farmacêuticas de PI. Pobreza também amplia o dano que os altos preços impõem, dificultando-se a introdução precoce de genéricos. Entretanto, a atual política americana exporta a Hatch-Waxman Act, sem as modificações apropriadas, para outros países (Outterson, 2005c). Essa proposta dos *fair followers* é uma tentativa para reverter àquela política.

A seção a seguir descreve como o conhecimento na área farmacêutica pode ser compartilhado com populações de baixa e média rendas sem prejudicar os incentivos ótimos à inovação. Os alicerces do sistema mundial de propriedade intelectual no campo farmacêutico se desfazem à medida em que essa questão de apropriação seja resolvida.

5. O Pagamento Pelo Uso de Patentes Farmacêuticas por Populações de Baixa e Média Rendas Deve Ser Limitado

Quando nos referimos à população mundial de baixa renda, a apropriação farmacêutica é quase irrelevante. Populações de baixa renda não podem contribuir muito para a remuneração pelo uso da patente farmacêutica e deveriam ser isentas da observância de normas de propriedade intelectual baseadas em apropriação. O economista F.M. Scherer recentemente descreveu uma proposta semelhante (Scherer 2004, p. 1141), conferindo uma linguagem econômica para os apelos de direitos humanos feitos por advogados, como os Médicos Sem Fronteiras. O argumento de Scherer refere-se à idéia de que qualquer forma de pagamento pelo uso de patente farmacêutica pelas populações de baixa renda seria provavelmente muito prejudicial para pessoas e pouco útil para a inovação. Em abordagem similar, Lanjouw e Jack sugerem que países pobres realmente não deveriam ser esperados a contribuírem muito com a P&D global na área farmacêutica, com a possível exceção de doenças endêmicas locais (Lanjow & Jack, 2004). Suas propostas deveriam efetivamente isentar países de baixa e média rendas da aplicação da maioria das leis de patentes farmacêuticas, permitindo a entrada imediata de genéricos nesses mercados para a inovação farmacêutica global.

O pagamento pelo uso da patente farmacêutica pelas populações de baixa renda é cruel e desnecessário: cruel, pois pessoas morrerão quando um tratamento que prolongue a vida seja possível, porém financeiramente inviável; desnecessário, pois populações de baixa renda nunca deveriam contribuir tanto para a remuneração pelo uso da patente farmacêutica em qualquer caso. Populações de baixa renda têm dramaticamente aumentado a elasticidade da demanda. Estabelecer preços de medicamentos para AIDS a 10.000 dólares por ano pode ser critério ótimo no mercado americano (ou não), mas o mesmo preço é virtualmente inacessível na região da África Subsaariana. Igualmente, sabemos que o custo marginal de produção desses medicamentos fica aquém de 240 dólares por ano (MSF, 2005b). Considerando tais fatos, países paupérrimos não deveriam pagar milhares de dólares por medicamentos empregados no tratamento das doenças associadas à AIDS. Na verdade, os mais pobres não deveriam pagar qualquer remuneração pelo uso da patente para tais medicamentos. A contribuição, por mais modesta que seja, pelas populações de baixa renda, é muito mais valiosa para elas do que para a indústria farmacêutica mundial. Populações de média renda apresentam um caso transitório: algumas remunerações relacionadas ao uso da patente podem ser apropriadas, mas o preço total determinado pelos membros da OCDE pode negar o acesso necessário.

Esses fatores não estão limitados aos medicamentos empregados no tratamento do HIV/ AIDS, mas estão presentes em muitas outras doenças crônicas e infecciosas. Boa parte desse ônus advém de condições decorrentes de doenças de caráter verdadeiramente mundial: AIDS, câncer, doenças cardiovasculares, infecções e depressão (OMC, 2004; Outterson, 2005a, p. 244-46). Doenças mundiais afetam a ambos, ricos e pobres, confrontando-se com casos nos quais a inovação é assegurada pela demanda por saúde dos países ricos da OCDE e a apropriação por populações de baixa renda não é relevante para a inovação em doenças mundiais. Esses medicamentos poderiam ser supridos genericamente para os mais pobres sem limitar a inovação ótima.

O mesmo não pode ser dito para as doenças negligenciadas. O propósito do *fair follower* nem aperfeiçoa nem prejudica as perspectivas para a inovação em doenças negligenciadas. Um princípio de *fair following* é principalmente voltado para doenças mundiais tais como o câncer, doenças cardiovasculares, diabetes, depressão e AIDS. Doenças negligenciadas são principalmente endêmicas em regiões pobres do mundo e a inovação tem chegado atrasada por causa da pobreza dos afetados. Os mais pobres não são um bom mercado, particularmente quando países ricos não possuem nenhuma demanda para o medicamento a ser pesquisado e desenvolvido. Propostas recentes atentam em corrigir essa falha de mercado, criando mecanismos tais como compromissos de aquisição e fundos de prêmios (*prize funds*) (Kremer & Glennester 2004, Hollis 2004). Muitas parcerias público-privadas têm acelerado as pesquisas no campo das doenças negligenciadas (Moran *et al.*, 2005), enquanto outros buscam incentivos de caráter não-comercial, tais como financiamentos e pesquisas patrocinadas pelo governo (Love, 2003a-b; Hubbard, 2003; mas veja DiMasi & Grabowski, 2004). Ocasionalmente, propostas são acopladas a uma expansão dos direitos de PI em países pobres (Sykes, 2002), mas a expansão de direitos de propriedade intelectual revela-se um complemento desnecessário e mal-vindo. A expansão da proteção de tais direitos de PI não criará incentivos na ausência de dinheiro para a aquisição do produto. Essas doenças são negligenciadas devido à condição social dos afetados, não pela ausência de direitos de propriedade intelectual (Outterson, 2005a, p. 241- 46).

A remuneração pelo uso de patentes farmacêuticas é bem realizada em populações de alta renda, entre pessoas que podem adquirir os caros medicamentos patenteados. O ônus de sustentar a inovação deve repousar sobre aqueles com capacidade para arcar com medicamentos caros. Esse princípio tem sido encampado por empresas farmacêuticas e pela maioria dos governos ocidentais. Discriminação de preços baseada na capacidade de pagamento justifica todos os programas voluntários de preços diferenciados, assim como a recente legislação adotada pelo Canadá que permite a exportação de produtos farmacêuticos licenciados compulsoriamente para populações de baixa renda. No programa canadense, os *royalties* a serem pagos variam de acordo com o grau de pobreza do país-alvo (The Jean Chretien Pledge to Africa Act, 2004). O Departamento de Comércio dos Estados Unidos (United States Department of Commerce - USTR) seguiu o exemplo, em dezembro de 2004, quando calculou o *free riding* farmacêutico por vários países membros da OECD, com ajustes para o Produto Doméstico Bruto per capita (US Department of Commerce 2004, fig. 5). Indivíduos de alta renda tipicamente apresentam demandas elásticas reduzidas em relação a produtos farmacêuticos patenteados. Isso permite tanto altos preços quanto acesso relativamente modesto às externalidades. Em tais situações, tanto as necessidades clínicas e metas para inovação podem ser encontradas simultaneamente.

6. *Fair Following* na Prática

Vários modelos de *fair following* são possíveis, cada um pode, potencialmente, alcançar a mesma finalidade, vale dizer, suprir populações de baixa e média rendas com medicamentos essenciais a preços acessíveis, sem ameaçar os ótimos incentivos à inovação. Todavia, as formas jurídicas adotadas são amplamente divergentes.

Divergem, também, quando autoridades se posicionam para decidirem sobre a concessão do acesso. Os quatro modelos discutidos são: (1) licenciamento compulsório; (2) preços diferenciados voluntariamente; (3) patentes *buy-outs*[2]; e (4) a adoção de um Tratado sobre P&D (Global R&D Treaty).

6.1. Racionalização e Expansão do Licenciamento Compulsório

Licenciamento compulsório diz respeito ao poder soberano para utilizar uma patente sem a permissão de seu detentor. O termo é freqüentemente mal caracterizado como "quebra de patente". É análogo ao poder do domínio sobre a propriedade real, com uma importante ressalva. Enquanto o domínio, freqüentemente, compreende a propriedade por completo do bem, o licenciamento compulsório refere-se apenas a uma apropriação parcial. O titular da patente retém todos os direitos, oponíveis contra terceiros. De acordo com a legislação norte-americana, o titular da patente deve ser compensado por tal uso. O licenciamento compulsório é completamente compatível com o Acordo TRIPS. Os Membros da Organização Mundial do Comércio (OMC) podem forçar o licenciamento para fins de proteção da saúde pública, sem limitação relativamente ao medicamento ou ao medicamento em questão (Love, 2005; Acordo TRIPS/OMC de 1994, art. 31(f); e Declaração de Doha sobre TRIPS e Saúde Pública da, 2001, § 5º; 'T Hoen, 2002, p. 40-41).

Taxas de *royalties* aplicáveis para licenças compulsórias devem ser modestas quando os possíveis destinatários são países pobres. O Canadá tem proposto taxas de *royalties* de 0,02% a 4%, dependendo do nível de pobreza do país importador. Enquanto a lei canadense levanta muitas questões (Outterson, 2005a, p. 229-232), parece ser ela claramente um passo em direção ao fair *following*. O Canadá reconhece que exigência de remuneração com relação à utilização da patente farmacêutica é largamente inapropriada para populações de baixa renda.

Ameaças soberanas ao licenciamento compulsório têm levado à redução de preços de aquisição. Exemplos proeminentes incluem o amplamente bem-sucedido programa de anti-retrovirais do Brasil para o HIV/AIDS (Bermudez, 2002; U.K. Comission on Intellectual Property Rights, 2002; Reichman with Hasenzahl, 2003, p. 2; Benson, 2005) e a ameaça de outubro de 2001 efetuada pelo governo dos Estados Unidos ao emitir uma licença compulsória para o medicamento Cipro (ciprofloxacin), da Bayer, diante do temor pelo Anthrax. (Carroll & Winslow, 2001; veja também Reichman with Hasenzahl, 2003, p. 19-22). A maioria dos medicamentos disponíveis para AIDS a preços acessíveis, listados no guia de preços dos Médicos Sem Fronteiras, foram produzidos por empresas indianas como genéricos prioritários no período de transição de flexibilidades do TRIPS. Por ser um país em desenvolvimento, a Índia aproveitou esse período (MSF, 2005b). Inclusive licenças nominalmente voluntárias, tais como aquelas concedidas pela empresa Merck à Companhia Sul Africana-Indiana Thembalami Pharmaceuticals (Merck & Co., Inc., 2004), são freqüentemente uma resposta à litigiosidade e à ameaça do licenciamento compulsório (Outterson, 2005a, p. 223-226). A experiência da Roche com o Tamiflu (fosfato de oseltamivir) é bem similar. A empresa, de modo relutante, concordou em discutir o licenciamento voluntário e somente o fez quando governos iniciaram as tratativas em torno do licenciamento compulsório da patente do medicamento. A pressão necessária para construir um estoque contra uma epidemia de gripe incitou ambos, os governos e a Roche, a entrarem em ação.

De modo consistente, os Estados Unidos se opuseram ao licenciamento compulsório por outros países. Em janeiro de 2001, requereram a constituição de um Painel na Organização Mundial do Comércio contra o Brasil para impedir a "produção local" brasileira de medicamentos para AIDS (WTO, 2001). Sob pressão internacional, os Estados Unidos retiraram a reclamação durante a Quarta Conferência Ministerial da OMC em Doha (Thomas, 2001, p. 15; 'T Hoen, 2002, p. 38-47). Mais recentemente, grupos americanos atacaram o Brasil, em julho de 2005, quando este formulava proposta de emissão de licença compulsória do Kaletra (Lopinavir+Ritonavir), uma combinação de dose fixa de medicamentos para o tratamento anti-retroviral. A titular da patente, a empresa Abbott, concluiu um acordo com o governo brasileiro para redução voluntária de preços, tornando o licenciamento compulsório formal desnecessário. Trata-se de outra demonstração do poder exercido pelo licenciamento compulsório para promover o acesso (Benson, 2005).

Licenciamento compulsório, como qualquer coisa boa, pode tornar-se perigoso se utilizado com excessos. O poder de emitir um licenciamento compulsório repousa na autoridade do governo do Estado no qual o paciente reside (no caso de uma exportação conforme regras especiais da OMC, o licenciamento compulsório deve também ser emitido no Estado-membro exportador). Se essa decisão puder ser tomada unilateralmente, o resultado seria um problema de ação coletiva, vez que cada país poderia recorrer ao licenciamento compulsório excessivamente, prejudicando a venda global de medicamentos e retardando inovações ótimas. Isso é improvável por, pelo menos, três razões. Primeiramente, a pressão advinda do Departamento de Comércio Norte-Americano (USTR) tem forçado países a abandonarem as flexibilidades inerentes ao Acordo TRIPS da OMC, incluindo o licenciamento compulsório (Thorp, 2004). Como resultado, o uso empírico desse mecanismo tem sido modesto, contrariamente ao exemplo discutido anteriormente. Em segundo lugar, ainda antes do receio quanto à gripe aviária, os Estados Unidos foram o único membro da OCDE a expor um apetite para o licenciamento compulsório de medicamentos patenteados (Carroll & Wislow, 2001). Países-membros da OCDE, em qualquer caso, pagariam *royalties* para compensar o titular da patente pelo uso não-exclusivo. Se o licenciamento compulsório estiver limitado a populações de baixa e média rendas, então, os prejuízos relativos aos incentivos ótimos à inovação seriam insignificantes. Finalmente, a maioria dos países da OCDE nem precisa recorrer ao licenciamento compulsório, mas efetivamente controlar custos a partir de mecanismos governamentais de ressarcimento na área farmacêutica (PhRMA, 2005; US Dept. of Commerce 2004). O Acordo TRIPS não dispõe de mecanismos para impedir países da OCDE de efetivamente limitar o preço dos medicamentos (e dos ganhos na industria farmacêutica) a partir de ressarcimento (US Dept. of Commerce, 2004; Outterson, 2005b). O *free riding* praticado por países ricos apresenta uma magnitude muito mais ampla do que qualquer potencial abuso levado a cabo por populações de baixa renda por meio do licenciamento compulsório (Outterson, 2005b-c).

Em suma, se o licenciamento compulsório para populações de baixa renda fosse dinamizado e amplamente expandido, pouco ou nenhum dano seria causado à inovação farmacêutica global, enquanto haveria uma grande melhoria no acesso global a medicamentos capazes de salvar vidas.

6.2. Fixação Voluntária de Preços Diferenciados

Um segundo modelo diz respeito à fixação voluntária de preços diferenciados para medicamentos. As empresas farmacêuticas sugerem que uma grande melhoria no acesso a genéricos não seria necessária, pois elas podem adotar programas voluntários de preços diferenciados. Elas retêm a exclusividade dos direitos decorrentes da PI, mas concordam em disponibilizar os produtos a preços reduzidos para certas populações de baixa renda. A fixação voluntária de preços diferenciais poderia facilitar o *fair following* se adotados para todos os medicamentos essenciais e expandidos para garantirem o preço de custo marginal a todas as populações de baixa e média rendas. É altamente improvável que todos esses objetivos sejam alcançados. Milhares de pessoas morreram na África enquanto aguardavam por medicamentos de AIDS que realmente fossem ofertados a partir de programas voluntários de preços diferenciados, como noticiados ao público. Para outros medicamentos e condições, fora do foco da mídia, a menção aos programas de fixação voluntária de preços diferenciais é igualmente desesperançosa.

Tais programas são geralmente limitados a determinadas doenças, medicamentos ou países. A medida de fixação desses preços por iniciativa das empresas titulares das patentes também não está próxima de ser reduzida o bastante e não é estimada a partir do custo marginal de produção. Esses programas permitem que empresas farmacêuticas retenham o controle total. Os países não são capazes de agirem unilateralmente, então a questão de ação coletiva não aparece. O acesso inadequado, contudo, permanece. A criação de alguns poucos programas pode vir a responder a uma determinada crise popular ou a um problema de relações públicas, mas as empresas farmacêuticas não têm qualquer incentivo econômico internalizado para sistematicamente dar respostas ao acesso inadequado. A trajetória empírica da fixação voluntária de preços diferenciados tem provado ser muito decepcionante como uma solução abrangente (Outterson, 2005a, p. 225-228). Como mencionado, muitos programas dignos de nota têm aparecido somente como respostas à ameaça da licença compulsória pelos governos de alguns países.

De certa forma, o temor em relação à arbitragem farmacêutica, dos mercados de baixa renda para mercados de alta renda, tem abafado o apoio de companhias farmacêuticas para fixação voluntária de preços diferenciados. Temores semelhantes podem também ser levantados contra um uso ampliado do licenciamento compulsório. Empiricamente, a prática de arbitragem é raramente observada, e não precisa ser uma ameaça significativa à inovação farmacêutica ótima, quando ferramentas apropriadas são utilizadas para minimizar a divulgação de informações confidenciais (Outterson, 2005a, p. 257-260). Para propósitos de inovação, a mais importante barreira discriminatória de preços é a que existe entre os mercados de países da OCDE e o restante do mundo. Essa é, exatamente, a mesma divisão que modelos concebidos sob a lógica do *fair following* utilizarão. Mesmo em um único país, a Associação PhRMA (Pharmaceutical Research and Manufacturers of America) tem sido capaz de colocar em funcionamento inúmeros mecanismos legais, contratuais e unilaterais, para discriminação de preços, de modo bem-sucedido. O preço dos medicamentos nos Estados Unidos varia dramaticamente entre Medicaid, Medicare, 340b, Federal Supply Schedule, seguradoras, instituições (hospitais e asilos) e clínicas gratuitas (Outterson, 2005b). Os riscos alegados relativamente a uma arbitragem farmacêutica podem ser bem exagerados.

6.3. Aquisição de Patentes para a Produção de Genéricos Para Populações de Baixa e Média Rendas

O terceiro modelo *fair follower*, além de manter intocadas as leis de PI, diz respeito à aquisição de direitos patentários sobre invenções farmacêuticas em prol de populações de baixa e média rendas. As patentes adquiridas devem, então, ser doadas para o domínio público, permitindo-se um custo marginal de produção para as pessoas mais pobres do mundo. Por exemplo, patentes poderiam ser adquiridas para países não-pertencentes à OCDE, e deixadas em seu lugar nos países ricos da OCDE. A grande maioria da apropriação farmacêutica, ainda fluiria por intermédio dos mercados da OCDE; o *buy-out* deve cobrir somente populações de baixa e média rendas e constituiria uma parte relativamente modesta das vendas farmacêuticas globais. A apropriação seria mantida pela combinação da constante remuneração das titulares (pela lei patentária doméstica) em mercados de países de alta renda com os preços *buy-out* praticados em outros mercados. Esse é o modelo de patentes *buy-out* (Ganslandt, Maskus & Wong, 2001; Kremer, 1998; Guell, 1997; Guell & Fishbaum, 1995; Stein & Valery, 2004).

6.3.1. Propostas Existentes de *Buy-Out*

Uma característica comum das propostas de patentes *buy-out* é a separação do mercado de inovação do mercado de medicamentos, particularmente para populações pobres (tal aspecto também é compartilhado pelo Tratado em P&D Global – Global R&D Treaty, discutido no item 5.4 adiante). Se patentes fossem adquiridas e então doadas ao domínio público, a concorrência permitiria a mais ampla distribuição possível dos produtos, pelo preço de mercado mais reduzido, livre das distorções, da cobrança de remuneração e ineficiências inerentes à fixação monopolística de preços. Guell e Fischbaum analisam de forma simples esse caso, embora seus focos de análise estejam primordialmente nos modelos de *buy-out* para o mercado americano (Guell & Fischbaum, 1995). O aperfeiçoamento do acesso, descrito pelos autores, seria ainda maior entre populações de baixa renda com grandes elasticidades de demanda.

A proposta de Kremer é, principalmente, um incentivo à inovação no campo das doenças negligenciadas (Kremer, 1998). O autor apontaria para a criação de um mercado para inovação em doenças negligenciadas mediante contrapartida às empresas, expressadas pela promessa confiável de aquisição das patentes por preços atrativos. Tal aquisição permitiria a produção de genéricos. Kremer, contudo, concentra sua análise no espectro da inovação. Ele também propõe um compromisso para aquisição de grandes quantidades do produto (*e.g* medicamento ou vacina), deixando a patente em seu lugar (Kremer & Glennerster, 2004). Stein e Valery, por sua vez, rejeitam patentes *buy-outs* como sendo uma solução para o mercado dos Estados Unidos, e observam a hipótese de o governo federal passar a atuar no mercado de medicamentos como um concorrente completo (Stein & Valery 2004,

p. 153-154). A única razão levantada pelos autores para a rejeição da hipótese das patentes *buy-out* está na falha relativamente à redução total das remunerações pelo uso da patente, em que se ignoram, completamente, o acesso e a eficiência alocativa descritos por Guell e Fischbaum. A patente *buy-out* não precisa modificar as remunerações pelo uso da patente (isso afetaria a inovação), mas meramente separar a inovação da produção e permitir o acesso mais amplo possível à inovação na indústria farmacêutica a partir de preços genéricos.

6.3.2. Patentes *Buy-Out* para Populações de Baixa e Média Rendas

Três propostas existentes poderiam ser consideradas *fair following*, pois estão voltadas para populações de baixa e média rendas: (i) a proposta "DEFENDER", de Ganslandt, Maskus e Wong (Ganslandt, Maskus & Wong, 2001); (ii) a opção de patente, proposta por Lanjouw & Jack (Lanjouw & Jack, 2004); e (iii) o art. de F.M. Scherer, encorajando países pobres a atuarem como *free riders* de patentes farmacêuticas (Scherer, 2004). Ganslandt, Maskus e Wong sugerem o *buy-out* de licenças farmacêuticas exclusivamente para países pobres. A proposta "DEFENDER" e o art. de Scherer são em geral consistentes com minha visão, mas com algumas ponderações descritas adiante. Lanjouw e Jack não utilizam *buy-outs* em seu art., mas forçam as companhias farmacêuticas a escolherem entre a opção pelo patenteamento do medicamento ou em países ricos ou em países pobres, mas não em ambos (Lanjouw & Jack, 2004). Com relação a doenças globais, as companhias farmacêuticas sempre optarão pelo patenteamento das invenções em países ricos. Com efeito, Lanjouw e Jack permitem a produção genérica de qualquer medicamento para doenças globais para países pobres sem os custos relacionados ao *buy-out.* Essa proposta aprecia as virtudes da simplicidade e da economia, mas na medida em que atentamos para a manutenção do incentivo ótimo para a inovação, algum pagamento deveria ser levado em consideração para direitos de mercado, pelo menos em países de média renda. Lanjouw e Jack igualmente ignoram as realidades políticas da campanha conjunta da PhRMA (Pharmaceutical Research and Manufactures of America) e do USTR (United States Trade Representative) nos últimos 15 anos para estabelecer um único parâmetro global para propriedade intelectual no segmento farmacêutico.

As patentes em regime *buy-out* têm um grande potencial para melhoria do acesso a medicamentos essenciais. Em 2004, o custo de recuperação dos investimentos em P&D, em mercados de países não-pertencentes à OCDE, para todos os medicamentos anti-retrovirais (ARVs), ficou abaixo de 110 milhões de dólares por ano. Em toda a África Ocidental Francófona, as vendas comerciais de ARVs foram apenas US$ 33.000 em 2004, de acordo com os dados da IMS (IMS Health, 2005a). No Peru, as vendas de medicamentos de marca NRTI AIDS nunca excederam US$ 19.000 por ano (IMS Health, 2005b). Em suma, o preço *buy-out* indicado para ARVs para essas regiões do mundo é bem modesto, desconsiderado o enorme problema das batalhas globais sobre patentes para AIDS. Qualquer opção que reduza os custos de tratamento com medicamentos ARV's deveria ser efetivamente empregada diante dessa catástrofe da saúde mundial.

Patentes *buy-out* são mais suscetíveis ao controle por doadores muito ricos (uma fundação ou governo) do que pelo país de residência do potencial paciente. De um lado, o problema da ação coletiva é evitado; de outro, aos países-alvos faltaria o controle sobre um importante elemento da saúde e da segurança de seus cidadãos. A não ser que um mecanismo global seja criado, possibilitando *buy-out* relacionado à PI farmacêutica para populações de baixa e média rendas, os países-alvos desse modelo dependerão da contínua caridade de países ricos.

6.3.3. Estabelecendo o Preço do *Buy-Out*

O preço do *buy-out* deve ser suficientemente elevado a fim de permitir a otimização da inovação na área farmacêutica. Igualmente, deve ser reduzido o bastante para ser acessível como um mecanismo financeiro comum. Lanjouw e Jack efetivamente estabelecem o preço em zero, requerendo que as companhias farmacêuticas escolham entre patentes nos países ricos ou pobres. Se a apropriação farmacêutica já aparece supra-otimizada, então zero (ou um valor negativo) será o preço correto (Outterson, 2005a, p. 220-222). Os responsáveis pela elaboração de políticas governamentais deveriam ter acesso transparente a dados confiáveis sobre inovação farmacêutica a fim de responderem àquela pergunta.

Se a meta dos preços *buy-out* é a imitação muito próxima do que teria ocorrido no melhor caso, em condições concorrenciais de mercado, então o preço deveria ser baseado na expectativa de lucros e não em vendas ou custos. Ganslandt, Maskus e Wong (2001) empregaram os dados de custo para calcular o preço *buy-out*, recompensando mais o esforço que o sucesso. Vendas brutas certamente decorrem de um elemento de apropriação farmacêutica, mas a medida de mercado a ela relacionada é o valor presente líquido (*net present value*) do fluxo monetário ou valor presente líquido do fluxo de lucro. O objetivo do preço *buy-out* deveria ser o de restabelecer os lucros esperados, e mais particularmente, a recuperação do custo em P&D.

Lucros futuros serão, certamente, difíceis de serem estimados. Em sua melhor medida e a fim de evitar manipulação de dados e discussões metodológicas, a seguinte fórmula está embasada em dados gerados externamente, com ajustamentos realizados em experiências anteriores:

$$BOP = NPVt\ d\ (Ut * MPC)\ p$$

BOP é o preço *buy-out*; NPV, o valor presente líquido, sobre o período da patente "t", na taxa de desconto "d"; U é o número de unidades genéricas vendidas no mercado-alvo por todos os vendedores durante "t"; e MPC é o custo marginal de produção por unidade, estimado como sendo 90% do menor preço de fábrica suportado, por unidade durante "t"; "p" é um fator de ajustamento do lucro, refletindo a porcentagem de rendimentos alocados para a recuperação de custos de P&D (14-17% são a estimativa para companhias farmacêuticas). Pagamentos estimados poderiam ser realizados através de *buy-out*, sujeitos a periódicos e retrospectivos ajustamentos, como um dado real desenvolvido sobre U e MCP, e talvez para alterações em "d". A fórmula evita qualquer necessidade de averiguar os reais custos, lucros, ou média de preço de venda. A única informação necessária diz respeito às vendas agregadas de unidades genéricas e o menor preço de fábrica suportado por qualquer vendedor do medicamento genérico em mercados-alvos. Ambos são de fácil coleta e de difícil manipulação pelos titulares da patente (ou por quem quer que seja).

De modo bastante útil, essa fórmula ajusta os incentivos a partir da pretensão de remuneração pelo uso da patente e as ineficiências alocativa. O *buy-out* permite que qualquer empresa farmacêutica produza e comercialize o medicamento em todos os mercados-alvo. A competição conduzirá à queda do preço unitário em direção ao custo marginal atual de produção. Em um mercado concorrencial, com múltiplos agentes, nenhuma empresa sozinha lograria controlar "U", tampouco "MPC", mas cada agente econômico teria fortes incentivos de mercado para maximizar "U" e minimizar "MPC", que se traduz no maior acesso por um preço ótimo de mercado determinado.

6.4. A Proposta de um Tratado Sobre P&D (Global R&D Treaty)

O quarto modelo é tanto simples quanto poderoso: a proposta de um Tratado sobre Inovação Médica. James Love, Tim Hubbard e um crescente coro de outros comentadores discutiram os termos de um Tratado sobre P&D para separar o mercado de inovação do mercado de vendas de medicamentos (Love, 2003a-b; Hubbard, 2003; Holis, 2004; Baker, 2004; mas veja DiMasi & Grabowski, 2004). Em janeiro de 2006, Quênia e Brasil introduziram uma resolução para a proposta (OMS, 2006). O Tratado sobre P&D serviria como mecanismo de coordenação global para impedir a prática do *free riding* por países de alta renda, enquanto especifica claramente as obrigações de *fair folowing* em países mais pobres. O tratado não obriga nenhum país à adoção de um modo específico de observância e aplicação de suas obrigações em P&D; pelo contrário, cada país detém considerável flexibilidade nesse caso e poderia manter (ou expandir) a apropriação pela remuneração relativa ao uso da patente farmacêutica quando desejasse. Poderia também cumprir obrigações assumidas no Tratado, mediante aquisição de P&D financiada pelo governo, patentes *buy-out*, fundos para prêmios, além de outros mecanismos.

Uma das vantagens do Tratado diz respeito à opção conferida aos países para abandonar ou não sistemas de proteção patentária como uma ferramenta de apropriação para as inovações farmacêuticas. Problemas de acesso inadequado, ineficiências alocativas, contrafação e estratégias de remuneração pelo uso da patente poderiam ser reduzidos se a inovação não dependesse tanto do elevado preço de aquisição dos medicamentos patenteados. Todo medicamento poderia ser um genérico, com os incentivos de inovação oferecidos pelo Tratado.

Se um tratado relativo à P&D fosse adotado, seria possível esperar diferentes níveis de preços de medicamentos em vários países, os quais dependeriam dos mecanismos do Tratado escolhidos para a inovação. Se assim fosse, a arbitragem farmacêutica transfronteiriça deveria ser impedida naqueles países que objetivassem sustentar a inovação a partir de altos preços de aquisição de medicamentos. Como anteriormente observado, do ponto de vista empírico, a arbitragem desse tipo tem sido mais limitada do que outras consideradas, ficando sujeita a proibição e controles legais efetivos (Outterson, 2005a, p. 205, 231-35, 261-67, 275-91).

7. Conclusão

O mundo está enfrentando crises de acesso aos medicamentos. Para bens submetidos a padrões de concorrência, como comida e celulares, o racionamento de recursos escassos é uma necessidade. Para bens intangíveis não-concorrenciais, por sua vez, como é o caso do conhecimento na área farmacêutica, um mundo diferente seria possível. Devemos exigir saber por que motivo o racionamento separa a humanidade do efetivo acesso a medicamentos que salvam vidas. A principal resposta oferecida pelas empresas farmacêuticas é a questão da inovação. A discussão então advém de um nome a chamar: qualquer um que desafie o sistema de PI hoje dominante seria julgado, na melhor das hipóteses, como *free rider* e, na pior, um pirata. O propósito desse art. é o de ultrapassar os limites desse impasse e oferecer alternativas de *fair following* que preservem a inovação, enquanto possam ampliar o acesso a medicamentos.

8. Referências Bibliográficas

Baker, D. *Financing Drug Research: What Are The Issues*? Disponível em: http://www.cepr.net/.

Benson, T. *Brazil and U.S. Maker Reach Deal on AIDS Drug*, N.Y. Times, July 9, 2005.

Bermudez, J. Expanding Access to Essential Medicines in Brazil: Recent Economic Regulation, Policy-Making and Lessons Learnt, in Economics Of Essential Medicines, 178, 193, 2002.

Carroll, J. & WINSLOW, R. *Bayer Agrees To Slash Prices for Cipro Drug*, Wall St. J., Oct. 25, 2001, p. A3.

Dimasi, J. & Grabowski, H.G. *Patents and R&D Incentives: Comments on the Hubbard and Love Trade Framework for Financing Pharmaceutical R&D 2* (2004), disponível em: http://www.who.int/intellectualproperty/news/en/Submission3.pdf.

Drahos, P. with Braithwaite, J. Information Feudalism: Who Owns The Knowledge Economy? (New Press, 2002).

Ganslandt, M.; Maskus, K.E. & Wong, E.V. Developing and Distributing Essential Medicines to Poor Countries: The Defend Proposal, 24 The World Economy 779-795.

Guell, R.C. Haggling for a Patent: What A Government Would Have To Pay For Prescription Drug Patents 6 Health Econ. 179-85 (Mar/Apr. 1997).

Guell, R.C. & Fischbaum, M.Toward Allocative Efficiency in the Prescription Drug Industry, 73 Milbank Quarterly 213-230, 1995.

Hardin, G., The Tragedy of the Commons, Science, Dec. 13, 1968, p.1243-48.

Hollis, A. An Efficient Reward System for Pharmaceutical Innovation (July 2, 2004) (discussing prizes based upon therapeutic value) (unpublished manuscript, on file with author).

Hubbard, T. *Alternatives to the Price System, Presentation at Columbia University*, disponível em: http://www.earthinstitute.columbia.edu (Acesso em: 4 dezembro 2003).

IMS Health (Francophone West Africa, US$ sales of J5C1 (NRTIs), J5C2 (PIs), and J5C3 (NNRTIs) (data on file with author), 2005a.

IMS Health (Peru retail, US$ sales of J5C1 (NRTIs) (data on file with author), 2005b.

The Jean Chretien Pledge to Africa Act, House of Commons, 3d Sess., 37th Parliament, 52-53 Eliz. II, 2004 (Bill C-9) (received Royal Assent on 14 May 2004).

Kremer, M. (1998) Patent Buy-Outs: A Mechanism for Encouraging Innovation Quarterly Journal of Economics (Nov. 1998) 1137-1167.

Kremer, M. & Glennerster, R. Strong Medicine: Creating Incentives for Pharmaceutical Research on Neglected Diseases, 2004.

Landes, W.M. & Posner, R.A. Indefinitely Renewable Copyright, 70 U. CHI. L. REV. 471, 484-86, 2003.

Lanjouw, J.O. & JACK, W. Trading Up: How Much Should Poor Countries Pay to Support Pharmaceutical Innovation?, Center For Global Development Brief 4(3):1-8 disponível em: http://www.cgdev.org/docs/CGDbrief%20pharmaceutical.pdf (Acesso em: novembro 2004).

Love, J. (2003a), From TRIPS to RIPS: A Better Trade Framework To Support Innovation in Medical Technologies (Workshop on Economic Issues Related to Access to HIV/AIDS Care in Developing Countries, 2003).

Love, J. *A New Trade Framework for Global Healthcare R&D, Presentation at Columbia University* (Dec. 4, 2003b), disponível em: http://www.earthinstitute.columbia.edu/cgsd/ accesstomedicines_papers.html.

Médecins Sans Frontières Access to Essential Medicines Disponível em: http://www.accessmed-msf.org/, 2005a.

_____. (2005b) Untangling the Web: MSF ARV Pricing Guide, 6th ed.

Merck & CO., INC. Merck & Co., Inc. Grants License for HIV/AIDS Drug Efavirenz to South African Company, Thembalami Pharmaceuticals in Effort To Accelerate Access to Life-Saving Treatment (Press Release) (July 14, 2004). Disponível em: http:// www.pressmethod.com/releasestorage/5003645.htm.

Moran, M., *et al.* The new landscape of neglected disease drug development, 2005. Disponível em: www.wellcome.ac.uk.

Outterson, K. Free Trade Against Free Riders? Pharma Pricing & Reimbursement 9(9): 254-255 (Sept., 2004) (IMS Health).

______. Pharmaceutical Arbitrage: Balancing Access and Innovation in International Prescription Drug Markets, Yale Journal Of Health Policy, Law & Ethics 5(1):193-286. Disponível em: www.ssrn.com, 2005a.

______. Drug Importation: Would the Price Be Right?: Hearing Before the Committee on Health, Education, Labor, & Pensions, 109th Cong. (Feb. 17, 2005b) (statement of Professor Kevin Outterson) Disponível em: http:// www.help.senate.gov/bills/hlh_63_bill.html.

______. Agony in the Antipodes: The Generic Drug Provisions of the Australia-US Free Trade Agreement, 2 Journal Of Generic Medicines 316-326 (Spring, 2005c) (www.ssrn.com).

______. The Vanishing Public Domain: Antibiotic Resistance, Pharmaceutical Innovation & Global Public Health, 67 Univ. of Ptt. L Rev (pending 2005d). Disponível em: www.ssrn.com.

PhRMA Special 301 submission to USTR, 2005. Disponível em:
http://www.pharma.org/international/Appendix_C_Market_Accesss.pdf

______. Pharma website (http://www.phrma.org/issues/researchdev/), 2006.

Reichman, J. H. From Free Riders To Fair Followers: Global Competition Under the TRIPS Agreement, 29 N.Y.U.J. Int'l L. & Pol. 11, 1996.

Reichman, J. H. with Hasenzahl, C. (2003) Unctad, Non-Voluntary Licensing Of Patented Inventions: Historical Perspective, Legal Framework under Trips, and an Overview of the Practice in Canada and the USA 2 (Project on IPRs and Sustainable Development, Issue Paper Nº. 5, 2003).

Scherer, F. M. A Note on Global Welfare in Pharmaceutical Patenting, 27 THe World Economy 1127, 1141, 2004.

Stein, P. & VALERY, E. Competition: An Antidote to The High Price Of Prescription Drugs, 23(4) Health Affairs 151-158 (July-Aug. 2004).

Sykes, A.O. TRIPS, Pharmaceuticals, Developing Countries, and the Doha "Solution," 3 Chi. J. Int'l L. 47, 56, 2002.

'T Hoen, E. TRIPS, Pharmaceutical Patents, and Access to Essential Medicines: A Long Way from Seattle to Doha, 3 Chicago Journal Of International Law 27, 2002.

Thomas, J. R. Congressional Research Service, Hiv/Aids Drugs, Patents And The Trips Agreement: Issues And Options 13-17, 2001.

Thorpe, P. Study On The Implementation Of The Trips Agreement By Developing Countries 1 (Comm. on Intellectual Prop. Rights, Study Paper 7 (circa 2004).

US Department of Commerce Pharmaceutical Price Controls In Oecd Countries: Implications For U.s. Consumers, Pricing, Research And Development, And Innovation, (Dec. 2004). Disponível em: http:// www.ita.doc.gov/ drugpricingstudy.

WHO Global Forum 8 [global health burden for global diseases], 2004a.

WHO The 10/90 report on Health Research. Geneva, Switzerland: WHO, 2004b.

WHO Resolution EB117/Conf. Paper nº 3. Disponível em: www.who.int. 2006.

WTO Permanent Mission of the United States, Brazil Measures Affecting Patent Protection, Request for the Establishment of a Panel by the United States, WT/ DS199/3 (Jan. 9, 2001).

WTO Doha Declaration Declaration on the TRIPS Agreement and Public Health, Doha WTO Ministerial 2001, WT/MIN(01)/DEC/2, 7 (Nov. 20, 2001).

WTO TRIPS Agreement. Agreement on Trade-Related Aspects of Intellectual Property Rights, Apr. 15, 1994, Marrakesh Agreement Establishing the World Trade Organization, Annex 1C, art. 27.1, LEGAL Instruments–Results Of The Uruguay Round (vol. 31, 33 I.L.M. 81, 1994).

Notas

1. Acredito que seja o prof. Jerome H. Reichman o autor imediatamente relacionado à expressão combinada *fair followers* e *free riders*. No entanto, busquei apenas adaptar seu contexto e significado ao presente artigo. No projeto original do Professor Reichman havia a preocupação em estimular o uso significativo das flexibilidades do Acordo TRIPS/ OMC (ver Reichman, 1996). O governo dos Estados Unidos tem negado esta opção a vários países na última década (t'Hoen, 2002; Outterson, 2005c; Thorpe, 2004).

2. A expressa define basicamente uma patente farmacêutica adquirida por governos e fundação com fins não-lucrativos que revertem os direitos de exclusividade para o público usuário.

3 SALUD PÚBLICA Y PATENTES FARMACÉUTICAS: SEGUNDOS USOS

CARLOS MARIA CORREA*

DALINDYEBO SHABALALA**

1. Definición del Concepto

1.1. Definiciones

Una indicación médica es una enfermedad, un síndrome (conjunto de síntomas asociados) o un cambio deseado del cuerpo de un estado físico a otro. Los productos farmacéuticos (o medicamentos) son un medio por el cual se cura una enfermedad, se mitiga un síndrome o se produce un cambio deseado. Dicha utilización del producto farmacéutico es un método de tratamiento. Por consiguiente, el medicamento surte un efecto en el cuerpo; es una terapia o medicina. Su indicación médica se puede definir, entonces, como el uso específico al cual se lo destina.

La indicación médica de un producto farmacéutico no es lo mismo que su efecto medicinal. El efecto medicinal define el conjunto total de cambios posibles que un medicamento es capaz de inducir en el cuerpo. Una indicación médica es un subconjunto que pertenece al conjunto total de efectos medicinales. Es la afección, enfermedad o síndrome específico, descripto y determinado médicamente, que un

---

* Professor da Faculdade de Direito da Universidade de Buenos Aires. Diretor do Centro de Estudios Interdisciplinarios de Derecho Industrial y Económico.

** Advogado e Diretor do Programa de Propriedade Intelectual e Desenvolvimento Sustentável do Centro para Direito Ambiental Internacional (CIEL). Ex-pesquisador do Projeto Acesso a Conhecimento, Propriedade Intelectual da Organização Intergovernamental South Centre, em Genebra.

producto farmacéutico ha demostrado tratar en el momento del patentamiento. El segundo uso medicinal es, por consiguiente, una afección, enfermedad o síndrome adicional que se puede tratar a través del uso del producto farmacéutico. A los efectos de este documento, nos referiremos a estas primeras indicaciones médicas como "primeros usos", y a todas las indicaciones médicas adicionales como "segundos usos". Al referirse a ambos, este artículo los englobará bajo el término general de "nuevo uso" cuando analice los princípios generales que rigen todos los nuevos usos de productos conocidos. Si bien este documento examina, fundamentalmente, los nuevos usos de productos conocidos, los que corresponden a procedimientos conocidos también son un tema de importancia, si bien más limitado y un poco más complejo. Por lo general, los procedimientos, descriptos como puros, no experimentan el mismo problema que las patentes de productos con respecto a los nuevos usos. Una patente sobre un producto puede no cubrir todos los usos posibles, pero como los usos pueden ser análogos a los procedimientos, una patente de procedimiento cubre todas las instancias del mismo. Una salvedad consiste en que algunas patentes sobre nuevos usos pueden, efectivamente, brindar protección patentaria al producto, y otras patentes sobre nuevos usos pueden brindar protección patentaria, muy limitada, al procedimiento o al uso.

Al momento de producirse el patentamiento, resulta obvio que no se describa el alcance total de los efectos que posee un producto farmacéutico. No obstante, se entiende que un medicamento funciona a través de un mecanismo específico y que, por lo tanto, todos los efectos que surte en el organismo estarán íntimamente vinculados. La brecha existente entre los efectos del producto farmacéutico que se conocen al momento de otorgarse una patente de producto, y lo que posteriormente pueda conocerse acerca de ellos, es lo que Domeij ha denominado "perspectiva"[1] de la patente del producto farmacéutico. Domeij califica a la perspectiva como 'la bonificación que a veces recibe el solicitante de una patente, además del grado de protección que se le concede con respecto a las posibilidades de producción que ha revelado en la aplicación.'[2] La perspectiva existe en cualquier sistema de patentes que permita que las reivindicaciones del producto sean más amplias que los usos que se encuentran específicamente descriptos en la solicitud. En el caso de los productos farmacéuticos, las reivindicaciones de las patentes de productos, en el ejemplo más amplio de un sistema de este tipo, abarcarían todo uso del producto patentado, previsto o imprevisto, durante la vida de la patente. Es importante remarcar que éste no tiene que ser necesariamente el caso. Para asegurar el acceso a los medicamentos a través de la competencia y el espacio suficientes para innovar, es posible que los países quieran limitar el alcance del prospecto que el titular de una patente posee de manera exclusiva. A los efectos de este artículo, existen cuatro métodos generales para determinar el grado y alcance del prospecto, y establecer cuáles son las partes que están mejor posicionadas para sacarle el mejor provecho.

Opción 1: El patentamiento de los productos farmacéuticos se limita exclusivamente a los usos reivindicados y divulgados en la patente. Se permiten patentes sobre nuevos usos del producto patentado.

Opción 2: El patentamiento de los productos comprende todos los usos del producto farmacéutico. Se permiten patentes sobre nuevos usos del producto patentado.

Opción 3: El patentamiento de los productos farmacéuticos se limita exclusivamente a los usos reivindicados y revelados en la patente. No se permiten patentes sobre nuevos usos del producto patentado

Opción 4: El patentamiento de los productos comprende todos los usos del producto farmacéutico. No se permiten patentes sobre nuevos usos del producto patentado.

Estas opciones se ven afectadas por la elección que efectúan los países, los cuales deciden si es mejor permitir a los inventores originales llevar a cabo tareas de desarrollo de las medicinas e investigación adicional, o si dichas actividades deberían ser llevadas a cabo por innovadores subsiguientes o externos. Como indica Domeij, esta decisión se basa en determinar 'si es más eficaz permitir a un actor solamente explorar posibilidades de producción desconocidas, o si es preferible que exista libre competencia con respecto a las posibilidades de producción que aún se desconocen.'[3] Domeij agrega que, si se prefiere esta última opción, puede ser más adecuado implementar algún tipo de limitación sobre el alcance de la perspectiva, restringiendo el alcance de la reivindicación a los usos declarados en la solicitud.[4] Asimismo, cualquier sistema que conceda patentes sobre usos nuevos sin considerar quién podrá utilizar dichas patentes, puede caer en la trampa del titular de origen del producto quien, debido a su mayor acceso a capital, capturará todos los usos subsiguientes.

Los comentarios que siguen en materia de alcances examinarán las ventajas y desventajas de los cuatro métodos y expondrán la ventaja que representaría para los países en desarrollo utilizar las opciones tres o cuatro para apoyar a los innovadores subsiguientes, mantener adecuadamente el acceso a los medicamentos y sostener los incentivos suficientes para el desarrollo de nuevos usos de medicinas existentes.

i. Primer uso medicinal de una sustancia o compuesto conocido que no tuvo ningún uso medicinal previo:

Es importante diferenciar los segundos usos de un producto farmacéutico conocido (según la definición anterior) del primer uso. Si bien se puede considerar que ambos son descubrimientos, funcionan sobre incentivos totalmente diferentes, y afectan la actividad de investigación de maneras distintas. Los primeros usos medicinales se asemejan más al desarrollo de los medicamentos por el hecho de que son creados porque nadie había considerado previamente el uso del producto principal para fines medicinales. De hecho, es posible que sea necesario incentivar el descubrimiento de tales usos, y poder generar nuevas terapias a través de un mayor entendimiento de los mecanismos subyacentes de su funcionamiento. Dicha investigación puede ser particularmente válida en países en desarrollo, cuyas capacidades de investigación pueden ser más adecuadas para explorar las propiedades de químicos existentes y no para formular nuevas entidades químicas (NEQ). Dichas tareas pueden ser incentivadas a través del otorgamiento de ciertas formas limitadas de exclusividad o recompensas, como incentivos impositivos para la investigación, o premios en efectivo para logros especiales en un campo. Si dichas tareas de investigación reciben el incentivo adecuado, pueden ser cruciales para garantizar la exploración total del potencial de los productos químicos existentes que contribuyen con el sistema de salud de los países en desarrollo.

Por el contrario, la investigación sobre segundos usos de productos farmacéuticos no necesita demasiado incentivo. La investigación se lleva a cabo como una parte normal del ciclo de investigación una vez que el producto ya ha sido desarrollado y el titular de la patente del producto (o un tercero) realizan ensayos clínicos e investigación adicional sobre el mecanismo subyacente. Los médicos realizan tal investigación cuando prescriben medicinas para síntomas distintos de aquellos por los cuales el medicamento ha sido aprobado. Los autores de un estudio llevado a cabo en Estados Unidos descubrieron que el 59% de las innovaciones terapéuticas de productos medicinales fuera de las especificaciones, fueron efectuadas por médicos clínicos.[5] Asimismo, dicha tarea de investigación se puede realizar con relativa facilidad en los países en desarrollo. Dicha investigación podría brindar la base para la creación de industrias domésticas en el área farmacéutica. Para lograr esto, no obstante, los investigadores deben tener libertad para experimentar con productos medicinales protegidos por patentes de productos existentes, sin temor de estar infringiendo una patente de nuevo uso. Una prueba más de que los nuevos usos representan fundamentalmente un mecanismo de incentivo económico y no un mecanismo de enfoque es el método Europeo. Los europeos comenzaron a permitir el patentamiento de segundos usos para apoyar la transición económica de sus nuevas industrias biotecnológicas al brindar un medio para reunir capital y crear un retorno inmediato de la inversión. Estas empresas generaron sus primeras ganancias identificando los mecanismos biológicos específicos subyacentes en los productos farmacéuticos existentes e identificando mecanismos análogos y/o similares en diversas enfermedades.[6]

ii. Segundos usos como métodos quirúrgicos, terapéuticos o de diagnóstico:

Dado que los segundos usos son básicamente patentes sobre un uso, una segunda definición consiste en que algunos tipos de uso pueden ser excluidos efectivamente como materia objeto de la patente. Este concepto se aplica a la totalidad del campo farmacéutico, en el cual muchos países no permiten el patentamiento de métodos de diagnóstico, quirúrgicos y terapéuticos para el tratamiento de personas o animales. Podría decirse que, ante la ausencia de un nuevo producto de invención, una patente sobre el segundo uso de un producto farmacéutico patentado y existente describe un método de tratamiento terapéutico de un humano o un animal. Esto continúa siendo un poderoso obstáculo contra el patentamiento de segundos usos terapéuticos de medicamentos en los países que no permiten tales patentes. A continuación, se describe con mayor detalle la lucha Europea por evitar esta restricción.

iii. Desarrollo de Medicinas y Segundos Usos como Descubrimientos:

El concepto de segundos usos puede confundirse fácilmente con el desarrollo de drogas medicinales o de productos derivados de la droga originalmente patentada.[7] A los efectos de este estudio y de un claro enfoque legislativo, se define como primer o segundo uso a un nuevo uso de un producto ya existente, que no altera la estructura de la nueva entidad química (NEQ) o ingrediente activo. Es posible ampliar la definición, agregando que no produce cambios significativos o evidentes en la estructura de dicha entidad.

Estas definiciones ayudan a distinguir entre el desarrollo de un nuevo medicamento y los segundos usos, que implican encontrar un nuevo uso para una droga sin efectuar cambios considerables, o cambio alguno, a su estructura. En el desarrollo de drogas medicinales no siempre resulta claro qué valor tendrá una NEQ o si resultará siendo un producto que se pueda comercializar o utilizar en el futuro. Mientras que los requisitos de utilidad garantizan que la patente de una NEQ debe describir al menos en cierto grado el efecto medicinal que podría surtir, es posible que el producto comercial final difiera, y esté destinado más específicamente a un uso medicinal en particular. Es importante asegurar que el alcance de la reivindicación sea lo suficientemente amplio para abarcar los derivados o modificaciones menores de una NEQ. Para los países en desarrollo puede ser más ventajoso no permitir la patentabilidad de pequeños cambios subsiguientes sobre una NEQ, brindando otras formas de exclusividad más limitadas, como las patentes de procedimiento para dichas innovaciones. Así, el inventor inicial puede capturar la totalidad del valor de la patente para el desarrollo de un medicamento sin extender indebidamente el alcance de la reivindicación al patentar cada pequeña mejora o derivado que surja hasta que se alcance un producto final.

Por el contrario, los segundos usos que son de interés en este artículo son los que no producen cambio alguno, o solo cambios insignificantes, sobre la estructura del medicamento o de la NEQ final que se comercializa. En tales casos, el nuevo uso se describe con más precisión como descubrimiento y no como invención. Dado que en la mayoría de los países los descubrimientos no son patentables, el descubrimiento de un nuevo efecto o uso de un producto o procedimiento ya existente no es, por lo general, patentable. Estados Unidos representa una excepción importante a esta regla, ya que permite el patentamiento de descubrimientos, con ciertas limitaciones.[8]

iv. El segundo uso como mecanismo biológico:

En términos generales, un producto farmacéutico funciona a través de un único mecanismo o de un conjunto de mecanismos. Esto significa que los efectos que surta en el cuerpo estarán, por lo general, íntimamente vinculados. Esto resulta importante cuando se define si un uso es realmente nuevo o novedoso. A los efectos del derecho de patentes, los usos medicinales no se definen inicialmente. Las distinciones se efectúan de acuerdo con la tipo de médico que trata al paciente, la ubicación de la enfermedad en el cuerpo y la inercia histórica. Un buen ejemplo es el de los dolores de cabeza. El individuo promedio no puede diferenciar entre dichos dolores. No obstante, las causas pueden ser distintas. Algunas son el resultado de la inflamación de las membranas del cráneo debido a falta de líquidos. Sin embargo, los medicamentos para tratar el dolor de cabeza producidos por inflamación son también eficaces para tratar algunas formas de dolor de artritis originado por la inflamación de las membranas de las articulaciones de la mano. Si se descubre que una medicina que funcionaba para tratar dolores de cabeza reduce el dolor de artritis, ¿es su aplicación para combatir el dolor de artritis un nuevo uso? Si la droga está descripta como antinflamatorio, ¿abarca todos los usos que derivan de la inflamación de las membranas del cuerpo? Este es solo el comienzo de los interrogantes. Afirmar lo contrario puede ser también correcto. El dolor de cabeza puede ser el resultado de muchas clases de mecanismos diferentes en el cuerpo y, aún así, se puede utilizar un solo medicamento para ese dolor sin importar la fuente o clase de dolor. Esto generaría una patente posiblemente excesiva con un medicamento indicado para el dolor.

v. Patentes de uso y patentes sobre métodos de uso/procedimientos de uso:

Los segundos usos pueden presentarse de dos formas: como patente de uso, formulada como "uso del producto farmacéutico X como analgésico; y como patente sobre métodos/procesos de uso, formulada como "proceso que utiliza el producto farmacéutico X para hacer Y…"[9] Las patentes de uso dependen, por lo general, del hecho de que el uso en sí (por ejemplo, analgésico) sea novedoso y no obvio. Las patentes sobre métodos de uso/procesos de uso se pueden juzgar independientemente del propósito del uso. Aún cuando fuera diseñada para una finalidad novedosa, el factor clave para determinar la patentabilidad de una invención de método es si se le han podido anticipar otros métodos.[10] La diferencia puede parecer insignificante, pero básicamente implica que las patentes sobre métodos de uso/ procedimientos de uso se analizan o consideran como si fueran patentes sobre procedimientos o métodos. El sistema de patentes de uso queda, por consiguiente, fuera de la práctica general de patentes y utiliza diferentes estándares en comparación con otras patentes de procedimiento o productos. El sistema de patentes de uso es predominante en Europa y el de método de uso/ procedimiento de uso lo es en Estados Unidos de Norteamérica.

1.2. Historia del concepto

Cuando se creó la Convención Europea de Patentes (CEP) en Europa, los países garantizaron que el uso de una sustancia previamente conocida sin una indicación farmacéutica conocida sería patentable para uso medicinal.[11] Este nuevo uso se consideraría una patente de producto. El Artículo 54(5) de la CEP permite el patentamiento de dichas substancias a pesar de la falta de novedad del producto, siempre y cuando el uso, como indicación médica, fuese novedoso. El análisis en términos de novedad se limitaba, por consiguiente, al campo médico, terapéutico o quirúrgico. Esta fue una excepción deliberada del sistema general de patentes, y fue hecha explícita como excepción a la prohibición general de patentes de métodos de diagnóstico, terapéuticos y quirúrgicos.[12] El tema de los usos medicinales adicionales para una sustancia de la cual ya se conocían efectos médicos, terapéuticos o quirúrgicos, presentó muchas más dificultades para el sistema Europeo en la década de 1980.[13] Domeij observa que la presión por contar con patentes de segundos usos surgió por razones económicas.[14] Y afirma: "cuando se tornó evidente la necesidad de poder patentar nuevos usos medicinales, los tecnicismos jurídicos no tuvieron mucho peso."[15] Sin modificar la CEP, las Cámaras de Recursos de la Oficina Europea de Patentes (OEP) reconocieron que la industria farmacéutica estaba cambiando, particularmente con respecto a sus formas primarias de investigación, y asumieron la responsabilidad de estructurar los incentivos del sistema de patentes para conservar las ventajas de investigación europeas.[16] El análisis de Domeij sugiere que la política industrial subyacía implícitamente en el conjunto de decisiones que generaron el reconocimiento de las patentes para segundos usos medicinales.[17] Dicha política flexibilizó las interpretaciones que permitieron la aplicación de esas patentes. Como consecuencia de este cambio, Domeij observa que las tareas de investigación farmacéutica comenzaron a ser conducidas, cada vez más, por biofarmacólogos que por químicos, y que la investigación se iba centrando más estrictamente en los mecanismos y relaciones entre los químicos y los receptores químicos del cuerpo.[18] Este enfoque biológico, junto con el temor de que la joven industria biotecnológica europea quedara relegada, constituyó el impulso que necesitaban para encontrar una salida frente a la prohibición del patentamiento de métodos de diagnóstico, terapéuticos y quirúrgicos, y al princípio de no patentabilidad de los descubrimientos.

En la actualidad, el patentamiento de segundos usos que promovieron las Cámaras de Recursos de la OEP también es posible en las oficinas de patentes de Italia, Suiza, Austria, el Reino Unido, Francia, Suecia y Alemania. Los holandeses, no obstante, han rechazado esta ampliación del sistema de patentes por el momento.

Los segundos usos en Estados Unidos han atravesado un número mucho menor de dificultades legales y nunca han prohibido el patentamiento de métodos quirúrgicos, terapéuticos o de diagnóstico, si bien existieron algunos intentos por hacerlo al princípio del siglo XX.[19] Esto aseguró que Estados Unidos nunca enfrentara las dificultades jurídicas que los Europeos experimentaron para permitir el otorgamiento de patentes sobre primeros o segundos usos. Estados Unidos también permite el patentamiento de descubrimientos[20], eliminando así otra barrera para los segundos usos. Por consiguiente, los segundos usos, en princípio, han sido materia patentable en ese país desde princípios del siglo XX. El advenimiento de la revolución biotecnológica ha servido para valorizar aún más las patentes de procedimiento de uso, y los últimos veinte años han sido testigo de la proliferación de dichas patentes, ya que la biotecnología ha posibilitado la identificación del mecanismo biológico activo a través del cual funcionan los medicamentos, permitiendo la mejor identificación del alcance total de efectos que un producto medicinal posee.

2. ¿Cuáles son los aspectos de la Salud Pública Implicados?

2.1. Reducción del Acceso

Domeij no se equivoca al afirmar que el costo para la sociedad es reducido cuando se permite el otorgamiento de patentes para segundos usos, en un cuadro en el que las únicas partes interesadas son otros innovadores.[21] No obstante, los innovadores subsiguientes quedarán excluidos si el titular de la patente (muy probablemente, el titular de la patente original) sobre el segundo uso recibe protección patentaria, en particular si dicha protección es para el mecanismo biológico a través del cual el producto farmacéutico produce su efecto. El titular de la patente original puede efectivamente ampliar su patente, esperando hasta que la patente del producto original esté por vencer, y luego patentar un segundo uso basado en el mecanismo biológico.

En un escenario en el que el objetivo es incrementar el acceso público a los productos farmacéuticos y permitir que los médicos tengan toda la libertad posible para probar nuevos usos de los medicamentos en pacientes (lo cual normalmente forma parte de la práctica general y de los ensayos clínicos), las patentes sobre segundos usos obstruyen el conocimiento y el acceso, y aumentan los costos necesarios para descubrir soluciones novedosas para los problemas de desarrollo. El patentamiento de segundos usos no ayuda a incentivar la investigación en enfermedades en áreas geográficas relegadas. Esto es más notorio cuando la sustancia o compuesto previamente conocido ya estaba en el dominio público. Si es necesario incentivar la investigación de nuevos usos en países en desarrollo, puede ser mejor que dicha investigación sea conducida por terceros y no por el titular de la patente original, y resultaría más beneficioso brindar incentivos a través de un sistema definido de recompensas o por medio de formas limitadas de exclusividad. Asimismo, los titulares originales de patentes de productos pueden utilizar el patentamiento de segundos usos de manera estratégica para bloquear la entrada de productos genéricos.[22]

2.2. Biopiratería

Algunos países, como Estados Unidos, utilizan un criterio por el cual el arte previo que no consta en textos escritos no cuenta como tal al determinar la novedad. El primer y segundo uso pueden ser formas de permitir la biopiratería al posibilitar el patentamiento de usos, definidos de forma particular, de productos existentes que provienen de países en desarrollo y que pueden tener usos similares u otros usos.[23] Un excelente ejemplo es el patentamiento de la cúrcuma en los Estados Unidos. En 1995, dos indios que trabajaban en la Universidad del Centro Médico de Mississippi obtuvieron la patente estadounidense número 5.401.504 sobre el uso de la cúrcuma como agente de curación de heridas.[24] Sin bien había existido el conocimiento general de la cúrcuma como agente curativo en la India por al menos un milenio, la patente fue otorgada.[25] La patente fue revocada sólo cuando el Consejo para la Investigación Científica e Industrial (CSIR) de la India la cuestionó por falta de novedad.[26]. No obstante, la revocación sólo tuvo lugar porque el CSIR pudo producir un documento en Sánscrito, de siglos atrás, que describía el uso de la cúrcuma como lo especificaba la reivindicación de la patente, y un documento de 1953 que había aparecido en la revista de la Asociación Médica India.[27]

2.3. Promoción de la Medicina Tradicional

Las medicinas tradicionales juegan un rol fundamental en el sistema médico de los países en desarrollo. De hecho, la mayor parte de la población de dichos países recibe tratamiento de médicos que ejercen medicina tradicional y no de los médicos habituales. Muchas plantas y medicinas tradicionales ya están en uso y existe una necesidad urgente de identificar el espectro total de efectos y tratamientos para los cuales se pueden utilizar. Las patentes sobre segundos usos pueden ser una forma de incentivar este tipo de investigación, y pueden representar una solución para un problema fundamental de las patentes: la mayoría de las medicinas tradicionales carecen de novedad en el sentido tradicional del derecho de patentes.[28] No obstante, los límites que existen sobre las patentes para preservar el acceso público a la salud pueden impedir esta expansión del sistema de patentes, a pesar de la urgente necesidad de utilizar esas medicinas tradicionales. Es necesario destacar que dichas patentes favorecen a aquellos que cuentan con mayor capacidad de capital e investigación, concretamente, las empresas multinacionales, lo cual provoca que el conocimiento tradicionalmente accesible quede en manos privadas. Si los países en desarrollo deben efectuar una elección fundamentada entre utilizar el sistema de patentes para promocionar la medicina tradicional u optar por sistemas sui generis con formas más limitadas de exclusividad, necesitarán contar con un entendimiento exhaustivo de los obstáculos, desafíos y beneficios de las patentes sobre nuevos usos.

3. El Acuerdo Sobre Los Aspectos de los Derechos de Propiedad Intelectual relacionados con el Comercio (ADPIC)

3.1. ¿Cuáles son los requisitos del ADPIC?

En virtud del Artículo 27 del ADPIC, los países tienen la libertad de excluir de la patentabilidad los métodos terapéuticos:

> '3. Los Miembros también podrán excluir de la patentabilidad: (a) los métodos de diagnóstico, terapéuticos y quirúrgicos para el tratamiento de personas o animales'

3.2. ¿Qué flexibilidad tiene el ADPIC?

El ADPIC no exige a los miembros permitir el patentamiento de descubrimientos, de manera tal que los nuevos usos también pueden excluirse de la patentabilidad sobre la base de que son descubrimientos de propiedades de productos existentes y no invenciones. Bajo el ADPIC, que permite a los países brindar mayor protección, los países miembros tienen libertad de decidir si permitirán o no el patentamiento de productos para primeros usos.[29]

Si bien los miembros están obligados a proteger los procedimientos, no existe un requerimiento explicito por el cual ellos deban proteger los segundos usos, ya sea como usos en sí o métodos de uso.[30] Los países tienen libertad para definir los procedimientos de manera tal que excluyan los segundos usos, aunque la jurisprudencia de la OPE y Estados Unidos han convergido al punto que ninguna de las jurisdicciones traza una diferencia entre proceso y nuevo uso (ver abajo). Esto presenta una interpretación peligrosamente amplia que se puede imponer en otros países a través del sistema de conciliación de disputas, mientras crece la competencia global en materia de biotecnología.

Por el momento, el debate acerca de si el Artículo 27.1 exige la protección sobre nuevos usos sigue pasando desapercibido. Los países en desarrollo deberían movilizarse de manera anticipada ante la posibilidad de aceptar cualquier interpretación de nuevos usos como procedimientos, estableciendo sus propios precedentes legales en esta materia. Dada la excepción del Artículo 27(3), no obstante, los países aún pueden excluir a los nuevos usos como materia patentable sobre esa base. Asimismo, los nuevos usos se pueden excluir de la patentabilidad, en términos generales, por incumplimiento de los requisitos de patentabilidad en materia de novedad, aplicabilidad industrial o paso inventivo.

4. ¿Cuáles son los métodos normativos existentes?

Esta sección comenzará con un análisis general de las distintas metodologías, y luego describirá en detalle los problemas y desafíos que enfrentan los miembros de la CPE y Estados Unidos al implementar sus sistemas.

4.1. Opciones sobre Nuevos Usos: Ventajas y Desventajas

i. Opción 1: Patentamiento de productos farmacéuticos que se limita sólo a los usos reivindicados y revelados en la patente. Se permiten las patentes sobre nuevos usos de productos.

En una primera instancia, esta opción puede parecer la más conveniente para los intereses de los países en desarrollo dado que mantiene el acceso y la competencia y reduce el alcance de las patentes. De hecho, es lo que la mayoría de los países ostensiblemente hacen cuando otorgan patentes. No obstante, en la práctica, la mayoría de los países siguen básicamente la Opción 2 descrita más arriba, posibilitando un alcance muy amplio de la reivindicación, lo cual permite al titular original de la patente capturar todos los usos posibles del producto, obteniendo patentes no sólo con respecto a los usos revelados, sino otras patentes sobre todos los usos posibles. Asimismo, todo sistema que permita patentes de nuevos usos sin considerar quién podrá utilizar dichas patentes, puede caer en una trampa en la que el titular original de la patente del producto, debido a su mayor acceso a capital, captura todos los usos subsiguientes. No obstante, si existe el mismo acceso a capital un país puede, siguiendo este enfoque, lograr un balance entre los incentivos para el inventor original y los innovadores subsiguientes, Este sistema se puede modificar permitiendo sólo patentes de procedimiento sobre nuevos usos, con lo cual todas las patentes subsiguientes dependerán de la patente del producto principal, lo cual brinda al titular original de la patente un mayor control sobre la dirección de la producción. Como otra posibilidad, las patentes sobre nuevo uso podrían ser patentes de productos, permitiendo a los innovadores subsiguientes producir el medicamento sólo para los usos identificados. Esto favorece a los innovadores subsiguientes, quienes podrían otorgar licencias de producción a terceros o incluso al titular original de la patente, obteniendo así un mayor poder de negociación. Cuando el titular original de la patente del producto reside fuera de la jurisdicción del país y no lleva a cabo su actividad principal de investigación en ese país, es posible que los países en desarrollo que cuentan con mercados de capital suficientemente maduros e industrias dispuestas a permitir las patentes sobre nuevos usos, permitan las patentes de productos sobre nuevos usos. En términos generales, un sistema que aplique la Opción 1 puede ser sólo adecuado para países de ingresos medios que procuran impulsar sus emergentes industrias farmacéuticas y biotecnológicas.

ii. Opción 2: Patentamiento de productos que comprende todos los usos del producto farmacéutico. Se permiten patentes sobre nuevos usos de los productos.

Domeij señala que, en esta situación, "la función de perspectiva del sistema de patentes reduce los incentivos para investigar nuevos usos para todos los individuos, excepto para el titular de la patente del producto."[31] Esto se debe a que cualquier patente que se otorgue a terceros sobre un nuevo uso generaría una dependencia y dichos terceros tendrían que negociar con el titular de la patente del producto para poder usar su patente. Cuando se elige otorgar todos los incentivos de innovación de una patente de producto al titular original de la patente, este sistema puede ser adecuado. Tal sistema permitiría al titular de la patente de un producto extender su exclusividad más allá de la fecha de la patente original, patentando continuamente nuevos usos para el producto, mientras impide que terceros puedan llevar a cabo tareas de investigación sobre nuevos usos durante la vida de la patente original. Existe mucho debate acerca de si es mejor dejar la innovación en manos de un innovador principal o de muchos, pero el análisis de Domeij aclara que, si se ven los incentivos en perspectiva, los del innovador original para llevar a cabo invenciones sobre su propio producto son muy reducidos.[32] Existirá una tendencia de proteger la patente original del producto de la competencia y no diluir la marca. El titular de la patente preferirá depender de la certidumbre de un ingreso constante y no arriesgar en una mayor inversión. Como observa Domeij, el incentivo "es todo premio y nada de castigo (competencia)."[33] Es más probable que el titular de una patente maximice los ingresos a partir de fuentes de ingresos predecibles que invertir fondos en operaciones especulativas de investigación. En cierto sentido, el nivel de riesgo que está dispuesto a tolerar es muy reducido. Por el contrario, los terceros innovadores tienen todo el incentivo para probar y aprovechar la invención y descubrir nuevos usos para un producto patentado, si pueden aprovecharlo. Grubb señala que, de hecho, la gran mayoría de los descubrimientos de nuevos usos ni siquiera ocurren en la fase de investigación y desarrollo, sino durante las etapas de desarrollo, servicio al cliente o marketing del producto.[34] Los mismos clientes pueden identificar nuevos usos, como los médicos cuando prescriben fuera de las indicaciones.

Por consiguiente, entre la Opción 1 y la 2, la Opción 1 tiene más posibilidades de generar innovaciones al descubrir nuevos usos de un producto existente ya que, si se la aplica de manera estricta, permitiría que terceros lleven a cabo innovaciones sobre la patente del producto e investiguen nuevos usos.

Sin embargo, existen importantes limitaciones para este caso. En primer lugar, en la mayoría de los sistemas de patentes, cualquier patente sobre un nuevo uso bajo la Opción 1, seguiría siendo una patente dependiente, ya que se debería obtener una licencia para elaborar el producto por parte del titular de la patente. Esto puede reducir los incentivos de terceros para investigar dichos nuevos usos. En segundo lugar, al no contar con la posibilidad de elaborar y vender el producto, ejercer dicha patente resulta difícil para cualquier tercero. Sería necesario rastrear el uso que los médicos y otros terapeutas dan al producto y distinguir entre los diferentes usos para diferentes indicaciones. Esto conlleva un esfuerzo equivalente a rastrear usos de derechos de autor. Por consiguiente, las patentes de uso son de mayor utilidad para el titular de la patente del producto, quien puede fácilmente determinar y controlar los usos verificando la producción y el embalaje. En tercer lugar, una situación en la que existe escasa o ninguna excepción de investigación, o cuando dicha excepción define la investigación de nuevos usos como actividades comerciales, imposibilitaría a terceros llevar a cabo la investigación necesaria sobre el producto para descubrir nuevos usos.

Este análisis confirma la sospecha de que, en el sistema actual de patentes de la mayoría de los países desarrollados, las patentes sobre nuevos usos son útiles sólo para los titulares originales del producto, quienes pueden utilizarlas para ampliar el período de exclusividad que poseen en un producto. Las patentes sobre segundos usos que no se basan en el derecho de investigar, elaborar y vender el producto, generan incentivos ineficaces para terceros y hacen posible que los titulares de las patentes de los productos, con su acceso privilegiado, capturen todo el poder posible en el mercado. Domeij observa nuevamente que el acceso privilegiado a la investigación del producto, aún dentro de un estricto sistema de Opción 1, haría que el inventor del primer uso medicinal y titular de la patente del producto sea el que descubra todos los usos subsiguientes.[35] En los países en desarrollo en los que los terceros innovadores o empresas innovadoras tienen menos acceso a capital, los titulares originales de la patente del producto también pueden capturar todo el poder del mercado. Como se observa a continuación, se recomienda que los países en desarrollo eviten conceder patentes sobre innovaciones subsiguientes o pequeñas si desean incentivar las invenciones locales sobre patentes existentes. Para la investigación y el desarrollo de nuevos usos, una mejor opción puede consistir en formas más limitadas de exclusividad, o recompensas orientadas a enfermedades en particular, que aseguren un derecho de investigar, elaborar y vender el producto subyacente para el nuevo uso.

iii. Opción 3: Patentamiento de productos farmacéuticos limitado sólo a los usos reivindicados y revelados en la patente. No se permiten patentes de nuevos usos de productos.

Como se ha indicado, muchos segundos usos se descubren en fases diferentes de las de investigación y desarrollo. En gran medida, dichos descubrimientos ocurren durante el uso o ensayo real por parte del titular original de la patente y terceros. Si este es el caso, entonces el interrogante básico sobre los incentivos se puede responder con bastante claridad. Cuando tales actividades se llevan a cabo a su debido tiempo, como parte de las tareas normales de investigación, ¿qué necesidad hay de que exista el incentivo patentario para promoverlas? Como observa Domeij, los factores fundamentales que permitieron el patentamiento de segundos usos en Europa fueron económicos: mantener la competividad de su joven industria biotecnológica.[36] Los países en desarrollo pueden estar dispuestos a tomar este ejemplo seriamente, teniendo en cuenta sus propias circunstancias especiales. Restringir las patentes sólo a los usos revelados en las reivindicaciones[37] de la solicitud de la patente libera el espacio que posibilita completamente a los terceros innovadores llevar a cabo invenciones sobre la patente. Este espacio se mantendría si no hay doctrina de los equivalentes, o si ésta es limitada. Asimismo, los países en desarrollo que se interesen en desarrollar actividades de innovación local y asegurar una veloz diseminación, evitarán permitir las patentes sobre segundos usos, las que permitirían a grandes empresas multinacionales capturar todo el terreno de innovación debido a la ventaja con la que cuentan y a su mayor acceso a capital. Un mejor sistema para desarrollar la invención local consistiría en no permitir dichas patentes e instituir sistemas alternativos de recompensas, o formas más limitadas de exclusividad, como los modelos de utilidad. Al aplicar un sistema tal, es fundamental que el otorgamiento incluya el derecho de fabricar y vender el producto. También sería necesaria una amplia excepción a la investigación que permita utilizar a ese fin el producto original patentado. De todas las opciones, la 3 puede ser la mejor para los países que cuentan, en gran medida, con innovadores subsiguientes o terceros innovadores, con acceso restringido de capital.

iv. Opción 4: Patentamiento de productos que abarca todos los usos del producto farmacéutico. No se permiten patentes sobre nuevos usos de productos.

La opción 4 puede ser un punto intermedio para países que cuentan con ingresos medios a altos y que poseen industrias ya establecidas en el campo farmacéutico y biotecnológico. En esta opción, las patentes de producto son realmente múltiples y cubren todos los usos en cualquier campo. El titular de la patente original del producto reivindica la totalidad de la perspectiva por la duración de la patente. Mantiene el incentivo de la patente y al mismo tiempo niega la perpetuidad o la proliferación de patentes triviales. Tiene como ventaja la claridad y la certeza al instituir reivindicaciones amplias y profundas que limitan las objeciones. La opción debería estar complementada con una fuerte doctrina de los equivalentes. Esto mantiene el incentivo de desarrollo de los productos medicinales y asegura, a la vez, que no existirá patentamiento de cada paso incluido en el trayecto que conduce al desarrollo de medicinas comercializables. Si bien cualquier nuevo uso caería dentro del ámbito de la patente de producto, sería preferible una prohibición explícita de patentes sobre nuevos usos.

4.2. Enfoques de la USPTO y la OEP: ventajas y desventajas

i. La Oficina Europea de Patentes

a. ¿Cuál de las Opciones?

El sistema de la CEP refleja visiblemente la opción 1. Esto es así en cuanto se trata del primer uso de sustancias o compuestos previamente conocidos. Esta formulación básicamente impone una limitación de uso en la patente original y limita la patente de nuevo uso en lo que concierne al dominio farmacéutico. No obstante, permite al titular de la patente capturar todos los usos farmacéuticos una vez que se haya definido el primer uso. Esto se debe a que, en general, las patentes de NEQ son patentes múltiples de productos que cubren todos los usos subsiguientes del medicamento dentro o fuera del campo médico, terapéutico o quirúrgico. Por consiguiente, este enfoque corresponde a la Opción 2 para las NEQ y para los primeros usos medicinales de un producto que no cuenta con un uso medicinal previo conocido.

Para el caso de los segundos usos de medicamentos conocidos, que cuentan con un primer uso conocido, el sistema Europeo es una confusa mezcla de las Opciones 1 y 2. Los segundos usos de este tipo están limitados a los usos revelados en la solicitud de la patente. No obstante, la patente del producto es múltiple, y cubre todos los usos del producto. Efectivamente, la única persona que puede patentar ese segundo uso bajo el sistema Europeo sería el titular de la patente original del producto, si bien existe la posibilidad de una licencia cruzada obligatoria, según lo permite el Artículo 31(1) del ADPIC. Si un tercero quisiera investigar y descubrir tal uso, estaría obligado a negociar con el titular de la patente original del producto, quien tendría todo el poder de negociación. Si bien es claro que un tercero no podría elaborar ni vender su nuevo uso sin el permiso del titular del producto original, no resulta claro que pueda obtener una patente sobre su propio nuevo uso sin el consentimiento del titular de la patente original, dependiendo de las circunstancias de cada caso.

b. El tema de los Métodos Terapéuticos

El Artículo 52(4) de la sección 1.3 de la Convención Europea de Patentes incluye la prohibición sobre procedimientos médicos. Sin embargo, se incluyó una excepción en la CEP para el descubrimiento de un primer uso medicinal para una sustancia previamente conocida.[38] Esta es una excepción explícita incluida en la CEP, fuera de la estructura general de su sistema de patentes.

La CEP no cuenta con una excepción explícita que permita el patentamiento de segundos usos de productos con un primer uso medicinal conocido. Esto surgió a través de la jurisprudencia. En G 1/83, las Cámaras de Recursos decidieron que no se puede distinguir entre un nuevo uso y un método.[39] Por lo tanto, se aplicó la prohibición. No obstante, con el propósito de evitarla, la Cámara de Recursos decidió seguir la denominada Fórmula Suiza, que presentaba el nuevo uso como un proceso de elaboración de un producto farmacéutico y no como un nuevo uso.[40] La reivindicación se formula como "el uso del compuesto X para la preparación de un agente para el tratamiento de la enfermedad Y'.[41] Como proceso de fabricación, evitaría la prohibición. Sin embargo, esto solo crea mayores problemas, por ejemplo el proceso de elaboración para el nuevo uso no es diferente del que se utilizó para elaborar el producto original. Dicho proceso carecería de novedad o paso inventivo.[42]

c. El tema del Descubrimiento

Las Cámaras de Recursos de la OEP evitan este tema por completo, asumiendo, simplemente, que la novedad del segundo uso es suficiente para descartar el problema de que los incentivos se deben aplicar a la actividad realmente inventiva. El sistema europeo parece basarse en que los incentivos se deben otorgar para recompensar o incentivar fundamentalmente las inversiones, sin considerar el valor o contribución de la novedad.

d. Estándar de novedad

Novedad del proceso para la fabricación del producto para el nuevo uso

Mientras que la novedad bajo la fórmula Suiza era una preocupación para las Cámaras de Apelación, entendieron que era legítimo basarse en el nuevo uso para otorgar novedad al proceso de producción (que no calificaría como novedad por sí solo), y para establecer un efecto técnico para el nuevo uso. Esto ocurre a pesar del hecho de que los preceptos establecidos del derecho de patentes aplicado por el sistema de Patentes Europeo requieren que sean las características técnicas de un producto o proceso las que formen la base para determinar toda novedad y sirvan para diferenciarla del arte previo.[43] La explicación final de la Cámara consiste en que dicho concepto es análogo a la excepción del Artículo 54(5) de la CEP para los primeros usos medicinales de una sustancia conocida sin uso medicinal previo, y que no existe razón para tratarla de manera diferente.[44] Sin embargo toda excepción debe ser explícita. Además, las excepciones deben interpretarse de manera estricta, y ampliar la excepción por analogía es tratarla no como excepción sino como parte de los princípios generales del derecho de patentes.

Mecanismo Biológico y Efecto Medicinal Final

Los usos medicinales pueden estar definidos por la enfermedad, o a través del mecanismo biológico que el medicamento atraviesa para surtir un efecto medicinal. Dado que la OEP impulsó la promoción de la industria biotecnológica, dicha Oficina debería limitar las reivindicaciones sólo a las que se basan en el mecanismo biológico.

El uso de un nuevo mecanismo biológico para tratar la misma enfermedad (la cual ya puede contar con un medicamento con una patente de uso que la trata) se considera novedoso.[45] Esto requiere demostrar que el nuevo mecanismo biológico es diferente del que funciona con los usos ya otorgados.[46] De hecho, si se descubre que una misma sustancia que tiene el mismo efecto logra un efecto a través de más de un mecanismo, dicha sustancia podrá ser patentada para cada mecanismo, más allá de que el efecto medicinal final sea el mismo.[47] Esta amplia aplicación desdibuja la línea trazada entre el funcionamiento de un medicamento y el nuevo uso real del mismo. Reconociendo este punto, las Cámaras de Recursos han requerido que el descubrimiento del nuevo mecanismo biológico tenga al menos algunas consecuencias mínimas en la manera en la que el producto farmacéutico es utilizado medicinalmente.[48] No obstante, el estándar general de novedad sigue siendo muy permisivo para los segundos usos.

e. Limitación de Uso en el Alcance de la Reivindicación

Para un primer uso, se interpreta que la reivindicación de la patente original no se extiende al campo médico, salvo que la patente original del producto haya reivindicado un uso en dicho campo.[49] Como indica Domeij, dado que ya existe una patente de producto, se aplica una limitación al uso en ambas patentes, el uso original y el primer uso. El primer uso obtiene exclusividad dentro del campo médico, y el original, a pesar del amplio alcance de la reivindicación y las perspectivas de la patente del producto, se encuentra retroactivamente limitado.

La patente del primer uso medicinal es lo suficientemente amplia par incluir todos los usos medicinales del nuevo producto, capturando todas las perspectivas para el individuo que descubre un nuevo uso medicinal para una sustancia o compuesto previamente conocido.[50]

Esto se basa en la insistencia de las Cámaras de Recursos sobre el tratamiento equitativo de las patentes de primer uso y las patentes de productos de NEQ.[51] El titular de la patente debería tener el derecho sobre todas las perspectivas dentro del campo revelado, a pesar de la existencia de cualquier requerimiento de especificaciones en cuanto al uso destinado. Esta reivindicación amplia se formularía como: "Compuesto X para uso como producto farmacéutico."[52] Dado que los países en desarrollo están centrados en tareas de investigación posterior ('down stream') este sistema puede ser ideal para promover el desarrollo de una industria farmacéutica autóctona, en un terreno en el que los terceros cuentan con muchos más incentivos que las empresas farmacéuticas. Se puede utilizar el derecho de patentes (limitando el alcance de la patente sólo al uso revelado) o formas más limitadas de exclusividad; no obstante, como parte de las recomendaciones generales, las actividades que representan descubrimientos de este tipo pueden manejarse mejor fuera del sistema de patentes, ya sea a través de modelos de utilidad o sistemas de recompensa única, siempre y cuando se incluya el derecho de elaborar y vender el producto. Esto es necesario para otorgar poder de negociación a las pequeñas industrias, que no cuentan con suficiente capacidad de manufactura propia para otorgar licencias sobre el descubrimiento de su primer uso medicinal.

El alcance de la reivindicación del segundo uso se limita sólo a los usos que fueron revelados en la solicitud.[53] No abarca usos adicionales que se hayan descubierto. No obstante, esto puede variar si la reivindicación subyacente se refiere al uso definido como enfermedad, o al uso definido por el mecanismo biológico subyacente sobre el cual funciona el medicamento. Varias enfermedades pueden tener el mismo mecanismo biológico y, aún así, cada una representa un uso medicinal diferente.

Resulta claro que una reivindicación sobre el mecanismo puede ser, por lo general, más amplia que la enfermedad definida. No obstante, la reivindicación se puede formular de manera tal que cubra un espectro de mecanismos y centrarse, a la vez, en un uso medicinal en particular. Por ejemplo, un nuevo uso para aliviar dolores de cabeza cubre varias causas diferentes para dichos dolores, aún si el mecanismo biológico del medicamento sólo trata dolores de cabeza causados por inflamación de la membrana intracraneal, y no por otro mecanismo.

f. Derecho de fabricar y vender el producto farmacéutico

Para el primer uso medicinal de una sustancia o compuesto conocidos, el nuevo uso fue tratado como una patente de producto aplicada y utilizada exclusivamente en el campo médico. Obviamente, esto implicaba el derecho exclusivo de elaborar y vender el producto para uso medicinal. Las ventas a granel o las ventas para los fines originales no representarían una infracción de la patente.[54] Sólo las ventas para productos farmacéuticos constituirían una infracción. Por consiguiente, el derecho a elaborar y vender no es exclusivo sino compartido.

Los segundos usos se tratan como reivindicaciones de procedimientos, lo cual los hace depender de la reivindicación del producto subyacente para todos los fines.[55]

g. Análisis adicional

Las Cámaras de Recursos también han aclarado que para segundos usos, la fórmula de reivindicación, denominada fórmula Suiza, sólo está permitida para patentes sobre métodos médicos, terapéuticos o quirúrgicos.[56] La novedad no se puede determinar de la misma manera para cualquier otra categoría de patentes. La formulación ha sido interpretada ampliamente por las Cámaras de Recursos en casos posteriores.[57] Esta limitación origina varios problemas, uno de los cuales, de importancia, es el requisito del ADPIC de no discriminación entre diferentes campos de tecnología. [58] El peligro es que pueden solicitarle a la OEP extender dicha relajación del estándar de novedad a otros campos de la tecnología.

Categorías de Nuevos Pacientes

Según la practica de la OEP, se puede patentar un segundo uso si se aplica a la misma aplicación pero para una nueva categoría de pacientes para quienes, anteriormente, no se conocía su eficacia.[59] La lógica es que un medicamento se define no sólo por la enfermedad que trata sino por la población que lo utilizará.[60] Obviamente, esto significa que dicha patente podría obtenerse para nuevos usos de un producto farmacéutico que primero se utilizó en cerdos, para ser utilizado en perros o personas. Los países en desarrollo deberían evitar permitir dicha exclusividad dado que una única persona podría ser titular y extender una patente sobre un medicamento destinado a un portador adulto de HIV a grupos particularmente necesitados, como los niños con HIV. Esta es una forma de exclusividad especialmente peligrosa, dado que puede limitar el acceso a grupos de pacientes relegados que finalmente podrían tener acceso a los medicamentos a menores precios para constatar que la exclusividad se ha extendido a todos los integrantes de su grupo.

Nuevas Dosis y Métodos de Administración

En la OEP, la forma de administración de un medicamento también puede ser lo suficientemente novedosa como para ser patentada como segundo uso.[61] Por ejemplo, la ingesta oral de un medicamento que previamente sólo era de aplicación tópica entraría en este caso, si bien el producto está orientado al mismo mecanismo y a la misma enfermedad.[62]

h. Conclusión

Resulta claro que, en Europa, el requisito de paso inventivo para los segundos usos es menor o inexistente, lo cual escapa el típico método de problema-solución que adopta la OEP. Es, efectivamente, un estándar de novedad altamente permisivo y ampliamente interpretado. Dicha permisividad, si bien está inmersa en una justificación económica, extiende imprudentemente la exclusividad a nuevas áreas sin considerar necesariamente las restricciones a la competencia y la investigación y la diseminación de los productos medicinales.

ii. La Oficina de Marcas y Patentes de los Estados Unidos de Norteamérica

a. ¿Cuál es la Opción?

En los Estados Unidos, las patentes sobre nuevos usos son posibles en virtud del código 35 USC 100, como reivindicaciones de procedimiento de uso. No obstante, la reivindicación no se puede formular como "uso de X para hacer Y".[63] El Manual de Procedimiento para el Examen de Patentes (MPEP) distingue entre encontrar una nueva propiedad de un compuesto existente (anticipada por el arte previo) y un nuevo uso de dicho compuesto (siempre y cuando sea novedoso).[64] Se considerará materia patentable siempre y cuando se reivindique un procedimiento para el uso y no el uso,[65] y si dicho procedimiento es novedoso. La reivindicación del procedimiento está sujeta, entonces, a los requerimientos habituales de definición. Este concepto es peculiar en los Estados Unidos, que también trata dichas reivindicaciones como de procedimiento, sin distinciones.

Estados Unidos no traza diferencia alguna entre primer y segundo uso, y sólo lo hace para observar que las reivindicaciones de procedimientos de uso para productos ya conocidos sean sometidas a un mayor escrutinio en cuanto a la anticipación del arte previo.[66]

Estos princípios, combinados con la preferencia estadounidense de otorgar alcances de reivindicación muy amplios, dan como resultado un sistema característico de una Opción 2. La aparente duda que parecen exponer las pautas del MPEP sobre si los nuevos usos son patentables en los Estados Unidos surge del hecho de que el alcance patentario inicial para cualquier reivindicación es, por lo general, muy amplio, y cubre casi toda la perspectiva. Si la patente original identifica un uso, el interrogante, pues, es el grado de amplitud de la definición de primer "uso". Utilizar la doctrina de los equivalentes significa que cualquier proceso que funciona básicamente de la misma manera, y produce básicamente el mismo resultado que el proceso patentado, estaría infringiendo la patente original del proceso.

b. El tema de los Métodos Terapéuticos

Por mucho tiempo, Estados Unidos ha permitido el patentamiento de métodos de tratamiento.[67] Los métodos quirúrgicos también son patentables.[68] No obstante, con el propósito de proteger a los médicos contra los juicios por infracción, en particular a los que utilizan métodos quirúrgicos, el código 35 USC 287(c) excluye las actividades médicas llevadas a cabo por un médico u hospital.[69] De hecho, no existen prohibiciones sobre el patentamiento de métodos de diagnóstico, terapéuticos y quirúrgicos en los Estados Unidos, y, por consiguiente, no se prohíbe el patentamiento de primeros o segundos usos.

c. El tema del Descubrimiento

En virtud del código 35 USC 101, los descubrimientos son patentables, y no se prohíbe el patentamiento de nuevos usos.

d. Estándar de novedad?

Como patentes de procedimiento, las patentes de nuevos usos atraviesan el mismo escrutinio de novedad que todas las demás patentes de procedimiento en los Estados Unidos. El MPEP, no obstante, indica que la simple mención de una fórmula o estructura química conocida y la posterior descripción de una propiedad del compuesto o el resultado de la propiedad, no implica novedad.[70] Lo que debe agregarse es la manera en la que se aplicará en el cuerpo. No obstante, esta es la única sugerencia dentro de las pautas de examen, que indica que las reivindicaciones de uso están sometidas a un escrutinio de novedad relativamente más estricto. Esta limitación, empero, simplemente requiere que se siga un patrón en particular y no establece un requisito elevado en materia de novedad.

e. Limitación de Uso en el Alcance de la Reivindicación

La reivindicación de uso es una reivindicación de procedimiento y recibe el mismo alcance, por lo general amplio, que el que reciben todas las reivindicaciones de proceso en los Estados Unidos. Sin embargo, contrariamente al tratamiento Europeo sobre los primeros usos, sólo se protege el proceso revelado en la reivindicación y no se extiende a todos los usos posibles en el campo farmacéutico. Por lo tanto, el alcance de la reivindicación para nuevos usos es, por lo general, más estrecho y se limita a la forma en la que Estados Unidos define a los nuevos usos como procedimientos.

f. Derecho de elaborar y vender

Dado que Estados Unidos restringe incluso los primeros usos de sustancias conocidas sin uso medicinal conocido a las denominadas patentes de proceso de uso, las patentes de segundo uso no otorgan el derecho de elaborar o vender el producto.[71] Estas se convierten en patentes de procedimiento que dependen de la patente original del producto.

h. Conclusión

El sistema estadounidense en materia de patentes de nuevos usos cuenta con la virtud de la simplicidad. Al no diferenciar los nuevos usos de otros procesos, al permitir el patentamiento de los descubrimientos y al no prohibir las patentes sobre métodos de tratamiento, Estados Unidos ha evitado gran parte de las vueltas y rodeos que la OEP ha tenido que sortear durante los últimos 20 años. No obstante, lo ha hecho a expensas de una degradación generalizada de los requerimientos de patentabilidad de su legislación de patentes. La obligación impuesta por el ADPIC de no discriminar entre campos de tecnología garantiza que toda esa laxitud de las restricciones se debe aplicar a todos los campos de la tecnología, y no sólo a los productos farmacéuticos y a la biotecnología. Asimismo, es un sistema que favorece claramente la concesión de toda la perspectiva posible a favor del titular original de la patente y no a terceros inventores. Al contar con mercados maduros de capital y grandes empresas establecidas, aún en el pujante campo biotecnológico, dicho sistema es coherente para países desarrollados como Estados Unidos y la Unión Europea. No obstante, quedan interrogantes en cuanto a lo apropiado del patentamiento de nuevos usos, aún para estos países. Mientras que favorecer a las grandes industrias por sobre las pequeñas y beneficiar a los titulares originales de las patentes asegura que sea más sencillo para los beneficiarios de las patentes atraer capital a sus operaciones, la actividad de investigación fuera de estas empresas privadas puede tornarse restringida, salvo que estén dispuestos a otorgar licencias. Al estar combinadas con una limitada excepción a la investigación y una falta de posibilidad de fabricar y vender el producto del nuevo uso, es claro que las patentes de nuevos usos en los Estados Unidos sólo pueden servir a una función defensiva empresarial que protege patentes existentes, sin hacer mucho para incentivar la verdadera actividad inventiva.

5. La Situación en los Países en Desarrollo

Muchas leyes en materia de patentes en los países en desarrollo no ofrecen una referencia específica a la existencia de patentes de uso, y resulta confuso si la protección de procedimientos que utilizan cubre los "usos" y "métodos de uso".[72] Teniendo esto en cuenta, todos los países que no permiten el patentamiento de métodos quirúrgicos, terapéuticos o de diagnóstico, excluyen la patentabilidad de primeros y segundos usos. Algunos países han comenzado a tratar el tema de los nuevos usos de manera directa. En el estudio de Musungu y Oh, el 55% de las leyes de los países en desarrollo revisadas no excluyeron específicamente los nuevos usos[73] y el 20% (India, Paquistán, Chile, República Dominicana, Uruguay, Comunidad Andina (Bolivia, Colombia, Ecuador, Perú, Venezuela) específicamente excluyeron la patentabilidad de nuevos usos. Sólo 3 de los países (Sudáfrica, China y Malasia) permitieron específicamente dichos usos.[74] No concede patentes para descubrimientos científicos o "métodos para el diagnóstico o tratamiento de enfermedades".[75]

Si bien la tabla brinda una perspectiva tranquilizadora para que los países en desarrollo mantengan el acceso a las medicinas, la mayoría no trata el tema de los nuevos usos fuera del campo farmacéutico. Cada país necesita considerar si necesita contar con una declaración explícita que prohíba las patentes sobre nuevos usos dentro y fuera del campo farmacéutico.

El Apéndice 1 incluye una tabla con los sistemas que implementan los países en desarrollo con respecto a los Segundos Usos o nuevos usos.

5.1. Países que Específicamente Excluyen los Nuevos Usos

i. India

La Sección 3 de los cambios Propuestos a la Ordenanza de 2004 sobre Patentes (Enmienda), define aquello que no se puede considerar invención. Los nuevos usos no son patentables como invenciones. Excluye de la patentabilidad "el mero descubrimiento de una nueva propiedad o uso de una sustancia conocida o del mero uso de un proceso, máquina o aparato conocido, salvo que dicho proceso conocido origine un nuevo producto o utilice al menos un nuevo reactivo.'[76] En efecto, la presente norma descarta a los nuevos usos y a los primeros o segundos usos.

ii. Paquistán

Paquistán no permite el patentamiento de descubrimientos[77] o de métodos de diagnóstico, quirúrgicos y terapéuticos[78]. El Artículo 10 sobre aplicación industrial incluye la prohibición explícita sobre nuevos usos,

Sujeto a la subsección (2), se considerará que una invención es capaz de tener una aplicación industrial si se la puede elaborar o utilizar en cualquier tipo de industria. El término industria se entenderá en su sentido más amplio. En particular, cubrirá las áreas de agricultura, artesanía, pesca y servicios.

(2) No se considerará capaz de tener una aplicación industrial cualquier invención de un método de tratamiento del cuerpo humano o animal a través de la utilización de cirugía, terapia o diagnóstico ejercidas sobre el cuerpo humano o animal, siempre y cuando no se impida que un producto que consista de una sustancia o compuesto, sea considerado capaz de tener un aplicación industrial sólo porque fue inventado para ser utilizado en tal método.

Este artículo prohíbe los nuevos usos por falta de capacidad industrial y no de novedad del proceso o producto. También asegura que las patentes de productos de medicamentos no serán prohibidas de manera accidental por falta de aplicabilidad industrial simplemente porque fueron hechos para tal uso.

iii. Chile

Chile no permite el patentamiento de descubrimientos[79] o de métodos de diagnóstico, quirúrgicos o terapéuticos[80]. Además, el Artículo 37(e) explícitamente trata los nuevos usos como invenciones, cuando excluye lo siguiente:

> nuevos usos de artículos, objetos o elementos conocidos y ya utilizados para fines específicos, y cambios de forma, dimensiones, proporciones o materiales en la materia objeto para la cual se presenta la solicitud, excepto cuando las propiedades de la materia son alteradas en esencia o cuando su uso resuelve un problema técnico que no contaba previamente con una solución equivalente.[81]

Las excepciones a la exclusión son un método interesante que calibra finamente la prohibición. Permite las solicitudes de nuevos usos si tienen aplicación industrial, es decir, si resuelven un problema técnico que previamente estaba irresuelto. Esto no constituye un estándar de aplicabilidad industrial, pero abre la posibilidad de patentar usos que pueden ir más allá de volver a presentar la solicitud del mismo producto en el mismo campo. De todas maneras, los métodos terapéuticos se encuentran descartados por la prohibición del Artículo 37(d).

Asimismo, permite llevar a cabo cambios sobre un producto a patentar, que resulten lo suficientemente sustanciales. Esto quizás se pueda aplicar a nuevas dosis o formulaciones. Esto no es lo mismo que requerir que los cambios al producto subyacente sean inventivos o novedosos, aunque deben alterar algo esencial en la forma en la que el producto funciona

iv. Uruguay

Uruguay no permite el patentamiento de descubrimientos[82] o de métodos de diagnóstico, quirúrgicos o terapéuticos.[83] El Artículo 15 contiene la exclusión directa de la patentabilidad de nuevos usos al indicar lo siguiente:

De acuerdo con las disposiciones de la presente Ley, los productos o procesos ya patentados e incluidos en el arte previo no podrán ser objeto de una nueva patente, simplemente porque el propósito para el cual se utilizarán difiere del incluido en la patente original.[84]

El sistema uruguayo trata el tema de manera directa y prohíbe las patentes sobre todo nuevo uso de productos o procesos. Puede surgir cierta confusión en el texto preliminar por el hecho de que parece aplicarse sólo a materiales que ya han sido patentados y que son parte del arte previo. Es posible que las patentes sobre medicina tradicional, que es parte del arte previo pero no está patentado, puedan sortear esta prohibición. Por otro lado, puede permitir que dicha medicina tradicional ingrese en el sistema patentario. Si ese es el objetivo, no obstante, sería adecuado incorporar una legislación más explícita.

v. Comunidad Andina (Bolivia, Colombia, Ecuador, Perú, Venezuela)

La Comunidad Andina no permite el patentamiento de descubrimientos[85] o de métodos de diagnóstico, quirúrgicos o terapéuticos[86]. El Artículo 21 prohíbe los nuevos usos de manera expresa, al efectuar la siguiente exclusión:

> Los productos o procesos que ya están patentados e incluidos en la innovación dentro del significado del Artículo 16 de este Decisión no pueden constituir la materia de una nueva patente debido al hecho de que poseen un uso diferente al establecido originalmente en la primera patente.

Si bien este enfoque es admirablemente directo y explícito, la formulación puede aportar la misma confusión que el texto uruguayo, en el sentido de que sólo se aplica a productos y procesos que ya están patentados y que forman parte del arte previo. El material no patentado, se halle o no en el arte previo, escapa el alcance de esta prohibición.

5.2. Países que Específicamente Permiten Nuevos Usos

i. Sudáfrica

Sudáfrica no permite el patentamiento de descubrimientos.[87] Sin embargo, permite el patentamiento de los primeros y segundos usos. La sección 25(9) de la Ley de Patentes establece lo siguiente:

En el caso de una invención que consiste de una sustancia o compuesto a ser utilizado en un método de tratamiento del cuerpo humano o animal por medio de la práctica de cirugía o terapia o diagnóstico sobre el cuerpo humano o animal, el hecho de que la sustancia o compuesto forme parte del arte previo inmediatamente antes la fecha de prioridad de la invención no impide el otorgamiento de una patente de invención si el uso de la sustancia o compuesto en dicho método no forma parte del arte previo en esa fecha.

Este aditamento fue incorporado en las enmiendas de la ley llevadas a cabo en 1997, a través del artículo 31 (c) de la Ley Nro. 38 de 1997. Básicamente, crea patentes de producto para nuevos usos, y asegura que dichas patentes eviten el tema de la novedad utilizando la novedad del uso para otorgársela a la patente del producto. La Sección 25(11) aclara que la patente es para un producto y no para un método de tratamiento. Establece que se interpretará que todo método de tratamiento del cuerpo humano o animal carece de aplicabilidad industrial.[88] La Sección 25(12) garantiza que esta prohibición no impedirá el otorgamiento de patentes de producto para nuevos usos.

El alcance de la reivindicación de dichas patentes puede estar limitado solamente al uso revelado, pero esto no permanece claro. Sudáfrica tiene un sistema de registro de patentes más que de examen de fondo, de manera tal que la validez del alcance de dichas patentes normalmente se determina en un litigio.

ii. Malasia

Malasia no permite el patentamiento de descubrimientos o de métodos de tratamiento[89], pero sí permite las patentes sobre segundos usos. Esto ocurre a través de la combinación de varios artículos. La Sección 13(1)(d) indica que la prohibición sobre métodos de tratamiento no se aplica a productos utilizados en dicho tratamiento.[90]

En el Capítulo sobre requisitos de Novedad, la Sección 14(4) establece lo siguiente: "Las disposiciones de la subsección [14](2) no excluyen la patentabilidad de sustancias o compuestos comprendidos en el arte previo para su uso en un método referido en el párrafo (d) de la subsección (1) de la sección 13, si su uso en tal método no se encuentra comprendido en el arte previo."

Esto hace que las patentes de productos para nuevos usos están limitadas a métodos de diagnóstico, terapéuticos y quirúrgicos, siempre y cuando el nuevo uso sea en sí novedoso. El alcance de la reivindicación de dichas patentes puede estar limitado sólo al uso revelado, pero ésto no resulta claro. Malasia tiene un sistema de registro de patentes y no de examen de fondo, de manera tal que la validez y alcance de dichas patentes normalmente se determina en un litigio.

iii. China

Bajo las pautas de la SIPO (Oficina de Propiedad Intelectual del Estado) China acepta las patentes de nuevos usos como método de patentes de uso siempre y cuando estén descriptas en la forma que indica la Fórmula Suiza.[91] Estas patentes son de procedimiento, por consiguiente, dependen de la patente del producto subyacente.[92]

6. Recomendaciones

Dadas las inquietudes existentes sobre el posible alcance de las patentes de nuevos usos, y si presentan un verdadero incentivo para la innovación, los países en desarrollo deberían tratar el tema con precaución. Es importante que cuenten con una política que se vea reflejada en la legislación o en su normativa; no obstante, deben dejar un espacio para "ajustar" su sistema. Sin embargo, es recomendable que cuenten con otras soluciones que promuevan la innovación posterior sobre los productos, como los modelos de utilidad o sistemas de recompensa directa, en lugar de patentes sobre nuevos usos. Si un país en desarrollo, incluso un país que se esté desarrollando velozmente, desea contar con un sistema de patentes sobre nuevos usos, dicho país debería limitar estas patentes a primeros usos más que a segundos usos, o a cualquier otro nuevo uso. Deben imponer estrictas limitaciones de uso sobre el alcance de la reivindicación de dichas patentes de primer uso.

7. Bibliografía

Libros

Correa, CM, *Integrating Public Health Concerns into Patent Legislation in Developing Países,* South Centre Ginebra, 2000. Disponível em: http://www.southcentre.org/publications/publichealth/publichealth.pdf. Acesso em: 11 novembro 2005.

Domeij, B, *Pharmaceutical Patents in Europe* (Kluwer Law International 2000).

Grubb, PW, *Patents for Chemicals, Pharmaceuticals and Biotechnology: Fundamentals of Global Law*, Practice and Strategy, 4ta ed Oxford University Press Oxford, 2005.

Hansen, B & Hirsch, F, *Protecting Inventions in Chemistry: Commentary on Chemical Case Law under the European Patent Convention and the German Ley de Patentes,* Wiley-VCH Berlin, 1998.

Artículos y Documentos de Trabajo

Correa, C, 'Internationalization of the Patent System and New Technologies' (2002) 20 Wis Int'l LJ 523.

Demonaco, J. & Hippel, Von, 'The Major Role of Clinicians in the Discovery of Off-Label Drug Therapies' MIT Sloan Documento de Trabajo 4552-05, Agosto 2005). Disponível em: http://ssrn.com/abstract=780544. Acesso em: 10 novembro 2005.

Musungu, S & OH, C, 'The Use of Flexibilities in ADPIC by Developing Países: Can they Promote Access to Medicines?' ((Presentación ante la Comisión de la Propiedad Intelectual, Innovación y Salud Pública de la OMS, 2005). Disponível em: http:// www.who.int/intellectualproperty/studies/ADPIC_flexibilities/en/index.html. Acesso em: 11 novembro 2005.

Richards, J. 'United States Patent Law and Practice with Special Reference to the Pharmaceutical and Biotechnology Industries', (Presentación de Documento Seminarios IIPRP y TIFAC Delhi y Hyderabad, India, Enero 2002). Disponível em: http://www.ladas.com/Patents/Biotechnology/USPharmPatentLaw/USPhar01.html Acesso em: 11 novembro 2005.

Notas

1. B Domeij *Pharmaceutical Patents in Europe* (Kluwer Law International 2000) 88.
2. B Domeij *Pharmaceutical Patents in Europe* (Kluwer Law International 2000) 89.
3. B Domeij *Pharmaceutical Patents in Europe* (Kluwer Law International 2000) 92.
4. B Domeij *Pharmaceutical Patents in Europe* (Kluwer Law International 2000) 92.
5. J DeMonaco A Ali E Von Hippel 'The Major Role of Clinicians in the Discovery of Off-Label Drug Therapies' Documento de Trabajo MIT Sloan, 4552-05, August 2005) http://ssrn.com/abstract=780544 (10 de Noviembre de 2005) 3.
6. B Domeij *Pharmaceutical Patents in Europe* (Kluwer Law International 2000) 195.
7. WIPO Secretariat *WIPO Secretariat Submission to the WHO Commission on Intellectual Property Rights, Innovation and Public Health*, [2005] WIPO Ginebra.
http://www.who.int/intellectualproperty/submissions/en/(11 de Noviembre de 2005), que combina los conceptos.
8. 35 USC 101.
9. USPTO, *USPTO Manual of Patent Examination Procedure*, Sección 2112.02 Reivindicaciones de Procesos.
10. CM Correa *Integrating Public Health Concerns into Patent Legislation in Developing Países* (South Centre Ginebra 2000). 22 http://www.southcentre.org/peblications/publichealtm.pdf. (11 de Noviembre de 2005).

11. B Domeij *Pharmaceutical Patents in Europe* (Kluwer Law International 2000) 178.
12. B Domeij *Pharmaceutical Patents in Europe* (Kluwer Law International 2000) 178.
13. B Domeij *Pharmaceutical Patents in Europe* (Kluwer Law International 2000) 181.
14. B Domeij *Pharmaceutical Patents in Europe* (Kluwer Law International 2000) 196.
15. B Domeij *Pharmaceutical Patents in Europe* (Kluwer Law International 2000) 196.
16. B Domeij *Pharmaceutical Patents in Europe* (Kluwer Law International 2000) 196.
17. B Domeij *Pharmaceutical Patents in Europe* (Kluwer Law International 2000) 196.
18. B Domeij *Pharmaceutical Patents in Europe* (Kluwer Law International 2000) 196.
19. J Richards, 'United States Patent Law and Practice with Special Reference to the Pharmaceutical and Biotechnology Industries', (Presentación de Documento Seminarios IIPRP y TIFAC Delhi y Hyderabad, India, Enero 2002) http://www.ladas.com/Patents/Biotechnology/USPharmPatentLaw/USPhar01.html (11 de Noviembre de 2005).
20. 35 USC 101
21. B Domeij *Pharmaceutical Patents in Europe* (Kluwer Law International 2000) 197.
22. S Musungu y C Oh 'The Use of Flexibilities in ADPIC by Developing Países: Can they Promote Access to Medicines?' (Presentación ante la Comisión de la Propiedad Intelectual, Innovación y Salud Pública de la OMS, 2005) http://www.who.int/intellectualproperty/studies/ADPIC_flexibilities/en/index.html (11 de Noviembre de 2005) vii.
23. CM Correa *Integrating Public Health Concerns into Patent Legislation in Developing Países* (South Centre Ginebra 2000) 22.
24. Comisión de Derechos de Propiedad Intelectual del Reino Unido: *Report of the UK Commission on Intellectual Property Right: Integrating Intellectual Property Rights and Development Policy* (Comisión de Derechos de Propiedad Intelectual del Reino Unido, Febrero de 2003) 76. http://www.iprcommission.org/papers/word/final_report/chapter4wordfinal.doc (10 de Noviembre de 2005)
25. Comisión de Derechos de Propiedad Intelectual del Reino Unido: *Report of the UK Commission on Intellectual Property Right: Integrating Intellectual Property Rights and Development Policy* (Comisión de Derechos de Propiedad Intelectual del Reino Unido, Febrero de 2003) 76.
26. Comisión de Derechos de Propiedad Intelectual del Reino Unido: *Report of the UK Commission on Intellectual Property Right: Integrating Intellectual Property Rights and Development Policy* (Comisión de Derechos de Propiedad Intelectual del Reino Unido, Febrero de 2003) 76.
27. Comisión de Derechos de Propiedad Intelectual del Reino Unido: *Report of the UK Commission on Intellectual Property Right: Integrating Intellectual Property Rights and Development Policy* (Comisión de Derechos de Propiedad Intelectual del Reino Unido, Febrero de 2003) 76.
28. CM Correa *Integrating Public Health Concerns into Patent Legislation in Developing Países* (South Centre Ginebra, 2000) 28.
29. CM Correa *Integrating Public Health Concerns into Patent Legislation in Developing Países* (South Centre Ginebra, 2000) 22.
30. CM Correa *Integrating Public Health Concerns into Patent Legislation in Developing Países* (South Centre Ginebra, 2000) 24.
31. B Domeij *Pharmaceutical Patents in Europe* (Kluwer Law International 2000) 94.
32. B Domeij *Pharmaceutical Patents in Europe* (Kluwer Law International 2000) 95, 99.
33. B Domeij *Pharmaceutical Patents in Europe* (Kluwer Law International 2000) 99.
34. PW Grubb, *Patents for Chemicals, Pharmaceuticals and Biotechnology: Fundamentals of Global Law, Practice and Strategy* (4ta ed Oxford University Press Oxford 2005) 208.
35. B Domeij *Pharmaceutical Patents in Europe* (Kluwer Law International 2000) 100.
36. B Domeij *Pharmaceutical Patents in Europe* (Kluwer Law International 2000) 196.
37. C Correa, 'Internationalization of the Patent System and New Technologies' (2002) 20 Wis Int'l LJ 523. Sugiere que las funciones que se identifican se enumeren no sólo en las especificaciones sino en las reivindicaciones, dado que éstas, al ser interpretadas por los tribunales, determinan los límites del alcance de la patente.
38. Convención Europea de Patentes, art 54(5).
39. G 1/83, OJ EPO 1985, 64.
40. B Domeij *Pharmaceutical Patents in Europe* (Kluwer Law International 2000) 182.

41. PW Grubb, *Patents for Chemicals, Pharmaceuticals and Biotechnology: Fundamentals of Global Law, Practice and Strategy* (4ta ed Oxford University Press Oxford, 2005) 220.
42. B Domeij *Pharmaceutical Patents in Europe* (Kluwer Law International 2000) 183.
43. B Domeij *Pharmaceutical Patents in Europe* (Kluwer Law International 2000) 183.
44. B Domeij *Pharmaceutical Patents in Europe* (Kluwer Law International 2000) 183.
45. B Domeij *Pharmaceutical Patents in Europe* (Kluwer Law International 2000) 188.
46. B Domeij *Pharmaceutical Patents in Europe* (Kluwer Law International 2000) 189.
47. B Domeij *Pharmaceutical Patents in Europe* (Kluwer Law International 2000) 189, cita T 290/86, OJ EPO 1992, 414.
48. B Domeij *Pharmaceutical Patents in Europe* (Kluwer Law International 2000) 190.
49. B Domeij *Pharmaceutical Patents in Europe* (Kluwer Law International 2000) 179.
50. T128/82, OJ EPO 1984, 164.
51. B Domeij *Pharmaceutical Patents in Europe* (Kluwer Law International 2000) 179.
52. B Domeij *Pharmaceutical Patents in Europe* (Kluwer Law International 2000) 180.
53. B Domeij *Pharmaceutical Patents in Europe* (Kluwer Law International 2000) 186.
54. PW Grubb, *Patents for Chemicals, Pharmaceuticals and Biotechnology: Fundamentals of Global Law, Practice and Strategy* (4ta ed Oxford University Press Oxford 2005) 218.
55. CM Correa *Integrating Public Health Concerns into Patent Legislation in Developing Países* (South Centre Ginebra, 2000) 21.
56. B Domeij *Pharmaceutical Patents in Europe* (Kluwer Law International 2000) 184.
57. B Domeij *Pharmaceutical Patents in Europe* (Kluwer Law International 2000) 184.
58. Acuerdo sobre los Derechos de Propiedad Intelectual relacionados con el Comercio (15 de Abril de 1994) LT/ UR/A-1C/IP/1 art. 27(1).
59. B Domeij *Pharmaceutical Patents in Europe* (Kluwer Law International 2000) 191.
60. B Domeij *Pharmaceutical Patents in Europe* (Kluwer Law International 2000) 191.
61. B Domeij *Pharmaceutical Patents in Europe* (Kluwer Law International 2000) 192.
62. T 289/84 de 11/10/1986, que demuestra que un ingrediente activo que fue previamente inyectado también podría ser administrado por aplicación tópica a través de la piel.
63. USPTO, *USPTO Manual of Patent Examination Procedure*, Section 2112.02 Process Claims, cita *In re Mayo,* 574 F.2d 1082, 1090, 197 USPQ 601, 607 (CCPA 1978).
64. USPTO, *USPTO Manual of Patent Examination Procedure*, Section 2112.02 Process Claims.
65 USPTO, *USPTO Manual of Patent Examination Procedure*, Section 2112.02 Process Claims.
66. USPTO, *USPTO Manual of Patent Examination Procedure*, Section 2112.02 Process Claims.
67. PW Grubb, *Patents for Chemicals, Pharmaceuticals and Biotechnology: Fundamentals of Global Law, Practice and Strategy* (*4ta ed* Oxford University Press Oxford 2005) 219.
68. PW Grubb, *Patents for Chemicals, Pharmaceuticals and Biotechnology: Fundamentals of Global Law, Practice and Strategy* (*4ta ed* Oxford University Press Oxford 2005) 219.
69. PW Grubb, *Patents for Chemicals, Pharmaceuticals and Biotechnology: Fundamentals of Global Law, Practice and Strategy* (*4ta ed* Oxford University Press Oxford 2005) 220.
70. USPTO, *USPTO Manual of Patent Examination Procedure*, Section 2112.02 Process Claims
71. CM Correa *Integrating Public Health Concerns into Patent Legislation in Developing Países* (South Centre Ginebra, 2000) 22.
72. CM Correa *Integrating Public Health Concerns into Patent Legislation in Developing Países* (South Centre Ginebra, 2000) 23.
73. S Musungu y C Oh 'The Use of Flexibilities in ADPIC by Developing Países: Can they Promote Access to Medicines?' (Presentación ante la Comisión de la Propiedad Intelectual, Innovación y Salud Pública de la OMS, 2005). Disponível em: http://www.who.int/intellectualproperty/studies/ADPIC_flexibilities/en/index.html Acesso em: 11 novembro 2005, 38.
74. S Musungu and C Oh 'The Use of Flexibilities in ADPIC by Developing Países: Can they Promote Access to Medicines?' (Presentación ante la Comisión de la Propiedad Intelectual, Innovación y Salud Pública de la OMS, 2005). Disponível em: http://www.who.int/intellectualproperty/studies/ADPIC_flexibilities/en/index.html Acesso em: 11 novembro 2005, Appendix 2.

75. Artículo 25 de la Ley de Patentes de la República Popular China (Adoptado en la 4ta Reunión del Comité Permanente del Sexto Congreso Nacional Popular, el 12 de Marzo de 1984) (Modificado de acuerdo con la Decisión del Comité Permanente del Séptimo Congreso Nacional Popular sobre la Enmienda de la Ley de Patentes de la República Popular China en su 27ma Reunión el 4 de Septiembre de 1992 (Enmendada nuevamente de acuerdo con la Decisión del Comité Permanente del Séptimo Congreso Nacional Popular sobre la Enmienda de la Ley de Patentes de la República Popular China en su 17ma Reunión del 25 de Agosto de 2000). Disponível em: http://www.sipo.gov.cn/sipo_English/flfg/ zlflfg/t20020327_33872.htm. Acesso em: 11 novembro 2005.
76. Sección 3 de la Ley de Patentes (Modificada), que sustituye la Sección 3 de la Ley de Patentes de 1970. Ver también 'Important Changes incorporated in the Patent (Amendment) Bill, 2005 as compared to the Patent (Amendment) Bill, 2003', (Press Release, Ministry of Commerce and Industry, Press Information Bureau, Government of India, March 23, 2005), Section 3(d). Disponível em: http//pib.nic.in/realease/ rel_print_page1.asp?relid=809. Acesso em: 11 novembro 2005.
77. Artículo 7(2), Ordenanza de Patentes de Paquistán de 2000.
78. Artículo 7(4), Ordenanza de Patentes de Paquistán de 2000.
79. Artículo 37(a), Ley nº 19.039 Establishing the Rules Applicable to Industrial Titles and the Protection of Industrial Property Rights (1991). Disponível em: http://www.wipo.int/clea/docs_new/pdf/en/cl/cl012en.pdf Acesso em: 11 novembro 2005.
80. Artículo 37(d), Ley nº 19.039 Establishing the Rules Applicable to Industrial Titles and the Protection of Industrial Property Rights (1991). Disponível em: http://www.wipo.int/clea/docs_new/pdf/en/cl/cl012en.pdf. Acesso em: 11 novembro 2005.
81. Artículo 37(e), Ley nº 19.039 Establishing the Rules Applicable to Industrial Titles and the Protection of Industrial Property Rights (1991). Disponível em: http://www.wipo.int/clea/docs_new/pdf/en/cl/cl012en.pdf. Acesso em: 11 novembro 2005.
82. Artículo 13(a) Ley nº 17.164 Regulating Rights and Obligations Relating to Patents, Utility Models and Industrial Designs (1999). Disponível em: http://www.wipo.int/clea/docs_new/pdf/en/uy/uy002en.pdf. Acesso em: 11 novembro 2005.
83. Artículo 14(a) Ley nº 17.164 Regulating Rights and Obligations Relating to Patents, Utility Models and Industrial Designs (1999). Disponível em: http://www.wipo.int/clea/docs_new/pdf/en/uy/uy002en.pdf. Acesso em: 11 novembro 2005.
84. Artículo 15 Ley nº 17.164 Regulating Rights and Obligations Relating to Patents, Utility Models and Industrial Designs (1999). Disponível em: http://www.wipo.int/clea/docs_new/pdf/en/uy/uy002en.pdf. Acesso em: 11 novembro 2005.
85. Artículo 15(a) Andean Community Decision 486 - Common Provisions on Industrial Property (of September 14, 2000). Disponível em: http://www.wipo.int/clea/docs_new/pdf/en/ac/ac005en.pdf. Acesso em: 11 novembro 2005.
86. Artículo 20(d) Andean Community Decision 486 - Common Provisions on Industrial Property (of September 14, 2000). Disponível em: http://www.wipo.int/clea/docs_new/pdf/en/ac/ac005en.pdf. Acesso em: 11 novembro 2005.
87. Sección 25(2) de la Ley de Patentes of 1978 (última enmienda efectuada por la Ley de Enmiendas nº 58 de 2002), República de Sudáfrica.
88. Sección 25(11) de la Ley de Patentes de 1978 (última enmienda efectuada por la Ley de Enmiendas nº 58 de 2002), República de Sudáfrica.
89. Ley de Patentes de Malasia de 1983 (última enmienda en el año 2003). Disponível em: http:// www.mipc.gov.my/. Acesso em: 11 novembro 2005.
90. Ley de Patentes de Malasia de 1983 (última enmienda en el año 2003). Disponível em: http:// www.mipc.gov.my/. Acesso em: 11 novembro 2005. "(1) No obstante el hecho de que puedan existir invenciones dentro del contexto de la sección 12, no serán patentables: ... (d) los métodos para el tratamiento del cuerpo humano o animal por medios quirúrgicos o terapéuticos, y los métodos de diagnóstico practicados en el cuerpo humano o animal, siempre y cuando este párrafo no se aplica a los productos utilizados en dichos métodos."
91. Normas Patentarias de China Ch 10 sec 3.5.1 – 3.5.2.
92. Normas Patentarias de China Ch 10 sec 3.5.1 – 3.5.2.

Parte III

Direitos de Autor e Conexos: Conflito entre Interesses Públicos de Difusão e Privados de Restrição

1 EXPORTANDO OS DISPOSITIVOS DA "US DIGITAL MILLENNIUM COPYRIGHT ACT" POR MEIO DE ACORDOS DE LIVRE-COMÉRCIO

ANDREW CHRISTIE[*]
SOPHIE WALLER[**]
KIMBERLEE WEATHERALL[***]

Resumo

O presente trabalho aborda a influência dos acordos de livre-comércio (Free Trade Agreements – FTAS's) recentemente negociados pelos Estados Unidos com relação à implementação das obrigações de proteção da propriedade intelectual a partir das estratégias de bilateralismo e regionalismo no Direito do Comércio Internacional. Os autores analisam a hipótese de exportação, pelos Estados Unidos, de normas de sua legislação doméstica (o caso da Digital Millennium Copyright Act de 1998) para o texto normativo dos acordos de livre-comércio negociados, tais como o Acordo com Cingapura (SUSFTA) e o Acordo com a Austrália (AUSFTA). Como tais, estes dispositivos se tornam objeto de implementação pelos

[*] Davies Collison Cave Professor of Intellectual Property, Universidade de Melbourne.
[**] Pesquisadora-associada do *Intellectual Property Research Institute of Australia* (IPRIA), Universidade de Melbourne.
[***] Diretora-Associada do *Intellectual Property Research Institute of Australia* (IPRIA), Universidade de Melbourne.

países no âmbito de seus ordenamentos internos. Observa-se igualmente a abordagem da legislação norte-americana de proteção dos direitos de autor e a introdução de normas antielisão das chamadas "medidas efetivas de caráter tecnológico" que permitem aos titulares o controle do acesso às obras autorais e cópias relacionadas – obrigação que aparece primeiramente para os Estados-membros da Organização Mundial da Propriedade Intelectual quanto à implementação do art. 11 do WIPO Copyright Treaty (WCT) e do art. 14 do WIPO Performances and Phonogram Treaty (WPPT), ambos de 1996. O caso aqui analisado refere-se a uma das hipóteses de elevação dos patamares de proteção dos direitos de propriedade intelectual por meio de acordos de livre-comércio concluídos pelos Estados Unidos. Em especial, o art. discute igualmente a probabilidade de extensão da proteção conferida aos direitos de PI nos Acordos SUSFTA e AUSFTA para outros Estados, segundo o princípio da cláusula da nação mais favorecida, como previsto no art. 4º do Acordo TRIPS/OMC.

1. Introdução

Desde as negociações do Acordo sobre os Aspectos dos Direitos de Propriedade Intelectual Relacionados ao Comércio ("TRIPS")[1] na Rodada Uruguai, e a conseqüente instituição da OMC, o tema da Propriedade Intelectual tem sido constantemente associado às negociações comerciais entre países.[2] Os Estados Unidos foram um dos países que mais influenciaram o processo de negociação do Acordo TRIPS e têm revelado um contínuo interesse na relação que se constrói entre comércio internacional e os direitos de propriedade intelectual, especialmente como ela aparece nos capítulos de PI que são incluídos nos acordos de livre-comércio (os FTA's – Free Trade Agreements) negociados, tanto em âmbito bilateral como regional. Como será examinado, tais capítulos sobre propriedade intelectual são freqüentemente baseados na legislação doméstica norte-americana; isso pode ser bem exemplificado no caso dos dispositivos da Digital Millennium Copyright Act de 1998 ("DMCA") que os Estados Unidos têm incluído em seus acordos.

O presente artigo inicia-se com uma análise dos dispositivos relacionados aos direitos de propriedade intelectual que podem ser observados nos FTA's negociados pelos Estados Unidos, incluindo especificamente aqueles que praticamente imitam o modelo de legislação adotado com a promulgação da Digital Millennium Copyright Act norte-americana. É possível considerar dois exemplos de como os Estados Unidos estão "exportando" suas normas domésticas para os ordenamentos jurídicos internos de outros países, o que pode ser constatado no exame de dois acordos de livre-comércio recentemente negociados com Cingapura e com a Austrália. Essa análise considera a real extensão das semelhanças e diferenças entre os dispositivos do DMCA de 1998 e os capítulos envolvendo direitos de propriedade intelectual constantes nos FTA's. Apresenta ainda uma análise de como os dispositivos de tal lei acabaram sendo exportados para outros países. As razões pelas quais os Estados Unidos devem recorrer a tal expediente por meio de acordos de livre-comércio são também aqui exploradas – os Estados Unidos teriam motivos benignos, tais como efetividade dos custos, em mente, ou suas intenções são mais traiçoeiras? Por fim, o trabalho discute como essa transposição dos dispositivos da Digital Millennium Copyright Act pelos Estados Unidos interage com o comércio internacional, e as conseqüências dessa interação entre eles apresentada.

2. Acordos de Livre-Comércio e a DMCA de 1998

2.1. Dispositivos Relacionados à Propriedade Intelectual nos Acordos de Livre-Comércio Negociados pelos Estados Unidos

A exportação pelos Estados Unidos dos dispositivos da DMCA de 1998 a partir de acordos de livre-comércio tem sido constatada no âmbito dos capítulos envolvendo a proteção de direito de propriedade intelectual (IP Chapters) que são incluídos nos acordos negociados por aquele país. Entre o final do ano de 2000 e início de 2005,[3] os Estados Unidos concluíram acordos com 12 países – 11 dos quais apenas nos últimos dois anos. Uma característica comum nesses FTA's mais recentes é o aumento fenomenal na extensão dos capítulos de PI se comparados com os acordos concluídos em outros tempos. A tabela a seguir ilustra esse contexto (Figura 1):[4]

Figura 1 – Extensão dos capítulos de PI nos Acordos de Livre-Comércio norte-americanos (1985-2004)

Ano	Acordo de Livre-Comércio	Número de páginas dos Capítulos de PI[5]	Número de palavras no Capítulo de PI[6]
1985	Estados Unidos-Israel	1/3 página	81
1992	NAFTA	7.5 páginas	3.605
Outubro 2000	Estados Unidos-Jordânia	8 páginas, mais um memorando de entendimentos (aprox. 1 página)	2.438
Maio 2003	Estados Unidos-Cingapura	23 páginas mais 2 *side letters* (12 páginas)	8.737 (mais *side letters*)
Junho 2003	Estados Unidos-Chile	32 páginas (sem *side letters* concernentes)	11.105
Fevereiro 2004	Estados Unidos-Austrália	30 páginas mais 3 *side letters* (5 páginas).[7]	11.581 (mais *side letters*)
Junho 2004	Estados Unidos-Marrocos	37 páginas mais 3 *side letters* (4 páginas)	10.536 (mais *side letters*)
Agosto 2004	Estados Unidos-América Central ("CAFTA")	32,5 páginas mais 1 side letter comum (1/2 página)[8]	12.251 (mais *side letters*)
Setembro 2004	Estados Unidos-Bahrein	23, 5 páginas mais 3 *side letters* (5.5 *pages*)	10.729 (mais *side letters*)

A parte dedicada aos direitos de propriedade intelectual era relativamente ínfima no Acordo Estados Unidos-Israel de 1985 e no Acordo estabelecendo o NAFTA de 1992, compreendendo, respectivamente, apenas um terço de página e 7,5 páginas. Ainda que tivesse sido concluído após a adoção do Acordo TRIPS em 31 de dezembro de 1994 e dos Tratados da OMPI de 1996, o Acordo Estados Unidos-Jordânia de 2000 contém dispositivos concernentes à propriedade intelectual que são relativamente simples, totalizando cerca de oito páginas. No entanto, a partir daí os capítulos de PI nos FTA's foram sendo substancialmente expandidos. Eles normalmente aparecem em pelo menos 30 páginas nos Acordos. Essa expansão em quantidade decorre do aumento dos detalhes incluídos nos dispositivos sobre direitos de propriedade intelectual.

Os capítulos de PI nos acordos de livre-comércio negociados pelos Estados Unidos são tipicamente estruturados para lidar com três tipos de questões. Primeiramente, existem dispositivos que tratam dos aspectos gerais da disciplina da propriedade intelectual, tais como os tratados e convenções internacionais, aos quais os Estados devem aderir como parte-contratante; o direito de cada um dos Estados de oferecer uma proteção mais abrangente para os direitos de PI; o requisito de observância do princípio do tratamento nacional; a forma pela qual os dispositivos de proteção devem ser aplicados às matérias já existentes; o requisito da transparência nos direitos domésticos; e, fundamentalmente, os procedimentos gerais aplicáveis à "observância" dos direitos de PI (*enforcement procedures*). Esses capítulos trazem igualmente dispositivos dedicados a regimes normativos específicos dentro do domínio dos direitos de propriedade intelectual, tais como marcas e indicações geográficas, direitos de autor e conexos, desenhos industriais e patentes. Contêm ainda regimes com os quais a propriedade intelectual apresenta uma interface objetiva (*e.g.* o uso de nome de domínios na Internet e a regulação de registro e comercialização de produtos farmacêuticos[9]) e, finalmente, dispositivos específicos sobre a "observância" dos direitos de propriedade intelectual e conseqüente implementação da proteção.

É importante observar que cada dispositivo constante nos capítulos de PI de tais Acordos são de várias categorias, especialmente em termos de "intensidade" relacionada à proteção normativa que buscam conferir. Alguns repetem meramente um dispositivo do tratado ou convenção internacional concernente; na maioria dos casos tal dispositivo refere-se àquele previsto no próprio Acordo TRIPS/OMC. Outros dispositivos, no entanto, são mais específicos; ou aprofundam os mecanismos de implementação que estabelece aquele dispositivo do tratado/convenção concernente ou oferecem um nível mais elevado de proteção aos direitos de PI ali considerados, excedendo e superando aquela proteção que é estabelecida em tais tratados/convenções concernentes.

Esses dois tipos de dispositivos – aqui denominados "Treaty-elaborated" ou "Treaty-plus" (*e.g.* dispositivos "TRIPS-plus")[10] – eliminam algumas das flexibilidades de interpretação que são permitidas no tratado/convenção a que fazem referência. Como se observa na tabela do Anexo I, muitos dos dispositivos dos FTA's concluídos pelos Estados Unidos com outros países são da categoria dos "Treaty-elaborated" e "Treaty-plus", ou ambos. A especificidade de muitos deles nos capítulos dedicados aos direitos de propriedade intelectual parte justamente da forma normal da linguagem dos tratados internacionais nessa área e que tende a ser muito ampla.

2.2. Os Dispositivos da DMCA nos Acordos de Livre-Comércio

A Digital Millennium Copyright Act passou a integrar a sistemática do Direito de Autor norte-americano em 1998. Trata-se de um extenso diploma legal dividido em cinco títulos. O presente trabalho concentra-se na análise dos dispositivos relacionados aos atos antielisão constantes do Título I.[11] Adota-se aqui a terminologia geral "dispositivos" da DMCA

O Título I da DMCA foi aprovado pelo Congresso norte-americano na esteira da harmonização promovida pelos Tratados da OMPI de 1996: o WIPO Copyright Treaty (WCT) e o WIPO Performances and Phonogram Treaty (WPPT).[12] Todavia, enquanto o legislador norte-americano buscava justificar o alinhamento de seu arcabouço normativo de proteção aos direitos autorais, aos dispositivos de tais Tratados, parte da doutrina sustentava que a Digital Millennium Copyright Act ultrapassava os limites previstos na sistemática dos Tratados de 1996.[13] A DMCA tem sido encarada como extremamente controvertida, especialmente por que cria um novo regime de responsabilidade pelos atos de violação das chamadas "medidas efetivas de caráter tecnológico" (*effective technological measures*)[14] empregadas pelos titulares de direitos de autor para controlar ou impedir qualquer tipo de cópia e/ou acesso a suas obras.

Os dispositivos da DMCA oferecem uma boa ilustração de duas questões mais gerais que são relevantes para a análise dos capítulos de PI nos acordos de livre-comércio negociados pelos Estados Unidos. Primeiramente, eles mostram a complexidade crescente dos acordos que pode ser identificada com o passar do tempo. Exemplo disso é que nenhum dispositivo da lei norte-americana é encontrado no Acordo Estados Unidos-Jordânia de 2000.[15] Todavia, no período em que o Acordo de Livre-Comércio entre Estados Unidos e Chile era negociado, ainda em junho de 2003, tais dispositivos começaram a aparecer, ainda que não estivessem exatamente em conformidade com aqueles do direito norte-americano. Enquanto Estado-parte, o Chile está autorizado a escolher os meios pelos quais ele implementará os mecanismos antielisão – seja como um tipo de violação independente, ou como elemento agravante aos atos tradicionais de violação de direitos autorais praticados por terceiros.[16] Os acordos de livre-comércio mais recentes, como aqueles que os Estados Unidos negociaram com Cingapura (maio de 2004) e Austrália (fevereiro de 2004), teriam então fechado essas potenciais "lacunas".

A redação dos dispositivos da DMCA também indica, igualmente, um afastamento daquela linguagem ampla usualmente empregada em tratados multilaterais, rumo à elaboração de normas mais detalhadas; elas são tanto mais aprimoradas quanto excessivas em relação ao conteúdo que buscam estabelecer; seu nível de detalhamento impressiona imediatamente qualquer leitor mais entretido. Do ponto de vista formal, os dispositivos da lei norte-americana parecem muito mais com um pedaço de lei do que necessariamente com um texto de tratado internacional.

Os acordos com Cingapura e Austrália são bons exemplos dessa tendência. As obrigações internacionais em âmbito multilateral a serem observadas por esses países, com relação às medidas antielisão, encontram-se na sistemática do Tratado da OMPI sobre Direitos de Autor (WCT),[17] que estabelece na versão original de seu art. 11 ("Obrigações relativas às medidas efetivas de caráter tecnológico"):

> Contracting parties shall provide adequate legal protection and effective legal remedies against the circumvention of *effective technological measures* that are used by authors in connection with the exercise of their rights under this Treaty or the Berne Convention and that restrict acts, in respect of their works, which are not authorized by the authors concerned or permitted by law.[18]

A obrigação equivalente ao dispositivo acima em ambos os Acordo Cingapura – Estados Unidos (Singapore – United States Free Trade Agreement – SUSFTA)[19] e no Acordo Austrália – Estados Unidos (Australia – United States Free Trade Agreement – AUSFTA)[20] estende-se por mais de 2,5 páginas e duas mil palavras.[21] Ela especifica exatamente o que seriam "medidas efetivas de caráter tecnológico", quais atos são proibidos e quais exceções são permitidas. A redação dos artigos negociada e incorporada à versão final dos respectivos FTA's é muito próxima daquela estabelecida na Digital Millennium Copyright Act. Enquanto esse grau de detalhamento também possa ser identificado em outras partes dos capítulos relacionados à propriedade intelectual em tais acordos, as obrigações antielisão sobressaem-se pela particularidade e complexidade com que são adotadas pelos Estados-partes.

3. Como os Estados Unidos Estão Exportando os Dispositivos da DMCA Via Acordos de Livre-Comércio (FTA's)

3.1. Análise dos Dispositivos da DMCA no Âmbito dos Acordos SUSFTA e AUSFTA

Se observado de modo geral, os Estados Unidos efetivamente transplantaram dispositivos de sua Digital Millennium Copyright Act de 1998 para os acordos de livre-comércio recentemente negociados e dali para os ordenamentos jurídicos domésticos de outros países. A seguir discutimos o caso de como ocorreu essa transposição com relação ao Acordo Cingapura – Estados Unidos e o Acordo Austrália – Estados Unidos.

Os dispositivos do DMCA que foram inseridos em acordos de livre-comércio são fundamentalmente os seguintes:

- normas gerais proibindo atos de elisão das "medidas efetivas de caráter tecnológico" para controle de acesso às obras autorais;[22]
- normas gerais proibindo a fabricação, importação, venda, oferta ou comercialização ilegal de aparelhos/dispositivos desenvolvidos com a finalidade de elidir "medidas efetivas de caráter tecnológico" que controlam o acesso ou a reprodução das obras autorais;[23]
- normas concebidas como "válvulas de escape" permitindo a revisão dos dispositivos da DMCA e a criação de exceções adicionais e limitadas no tempo;[24]
- outros exemplos de normas proibitivas em relação a algumas organizações sem fins lucrativos, agências governamentais, técnicas relacionadas à engenharia reversa, pesquisas criptografia, coleta de informações pessoais e realização de testes de segurança.[25]

Outros dispositivos da DMCA de 1998 não foram transplantados para o corpo normativo dos acordos de livre-comércio negociados pelos Estados Unidos. Enquanto muitos deles estabelecem definições utilizadas na lei, outros parecem ser de grande importância para o tema aqui discutido. O § 1201(c)(4), por exemplo, estabelece que certos dispositivos da DMCA não afetam a liberdade de expressão. Essa exceção, no entanto, não é incluída na redação dos dispositivos dos Acordos SUSFTA e no AUSFTA. A lei norte-americana também estabelece exceções com relação a certos aparelhos análogos, tais como vídeocassetes[26] (não-proibição de uso), mas estas não foram utilizadas no corpo normativo de tais acordos.

Uma outra importante diferença entre o teor das normas da DMCA e os dispositivos correspondentes nos Acordos SUSFTA e AUSFTA é que não parece haver qualquer requisito de conhecimento prévio sobre os atos vedados pela lei norte-americana. As normas gerais antielisão de medidas de caráter tecnológico no DMCA simplesmente estabelecem que "ninguém poderá elidir uma medida de caráter tecnológico que efetivamente controle o acesso a uma obra autoral protegida nos termos do presente Título".[27] Em contrapartida, tanto o Acordo SUSFTA como o AUSFTA estabelecem que a proibição somente se aplica nos casos em que a pessoa sabidamente ou tenha razão para saber ou tenha elidido qualquer medida de proteção dos direitos autorais de determinado titular.[28]

3.2. Comparação Entre o Acordo SUSFTA e o Acordo AUSFTA

À primeira vista, o SUSFTA e o AUSFTA parecem quase idênticos. No entanto, embora os dois Acordos tenham praticamente o mesmo número de normas relacionadas à antielisão de medidas tecnológicas de controle de acesso às obras protegidas, existem algumas importantes diferenças entre eles. Estas são apenas aparentes quando fazemos uma leitura atenta dos dois textos. A seguir são discutidas tais diferenças, a fim de se observar o grau de detalhamento para o qual devemos descer a fim de observar qualquer diferença entre os esquemas normativos dos Acordos.

Os acordos de livre-comércio em questão tratam como modalidade de violação de direitos de autor o ato de "elisão de qualquer medida efetiva de caráter tecnológico de controle do acesso à obra autoral",[29] ou o ato de fabricação ou distribuição de qualquer aparelho/dispositivo "essencialmente desenvolvido" para facilitar a "elisão de qualquer medida efetiva de caráter tecnológico".[30] Há uma diferença entre a definição de "medida efetiva de caráter tecnológico" no SUSFTA e no AUSFTA. Neste último, o termo em questão diz respeito a toda medida que controle acesso a uma obra protegida ou proteja "quaisquer direitos do autor sobre a obra". No contexto do Acordo SUSFTA, por outro lado, a expressão diz respeito a toda medida que controle o acesso à obra protegida, quaisquer direitos autorais sobre a obra ou quaisquer direitos relacionados aos direitos autorais.[31] Embora o significado de "quaisquer direitos relacionados aos direitos autorais" não seja definido no SUSFTA, o Acordo, poder-se-ia sustentar, tem um escopo mais abrangente que o equivalente dispositivo no AUSFTA, uma vez que a expressão em tela potencialmente inclui uma gama de direitos que vão além dos direitos de autor atribuídos ao titular sobre a obra protegida.

O SUSFTA e o AUSFTA trazem a mesma lista de exceções às proibições sobre elisão das "medidas efetivas de caráter tecnológico". Por exemplo, há três exceções em relação à pesquisa em criptografia, bibliotecas e programas de computador que proíbem menores de consultar conteúdo impróprio na Internet. Existe todavia no Acordo SUSFTA uma exceção adicional que não aparece no AUSFTA. Essa exceção, que consta em um dos anexos, autoriza a elisão de uma "medida efetiva de caráter tecnológico", quando esta tenha como único escopo controlar a segmentação de mercado para cópias legítimas de filmes.[32] Isso poderia justamente servir como expediente para remover a codificação regional nos discos digitais para vídeo (DVD).

Talvez não seja surpresa que nós tenhamos que concluir, observando o detalhamento de tais diferenças entre os acordos, além de considerar a necessidade de que a única tática aberta para as partes em desvantagem, nas negociações empreendidas, seja a alternativa de buscar estabelecer derrogações dentro de textos-modelo tão bem acabados como os exemplos aqui examinados. [33] Não fica claro, no entanto, quais são as reais implicações de tais diferenças tão minuciosas em outros acordos de livre-comércio. Particularmente, não é possível determinar se a existência de versões alternativas teriam qualquer impacto na interpretação de tais dispositivos no Direito Internacional. Por exemplo, se o acordo de livre-comércio entre Cingapura e os Estados Unidos apresenta, com relação ao problema anteriormente examinado, uma linguagem mais flexível do que o Acordo Austrália-Estados Unidos, seria então menos legítima uma eventual opção pela interpretação mais ampliativa das normas do SUSFTA?

3.3. Implementação das Normas do DMCA de 1998 em Âmbito Doméstico

Durante as negociações do AUSFTA, a Austrália conseguiu assegurar a prorrogação para implementação dos dispositivos da Digital Millennium Copyright Act que foram transportados para tal Acordo.[34] Esse período de graça expirará em 1º de janeiro de 2007. [35] Até o momento de conclusão do presente art., não houve nenhuma manifestação ou notificação do governo australiano sobre a elaboração de um projeto de lei para implementação dos dispositivos do DMCA (via AUSFTA) no ordenamento nacional.

Cingapura, por sua vez, já implementou os dispositivos do DMCA contidos no SUSFTA em seu ordenamento doméstico. As normas que tratam de mecanismos antielisão de medidas de caráter tecnológico para controle do acesso às obras autorais, tal como aparecem na DMCA, encontram-se na Parte XIII-A da Singapore Copyright Act. De modo mais abrangente, tais normas são baseadas nos dispositivos incorporados pelo Acordo SUSFTA. Assim, seria possível afirmar que as proibições gerais contidas na DMCA, a respeito das normas antielisão de "medidas efetivas de caráter tecnológico", foram objeto de transposição na legislação doméstica de direitos autorais, por Cingapura, por meio do Acordo SUSFTA.

4. Por Que os Estados Unidos Exportam os Dispositivos da DMCA Via Acordos de Livre-Comércio?

Nas linhas anteriores examinamos como os Estados Unidos estão exportando normas estabelecidas no Digital Millennium Copyright Act de 1998 por meio de acordos de livre-comércio negociados com outros países. O presente item examina duas possíveis explicações pelas quais tal fenômeno tem sido constatado.

4.1. Razão do Pragmatismo: Custo-Efetividade e Certeza Processual[36]

Uma das razões pelas quais os Estados Unidos exportam os dispositivos da DMCA por meio dos FTA's pode estar evidenciada em um efeito colateral do pragmatismo nas negociações. Os acordos de livre-comércio negociados por aquele país partem de um modelo ou *standard* de Acordo, com pequenas variações dependendo das necessidades identificadas em cada contexto. Esse modelo de Acordo foi sendo desenvolvido com a experiência acumulada em várias negociações, sendo que cada novo Acordo funciona como modelo para um outro subseqüente. Assim, cada FTA negociado pelos Estados Unidos foi se tornando mais extenso e mais detalhado, já que dispositivos inéditos são adicionados aos textos já existentes.

A adoção de uma linha de negociação baseada nos modelos de Acordos tem vários incentivos. Uma minuta de Acordo de Livre-Comércio, enquanto aberta à negociação, mas fechada ao modelo que encerra, é eficaz em termos de custo, com o que há possibilidade de redução dos custos associados às negociações bilaterais entre os países. Esse tipo de negociação comercial muitas vezes pode ser um processo caro e não seria surpresa observar por que agentes experientes envolvidos nas várias negociações teriam incentivos para fugir da "reinvenção da roda". Além disso, o uso de modelos é determinado pela necessidade de o USTR assegurar que os acordos de livre-comércio por ele negociado sejam objeto de aprovação incondicional pelo Congresso norte-americano. Ao contrário do procedimento adotado em muitos países, nos quais o Poder Executivo tem competência para a conclusão de tratados e convenções sem que seja exigida apreciação das negociações pelo Parlamento, nos Estados Unidos o Congresso deve aprovar os objetivos das negociações antes mesmos que elas tenham início pelo USTR. Assim, é necessário também que um ato legislativo seja promulgado para a aprovação do Acordo de Livre-Comércio antes que ele entre em vigor.

Por uma série de razões a tal procedimento tende a incitar a "*standardização*" de textos altamente complexos sobre a disciplina da propriedade intelectual, inseridos nos acordos. Primeiramente, um FTA teria maiores chances de ser objeto de aprovação se seguisse um modelo já estabelecido numa negociação de Acordo anterior e bem-sucedida. Isso porque parte do procedimento de aprovação pelo Congresso norte-americano envolve a revisão do texto por certos comitês consultivos da indústria. Pelo menos com relação aos direitos de propriedade intelectual, o comitê a eles concernente apresenta um histórico de elaborar comparações muito explícitas no que tange aos dispositivos já adotados em Acordos de Livre-Comércio anteriores. Comentários negativos são dirigidos, por exemplo, àquelas obrigações estabelecidas nos Acordos que ofereçam pouca proteção aos direitos de propriedade intelectual.

Em segundo plano, de acordo com os objetivos de negociações sobre PI estipulados no US Trade Act de 2002, o USTR, ao conduzir as negociações, deve assegurar que os dispositivos de qualquer acordo de livre-comércio, multilateral ou bilateral, relativamente a direitos de propriedade intelectual, reflitam um *standard* de proteção similar àquele que é estabelecido no ordenamento jurídico dos Estados Unidos.[37] Isso tende à adoção de dispositivos que sejam compatíveis com aquele escopo de proteção dos direitos de PI fixado no direito norte-americano, levando a um conjunto de normas mais detalhadas (ao estilo de legislação tradicional) do que aquelas que se costumam observar nos tratados e convenções internacionais.

O efeito casado desses fatores resume-se no detalhamento e complexidade dos dispositivos dos capítulos de PI constantes de acordos bilaterais de Livre-Comércio negociados pelos Estados Unidos, e que estão refletidos nos modelos de Acordo e na adoção de *standards* de proteção de acordo com a legislação doméstica.

4.2. Razão de Princípio: Assentando o Direito Norte-Americano em outros Ordenamentos Jurídicos

Há uma outra razão – talvez mais insidiosa – pela qual os Estados Unidos estejam atualmente negociando tantos acordos de livre-comércio com capítulos contendo os dispositivos detalhados de sua Digital Millennium Copyright Act. É bem provável que o país esteja pretendendo assentar a orientação legislativa doméstica em outros países, adotando uma alternativa de interpretação particular e implementação do art. 11 do Tratado da OMPI sobre Direitos de Autor de 1996. A DMCA tem sido questionada por sua essência controvertida, não apenas nos Estados Unidos. O fato de que os Estados Unidos estejam agora vinculados a adotar (e continuar adotando, segundo os acordos de livre-comércio negociados) uma orientação mais próxima daquela de sua legislação doméstica, no caso a DMCA, parece constar uma explicação adicional para a postura do próprio governo. O Congresso parece não prestar atenção alguma aos clamores internos quanto à mudança no modelo do sistema de proteção dos direitos de autor então adotado com a entrada em vigor da DMCA em 1998. Além disso, ao estabelecer obrigações a outros países por meio de acordos de livre-comércio, e com isso a adoção da orientação perseguida na DMCA, os Estados Unidos frustram, quando não impedem, a escolha de uma alternativa menos draconiana, como aquela que fora adotada no âmbito do Direito comunitário europeu.[38]

Essa posição muito conveniente de os Estados Unidos assentarem e forçarem a adoção de dispositivos da DMCA na legislação doméstica dos países que são partes nesses acordos de livre-comércio é extremamente questionável. As normas de direitos de autor buscam estabelecer um equilíbrio entre os direitos dos titulares e dos usuários. A linha adotada para implementação do art. 11 do Tratado da OMPI sobre Direitos de Autor de 1996, como re-elaborado na sistemática da DMCA norte-americana, e agora em muitos dos acordos de livre-comércio concluídos, "altera significativamente o equilíbrio dos direitos de autor em favor dos titulares".[39]

5. O Impacto da Exportação dos Dispositivos da DMCA de 1998 pelos Estados Unidos

As negociações norte-americanas envolvendo acordos de livre-comércio, como é o caso do SUSFTA e AUSFTA, e os esforços para exportar dispositivos da DMCA de 1998 para o ordenamento jurídico de outros Estados ocorrem no contexto do direito do comércio internacional. Embora uma discussão mais ampla sobre o comércio multilateral e sua interação com acordos de livre-comércio fuja do escopo do presente trabalho, seria interessante discutir brevemente o dispositivo mais relevante para o exame aqui feito: o art. 4º do Acordo TRIPS/OMC.

Em sua língua original, como adotado pelos Estados-membros da OMC, o Art. 4º do TRIPS estabelece em parte:[40]

> With regards to the protection of intellectual property, an advantage, favour, privilege or immunity granted by a Member to the nationals of any other country shall be accorded immediately and unconditionally to the nationals of all other Members.[41]

O art. 4º aplica efetivamente o princípio da nação mais favorecida (MFN) aos direitos de propriedade intelectual enquanto estes estejam relacionados ao comércio. O princípio MFN é freqüentemente observado como sendo uma "pedra angular" na sistemática normativa da Organização Mundial do Comércio. Ele está basicamente consagrado no art. 1 do Acordo Geral sobre Tarifas e Comércio (GATT 94) e art. 2.1 do Acordo Geral sobre Comércio de Serviços, o GATS. Com respeito a esses três acordos, a cláusula da nação mais favorecida impede a discriminação entre membros da OMC, especialmente no que concerne às medidas tarifárias estabelecidas. No entanto, embora o princípio em tela seja um princípio nuclear em tais Acordos, ambos, GATT 94 e GATS, autorizam os Estados-membros da OMC a afastarem a aplicação do princípio no âmbito de acordos de livre-comércio entre outros membros. Isso está expressamente previsto no art. XXIV do GATT 94 e no art. V do GATS. Uma vez que as partes signatárias de um FTA oferecem entre si tarifas e outros benefícios, isso significa que tais acordos sejam efetivamente uma exceção aos princípios da nação mais favorecida.

Não há, contudo, nenhuma exceção para os acordos de livre-comércio no âmbito do TRIPS/OMC, e, assim, o princípio da nação mais favorecida seria aplicável às obrigações relacionadas aos direitos de propriedade intelectual estabelecidos nos FTA's. O efeito esperado do artigo do TRIPS é o de vincular os Estados-membros que sejam partes em acordos de livre-comércio a estenderem as vantagens concedidas no campo dos direitos de PI aos demais membros da OMC. Esse é o caso ainda em que apenas uma parte signatária em um acordo de livre-comércio seja membro da Organização. Assim, se a Austrália ou Cingapura implementarem dispositivos do DMCA, via seus respectivos acordos de livre-comércio com os Estados Unidos, tais dispositivos restarão aplicáveis a outros membros da OMC.

Várias são as conseqüências da interação entre o art. 4º do TRIPS/OMC e os acordos de livre-comércio concluídos pelos Estados Unidos e que contenham os dispositivos da DMCA de 1998. Primeiramente, se os Estados Unidos continuam a negociar tais acordos, tais dispositivos tornar-se-ão *standards* de fato, internacionalmente empregados para a implementação de normas antielisão de "medidas efetivas de caráter tecnológico" de controle de acesso às obras autorais, a fim de alcançar as obrigações firmadas entre os Estados-membros do Tratado da OMPI sobre Direitos de Autor, no caso o art. 11. Isso ocorre porque quanto maior o número de países que apresentam dispositivos da DMCA norte-americana em seu ordenamento interno, maior será o número de outros países nos quais os titulares de direitos de autor receberão maiores benefícios gerados diretamente pela aplicação do princípio da nação mais favorecida. Se este é considerado à luz de vários acordos de livre-comércio celebrados pelos Estados Unidos, ou ainda os que estão sendo negociados, então seria possível observar que uma proporção significativa de titulares de direitos de autor, em escala mundial, receberá a proteção oferecida pela sistemática da Digital Millennium Copyright Act de 1998.

Por fim, ainda que os Estados Unidos não mais negociem seus acordos de livre-comércio adotando dispositivos da DMCA, estes poderiam ainda se tornar *standards* de fato, internacionalmente reconhecidos e empregados para a implementação do art. 11 do Tratado da OMPI sobre Direitos de Autor de 1996, por conta justamente das relações comerciais mantidas pelos países no que tange aos acordos de livre-comércio celebrados com aquele país. Ao serem vinculados por um acordo quanto à obrigação substancial de implementação, no ordenamento doméstico, de normas importadas do DMCA, os países em geral terão incentivos para pretender a adoção de tais dispositivos em outros acordos de livre-comércio ou estender a aplicação dos mesmos aos titulares de direitos de autor originários de outros Estados-membros da OMC.

Assim, dentro da idéia do princípio da nação mais favorecida, um membro que tenha adotado dispositivos de proteção de direitos de autor com base na DMCA deve oferecer os mesmos benefícios aos titulares de direitos originários de outro Estado-membro da OMC. A concessão de tais benefícios a titulares de outros Estados sem a contrapartida de recebimento de benefícios por titulares nacionais pareceria motivar os países que sejam partes signatárias de FTA's com os Estados Unidos, e que tenham adotado dispositivos da DMCA de 1998, a incluir tal expediente nos capítulos envolvendo direitos de propriedade intelectual nos acordos de livre-comércio por eles negociados posteriormente.[42] Com efeito, tais países tornam-se alistados a uma "coalizão" liderada pelos Estados Unidos na luta a favor da adoção da abordagem concebida na Digital Millennium Copyright Act para proteção dos direitos autorais e implementação do art. 11 do Tratado da OMPI sobre Direitos de Autor de 1996.[43]

6. Conclusões

Partindo-se da discussão aqui travada, seria possível avaliar o êxito dos Estados Unidos em exportar os dispositivos de sua Digital Millenium Copyright Act para o ordenamento jurídico dos países que são partes nos acordos de livre-comércio já negociados. Particularmente, tais dispositivos têm sido inseridos nos acordos quase que por meio de um mecanismo de "recorta-e-cola" da legislação doméstica norte-americana. Ainda que possa haver uma razão benigna para fazer isso, é bem provável que o expediente utilizado (a exportação via acordos de livre-comércio) seja igualmente algo muito traiçoeiro. A exportação dos dispositivos da DMCA de 98 é mais uma tentativa de os Estados Unidos firmarem – tanto em âmbito doméstico como no plano internacional – uma abordagem particular no que tange à implementação do art. 11 do Tratado da OMPI sobre Direitos de Autor de 1996. Isso ocorre, por assim dizer, à custa de alternativas que poderiam ser menos draconianas.

No longo-prazo, os impactos desse expediente permanecem aqui para serem observados. Pode-se especular, no entanto, que uma conseqüência seria a proliferação desses dispositivos do DMCA em futuros acordos de livre-comércio, sejam eles negociados pelos Estados Unidos, sejam negociados por países que são partes signatárias de acordos com o Estado norte-americano. Isso levaria, por sua vez, a muitos deles implementarem normas parecidas com aquelas previstas na DMCA em seus ordenamentos domésticos. No devido tempo, esses dispositivos tornar-se-ão *standards* de facto, internacionalmente reconhecidos, para a implementação de normas antielisão em conformidade com as obrigações firmadas entre os Estados-membros do WCT. Considerando a persuasão do argumento de que o DMCA resulta, na prática, em uma mudança injusta no equilíbrio dos direitos de autor em favor dos titulares, tal resultado não deve ser comemorado.

Melbourne,
Setembro de 2005

Notas:

1. *Agreement on Trade-Related Aspects of Intellectual Property Rights,* que integra o Anexo IC do Acordo Constitutivo da Organização Mundial do Comércio, de 30 de dezembro de 1994.

2. Ver, por exemplo, DRAHOS, Peter, "Global property rights in information: The story of TRIPS at the GATT" in *Prometheus* n.13, 1995, p.6.

3. A última atualização da pesquisa para o presente artigo foi realizada em setembro de 2005.

4. Os dados constantes da Figura 1 são baseados no estudo de WEATHERALL, 'On IP "Harmonization" and the Effect of the Bilateral FTAs', *IPRIA Working Paper* cit.

5. A extensão aqui referida é o tamanho do capítulo de PI nos Acordos e as negociações sigilosas eventualmente existentes como objeto de cartas complementares. Eles são apresentados em formato pdf. no website do *US Trade Representative* (USTR). Os números são aproximados. Os acordos, no entanto, são apresentados de modo coerente, com textos regulares (bem enfatizados no modelo de texto de FTA empregado pelos Estados Unidos nas negociações). Assim, não parece ser equivocada a amostragem utilizada, que leva em conta a informação por tamanho da página.

6. Essa é uma contagem aproximada feita a partir dos recursos do editor do Word Office, tendo sido as palavras extraídas do texto conforme gravado em formato de documento pdf.

7. No caso do *US-Australia Free Trade Agreement* (AUSFTA), houve ainda uma troca de cartas em novembro de 2004, que descreviam, com maiores detalhes, como a Austrália implementaria o capítulo de PI, e a resposta apresentada pelos Estados Unidos. Considerando-se que tais comunicações não são necessariamente designadas como cartas sigilosas ou *side letters* trocadas nas negociações, então poderíamos considerar na verdade 8 (oito) páginas ao acordo sobre as negociações.

8. Há um anexo entre os Estados Unidos e a República Dominicana sobre as medidas de observância (*enforcement*) dos direitos de PI.

9. Os dispositivos gerais sobre propriedade industrial e aqueles relacionados especificamente a direitos de autor e conexos, como encontrados nos acordos de livre-comércio concluídos pelos Estados Unidos, constam no Anexo I *infra.* A tabela descreve o conteúdo dos dispositivos no acordo de livre-comércio com a Austrália (*Australia-United States Free Trade Agreement), o* AUSFTA, e identifica as diferenças, se elas existem, com outros dispositivos similares que são encontrados em outros FTA's. Uma análise e comparação semelhantes às que aqui são empreendidas (e.g. com relação às patentes, marcas e observância dos direitos de PI) podem ser consultadas no estudo de WEATHERALL, 'On IP "Harmonization" and the Effect of the Bilateral FTAs', *IPRIA Working Paper* (no prelo).

10. Para explicar as variações dos graus de proteção aos direitos de propriedade intelectual estabelecidos por esses dispositivos, são utilizadas as expressões "Treaty-elaborated provisions" e "Treaty-plus provisions" e que

indicam o quanto, maior ou menor, determinado acordo de livre-comércio confere proteção aos direitos de PI em relação a outro tratado/convenção internacional sobre a matéria concernente. Para um exame dos termos no que tange à legislação de propriedade intelectual nos países em desenvolvimento *vis-a-vis* implementação do Acordo TRIPS, cf. BASSO, Maristela, *Propriedade Intelectual na Era Pós-OMC*, Livraria do Advogado, 2005, p. 23 e ss. (N.T.)

11. *US Copyright Act*, §1201 – *Circumvention of copyright protection systems.*

12. *Tratado da OMPI sobre Direitos de Autor* e *Tratado da OMPI sobre Execuções e Fonogramas*, ambos adotados em Genebra, em 20 de dezembro de 1996. O WCT entrou em vigor no plano internacional em 6 de março de 2002, e o WPPT, em 20 de maio de 2002.

13. Ver, por exemplo, LEAFFER, *Understanding Copyright Law*, 3rd editon, p. 373; e GINSBURG, Jane, 'Legal Protection of Technological Measures Protecting Works of Authorship: International Obligations and the US Experience', Columbia Public Law Research Paper nº 05-93, August 2005.

14. N.T.: Como aqui é analisada, a expressão "medida efetiva de caráter tecnológico" teria sido originalmente adotada no art. 11 do Tratado da OMPI de Direitos de Autor de 1996, o WCT, e no art. 18 do Tratado da OMPI sobre Execução e Fonogramas, o WPPT ("effective tecnological measures"), e que depois teria sido reelaborada pelo Congresso norte-americano com a adoção da DMCA de 1998. O § 1201 da lei de direitos de autor norte-americana traz como título: "Elisão de sistemas de proteção de direitos de autor" ("Circumvention of copyright protection systems"). A linha (a) da referida Seção é intitulada "Violations Regarding Circumvention of Technological Measures".

15. É necessário observar, todavia, que o art. 4.13 do acordo estabelece efetivamente a obrigação de a Jordânia implementar normas antielisão, incluindo uma proibição geral sobre a comercialização ilícita de aparelhos/mecanismos elisivos (*'trafficking' circumvention devices*).

16. Por exemplo, os dispositivos se aplicam apenas às medidas de caráter tecnológico que venham restringir atos não-autorizados relacionados a [titulares dos direitos] obras, execuções e fonogramas, *protegidos por direitos de autor e direitos conexos* (grifos). O art. 17.4.7(a) do Acordo AUSFTA aplica-se às medidas de caráter tecnológico "que restringem atos não-autorizados relacionados a obras, execuções e fonogramas" ("that restrict unauthorised acts in respect of their works, performances, and phonograms"). Seria possível dizer ainda que na redação, o Acordo Chile-EUA seja um pouco mais restritivo em seus efeitos. A definição que ele apresenta às "medidas efetivas de caráter tecnológico", em seu art. 17.7.5(f), é mais restrita, já que ela compreende as medidas que "não podem, em circunstâncias normais, ser elididas acidentalmente" ('cannot, in the usual case, be circumvented accidentally").

17. Em setembro de 2005, Cingapura já era, mas a Austrália não, parte-signatária do WCT de 1996: http:// www.wipo.int/ treaties/en/ ShowResults.jsp?country_id=ALL&start_year=ANY&end_year=ANY&search_what=C&treaty_id=16. No entanto, em conformidade com o art. 2.2 do Acordo de Livre-comércio entre Cingapura e Austrália (*Singapore-Australia Free Trade Agreement*), recentemente negociado, ambos os países devem aceder ao WCT até 28 de julho de 2007.

18. *As Partes-contratantes deverão oferecer proteção jurídica adequada e remédios legais efetivos contra a elisão/elusão das medidas efetivas de caráter tecnológico empregadas pelos autores com relação ao exercício dos direitos que lhes sejam reconhecidos no presente Tratado ou na Convenção de Berna e que restrinjam, em relação às suas obras, a realização de atos que não estejam autorizados pelos autores em questão ou não permitidos por lei.*

19. A versão integral do Acordo SUSFTA pode ser consultada on-line em *http://www.ustr.gov/Trade_Agreements/Bilateral/Singapore_FTA/Final_Texts/Section_Index.html.*

20. A versão integral do Acordo AUSFTA pode ser consultada no seguinte endereço eletrônico: *http://www.dfat.gov.au/trade/negotiations/us_fta/final-text/index.html.*

21. Para uma comparação entre os dispositivos antielisão de medidas de caráter tecnológico para controle de acesso às obras autorais, como estabelecido no DMCA de 1998 e nos Acordos SUSFTA e AUSFTA, ver Anexo II.

22. *US Copyright Act*, § 1201(a)(1)(A).

23. *US Copyright Act*, § 1201(a)(2) and § 1201(b).

24. *US Copyright Act*, § 1201(a)(1)(B)-(E).

25. *US Copyright Act*, § 1201(d)-(j). – A realização de testes de segurança (*security testing*), segundo a definição empregada pelo DMCA de 1998, diz respeito aos atos de acesso a um computador, sistema de computador, ou rede de computadores, com a finalidade de teste, investigação ou correção de uma falha de segurança, vulnerabilidade, com a autorização do titular ou do operador de tal computador, sistema de computador ou rede. O termo pesquisa de criptografia (*encryption research*), por sua vez, diz respeito às atividades necessárias para a identificação e análise de falhas e vulnerabilidades de tecnologias de criptografia que são aplicadas às obras

protegidas por direitos de autor, desde que tais atividades sejam realizadas para promover o estado do conhecimento na área da tecnologia relacionada à criptografia ou para auxiliar o desenvolvimento de produtos de criptografia. A tecnologia criptográfica diz respeito à codificação e decodificação de informação utilizando-se fórmulas matemáticas e métodos de cálculo. (N.T.)

26. *US Copyright Act.* § 1201(k).

27. *US Copyright Act,* § 1201(a)(1)(A): *"No person shall circumvent a technological measure that effectively controls access to a work protected under this title".* A ausência de conhecimento, pelo réu, do ato práticado dá margem para o juiz, em sua discricionariedade, reduzir ou relaxar a condenação ao pagamento de indenização. Assim, cf. *US Copyright Act* § 1203(c)(5).

28. Ver, por exemplo, art. 16.4.7(a)(i) do SUSFTA e art. 17.4.7(a)(i) do AUSFTA.

29. Ver art. 17.4.7(a)(i) do AUSFTA e art. 16.4.7(a)(i) do SUSFTA.

30. Art. 17.4.7(a)(ii) do Acordo AUSFTA e Art. 16.4.7(a)(ii) do Art. SUSFTA.

31. Art. 16.4.7(b) do SUSFTA (grifos nossos).

32. Cf. Carta de 6 de Maio de 2003, Cláusula Sétima, relativamente aos discos ópticos.

33. Ver discussão no item 4.1 *infra* sobre o processo de negociação adotado pelos Estados Unidos com relação aos acordos de livre-comércio.

34. Cf. art. 17.12 do AUSFTA.

35. O Acordo AUSFTA entrou em vigor no plano internacional em 1º de janeiro de 2005.

36. Sobre essa questão, ver WEATHERALL, Kimberlee, 'On IP "Harmonisation" and the Effect of the Bilateral FTAs', *IPRIA Working Paper* (no prelo).

37. Assim, ver § 2102(4)(A)(II), *Trade Act of 2002*: *"(4) INTELLECTUAL PROPERTY. – The principal negotiating objectives of the United States regarding trade-related intellectual property are:*
(A) to further promote adequate and effective protection of intellectual property rights, including through –
(i)(I) ensuring accelerated and full implementation of the Agreement on Trade-Related Aspects of Intellectual Property Rights referred to in section 101(d)(15) of the Uruguay Round Agreements Act (19 U.S.C. 3511(d)(15)), particularly with respect to meeting enforcement obligations under that agreement; and
(II) ensuring that the provisions of any multilateral or bilateral trade agreement governing intellectual property rights that is entered into by the United States reflect a standard of protection similar to that found in United States law;"

38. Cf. art. 6(4), *Directive 2001/29/EC of the European Parliament and of the Council of 22 May 2001 on the harmonisation of certain aspects of copyright and related rights in the information society,* publicada no Jornal Oficial L167/10, de 2001.

39. CAINE, Emma e WEATHERALL, Kimberlee, 'Australia-US Free Trade Agreement – circumventing the rationale for anit-circumvention?', in *Internet Law Bulletin* n.7, (2004/2005) p.121-22.

40. O art. 4º do TRIPS enumera também certas exceções a esse princípio, nenhum dos quais precisaríamos aqui levar em consideração. No entanto, vale notar que tal dispositivo não se aplica aos acordos de livre-comércio que entraram em vigor antes de 1995.

41. *"Com relação à proteção da propriedade intelectual, toda vantagem, favorecimento, privilégio ou imunidade que um membro conceda aos nacionais de qualquer outro país será outorgada imediata e incondicionalmente aos nacionais de todos os demais membros."*

42. Até o momento de conclusão do presente art., não houve evidências de que está prática esteja ocorrendo. Isso pode se explicar ou porque nossa preocupação é infundada, ou porque ainda é cedo para verificar se tal prática já tenha começado.

43. Essa coalizão, se desejada ou não por um país, depende justamente de sua vontade, especialmente na abordagem com relação à medida pela qual o Estado exerce sua opção em concluir um acordo de livre-comércio com os Estados Unidos, e no pacote, adotar os dispositivos da DMCA.

2 EM BUSCA DE UMA NOVA NORMA INTERNACIONAL PARA OS DIREITOS DE AUTOR: O "TESTE DOS TRÊS PASSOS" REVERSOS

DANIEL GERVAIS*

1. Introdução

Os direitos de autor estão mortos.[1] O primeiro a pronunciar esse sinal teria sido provavelmente John Perry Barlow.[2] Em seu famigerado artigo de 1994, intitulado "The Economy of Ideas", ele defendia a teoria de que a desmaterialização havia tornado irrelevantes os direitos de autor, que foram essencialmente desenvolvidos para proteger a garrafa e não o vinho. Mas, na era digital, a garrafa desapareceu. Barlow anunciou assim seu veredicto, sem nenhuma possibilidade de apelação:

> O Direito de Propriedade Intelectual não pode ser remendado, recondicionado ou expandido para conter os elementos de uma expressão digitalizada, mais do que poderia ser modificada a essência do direito de propriedade para proteger a alocação de espectros de transmissão (o que, de fato, faz-nos lembrar de algo que está sendo

* Professor da Faculdade de Direito da Universidade de Ottawa, no Canadá, onde leciona as disciplinas Direito da Propriedade Intelectual e Direito da Tecnologia. Professor-visitante na Stanford Law School.

aqui pretendido). Precisaremos desenvolver um conjunto de métodos absolutamente novos assim como esse novo conjunto de circunstâncias.[3]

Seguindo a concepção desse antigo fazendeiro e porta-voz de Deus, alguns acadêmicos nos Estados Unidos e em outros países começaram a explicar como os direitos de autor se tornaram obsoletos na era da Internet.[4] No entanto, esse funeral seja talvez um tanto quanto prematuro. Os direitos de autor ainda estão entre nós e poucos podem provar que uma sociedade capitalista,[5] sem que conte com algo parecido com os direitos de autor, poderia assegurar igualmente, ou melhor, a criação e distribuição de novas obras.

Certos golpes, porém, já foram desferidos contra a coerência do sistema. Primeiramente, deve-se dizer que as "indústrias dos direitos autorais" – os chamados "titulares" – não têm feito muito para adaptar seus métodos tradicionais à Internet. Elas têm antes lutado contra tudo e as indústrias de filmes e de músicas continuam nessa briga.[6] Eu estive entre aqueles que sugeriram que fosse utilizada uma abordagem orientada pelos modelos de negócios (*e.g* comércio eletrônico) com relação às novas formas de exploração dos direitos autorais na Internet.[7] Há quatro ou cinco anos, as editoras de livros e revistas acadêmicas passaram a ofertar on-line seus materiais e algumas delas ampliaram consideravelmente as opções oferecidas aos seus leitores, seja disponibilizando dados diretamente dos laboratórios (muito extensos para serem impressos) ou modelos tridimensionais de moléculas, seja para simplesmente acelerar a distribuição do material produzido pelos autores.[8]

Depois de alguns retrocessos com relação a essas questões de padronização,[9] e processos judiciais visando a impedir a troca de arquivos eletrônicos entre internautas a partir de um site central,[10] ou pela rede *peer to peer* (P2P), as grandes gravadoras passaram a autorizar o download de arquivos de músicas.[11] A indústria cinematográfica, por sua vez, ainda está testando sistemas de distribuição dos filmes por meio da Internet.

A principal preocupação de muitas dessas indústrias parece ser evitar qualquer tipo de reutilização do material que é objeto de download pelos usuários. Esse seria precisamente o ponto no qual reside o problema de adaptação dos direitos de autor no mundo digital.

O presente artigo chama a atenção para a necessidade de substituição das categorias existentes de direitos autorais, concentrando-se nos objetivos reais de política de proteção da disciplina. Começaremos com um breve exame sobre a história dos direitos de autor, buscando identificar o que há de errado com as normas existentes. Em outras palavras, a prova disso está justamente no abismo aparente entre os objetivos de proteção dos direitos de autor e as normas a eles concernentes. O artigo sugere assim que uma nova norma internacional pode ser criada com base no *tree-step test* formulado no contexto normativo da Convenção de Berna de 1886, em harmonia com a doutrina do *fair use* norte-americana.[12]

2. Uma Breve História dos Direitos de Autor

A primeira legislação[13] disciplinando os direitos de autor no Reino Unido[14] nos remete fundamentalmente aos privilégios concedidos pela Coroa a autores e editoras para impedir a reutilização da obra por terceiros.[15] Isso parece ter sido decorrente de um ato anterior, estabelecido para limitar as publicações às editoras autorizadas. Em outras palavras tratava-se, inicialmente, de um "direito profissional", exercido em grande parte por profissionais contra outros profissionais: certas entidades comerciais queriam ver quais livros eram mais vendidos e então passaram a copiá-los em escala comercial. Isso criou um sistema de *free riding*, o qual teria sido, na verdade, ineficiente do ponto de vista comercial. As editoras tinham poucos incentivos para investir na publicação de novos livros e os autores estavam sofrendo de uma redução no alcance da distribuição de suas obras. Essa forma de capitalismo, antes "cru", resultou em uma falha de mercado envolvendo a comercialização de livros, a qual precisaria ser regulada.

No continente, a situação tomava um rumo diverso. Enquanto, por várias décadas determinados eventos foram ocorrendo paralelamente àqueles observados no Reino Unido (havia atos de privilégio na Itália e na Franca Pré-Revolucionária, desde pelo menos no Século XVII), o fim do século XVIII os direitos de autor nasciam na tradição mais pura dos direitos humanos, os quais são, em sua essência, direitos naturais. Como tais, eles tinham status especial e não poderiam ser, política ou legalmente, limitados pelo Estado.

Novamente nesse caso, todavia, os direitos de autor eram exercidos principalmente contra aqueles que os violavam, em sua maioria, contrafatores ou profissionais sem certas visões éticas relacionadas à publicação das obras. Observando a realidade, as fronteiras entre a reutilização autorizada de material existente não eram e ainda nem sempre são claras. Um autor poderia ainda usar seu "direito humano" contra as editoras que tivessem explorado sua obra para além daquilo tido como um limite aceitável.

A história dos direitos de autor e direitos dos autores nas décadas que se seguiram é essencialmente uma história da adaptação das novas formas de criação das obras (*e.g.* cinema) e, mais significativamente, novas formas de divulgar e disseminar obras protegidas por direitos de autor (no rádio, depois televisão, cabo e satélite). O resultado disso é um feixe composto de "direitos de autor", um rol de direitos específicos concernentes a formas particulares de exploração das obras autorais (*e.g* reprodução, execução pública e comunicação ao público).

É importante ainda mencionar, todavia, que desde o século XVIII até os anos 90 do século passado, tais direitos autorais foram sendo desenhados e exercidos contra entidades profissionais, fossem elas entidades legítimas, tais como emissoras, operadoras de TV a cabo ou distribuidoras, ou ilegítimas, como aquelas dedicadas à reprodução ilegal de cassetes e CDs. Na maioria das vezes, tais profissionais eram intermediários sem interesse no conteúdo da obra em si (o que significa que eles poderiam vender sapatos em vez de filmes). Seu trabalho era obter conteúdo para usuários finais, muitos dos quais eram consumidores e não tinham nenhum interesse nos direitos de autor.

Uma mudança fundamental nesse contexto ocorreu a partir do surgimento da tecnologia digital e especialmente com o advento da Internet: os direitos de autor são hoje concebidos como um instrumento jurídico por meio do qual os titulares podem exercer poderes e pretensões contra usuários finais, incluindo consumidores.[16] Os titulares querem empregar o sistema de proteção autoral à sua disposição para um duplo objetivo: assegurar que os usuários finais irão pagar pelo material utilizado (incluída a obtenção de acesso por meio de fontes autorizadas) e impedir a transmissão desse material por aqueles usuários finais para outros usuários (em outras palavras: impedindo que eles se tornem intermediários). Em termos mais simples, os titulares querem assegurar que os usuários finais continuem sendo usuários finais.

Usuários individuais, de outro lado, querem atrelar as várias capacidades da Internet, para acesso, uso e distribuição da informação e conteúdo. A demanda é grande e sempre crescente. A tecnologia da Internet respondeu a esse grande impulso não apenas ao ter oferecido os meios iniciais adequados, mas também ao ter respondido eficazmente às barreiras legais ao mesmo tempo em que outras eram erigidas. O Napster era encerrado, mas surgia a tecnologia P2P. Tente desativar uma plataforma *peer to peer*, como foi recentemente pretendido por mandados judiciais e ações ajuizadas contra usuários individuais que compartilhavam arquivos.[17] Como era previsível, uma outra tecnologia acabaria por surgir: sistemas anônimos de trocas de arquivos eletrônicos então derrotando qualquer mandado judicial concedido em favor de provedores de serviços de Internet (ISP).[18] Como os provedores não saberiam a identidade de usuários que estariam trocando os arquivos de músicas, esses mandados seriam ineficazes. Do mesmo modo, se um dispositivo é desenvolvido para o bloqueio de arquivos de músicas, imediatamente inventa-se um software para ocultar o material musical ali existente.[19] Em resumo, o usuário parece pronto para ganhar essa guerra e os autores já estão dizendo que a indústria fonográfica estaria prestes a se lamentar profundamente dessa derrota.

O melhor caminho adiante para as gravadoras é redefinir completamente os antigos modelos de negócios baseados em álbuns, cópias físicas (CD's) e mais importante ainda, abandonar o paradigma da escassez. A informação não é valiosa na Internet por que seja escassa; ela é valiosa por ser existente e encontrável.

O custo comercial e publicitário para a imposição de direitos autorais a usuários finais ilustra um fato bem simples: trata-se de uma tarefa não destinada aos direitos de autor. Tanto a história como os objetivos de proteção da norma associados aos direitos de autor indicam que estes são direitos a serem exercidos contra profissionais. A essa equação poder-se-ia acrescentar o fato de que os direitos de autor sempre foram utilizados para regular e organizar mercados todas as vezes em que fosse inventada uma nova forma de divulgação e distribuição das obras. Nessa perspectiva, a Internet seria provavelmente o maior salto em termos tecnológicos, e aqui os direitos autorais não seriam utilizados para organizar um mercado para comercialização das obras musicais, mas antes para negá-lo. Isso não funcionaria. Os direitos de autor não são uma "barragem", mas sim um rio.[20] Eles sempre foram empregados para canalizar o uso e otimizar a exploração das obras protegidas, e não para inteiramente excluir um novo meio.

Seguindo essa mesma linha de pensamento, as exceções e limitações ao exercício dos direitos de autor seriam também, em sua maioria, desenhadas na era do profissional-intermediário enquanto usuário. Isso explica a razão pela qual, em muitos ordenamentos jurídicos, as principais limitações aos direitos de autor podem ser agrupadas em duas categorias fundamentais: o uso privado da obra, que os Estados antigamente consideravam não sendo passível de regulação e a partir do qual o Direito de Autor abdicava de sua autoridade por natureza; e o uso por intermediários profissionais específicos, tais como bibliotecas (e arquivos) e certas instituições públicas, escolas, tribunais e, às vezes, o próprio governo. Até hoje existem limitações amplas para o "uso privado", como, por exemplo, aquelas adotadas na Itália e Japão, numa época em que o usuário final era justamente aquele localizado no fim da cadeia de distribuição.

No contexto norte-americano, o resultado de tais exceções, bem expressadas na combinação das doutrinas do *fair use* e a da primeira comercialização (*first-sale*),[21] sugeriria uma mudança no relacionamento entre titulares e usuários finais. Estes seriam creditados pelas indústrias de direitos autorais para a utilização das obras.[22] Poderiam aproveitar o "*room to move*", justamente por conta das exceções, como o *fair use*, e os direitos decorrentes da titularidade sobre uma cópia física.[23]

Não nos surpreende o fato de que o uso privado não tivesse expressamente disciplinado em uma série de ordenamentos nacionais ou mesmo na Convenção de Berna de 1886 como sendo uma limitação ao exercício de direitos de autor pelo titular. Até a invenção do vídeocassete e dos aparelhos de reprodução e gravação de fitas cassete com duplo compartimento, que se tornaram populares na década de 1970, tal exceção não interessava aos titulares de direitos autorais. Vários países introduziram então um esquema regulatório não para barrar as práticas (e havia casos famosos julgados pelos tribunais, incluindo o caso Sony nos Estados Unidos),[24] mas antes para compensar os titulares, introduzindo impostos sobre as fitas cassetes regraváveis ("fitas virgens") e, em certos casos, sobre a comercialização de equipamentos de gravação.[25] A inaplicabilidade das exceções aos direitos autorais em casos envolvendo atos praticados na Internet é bem ilustrada no debate concernente à Seção 110(2) da Copyright Act norte-americana. A lei contém limitações sobre a natureza e o conteúdo da transmissão, bem como sobre a identidade e localização dos receptores. Como foi observado pelo US Register of

Copyrights em seu relatório de maio de 1999, sobre Direitos Autorais e Educação Digital a Distância:[26]

> As written, section 110(2) has only limited application to courses offered over a digital network. Because it exempts only acts of performance or display, it would not authorize the acts of reproduction or distribution involved in this type of digital transmission. In addition, students who choose to take a distance course without special circumstances that prevent their attendance in classrooms may not qualify as eligible recipients.[27]

O Relatório recomenda que uma atualização da Seção 110(2) da US Copyright Act, "ao permitir que as mesmas atividades sejam realizadas utilizando-se mecanismos digitais para distribuição, ainda que controlados os riscos envolvidos, levaria adiante o mesmo objetivo básico de equilíbrio alcançado pela lei em 1976"[28] Tal adaptação da norma seria possível porque ela ainda se aplica aos usuários profissionais, especificamente àqueles atuantes na área educacional. No caso de usuários individuais, a relutância dos titulares de creditar tais usuários para a utilização das obras e a necessidade de se aplicar, tecnologicamente, restrições ao uso das cópias, do ponto de vista legal e contratual, acabaram levando não apenas à negação de novas categorias de limitações aos direitos de autor, mas também a esforços para radicalmente reduzir qualquer espaço livre de manobra para tais usuários.[29]

3. O "Problema com os Direitos de Autor"

Em que medida os direitos de autor estariam na dianteira de políticas legislativas? Em parte, a resposta é afirmativa, mas apenas se eles se integrarem à casa de tais domínios normativos. Os direitos de autor eram, enquanto veículos regulatórios, um caminho para manter um nível necessário de escassez entre os profissionais que criam, publicam e divulgam material que contenha criatividade intelectual humana, de forma a permitir o desenvolvimento de um mercado organizado. Em outras palavras, os direitos de autor funcionam como um regime jurídico do trânsito comercial. Exceções existentes à proteção conferida pelos direitos autorais, como observado anteriormente, mostram que elas não são adaptadas para (e não são destinadas) controlar o uso privado pelos indivíduos.

O problema surge, em grande medida, a partir dos meios pelos quais os direitos de autor foram se expressando no curso da História. Desde o início, ainda com o Statute of Anne de 1710,[30] os direitos de autor eram apresentados como sendo instrumentos de promoção, criação e distribuição de novas obras, de modo que sua justificativa repousava unicamente em pretensões relacionadas à natureza e não aos efeitos do uso. Isso fica evidente na concepção de que os direitos de autor conferem proteção aos autores e editoras contra os atos de terceiros, o que vem impregnar os tratados e legislação atuais em matéria de direitos de autor, incluindo a Convenção de Berna de 1886[31] e o Acordo TRIPS/OMC.[32] Em outras palavras, os direitos têm sido reconhecidos e atribuídos com relação aos atos de reprodução, execução e adaptação das obras. Mas sempre seria esse o foco verdadeiro do objeto de proteção dos direitos de autor? Minha proposta é de que o alvo atual desse campo normativo seja o uso comercial e reutilização das obras, bem como impedir comportamentos de concorrentes relativamente ao *free-riding*, incluindo, é claro, os verdadeiros piratas em escala comercial.[33]

O momento é oportuno para abandonar essa abordagem legislativa baseada na natureza dos atos de uso da obra protegida e enfatizar uma nova concepção sobre os efeitos desse uso. No caso de um filme, por exemplo, os titulares pretendem controlar e, ao que tudo indica, serem pagos pela transmissão e exibição do filme, e não exatamente pela quantidade de reproduções temporárias e transitórias feitas ou pela execução, comunicação ou transmissão da obra por ondas eletromagnéticas de freqüência de rádio, por cabos, redes sem fio ou outros tipos. Os titulares se preocupam muito mais com tais distinções na medida em que elas representam ou afetam os mercados. Fora isso, todavia, os requisitos técnicos para o uso do conteúdo da obra seriam irrelevantes. Os usuários profissionais querem também conseguir autorização para realizar negócios envolvendo tais atos (e.g., um certo tipo de transmissão em determinada data), independentemente de quais sejam os requisitos técnicos atuais para que tais operações sejam efetuadas com êxito. Mesmo assim, na atualidade, os direitos autorais estão focados apenas na natureza técnica do uso da obra protegida.

Em muitos ordenamentos nacionais, as limitações sobre gravações temporárias da obra revelam um poderoso sintoma desse mal-estar. A transmissão normalmente exige a realização de cópias temporárias da obra que se pretende acessar. Como o ato real a ser considerado é a transmissão, muitos legisladores optaram por retirar a cópia temporária do âmbito da incidência da responsabilidade pela violação de direitos autorais. Se outra fosse a constatação, a exigência de autorização pelo usuário teria sido justificada pelo fato de que vários fragmentos do feixe de direitos de autor (reprodução, execução pública em várias formas e mídias) poderiam ser detidos por diferentes titulares, para tanto requerendo-se múltiplas autorizações para uma única transação econômica.[34]

Isso levanta novos problemas no ambiente da Internet, no qual muitos dos atos praticados pelos usuários apresentam natureza dual, do ponto de vista dos direitos de autor. Qualquer material oferecido por um servidor é geralmente reproduzido e executado/comunicado na Internet. Para tornar as coisas mais complicadas, ao implementar os Tratados da OMPI de 1996,[35] certos países introduziram um novo direito – ou fragmento do feixe de direitos de autor –, geralmente uma pretensão de colocar a obra protegida à disposição do público (uma espécie de *making available right*).[36] Uma única operação econômica nesse contexto exigiria três ou mais autorizações, separadamente, o que poderia resultar em um sobrepagamento ou fracionamento de pagamentos (já que cada titular iria exigir o pagamento pelo valor econômico integral da operação realizada) e, quase certamente, aumentar os requisitos insuperáveis para autorização e os custos de transação.

O "problema com os direitos de autor" foi bem ilustrado na jurisdição norte-americana, tal como aparece claro nos fundamentos da decisão do caso Eldred *vs.* Ashcroft.[37] Embora o autor pretendesse, aparentemente, obter a declaração de inconstitucionalidade da extensão do prazo de proteção dos direitos de autor, eu sustentaria que uma reformulação apropriada do objeto do Direito de Autor, ou mais precisamente, a substituição da natureza da(s) proibições que ele visa assegurar, eliminaria uma boa parte da crítica erigida aos seus esquemas normativos, especialmente aquela relacionada aos efeitos inibitórios[38] dos direitos autorais, seus impactos sobre o domínio público e a habilidade para utilização de material protegido para criação de novas obras.[39] Em outras palavras, um conjunto apropriado e definido de normas de direitos de autor teria condições de tornar muito menos significativos os impactos negativos da duração do prazo de proteção.

Abandonar a abordagem centrada na natureza dos atos em favor de um teste justificado nos efeitos da proteção conferido pelos direitos de autor não seria apenas possível, mas também, eu sustentaria, apareceria justificado, tanto pelos principais tratados internacionais sobre a disciplina como pela legislação nacional, pelo menos como é o caso dos Estados Unidos. Isso nos exige observar, brevemente, os tipos de exceções/limitações aos direitos de autor atualmente existentes.

4. Análise Comparativa das Exceções aos Direitos de Autor

Nossa análise sobre a diferente natureza das exceções aos direitos de autor considerará primeiramente os dispositivos da Convenção de Berna, em especial o chamado "three-step test", que seria a base da nossa norma internacional fundamental. Partimos do breve exame da legislação comunitária européia para, em seguida, analisarmos os quatro principais modelos de exceções e limitações aos direitos autorais contidos nas legislações domésticas.

4.1. A Convenção de Berna de 1886

A norma geral contida na Convenção de Berna, conhecida como a regra do *three-step test*, vem guiar o legislador nacional apenas com relação ao direito de reprodução.[40] Seria útil recordar que tal teste autoriza exceções ao direito de reprodução: (i) em certos casos especiais; (ii) que não conflitem com a exploração comercial normal da obra e (iii) não prejudiquem injustificadamente os legítimos interesses do autor.[41]

4.2. Análise da Regra do *Three-Step Test*

A regra do *three-step test* tornou-se a pedra angular para quase todas as exceções/limitações aos direitos de propriedade intelectual no âmbito da disciplina internacional, tendo sido utilizada como modelo para todas as exceções aos direitos autorais no Acordo TRIPS (art. 13),[42] aos direitos criados pelo Tratado da OMPI de 1996 sobre Direitos de Autor (cf. art. 10) e pelo Tratado sobre Execuções e Fonogramas (art. 16).[43] Curiosamente, a regra é ainda empregada no Acordo TRIPS como base para exceções aos direitos decorrentes da proteção conferida pelos desenhos industriais (cf. art. 26(2)), e direitos patentários (cf art. 30). Existe, todavia, uma diferença crucial no caso das patentes: o último estágio, ou degrau, do teste refere-se à expressão "[o uso] não prejudique injustificadamente os interesses legítimos do titular da patente, levando-se em conta os legítimos interesses de terceiros".[44]

4.2.1. "Certos Casos Especiais"

Em sua profícua obra sobre a Convenção de Berna, Sam Ricketson[45] sustenta que a expressão "especiais" significa que a limitação ao direito deve ter um propósito específico e seja justificada por decisões governamentais.[46] Essa orientação voltada para o propósito dos meios ou interpretação teleológica da Convenção é reiterada pelo uso da expressão "na medida justificada pelo propósito", nos arts. 10 (1) e 10(2) da CUB, que autoriza limitações aos direitos de autor estabelecidas com o intuito de citação e ensino, e o art. 10bis(2), que permite o uso da obra para fins de notícia de eventos atuais ou cotidianos.[47] O objetivo de informação ao público é claramente a base para a última exceção e para a possível exclusão de certos textos oficiais do âmbito de proteção às obras conferidas pelos direitos autorais.

Em 2001, na decisão do Órgão de Solução de Controvérsias da OMC no caso envolvendo a Seção 110(5) da U.S. Copyright Act,[48] o fragmento inicial do *three-step test*, especificamente o significado da expressão "especial", foi interpretado, pela primeira vez, por um tribunal internacional. Na orientação então adotada, o Grupo Especial afastava preliminarmente, de modo polido, a visão de Rickets on[49] com relação à expressão "especiais", e, em seguida, observava a definição contida no *Dicionário Oxford:*[50]

O termo especial conota "ter uma aplicação ou propósito individual ou limitado, contendo detalhes; precisos, específicos", "excepcionais em qualidade ou grau; não usual"; "fora do ordinário", ou "distintivo de alguma maneira". Esse termo significa que muito mais seria necessário do que uma definição clara a fim de preencher o requisito da primeira condição. Além disso, uma exceção ou limitação deve ser restrita ao seu campo de aplicação ou excepcional em seu escopo. Em outras palavras, uma exceção ou limitação deve ser "estrita em termos quantitativos, bem como qualitativos".[51]

A postura adotada pelo Grupo Especial é compreensiva. Por razões válidas do ponto de vista de política legislativa,[52] o Órgão de Apelação preferiu manter-se fiel ao sentido comum das palavras, em parte a evitar introduzir concessões relacionadas à estrutura normativa da Organização Mundial do Comércio.[53] No caso da Seção 110(5) da lei autoral norte-americana, no entanto, havia dois problemas com relação à abordagem do OSC. Primeiramente, a opinião de Ricketson estava solidamente ancorada no histórico e no texto normativo da Convenção de Berna. Em segundo lugar, a lógica adotada no Relatório do Grupo Especial é incompleta. Quão útil seria, do ponto de vista jurídico, dizer que "especial" significa ou "limitado em seu campo de aplicação" ou "excepcional em seu escopo"?[54] O primeiro critério não é tão restritivo; o segundo claramente é. A última sentença da citação anterior - extraída da decisão do Grupo no caso levado ao OSC - não segue, do ponto de vista lógico, o que ela antecede. Não é porque uma exceção deva ser "limitada em seu campo de aplicação" que poderíamos simplesmente concluir que ela seria "estrita em termos quantitativos, bem como qualitativos".[55] Isso seria um enorme salto lógico, que de fato eleva o patamar das exceções admitidas de acordo com a Convenção de Berna.

Eu sustentei anteriormente[56] que o *three-step test* seria na verdade um *two-step test* e que pouco tempo seria necessário para encontrar um significado apropriado para "especial". Com efeito, o sentido da expressão, tal como empregado no art. 13 do TRIPS e no art. 9(2) da CUB, é aquele a ser justificado do ponto de vista da política de proteção envolvendo os direitos de autor que é adotada em determinado momento; poucos países agiriam de modo meramente arbitrário. Além disso, os painéis constituídos no âmbito do Sistema de Solução de Controvérsias da OMC não devem tentar invadir o espaço dos formuladores de políticas domésticas. Se o significado de "especiais" é aquele a que deve estar, de algum modo, circunscrita determinada limitação aos direitos de autor, então todas as exceções devem se ajustar a esse modelo. De fato, enquanto em muitas situações a "abordagem do dicionário" parece ser uma opção mais segura para a decisão do OSC, no caso da Seção 110(5) da US Copyright Act ela aparece sem utilidade alguma. Qualquer forma de exceção à proteção conferida pelos direitos de autor seria razoavelmente "especial" por ser "limitada em seu âmbito de aplicação". De fato, na Conferência de Estocolmo de 1967, na revisão da CUB, o primeiro degrau do teste era realmente um último filtro:

> Se considerarmos que reprodução[57] conflita com a exploração normal da obra, então o ato de reprodução não seria permitido de modo algum. Se considerarmos que a reprodução não conflita com a exploração da obra, então o próximo estágio seria considerar se tal ato não prejudica injustificadamente os interesses legítimos do autor. Somente se este não fosse o caso, é que seria possível, em casos especiais, introduzir licenciamento compulsório ou uso da obra sem remuneração.[58]

Os dois estágios do *three-step test* que poderiam ser efetivamente operacionalizados seriam, assim, a "interferência sobre a exploração comercial" e o "prejuízo injustificável aos interesses legítimos do autor".

4.2.2. "Interferência Sobre a Exploração Comercial Normal"[59]

Qual seria o significado de "exploração" no contexto do segundo estágio do *three-step test*? Ele parece justamente claro: qualquer uso da obra, pelo qual o titular tente extrair ou maximizar o valor do direito que lhe é atribuído. A expressão "normal" é problemática. Ela se refere ao que é simplesmente comum, ou se refere, na verdade, a um padrão normativo? A questão é muito importante, especialmente no que concerne às novas modalidades de negócios envolvendo obras autorais e que não sejam, até agora, normais ou comuns em termos empíricos. Durante a última revisão da CUB em Estocolmo em 1968, o conceito era empregado claramente para se referir a todas "as formas de exploração de uma obra que possuíssem, ou fossem suscetíveis de adquirir, considerável importância econômica ou prática".[60]

Como observa o Professor Goldstein,[61] o objetivo do segundo estágio do teste é fortalecer os interesses dos autores em seus mercados contra ingerências legislativas nacionais hostis. Parece, assim, que a condição mencionada seja normativa em sua essência: uma exceção aos direitos de autor não é autorizada se ela compreender uma forma de exploração que possua, ou venha ser suscetível de adquirir, importância econômica considerável. Em outras palavras, se a exceção é aplicada para limitar, do ponto de vista comercial, um mercado, ou, *a fortiori*, instaurar concorrência com o titular do direito, então ela é proibida.[62] Nós poderíamos, portanto, nesse ponto, concordar com a opinião do Grupo Especial no caso em comento, a qual conclui com o seguinte:

> Parece que um meio para medir a conotação normativa de "exploração normal" seja considerar, além das formas de exploração das obras que atualmente geram receitas significativas ou tangíveis, aquelas que, com determinado grau de probabilidade e plausibilidade, possam adquirir considerável importância econômica ou prática.[63]

4.2.3. "Prejuízo Injustificado aos Interesses Legítimos do Titular"

O terceiro estágio do teste talvez seja o mais difícil. O que seria um "prejuízo injustificado" e o que seriam "interesses legítimos" nesse contexto? Começamos com a expressão "legítimo". Ela pode ter dois significados: (a) adaptável com, sancionado ou autorizado por lei ou princípio; o que é lícito, justificável, apropriado; ou (b) normal; regular, adaptável a um tipo reconhecido."[64] Se formularmos de outra maneira a questão, seriam eles apenas interesses legítimos ou seriam interesses jurídicos? Eu acredito que não. É possível que o terceiro estágio do teste seja uma indicação, mais evidente da necessidade de se encontrar, na Convenção de Berna, o equilíbrio entre os direitos dos titulares e dos usuários.[65]

A análise dos Arquivos da Conferência de Estocolmo de 1968 revela que o Reino Unido tinha a concepção de que a expressão "legítimo" significava "sancionado juridicamente" (*sanctioned by law*), enquanto outros países pareciam dar atenção a uma visão mais ampla, na qual legítimo seria justificável, embasado por normas sociais e políticas públicas relevantes.[66] Em minha opinião, e parece ser inclusive a abordagem adotada pelo Grupo Especial no julgamento do caso pelo OSC da Organização Mundial do Comércio,[67] a combinação da noção de "prejuízo" com aquela do "interesse" aponta claramente para uma abordagem jurídico-normativa. A interpretação seria diferente se o terceiro estágio do *three-step test* fosse formulada como "reprodução não contrária aos legítimos interesses do autor". Com foco no elemento do "prejuízo injustificado", no entanto, os interesses legítimos seriam, quase por definição, interesses jurídicos.

Esse ponto em especial deixa uma questão aberta: o que significa "prejuízo injustificado"?[68] Evidentemente, o termo "injustificado" indica que algum grau ou nível de prejuízo possa ser justificado. Por exemplo, enquanto um Estado possa excluir dos atos de violação de direitos de autor a extração de um pequeno número de cópias privadas da obra protegida, seria possível exigir a imposição de um esquema de compensação, tal como tributação sobre as cópias extraídas, caso o nível do prejuízo se torne injustificado.[69] Para sustentar essa opinião, a versão francesa da Convenção de Berna de 1886[70], que é a versão que prevalece em caso de discrepância na interpretação das traduções, emprega a expressão *préjudice injustifié*, que poderia ser traduzida literalmente como "prejuízo injustificado" . Os tradutores optaram, em vez disso, por "não injustificado" (*not unreasonable*).[71]

Seria de se sugerir que a inclusão de um critério de razoabilidade ou justiciabilidade, no tocante às limitações aos direitos de autor, seja resposta a permitir que o legislador doméstico estabeleça o equilíbrio entre, de um lado, o direito dos autores e de outros titulares de direitos de autor, e, de outro, as necessidades e os interesses dos usuários. Isso parece mesmo mais evidente quando o termo francês é empregado. Em outras palavras, deve haver uma justificativa no interesse público para limitar o exercício de direitos de autor.

Assim, não seria fácil concordar com o Relatório do Grupo Especial, que essencialmente confunde o primeiro e o segundo estágios do *three-step test*, ao concluir que o "prejuízo ao interesse legítimo dos titulares alcança um nível injustificado, se a exceção ou limitação causar ou potencialmente causar uma perda injustificada nos rendimentos do titular".[72] Um imperativo de interesse público poderia levar os países a estabelecerem uma exceção aos direitos de autor passível de tradução para "perda de receita para os titulares". Apesar disso, tal exceção poderia ser justificável. Igualmente, ao enfatizar o prejuízo econômico, o Grupo Especial pode ter ampliado consideravelmente o escopo das exceções estabelecidas: não é determinante o fato de o usuário obter valor com a cópia realizada, mas antes o fato de que o titular pode demonstrar que perdeu valor atual (receita auferida), ou seja, a existência de um prejuízo. Essa visão é reiterada pela decisão do Órgão de Apelação e o fato da não-implementação conduzir à determinação do grau/nível de prejuízo efetivamente sofrido pelo titular.[73] A seguir examinaremos a legislação interna e regional para determinar os parâmetros da exceção aos direitos de autor.

4.3. A Diretiva Européia Sobre a Sociedade da Informação

A Diretiva Européia sobre a Sociedade da Informação[74] contém basicamente duas modalidades de exceções aos direitos de autor. A primeira, e unicamente obrigatória, é aquela relacionada às "reproduções transitórias e pontuais, constituindo uma parte integrante e essencial de um processo tecnológico". Por outro lado, a Diretiva contém uma lista exaustiva de exceções que são permitidas (i.e, exceções que os Estados-membros da União Européia podem escolher para incorporar ao seu ordenamento nacional).[75] Todas elas são exceções baseadas em finalidades específicas. A norma comunitária não apresenta um conjunto de critérios comparável com aqueles estabelecidos na doutrina norte-americana do *fair use*.[76]

O Preâmbulo da Diretiva, no entanto, que serve igualmente como guia para interpretação da parte operativa do texto normativo, refere-se à autorização de "exceções ou limitações no interesse público relativamente a objetivos de educação e ensino" e à necessidade de salvaguardar um "equilíbrio justo de direitos e interesses entre diferentes categorias de titulares de direitos de autor, assim como entre as diferentes categorias de titulares e usuários", por meio de exceções aos direitos de autor que tenham de ser reapreciadas à luz do novo ambiente eletrônico.[77] Por outro lado, a Diretiva ainda remete ao *three-step-test* como sendo um teste abrangente para todas as exceções permitidas. O art. 5(5) no Capítulo III assim estabelece que: "as exceções e limitações contempladas nos n°s 1, 2, 3 e 4 só se aplicarão em certos casos especiais que não entrem em conflito com uma exploração normal da obra ou outro material e não prejudiquem injustificadamente os legítimos interesses do titular do direito."

Curiosamente, a referência ao teste é vista antes como um "princípio diretivo" do que um meio efetivo para harmonizar as exceções nos direitos internos dos 25 Estados-membros da União Européia.[78] De fato, no âmbito dos ordenamentos domésticos, o *three-step test* poderia ser objeto de redefinição, primeiro pela enumeração de certos casos específicos[79] e, em seguida, pela introdução de um guia adicional à interpretação dos três estágios do teste. O teste permaneceria flexível, podendo ser utilizado ainda pelos tribunais naqueles litígios para os quais não exista nenhuma exceção específica, se assim permitido pelo direito nacional.

4.4. Ordenamentos Nacionais

Nos direitos domésticos, as exceções aos direitos de autor podem ser agrupadas em quatro categorias principais. O caso do *fair use* foi examinado nos itens anteriores, de modo que não trataremos de seu conteúdo novamente.[80]

4.4.1. O "Manuseio Justo" da Obra Autoral (*Fair Dealing*)

Uma segunda categoria diz respeito à idéia do "manuseio justo" da obra autoral, como concebida em outros países de tradição jurídica de *common law* a partir da Copyright Act de 1911 do Reino Unido.[81] Ela compreende uma lista de situações nas quais o manuseio da obra autoral é permitido, somando-se a tal o requisito de que o uso deva ser justo à luz de sua finalidade. As finalidades específicas relativamente ao uso da obra são normalmente associadas à crítica e resenha, relatos de fatos e notícias, ensino, arquivos e bibliotecas, além do uso da cópia por leitores portadores de deficiência visual.[82] Em recente decisão, a Suprema Corte do Canadá interpretou de modo bastante amplo o elemento "pesquisa", aparentemente compreendendo formas de pesquisas com fins lucrativos.[83] O critério da justiça geralmente exige que nada mais da obra seja utilizado além daquilo que é necessário para a finalidade autorizada.[84]

Os Países da Commonwealth não são os únicos nos quais a figura do "uso justo" da obra autoral é concebida. O caso de Israel ilustra a adaptação de tal categoria de limitação a um último significado na tradição jurídica de *civil law*. De acordo com a Seção 2(1) da Copyright Act de 1911,[85] o uso justo da obra é permitido para fins de estudo, pesquisa, crítica e resenha, todos em caráter individual e privado, e para a elaboração de resumos jornalísticos. Curiosamente, no entanto, ao determinar se um manuseio específico da obra seria justo, a Corte Suprema de Israel empregou os critérios do *fair use* norte-americano.[86] O "objetivo social desejável" era claramente mencionado como sendo o critério relevante no exame do caso[87]. Existem ainda exceções aos atos de violação de direitos de autor previstas para gravação privada,[88] recitação da obra em público[89] e fins educacionais.[90] O critério da boa-fé do usuário que manuseia a obra e sobre ela transaciona com terceiros é considerado defesa contra os remédios conferidos ao titular, à exceção de cautelares.[91]

4.4.2. Técnica da Enumeração/Taxatividade nos Sistemas de *Civil Law*

Uma terceira categoria é aquela utilizada em muitos dos países de tradição de *civil law*, na qual certos usos da obra são permitidos sem a autorização do titular, e geralmente sem um requisito expresso de razoabilidade. Alguns exemplos podem ser úteis para ilustrar o escopo de tais exceções.

Na França, os direitos de autor são quase sacralizados. Assim, as limitações são sempre interpretadas restritamente e os usuários não são destinatários dos direitos decorrentes de tais exceções.[92] Elas são basicamente para uso privado.[93] Um tribunal francês sustentou que estaria preparado para considerar uma limitação ao direito de autor com base no direito público de informação, que seria consagrado pelo art. 10 da Convenção Européia de Direitos Humanos.[94] Na França e Alemanha reconhece-se ainda que aos autores deve ser concedida certa liberdade para reutilizar obras de outros autores; tal "liberdade" teria status normativo hierarquicamente superior à liberdade de um simples usuário, em particular aquele que faça uso comercial da obra.[95]

A principal limitação aos direitos de autor no ordenamento holandês é aquela concernente ao uso privado.[96] Aplica-se tanto para a reprodução como execução da obra protegida. A exceção concernente à cópia da obra para fins privados aplica-se a empresas atuantes nos segmentos de imprensa e editoração. Há ainda exceção prevista para citações de obras[97] feitas pelas autoridades governamentais[98] e rede educacional.[99] As universidades entendiam que poderiam livremente produzir "antologias" ou apostilas para estudantes, porém após terem perdido um caso nas cortes domésticas em 1986, acabaram celebrando um acordo com as editoras e associações reprográficas.[100] Existem ainda exceções interessantes no campo das artes plásticas.[101] O art. 19 da lei holandesa autoriza a reprodução de um retrato pela pessoa retratada ou por quem faça em seu favor,[102] enquanto o art. 24 do mesmo diploma estabelece que: "não obstante a alienação de seus direitos, o autor de uma pintura poderá fazer outras pinturas similares, a não ser que seja de outro modo acordado".[103]

Nos países nórdicos são previstas exceções para cópia privada combinadas com um sistema de remuneração do titular, como previsto, por exemplo, no § 12(1) da Lei Sueca de Direitos de Autor.[104] As exceções são também estabelecidas para citações[105] das obras autorais e uso pelos arquivos e bibliotecas.[106] Tal sistema de remuneração pelas cópias privadas é extremamente desenvolvido nos países nórdicos. Por exemplo, entre os anos de 2002 e 2003, escolas e universidades norueguesas pagaram 39,06 euros por estudante universitário e 34,13 euros por estudantes do ensino médio, pelas fotocópias de obras protegidas.[107]

4.4.3. Considerações Sobre o Uso Privado

Uma quarta categoria de limitações aos direitos de autor, e que na realidade é uma subcategoria da segunda e terceira anteriormente analisadas, diz respeito ao uso privado da obra protegida. Sua lógica, contudo, é diferente. Os legisladores tendem a conceber o uso privado como incontrolável não apenas do ponto de vista técnico, mas também do ponto de vista da política legislativa de proteção dos direitos autorais a ser adotada.[108] Em outras palavras, os atos que supostamente violariam os direitos do titular, em decorrência do uso não autorizado da obra, não são excluídos do âmbito de incidência da proteção conferida por conta de um imperativo de interesse público, mas antes por um problema prático resultante da impossibilidade de se exercer o direito. Sejam acompanhadas por mecanismos de remuneração sobre mídias regraváveis, equipamentos de gravação, ou ambos, certas modalidades de uso privado, normalmente restritos aos atos de reprodução e execução por membros de uma família ou amigos, são permitidas. Tais exceções têm claramente em mira os usuários finais, porque eles utilizariam a obra de modo a não "interferir sobre sua exploração normal", pelo menos não como factível antes do advento da Internet. Tais formas de uso privado seriam, com efeito, incontroláveis.

A recente adoção pelo Parlamento Europeu de uma Diretiva concernente à observância e aplicação dos Direitos de Propriedade Intelectual[109] não está em conformidade com essa abordagem e autoriza medidas mais rígidas e impactantes, tais como busca e apreensão de equipamentos e outras medidas preventivas, não apenas contra contrafatores profissionais, mas também contra usuários finais individuais. A Diretiva atribui ainda ao titular a pretensão de exigir de terceiros a divulgação da origem do material que viola os direitos sobre a obra.[110] No caso de violação em escala comercial, são previstas ainda medidas adicionais, tais como bloqueio de conta corrente bancária da pessoa que reproduz ou executa a obra protegida sem autorização do titular.[111]

Uma última modalidade de limitação aos direitos de autor – se é que ela possa assim ser considerada – é a exaustão de direitos, também conhecida como a doutrina da primeira venda da obra autoral (*first-sale doctrine*).[112] Do ponto de vista conceitual, a exaustão é muito próxima às exceções concernentes ao uso privado e aparece consistente com a idéia de que os usuários finais devem ser livres para utilizar cópias legalmente adquiridas como melhor lhes aprouver. Tal modalidade de limitação, porém, poderia ser observada como reflexo do equilíbrio entre os benefícios dos direitos do usuário e os direitos de propriedade intelectual conferidos ao titular. Essa abordagem foi inclusive perseguida pela Suprema Corte do Canadá na recente decisão do caso Théberge/Galeries.[113] Em voto vencedor, o Juiz Binnie J. assim se manifestou:

> O equilíbrio adequado entre estes e outros objetivos de interesse público reside não apenas no reconhecimento dos direitos do criador, mas também no devido peso de sua natureza limitada. Em termos puramente econômicos, seria tanto ineficiente uma super-retribuição aos artistas e autores pelo direito de reprodução, como também seria uma auto-derrota subcompensá-los. Tendo sido vendida uma cópia autorizada para um membro do público, fica a cargo do comprador, e não do autor, determinar o que acontece com ela. Esse caso demonstra o conflito econômico básico entre o titular dos direitos de propriedade intelectual sobre a obra e o proprietário do bem tangível que personifica as expressões protegidas por direitos autorais.[114]

4.5. Aplicação das Exceções aos Direitos de Autor no Âmbito da Internet

No ambiente da Internet, as exceções análogas aos atos de violação aos direitos de autor não são facilmente aplicáveis.[115] Comecemos pelo uso privado. Em muitos países, tributos sobre cassetes regraváveis ("fitas virgens") são também estabelecidos sobre modalidades de mídias digitais. Na Grécia, a tributação era aplicada a computadores pessoais[116] e o mesmo poderia ser dito no caso da Alemanha, de acordo com as propostas apresentadas pela organização VG WORT,[117] a associação de direitos reprográficos daquele país. No Canadá a tributação privada aplica-se a certos tipos de dispositivos de memória móveis (*e.g* cartões e disquetes). O imposto sobre o IPod, comercializado pela Apple, e aparelhos similares é hoje de aproximadamente 25 dólares canadenses por unidade adquirida.[118]

Poderia então uma forma de tributação sobre a utilização de computadores pessoais alcançar o mesmo propósito de "justiça dura" que aquele concernente à da fita de áudio para gravação? Haveria um subsídio cruzado mínimo no caso dos cassetes (poucas pessoas gravam sons que não aqueles oriundos de sua própria voz ou de músicas protegidas), e, em relação a isso, poderia ser a medida considerada justa pelo fato da maioria do material gravado ser supostamente música protegida. É bem provável que o mesmo seja válido para os aparelhos específicos de gravação em formato MP-3, mas seria o mesmo para os CDs regraváveis? Quando tratamos de computadores pessoais, no entanto, a reprodução de músicas gravadas não será a atividade principal, à exceção, talvez, de um pequeno número de usuários. Os subsídios cruzados, assim, tornam-se a regra e não a exceção.

Indo além, seria desejável, do ponto de vista da política de proteção dos direitos de autor, regular o uso privado no ambiente digital, muito mais do que era no ambiente analógico? A resposta é multifacetária. As "medidas de proteção de caráter tecnológico" são hoje empregadas para limitar aquele tipo de uso privado que uma pessoa poderia fazer com relação a algumas partes do material protegido, disponível na Internet. A justificativa da norma é que o uso privado teria deixado de ser privado, porque os usuários finais se tornaram agentes intermediários, por redistribuir o conteúdo, tal como aparece nas situações envolvendo a tecnologia *peer to peer*. Além disso, os direitos de autor acabam, na atualidade, centrados nos vários usos do material protegido, e não nos seus efeitos. Com relação a essa questão, a US Digital Millenium Copyright Act de 1998 introduziu provavelmente uma camada completamente diferente de direitos – um "direito de acesso"[119] o qual não está imediatamente associado à proteção do uso do conteúdo e é independente de saber se o uso se beneficia de uma licença ou exceção.[120]

Medidas tecnológicas para rastreamento do conteúdo de discos rígidos e de diversos *spywares* e que são empurradas para os usuários individuais foram objeto de discussão no Congresso.[121] Até a entrada em vigor da DMCA e em toda a história dos direitos de autor, no entanto, as medidas destinadas a controlar os atos praticados por usuários finais eram então exceção e não a regra.[122]

Uma outra grande mudança na aplicação das exceções aos direitos de autor diz respeito à substituição da distribuição de cópias, sem licenciamento, pelo acesso online. Daí por que a doutrina da exaustão, talvez uma das mais importantes "exceções" aos direitos de autor, esteja desaparecendo rapidamente. Isso se aplica para usuários profissionais, tais como aqueles que realizam empréstimo interbibliotecas, mas também para indivíduos que não podem mais passar adiante, para outros usuários, o conteúdo que não queiram mais utilizar.

5. O Caminho Adiante

5.1. O Reverso *Three-Step Test*

O *fair use* é uma das respostas para a compreensão do tema a seguir proposto. Não estou sugerindo que o modelo norte-americano de exceção aos direitos de autor deva ser introduzido em todos os ordenamentos jurídicos. No entanto, a doutrina do *fair use* é claramente mais flexível e ajustável às novas modalidades de uso das obras do que aquelas limitações aos direitos de autor baseadas em finalidades específicas,[123] muitas das quais não são tecnologicamente neutras.[124] Isso explica a razão pela qual a introdução do *fair use* tem sido considerada em vários países que atualmente adotam exceções mais restritivas baseadas no "uso justo".[125]

Se for possível admitir a premissa de que o *fair use* reflete um conjunto apropriado de critérios para determinar o equilíbrio entre os direitos dos titulares e as necessidades e os interesses do usuário, então eu acredito que ele possa servir como base para construir um sistema de direitos de autor do futuro.[126] Para tanto, seria necessário estabelecer uma internacionalização do teste combinando-o com o *three-step test* da Convenção de Berna.[127]

O *fair use* é uma limitação aos direitos de autor,[128] ou mais precisamente, um teste para determinar se o uso do material protegido por tais direitos, enquanto não autorizado pelo titular, constitua ato de violação. Do mesmo modo, o *three-step test* parece ser o padrão internacionalmente aceito para determinar se uma exceção aos direitos de autor, conforme prevista em determinado ordenamento nacional, é compatível com os dispositivos do Acordo TRIPS/OMC.[129]

A minha proposta é então reverter o teste, baseando-se na hipótese de que aquilo que a exceção (seja *fair use* no direito norte-americano, ou o *three-step test* no âmbito multilateral) não permite é justamente tudo quanto os direitos autorais visam proteger. Expressando em termos matemáticos, se o *fair use* é o universo "A", então o universo "não-A" contém as modalidades de uso da obra autoral que exigem licença. O teste reverso, como veremos, é apropriado e poderoso. Primeiro, porque está centrado no efeito do uso da obra protegida sobre o titular. O direito, que pode ser visto como integrante do universo das não-exceções, também é justificado pelos efeitos, o que poderia, então, lidar com boa parte da crítica anteriormente examinada.[130] Em segundo lugar, é poderoso porque resolve as questões relacionadas à idéia dos feixes de direitos de autor baseados na natureza dos atos praticados, atualmente empregada em muitos ordenamentos nacionais, e apresenta, por definição, um caráter de observância ao TRIPS. Se determinadas modalidades de uso da obra não-autorizadas pelo *three-step test* são protegidas, logo, apenas as modalidades permitidas sob o *three-step test* são excetuadas, então não haverá violação dos dispositivos da Convenção de Berna. Outra solução exigindo uma revisão do Acordo TRIPS não apresenta o mesmo alcance, simplesmente porque a emenda de um tratado internacional não parece ser tão simples, pelo menos politicamente.[131]

Como então reverter o teste? Partindo da abordagem norte-americana, a questão seria simplesmente a seguinte: se o *fair use* é justo, justificável, então quais formas de uso estariam dentro de uma categoria de *unfair use*? Eu sustento que um uso não justificado, portanto protegido pelas normas de direitos de autor, poderia ser o uso que não preenche os dois reais estágios do *three-step test* da Convenção de Berna. Trata-se do uso da obra que interfere na exploração comercial ou que prejudica, injustificada ou injustamente, os direitos do titular. Qualquer uso que venha reduzir, comprovada e consideravelmente, os benefícios financeiros que o titular poderia razoavelmente obter sob circunstâncias comerciais normais seria então um uso "injusto", sem autorização.

Aqui é fundamental verificarmos o modo pelo qual são mensuradas a irrazoabilidade (considerando-se o "prejuízo injustificado") e a ingerência sobre a exploração comercial normal da obra. Eu acredito que a questão não deva ser se o usuário ganhou "valor", por ter deixado de remunerar o titular pelo uso feito, mas se o usuário teria obtido o material desejado por meio de uma transação comercial qualquer.[132] Três observações podem ser feitas, em gradação. Primeiramente, essa idéia aplica-se apenas ao material publicado.[133] Segundo, não é pelo fato de uma obra ser indisponível em determinado formato, que ela não poderia ser objeto de *fair use ipso facto*. Os titulares devem gozar de certo grau de flexibilidade sobre o meio no qual sua obra é ofertada nos vários mercados e sobre os vários formatos que a materializa. Isso quer dizer, todavia, que todas as práticas no mercado são relevantes, o que nos leva a algumas indagações: é esse o tipo de uso que pode ser objeto de licenciamento em base coletiva ou negocial? É esse tipo de material ofertado apenas em base comercial? Finalmente, seria necessário verificar a "normalidade" da exploração comercial como uma noção dinâmica, influenciada pelo desenvolvimento tecnológico e pelo comportamento do consumidor. Parece evidente, em minha opinião, que a Internet deve ter modificado os meios de "exploração comercial normal" das obras autorais. O acesso para uso privado - não-licenciado - ao material disponível na Internet deve ser, na maioria dos casos, considerado normal.[134]

O segundo estágio do *three-step test*, especificamente o prejuízo injustificado aos interesses legítimos do titular, reside no ponto de contato entre o interesse público e os direitos do autor.[135] Os direitos envolvidos devem ser aqueles tutelados pela legislação de direitos autorais.

Este é o ponto em que os fundamentos misturam-se nos dois estágios do teste. O autor tem o direito sobre qualquer uso significativo do ponto de vista comercial, uso que normalmente seria objeto de uma transação comercial. Qualquer situação não protegida por esse direito poderia ser aquela que não seja objeto de exploração comercial normal e justificada por uma finalidade válida de interesse público.

5.2. Comparações com Outras Propostas

Existem várias outras propostas para criação de um "direito de uso" das obras protegidas, uma vez que o rol fragmentado de direitos autorais não consegue alcançar hoje a realidade do ciberespaço. Jessica Litman sugere tal direito de uso na Digital Millenium Copyright Act.[136] O prof. Lawrence Lessig,[137] por sua vez, aponta para outra direção, em especial seu trabalho *The Future of Ideas*, no qual discute, primeiramente, o exemplo do videocassete e a potencialidade das formas de uso que não constituem violação de direitos de autor. Lessig assim se manifesta:

> In responding to the shock that the Internet presents to copyright law, it is of course important to account for the increased exposure to theft. But the law must also draw a balance to assure that this proper response to an increased risk of theft does not simultaneously erase the important range of access and use rights traditionally protected under copyright law.[138]

Andrew Christie[139] também propôs um modelo a partir do qual os direitos autorais são baseados no uso da obra; propõe igualmente um agrupamento dos direitos patrimoniais de autor em duas categorias: reprodução e distribuição.[140] Há, no entanto, quem critique esse tipo de simplificação, como faz Sam Ricketson.[141] Existem ainda propostas para criação de direitos específicos relacionados à transmissão por Internet, o que poderia resolver certos problemas pontuais.[142]

A abordagem sugerida pela profa. Litman parece ser, em princípio, a mais interessante, mas, como observa corretamente Jane Ginsburg,[143] uma conceitualização deve ser buscada mais além. Em minha opinião deve-se também levar em consideração as normas dos tratados internacionais, em especial o Acordo TRIPS/OMC.[144]

Outros exemplos de tentativas de simplificação podem ser verificados em certos ordenamentos nacionais. Elas são incompletas e nenhuma delas chega a um paradigma para as limitações aos direitos de autor, justificadas nos efeitos do uso da obra protegida. No entanto, elas merecem ser aqui destacadas. Um dos melhores exemplos é aquele da Lei Suíça de Direitos de Autor,[145] que estabelece, em seu art. 10, que "o autor tem o direito exclusivo de decidir quando e como sua obra será utilizada". A China também tem uma noção muito ampla de direitos de autor, na qual é enfatizado o direito de uso. O art. 55 da lei chinesa de direitos de autor[146] estabelece:

> Art. 55 – Direitos exclusivos
>
> (1) Salvo disposição em contrário, o autor tem direito exclusivo de utilizar sua obra, no todo ou em parte, incluindo especificamente o direito de divulgá-la, publicá-la e explorá-la economicamente em qualquer forma, seja direta ou indiretamente, dentro dos limites da lei.
>
> (2) A garantia dos benefícios pecuniários derivados da exploração da obra constituem o objetivo básico, em termos econômicos, da proteção jurídica.[147]

O governo canadense recentemente abriu suas instâncias políticas para uma reflexão mais ampla sobre essa questão e inseriu, em sua agenda de trabalhos, a revisão da "questão do esclarecimento e simplificação da lei".[148] As propostas apresentadas são interessantes e muitas delas refletem ou incorporam soluções para os problemas identificados no campo dos direitos de autor e nos tratados internacionais sobre a matéria: um feixe fragmentado de direitos orientados pela natureza do uso das obras autorais, e não pelos seus efeitos.

O que sugerimos no presente artigo, portanto, é dar um passo à frente e empregar o teste hoje internacionalmente consagrado, aplicável a todas as exceções/

limitações, como base para determinar o real objeto dos direitos autorais, e, por conseguinte, estabelecer as exceções mais apropriadas. Esse objeto deveria compreender somente o controle daquelas formas mais importantes de exploração comercial da obra protegida e a "normalidade" da exploração da obra, que se mede dinamicamente à luz das necessidades da sociedade, e as mudanças tecnológicas.

Duas observações devem ser ainda feitas nesse caso. Acreditamos que tal abordagem (os direitos de autor justificados nos efeitos do uso) somente se aplique aos chamados direitos econômicos.[149] Direitos morais relacionados à autoria (paternidade) e integridade da obra, tutelados pela Convenção de Berna de 1886, devem ser analisados separadamente. As limitações aos direitos morais não podem ser baseadas na exploração comercial, mas antes em um teste combinando interesse público e praticidade.[150]

Em segundo lugar, a abordagem aqui sugerida tem a vantagem de ser compatível com os tratados internacionais vigentes sobre a matéria de direitos de autor. A tentativa de renegociação de muitos desses tratados não seria uma tarefa simples. Até que eles fossem emendados, a tecnologia digital já teria sido substituída pela tecnologia "trigital", ou qualquer uma que surgisse em seguida. Seria uma fonte de novos desafios para os direitos de autor, ou eu diria, para os advogados dedicados às questões do "direito de uso".

5.3. Outras Considerações Sobre o Teste Baseado nos Efeitos do Uso

Como mencionado anteriormente,[151] um dos pontos fracos dos direitos de autor, enquanto disciplina normativa, é justamente sua ênfase na natureza do uso das obras. Assim, o fato de alguém se valer da obra para uso privado, uso comercial ou para fins transformativos parece não ter nenhuma importância, senão até o momento em que os direitos do titular são colocados em questionamento: importa que tecnicamente tenha ocorrido um ato de reprodução da obra. Para transpor essa dificuldade estrutural, limitações, como por exemplo, uso privado da obra[152] ou paródia,[153] são também adicionadas ao *mix* de direitos de autor.

Ao empregar um teste baseado nos efeitos do uso (e não natureza dos direitos autorais), os tribunais poderiam estabelecer distinções apropriadas. Na maioria dos casos, a reutilização da obra para fins comerciais ou não-transformativos seria considerada uma hipótese de violação do segundo ou terceiro estágio do *three-step test* (respectivamente "a interferência sobre a exploração comercial normal" e "o prejuízo injustificado aos interesses legítimos do titular"). Isso se explicaria justamente pelos efeitos de tais usos sobre o mercado em que o(s) titular(es) atua(m) e a ausência de uma justificativa no interesse público que lhes seja prevalente. O uso privado da obra geralmente não teria nenhum efeito sobre o mercado; seria desejável permitir tal uso tanto pelo custo (em termos, por exemplo, de violação de privacidade)[154] e pelo interesse público relacionado à ampliação do acesso à informação e aos bens culturais. Nesses casos, a implementação de um teste baseado nos efeitos do uso simplesmente evitaria o processo tortuoso de determinar se houve utilização ou reprodução da obra (o teste baseado na natureza dos direitos de autor), e então, as limitações concernentes.

O impacto mais significativo, todavia, ocorreria no âmbito do uso da obra para fins transformativos. Aqui existe um interesse público permitindo que os criadores possam reutilizar material protegido, algo que é consagrado em muitos ordenamentos jurídicos,[155] incluindo o direito norte-americano. A Suprema Corte dos Estados Unidos teria possivelmente firmado um conceito de paródia muito além de seu significado comum, a fim de ajustar a exceção do uso transformativo aos direitos do titular.[156] Adotando-se um teste baseado nos efeitos do uso, a reutilização da obra existente poderia ser permitida não apenas nos casos de paródia, mas em todos os casos nos quais um interesse público genuíno está associado ao surgimento de novas criações sem que isso venha comprovadamente afetar o mercado da obra preexistente.

6. Conclusão

O presente artigo mostrou que, enquanto as exceções aos direitos de autor foram, historicamente, orientadas pelos efeitos de determinado uso da obra protegida, os direitos sobre os quais tais exceções se aplicam foram sendo justificados pela natureza do uso. Isso tem pelo menos duas conseqüências indesejáveis: primeiro, leva o titular de direitos de autor a organizar uma estrutura jurídica de proteção da obra contra todas as formas técnicas de uso, quando, na verdade, sua preocupação verdadeira estaria nos efeitos que o uso pode apresentar, reduzindo ou aumentando as opções de comercialização da obra no futuro. Segundo, existe uma discrepância lógica entre o direito conferido e a exceção e que torna dificultosa a aplicação de exceções e a delimitação de suas fronteiras. Na busca de uma solução para melhorar a situação atual, eu sustentei que uma norma baseada nos efeitos (um novo tipo de direito de autor) responderia com mais efetividade aos problemas que os titulares enfrentam, em particular na Internet. Essa norma também permitiria aumentar a segurança jurídica para os usuários, a partir de uma melhor correlação entre os direitos conferidos e as exceções.

Considerando que o *three-step test*, tal qual previsto no art. 9(2) da Convenção de Berna, é hoje a base de todas as exceções aos direitos de propriedade intelectual nos tratados concluídos desde 1994 com o advento do Acordo TRIPS, eu primeiro examinei esse teste fundamental e sua aplicação nos ordenamentos nacionais e no âmbito regional (direito europeu), a fim de determinar que modalidade de uso da obra autoral seria autorizada. Então sugeri reverter o teste, como se tal fosse, para determinar o objeto das formas de uso não autorizado da obra, o que significa determinar quais os direitos de exclusividade do titular do direito devem ser aplicados. A proposta, com efeito, observa que os direitos devem ser definidos para espelhar as exceções permitidas de acordo com o art. 9(2) da Convenção de Berna e o art. 13 do TRIPS. Assim, normas de tratados internacionais em matéria de direitos autorais deixarão de ser um conjunto de padrões mínimos de proteção com as limitações permitidas, mas antes um esquema coerente para regular as formas significativas de uso comercial da obra, incluindo aquelas constatáveis no ambiente da Internet.

Analisamos essa proposta contrapondo-a com as propostas existentes que visam a melhorar ou simplificar as normas internacionais concernentes aos direitos de autor. A última parte do artigo demonstrou que um teste baseado nos efeitos do uso da obra simplificaria tanto a determinação dos atos de violação como permitiria um maior uso transformativo do material protegido.

Notas:

1. Eben MOGLEN, *Anarchism Triumphant: Free Software and the Death of Copyright*, in *The Commodification of Information*, 2002 (Niva Elkin-Koren & Neil Weinstock Netanel eds., 2002) p. 131, faz uma analogia a *Star Wars* para elaborar a questão, observando: *"the obsolescence of the IPdroid is neither unforeseeable nor tragic. Indeed it may find itself clanking off into the desert, still lucidly explaining to an imaginary room the profitably complicated rules for a world that no longer exists."*

2. *The Economy of Ideas: A Framework for Patents and Copyrights in the Digital Age.* (Everything you know about intellectual property is wrong.). Wired Digital, Inc, n. 2.03, Mar. 1994, disponível on-line em http:// www.wired.com/ wired/archive/2.03/economy.ideas_pr.html. O autor assim se manifesta: *"Copyright worked well because, Gutenberg notwithstanding, it was hard to make a book. Furthermore, books froze their contents into a condition that was as challenging to alter as it was to reproduce. (...) For all practical purposes, the value was in the conveyance and not the thought conveyed... In other words, the bottle was protected, not the wine. Now, as information enters Cyberspace, the native home of Mind, these bottles are vanishing".*

3. *"Intellectual property law cannot be patched, retrofitted, or expanded to contain the gasses of digitized expression any more than real estate law might be revised to cover the allocation of broadcasting spectrum (which, in fact, rather resembles what is being attempted here). We will need to develop an entirely new set of methods as befits this entirely new set of circumstances"* .

4. O leitor encontrará um bom exemplo no art. de LUNNEY JR., Glynn S., *The Death of Copyright: Digital Technology, Private Copying, and the Digital Millennium Copyright Act*, in *Vanderbilt Law Review* n. 87 (2001), p. 813: *"COPYRIGHT is dead. The Digital Millennium Copyright Act ("DMCA") has killed it. With the enactment of the DMCA, there is a very real danger that our system of protecting creative works will serve primarily private interests. If so, then the protection of creative works will have come full circle ... and copyright, in the sense of protection intended primarily to serve the public interest, will surely have died.".* Ver ainda DENICOLA, Robert C., *Mostly Dead?* Copyright Law in the New Millennium, in *Journal of Copyright Society USA* n.47, 2000, p. 206-07: *"Yet how much of the old, legislatively-defined copyright will remain relevant in the new Millennium? Copyright law may be mostly dead in the wake of the DMCA, but 'mostly dead is still alive.' Traditional copyright will no doubt remain as a convenient if redundant alternative to breach of contract. Copyright law will also be necessary for works that leak out of their containers and are accessible without a contract. We may also need traditional-looking copyright law to pursue stronger protection abroad."*

5. Ver decisão no caso *Eldred v. Ashcroft*, 537 U.S. 186 (2003), em que a Suprema Corte opina: *"[Copyright law celebrates the profit motive, recognizing that the incentive to profit from the exploitation of copyrights will redound to the public benefit by resulting in the proliferation of knowledge... The profit motive is the engine that ensures the progress of science." Rewarding authors for their creative labor and "promot[ing] . . . Progress" are thus complementary; as James Madison observed, in copyright "[t]he public good fully coincides . . . with the claims of individuals."* (p. 212 n. 18, com citações internas ao texto omitidas).

6. Nós devemos nos lembrar também da luta contra a fotocopiadora, em um relatório de 1961, o *Register of Copyrights* dos Estados Unidos fazia o seguinte alerta: *"Copying has now taken on new dimensions with the development of photocopying devices by which any quantity of material can be reproduced readily and in multiple copies . . ."* (cf. Report of the Register of Copyrights on the General Revision of the U.S. Copyright Law, as of July 25, 1961)

7. GERVAIS Daniel. *Electronic Rights Management and Digital Identifier Systems*, in The Journal of Eletronic Publishing, v. 4, n. 3, 1999, disponível em: <http://www.press.umich.edu/jep/04- 03/gervais.html>:*"The content is there. In almost all cases, it is in digital form or can be digitized. Networks with sufficient bandwidth are being built, and many business users and individual consumers are already connected. They are ready for the content. Many copyright industries and other rights holders are coming to the view that global networks represent good business opportunities and that digital, though it may be different, is nonetheless interesting commercially. In fact, it may be the only future growth area. To put it simply, digital is inevitable".* Sobre isso, ver ainda Relatório apresentado à OMPI em dezembro de 1998.

8. GERVAIS, Daniel. *Copyright and eCommerce*, in SIMENSKY, Melvin et alii (eds.), *Intellectual Property in the Global Marketplace*, 2ª ed., vol. 2, set. 2001/2002 Supplement.

9. Pode ser feita referência à chamada *Secure Digital Music Initiative* (SDMI), um projeto ainda não desenvolvido. Sobre isso, ver *www.sdmi.org*. Em 18 de maio de 2001, o SDMI estava em discussão e pretende reapreciar, em algum momento, os avanços tecnológicos.

10. Por exemplo, a famosa ação judicial contra o NAPSTER, no caso *A&M Records, Inc. v. Napster, Inc.*, 239 F.3d 1004 (9th Cir. 2001). Ver ainda ELKIN, Michael S. e KHLYAVICH, Alexandra, "Napster Near and Far: Will the Ninth Circuit's Ruling Affect Secondary Infringement in the Outer Reaches of Cyberspace?" in *Brooklyn Journal of International Law, vol.* 27, 2002, p. 381 (discutindo os fundamentos da decisão e o impacto do caso Napster); McWANE, Sarah H., "Hollywood vs. Silicon Valley: DeCSS Down, Napster to Go?", in *CommLaw Conspectus*, nº 9, 2001. p. 87 (sustentando que *"[t]he recording industry holds stubbornly to the retailing model where people are actually purchasing CDs when, in reality, people are now downloading MP3s"*).

11. Por exemplo, o site *iTunes.com,* pertencente à Apple Computers, tornou-se um sucesso do dia para noite, apesar do fato de que ele funcionava originalmente em computadores Macintosh que utilizavam a última versão (OS10) do sistema operacional. Cf. STRAUSS, Neill, *Apple Finds a Route For Online Music Sales*, in N.Y.Times, 29 de maio de 2003, Parte E1; Ver ainda a nota à imprensa da Apple Computers, "One Million Copies of iTunes for Windows Software Downloaded in Three and a Half Days: One Million Songs Purchased by iTunes Users in Three and a Half Days", de 20 de outubro de 2003, disponível em: http:// www.apple.com/pr/library/ 2003/oct/20itunes.html (última visita em janeiro de 2005).

12. Assim como aparece no § 107 da lei norte-americana de direitos autorais: *"Use will be considered fair (and consequently non-infriging) according to the four following criteria:*
(1) the purpose and character of the use, including whether such use is of a commercial nature or is for nonprofit educational purposes;
(2) the nature of the copyright work;
(3) the amount and substantialy of the portion used in relation to the copyrighted work as a whole;
(4) the effect of the use upon the potential market for or value of the copyrighted work."

13. Antes do *Statute of Anne* (nota 14 infra), não haveria propriamente direitos autorais. Os artistas na Grécia clássica e no Império Romano não buscavam o reconhecimento pessoal, e era comum identificarem outras pessoas, como um professor ou uma pessoa famosa, como sendo "autores". Na Alta e Baixa Idade Média, dos séculos VIII ao XII, aproximadamente, quase todas as obras artísticas eram criadas na Europa sob a patronagem da Igreja Católica, que se tornou de fato a proprietária de todas as "obras". Michelangelo foi um dos primeiros artistas a insistir em reconhecimento pessoal e atribuição da titularidade da obra. Essa insistência sobre o papel pessoal do autor e o reconhecimento da relação entre o autor e a obra é principalmente fruto do Iluminismo, com a visão, por exemplo, de Kant e Hegel, de que o autor a introduz com veemência em sua obra. Sobre isso, ver ROSEN, Dan, *Artists' Moral Rights: A European Evolution, An American Revolution*, in *Cardozo Arts and Entertainment Law Journal*, nº 2, 1983, p. 155; STREIBICH, Harold C., *The Moral Right of Ownership to Intellectual Property: Part I - From the Beginning to the Age of Printing*, in *Memphis State University Law Review*, nº 6, 1975, p. 1, SWACK Cheryl, *Safeguarding Artistic Creation and the Cultural Heritage: A Comparison of Droit Moral Between France and the United States*, in *Columbia Journal of Law and Arts*, vol. 22, 1998, p. 361.

14. Ver *Statute of Anne*, 1710, 8 Ann., c. 19 (Eng.).

15. Ver PATTERSON, L. Ray e JOYCE, Craig. Copyright in 1791: An Essay Concerning the Founders' View of the Copyright Power Granted to Congress in Article I, Section 8, Clause 8 of the U.S. Constitution, in *Emory Law Journa*l, vol. 52, 2003, p. 909 e ss, especialmente p. 916.

16. Ver Nota à Imprensa da *Recording Industry Association of America*, "Recording Industry Begins Suing P2P File Sharers Who Illegally Offer Copyrighted Music On line", de 8 de setembro de 2003, disponível em *http:// www.riaa.com/ news/newsletter/090803.asp* (último acesso em 29 de janeiro de 2005); ver ainda as reportagens de BORLAND, John, *RIAA Sues 261 File Swappers*, disponível em: <http:// news.com.com/2100-1023-5072564.html?tag=nl (último acesso em 2 de outubro de 2004); idem *RIAA files 80 New File-Swapping Suits*, CNET News.com, disponível em <http:// news.com.com/2100-1027-5099738.html> (último acesso em 2 de outubro de 2004).

17. Ver referências citadas na nota 16 *supra.*

18. Cf. *In re Verizon Internet Servs.*, 257 F. Sup. 2d 244 (D.D.C. 2003). A CNET noticiou um uso crescente de *proxies* para assegurar o anonimato dos indivíduos que compartilhavam arquivos na Internet. Sobre isso, ver BORLAND, John, *Covering Tracks: New Privacy Hope for P2P*, CNET News, Feb. 24, 2004, disponível em: <http://news.com.com/ 2100-1027- 5164413.html> (último acesso em 2 de outubro de 2004). Um outro exemplo é o programa criado por Wyatt Wasicek, chamado *AnonX*, que oculta o endereço da Internet das pessoas que utilizam programas de

compartilhamento de arquivos eletrônicos (*file-sharing programs*), tais como o Kazaa. Wasicek promete não divulgar os endereços de seus 7 mil usuários, e defende que não pode ser forçado a tanto. Sobre isso, ver a nota *Angry with RIAA Tactics: Programmer Creates Mask for File-sharers*, disponível em: <http://www.siliconvalley.com/mld/siliconvalley/news/editorial/7927993.htm> (último acesso em 2 de outubro de 2004).

19. Freqüentemente aparecem novas tecnologias que prometem impedir o intercâmbio de arquivos eletrônicos contendo material protegido por direitos autorais, por meio de plataformas P2P, normalmente com preocupações de privacidade dos usuários de Internet. Ver BORLAND, John, *File-swap 'Killer' Grabs Attention*, CNET News, 3 de março de 2004, disponível em: <http://news.com.com/2100-1025_3-5168505.html> (último acesso em 9 de outubro de 2003).

20. O sucesso de editoras de revistas médicas e científicas mostra que a aplicação de normas de direitos de autor na Internet é perfeitamente possível. Ao disponibilizar o conteúdo das revistas na rede e aumentando a tecnologia para oferecer dados brutos ou arquivos contendo imagens tridimensionais, essas editoras aumentaram suas receitas anuais, sem necessariamente deixar de publicar enormes quantidades de material impresso. A resposta para isso é credenciar os usuários, conferindo-lhes créditos de uso da obra. Esse tipo de mecanismo já era implícito na época pré-Internet, com a aplicação das exceções da cópia para uso privado, *fair use* e exaustão ou primeira venda da obra etc.

21. Ver REESE, R. Anthony, The First Sale Doctrine in the Era of Digital Networks, in *Boston College Law Review*, vol. 44, 2003, p. 577, observando: "Durante pelo menos noventa e cinco anos, a doutrina da primeira venda no Direito de Autor norte-americano permitiu àqueles que adquiriam obras protegidas por direitos autorais revendê-las, alugá-las ou emprestá-las. O direito de autor é normalmente concebido como um equilíbrio entre a capacidade criativa, que têm incentivos suficientes para tanto, e a maximização do acesso público com a existência e manutenção de lojas de livros e discos usados, locadoras de filmes e, talvez, mais significativas, as bibliotecas."

22. Não que elas gostem disso. A luta contra o vídeocassete é um bom exemplo. É óbvio que hoje as vendas de vídeos e alugueis pelos filmes geram enormes cifras financeiras para a indústria cinematográfica.

23. Em 2002, a Corte Suprema do Canadá escreveu um interessante comentário, a respeito desse ponto em especial, no case *Théberge vs. Galeries d'art du Petit Champlain, Inc.*, [2002] SCC 34: "*Excessive control by holders of copyrights and other forms of intellectual property may unduly limit the ability of the public domain to incorporate and embellish creative innovation in the long-term interests of society as a whole, or create practical obstacles to proper utilization. This is reflected in the exceptions to copyright... such as fair dealing . (...).This case demonstrates the basic economic conflict between the holder of the intellectual property in a work and the owner of the tangible property that embodies the copyrighted expressions.*

24. *Sony Corp. of Am. v. Universal City Studios, Inc.*, 464 U.S. 417 (1984).

25. HUGENHOLTZ, P. Bernt et alli, *The Future of Levies in a Digital Environment*, Institute for Information Law, 2003, p. 9, disponível em: <http:// www.ivir.nl/publications/other/DRM&levies-report.pdf> (último acesso em 2 de outubro de 2004), assim observando: *"Historicamente, um sistema de tributação sobre direitos de autor foi montado sob o fundamento de que determinadas situações fáticas, como cópias privadas de obras protegidas, não podem ser controladas ou exploradas individualmente... Com o advento do gerenciamento digital dos direitos (digital rights management) essa premissa deve ser reexaminada...* Quando tal gerenciamento de direitos individuais for disponível, não deverá restar necessidade ou justificativa para um sistema compulsório de recolhimento de tributos.

26. PETERS, Marybeth, *Report on Copyright and Digital Distance Education*, U.S. Copyright Office, (1999), disponível em: <http:// www.copyright.gov/reports/de_rprt.pdf> (último acesso em 2 de outubro de 2004).

27. Idem, p. vii-viii.

28. Idem, p. xv.

29. A imagem de um "fared use" foi mencionada nesse contexto. Sobre isso, ver BELL, Tom W., "Fair Use *vs.* Fared Use: The Impact of Automated Rights Management on Copyright's Fair Use Doctrine", in *North Carolina Law Review* vol. 76, 1998, p. 557- 559: *"[Automated rights management (ARM)] enables information providers to enforce standard copyright claims mechanically, without resort to the threat of litigation. It also allows copyright owners and others to create and enforce contracts that specify other sets of rights. Although ARM may give information providers newfound power to control the use of their wares, it does not necessarily justify that control. The proper legal response to ARM thus remains an open–and vital–question. ARM portends far-reaching and unprecedented effects on rights to information in the new digital intermedia. Specifically, ARM threatens to reduce radically the scope of the fair use defense to copyright infringement. ARM will interact with existing legal doctrines to supplant fair use with an analogous but distinctly different doctrine: fared use".*

30. *Statute of Anne*, 1710, 8 Ann., c. 19 (Eng.).

31. *Convenção de Berna sobre a Proteção das Obras Literárias e Artísticas*, de 9 de setembro de 1886, com a revisão de Paris, em 24 de julho de 1971 [aqui referida como "Convenção de Berna" ou "CUB"].

32. *Agreement on Trade-Related Aspects of Intellectual Property Rights*, Apr. 15, 1994, Marrakesh Agreement Establishing the World Trade Organization, Annex 1C, Legal Instruments-Results of the Uruguay Round vol. 3, 1869 U.N.T.S. 299, 33 I.L.M. 81 (1994) [aqui TRIPS ou TRIPS/OMC]

33. O comentário limita-se aos chamados direitos econômicos. Curiosamente, onde existem direitos morais, pode ser esboçado este caso, combinando fatores: (a) o teste não se justifica na natureza, mas nos efeitos e (b) a justificativa é parcialmente não comercial. Primeiramente, o teste padrão para determinar o direito à integridade da obra seria, de acordo com o art. 6bis da Convenção de Berna, a pretensão de o autor se opor *"a toda deformação, mutilação ou outra modificação dessa obra, ou a qualquer dano à mesma obra, prejudiciais à sua honra ou a sua reputação"*. A natureza dos atos mencionados nesse artigo, especificamente "deformação", "mutilação" ou "outra modificação" é muito ampla, tão ampla que se torna uma não-condição para o exercício do direito. O verdadeiro teste baseia-se no *efeito do ato*, i.e., o prejuízo à honra do autor ou sua reputação. A justificativa desse direito é em parte comercial (manutenção da integridade da obra), assim como a justificativa para o direito de reclamar a titularidade da autoria da obra (ou "reivindicar a paternidade da obra") estaria em outro trecho do art. 6bis (assegurar que a fonte é reconhecida). Mas parte dessa justificativa decorre, historicamente, de uma visão privatista do século XVIII, de que entre o autor e a sua criação existe uma relação de finalidade, independentemente de qualquer ato de alienação da obra (enquanto "objeto") e os direitos de propriedade intelectual ali contidos.

34. GERVAIS, Daniel e MAURUSHAT, Alana, *Fragmented Copyright, Fragmented Management: Proposals to Defrag Copyright Management*, in Canadian Journal of Law & Tech, nº 2, 2003, p. 5.

35. *World Intellectual Property Organization Copyright Treaty*, Dec. 20, 1996, S. Treaty Doc. nº 105-17, 36 I.L.M. 65 (1997) [aqui denominado "Tratado da OMPI de Direitos de Autor de 1996", ou "WCT"]; *World Intellectual Property Organization Performances and Phonograms Treaty*, Dec. 20, 1996, S. Treaty Doc. Nº 105-17, 36 I.L.M. 76 (1997) [aqui denominado "Tratado da OMPI sobre Execução e Fonogramas de 1996", ou WPPT].

36. Ver art. 8 do WCT: *"Without prejudice to the provisions of Articles 11(1)(ii), 11bis(1)(i) and (ii), 11ter(1)(ii), 14(1)(ii) and 14bis(1) of the Berne Convention, authors of literary and artistic works shall enjoy the exclusive right of authorizing any communication to the public of their works, by wire or wireless means, including the making available to the public of their works in such a way that members of the public may access these works from a place and at a time individually chosen by them.* Ver também arts. 8, 10, 12, 14 e 19 do WPPT; no que concerne ao direito japonês, ver art. 18 da Lei nº 48 de 1970, que disciplina a proteção dos direitos de autor.

37. 537 U.S. 186.

38. ver NETANEL, Neil Weinstock, *Copyright and a Democratic Civil Society*, em Yale Law Journal, nº 106, 1996, p. 283; ver ainda LESSIG, Lawrence, *Protecting Mickey Mouse at Art's Expense*, artigo publicado no N.Y. Times, em 18 de janeiro de 2003, parte A17 (*"Still, missing from the opinion was any justification for perhaps the most damaging part of Congress's decision to extend existing copyrights for 20 years: the extension unnecessarily stifles freedom of expression by preventing the artistic and educational use even of content that no longer has any commercial value."*); Ver também *Brief of Intellectual Property Law Professors as Amici Curiae Supporting Petitioners* no caso Eldred vs. Ashcroft, nº 01-618, disponível em:<http:// cyber.law.harvard.edu/openlaw/eldredvashcroft/supct/amici/ip-lawprofs.pdf>

Tais *efeitos inibitórios* (aqui a tradução adaptada para a expressão em inglês *chilling effects)* são aqueles efeitos produzidos por normas muito vagas ou muito abrangentes sobre o exercício de determinados direitos subjetivos e coletivos. A origem da expressão é incerta no direito anglo-americano; teria sido primeiramente utilizada em 1956 pelo juiz Associado da Suprema Corte, William J. Brennan numa descisão judicial, ao se referir ao "chilling effect" que determina lei teria sobre o exercício de direitos tutelados pela Primeira Emenda da Constituição dos Estados Unidos da América, tais como a liberdade de expressão e liberdade de imprensa. O caso de em questão era *Lamount v. Postmaster General,* 381 U.S. 301, 85 S.Ct. 1493 (1965), no qual a Corte decidiu pela nulidade de uma lei federal que exigia de clientes de serviços postais, ao receberem "propagandas políticas comunista", autorizassem especificamente a entrega de cada correspondência. A expressão teria sido utilizada ainda, como se amplamente disseminada no senso comum, em uma artigo de Paul A. FREUD, *The Supreme Court and Civil Liberties,* in Vanderbilt Law Review n. 4 (1950-1951), p. 553 e ss; especialmente p. 539. Assim, adaptamos aqui a expressão original "chilling effects" pela expressa "efeitos inibitórios", "repelentes", i.e, efeitos que comprimem ou inibem o exercício de determinados direitos, não por conta de uma previsão normativa que lhes exclua o âmbito de incidência (e.g como se fossem exceções ou limitações ao direito), mas sim pelo potencial receio que o exercício de tais direitos conflitem com individuos que sustentem a titularidade de outros direitos, e portanto, submeta o titular a disputas judiciais. (N.T.)

39. Uma interessante análise, porém de algum modo diferente daqui empreendida, foi proposta por R. Polk, Wagner, no artigo "Information Wants to Be Free: Intellectual Property and the Mythologies of Control", *in Columbia Law Review* nº 103 (2003), p. 995.
40. Sobre isso, ver GERVAIS, Daniel, *The TRIPS Agreement Drafting History and Analysis,* 2ª ed., London: Sweet and Maxwell, 2003, p.144-47; FISCOR, Mihály, "How Much of What? The Three-Step Test and Its Application in Two Recent WTO Dispute Settlement Cases", in *Revue Internationale du Droit d'Auteur, nº 192*, 2002, p. 231-42.
41. Transcreve-se, a título comparativo, a redação do art. 9(2) da Convenção de Berna de 1886 com a tradução para o português constante no Decreto nº 75.699, de 6 de maio de 1975, que incorpora a Convenção no ordenamento brasileiro*: "Às legislações dos países da União, reserva-se a faculdade de permitir a reprodução das referidas obras em certos casos especiais, contanto que tal reprodução não afete a exploração normal da obra nem cause prejuízo injustificado aos interesses legítimos do autor."* (N. T.)
42. O TRIPS/OMC também traz uma lista de materiais excluídos da proteção autoral: O art. 9(2) estabelece "idéias, procedimentos, métodos de operação ou conceitos matemáticos como tais".
43. Nos Estados Unidos esse Tratado foi implementado pelas normas da *Digital Millennium Copyright Act*, Pub. L. nº 105- 304, 112 Stat. 2860 (1998) [aqui denominada de "DMCA"]. O *WIPO Copyright and Performances and Phonograms Treaties Implementation Act* de 1998 é basicamente o Título I da DMCA norte-americana e possui ao menos duas interessantes características dignas de nota, especificamente a referência à aplicação do *three-step test* no art. 10 e a seguinte declaração nos dispositivos do Preâmbulo: *"Recognizing the need to maintain a balance between the rights of authors and the larger public interest, particularly education, research and access to information, as reflected in the Berne Convention."*
44. Ver art. 30 do Acordo TRIPS/OMC. Eu agradeço ao Dr. Mihály Ficsor, que compartilhou suas opiniões a respeito do caso julgado no Órgão de Solução de Controvérsias da OMC sobre a Seção § 110(5) da *U.S. Copyright Act.* Ver MIHÁLY, Ficsor, *How Much of What? The Three-Step Test and Its Application in Two Recent WTO Dispute Settlement Cases*, (nota 42 *supra*), p. 231 e ss.
45. *The Berne Convention for the Protection of Literary and Artistic Works*, 1886-1986 (1987).
46. *Idem*, p. 482.
47. Ver arts. 10(1), 10(2) e 10bis(2), da Convenção de Berna de 1886.
48. Ver o documento WT/DS160/R, de 15 de Junho de 2000, *United States - Section 110(5) of the U.S. Copyright Act,* aqui se referindo ao Relatório do Grupo Especial.
49. *Idem*, n.114.
50. *Idem*, §§ 6.108-6.110.
51. *Idem*, § 6.109: *"The term "special" connotes "having an individual or limited application or purpose", "containing details; precise, specific", "exceptional in quality or degree; unusual; out of the ordinary" or "distinctive in some way" [here was a footnote referring to the Oxford dictionary]. This term means that more is needed than a clear definition in order to meet the standard of the first condition. In addition, an exception or limitation must be limited in its field of application or exceptional in its scope. In other words, an exception or limitation should be narrow in quantitative as well as a qualitative sense".*
52. Fundamentalmente, os acordos de comércio multilateral são estabelecidos para negociação e não devem, portanto, ser "integrados" ou "reformados" por meio de interpretação. Cf. por exemplo, WT/DS2/AB/R, de 20 de maio de 1996, *United States - Standards for Reformulated and Conventional Gasoline,* sobre o Relatório do Órgão de Apelação da OMC, assim se posicionando: *"applying the basic principle of interpretation that the words of a treaty, like the General Agreement, are to be given their ordinary meaning, in their context and in the light of the treaty's object and purpose."*
53. GERVAIS, Daniel, *The TRIPS Agreement*, cit. (nota *supra*), p. 146.
54. WT/DS160/R, *United States - Section 110(5) of the U.S. Copyright Act,* cit. § 6.109.
55. *Idem ibidem*
56. GERVAIS, Daniel, *The TRIPS Agreement*, cit. (nota *supra*).
57. Essa citação refere-se ao *three-step test* contido no art. 9(2) da Convenção de Berna, enquanto aplicável apenas ao direito de reprodução. No art. 13 do TRIPS, o teste é estendido para todos os direitos compreendidos pela proteção autoral: *"Os Membros restringirão as limitações ou exceções aos direitos exclusivos a determinados casos especiais, que não conflitem com a exploração normal da obra e não prejudiquem injustificavelmente os interesses legítimos do titular do direito".*
58. *Records of the Intellectual Property Conference of Stockholm*, June 11 to July 14, 1967, WIPO, Geneva, (1971), p. 1145 [aqui simplesmente "Arquivos da Conferência de Estocolmo de 1967].

59. A expressão "interference with" significa impedir algo de funcionar efetivamente ou de se desenvolver com êxito, no caso, a "exploração comercial normal" da obra autoral (normal commercial exploitation"). Pode significar ainda, na versão empregada pelo *Dicionário Oxford*, "prejudicar" alguém ou alguma coisa. (N. T.)
60. Arquivos da Conferência de Estocolmo de 1967, p. 112: *"all forms of exploiting a work which had, or were likely to acquire, considerable economic or practical importance."*
61. GOLDSTEIN, Paul. *International Copyrigths: Principles, Law and Pratice*. New York: Oxford University Press, 2001, p. 295. See also FICSOR, Mihály. *The Law of Copyright and the Internet: The 1996 WIPO Treaties, Their Interpretation and Implementation*. London: Oxford University Press, 2002, p. 516.
62. Seria possível verificar o objetivo de uma exceção baseada em uso não comercial no House Report 3261 of the 108th Congress, conhecido como o *Act to Prohibit the Misappropriation of Certain Databases*, em cujo 4(b) permitiria: *"the making available in commerce of a substantial part of a database by a nonprofit educational, scientific, and research institution, including an employee or agent of such institution acting within the scope of such employment or agency, for nonprofit educational, scientific, and research purposes". "(...)if the court determines that the making available in commerce of the information in the database is reasonable under the circumstances, taking into consideration the customary practices associated with such uses of such database by nonprofit educational, scientific, or research institutions and other factors that the court determines relevant."*
63. WT/DS160/R, *United States - Section 110(5) of the U.S. Copyright Act, par. 6.180*, cit, § 6.180 (*[I]t appears that one way of measuring the normative connotation of normal exploitation is to consider, in addition to those forms of exploitation that currently generate significant or tangible revenue, those forms of exploitation which, with a certain degree of likelihood and plausibility, could acquire considerable economic or practical importance.*)
64. *Idem, ibidem.*
65. SENFTLEBEN, Martin, *Copyrigth Limitations and the Three-Step-Test. An Analysis of the Three–Step-Test in International and EC Copyrights Law*. Copyright Bulletin. The Hague: Kluwer Law International, 2004, p. 226-27, assim opinando: "*Copyright law is centered round the delicate balance between rants and reservations. On one side of this balance, the economic and non-economic interests of authors of already existing works can be found. On the other side, the interests of users–a group encompassing authors wishing to build upon the work of their predecessors–are located. If a proper balance between the concerns of authors and users is to be struck, both sides must necessarily take a step towards the center. The two elements of the third criterion (legitimate interests and unreasonable prejudice) mirror these two steps. The authors cannot assert each and every concern. Instead, only legitimate interests are relevant. As a countermove, the users recognise that copyright limitations in their favour must keep within reasonable limits."*
66. Arquivos da Conferência de Estocolmo de 1967.
67. WT/DS160/R, *United States - Section 110(5) of the U.S. Copyright Act,* especialmente §§ 6.223-6.229. No § 6.224 o Painel tentou de algum modo reconciliar as duas abordagens: *"the term relates to lawfulness from a legal positivist perspective, but it has also the connotation of legitimacy from a more normative perspective, in the context of calling for the protection of interests that are justifiable in the light of the objectives that underlie the protection of exclusive rights."*
68. É importante notar que a expressão "not unreasonable prejudice" não tem o mesmo significado que "reasonable prejudice." "Not unreasonable" conota uma abordagem mais estrita. Ver WT/DS160/R, *United States - Section 110(5) of the U.S. Copyright Act*, especialmente § 6.225.
69. *Reports of the Five Main Committees of the Intellectual Property Conference of Stockholm*, 1967, p. 26-27
70. Art. de 31 da Convenção de Berna de 1886.
71. *Arquivos da Conferência de Estocolmo de 1967* (nota supra), § 84, p. 1145.
72. WT/DS160/R, *United States - Section 110(5) of the U.S. Copyright Act* (nota 48 *supra*), § 6.229: *"prejudice to the legitimate interests of right holders reaches an unreasonable level if an exception or limitation causes or has the potential to cause an unreasonable loss of income to the copyright owner."*
73. Segundo os dispositivos dos Entendimentos sobre Normas e Procedimentos de Solução de Controvérsias da OMC (o DSU), uma das Partes pode ser notificada para a realização de arbitragem, na hipótese de o membro derrotado não implementar a decisão do OSC. Como os Estados Unidos não implementaram a decisão no caso da Seção 110(5) da *U.S. Copyright Act* (até março de 2004), o OSC ordenou que o país adequasse as exceções aos direitos de autor previstas em sua legislação interna ao teor da decisão proferida em 27 de julho de 2001. A União Européia foi notificada para arbitragem e propôs a imposição de uma taxa sobre a utilização de obras autorais pelos nacionais americanos, até que os Estado Unidos reformassem sua legislação. Sobre isso ver documentos WT/DS160/22, de 1º de março de 2002; WT/DS160/12, de 19 de fevereiro de 2002; WT/DS160/19, de 11 de janeiro de 2002; e WT/DS160/12, de 15 de janeiro de 2001.

74. *Diretiva 2001/29/CE do Parlamento Europeu e do Conselho, de 22 de Maio de 2001, relativa à harmonização de certos aspectos do direito de autor e dos direitos conexos na sociedade da informação.* (Directive 2001/29/EC of the European Parliament and of the Council of 22 May 2001 on the Harmonisation of Certain Aspects of Copyright and Related Rights in the Information Society)

75. Cf. Capítulo III, art. 5(1) da Diretiva 2001/29/CE.

76. Como estabelecido no 17 U.S.C. § 107.

77. Ver item 31 dos Consideranda da Diretiva 2001/29/CE: "*Deve ser salvaguardado um justo equilíbrio de direitos e interesses entre as diferentes categorias de titulares de direitos, bem como entre as diferentes categorias de titulares de direitos e utilizadores de material protegido. As excepções ou limitações existentes aos direitos estabelecidas a nível dos Estados-Membros devem ser reapreciadas à luz do novo ambiente electrónico. As diferenças existentes em termos de excepções e limitações a certos actos sujeitos a restrição têm efeitos negativos directos no funcionamento do mercado interno do direito de autor e dos direitos conexos. Tais diferenças podem vir a acentuar-se tendo em conta o desenvolvimento da exploração das obras através das fronteiras e das actividades transfronteiras. No sentido de assegurar o bom funcionamento do mercado interno, tais excepções e limitações devem ser definidas de uma forma mais harmonizada. O grau desta harmonização deve depender do seu impacto no bom funcionamento do mercado interno.*"

78. Ver SENFTLEBEN, Martin, cit. Nota 65, p. 246-48.

79. Assim, ver a opinião de HUGENHOLTZ, P. Bernt. *Why the Copyright Directive Is Unimportant, and Possibly Invalid*, in *European Intellectual Property Law Review* nº 22, 2000, p. 501: "*What makes the Directive a total failure, in terms of harmonization, is that the exemptions allowed under Article 5 are optional, not mandatory (except for 5.1). Member States are not obliged to implement the entire list, but may pick and choose at will. It is expected that most Member States will prefer to keep intact their national laws as much as possible. At best, some countries will add one or two exemptions from the list, now bearing the E.C.'s seal of approval. So much for approximation!*".

80. Cf. nota **12** *supra.*

81. *UK Copyright Act of 1911*, 1 & 2 Geo. 5, c. 46 (Eng.)

82. Ver, p. ex., §§ 29-30 do *Copyright Act* canadense, R.S.C., c. C-42; §§ 40-42 do *Copyright Act 1968* autraliano, c. 63,conforme reformado; e *Copyright, Designs and Patents Act* de 1988, c. 48, §§ 29-30.

83. *CCH v. Law Society of Upper Canada*, [2004] SCC 13. par.51: "*The fair dealing exception under s. 29 is open to those who can show that their dealings with a copyrighted work were for the purpose of research or private study. "Research" must be given a large and liberal interpretation in order to ensure that users' rights are not unduly constrained. I agree with the Court of Appeal that research is not limited to non-commercial or private contexts*". (grifos nossos).

84. *Idem*: *[T]he following factors [should] be considered in assessing whether a dealing was fair: (1) the purpose of the dealing; (2) the character of the dealing; (3) the amount of the dealing; (4) alternatives to the dealing; (5) the nature of the work; and (6) the effect of the dealing on the work. Although these considerations will not all arise in every case of fair dealing, this list of factors provides a useful analytical framework to govern determinations of fairness in future cases. (cf. p* 53). Ver ainda CORNISH, William e LLEWELYN, David, *Intellectual Property: Patents, Copyright, trademarks and Allied Rights*, 5ª ed., Sweet & Maxwell, 2003, p.440-48; LAHORE, James e ROTHNIE, Warwick A., *Copyright and Desings*, Butterworths, Sidney, 2003, §§ 40.050,40.065 e 40.115-40.130; PATRY, William, *The Fair Use Privilege in Copyrights Law*, 2ª ed., Washington: BNA Boks, 1995, p. 594-99; VAVER, David, *Copyright Law*, Toronto: Irwin Law, 2000, especial sobre o capitulo tratando de *Fair Dealing* .

85. *Copyright Act of 1911*, 1 and 2 Geo. 5, ch. 46, (compreendendo a Palestina) S.R. & O. 1924, Nº 385 (U.K.).

86. Ver a decisão no caso *Geva v. Walt Disney Co.*, P.L.A. 2687/92, 48 P.D.(1) 251, citado por WILFOLF, Neil J. e WEISMAN, Joshua, *Israel*, in NIMMER, Melville B. e GELLER, Paul, *International Copyright Law and Pratice*, Mattew Bender & Company, Inc., 1988-99, ISR-42 & n.47. Isso não fica tão distante dos seis critérios empregados pela Corte Suprema do Canadá, como visto na nota 86 *supra*.

87. WILKOF, Neil J. e WEISMAN, Joshua, *Israel*, cit. (nota 86 *supra*), ISR-42.

88. *Idem*, ISR-42 n. 44, ISR-43, n. 57, ISR-44 & n. 58 (citando a *Copyright Ordinance*, §§ 3C-3D). Um direito à remuneração é estabelecido pela lei.

89. *Idem* ISR-42 n. 44, ISR-44 & n. 59 (citando o § 2(1)(VI) da *Copyright Act*).

90. *Idem* ISR-42 n. 44, ISR-44 & n. 61 (citando o § 2(1)(IV) da *Copyright Act*).

91. Ver WILKOF, Neil J. e WEISMAN, Joshua, "Israel", cit. (nota 88 *supra*), ISR-41.

92. Ver LUCAS, André e LUCAS, Henri-Jacques, *Traité de la Propriété Littéraire et Artistique*, 2ª ed., Paris: Litec, 2001, p. 251-54.

93. *Code de la propriété intellectuelle*, § L.122-5.

94. TGI Toulouse, 3ª Câmara, decisão de 26 de setembro de 2001, Légipresse 2001, I, 149, citado em LUCAS, André *et al*, "France", in *International Copyright Law and Practice* (M. Nimmer & P. Geller eds., 1991), FRA-122 e n. 57

95. Na língua francesa, é a pessoa que explora ("exploitant") a obra - uma indicação de um hábito já reiterado. ver STROWEL, Alain, *Droit d'auteur et copyright*, Étude de droit comparé, Bruyant, Bruxelles; L.G.D.J. Paris, 1993, p. 268.

96. JEHORAM, Herman Cohen, *Netherlands* (1991), in NIMMER, Melville B. e GELLER, Paul, *International Copyright Law and Pratice*, Mattew Bender & Company, Inc., 1988-99, NETH-62-NETH-69 (citando o § 16 da Lei holandesa de direitos de autor)

97. *Idem*, NETH-71-NETH-72 (citando art. 15 a da *Copyright Act*).

98. *Idem* NETH-24 & NETH-64 nº 64 (citando o art. 15 b da *Copyright Act*).

99. *Idem* NETH-70-NETH-71 (citando o art. 16(1)(a) Copyright Act,).

100. Ver decisão da President District Court, Rotterdam, de 15 de agosto de 1986, Informatierecht/AMI 1986/5, 119-121, citado em JEHORAM, Herman Cohen, *Netherlands*, cit., (supra note 99), NETH-71 & nº 90.

101. JERHORAM, supra nota 99, at NETH-74-NETH-76 (citing Copyright Act arts. 19, 24).

102. *Idem*, NETH-75.

103. *Idem*, NETH-74: *"the author of a painting is, notwithstanding the transfer of his copyright, entitled to make further similar paintings, unless otherwise agreed."*

104. KARNELL, Gunnar, *Sweden* (1991), in NIMMER, Melville B. e GELLER, Paul, *International Copyright Law and Pratice*, Mattew Bender & Company, Inc., 1988-99, SWE-47, itens 53-54. (citando a Lei Sueca de Direitos de Autor, § 12(1), como originalmente promulgada em 1960 e subseqüentemente reformada).

105. *Idem*, SWE-48 & n.63 (citando o § 16 da *Swedish Copyright Act*,; *Copyright Regulation 1993*:1212; (com a última Reforma de 1996).

106. Idem, SWE-48 & n. 57 (citando o § 22 da *Swedish Copyright Act*).

107. Kopinor News, *New Agreement for Universities and Colleges Concluded*, nº 2 vol. 6, Summer 2002. Ver http://www.kopinor.no. Em 31 de outubro de 2003, a quantia era equivalente a US$ 45,50 e 39.75 respectivamente.

108. No sentido de que não era prevista a observância dos direitos de autor *vis-a-vis* usuários individuais. Ações criminais na jurisdição autraliana nos levam a essa hipótese.

109. Ver *Directiva 2004/48/CE, de 29 de Abril de 2004, relativa ao respeito dos direitos de propriedade intelectual.*

110. Idem, art. 9º.

111. Idem art. 10.

112. Cf. nota 21 *supra* e referência ali contida.

113. *Théberge v. Galeries d'art du Petit-Champlain, Inc,* [2002] 2 S.C.R. 336. A decisão foi "confirmada" em uma outra decisão unânime pelo mesmo Tribunal em março de 2004. Ver nota 86.

114. *The proper balance among these and other public policy objectives lies not only in recognizing the creator's rights but in giving due weight to their limited nature. In crassly economic terms it would be as inefficient to overcompensate artists and authors for the right of reproduction as it would be self-defeating to under-compensate them. Once an authorized copy of a work is sold to a member of the public, it is generally for the purchaser, not the author, to determine what happens to it. This case demonstrates the basic economic conflict between the holder of the intellectual property in a work and the owner of the tangible property that embodies the copyrighted expressions.* (idem §§ 31-33).

115. Ver PETERS, Marybeth, *Report on Copyright and Digital Distance Education*, cit., (nota **26** *supra*).

116. Como comenta HUGENHOLTZ, Bernt, cit., *supra* nota 25, § 4.2.7, p. 30, essa taxação foi objeto de ação de nulidade, com efeitos retroativos.

117. O nome completo da Organização é *Verwertungsgesellschaft Wort*, e seu endereço, http://www.vgwort.de. Ver ainda a nota emitida pelo *German Patent Office*, "Schiedsstelle nach dem Urheberrechtswahrnehmungsgesetz entscheidet über urheberrechtliche Vergütungspflicht für PCs", de 6 de fevereiro de 2003. A respeito da questão: http://www.dpma.de/ infos/pressedienst/pm030206.html

118. *Tariff of Levies to Be Collected by CPCC in 2003 and 2004 on the Sale of Blank Audio Recording Media*, com relação (i) à cópia para uso provado de obras musicais materializadas em gravadores de som, (ii) à execução de tais obras e (iii) à gravação de sons nos quais tais obras e execuções sejam personificadas. Decisão da *Copyright Board of Canada*, de 12 de dezembro de 2003, disponível em http://www.cb-cda.gc.ca/decisions/c12122003-b.pdf (último acesso em 24/02/2004).

119. A respeito do direito de controle sobre o acesso digital ao conteúdo da obra protegida, ver também os artigos, publicados na presente coletânea, de GINSBURG, Jane, Can Copyright Become User-Friendly?

Review: Jessica Litman, Digital Copyright (Prometheus Books 2001), in *Columbia VLA Journal of Law & Arts*, vol. 25, nº 1, 2002, p. 71 e 83.

120. Foi dada pouca atenção à preservação da exceção do *fair use* em *Universal City Studios, Inc. v. Corley*, 273 F.3d 429, 458-59 (2d Cir. 2001), aff'g *Universal City Studios, Inc. v. Reimerdes*, 111 F. Sup. 2d 346 (S.D.N.Y. 2000): "*We know of no authority for the proposition that fair use, as protected by the Copyright Act, much less the Constitution, guarantees copying by the optimum method or in the identical format of the original. Although the Appellants insisted at oral argument that they should not be relegated to a "horse and buggy" technique in making fair use of DVD movies, the DMCA does not impose even an arguable limitation on the opportunity to make a variety of traditional fair uses of DVD movies, such as commenting on their content, quoting excerpts from their screenplays, and even recording portions of the video images and sounds on film or tape by pointing a camera, a camcorder, or a microphone at a monitor as it displays the DVD movie. The fact that the resulting copy will not be as perfect or as manipulable as a digital copy obtained by having direct access to the DVD movie in its digital form, provides no basis for a claim of unconstitutional limitation of fair use.*"

121. Ver, por ex. H.R.5211, 107th Cong. (2002) (sobre as observações controvertidas de Howard Berman (DCA)).

122. Cf. nota 16 *supra*.

123. Cf. notas 12 e 87 *supra*.

124. É preciso ser dito, no entanto, que nem sempre a neutralidade tecnológica é desejável. Em um esquema regulatório, isso significa que as normas serão aplicadas igualmente às novas tecnologias. A pré-regulação de disciplinas normativas envolvendo tecnologias poderia produzir conseqüências indesejáveis ou mesmo impedir o desenvolvimento de novas tecnologias. Ver ainda GERVAIS, Daniel, nota 40 *supra*, p. 120, OKEDIJI, Ruth, *Toward An International Fair Use Doctrine*, in *Columbia Journal of Transnational Law*, vol. 39, 2000, p. 75.

125. Por exemplo, no Canadá. Ver o documento *Supporting Culture and Innovation: Report on the Provisions and Operation of the Copyright Act*, § B2, outubro de 2002, p. 33-37, disponível em http://strategis.ic.gc.ca/pics/rp/section92eng.pdf.

126. ver OKEDIJI, Ruth, *Toward An International Fair Use Doctrine*, cit. (note 128 *supra*), p. 168-69.

127. Cf. item 4.2.

128. Para o propósito da presente análise, não seria necessário entrar no debate de saber se o *fair use* é um direito e se poderia ser derrogado por mecanismo contratual. Sobre essas questões, ver GUIBAULT, Lucie M. C. R., *Copyrights Limitations and Contracts: An Analysis of Contractual Overridability of Limitation on Copyright (Copyrigth Limitation and Contract)*, Kluwer Academic Publisher, 2002; PATTERSON, L. Ray e LINDBERG, Stanley W., *The Nature of Copyrigth: A Law of Users' Rights*, University of Georgia Press, 1991, p. 191-222.

129. Cf. item 4.2.

130. Ver GUIBAULT, GUIBAULT, Lucie M. C. R., *Copyrights Limitations and Contracts:, cit.* (*supra* nota 132), delimitando o problema em questão.

131. Os recentes debates no contexto da Rodada Doha no âmbito da Organização Mundial do Comércio mostraram que qualquer modificação no Acordo TRIPS seria extremamente difícil de ser alcançada. Uma razão para isso está na dificuldade de negociações. Uma vez que o acordo seja reaberto, todo seu conteúdo poderá se tornar *fair game*. Uma tentativa de atualizar a parte dedicada aos direitos de autor (arts. 9 a 14) fará com que se demande também a abertura de negociações no que concerne à disciplina patentária. Até março de 2004 foram estabelecidas consultas entre os membros da OMC para saber como melhor converter, em emenda ao TRIPS, a decisão do Conselho-Geral, de 30 de agosto de 2003, sobre a implementação do § 6º da Declaração de Doha (sobre acesso a medicamentos genéricos). Sobre isso, ver ainda GERVAIS, Daniel, nota 40 *supra*, p. 43-51.

132. Cf. nota 72 *supra*.

133. Em muitos ordenamentos nacionais existe a previsão de um "direito de primeira publicação". Nos Estados Unidos, a aplicação das limitações aos direitos de autor, como o *fair use*, sobre material não publicado foi afastada em várias decisões judiciais. Sobre isso, ver O'NEILL, Kate, "Against Dicta: A Legal Method for Rescuing Fair Use from the Right of First Publication", in *California Law Review* n. 89, 2001, p. 369.

134. Isso tem precedente, já que em muitas áreas do Direito, como no domínio antitruste e das normas sobre negociação e formação dos contratos, os tribunais consideram as *práticas de mercado* nas quais estejam envolvidos os agentes. Sobre isso, ver McGOWAN, David, Recognizing Usages of Trade: A Case Study from Electronic Commerce, in *Washington University Journal of Law & Policy*, n. 8, 2002, p. 167.

135. Recorda-se aqui a decisão no caso *Garner v. Teamsters*, 346 U.S. 485 (1953), no qual a Suprema Corte norte-americana sustentou: "*We conclude that when federal power constitutionally is exerted for the protection of public or private interests, or both, it becomes the supreme law of the land and cannot be curtailed, circumvented or extended by a state*

procedure merely because it will apply some doctrine of private right. To the extent that the private right may conflict with the public one, the former is superseded."

136. LITMAN, Jessica. *Digital Copyright: Protecting Intellectual Property on the Internet.* New York: Prometheus Books. 2001.

137. LESSIG, Lawrence. *The Future of Ideas: The Fate of the Commons in a Connected World.* New York: Vintage. 2002. p.195-96.

138. Idem.

139. Ver, p. ex., CHRISTIE, Andrew, A Proposal for Simplifying UK Copyright Law, em *European Intellectual Property Review*, n. 23, 2001, p. 23.

140. Idem, p. 37-38.

141. RICKETSON, Sam, "Simplifying Copyright Law: Proposals from Down Under", em *European Intellectual Property Review*, n. 21, 1999, p. 537.

142. Ver LEMLEY, Mark A.,"Dealing With Overlapping Copyrights on the Internet", em *University of Dayton Law Review*, n. 22, 2002, p. 582-83.

143. GINSBURG, Jane C., "Can Copyright Become User-Friendly? Review: Jessica Litman, Digital Copyright (Prometheus Books 2001)", em *The Columbia Journal of Law & Arts*, vol. 23, 2002, p. 83.

144. Cf. nota 136 *supra.*

145. *Loi fédérale sur le droit d'auteur et les droits voisins*, de 9 de outubro de 1992.

146. Decree-Law (Consolidation), of August 16, 1999, Nº 43/99/M (tradução da OMPI).

147. "Article 55 Exclusive Rights (1) Unless otherwise provided, the author shall have the exclusive right to use his work in whole or in part, including notably the right to disclose, publish and economically exploit it in any form, either directly or indirectly, within the limits of the law; (2) The guarantee of the pecuniary benefits deriving from exploitation of the work shall constitute the basic objective, in economic terms, of legal protection."

148. Ver documento *Supporting Culture and Innovation: Report on the Provisions and Operation of the Copyright Act*, cit. (nota 129 *supra*), p. 51.

149. Ver nota 33 *supra.*

150. A respeito das limitações aos direitos de autor justificadas no interesse público, o direito australiano apresenta alguns exemplos interessantes, pelo menos tal como aparecem em decisões judiciais. Sobre isso, cf. *Australia v. John Fairfax & Sons Ltd.*,(1980) 147 C.L.R. 39. Tais limitações também podem ser observadas no Reino Unido, no entanto, com precedentes judiciais que restringiram sua aplicação. No caso *Ashdown vs. Tel. Group, Ltd,* [2001] 4 All E.R. 666 (C.A.), decidiu-se que a liberdade de expressão seria uma exceção válida para a defesa do réu nos casos de violação de direitos de autor. É interessante citar aqui um trecho da decisão em comento: "*(C)opyright is essentially not a positive but a negative right.* No provision of the... Copyright Act confers in terms, upon the owner of a copyright in a literary work, the right to publish it. The Act gives the owner of the copyright the right to prevent others from doing that which the Act recognises the owner alone has a right to do. Thus copyright is antithetical to freedom of expression. It prevents all, save the owner of the copyright, from expressing information in the form of the literary work protected by the copyright (p. 30). *"(T)he defense to a claim for breach of copyright that can be mounted on the basis of 'public interest.' This is not a statutory defence, but one which arises at common law."* (*idem*, p. 34).

151. Cf. nota 33 *supra* e a referência ali contida.

152. Ver item 4.4.3.

153. Cf. nota 154 *infra.*

154. Cf. nota 112 *supra* e referência ali contida.

155. Para um exemplo concebido na tradição jurídica de *civil law*, ver nota 98 *supra.*

156. TIMKOVICH, Elizabeth Troup, *The New Significance of the Four Fair Use Factors As Applied to Parody: Interpreting The Court's Analysis in Campbell v. Acuff-Rose Music, Inc.*, em *Tulane Journal of Technology & Intellectual Property*, vol.5, 2003. p. 61-75. Nesse artigo a autora buscou interpretar as ações da Suprema Corte no caso *Campbell*, se estariam alinhadas com objetivos de benefícios públicos dos direitos de autor: *"The Court's fair use analysis in the context of parody can be explained as shifting the primary fair use emphasis away from the fourth fair use factor (market harm), where it was placed by the Nation Court in 1985 in the context of news reporting, to the first fair use factor (purpose of the work). It is plausible that the Court made this shift knowingly, so as to advance the public policy of copyright, to foster the creation of new works available to the public. The analysis involved in the Court's evaluation of the first fair use factor is the most in tune with this public policy question, as it entails determining whether the disputed parody has transformed the original copyrighted work into something new. The fourth fair use factor has far less significance in this analysis, as, ideally, a transformative parody should not supplant market demand for the copyrighted work upon which it is based."*

3 O GRANDE ROUBO DE DIREITOS AUTORAIS: A ALOCAÇÃO DE DIREITOS NO AMBIENTE DIGITAL*

P. BERNT HUGENHOLTZ**

1. Introdução

Em seu monumental trabalho sobre as origens dos direitos autorais,[1] o Prof. F.W. Grosheide enumera diversas razões para a existência do sistema de direitos autorais. Por motivo de simplicidade, listarei apenas os cinco argumentos mais importantes:

a) Proteção da personalidade do autor: o trabalho de autoria traz consigo o cunho pessoal do autor; direito autoral é uma espécie de direito da personalidade.

b) Do direito natural: o direito autoral reflete noções de Justiça Natural. Os direitos do autor não foram criados pela lei. Na verdade, sempre existiram na consciência legal humana.[2]

c) O argumento econômico: a proteção aos Direitos Autorais promove eficiência econômica, por meio da alocação de recursos limitados por intermédio do sistema de preços.

* Texto traduzido e adaptado por Analluza Bolívar e Mariana Louzada. O presente artigo foi originalmente apresentado na Conferência "A Livre Ecologia da Informação no Ambiente Digital", Universidade de Nova York, março/abril de 2000.

** Professor de Direito da Propriedade Intelectual e diretor do Instituto de Direito da Informação, Universidade de Amsterdã.

d) Razões sociais e culturais: direitos autorais atuam como incentivo para criar e disseminar trabalhos que sirvam a valiosos propósitos sociais ou culturais.

e) Liberdade de Expressão: os direitos autorais dispensam os criadores dos mecenas, Estado ou subsídios; é o verdadeiro provérbio "motor da livre expressão".

Não surpreendentemente, a maior parte destes argumentos pressupõe que os direitos autorais pertencem ao autor, o criador do trabalho. Este princípio natural está refletido na regra geral de que estes direitos pertencem a quem deu origem ao trabalho. Na maioria dos países, direito autoral quer dizer "direito do autor", o próprio termo já carrega essa definição.

Entretanto, na prática, nenhum destes princípios permanece. Raramente autores profissionais possuem os direitos autorais das obras que produzem. Isto é fato não somente para os milhões de intelectuais produzindo trabalhos sob contratos, ou "por aluguel", mas também para os criadores verdadeiramente independentes – os heróis ignorados da era da informação – os autores *free lance*.

Numa sociedade pluralista, a voz do autor independente livre de patronagem, tanto pública quanto privada, não pode ser esquecida. Idealmente, autores *free lance* não produzem seus trabalhos sob encomenda (como seus colegas das indústrias de informação e entretenimento), mas criam independentemente – geralmente de forma não-conformista, não-comercial, e controvertida. Para estes autores sobreviverem e prosperarem e produzirem o tipo de "discurso" que faz valer a pena a luta pela liberdade de expressão, a "função estrutural" do direito autoral é essencial.[3] Ausente o subsídio bem como o salário, direitos autorais constituem o único meio de sobrevivência de um autor independente. Numa sociedade de informação cada vez mais dominada por conglomerados de mídia por vezes mais poderosos que os governos, manter esta categoria de autores viva é cada vez mais importante.

Mas será que eles sobreviverão? Na sombra do roubo de direitos autorais que atualmente acontece no nível político nacional, europeu e internacional, um imenso confisco de direitos de autores, possivelmente mais destrutivo para a sociedade, está acontecendo. A concentração e convergência da mídia, bem como o chamariz do desenvolvimento de produtos de multimídia, têm inspirado as companhias de mídia ao redor do mundo a redesenhar o seu padrão de contratos de publicação ou produção de maneira a efetivamente despir os autores de seus direitos econômicos. Os autores possuem apenas uma escolha: abrir mão de seus direitos ou morrer de fome.

Este artigo examinará a alocação dos direitos entre autores independentes e editores, por meio de uma perspectiva principalmente histórica – dos monopólios de publicação do passado às cínicas práticas de "acumulação" de direitos autorais e conexos pelas grandes empresas de entretenimento. Como concluiremos, ainda não é tarde demais para tomar ações protetivas para os autores, ou ainda medidas legislativas, como foram tomadas em inúmeros países, na sua maioria, europeus; mas o tempo está se esgotando.

2. Um Breve Histórico Acerca dos Direitos Autorais: Dos Direitos do Editor aos Direitos do Autor

A evolução da propriedade literária na Europa, partindo do direito dos editores aos direitos dos autores, tem sido amplamente descrita na literatura legal.[4] Graças aos privilégios de impressão concedidos pelas autoridades públicas em uma fase pré-direitos autorais, os editores gozavam de monopólios fortes, porém de curta duração em relação às edições protegidas que produziam. Inspirados por noções emergentes de justiça natural, nos séculos XVIII e XIX, a idéia de que eram os criadores os reais merecedores da proteção da lei, e não os editores, passou a ser gradualmente aceita. Desta forma, os privilégios de impressão foram substituídos pelo direito autoral, um direito exclusivo investido no autor do trabalho.

Todavia, os autores não estavam em situação melhor. Sob as primeiras leis de direitos autorais que emergiram na Europa continental, a transferência de propriedade de um manuscrito implicava a transferência do direito autoral sobre o manuscrito. Como resultado disso, os direitos dos autores permaneceram sendo, na prática, os direitos dos editores. Até que na metade do século XIX o direito exclusivo foi finalmente considerado independente do manuscrito. Com isto, a mudança de paradigma dos Direitos Autorais estava completa, ao menos no papel. Nascia a propriedade intelectual, o editor[5] perdia, aparentemente, seus privilégios para sempre. No futuro, para proteção contra piratas, competidores e outros usuários não autorizados, os produtores[6] seriam largamente dependentes dos direitos econômicos dos autores.

No curso dos séculos XIX e XX, os produtores conseguiram superar esta catástrofe legal com uma marcante facilidade. A panacéia era a "liberdade de contrato". Se a legislação tinha conferido aos autores certos direitos exclusivos, nada impedia os editores de "aliviá-los" desses direitos através de instrumentos contratuais. Certo é que isso ocorreu em grande escala imediatamente,[7] prática esta facilitada pelo tímido comportamento da maioria dos autores *vis-à-vis* seus editores. Até o século XIX muitos autores consideravam que esta prática não beneficiava financeiramente os editores. O verdadeiro autor não criava buscando o lucro,[8] mas glória e fama. Não influenciada por questões mundanas, como direitos e *royalties*, a relação entre autores e editores freqüentemente possuía natureza idílica.[9] O montante dos honorários que um editor daria ao seu autor, portanto, raramente refletia o sucesso comercial do livro publicado.[10] Para a maioria dos escritores, direitos do autor não passavam de direitos morais; a perspectiva pecuniária passou a prevalecer apenas mais tarde, com o surgimento do "autor-empreendedor". Ocorre que, ainda hoje, muitos autores lutam entre a liberdade e o resultado econômico do seu trabalho intelectual.[11]

Os editores, por sua vez, rapidamente descobriram que sua posição legal derivada dos autores produzia alguns benefícios inesperados. Em razão de os direitos autorais serem atrelados à pessoa do autor, o termo da proteção o acompanhava em vida, seguido de um "período de pensão" para o benefício dos descendentes do autor. Como resultado disso, adquirindo os direitos dos autores, os editores estavam de fato obtendo o monopólio legal que excedia sobremaneira a duração dos antigos privilégios de impressão, ou ainda os direitos conexos que os editores europeus tentaram, em vão, persuadir seus governos a aprová-los nos anos 1970 e 1980.[12]

Politicamente, editores e produtores obtêm benefícios substanciais dos direitos autorais de seus "parceiros", os autores. A expansão dos direitos dos autores provou ser uma venda mais fácil do que a introdução de direitos puramente econômicos dos editores e produtores. Os autores eram facilmente persuadidos a atuarem como representantes dos produtores;[13] uma prática que tem continuado ainda hoje.[14]

3. Na Direção do Equilíbrio: A Socialização e Coletivização dos Direitos Autorais

Todavia, os produtores nunca buscaram privar os autores do direito que, mais do que qualquer coisa, representa a essência ética do *droit d'auteur*: o direito moral. O *droit moral* oferecia aos autores pelo menos uma módica proteção contra práticas abusivas dos editores, como a primeira publicação desautorizada, aprovação ou mutilação de um trabalho. Em certos países europeus, os direitos morais também serviram de alicerce para a criação de um número maior de disposições protetivas aos autores. Tanto na Áustria (1936) como na Alemanha (1965), os direitos morais inspiraram a doutrina do "monismo" (direitos econômicos e morais são os dois lados de uma mesma moeda), doutrina que levou à regra, que existe ainda hoje, de que direitos autorais não podem ser cedidos ou transferidos.[15] No futuro, os produtores daqueles países passaram a aceitar licenças ("Einräumung von Nutzungsrechten").

Graças à socialização da sociedade a partir do final do século XIX, a posição legal dos autores *vis-à-vis* os produtores, melhorou muito. A Lei de Direitos Autorais da Holanda, de 1912 (DCA), introduziu a regra do "propósito da transferência" (art. 2º do DCA).[16] Sempre que os termos do contrato não estiverem claros, será considerado que o autor transferiu nenhum direito a mais do que aqueles exigidos pelo fim do contrato. A história parlamentar desta disposição, que serviu como modelo para disposições semelhantes na Alemanha e na França, demonstra que seu maior motivo é impedir "autores jovens e inexperientes" de abrirem mão de seus direitos autorais em favor de editores/produtores astuciosos.

Um exemplo ainda anterior de uma lei de contratos, inspirada socialmente, relacionada a direitos autorais é a Lei Editorial alemã (*Verlagsgesetz*) de 1901. Esta lei, válida ainda hoje, contém um importante número de disposições protetivas dos autores, incluindo uma enumeração dos direitos que não podem ser transferidos por meio de contrato. O ponto fraco desta lei, entretanto, é que suas regras não são mandamentais, e desta forma podem ser superadas via contrato. Além disso, muitas das suas disposições estão ultrapassadas. Na prática, o *Verlagsgesetz* não mais desempenha um papel importante.[17]

Considerações morais e sociais inspiraram o legislador francês, na ocasião da principal revisão da Lei dos Direitos Autorais de 1957, a aprovar um importante número de disposições reguladoras de contratos envolvendo direitos autorais, na maioria provisões obrigatórias. Algumas das disposições francesas são de natureza genérica, contendo determinações materiais e formais que deverão ser observadas por contratos de direitos autorais. Destarte, um contrato de transferência ou de licença deve descrever claramente o alcance de exploração: mídia, objeto, local e duração. Além disso, todo contrato de direitos autorais deve oferecer ao autor uma remuneração proporcional ao seu trabalho.[18] Ademais, a lei francesa regula práticas contratuais em certos setores específicos, como publicação, execuções públicas, propaganda etc. Disposições semelhantes existem em muitos outros países europeus, incluindo Espanha e Bélgica.

A Lei de Direitos Autorais da Alemanha de 1965 contém apenas um punhado de disposições gerais sobre contratos de direitos autorais, mas todas são de observância obrigatória. Licenças em respeito a usos desconhecidos ao tempo da contratação são nulas de direito (art. 31, § 4º). Ainda, a lei alemã prevê uma regra similar à regra do "propósito da transferência" holandesa (art. 31, § 5º), um direito de revisão do contrato em caso de benefícios desproporcionalmente baixos (art. 36; a chamada cláusula *best-seller*), regras restritivas relacionadas às licenças sobre trabalhos futuros (art. 40), e o direito de extinguir a licença em caso de não-exploração da obra (art. 41). Todas estas provisões são ilustrações do princípio de que o autor tem o direito à remuneração eqüitativa em face de cada forma de exploração de seu trabalho. Conforme afirmado pelo Prof. Ulmer, direitos autorais na Alemanha "tendem a permanecer com o autor o máximo possível".

Considerando o grande número de regras protetivas dos autores que existe, atualmente, em muitos países da Europa, não é surpresa que quase todos os casos europeus envolvendo titularidade de "direitos eletrônicos" (por exemplo, os direitos de reutilização de trabalhos em CD-ROM's, páginas da Internet ou banco de dados) terminaram em vitórias para os autores. As Cortes não aceitaram o argumento dado pelos editores de que os autores, ao concordarem com a publicação de seus trabalhos de forma impressa (no papel), concordavam, conseqüentemente, de maneira tácita, com o uso de seus trabalhos em outros meios (eletrônicos).[19]

Mesmo a Lei de Direitos Autorais dos Estados Unidos contém algumas poucas disposições favoráveis aos autores relacionadas a contratos de direitos autorais. Destas, a mais importante é a regra de "extinção da transferência", regulada pela Seção 203, que substituiu as complexas disposições sobre "renovação" da lei autoral de 1909. Conforme essa seção, os autores têm o direito de extinguir a licença ou transferência após 35 anos. Este direito de extinção não está sujeito à desistência ou transferência. Conforme a história legislativa, essa regra visa à proteção de autores contra transferências prejudiciais, "devido à posição desigual de barganha dos autores, em parte resultado da impossibilidade de determinar o valor do trabalho antes deste ser explorado".[20]

Essa gradual melhoria da posição legal dos autores *vis-à-vis* produtores não é resultado meramente de ação legislativa. Apesar de menos naturalmente voltados à solidariedade do que seus camaradas tradicionalmente oprimidos, os trabalhadores, os autores também descobriram que o poder está na união. Em alguns setores, a barganha coletiva resultou na elaboração de contratos-modelo concluídos com organizações de produtores.[21]

Especialmente em países anglo-saxões (notadamente, Grã Bretanha, EUA e Austrália), onde são raras as regras positivadas referentes a contratos de direitos autorais, a negociação coletiva em nome dos autores tem florescido.[22] Em vários setores da indústria de informação, os sindicatos ou representações têm concluído acordos coletivos com organizações de produtores e empresas que se utilizam de obras protegidas por direitos autorais e conexos. Interessantemente, associações americanas, abertas apenas aos autores que produzem obras encomendadas, lograram assegurar acordos detalhando pagamento mínimo para todos os tipos de uso secundário das obras produzidas (usos "residuais").[23] Mangan se refere a esses acordos como "modelos de pagamento de quase – direito"[...], o qual é de muitas maneiras derivado do modelo de direitos autorais".[24] No setor audiovisual, estes acordos coletivos ainda reconhecem certos direitos morais (ainda notoriamente ausente da Lei de Direitos Autorais dos EUA), *e.g.*, direito de "reescrever" (roteiros e sinopses) e de crédito apropriado.[25]

O real poder de mercado foi finalmente alcançado pela forma mais moderna de união: o estabelecimento de organizações administradoras de direitos coletivos. Apostando seus direitos econômicos em uma corporação conjuntamente administrada, os autores podem agora efetivamente impor suas condições de uso em face de produtores, sobretudo após receberem apoio dos legisladores europeus. Em muitos países europeus, sociedades coletivas de autores desfrutam de monopólios legais. Ainda, alguns direitos secundários, como o direito de aluguel garantido pela Diretiva nº 92/100/EEC, foram declarados irrenunciáveis.[26]

Mas os autores tiveram de pagar um preço pelo espetacular sucesso de suas sociedades. A eficiência demandava que os autores entregassem incondicionalmente seus direitos econômicos, assim permitindo às sociedades oferecer licenças ilimitadas aos seus clientes (empresas de radiodifusão, operadores de TV a cabo, restaurantes etc.). Assim, o direito de exclusivo degenerou-se em direito à remuneração. Pela mesma razão, as sociedades desencorajaram o exercício individual de direitos morais. Por estarem sempre lutando por maior renda bruta, e cada vez mais competindo com sociedades estrangeiras, as sociedades coletivas de direitos autorais gradativamente passaram a se assemelhar aos seus adversários tradicionais, os produtores. Internamente, sua missão estava sendo também enfraquecida. Tradicionalmente, as sociedades administravam não somente os direitos dos "reais" autores, mas de outros poderosos titulares de direitos autorais, como por exemplo, produtores musicais. Conseqüentemente, produtores sempre tiveram voz importante nas políticas e administração das sociedades controladoras.

4. A Eclosão da Guerra pelos Direitos

Recentemente, o precário equilíbrio entre autores e produtores veio a ser perturbado novamente, largamente devido a dois fatores inter-relacionados: concentração e convergência da mídia.

4.1. Concentração da Mídia

Tanto em âmbito doméstico quanto em âmbito internacional, o número de companhias de mídia independentes, que gozam de alguma importância, tem caído dramaticamente nos últimos anos. A aquisição de direitos de conteúdo (por exemplo, videotecas ou catálogos de música completos) é um ímpeto importante atrás do repentino número de fusões e aquisições de empresas, realidade esta que vem remodelando o cenário da mídia.[27] Invariavelmente, "sinergia" é a palavra mágica. Notas de imprensa nunca falham em prever de forma otimista que as divisões de uma nova megacompanhia irão se impregnar criativamente, e que se enriquecerão como nunca. Na prática, porém, a "sinergia" raramente acontece. Por causa das "metas" que cada divisão individual possui, não existe incentivo para manter ativa toda a cadeia de exploração da "família corporativa". Conforme Janine Jaquet, "vender direitos sobre filmes e livros a quem der o maior lance é como se faz dinheiro". A sinergia está "morta".[28]

As companhias de mídia que sobreviveram à onda de fusões e aquisições são "jogadores mundiais", como a AOL/Time, Warner/EMI, News Corp., dentre outras – "multinacionais" alheias às fronteiras nacionais e hábitos locais. O "editor cavalheiro" dos bons e velhos tempos já não existe mais, o amigo intelectual e fiel do autor. Entra em cena o editor-empresa, cujo grupo de autores gera os dividendos que figuram no balancete das companhias.[29]

Nesse processo as normas das companhias internacionais de mídia se desgastaram para refletir aquelas dos Estados Unidos, o poder dominante em todos os segmentos da indústria de informação. Esse fenômeno de "americanização" é dolorosamente visível no campo legal. Companhias de mídia criam grandes departamentos legais com grande número de advogados especializados em direitos autorais.[30] A regra é o paradigma de "direitos autorais empresariais": simples contratos de direitos autorais tomaram proporções de listas telefônicas e a aquisição de todos os direitos-poderes referentes a uma obra protegida. Um resquício dos velhos maus tempos da escravatura americana (conforme o Prof. Nordemann) torna-se a regra.[31]

4.2. Convergência da Mídia

"A explosão sísmica dos sistemas digitais de informação parece produzir inúmeros fragmentos de contratos de direitos autorais". As palavras introdutórias do Prof. Cornish na conferência da Associação Literária e Artística Internacional (Alai), em Montebello (1997), provaram ser proféticas. Certo é que a digitalização da indústria da informação teve e ainda tem gerado impactos para a lei dos contratos de direitos autorais. Nesse processo, a convergência da mídia possui um importante papel - um desenvolvimento já começou em âmbito analógico, mas vem se desenvolvendo em uma velocidade surpreendente por meio da digitalização da produção, distribuição e consumo de serviços e produtos de informação. O limite tradicional entre publicações da imprensa, gravações sonoras, produções cinematográficas, transmissão de radiodifusão e as "novas mídias" está rapidamente evaporando. Observando sua missão natural (de atuação em uma mídia específica) desaparecendo gradativamente, os produtores são forçados a redefinir suas metas. Editores, formalmente "comerciantes de impressões", têm se tornado "produtores de informação" geralmente por acidente. Mas que tipo de informação? E como comercializá-la?

O dilema dos editores se transformou em uma verdadeira crise de identidade assim que ele se deu conta de que as funções de tipografia, reprodução e distribuição - que costumavam ser essenciais ao seu negócio - também podem ser feitas por qualquer pessoa - até mesmo pelos próprios autores.[32] A Internet é o maior pesadelo dos editores: não é apenas uma "máquina copiadora global"; mas ainda a custo zero, um "canal distribuidor mundial". De repente, todo autor equipado com um modem moderno e um PC pode atingir uma audiência de centenas de milhares de leitores, espectadores ou ouvintes - sem a intervenção do editor, comerciante varejista ou outro intermediário qualquer.

Privado de seu papel tradicional, de sua missão, de sua identidade, o editor, desesperado, se agarra ao seu único bem remanescente. Ele "contrata o trabalho em forma de matéria-prima para produção de vários produtos de informação". Então, os editores passam a adquirir os direitos em todas as mídias existentes, eis que, "ao tempo da contratação, o editor não fazia idéia de que usos o trabalho poderia vir a eventualmente ter."[33]

Então, outra vez vemos a transferência em bloco de direitos se tornar prática-padrão de negócio, não em decorrência de necessidade, nem por questões de respeito aos direitos, nem por questões de logística ou certeza legal, mas como sintoma de insegurança existencial: editores não sabem o que o futuro lhes reserva nem às obras de "seus" autores. É este mesmo sentimento de insegurança que explica muito o motivo pelo qual editores hoje se agarram tão fortemente aos direitos autorais.[34] Esta postura se revela no *lobby* agressivo, geralmente paranóico pela adoção de melhores patamares de proteção de obras no ambiente digital.

O editor de multimídia é um mito. Hoje, editores raramente desenvolvem e exploram produtos em todas as mídias possíveis. Na prática, muitos que possuem direitos preferirão outorgar (sublicenciar) licenças para terceiros, até mesmo para companhias especializadas. Muitos editores de jornais simplesmente não possuem o know-how necessário para sobreviver à aventura digital. A Internet tem sua própria dinâmica; nela, estranhas leis são aplicadas, como a "lei de Dyson": "trate seu conteúdo que está online como se fosse grátis".[35] Editores tentando simplesmente transpor seu negócio-padrão de impressão à Internet não têm chance diante da nova estirpe de provedores de serviços de informação inovadores. Certamente, mesmo neste *mer à boire* digital, intermediários possuiriam um papel a desempenhar. Mas este papel já foi reservado aos portais e às ferramentas de busca na Internet.

E qual será a posição legal do autor neste mundo? Talvez possamos tirar a resposta da história da indústria de publicação musical, setor da indústria do entretenimento em que a separação da missão e da mídia ocorreu há muito tempo – com a introdução dos "instrumentos musicais", como o piano automático e o fonógrafo, e mais tarde, o rádio, o gravador de fitas cassete e CD. Tradicionalmente, os editores musicais adquirem quase todos os direitos dos compositores de músicas. O que eles publicam em troca? Surpreendentemente, muito pouca coisa. O que estas empresas produzem hoje se resume a partituras, mesmo que o contrato sugira diferentemente. Editores musicais permaneceram editores apenas no nome. Atualmente, preocupam-se mais em administrar e explorar os direitos sobre suas "bibliotecas", por meio da concessão de licenças a gravadoras musicais, e recebendo recursos pecuniários de sociedades de autores.[36]

O editor musical não mais publica, é um precursor da nova leva de "produtores multimídia" gerados pelas novas tecnologias digitais.

5. Autores como Editores

A ascensão da Internet leva à pergunta se os editores são realmente necessários. E esta questão já foi feita antes. Há mais de dois séculos, em 1772, um grupo de autores alemães importantes (conduzidos pelo poeta Friedrich Gottlieb Klopstock[37]) chocou a sociedade literária da época ao proclamar a Deutsche Gelehrtenrepublik. Esta "República de Homens Sábios" aspirava a libertar os autores das "algemas" dos editores, por meio de um esquema de comercialização direta; os trabalhos dos autores seriam comercializados diretamente aos leitores-assinantes.[38] Sem surpresas, o plano, que foi largamente inspirado pela frustração gerada pelas políticas pouco amigáveis dos editores para com os autores, falhou. Os autores não conseguiram duplicar a rede de distribuição que os editores já haviam construído. Mas, ao menos em termos políticos, a República de Klopstock foi um sucesso; o clamor pela proteção dos direitos dos autores foi rapidamente atendido pelos legisladores alemães.[39]

O século XX testemunhou inúmeras tentativas dos autores de se autocontrolarem. Em 1919, Charles Chaplin, Mary Pickford e Douglas Fairbanks, associados ao diretor D. W. Griffith, fundaram a o Estúdio United Artists. Todavia, mesmo iniciativas como esta nunca tiveram sucesso ao ponto de tornar intermediários supérfluos.

A Internet parece ser um sonho realizado para os sucessores de Klopstock e Chaplin. Os autores científicos, os primeiros a se adaptarem à Internet, estão particularmente otimistas. Entretanto, poder-se-ia dizer que publicar sem os editores é um cenário factível? Na conferência do Instituto de Direito de Informação da Universidade de Amsterdã, em 1997, que debateu a relação entre direitos autorais e universidades, o Prof. Mackaay testou a teoria.[40] Mackaay previu dois modelos de publicação a serem desenvolvidos lado a lado: um modelo baseado no mercado para produtos e serviços informacionais comercializalizáveis (banco de dados, periódicos, manuais, e monografias); um modelo não-comercializável para o imediato intercâmbio de informações científicas. Certamente, a Internet rapidamente se tornou o meio dominante de comunicação entre os cientistas. Artigos e minutas estão sendo distribuídos por meio de "listas de discussões", postadas em sites universitários ou privados, ou ainda, por intermédio de repositórios científicos de livre acesso (*e-print servers*). Em contrapartida, versões "referência" são publicadas formalmente por editores, muitos meses depois, para serem arquivadas em bibliotecas e em outros repositórios.

Para os autores das áreas científicas e seus empregadores (universidades e instituições de pesquisa), este universo paralelo de edições não comerciais é uma importante razão para se ter muita cautela no momento de transferirem seus direitos de publicação a editores comerciantes. Editores científicos são notoriamente "ambiciosos" em adquirirem o maior número possível de direitos.[41] É essencial para a sobrevivência e prosperidade da liberdade de comunicação científica que os autores reservem, pelo menos, o direito de publicar seus artigos em formato eletrônico, antes ou depois da publicação formal. Políticas universitárias de direitos autorais que estão, atualmente, sendo desenvolvidas em muitas instituições deverão enfocar na preservação e valorização destas liberdades, e não simplesmente serem guiadas por considerações pecuniárias. Para este fim, as universidades devem cooperar com editores no desenvolvimento de modelos contratuais que regulem tão-somente direitos mínimos de uso.

6. Em Busca de um Novo Equilíbrio

Ao mesmo tempo em que a Internet ironicamente possibilitou a realização da "publicação sem editores", autores vêm sendo forçados a transferir seus direitos econômicos a editores e outros produtores numa escala sem precedentes. Na era digital, os direitos autorais permanecem como tal apenas no nome. Os produtores se apossaram dos direitos, exatamente como acontecia nos primórdios do desenvolvimento do sistema de direitos autorais. Já é hora de mudar o curso da história mais uma vez, e devolver os direitos a quem realmente pertence: aos autores de obras literárias, artísticas e científicas.

O repertório atual de remédios legais disponibilizados pelo direito privado não oferece proteção suficiente? Dependendo da lei aplicável ao contrato, inúmeros mecanismos disponíveis no direito dos contratos podem proteger os autores contra disposições contratuais injustas:

- o princípio da "justiça" ou eqüidade, que poderá complementar, ou até mesmo revogar cláusulas contratuais injustas, em certas jurisdições;
- disposições legais proibindo cláusulas injustas em acordos-modelo, ou contratos inescrupulosos e;
- disposições legais permitindo a revisão ou a rescisão do contrato, na hipótese de sua execução inalterada torná-lo injusto.

Todavia, mesmo que os autores se beneficiem destes dispositivos em dada situação, o direito privado sofre de um vício: o seu conteúdo normativo é mínimo. O direito dos contratos não aponta aos autores ou editores a natureza (desarrazoada ou não) de uma cláusula contratual específica. Naturalmente, os autores, em face de um descontentamento, podem, ao menos em teoria, processar seus editores; mas na prática, hesitam em fazê-lo.

Como foi visto, a "barganha coletiva" - (em nome de autores-empregados, ou mesmo criadores *free lance*) pode restaurar a falta de equilíbrio existente nos contratos, conduzindo a uma alocação mais eqüitativa de direitos entre autores e produtores. Todavia, em alguns países, incluindo os Estados Unidos e Alemanha, os autores que trabalham de maneira independente, os *free lance*, estão proibidos de organizar barganhas coletivas por uma questão de política concorrencial.[42] No mais, mesmo que ausentes tais restrições legais, autores *free lance* geralmente hesitam em se organizar em sindicatos ou organizações coletivas. Muitos autores escolheram viver a vida de criadores independentes, não por questões econômicas ou sociais, mas por questão de princípio. O autor independente é um *Einzelgänger*, preferindo total liberdade à camisa-de-força do emprego, expediente e sindicato... Para protegê-los – os criadores verdadeiramente livres contra práticas injustas de contratação – , apenas um remédio é efetivo: medidas legislativas que impõem certos limites à liberdade de contratação em matéria de direitos autorais.[43]

Mas que medidas seriam apropriadas? Muito pode ser aprendido das regras contratuais de direitos autorais codificadas em alguns países europeus. Dependendo da tradição local, os legisladores podem optar por um esquema detalhado específico para o setor (por exemplo, normas específicas aos editores, empresas de radiodifusão, agências de propaganda etc.), como as que já existem na França, Bélgica, Espanha. Alternativamente, legisladores mais confortáveis com regras "abertas" podem preferir introduzir regras gerais, inspiradas em termos neutros, de maneira a cobrir diferentes mídias. Em ambos casos, as regras contratuais legais sobre direitos autorais devem ser imperativas, e preferivelmente imunes a questões de escolha de direito estrangeiro.

Regras a serem consideradas devem conter:

- a extinção automática da cessão ou transferência de direitos em caso de não-uso por um período, digamos, de três anos;
- uma cláusula best-seller, a qual exige a renegociação do contrato, se a obra vier a se tornar um sucesso inesperado;
- regra do "propósito da transferência", e, possivelmente;
- a proibição da transferência/cessão de direitos sobre usos não conhecidos no momento da contratação.

Ocorre que as convenções internacionais de direitos autorais não oferecem medidas protetivas como as mencionadas. Obviamente, tendo em vista a globalização das indústrias da informação e do entretenimento, ainda há muito o que ser debatido em termos de soluções internacionais. Um regime internacionalmente harmônico sobre lei de contratos referentes a negócios envolvendo direitos autorais beneficiaria tanto autores quanto produtores. Soluções internacionais impediriam que a escolha de normas estrangeiras minasse os direitos dos autores assim como ofereceriam aos produtores regras equânimes comuns de conduta para a arena comercial internacional.

O tema central desta conferência é a crença de que a abolição dos direitos autorais iria fomentar o livre fluxo de informações. Este autor não partilha desta crença. Ao contrário, este autor acredita que a função estrutural dos direitos autorais de atuar como o "motor da livre expressão" foi efetiva, no passado, na promoção de uma pluralidade de vozes na mídia - uma rica e diversificada "rede ecológica de informação". Se os direitos autorais poderão manter esta função nos próximos anos, de maneira que justifique sua existência nas futuras gerações, dependerá largamente da apropriada alocação de direitos entre autores e produtores.

Notas:

1. F.W. Grosheide, *Auteursrecht op maat*, Deventer: Kluwer 1986, p. 128.
2. E.W. Ploman e L. Clark Hamilton, *Copyright. Intellectual Property in the Information Age*, London 1980, p. 13; Grosheide (note 1), p. 130.
3. Neil Weinstock Netanel, Copyright and a Democratic Civil Society, *Yale Law Journal* 1996, vol. 106, p. 352.
4. Dentre outros ver E.D. Hirsch Ballin, Auteursrecht in wording, in: *Auteursrechtelijke opstellen*, Deventer: Kluwer 1970, p. 9.
5. Os termos "produtores", "editores" referem-se a empresas do setor cultural e do entretenimento.
6. Neste artigo, o termo "produtor" é usado de maneira ampla para indicar toda pessoa natural e legal que entra numa relação contratual com o autor-criador do trabalho, com o objetivo de usar o mesmo. Esta definição inclui editores, produtores de filmes, discos, companhias de TV e base de dados - mas não incluindo controladores. Ver: Jacqueline Seignette, *Challenges to the Creator Doctrine*, Deventer/Boston: Kluwer Law and Taxation 1994, p. 4.
7. Hirsch Ballin, Uitgeversrecht in wording, in: *Auteursrechtelijke opstellen* (note 4), p. 54.
8. M. Vessillier-Ressi, *Le métier d'auteur*, Paris: Dunod 1982, p. 9. Similarly, professionalism in sports was considered taboo until well into the 1960's.

9. J.W. Goethe, *Aus meinem Leben. Dichtung und Wahrheit*, Berlijn/Weimar 1984: Aufbau, Part III, Book 12, p. 514: "Die Produktion von poetischen Schriften [...] wurde als etwas Heiliges angesehn, und man hielt es beinah für Simonie, ein Honorar zu nehmen oder zu steigern. Autoren und Verleger standen in dem wunderlichsten Wechselverhältnis. Beide erschienen, wie man es nehmen wollte, als Patrone und als Klienten. [...] Wechselseitige Grossmut und Dankbarkeit war nicht selten [...]; Knickerei und Niederträchtigkeit, besonders der Nachdrucker, waren noch nicht im Schwange."

10. H. Steiner, *Das Autorenhonorar - seine Entwicklungsgeschichte vom 17.* Bis 19. Jahrhundert, Wiesbaden: Harrasowitz 1998, p. 29-38.

11. Steiner (note 9), p. 27. Cf. Paul Léautaud: "faire l'amour comme un devoir, écrire comme un métier, des deux côtés, néant", quoted by Vessillier-Ressi (note 7), p. 9.

12. A. Dietz, 'Einführung. Das Urhebervertragsrecht in seiner rechtspolitischen Bedeutung', in: F.-K. Beier a.o. (ed.), *Urhebervertragsrecht.* Festgabe für Gerhard Schricker zum 60. Geburtstag, München: Beck 1995, p. 12. Proponentes dos direitos do editor são encontrados principalmente na Holanda. Vide: F.W. Grosheide and F.W. Obertop, 'Proeve van een Wet op het Uitgeversrecht. Een pleidooi voor een naburig uitgeversrecht', *Informatierecht/AMI* 1992, p. 163. Grosheide e Obertop propõem a introdução dos Direitos do Editor com a duração de 50 anos depois da primeira publicação de uma nova edição.

13. Cf. John Tebbel, *A History of Book Publishing in the United States*, New York: Bowker 1978, Vol. III, p. 420: "Na convenção de ALA em Detroit, em 1922, o presidente da Bookbuying Commitee, atacou aos editores americanos com palavras severas devido as suas atitudes com relação aos direitos autorais, incluindo a liga dos autores nesta acusação. Ele asseverou que os editores estavam obtendo direitos injustos e engordando suas carteiras, e nisto, ele disse, a Liga dos Autores atuava no papel de cobaias, marionetes, ainda que inadvertidamente."

14. De acordo com uma publicação da IFPI (organização que representa mundialmente a indústria de gravações; vide: http://www.ifpi.org/), as Spice Girls estavam excitadas com a adoção das Diretivas de Direitos Autorais da Europa (desde a primeira leitura), pelo Parlamento Europeu, em 1999.

15. Art. 23 do Ato de Direitos Autorais da Áustria; art. 29, segunda frase, do Ato de Direitos Autorais da Alemanha. De acordo com Signette (nota nº 5), p. 31, a lei alemã é "a última manifestação da doutrina do criador".

16. Art. 2, segunda frase, DCA - Ato de Direitos Autorais da Holanda - Dutch Copyright Act - refere: "A transferência deve compreender apenas os direitos que estão no contrato, ou que necessariamente derivam da natureza ou do motivo do título da obra."

17. Soetenhorst (note 16), p. 102

18. Arts. L 131-3 e 131-4 do Code de la propriété intellectuelle. Ver: A. Lucas e H.J. Lucas, *Traité de la propriété littéraire et artistique*, Paris: Litec 1994, p. 393-550.

19. Ver *inter alia*: *Central Station*, Court of Appeals Brussels, 28 October 1997; *De Volkskrant*, District Court (*Arrondissementsrechtbank*) Amsterdam, 24 September 1997, 21 Informatierecht/AMI 194 (1997); *Freelens*, Court of Appeal Hamburg, 5 November 1998, Case 3 U 212/97; *Progrès*, Court of Appeal Lyon, 9 December 1999; *Wiener Gruppe*, Austrian Supreme Court, 12 August 1998, Multimedia und Recht 1999, p. 275. See also P. Bernt Hugenholtz and Jane C. Ginsburg, 'Symposium on Electronic Rights in International Perspective', 22 Columbia-VLA Journal of Law and the Arts. 151-164.

20. House Report No. 94-1476, 94th Con., 2d Sess., p. 124 (1976). Ver Seignette (note 5), p. 44.

21. Um exemplo é o "Model Publishing Agreement for Literary Works", adotado pela União de Editores Holandeses (NUV) e pela União de Escritores Holandeses em 1987. O acordo-modelo é largamente usado por editores de literatura de língua holandesa.

22. Mona Mangan, "The organization, representation and protection of authors in common law countries. General report", em: G. Roussel (ed.), *ALAI Conference 1997 Montebello*, Conference Proceedings, Cowansville (Québec): Éd. Yvon Blais 1998, p. 953; Peter S. Grant, 'L'interprétation, l'interêt et la mise en oeuvre des ententes collectives ayant trait aux oeuvres audiovisuelles', *ALAI Conference 1997 Montebello*, p. 1051.

23. Ver Anexo, *ALAI Conference 1997 Montebello* (note 23), p. 959-964; Grant (note 23), p. 1056.

24. Mangan (note 23), p. 955.

25. Mona Mangan, "U.S. Report", *ALAI Conference 1997 Montebello* (note 23), p. 1094-1099; John M. Kernochan, 'Ownership and Control of Intellectual Property Rights on Audiovisual Works: Contracts and Practice. General Report III', in: *ALAI Congrès du Premier siècle du cinéma*, 17-22 September 1995, Paris: ALAI, p. 282-283. Grant (note 23), p. 1047, envolve a 'obsessão Americana por créditos'.

26. Art. 4, Council Directive 92/100/EEC.
27. Janine Jaquet, "Cornering creativity", *The Nation*, 17 March 1997, p. 10
28. Jaquet (nota 28).
29. Seignette (nota 5), p. 62. "O crédito de companhias de produção e publicação, seja de livros, base de dados eletrônicas, programas de televisão ou softwares para computadores, repousa em grande parte na propriedade de direitos autorais."
30. Wilhelm Nordemann, "Towards a Basic International Regime of Copyright Contracts", em: Jan J.C. Kabel e Gerard J.H.M. Mom (ed.), *Intellectual property and Information Law*, Den Haag/Londen/Boston: Kluwer Law International 1998, p. 219.
31. Nordemann (nota 31). Cf. Jaquet (nota 28).
32. Em 1980, Gordon Graham emitiu um aviso. A tradicional divisão de papéis na indústria de publicações (autor - impressor - editor - livraria - venda de livros) não combina mais com um mundo buscando comunicação instantânea que já está começando a evoluir, por este motivo, as duas estruturas constituidoras de "produtores" e "usuários". Aquela é uma razão por que os editores se sentem intuitivamente nervosos. W. Gordon Graham, "The future of publishing", em: J. Somerwil a.o., *De uitgever: boekenmaker of merchandiser?* Deventer: Kluwer 1980, p. 15.
33. M.J. Frequin (secretary of the Dutch Publishers Union), "Uitgeefovereenkomsten", em: M. Haven, P.J. Keuchenius en G.J.H.M. Mom, *Contracten en (multi)media*, Deventer: Kluwer 1999, p. 10-11.
34. Pamela Samuelson, The Copyright Grab, Wired 4.01, January 1996.
35. Carl Shapiro e Hal R. Varian, *Information Rules*, Boston: Harvard Business School Press 1999, p. 65.
36. M. Karnstedt, The Future of Music Publishing in a Wired World, em WIPO International Conference on Electronic Commerce and Intellectual Property, Geneva, 14-16, September 1999. J. Tatt, Music Publishing and Recording Contracts in Perspective, em *EIPR* 1987, 132.
37. Friedrich Gottlieb Klopstock (1724-1803), mais conhecido pelo seu épico religioso 'Der Messias'.
38. Goethe (nota 8), p. 514-516
39. Martha Woodmansea, *The Author, Art, and the Market*, New York: Columbia University Press, 1994, p. 47-48.
40. E. Mackaay, Scientific publishing without publishers, em P.B. Hugenholtz a.o. (ed.), *Universiteit en auteursrecht.* Wetenschappelijke informatievoorziening in een digitale omgeving, Amsterdam: Otto Cramwinckel 1998, p. 21.
41. Por exemplo, Wiley utiliza a seguinte linguagem em seu padrão de acordo de edição: "Pela aceitação do manuscrito por publicação [...] o editor deve adquirir os seguintes direitos: o direito de publicar, reproduzir e distribuir o jornal, o direito de preparar edições eletrônicas, como em CR-ROM's, o direito a estocar o trabalho em bancos de dados virtuais de qualquer espécie, distribuí-los, regravá-los como cópias, ou através de 'transmissões incorpóreas', com intuito de dispor o trabalho na tela ou para o usuário do banco de dados carregar, na forma de única transmissão ou serviços subscritos providenciados por provedores de banco de dados, no total ou em parte, particularmente na forma de serviços de perfil de interesse. A concessão de direitos não deve ser limitada territorialmente, e deve ser exclusiva por um período de três anos; subseqüentemente, o Editor deve adquirir um direito não-exclusivo, que não é limitado no tempo. O editor deve ser intitulado a retransmitir que foi adquirido por terceiros, particularmente o provedor de banco de dados [...]"
42. Th. Bodewig, in: *Urhebervertragsrecht* (note 11), p. 877-878.
43. Grosheide, *ALAI Conference 1997 Montebello* (note 23), p . 262. Cf. Explanatory memorandum with Council Directive 92/100/EEC (Rental rights Directive) [recognizing need to protect authors as weaker parties, and terming total freedom of contract "unacceptable"]. ["necessidade reconhecida de proteção aos autores como partes mais fracas da relação, determinando serem inaceitáveis a realização de contratos totalmente livres"].

PARTE IV

Novos Temas e Desafios do Direito da Propriedade Intelectual: Base de Dados, Biotecnologia, Conhecimentos Tradicionais e Direito Internacional Privado

1 CALENDÁRIOS DE CAMPEONATOS DE FUTEBOL, CORRIDAS DE CAVALO E SUBPRODUTOS: A CEJ DISCIPLINA A PROTEÇÃO JURÍDICA DA BASE DE DADOS*

MARK J. DAVISON** E P. BERNT HUGENHOLTZ***

1. Introdução

Em 9 de novembro de 2004, a Corte Européia de Justiça (CEJ) prolatou quatro decisões ansiosamente aguardadas[1] no tocante à Diretiva Européia sobre Base de Dados (Diretiva).[2] As decisões contêm as primeiras elucidações da CEJ quanto a certos conceitos-chave da Diretiva. Notavelmente, elas estabeleceram que o investimento na "criação de dados", *e.g.* por meio da elaboração de listas de eventos esportivos, não é considerado "investimento substancial" e por isso essa "fonte exclusiva" de dados, como é o caso dos calendários de campeonatos de futebol e de corridas de cavalo, não encontra amparo na legislação que protege as

---

* Artigo traduzido e adaptado por Daniela Marcos.

** Professor da Faculdade de Direito da Universidade Monash, Austrália. Autor de inúmeras obras que exploram a interface propriedade intelectual e direito concorrencial. Prof. Davison conduziu inúmeros projetos educacionais na Tailândia, Vietnã e Indonésia.

*** Doutor em Direito pela Universidade de Amsterdã. Professor de Direito da Propriedade Intelectual do Instituto para direito da informação da Universidade de Amsterdã (IViR). Desde 2003, exerce as funções de Juiz da Corte de Apelações de Arnhem.

bases de dados. Ao distinguir "dados criados" de "dados obtidos", a CEJ adotou um dos principais argumentos subjacentes à chamada "teoria da diferenciação". Igualmente importante é a interpretação da CEJ quanto ao escopo da proteção das bases de dados, no sentido de que o valor econômico dos dados apropriados é irrelevante na constituição da infração.

Todavia, as decisões da CEJ também deixam diversas questões em aberto e, possivelmente, por conseqüência, questionam a eficiência da Diretiva no alcance de seu suposto objetivo de proteger o investimento envolvido na produção de bases de dados, na medida em que não atribuem direitos exclusivos em relação aos dados contidos nessas bases.

2. Os Fatos

Os quatro casos encerram fatos similares. Cada caso refere-se à base de dados de informações esportivas, sendo a maior e mais complexa a de corridas de cavalos mantida pela Associação Britânica de Corridas de Cavalos (ABCC). O réu no caso, a companhia William Hill, empresa de apostas de fora do circuito, obteve informações sobre corridas por meio de terceiro autorizado a acessar e utilizar a base de dados da ABCC. Tais informações foram, então, disponibilizadas pela Willian Hill à sua clientela de apostadores. A quantidade de informações utilizadas pelo réu em qualquer das ocasiões era bastante limitada; valeu-se somente de datas, horários, lugares de realização das corridas, acrescidas dos nomes e números dos cavalos participantes nessas corridas.

A base de dados continha consideravelmente mais informações, tais como informações sobre o proprietário, identificação do cavalo, assim como detalhes sobre os jóqueis e treinadores.

Os demais casos se referem a calendários do futebol inglês e escocês. Os respectivos organizadores acordaram que a divulgação de tais calendários fora do Reino Unido fosse conduzida pela empresa Fixtures Marketing Limited. A Fixtures intentou ações contra empresas de apostas na Grécia, Suíça e Finlândia, que usaram partes daqueles calendários para seus grupos de apostas. Em apenas uma semana, os réus utilizariam por volta de um quarto das informações sobre os jogos a serem disputados pela primeira divisão e demais divisões.

3. Criar Dados Não É Obtê-los

O art. 7º da Diretiva requer que Estados-membros confiram proteção à base de dados do criador que demonstrar que efetuou investimento quantitativa e qualitativamente relevante na obtenção, verificação e apresentação do conteúdo de sua base de dados. Os réus argumentaram, como diversos doutrinadores já haviam protestado,[3] que o investimento em atividades geradoras de bases de dados, tais como a elaboração de calendários, pode, dependendo do caso, não ser considerado investimento na "obtenção" de conteúdos de bases de dados. A CEJ tem a mesma opinião e adota a visão que todo o investimento na criação de dados deve ser desconsiderado para se determinar se o criador da base de dados realizou investimento substancial na obtenção, verificação e apresentação do conteúdo da base de dados.

Mas como distinguir "criação" de "obtenção" quando os dados são gerados e imediatamente incorporados à base de dados, como ocorre nos casos ora em análise? Nesse ponto, a CEJ diverge da opinião da Advocacia Geral Européia. Para esta, "seria o caso daquela (obtenção) se a criação dos dados se desse concomitantemente ao seu processamento e fosse inseparável deste".[4] A CEJ tem outro ponto de vista. Esta desconsidera o investimento na coleta de dados, que é intrinsecamente ligado à sua criação. Assim, em relação aos calendários de jogos de futebol estabelece:

> Encontrar e coletar os dados que compõem o calendário de um campeonato de futebol não requer qualquer esforço especial por parte das divisões profissionais. Estas atividades estão ligadas intrinsecamente à criação de tais dados, para as quais as divisões contribuem diretamente como responsáveis pela organização de calendários de campeonatos de futebol. Obter o conteúdo de um calendário de futebol, portanto, não requer qualquer investimento independente daquele que se requer para a criação da informação contida no calendário.[5]

A CEJ adicionalmente esclarece a qual tipo de atividades e investimento pode ser atribuído à criação de dados, em oposição à sua obtenção:

> 10. A elaboração desses calendários demanda que diversos fatores sejam levados em consideração, tais como a necessidade de assegurar o revezamento entre jogos "em casa" e "fora de casa", de assegurar que muitos clubes da mesma cidade não joguem em casa no mesmo dia, as restrições em relação aos campeonatos internacionais, se outros eventos públicos estiverem acontecendo e a disponibilidade de fiscalização.
>
> 11. O trabalho na elaboração de um calendário começa um ano antes de seu início. Tal trabalho é confiado a um grupo composto, entre outros, de representantes das divisões profissionais e dos clubes de futebol, e necessita de um certo número de reuniões entre aqueles representantes e os representantes dos patrocinadores, bem como autoridades policiais.
>
> (...)
>
> 42. ... tais recursos representam um investimento na criação do calendário. Esse investimento, relacionado à organização dos campeonatos, está vinculado à criação das informações contidas na própria base de dados em análise, em outras palavras, àquelas relacionadas a cada jogo nos vários campeonatos. Não pode, portanto, ser considerado sob o art. 7(1) da diretiva.[6]

A CEJ adota posicionamento similar no caso da ABCC, rejeitando o argumento de que esta teria realizado investimento substancial na elaboração das informações utilizadas pelo réu: os recursos despendidos pela ABCC para estabelecer, para fins da organização das corridas de cavalo, a data, o horário, o lugar e/ou nome da corrida, e os cavalos que dela participariam, representam investimento na criação de elementos contidos na base de dados da ABCC.[7]

Adicionalmente, a CEJ rejeitou o argumento de que o investimento na verificação realizada durante o procedimento de criação dos respectivos dados pode constituir o investimento substancial requerido. Assim, estabelece que:

> 39. O processo de cadastramento de um cavalo em uma lista de corrida requer diversas verificações prévias, tais como a identificação da pessoa que está realizando tal cadastramento, as características do cavalo e sua classificação, bem como informações sobre seu proprietário e o jockey.
>
> 40. Todavia, estas verificações prévias são feitas no estágio de criação da lista em questão. Elas, portanto, constituem investimento na criação das informações e não na verificação do conteúdo da base de dados.
>
> 41. Disso decorre que os recursos usados para elaborar a lista de cavalos que participarão de uma corrida e para executar as verificações a eles relacionadas não representam investimento na obtenção e verificação do conteúdo da base de dados em que a lista se encontra.[8]

A insistência da CEJ de que o criador da base de dados demonstre a existência de investimento substancial na sua obtenção, apresentação e verificação de dados preexistentes e independentes, que são incorporados em suas bases de dados, reduz significativamente o provável escopo de proteção da Diretiva. É pouco provável que produtos informativos, tais como calendários de campeonatos de futebol e agendas de programas de televisão, se qualifiquem para a proteção jurídica conferida à base de dados porque o investimento nesses itens é atribuível, acima de tudo, à criação das informações nele contidas, mais que à obtenção, apresentação e verificação dessas informações.

4. A Teoria da Diferenciação (Separação, Subprodutos?)

Ao distinguir "dados criados" de "dados obtidos", a CEJ adotou um dos principais argumentos subjacentes à chamada "teoria da diferenciação", a qual vem sendo predominantemente aceita pelos tribunais e doutrinadores holandeses.[9] De acordo com a teoria da diferenciação, o direito à base de dados recai somente sobre o investimento que é diretamente atribuível à produção da base de dados. A doutrina baseia-se no "incentivo" racional desse direito *sui generis.* Os §§ 10 a 12 do Preâmbulo da Diretiva ilustram que a principal razão para a introdução do direito *sui generis* foi promover o investimento no (então emergente) setor europeu de base de dados.[10] A julgar por essas exposições de motivos, o direito à base de dados não é um direito de propriedade intelectual arraigado em noções de justiça natural, mas um direito baseado em razões utilitaristas (instrumentalistas). À luz dessa racionalidade, não haveria razão para conferir proteção a compilações de dados que são geradas quase que automaticamente como subprodutos de outras atividades.[11]

Embora as decisões da CEJ não mencionem explicitamente a doutrina da diferenciação, sua lógica é certamente informada pela racionalidade da Diretiva: o objetivo da Diretiva, constante dos §§ 9º, 10 e 12 de seu preâmbulo, como revela a empresa William Hill, é promover e proteger o investimento no "armazenamento" e no estabelecimento de sistemas de "processamento" que contribuam para o desenvolvimento de um mercado da informação, que vem ao encontro do histórico de crescimento exponencial da quantidade de informação gerada e processada, anualmente, em todos os setores econômicos. Disso advém que a expressão "investimento na obtenção, verificação ou apresentação do conteúdo" de uma base de dados deve ser normalmente entendida como o investimento na criação daquela base de dados como tal.[12]

5. Bases de Dados Exclusivas

Conseqüentemente, as decisões da CEJ ofereceram solução parcial para uma das mais óbvias deficiências da Diretiva: a falta de um regime de licenciamento compulsório para conter os efeitos anticoncorrenciais dos monopólios de informações detidas por fontes exclusivas, como é o caso da ABCC e da Fixtures. A Primeira Proposta de Diretiva continha tal regime, mas este foi excluído da versão final da Diretiva.[13] Ao restringir a aplicação do direito à base de dados à coleta de informações preexistentes, por meio de interpretação restritiva da expressão "obtenção", a CEJ negou de maneira eficiente a proteção à coleta de informações "cruas" detidas por fontes exclusivas, reduzindo, dessa forma, a necessidade de licenciamento compulsório. Portanto, a distinção entre criação e obtenção é semelhante à chamada dicotomia idéia/expressão presente nos regimes de proteção dos direitos autorais – a máxima de que os direitos autorais protegem apenas a expressão original, deixando idéias brutas, fatos e teorias em domínio público.

Ainda, enquanto a abordagem da CEJ da criação em oposição à obtenção, apresentação e verificação da informação é facilmente enunciada, sua aplicação consiste em problema adicional. Na verdade, diversos problemas decorrentes disso podem ser identificados.

6. A Distinção Entre Criação e Obtenção de Informação

Embora a CEJ pareça confiante na distinção entre "criar" e "obter" informações, tal distinção nem sempre pode ser feita de maneira simples. Exemplificativamente, a coleta de uma informação a partir de um fenômeno natural seria considerada um ato de criação ou de obtenção? Exemplo disso seria o armazenamento de dados meteorológicos, tais como as temperaturas máximas em um local determinado. Estes dados são criados ou obtidos? Da mesma forma, os cientistas que decodificam seqüências genéticas de organismos vivos obtêm ou criam tais informações? A adoção da interpretação estrita levada em consideração pela CEJ nesses quatro casos sugeriria que tais dados teriam sido criados. Informações meteorológicas e seqüências genéticas são gravações e representações de fenômenos naturais, não são fenômenos em si mesmos, de maneira que seria difícil para os cientistas argumentarem que simplesmente coletaram tais informações em oposição à sua criação.[14] Por outro lado, a criação dos referidos tipos de dados em larga escala também gera custos significativos associados com a apresentação e verificação, os quais podem atender aos requisitos estabelecidos pelo art. 7(1) da Diretiva. De qualquer forma, tais distinções metafísicas, sem dúvida, continuarão preocupando os tribunais e doutrinadores durante algum tempo.

7. Os Organizadores de Bases de Dados Empregarão Esforços para se Enquadrar nas Decisões da CEJ

Obviamente, as decisões da CEJ tratam, em sua maioria, da produção "sintética" de informações, tais como calendários de eventos esportivos, programação de canais de televisão, listas telefônicas etc. A CEJ decidiu que tais bases de dados não são objeto de proteção pela Diretiva devido ao elevado grau de originalidade exigido em seu art. 3(1) ("a criação intelectual do próprio autor"). A proteção dessas bases de dados, provavelmente, também não poderá ter guarida no âmbito dos direitos do autor. Os organizadores de bases de dados, portanto, estão tentados a desenvolver estratégias a partir dessas decisões. Estratégia óbvia consiste em investir substancialmente em apresentação e subseqüente verificação da informação, uma vez que a CEJ claramente reconhece essa possibilidade.[15] Dessa forma, bases de dados com grande quantidade de informações criadas poderão facilmente obter proteção uma vez que investimento substancial terá sido realizado na apresentação da informação. Os organizadores de listas telefônicas também estarão qualificados para ter suas bases de dados protegidas na medida em que, adicionalmente ao investimento na criação dos dados (*e.g.* organização e armazenamento de assinaturas individuais), terá havido investimento substancial na apresentação dos dados sob a forma de um produto de informações consolidadas, *e.g.* pela publicação de listas telefônicas. Alternativamente, o organizador de bases de dados pode introduzir sistemas procedimentais que lhe permitam, claramente, delinear o investimento na criação dos dados e na sua subseqüente apresentação ou verificação. Uma clara distinção cronológica e procedimental entre os dois processos pode sustentar o argumento de que a verificação ocorreu separadamente do ato inicial da criação.

A fonte de dados, entretanto, sempre continuará isenta de proteção pelo direito à base de dados. Produtores de fontes exclusivas de dados estariam, portanto, tentados a negar o acesso do público a informações cruas (ou sem tratamento), por meio, por exemplo, da adoção de tecnologias e de outros métodos de controle de acesso. As decisões da CEJ não resolveram, e de fato não poderiam resolver, o problema da monopolização de fato de dados por produtores de fontes de dados exclusivas. O competidor em potencial, nestas circunstâncias, não precisa de licença compulsória ou de uma total ausência de direitos sobre bases de dados, mas de uma obrigação por parte do produtor para, de fato, entregar os dados sob termos justos e não discriminatórios. Tais obrigações existem, por exemplo, no âmbito do direito das telecomunicações.[16]

Outra forma de os organizadores de bases de dados permanecerem ao redor da distinção entre criação e obtenção seria criarem dados e, antes de torná-los acessíveis ao público, negociarem direitos exclusivos para tanto. A compra poderia ser considerada um investimento substancial na obtenção de dados, porque os dados seriam preexistentes e o custo financeiro da compra de dados poderia possivelmente preencher os requisitos exigidos para a caracterização de investimento substancial.[17] Dessa forma, o comprador poderia adquirir um direito à base de dados, que poderia ser livremente negociado, até mesmo mediante a recompra pelo criador dos dados.

8. Significado da Expressão Investimento Substancial

As decisões da CEJ não respondem totalmente às questões sobre o montante do investimento necessário para atender à caracterização de investimento substancial e como este poderia ser mensurado. Ao afirmar que o investimento na criação de dados é irrelevante, a CEJ estabelece:

> Apesar da pesquisa dos dados e a verificação de sua exatidão no momento em que a base de dados é criada não requerer que o autor utilize ferramentas, porque os dados são aqueles que ele criou e estão disponíveis para ele, o fato consiste em que a coleta desses dados, sua organização sistemática e metódica na base de dados, a organização de seu acesso e a verificação de sua exatidão por meio da operacionalização da base de dados pode requerer investimento quantitativa e/ou qualitativamente substancial nos termos do art. 7(1) da Diretiva.[18]

A CEJ não enuncia claramente o que constituiria tal investimento substancial, apesar de as decisões envolvendo a Fixtures deixarem claro que a apresentação e a verificação dos calendários de campeonatos de futebol não caracterizariam "investimento substancial". Semelhantemente, a Decisão ABCC é baseada no julgamento de que o investimento da ABCC na obtenção, verificação ou apresentação (em oposição à criação) das datas e locais de suas corridas, bem como dos nomes e números dos cavalos, foi mínimo.

9. O Escopo da Proteção à Base de Dados: Investimentos e Infrações Correlacionadas

As decisões da CEJ ainda lidam com outra questão crucial, a qual está diretamente relacionada ao problema do investimento substancial. O direito à Base de Dados protege os autores de bases de dados contra a extração ou reutilização não-autorizada de "parte substancial" da base de dados. Como mensurar o que seria a "parte substancial"?

No direito do autor e nas demais leis sobre propriedade intelectual, existe uma correlação imediata entre os pré-requisitos para a extensão da proteção. O critério da "originalidade" no direito do autor não determina apenas o que está sujeito à proteção, mas também o escopo dos direitos de reprodução e adaptação. Apenas se o copiado for "original" haverá infração ao direito do autor. O mesmo acontece na aplicação das normas de proteção às patentes e às marcas.

A Diretiva, entretanto, não fornece evidente correlação entre o pré-requisito para a obtenção de proteção e a ocorrência da infração. A primeira confere proteção apenas quando houver investimento substancial na obtenção, apresentação ou verificação dos dados. A última, simplesmente, requer uma extração ou reutilização da parte substancial do conteúdo de uma base de dados. Como vimos nos casos ora em análise, a maioria dos investimentos realizados pelos autores de bases de dados é destinada à criação dos dados em questão. Se o autor da base de dados puder provar que realizou investimento substancial na obtenção, verificação ou apresentação das informações, ele poderá obter ampla e exclusiva proteção legal com relação aos dados contidos em sua base de dados, caso as Cortes deixem de correlacionar o investimento com as porções extraídas da base de dados.

A CEJ parece ter conhecimento dessa dificuldade. Ao levar em conta o que constitui parte qualitativamente substancial de uma base de dados, a CEJ estabelece que "deve-se considerar se esforços humanos, técnicos e financeiros aplicados pelo autor da base de dados na obtenção, verificação e apresentação desses dados constituem um investimento substancial".[19] No contexto da decisão ABCC, as informações reutilizadas pela William Hill, notadamente data, horário e local das corridas, bem como os nomes e números dos cavalos, não foram considerados nem investimentos qualitativamente substanciais, nem investimento substancial na obtenção, verificação e apresentação desses dados.

Muito importante, a CEJ rejeita o argumento no sentido de que o valor econômico substancial dos dados reutilizados demonstraria que esses dados quantificam parte substancial do conteúdo da base de dados:

O valor intrínseco dos dados objeto de extração e/ou reutilização não constitui critério relevante para mensurar se a parcela de dados em questão é considerada qualitativamente substancial. O fato de os dados extraídos e reutilizados pela William Hill serem vitais para a organização das corridas de cavalo, sob a responsabilidade da ABCC e outros, é, dessa forma, irrelevante para se julgar se atos praticados pela William Hill envolvem parte substancial do conteúdo da base de dados da ABCC.[20]

A abordagem da CEJ contraria opiniões judiciais que tinham assegurado a quase absoluta proteção à base de dados sob a premissa de que os dados extraídos, embora mínimos, eram de valor significativo para o réu. Por exemplo, na decisão de primeira instância no caso envolvendo a ABCC e a William Hill, foi apontado que "a relevância da informação para o alegado infrator poderia esclarecer se os trechos extraídos consistiam em parte importante ou significante da base de dados".[21] Semelhantemente, na decisão holandesa no caso NVM *vs.* De Telegraaf - caso referente à base de dados contendo listagem de imóveis –, a Primeira Instância considerou que "mesmo a extração de pequenas quantidades de dados seria qualificada como extração substancial desde que esses dados fossem de grande valor para os usuários finais".[22] O resultado dessa abordagem, obviamente errônea, seria que o direito à base de dados torna-se um direito de propriedade sobre informação comercialmente valiosa. Claramente não foi esta a intenção dos autores da Diretiva, conforme os §§ 45 e 46 de seu preâmbulo esclarecem.[23]

A abordagem da CEJ para "parte qualitativamente substancial" encontra-se sumarizada a seguir:

> Parte substancial, qualitativamente avaliada, do conteúdo de uma base de dados, refere-se ao nível de investimento na obtenção, verificação ou apresentação do conteúdo objeto do ato de extração ou de reutilização, em vez do fato de tal objeto representar parte quantitativamente substancial do conteúdo de toda a base de dados protegida. Parte quantitativamente insignificante do conteúdo de uma base de dados pode representar de fato, em termos de obtenção, verificação ou apresentação, investimentos humano, técnico e financeiro significantes.[24]

10. Extraindo Parte Qualitativamente Substancial

Diante da rejeição, por parte da CEJ, da idéia de o valor intrínseco do conteúdo extraído ou reutilizado determinar sua substancialidade e da insistência na conexão entre investimento relevante e substancialidade ser muito bem-vinda, alguns problemas permanecem.

A parte quantitativamente substancial do conteúdo de uma base de dados é relativamente fácil de determinar. Ela se refere ao "volume de dados extraídos da base de dados e/ou reutilizados e deve ser mensurada em relação ao volume do conteúdo total daquela base de dados".[25] No contexto da decisão ABCC, os materiais reutilizados pelo réu correspondiam à pequena proporção da base de dados como um todo e, portanto, não considerada quantitativamente substancial.[26] A análise mais difícil consiste em determinar se tal apropriação mínima totalizaria parte substancial em sentido "qualitativo". O parágrafo acima transcrito sugere que a extração de apenas alguns dados caracterizaria infração do direito à base de dados, uma vez que sua obtenção requereu investimento substancial "qualitativo", por exemplo, esforço intelectual significativo. Isso, mais uma vez, faz elevar o espectro do direito à base de dados, tornando-o um direito de propriedade sobre os dados *per se*. Investimento "qualitativo" é, na realidade, uma noção bastante perigosa, que deve ser reconsiderada no curso da evolução da interpretação da Diretiva pela Comissão Européia.[27] Como era esperado, a mais recente proposta de introdução de legislação de proteção à base de dados nos Estados Unidos não adota tal terminologia.[28]

Outra questão consiste na possibilidade de investimento substancial por meio da compra discutida anteriormente, o que acontece se o montante significante for pago por um organizador de base de dados para obter uma informação ou pequena quantidade de informações? Isso protegeria estes dados, quando extraída parte substancial de uma base de dados?

11. Infração Repetitiva e Sistemática

Finalmente, em relação à violação do direito à base de dados, a CEJ leva em consideração a questão da William Hill ter feito uso repetitivo e sistemático de partes não substanciais da base de dados do autor, desrespeitando o art. 7(5) da Diretiva. A CEJ observa que o objetivo desse dispositivo é prevenir a ocorrência de condutas repetitivas por parte do usuário que o levará à "reconstituição da base de dados como um todo ou, no mínimo, de parte substancial dela".[29] Considerando o ponto de vista da CEJ, que os dados utilizados pelo réu consistiam em parcela não substancial da base de dados do autor, a CEJ conclui que a reutilização repetitiva dessa parte não-substancial não configura a reutilização de parte substancial, razão pela qual o art. 7(5) não se aplica a esse caso.

12. Extração e Reutilização Indireta

Um dos argumentos apresentados pela William Hill foi que haveria violação do direito à Base de Dados apenas se os dados tivessem sido adquiridos da base de dados do autor. Como a William Hill obteve os dados de terceiros, não havia violação do direito do autor à base de dados. Este argumento foi rejeitado de plano, tanto pela Advocacia Geral[30] quanto na decisão ABCC,[31] apesar de haver diferenças em sua abordagem. A Advocacia Geral expressou a opinião de que a extração indireta de dados não seria possível.[32] Assim, a pessoa poderia copiar dados de terceiros para seu próprio uso, mas a reutilização desses dados de maneira a torná-los disponíveis ao público infringiria o direito à base de dados, mesmo se o réu não tivesse conhecimento dos direitos do autor da base de dados[33] e empreendeu sua reutilização para finalidades não-comerciais.[34]

A CEJ considera que "o conceito de extração e reutilização não implica acesso direto à respectiva base de dados", sugerindo que a cópia de parte substancial, originalmente da base de dados, por meio de terceiros caracterizaria extração. A CEJ elege essa tese por meio da referência um tanto desconcertante à alegação de "que a proteção não (...) inclui a consulta à base de dados".[35] Adicionalmente ao fato de o termo "consulta" não ser mencionado na Diretiva, sua conceituação pela CEJ não é proveitosa. Tal conceituação aparentemente significa que uma vez que o autor da base de dados a torna disponível para o público, não pode se opor à visualização do conteúdo desse modo disponibilizado.[36]

A CEJ, então, estabelece que enquanto o autor da base de dados não pode se opor à consulta dessa base, seus direitos de extração e reutilização permanecem. Desde que a consulta à base eletrônica de dados envolva a reprodução temporária de seu conteúdo, não é imediatamente evidente porque a consulta é permitida.[37] Ressalte-se que a Diretiva sobre Base de Dados, ao contrário da Diretiva sobre Direito do Autor (InfoSoc), não contém exceção expressa sobre tais cópias temporárias.[38] A melhor interpretação para esse trecho do julgamento é que, uma vez que os autores tornam suas bases de dados disponíveis ao público, estão, implicitamente, consentindo com a visualização das bases de dados por qualquer pessoa, sendo que tal consentimento abrange quaisquer cópias temporárias feitas para o propósito de visualização pública.

13. Algumas Questões Não Respondidas – Bases de Dados e o Termo de Proteção

Devido às respostas fornecidas pela CEJ, faz-se desnecessário responder a algumas das questões nelas referidas. Particularmente, duas questões do caso ABCC permaneceram sem resposta. A William Hill argumentou que apenas haveria violação ao direito à Bases de Dados se os dados extraídos ou reutilizados refletissem a organização sistemática ou metódica da base de dados concebida do autor da ação judicial. Primeiramente, uma vez que o conteúdo retirado não constitui parte substancial da base de dados aos olhos da CEJ, tem-se que não há necessidade de responder a essa questão. Cabe ressaltar que o parecer do Advogado Geral rejeitou claramente esse argumento. Se tal argumentação fosse bem-sucedida, provavelmente iria esvaziar a Diretiva de qualquer operação significante sobre e sob proteção já conferida pelos direitos autorais relativas à seleção e organização de dados.

A segunda questão é se uma base de dados dinâmica, como a da ABCC, deve ser considerada séries de bases de dados, cada qual com seu próprio período de tempo de proteção, cujo termo inicial ocorreria toda vez que uma mudança substancial à base de dados fosse feita. Na primeira instância, foi decidido que uma base de dados eletrônica constantemente atualizada consiste em uma base de dados única, mas o Advogado Geral discordou, expressando que, a cada mudança substancial no conteúdo da base de dados, uma nova base de dados passaria a existir, sujeita a período de proteção próprio.[39] Assim, base de dados eletrônica dinâmica seria efetivamente formada por séries de bases de dados protegidos separadamente, não obstante a última versão da base de dados contivesse boa parte dos dados (ou todos os dados) que faziam parte da base de dados original. Nesse contexto, deve-se ter em mente que um investimento substancial, que desencadeasse o início de novo período de proteção, não seria nada mais que uma verificação completa de seu conteúdo.[40]

14. Conclusões

As decisões da CEJ certamente restringiram a eficácia da Diretiva, particularmente tendo em vista sua ênfase na distinção entre criação e obtenção de dados. No processo, a Corte adotou o principal argumento da teoria da separação, recusando-se a reconhecer que todo investimento realizado anteriormente ou no momento da criação consiste em investimento substancial na base de dados. Adicionalmente, os apontamentos da Corte sobre o significado de "parte substancial do conteúdo de uma base de dados" demonstram conexão razoavelmente próxima entre o investimento pretendido sob a diretiva ser sujeita à proteção e o que constitui violação ao direito à base de dados. Na medida em que tal conexão não evita a proteção de pequenas quantidades de dados que representem investimento substancial "qualitativo", essa é uma conseqüência quase inevitável da literalidade e da estrutura da Diretiva com suas noções de investimento "qualitativo" e parte "qualitativamente" substancial e sua confiança em um regime de direitos exclusivos para extração e reutilização, em vez de uma solução contra a concorrência desleal.

Naturalmente, muitas questões permanecem sem solução. Estas incluem considerações adicionais sobre a distinção entre criação e obtenção de dados. Em que momento da descoberta científica são os respectivos dados científicos "criados" ou "obtidos"? É também inevitável que os autores de bases de dados respondam a essas questões por meio do desenvolvimento de estratégias econômicas e jurídicas que girem em torno das conseqüências das decisões da CEJ, tais como a manutenção de fontes exclusivas de dados em segredo, aplicação de medidas de controle ao acesso dos dados e investimento substancial na apresentação ou verificação da base de dados, quando esta é disponibilizada publicamente. Enquanto as decisões controlarem alguns dos extremos em potencial da Diretiva, resta verificar se o direito à base de dados, a fera selvagem da propriedade intelectual, terá sido a partir de agora totalmente domesticada.

Notas:

1. Fixtures Marketing Ltd v Svenska AB (Svenska), C-338/02; Fixtures Marketing Ltd v Organismos Prognostikon Agonon Podosfairou EG (OPAP), C-444/02; Fixtures Marketing Ltd v Oy Veikkaus Ab (Oy Veikkaus), C-46/02; British Horseracing Board Ltd v William Hill Organization Ltd (Decisão ABCC), C-203/02.

2. Diretiva 96/9/EC do Parlamento Europeu e do Conselho de 11 de março de 1996, sobre proteção jurídica das bases de dados. Para comentários gerais, ver Mark J. Davison, *The Legal Protection of Databases*, Cambridge University Press 2003.

3. P. Bernt Hugenholtz, *Program Schedules, Event Data and Telephone Subscriber Listings under the Database Directive - The 'Spin-Off" Doctrine in the Netherlands and elsewhere in Europe*, paper apresentado na Eleventh Annual Conference on International IP Law & Policy, Fordham University School of Law, New York, 14 a 25 de abril de 2003, disponível em http://www.ivir.nl/publications/hugenholtz/spinofffordham.html; D.J.G. Visser, *The database right and the spin-off theory*, em H. Snijders and S. Weatherill (eds.), *Ecommerce Law. National and transnational topics and perspectives*, Kluwer Law International, 2003, p. 105-110; E. Derclaye, *Databases sui generis right: should we adopt the spin-off theory?*, EIPR 2004, 26(9), p. 402-413.

4. § 59 da decisão OPAP.

5. § 44 da decisão *Oy Veikkaus Ab*.

6. §§ 10, 11 e 42 da decisão *Oy Veikkaus Ab.*

7. § 80 da Decisão ABCC.

8. §§ 39 a 41 da Decisão ABCC.

9. Veja a nota 3.
10. *"(10) Whereas the exponential growth, in the Community and worldwide, in the amount of information generated and processed annually in all sectors of commerce and industry calls for investment in all the Member States in advanced information processing systems; (11) Whereas there is at present a very great imbalance in the level of investment in the database sector both as between the Menber States and between the Community and the world's largest datebase producing third countries; (12) Whereas such an investiment in modern information storage and processing systems will not take plane within the Community unless a stable and uniform legal protection regime is introduced for the protection of the rights of markers of databases;"*
11. Stephen M. Maurer, P. Bernt Hugenholtz and Harlan J. Onsrud, *Europe's Database Experiment*, 2001 *Science* 789-790.
12. § 30 da Decisão ABCC.
13. Proposal for a Council Directive on the Legal Protection of Databases, COM (92) 24 final, Brussels, 13 May 1992, OJ 1992 C156/4. Art. 8, paras. 1 and 2, of the Proposal read as follows: '(1) Notwithstanding the right provided for in Article 2(5) to prevent the unauthorized extraction and reutilization of the contents of a database, if the works or materials contained in a database which is made publicly available cannot be independently created, collected or obtained from any other source, the right to extract and re-utilize, in whole or substantial part, works or materials from that database for commercial purposes, shall be licensed on fair and non-discriminatory terms. (2) The right to extract and re-utilize the contents of a database shall also be licensed on fair and non-discriminatory terms if the database is made publicly available by a public body which is either established to assemble or disclose information pursuant to legislation, or is under a general duty to do so.'
14. Ver posicionamento em contrário em E. Derclaye *Database 'Sui Generis' Right: Should we Adopt the Spin-off Theory* [2004] EIPR 402.
15. § 35 da Decisão ABCC.
16. Ver *e.g.* decisão da CEJ de 25 de novembro de 2004, caso C-109; 03 (KPN v. OPTA).
17. Ver o item 39 do Preâmbulo da Diretiva.
18. Por exemplo, §§ 45 a 47 da decisão no caso Oy Veikkaus.
19. § 76 da Decisão ABCC.
20. § 78 da Decisão ABCC.
21. HC 2000 1335, julgamento de 9 de fevereiro de 2001, parágrafo 52;
22. NVM *vs.* De Telegraaf, Presidente Distrital da Corte de Haia, 12 de setembro de 2000, [2000] Mediaforum 395.
23. "(45) Whereas the right to prevent unauthorized extraction and/or re-utilization does not in any way constitute an extension of copyright protection to mere facts or data;
24. § 71 da Decisão ABCC.
25. § 70 da Decisão ABCC.
26. § 74 da Decisão ABCC.
27. § 87 da Decisão ABCC.
28. U.S. Database and Collections of Information Misappropriation Bill, HR 3261.
29. § 87 da Decisão ABCC.
30. §§ 64 e 65 do Parecer da Advocacia Geral ("Parecer").
31. §§ 52 e 53 da Decisão ABCC.
32. § 100 do Parecer.
33. § 96 do Parecer.
34. § 88 do Parecer.
35. § 54 da Decisão ABCC.
36. Ver §§ 54 a 60 da Decisão ABCC.
37. Algo que a própria CEJ parece reconhecer no § 59 de sua decisão.
38. Diretiva 2001/29/EC do Parlamento Europeu e do Conselho, de 22 de maio de 2001, sobre a harmonização de certos aspectos do direito do autor e correlatos na sociedade da informação, Diário Oficial L 167/10, de 22 de junho de 2001, art. 5(1). Em recente trabalho, a Comissão Européia considerou a possibilidade de aditamento da Diretiva sobre Base de dados em conformidade com aquela; ver *European Commission, Commission Staff Working Paper on the review of the EC legal framework in the field of copyright and related rights, SEC(2004) 995 Brussels*, 19 de julho de 2004, p. 7.
39. §§ 143 a 154 da decisão ABCC.
40. Item 55 do Preâmbulo e § 147 da Decisão ABCC.

2 EM BUSCA DO ELO PERDIDO – PROPOSTA HERMENÊUTICA AO INSTITUTO "USO PRÓPRIO" DA LEI DE PROTEÇÃO DE CULTIVARES

SÍLVIA REGINA PATRÍCIO SARTORELLI VAN ROOIJEN*

1. Introdução

> *Um texto, depois de ter sido separado do seu emissor e das circunstâncias concretas de sua emissão, flutua no vácuo de um espaço infinito de interpretações possíveis.*
>
> *Umberto Eco*

Após longa e polêmica discussão, a Lei de Proteção de Cultivares, Lei nº 9.456, de 25 de abril de 1997, inaugura no ordenamento jurídico brasileiro uma nova categoria de propriedade relativa ao trabalho intelectual de desenvolvimento de novos cultivares vegetais – o chamado direito dos obtentores.

Dentre as inovações trazidas por esse diploma legal, um dos pontos mais polêmicos é o relativo ao uso próprio, ou privilégio dos agricultores.[1] Em torno desse instituto delineia-se a oposição entre os interesses dos agricultores de um lado e dos melhoristas de outro. Mesmo após mais de oito anos da criação desse instituto no ordenamento pátrio, não se chega a um consenso sobre a extensão hermenêutica adequada ao instituto, o que traz muita insegurança e insatisfação, sobretudo, aos setores da agricultura altamente dependentes de inovação.

O presente artigo, na tentativa de um esclarecimento maior quanto à abrangência do referido instituto, traz algumas ferramentas de interpretação utilizadas classicamente pela ciência do direito, com o objetivo de buscar um sentido que possa realizar a norma jurídica e os valores por ela buscados no contexto social.

---

* Engenheira Agrônoma e advogada, especializada em proteção de cultivares do setor ornamental e agrícola.

2. Da Interpretação

Onde há comunicação em sentido lato há necessariamente interpretação. Isto tanto é verdadeiro no mundo fático, real, mundo do ser, quanto deve ser no mundo axiológico, mundo do dever ser. Tanto numa situação como noutra a interpretação é feita sempre sob considerações axiológicas – uma vez que são obras humanas.

No mundo do dever ser, a interpretação ganha uma nuance diferenciada, pois nesse caso se está diante não apenas de fato, mas de norma, seja ela moral ou jurídica. No caso da norma jurídica, a interpretação implica um ato de decisão, porém não se trata de decisão aleatória e sim de decisão que possa conferir ao ordenamento sua unicidade e completude que lhe são características.

Tomando-se uma comunicação qualquer como exemplo, temos a figura do sujeito da comunicação (aquele que quer comunicar), a comunicação (mensagem) e o destinatário da comunicação (aquele que receberá a comunicação). Esse ato da comunicação pode ocorrer instantaneamente ou ser protraído no tempo. Transportando-se ao Direito, temos o legislador como sendo o sujeito (autor) da comunicação, a lei (mensagem) e as pessoas que a lei se dirige. Então, temos a vontade do legislador que se materializa na lei. Uma vez tal lei posta, esta se desprende de seu sujeito criador, adquirindo sentido por si própria.

Segundo Christiano José de Andrade (1991), "interpretar é determinar ou redefinir o significado das palavras da lei, que fazem parte da linguagem natural". Esse determinar ou redefinir dependerá dos diversos métodos interpretativos, consubstanciando-se numa operação lógico-valorativa.

Antes mesmo de ser norma, pertencente ao mundo do dever ser, a lei é algo que existe no próprio mundo do ser, isto é, existe como suporte de uma comunicação, podendo ser ou não escrita e utilizando a linguagem natural. Assim sendo, possui sentido próprio dependente de uma interpretação literal ou gramatical, que é o primeiro nível de interpretação que o aplicador do Direito lança mão para poder extrair-lhe o resultado. Miguel Reale (1996) coloca como primeiro dever do intérprete "analisar o dispositivo legal para captar seu pleno valor expressional. A lei é uma declaração de vontade do legislador e, portanto, deve ser reproduzida com exatidão e fidelidade".

Partindo desse primeiro nível interpretativo, o operador jurídico deve adequar essa interpretação ao sistema jurídico adotado, pois o ordenamento jurídico é, antes de mais nada, um sistema normativo. A norma não se apresenta solta no ordenamento. Há que se "encaixá-la" perfeitamente. "É preciso, pois, interpretar as leis segundo seus valores lingüísticos, mas sempre situando-as no conjunto do sistema" (Reale, 1996).

Essas duas tarefas do intérprete do direito não se apresentam estanques, em fases distintas, ocorrem como que espiraladas, ora buscando-se seu sentido gramatical, ora verificando seu significado sistemático.

Apesar de desvinculada de sua vontade original (do seu legislador), a busca do sentido da norma não pode desprezar seu conteúdo histórico-evolutivo. Portanto, as circunstâncias de sua elaboração, sua motivação etc. devem ser também consideradas na chamada Interpretação Histórica ou Evolutiva.

Deve-se considerar, ainda, o método teleológico, que teve em Jhering seu precursor. Segundo esse método (Andrade, 1991), o critério do direito não é o absoluto que se toma para a verdade, mas o relativo que se aplica com relação ao fim, ou seja, o direito tem um conteúdo, uma finalidade, independente de sua forma e, esse conteúdo pode variar no tempo e no espaço.

A dogmática jurídica buscará num esforço dialético a conjugação dos métodos interpretativos de forma a encontrar um sentido que melhor sintetize o valor justiça.

Utilizando-se essas ferramentas no tratamento do problema proposto, passamos a discutir as possíveis interpretações desse instituto do Uso Próprio, inserido no ordenamento pátrio pela lei de Proteção de Cultivares.

3. Interpretação Literal e Sistemática

O instituto do "uso próprio" emerge inserido no art. 10 da Lei de Proteção de Cultivares. A lei reconhece o direito do obtentor ou melhorista e no seu art. 10 excepciona esse direito, elencando quatro hipóteses de exclusão. Dentre essas hipóteses encontramos a do uso próprio, na qual, segundo a lei, se "reserva e planta sementes para uso próprio, desde que faça em estabelecimento próprio ou em estabelecimento de terceiros cuja posse detenha".

A expressão uso próprio pode ser entendida como sendo o uso pelo próprio agricultor e nesse caso o legislador estaria reforçando tal situação com a obrigatoriedade de tal uso ser realizado em estabelecimento próprio ou cuja posse detenha.

O uso próprio pode referir-se também ao uso da semente como tal, propriamente. Nesse caso, a continuação do inciso não seria simples reforço explicativo do legislador, mas condição de tal utilização, ou seja, o uso do material protegido como semente só não configuraria infringência ao direito de propriedade do obtentor, se realizado em estabelecimento próprio ou do qual detenha a posse. Neste último caso a conceituação de estabelecimento torna-se decisiva para a definição do uso próprio, assim como a tipificação da posse, se direta ou indireta. Ora, tanto o termo estabelecimento, quanto o termo posse não podem ser tratados como linguagem comum, pois o sistema jurídico já lhes atribuiu um significado especial. Deve-se importar o significado da posse do Direito Civil, com suas características e limitações. A posse, portanto, pode ser entendida tanto como posse direta quanto posse indireta e, da mesma forma as situações distintas da posse estariam excluídas dessa exceção. Por esse motivo a detenção também estaria fora do âmbito do uso próprio.

E quanto ao termo semente? Esse termo também merece tratamento específico. Semente, do ponto de vista botânico, é a estrutura desenvolvida pela própria planta, a partir da reprodução sexuada para a disseminação da espécie. Esse termo, no ordenamento jurídico, tem sentido mais amplo, pois, assim como no caso da posse em que se socorre do Código de Direito Civil, aqui também se busca o sentido em outro diploma legal, a Lei de Sementes e Mudas, Lei nº 10.711, de 5 de agosto de 2003 e seu Decreto. Nessa lei, em seu art. 2º o legislador conceitua inúmeros termos, e semente é um deles: "material de reprodução vegetal de qualquer gênero, espécie ou cultivar, proveniente de reprodução sexuada ou assexuada, que tenha finalidade específica de semeadura" (art. 2º, XXXVIII, da Lei 10.711/2003).

Apesar da tautologia, o termo semente refere-se à utilização de qualquer estrutura vegetal, seja de origem sexuada ou assexuada com finalidade de propagação, sendo portanto a interpretação jurídica atribuída ao termo muito mais ampla que a definição botânica.

Então o "uso próprio" aplica-se não apenas àquelas espécies que se propagam comercialmente por meio de sementes, mas a toda e qualquer espécie, independentemente do processo de propagação. Dessa forma, as espécies de fácil propagação vegetativa são abrangidas no âmbito de aplicação do "uso próprio". Ressalte-se aqui que os tecidos vegetais possuem importante propriedade conhecida como totipotencialidade, que é a capacidade de regeneração do ser vivo inteiro a partir de uma simples célula vegetativa.

O termo "uso próprio", sistematicamente interpretado, implica uma distinção em relação a outro instituto importante do Direito de Propriedade Intelectual, que é o instituto do "uso privado", presente no art. 46, II, da Lei nº 9.610 que trata do direito autoral. Assim como na Lei de Cultivares, o uso privado aparece como uma exceção ao direito de autor: Não constitui ofensa ao direito de autor, "a reprodução, em um só exemplar, de pequenos trechos, para uso privado do copista, desde que feita por este, sem intuito de lucro" (art. 46, *caput* c.c. art. 46, II, ambos da Lei n° 9.610). Então, a simples gravação de uma canção e sua execução residencial estariam excluídas do direito de autor e, portanto, sobre esse uso privado não há qualquer pretensão legal de recolhimento de contraprestação pecuniária.

Apesar da semelhança semântica, uso próprio e uso privado devem ser interpretados distintamente por vontade do próprio legislador. Se este desejasse o mesmo conteúdo, teria utilizado o mesmo termo e, nesse caso, a reserva e a propagação, excluídas do direito do obtentor, seriam apenas aquelas independentes da atividade econômica. Seria possível ao agricultor utilizar material de propagação apenas para sua apreciação ou utilização no âmbito particular, sem, portanto, o intuito de lucro. Seria a situação daquele que reserva e planta sementes para seu próprio sustento ou então aquele que propaga e planta mudas de flores para ornamentação de sua propriedade. Como o legislador assim não fez, entende-se que, apesar de semelhantes, devem ser entendidos de forma distinta.

O uso próprio então é caracterizado pela reserva de sementes ou qualquer estrutura de propagação, de sua própria produção para plantio em terras de sua própria posse, independentemente da auferição de lucro.

4. Interpretação Histórica ou Evolutiva

Entendendo que o sistema de patentes para a proteção de variedades de plantas não satisfazia adequadamente o setor, melhoristas de plantas de vários países, juntamente com especialistas em propriedade intelectual desenvolveram um sistema especial para a proteção de novas variedades vegetais. A França sediou as conferências e reuniões entre 1957 e 1961 que levaram à assinatura, em 2 de dezembro de 1961, da Convenção UPOV (Union International Pour la Protection des Obtentions Végétales). Em 1968 essa Convenção entrou em vigor. Sofreu uma revisão em 1972 quanto aos aspectos administrativos e, em 1978, na sua totalidade. As importantes mudanças tecnológicas, insatisfação quanto à eficácia da proteção em alguns setores e a necessidade de esclarecimento de determinadas provisões contidas na ata de 78, tornaram necessária uma revisão da Ata da UPOV, com a assinatura, em 19 de março de 1991, de uma nova Convenção.

Com a inclusão do capítulo referente à Propriedade Intelectual no Acordo GATT, que culminou com a criação da Organização Mundial do Comércio (OMC), os países signatários desse acordo assumiram novos compromissos internacionais relativos à Propriedade Intelectual. Dentre esses compromissos, o de propiciar meios de proteção da propriedade intelectual sobre cultivares vegetais, seja por meio do sistema patentário ou de um outro sistema *sui generis* eficaz. O Brasil, aderindo à OMC, aderiu também ao seu capítulo TRIPS e, portanto, assumiu, entre outros, o compromisso de oferecer um sistema de proteção às variedades vegetais. Optou então pelo sistema *sui generis* nos termos da Convenção UPOV de 1978. A Lei de Proteção de Cultivares brasileira incorporou, porém, alguns institutos da Convenção UPOV de 1991. O uso próprio aparece como exceção facultativa ao direito de obtentor, no art. 15 da Convenção UPOV de 1991:

> Art. 15
> Exceções ao Direito de Obtentor
> [Exceções Compulsórias] O direito de obtentor não abrange:
> i. atos de caráter privado, sem fins comerciais;
> ii. atos praticados a título experimental e;
> iii. atos praticados com a finalidade de melhoramento de novas variedades, e, salvo as hipóteses do artigo 14 (5),[2] os atos previstos no art. 14 (1) até (4)[3] em relação a tais variedades.
> [Exceção opcional] Não obstante o disposto no art. 14, cada parte contratante pode, dentro de limites razoáveis e sujeitas à salvaguarda de interesses legítimos do obtentor, restringir o direito de obtentor em relação a qualquer variedade, de forma a permitir que os agricultores utilizem, com finalidade de propagação, em suas próprias terras, o produto da colheita obtida nas mesmas, da cultivar protegida ou coberta pelo art. 14(5)(a) (i) ou (ii).[4]

O simples conhecimento de que o instituto do uso próprio surge na Convenção UPOV, porém, não explica a razão de seu reconhecimento. Há necessidade de buscar suas raízes, o seu nascedouro, para que se possa entender o porquê de tal exceção ao direito do obtentor, como necessidade da interpretação histórica ou evolutiva.

A necessidade de se preservar o antigo costume dos agricultores de reservar sementes para plantio no ano seguinte foi reconhecida no âmbito da FAO, no International Undertaking on Plant Genetic Resources, resultado de sua 22ª Sessão da Conferência, ocorrida em Roma, de 5 a 23 de novembro de 1983. Iluminam esse documento, como objetivos principais, a preservação dos recursos genéticos vegetais de plantas de interesse econômico e social particularmente para a Agricultura, para possibilitar sua exploração, avaliação e utilização no melhoramento genético e uso científico, com especial referência às culturas alimentares (art. 1º c.c. art. 2º (2.2) da Resolução nº 8/1983 da FAO). Nesse documento os recursos genéticos são considerados herança da humanidade e como tal deveriam ser disponibilizados sem qualquer restrição.

É sob esse enfoque que aparece pela primeira vez a justificativa ao privilégio dos agricultores, no anexo II,[5] extraído da Conferência ocorrida em 1989, que salienta a necessidade da preservação de recursos genéticos das plantas selvagens e raças crioulas existentes nos países em desenvolvimento como fonte indispensável ao melhoramento genético de cultivares. Ressalta o importante trabalho já realizado pelos agricultores, sobretudo de países em desenvolvimento, na manutenção desses recursos, por meio do costume de reserva de sementes para plantio no ano seguinte. Considera também a necessidade da continuidade de conservação (*in situ* ou *ex situ*), desenvolvimento e utilização desses recursos genéticos em todos os países, reforçando as capacidades dos países em desenvolvimento nessas áreas. Feitas essas considerações, a Conferência endossa o conceito de privilégio dos agricultores (*farmer's privilege*), como "os direitos decorrentes da contribuição dos agricultores, passada, presente e futura na conservação, melhoramento e disponibilidade de recursos genéticos, especialmente nos centros de origem/diversidade".[6]

Então, para assegurar a continuidade da contribuição dos agricultores, nesse plano maior, adotado pelo International Undertaking, torna-se necessário, segundo a Convenção da FAO:

1) assegurar o reconhecimento global da necessidade para conservação e a disponibilidade de fundos para esses objetivos;
2) auxiliar os agricultores e comunidades de agricultores, em todas as regiões do mundo, especialmente nas áreas de origem/diversidade de recursos genéticos, na proteção e conservação de seus recursos genéticos e da biosfera natural;
3) permitir aos agricultores e suas comunidades, e países em todas as regiões, participar integralmente dos benefícios derivados, no presente e futuro, da melhor utilização desses recursos, por meio do melhoramento de cultivares e outros métodos científicos.[7]

O desenvolvimento da agricultura, segundo o premiado autor Jared Diamond (2001) é hoje um esforço consciente e altamente especializado, realizado por cientistas profissionais. Eles já conhecem centenas de culturas e continuam desenvolvendo outras. "Para atingirem esse objetivo, plantam sementes e raízes, de vários tipos, selecionam os melhores produtos e plantam suas sementes, aplicam o conhecimento da genética para desenvolver boas variedades e talvez usem até as técnicas mais recentes de engenharia genética para transferir alguns genes específicos."

A agricultura, contudo, como qualquer outra atividade humana, não nasceu pronta. Somente quando os primeiros povos humanos passam de sua condição de caçadores-coletores para produtores de alimentos é que se pode afirmar ter início a agricultura. E essa passagem, ainda conforme Diamond, não foi o resultado de uma escolha consciente, nem mesmo houve uma "descoberta" da agricultura como se acreditava. Na verdade, a produção de alimentos nasceu como subproduto de decisões tomadas sem idéia de suas conseqüências. A domesticação de espécies selvagens da mesma forma foi um processo inconsciente de melhoramento, posto que nem se imaginavam os princípios mendelianos. A simples manutenção das espécies domesticadas, cultivando-as ano após ano, também foram processos de melhoramento, em que a pressão de seleção era dada pelo próprio ambiente.

Esse esforço de melhoramento, portanto, iniciou-se há mais de 10.000 anos, com a domesticação das primeiras plantas. De lá pra cá, a simples manutenção daquelas culturas consideradas interessantes já foi uma forma de melhoramento, em que a pressão de seleção era exercida pelo próprio ambiente.

Comparando-se os cultivares agrícolas atuais com seus ancestrais selvagens, notamos uma enorme diferença (tanto morfológica, quanto fisiológica). Diamond (2001) traz o exemplo das ervilhas cultivadas, dez vezes mais pesadas que as silvestres. As antigas espigas de milho tinham pouco mais de um centímetro e hoje chegam a 45 centímetros de comprimento. Todo esse desenvolvimento nasceu do trabalho dos primeiros agricultores, que domesticaram e selecionaram suas linhagens ao longo de centenas de anos (ainda que inconscientemente).

A necessidade crescente de produção de alimentos trouxe a prática da chamada monocultura, em que grandes áreas são cultivadas com uma quantidade cada vez menor de variedades bem-sucedidas, o que acaba causando perda de substancial diversidade intra-específica, ocorrendo a chamada erosão genética. Daí a importância de declarar a necessidade de conservação dos recursos genéticos.

O citado documento da FAO, apesar de não vinculante até pouco tempo, criou uma importante estrutura voltada aos objetivos declarados. Criou-se o Grupo Consultivo sobre Pesquisa Agrícola Internacional (CGIAR),[8] cuja atribuição incluía, segundo Williams (1988), o estabelecimento de uma rede global para incentivos de atividades de coleção, conservação, documentação e uso de germoplasma para espécies agrícolas (os produtos incluem cereais, legumes, verduras, sementes oleaginosas forrageiras, frutas e um número limitado de itens de cultivo comercial importantes para os produtores rurais). Então, o esforço de conservação, conforme o documento da FAO, refere-se a recursos genéticos relativos a espécies de interesse para a agricultura. Williams (1988, 304) denuncia o mau uso do termo "recursos genéticos", como justificativa para quase toda a atividade conservacionista, podendo levar à confusão e ao planejamento e operação de programas de forma não-científica, por conservacionistas e agências financiadoras internacionais.

Segundo Williams (1988), inicialmente, a coleta e a conservação se davam em relação a cultivares de lavouras locais (raças geográficas ou crioulas). O objetivo era reter amostras representativas das áreas de mais rica diversidade. Essa é a chamada conservação *ex situ*, pois é mantida artificialmente, fora dos locais de coleta.

Uma outra forma de conservação dos recursos genéticos é a chamada conservação *in situ*, que ocorre nos próprios locais de origem ou domesticação da espécie. Essa forma de conservação, ao mesmo tempo em que parece ser mais simples, por demandar menores estruturas tecnológicas e controles, é, na verdade, muito mais complexa, pois envolve a atividade dos agricultores principalmente daquelas regiões de origem/diversidade de espécies importantes para a agricultura. A maior parte dos países em desenvolvimento ou em menor desenvolvimento relativo, que possuem uma agricultura rudimentar (como alguns países da África) tem na manutenção de linhagens chamadas crioulas (linhagens rústicas) sua principal forma de melhoramento e conservação de recursos genéticos de fato. Nesses países, segundo a FAO, os agricultores selecionam sementes de acordo com várias características, melhorando as plantas na geração futura, indo além da mera conservação das raças aprimorando e desenvolvendo os recursos genéticos vegetais.

Altier e Merrick (1988), citando Nabhan, atribuem a perda dos recursos genéticos dos produtos agrícolas a vários fatores, dentre eles o abandono das práticas de armazenamento e preservação de sementes, ou seja, a uma forma de conservação *in situ*, realizada pelos agricultores, sobretudo aqueles dos países em desenvolvimento.

A conservação *ex situ* contribui enormemente para a conservação dos germoplasmas, permitindo o acesso a uma grande fonte de variabilidade genética passível de utilização para o melhoramento genético. Porém, como trouxe Altieri e Merrick (1988), existe um problema sério relacionado à conservação *ex situ*. É que o armazenamento das sementes congela os processos evolucionários evitando novos tipos de adaptações ou resistência às constantes alterações ambientais, além de retirar as lavouras de seu contexto ecológico-cultural. O próprio Grupo Consultivo sobre Pesquisa Agrícola Internacional (CGIAR) afirma haver outros problemas com a conservação *ex-situ*, como a deterioração das facilidades na manutenção dos centros de germoplasma localizados em países em desenvolvimento, construídos por países doadores, que não se comprometem com prazos maiores para a manutenção dos centros de germoplasma. Um outro grave problema é a falta de levantamentos e inventários taxonômicos dos materiais já existentes nos bancos genéticos. Esses estudos seriam indispensáveis para a localização de eventuais lacunas nas coleções. Enquanto a conservação *ex-situ* apresenta esses importantes problemas, a conservação *in situ* permite a adaptação das raças geográficas à dinâmica ambiental.

Finalizando essa rápida, mas necessária retrospectiva, podemos concluir que o direito dos agricultores (ou privilégio dos agricultores) reconhecido primeiramente no International Undertaking on Plant Genetic Resources, da FAO, aparece no Acordo Internacional que o sucedeu, agora com força vinculativa (referimo-nos ao Acordo Internacional sobre Recursos Genéticos Vegetais para a Alimentação e Agricultura[9]), e se justifica na perspectiva da conservação dos recursos genéticos vegetais *in situ*, de plantas de interesse econômico e social particularmente para a Agricultura, com especial referência às culturas alimentares (art. 1º c.c. art. 2º (2.2) da Resolução nº 8/1983 da FAO).[10] E, acrescente-se, tal conservação de recursos genéticos vegetais, por sua vez, só se justifica na perspectiva da utilização desses recursos no melhoramento das plantas ou outra utilização científica.

5. Interpretação Teleológica

A interpretação teleológica privilegia o sentido da norma, sua finalidade e missão a que se presta a norma. O exame do instituto do "uso próprio", por ser exceção ao direito do obtentor, exige que se perquira quanto à justificativa do reconhecimento da própria propriedade intelectual. O que faremos de forma geral e sucinta a seguir.

A Proteção da Propriedade Intelectual surgiu como forma de reconhecimento ao trabalho desenvolvido pelo Inventor. Inicialmente eram concedidos privilégios àqueles que, empregando esforços, conseguiam trazer algo novo, acrescentando comodidade pela tecnologia desenvolvida. Dessa perspectiva, podemos reconhecer o aspecto retributivo da propriedade intelectual, numa dimensão individual. O inventor tem a propriedade intelectual reconhecida como retribuição ao invento desenvolvido, para que fazendo uso exclusivo da mesma possa auferir vantagem econômica.

Uma segunda razão para o reconhecimento da Propriedade Intelectual é possibilitar, com a concessão do monopólio e sua exploração econômica, que se faça frente ao investimento realizado no desenvolvimento da invenção. Em determinados ramos da ciência as inovações são frutos de investimento de vários anos com pesquisa e desenvolvimento, que só são empenhados pela iniciativa privada na perspectiva de lucro. Dessa forma, podem-se criar maiores incentivos à inovação com a participação da iniciativa privada. Por essa ótica percebe-se uma justificativa baseada no benefício que a coletividade pode alcançar com a inovação. Incentivando-se a inovação pode-se melhorar a qualidade de vida da coletividade seja em razão de produtos melhores ou processos mais econômicos.

O inventor para ter reconhecido o direito sobre sua invenção deve revelar o segredo, seu desenvolvimento. Nesse caso o "exclusivo" concedido tem caráter também retributivo em relação à revelação necessária para a concessão do Direito de Propriedade Intelectual. O processo de patenteamento, por exemplo, exige que o segredo da invenção seja revelado para que se possa avaliar os requisitos necessários. Isso agrega ao estado da arte aquele conhecimento produzido pela inovação.

Se não houvesse tal exigência de revelação da invenção e tal informação ficasse sob sigilo (segredo industrial), esse conhecimento não viria a público e não poderia integrar o estado da arte. Sabe-se que nos dias de hoje é extremamente difícil uma invenção pura, ou seja, uma invenção que não utilize nenhum conhecimento gerado anteriormente por outra invenção. Então a simples revelação do segredo de invenção estimula o desenvolvimento de novas invenções.

A partir de uma ótica schumpeteriana, a inovação e os investimentos são importantes ferramentas nos sistemas capitalistas para promoção do desenvolvimento.[11] Ora, a proteção da propriedade intelectual estimula a inovação, pela perspectiva de recuperação com lucros do capital investido em Pesquisa e Desenvolvimento e também atrai investimentos, como demonstra Lesser (2002).

Nota-se, portanto, que, além do caráter retributivo, a propriedade intelectual é instrumento de política desenvolvimentista. Talvez, neste último ponto de interesse público resida a grande contribuição da Propriedade Intelectual, sobretudo em países em desenvolvimento.

Possuindo natureza peculiar, a imaterialidade da propriedade intelectual, tende a se dissipar para além das fronteiras dos Estados, o que lhe dá um caráter internacional. Daí seu freqüente tratamento nos acordos internacionais.

O Brasil, ao aderir à Organização Mundial do Comércio (OMC), assumiu perante a comunidade internacional o compromisso de harmonizar sua legislação interna, relativa à Propriedade Intelectual, aos padrões trazidos pelo Acordo TRIPS.[12] Utilizando a flexibilidade do sistema TRIPS aderiu ao sistema *sui generis* da UPOV nos termos da Ata de 1978. Internamente, a Lei de Proteção de Cultivares reconheceu a propriedade intelectual sobre variedades vegetais. Porém, ao mesmo tempo em que declara tal direito esvazia-o de conteúdo, conferindo o "uso próprio" de forma extremamente ampla.

Declarar para ao mesmo tempo esvaziar, o direito declarado sugere a pergunta: para que, então, declarar? Resta-nos, como aplicadores da norma, corrigi-la hermeneuticamente, pois ao omitir a delimitação do uso próprio, o legislador "disse" menos do que queria "dizer". Então, as interpretações "esvaziadoras" do direito devem ser afastadas, por ausência de finalidade do próprio direito declarado.

Ainda, analisando a fórmula utilizada pelo legislador, sob a égide da Teoria Geral do Direito, podemos obter uma pista do sentido da interpretação. O legislador declara o direito do obtentor e excepciona o "uso próprio". Ora, as exceções, segundo a Teoria Geral de Direito, devem sempre ser interpretadas restritivamente. Dessa forma, interpretações extensivas do termo "uso próprio" estariam desautorizadas.

6. Conclusões

O objetivo desse trabalho, longe de "fechar" a questão, pretende trazer possibilidades interpretativas ao polêmico instituto do "uso próprio".

As interpretações literal e gramatical do instituto não são adequadas por permitirem ampliação excessiva do instituto. Então, há que se buscarem outras interpretações possíveis por meio da evolução histórica do instituto e da finalidade da norma.

Estudando a evolução do instituto, a partir dos documentos da FAO, pode-se concluir que o direito concedido aos obtentores não pode impedir as antigas práticas de conservação *in situ* daquelas culturas indicadas pela FAO como recursos genéticos de importância para a agricultura. As variedades não abrangidas pelo sistema multilateral de acesso e divisão de benefícios, criadas pelo Acordo Internacional sobre Recursos Genéticos Vegetais para a Alimentação e Agricultura estariam excluídas, portanto, da possibilidade de uso próprio, por estarem fora das prioridades conservacionistas da FAO.

Não se pode admitir a "premiação" dos agricultores, de forma difusa, simplesmente por terem mantido suas práticas milenares, atribuindo-lhes um direito à custa do esforço individual dos obtentores. Ressalta-se que em muitas situações, a manutenção das práticas milenares, ocorreram inconscientemente de seu valor conservacionista. Da mesma forma, não se pode atribuir a erosão nos recursos genéticos aos agricultores que abandonaram tais práticas. Tanto a culpa quanto o mérito da adoção ou não de medidas conservacionistas apresentam-se difusas, como "herança da humanidade" e, portanto, não poderiam justificar uma restrição, nem tampouco uma premiação.

Admitir tal justificativa de "premiação" do trabalho realizado pelos agricultores ao longo de milênios, seria algo semelhante a admitir a exclusão de direitos patentários a certas categorias de profissionais por terem contribuído para o desenvolvimento do estado da arte no respectivo setor.

Ressalte-se que, no Brasil, a adoção da interpretação ampla do instituto do uso próprio pode acarretar justamente o efeito contrário ao pretendido ao longo de sua evolução. A "oportunidade" trazida pelo uso próprio pode levar os agricultores a abandonar suas antigas técnicas milenares, de importância conservacionista, em prol das novas variedades e, juntamente com elas, as raças crioulas, estas sim, recursos genéticos vegetais importantes para a agricultura, sobretudo nos países em desenvolvimento.

É de extrema importância o papel do Estado, não apenas em regulamentar a utilização dos recursos genéticos mediante seu poder soberano, mas em desenvolver formas de conservação *in situ* dos recursos genéticos de importância para a agricultura e alimentação, seja por meio da manutenção de "parques genéticos" ou de subsídios para agricultores que assumam essa atividade. O que não pode ocorrer é a atribuição desse encargo ao setor privado (obtentores), criando um desnecessário conflito de interesses. A propriedade intelectual pode ser utilizada para trazer benefícios tanto aos obtentores quanto aos agricultores e, em última análise, à sociedade como um todo, pois que promove a inovação – chave para o desenvolvimento.

A melhor delimitação da extensão do uso próprio é medida que se faz imperiosa, para que a norma possa realizar no mundo fático o valor que a inspirou.

7. Bibliografia

Altieri, Miguel A.; Merrick, Laura C. Agroecologia e Conservação *in situ* da Diversidade de Plantações Nativas do Terceiro Mundo. In: Wilson, E.O., *Biodiversidade*, Rio de Janeiro: Nova Fronteira, 1988, 2ª ed.

Andrade, Cristiano José de. *Hermenêutica Jurídica no Brasil.* São Paulo: Editora Revista dos Tribunais, 1991.

Brasil. Lei de Proteção de Cultivares. Lei nº 9.456, de 25.04.1997. Institui a Lei de Proteção de Cultivares e dá outras providências. Diário Oficial da União. Brasília, DF, 28/04/1997.

_____. Lei de Sementes e Mudas. Lei nº 10.711, de 05/08/2003. Dispõe sobre o Sistema Nacional de Sementes e Mudas e dá outras providências. Diário Oficial da União. Brasília, DF, 06/08/2003.

_____. Acordo sobre Aspectos da Propriedade Intelectual Relativos ao Comércio – TRIPS. Decreto nº 1.355, de 30/12/1994. Regula a Ata Final que incorpora os resultados da Rodada do Uruguai de negociações comerciais multilaterais do GATT. Disponível em: <http:// www.mct.gov.br/legis/decretos/1355_94.htm>. Acesso em 22 de dezembro de 2005.

Diamond, Jared. *Armas, germes e aço*, Rio de Janeiro: Record, 2001, 2ª ed.

Food and Agriculture Organization of the United Nations (FAO). Resolution 8/83 of the Twenty-second Session of the FAO Conference. Rome, 5-23 november, 1983.

_____. Biodiversity Preserved: in situ and ex situ, CGIAR. In: Fao Focus (informativo). Disponível em: <http://www.fao.org/focus/e/96/06/04-e.htm#exsitu>. Acesso em: 12 de dezembro de 2005.

_____. Resolution 8/83 of the Twenty-fifth Session of the FAO Conference. Rome, 11-29 november, 1989.

Lesser, W. The effects of Intellectual Property Rights on Foreign Direct Investiment and Imports into Developing Countries in the Post TRIPS Era. In: *IP Strategy Today*, nº 5-2002.

Reale, Miguel. *Lições Preliminares de Direito*, São Paulo: Saraiva, 1996, 23ª ed.

Williams, J. Trevor. Identificação e proteção das origens de nossas plantas alimentares. In: *Biodiversidade.* E.O. Wilson (org.), Rio de Janeiro: Nova Fronteira, 1988, 2ª ed.

Notas:

1. A expressão em inglês é *farmer's privilege*.
2. Refere-se às cultivares essencialmente derivadas.
3. Os incisos de (1) a (4) tratam das hipóteses abrangidas pelo direito de obtentor.
4. Refere-se a cultivar essencialmente derivado.
5. Extraído da Resolução nº 5/1989 (Conferência da FAO ocorrida de 11 a 29º de novembro de 1989).
6. Tradução livre pela autora, a partir do documento da Conferência da FAO – 25ª Sessão (ocorrida em Roma, 11 a 29 de novembro de 1989).
7. Tradução livre pela autora, a partir do Documento da Conferência da FAO – 25ª Sessão (ocorrida em Roma, 11 a 29 de novembro de 1989).
8. Consultative Group on International Agricultural Research.
9. Em inglês, International Treaty on Plant Genetic Resources for Food and Agriculture, FAO.
10. O próprio documento da FAO, transformado em acordo internacional (International Treaty on Plant Genetic Resouces for Food and Agriculture), que recentemente entrou em vigor, cria um sistema multilateral para conservação e uso sustentável dos recursos genéticos vegetais para a alimentação e a agricultura, e apresenta uma lista das espécies cobertas por esse sistema multilateral.
11. Desenvolvimento econômico é entendido como o desenvolvimento da riqueza material dos países ou regiões, assim como o bem-estar econômico de seus habitantes.
12. Trade-related Aspects of Intellectual Property Rights.

3 AGROBIOTECNOLOGIA NOS TRIBUNAIS: PATENTES, PRIVILÉGIOS E PRESUNÇÕES*, **, ***

E. RICHARD GOLD****

DAVID CASTLE*****

L. MARTIN CLOUTIER******

Observações Introdutórias

A partir da análise de um contencioso entre a empresa Monsanto e um produtor de canola do Canadá, este artigo identifica algumas das hipóteses que fundamentam a existência de patentes no setor agrobiotecnológico. Os autores apontam as falhas nessas hipóteses e explicam uma metodologia alternativa de análise que evite tais falhas. Essa metodologia alternativa proporciona uma abordagem interdisciplinar para analisar o papel do sistema de patentes no incentivo

---

* Tradução de Sílvia Regina Patrício Sartorelli Van Rooijen.

** O presente estudo é produto do trabalho do Grupo de Modelagem em Propriedade Intelectual (Intellectual Property Modeling Group - IPMG) do Centro de Políticas para Propriedade Intelectual da Faculdade de Direito da Universidade McGill. Os membros do IPMG que contribuíram com o trabalho base sobre o qual foi construído o presente artigo incluem Louise Bernier, Ghislaine Cleret de Langavant, Abdallah Daar, Amy Glass e Pámela J. Smith. Os autores agradecem a Sven Posya por seu auxílio na pesquisa, Julia Carbone por sua assistência editorial, e ao Conselho de Pesquisas Humanas e Ciências Sociais do Canadá pelo suporte financeiro.

*** Artigo apresentado ao "Consórcio Internacional sobre Pesquisa em Biotecnologia Agrícola", 8ª Conferência Internacional do ICABR sobre "Biotecnologia Agrícola: Comércio Internacional e Produção Doméstica", realizada em Ravello, Itália, 8 a 11 de julho de 2004.

**** Faculdade de Direito, Universidade McGill, Montreal, em Quebec, no Canadá.

***** Departamento de Filosofia, Universidade de Guelph, em Ontário, no Canadá.

****** Departamento de Administração e Tecnologia, Universidade de Quebec, em Montreal, no Canadá.

à pesquisa e à inovação, no desenvolvimento de políticas públicas e na relação entre patentes biotecnológicas e preocupações ético-sociais.

1. Introdução

A aplicação da lei de patentes à biotecnologia agrícola conduziu a disputas e confusão dentro dos países e entre eles. Os agricultores podem não estar dispostos a aceitar, por exemplo, o fato de não poderem guardar sementes de um ano para outro em conformidade com práticas tradicionais agrícolas, simplesmente porque alguém é titular de determinada patente. Enquanto isso, os melhoristas de sementes expõem a necessidade da proteção patentária para recompensá-los por seus investimentos (Liptak, 2003). No plano internacional, os críticos do sistema patentário acusam-no de impor ao mundo em desenvolvimento uma monocultura do conhecimento ocidental (Shiva, 1997). As posições e os interesses postos a frente parecem inconciliáveis, conduzindo a um beco sem saída (Gold, 2000a).

Neste artigo, exploramos como a estrutura analítica, por nós desenvolvida em outra oportunidade Gold *et al.*, 2004), pode nos auxiliar a compreender e, eventualmente, solucionar estes impasses. O foco de nossa discussão é analisar uma disputa legal trazida às cortes canadenses: Monsanto Canadá Inc. *versus* Schmeiser. Este caso proporciona o acesso a muitas forças complexas e contraditórias no jogo das patentes e na comercialização da biotecnologia agrícola no Canadá e em outros países.

O elemento central desta estrutura de análise é a sua interdisciplinaridade. Procuramos conciliar conceitos, esquemas analíticos e ferramentas de diversas disciplinas de modo a fornecer, assim, uma maneira de se libertar das hipóteses analíticas compartimentadas em disciplinas específicas. A estrutura por nós adotada reconhece que, como outros direitos de propriedade, as patentes estruturam relações sociais e transações, produzindo tanto efeitos previsíveis quanto imprevisíveis. A abordagem interdisciplinar revela esses efeitos.

Adotar uma abordagem interdisciplinar implica afastar-se das estruturas de análise e discussão de cada disciplina. Isto é, melhor do que examinar patentes do ponto de vista, por exemplo, de um economista, que se concentra em incentivos ou em custos do bem-estar, ou de um cientista político examinando as fontes legítimas e ilegítimas do poder, é fazer um exame por uma abordagem mais ampla que inclua os interesses das várias partes afetadas pela existência (ou não-existência) dos direitos de patente. Essa abordagem trata tais interações a partir de um "mínimo denominador comum" entre todas as análises disciplinares. Organizamos, então, nossa análise e discussão em torno das três categorias envolvidas: inventores, usuários da tecnologia e o público geral (Waldron, 1993). No Caso Schmeiser, são representados, respectivamente, pela indústria, pelos agricultores (tanto os que utilizam, quanto os que não utilizam sementes de canola geneticamente modificadas), e as cortes, órgãos públicos e reguladores que trabalham visando à proteção do interesse público.

Após uma breve apresentação dos fatos do Caso Schmeiser, ilustraremos como as quatro hipóteses previamente identificadas foram descartadas pelos argumentos trazidos às cortes pelas várias partes. Reexaminaremos, então, o caso sob uma ótica interdisciplinar.

2. Fatos

A Companhia Monsanto é fornecedora global de insumos para a produção agrícola. A empresa tem operações praticamente em cada região do mundo, mas conduz suas atividades essencialmente nos Estados Unidos, Argentina, Brasil, Canadá, Austrália, França e Japão (Monsanto, 2003a). É a maior produtora de sementes geneticamente modificadas (OGMs); quase 90% dos 140 milhões de acres cultivados com organismos geneticamente modificados em todo mundo foram semeados com as sementes de milho e soja da companhia (Friends OF Earth, 2003). Apesar da disputa tecnicamente envolver tanto a Companhia Monsanto quanto sua subsidiária canadense, a Monsanto Canadá, referiremo-nos a ambas como "Monsanto", salvo quando o contexto exigir de outra forma.

Em 1993, a Monsanto recebeu uma patente canadense para uma invenção referida como "plantas resistentes ao glifosfato" (patente 830). Essa patente revelou a invenção de um gene quimérico que, quando introduzido nas células da planta, promove uma resistência na planta ao glifosfato (um herbicida não-seletivo de largo espectro). Tanto o gene que confere resistência ao herbicida quanto as células que o contém são objeto do pedido de patente depositado pela Monsanto. Como o Canadá não reconhece proteção patentária para sementes ou plantas inteiras, a Monsanto não obteve sucesso em nenhum pedido de patente referente a plantas inteiras.

A variedade de canola resistente ao glifosfato[1] foi introduzida no mercado canadense no ano de 1996. Desde então, a Monsanto iniciou um programa de licenciamento dos direitos de cultivo de sementes da canola resistentes ao herbicida Roundup Ready por meio de um Contrato de Cultivo das variedades resistentes ao herbicida Roundup Ready e um Acordo de Licenciamento para o Uso da Tecnologia (Technology Use Agreement, sigla "TUA"). Por esse acordo, o agricultor poderia comprar sementes de Canola Roundup Ready apenas dos vendedores de semente autorizados pela Monsanto, podendo utilizar a semente para um único plantio, ficando impedido de transferi-las a terceiros ou guardá-las para replantio. Ainda o referido acordo (TUA) obriga o agricultor a vender a colheita de grãos a um comprador autorizado pela Monsanto (Monsanto *vs.* Schmeiser, 2001). Uma outra condição imposta pelo acordo TUA é que os agricultores utilizem somente o herbicida glifosfato produzido pela Monsanto, em vez das versões genéricas mais baratas, que puderam ser disponibilizadas desde que a patente sobre o herbicida Roundup expirou em 2000. O Acordo TUA estipula, ainda, que a Monsanto pode inspecionar os campos dos agricultores, recolhendo amostras para verificação de seu cumprimento. Além disso, a Monsanto instituiu um número "0800" para receber chamadas relatando a presença indesejada da semente Roundup Ready ou outros casos suspeitos de uso não-autorizado da semente.

Percy Schmeiser é um agricultor de Saskatchewan. De acordo com os autos do processo, ele nunca comprara sementes de canola Roundup Ready, nem assinara um acordo TUA. Entretanto, em 1997 observou que algumas de suas plantas de canola apresentavam resistência ao glifosfato. Pulverizou então em uma seção limitada de sua propriedade (3-4 acres, ou aproximadamente 0,5% de sua área total de canola) para testar a resistência das plantas ao herbicida. Sessenta por cento das plantas sobreviveram à pulverização, indicando que eram plantas Roundup Ready. Não obstante, como tinha feito desde 1993, Schmeiser reservou parcela de sua colheita de grãos e os plantou em 1998. Testes de crescimento e testes "rápidos" revelaram que uma porcentagem muito elevada (entre 70 e 98%) da cultura de 1998 era tolerante ao Roundup Ready.

As explicações sobre o aparecimento da canola resistente ao herbicida na propriedade de Schmeiser variam. A contaminação inicial pode ter sido resultado de fatores biológicos naturais. A Monsanto reconhece que a disseminação natural do pólen e das sementes pode contribuir para "uma mistura involuntária" de sementes de uma variedade de planta e outra variedade diferente (Monsanto, 2003b). Em julgamento, ficou demonstrado que um importante número de agricultores locais havia celebrado Acordos TUA, cultivando, conseqüentemente, a canola Roundup Ready nas vizinhanças de Schmeiser. Entretanto, a elevada porcentagem de plantas resistentes ao Roundup Ready sugeria, de acordo com os peritos da Monsanto, que a colheita de Schmeiser fora cultivada a partir de sementes de canola Roundup Ready, e não era mero resultado da disseminação ou cruzamento. A Monsanto, inicialmente, notificara Schmeiser pela utilização não-autorizada de suas sementes. Quando Schmeiser se recusou a parar, a Monsanto processou-o por infração a direitos de patente.

O Tribunal Federal do Canadá que presidiu o julgamento da ação proposta pela Monsanto concordou com violação da patente desta por Schmeiser. O Tribunal entendeu que, ao possuir, reservar e usar as sementes Roundup Ready, Schmeiser se utilizara da essência da invenção da Monsanto, sem nada pagar por isso, incorrendo, portanto, em violação de patente. A corte interpretou a reivindicação patentária da Monsanto de forma ampla, estendendo seu escopo às plantas inteiras que continham os genes e células patenteadas. Não foram apresentados argumentos à corte sobre este aspecto: todas as partes pareciam concordar que a patente cobria também plantas inteiras. A corte também entendeu não ser relevante para caracterização da infração da patente da Monsanto se Schmeiser obteve ou não qualquer vantagem econômica a partir do uso das sementes de canola Roundup Ready em suas terras. A corte entendeu que a violação de patente por Schmeiser decorria simplesmente do fato de Schmeiser ter cultivado canola Roundup Ready em suas terras: a mera reprodução dos genes e células é que caracterizaram a violação, apesar de ter ficado provado no processo que Schmeiser não havia extraído valor da invenção, uma vez que não empregou em suas plantações o defensivo agrícola glifosfato.

O Tribunal Federal de Apelação manteve a decisão da primeira instância proferida a favor da Monsanto (Schmeiser *vs.* Monsanto, 2002), entendendo que os detentores da propriedade do material vegetal (agricultores como Schmeiser) não estão investidos no direito de uso (não autorizado) do material patenteado. Como Schmeiser usara as sementes e as plantas que eram objeto do direito de patente da Monsanto, violara a patente. Não obstante, os fundamentos dessa decisão diferiram ligeiramente daqueles da primeira instância. Apesar de concordar com esta última decisão de que o uso da invenção por Schmeiser, conforme estava na descrição da patente, não era relevante à pergunta sobre a violação da patente, a corte reconheceu que, em alguns casos, a violação inocente não poderia constituir uma violação da patente. A corte afirmou que poderia ter julgado diferentemente em um caso no qual, ao contrário da situação do caso Schmeiser, o agricultor apontasse não ter qualquer razão para estar ciente da presença do gene patenteado e que nada tivesse feito para causar ou promover a propagação da planta ou de sua progênie.

O Supremo Tribunal do Canadá, em uma decisão apertada (5 votos a 4), manteve a decisão do Tribunal Federal de Apelação, considerando que Schmeiser violara a patente da Monsanto, mas entendeu que a Monsanto não sofreu nenhum dano porque Schmeiser não obteve qualquer benefício por ter cultivado as sementes da canola Roundup Ready (Monsanto *vs.* Schmeiser, 2002). O acórdão entendeu que as patentes da Monsanto sobre os genes e células modificados eram válidas. Esta constatação conduziu à questão central do caso: Schmeiser usara a invenção? Neste ponto, o acórdão alterara significativamente a lei canadense de patentes, entendendo que o uso dependia do suposto infrator ter promovido seus "interesses negociais" ou "colhido benefícios comerciais" e não simplesmente se o infrator reproduziu, sem autorização, determinadas reivindicações patentárias descritas nas patentes. O Supremo Tribunal redefiniu o termo "uso" dentro da lei da patente para acomodar um potencial infrator inocente: uma pessoa que não apenas não explorou comercialmente a invenção protegida, mas também não tinha qualquer interesse no uso da invenção patenteada. Entretanto, o acórdão entendeu que como Schemeiser não conseguiu, adequadamente, explicar como as sementes geneticamente modificadas foram parar em suas terras, ele teria utilizado a invenção da Monsanto. Por outro lado, haja vista que Schmeiser não extraiu qualquer benefício comercial a partir deste uso – uma vez que ele não empregou em suas terras o herbicida Roundup –, a Monsanto não receberia qualquer indenização.

A opinião vencida examinou a questão sob uma ótica diferente, fundamentada na lei de patentes canadense. A minoria sustentou que se deve interpretar a extensão das patentes considerando que, segundo a lei canadense, as plantas não podem ser objeto de patente. Dessa forma, não seria razoável interpretar o objeto da patente relativa a um gene ou a uma célula modificada, de forma a abranger também uma planta inteira, por isso tal interpretação estaria atacando a lei canadense. Assim, quando a Monsanto obteve uma patente válida, a patente impediu somente que outras companhias de semente criassem uma semente concorrente. O objeto da patente, portanto, não abrange as plantas cultivadas por um agricultor que possua essa semente.

3. Perspectivas dos Atores Envolvidos

Nesta seção analisaremos os pontos de vista dos vários atores envolvidos no caso Schmeiser e os relacionaremos segundo as quatro hipóteses identificadas em trabalho anterior (Gold *et al.*, 2004). Essas hipóteses atualmente fundamentam muitos trabalhos acadêmicos relacionados às patentes em biotecnologia. Tais hipóteses estruturam o discurso em torno das patentes e a análise das implicações positivas e negativas. As hipóteses são: 1) os direitos de patente fornecem o incentivo necessário para a inovação; 2) as patentes são uma ferramenta ótima de política para estimular a Pesquisa & Desenvolvimento (P&D); 3) as patentes criam níveis distributivos indesejáveis e 4) as patentes são eticamente neutras.

Nosso objetivo em relacionar as quatro perspectivas trazidas pelos vários atores envolvidos no caso Schmeiser visa a destacar como estas opiniões se integram em torno destas hipóteses. É interessante notar que nenhuma das hipóteses foi seriamente contraditada pelas partes envolvidas na demanda. Deixaremos a discussão dos argumentos que as partes apresentaram para mais adiante.

3.1. Hipótese I: Os Direitos de Patente Fornecem um Incentivo Necessário para a Inovação

Essa hipótese contempla a suposição de que as patentes são necessárias para incentivar a inovação. Uma companhia somente investirá em desenvolvimento e comercialização de uma invenção, se os retornos financeiros superarem seus custos. Mesmo se outros indivíduos se beneficiarem da invenção, como, por exemplo, concorrentes ou outras companhias que utilizam a invenção para diminuir seus custos ou aumentar seu rendimento, uma companhia não investirá naquilo cujo seu retorno seja mais baixo do que seu custo. Há eficiência na alocação dos recursos para inovação quando os benefícios totais advindos à companhia e a outros indivíduos são maiores que os gastos incorridos no desenvolvimento da inovação. Em tais circunstâncias, a sociedade estaria melhor se o investimento ocorresse.

Patentes remediam essa ineficiência ao permitir que companhias captem parte dos benefícios gerados. As patentes proporcionam às empresas envolvidas com pesquisa o direito de controlar o acesso e o uso da invenção. Se terceiros desejarem extrair benefícios da invenção, necessitarão pagar pelo direito de uso da invenção.

Conseqüentemente, as companhias envolvidas com inovação poderão aumentar seus rendimentos para um patamar além do benefício decorrente diretamente de exploração direta da invenção. Isto proporciona às companhias maior incentivo para investir em P&D: um incentivo que se aproxima do benefício social integral gerado pela invenção. Sob esta ótica, as patentes são essenciais à inovação. Apesar desta hipótese estar aberta à crítica em vários aspectos, analisaremos como as partes no caso Schmeiser nela fundaram seus argumentos.

A) Inventores: Monsanto e a indústria agrobiotecnológica

O cerne da argumentação apresentada pela indústria durante o processo baseou-se na necessidade da proteção do instituto da patente para o desenvolvimento da indústria agrobiotecnológica. Os direitos de patente oferecem às empresas - como a Monsanto - um incentivo à pesquisa em plantas resistentes a herbicidas, tornando-as um produto mais útil ao agricultor, publicando informações sobre o gene e as células modificadas utilizadas nesse processo. Os benefícios advindos do sistema de patentes não param por aí. O sistema patentário incentiva não apenas as inovações desenvolivdas pela Monsanto, mas outras inovações similares (concorrentes), de forma a potencialmente reduzir os preços, ampliar o bem-estar do consumidor e permitir maior acesso a bens de qualidade.

BIOTECanada, um grupo de pressão de origem canadense formado por empresas da indústria biotecnológica sustenta a importância das patentes para a indústria agrobiotecnológica. Este grupo foi longe ao ponto de sustentar que o Supremo Tribunal do Canadá deveria rejeitar sua própria decisão que anteriormente reconheceu que animais e plantas não são patenteáveis no Canadá, ao considerar que tal situação colocava o Canadá em desvantagem competitiva. A BIOTECanada sustentou que se o Supremo Tribunal reconhecesse um nível inadequado de proteção às invenções biotecnológicas, "isto poderia ter um efeito não só de encorajar a evasão de investimentos do Canadá para outras jurisdições mais favoráveis à biotecnologia, mas poderia também desestimular o desenvolvimento de novas e importantes invenções biotecnológicas no Canadá".

A Associação Canadense de Comércio de Sementes, que tem entre seus membros empresas como a Monsanto, argumentaram que os direitos de propriedade intelectual são vitais à indústria canadense de sementes: "sem mecanismos apropriados de proteção para sementes e invenções vegetais, o Canadá pode tornar-se incapaz de atrair e manter próspera sua comunidade de pesquisa agrícola". Negar a proteção da patente, de acordo com a associação, "ameaça colocar a indústria canadense de sementes em uma desvantagem competitiva em relação aos principais parceiros comerciais do Canadá, incluindo Estados Unidos, União Européia, Japão e Austrália, jurisdições estas que permitem o patenteamento de genes de plantas e células e, de fato, das plantas inteiras e sementes (...)".

Ag-West, uma agência de fomento instituída pelo governo de Saskatchewan para auxiliar a indústria agrícola, argumentou que, sem as patentes sobre produtos agrobiotecnológicos, "as pesquisa biotecnológicas existentes e as entidades comerciais seriam afetadas adversamente de modo real e substancial. As companhias responsáveis por trazer estas tecnologias úteis ao mercado canadense provavelmente não manteriam suas atividades..."

B) Usuários: Schmeiser, agricultores de transgênicos e agricultores de produtos orgânicos

Schmeiser, de sua parte, não chegou a impugnar a validade do argumento relativo ao incentivo posto pelo sistema patentário, mas concentrou suas energias em discutir que, apesar dos benefícios das patentes para a inovação, preocupações sociais em relação às práticas agrícolas e seus significados podem ultrapassar os direitos de patentes. Schmeiser tomou a posição de que sua liberdade para adotar práticas agrícolas de sua escolha era mais importante que os benefícios resultantes das plantas geneticamente modificadas. Schmeiser recebeu apoio, durante o processo, de agricultores de sementes não-modificadas de canola, notadamente da comunidade produtora de cultivos orgânicos.

A comunidade de usuários da tecnologia da Monsanto era a mais heterogênea perante os Tribunais canadenses. Aqueles que utilizam sementes Roundup Ready, representados pela Associação Canadense dos Produtores de Canola, apoiaram a Monsanto, afirmando que as patentes são necessárias para se alcançar uma maior eficiência dos produtores canadenses. A associação, representando a maioria dos produtores de canola do Canadá, sustentou que as patentes agrobiotecnológicas são importantes para divulgar "a ciência e tecnologia que incentivarão pesquisas adicionais e o desenvolvimento de maiores avanços agrícolas".

C) O Poder Público: Os reguladores

Nenhuma das agências reguladoras de organismos geneticamente modificados se manifestou durante o processo. Entretanto, a literatura agrícola canadense apóia o uso das patentes e a importância destas para o avanço nas pesquisas biotecnológicas desenvolvidas no Canadá (Agriculture and Agri-Food Canadá, 2004).

Nenhum dos Tribunais envolvidos na demanda examinou as razões pelas quais o Canadá concede patentes na área de biotecnologia.

3.2. Hipótese II: As Patentes São um Instrumento Eficaz de Estímulo à Pesquisa e Desenvolvimento

A segunda hipótese sustenta que o sistema de patentes é uma ferramenta eficaz de política de promoção de inovação. Posto isso, governos, universidades e agências de fomento baseiam-se fortemente no sistema de patentes para a geração de inovação. Outros instrumentos de incentivo à inovação, tais como incentivos fiscais e a determinação de fundos de capital de risco concessões de doação para pesquisa, incentivos de imposto de renda e o estabelecimento de fundos de investimentos são suplementares ao sistema da patente e não são vistos como alternativas a ele.

Mais uma vez, os argumentos alegados pelas partes ilustram como esta assunção permeia os argumentos apresentados pela autora (Monsanto) e pelas empresas e associações que a apoiaram.

A) Inventores: Monsanto e a indústria agrobiotecnológica

Em seus argumentos, tanto a Monsanto quanto outros representantes da indústria apontaram a indubitável importância do setor privado, baseados em um forte sistema de direitos de patente, para o desenvolvimento da canola no Canadá. A Ag-West foi longe ao afirmar que "as companhias responsáveis por trazer essas tecnologias úteis ao mercado canadense provavelmente não continuariam a fazê-lo se não pudessem proteger seus investimentos incorridos para o desenvolvimento daquelas tecnologias, particularmente quando o mercado fora do Canadá é tão amplo."

A BIOTECanada, por sua vez, argumentou que caso o Canadá falhe em reconhecer patentes sobre as plantas "o desenvolvimento de tecnologias novas e promissoras para o benefício não somente dos canadenses, mas para cidadãos de todo o mundo, será inibido, reduzindo o nível de P&D no setor biotecnológico canadense."

Nenhuma das partes discutiu a relação entre a pesquisa pública e o crescimento da indústria de canola. Esta omissão surpreende, porque, como discutiremos mais tarde, a canola foi desenvolvida a partir de financiamento público, sem que qualquer patente fosse pleiteada.

B) Usuários: Schmeiser, os agricultores de transgênicos e os fazendeiros orgânicos

Em seus argumentos, Schmeiser sugere que as formas de incentivo empregadas comumente pelo setor privado – tais como proteção de variedades vegetais e segredo industrial – levam a acreditar na absoluta desnecessidade do sistema de patentes. Não obstante, Schmeiser reconhece a importância do sistema patentário e a esperança no setor privado para continuar a promover inovação na sociedade. Schmeiser sugere que o Canadá poderia empregar outros meios, além dos direitos de propriedade, para encorajar inovação. Entretanto, não impugnou a suposição central de que é o setor privado que, a partir da existência dos direitos de propriedade, mais avança na pesquisa e desenvolvimento a partir de seus próprios recursos, em contraste do que ocorreria no setor público.

C) Poder Público: Os reguladores

Agências de fomento aceitaram a suposição de que os direitos de patente oferecem uma ferramenta eficaz de incentivo à inovação. Cada vez mais, agências de fomento vêm incentivando o patenteamento de inovações financiadas, amarrando o sucesso dos pedidos de financiamento ao número de patentes obtidas pelos solicitantes.

As universidades, por sua vez, dão maior ênfase à transferência de tecnologias obtidas a partir do uso de suas estruturas.

3.3. Hipótese III: As Patentes Criam Níveis Distributivos Indesejáveis

Essa suposição entende que o sistema de patentes é inerentemente injusto porque estabelece diferenças distributivas por meio de direitos de exclusivo. As patentes estabelecem uma disparidade na distribuição da riqueza, ou agravam as existentes na sociedade, permitindo o controle individual ao acesso a recursos importantes, tais como invenções biotecnológicas. Essa disparidade é vista particularmente injusta quando se trata de nossa herança biológica.

A) Inventores: Monsanto e a indústria biotecnológica

Reconhecendo que os direitos de patentes estabelecem controle exclusivo sobre uma invenção nas mãos do setor privado, tanto a Monsanto quanto os intervenientes da indústria argumentaram que isso é necessário para incentivar a indústria privada a desenvolver e comercializar invenções biotecnológicas em benefício da sociedade. BIOTECanada indicou que o incentivo à inovação por meio das patentes no Canadá beneficiará "os cidadãos do mundo."

A Ag-West afirmou tenazmente que os benefícios das patentes vão além do detentor da patente. Sem patentes agrobiotecnológicas, "dentre as partes ou entidades prejudicadas estaria o setor biotecnológico de P&D como um todo; fazendeiros e sua habilidade de acessar novas tecnologias e de permanecer competitivo em âmbito mundial; companhias locais, nacionais e internacionais; os cidadãos do Canadá e de qualquer outra parte do planeta, que possivelmente seriam privados dos produtos derivados dessa pesquisa; o setor farmacêutico; o próprio Canadá, que não poderia honrar os acordos com nações estrangeiras dos quais é parte."

B) Usuários: Schmeiser, os agricultores de transgênicos e os fazendeiros de produtos orgânicos

O principal argumento de Schmeiser na ação de violação de patente intentada pela Monsanto baseou-se na iniqüidade de se permitir ao setor privado o controle de material biológico. Em especial, Schmeiser alegou ser vítima do domínio econômico da Monsanto no setor agrícola. Ele afirmou que a lei de patentes é um poderoso veículo que poderia controlar as vidas de pessoas inocentes, ao responsabilizá-las pelo cultivo do que lhes é desconhecido.

Schmeiser alegou que as decisões de primeira e segunda instâncias "deslocam a responsabilidade em relação à poluição genética dos que a estão causando para aqueles que nunca buscaram a modificação." No mesmo sentido, um grupo abrangendo outros grupos canadenses de interesse público, incluindo ambientalistas e pequenos agricultores tradicionais, discutiram que "a interpretação extensiva do escopo de proteção da patente pode não apenas interferir na contínua geração de inovação, preocupação tradicional do sistema patentário, mas também derrogar direitos de terceiros e impactar negativamente o meio ambiente e a biodiversidade." Argumentaram que a corte deveria ter interpretado a patente considerando "as sérias conseqüências ao meio ambiente e biodiversidade associadas ao uso e liberação de organismos vivos geneticamente modificados." O resultado das decisões de primeira e segunda instâncias foi o de deslocar "o ônus da contenda com as indesejáveis conseqüências da liberação dessa invenção no meio ambiente, do titular da patente para o público".

Schmeiser apontou o fato de sequer haver tentado se beneficiar da invenção, pois não havia pulverizado o herbicida Roundup em sua cultura. Assim, alegou não haver lucrado com as vantagens da invenção em momento algum. Afirmou que era injusto conceder a indenização a Monsanto pelo fato de Schmeiser haver cultivado canola em suas terras: "transferindo a colheita inteira do Sr. Schmeiser para Monsanto, quando seu gene não adicionara nenhum valor, as decisões judiciais enriqueceriam injustamente a Monsanto à custa do Sr. Schmeiser".

De fato, ele afirmou não haver alterado suas práticas de cultivo normais. Como antes, conservara as sementes, replantara aquelas sementes e vendera a colheita resultante. A ação de violação da patente proposta pela Monsanto era uma tentativa de impedir que realizasse essas atividades comuns, responsabilizando-o pelo simples cultivo em suas próprias terras. Anteriormente, Schmeiser desenvolvera sua própria linhagem de canola e, assim, argumentou que o exercício do direito de patente da Monsanto pôs fim ao direito de guardar sementes derivadas de sua linhagem, o que significa que agricultores individuais logo não poderão desenvolver suas próprias linhagens. Apesar de não discutir especificamente porque era injusto que Monsanto tenha esses direitos, Schmeiser afirmou que o sistema de patente injustificadamente o impedia de continuar com as atividades que costumava desenvolver anteriormente.

Em contraste, a Associação Canadense dos Produtores de Canola afirmou que patentes não apenas beneficiam a indústria agrobiotecnológica, mas também os agricultores: "os avanços científicos são essenciais para que os produtores canadenses mantenham e expandam sua posição no mercado global. Aqueles oferecem aos fazendeiros locais a esperança de maiores mercados e rentabilidade pelo desenvolvimento de produtos especializados."

C) Poder Público: Os reguladores

De um lado, tal qual a indústria biotecnológica, departamentos de governo encarregados de assuntos industriais e agrícolas, bem como agências de fomento, concordam que o sistema patentário acarreta, em geral, benefícios sociais, a despeito de sua natureza privada. Apesar de patentes potencialmente conduzirem a uma distribuição desigual sobre as invenções, elas conduzem a uma ampla distribuição de benefícios.

De outro lado, os órgãos governamentais envolvidos com temas de saúde estão mais preocupados. O procurador-geral de Ontário interveio na apelação de Schmeiser para destacar os efeitos que patentes biotecnológicas podem ter no setor de saúde. Especificamente, o procurador-geral estava "preocupado que a decisão neste caso inadvertidamente não restringisse a capacidade dos pesquisadores e das agências de saúde em oferecer cuidados aos pacientes ou a sua capacidade de desenvolvimento de novos exames e tratamentos médicos para os mesmos".

Do seu ponto de vista, as decisões de primeira e segunda instâncias não foram omissas em relação às preocupações de Schmeiser. De fato, o Tribunal Federal de Apelação tratou da possibilidade de um titular de patente processar por violação de patente um produtor que nada tenha feito para promover o crescimento de uma planta, objeto de direitos de patente, nos seguintes termos:

> Entretanto, parece-me sustentável que o gene patenteado da Monsanto se insira em uma categoria nova. É uma invenção patenteada encontrada dentro de uma planta viva que pode, sem intervenção humana, produzir progênie que contenha a mesma invenção. É indiscutível que uma planta que contenha o gene da Monsanto possa aparecer, fortuitamente, na propriedade de uma outra pessoa que não tenha nenhuma razão para ser notificada da presença da característica criada pelo gene patenteado. Também é razoável supor que essa pessoa, ciente de que a planta tenha aquelas características, possa tolerar a presença continuada desta planta sem nada fazer para causar ou promover sua propagação ou de sua progênie (conservar e plantar as sementes, por exemplo). Do meu ponto de vista, é uma questão aberta se a Monsanto poderia, em tais circunstâncias, obter um remédio contra a violação com base no fato de que a intenção do infrator era irrelevante.

Não obstante, a Corte entendeu que replantando as sementes que sabidamente eram objeto de patente, Schmeiser não era um infrator de boa-fé.

No mesmo sentido, a decisão majoritária do Supremo Tribunal do Canadá estabeleceu uma pequena exceção para casos de violação inocente. Este, porém, não explica como esta exceção poderia funcionar e deixa nebuloso se tal exceção poderia se aplicar a produtores que descobrissem em seus campos plantas geneticamente modificadas.

3.4. Hipótese IV: As Patentes São Eticamente Neutras

É geralmente presumido que os sistemas patentários não abarcam quaisquer questões éticas. Enquanto a tecnologia subjacente a uma invenção ou os termos sob os quais um titular licencia o uso dessa tecnologia possa ter implicações éticas – por exemplo, os efeitos da tecnologia no meio ambiente ou o uso de contrato de licença para impedir a entrada no mercado de possíveis competidores –, a mera existência dos direitos de patentes não tem essas implicações.

Dois elementos fundamentam essa suposição. Primeiramente, os direitos de patente são freqüentemente descritos como direitos de exclusão e não direitos de uso. Assim, não constituem nem monopólio nem direitos de propriedade. Dado que os direitos patentários não permitem a exploração da invenção nem são um pressuposto para a exploração de uma invenção, o sistema patentário é desconectado de preocupações relacionadas ao uso da tecnologia propriamente dita. Em segundo lugar, qualquer preocupação ética está ligada mais ao modo por meio do qual um governo regulamenta o uso de determinada tecnologia do que à regulamentação de incentivos à inovação.

Nenhuma das partes envolveu-se ativamente na discussão dessa assunção.

A) Inventores: Monsanto e a indústria agrobiotecnológica

Em suas alegações perante o Supremo Tribunal do Canadá, a BIOTECanada argumentou que os direitos de patente não são direitos de propriedade inteiramente constituídos indicando "que uma patente não atribui o domínio (*ownership*). Uma patente confere apenas o direito ao titular de excluir outros." Presumivelmente, a BIOTECanada desenvolveu este ponto para enfatizar que a mera existência de direitos de patente em organismos vivos não gera qualquer preocupação ética.

B) Usuários: Schmeiser, os agricultores de transgênicos e os fazendeiros de produtos orgânicos

Schmeiser parece também ter concordado que os direitos de patente não são inteiramente direitos de propriedade, já que garantem apenas o direito de excluir terceiros da exploração do objeto protegido, não proporcionando quaisquer direitos positivos de uso da invenção.

A Associação Canadense de Produtores de Canola alegou que as questões de política pública não têm lugar em litígios patentários: "o parlamento escolheu deliberadamente manter questões de política pública fora da lei de patentes".

C) Poder Público: Os reguladores

As três decisões judiciais aceitaram que o direito da Monsanto sobre a canola Roundup Ready era essencialmente um direito para impedir agricultores (que tivessem ou não aderido a um Acordo TUA) de guardarem, replantarem e venderem as sementes colhidas em suas propriedades. Especialmente, tanto o Supremo Tribunal do Canadá quanto o Tribunal Federal de Apelação fizeram uma clara distinção entre direitos de patente e direitos de propriedade, ao discutirem os conflitos entre esses direitos.

Não é de se surpreender que as decisões não se referiram aos princípios éticos em sua avaliação do escopo e validade das reivindicações da Monsanto. O sistema canadense de patentes não contém uma exclusão em razão da ordem pública (*ordre public*) ou moralidade. As cortes basearam suas decisões na ótica de que a inovação da Monsanto é crucial para a indústria agrobiotecnológica e que esta inovação era merecedora da observância estrita dos direitos decorrentes das patentes.

4. Conclusão a Respeito das Perspectivas Presentes na Disputa

Conforme já descrevemos em trabalho antecedente (Gold *et al.*, 2004), as quatro hipóteses descritas anteriormente conduzem tanto a análises incompletas quanto imprecisas. Por exemplo, ao reduzir questões controvertidas a meios de como aprimorar os incentivos oferecidos pelo sistema patentário de forma a maximizar a inovação, tais suposições falham em fornecer uma base para uma análise contextual. Tal análise deveria, por exemplo, questionar como o sistema de patentes interage com políticas públicas de financiamento de forma a encorajar mais pesquisas práticas ou como a lei de patentes influencia as estratégias de propriedade intelectua1 e as relações comerciais. Conforme descritas estas diversas inadequações (Gold *et al.*, 2004), nós não enfatizamos o cerne da questão.

Nós sugerimos que uma diferente, mais contextualizada estrutura é necessária para superar as inadequações que permeiam as quatro hipóteses. Propomos um reexame dos fatos e dos argumentos destacados no Caso Schmeiser, a partir do emprego de ferramentas e conhecimentos não ompartimentados ao âmbito de uma ou duas disciplinas. Examinando os fatos do caso e argumentos sob a ótica de várias disciplinas, podemos melhor compreender a natureza e extensão dos problemas em discussão e melhor identificar como as referidas hipóteses distorcem as análises.

4.1. Reconceitualização

Nesta parte, reexaminaremos o caso Schmeiser a partir de uma abordagem interdisciplinar. Analisaremos como os direitos de patente afetam aqueles mais verdadeiramente interessados nas invenções: os inventores, usuários e o público. Assim, em vez de enfocarmos na maximização da inovação e, supondo que este esforço beneficia a sociedade, examinaremos como os direitos de patente promovem ou prejudicam os interesses de várias partes nos contextos em que operam.

A) Inventores: Monsanto e a indústria agrobiotecnológica

Incentivo e acesso

A primeira preocupação da indústria em relação ao sistema de patentes é que ele ofereça a habilidade de atrair financiamento para a continuidade de pesquisa e desenvolvimento de produtos biotecnológicos e serviços. A indústria vê as patentes como o único caminho para assegurar ao inventor a possibilidade de recuperar seus investimentos incorridos em custos de pesquisa e desenvolvimento e para obtenção de lucro.

Entretanto, enquanto os direitos de patente de determinada empresa, de forma isolada, são vistos como um bem necessário, na realidade das relações comerciais e científicas, patentes detidas por terceiras partes podem interferir nos esforços de pesquisa e desenvolvimento (Philips e Khacha Tourians, 2001). Os direitos de patente detidos por terceiros representam um custo, tanto de tempo quanto de dinheiro, para a condução da pesquisa (Heller e Eisenberg, 1998). Se estes custos se tornarem significativos a ponto de tornarem a pesquisa e o desenvolvimento desinteressantes, direitos de patente reduzirão a capacidade de atração de investimentos pelas companhias.

Esta faca de dois gumes - o paradigma do incentivo *versus* o acesso (Lunney, Jr., 1996) - é bem conhecida e analisada. O que é menos discutido é a forma absoluta como a indústria apresenta suas reivindicações de proteção patentária. Isto ficou bem ilustrado no caso Schmeiser. Como a discussão anterior indica, todos os participantes da indústria defenderam a posição que amplos direitos patentários são essenciais à pesquisa e ao desenvolvimento. Nenhuma destas partes buscou encontrar um ponto de equilíbrio não apenas em relação ao conflito incentivo *versus* acesso, mas especialmente em relação aos impactos positivos e negativos decorrentes das patentes sobre usuários das novas tecnologias ou sobre preocupações sociais mais amplas, como o meio ambiente. Isto é, em vez de discutirem os freios e os contrapesos do sistema patentário, a indústria defendeu o mais amplo escopo de direitos possível.

Aqueles argumentos pró um amplo leque de direitos patentários não apresenta sustentabilidade.

Tomar metade de uma pílula de ácido acetilsalisílico por dia pode ser inteligente para reduzir o risco de um ataque do coração; mas tomar um frasco inteiro por dia não é saudável. Do mesmo modo, patentes podem ser uma boa coisa em algum grau, porém em maior numero e cada vez mais amplas, patentes não são necessariamente melhores.

Um dos problemas centrais, que é ignorado pela hipótese que sustenta que patentes são instrumentos necessários para incentivar a inovação, é a existência de uma linha tênue entre direitos de patente como incentivo à pesquisa e a busca pura e simples do lucro (Gold, 2000b). Ao menos no contexto farmacêutico canadense, há uma evidência clara de que a maior demanda por direitos patentários esconde, na realidade, uma busca pela maximização de lucros (Gold, 2001). No caso da canola da Monsanto, o objetivo real de maximizaçaõ de lucros torna-se mais palpável quando recordamos que o valor da inovação (canola Roundup Ready) apenas existe quando agregado a um outro produto da Monsanto: o herbicida Roundup Ready.

Ética e Patentes

Apesar dos argumentos da indústria de que patentes nada têm a ver com ética, o próprio compromisso ético de conduta da Monsanto sugere que a indústria, na realidade, pensa diferente. Em seu compromisso de conduta, a Monsanto promete compartilhar seu conhecimento e tecnologia, em prol do avanço científico, aperfeiçoamento da agricultura e proteção do meio ambiente, melhoramento das colheitas e, finalmente, em benefício dos agricultores do mundo em desenvolvimento. Para estes fins, a Monsanto doou conhecimento e tecnologia com vistas a assistir às necessidades do mundo em desenvolvimento com respeito à agricultura. É particularmente interessante que a Monsanto reconheça o que chama de o "dilema" da propriedade intelectual:

> Para haver equilíbrio entre incentivos à inovação e os direitos tradicionais dos agricultores de conservarem sementes de sua colheita, uma série de mecanismos legais de proteção de variedades vegetais e sistemas de patentes sobre plantas foram adotados em inúmeros países. Estes sistemas protegem o novo produto do inventor e fornecem aos agricultores maiores escolhas. Os agricultores retêm, ainda, o direito de replantar sementes das variedades em domínio público, como sempre tiveram. Ou ainda têm a opção de adquir variedades protegidas para o plantio de uma única safra. A cada ano, a escolha é dos agricultores (Monsanto, 2003).

Em seu compromisso, a Monsanto reconhece a importância da escolha e de sua obrigação em fornecer o conhecimento e a informação – incluindo acesso à tecnologia patenteada – às nações em desenvolvimento. Entretanto, ambas questões, da escolha e de acesso ao conhecimento, são mediadas por direitos de patente da Monsanto. O próprio fato de que a Monsanto sente a obrigação de fazer referência à propriedade intelectual nesse compromisso aponta que os direitos de patentes têm implicações éticas.

Necessidades do Mundo em Desenvolvimento

Apesar do potencial da biotecnologia agrícola para enfrentar as necessidades do mundo desenvolvido, os sistemas atuais de incentivos parecem inadequados para enfrentamento das necessidades e desafios do mundo em desenvolvimento (FAO, 2004). A canola Roundup Ready da Monsanto é, por exemplo, principalmente uma cultura voltada às necessidades dos países desenvolvidos, haja vista que a canola não é uma cultura nem relevante nem comercial na maioria dos países em desenvolvimento (Nuffield Council on Bioethics, 2003). As principais empresas de agrobiotecnologia têm expressado pouco interesse em manipular geneticamente e comercializar culturas de importância para os países em desenvolvimento, apesar de, certamente, serem os países com as necessidades mais prementes em termos de segurança alimentar e de deficiências nutricionais – sem falar em todos os riscos possíveis ao meio ambiente (Nuffield Council on Bioethics, 2003; SKERRITT, 2000).

Não deveria causar surpresa que o sistema de patentes resulte em grandes empresas tratando das necessidades dos países desenvolvidos sobrepostas às necessidades dos países em desenvolvimento. As patentes são projetadas para fornecerem um retorno financeiro somente em locais em que haja um mercado para a invenção (ou do produto produzido por meio da invenção). Conseqüentemente, não se pode, razoavelmente, esperar que o sistema de patentes incite empresas a tratarem das necessidades de países pobres. Dado que a indústria privada controla três quartos dos produtos agrícolas biotecnológicos (Nuffield Council EM Bioethics, em 2003) e se funda no sistema patentário para promover a inovação, as necessidades de países pobres não serão consideradas.

Uma distinção precisa ser feita aqui entre países de renda baixa (países com renda anual *per capita* menor que US$ 765 em 1999 (WHO, 2001)) e países de renda média (com renda anual *per capita* entre US$ 756 e US$ 9,265 em 1999 (WHO, 2001)). Os países que compõem o primeiro grupo improvavelmente obterão qualquer benefício a partir do sistema patentário, simplesmente porque têm poder de mercado insuficiente para se beneficiar de qualquer incentivo do sistema patentário, o qual, por sua vez, baseia-se em incentivos de mercado. Entretanto, os últimos podem potencialmente se beneficiarem do sistema patentário, especialmente quando alcançam um nível de sofisticação tecnológica para imitar e aprimorar invenções agrícolas.

Necessitamos, então, contextualizar a análise das patentes e dos seus efeitos no mundo em desenvolvimento. No final do espectro – a extremidade ocupada por países de baixa renda –, as patentes falharão completamente em oferecer alguma melhoria significativa nas necessidades alimentares existentes. Essa conclusão não se deve a nenhuma falha do sistema da patentes *per se*, mas simplesmente porque o sistema de patentes não pode fornecer incentivos em locais onde não haja mercado. Não obstante, esta realidade carrega significado moral. Ao mesmo tempo que seria errado responsabilizar o sistema de patentes por isso, é igualmente equivocado ignorar o efeito de desproporcionalidade gerado pelo sistema patentário, o qual incentiva investimentos maciços para sanar as necessidades de países mais abastados. Os recursos financeiros são limitados e distribuídos assimetricamente. Uma vez que o sistema patentário incentiva investimentos no mundo desenvolvido, há, conseqüentemente, menos para se gastar em necessidades de países de baixa renda. Assim, embora o sistema patentário não seja moralmente culpado pela falha no tratamento das necessidades alimentares destes países, a onipresença do sistema de patentes cria conseqüências distributivas de ordem moral.

Os países de renda média apresentam uma situação mais complexa, conforme visto na Conferência Ministerial de Cancun, em setembro de 2003. Durante a Conferência de Cancun, países de renda média reunidos no Grupo G20, diferiram em suas posições, não somente daquelas defendidas pelos países desenvolvidos, mas também daquelas sustentadas pelos países de baixa renda. Os países de renda média apresentam uma relação ambígua com patentes agrícolas: podem vir a se beneficiar, de alguma forma, do sistema patentário, porém, precisariam explorar mecanismos que assegurassem o acesso às tecnologias necessárias, por meio de licenças compulsórias, amplas exceções de pesquisa e outras medidas (Commission on Intellectual Property Rights, 2002).

Se e *como* a extensão dos direitos de patente contribuem à inovação, depende do contexto no qual o sistema de inovação opera. Isso é tão verdadeiro nos países em desenvolvimento quanto nos países de alta renda e tamanho médio como o Canadá.

Posição do Canadá

A indústria agrobiotecnológica é forte no Canadá, mas seu principal mercado os Estados Unidos (Thomassin e Cloutier, 2001). Ou seja, aqueles que investem em pesquisas no Canadá colherão retorno e lucros a partir das vendas feitas ao mercado norte-americano. Assim, uma vez que é a lei patentária norte-americana, e não a canadense, que se aplica ao mercado dos Estados Unidos, o retorno dos gastos incorridos no Canadá em pesquisa e desenvolvimento depende da legislação norte-americana, e não da canadense. Por outro lado, pesquisadores canadenses que desejem acessar tecnologia e materiais patenteados serão governados pelo sistema patentário canadense. Esta realidade cria uma dinâmica interessante, que exploramos a seguir.

O paradigma tradicional incentivo-acesso é normalmente concebido para ser aplicado internamente a um país. Um país deve buscar um equilíbrio entre o incentivo oferecido pelos direitos de patentes e os custos de acesso criados por estes direitos. No Canadá, entretanto, a situação é diferente. O incentivo é estabelecido pela lei de patentes dos Estados Unidos; o acesso pela lei de patentes canadense e, assim, o Canadá não necessita fazer nenhum balanceamento. Uma vez que as patentes representam um entrave à pesquisa, para o Canadá é mais vantajoso reduzir o escopo de proteção das patentes biotecnológicas. Isto é verdadeiro uma vez que os Estados Unidos não podem interferir nos direitos patentários de titularidade de pesquisadores canadenses. Felizmente para o Canadá, os acordos de comércio internacional deixam claro que o Canadá pode optar por não conceder patentes sobre plantas, não podendo os Estados Unidos retaliá-lo por tal decisão. Assim, longe de minar os incentivos à indústria canadense para inovar, o Supremo Tribunal do Canadá, ao determinar que plantas não são patenteáveis no Canadá, estabelece maiores incentivos à pesquisa local e não o contrário.

B) Usuários: Schmeiser, os agricultores de transgênicos e os fazendeiros de produtos orgânicos

A Intenção e a Lei de Patentes

De acordo com as decisões de primeira e segunda instâncias, a patente da Monsanto sobre o gene modificado e as células que o continham permite impedir terceiros de utilizá-lo, por meio do cultivo ou comercialização de sementes Roundup Ready sem autorização da Monsanto. Esta somente autoriza fazendeiros que concordarem em celebrar um Acordo TUA e pagar uma taxa de licença. O problema é que agricultores podem infringir as patentes de titularidade da Monsanto sem saber que estão cultivando, de fato, sementes Roundup Ready. Isto poderia acontecer, por exemplo, se as sementes de um produtor fossem espalhadas pelo vento em propriedades vizinhas. As patentes da Monsanto implicam um alto custo distribuído à comunidade agrícola em geral: o custo de se evitar a infração às patentes da Monsanto por meio da condução de testes que atestem se as plantações estão ou não "contaminadas" com os genes protegidos, e se estiverem, o custo de destruição das safras. Estes custos podem ser muito elevados.

A decisão judicial que considera o conhecimento da infração como irrelevante à caracterização da violação de patente pode ter sentido no contexto das invenções do século XIX, mas é problemática no contexto de invenções biológicas. O sistema predecessor dos regimes atuais de patentes buscava incorporar à legislação novos métodos de fabricação industrial, incluindo tanto a legislação de Veneza e Florença, do século XIV, quanto a inglesa, do século XVII (Waterscheid, 1994a-b). O sistema patentário anterior não se preocupava com a noção moderna de invenção – *e.g.* invenções devem ser novas em contexto mundial – mas satisfazia-se com o incentivo à importação de processos de fabricação para determinado território, de modo a difundir as novas técnicas localmente.

A lei pré-moderna concedia, conseqüentemente, monopólios legais limitados sobre métodos de fabricação. Mesmo as leis atuais de patente, aprovadas a partir do século XIX, originalmente enfocavam mais nos meios de fabricação do que nos produtos em si. Isto posto, não surpreende que as legislações patentárias não exijam prova de intenção. Uma infração é cometida quando o autor decide praticar determinado ato que constituirá uma infração à patente de outrem, independentemente de sua consciência de que a prática daquele(s) ato(s) constituía ou não, sob o ponto de vista legal, uma infração patentária. Esta realidade não é aplicável às invenções biotecnológicas, as quais apresentam capacidade reprodutiva independentemente de intervenção externa. Uma vez que a patente concedida sobre a planta (ou, como as sentenças de primeiro e segundo graus entenderam, sobre genes modificados e células) abrange também toda a progênie desta, conseqüentemente, haverá infração aos direitos patentários da Monsanto, a partir da mera reprodução de uma planta particular que contenha determinada seqüência genética, a qual poderá ocorrer sem conhecimento do agricultor. Dadas as razões históricas para a irrelevância da intenção para a caracterização de infranções patentárias e a natureza especial dos materiais biológicos, o fato da intenção ser irrelevante para a violação em casos biotecnológicos levanta uma questão de distribuição: quem deve suportar o ônus da falta de conhecimento? Embora seja fácil atribuir este ônus àqueles que conscientemente optaram pelo uso de determinada invenção, está longe de ser óbvio que este ônus deva ser imposto àqueles que não escolheram ativamente usar a invenção (Canadian Biotechnology Advisory Committe, 2002).

Um modo de resolver esse problema é reconhecer que direitos patentários são direitos de propriedade, aplicando-se à Monsanto tanto os benefícios quanto as obrigações decorrentes do direito de propriedade. Conseqüentemente, assim como quem usa negligentemente um taco de beisebol é responsável pelo dano causado a outrem, a Monsanto poderia ser responsabilizada por não exercitar, com a cautela e cuidado devidos, o seu direito de exclusivo. Por exemplo, é sustentável sob a lei atual que a Monsanto tenha não somente um dever ético, mas um dever legal de cuidado em face dos proprietários das terras vizinhas às fazendas que cultivem canola Roundup Ready. Uma vez que é previsível que as sementes de canola Roundup Ready podem invadir terras vizinhas pelo vento (dentre outros meios), a Monsanto poderá ser responsabilizada pela contaminação de propriedades vizinhas, desde que não tenha tomado medidas para evitar a contaminação. A fim de cumprir com essa obrigação, a Monsanto poderia exigir, por exemplo, que os produtores que cultivam suas sementes devam obedecer a exigências de distâncias mínimas entre a terra cultivada com a canola Roundup Ready e as propriedades vizinhas. No mais, a Monsanto pode ter de executar estas obrigações, em vez de transferir a outrem este ônus, especialmente, podendo, inclusive, ser considerada responsável pela remoção de plantas contaminadas de terras vizinhas, uma vez que está em melhor posição que os agricultores vizinhos, suportando as perdas destes decorrentes da contaminação.

Tal resultado seria especialmente bem-vindo pela comunidade de agricultores orgânicos. Em decorrência da facilidade de contaminação de plantações orgânicas por cultivos transgênicos, agricultores orgânicos da região de Saskatchewan não conseguem mais certificar suas safras como orgânicas, implicando prejuízos que giram em torno de 14 milhões de dólares (Organic Consumers Association, 2003). O Diretório de Agricultores Orgânicos de Saskatchewan ajuizou ações de perdas e danos tanto contra a Monsanto quanto contra a Aventis, pedindo ressarcimento por essas perdas. Se os titulares de patentes forem considerados responsáveis pelo uso de suas invenções, então a Monsanto e a Aventis internalizarão estes custos em seus produtos.

O direito de guardar sementes e a ética

Se o Supremo Tribunal do Canadá mantiver as decisões da segunda instância no caso Schmeiser, agricultores que não tenham assinado o Acordo TUA, nem comprado sementes de canola Roundup Ready, precisarão ser cuidadosos, ao cultivarem sementes colhidas anteriormente, a fim de não plantarem inadvertidamente sementes que contenham o gene patenteado da Monsanto. Isto pode ser não apenas difícil, mas impossível, dada a impossibilidade de se testar cada semente guardada. Não obstante, falhas em assegurar a completa eliminação de toda e qualquer semente protegida nas safras seguintes constituirão uma infração aos direitos de patente de titularidade da Monsanto. Como conseqüência, agricultores de canola, mesmo aqueles que não utilizem sementes da Monsanto, perderão o privilégio de agricultor sobre sementes de canola em geral (privilégio de poder guardar sementes resultantes de suas colheitas para futuro plantio), dada a facilidade com que estas podem se misturar com as sementes da Monsanto (Canadian Biotechnology Advisory Committee, 2002).

É interessante notar que a discussão a respeito de soluções tecnológicas para a revogação prática dos privilégios dos agricultores existe há algum tempo (Gray e Raybould, 1998; Robert e Baumann, 1998). Uma das ferramentas tecnológicas disponíveis para a Monsanto seria a esterilização genética. Esta tecnologia chamada, por seus críticos, de tecnologia "Terminator" tornaria estéreis as sementes geneticamente modificadas da Monsanto, salvo se aplicado determinado produto químico na plantação. Ao final dos anos 1990, a Monsanto adquiriu a empresa Delta & Pine Land, que desenvolveu, conjuntamente com o Departamento de Agricultura dos Estados Unidos, a tecnologia "Terminator". Se a Monsanto tivesse aplicado esta tecnologia à canola Roundup Ready, as sementes de canola cresceriam somente uma vez e não seriam capazes de se reproduzir naturalmente, eliminando-se, assim, a possibilidade de infração inocente. Esta tecnologia permitiria aos agricultores o exercício do privilégio de agricultor, sem risco de violação de patentes da Monsanto.

Uma vez que existe solução tecnológica, alguém poderia questionar por que a Monsanto não a empregou. Ocorre que a Monsanto desistiu da tecnologia "Terminator" por conta da feroz oposição ao seu uso por grupos ambientalistas e por aqueles grupos preocupados com os agricultores de países em desenvolvimento (Vincent, 1999). Os críticos da tecnologia "Terminator" têm a preocupação de que plantas geneticamente modificadas possam cruzar com as variedades selvagens, resultando em esterilidade posterior de variedades selvagens. Os críticos também receiam que essa tecnologia implique a revogação do privilégio de agricultor mesmo em países em desenvolvimento que não reconheçam direitos de propriedade intelectual sobre plantas e sementes.

A opinião pública européia já se colocou contra organismos geneticamente modificados e a tecnologia "Terminator". Em um prazo de seis meses (encerrado em 24 de agosto de 1999), as ações da Monsanto perderam 11% de seu valor, enquanto as da Delta & Pine caíram 18% (Brown e Vidal, 1999). Em resposta, o Deutsche Bank recomendou a seus investidores liquidarem as ações de companhias envolvidas com plantas geneticamente modificadas, incluindo ações da Monsanto. Os críticos de plantas geneticamente modificadas apelidaram-nas de "Monsatan" e "Mutanto" (Barboza, 1999), e pressionaram a Monsanto a abandonar o uso da tecnologia "Terminator". Em outubro de 1999, a Monsanto cedeu, anunciando que havia decidido abandonar o desenvolvimento da tecnologia "Terminator" (Feder, 1999).

Quando consideramos que as críticas à tecnologia "Terminator", na realidade, revelam um temor à restrição aos privilégios de agricultor, não é sem ironia que podemos concluir que hoje a decisão de recuar na tecnologia "Terminator" tenha, na verdade, ameaçado a manutenção do privilégio de agricultor nos países onde haja proteção patentária.

Poder de mercado e direitos de patente

Os direitos de patente podem agir como trampolim para a imposição de obrigações contratuais adicionais aos usuários de tecnologias protegidas. Exigindo dos produtores que assinem Acordos TUA, em vez de vender apenas sementes, a Monsanto buscou maximizar os seus lucros em relação ao nível de lucratividade que seria alcançado a partir do sistema patentário. Isto ocorre de duas maneiras. Por meio do acordo, a Monsanto exigiu dos usuários de sementes protegidas a compra do herbicida produzido pela Monsanto, impedindo a compra de versões genéricas do herbicida glifosfato. Em segundo lugar, ao exigir dos agricultores que abstenham-se da reutilização da semente e que somente comercializem suas safras com empresas autorizadas pela Monsanto. Como um aparte, estas duas práticas (vendas casadas e restrições de mercado) poderiam interessantemente ser analisadas sob a ótica concorrencial.

C) O Público: os reguladores

A história da canola está bem documentada e é geralmente descrita como uma das histórias de maior sucesso agrícola do Canadá. A partir de um incerto e modesto começo, a canola é a cultura mais rentável do Canadá (Industry Canada, 2003). Se examinássemos a história da canola, veríamos que os direitos de patente tiveram um papel muito sutil em seu desenvolvimento.

Instituições públicas tais como a Agriculture Canada e o Conselho Nacional de Pesquisas desempenharam papéis cruciais no desenvolvimento inicial da Canola (Malia e Gray, 1999). Apenas a partir da introdução da legislação de Proteção de Cultivares, no início da década de 90 do século passado, que a pesquisa privada se tornou dominante no Canadá. Ao permitir que melhoristas reivindicassem propriedade intelectual sobre novas variedades de canola (embora proteção fosse mais limitada que aquela oferecida pelo regime da patente), a legislação canadense gerou uma onda de investimentos privados (Gray, Malla e Ferguson, 2001). Enquanto o influxo de recursos privados estimulou a indústria emergente da biotecnologia, a maioria dos especialistas concorda que a canola não existiria como uma cultura "se não fosse pelo esforço de melhoristas públicos." Por mais verdadeira que esta afirmação possa ser, deve ser ponderada, notando-se que o sucesso da canola veio à custa da usurpação das oleaginosas quando a canola já era um cultivo viável (Kneen, 1992).

O reconhecimento do papel crucial dos pesquisadores públicos torna-se mais claro à luz de recentes estudos empíricos. Reexaminando-se o "retorno à pesquisa" a partir dos investimentos no setor de canola (considerando, dentre outros elementos, as mudanças na rede de benefícios sociais gerados a partir do aumento das pesquisas envolvendo canola) (Gray, Malla e Phillips, 2002; Malla e Gray, 1999). Durante o período em questão (1960-1997), um grande influxo de investimentos privados em pesquisa, "induzidos pelos direitos de propriedade e pelas tecnologias que ofereceram uma grande oportunidade de capturarem os benefícios da pesquisa", dominou o pequeno programa de pesquisa pública. Os autores notaram que o retorno à pesquisa com canola declinou constantemente durante o período do estudo. Concluíram, também, que a combinação de direitos de propriedade (que permitem que as firmas capturem o benefício social total do investimento) com os subsídios governamentais (para a pesquisa privada) conduziu ao sobreinvestimento no setor. Tanto a história quanto os estudos empíricos mostram que os direitos de propriedade não podem ser considerados instrumento ótimo de incentivos à P&D. De fato, a história e os estudos apontam no sentido oposto: um maior nível de investimentos privados estimulados pelos direitos de propriedade conduz à alocação ineficiente de investimentos.

Tendo em vista a história da canola, agências públicas, departamentos de agricultura e agências de fomento devem ser cautelosos antes de colocarem muita ênfase em patentes como o método principal de desenvolvimento de inovação. A curiosidade e a posição da comunidade de pesquisa não devem ser ignoradas. Focar-se pesadamente no sistema patentário como ferramenta ótima para incentivar a inovação pode, como o exemplo da canola, conduzir a resultados indesejáveis.

5. Conclusão

Embora apresentado aos responsáveis por políticas públicas como uma escolha entre incentivar a indústria agrobiotecnológica e proteger os interesses de produtores de produtos orgânicos e tradicionais, o caso Schmeiser revela uma realidade muito mais complexa. A partir de uma abordagem interdisciplinar empreendida, verificamos que os argumentos da indústria se inclinam freqüentemente mais para a maximização da lucratividade de empresas já estabelecidas que a um verdadeiro incentivo à inovação. Da mesma forma, vemos que os esforços para impedirem determinadas biotecnologias, tais como a tecnologia "Terminator", podem conduzir a um dano maior.

Nosso objetivo nesta análise consiste em conformar o discurso em torno dos direitos de patentes no setor agrobiotecnológico à realidade em que as invenções são feitas e usadas, enquanto nossa abordagem, por sua natureza, é mais complexa que aquela baseada em suposições-padrão e conduz à formulação de políticas significativamente mais eficientes e socialmente mais saudáveis.

6. Referências Bibliográficas

Agriculture and Agri-food Canada, *Federal-Provincial-Territorial Framework Agreement on Agricultural and Agri-Food Policy for the Twenty-First Century*. Ottawa: Government of Canada. 2004. Disponível em: <http://www.agr.gc.ca/cb/apf/pdf/accord_e.pdf>

Barboza, D. "Biotech Companies Take on Critics of Gene-Altered Food." *New York Times* November 12, 1999, A1.

Brown, P., e Vidal, J., "GM investors told to sell their shares." *The Guardian*, August 25, 1999, 1999 WL 23256410.

Canadian Biotechnology Advisory Committee, *Patenting of Higher Life Forms and Related Issues*. Ottawa: Government of Canada. 2002. Disponível em: <http://cbac-cccb.ca/epic/internet/incbaccccb.nsf/vwapj/E980_IC_IntelProp_e.pdf/$FILE/E980_IC_IntelProp_e.pdf>

Canadian Biotechnology Advisory Committee, "Report on President/CEO Briefing to CBAC", 2001. Gold, ER, rapporteur, disponível em: <http://cbac-cccb.ic.gc.ca/epic/ internet/incbaccccb.nsf/vwapj/IPPHL_integrated_Pres_Summary_e.pdf/$FILE/ IPPHL_integrated_Pres_Summary_e.pdf>

Commission On Intellectual Property Rights, *Integrating Intellectual Property Rights and Development Policy*. London: Commission on Intellectual Property Rights. 2002. Disponível em: <http://www.iprcommission.org/papers/pdfs/final_report/CIPRfullfinal.pdf>

Feder, B., "Monsanto to Bar a Class of Seeds." *New York Times,* October 5, 1999, A1. Food and Agriculture Organization (2004), The State of Food and Agriculture 2004.

Friends Of The Earth, "Trade Business Rules: Who pay the price? How Corporate Influence in the WTO Impacts People and the Environment." Friends *of the Earth International and Corporate Europe Observatory,* p. 09, 2003, disponível em <http://www.foei.org/publications/trade/businessrules.pdl>

Gold, E., Adams, W., Castle, D., Cleret de Langavant, G., Cloutier, Lm., Daar, As., Glass, A., Smith, Pj., Bernier, L "Shifting Lenses: Biotechnology Innovation and the Patent System." *Public Affairs Quarterly,* forthcoming, 2004.

Gold, ER., "Finding Common Cause in the Patent Debate." *Nature Biotechnology* 18, 1217, 2000a.

Gold, ER., "Biomedical Patents and Ethics: A Canadian Solution." *McGill Law Journal* 45, 413, 2000b.

Gray, AJ e Raybould, AF. Reducing transgene escape routes. Nature 392:653-4, 1998.

Gray, R., Malla, S., e Phillips, P. "Gains to Yield-increasing Research in the Evolving Canadian Canola Research Industry". In V. Santaniello, R.E. Evenson and D, 2002.

Gray, R, Malla, S, e Ferguson, S. *Agricultural research policy for crop improvement in western Canada: Past experiences and future directions.* 2001. Final report prepared for Saskatchewan Agriculture and Food, disponível em: <http://www.csale.usask.ca/PDFDocuments/agResearchPolicy.pdf>.

Heller, M.A. E Eisenberg, R.S., "Can patents deter innovation? The anticommons in biomedical research." *Science* 280, 698, 1998.

Hirshhorn, R. e Langford, J. *Intellectual Property Rights in Biotechnology: The Economic Argument*. Ottawa: Canadian Biotechnology Advisory Committee, 2001, disponível em <http://cbaccccb.ca/epic/internet/incbaccccb.nsf/vwapj/EcoArgument_Hirshhorn_Langford_e.pdf/$FILE/EcoArgument_Hirshhorn_Langford_e.pdf>.

Industry Canada, *Biotechnology and Consumers: Canola*. 2003. Disponível em: http://strategis.ic.gc.ca/epic/internet/inbac-bec.nsf/vwGeneratedInterE/h_bk00226e.html>.

Kneen, B. Rape of Canola. Toronto: NC Press, 1992.

Liptak, A. "Saving Seeds Subjects Farmers to Suits Over Patents." *New York Times*, Sunday, november 2, 2003, I4.

Lunney, Jr., G. "Reexamining Copyright's Incentives-Access Paradigm." *Vanderbilt. Law Review* 49, 483, 1996.

Malla, S. e Gray, R, *The effectiveness of research funding in the Canola industry*. A report prepared for Saskatchewan Agricultural Development Fund. Monsanto Company (2003a). Disponível em: <http://www.pharmaceutical-business-review.com/companyprofile.asp?guid=68BBC79A> Acesso em: 11 Out. 2003.

Monsanto Company, 2003b. Disponível em: <http://www.monsanto.com/monsanto/layout/our_pledge/default.asp>.

Monsanto Canada Inc. v. *Schmeiser* [2001] FTC 256, para. 96, disponível em: <http://decisions.fctcf.gc.ca/fct/2001/2001fct256.html>.

Nuffield Council On Bioethics, 2003. *The use of genetically modified crops in developing countries: a follow-up Discussion Paper*. Disponível em: <http:// www.nuffieldbioethics.org/filelibrary/pdf/gm_crops_paper_final.pdf>.

Organic Consumers Association 2003, Canada: Organic farmers apply for class certification in lawsuit against GMO giants. Disponível em: <www.ortganicconsumers.org/organic/ 011103_Organic.cfm>.

Schmeiser v. *Monsanto Canada Inc.* [2002] FCA 309, disponível em: <http://decisions.fctcf.gc.ca/fct/2002/2002fca309.html>.

Monsanto Canada Inc. v. *Schmeiser* [2004) SCC 32, disponível em: <http://www.lexum.umontreal.ca/cscscc/en/rec/html/2004scc034.wpd.html>.

Phillips, PWB e Khachatourians, G.G. The Biotechnology Revolution in Global Agriculture: Invention, Innovation and the Investment in the Canola Sector. New York: CABI Publishing, 2001.

Robert, S. e. Baumann, U. Resistance to the herbicide glyphosate. *Nature* 396:25-6. 1998, Shiva, V., *Biopiracy: The Plunder of Nature and Knowledge,* Boston: South End Press. Skerritt, JH. 1997, "Genetically modified plants: developing countries and the public acceptance debate." 2000, 2 *AgBiotechNet* 2, 3. Disponível em: <http://binas.unido.org/ binas/reviews/Skerritt.pdf>.

Thomassin, PJ e Cloutier, L.M. "Informational requirements and the regulatory process of agricultural biotechnology." *Journal of Economic Issues* 35, 2001, p. 323-333.

Vincent, C. "La stérilisation végétale, nouvelle arme biotechnologique", *Le Monde,* March 12, 1999, p. 29.

Waldron, J. "From Authors to Copiers: Individual Rights and Social Values in Intellectual Property." *Chicago-Kent Law Review* 68, 1993, p. 841-887.

Walterscheid, EC. "The Early Evolution of the US Patent Law: Antecedents (Part I)." *JPTOS* 76, p. 697, 1994a.

________. "The Early Evolution of the U.S. Patent Law: Antecedents (Part II)." *JPTOS* 76, p. 849, 1994b.

World Health Organisation, Report on Macroeconomics and Health, *Investing in Health for Economic Development.* 2001, Geneva: WHO. Disponível em: <http:// www.cid.harvard.edu/cidcmh/CMHReport.pdf>.

Zilberman (eds.), *Market Development for Genetically Modified Foods.* New York: CABI Publishing. p. 113-125.

Nota:

1. Roundup Ready canola.

4 A PROTEÇÃO DOS CONHECIMENTOS TRADICIONAIS POR MEIO DAS INDICAÇÕES GEOGRÁFICAS*

ANDRÉA NASCIMENTO MÜLLER**

---

* Texto traduzido e adaptado por Edson Beas Rodrigues Jr. e Gustavo Fávaro Arruda.

** Advogada, especializada em propriedade intelectual e investimento estrangeiro. Obteve Diploma de Estudos Aprofundados em Relações Internacionais com especialização em Direito Internacional no Instituto de Altos Estudos Internacionais em Genebra. Atualmente trabalha na Conferência das Nações Unidas sobre Comércio e Desenvolvimento em Genebra.

1. Introdução

Historicamente, conhecimentos tradicionais vêm sendo apropriados, adaptados e explorados por cientistas e pela indústria, especialmente em países desenvolvidos. Conseqüentemente, o conhecimento originalmente criado e desenvolvido por comunidades indígenas e locais nos países em desenvolvimento tem enriquecido sobretudo a indústria do mundo desenvolvido. Isto ocorre normalmente sem o consentimento das comunidades locais. Mesmo nos casos em que as comunidades consentem previamente, apenas uma pequena compensação é realizada. Por outro lado, o acesso a recursos genéticos e conhecimentos tradicionais pode ser considerado importante instrumento de desenvolvimento econômico sustentável.

Antes de 1992, não havia tratado internacional e basicamente nenhum regime nacional que regulasse o acesso a recursos genéticos. Como conseqüência, o uso comercial dos conhecimentos tradicionais e recursos genéticos associados se ampliou. A erosão da biodiversidade e a necessidade de compensar tanto usuários quanto as fontes dos conhecimentos tradicionais originaram a Convenção sobre a Diversidade Biológica (CDB). A CDB levantou a questão da necessidade de regular os conhecimentos tradicionais, reconhecendo, pela primeira vez, o valor dos recursos indígenas e a necessidade de manutenção dos conhecimentos tradicionais locais.[1] Apesar de regular o tema conhecimentos tradicionais, a CDB não disciplina os meios de proteção.

Outro instrumento internacional que também oferece oportunidade para discussões sobre proteção dos conhecimentos tradicionais é o Acordo TRIPS da Organização Mundial do Comércio (OMC): tais discussões se ampliaram a partir do início da revisão do art. 27.3.b de TRIPS. O cerne das discussões que ocorreram a partir de então no Conselho para TRIPS relaciona-se com a questão de se saber se se deve ou não estabelecer uma nova concepção de proteção patentária para invenções envolvendo plantas e animais e se o escopo das exceções à patenteabilidade deve ser mantido ou não. Alguns Estados-membros sustentam que as exceções à patenteabilidade autorizadas pelo art. 27.3.b são desnecessárias,[2] devendo-se a proteção patentária ser estendida para animais e plantas.[3] Outros sustentam que o art. 27.3.b deveria ser mantido do modo como está.[4] Outros membros da OMC ainda sustentam que, embora as exceções devam ser mantidas, esclarecimentos ou definições de certos termos presentes no artigo deveriam ser negociados – sobretudo o conceito de plantas, animais e microorganismos.[5] Finalmente, há ainda aqueles que defendem a reforma do art. 27.3.b de forma a se inserir a proibição de patenteamento de todas as formas de vida.[6] Uma das principais preocupações envolvendo o art. 27.3.b e sua relação com os conhecimentos tradicionais está relacionada à dúvida se as disposições sobre patentes de TRIPS encorajariam ou não empresas a patentearem invenções derivadas de conhecimentos tradicionais sem a devida compensação e repartição de benefícios. Além disso, outra preocupação decorre da necessidade de agricultores pagarem *royalties* para utilizar produtos protegidos.

As disposições do Acordo TRIPS e as contidas na CDB não são coerentes. Basicamente, a CDB estabelece a necessidade de repartição de benefícios, que decorre da idéia de que o titular da patente não é o único que poderá dela se beneficiar. No caso dos países em desenvolvimento, a situação é ainda mais complicada. Embora uma comunidade possa estar na origem de um conhecimento tradicional, esse conhecimento não tem necessariamente a forma técnica exigida pelo sistema patentário, e esta comunidade não poderá, pois, exigir compensação pela inovação.

Apesar das discussões positivas sobre a reforma do sistema patentário com vistas a possibilitar a proteção de conhecimentos tradicionais, não houve grandes avanços. A falta de um regime jurídico internacional de proteção dos conhecimentos tradicionais é ainda um dos principais problemas no que se refere à questão da apropriação.

Este artigo explora a possibilidade de uso das indicações geográficas como instrumento de proteção dos conhecimentos tradicionais, identificando os elementos básicos das indicações geográficas e como estas se relacionam com os conhecimentos tradicionais. Sustentamos, basicamente, que conhecimentos tradicionais podem ser protegidos por indicações geográficas e por instrumentos afins, como marcas de certificação e coletivas.

A proteção de conhecimentos tradicionais por meio de indicações geográficas será analisada em três dimensões. Primeiramente, analisaremos a regulação das indicações geográficas em convenções e acordos em âmbito internacional, notadamente com fulcro nas disposições do Acordo TRIPS. Em segundo lugar, exploraremos como as normas de proteção das indicações geográficas são aplicadas em âmbito nacional em países em desenvolvimento e desenvolvidos, a partir de três casos concretos envolvendo produtos de países em desenvolvimento, que poderiam ser protegidos por indicações geográficas. Finalmente, concluiremos o presente artigo indicando algumas idéias possíveis para aprimorar o rumo das discussões sobre uso de indicações geográficas como instrumento de proteção dos conhecimentos tradicionais.

2. Proteção das Indicações Geográficas no Direito Internacional

Antes do acordo TRIPS, a Convenção de Paris para Proteção da Propriedade Industrial (Convenção de Paris), e o Acordo de Madri para Repressão de Indicações Falsas de Origem de Bens (Acordo de Paris) e o Acordo de Lisboa para Proteção de Apelações de Origem e seus Registros Internacionais (Acordos de Lisboa) eram os três principais instrumentos regulando indicações geográficas de origem. Com a negociação do acordo TRIPS, o conceito de indicações geográficas passou a fazer parte também das discussões sobre propriedade intelectual.

Antes do TRIPS, as indicações geográficas eram "de origem", e reconhecidas pelos consumidores. Os dois principais tipos de indicações eram "indicações de origem" e "apelações de origem". Indicações de origem geográfica eram utilizadas nacional e internacionalmente para se referirem à origem geográfica de bens e serviços.[7] Este tipo de indicação é ilustrado por qualquer sinal que indique que um produto se originou em determinada fonte, ou tem uma origem geográfica específica. Neste sentido, exemplos de indicações de origem são os bancos suíços ou o selo "made in Brazil", "Swiss made" etc. "Apelação de origem" significa qualquer sinal que indique que um produto se originou numa região específica, onde as qualidades de determinados produtos se devem àquele meio ambiente. Alguns exemplos são o *champagne*, o *parmiggiano* etc.[8] O TRIPS criou um novo tipo de indicação de origem: as indicações geográficas, que identificam um bem como originário de um certo território. O Acordo TRIPS regula a apelação de origem mas não trata de indicações de origem, que são aplicáveis apenas aos bens.[9] A proteção de indicação de origem geográfica vem sendo desenvolvida de diferentes maneiras no contexto nacional e internacional. Desde muito tempo, países europeus têm elaborado normas relacionadas com a proteção de indicações geográficas, mas no passado estas normas eram elaboradas por autoridades locais ou regionais. Marcas indicativas da origem geográfica de bens estão na origem das atuais marcas comerciais.[10] Atualmente, a indicação de origem geográfica refere-se a "indicações de origem", a "apelações de origem" bem como às "indicações geográficas".

Este capítulo explora o conceito de indicação de origem geográfica e de indicações geográficas, com o objetivo de verificar como as indicações geográficas podem ser utilizadas como meios de proteção dos conhecimentos tradicionais. Neste capítulo, analisaremos os principais instrumentos internacionais que regulam as indicações geográficas.

2.1. A Convenção de Paris para Proteção da Propriedade Industrial

A Convenção de Paris de 1883 foi o primeiro acordo multilateral a regular indicações de origem geográfica. Este documento foi complementado pelo Protocolo de Madri de 1891. Durante as negociações e antes mesmo da ratificação da Convenção de Paris, representantes diplomáticos rejeitaram a proibição absoluta de falsas indicações ou indicações de origem e aceitaram uma proibição qualificada, que incluía apenas situações nas quais indicações falsas de origem eram acompanhadas por um nome comercial fictício ou utilizado com fins fraudulentos.[11]

O art. 10 da Convenção de Paris dispõe que:

> (1) As disposições do artigo precedente[12] serão aplicáveis em caso de utilização direta ou indireta de uma falsa indicação relativa à procedência do produto ou à identidade do produtor, fabricante ou comerciante. (2) Será, em qualquer caso reconhecido como parte interessada, quer seja pessoa física ou jurídica, o produtor, fabricante ou comerciante empenhado na produção, fabricação ou comércio desse produto e estabelecido quer na localidade falsamente indicada como lugar de procedência, quer na região em que essa localidade estiver situada, quer no país falsamente indicado ou no país em que se fizer uso da falsa indicação de procedência.

Assim, o art. 10 da Convenção de Paris exige a apreensão ou proibição de importação de bens no caso destes bens apresentarem uma falsa indicação de origem. Esta disposição exige também dos países-partes a proibição de importação de bens levando falsas indicações de origem geográfica. Entretanto, tal proibição não se aplica a indicações geográficas que sejam capazes de induzir a erro. A importação de produtos que contenham uma indicação geográfica que possa induzir a erro e que não seja classificada como falsa pode ser feita sem restrições.[13]

2.2. Acordo de Madri para Repressão pelo Falso uso de Indicações de Origem em Produtos

O Acordo de Madri foi assinado em 14 de abril de 1891, e revisado muitas vezes. Em 1979, foi emendado com vistas a impedir a prática de utilização de indicações falsas de origem. O art. 1(1) do Acordo estipula:

> Todos los productos que lleven una indicación falsa o engañosa en virtud de la cual resulten indicados directa o indirectamente, como país o como lugar de origen alguno de los países a los cuales se aplica el presente Arreglo, o un lugar situado en alguno de ellos, serán embargados al ser importados en cada uno de los dichos países.

O Acordo de Madri estabelece que indicações de origem referem-se a qualquer sinal que um produto apresente que possa divulgar a sua origem.[14] Assim, a "indicação de origem" apenas denota um produto como originário de uma determinada área geográfica. É importante notar que apenas 33 Estados assinaram este Acordo, e países comercialmente fortes, como os Estados Unidos, decidiram dele não fazer parte.[15]

2.3. Acordo de Lisboa para Proteção de Apelações de Origem e seus Registros

De acordo com o Acordo de Lisboa, assinado em 1958, "denominação de origem" refere-se à denominação geográfica de um país, região ou lugar específico,[16] indicando a qualidade ou outras características de um produto que lhe são essenciais ou exclusivamente atribuíveis em virtude de sua origem geográfica.

O art. 2º do Acordo de Lisboa define denominação de origem da seguinte maneira:

> la denominación geográfica de un país, de una región o de una localidad que sirva para designar un producto originario del mismo y cuya calidad o características se deben exclusiva o esencialmente al medio geográfico, comprendidos los factores naturales y los factores humanos. (2) El país de origen es aquél cuyo nombre constituye la denominación de origen que ha dado al producto su notoriedad o bien aquél en el cual está situada la región o la localidad cuyo nombre constituye la denominación de origen que ha dado al producto su notoriedad.

De acordo com o art. 2.1, o Acordo de Lisboa apenas vincula a indicação de denominação de origem cuja procedência é relacionada a características especiais de qualidade ligadas às condições geográficas da região. Não basta que o Estado proteja a denominação através de normas internas. Cada uma das denominações deve ser protegida pelo governo de modo específico e na forma escrita, com o objetivo de determinar os elementos específicos da proteção, bem como a área geográfica que legitima seus usuários a utilizar a indicação e a qualidade do produto.[17]

Na letra do Acordo de Lisboa, denominações de origem que são protegidas nacionalmente devem ser registradas junto à Organização Mundial da Propriedade Intelectual (OMPI).[18]

Além de poucos Estados participarem do Acordo,[19] este não oferece exceção para indicações de origem geográfica que se tornaram genéricas nos Estados-parte.[20]

2.4. Os *Standards* da Organização Mundial da Propriedade Intelectual

Em 1975, a OMPI publicou o projeto de um tratado para proteção de indicações geográficas,[21] que procura proteger não apenas denominações de origem, mas também indicações geográficas. Adotando uma abordagem diferente daquela seguida pelo Acordo de Lisboa, pela qual uma denominação de origem deve ser protegida como tal no país de sua origem, o projeto exige apenas uma declaração oficial do país a que a indicação geográfica se refere.[22]

No mesmo ano, a OMPI publicou a Lei Modelo para Países em Desenvolvimento para Proteção de Denominações e Indicações de Origem.[23]

A Lei Modelo define indicação de origem como "qualquer expressão ou sinal que indique que um produto ou serviço se origina em um país, região ou lugar específico".[24] Neste sentido, símbolos como a Torre Eiffel, a Estátua da Liberdade, ou uma Pirâmide do Egito poderiam ser objeto de indicação de origem.[25]

A Lei Modelo também estabelece um procedimento para o registro de indicações de origem.[26] Quando o produto for protegido, o termo designando a indicação de origem apenas pode ser usado por produtores que desempenham suas atividades na área denominada pela indicação, e apenas se seus produtos contiverem características essenciais associadas à indicação.[27]

3. Disposições do Acordo TRIPS Sobre Indicações Geográficas

O Acordo TRIPS entrou em vigor em 1995, como Anexo 1(C) do Acordo de Marrakesh[28] que estabeleceu a Organização Mundial do Comércio (OMC).[29] O Acordo TRIPS exige dos membros da OMC que adotem *standards* mínimos para proteção da propriedade intelectual.[30] A adoção do Acordo TRIPS foi um passo importante em direção ao estabelecimento de um sistema global para proteção dos direitos de propriedade intelectual. Pode-se dizer que, embora o sistema criado sob os auspícios do Acordo TRIPS procure ser amplo, ele ainda não inclui regulações específicas para proteção dos conhecimentos tradicionais. Embora o Acordo TRIPS não contenha qualquer disposição específica relativa à proteção dos conhecimentos tradicionais, muitas discussões vêm ocorrendo sobre o tema. Um dos pontos de discussão envolvendo o Acordo TRIPS e conhecimentos tradicionais se refere ao sistema de inovação tradicional. Neste sentido, o conhecimento de comunidades indígenas e o uso de plantas e ervas para usos medicinais e outros propósitos não seriam protegidos pelo regime do TRIPS. Assim, quanto mais subdesenvolvido é um país, mais esta forma de inovação pode gerar invenções.[31] O Acordo TRIPS é um dos mais importantes instrumentos de harmonização dos direitos de propriedade intelectual. Neste sentido, o TRIPS e o sistema OMC poderiam ser utilizados para fomentar a proteção dos conhecimentos tradicionais. O Acordo TRIPS pode trazer benefícios aos países em desenvolvimento por ser um instrumento cuja eficácia é garantida pelo mecanismo de solução de controvérsias da OMC. A racionalidade que permeia o Acordo TRIPS é que a globalização da proteção dos direitos de propriedade intelectual poderia ser feita de modo mais rápido através da integração de todos os direitos de propriedade intelectual em um único acordo.[32] Quanto à aplicação de suas disposições, o Acordo TRIPS obriga os Estados-membros a ajustarem suas legislações patentárias e concederem proteção patentária para qualquer invenção em todos os campos da tecnologia.[33]

O presente capítulo, primeiramente, explora as disposições do Acordo TRIPS relativas às indicações geográficas. Em um segundo momento, lida com as discussões sobre a potencial expansão do escopo de proteção das indicações geográficas.

3.1. Definição e Escopo das Indicações Geográficas

O conceito de indicações geográficas surgiu pela primeira vez no Acordo TRIPS,[34] que também modificou a noção de "indicações de origem geográfica".[35] O Acordo TRIPS define indicações geográficas como:[36]

> (...) indicações que identifiquem um produto como originário do território de um Membro, ou região ou localidade deste território, quando determinada qualidade, reputação ou outra característica do produto seja atribuída essencialmente em virtude de sua origem geográfica.

O Capítulo 3 do Acordo TRIPS também dispõe sobre os *standards* mínimos de proteção, proteção adicional para vinhos e destilados, exceções às obrigações bem como estabelece disposição relativa a novas negociações. Na definição dada pelo Acordo TRIPS, certos elementos devem ser levados em consideração. Um deles é se uma indicação geográfica reivindicada é uma indicação primária e capaz de identificar um produto como sendo originário de certa região.[37]

Indicações geográficas concedem a todos os produtores de uma região geográfica determinada direitos exclusivos de uso de um sinal distintivo para identificação de seus produtos. Entretanto, não protegem produtos ou métodos de produção *per se*.[38] Indicações geográficas assinalam o modo pelo qual certas comunidades utilizam o seu próprio conhecimento. Para Downes e Laird, indicações geográficas têm por fundamento tradições comunitárias e processos coletivos de tomada de decisão. Assim, protegem e recompensam tradições, permitindo evoluções. Não existe uma terminologia única sobre a matéria, e as diferentes expressões, tais como "indicações de origem", "denominação de origem" ou "indicações geográficas", não implicam uma proteção específica.[39]

As duas principais funções das indicações geográficas são: i) proteção contra exploração não-autorizada, e ii) informação para o consumidor sobre a origem, a qualidade e a reputação de um produto.[40] Elas visam à promoção de produtos que apresentem dadas características, beneficiando, assim, a região de onde se originam.

Indicações geográficas poderiam incluir indicações de origem e denominações de origem. Neste sentido, as referências a indicações de origem designam "indicações que identificam um produto como originário de um território de um Estado-membro, onde uma determinada qualidade, reputação ou outras características do produto são essencialmente atribuíveis à origem geográfica". Entretanto, nem a expressão "indicação de origem" nem "denominação de origem" estão presentes no texto do Acordo TRIPS.[41]

No âmbito do TRIPS, as indicações geográficas incluem denominação de origem mas não incluem indicações de origem.[42]

O Acordo TRIPS exige proteção para indicações originárias de uma determinada região, para que estes produtos possam ser identificados como originários de determinada região.[43] Os Estados-membros têm a obrigação de impedir falsas denominações que poderiam confundir os consumidores. Exemplos de indicações geográficas são "Champagne" para vinho espumante originário da região de Champagne, na França, "Scotch" para uísque da Escócia ou "Darjeeling" para chá da Índia. Estas são indicações geográficas e representam uma reputação que foi construída ao longo dos anos a partir da associação que os consumidores fazem entre o produto e a área geográfica de onde se originam.[44]

A proteção de indicações geográficas pode trazer benefícios para países em desenvolvimento. Neste sentido, pode favorecer a identificação da verdadeira origem de determinados produtos ou serviços, estabelecendo um regime de controle de qualidade de alto nível. Pode ainda relacionar a produção de uma mercadoria a um território específico, limitando o movimento dos fatores de produção, e assim incrementando a produção de produtos típicos locais. Neste sentido, constituem um instrumento para reduzir custos de publicidade e marketing regional dos produtos protegidos, criando uma diferenciação mercadológica voltada a um grupo de consumidores específicos, protegendo produtos tradicionalmente produzidos, cujas características são resultantes de fatores ambientais e humanos.[45] Por outro lado, existem argumentos sobre os riscos da utilização de indicações geográficas e sobre determinados problemas que persistem: os procedimentos que países em desenvolvimento poderiam seguir, em um regime multilateral, não são claros; e as possibilidades de exportação dos países em desenvolvimento são potenciais, mas não necessariamente reais. Por exemplo, na África há uma produção de pequeno porte de queijo de leite de camelo, produto este que é um potencial candidato à proteção por meio de indicações geográficas. Porém, o produto não preenche as exigências sanitárias dos países desenvolvidos; indicações geográficas não garantem, pois, acesso imediato a mercados. Muitas indicações geográficas, em países em desenvolvimento, existem apenas como "termos geográficos". A falta de um sistema de registros constitui outro problema. Um sistema adequado de proteção de indicações geográficas pode ser muito caro para países em desenvolvimento, razão pela qual a maioria das indicações geográficas protegidas está atualmente sob controle dos países desenvolvidos.[46] Muitos argumentos contra o uso de indicações geográficas relacionam-se ao fato de que na maioria dos casos, indicações geográficas poderiam apenas ser utilizadas em países desenvolvidos e não em países em desenvolvimento. Para muitos países em desenvolvimento, o uso de indicações geográficas não é culturalmente difundido, ao contrário do que ocorre na Europa. Há muitas razões para isso, como é o caso das dificuldades vivenciadas pelos países em desenvolvimento na implementação do Acordo TRIPS.[47]

A mais importante diferença entre o Acordo TRIPS e o Acordo de Lisboa é o grande número de partes que acederam ao primeiro acordo e a possibilidade de utilizar o Órgão de Solução de Controvérsias da OMC, no caso de violação das regras da OMC ou no caso de conflitos de interesses.[48] Além disso, o Acordo TRIPS parece ser mais flexível que a definição adotada pelo Acordo de Lisboa.[49]

Considerando que indicações geográficas constituem um instrumento jurídico recente, deveriam ser exploradas para uso potencial tanto em países desenvolvidos quanto em países em desenvolvimento.

3.2. Proteção Padrão para Todas as Indicações Geográficas

O Acordo TRIPS oferece dois regimes de proteção: um regime geral e outro específico. O regime geral de proteção de indicações geográficas (art. 22.2) estabelece que:

a) a utilização de qualquer meio que, na designação ou apresentação do produto, indique ou sugira que o produto em questão provém de uma área geográfica distinta do verdadeiro lugar de origem, de uma maneira que conduza o público a erro quanto à origem geográfica do produto;
b) qualquer uso que constitua um ato de concorrência desleal, no sentido do disposto no art. 10bis da Convenção de Paris (1967).

De acordo com o art. 22(1), indicações geográficas se aplicam a bens. Porém, o Acordo TRIPS não define o termo "bens". Na doutrina, autores empregam o termo "bens" como sinônimo de "produtos". Se a definição de bens é a mesma que a de produtos, informação hereditária contida em recursos fitogenéticos para alimentação e agricultura[50] bem como o know-how relacionado[51] devem ser excluídos.

O Acordo TRIPS, em seus arts. 22-24, não determina explicitamente quem são as "partes interessadas" e não define os titulares das indicações geográficas. Existem práticas que não podem ser contidas por meio das indicações geográficas. Atualmente, recursos fitogenéticos para alimentação e agricultura são geralmente classificados como "domínio público", e podem ser livremente utilizados por todos. Uma vez que o art. 22 não reconhece o direito de impedir terceiros de utilizar livremente recursos fitogenéticos desenvolvidos e mantidos por comunidades tradicionais, tais recursos permanecem em domínio público.[52]

A inter-relação entre proteção de marcas comerciais e denominações de origem é prevista no art. 22.3 do Acordo TRIPS,[53] que permite que um Estado-parte, a partir da solicitação da parte interessada, recuse ou invalide o registro da marca comercial que entra em conflito com uma indicação geográfica.

3.3. Proteção Especial para Vinhos e Destilados

No âmbito do sistema TRIPS, todas as indicações geográficas relativas a bens devem ser protegidas contra uso abusivo.[54] Para vinhos e destilados, o nível de proteção é mais elevado;[55] um número importante de indicações geográficas, sobretudo denominações de origem, são associadas a estes produtos,[56] e não é necessário: i) que o público consumidor possa ser confundido ou, ii) que exista concorrência desleal.[57]

O art. 23 também apresenta disposições relativas a futuras negociações no Conselho para TRIPS para a criação de um sistema multilateral de notificação e registro de indicações geográficas para vinhos e destilados.[58] Quando da conclusão do TRIPS, acordou-se que estas negociações seriam realizadas no futuro.

3.4. Aprimorando a Proteção para Indicações Geográficas

Atualmente, o Acordo TRIPS não apresenta disposições que possam proteger conhecimentos tradicionais através de indicações geográficas.[59] Entretanto, o Acordo poderia desempenhar um papel importante neste campo. Esta seção do artigo explora as discussões que ocorrem no Conselho para TRIPS e a potencial relação entre estas discussões e os conhecimentos tradicionais.

3.5. A Declaração Ministerial de Doha

A quarta Reunião Ministerial da OMC que ocorreu em novembro de 2001, em Doha, tratou do tema indicações geográficas em dois planos distintos:

primeiramente, reconheceu a obrigação de negociar a criação de um sistema multilateral de notificação e registro de indicações geográficas para vinhos e destilados. Em segundo lugar, tratou da extensão da proteção para outros bens além de vinhos e destilados.[60]

Enquanto as negociações para criação de um sistema multilateral de notificação e registro de indicações geográficas para vinhos e destilados já foram lançadas, membros ainda debatem se o mandato negociador também envolve a extensão da proteção por meio de indicações geográficas para outros produtos que não vinhos e destilados.

Membros têm interpretações diferentes do mandato negociador.[61] A Argentina, por um lado, interpreta que não há mandato para negociar a extensão da proteção para outros produtos.[62] Bulgária, República Tcheca, Comunidade Européia, Hungria, Liechtenstein, Quênia, Mauricius, Nigéria, Paquistão, República Eslovaca, Eslovênia, Sri Lanka, Suíça, Tailândia e Turquia, por outro lado, interpretam que há um mandato evidente para se iniciarem negociações para extensão de proteção adicional para indicações geográficas.[63]

Desde o mandato de Doha, três propostas representando as duas principais linhas de interpretações sobre o mandato foram submetidas para negociação. A primeira trata da proposta detalhada da União Européia[64] que sugere que o TRIPS seja emendado. A segunda se refere a uma proposta conjunta de um grupo de países[65] que propõe que o TRIPS não seja emendado. A terceira, de um compromisso proposto em Hong Kong, na China,[66] que sugere um registro de indicações geográficas mais limitado do que a proposta da União Européia, e somente para os países que participem do sistema.

3.6. Proteção para Outros Produtos que Não Vinhos e Destilados

As reuniões do Conselho para TRIPS demonstram que membros estão divididos em dois campos opostos: uns a favor da extensão das indicações geográficas para outros produtos, e outros contra. A proposta de extensão da proteção concedida para indicações geográficas de vinhos e destilados a outros produtos incluiria, dentre outros, produtos agrícolas, alimentos processados e artesanato.

Os prós e contras da extensão das indicações geográficas podem essencialmente ser resumidos em três tópicos. O primeiro argumento relaciona-se com o equilíbrio de negociações alcançado durante a Rodada do Uruguai. O segundo refere-se a problemas ligados ao objetivo da proteção prevista pelo art. 22. E o terceiro trata do impacto potencial da extensão da indicação geográfica sobre o comércio, consumidores e os custos envolvidos para implementação das obrigações do Acordo TRIPS.[67]

Os países que, anteriormente, eram contrários ao mandato negociador permanecem contrários à negociação. Austrália,[68] Paraguai, Canadá, Nova Zelândia, Estados Unidos e Argentina[69] sustentam que as novas obrigações envolveriam custos excessivos, muitos dos quais incidiriam sobre os países em desenvolvimento.[70]

Aqueles em favor da extensão do objetivo da proteção das indicações geográficas - Bulgária, República Tcheca, Islândia, Índia,[71] Liechtenstein, Eslovênia, Sri Lanka, Suíça e Turquia, argumentam sobre a possibilidade de uso comercial, e sobre os benefícios potenciais para o comércio e o desenvolvimento.[72]

Outras implicações decorrentes da possível extensão das indicações geográficas não foram objeto de discussão no plano do Conselho TRIPS, tais como: a situação jurídica dos titulares de indicações geográficas protegidas[73] e o tipo de regime jurídico que os países deveriam implementar.[74]

4. A Proteção das Indicações Geográficas em Âmbito Doméstico

Com o objetivo de analisar se os direitos de propriedade intelectual e, notadamente, indicações geográficas ou marcas comerciais podem ser instrumentos para proteção de conhecimentos tradicionais, é importante analisar as legislações e práticas nacionais adotadas. Por um lado, a aplicação das normas internacionais depende do direito nacional. Por outro, práticas domésticas para proteção de conhecimentos tradicionais oferecem inúmeros benefícios para comunidades locais e indígenas.

4.1. Proteção das Indicações Geográficas e dos Conhecimentos Tradicionais em Países em Desenvolvimento

Indicações geográficas não vêm sendo utilizadas em países em desenvolvimento. Embora constituam uma prática corrente em países desenvolvidos, existe uma relação clara entre indicações geográficas e países em desenvolvimento, sobretudo quando se pensa na possibilidade de utilização de indicações geográficas para proteger conhecimentos tradicionais.[75] Vale notar que a indicação geográfica é o único instrumento, no âmbito do direito da propriedade intelectual, sem limitação temporal.[76]

Algumas das preocupações e discussões relativas aos mecanismos criados pela OMC são diretamente relacionadas à posição dos países em desenvolvimento. Enquanto direitos de propriedade intelectual para plantas têm sido objeto de discussões nos países industrializados desde o início do século XX, o tema é ainda bastante recente nos países em desenvolvimento.[77] Por esta razão, a posição desses países não exerceu grande influência durante a negociação e redação do texto do TRIPS. Inúmeras mudanças ocorreram nos países da América Latina após a incorporação do Acordo TRIPS em seus ordenamentos jurídicos. Apesar do TRIPS ter passado a vincular os países em desenvolvimento apenas a partir de 1º de janeiro de 2000, alguns países anteciparam a implementação do Acordo, como foi o caso do Brasil que, em 1996, já havia conformado sua legislação interna de acordo com as regras do Acordo. Outro ponto de controvérsias em países da América Latina é a proteção de invenções, sobretudo no campo farmacêutico.[78]

Diferentes especialistas sustentam que o Acordo TRIPS não traria benefícios aos países em desenvolvimento. Para Vandana, apenas países desenvolvidos se beneficiam do regime de harmonização criado pelo Acordo TRIPS, uma vez que o acordo apresenta um regime jurídico de proteção da propriedade intelectual que é restrito aos sistemas ocidentais de inovação, os quais, por sua vez, refletem os interesses dos sistemas econômicos dominantes do Ocidente.[79] Autores que não acreditam no Acordo TRIPS e no sistema OMC argumentam que para que os conhecimentos tradicionais sejam protegidos, são necessários diferentes regimes jurídicos para proteção de diferentes sistemas de geração de conhecimento.[80] Aqueles contrários ao Acordo TRIPS argumentam que a biopirataria, além de não desaparecer, poderá crescer a partir de um sistema harmonizado de proteção dos conhecimentos tradicionais.[81] Neste sentido, países em desenvolvimento vêem os direitos de propriedade intelectual como inibidores do livre fluxo de conhecimento em virtude do aumento dos custos e da diminuição do acesso a novas tecnologias. Alguns países em desenvolvimento argumentam que direitos de propriedade intelectual desaceleram o desenvolvimento econômico e diminuem o bem-estar social – pelo menos no curto prazo. Além disso, a prática de cópia e imitação de produtos protegidos tem se ampliado.[82] Quanto às implicações econômicas do Acordo TRIPS nos países em desenvolvimento, faltam estudos visando à elaboração de projetos alternativos de implementação das obrigações do Acordo TRIPS. Não está claro se seria interessante para os países em desenvolvimento interpretar os termos do Acordo TRIPS da maneira mais restritiva, com vistas a ampliar os níveis de inovação doméstica, bem como atrair investimentos estrangeiros e transferência de tecnologia. De todo modo, vale notar que países diferentes têm interesses diferentes.[83]

Ginsberger argumenta que a biopirataria ocorre em países onde não há proteção adequada para propriedade intelectual, especialmente em países em desenvolvimento. Conhecimento indígena também está sujeito à pirataria, principalmente pelas empresas farmacêuticas.[84] Considerando que o Acordo TRIPS oferece padrões básicos para proteção da propriedade intelectual, a sua utilização pelos países em desenvolvimento poderia ser um instrumento importante para proteção dos conhecimentos tradicionais.

O Grupo de Países da América Latina e Caribe (Grulac), num documento apresentado ao Comitê Intergovernamental de Propriedade Intelectual, Recursos Genéticos e Conhecimentos Tradicionais e Folclore,[85] admite a necessidade de tratar das indicações geográficas no âmbito dos direitos de propriedade intelectual. Menciona ainda que indicações geográficas, especialmente denominações de origem, podem ser utilizadas para incrementar o valor de produtos naturais, tradicionais e artesanais de todos os tipos, considerando que suas características particulares são atribuíveis à sua origem geográfica. Além disso, apontam que um importante número de produtos constitui o resultado de processos e conhecimentos tradicionais desenvolvidos por comunidades locais. As características de tais produtos poderiam ser representadas por indicações de origem utilizadas para identificar tais produtos. Muitos Estados regulam internamente o assunto; dente estes países, a maioria apresenta legislações e jurisprudência que proíbem anúncios falsos ou que gerem confusão em relação aos bens ou serviços.[86]

Na África, faltam recursos financeiros para a proteção de seus conhecimentos. Conseqüentemente, poucos ordenamentos jurídicos procuram articular ou promover esforços tecnológicos locais para conservação da biodiversidade.[87]

O Grupo asiático apresentou proposta ao Comitê Intergovernamental mencionado anteriormente para estabelecer um banco de dados sobre conhecimentos tradicionais e disponibilizá-lo aos escritórios de patentes internacionais. Segundo os asiáticos, este banco de dados seria importante para proteger os conhecimentos tradicionais listados no banco.[88]

Quanto à proteção de indicações geográficas no plano sub-regional da América Latina, a Decisão nº 344 da Comunidade Andina, de 1993, concede o direito de uso exclusivo de "denominações de origem". No âmbito do Mercosul, o Protocolo de Harmonização das Regras de Propriedade Intelectual relativas a Marcas, Indicações Geográficas e Denominações de Origem, aprovada em agosto de 1995, obriga os Estados-membros a protegerem categorias de indicações de designação de origem e indicações geográficas. Entretanto, o Protocolo não menciona a extensão e os objetivos da proteção.[89]

Alguns países como Panamá, Peru e Costa Rica têm legislações específicas de proteção dos conhecimentos tradicionais. A legislação panamenha é um bom exemplo de proteção de conhecimentos tradicionais. O Panamá, a partir da Lei nº 20, de 26 de junho de 2000, estabeleceu um regime especial de propriedade intelectual para proteção de direitos coletivos dos povos indígenas e defesa de sua identidade cultural. No sistema panamenho, conhecimentos tradicionais são protegidos quando puderem ser associados à identidade cultural de uma comunidade local e puderem ser comercializados.[90] A legislação panamenha também trata de questões controvertidas como a proteção de conhecimentos tradicionais "sagrados", além dos conhecimentos tradicionais de natureza puramente comercial. Neste sentido, suas disposições visam à proteção de conhecimentos tradicionais a partir dos quais podem derivar produtos comercializáveis. Considerando todas as dificuldades em âmbito internacional para se alcançar uma proteção adequada para os conhecimentos tradicionais, é importante o enfoque em um tipo específico de conhecimento tradicional. Neste caso, o foco na proteção de produtos que podem ser comercializados parece ser um exemplo importante para as discussões futuras sobre o assunto.

O projeto de lei peruano, que visa à proteção dos conhecimentos tradicionais indígenas, exige dos interessados no acesso a conhecimentos tradicionais locais que obtenham permissão dos titulares dos conhecimentos.[91]

A Costa Rica, numa tentativa de conservar sua biodiversidade local, criou o Instituto Nacional de Biodiversidad (INBio), um instituto criado para: i) estabelecer, em âmbito nacional, uma estratégia para o uso sustentável da biodiversidade e conduzir um inventário da biodiversidade costa-riquenha; ii) participar da entidade administrativa encarregada dos assuntos ligados à biodiversidade; iii) centralizar informações relativas à biodiversidade costa-riquenha e disponibilizá-las em formato de fácil acesso ao público. O INBio é uma iniciativa baseada no programa costa-riquenho de conservação da biodiversidade local e apresenta como objetivo a preservação da biodiversidade tropical e a promoção do desenvolvimento sustentável.[92] Outra importante função do INBio é a conclusão de acordos de acesso a recursos genéticos e repartição de benefícios com empresas nacionais e estrangeiras do setor farmacêutico e biotecnológico.[93] O INBio estabelece em seus acordos com a comunidade empresarial pagamentos adiantados em espécie, *royalties* e direitos de exclusividade.

Legislações nacionais têm tratado da questão relativa à repartição de benefícios e reconhecimento de *standards* básicos de proteção dos conhecimentos tradicionais. Entretanto, a dificuldade de se construir um sistema adequado de proteção eficiente dos conhecimentos tradicionais permanece. O sistema de proteção da propriedade intelectual poderia constituir um instrumento para estabelecer regras de proteção dos conhecimentos tradicionais; além disso, seria mais fácil aprimorar o sistema atualmente existente do que simplesmente criar um sistema inteiramente novo.

4.1.1. A Experiência Brasileira

No Brasil, de acordo com o novo Código de Propriedade Industrial de 1996,[94] tanto "designações de origem" quanto "indicações geográficas" são protegíveis (arts. 176-178),[95] exceto quando tiverem se tornado designações comuns de um produto ou serviço (art. 180). As principais diferenças entre a legislação brasileira e as disposições contidas no Acordo TRIPS é que a legislação brasileira não oferece proteção especial para vinhos e destilados; apenas para produtos e serviços. Existem muitas designações de produtos e processos que empresas internacionais estão registrando como marcas comerciais, violando os direitos de povos indígenas e de outras comunidades locais da região amazônica. É o caso, por exemplo, do Cupuaçu, Açaí, Copaíba, Andiroba e Ayahuasca, uma vez que o conhecimento relativo ao uso da biodiversidade local não é legalmente reconhecido.[96] Quanto à proteção de conhecimento tradicional local, o Brasil adotou uma postura mais defensiva e menos pró-ativa. Uma proteção pró-ativa decorre da aquisição de direitos de propriedade intelectual pelos titulares dos conhecimentos tradicionais – por exemplo, por meio da aquisição de uma patente. A proteção defensiva é caracterizada por disposições legais que impedem a reivindicação de direitos de propriedade intelectual sobre determinado tipo de conhecimento ou produto por pessoas ou organizações não-autorizadas.[97]

Conseqüentemente, no Brasil inexiste um sistema específico para proteção de conhecimentos tradicionais. O Executivo editou uma Medida Provisória que contém algumas normas incidentais sobre conhecimentos tradicionais.[98] Entretanto, estas normas não são suficientes para proteger conhecimentos tradicionais, tendo em vista que a definição abrange tanto informações de natureza individual quanto coletiva associada à biodiversidade.[99] A importância da proteção do conhecimento tradicional está ligada à possibilidade de repartição de benefícios com as comunidades locais e à possibilidade de se impedir o uso não-autorizado da herança genética destas comunidades. É importante a conformação de algum tipo de proteção para os produtos originados de comunidades tradicionais e com elas repartir os benefícios decorrentes de sua exploração comercial. Respondendo a um questionário da OMPI sobre legislações de propriedade intelectual, o Brasil mencionou que a proteção dos conhecimentos tradicionais é feita por meio de um regime *sui generis*, baseado na Medida Provisória nº 2.186-16, de 23 de agosto de 2001, que disciplina tanto a proteção de conhecimentos tradicionais quanto de recursos genéticos. O art. 9 da Medida Provisória dispõe que comunidades locais e indígenas dispõem do direito de impedir o uso não-autorizado de seus conhecimentos.[100] É importante notar que a proteção decorre de uma medida provisória, que não tem o mesmo impacto de uma legislação ordinária. Assim, o regime brasileiro de proteção da propriedade intelectual não é suficiente para proteção dos conhecimentos tradicionais.[101] Além da Medida Provisória, o Brasil não tem outra legislação protetiva dos conhecimentos tradicionais comunitários ou qualquer outro método de proteção. A exploração econômica dos recursos e dos conhecimentos tradicionais sem a autorização das comunidades indígenas ainda é bastante comum.[102]

4.1.2. A Experiência Mexicana

No México, a proteção dos conhecimentos tradicionais foi objeto de muitas discussões. O México apresentou à OMPI um estudo sobre a proteção do conhecimento tradicional mexicano no qual sustentava que legislação atual de proteção da propriedade intelectual já apresenta disposições que poderiam ser utilizadas para proteção de determinados aspectos do conhecimento tradicional.[103] Neste estudo, são apresentados dois exemplos de uso de indicações geográficas para proteção de conhecimentos locais: é o caso da "tequila" bem como das marcas comercias para proteção da "Arte Seri". "Tequila", uma bebida alcoólica produzida a partir do "agave azul" (variedade azul da agave tequilana), é um nome originário da região de Jalisco, mas sua produção se desenvolveu em diferentes municípios de Jalisco, Nayarit, Tamaulipas, Guanajuato e Michoacán. A produção da Tequila, considerada a mais conhecida bebida alcoólica mexicana,[104] envolve conhecimento tradicional local que remonta a meados do século XVI. Tequila pode ser considerada uma indicação geográfica, e conseqüentemente, o conhecimento local utilizado em sua produção poderia ser protegido. Entretanto, seria importante estabelecer critérios para a repartição de lucros e benefícios entre as comunidades locais, de forma que os benefícios não fiquem concentrados apenas nas mãos dos produtores.

O povo Seri é constituído por um número de comunidades descendentes de uma antiga cultura. Estas comunidades desenvolveram inúmeros artigos artesanais, sobretudo acessórios, que atualmente representam a principal fonte de renda para muitas famílias e comunidades da região. Com o objetivo de proteger uma ampla variedade de produtos Seri (cestas, colares, bonecas, esculturas etc.), a Sociedade Cooperativa Artesanos Los Seris (SCL) registrou a marca comercial "Arte Seri" junto ao Instituto Nacional Mexicano de Propriedade Industrial, em cinco diferentes classes de produtos.[105]

Entretanto, registrar uma marca para cinco classes de produtos é complexo e caro. Classificar os bens produzidos de acordo com a identidade étnica dos grupos poderia constituir um sistema mais eficiente. Além disso, a solicitação de uma marca comercial poderia ser feita pela Cooperativa. Como a legislação em vigor não reconhece os povos indígenas como sujeitos de direito, os membros da etnia Seri que não pertencem à Cooperativa não podem se beneficiar da marca comercial.

4.1.3. A Experiência do Pacífico Sul

Em certos países, incluindo países em desenvolvimento, o uso de uma marca constitui um potencial instrumento para a proteção do conhecimento tradicional. Com efeito, uma vez que muitos deles apresentam uma legislação específica sobre marcas (e não sobre indicação geográfica), estas constituem um importante instrumento para proteção do conhecimento tradicional.

É o caso da situação atual dos direitos de propriedade intelectual nos países do Pacífico Sul, apresentada na tabela seguinte:[106]

País	Legislação sobre Direitos da Propriedade Intelectual				
	Direito Autoral	Patentes	Marcas	Desenho Industrial	Indicação Geográfica
Ilhas Cook	Sim* (NZ)	Sim* (NZ)	Sim* (NZ)	Sim* (NZ)	Não
Ilhas Fiji	Sim (1999)	Sim* (UK)	Sim* (UK)	Não	Não
Kiribati	Sim* (UK)	Sim* (UK)	Sim* (UK)	Sim* (UK)	Não
Ilhas Marshal	Não	Não	Não		Não
Nauru					Não
Niue	Sim* (NZ)	Sim* (NZ)	Sim* (NZ)	Sim* (NZ)	Não
Palau	Não	Não	Não	Não	Não
Papua-Nova Guiné	Sim		Sim		Não
Samoa	Sim (1998)	Sim	Sim	Sim	Não
Ilhas Salomão	Sim	Sim* (UK)	Sim* (UK)	Não	Não
Tonga	Sim	Não	Sim	Não	Não
Tuvalu	Sim	Sim	Sim	Sim	Não
Vanuatu		Sim* (UK, Fr)	Sim* (UK, Fr)		Não

* Utiliza legislação de outro país (NZ: Nova Zelândia; GB: Grã-Bretanha; Fr: França).

Assim, a maioria dos países do Pacífico Sul não possuem legislação sobre a proteção dos conhecimentos tradicionais. A planta kava, por exemplo, que será analisada adiante, não está protegida, nem no plano nacional nem no âmbito internacional. Para evitar a exploração adicional por companhias multinacionais, esta planta deveria ser objeto de uma proteção por meio de indicação geográfica ou marca (ver considerações *infra*).

A tabela anterior demonstra que no Pacífico Sul as práticas relacionadas a marcas são mais conhecidas do que as indicações geográficas. Assim, no direito interno, seria mais fácil a implementação de uma legislação para proteger conhecimentos tradicionais por meio de marcas do que por indicações geográficas. Já em nível internacional, a proteção poderia ser feita por intermédio de indicação geográfica, como ilustra o caso da planta kava cultivada na região (ver considerações *infra*). O aperfeiçoamento de um sistema que já existe também apresenta a vantagem do custo reduzido.

As discussões atuais sobre os direitos dos povos indígenas demonstram que os membros destas comunidades, caso reconhecidos pela lei, poderiam utilizar o sistema de marcas para proteção do seu conhecimento tradicional.[107]

Comparando-se o uso das indicações geográficas e das marcas, pode-se concluir que, no direito interno, não existem categorias específicas, nos sistemas de marcas, para bens derivados de conhecimento tradicional. Assim, para proteger estes bens, é necessário registrá-los em diferentes classes. Neste sentido, seria mais fácil proteger estes bens por meio de indicação de origem geográfica. Tendo em vista que muitos países não estão familiarizados com práticas de indicação geográfica, mas conhecem o sistema de marcas, a introdução de categorias de bens especiais na legislação sobre marcas poderia ter um impacto positivo importante. Com efeito, isso seria mais apropriado do que a criação de um sistema completamente novo, que implicaria custos mais elevados.

O projeto de decisão da Comunidade Andina sobre Propriedade Industrial estabelece que sinais relacionados a nomes indígenas ou de comunidades locais não podem ser objeto de marca com vistas a distinguir seus produtos ou serviços, exceto quando o pedido for submetido pela própria comunidade ou com o seu consentimento expresso.[108]

No que se refere às possibilidades legislativas para proteger o conhecimento tradicional, no âmbito interno, uma alternativa seria a criação de pessoas jurídicas por comunidades tradicionais, ou tribos indígenas com o objetivo de fazer valer os seus direitos. Uma das opções para a criação destes grupos poderia ser o estabelecimento de federações de grupos indígenas, como a Federação Awa, criada no Equador.

A criação de uma pessoa jurídica em alguns casos pode não só ser benéfica, como necessária para negociações e assinatura de contratos.[109] Os povos locais podem preferir que uma entidade os represente e cuide de seus interesses. Entretanto, é necessária uma previsão legal neste sentido, o que nem sempre acontece.[110]

Alguns países consideram que o potencial das exportações não é tão grande e, portanto, não estão interessados na criação de novas regras para a proteção do conhecimento tradicional. Contudo, todos os elementos que envolvem este tema deveriam ser considerados, incluindo a preservação da biodiversidade.

4.2. Proteção das Indicações Geográficas em Países Desenvolvidos

Indicações geográficas em países desenvolvidos são mais exploradas e sofisticadas do que nos países em desenvolvimento. Muitos países desenvolvidos com prática em indicações geográficas apresentam uma legislação nacional sobre o assunto. O problema que decorre da aplicação apenas da legislação nacional para indicações geográficas é que, embora ela possa ser eficaz para as indicações geográficas nacionais, ela não se aplica aos nacionais de outros países que não conferem tratamento recíproco.[111] Nos países desenvolvidos, o número de casos de proteção de indicações geográficas é bem mais elevado do que nos países em desenvolvimento.

A legislação que protege comerciantes situados em pequenas localidades geográficas européias contém, essensialmente, normas relativas às indicações geográficas.[112] Com efeito, países com uma economia tradicionalmente forte foram os primeiros a verificar a necessidade de distinguir os produtos fabricados localmente dos produtos similares provenientes do estrangeiro. Assim, países com uma economia e uma indústria tradicionalmente fortes, que são conhecidos por um produto determinado, tendem a privilegiar e utilizar indicações geográficas para proteger tais produtos.[113]

Na prática inglesa, inúmeros são os exemplos. O mais conhecido é o do uísque escocês (Scotch Whisky), que foi o terceiro produto de uma extensa lista de casos de proteção por indicação geográfica.[114] De acordo com os Anglo-American Trademark Statutes, não é possível, regra geral, registrar um nome geográfico como marca. Nos Estados Unidos, a proteção das indicações geográficas provém do princípio da *common law* pelo qual nenhuma pessoa pode obter um direito exclusivo de usar um nome geográfico, se esta utilização impede que outras pessoas façam negócios na mesma área. O Trade Mark Act, de 1905, na seção 5 (b), codificou este princípio através da proibição da concessão de registro a uma marca que fosse "meramente um nome ou termo geográfico".[115]

Em muitos países, a falsa representação da origem de produtos é tratada pela legislação que proíbe a concorrência desleal. Por exemplo, na Alemanha e na Austrália, a legislação sobre concorrência desleal dispõe também sobre a proteção contra a falsa representação da origem de produtos. O art. 3º da legislação alemã, por exemplo, proíbe qualquer pessoa, em atividade comercial, para os propósitos de concorrência, de especificar a origem de um bem específico.[116]

A Austrália, por sua vez, de acordo com o Trade Practices Act, de 1974, proíbe condutas cujo propósito seja a apropriação indevida de designações geográficas.[117]

Na França, o sistema de proteção de indicações geográficas é bastante abrangente: nos casos de denominações de origem, é necessário ter o nome do produto reconhecido por uma decisão judicial ou por um ato administrativo. Além disso, é necessário um nexo entre a origem e as características do produto.[118] Exemplos de lugares que tiveram suas denominações de origem reconhecidas são as regiões produtoras de vinho de Bordeaux, Burgundy, Champagne e Cognac.[119]

Muitos dos conflitos relacionados a indicações geográficas decorrem do próprio produto – caso do vinho, por exemplo, cuja proteção é conferida essencialmente por meio das indicações geográficas. Nesse sentido, a Europa desempenha um papel fundamental na harmonização de regras dessa categoria. O Conselho da UE editou uma série de regulamentos para a proteção de indicações geográficas e designações de origem para produtos agrícolas e alimentícios,[120] que estabelecem um procedimento para o registro de uma designação de origem ou uma indicação geográfica. Os regulamentos do Conselho estabelecem, por exemplo, que após determinado período de tempo, aqueles que não puderem designar o seu vinho espumante como "champagne" não poderão também indicar que o vinho é produzido utilizando o "método champagne". Este regulamento pode originar litígios relacionados aos métodos desenvolvidos por certas companhias, como ocorreu no caso Winzersekt.[121] Essa controvérsia demonstrou que deve haver um equilíbrio entre o conteúdo dos direitos da propriedade intelectual, o direito à aquisição dos mesmos e os interesses do livre-comércio.[122] Outro regulamento da UE possibilita a certificação de produtos feitos com procedimentos tradicionais.[123]

5. Aprimorando a Interação Entre Conhecimento Tradicional e Indicações Geográficas

O conhecimento tradicional de fazendeiros e povos indígenas poderia, por exemplo, ser protegido por meio de indicações geográficas.[124] Esta seção analisa as relações entre conhecimento tradicional e indicação geográfica, e as discussões sobre esse tema no âmbito do Conselho para TRIPS.

5.1. Definição de Conhecimentos Tradicionais

A definição de conhecimento tradicional ainda é objeto de controvérsias. De acordo com a Organização Mundial da Propriedade Intelectual (OMPI)[125] as definições sobre conhecimento tradicional envolvem "cultura indígena e propriedade intelectual", "herança indígena" e "direitos costumeiros relacionados com algum tipo de herança cultural". A OMPI adotou um conceito de conhecimento tradicional ligado a invenções, descobertas científicas, inovações e criações, baseadas na tradição e decorrentes de atividade intelectual, nos campos industrial ou científico. A idéia de conhecimentos "baseados na tradição" faz referência a sistemas de conhecimento de uma comunidade ou região que vêm sendo transmitidos de geração a geração.

O conhecimento tradicional é classificado em conhecimento agrícola, científico, técnico, ecológico, medicinal (incluindo remédios e curativos), biodiversidade e conhecimentos afins. A OMPI também mencionou que o termo "tradicional" não significa "antigo". A noção de tradição implica o modo pelo qual este conhecimento foi produzido e não a data de sua produção. "Conhecimento tradicional - de acordo com a OMPI - é o conhecimento que foi desenvolvido com base nas tradições de uma determinada comunidade ou nação. Assim, conhecimento tradicional é uma variável cultural."[126]

A utilização de conhecimento tradicional sem compensação é bastante comum, sobretudo na África.[127] Por outro lado, nos casos em que existe compensação, muitas vezes é difícil determinar os beneficiários - por exemplo, se o conhecimento tradicional pertence a um grupo, quais indivídios deveriam receber os benefícios monetários e não monetários deste conhecimento. Estas são algumas das questões que precisam ser mais bem exploradas para que os beneficiários do conhecimento recebam uma justa compensação.[128]

Para Girsberger,[129] conhecimento tradicional é conhecimento indígena. Durante muito tempo, o conhecimento indígena não fazia parte da categoria "inovação". Entretanto, em virtude do aumento nas inovações que utilizam conhecimento indígena - por exemplo, remédios baseados na medicina tradicional - a necessidade de incluir o conhecimento indígena na categoria de inovação tornou-se evidente. O conhecimento tradicional indígena pode se apresentar de várias formas. Uma definição estrita da expressão "conhecimento" compreende apenas o conhecimento técnico como, por exemplo, o conhecimento relacionado à farmacologia ou ao aprimoramento genético de plantas. Já uma definição mais ampla compreende o conhecimento cultural, como artes e rituais, e todas as formas de conhecimento indígena.[130] O conhecimento indígena desenvolve-se através de um longo período de tempo e é transmitido de geração a geração. Com o passar do tempo, novos conhecimentos são adicionados e o conhecimento existente é aperfeiçoado.[131]

As categorias de conhecimento tradicional incluem: i) conhecimento sobre o uso de uma planta ou espécie animal, ii) conhecimento sobre a preparação e processamento de certas espécies, iii) conhecimento sobre a conservação do ecossistema, iv) recursos biológicos renováveis originários de uma terra indígena, v) artesanatos e trabalhos artísticos, vi) propriedade cultural e outros.[132] Levando-se em consideração que não há definição clara de conhecimento tradicional no direito internacional, esta lista poderia ser objeto de inúmeros debates. Conhecimento tradicional geralmente se refere a um conhecimento associado a temas ambientais, além de conhecimentos sobre decoração, artesanato ou outros trabalhos e expressões culturais, por exemplo.[133]

Conhecimento tradicional refere-se a uma área específica onde certos produtos são feitos ou métodos tradicionais são utilizados para fazer certos tipos de produtos, sendo que a reputação destes produtos também está ligada a sua origem geográfica.[134]

Se, por um lado, inexiste uma definição clara de conhecimento tradicional, por outro, não está claro se apenas o conhecimento técnico deveria ser objeto de proteção ou se, ao contrário, tanto o conhecimento técnico quanto o cultural deveriam ser protegidos. Para Blakeney, por exemplo, o termo conhecimento tradicional relaciona-se sobretudo com plantas e animais utilizados para alimentação ou no tratamento médico, e menos com o folclore.[135]

O conhecimento tradicional deve proporcionar às comunidades locais certos direitos. Mas algumas questões ainda persistem: como determinar quem são os legítimos detentores destes direitos? O conhecimento tradicional constitui um direito coletivo ou individual? No caso de direito individual, ainda é necessário identificar o inventor, o que nem sempre é evidente quando o conhecimento provém de comunidades indígenas.[136]

Os instrumentos internacionais também nem sempre são claros. A Convenção sobre Diversidade Biológica, por exemplo, tem previsões específicas para a proteção do conhecimento tradicional, sem contudo definir "conhecimento tradicional".

Nos lindes deste estudo, conhecimento tradicional é definido como o conhecimento técnico adquirido por meio de um longo período de tempo e transmitido de geração a geração.

5.2. Debate no Conselho para TRIPS – Indicações Geográficas e Conhecimento Tradicional

O Conselho para TRIPS deu passos importantes no debate sobre indicações geográficas e conhecimento tradicional a partir das discussões relativas à extensão da proteção por meio de indicações geográficas a outros produtos além de vinhos e destilados. Nessas discussões, reafirmou-se que o conhecimento tradicional poderia ser protegido através de indicações geográficas.

Neste sentido, a Suíça mencionou na reunião do Conselho para TRIPS de março de 2002 que as indicações geográficas são consideradas um possível instrumento para a proteção do conhecimento tradicional e dos recursos genéticos.[137] Alguns exemplos incluem: "kava", "Rooibos tea", "neem", "Mexican enola beans", "Peruvian yacon" e "Andean nuna beans". A extensão possibilitaria o uso das indicações geográficas em condições eqüitativas para todos os produtos e promoveria os métodos tradicionais de produção e processamento, contribuindo, assim, para o desenvolvimento econômico.[138] Também foi dito que a extensão das indicações geográficas constituiria um incentivo para produtores a comercializar seus bens internacionalmente, promovendo, portanto, o comércio internacional.[139]

Na reunião do Conselho para TRIPS realizada em novembro de 2002, a Austrália afirmou que as indicações geográficas poderiam ser uma forma de proteger o conhecimento tradicional de uma maneira menos severa ou monopolística.[140]

As discussões no Conselho para TRIPS sobre conhecimento tradicional e indicações geográficas representam um ponto importante para a difusão da proteção do conhecimento tradicional por meio de indicações geográficas.

5.3. Indicações Geográficas para Proteção de Produtos de Origem Indígena e de Comunidades Locais

Esta seção examina como as indicações geográficas podem ser utilizadas para proteger produtos tradicionais que tenham sua origem em conhecimento tradicional. Esta análise é baseada na comparação entre indicações geográficas e alguns mecanismos tratados no Acordo TRIPS e na CBD.

Existem dois elementos que relacionam o conhecimento tradicional com as indicações geográficas. O primeiro é que os direitos são adquiridos por um grupo e não por um indivíduo. O art. 22 do Acordo TRIPS é ambíguo e não define a expressão "partes interessadas". Numa interpretação mais ampla, "partes interessadas" constituiriam um grupo. O segundo elemento é que o conhecimento é transferido de geração a geração. Portanto, para classificar um produto como uma indicação geográfica, tal produto deveria ser reconhecido por suas qualidades, o que depende de um ambiente tradicional, de certos fatores humanos e naturais, padrões ou técnicas, que as comunidades locais incluíram em sua produção. Nesse sentido, os bens que se tornam indicações geográficas são manifestações da identidade local e cultural da comunidade, que são elementos similares àqueles do conhecimento tradicional.[141]

Outro ponto de interação entre indicações geográficas e conhecimento tradicional é o fato de inexistir a propriedade privada típica. Ambos são frutos de uma tradição, que por sua vez incentiva sua evolução. A ligação com o território existe, mas é imaterial, seja o inventor um indivíduo, uma família ou uma sociedade.[142]

No caso de apropriação indevida de um conhecimento tradicional, as indicações geográficas podem ajudar a identificar os produtos e produtores, evitando perdas.[143] As indicações provêm melhor proteção para produtores e fabricantes contra competidores localizados fora da área geográfica denominada. Além disso, por meio da identificação da origem e dos produtos, as indicações geográficas constituem um instrumento importante na repartição de benefícios, evitando a exploração das comunidades detentoras do conhecimento tradicional e dos produtos. Exemplos de apropriação indevida são a quinoa (patente americana nº 5.304.718) e a planta medicinal amazônica *ayahusca* (patente americana nº 5.571). Estes produtos são baseados em plantas e conhecimentos desenvolvidos e utilizados por comunidades locais e indígenas. Outros exemplos incluem a árvore neem, kava, barbasco, *edod* e *turmeric*.[144] A proteção das indicações geográficas poderia ampliar os benefícios, com a identificação da origem dos produtos, uma redução no custo da propaganda, comercialização regional dos produtos protegidos, o estabelecimento de uma diferenciação mercadológica para um grupo específico de consumidores, e a proteção dos produtos que foram tradicionalmente feitos.[145]

A importância das indicações geográficas e os benefícios econômicos que delas decorrem também estiveram em discussão no caso Basmati.[146] O arroz Basmati é originário do norte da Índia e do Paquistão, de onde é exportado para os Estados Unidos e Europa. No caso da Índia, as exportações desse arroz correspondem a 51% do valor das exportações indianas de arroz. Questões envolvendo a propriedade intelectual do Basmati estiveram na origem de uma controvérsia: uma companhia alimentícia denominada "Etablissements Haudecouer La Courneve" possuía duas marcas francesas que faziam referência ao nome Basmati, "Riz Long Basmati" e "Riz Long Basmati du Monde". Nos Estados Unidos, uma companhia localizada no Texas, "RiceTec", é a detentora da marca e vende o arroz sob a denominação "texmati".[147] Considerando a importância do arroz Basmati para as economias indiana e paquistanesa, é importante protegê-lo. Nem a Índia nem o Paquistão regulam o uso do termo "basmati" como uma indicação geográfica[148] e o Acordo TRIPS prevê que um Estado-parte não é obrigado a proteger uma indicação geográfica a menos que ela seja protegida em seu país de origem.[149] Assim, seria necessário que os dois governos estabelecessem uma proteção para o arroz Basmati, o que, aliás, facilitaria a comercialização desse arroz. De todo modo, classificar o arroz Basmati como objeto de uma reputação de qualidade dependeria de informações adicionais sobre a qualidade do arroz.[150] Outro problema que poderia surgir na classificação do arroz como uma indicação geográfica relaciona-se com a origem do nome "Basmati". A denominação Basmati não está associada a um lugar específico. Além disso, a Índia e o Paquistão não concordam com o lugar onde o Basmati deveria ser cultivado: o Paquistão acredita que o Basmati cresce no Punjab e a Índia, que a localização não é importante, desde que ele seja cultivado aos pés do Himalaia.[151] Com efeito, um dos problemas decorrentes do uso da indicação geográfica para proteção de um conhecimento tradicional é que muitos produtos tradicionais não têm uma denominação que os identifique com a sua origem. No caso Basmati, embora o arroz não seja diretamente ligado ao conhecimento tradicional, ele poderia ser identificado como um produto tradicional.

Um fato importante na análise do uso das indicações geográficas para proteger o conhecimento tradicional é que a definição de indicação geográfica está ligada a bens. Por isso, a proteção de direitos culturais e tradicionais, manifestações religiosas ou culturais de conhecimento tradicional não seriam protegidas diretamente.

Neste sentido, o Comitê Intergovernamental da OMPI[152] também apontou que as indicações geográficas poderiam ser um instrumento útil para a proteção do conhecimento tradicional, uma vez que as indicações geográficas não estão relacionadas somente com a sua geografia, mas também com fatores humanos e/ou naturais.[153]

Apesar das previsões da CBD, afirmando a proteção ao conhecimento tradicional, existem inúmeras questões relacionadas com o mecanismo pelo qual um direito pode ser implementado nos casos que envolvem "direitos soberanos dos Estados". A CBD refere-se, em cada um dos artigos relacionados à proteção de recursos genéticos, à necessidade de "ação por parte dos Estados". Tal "ação" poderia resultar da aplicação do sistema de propriedade intelectual.[154] O art. 28 da CBD dispõe que protocolos adicionais podem ser negociados para complementar a Convenção. Assim, poder-se-ia pensar num protocolo relacionado a tecnologias indígenas e tradicionais baseadas em conhecimento, que definiria mecanismos para repartição de benefícios, definiria conhecimento e práticas das comunidades indígenas e locais, desenvolveria mecanismos e diretrizes para promover a aplicação do conhecimento tradicional, e desenvolveria um mecanismo de compensação.[155] Por outro lado, a negociação de tal protocolo seria objeto de muitas discussões e provavelmente apenas alguns Estados demonstrariam interesse em assiná-lo.

Como mencionado anteriormente, o Acordo TRIPS não oferece atualmente proteção ao conhecimento tradicional. Porém, admite que o conhecimento tradicional poderia ser protegido por indicações geográficas e marcas. O uso de indicações geográficas para proteger conhecimento tradicional é condicionado à extensão desta proteção a outros produtos além de vinhos e destilados.

O Acordo TRIPS contribui significativamente para a regulação da propriedade intelectual, uma vez que remete a um órgão de solução de controvérsias a aplicação de suas normas. A OMPI continua importante na harmonização das regras relacionadas à propriedade intelectual. Enquanto a OMPI é importante na harmonização das regras relacionadas aos direitos da propriedade intelectual, o TRIPS é importante na regulação dos aspectos de propriedade intelectual relacionados com o comércio internacional.[156] O Acordo TRIPS prevê que as legislações domésticas devem seguir as normas e princípios nele contemplados.[157]

Embora a proteção de produtos tradicionais possa ser realizada mediante indicações geográficas e marcas, é importante desenvolver mecanismos de direito interno capazes de ampliar essa proteção.[158] É importante encontrar uma solução favorável não apenas aos Estados-membros e os consumidores, mas também às comunidades indígenas e locais.

Muitas propostas surgiram, como iniciativas não-governamentais com o intuito de fortalecer o sistema de proteção, procurando influenciar acordos internacionais como a CBD, o Acordo TRIPS, bem como legislações nacionais sobre propriedade intelectual e direito do comércio internacional. Estas propostas visam a uma repartição eqüitativa de benefícios de pesquisas biológicas e tecnológicas, a partir da utilização de leis modelos, bases de dados locais/tradicionais, contratos, diretrizes de ética e códigos de conduta bem como direitos da propriedade intelectual. Dentre estas iniciativas, destacam-se os Direitos Intelectuais Comunitários, que são um modelo de lei sobre direito da propriedade intelectual comunitária, cujo objetivo é prevenir a "privatização e usurpação dos direitos e conhecimento da comunidade por meio da definição atual de invenção". Outra iniciativa é da Society for Research and Initiatives for Sustainable Technologies and Institutions (SRISTI) de Ahmedabad na Índia, que tem criado bases de dados de conhecimento tradicional e inovação relacionados com comunidades locais. Um terceiro exemplo é o People's Biodiversity Registers, um programa que, dentre outras funções, promove o uso do conhecimento local e a proteção do conhecimento e da biodiversidade locais contra a apropriação indevida. Este programa também apóia o uso de bases de dados locais para ampliar as relações entre comunidades e empresas.[159]

A doutrina diverge sobre como proteger legalmente o conhecimento tradicional. Para alguns, a criação de um regime *sui generis*, ou mesmo a negociação de novas normas internacionais, seria necessário. Para outros, as regras sobre os direitos da propriedade intelectual existentes poderiam constituir um instrumento eficiente para fortalecer a proteção. A contrário, alguns autores afirmam que o conhecimento tradicional não pode ser protegido pelas regras sobre os direitos da propriedade intelectual atuais, e advogam o estabelecimento de novas normas sobre um "direito de propriedade intelectual *sui generis*".[160]

Entretanto, vale notar que a criação de um regime *sui generis* poderia tornar o processo de proteção do conhecimento tradicional ainda mais lento e difícil para os países em desenvolvimento. Assim, a utilização de instrumentos internacionais já existentes, que tratam direta ou indiretamente das indicações geográficas, poderia representar uma melhor opção.

Não obstante, existem dificuldades relacionadas à proteção do conhecimento tradicional e dos produtos correlatos por meio de indicações geográficas e marcas. É necessário estabelecer uma definição de conhecimento tradicional, bem como estabelecer de modo preciso os efeitos jurídicos de sua proteção no plano dos direitos da propriedade intelectual.[161]

Muitos autores criticam os direitos da propriedade intelectual como sistema adequado para proteger o conhecimento tradicional, entretanto parecem inexistir outras opções.[162] Na ausência de direitos de propriedade intelectual, haveria a possibilidade de alguém copiar e comercializar uma invenção patenteada ou trabalho protegido por direito autoral.[163] Uma vez que invenções constituem o produto do esforço e do trabalho individual, criam direitos de propriedade privada. Muitos países desenvolvidos reforçaram seus sistemas protetores de direitos de PI, consolidando os benefícios dos inventores individuais. Contudo, outros países, sobretudo em desenvolvimento, encaram o conhecimento como um "bem coletivo" e não privado.[164] Questões relacionadas com a biodiversidade ampliaram as discussões sobre a proteção do conhecimento e recursos indígenas no quadro dos direitos de propriedade intelectual. Uma das questões controvertidas é a de se saber se a proteção dos recursos e do conhecimento indígena, por meio de direitos de PI, amplia os ganhos econômicos de seus beneficiários.[165]

É importante notar que direitos de propriedade intelectual promovem uma repartição justa e eqüitativa de benefícios, fazendo com que do conhecimento e das inovações para a produção decorram benefícios. Sistemas jurídicos e econômicos que permitem o desenvolvimento sustentável de comunidades locais detentoras deste conhecimento auxiliariam, ademais, na conservação da biodiversidade.[166] A eficiência dos direitos de propriedade intelectual para proteger o conhecimento tradicional depende também de sua aplicação efetiva. Os detentores potenciais de direitos de propriedade intelectual são normalmente comunidades pequenas ou indígenas, ou minorias étnicas, políticas ou econômicas, que não dispõem do poder de fazer valer os seus direitos. De acordo com o TRIPS, todos os Estados devem proteger adequadamente os direitos de propriedade intelectual destas minorias. Assim, a efetividade dos direitos de propriedade intelectual depende também do empenho dos Estados no sentido de fazer cumprir estas normas.[167]

Direitos de propriedade intelectual podem constituir um instrumento importante na proteção do conhecimento tradicional, bem como auxiliar na criação de direitos para as comunidades locais ou indígenas.

Atualmente, normas de direito internacional bem como as legislações nacionais sobre patentes não prevêem padrões que permitam proteger o conhecimento tradicional e a biodiversidade. Nos países em desenvolvimento, falta informação sobre a importância e o potencial da proteção do conhecimento tradicional e da inovação baseada em conhecimento tradicional, o que facilitaria a identificação e a comercialização dos produtos e serviços baseados em conhecimento tradicional.[168]

É importante considerar os direitos da propriedade intelectual como um instrumento para a proteção do conhecimento tradicional, mesmo nos casos em que existam regimes *sui generis* de proteção, pois a propriedade intelectual constitui, por assim dizer, uma plataforma para o trato das normas sobre a proteção de conhecimento tradicional.

Em conclusão, os sistemas existentes não contemplam normas para uma proteção adequada do conhecimento tradicional mediante indicações geográficas. Contudo, a sofisticada "proteção adicional para vinhos e destilados" demonstra que uma proteção efetiva nesse campo é possível. Para que a proteção de produtos de comunidades locais e indígenas por meio de indicação geográfica seja efetiva, é necessário que a proteção dos vinhos e destilados prevista pelo TRIPS seja estendida para os produtos destas comunidades.

6. Marcas Comerciais como Instrumento para Proteção de Conhecimentos Tradicionais

Marcas coletivas, marcas de certificação e indicações geográficas apresentam características comuns. Por exemplo, quando o proprietário de uma marca coletiva é uma associação de comércio regional e as condições para utilização da marca envolvem a localização numa região específica, esta marca coletiva assemelha-se a uma indicação geográfica.[169] Neste sentido, marcas coletivas também poderiam constituir um instrumento importante para a proteção do conhecimento tradicional.

De acordo com o art. 15.1 do Acordo TRIPS, uma marca é definida como:

> Qualquer sinal, ou combinação de sinais, capaz de distinguir bens e serviços de um empreendimento daqueles de outro empreendimento, poderá constituir uma marca. Estes sinais, em particular palavras, inclusive nomes próprios, letras, numerais, elementos figurativos e combinação de cores, bem como qualquer combinação desses sinais serão registráveis como marcas. Quando os sinais não forem intrinsecamente capazes de distinguir os bens e serviços pertinentes, os membros poderão condicionar a possibilidade do registro ao caráter distintivo que tenham adquirido pelo seu uso. Os membros poderão exigir, como condição para o registro, que os sinais sejam visualmente perceptíveis.

Marcas são sinais distintivos que são utilizados para diferenciar produtos, sejam eles bens ou serviços.[170] Em muitas circunstâncias, as marcas constituem um instrumento de comercialização.[171] Quando estendidas a serviços, elas também são conhecidas como marcas de serviços. Marcas de serviços relacionam-se a hotéis, linhas aéreas, bancos, seguradoras e agências de viagem.[172] Constituem sinais distintivos: um *design*, uma palavra ou série de palavras geralmente localizadas no rótulo do produto e utilizadas em propagandas.

No sistema de proteção das marcas, o proprietário goza normalmente do direito exclusivo de impedir que terceiros possam usar comercialmente qualquer sinal que seja idêntico ao da marca ou qualquer sinal que possa induzir o consumidor a erro.[173]

Uma marca desempenha quatro funções: i) diferencia o produto de uma empresa do produto de outra, auxiliando consumidores a identificarem um determinado produto que foi objeto de propaganda; ii) relaciona-se com a qualidade específica de um produto para o qual a marca é usada, embora esta função não seja geralmente reconhecida; iii) indica a origem do produto; iv) auxilia na propaganda e nas vendas de um produto.[174]

Por meio das marcas, os consumidores podem associar certos produtos às suas respectivas origens. A proteção de marcas não tem limite temporal. O registro inicial e cada renovação de uma marca devem ser realizados por um período mínimo de sete anos, conforme orientação do Acordo TRIPS.[175] A proteção das marcas requer formalidades de registro e, apenas a marca é registrada, possibilita aos proprietários a faculdade de licenciar o uso e coibir infrações.[176]

Marcas, sobretudo coletivas e de certificação, podem também ser usadas como instrumento para proteger o conhecimento tradicional. Como as indicações geográficas, as marcas não protegem o conhecimento tradicional *per se*, mas produtos tradicionais, e auxiliam na repartição dos benefícios com a comunidade local.

A utilização de marcas coletivas e de certificação para a proteção do conhecimento tradicional pode ser utilizada para:

- Produtos de biodiversidade: marcas de certificação podem auxiliar na aplicação das normas da CBD concernentes à repartição de benefícios. Neste sentido, uma empresa que utiliza uma marca de certificação em seus produtos pode proporcionar às comunidades indígenas uma participação nos benefícios. O Body Shop, por exemplo, não utiliza marcas de certificação, advoga implicitamente a necessidade de usar estas marcas adicionando aos seus produtos cosméticos material derivado de florestas tropicais e indicando no rótulo que eles transferem benefícios às comunidades de origem. O problema é que, devido à falta de identificação das comunidades, torna-se difícil avaliar a repartição de benefícios. Uma instituição encarregada da certificação de produtos e serviços facilitaria a distribuição dos benefícios.
- Produtos oriundos de materiais em estado natural: as marcas de certificação também podem ser utilizadas para indicar se o produto contém um organismo geneticamente modificado.
- Produtos ou serviços produzidos ou gerados com procedimentos tradicionais: a certificação indica que os produtos ou serviços foram criados a partir de procedimentos tradicionais.
- Certificação de origem: os certificados indicam que o produto é originário de uma certa região.[177]

Exemplos de produtos explorados por comunidades incluem o *casabe* venezuelano (pão yucca), exportado com a marca "casabe, pão da floresta tropical", e a *una de gato* (*Ashaminka*) peruana.[178] Os regulamentos andinos estabelecem que as empresas estão proibidas de registrar um determinado emblema como uma marca quando o mesmo estiver relacionado a um produto ou outro emblema utilizado por uma comunidade indígena.[179]

Marcas podem desempenhar um papel fundamental para comunidades locais quando utilizadas como ferramentas para proteger e distinguir produtos e serviços de comunidades indígenas. Estas comunidades podem constituir associações de produtores com vistas a ampliar a proteção dos produtos tradicionais a partir da diferenciação desses produtos no mercado.[180] Marcas para a proteção de produtos ou serviços de comunidades locais podem conter desenhos ou nomes utilizados pelas comunidades; além disso, a descrição do produto também pode ser incluída.

A utilização de marcas para proteger o conhecimento tradicional apresenta vantagens, dentre as quais: i) menores custos se comparados aos da criação de um sistema novo; ii) proteção por um período indefinido, mesmo que tenham de ser renovadas de tempos em tempos; iii) as marcas podem atrair mais consumidores ou negociantes para aos produtos indígenas.[181] Além disso, as marcas também podem ser utilizadas nos procedimentos de concorrência desleal.[182] Muitas vezes, a legislação nacional já dispõe sobre marcas, facilitanto sua utilização. A desvantagem é que, como as indicações geográficas, as marcas não protegem o conhecimento *per se*.

6.1. Marcas de Certificação

Estas marcas são autorizadas por um órgão de certificação, como uma associação da indústria ou do comércio, e simbolizam um determinado padrão ou qualidade como, por exemplo, a Woolmark.[183]

As marcas de certificação, facultadas pelo Acordo TRIPS, são previstas na legislação de muitos países. Estas marcas podem ser utilizadas por pequenos fabricantes para garantir aos consumidores a autenticidade de seus produtos, ou mesmo indicar que a produção respeitou o meio ambiente. Por outro lado, a certificação demonstra que o produto foi verificado por uma instituição independente em relação à empresa que produz ou vende o produto.[184]

Marcas de certificação podem ser utilizadas de diversos modos, mas seus detentores (o Estado, uma empresa ou uma instituição de padronização, por exemplo) devem determinar os critérios segundo os quais a marca pode ser usada.[185] Na Índia, marcas, rótulos e certificações são utilizados para a comercialização do chá Darjeeling. Os jardins do chá orgânico Darjeeling são certificados por duas instituições: o Institut für Marketecologie, na Suíça, e o Naturland-Verband, na Alemanha, que fazem inspeções regulares.[186] Neste caso, a certificação leva em conta os diferentes tipos de chá que existem.

Marcas de certificação podem ser concedidas a comunidades indígenas para que as características dos produtos sejam preservadas e para que nenhum tipo de fraude possa ocorrer. Apenas os detentores da marca de certificação podem utilizá-la.[187]

A planta kava também pode eventualmente ser protegida por meio de uma marca de certificação.[188] Com efeito, a proteção de uma indicação geográfica por uma marca de certificação é mais ampla tendo em vista que previsões neste sentido já existem nos diversos sistemas marcários nacionais.[189]

As normas da Comunidade Andina a este respeito constituem um bom exemplo de como proteger o conhecimento tradicional por meio de marcas de certificação. Tais marcas são definidas como "qualquer signo que possa ser aplicado a produtos ou serviços, com vistas a identificar determinadas qualidades ou características certificadas pelo detentor da marca."[190]

Entretanto, a utilização de marcas de certificação também apresenta aspectos negativos. Nos Estados Unidos, por exemplo, o uso de marcas de certificação foram ineficientes para a promoção do comércio de produtos indígenas devido, sobretudo, a uma falta de divulgação destas marcas junto aos consumidores.[191]

Marcas e indicações geográficas podem constituir estratégias de marketing de sucesso, sobretudo se os comerciantes souberem, de modo preciso, por que as pessoas decidem comprar os seus produtos.[192] O uso de indicações geográficas pode ser mais eficiente nos casos em que uma associação regional de povos indígenas, com repaldo governamental, estabeleça suas próprias denominações de origem ou regulamente a certificação. Neste sentido, o Canadá introduziu marcas oficiais de certificação para autenticar o trabalho de povos indígenas,[193] e a Austrália desenvolveu um esquema de certificação que autentica os produtos aborígenes.[194]

A regra segundo a qual termos geográficos não podem ser utilizados como marcas individuais não se aplica às marcas de certificação ou marcas coletivas.[195]

6.2. Marcas coletivas

Marcas coletivas são marcas que pertencem a um grupo de empresas e indicam ao consumidor que um certo produto possui determinada qualidade, pertence a um grupo específico ou é originário de uma certa região. Normalmente, as marcas coletivas são registradas por uma associação que, se não utiliza a marca ela mesma, permite aos seus membros que o façam, desde que preencham determinadas condições. Estas marcas podem ou não ser de certificação.[196] Marcas coletivas[197] são propriedade de uma entidade coletiva, como uma associação de comércio ou associação de produtores ou fabricantes, e apenas os membros desta entidade podem utilizá-las.[198] Por identificar uma determinada região, marcas coletivas auxiliam no comércio e na identificação de produtos e serviços produzidos nas comunidades.[199]

A regulamentação andina definiu as marcas coletivas como "qualquer emblema que possa distinguir a origem ou outra característica comum de determinados produtos ou serviços oriundos de diferentes empresas que utilizam o mesmo emblema, sendo tal utilização controlada pelo detentor da marca".[200]

Em alguns relatórios apresentados junto ao Comitê Intergovernamental sobre Propriedade Intelectual e Recursos Genéticos, Conhecimento Tradicional e Folclore da OMPI, alguns países-membros, como os Estados da União Européia, Hungria, Suíça e Turquia, mencionaram que, no plano dos direitos da propriedade intelectual, existem mecanismos, tais como marcas coletivas e de certificação, que poderiam ser utilizados para a proteção do conhecimento tradicional.[201]

Marcas coletivas e indicações geográficas constituem noções relacionadas, sobretudo quando o detentor da marca é uma associação de comércio regional e as exigências para utilização da marca envolvem manufaturar o produto em uma região específica.[202] Quando uma indicação geográfica é protegida como uma marca coletiva ou de certificação, são as normas do sistema marcário que são aplicáveis.[203]

6.3. Disposições do Acordo TRIPS Sobre Marcas Comerciais

A Seção 2 da Parte II do Acordo TRIPS (arts. 15 a 21) é dedicada à proteção das marcas com os padrões mínimos que devem ser observados pelos Estados-membros da OMC em suas legislações nacionais. Mesmo antes da entrada em vigor do Acordo TRIPS, tanto países desenvolvidos quanto países em desenvolvimento já apresentavam, em sua grande maioria, normas cujo objetivo é a proteção das marcas.[204]

O art. 15.1 do Acordo TRIPS define "marcas" e estabelece a obrigação de proteção das marcas que incumbe a todos os Estados. O art. 15.3 permite que os membros da OMC condicionem o registro ao uso efetivo da marca, não obstante o uso efetivo não constitua condição para apresentação do pedido de registro.

O art. 15.4 do TRIPS, retomando a disposição do art. 7 da Convenção de Paris, prevê que o registro não pode ser condicionado à natureza dos bens ou serviços para os quais a marca está sendo solicitada. Assim, no plano do Acordo TRIPS, esta regra da Convenção de Paris aplica-se também às marcas de serviços.[205]

O art. 20 do TRIPS estipula que o uso de marcas não depende de nenhum requisito especial, como o uso de uma outra marca.

O art. 16.1 do Acordo TRIPS prevê que o detentor de uma marca registrada deve dispor do direito de impedir que terceiros não autorizados utilizem a sua marca ou qualquer sinal semelhante, para os bens e serviços que forem idênticos ou similares àqueles para os quais a marca original foi registrada e quando o uso possa induzir a confusão.

No que se refere às marcas internacionalmente notórias[206], os arts. 16.2 e 16.3 do Acordo TRIPS estabelecem determinadas restrições a sua definição pelas autoridades competentes. Assim, para determinar se uma marca é notoriamente conhecida, os membros devem levar em consideração o conhecimento da marca no setor pertinente do público, inclusive o conhecimento que tenha sido obtido naquele membro, como resultado de promoção da marca.

De acordo com o art. 18 do acordo, o prazo mínimo de proteção é de sete anos, podendo ser renovado periodicamente.

O art. 15.3 C da Convenção de Paris estipula o princípio de que, se um país torna o uso de uma marca registrada compulsório, o cancelamento desta marca deve respeitar um período razoável, e apenas se a não utilização da marca for injustificada. Neste sentido, os arts. 15.3 e 19 proíbem o indeferimento do pedido antes do prazo de três anos de não utilização, contados a partir da data do pedido de registro. Muitos países, inclusive em desenvolvimento, estendem este prazo a até cinco anos, como no caso do Brasil.[207] O art. 19 do Acordo TRIPS estabelece que o cancelamento pode não ocorrer, se a existência de obstáculos à utilização da marca puder ser demonstrada pelo seu detentor.

Os membros podem estabelecer exceções limitadas aos direitos conferidos para uma marca, desde que tais exceções levem em conta os interesses do titular da marca e de terceiros (art. 17 do Acordo TRIPS). A única exceção expressamente mencionada é o uso adequado dos termos descritivos.

As condições para o licenciamento e para a cessão de marcas são determinadas pelos membros da OMC. Tendo em vista a marca ter por função distinguir os produtos de uma determinada empresa, os detentores de marcas não estão autorizados a cedê-las sem transferir sua respectiva reputação ou mesmo a empresa. Alguns países adotaram uma regra diferente a este respeito. No Japão, por exemplo, não é necessário que a marca seja transferida junto com a empresa.[208] Em matéria de licenciamento, a nova lei brasileira sobre marcas (Lei nº 9.279, de maio de 1996), em seu art. 139, permite o registro de um contrato de licenciamento para o uso de uma marca, sem prejuízo do direito do proprietário de exercer controle efetivo sobre a especificação, natureza ou qualidade dos produtos ou serviços.

As normas do Acordo TRIPS que dispõem sobre marcas devem ser objeto de futuras negociações – caso, por exemplo, da noção de marca notória, uma vez que sua definição não é clara,[209] e dos nomes de domínio.[210]

6.4. Diferenças Entre Marcas Comerciais e Indicações Geográficas

Indicações geográficas e marcas constituem institutos jurídicos distintos.[211] Uma indicação geográfica protege a relação que existe entre um lugar de origem e um produto, permitindo que produtores de uma certa mercadoria, ou o oferecimento de um determinado serviço de uma região geográfica específica, possam solicitar o direito de indicar que o produto ou o serviço provém dessa região. Marcas, por outro lado, podem ser constituídas de palavras, imagens, figuras, símbolos, gráficos, logos, monogramas, desenhos, rótulos, emblemas e insígnias, sons, números, uma cor ligada a uma forma ou a combinação de cores, a forma do produto, sua embalagem ou o seu embrulho.[212]

Marcas mundiais apresentam uma regulamentação jurídica distinta da regulação das indicações geográficas. A marca especifica a origem única de um produto enquanto as indicações geográficas podem estar relacionadas a muitas origens, desde que todas elas estejam situadas na mesma área geográfica.[213]

Marcas distinguem produtos de um determinado produtor ou fabricante. Indicações geográficas não distinguem um produtor, mas o local de origem do produto.[214] Assim, enquanto as marcas são livremente escolhidas pelos produtores, as indicações geográficas estão relacionadas a uma determinada área geográfica.[215]

7. Estudos de Casos Sobre Produtos que Poderiam Ser Protegidos por Indicações Geográficas

Esta seção explora três casos, o da kava, o do cupuaçu e o do guaraná, com vistas a analisar como indicações geográficas podem proteger produtos tradicionais e beneficiar as comunidades locais.

7.1. Kava

A planta kava ilustra o caso em que uma patente foi concedida sobre recursos genéticos e conhecimento originário de países em desenvolvimento sem o consentimento prévio dos detentores do direito sobre este conhecimento.[216]

A kava (*Piper methysticum*) é uma planta indígena das ilhas do Pacífico Sul. O uso da forma selvagem (*Piper wichmanii*) da kava começou há cerca de 3.000 anos, inicialmente na ilha de Vanuatu, e depois espalhou-se pelas demais ilhas do Pacífico.[217]

A planta kava é um grande arbusto que pode atingir até cinco metros de altura. Possui folhas verdes no formato de coração com tronco que pode ser verde ou vermelho riscado ou pontilhado de preto.[218] Uma vez plantada, o cultivo da kava requer pouco trabalho ou investimento de capital, e as plantações são geralmente passadas de geração a geração.

Tradicionalmente, a kava tem sido utilizada de duas formas diferentes. A primeira é em um ritual que usa uma bebida tradicional de kava como relaxante. Neste ritual, a kava é uma bebida cerimonial e social para muitas comunidades das ilhas do Pacífico.[219] A outra forma é como uma planta medicinal na região,[220] para tratar o estresse, a ansiedade, a insônia, dores musculares e nas costas, dores de cabeça, dores menstruais, estômago,[221] relaxamento,[222] asma etc.[223]

A kava é comercializada há muito tempo. Duas companhias alemãs, William Schwabe e Krewel-Werke, patentearam[224] a planta como uma droga para tratamento de derrame cerebral, insônia e a doença de Alzheimer. No Reino Unido, a kava foi aprovada como um suplemento alimentar. Na França, a L'Oreal patenteou seu uso para queda de cabelo e para estimular o seu crescimento.[225] Desta forma, a demanda da planta cresceu e o mercado se expandiu para os Estados Unidos, com um aumento significativo dos preços. Lá, a kava tornou-se um insumo importante para muitas empresas, incluindo a Hauser, Purê, World Botanicals e Quality Botanicals, Inc.[226]

A falta de regulamentação do acesso à planta e sua comercialização excessiva incentivaram a colheita da kava antes do tempo devido, alterando, assim, a qualidade medicinal do produto e reduzindo sua oferta.[227]

Indicações geográficas poderiam ter auxiliado a exploração sustentável da kava, possibilitando aos produtores colocar em prática padrões compartilhados de desenvolvimento sustentável, bem como monitorar e reforçar estes padrões no longo prazo.[228] Dentre as indicações geográficas disponíveis, a kava poderia ser protegida por meio da denominação de origem, pois apresenta os quatro elementos necessários para qualificá-la como tal: i) variedades distintas; ii) diferentes métodos de produção; iii) método de processamento; e iv) diferentes formas de rendimento da matéria seca.[229]

No caso da planta kava, o conhecimento tradicional existe em várias comunidades da região,[230] devendo, portanto, ser preservado. Uma vez que mais de uma comunidade pode deter o mesmo conhecimento, é importante analisar a prioridade histórica ou geográfica neste sentido.[231] A dificuldade em proteger a kava também decorre do fato de que, embora os sistemas jurídicos locais protejam as marcas, nenhum deles dispõe expressamente sobre a proteção do conhecimento tradicional.[232] Indicações geográficas podem auxiliar no controle da importação e da exportação de produtos indígenas contrafeitos.[233]

Produtos tradicionais, como a kava, têm um grande potencial de exportação em mercados regionais e mundiais.[234] Para muitos países em desenvolvimento produtores de bens agrícolas e interessados em aumentar a comercialização de tais produtos, as indicações geográficas podem constituir um instrumento importante neste sentido.[235] Por exemplo, as ilhas do Pacífico vendem a kava aos Estados Unidos por cerca de 11 a 22 dólares por quilo e, nos Estados Unidos, a planta é revendida por cerca de 12 a 60 dólares cada 60 gramas.[236] Uma forma de ampliar o valor agregado da *commodity* seria processar a planta nas áreas produtoras. Além disso, a sua origem geográfica poderia ser utilizada como instrumento de marketing.[237]

Assim, a proteção da kava por meio de indicações geográficas resultaria na ampliação dos benefícios das comunidades produtoras locais.

7.2. Cupuaçu

Há muitas discussões sobre a apropriação indevida de conhecimento tradicional na região amazônica.[238] Tendo em vista que inexiste uma definição clara de conhecimento tradicional, há controvérsias sobre a qualificação de produtos oriundos de comunidades locais ou indígenas na área amazônica como conhecimento tradicional. É o caso, por exemplo, do Cupuaçu.[239]

O cupuaçu (*Theobroma grandiflorum*) é uma pequena árvore que pertence à mesma família do cacau e pode atingir até 20 metros de altura. O fruto do cupuaçu foi a primeira fonte de alimento na floresta amazônica. Tradicionalmente, os povos indígenas e comunidades locais comercializaram o cupuaçu como alimento básico na região, utilizando-o também como remédio para dores abdominais. Atualmente, sua polpa é utilizada em todo o Brasil,[240] havendo, inclusive, um potencial para sua exportação.[241]

Na região amazônica, há uma cooperativa de produtores locais de cupuaçu. Quando recentemente tentaram exportar seus produtos (geléias, sucos e cremes) para os Estados Unidos e a Europa, descobriram que não poderiam vendê-lo com um rótulo contendo a indicação "Cupuaçu" porque uma empresa japonesa, a Asahi Foods, já teria registrado esse nome como uma marca nestas regiões. A mesma empresa também registrou a marca Cupuaçu no Japão, e patentes sobre a extração de óleo da semente do cupuaçu, e sobre a produção de chocolate feito de cupuaçu.

Inicialmente, o Itamaraty solicitou o cancelamento das marcas por via diplomática, o que não foi aceito pelas autoridades japonesas. O governo japonês recusou-se a aceitar o pedido, argumentando que qualquer alteração deveria ser feita judicialmente.[242] Por esta razão, a possibilidade de se levar a questão ao Conselho para o TRIPS e à OMPI foi discutida durante a reunião do grupo Interministerial sobre Propriedade Intelectual de 2003.[243]

A solução, no entanto, veio por meio da Amazonlink, uma ONG brasileira, e de outras associações, que solicitaram o cancelamento da marca. A argumentação baseou-se na legislação japonesa, cujo sistema marcário proíbe o registro de nome comum (art. 3º, § 1º), exceto nos casos em que o nome possa induzir a erros quanto à qualidade do produto (art. 4º, § 1º).[244]

Uma questão importante é a de se saber se o cupuaçu poderia ser protegido por meio de indicações geográficas ou por marcas. Tendo em vista a definição e o escopo das indicações geográficas, mencionados anteriormente, parece difícil classificar o cupuaçu como uma indicação geográfica, uma vez que o nome é desvinculado de uma região geográfica específica. Não obstante, vale notar que, no Brasil, existem algumas indicações geográficas bastante controversas, como é o caso, por exemplo, da "Cachaça do Brasil".[245]

Uma marca coletiva ou de certificação, prevista pelo sistema marcário brasileiro, parece constituir a melhor forma de proteger o cupuaçu. Com efeito, de acordo com o art. 123 da Lei nº 9.279/1996,

> Art. 123. Para os efeitos desta Lei, considera-se:
>
> I – (...)
>
> II – marca de certificação: aquela usada para atestar a conformidade de um produto ou serviço com determinadas normas ou especificações técnicas, notadamente quanto à qualidade, natureza, material utilizado e metodologia empregada; e
>
> III – marca coletiva: aquela usada para identificar produtos ou serviços provindos de membros de uma determinada entidade.

Por outro lado, seria possível solicitar a anulação da marca cupuaçu nos países que aplicam as disposições do art. 15.1 do Acordo TRIPS.[246]

7.3. Guaraná da Amazônia

O guaraná, cujo nome científico é *paullinea cupana,*[247] *é um arbusto que cresce até a altura de aproximadamente dez metros, bastante comum na Amazônia, sobretudo nas regiões de Manaus e Parintins. Sua fruta, na forma de cachos, é pequena, redonda e vermelho-brilhante. Quando amadurece, a fruta divide-se e uma semente preta.*

O guaraná já era utilizado como produto medicinal pelos índios antes mesmo do descobrimento do Brasil. Tribos sul-americanas, como a dos guaranis (de onde provém o nome "Guaraná"), secam, torram e defumam as sementes em fogo baixo. Neste ponto, as sementes ficam prontas para serem trituradas até virarem pó e serem misturadas com água, adquirindo um aspecto pastoso. O pó também pode ser usado como estimulante, ou utilizado para dar sabor a refrigerantes. As sementes do guaraná contêm mais cafeína que o chá ou mesmo o café, sendo também utilizadas como fortificantes, afrodisíacos e para aliviar o cansaço.[248]

Do ponto de vista comercial, o guaraná é uma das bebidas mais populares do Brasil e em algumas outras partes da América do Sul. Oitenta por cento da produção comercial mundial de pasta e pó de guaraná, utilizados em bebidas e demais produtos derivados, ainda é coletada pelos índios guaranis no norte do Brasil. As sementes são colhidas e processadas manualmente.[249] A bebida gaseificada é comercializada por diversas empresas.

Em 1989, uma patente americana foi concedida sobre o extrato da semente do guaraná, tendo em vista sua propriedade de inibir a agregação de plaquetas no sangue de mamíferos. A patente descrevia a propriedade do guaraná de prevenir a formação de coágulos e de auxiliar na quebra de coágulos existentes.[250] Em 2001, uma empresa americana solicitou uma patente sobre uma combinação de plantas, incluindo o guaraná, para "auxiliar no tratamento de dores de cabeça e enxaquecas". As propriedades bactericidas do guaraná contra a *Escherichia coli* e a *Salmonella* bem como suas propriedades antioxidantes também foram estudadas. Em 1998, cientistas demonstraram que o extrato de guaraná aumenta significativamente os níveis de glicose sanguínea e auxilia no tratamento da hipoglicemia.

Os benefícios à saúde trazidos pelo guaraná e sua propriedade de estimulante natural popularizaram o produto, que registrou crescimento constante mundo afora. Entretanto, os benefícios desta exploração não são divididos com as comunidades locais.

Indicações geográficas poderiam auxiliar na repartição dos benefícios, protegendo, além disso, produtos derivados de conhecimento tradicional. O problema é a falta de prática nacional com a utilização de indicações geográficas e a lentidão do atual sistema de registro do produto como indicação geográfica.

8. Conclusão

Há produtos e conhecimentos desenvolvidos por comunidades locais que apresentam um grande potencial de comércio, o que oferece muitas oportunidades inexploradas para negócios. Contudo, estes novos empreendimentos tendem a ser explorados por empresas transnacionais, fazendo com que os detentores do conhecimento e dos recursos, situados geralmente em países em desenvolvimento, não participem dos benefícios. A utilização de indicações geográficas e marcas, que podem proteger o conhecimento tradicional, necessitam, entretanto, de um novo arcabouço jurídico, tanto no nível nacional quando internacional.

No plano internacional, as discussões sobre o assunto no Conselho para o TRIPS e no Comitê Intergovernamental da OMPI sobre Propriedade Intelectual e Recursos Genéticos, Conhecimento Tradicional e Folclore ainda são bastante incipientes. Sem a extensão da proteção especial das indicações geográficas para outros produtos que não vinhos e destilados, a utilização do Acordo TRIPS para a proteção do conhecimento tradicional pode ser considerada inadequada. Mudanças neste sentido deveriam ser negociadas e incentivadas por países em desenvolvimento.

Nos planos regional e nacional, a necessidade de proteção e compensação para a perda de recursos deveria levar ao estabelecimento de novos mecanismos, incluindo normas regionais de proteção dos direitos das comunidades de deter conhecimento tradicional.

Em conclusão, esta pesquisa sugere, primeiramente, a extensão da proteção prevista pelo Acordo TRIPS para indicações geográficas a outros produtos que não vinhos e destilados, o que constituiria um avanço na proteção de produtos que incorporam conhecimento tradicional. Se a extensão para outros produtos não ocorrer, seria necessário determinar quais instrumentos legais poderiam proteger o conhecimento tradicional por meio de indicações geográficas. Em segundo lugar, estudos deveriam ser elaborados com vistas a explorar o potencial das indicações geográficas e das marcas para proteger o conhecimento tradicional em seus sistemas nacionais. Terceiro, os governos deveriam analisar as conseqüências, sobretudo no que se refere aos custos e benefícios para comunidades locais, da implementação de indicações geográficas nos países em desenvolvimento.

Assim, indicações geográficas e marcas constituem instrumentos importantes na proteção do conhecimento tradicional. Outros instrumentos incluem patentes, segredos comerciais e outros direitos *sui generis*.

Notas:

1. Siddhartha, Prakash "Towards a Synergy between Biodiversity and Intellectual Property Rights", The Journal of World Intellectual Property, vol. 2, nº 5, 1999, p. 821. Veja também, The Crucible group, *People, Plants and Patents – The impact of Intellectual Property on Biodiversity, Conservation, Trade and Rural Society*, International Development Research Centre, Ottawa, 1994, p. 31.
2. Estados Unidos, IP/C/M/29, § 185.
3. Cingapura, IP/C/M/29, § 169.
4. Austrália, IP/C/M/28, § 152; Canadá, IP/C/M/25, § 91; Coréia, IP/C/M/ 26, § 70.
5. Brasil, IP/C/M/30 § 156 and 183, IP/C/M/25 § 94; Índia, IP/C/M/26, § 55; Peru, IP/C/M/29, § 175; Tailândia IP/ C/M/25 § 78.
6. Índia, IP/C/M/29 § 163, IP/C/W/161; Quênia, IP/C/M/28 § 146; Quênia em nome do Grupo Africano IP/C/W/ 163.
7. OMC, IP/C/W/253, § 6º.
8. Vivas-Eugui, David, Negotiations on Geographical Indications in the TRIPS Council and their Effect on the WTO Agricultural Negotiations – Implications for Developing Countries and the Case of Venezuela, *The Journal of World Intellectual Property*, vol. 4, nº 5, 2001, p. 704.
9. Sachin, Chaturvedi, India, the European Union and Geographical Indications. Convergence of Interests and Challenges Ahead, *Research and Information System for the Non-Aligned and Other Developing countries* (RIS), Nova Delhi, 2002, p. 6.
10. O'Connor, Bernard & Company, *Geographical Indications in National and International Law*, nº 6, 2003, Bruxelas, p. 157.
11. Bendekgey, Lee & Mead, Caroline H., International Protection of Appellations of Origin and Other Geographical Indications, *The Trademark Reporter*, vol. 82, nº 5, 1992, p. 781.
12. Art. 9º da Convenção de Paris.
13. Bendekgey, nota 12, p. 768.
14. Vivas-Eugui, nota 9, p. 704.
15. Blakeney, Michael, Proposal for the International Regulation of Geographical Indications, *The Journal of World Intellectual Property*, vol. 4, nº 5, 2001, p. 630.
16. Vivas-Eugui, nota 9, p. 704.
17. Basso, Maristela, *O Direito Internacional da Propriedade Intelectual,* Livraria do Advogado: Porto Alegre, 2000, p.222.
18. Espinosa, Octavio, "Organización Mundial de la Propriedad Intelectual", *Primer Seminario Internacional de Denominaciones de Origen*, Buenos Aires, Secretaria de Agricultura, Pesca e Alimentação, 1995, p. 52.

19. Apenas 24 Estados fazem parte do Acordo de Lisboa.
20. Blakeney, nota 16, p. 638.
21. OMPI, TAO/II/2 (1975).
22. Bendekgey e Mead, nota 12, p. 783.
23. A Lei Modelo, art. 1(a) define indicações de origem como: "the geographical name of a country region, or specific place which serves to designate a product originating therein the characteristic qualities of which are due exclusively or essentially to the geographical environment, including natural factors, human factors, or both natural and human factors; any name which is not that of country, region, or specific place is also considered a geographical name if it relates to a specific geographical area when used in connection with certain products".
24. Lei Modelo, § 1(b).
25. Bendekgey & Mead, nota 12, p. 784.
26. Lei Modelo, cap. 2.
27. Lei Modelo, art. 14(1) dispõe ainda que: "It shall be unlawful to use, in course of trade, a registered appellation of origin, or a similar name, with respect to the products specified in the Register or similar products, even if the true origin of the products is indicated or if the appellation is in form of a translation or is accompanied by terms such as "kind", "type", "imitation", or the like.
28. O Art. II(2) do Acordo de Marrakesh estabelece que seus anexos fazem parte integrante do acordo.
29. Bass, Naomi A., Implications of the TRIPS Agreement for developing countries: pharmaceutical patent laws in Brazil and South Africa in the 21st Century, *The George Washington International Law Review*, vol. 34, nº 1, 2002, p. 191.
30. Sobre a definição de direitos de propriedade intelectual, a Convenção que estabelece a OMPI assinada em Estocolmo em julho de 1967 abrange, de acordo com o art. 2º, obras literárias, artísticas e trabalhos científicos, fonogramas, transmissões de programas, invenções em todos os campos, descobertas científicas, desenhos industriais, marcas comerciais, nomes comerciais e designações em geral, proteção contra concorrência desleal, bem como outros direitos resultantes de atividade intelectual no campo industrial, científico, literário ou artísitico. Cf. art. 2(viii) da Convenção de Estocolmo de 1967 que cria a OMPI. Direitos de Propriedade Intelectual constituem um aspecto específico do direito da propriedade que se refere a todos os objetos decorrentes do intelecto humano. Cf. Walden, Ian, Preserving Biodiversity: the Role of Property Rights, em Swanson, Timothy (ed.), *Intellectual Property Rights and Biodiversity Conservation: an Interdisciplinary Analysis of the Values of Medicinal Plants*, Cambridge, Cambridge University Press, 1995, p. 181. A definição de direitos da propriedade intelectual indica que estes direitos implicam a proteção legal de invenções e da criatividade humana em geral. Assim, a contribuição intelectual dos povos indígenas, incluindo-se os andinos e amazonidas, merecem a mesma proteção de que gozam os indivíduos por suas criações intelectuais. Seus conhecimentos são o resultado de um desenvolvimento permanente das sociedades indígenas. Cf. Peralta, Elias Carreno, "A Call for Intellectual Property Rights to Recognise Indigenous People's Knowledge of Genetic and Cultural Resources", em *Widening Perspectives on Biodiversity*, The World Conservation Union, 1994, p. 287. A Associação para Direitos Ambientais da Região Inca também apóia o uso de direitos de propriedade intelectual para proteção das criações e invenções comunais dos povos indígenas. *Idem*, p. 288.
31. Esperanza, Duran e Michalopoulos, Constantine, Intellectual Property Rights and Developing Countries in the WTO Millennium Round, *The Journal of World Intellectual Property*, vol. 2, nº 6, p. 854, 1998.
32. Dutfield, Graham, "Intellectual Property Rights and Development", em UNCTAD/ICTSD, *Capacity Building Project on Intellectual Property Rights and Sustainable Development*, Genebra, 2002, p. 21.
33. Pistorius, Robin e van Wijk, Jeroen, *The Exploitation of Plant Genetic Information – Political Strategies in Crop Development*, CABI Publishing, 1999, p. 145.
34. Rangnekar, Dwijen, *Geographical Indications: A Review of Proposals at the TRIPS Council*, UNCTAD, Genebra, 2002, p. 8.
35. Espinosa, Octavio, Organización Mundial de la Propriedad Intelectual, em *Primer Seminario Internacionalde Denominaciones de Origen*, Buenos Aires, Secretaria de Agricultura, Pesca e Alimentação, 1995, p. 37.
36. Parte II, Capítulo 3 do Acordo TRIPS. Art. 22 do Acordo TRIPS.
37. OMPI/geo/mvd/01/09. "The Way ahead: Developing International Protection for Geographical Indications: Thinking Locally, Acting Globally", Simpósio sobre a Proteção Internacional de Indicações Geográficas, organizado pela OMPI e pelo Diretório Nacional para a Propriedade Industrial (DNPI), Ministério da Indústria, Energia e Minas do Uruguai, Montevideo, 2001, p. 6.

38. Addor, Felix & Grazioli, Alexandra, Geographical Indications beyond Wines and Spirits - A roundmap fora Better Protection for Geographical Indications in the WTO/TRIPS Agreement, *The Journal of World Intellectual Property*, vol. 5, nº 6, 2002, p. 867. V. também Blakeney, nota 16, p. 647.
39. Vivas-Eugui, nota 9, *supra*, p. 704.
40. Cottier, Thomas *et al.*, "*The intellectual Property System - Commentary and Materials - Part One,* Kluwer Law International, The Hague, 1999, p. 186.
41. Rangel Ortiz, Horacio, Geographical Indications in TRIPS, *Trademark World*, nº 102, 1997, p. 34.
42. Addor e Grazioli, nota 39, p. 869.
43. Basso, nota 18, p. 218.
44. Watal, Jayashree, *Intellectual Property Rights in the WTO and Developing Countries*, Kluwer Law International, The Hague, 2001, p. 244.
45. Vivas-Eugui, nota 9, p. 716.
46. Vivas-Eugui, nota 9, p. 717.
47. Smith, Gary W., Intellectual Property Rights, Developing Countries, and TRIPS - An overview of Issues for Consideration during the Millennium Round of Multilateral Trade Negotiations, *The Journal of World Intellectual Property*, vol. 2, nº 6, 1999, p. 970.
48. Vivas-Eugui, nota 9, p. 703.
49. Rangel Ortiz, nota 42, p. 34.
50. A definição de recursos fitogenéticos abrange "...the reproductive or vegetative propagating material of the following categories of plants: i. cultivated varieties (cultivars) in current use and newly developed varieties, ii) obsolete cultivars, iii) primitive cultivars (land races), iv) wild and widely species, near relatives of cultivated varieties; v) special genetic stocks (including elite and current breeder's line and mutants)." Art. 2.1 do Acordo Internacional sobre Recursos Fitogenéticos, Resolução da FAO 8/83, Anexo do documnto das Nações Unidas C/83/Rep (1983).
51. Girsberger, Martin A., "Biodiversity and the Concept of Farmers' Rights in International Law - Factual
52. Girsberger, nota 52, p. 125.
53. O art. 22.3 do Acordo TRIPS dispõe: "Um membro recusará ou invalidará, *ex officio*, se sua legislação assim o permitir, ou a pedido de uma parte interessada, o registro de uma marca que contenha ou consista em indicação geográfica relativa a bens não originários do território indicado, se o uso da indicação na marca para esses bens for de natureza a induzir o público a erro quanto ao verdadeiro lugar de origem."
54. O art. 22 do Acordo TRIPS dispõe sobre a "Proteção de Indicações Geográficas".
55. Geuze, Mathijis, "Las indicaciones geográficas en el acuerdo TRIPS sobre propiedad intelectual", em *Primer Seminario Internacional de Denominaciones de Origen*, Buenos Aires, Secretaria de Agricultura, Pesca e Alimentação, 1995, p. 66.
56. OMPI, "Implications of the TRIPS Agreement on Treaties Administered by WIPO", WO/inf/127 Rev,
57. Art. 23 do Acordo TRIPS, intitulado "Proteção Adicional para Indicações Geográficas para Vinhos e Destilados", dispõe em seu § 1º que: "cada Membro proverá os meios legais para que as partes interessadas possam evitar a utilização de uma indicação geográfica que identifique vinhos em vinhos não originários do lugar mostrado pela indicação geográfica em questão, ou que identifique destilados como destilados não originários do lugar mostrado pela indicação geográfica em questão, mesmo quando a verdadeira origem dos bens esteja indicada ou a indicação geográfica utilizada em tradução ou acompanhada por expressões como 'espécie', 'tipo', 'estilo', 'imitação' ou outras similares".
58. Art. 23.4 do Acordo TRIPS dispõe: "Para facilitar a proteção das indicações geográficas para vinhos, realizar-se-ão, no Conselho para TRIPS, negociações relativas ao estabelecimento de um sistema multilateral de notificação e registro de indicações geográficas para vinhos passíveis de proteção nos Membros participantes desse sistema."
59. Dutfield, Graham, "Sharing the Benefits of Biodiversity - Is there a Role for the Patent System?", *The Journal of World Intellectual Property*, vol. 5, nº 6, 2002, p. 916.
60. OMC, Declaração Ministerial de Doha, § 18, 14 de novembro de 2001, WT/MIN(01)/DEC/1.
61. O'Connor e Company, nota 11, p. 157.
62. OMC, WT/MIN(01)/W/8, "Communication from Argentina regarding paragraphs 18 and 12 of the Draft Ministerial Declaration", 12 de novembro de 2001.
63. OMC, WT/MIN(01)/W/11, "Communication from Bulgaria, Kenya, India and Sri Lanka regarding paragraphs 18 and 12 of the Draft Ministerial Declaration", 13 de novembro de 2001. V. também OMC, WT/MIN(01)/W/9, "Communication from Bulgaria, The Czech Republic, The European Communities and its member states, Hungary,

Liechtenstein, Kenya, Mauritius, Nigeria, Pakistan, the Slovak Republic, Slovenia, Sri Lanka, Switzerland, Thailand and Turkey regarding paragraphs 18 and 12 of the Draft Ministerial Declaration", 14 de novembro de 2001.
64. OMC, TN/IP/W/11.
65. OMC, TN/IP/W/10.
66. OMC, TN/IP/8.
67. Rangnekar, nota 35, p. 23.
68. OMC, IP/C/W/211, "Communication from Australia", 19 de outubro de 2000.
69. *Journal of Wolrd Intellectual Property* vol. 5, nº 6, 2002, p. 916.
70. OMC, IP/C/M/38, nota 70, § 125.
71. Sachin, nota 10, p. 23.
72. OMC, IP/C/W/204, "Communication from Bulgaria, The Czech Republic, Iceland, India, Liechtenstein, Slovenia, Sri Lanka, Switzerland and Turkey", 18 setembro de 2000, § 2.
73. OMC, IP/C/M/37, "Council for Trade – Related Aspects of Intellectual Property Rights – Minutes of Meeting – Held in the Centre William Rappard on 25-27 and 29 November, and 20 December 2002", § 107.
74. Rangnekar, nota 35, p. 30.
75. Escudero, Sergio, "International Protection of Geographical Indications and Developing Countries", South Centre, Genebra, 2001, p. 33.
76. Escudero, nota 76, p. 34.
77. Pistorius, Robin & van Wijk, Jeroen, "The exploitation of Plant Genetic Information – Political Strategies in Crop Development", CABI Publishing, 1999, p. 144.
78. Idem.
79. Shiva, Vandana, "Protect or Plunder – Understanding Intellectual Property Rights", Zed Books, Londres/ Nova Iorque, 2001, p. 51.
80. Idem.
81. Ibidem, p. 53.
82. Smith, nota 48, p. 970, 973.
83. Watal, nota 45, p. 29.
84. Girsberger, nota 52, p. 89.
85. WIPO/GRTKF/IC/1/5, Comitê Intergovernamental sobre Propriedade Intelectual e Recursos Genéticos, Conhecimentos Tradicionais e Folclore, primeira sessão, Genebra, 2001, "Traditional Knowledge and the need to give itadequate intellectual property protection – WIPO Committee on the relationship between intellectual property, genetic resources and traditional knowledge", Anexo II, documento apresentado pelo Grupo da América Latina e Caribe, p. 3.
86. Bendekgey & Mead, nota 12, p. 777.
87. Mugabe, John, "Biodiversity and Sustainable Development in Africa", *in Managing Biodiversity – National Systems of Conservation and Innovation in Africa*, African Centre for Technology Studies (ACTS), Nairobi, 1998, p. 5-29.
88. WIPO/GRTKF/IC/4/14, Comitê Intergovernamental sobre Propriedade Intelectual e Recursos Genéticos, Conhecimentos Tradicionais e Folclore, Quarta Sessão, Genebra 2002, "Technical Proposals and Databases and Registries of Traditional Knowledge and Biological/Genetic Resources", p. 2.
89. Correa, Carlos M., "Implementation of the TRIPS Agreement in Latin America and the Caribbean", *European Intellectual Property Review*, vol. 19, nº 8, p. 440.
90. WIPO/GRTKF/IC/2/9, Comitê Intergovernamental sobre Propriedade Intelectual, Recursos Genéticos, Conhecimento Tradicional e Folclore, Segunda Sessão, Genebra, 2001, "Survey on existing forms of intellectual property protection for traditional knowledge – Preliminary analysis and conclusions", p. 6.
91. Projeto de Lei publicado no Diário Oficial de 21 de outubro de 1999, e emendado pelo Diário Oficial de 31 de agosto de 2000. Ver também WIPO/GRTKF/IC/2/9, p. 6.
92. Gámez, Rodrigo *et al.*, Costa Rica's Conservation Program and National Biodiversity Institute (INBio)", in *Biodiversity Prospecting: Using Genetic Resources for Sustainable Development*, World Resources Institute, EUA, Instituto Nacional de Biodiversidad (INBio), Costa Rica, Rainforest Alliance, EUA, Africa Centre for Technology Studies (ACTS), Quênia, 1993, p. 57, 67.
93. Sittenfeld, Ana & Gámez, Rodrigo, "Biodiversity prospecting by INBio", in *Biodiversity Prospecting: Using Genetic Resources for Sustainable Development*, note 93, p. 70, 1993.
94. Lei nº 9279/1996, em vigor a partir de 1997.

95. O art. 177 dispõe: "Considera-se indicação de procedência o nome geográfico de país, cidade, região ou localidade de seu território, que se tenha tornado conhecido como centro de extração, produção ou fabricação de determinado produto ou de prestação de determinado serviço (...)." O art. 178, por sua vez, estabelece que: "Considera-se denominação de origem o nome geográfico de país, cidade, região ou localidade de seu território, que designe produto ou serviço cujas qualidades ou características se devam exclusiva ou essencialmente ao meio geográfico, incluídos fatores naturais e humanos."

96. South-North development Monitor (Third World Monitor), "Brazil: Cupuaçu – the Amazon fruit that lost its name", 2003, disponível em www.sunsonline.org/contents.php?num=5343.

97. Dutfield, Graham, "Protecting Traditional Knowledge and Folklore: A review of progress in diplomacy and policy formulation", UNCTAD/ICTSD, *Capacity Building Project on Intellectual Property Rights and Sustainable Development*, p. 18.

98. Medida Provisória nº 2.052, de 29 de junho de 2000, disponível em www.mre.gov.br.

99. Art. 7(II) da MP n. 2052.

100. WIPO/GRTKF/IC/3/7, Comitê Intergovernamental sobre Propriedade Intelectual, Recursos Genéticos, Conhecimento Tradicional e Folclore, Terceira Sessão, Genebra 2002, "Review of existing intellectual property protection of Traditional Knowledge", p. 6.

101. *Idem.*

102. Comentários do Instituto Indígena Brasileiro da Propriedade Intelectual (InBraPi). V. WIPO/GRTKF/ IC/ 4/2, Comitê Intergovernamental sobre Propriedade Intelectual, Recursos Genéticos, Conhecimento Tradicional e Folclore, Primeira Sessão, Genebra, 2001, "Accreditation of certain organizations", Anexo, p. 8.

103. WIPO/GRTKF/IC/4/7, Comitê Intergovernamental sobre Propriedade Intelectual, Recursos Genéticos, Conhecimento Tradicional e Folclore, Quarta Sessão, Genebra, 2002, "Report on the Review of existing intellectual property protection of traditional knowledge", Anexo I, p. 2.

104. WIPO/GRTKF/IC/4/7, nota 104, p. 3.

105. WIPO/GRTKF/IC/4/7, nota 104, p. 3.

106. SPFS(00)FEMN22, *Intellectual Property Rights*, Fórum Econômico de Ministros, Alofi, Niue, 2000.

107. *Idem*, p. 3.

108. WIPO/GRTKF/IC/1/5, Comitê Intergovernamental sobre Propriedade Intelectual, Recursos Genéticos, Conhecimento Tradicional e Folclore, Primeira Sessão, Genebra, 2001, "Traditional Knowledge and the need to give it adequate intellectual property protection – WIPO Committee on the relationship between intellectual property, genetic resources and traditional knowledge", Anexo I, p. 6. V. também Decisão 344, de 1993, Comunidade Andina.

109. Dutfield, Graham e Posey, Darrell, *Beyond Intellectual Property* – Toward Traditional Resource Rights for Indigenous Peoples and Local Communities, International Development Research Centre, Canada, 1996, p. 62.

110. *Idem.*

111. Lackert, Clark W., Geographical Indications: What does the WTO Agreement require?, *Trademark World*, nº 109, 1998, p. 23.

112. Blakeney, nota 16, p. 630.

113. Bendekgey & Mead, nota 12, p. 765.

114. Blakeney, nota 16, p. 633.

115. Bendekgey & Mead, nota 12, p. 768.

116. Blakeney, nota 16, p. 634.

117. *Idem.*

118. *Idem.*

119. Otamendi, Jorge, Las denominaciones de origen y la propiedad intelectual, em *Primer Seminario Internacional de Denominaciones de Origen*, Buenos Aires, Secretaria de Agricultura, Pesca e Alimentação, 1995, p. 130.

120. Regulamento nº 2.081/1992 sobre a Proteção de Indicações Geográficas e sobre designações de origem para produtos agrícolas e alimentícios, D.O. nº L208, de 24 de julho de 1992.

121. *SMW Winzersekt GmbH v. Land Rheinland-Pfalz* (C-306/93), Tribunal de Justiça das Comunidades Européias, 1995, *CMLR*, p. 718.

122. Cottier, Thomas *et al*, nota 41, p. 188.

123. Regulamento nº 2.082 sobre Certificação de Determinados Produtos, de 14 de julho de 1992.

124. Blakeney, nota 16, p. 647.

125. OMPI, Intellectual Property Needs and Expectations of Traditional Knowledge Holders, em *Fact-finding Missions on Intellectual Property and Traditional knowledge*, 1998-1999, p. 25.

126. WIPO/GRTKF/IC/2/9, nota 91, p. 8.
127. Adede, A. O., *Streamlining Africa's Responses to the Impact of Review and Implementation of the Trade-Related Aspects of Intellectual Property Rights (TRIPS) Agreement*, International Centre for Trade and Sustainable Development (ICTSD), Genebra, 2002, p. 31.
128. Laird, Sarah, Contracts for Biodiversity Prospecting, em *Biodiversity Prospecting: Using Genetic Resources for Sustainable Development*, World Resources Institute, USA, Instituto Nacional de Biodversidad (INBio), Costa Rica, Rainforest Alliance, USA, Africa Centre for Technology Studies (ACTS), Kenya, 1993, p. 122.
129. Girsberger, nota 52, p. 82.
130. Girsberger, nota 52, p. 85.
131. Girsberger, nota 52, p. 82.
132. Dutfield, Graham, Protecting Traditional Knowledge and Folklore: A review of progress in diplomacy and policy formulation, em UNCTAD/ICTSD, *Capacity Building Project on Intellectual Property Rights and Sustainable Development*, p. 9.
133. Dutfield, nota 133, p. 10.
134. O'Connor & Company, nota 11, p. 168.
135. Blakeney, Michael, "What is traditional knowledge? Why should it be protected? Who should protect it? For whom: understanding the value chain", WIPO/1PTK/RT/99/3, disponível em www.wipo.int/eng/ meetings/ 1999/folklore/ index_rt.htm.
136. Siddhartha, nota 1, p. 824.
137. De acordo com o art. 2º da Convenção sobre Biodiversidade, a expressão "genetic material" inclui "any material of plant, microbial or other origin containing functional units of heredity", e "genetic resources" podem ser definidos como "genetic material of actual or potential value".
138. OMC, IP/C/M/35, "Council for Trade-Related Aspects of Intellectual Property Rights - Minutes of Meeting - Held in the Centre William Rappard on 5-7 March 2002", § 162.
139. OMC, IP/C/M/38, "Council for Trade-Related Aspects of Intellectual Property Rights - Minutes of Meeting - Held in the Centre William Rappard on 25-27 e 29 November, and 20 December 2002", § 69.
140. OMC, IP/C/M/38, nota 140, § 125.
141. *Idem.*
142. Siddhartha, nota 1, p. 826.
143. Addor, nota 39, p. 882-883.
144. ISCTD, Suman, Sahai, "Protection of Indigenous Knowledge and Possible Methods of Sharing Benefits with Local Communities", estudo apresentado no Multi-stakeholder Dialogue on Trade, Intellectual Property and Biological and Genetic Resources in Asia - BRAC Centre for Development management, Rajendrapur, Bangladesh, 19-21 de abril de 2002, disponível em www.isctd.org .
145. Addor, Felix e Graziloi, Alexandra, *Protection of Geographical Indications: Important for Industrialized and Developing Countries*, *passim*, disponível em www.jrc.es/iptsreport. V. também Vivas-Eugui, nota 9, p. 716.
146. Blakeney, nota 16, p. 55.
147. Dutfield, Graham, *Intellectual Property Rights, Trade and Biodiversity - Seeds and Plant Varieties*, The World Conservation Union IUCN, Earthscan, Londres, 2000, p. 88.
148. Downes e Laird, *Innovative Mechanisms for Sharing Benefits of Biodiversity and Related knowledge: Cases Studies on Geographical Indications and Trademarks*, UNCTAD Biotrade Initiative, 1999, p. 32.
149. Art. 24.9 do Acordo TRIPS.
150. Downes e Laird, nota 149, p. 33.
151. Dutfield, nota 148, p. 88.
152. O Comitê Intergovernamental sobre Propriedade Intelectual e Recursos Genéticos, Conhecimento Tradional e Folclore foi criado pela OMPI em 1999 e constitui um foro para os membros discutirem basicamente três questões principais: i) o acesso a recursos genéticos e repartição de benefícios, ii) a proteção do conhecimento tradicional, e iii) a proteção de expressões de folclore. V. OMPI, 'Matters concerning intellectual property and genetic resources, traditional knowledge and folklore. Document prepared by the Secretariat", 2000, WO/GA/26/6.
153. WIPO/GRTKF/IC/2/9, nota 91, p. 10.
154. Lesser, W., Intellectual Property Rights under the Convention on Biological Diversity, em *Agriculture and IntellectualProperty Rights - Economic, Institutional and Implementation Issues in Biotechnology*, p. 43.
155. Dutfield e Darrell, nota 110, p. 109.
156. Basso, nota 18, p. 316.

157. Idem.
158. WIPO/GRTKF/IC/1/5, Comitê Intergovernamental sobre Propriedade Intelectual e Recursos Genéticos, Conhecimento Tradicional e Folclore, Primeira Sessão, Genebra, 2001, "Traditional Knowledge and the need to give it adequate intellectual property protection - WIPO Committee on the relationship between intellectual property, genetic resources and traditional knowledge", Anexo 1, p. 9.
159. Dutfield, nota 148, p. 118.
160. Walden, Ian, "Preserving biodiversity: the role of property rights", em Swanson, Timothy (ed.), *Intellectual Property Rights and Biodiversity Conservation: an interdisciplinary analysis of the values of medical plants*, Cambridge University Press, 1995, p. 191.
161. Cottier, Thomas, The Protection of genetic resources and traditional knowledge: towards more specific rights and obligations in world trade law, *Journal of International Economic Law*, 1998, p. 576.
162. Dutfield, Graham, "Protecting Traditional Knowledge and Folklore: A review of progress in diplomacy and policy formulation", em UNCTAD/ICTSD, *Capacity Building Project on Intellectual Property Rights and Sustainable Development*, p. 2.
163. Barton, John H., "Paradigms of intellectual property / competition balances in the information sector", texto apresentado no Relatório da OCDE, 1998, DAFFE/CLP (98)18, p. 297.
164. Carrie P., Smith, Patenting Life: The Potential and the Pitfalls of using the WTO to Globalize Intellectual Property Rights, *The North Carolina Journal of International Law and Commercial Regulation*, V. 26, nº 1, p. 145.
165. Siddhartha, nota 1, p. 822.
166. WIPO/GRTKF/IC/4/14, Comitê Intergovernamental sobre Propriedade Intelectual e Recursos Genéticos, Conhecimento Tradicional e Folclore, Quarta Sessão, Genebra, 2002, "Technical Proposals and Databases and Registries of Traditional Knowledge and Biological/Genetic Resources", p. 2
167. Girsberger, Martin A., The protection of Traditional Plant Genetic Resources for Food and Agriculture and the Related Know-How by Intellectual Property Rights in International Law - The Current Legal Environment, *Journal of World Intellectual Property*, vol. 1, nº 4, 1998, p. 1.074.
168. Perez-Esteve, Maria, "Systems and national experience for protecting Traditional Knowledge, innovations and practices", documento apresentado no Congresso Inter-regional sobre Direitos de Propriedade Intelectual no Contexto da Medicina Tradicional organizado pela OMS, Bankok, 6-8 de dezembro de 2000, p. 5, disponível em: www.who.org.
169. Downes & Laird, nota 149, p. 35.
170. Jayashree, nota 45, p. 243.
171. Dutfield, nota 133, p. 89.
172. Cottier, Thomas *et al.*, nota 41, p. 128.
173. *Idem*, p. 129.
174. *Idem*, p. 130.
175. *Idem*, p. 129.
176. Dutfield e Darrell, nota 110, p. 84.
177. Vivas, Eugui David e Muller, Manuel Ruiz, "Handbook on Mechanisms to protect traditional knowledge of the Andean Region Indigenous Communities", Genebra, UNCTAD, 2001, p. 12.
178. *Idem*.
179. De acordo com o art. 136 (g), sinais que não devem ser registrados como marcas incluem: g) "nomes indígenas, comunidades afro-americanas e comunidades locais, bem como denominações, palavras, letras, caracteres ou sinais relacionados a práticas culturais, exceto quando a utilização é realizada pela própria comunidade, ou com o seu consentimento expresso; (...)"
180. TD/B/COM.1/EM/.13/2, "Systems and National Experiences for Protecting Traitional Knowledge - Innovations and practices", Genebra, UNCTAD, 2000, p. 19, www.unctad.org/en/docs/ clem13d2.en.pdf.
181. Dutfield & Darrell, nota 110, p. 90. Pode-ser dizer que os consumidores são atraídos por certas marcas que apóiam uma boa causa. O uso de marcas, portanto, poderia influenciar a sua decisão. Por exemplo, o Body Shop explora a idéia de que, se os consumidores compram o seu produto, estão contribuindo para a proteção das florestas tropicais.
182. Dutfield & Darrell, nota 110, p. 87.
183. Jayashree, nota 45, p. 244.
184. Dutfield, nota 133, p. 25.
185. Vivas & Muller, nota 178, p. 13.

186. Ver *site* da Darjeeling Planter Association, www.darjeelingtea.com.
187. Vivas e Muller, nota 178, p. 12.
188. Clark, Peteru, *Kava case Study*, documento apresentado ao WWF, 1999.
189. WIPO/GEO/MVD/01/1, Simpósio sobre a Proteção Internacional de Indicações Geográficas, organizado pela OMPI e pelo Diretório Nacional para a Propriedade Industrial (DNPI), Ministério da Indústria, Energia e Minas do Uruguai, Montevideo, 2001, "Introduction to geographical indications and recent international developments in the World Intellectual Property Organization (WIPO)", p. 8.
190. Art. 185 da Decisão da Comunidade Andina sobre esta matéria.
191. Dutfiel, nota 133, p. 26.
192. Idem, p. 26
193. Blundell, V., Aboriginal Empowerment and Souvenir Trade in Canada, *Annals of Tourism Research*, vol. 20, 1993, p. 64-87.
194. Dutfield e Darrell, nota 110, p. 91.
195. WIPO/GEO/MVD/01/1, Simpósio sobre a Proteção Internacional de Indicações Geográficas, organizado pela OMPI e pelo Diretório Nacional para a Propriedade Industrial (DNPI), Ministério da Indústria, Energia e Minas do Uruguai, Montevideo, 2001, "Introduction to geographical indications and recent international developments in the World Intellectual Property Organization (WIPO)", p. 8.
196. Jayashree, nota 45, *supra*, p. 244.
197. O art. 7(1) da Convenção de Paris estipula: "Os países da União comprometem-se a admitir a registo e a proteger as marcas colectivas pertencentes a colectividades cuja existência não seja contrária à lei do país de origem, ainda que essas colectividades não possuam estabelecimento industrial ou comercial."
198. WIPO/GEO/MVD/01/1, Simpósio sobre a Proteção Internacional de Indicações Geográficas, organizado pela OMPI e pelo Diretório Nacional para a Propriedade Industrial (DNPI), Ministério da Indústria, Energia e Minas do Uruguai, Montevideo, 2001, "Introduction to geographical indications and recent international developments in the World Intellectual Property Organization (WIPO)", p. 9.
199. Vivas & Muller, nota 178, p. 12.
200. Art. 180 da Decisão da Comunidade Andina sobre esta matéria.
201. WIPO/GRTKF/IC/2/9, Comitê Intergovernamental sobre Propriedade Intelectual, Recursos Genéticos, Conhecimento Tradicional e Folclore, Segunda Sessão, Genebra, 2001, "Survey on existing forms of intellectual property protection for traditional knowledge - Preliminary analysis and conclusions", p. 3.
202. D. Downes and S. A. Laird, nota 149.
203. WIPO/GEO/MVD/01/1, Simpósio sobre a Proteção Internacional de Indicações Geográficas, organizado pela OMPI e pelo Diretório Nacional para a Propriedade Industrial (DNPI), Ministério da Indústria, Energia e Minas do Uruguai, Montevideo, 2001, "Introduction to geographical indications and recent international developments in the World Intellectual Property Organization (WIPO)", p. 9.
204. Jayashree, nota 45, p. 246.
205. *Idem*, p. 250.
206. Jayashree, nota 45, p. 254.
207. *Idem*, p. 258.
208. *Idem*.
209. Jayashree, nota 45, p. 260.
210. Relatório da OMPI sobre Nome de Domínio na Internet, 1998, capítulo 5, www.wipo.int.
211. Comitê Permanente da OMPI sobre Direitos das Marcas, Desenhos Industriais e Indicações Geográficas, Quinta Sessão, Genebra, 11-15 de setembro, 2000, "Possible solutions for conflicts between trademarks and geographical indications and for conflicts between homonymous geographical indications", p. 27, www.wipo.int.
212. Vivas & Muller, nota 178, p. 12.
213. Lackert, Clark W., "Geographical Indications: What does the WTO Agreement require?", *Trademark World*, n. 109, 1998, p. 23.
214. O'Connor, nota 11, p. 60.
215. Comitê Permanente da OMPI sobre Direitos das Marcas, Desenhos Industriais e Indicações Geográficas, nota 223, p. 27.
216. Suman, Sahai, *Protection of Indigenous Knowledge and Possible Methods of Sharing Benefits with Local Communities*, estudo apresentado no Multi-stakeholder Dialogue on Trade, Intellectual Property and Biological and Genetic

Resources in Asia - BRAC Centre for Development management, Rajendrapur, Bangladesh, 19-21 de abril de 2002, disponível em: www.isctd.org, p. 3.

217. Lebot, Vincent e Lévesque, J., *The origin and Distribution of Kava (Piper methstticum Forst. f.,Piperaceae). A Phytochemical Approach,* National Tropical Botanic Garden, Havaí, 1989, p. 224.

218. *Idem.*

219. OMPI, Relatório sobre Propriedade Intelectual e Conhecimento Tradicional, 1998-1999, p. 11.

220. Lebot, Vincent, *et al.*, *Kava the Pacific Drug,* Yale University Press, 1992, p. 112.

221. Banco de dados da Rain tree, disponível em: www.rain-tree.com.

222. OMS, Informação sobre Drogas, v. 16, n. 1, 2002, disponível em: www.who.int/druginformation.

223. OMS, Documento sobre a definição de Rhizoma Piperis Methystici, disponível em: www.who.int.

224. Com relação à proteção de patentes, pode-se dizer que cada país determina o tipo de proteção patentária conferida a um inventor. Uma vez que o inventor tem a patente, ele pode produzir ou vender seu produto por conta própria, ou vender a patente para outra empresa, que se torna produtora exclusiva daquele produto. Em geral, a opção feita é aquela que proporciona maiores lucros. Considerando que o bem pode ser vendido em diferentes mercados ou mesmo em diferentes países, os lucros ganhos pelo inventor dependerão do tipo de proteção patentária fornecida por todos os países concernentes. V. Ai Ting Goh, Jacques Olivier, "Free trade and protection of intellectual property rights: can we have one without the other?", Discussion Paper nº 3127, Centre for Economic Policy Research, 2002, p. 9. Normalmente, a empresa recebe uma patente que lhe concede o monopólio do uso da nova tecnologia por um certo período de tempo. Após este período, a patente expira e a nova tecnologia é acessível a todos. Outras empresas podem, então, utilizar a nova tecnologia e o mercado torna-se competitivo. V. Martin, Stephen, *Advanced Industrial Economics*, 2a ed., Blackwell Publishers, University of Amsterdam, 2002, p. 466.

225. Puri, Kamal, *How intellectual property rights could work better for developing countries and poor people*, 2002, disponível em: www.iprcommission.org/papers.

226. Downes & Laird, nota 149, p. 20.

227. Puri, nota 226.

228. Dutfield, Graham, *Intellectual Property Rights and Development*, UNCTAD, 2002, p. 49.

229. Dutfield, nota 50, p. 49.

230. Lebot, Vincent e Cabalion, Pierre, *Les Kavas de Vanuatu - Cultivars de Piper methysticum Forst,* Éditions de O'rstom, 1986, p. 35-43. V. também, Lebot, nota 30, *supra*, p. 112-117.

231. Correa, Carlos M., *Protection and Promotion of Traditional Medicine: Implications for Public Health in Developing Countries*, South Centre, 2002.

232. *Idem.*

233. OMPI, nota 220.

234. Lebot, Vincent *et al.*, *Kava the Pacific Drug,* Yale University Press, 1992, p. 191.

235. Dutfield, nota 50, p. 47.

236. Downes & Laird, nota 149, p. 19.

237. Dutfield, nota 50, p. 49.

238. Na região amazônica, há discussões sobre os casos do açaí, da copaíba, da andiroba, da ayuhasca, do biribi, da rapadura etc. Ver www.amazonlink.org.

239. Este é o primeiro caso de proteção de produtos brasileiros.

240. Sobre o assunto, ver www.amazonlink.org.

241. *Idem.*

242. Ver atas da reunião do Grupo Interministerial sobre Propriedade Intelectual, Palácio do Itamaraty. Brasília, 11 de março de 2003, disponível em: www.amazonlink.org/biopirataria/index.htm.

243. *Idem.*

244. *Idem.*

245. A "Cachaça do Brasil" foi definida como uma indicação geográfica, como definido no plano do Acordo TRIPS, pelo Decreto nº 4.062, de dezembro de 2001.

246. Pires de Carvalho, Nuno, Em defesa da Biodiversidade, *Fapesp*, disponível em www.revistafapesp.br.

247. Banco de dados da Raintree, disponível em: www.raintree-health.co.uk/plants/guarana.html.

248. Ver www.pbs.org/journeyintoamazonia/plants.html.

249. Ver www.herbalife.com.

250. Banco de dados da Raintree, disponível em: www.raintree-health.co.uk/plants/guarana.html.

5 AQUECIMENTO GLOBAL, DESTRUIÇÃO DA AMAZÔNIA E O SISTEMA TRIPS/OMC: UM DIÁLOGO COM SABRINA SAFRIN

EDSON BEAS RODRIGUES JR.*

1. Introdução

Se a aplicação do sistema patentário sobre invenções biotecnológicas - sobretudo a partir da internacionalização das regras desta espécie, em decorrência da criação da Organização Mundial do Comércio - vem estabelecendo obstáculos para o fomento daquilo que seria seu fim e justificativa (inovação, difusão de conhecimentos, pesquisa & desenvolvimento em favor das necessidades da humanidade), o sistema da Convenção sobre Diversidade Biológica da Organização das Nações Unidas (CBD) também - ao menos da maneira como vem sendo implementada, em âmbito doméstico, pelos Estados ricos em biodiversidade ou megadiversos - vem criando obstáculos para a geração de bem-estar humano no campo das ciências da vida. Sabrina Safrin[1] foi a primeira acadêmica a identificar uma relação de causa e efeito restritivo entre, de um lado, a adoção pelos países industrializados de regras patentárias restritivas e patamares de patenteabilidade baixos no setor biotecnológico[2] e, do outro, o desenvolvimento de regimes legais

* Realizou estudos de Graduação na Faculdade de Direito da Universidade de São Paulo (FDUSP). É membro do Grupo de Propriedade Intelectual do Instituto de Direito do Comércio Internacional e Desenvolvimento - IDCID. Doutorando pela Faculdade de Direito da Universidade de São Paulo - USP. Advogado e Consultor em São Paulo, especialista em temas relacionados à propriedade intelectual em geral, direitos autorais, indústria farmacêutica, biodiversidade, biotecnologia e conhecimentos tradicionais indígenas. Ex-consultor para o Programa das Nações Unidas para o Desenvolvimento (PNUD).

burocráticos regulando o acesso a recursos genéticos em países megadiversos (regimes conhecimentos pela sigla ABS, Access and Benefit Sharing). Em resumo, Safrin aponta que não apenas os chamados países industrializados, por meio de seus sistemas de propriedade industrial, estão contribuindo para dificultar o livre fluxo e geração de novas biotecnologias; países megadiversos, em resposta aos regimes desequilibrados de propriedade industrial daqueles, estão estabelecendo sistemas de regulação do acesso e uso de recursos genéticos afastados dos objetivos da CDB, a saber, "a conservação da diversidade biológica, a utilização sustentável de seus componentes e a repartição justa e eqüitativa dos benefícios derivados da utilização dos recursos genéticos".[3] Em outras palavras, os regimes domésticos de ABS, tal qual o sistema contemporâneo de propriedade industrial, afastaram-se de seus objetivos, perdendo, pois, os fundamentos sociais justificadores de sua existência.

Safrin enumera três razões para que Estados megadiversos freiem a tendência de estabelecer sistemas super-restritivos de acesso a material genético:

- Criação de uma tragédia dos "anticommons"[4] envolvendo materiais genéticos brutos: a autoridade estatal envolvida no tema, as comunidades locais e/ou pessoas físicas titulares de propriedades privadas, onde estão localizados recursos genéticos com potencial valor para a ciência e indústria, detêm o direito concorrente de bloquear o acesso a recursos genéticos, dificultando o seu acesso legal, o que conduz a uma subutilização de recursos escassos;
- Ameaça da autonomia de indivíduos e comunidades tradicionais para autorizar ou não o acesso aos recursos genéticos detidos;
- Estabelecimento de regimes de ABS ineficientes, em decorrência da adoção de uma premissa falha: recursos genéticos equivaleriam a recursos tangíveis, cuja exploração e uso podem ser fiscalizados, com eficiência, pelo Estado.

Safrin conclui que regimes super-restritivos de ABS estão inibindo projetos de bioprospecção em países ricos em patrimônio genético, levando à sua subutilização, o que implica a geração de menores benefícios à humanidade em áreas de importância vital, tais como, medicina e agricultura. Porém, diferentemente do que foi sustentado por Safrin, a associação entre sistemas desequilibrados de proteção de invenções biotecnológicas e regimes de ABS super-restritivos não estão apenas alimentando o fenômeno da tragédia dos "anticommons". Este fenômeno ainda desencadeia, nos países ricos em biodiversidade e pobres em recursos materiais, a tragédia dos recursos comuns,[5] valiosos e insubstituíveis: as florestas dos países em desenvolvimento.

Em regiões com taxas de subemprego e desemprego galopantes e instabilidade econômica, a conservação da biodiversidade local apenas se justifica se gerar recursos materiais que viabilizem a sobrevivência das populações locais. Se o sistema da CDB – em decorrência da visão estreita dos países industrializados que rechaça a necessidade concreta de se desenvolver uma interpretação legal que permita a coexistência pacífica entre os termos da CDB e do acordo TRIPS – não está sendo capaz de gerar recursos que justifiquem a existência de florestas em pé, naturalmente, a "beleza que não alimenta" será derrubada e substituída por pastos e agricultura. No Brasil, por exemplo, a floresta amazônica está dando lugar a campos de soja e pastos para gado de corte para exportação.[6]

O objetivo do presente artigo é complementar as importantes observações de Safrin, trazendo à baila uma outra reação desencadeada pela adoção, nos países industrializados, de sistemas desequilibrados de propriedade industrial no setor biotecnológico, desvinculados de um compromisso de reconciliá-los com as obrigações previstas nas CDB (e justas reivindicações dos países em desenvolvimento). Para isto, o autor adota como estudo de caso o Brasil, ou seja, será examinada a relação entre a adoção, em 2000/2001, de um regime regulatório do acesso a recursos da biodiversidade brasileira e os níveis de desmatamento da Amazônia brasileira. Fundado neste caso prático e na teoria dos custos sociais de Ronald H. Coase, na parte final do presente artigo, o autor agrega outro elemento que deve ser levado em consideração pelos países industrializados, quando da negociação e estabelecimento de novas regras de propriedade intelectual para o setor biotecnológico, em âmbito doméstico e internacional.

2. Legislação Brasileira Sobre Acesso à Biodiversidade

2.1. A Gênese: Escândalo Envolvendo a Associação Bioamazônia e a Novartis AG

Embora o Brasil seja considerado o país detentor da maior biodiversidade da atualidade e ter sido o anfitrião da Cúpula da Terra, em 1992, até o ano 2000, não dispunha de qualquer legislação específica regulando atividades de bioprospecção e a repartição de benefícios decorrentes do acesso e uso da biodiversidade local. Apenas após um escândalo envolvendo a Associação Brasileira para o Uso Sustentável da Biodiversidade da Amazônia (Bioamazônia) e a empresa farmacêutica Novartis AG houve espaço na agenda governamental brasileira para se regulamentar o tema.

Entre 1999 e 2000, a associação Bioamazônia[7] negociou um acordo de bioprospecção com a empresa farmacêutica Novartis AG. Àquela época, considerando que o Brasil não dispunha de qualquer legislação específica regulando o tema, nenhuma autoridade governamental envolveu-se na negociação. Quando os termos do contrato entre Bioamazônia e Novartis vieram a público, a Academia, setor científico e empresarial brasileiros consideraram-nos leoninos e contrários aos interesses desenvolvimentistas brasileiros. Embora o autor não tenha tido acesso ao contrato, determinado estudo (Peña-Neira, Dieperink e Addink),[8] examinou as cláusulas do referido contrato e identificou aquelas mais importantes sob a perspectiva da assimetria dos direitos e obrigações estabelecidos entre as partes e os meios de repartição de benefícios decorrentes do acesso a amostras de microorganismos brasileiros. Reproduzimos, a seguir, quadro-síntese relacionando os direitos e obrigações da Bioamazônia e da Novartis.

Direitos e Obrigações das partes envolvidas e repartição de benefícios[9]

Obrigações da Bioamazônia:	Obrigações da Novartis:
(i) Coletar 30.000 microorganismos;	(i) Pagar 2 milhões de francos suíços a título de doação;
(ii) Fazer *screening* destes microorganismos;	(ii) Capacitar pesquisadores brasileiros para as atividades de bioprospecção de 30.000 microorganismos;
(iii) Abordar comunidades indígenas locais, com vistas a identificar plantas com potencial farmacológico;	(iii) Pagar 250 francos suíços por cada amostra enviada aos laboratórios suíços (total de 2,5 milhões de francos suíços);
(iv) Enviar informações sobre as amostras examinadas e sobre conhecimentos tradicionais à Novartis;	(iv) Pagar à Bioamazônia, em caso de desenvolvimento de invenções com potencial comercial decorrentes das amostras enviadas, o valor fixo de 4,1 milhões de francos suíços;
(v) Enviar 10.000 amostras aos laboratórios da Novartis, na Basiléia, que apresentem potencial farmacológico.	(v) Pagar à Bioamazônia, em caso de invenção efetivamente comercializada, o valor de 5,2 milhões de francos suíços, mais 0,5% a título de *royalties*, a ser calculado sobre as vendas líquidas anuais da invenção.
Direitos da Bioamazônia:	**Direitos da Novartis:**
(i) Possibilidade de estabelecimento de capacidade de pesquisa;	(i) Selecionar 10.000 microorganismos do grupo de 30.000 bioprospectados e estudados pela Bioamazônia;
(ii) Direito a receber até 2,5 milhões de francos suíços pela remessa de 10.000 amostras de microorganismos pesquisados pela Bioamazônia.	(ii) Pesquisar, com exclusividade, as amostras mencionadas no item (i) *supra*;
	(iii) Unilateralmente mudar o objeto do contrato de microorganismos para recursos biológico;
	(iv) Unilateralmente estender o tempo de duração do contrato;
	(v) Decidir sobre o momento de fazer pagamentos à Bioamazônia ao final de cada ano (Isto significa que Novartis poderia escolher o momento em que o câmbio estivesse desvalorizado).
	(vi) Direitos exclusivos de propriedade intelectual sobre qualquer das características identificadas nas 10.000 amostras enviadas pela Bioamazônia;
	(vii) Direito de sublicenciar a terceiros as patentes obtidas sobre as amostras pesquisadas.

Fonte: Peña-Neira, Sérgio, Dieperink, C. e Addink, H (2002).

Por pressão da opinião pública brasileira, que considerou o acordo de bioprospecção injusto, fraudulento, abusivo e violatório da soberania brasileira sobre seu patrimônio genético,[10] o comitê diretivo da Bioamazônia decidiu por não aprovar o contrato, e o Governo Federal do Brasil acabou por emitir uma Medida Provisória regulando atividades de bioprospecção e repartição de benefícios.[11] Tendo esta realidade como pano de fundo, a Medida Provisória emitida pela Presidência do Brasil adota uma postura superprotetiva dos recursos genéticos brasileiros, no sentido de restringir excessivamente seu acesso e uso, seja científico seja comercial.

2.2. A Medida Provisória nº 2.186-16: A CDB Trouxe Algum Estímulo para a Conservação da Amazônia?

A Medida Provisória nº 2.186-16, de 23 de agosto de 2001 (MP), regulamentada pelo Decreto nº 3.945, de 28 de setembro de 2001, são os textos legais que atualmente dispõem sobre o acesso ao patrimônio genético, a proteção e o acesso ao conhecimento tradicional associado e a repartição de benefícios.

A MP estabelece um sistema que regula toda e qualquer atividade que envolva, direta ou indiretamente, amostras da biodiversidade brasileira. Assim, atividades de acesso para fins de pesquisa científica, desenvolvimento tecnológico,[12] bioprospecção,[13] visando à aplicação industrial ou de outra natureza dependerão de prévia autorização do titular da ou responsável pela propriedade, onde forem coletadas as amostras e, cumulativamente, do governo brasileiro, representado pelo Conselho de Gestão do Patrimônio Genético do Ministério do Meio Ambiente (CGEN). A MP e seu decreto regulamentador, excepcionalmente, não se aplicam às seguintes atividades, estando dispensadas da obtenção de autorização de acesso a componente do patrimônio genético emitida pelo CGEN:[14]

> I – as pesquisas que visem elucidar a história evolutiva de uma espécie ou de grupo taxonômico a partir da identificação de espécie ou espécimes, da avaliação de relações de parentesco, da avaliação da diversidade genética da população ou das relações dos seres vivos entre si ou com o meio ambiente;
> II – os testes de filiação, técnicas de sexagem e análises de cariótipo que visem à identificação de uma espécie ou espécime;
> III – as pesquisas epidemiológicas ou aquelas que visem à identificação de agentes etiológicos de doenças, assim como a medição da concentração de substâncias conhecidas cujas quantidades, no organismo, indiquem doença ou estado fisiológico;
> IV – as pesquisas que visem à formação de coleções de ADN, tecidos, germoplasma, sangue ou soro.

A onipresença regulatória da MP é o primeiro entrave à condução de projetos de pesquisa envolvendo amostras da biodiversidade brasileira, tendo em vista que a MP se aplica mesmo a atividades de bioprospecção e atividades científicas, sem fins comerciais conduzidas por centros de pesquisa públicos brasileiros. "Entrave" pois a Medida Provisória estabelece que os coletores de amostras deverão obter, previamente ao acesso à amostra desejada, uma autorização de acesso e de remessa a ser emitida pelo CGEN, que por sua vez exige que o coletor celebre um termo de anuência prévia com:

- a comunidade indígena envolvida, ouvido o órgão indigenista oficial, quando o acesso ocorrer em terras indígenas;
- o titular da área privada, quando o acesso nela ocorrer;
- o Conselho de Defesa Nacional, quando o acesso se der em área indispensável à segurança;
- a autoridade marítima brasileira, quando o acesso se der em águas jurisdicionais brasileiras, na plataforma continental ou na zona econômica exclusiva;
- o órgão ambiental competente, quando o acesso ocorrer em área protegida.

Se a coleta de amostra da biodiversidade local tiver como objetivo seu uso em pesquisas que apresentem fins econômicos, a autorização de acesso e remessa dependerá ainda da celebração de Contrato de Utilização do Patrimônio Genético e de Repartição de Benefícios com os titulares ou responsáveis pelas áreas, onde estão localizados os recursos genéticos buscados, mesmo que naquele momento não haja elementos suficientes sobre o real potencial econômico da espécie a ser acessada. Assim, na hipótese de novo contrato entre a Bioamazônia e a Novartis vir a ser celebrado nos dias de hoje, a Bioamazônia possivelmente teria a obrigação legal de celebrar milhares de contratos, tornando o acesso impraticável.

O CGEN estabelece uma pesada teia burocrática[15] para acesso, uso, transporte, remessa dentro do Brasil e para o exterior de amostras de recursos genéticos brasileiros. Existem regras específicas para, por exemplo:[16]

(i) Remeter amostra de componente do patrimônio genético existente em condição *in situ*, no território nacional, na plataforma continental ou na zona econômica exclusiva, mantida em condição *ex situ*, para o desenvolvimento de pesquisa científica sem potencial de uso econômico.

(ii) Conduzir atividades de bioprospecção e o desenvolvimento tecnológico de produtos ou processos resultantes de acesso anteriormente autorizado.

(iii) Transportar amostra de componente do patrimônio genético existente em condição *in situ*, no território nacional, plataforma continental e zona econômica exclusiva, mantida em condição *ex situ*, exclusivamente para desenvolvimento de pesquisa científica sem potencial de uso econômico, que não requeira depósito definitivo na instituição onde será realizada a pesquisa.

(iv) Remeter, temporária ou definitivamente, amostra viva de componente do patrimônio genético de plantas, liquens, fungos e algas macroscópicos que apresentem capacidade de multiplicação, regeneração ou reprodução, existente em condições *in situ* no território nacional na plataforma continental e na zona econômica exclusiva, mantida em condições *ex situ*, para desenvolvimento de pesquisa científica sem potencial de uso econômico.

(v) Remeter, temporária ou definitivamente, amostra de componente do patrimônio genético existente em condição *in situ*, no território nacional, plataforma continental e zona econômica exclusiva, mantida em condição *ex situ*, que não apresente capacidade de multiplicação, regeneração ou reprodução para desenvolvimento de pesquisa científica sem potencial de uso econômico, e dá outras providências.

Ocupando o Brasil uma posição de destaque em termos de número de espécies e de endemismo de grupos taxonômicos, mesmo em face de outros países megadiversos, e levando em consideração sua história marcada por atos de apropriação de seu patrimônio tangível e intangível é natural que existam regras regulando o acesso e uso de seu patrimônio genético local. Entretanto, tal qual previsto por Safrin, o ambiente legal brasileiro está desestimulando o acesso e uso legal do patrimônio genético local: entre os anos de 2003 e 2006, segundo os dados disponibilizados no site do CGEN,[17] foram autorizadas apenas 41 solicitações de acesso a recursos genéticos,[18] sendo que 37 das autorizações foram concedidas em favor de universidades ou centros de pesquisa públicos brasileiros, e apenas quatro autorizações foram concedidas em favor de instituições privadas brasileiras.[19]

Estes dados confirmam o argumento de Safrin de que sistemas super-restritivos de acesso a recursos biológicos desestimulam seu uso - no caso brasileiro, tanto no setor público[20] quanto no privado - implicando na subutilização destes recursos (efeito tragédia dos "anticommons"). Recursos genéticos subutilizados produzem benefícios financeiros insuficientes para a conservação dos biomas locais, o que conduz à tragédia permanente dos recursos comuns.

Apesar do autor concordar com Safrin de que recursos genéticos compartilham características em comum com recursos intangíveis,[21] na realidade, o estabelecimento de sistemas legais de acesso a recursos genéticos não conduz simplesmente à sua subexploração. A subexploração do componente intangível dos recursos biológicos leva à superexploração dos recursos biológicos que contêm os recursos genéticos. Neste sentido, a subexploração de recursos genéticos, diferentemente do que ocorre no setor das invenções biotecnológicas, não gera um fenômeno transitório que se encerrará com a expiração de patentes incidentes sobre o recurso genético. A subexploração de recursos brutos genéticos pode conduzir à tragédia dos recursos comuns, fenômeno este com efeitos que não se restringem ao setor de P&D.

Desflorestamento Anual Amazônia – PRODES

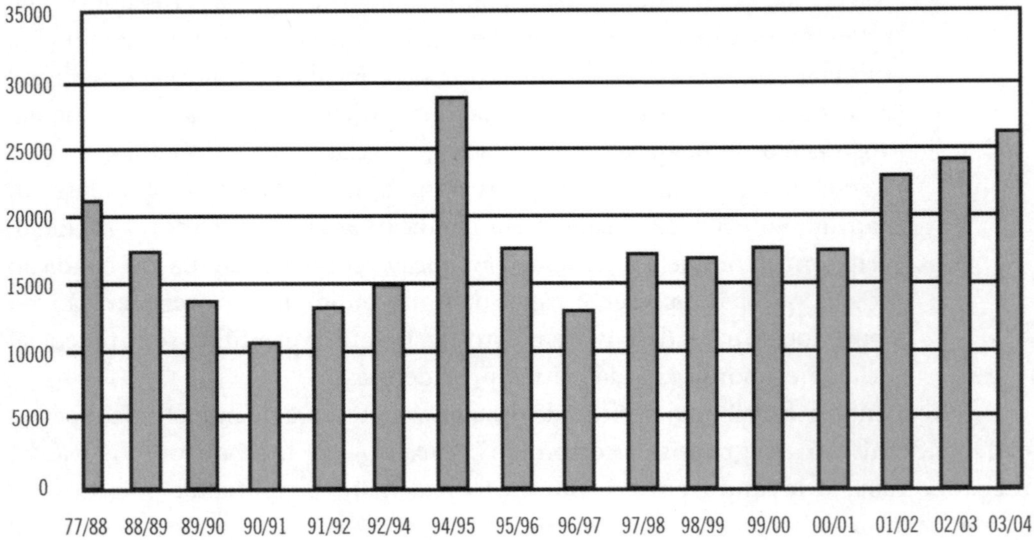

Fonte: Ministério do Meio Ambiente do Brasil.[22]

Desde o ano 2000, quando da aprovação da primeira medida provisória que regula o acesso e uso do patrimônio genético brasileiro, o desmatamento da Amazônia permaneceu em ritmo de crescimento galopante.[23] Neste cenário, ao contrário do que seria esperado, o CGEN e suas regras duras sobre acesso e uso de recursos genéticos transmitiu uma mensagem intimidadora e desestimulante ao setor público e privado envolvidos com P&D no setor biotecnológico.[24]

O que se pode inferir do caso brasileiro é que o objetivo fundamental da Convenção sobre Diversidade Biológica (CDB) e, por conseqüência, da Medida Provisória – a conservação da diversidade biológica por meio de seu uso amplo em benefício de toda a humanidade – resta distanciado da práxis do CGEN.[25] O mecanismo de acesso e repartição justa e eqüitativa dos benefícios derivados da utilização desses recursos foi o instrumento eleito pela comunidade internacional para se estimular a conservação da diversidade biológica. Logo, deve-se ter claro que a repartição de benefícios é um direito-meio e não o fim último da CDB e da MP. Neste sentido, as autoridades ambientais do Brasil ou de qualquer outro país, ao interpretar e aplicar os dispositivos domésticos que implementam a CDB, devem sempre ter presente que o fim último destes textos legais é conservar a biodiversidade local por meio de sua utilização ampla e sustentável em favor do ser humano. Enfim, as normas da CDB e da MP se justificam, desde que fomentem o uso sustentável da biodiversidade local e, conseqüentemente, direta e indiretamente, sua conservação para as presentes e futuras gerações.

Se a bioburocracia é uma realidade que pode e deve ser, ao menos, mitigada nos países megadiversos, isto será suficiente para aplacar a destruição de importantes biomas, como a floresta Amazônica? Esta responsabilidade está circunscrita a estes países?

2.3. O Projeto Large-Scale Biosphere Atmosphere Experiment in Amazonia: Reconhecimento Científico da Necessidade de Ação Pró-Ativa dos Países Industrializados em Favor do Bioma Amazônico

Se, em princípio, a destruição da Amazônia parece um problema brasileiro para a administração de brasileiros, o projeto Large-Scale Biosphere Atmosphere Experiment in Amazonia (LBA)[26,27] comprova cientificamente que tal crença é equivocada. O projeto, até o momento, concluiu que os cenários catastróficos relacionados à destruição da Amazônia e suas conseqüências nefastas sobre o equilíbrio da Terra não são profecias desarrazoadas. O referido projeto identificou uma relação direta entre a destruição da Amazônia e o aquecimento global. Vejamos a seguir algumas das conclusões alcançadas pelo projeto LBA:[28]

- até o ano 2050, se o ritmo atual de devastação for mantido,[29] 40% da floresta amazônica desaparecerá. O modelo construído pelos pesquisadores do projeto LBA calcula que dois terços da cobertura florestal de seis bacias hidrográficas amazônicas desaparecerão neste período;
- a Amazônia tornar-se-á um emissor de gases de efeito estufa,[30] devido à queimada indiscriminada de sua cobertura vegetal para fins agrícolas:[31] "Os sete milhões de quilômetros quadrados de floresta ao redor do rio Amazonas e seus afluentes, uma extensão maior que a do continente europeu, purificam o ar, ao reterem dióxido de carbono - um dos principais gases que o efeito estufa e o aquecimento global produzem - e liberam oxigênio. Esse carbono, capturado pela fotossíntese, é armazenado nos troncos, nas folhas e no solo, mas o movimento incessante da fronteira agrícola em busca de mais terrenos cultiváveis está liberando esses gases de sua 'prisão'".[32]
- a temperatura média da área amazônica aumentará em 10°C, levando à savanização da floresta e à desertificação do Nordeste brasileiro;[33]
- a Bacia do Prata, ao sul do continente americano, poderá secar, destruindo a mais importante fonte de energia da América do Sul;
- a península arábica e o meio-oeste dos Estados Unidos tornar-se-ão mais áridos.

No mesmo sentido das conclusões até o momento alcançadas pelo projeto LBA, o pesquisador britânico Peter Cox, do Hadley Centre, um dos desenvolvedores do modelo nomeado de "Colapso da Amazônia" (Amazon Dieback),[34] calcula que por volta do ano de 2050, "o aquecimento anormal da Terra levará a um aumento sem precedentes na atividade dos microrganismos do solo da Amazônia, que passarão a emitir quantidades colossais de dióxido de carbono (CO_2), da ordem de 1 bilhão de toneladas por ano - aproximadamente a mesma descarga dos Estados Unidos. O clima ficará tão quente e seco e a concentração de CO_2 no ar será tão alta que a floresta simplesmente entrará em colapso, morrendo asfixiada".[35]

Estas são algumas das potenciais conseqüências que decorrerão da devastação da Amazônia pelo homem, se nada mudar nos próximos anos. Certamente, outros biomas localizados na África e Ásia desempenham importantes papéis no equilíbrio do orbe terrestre, apesar da falta de estudos específicos sobre o tema. Entretanto, o que o aquecimento global e a devastação da Amazônia têm a ver com o sistema internacional de proteção de invenções biotecnológicas?

O sistema internacional de proteção de invenções biotecnológicas pode vir a apresentar um papel pró-ativo de conservação do equilíbrio dos ecossistemas da Terra - assim como a reformulação do Protocolo de Quioto, para que este passe a considerar projetos de conservação de florestas nativas, tal qual a Amazônia, como elegível de recebimento de créditos de carbono.[36] A proposta de emenda do acordo TRIPS, apresentada, em 31 de maio de 2006, por Brasil, Índia, China, Colômbia, Cuba, Paquistão, Peru, Tailândia e Tanzânia é uma possibilidade para se reconciliar os conflitos entre o sistema TRIPS/OMC e a CDB.[37]

> Artículo 29BIS: Divulgación del origen de los recursos biológicos y/o los conocimientos tradicionales conexos
>
> A efectos de establecer una relación de mutuo apoyo entre el presente Acuerdo y el Convenio sobre la Diversidad Biológica, los Miembros, en el cumplimiento de sus obligaciones, tendrán en cuenta los objetivos y principios del presente Acuerdo y los objetivos del Convenio sobre la Diversidad Biológica.
>
> En caso de que la materia objeto de una solicitud de patente concierna a recursos biológicos y/o conocimientos tradicionales conexos, se derive de ellos o se desarrolle a partir de ellos, los Miembros exigirán a los solicitantes que revelen el nombre del país que suministra los recursos y/o los conocimientos tradicionales conexos, la persona de quién se obtuvieron en el país proveedor y, cuando se pueda conocer tras una investigación razonable, el país de origen. Los Miembros exigirán asimismo que los solicitantes proporcionen información, con inclusión de pruebas del cumplimiento de las prescripciones jurídicas aplicables en el país proveedor al consentimiento fundamentado previo para el acceso y la distribución justa y equitativa de los beneficios derivados de la utilización comercial o de otro tipo de dichos recursos y/o conocimientos tradicionales conexos.
>
> Los Miembros exigirán a los solicitantes o los titulares de una patente que complementen y corrijan la información, con inclusión de las pruebas presentadas en virtud del párrafo 2 del presente artículo, a la luz de la nueva información de la que hayan tenido conocimiento.
>
> Los Miembros publicarán la información revelada, de conformidad con los párrafos 2 y 3 del presente artículo, junto con la solicitud o con la concesión, si ésta es anterior. Cuando un solicitante o titular de una patente proporcione otra información requerida en virtud del párrafo 3 después de la publicación, la información adicional se publicará sin demoras indebidas.
>
> Los Miembros establecerán procedimientos de observancia eficaces a fin de garantizar el cumplimiento de las obligaciones previstas en los párrafos 2 y 3

del presente artículo. En particular, los Miembros asegurarán que las autoridades administrativas y/o judiciales tengan la facultad de impedir la tramitación ulterior de una solicitud o la concesión de una patente y de revocar, a reserva de las disposiciones del artículo 32 del presente Acuerdo, o de hacer inexigible una patente cuando el solicitante, a sabiendas o con motivos razonables para saberlo, haya incumplido las obligaciones contenidas en los párrafos 2 y 3 del presente artículo o haya proporcionado información falsa o fraudulenta.

Porém, na perspectiva do autor, a referida proposta está incompleta. Para que o acordo TRIPS e a CDB se reconciliem de maneira a se permitir que o primeiro acordo se torne um instrumento eficiente de fomento dos fins conservacionistas da CDB, é essencial que os benefícios decorrentes do uso comercial da biodiversidade dos países signatários da CDB sejam revertidos em favor de projetos de conservação do meio ambiente, sobretudo, dos habitats de onde advieram os recursos acessados. Em outras palavras, não basta que as indústrias dos países industrializados compartam os benefícios advindos do uso de amostras da biodiversidade; é imprescindível que os resultados decorrentes do uso sejam revertidos integralmente em favor da biodiversidade. Tomemos o caso do Brasil: atualmente, o sistema da MP não exige que os recursos recebidos a título de repartição de benefícios sejam revertidos em benefício da conservação da biodiversidade local.[38]

Logo, o proposto art. 29bis deveria tornar-se, ao mesmo tempo, uma cláusula assecuratória da repartição de benefícios e, mais importante, desempenhar o papel de cláusula ambiental, ou seja, assecuratória de que os benefícios decorrentes do uso da biodiversidade sejam revertidos, direta e/ou indiretamente, em favor da sustentabilidade do meio ambiente que a gerou e conserva.

3. A Proposta de "Cálculo dos Efeitos Internacionais" Visto Sob a Perspectiva de Ronald H. Coase

Mas o que levaria os países industrializados a aceitar a emenda do acordo TRIPS, com vistas a reconciliar suas obrigações com os termos da CDB? A história da negociação do acordo TRIPS já mostrou que os negociadores dos países industrializados não se movem exatamente por valores de eqüidade e justiça distributiva.[39] Safrin defende que os policy-makers norte-americanos devam avaliar os impactos legislativos transfronteiriços que decorrerão da adoção interna (nos Estados Unidos) de determinadas medidas legislativas que ampliem o escopo de patenteabilidade de invenções biotecnológicas (*international regarding calculus*). Em outras palavras, o legislador norte-americano deveria avaliar se a proteção patentária de invenções biotecnológicas mais simples (invenções incrementais) instigaria países megadiversos a restringir ainda mais o acesso a seu patrimônio genético, em detrimento do desenvolvimento de novas pesquisas biotecnológicas nos países industrializados. Entretanto, a preocupação maior, na perspectiva do autor, não se restringe à subutilização do patrimônio genético dos países megadiversos em decorrência do recrudescimento da burocratização para seu acesso; mas sim o efeito "tragédia dos recursos comuns" que decorrerá da subutilização do patrimônio genético. A destruição dos biomas dos países em desenvolvimento acarretará efeitos sobre a sobrevivência do ser humano, e não simplesmente sobre o ritmo de inovação dos países industrializados. Se o planeta Terra entrar em colapso dentro de algumas décadas, qual será a utilidade de acordos de natureza TRIPS-plus e do sistema patentário internacional?

Assim, antes dos negociadores dos países industrializados decidirem por adotar determinada política doméstica e/ou externa na área de propriedade industrial (especialmente, no setor de proteção de invenções biotecnológicas), em detrimento das reivindicações dos países megadiversos, é social e economicamente necessário que levem em consideração não apenas as perdas imediatas que a indústria da biotecnologia e farmacêutica de seus países terão de suportar pela inserção, por exemplo, de uma cláusula com o conteúdo do proposto art. 29bis. É imprescindível que examinem um quadro mais amplo e, sobretudo, os potenciais custos sociais que advirão da adoção de determinada política externa na área de propriedade intelectual.

A observância dos ensinamentos de Ronald Coase é mais necessária do que nunca para a conservação do meio ambiente: o desenho eficiente de políticas públicas e posições negociais exige uma análise ampla e sofisticada dos efeitos, privados e sociais, que decorrerão da adoção de determinada política. A pergunta que tem sido feita pelos negociadores de propriedade intelectual dos países industrializados, *vis-à-vis* as reivindicações dos países megadiversos relacionados à conciliação entre a CDB e as obrigações do TRIPS, é equivocada. Não se deveria perguntar quais são as perdas para a indústria da biotecnologia e farmacêutica canadense, européia, japonesa e norte-americana, se seus Estados adotarem o art. 29bis proposto, mas quais seriam os benefícios sociais totais aos cidadãos desses países, no médio e longo prazos, em termos de segurança alimentar, meio ambiente equilibrado em seus países, prevenção de desastres ambientais, os custos que seriam evitados com a desaceleração do aquecimento global, as cidades costeiras que deixariam de submergir por conta do degelo das calotas polares, dentre outros aspectos de importância para os cidadãos dos países industrializados. Deve-se, pois, cotejar os benefícios e malefícios individuais (que incidirão sobre a indústria da biotecnologia e farmacêutica) com os benefícios socioambientais que decorrerão da adoção de determinada posição comercial. A política mais adequada será aquela em que o bem sacrificado apresentar menor valor que aquele ganho (ou conservado). A diminuição dos patamares de lucratividade da indústria farmacêutica apresenta, em termos absolutos, menor importância que a desaceleração do aquecimento global e proteção do meio ambiente como um todo.

> When an economist is comparing alternative social arrangements, the proper procedure is to compare the total social product yielded by these different arrangements. The comparison of private and social products is neither here nor there.
> (...)

> It would clearly be desirable if the only actions performed were those in which what was gained was worth more than what was lost. But in choosing between social arrangements within the context of which individual decisions are made, we have to bear in mind that a change in the existing system which will lead to an improvement in some decisions may well lead to a worsening of others. Furthermore we have to take into account the costs involved in operating the various social arrangements (whether it be the working of a market or of a government department), as well as the costs involved in moving to a new system. In devising and choosing between social arrangements we should have regard for the total effect.[40]

Apesar de pulularem argumentos científicos que apontam para a necessidade de mudança imediata da política externa dos países industrializados em temas que, de alguma forma, podem influir na conservação de importantes biomas, não há segurança que os governantes de países industrializados e suas políticas externas reformular-se-ão na ausência de "interferências externas". O que países em desenvolvimento necessitam é de "melhores lobistas. Em particular, advogados tão persuasivos quanto os lobistas de Hollywood".[41] Mas em temas tão sensíveis como meio ambiente, é fundamental a associação de melhores lobistas ao apoio de ONG's ativistas – a título de exemplo, o Greenpeace International –, que por intermédio de campanhas de mobilização internacionais podem imprimir mudanças nas políticas de grandes grupos empresariais.[42]

4. Observações Finais

A destruição do meio ambiente dos países megadiversos, dentre eles o Brasil, desencadeará o caos em todo o mundo, inclusive no mundo industrializado: estações de inverno sem neve em dezembro, inundações no Sudeste asiático e na Europa central, furacões nos Estados Unidos, tempestades de areia recorrentes na China, desertificação de terras agricultáveis da África e Ásia são alguns sintomas palpáveis da doença que acomete o mundo. A Amazônia não é apenas o pulmão da Terra, mas seu coração. Sua destruição levará o mundo a sofrer de uma cardiopatia[43] irreversível: não haverá pílula de 800 milhões de dólares capaz de aliviar tal enfermidade. Esta cardiopatia destruidora do orbe terrestre pode ser evitada se os chamados países "desenvolvidos" esforçarem-se em ajustar suas políticas comerciais às necessidades de seus povos. Já que a solidariedade humana não é um valor triunfante nas relações humanas e internacionais, os países industrializados devem se movimentar para conservar o meio ambiente dos países megadiversos por razões egoísticas: a sobrevivência de suas próprias economias, povos, agricultura e territórios no longo prazo.

A Amazônia e outros biomas importantes estão sendo minados por falta de um modelo alternativo de exploração. A CDB, inicialmente, parecia oferecer aos países megadiversos o instrumental concreto para se reconciliar conservação de seus biomas com expansão econômica sustentável. Entretanto, a visão estreita e mesquinha do mundo "desenvolvido" levou, de um lado, ao esvaziamento da CDB, e, por outro, a uma burocratização do acesso ao patrimônio genético dos países em desenvolvimento, em resposta ao boicote praticado pelos países industrializados.

É indiscutível a existência de espaço para os países megadiversos aprimorarem seus sistemas legais de maneira a facilitar acesso ao patrimônio genético, com vistas a fomentar o amplo estudo e uso da biodiversidade para satisfação das necessidades mais prementes do ser humano. Esta mudança de postura, possivelmente, ocorrerá apenas se os países industrializados derem o primeiro passo em direção a um diálogo reconciliador e construtivo entre a CDB e o acordo TRIPS. Enquanto a conservação da biodiversidade não se tornar economicamente relevante para os países em desenvolvimento, sua devastação e sua substituição por pastos e agricultura são certas. Certos também são os benefícios aos países industrializados que decorrerão da conservação dos biomas dos países megadiversos. O que não parece certo e lógico é trocar a conservação do meio ambiente global por monopólios patentários, cujos reais benefícios para a inovação e bem-estar da humanidade são discutíveis, mesmo nos países desenvolvidos.[44]

Notas:

1. Safrin, Sabrina, "Hyperownership in a Time of Biotechnological Promise: The International Conflict to Control the Building Blocks of Life". Rutgers School of Law-Newark Research Papers N. 008.

2. Patamares de patenteabilidade baixos permitem, por exemplo, a proteção de "invenções biotecnológicas" que consistem no isolamento e purificação de princípios ativos presentes em elementos da biodiversidade, ou seja, "descobertas". Importante notar que, no caso do Brasil, o estabelecimento de regimes desequilibrados de proteção da propriedade industrial nos países industrializados não gerou apenas críticas por parte das autoridades governamentais e iniciativa privada. Há uma tendência em se aceitar os sistemas patentários norte-americano e europeu como modelos de geração de poder econômico local. A título de exemplo, o projeto de lei nº 2.695/2003 propõe a revogação da proibição legal prevista no art. 10, IX, da Lei de Propriedade Industrial (LPI).
"Art. 10. Não se considera invenção:
IX. O todo ou parte de seres vivos naturais, os materiais biológicos encontrados na natureza e os processos biológicos naturais, *exceto seqüências totais ou parciais de ácido desoxirribonucléico e materiais biológicos isolados de seu entorno natural ou obtidos por meio de procedimento técnico, cujas aplicações industriais sejam comprovadas clara e suficientemente no pedido de patente.*"
A justificação apresentada pelo deputado Wilson Santos para este projeto de lei baseia-se no papel que a biotecnologia vem desempenhando no desenvolvimento econômico de países industrializados, notadamente nos EUA; na necessidade de "colocar a legislação (brasileira) em sintonia com a dos demais países, e (de) criar um incentivo para a pesquisa brasileira em biotecnologia, com a possibilidade de instituições, empresas e pesquisadores nacionais patentearem o resultado de seus atos inventivos". No mesmo sentido de valorização irrefletida das patentes como instrumento de desenvolvimento econômico e social brasileiro, a Lei nº 10.973/2004 (Lei de Inovação) adota como sinônimo de inovação a geração de títulos de propriedade intelectual, dentre eles, as cartas-patentes. As discussões sobre o papel catalisador do desenvolvimento local que pode ser inferido do uso intensivo do sistema patentário é desvinculado dos potenciais restritivos sobre a livre-concorrência, inovação e bem-estar humano e ambiental local.

3. Art. 1º da CDB.

4. Rebecca Eisenberg e Michael Heller definem "tragédia dos *anticommons*" como uma situação na qual indivíduos subutilizam recursos escassos pois muitos titulares de direitos podem bloquear uns aos outros. Can Patenes Deter Innovation? The Anticommons in Biomedical Research. Science, 1 de maio de 1998.

5. Garret Hardin, The Tragedy of the Commons. Science, 13 de dezembro de 1968. Vol. 162, nº 3859, p. 1243-1248. Hardin sustenta que recursos esgotáveis devem ter seu acesso restringido, a fim de se evitar sua superexploração e conseqüente desaparecimento. A proposta de Hardin para a conservação de áreas públicas verdes é sumarizada no seguinte trecho "What shall we do? We have several options. We might sell them off as private property. We might keep them as public property, but allocate the right to enter them. The allocation might be on the basis of wealth, by the use of an auction system. It might be on the basis of merit, as defined by some agreed-upon standards. It might be by lottery. Or it might be on a first-come, first-served basis, administered to long queues. These, I think, are all the reasonable possibilities.

They are all objectionable. But we must choose–or acquiesce in the destruction of the commons that we call our National Parks."

6. Greepeace UK, Soya traders agree moratorium on Amazon deforestation following customer pressure. 25 July 2006. Notícia disponível em: http://www.greenpeace.org.uk/forests/media/ pressrelease.cfm?ucidparam= 20060725105855&CFID=6518733&CFTOKEN=73533536 Ver também a pesquisa impressionante do Greenpeace sobre o papel da soja e dos gigantes nacionais e europeus envolvidos com *agribusiness* na destruição da floresta amazônica brasileira. Greenpeace international, Eating up the Amazon, abril de 2006. Estudo disponível em: http:// www.greenpeace.org/international/press/reports/eating-up-the-amazon

7. A Associação Brasileira para o Uso Sustentável da Biodiversidade da Amazônia - Bioamazônia, é uma associação civil, pessoa jurídica de direito privado, de interesse coletivo, qualificada pelo Governo Federal como *Organização Social* , visando o desenvolvimento integrado da biotecnologia na Amazônia através da operação de uma rede nacional voltada para a bioprospecção e o apoio ao desenvolvimento de atividades industriais que utilizem de maneira sustentável a biodiversidade da região amazônica. Informações retiradas do site: http://www.bioamazonia.org.br/

8. Peña-Neira, Sergio, Dieperink, C. and Addink, H., "Equitably Sharing Benefits from the Utilization of Natural Genetic Resources: The Brazilian Interpretation of the Convention on Biological Diversity". Electronic Journal of Comparative Law, Vol. 6, Nº 3, October 2002, disponível em: SSRN: http://ssrn.com/abstract=373620

9. Idem, p. 7 e 8.

10. Peña-Neira, Sergio, Dieperink, C. e Addink, H, *op.cit.*, p. 9-13.

11. Medida Provisória nº 2052, emitida pela Presidência da República Federativa do Brasil em 29 de junho de 2000, posteriormente convertida na Medida Provisória nº 2.186-16.

12. Entende-se por "desenvolvimento tecnológico" o trabalho sistemático, decorrente do conhecimento existente, que visa à produção de inovações específicas, à elaboração ou à modificação de produtos ou processos existentes, com aplicação econômica. Orientação técnica nº 4 do CGEN, de 27 de maio de 2004.

13. Bioprospecção é a atividade exploratória que visa identificar componente do patrimônio genético e informação sobre conhecimento tradicional associado, com potencial de uso comercial (art. 7º, inciso VII, MP).

[14] Resolução nº 21, de 31 de agosto de 2006, emitida pelo CGEN.

15. De acordo com notícia publicada em junho de 2006, pela revista *FAPESP*, o próprio secretário-executivo do CGEN, Sr. Eduardo Vélez, e o diretor de fauna e recursos pesqueiros do Ibama, Sr. Rômulo Melo, reconhecem que a Medida Provisória desestimula pesquisas. Ver Marcos Pivetta, A norma do campo fechado: Lei nacional emperra a coleta de amostras biológicas e paralisa pesquisa, revista *FAPESP*, nº 124, junho de 2006.

16. Resoluções disponíveis em: http://www.mma.gov.br/index.php?ido=conteudo.monta&idEstrutura= 85&idConteudo=4391. Acesso em dezembro de 2006.

17. http://www.mma.gov.br/index.php?ido=conteudo.monta&idEstrutura=85&idConteudo=4397

18. Neste grupo estão incluídas autorizações para acesso a recursos genéticos isolados ou amostras de recursos genéticos associados a conhecimentos tradicionais.

19. Tais autorizações foram concedidas em favor da empresa Natura Inovação e Tecnologia de Produtos Ltda, Quest International do Brasil Indústria e Comércio Ltda, Extracta Moléculas Naturais S.A. e UNIP (Universidade Paulista).

20. Oitenta por cento dos investimentos feitos no Brasil em Pesquisa & Desenvolvimento são financiados pelo Estado brasileiro e 90% dos cientistas brasileiros trabalham no setor público de pesquisa. SILVEIRA, J.M.F.J da, FONSECA, M.G.D. e Dal Poz, M.E (2003). Biotecnologia no setor de saúde humana: *bio-commodities* e as fábricas biológicas. Em Silveira, J.M.F.J. da , Assad, A.L. e Dal Poz, M.E. (2003). *Desenvolvimento da Biotecnologia no Brasil: Organizações Públicas, Mercados e Desafios Institucionais.* Ed. da Unicamp. Interessante notar que, embora o setor público brasileiro desempenhe um papel de destaque na área de pesquisas em biotecnologia, o CGEN não aprovou regras que favoreçam este setor, ou seja, que favoreçam a utilização dos recursos públicos em pesquisa. Um exemplo recente envolveu um pesquisador do Instituto Butantã, que teve sua solicitação de autorização de coleta de material genético para fins de pesquisa de base pelo Ibama (Instituto Brasileiro do Meio Ambiente e dos Recursos Naturais Renováveis). O estado de São Paulo, Ibama não renova licença de pesquisador do Butantã. Edição de 22 de dezembro de 2006.

21. *Sabrina Safrin, op.cit. pág. 25.* "(...) While genes have a tangible component (i.e., a minuscule combination of chemicals), they share more in common with an intangible good like information than they do with a typical tangible natural resource like oil. What holds value and is really being sought is not so much a particular physical cell as the information, the blueprint, contained in that cell and, in fact, in millions of similar cells.

Moreover, as with information, the use of genetic material is largely nonrivalrous in that its use by one person generally does not diminish its availability for use by others. One need not fell a forest to access its genetic material, and removed genes can be replicated. This feature puts it into sharp contrast with oil, minerals, and timber, whose use is rivalrous. The exploiter of the latter goods is after the raw physical substance, not the information it contains. Their taking by one person renders them unavailable for the use of others."

22. Grupo Permanente de Trabalho Interministerial sobre Desmatamento na Amazônia. Plano de Ação para Prevenção e Controle do Desmatamento na Amazônia. Ano 2004-2005. Disponível em: http://www.mma.gov.br/doc/tendencias_desmatamento2004_2005.pdf

23. Em resposta a esta realidade, em 21 de dezembro de 2006 a Comissão Nacional de Biodiversidade do Ministério do Meio Ambiente aprovou um conjunto de metas de redução da perda da biodiversidade brasileira a serem alcançadas até 2010. O Brasil visa a acabar com o desmatamento na Mata Atlântica, reduzir em 75% o desmatamento na Amazônia e em 50% nos demais biomas até 2010, considerando 2002 ano-base. Ver: http://www.mma.gov.br/ascom/ultimas/index.cfm?id=3025

24. Em julho de 2006, foi lançada pelo Ministério da Ciência e Tecnologia, com amplo apoio do setor público e privado nacionais, a *Estratégia Nacional de Biotecnologia*, a qual visa a estabelecer uma política governamental para o desenvolvimento da bioindústria brasileira. A Estratégia é o resultado de um processo de discussão entre o setor público e privado de inovação e órgãos governamentais brasileiros, dentre eles, o Ministério da Saúde, Ministério da Agricultura, Pecuária e Abastecimento, Ministério da Ciência & Tecnologia, Ministério do Desenvolvimento, Indústria e Comércio Exterior, universidades públicas brasileiras. O objetivo precípuo desta política é estabelecer balizas e prioridades governamentais e empresariais, para que o Brasil venha a ser alçado ao grupo dos países líderes no desenvolvimento de biotecnologia no setor agrícola, farmacêutico e industrial em dez/quinze anos. Há uma breve seção da Estratégia, que trata sobre aspectos do marco legal brasileiro de acesso a recursos genéticos que devem ser retrabalhados pelos órgãos encarregados do tema, com vistas a se fomentar a expansão e consolidação do setor de pesquisa biotecnológico brasileiro. A maior preocupação tanto do setor público quanto do privado é que a legislação brasileira sobre o tema gere obstáculos ao desenvolvimento da indústria de biotecnologia brasileira. MDIC, Estratégia Nacional de Biotecnologia: Política de Desenvolvimento da Bioindústria. Julho de 2006, pág. 52.

25. TUFFANI, Maurício, O Freio da Bioburocracia, revista *Galileu*, edição 128, março de 2002. A mídia e o setor público de pesquisa locais referem-se às regras brasileiras como fundadoras de um regime de "bioburocracia".

26. Para maiores informações sobre o projeto, ver: //www.daac.ornl.gov/LBA/misc_amazon.html. O LBA cuja primeira fase durou dez anos e envolveu mais de 1.800 pesquisadores, 245 instituições de todo o mundo – inclusive a Nasa –, é uma iniciativa brasileira, em cooperação com pesquisadores internacionais que visa a estudar o funcionamento do ecossistema amazônico e sua relação no equilíbrio climático de outras regiões da Terra.

27. Sobre uma visão geral do projeto ver Global Change Newsletter, issue nº 45, March, 2001, www.igbp.kva.se

28. Revista *Veja*, edição 1937, ano 38, nº 52, 28 de dezembro de 2005, p. 172-180.

29. Entre os anos de 1990 e 2002, cerca de 22 milhões de hectares de floresta foram derrubados. Esta área equivale aos territórios somados de Bélgica, Dinamarca, Holanda e Portugal. Envolverde, Consumo consciente é a única salvação da Amazônia. 7 de abril de 2006. Disponível em: http://lba.cptec.inpe.br/lba/site/?p=oportunidade&t=0&s=6&lg=&op=379

30. O dióxido de carbono é o maior responsável pela acidificação dos oceanos, a qual compromete sua saúde e a quantidade e qualidade dos peixes.

31. Segundo estudo conduzido por Britaldo Soares-Filho e Daniel Nepstad, publicado na revista Nature nº 440, em 23 de março de 2006, as emissões de carbono correspondentes à devastação da cobertura vegetal da Amazônia brasileira corresponderá a 32 bilhões de toneladas no ano 2050, o que equivale a quatro anos de emissões mundiais. O mesmo estudo aponta que com a implementação das presentes legislações ambientais brasileiras seria possível a devastação de 1 milhão de quilômetros quadrados da Amazônia brasileira até 2050. Esta área consumiria, no período, 17 bilhões de toneladas de carbono. Nepstad aponta que o Protocolo de quioto prevê a redução de 2 bilhões de toneladas.

Fonte: *Floresta encolhe 40% em 2050*. Disponível em: http://lba.cptec.inpe.br/lba/site/?p=oportunidade&t=0&s=5&lg=&op=317

32. Trecho de entrevista dada por Diane Wickland, diretora do programa de ecologia terrestre da Nasa, à agência de notícias EFE. Fonte: EFE, Amazônia pode perder o status de "pulmão do mundo", 20 de julho de 2006. Disponível em: http://lba.cptec.inpe.br/lba/site/?p=oportunidade&t=0&s=5&lg=&op=655

33. Carlos A. Nobre, Gilvan Sampaio, Luis Salazar, "climate and land use changes in amazonia: impacts on the hydrological cycle and on biome distribution". proceedings of "water and the environment", 12-14 november 2005, pontificial academy of sciences of the vatican. (no prelo).

34. P.M. Cox et. al., Amazon dieback under Climate-Carbon cycle projections for the 21st century. March 27, 2003. Disponível em: http://www.metoffice.gov.uk/research/hadleycentre/pubs/HCTN/HCTN_42.pdf

35. Herbário, *Amazônia se converterá em uma grande fonte de CO2.* Disponível em: http//www.herbario.com.br/cie/aquec/ amfont.htm

36. Segundo estudo de Moutinho, Nepstad, *et al.* "Na floresta amazônica está armazenada uma quantidade de carbono equivalente àquela que a humanidade emite durante mais de uma década. Este carbono tem sido gradualmente liberado para a atmosfera através do desmatamento e queimadas. Com a previsão de aumento no ritmo de desmatamento na Amazônia (...) as emissões de carbono da região poderão aumentar significativamente. Caso isto aconteça, a quantidade de carbono emitida pelo desmatamento na região deverá anular quase a metade das reduções nas emissões que são esperadas caso o Protocolo de Quioto seja implementado com sucesso. Com a exclusão das florestas tropicais - geralmente nativas - do Protocolo, as negociações sobre as mudanças climáticas correrão o risco de perder os ganhos obtidos com as reduções de emissões de carbono através de mecanismos que não incluam tais florestas. (...)As emissões anuais de carbono oriundas do desmatamento gerado pela pavimentação de estradas na Amazônia que está contemplada dentro do programa "Avança Brasil" (ca. 160 milhões de toneladas/ano), poderia equivaler, se somada àquelas que já ocorrem pelo avanço da fronteira (ca. 200 milhões de toneladas/ano), aproximadamente, a mais da metade da redução anual das emissões de carbono provenientes da queima de combustíveis fósseis (ca. 500 milhões t de C), que é prevista **caso o Protocolo de Quioto seja ratificado e implementado com sucesso**." Paulo Moutinho, Daniel Nepstad, Marcio Santilli, Geórgia Carvalho, Yabanex Batista, As Oportunidades para a Amazônia com a Redução das Emissões de Gases de Efeitos Estufa. Estudo publicado pelo Instituto de Pesquisa Ambiental da Amazônia. Disponível em: http://www.asfagro.org.br/trabalhos_tecnicos/ meio_ambiente/credito_carbono.pdf

37. WT/GC/W/564/Rev.2. Esta proposta visa à inserção de um dispositivo no Acordo TRIPS da OMC (art. 29bis) que exige dos depositários de patentes a divulgação da origem do recurso genético e/ou conhecimento tradicional a partir do(s) qual(s) foi gerada a invenção potencialmente protegível por patentes, assim como evidências de que o depositário respeitou as regras do país de origem do recurso/conhecimento referentes à obtenção de consentimento prévio informado e repartição de benefícios.

38. Os autores propugnam que o CGEN passa a vincular, ao menos, uma parte paga a título de benefícios pelo uso da biodiversidade brasileira em projetos de conservação e desenvolvimento sustentável da biodiversidade brasileira.

39. Peter Drahos, Expanding Intellectual Property's Empire: the Role of FTAs. 2003, GRAIN.

40. Ronald H. Coase, The Problem of Social Cost. Journal of Law and Economics , outubro de 1960.

41. Lawrence Lessig, Taste of Our Own Poison. A modest proposal: Hold Hollywood hostage till we kill farm subsidies. Wired magazine, janeiro de 2004. Disponível em: <http://www.wired.com/wired/archive/12.01/view.html?pg=5>

42. Greenpeace international, McVictory : Victory as fast food giant pledges to help protect the Amazon. 25 de julho, 2006. Disponível em: <http://www.greenpeace.org/international/news/McVictory-200706>. A organização ambientalista conseguiu demonstrar que a soja produzida em terras recentemente devastadas na Amazônia brasileira alimentou aves com as quais eram produzidos *nuggets* de frango, comercializados nas lojas européias da cadeia McDonalds. Em decorrência de forte pressão do público consumidor europeu, a empresa norte-americana suspendeu a compra de frango alimentado com soja plantada em áreas ilegalmente devastadas no Brasil. O grupo britânico Marks & Spencer também aderiu à campanha lançada pelo Greenpeace.

43. No ano de 2005, a Amazônia brasileira enfrentou a pior seca dos últimos quarenta anos. Rios e lagos monumentais secaram e foram reduzidos, por um período surpreendentemente longo, a riachos de lama. *Greenpeace Brasil, Seca castiga a Amazônia brasileira.* 14 de outubro de 2005. Disponível em: <http://www.greenpeace.org.br/amazonia/ ?conteudo_id=2328&sub_campanha=0>.

44. Michael A. Heller e Rebecca S. Eisenberg. Can patents deter innovation? The anticommons in biomedical research. revista *Science*, vol. 280, maio de 1998, p. 698 e ss. e Federal Trade Commission, To Promote Innovation: the proper balance of competition and patent law and policy.

6 A PROPRIEDADE INTELECTUAL E O DIREITO INTERNACIONAL PRIVADO*

THIAGO LUCHESI**

1. Introdução

A proposta de conduzir um estudo sobre os aspectos de Direito Internacional Privado relacionados à propriedade intelectual, sob uma perspectiva brasileira, nasceu e amadureceu a partir de algumas constatações iniciais.

Em primeiro lugar, deve-se ao fato que, embora as bibliotecas estejam repletas de obras sobre o tema da propriedade intelectual, existe uma grande dificuldade de encontrar na literatura nacional um estudo mais aprofundado do direito internacional privado aplicado aos direitos dessa natureza.

---

* Este artigo é uma versão reduzida da dissertação de mestrado intitulada "Aspectos de Direito Internacional Privado Relacionados à Propriedade Intelectual", do mesmo autor, defendida em 2004, junto ao Departamento de Direito Internacional da Faculdade de Direito da Universidade de São Paulo.

** Advogado, Mestre em Direito Internacional pela Faculdade de Direito da Universidade de São Paulo (FDUSP) e pelo Instituto de Altos Estudos Internacionais, Genebra, Suíça. Atualmente é Doutorando em Direito Internacional em Genebra.

Em segundo lugar, uma análise dos direitos de propriedade intelectual, sob a ótica do direito internacional, remete-nos a uma curiosa ambigüidade. Se, por um lado, tais direitos possuem um caráter internacional que lhes é inerente, dada sua vocação universal, por outro, verifica-se que eles permanecem, ainda hoje, sob a égide do princípio da territorialidade.

Tal ambigüidade gera algumas questões que permanecem sem resposta. Há regras específicas sobre conflito de leis no espaço no que diz respeito à aquisição, validade e extensão dos direitos de propriedade intelectual? A lei aplicável aos direitos de propriedade intelectual tem alguma influência nos contratos internacionais que regulam sua exploração econômica?

Nesse breve estudo, procura-se demonstrar que o princípio da territorialidade exerce, ainda hoje, um papel crucial na proteção dos direitos decorrentes do pensamento humano. Esse entendimento funda-se na natureza jurídica especial de tais direitos e nos princípios contidos nos acordos internacionais de proteção da propriedade intelectual.

Além disso, busca-se analisar de que forma as mudanças trazidas pelas novas tecnologias de comunicação como a Internet podem influenciar na solução de disputas relativas à exploração internacional da propriedade intelectual, especialmente no que diz respeito à localização dos atos de contrafação em casos de transmissões digitais com efeitos multiterritoriais.

Em segundo lugar, procura-se examinar de que maneira as leis que regulam o conteúdo dos direitos de propriedade intelectual podem se chocar com a lei aplicável às obrigações contratuais, afetando assim a execução dos contratos internacionais relativos à exploração de uma criação intelectual.

Enfim, durante todo o trabalho, as noções de Propriedade Intelectual e de Direito Internacional Privado caminham juntas, visando solucionar, da melhor maneira possível, os problemas de conflitos de leis no espaço que surgem com a exploração internacional das criações intelectuais.

Como observou Maristela Basso, "aquele que se propõe a estudar a propriedade intelectual é transportado, assim, naturalmente, como que levado pela mão, ao plano internacional".[1]

2. O Princípio da Territorialidade e suas Implicações no Direito Internacional Privado da Propriedade Intelectual

Nos últimos anos, a intensificação das transações econômicas internacionais, a globalização dos meios de produção e o desenvolvimento de novas tecnologias de telecomunicação de massa, especialmente a Internet, têm diminuído, cada vez mais, as distâncias entre os povos.

Nesse contexto, muito se tem discutido sobre o chamado princípio da territorialidade no âmbito da propriedade intelectual.[2] Antigo conhecido dos operadores dos direitos decorrentes da criação intelectual, esse princípio tem sido sucessivamente atacado.

Argumenta-se que o sistema de proteção internacional da propriedade intelectual não pode mais se basear em um suporte fático necessariamente territorial, *vis-à-vis* da natureza multiterritorial das novas formas de exploração das criações intelectuais.

Além disso, a manutenção de direitos de propriedade intelectual em sistemas territoriais geraria custos excessivamente altos para seus titulares, o que colocaria em cheque todo o arcabouço de normas e instrumentos internacionais concebidos para garantir sua proteção.[3]

Por fim, costuma-se afirmar que a noção de territorialidade, derivada do Direito Internacional Privado, é uma das mais ambíguas desse ramo do Direito. Critica-se, dessa forma, a falta de rigor técnico na utilização do princípio no campo dos direitos de propriedade intelectual.[4]

Todas essas afirmações, contudo, não são suficientes para esvaziar o conteúdo do princípio da territorialidade, que continua a exercer, ainda hoje, um papel crucial na proteção dos direitos de propriedade intelectual. Essa conclusão decorre da natureza jurídica especial desses direitos e da análise das normas dos principais tratados internacionais que regulam a matéria.

Como notou Scott Fairley, "*national intellectual property law requirements have been – and are – premised on the territorial principle: the force of law runs with the territory*".[5]

2.1. O Conceito de Territorialidade

O território, costuma-se afirmar, é o espaço limitado no qual o Estado exerce suas competências políticas, que são normalmente gerais e exclusivas. Amilcar de Castro lembra que a noção jurídica de território não corresponde ao espaço físico ou geográfico em que o povo permanece, mas sim ao elemento do Estado que determina a extensão do poder público.[6]

Dessa forma, a noção jurídica de território baseia-se na idéia de que a existência de Estados soberanos[7] implica, necessariamente, uma repartição de competências no espaço. Sobre esse particular, vale lembrar a decisão da Corte Internacional de Justiça no célebre caso *Lotus*, normalmente citado pelos estudiosos do Direito Internacional como fundamento para a independência dos Estados no que diz respeito às suas competências políticas:

> Le droit international régit les rapports entre des États indépendants. Les règles de droit liant les États procèdent donc de la volonté de ceux-ci, volonté manifestée dans les conventions ou dans les usages acceptés généralement comme consacrant des principes de droit et établis en vue de régler la co-existence de ces communautés indépendantes ou en vue de la poursuite de buts communs. Les limitations de l'indépendance des États ne se présument pas.[8]

Tais noções, próprias do Direito Internacional Público, revelam que os Estados atuam, em relação uns aos outros, de maneira independente, produzindo leis de acordo com suas respectivas competências políticas.

No âmbito privado, a coexistência de leis emanadas de vários Estados no plano internacional conduz à potencialidade de aplicação de mais de uma lei a uma determinada relação jurídica. A essa possibilidade de aplicação de diferentes sistemas jurídicos para uma mesma relação jurídica, convencionou-se chamar de conflito de leis no espaço.

Em face do problema dos conflitos de leis no espaço, Antoine Pillet, em sua obra intitulada *Principes de Droit International Privé*, abordou a questão da territorialidade e da extraterritorialidade das leis:

> Consideradas sob o ponto de vista de uma harmonia a ser estabelecida entre as nações, as leis só podem ser territoriais ou extraterritoriais; territoriais quando, feitas para um território, elas são ali aplicadas indistintamente a todas as pessoas, tanto aos estrangeiros quanto aos nacionais; extraterritoriais, quando elas perseguem os sujeitos até o estrangeiro e, reciprocamente, não se aplicam aos estrangeiros do território do Estado para o qual a lei foi feita. Precisemos nossa idéia. Não se pretende que todas as leis civis tenham, por uma espécie de fatalidade, uma ou outra dessas características, quer-se dizer que a harmonia, objetivo da nossa ciência, só pode ser estabelecida entre leis de povos diferentes quando se considera cada uma delas ou territorial ou extraterritorial.[9]

Tal diferenciação baseia-se na idéia de que as leis territoriais possuem um caráter de generalidade preponderante, pois seu campo de aplicação é voltado para todos os membros de um território, sejam eles nacionais ou estrangeiros; por outro lado, as leis extraterritoriais (ou pessoais) são marcadas por um caráter de continuidade, pois são ligadas às pessoas a que são destinadas, em quaisquer circunstâncias.

As assertivas anteriores podem ser comprovadas quando se pensa no tratamento que as regras de Direito Internacional Privado conferem aos bens imóveis, regulados pela lei de sua situação (*lex rei sitae*), e à capacidade das pessoas, normalmente determinada pela lei pessoal. No primeiro caso, a lei é genérica, aplica-se a todos os membros do território, estrangeiros e nacionais. Já no segundo, a lei é contínua, acompanha a pessoa onde quer que ela esteja.

Assim, um estrangeiro que é proprietário de um imóvel no Brasil submete-se às leis locais de propriedade. Por outro lado, uma empresa estrangeira que firma um contrato, no Brasil, com uma empresa local, terá sua capacidade regida pela lei do local de sua constituição.[10]

O interessante da teoria de Pillet é que ela considera todas as leis, em razão de sua natureza, territoriais e extraterritoriais ao mesmo tempo, já que, em princípio, todas as leis são feitas para ter uma aplicação genérica e contínua.

Entretanto, o autor francês chama-nos a atenção para o fato que, se os Estados considerassem todas as leis territoriais e extraterritoriais a todo momento, não seria possível estabelecer uma relação de harmonia entre os povos.[11] Essa idéia foi objeto da atenção de Clóvis Beviláqua ao abordar a teoria de Pillet:

> A lei é, ao mesmo tempo, territorial e pessoal, mas encontrando-se na vida internacional com outras leis igualmente dotadas com esses caracteres, e, tendo de harmonizar-se com elas para a solução dos conflitos de competência suscitados por esse encontro, forçoso é que alguma coisa se sacrifique da sua atuação. Ora o sacrifício recairá sobre a extraterritorialidade e a lei se aplicará no país, impondo-se indistintamente a nacionais e estrangeiros; ora será mantida a extraterritorialidade em detrimento da territorialidade, aplicando-se a cada uma a sua lei particular, seu estatuto pessoal, sem atenção ao lugar onde essa aplicação se faça.[12]

A questão é saber quais critérios devem ser utilizados para determinar se uma lei deverá ter aplicação territorial ou extraterritorial. Para Pillet, o critério mais adequado é a análise da finalidade da lei. Assim, as leis que se propõem à proteção dos indivíduos deveriam ser extraterritoriais; ao contrário, as que tendem, preponderantemente, a garantir a ordem social seriam territoriais.

Nesse ponto, a teoria de Pillet não parece ser a mais acertada, pois se baseia em um critério muito ambíguo e arbitrário. Tome-se, como exemplo, o objeto do presente estudo: os Direitos de Propriedade Intelectual. Embora sejam privados, esses direitos possuem um caráter público muito marcante, pois sua regulação trata de questões de alta relevância para a sociedade, como aspectos concorrenciais, o incentivo a novas manifestações culturais e ao desenvolvimento tecnológico.

Esse exemplo demonstra que o critério da finalidade das leis pode encerrar sérias dificuldades em alguns casos. Sua ambigüidade não desqualifica, porém, as considerações de Pillet sobre os conceitos de territorialidade e extraterritorialidade, extremamente importantes para o Direito Internacional Privado.

De qualquer forma, para determinar se uma lei deve ser territorial ou extraterritorial, parece-nos que o melhor caminho é, na esteira do pensamento de Savigny,[13] analisar a natureza da relação jurídica em questão e, a partir daí, determinar qual é a lei que mais lhe convém.

Maristela Basso, em obra dedicada ao estudo do Direito Internacional Privado, sintetizou as bases do pensamento de Savigny da seguinte maneira:

> Da doutrina de Savigny podemos extrair duas premissas básicas:
>
> a) deve regular a relação jurídica, objeto de apreciação, a lei que seja mais adequada a sua natureza jurídica, podendo esta lei ser nacional ou estrangeira;
>
> b) a determinação da lei mais adequada à natureza da relação jurídica vai depender de uma cuidadosa análise da sede desta relação, pois toda relação ocupa um lugar no espaço, e há um lugar onde ela atua mais diretamente.[14]

Assim, no tema da propriedade intelectual, a determinação da lei mais adequada depende de uma análise da natureza jurídica dos direitos que são próprios desse ramo do Direito. A partir dessa análise, será possível identificar, com mais clareza, a sede da respectiva relação jurídica e, conseqüentemente, o lugar em que ela atua mais diretamente.

Parece-nos desnecessário, entretanto, analisar todas as discussões sobre a natureza jurídica dos Direitos de Propriedade Intelectual depois do trabalho feito por Maristela Basso, em sua obra "O Direito Internacional da Propriedade Intelectual".[15]

Essa é a razão pela qual a análise feita a seguir procura demonstrar que os direitos de propriedade intelectual são regulados por leis territoriais, destacando aspectos relevantes de sua natureza jurídica, sob a ótica do Direito Internacional Privado.

2.2. Ubiqüidade dos Direitos de Propriedade Intelectual

No Brasil, tanto os direitos autorais como os direitos de propriedade industrial são considerados bens móveis, conforme determinam, respectivamente, a Lei nº 9.610, de 19 de fevereiro de 1998,[16] e a Lei nº 9.279, de 14 de maio de 1996.[17]

Com base nisso, seria possível imaginar que a localização dos direitos de propriedade intelectual no espaço deveria seguir a mesma regra aplicada aos bens móveis. Entretanto, a natureza jurídica do conjunto de direitos que compõem a propriedade intelectual, cujo objeto de proteção é um bem imaterial, reclama por um tratamento diverso.

Quando um objeto corpóreo qualquer é transportado de um país para outro, o direito sobre o bem móvel desaparece do sistema jurídico do primeiro Estado, e passa a produzir seus efeitos no segundo. Note-se que os direitos criados nesse segundo Estado recaem exatamente sobre o mesmo objeto. Há, portanto, uma pluralidade de regimes que regulam o direito, mas a unidade do objeto corpóreo persiste.[18]

No caso dos direitos de propriedade intelectual, a imaterialidade de seu objeto permite que eles sejam utilizados em mais de um lugar ao mesmo tempo. "Embora eles possam se manifestar por meio de formas perceptíveis pelos sentidos – tais como manuscritos, documentos originais, cópias, representação e radiodifusão no caso das obras literárias e artísticas; descrições ou realizações técnicas em relação a invenções; ou ainda sob a forma de denominação ou imagem figurando sobre mercadorias, embalagens e escritos publicitários no caso das marcas – eles não se limitam a tais manifestações. Novas reproduções, realizações e utilizações são sempre possíveis, em qualquer parte do mundo".[19]

Essa ubiqüidade dos bens imateriais faz com que a sua localização no espaço seja determinada por regras próprias, que não se confundem com aquelas aplicadas aos bens móveis. Eugen Ulmer, em trabalho encomendado pela Comissão das Comunidades Européias, destaca essa diferenciação:

> Costuma-se assinalar que, contrariamente aos bens materiais, os quais são regidos pela *lex rei sitae*, os bens imateriais não são situados em um país determinado, mas em qualquer lugar em que um ato de exploração é conduzido. O lugar em que o ato de exploração é conduzido aparece, portanto, em cada caso, como o lugar em que o direito é situado.[20]

A natureza especial dos direitos de propriedade intelectual requer, assim, critérios diversos daqueles aplicados aos bens móveis: o lugar em que o ato de exploração é conduzido aparece como um elemento fundamental na localização dos direitos decorrentes do pensamento humano.

No passado, defendia-se que essa localização deveria ser feita por meio de uma solução uniforme, aplicando-se aos direitos de propriedade intelectual a lei de um único país, mesmo quando sua exploração se estendia a outros. Colocava-se em destaque o que a doutrina costuma chamar de lei do país de origem (*lex loci originis*).

A doutrina uniforme considerava que os direitos de propriedade intelectual deveriam ser regulados pela lei de um país determinado, a qual irradiaria efeitos para todos os outros locais em que a criação ou invenção viesse a ser explorada. Em razão da artificialidade de sua construção, as bases dessa teoria encontram-se ultrapassadas.[21]

Em contraposição à regra do país de origem, surgiu a doutrina segundo a qual a aquisição, os efeitos e a extinção dos direitos de propriedade intelectual são determinados pela lei do país de proteção (*lex loci protectionis*). Essa teoria considera que a propriedade intelectual é regulada pela lei territorial do país no qual o ato de exploração do bem imaterial correspondente é conduzido.

Isso significa que uma obra intelectual, protegida por direitos autorais, publicada inicialmente no Brasil, terá sua proteção determinada pelas leis brasileiras. No momento em que a mesma obra for explorada na França, por exemplo, a proteção será outorgada de acordo com as leis francesas. Veja-se que os dois regimes de proteção convivem paralelamente, sem que a existência de um implique o desaparecimento do outro.

Como se vê, a ubiqüidade dos direitos de propriedade intelectual é decisiva para a determinação de sua localização no espaço. À medida que as criações intelectuais entram em contato com sistemas jurídicos diversos, é a lei nacional de cada país no qual esses bens imateriais são explorados que regulará sua proteção.

Essa solução confirma a aplicação do conceito de territorialidade no que diz respeito às leis de propriedade intelectual, pois seu âmbito de incidência alcança todas as pessoas, nacionais ou estrangeiras, que venham a explorar criações intelectuais em um determinado território.

2.3. Caráter Público da Propriedade Intelectual

Um dos aspectos mais importantes na análise da propriedade intelectual é o compromisso público que está implícito na outorga e reconhecimento de direitos privados exclusivos.

A existência de direitos exclusivos para proteger bens imateriais representa uma restrição à liberdade do comércio e das manifestações do pensamento. Essa limitação apenas faz sentido na medida em que um interesse social é atendido.

O direito sobre as marcas, por exemplo, serve o interesse público ao auxiliar os consumidores na identificação de produtos e serviços, assim como os direitos sobre as criações artísticas (direitos autorais) e invenções técnicas (patentes) visam incentivar a disseminação de informação na sociedade, sejam elas baseadas em inovações tecnológicas ou expressões artísticas.[22]

Robert Plaisant, em sua obra *Les Règles de Conflit de Lois dans les Traités*, identificou o interesse público como uma característica especial dos direitos de propriedade intelectual:

> La propriété intellectuelle se fonde sur un compromis entre les besoins sociaux et les prérogatives individuelles. La reconnaissance d'un droit privatif en faveur du créateur limite peut-être l'utilisation des oeuvres de l'esprit, mais elle permet leur naissance et leur multiplication. L'intérêt collectif et l'intérêt individuel s'unissent ainsi pour reconnaître ce droit nouveau. La propriété intellectuelle vient ainsi limiter la liberté du commerce et de l'industrie ou la liberté de la pensée. Elle constitue un monopole d'exploitation dont la réglementation est affaire d'opportunité et d'appréciation des conditions économiques ou sociales.[23]

Em outras palavras, deve existir uma relação de equilíbrio entre os interesses que regem os direitos privados de propriedade intelectual e as políticas públicas dos Estados que os outorgam.

É nesse sentido que a Constituição Federal de 1988, em seu art. 5º, inciso XXVII, assegura "proteção às criações industriais, à propriedade das marcas, aos nomes de empresas e a outros signos distintivos, tendo em vista o interesse social e o desenvolvimento tecnológico e econômico do país".

No âmbito internacional, o TRIPS – Acordo sobre Aspectos dos Direitos de Propriedade Intelectual Relacionados ao Comércio,[24] já em seu preâmbulo, reconhece "os objetivos básicos de política pública dos sistemas nacionais para proteção da propriedade intelectual, inclusive os objetivos de desenvolvimento e tecnologia", logo após qualificar os direitos de propriedade intelectual como direitos privados.

Assim, embora os direitos de propriedade intelectual sejam privados, a proteção que lhes é outorgada deve refletir os objetivos básicos de política pública dos Estados, como, por exemplo, o incentivo a novas manifestações culturais e ao desenvolvimento tecnológico.

Para empregar uma expressão utilizada pela doutrina francesa, os Estados mostram-se particularmente "ciumentos"[25] no que diz respeito à regulação da propriedade intelectual, justamente por se tratar de uma questão de soberania.

Por esse motivo, ganharam força, nos últimos anos, as discussões sobre as limitações impostas aos direitos de propriedade intelectual pelas leis nacionais, tais como a questão da licença compulsória de patentes[26] e das limitações aos direitos autorais,[27] as quais evidenciam aquela preocupação dos Estados.

Por sinal, essas questões são de grande importância para os países em desenvolvimento, cujas condições econômicas, sociais e tecnológicas ainda precisam ser adaptadas às exigências dos sistemas de propriedade intelectual exigidos pelos acordos internacionais vigentes.

Por todos esses motivos, é óbvio que os Estados têm interesse direto na regulação da propriedade intelectual, especialmente no que diz respeito à extensão e aos limites da proteção dos direitos dessa natureza.

Para Curtis A. Bradley, enquanto a noção de Estado-nação subsistir, o princípio da territorialidade continuará a exercer um papel fundamental no âmbito da propriedade intelectual:

> To put it differently, as long as the nation-state continues to be the principal actor in international relations, global cooperation and development may actually depend on territorialism.[28]

Afinal, como os Estados consideram a regulação dos direitos de propriedade intelectual que nascem e circulam dentro de seus territórios uma questão crucial para suas economias, a existência de leis cujo âmbito de aplicação extrapole as fronteiras nacionais mostra-se incompatível com essa realidade.

Essas noções confirmam que a territorialidade figura como um elemento fundamental nesse campo do Direito, já que as leis de propriedade intelectual aplicam-se à generalidade das pessoas de um determinado Estado, não se estendendo a relações jurídicas existentes em territórios de outros Estados.

2.4. Os Tratados Internacionais de Propriedade Intelectual

Qualquer estudo que se proponha a analisar os conflitos de leis no espaço relativos aos direitos de propriedade intelectual deve levar em consideração as normas dos tratados internacionais que os regulam. Ulmer manifestou essa preocupação logo no início de sua obra sobre a propriedade intelectual e o direito internacional privado:

> Todo estudo e toda proposição de regras concernentes ao direito internacional no âmbito da propriedade intelectual deve levar em conta o fato de que as convenções internacionais, de uma extrema importância para o direito de autor e para os direitos de propriedade industrial, contêm igualmente regras relativas aos conflitos de leis.[29]

Dentre os tratados internacionais que se ocupam do tema, pode-se destacar, por sua importância, a Convenção da União de Paris para a Proteção da Propriedade Industrial de 1883, a Convenção de Berna para a Proteção das Obras Literárias e Artísticas de 1886 e, mais recentemente, o Acordo TRIPS de 1995.

De acordo com G. H. C. Bodenhausen, os principais aspectos das Convenções de Paris e de Berna podem ser resumidos nos seguintes itens:

1) elas garantem a proteção das leis nacionais a todos aqueles que podem reivindicar direitos da Convenção, mesmo quando não forem nacionais ou residentes do país no qual se invoca a proteção;
2) para algumas situações específicas, elas estabelecem regras de aplicação direta para aqueles que podem reivindicar a proteção da Convenção; e
3) elas estabelecem, por fim, algumas prescrições concernentes ao conteúdo das leis nacionais.[30]

As normas dessas convenções são mais que obrigações assumidas pelos seus Estados-membros: elas extrapolam o plano do Direito Internacional Público na medida em que tratam, também, de interesses particulares que possuem um caráter internacional.

Elas requerem dos Estados-contratantes uma ação conjunta visando o reconhecimento e a proteção dos direitos de propriedade intelectual no plano internacional. O objeto das convenções é, portanto, a criação de um Direito Internacional comum para garantir interesses econômicos de todos os Estados-membros, com base na idéia de cooperação internacional.[31]

O êxito desses Acordos pode ser atribuído à sua estrutura normativa que, desde sua criação, não se projetou no conceito de uma legislação uniforme para todos os países. O ponto de partida de cada uma dessas convenções sempre foi a proteção dos direitos de propriedade intelectual por meio de leis nacionais.

Mais recentemente, a necessidade de estabelecer meios mais eficazes de proteção dos direitos de propriedade intelectual no comércio internacional foi materializada no Acordo TRIPS, cuja sistemática encontra-se inserida no contexto da Organização Mundial do Comércio (OMC).

O TRIPS constitui um sistema único de regras multilaterais para a proteção dos direitos de propriedade intelectual. Suas disposições baseiam-se em padrões mínimos de proteção que devem ser adotados pelos Estados-membros em suas legislações nacionais.

É importante notar que o Acordo TRIPS retoma, por referência expressa, as normas dos Acordos de Paris e de Berna,[32] revigorando os tradicionais sistemas de proteção sob a perspectiva do arcabouço normativo do comércio internacional.

Embora esses tratados internacionais de propriedade intelectual contenham importantes regras concernentes aos conflitos de leis no espaço, eles não regulam a matéria de forma completa, sugerindo que outros elementos preencham suas lacunas. Essas deficiências devem ser solucionadas com apoio nos princípios comuns desses acordos.

2.4.1. O Princípio do Tratamento Nacional

O princípio do tratamento nacional é uma regra recorrente nos tratados internacionais de propriedade intelectual que obriga os Estados-membros a concederem tratamento não menos favorável que o outorgado aos seus próprios nacionais em relação à proteção dos direitos decorrentes da criação intelectual.[33]

Embora a linguagem possa variar de um acordo para outro, trata-se de um princípio de assimilação total dos estrangeiros às condições impostas aos nacionais no que diz respeito à proteção dos direitos de propriedade intelectual.

Para Gail E. Evans, o tratamento nacional está intrinsecamente relacionado ao conceito de não discriminação: "The national treatment obligation addresses the issue of internal discrimination and as a result impacts directly on domestic policies and internal politics."[34]

De fato, o princípio do tratamento nacional impõe limites às legislações internas de todos os países da União, visando neutralizar eventuais discriminações contra direitos de propriedade intelectual de estrangeiros.

Mas não é apenas isso. O princípio de não discriminação criado pelas Convenções de Paris e de Berna, posteriormente revigorado pelo Acordo TRIPS, baseia-se na premissa de que são as leis nacionais que conferem proteção aos direitos de propriedade intelectual.

Ora, se todos os países que são membros desses acordos são obrigados a não discriminar estrangeiros, é possível concluir que essa obrigação somente existe porque as leis de propriedade intelectual são territoriais.

Curtis A. Bradley observa, nesse sentido, que o princípio do tratamento nacional tem sido interpretado como uma regra de conflito de leis por diversos doutrinadores e cortes:

> As numerous courts and commentators have observed, the national treatment principle implies a territorial approach to choice of law, pursuant to which the applicable law of the place where conduct in question occurs.[35]

Como exemplo, a Corte de Apelação do 9º Circuito dos Estados Unidos da América, ao recusar a possibilidade de aplicação extraterritorial de sua lei de direitos autorais (Copyright Act), reconheceu a relação entre o princípio do tratamento nacional e a territorialidade das leis: "Although the treaties do not expressly discuss choice-of-law rules, it is commonly acknowledged that the national treatment principle implicates a rule of territoriality."[36]

Essa assertiva, entretanto, tem sido alvo de críticas. Argumenta-se que o princípio do tratamento nacional é uma mera regra de não discriminação, e, nessa qualidade limitada, não poderia ser interpretado como uma regra de conflito de leis no espaço.

Uma outra decisão proveniente das cortes estadunidenses, também voltada para a solução de uma disputa sobre direitos autorais, ilustra bem a crítica:

> The principle of national treatment is really not a conflicts rule at all; it does not direct application of the law of any country. It simply requires that the country in which protection is claimed must treat foreign and domestic authors alike. Whether U.S. copyright law directs U.S. courts to look to foreign or domestic law as to certain issues is irrelevant to national treatment, so long as the scope of protection would be extended equally to foreign and domestic authors."[37]

Essa posição é resultado de uma simplificação de conceitos. De fato, o princípio do tratamento nacional não é, por si só, uma regra de conflito de leis no espaço. É preciso reconhecer, porém, que a sua regra de não discriminação, também chamada de assimilação dos estrangeiros aos nacionais, conduz à noção de territorialidade.

Como se sabe, a territorialidade diz respeito à generalidade preponderante de determinadas leis, isto é, verifica-se quando seu campo de aplicação é voltado para todos os membros de um território, sejam eles nacionais ou estrangeiros.

Assim, ao obrigar os Estados a aplicarem aos estrangeiros as mesmas regras que são aplicadas aos seus nacionais, o princípio do tratamento nacional aproxima-se naturalmente da territorialidade.

Além disso, a regra de não discriminação só faz sentido se as leis de propriedade intelectual não forem extraterritoriais. Caso contrário, não haveria sequer a necessidade de estabelecer esse princípio de assimilação nos tratados internacionais de propriedade intelectual.[38]

Para Ulmer, o princípio do tratamento nacional, no âmbito das leis de propriedade intelectual, implica o reconhecimento de sua territorialidade:

> O princípio da assimilação do estrangeiro ao nacional é, em todo caso, um elemento essencial. Em direito internacional privado, ele significa que o nascimento, os efeitos e a extinção dos direitos são em princípio determinados pela lei do Estado no território do qual a proteção é reivindicada.[39]

Em síntese, a existência do princípio do tratamento nacional confirma a territorialidade das leis de propriedade intelectual.

2.4.2. O Princípio dos Padrões Mínimos de Proteção

Uma técnica comum nos tratados internacionais de propriedade intelectual é estabelecer padrões mínimos de proteção, abaixo dos quais nenhum Estado-membro pode ficar. Isso não significa, entretanto, que os países fiquem impedidos de conferir uma proteção mais abrangente do que aquela estabelecida pelos chamados *standards* mínimos.

O art. 1º(1) do Acordo TRIPS, por exemplo, incorpora o princípio dos padrões mínimos de proteção: "Os membros colocarão em vigor o disposto neste acordo. Os membros poderão, mas não estarão obrigados a prover, em sua legislação, proteção mais ampla que a exigida neste acordo, desde que tal proteção não contrarie as disposições deste acordo."

Como se vê, o TRIPS exige que os Estados-membros da Organização Mundial do Comércio estabeleçam, em suas leis nacionais, um nível mínimo de proteção. Esse princípio foi igualmente adotado pela Convenção de Berna[40] e tem sido reconhecido pela doutrina e pela jurisprudência em relação à Convenção de Paris.[41]

O estabelecimento de padrões mínimos de proteção da propriedade intelectual, por meio de tratados internacionais, tem como fundamento a necessidade de harmonização das leis nacionais que regulam os direitos decorrentes do pensamento humano.

Isso significa que o sistema de proteção mínima somente faz sentido se as leis dos Estados-membros forem territoriais. Curtis A. Bradley defende essa posição:

> the way in which the minimum rights principle seeks to achieve a desirable level of intellectual property protection abroad – by seeking consensual changes in national laws – is at least in tension with the extraterritorial approach, which involves unilateral imposition of one country's laws into another country's territory.[42]

Se a lei de direitos autorais dos Estados Unidos da América, por exemplo, pudesse ser aplicada extraterritorialmente, os *standards* mínimos do Acordo TRIPS não precisariam existir, pois ela poderia ser aplicada em qualquer país em que a proteção das obras artísticas e literárias estadunidenses fosse reclamada.

A territorialidade das leis de propriedade intelectual aparece, assim, como uma condição inicial para que o princípio dos direitos mínimos seja respeitado.

2.4.3. O Princípio da Independência dos Direitos

As criações intelectuais, por serem bens imateriais, podem ser exploradas em vários países do mundo ao mesmo tempo. Essa exploração internacional pode ser conduzida simultaneamente, ou pode ter início em um país e ser posteriormente estendida a outros.

Tendo em vista essas possibilidades, é preciso verificar se a proteção conferida pela lei do país em que a criação tem sua origem (*lex loci originis*) terá seus efeitos estendidos para outros países, ou se, inversamente, a criação intelectual receberá uma nova proteção, a título originário, em cada país no qual ela venha a ser explorada.

Nesse ponto, é preciso destacar que os tratados internacionais de propriedade intelectual adotam uma postura diferente da regra geralmente admitida pelo direito internacional privado, segundo a qual a lei do país que rege a aquisição de um direito privado determina seus efeitos.

Maristela Basso analisou esse princípio do direito internacional privado, também chamado de princípio do respeito aos direitos adquiridos:

> O direito internacional privado também se preocupa com os direitos adquiridos sob outra ordem jurídica. Isto porque muitos dos direitos perfeitamente constituídos sob uma ordem jurídica somente conseguem produzir efeitos em outra. No Brasil, são reconhecidos os direitos adquiridos no estrangeiro, segundo a lei estrangeira, desde que seu exercício aqui não ofenda a nossa soberania, a ordem pública e aos bons costumes.[43]

No âmbito dos direitos de propriedade intelectual, porém, a solução para essa questão apresenta-se de maneira diversa, em função das normas dos tratados internacionais que os regulam. Nesses acordos, vige o princípio da independência dos direitos, de acordo com o qual se consideram independentes os direitos conferidos em cada país no qual a criação intelectual é explorada.

Essa noção, entretanto, não foi adotada nos textos originais dos Acordos de Paris e de Berna. Foi preciso algum tempo para que os negociadores das Uniões e a doutrina percebessem a necessidade de estabelecer a independência dos direitos no plano internacional, cujo fundamento repousa justamente na natureza jurídica especial dos direitos de propriedade intelectual.

No passado, a teoria de que a lei do país de origem (*lex loci originis*) deveria ser aplicada extraterritorialmente foi muito difundida, pois grande parte da doutrina atribuía um caráter personalista à propriedade intelectual. Embora essa teoria não tenha sido difundida no âmbito das patentes, defendia-se que os direitos sobre as marcas e sobre as obras literárias e artísticas deveriam ser sempre regulados pela lei do país de sua origem, em qualquer lugar que fossem explorados.

No caso do direito marcário, costuma-se fazer referência ao princípio da universalidade, segundo o qual os direitos sobre as marcas eram considerados uma extensão do direito de personalidade do comerciante e, portanto, mereceriam uma proteção universal.

Essa teoria exerceu grande influência na Europa até a década de 1930,[44] mas foi rejeitada posteriormente, à medida que a doutrina passou a enfatizar o poder atrativo dos sinais distintivos como fundamento para o direito sobre as marcas, e não mais a personalidade do comerciante.[45]

Em relação aos direitos autorais, a teoria que sustenta a prevalência da *lex loci originis* também se baseia no caráter personalista dos direitos sobre as obras literárias e artísticas. Por serem uma extensão da personalidade de seu criador, esses direitos deveriam ser regulados pela lei de sua nacionalidade, que seria sua lei de origem.

Tal ponto de vista também foi ultrapassado pela evolução jurídica, pois a doutrina passou a privilegiar a idéia de que o direito de autor funda-se no conceito de utilização econômica de uma criação imaterial.

A esse respeito, permitimo-nos citar, na íntegra, uma passagem da obra do autor francês M. Joly – referenciada no curso sobre a proteção internacional dos direitos sobre as obras literárias e artísticas do professor Ruffini –, dada a clareza e profundidade de seus argumentos:

> A utilização econômica de uma idéia, condição de existência do direito, implica uma colaboração ativa entre a idéia que se oferece e o meio social que a aprecia. O meio social desempenha um papel fundamental aqui. É ele que o artista quer influenciar; todos os membros da sociedade em que a obra exercerá sua influência artística são, mesmo que em níveis diferentes, os destinatários procurados pela idéia. Sem essa influência, sem meio social, a idéia destacada da concepção original não terá nenhum valor; quanto mais sua influência for aumentada, mais valor será adquirido pela idéia. De sorte que a colaboração do meio social, sendo indispensável à utilização da idéia, torna-se por isso mesmo uma condição de subsistência e de permanência do próprio direito, que, repita-se, apenas pode ter como objeto uma função de utilização, um valor econômico. E veja-se no que isso irá resultar no plano internacional. A propriedade intelectual, resultado da idéia original e do meio, deverá ser governada, em cada grupo, pela legislação própria ao seu grupo. A obra que apareceu em um determinado Estado pôde, nesse Estado, pela idéia exprimida na obra, fazer surgir a propriedade intelectual por conseqüência da combinação da idéia e do meio social. Se a obra alcança um país estrangeiro, o que ultrapassará a fronteira não será o direito de autor, mas antes de mais nada a idéia puramente psicológica, a idéia toda nua, inapta nesse Estado de constituir o objeto de um direito privativo. Depois, no novo terreno para o qual ela é importada, a idéia combinar-se-á com um novo meio social e, dessa segunda combinação, nascerá um direito independente do primeiro que não terá necessariamente as mesmas características. Ao sujeitar ao seu império

> um direito de autor nascido em um Estado estrangeiro, o legislador local não fere a soberania do Estado estrangeiro, ele regula um fato que se produz em seu próprio território, a combinação de uma idéia e do seu meio social; ele fixa a lei de acordo com um valor criado por esta combinação sobre o território mesmo; ele legisla sobre um fenômeno jurídico verdadeiramente nacional.[46]

A conclusão, portanto, é que as criações intelectuais, quando rompem as fronteiras, sujeitam-se a um contexto social completamente diverso daquele em que se deu sua origem. Por esse motivo, a lei aplicável a uma criação que se desprende de seu país de origem deve ser sempre a lei do novo meio social que ela procura atingir.

Todos esses argumentos que sustentam o princípio da independência dos direitos de propriedade intelectual foram levados em consideração pelos negociadores nas sucessivas revisões das Convenções de Paris e de Berna, as quais acabaram por incorporar a regra em seus textos.

No que diz respeito aos direitos autorais, a Convenção de Berna estabelece o princípio da independência dos direitos da seguinte maneira:

> 1) Os autores gozam, no que concerne às obras quanto às quais são protegidos por força da presente Convenção, nos países da União, exceto o de origem da obra, dos direitos que as respectivas leis concedem atualmente ou venham a conceder no futuro aos nacionais, assim como dos direitos especialmente concedidos pela presente Convenção.
>
> 2) O gozo e o exercício desses direitos não estão subordinados a qualquer formalidade; esse gozo e esse exercício independem da existência da proteção no país de origem das obras.[47]

Os direitos de propriedade industrial encontram-se igualmente submetidos ao princípio da independência dos direitos, conforme se pode observar nas disposições da Convenção de Paris que regulam a exploração internacional das marcas e das patentes: "Uma marca regularmente registrada num país da União será considerada independente das marcas registradas nos outros países da União inclusive o país de origem".[48] "As patentes requeridas nos diferentes países da União por nacionais de países da União serão independentes das patentes obtidas para a mesma invenção nos outros países, membros ou não da União."[49]

Reconhece-se, assim, que cada sistema jurídico atua de forma autônoma em relação aos sistemas jurídicos estrangeiros no que diz respeito à proteção dos direitos de propriedade intelectual.

Supera-se, dessa forma, o princípio dos direitos adquiridos, normalmente aceito no âmbito do Direito Internacional Privado. Inaugurado pelas Convenções de Paris e de Berna, e posteriormente revigorado pelo Acordo TRIPS, o princípio da independência dos direitos surge como uma resposta à natureza jurídica especial dos direitos que compõem a propriedade intelectual.

Essa conclusão remete-nos, obviamente, à confirmação mais explícita da territorialidade nesse campo do Direito.

2.5. A Localização dos Atos de Violação de Direitos de Propriedade Intelectual

Outra questão a ser analisada sobre a aplicação do princípio da territorialidade no âmbito da propriedade intelectual diz respeito à localização dos atos de contrafação no espaço. Embora não seja novo, esse assunto tem sido objeto de muita discussão nos últimos anos em razão do aumento dos atos de violação de direitos de propriedade intelectual cometidos em ambientes digitais como a Internet.

Em situações normais, a localização dos atos de violação de propriedade intelectual é resolvida pela aplicação do princípio da territorialidade, isto é, aplicam-se às ações de contrafação as regras do país em que se reclama a proteção do direito supostamente infringido. Eugen Ulmer defende essa posição: "Em cada caso, o elemento determinante para a aplicação do direito é saber se o ato deve ser considerado, segundo a legislação do país no qual a proteção é reivindicada, como uma afronta aos direitos ali protegidos."[50]

A regra territorial, portanto, é plenamente aplicável aos casos de contrafação de propriedade intelectual. Segundo esse raciocínio, deve-se analisar, de acordo com as regras do país de proteção, se um determinado ato constitui violação ao direito de propriedade intelectual protegido ou não.

O problema é que os atos de violação cometidos em ambientes digitais como a Internet podem atingir vários países ao mesmo tempo e, por esse motivo, colocam em dúvida a pertinência de aplicação do princípio da territorialidade.

É preciso ponderar, contudo, que tais casos de violação de propriedade intelectual com efeitos multiterritoriais não aparecem num vácuo jurídico absoluto, no qual as normas e princípios de Direito não se aplicam. É o que defende André Lucas:

> Non seulement on doit récuser la pétition de principe selon laquelle l'espace cybernétique est un espace sans droit, et notamment sans droit international privé, mais le postulat qui veut que la dématérialisation qu'impliquent les techniques numériques rendent obsolète tout rattachement territorial ne résiste pas, on le verra, à l'examen. Pour se limiter à un seul exemple, la mise à disposition des oeuvres et des prestations sur le réseau numérique suppose, en l'état de la technique, une fixation préalable qui constitue indiscutablement une reproduction, susceptible d'être localisée au même titre que n'importe quelle fabrication d'exemplaires.[51]

Recorde-se que o problema das transmissões digitais não é absolutamente novo para os especialistas do Direito Internacional Privado e da Propriedade Intelectual, que já se depararam com preocupações semelhantes com o advento das transmissões via satélite.

O surgimento de novas tecnologias, aliás, não significa, necessariamente, que as soluções jurídicas existentes devam ser abandonadas. Além disso, ainda que possam ser consideradas falhas ou incompletas para solucionar problemas de contrafação em redes digitais, é preciso ter presente que elas continuam a ser válidas para a grande parte das disputas de propriedade intelectual.[52]

2.5.1. Competência Internacional (Jurisdição)

Embora a questão da competência internacional relativa às ações de contrafação de direitos de propriedade intelectual seja objeto de estudo do Direito Processual Internacional - e não do Direito Internacional Privado propriamente dito - parece-nos indicado apresentar algumas noções gerais do tema, considerando a sua importância na solução de conflitos com efeitos multiterritoriais.

Na verdade, trata-se de saber em qual país a ação de contrafação deve ser ajuizada. No passado, prevalecia a doutrina de que uma ação dessa natureza só poderia ser submetida às Cortes do país em que o ato ilícito houvesse sido cometido. Essa visão, entretanto, encontra-se superada na maioria dos países.[53]

Atualmente, aceita-se que as ações de contrafação de propriedade intelectual podem ser demandadas tanto no país em que o infrator tenha seu domicílio quanto perante as Cortes do lugar no qual ocorreu o fato ilícito.

Essa solução foi incorporada pela Convenção de Bruxelas, de 27 de setembro de 1968, relativa à competência judiciária e à execução de decisões em matéria civil e comercial a que estão submetidos os Estados-membros da União Européia.[54]

Na Europa, aliás, tem-se admitido que a localização do fato danoso pode ser feita com base no fato gerador do dano (local do ato ilícito), ou nas suas conseqüências (local em que o dano é experimentado).

Sobre o tema da jurisdição, nos Estados Unidos da América, admite-se que a ação possa ser intentada com base na *general jurisdiction* contra uma pessoa que tenha residência naquele país, ou sob a *specific jurisdiction* quando o ato ilícito é cometido no território estadunidense.

No Brasil, a solução é similar, conforme dispõe o art. 88 do Código de Processo Civil:

> Art. 88. É competente a autoridade judiciária brasileira quando:
> I – o réu, qualquer que seja a sua nacionalidade, estiver domiciliado no Brasil;
> (...)
> III – a ação se originar de fato ocorrido ou de ato praticado no Brasil.

A jurisdição de que trata o artigo mencionado acima é a concorrente e, portanto, basta que ocorra qualquer uma das circunstâncias previstas em seus incisos para que a ação fique submetida à jurisdição brasileira. Essa posição tem sido adotada por nossos tribunais.[55]

Como se vê, as regras de jurisdição permitem que os titulares de direitos de propriedade intelectual ajuízem ações de contrafação perante as Cortes de um país que não seja necessariamente aquele da sede do fato danoso.

Imagine-se, por exemplo, que uma empresa estadunidense cometa uma violação a um direito de propriedade intelectual de uma empresa brasileira, dentro do Brasil. Considerando que os bens da empresa infratora estejam localizados nos Estados Unidos da América, a empresa brasileira pode pretender que uma eventual ação de indenização seja submetida às cortes daquele país.

Nesse caso, em tese, o juiz estadunidense não deverá se valer da velha fórmula de aplicação da *lex fori* para solucionar a disputa; em vez disso, deverá apreciá-la com base na lei do local em que a proteção do direito de propriedade intelectual é reclamada, isto é, segundo a legislação do Brasil. Em suma, é possível que a ação de contrafação seja ajuizada em um país diverso daquele da ocorrência do dano, por força das regras de competência internacional.

Essa possibilidade constitui uma exceção ao princípio da territorialidade, pois o direito em disputa pode produzir efeitos além do território no qual sua proteção for reclamada, isto é, no país em que o processo judicial é instaurado. Em tal caso, a regra territorial flexibiliza-se para que o processo possa ser conduzido no domicílio do réu, em respeito ao velho princípio do *actor sequitur forum rei.*

E veja-se a implicação disso nos casos de violações ocorridas em ambientes digitais: quando o ato ilícito atinge uma série de países ao mesmo tempo, o titular do direito pode ajuizar a ação de contrafação no domicílio do demandado, versando sobre a totalidade dos danos, ou então promover ações individuais em cada um dos países em que o dano foi experimentado, limitadas aos prejuízos ocorridos no território de cada jurisdição estatal específica. É o que poder-se-ia chamar "competência relativa".

Cabe ressaltar que as regras de jurisdição mencionadas acima dizem respeito apenas às ações de contrafação de direitos de propriedade intelectual. As ações judiciais versando sobre a validade ou nulidade de um direito de propriedade industrial registrado devem ser submetidas exclusivamente à jurisdição do país no qual o processo de registro foi conduzido. É o que chamamos "competência absoluta".

Essa última regra decorre da noção que nenhum país pode questionar a validade de um ato soberano (registro) praticado por um outro país, caso em que, então, a regra da territorialidade mantém-se absoluta, jamais se flexibiliza.

2.5.2. A Lei Aplicável aos Atos de Contrafação

Como regra geral, pode-se dizer que os atos de contrafação são regidos pela lei do país no qual a proteção do direito de propriedade intelectual violado é reivindicada. Nesse ponto, a chamada *lex loci protectionis* (lei do país de proteção) aparece como uma forma de *lex loci delicti.*[56]

Essa formulação, entretanto, pode enfrentar algumas dificuldades quando os atos de violação atingem, simultaneamente, mais de um país. É então o momento de decidir se a infração deve ser regida por uma única lei ou pela lei da cada um dos países atingidos, de maneira fracionada.

Trata-se, na verdade, da distinção feita pela doutrina entre a lei do fato gerador do dano e a lei do local (ou dos locais) em que o dano é experimentado. No que diz respeito às transmissões digitais com efeitos multiterritoriais, a distinção é feita por meio dos conceitos de lei do país de emissão e lei do país de recepção.

Nenhuma dessas fórmulas, entretanto, pode apresentar uma solução definitiva para os casos de violação multiterritorial de propriedade intelectual, dada a complexidade de que podem revestir-se algumas disputas.

Assim, embora os conceitos de lei do país de emissão e do país de recepção exerçam uma importante função no deslinde dessas questões, parece-nos apropriado deixar algum espaço para que as Cortes possam determinar a lei mais pertinente a uma dada disputa, incluindo a possibilidade de aplicação de várias leis ao mesmo caso.

2.5.2.1. A Lei do País de Emissão

No contexto das difusões de direitos de propriedade intelectual via satélite, tem-se defendido que a lei aplicável às violações de propriedade intelectual deve ser aquela do país a partir do qual é feita a transmissão (lei do país de emissão).[57]

Essa solução foi, inclusive, adotada pela Diretiva do Conselho das Comunidades Européias nº 83, de 27 de setembro de 1993, relativa à coordenação de determinadas disposições em matéria de direito de autor e direitos conexos aplicáveis à radiodifusão por satélite e à retransmissão por cabo.

Os fundamentos utilizados para justificar a aplicação da lei do país de emissão podem ser resumidos da seguinte forma: em primeiro lugar, parece lógico que um ato de exploração único, efetuado por um único emissor, deva ser regulado por uma única lei; em segundo lugar, o local a partir do qual a transmissão é feita constituiria o ponto de contato mais significativo da relação jurídica correspondente; em terceiro lugar, porque o ato de transmissão é normalmente subordinado à autorização do titular do direito, parece natural que esse ato seja levado em consideração para a determinação da lei aplicável; por fim, a escolha da lei do país de emissão garantiria uma maior segurança jurídica no contexto da "sociedade da informação".[58]

A recente decisão da Corte de Apelação do Segundo Circuito dos Estados Unidos da América no caso *National Football League vs. PrimeTime 24*,[59] ao adotar a regra da lei do país de emissão para solucionar uma disputa de direitos autorais decorrente de uma transmissão multiterritorial de sinais de televisão, ilustra bem os argumentos expostos.

A disputa consistiu no seguinte: uma retransmissora de sinais de satélite, chamada PrimeTime 24, captou sinais de televisão, de titularidade da National Football League, cuja difusão havia sido feita nos Estados Unidos da América, e os retransmitiu para televisores localizados no Canadá. Grande parte da discussão, nesse caso, ficou centrada na possibilidade de aplicação da lei estadunidense para uma retransmissão feita nos Estados Unidos da América e recebida no Canadá.

Ao final, a referida Corte de Apelação decidiu pela aplicação da lei estadunidense por entender que o ato de retransmissão não autorizado praticado pela PrimeTime 24, mesmo atingindo televisores no Canadá, violava os direitos autorais da National

Football League conferidos pelo United States Copyright Act. Note-se que a ênfase aqui é dada à ilicitude do ato de retransmissão – a questão da recepção dos sinais em um outro país é vista de forma secundária – o que atrai a aplicação da lei do país de emissão.

Embora essa decisão tenha sido recebida nos Estados Unidos da América como um bom precedente para os casos de contrafação multiterritorial de propriedade intelectual, os argumentos utilizados para justificar a aplicação da lei do país de emissão não são decisivos. Na verdade, quando os efeitos dos atos de contrafação multiterritoriais são colocados em relevo, a solução da lei do país de emissão torna-se, a nosso ver, inadequada.

No que diz respeito às violações cometidas na Internet tem-se reconhecido que o precedente dos satélites não deve ser tomado como um exemplo absoluto. André Lucas sustenta essa posição:

> Le précédent des satellites ne doit pas abuser. La grande différence est que sur les réseaux numériques la diffusion n'est pas un processus unitaire. Dans la radiodiffusion traditionnelle, l'action déterminante est celle d'émettre. Mais cette présentation n'est plus pertinente sur l'Internet. Alors que les programmes diffusés par satellite suivent le même chemin à la même heure pour parvenir à des clients passifs, les œuvres et prestations circulent sur les autoroutes de l'information à la demande des consommateurs, en suivant des itinéraires d'ailleurs impossibles à retracer dans le détail (parce que tel est le mode de fonctionnement du réseau que l'itinéraire est indifférent). En outre, chaque utilisateur est lui-même potentiellement un émetteur. Ces particularités rendent 'plus difficilement concevable que la réception puisse être déclarée étrangère à l'exploitation'.[60]

Paradoxalmente, a natureza diversa das redes digitais reforça a aplicação do princípio da territorialidade, tendo em vista que o ato de recepção, materializado no carregamento de um arquivo digital no computador de um determinado usuário, sempre pode ser localizado territorialmente.

Em outras palavras, a regra da lei do país de emissão, embora tenha sua importância, pode não ser a mais adequada para regular violações de propriedade intelectual ocorridas em vários países ao mesmo tempo.

2.5.2.2. A Lei do País de Recepção

Em contraposição à regra da lei do país de emissão, grande parte da doutrina defende que os atos de infração multiterritoriais de propriedade intelectual devem ser regidos pela lei do local (ou dos locais) em que o dano é experimentado. Sob essa perspectiva, a ilicitude deve ser apreciada segundo a legislação do país atingido pela infração (lei do país de recepção) – e não do país de emissão.

Trata-se de uma decorrência do princípio da territorialidade, pois parte da premissa que os direitos de propriedade intelectual são regidos exclusivamente pela lei do país no qual se reivindica sua proteção. Assim, nos casos em que uma determinada infração atinge uma série de países ao mesmo tempo, o ato de contrafação é regido, de maneira fracionada, pela lei de cada um dos países atingidos.

A regra da lei do país de recepção baseia-se na idéia que as legislações nacionais de propriedade intelectual podem conter diferenças e, portanto, a aplicação de uma única lei para solucionar um ato de contrafação multiterritorial poderia desrespeitar a soberania dos países envolvidos. A propósito, o que constitui contrafação em um determinado país pode não ser necessariamente ilícito em outro.

Não se deve aceitar, ainda, a afirmação que a regra do país de recepção, nos casos de atos de contrafação cometidos na Internet, implicaria a aplicação, inviável, da legislação de quase todos os países do mundo. Na verdade, deve-se levar em consideração as leis dos países em que o dano houver sido, de fato, experimentado pelo titular do direito de propriedade intelectual ofendido.

Em um outro caso recentemente submetido às Cortes estadunidenses, o website canadense *icraveTV* foi processado pela Twentieth Century Fox Film Corp. por ter retransmitido sinais de televisão protegidos por direitos de propriedade intelectual a partir do Canadá, posteriormente recebidos nos Estados Unidos da América. A controvérsia dizia respeito à conversão desses sinais em formato digital e sua posterior retransmissão na Internet por meio do website da *icraveTV*.

O interessante da disputa é que o ato praticado pela *icraveTV* era considerado lícito pela lei canadense relativa a transmissão secundária de execuções públicas. Entretanto, a Corte estadunidense entendeu que as atividades da *icraveTV* deveriam ser apreciadas de acordo com a lei dos Estados Unidos da América, uma vez que muitos cidadãos estadunidenses haviam recebido e visto o conteúdo fornecido por meio do referido website.

Dessa forma, decidiu-se que a recepção do conteúdo fornecido pela *icraveTV* por cidadãos estadunidenses constituía uma violação dos direitos da Twentieth Century Fox Film Corp. conferidos pelo U.S. Copyright Act, ainda que a transmissão não fosse considerada ilícita no país de emissão (Canadá). A aplicação da lei estadunidense, nesse caso, foi justificada por uma série de fatores, tais como o grande número de visitantes do website localizados nos Estados Unidos e a existência de contratos de publicidade visando atingir o mercado estadunidense.

Como se vê, essa decisão privilegia a regra territorial do país de recepção, desprezando completamente a aplicação da lei do país de emissão. Tal idéia é particularmente interessante em situações que envolvam danos ocorridos simultaneamente em vários países, pois evita que a lei de um único país imponha soluções não necessariamente aceitas pelos diversos países de recepção.

Em suma, embora a aplicação distributiva de várias leis a um mesmo caso possa encerrar algumas dificuldades na prática, parece-nos que a solução do país de recepção é mais viável para reger as infrações multiterritoriais, tendo em vista a territorialidade das leis de propriedade intelectual.

2.5.2.3. Conclusão

Conforme se procurou demonstrar, as soluções que apontam uma única lei para reger os atos de contrafação multiterritoriais, como uma espécie de fórmula mágica, não parecem ser suficientes para dar conta da complexidade das disputas existentes em nossos dias.

Nesse sentido, deve-se reservar aos tribunais a possibilidade de determinar a lei mais adequada para reger situações dessa natureza, analisando no que a relação jurídica em disputa atua mais diretamente, tarefa que pressupõe uma cuidadosa análise da sede desta relação, na qual as particularidades do caso concreto exercem uma influência fundamental.

De qualquer forma, parece-nos que a lei do país de recepção deva exercer um importante papel na análise. Isso porque os direitos de propriedade intelectual são regidos, de maneira distributiva, pelas leis territoriais dos países nos quais se reivindica sua proteção, e, portanto, a escolha de uma única lei (como a lei do país de emissão) para solucionar uma disputa multiterritorial pode desrespeitar eventuais divergências no tratamento outorgado pelos países envolvidos.

Cabe ressaltar que a aplicação das leis dos países de recepção, pela própria natureza da regra, pode conduzir à aplicação extraterritorial das leis de propriedade intelectual quando a ação de contrafação for iniciada em um único país, como nos casos em que o processo é conduzido no foro do domicílio do réu. Nessas hipóteses, a infração é apreciada sob a perspectiva das leis de cada um dos países envolvidos, na exata medida que lhes couber.

Na prática, isso significa que as Cortes competentes para solucionarem disputas dessa natureza serão levadas a aplicar, cada vez mais, leis de propriedade intelectual estrangeiras no âmbito de suas decisões. Embora algumas dificuldades processuais possam surgir com a aplicação de direito estrangeiro pelo juiz nacional, não se trata de barreiras intransponíveis.

Uma Corte estadunidense, aliás, decidindo sobre uma contrafação multiterritorial de direitos autorais, criticou a posição das Cortes que relutam em aplicar o direito estrangeiro com base no argumento de que não teriam jurisdição para fazê-lo:

> there is no principled reason to bar, in absolute fashion, copyright claims brought under foreign law for lack of subject matter jurisdiction. Not only is this Court called upon to enter bramble bushes, briar patches, and other thorny legal thickets on a routine basis, but a number of persuasive authorities and commentators have also indicated that the exercise of subject matter jurisdiction is appropriate in cases of transnational copyright infringement.[61]

Embora a decisão tenha sido expedida em caso de violação multiterritorial de direito de autor, parece-nos que essa tarefa de aplicar a lei estrangeira deve estender-se às disputas de contrafação de propriedade intelectual como um todo. Essa recomendação geral faz sentido, sempre que, por força das regras de competência internacional, uma Corte for chamada a decidir uma disputa decorrente de uma infração cujos efeitos não sejam necessariamente limitados ao território de sua jurisdição.

Imagine-se, por exemplo, que a marca de uma empresa multinacional com sede no Brasil seja violada por uma outra multinacional com sede no Japão. Nessa situação hipotética, o ato de contrafação atinge o Brasil, o Japão e mais cinco países da Europa. Considerando que o processo seja iniciado no Brasil contra a subsidiária da multinacional japonesa, também localizada no Brasil, conforme facultam as regras de direito processual civil brasileiras, o juiz nacional deverá apreciar a infração de acordo com as leis de propriedade industrial do Brasil, do Japão e dos cinco países europeus envolvidos.

Note-se que essa solução evita o ajuizamento de ações idênticas em vários países ao mesmo tempo. Aliás, quando os atos de violação são cometidos por meio de redes digitais como a Internet, e, portanto, atingem uma grande quantidade de países simultaneamente, a necessidade de ajuizamento de ações de contrafação em cada um dos países nos quais ocorre o dano poderia simplesmente inviabilizar qualquer tentativa de reparação do ilícito.

Frente às dificuldades que podem ocorrer, nos casos de contrafação multiterritorial de propriedade intelectual, os Tribunais competentes devem analisar a sede da relação jurídica em disputa[62] para determinar qual é a lei mais adequada para regê-la. Para tanto, as cortes devem levar em consideração o importante papel exercido pela regra da lei do país de recepção, *vis-à-vis* dos princípios existentes no campo da propriedade intelectual.

Além disso, sempre que os juízes forem levados a decidir disputas, por força das regras de competência internacional, decorrentes de atos de contrafação cujos efeitos atinjam mais de um país ao mesmo tempo, a possibilidade de aplicação da lei estrangeira é uma realidade que se impõe.

3. A Lei Aplicável aos Contratos Internacionais de Propriedade Intelectual

3.1. A Lei Aplicável aos Contratos Internacionais

A doutrina, o Direito Internacional Privado Positivo e a Jurisprudência, tanto no Brasil como em outros países, têm encontrado diferentes soluções para vincular um contrato a determinado sistema jurídico.

Dentre as soluções tradicionais, é possível destacar os seguintes critérios de conexão: a lei do lugar do contrato (*lex loci contractus*), a lei do lugar da execução (*lex loci executionis*), a lei pessoal do devedor ou do credor (*lex patriae ou domicilii*) e a lei escolhida pelas partes (*lex voluntatis*), dentre outras.

A Lei de Introdução ao Código Civil de 1916, já revogada, estabelecia a seguinte regra de conflito relativa às obrigações contratuais:

> Art. 13. Regulará, salvo estipulação em contrário, quanto à substância e aos efeitos das obrigações a lei do lugar onde foram contraídas.
> Parágrafo único. Mas sempre se regerão pela lei brasileira:
> I – os contratos ajustados em países estrangeiros, quando exeqüíveis no Brasil;
> II – as obrigações contraídas entre brasileiros em país estrangeiro;
> III – os atos relativos a imóveis situados no Brasil;
> IV – os atos relativos ao regime hipotecário brasileiro.

Tratava-se, portanto, da adoção da lei do lugar do contrato (*lex loci contractus*) como regra geral, excetuada pela orientação tradicional da lei do lugar de execução (*lex loci executionis*) quando o contrato fosse exeqüível no Brasil.

Dizia-se, ainda, que a expressão "salvo estipulação em contrário", inserta no *caput* do referido artigo, teria admitido o princípio da autonomia da vontade no Direito brasileiro. Assim, alguns autores defendiam que a lei escolhida pelas partes deveria reger as obrigações contratuais, admitindo o caráter subsidiário do critério da lei do lugar.[63] A jurisprudência brasileira, contudo, nunca admitiu o princípio.[64]

A Lei de Introdução ao Código Civil vigente cuida da regência das obrigações contratuais, em seu art. 9º, da seguinte maneira:

> Art. 9º. Para qualificar e reger as obrigações, aplicar-se-á a lei do país em que se constituírem.
>
> (...)
>
> § 2º. A obrigação resultante do contrato reputa-se constituída no lugar em que residir o proponente.

Como se vê, a regra geral continua a ser a da *lex loci contractus*. Por outro lado, a referência à lei do local de execução, mencionada na antiga Lei de Introdução de 1916, foi suprimida na legislação atual.

Conforme entendimento majoritário da doutrina, a norma do *caput* do art. 9º da atual Lei de Introdução rege o conteúdo das obrigações decorrentes de contrato firmado entre presentes. No caso dos contratos celebrados entre ausentes, a legislação brasileira indica, como direito aplicável, a lei do lugar da residência do proponente.[65]

Como explica Maristela Basso, "oferta ou proposta é a declaração unilateral de vontade que uma pessoa dirige a outra, ou a outras, com quem pretende contratar".[66] É na proposta, então, que o proponente circunscreve os limites de sua vontade de realizar o negócio.

O problema é que a proposta, em algumas situações, pode ser aceita parcialmente, assim como pode ser parcial a aceitação da contraproposta, o que pode dificultar a identificação do proponente. Por esse motivo, no caso de uma multiplicidade de propostas e contrapropostas, entende-se que o lugar da pessoa de quem partiu a proposta inicial determina o direito aplicável ao contrato.[67]

Uma outra questão a ser analisada à luz das normas de Direito Internacional Privado vigentes no Brasil diz respeito à possibilidade de escolha da lei aplicável pelas partes-contratantes. Note-se que a Lei de Introdução de 1942 colocou em dúvida a posição daqueles que defendiam a autonomia da vontade como um critério de conexão válido, em razão da exclusão da expressão "salvo estipulação em contrário" do artigo que trata da determinação da lei aplicável às obrigações contratuais.

Na verdade, essa mudança legislativa tem sido interpretada como uma proibição à aplicação do princípio. Luiz Olavo Baptista sintetizou a posição da doutrina brasileira sobre o assunto:

> A opinião de parte da doutrina no Brasil é de que – salvo a predominância da lei brasileira no que tange à forma, e sua aplicação imperativa nos contratos relativos a imóveis – a regra é a da autonomia, à qual se podem opor, afastando-a, as leis imperativas do foro e a Ordem Pública Internacional. Entretanto, como se viu mais atrás, não é essa corrente doutrinária a predominante, mas sim a da aplicação indireta do 'princípio da autonomia' pela escolha do local da contratação.[68]

A corrente partidária da autonomia da vontade no Brasil é liderada por Haroldo Valladão[69] e Irineu Strenger.[70]

Mais recentemente, Nadia de Araújo, analisando o princípio da autonomia da vontade, de acordo com a tendência mundial das últimas décadas de reconhecê-lo expressamente, tanto em textos convencionais quanto em regras conflituais internas, propugnou pela mudança na lei brasileira, visando a adoção expressa do princípio.[71]

De qualquer forma, é preciso reconhecer que os critérios de conexão, normalmente aceitos em outros países, como a autonomia da vontade e o da *proper law*,[72] não são válidos no Brasil.

A legislação brasileira determina, *a priori*, qual deve ser o centro de gravidade das obrigações contratuais. É nesse sentido que se aplica a regra da *lex loci contractus* para os contratos entre presentes, e o critério da lei de residência do proponente para as obrigações contratadas entre ausentes.

3.2. A Lei do Contrato e a Lei do País de Proteção

Uma das questões mais difíceis sobre os conflitos de leis no espaço, no âmbito da propriedade intelectual, diz respeito à determinação da lei aplicável aos contratos cujo elemento central seja a transferência (cessão) ou autorização de uso (licença) de um ou mais direitos decorrentes do pensamento humano.

Como os tratados internacionais de propriedade intelectual não cuidam dessa questão, o assunto deve ser resolvido de acordo com as disposições existentes nas legislações nacionais.

No Brasil, como se sabe, as normas de Direito Internacional Privado estabelecem que as obrigações contratuais são determinadas pela lei do país de celebração, para os contratos entre presentes, e pela lei do país no qual o proponente tiver sua residência, para os contratos firmados entre ausentes.[73] Essas regras gerais são plenamente aplicáveis aos contratos internacionais de propriedade intelectual.

Não se pode perder de vista, contudo, que os direitos de propriedade intelectual, por força do princípio da territorialidade a que estão submetidos, têm seu conteúdo delimitado pela lei do país em que sua proteção é reclamada (*lex loci protectionis*). Isso significa que a aquisição, os efeitos e a extinção desses direitos são determinados exclusivamente pela lei do país de proteção.

O conflito surge, então, quando as regras de Direito Internacional Privado, relativas às obrigações contratuais, indicam a lei de um país que seja diferente da *lex loci protectionis.* Na prática, aliás, é muito comum que titulares estrangeiros de propriedade intelectual procurem submeter os contratos de exploração de seus direitos à sua lei de origem. O problema, nesses casos, é definir de que maneira a lei do país de proteção pode influenciar na regência do contrato.

Sobre essa questão, costuma-se assinalar que a lei aplicável ao contrato deve reger todos os assuntos contratuais, com exceção daqueles regulados essencialmente pela lei do país de proteção. Nesse ponto, o entendimento majoritário é que tanto a licitude do contrato quanto a possibilidade de ceder ou licenciar direitos de propriedade intelectual devem ser determinadas pela lei que rege o direito (*lex loci protectionis*), e não pela lei aplicável ao contrato.[74]

Se o alcance da proteção desses direitos é determinado pela *lex loci protectionis*, parece lógico que a licitude dos contratos internacionais de propriedade intelectual seja determinada por essa mesma lei. Da mesma forma, quando se considera que as faculdades de ceder ou licenciar um direito de propriedade intelectual constituem parte de seu conteúdo, conclui-se que a análise desses elementos no âmbito dos contratos internacionais deve ser reservada à lei aplicável ao direito de propriedade intelectual em questão.

Assim, ainda que as regras de Direito Internacional Privado indiquem como direito aplicável ao contrato uma lei diversa da *lex loci protectionis*, a licitude das obrigações e a questão da cessibilidade do direito devem ser analisadas segundo as normas do país de proteção. A razão de ser dessa distinção de tratamento decorre da natureza especial dos direitos de propriedade intelectual, cuja proteção é submetida ao princípio da territorialidade.

Além disso, é preciso ter presente que algumas disposições da lei do país de proteção podem ser de aplicação imediata (*lois de police*), e, por esse motivo, não podem ser afastadas pela aplicação do direito estrangeiro eventualmente indicado pelos critérios de conexão normais.

Eugen Ulmer analisou essa questão no âmbito dos contratos internacionais de propriedade intelectual:

> sempre que um contrato apresente conexões com um outro país que não seja aquele cuja lei é, em princípio, aplicável ao contrato, e que a lei desse outro país contenha disposições regulando a matéria de forma imperativa, excluindo a aplicação de qualquer outra lei, essas disposições deverão ser levadas em conta na medida em que sua natureza e seu objeto particular possam justificar tal exclusão.[75]

Tal reserva concedida às normas imperativas do país de proteção são extremamente importantes, especialmente quando se leva em consideração o caráter público que se revestem os direitos de propriedade intelectual.

Como se sabe, os Estados têm interesse direto na proteção e circulação das criações intelectuais em seus territórios e, portanto, as legislações nacionais de propriedade intelectual estabelecem, muitas vezes, regras de caráter imperativo, que não podem ser afastadas por meio das normas indicativas de direito internacional privado.

Recorde-se que a outorga de direitos exclusivos para proteger bens imateriais representa uma restrição à liberdade do comércio e das manifestações do pensamento e, conseqüentemente, sua existência apenas faz sentido na medida em que um interesse social seja atendido.

Em outras palavras, ainda que esses direitos sejam privados, as leis que os regulam possuem um caráter imperativo marcante, pois dizem respeito às políticas públicas adotadas em cada um dos sistemas nacionais para proteger as manifestações do pensamento humano.

O grande problema é determinar quais são as normas imperativas contidas nas leis nacionais de propriedade intelectual capazes de afastar a aplicação do direito estrangeiro, e, em que medida esse afastamento deve ter lugar.

Embora essa análise deva ser feita com base nas circunstâncias de cada caso concreto, o mais adequado é que qualquer restrição à aplicação da lei do contrato seja feita de maneira limitada, de forma a não comprometer a execução (voluntária ou forçada) dos acordos firmados entre as partes.

Em resumo, para se determinar a lei aplicável aos contratos de propriedade intelectual, os critérios de conexão do Direito Internacional Privado brasileiro devem ser observados. Entretanto, a licitude do contrato e a possibilidade de ceder ou licenciar um determinado direito devem ser regidas pela lei do país de proteção.

Dessa forma, caberá à lei do contrato controlar, de forma residual, todas as hipóteses em que a natureza e o conteúdo do direito não estiverem envolvidos. Por fim, sempre que a lei do país de proteção contiver normas imperativas, tais disposições deverão afastar a aplicação da lei do contrato.

3.3. A Forma dos Contratos Internacionais de Propriedade Intelectual

Como se sabe, a lei aplicável aos contratos internacionais de propriedade intelectual – determinada de acordo com as normas conflituais do direito internacional privado brasileiro – deve regular todas as questões relacionadas às obrigações contratuais que não sejam reservadas à aplicação da lei do país de proteção.

Uma ressalva a essa regra geral deve ser feita no que diz respeito à regência dos aspectos extrínsecos ou formais dos contratos dessa natureza, que deve ser analisada de maneira separada, conforme normalmente se faz em direito internacional privado.

A forma exigida a algumas relações contratuais pode ter a finalidade de garantir sua publicidade, permitindo a terceiros interessados que conheçam o teor de determinados contratos.[76]

No Brasil, costuma-se reconhecer a regra segundo a qual os atos jurídicos devem ser regidos, em relação à sua forma, pela lei do lugar de sua constituição (*locus regit actum*).[77] Assim, admite-se que o ato constituído, quanto à sua forma, nos termos da lei local, é válido em qualquer país, inclusive no das partes.[78]

É importante registrar que o § 1º do art. 9º da Lei de Introdução ao Código Civil sugere uma exceção à regra geral do *locus regit actum*, ao prever que, "destinando-se a obrigação a ser executada no Brasil e dependendo de forma essencial, será esta observada, admitidas as peculiaridades da lei estrangeira quanto aos requisitos extrínsecos do ato".

No caso dos contratos internacionais de propriedade intelectual, a doutrina costuma reconhecer a validade do adágio do *locus regit actum* para as obrigações contratuais relacionadas aos direitos de autor. Essa solução é particularmente interessante quando se trata de uma licença ou cessão de direitos cujos efeitos se estendem a vários países ao mesmo tempo.

De qualquer forma, é preciso considerar que a legislação brasileira admite a transmissão total e definitiva dos direitos de autor apenas mediante estipulação contratual escrita.[79] Assim, quando o Brasil for o país de proteção de uma determinada obra, um contrato de cessão total dos direitos feito de maneira verbal, ainda que isso fosse admitido pela *lex loci actum*, não seria válido.

Por outro lado, quando as obrigações do contrato internacional referem-se a direitos de propriedade industrial, a lei do país de proteção normalmente prescreve disposições de formas específicas, esvaziando, de maneira mais evidente, a regra do *locus regit actum*.

Eugen Ulmer notou essa peculiaridade dos contratos internacionais de propriedade industrial:

> é mais normal aos direitos de propriedade industrial do que aos direitos de autor que as partes devam levar em conta as disposições relativas à forma do país de proteção. Mas sobretudo, enquanto o direito de autor nasce – pelo menos na Europa – sem qualquer formalidade, o nascimento dos direitos de propriedade industrial depende em geral de um ato formal, que seja um depósito, um registro ou um ato constitutivo do direito. Por isso, parece lógico que, da mesma forma que ocorre no caso da aquisição do direito, a questão da forma da cessão e da outorga de uma licença seja submetida ao direito do país de proteção.[80]

De fato, algumas legislações nacionais estabelecem formas específicas para os casos de cessão ou licença de um direito de propriedade industrial, deslocando a regência dos aspectos extrínsecos dos respectivos contratos para a lei do país de proteção.

No Brasil, exige-se que os contratos de cessão dos direitos de propriedade industrial submetidos a registro (marcas, patentes e desenhos industriais) sejam apresentados ao Instituto Nacional da Propriedade Industrial (INPI) para anotação da transferência da titularidade.[81]

A legislação brasileira estabelece, ainda, que os contratos de licença de marcas e patentes, bem como os contratos de fornecimento de tecnologia e de assistência técnica, devem ser submetidos a registro para que possam ter efeitos perante terceiros. Esse registro é especialmente importante nos casos em que o licenciado tem a obrigação de defender a marca ou patente licenciada em juízo.

Essa questão foi abordada em recente decisão do Tribunal de Justiça do Estado de São Paulo:

> O art. 39, parágrafo único, da Lei 9.279/1996 autoriza o licenciado a defender a exclusividade ou privilégio comercial da marca, o que foi autorizado por licença, desde que se proceda a averbação no INPI (art. 140). O mesmo ocorre com a licença de patente (art. 61, parágrafo único).[82]

Segundo a jurisprudência brasileira, portanto, o licenciado apenas tem direito a defender a marca ou patente que licenciou se houver previamente levado o contrato de licença a registro perante o INPI.

Além disso, é importante notar que tanto os contratos de licença de direitos de propriedade industrial quanto os contratos de transferência de tecnologia devem ser submetidos, necessariamente, à aprovação do INPI e do Banco Central do Brasil, sempre que as obrigações de pagamento do contrato resultarem em remessa de divisas ao exterior.[83]

Uma última questão que se coloca diz respeito à regência da forma dos documentos que implicam a transferência de direitos de propriedade industrial. A propósito, a lei brasileira exige que os contratos de cessão sigam alguns requisitos formais, dentre os quais se destaca a necessidade de se descrever exatamente os dados de registro da marca, patente ou desenho industrial a serem transferidos.[84] Nesse caso, portanto, é a *lex loci protectionis* que regula a forma do ato.

Em resumo, a regência dos aspectos extrínsecos ou formais dos contratos internacionais de propriedade intelectual determina-se, em regra, de acordo com o adágio *locus regit actum*. Entretanto, nos casos em que a lei do país de proteção estabelece regras específicas com relação à forma dos contratos, estas devem ser observadas. Essa exceção ao princípio da *lex loci actus* é estabelecida pela legislação brasileira especialmente nos casos dos contratos de propriedade industrial.

4. Conclusão

Nos últimos anos, a exploração internacional das criações intelectuais tem sido fortemente marcada pela utilização de tecnologias digitais, em especial a Internet, razão pela qual muito se tem discutido sobre a pertinência de aplicação das regras de direito internacional privado clássicas aos novos problemas que surgem no campo da propriedade intelectual.

Nessa discussão, é preciso ressaltar, ainda hoje, o papel crucial exercido pelo princípio da territorialidade no que diz respeito à proteção das criações intelectuais. Essa conclusão encontra respaldo na natureza especial dos direitos de propriedade intelectual e nos princípios e normas contidos em importantes acordos internacionais, tais como a Convenção de Paris para a Proteção da Propriedade Industrial, a Convenção de Berna para a Proteção das Obras Literárias e Artísticas e o Acordo TRIPS.

Assim, de maneira geral, os direitos de propriedade intelectual são regulados pela lei do país em que se reclama a sua proteção (*lex loci protectionis*). Essa regra estabelece não apenas que o conteúdo dos direitos de propriedade intelectual é determinado pelas legislações locais nas quais sua exploração é conduzida, mas também indica a lei a ser aplicada nos casos de contrafação.

Isso significa, também, que uma violação com efeitos multiterritoriais, como é o caso das que ocorrem na Internet, requer a aplicação distributiva de todas as leis em que proteção for reclamada, sempre respeitando a territorialidade dos direitos de propriedade intelectual.

Por fim, quando se trata dos contratos internacionais de propriedade intelectual, uma diferenciação se impõe: é preciso distinguir a lei que regula o contrato daquela que determina o conteúdo do direito. E é óbvio que a lei do contrato deverá se submeter às regras imperativas da lei do país de proteção quando houver algum conflito entre elas.

Em outras palavras, a lei aplicável ao contrato deve reger todos os assuntos contratuais, com exceção daqueles regulados essencialmente pela lei do país de proteção. Nesse ponto, considera-se que tanto a licitude do contrato quanto a possibilidade de ceder ou licenciar direitos de propriedade intelectual devem ser determinadas pela lei que rege o direito (*lex loci protectionis*), e não pela lei aplicável ao contrato.

Notas:

1. BASSO, Maristela. *O Direito Internacional da Propriedade Intelectual.* Porto Alegre: Livraria do Advogado, 2000. p. 24.

2. A utilização da expressão "propriedade intelectual" no presente estudo parte do princípio de que os direitos decorrentes da produção intelectual ou imaterial devem ser estudados como um sistema único de proteção, conforme o modelo iniciado a partir da criação da Organização Mundial da Propriedade Intelectual (1967), e posteriormente revigorado com a adoção do Acordo Sobre Aspectos dos Direitos de Propriedade Intelectual Relacionados ao Comércio da Organização Mundial do Comércio (1995). Para uma abordagem mais aprofundada do assunto, veja-se BASSO, Maristela. *O Direito Internacional da Propriedade Intelectual...* p. 51-55.

3. CHISUM, Donald. S., *Normative and empirical territoriality in intellectual property: lessons from patent law.* Va. J. Int'l L., Charlottesville *Virginia Journal of International Law Association*, Charlottesville, v. 37, nº 2, p. 603-618, winter 1997. p. 618.

4. MASSAGUER, José. *Los efectos de la patente en el comercio internacional.* Barcelona: Bosch, 1989. p. 70.

5. FAIRLEY, Scott. *Extraterritorial assertions of intellectual property rights in international trade.* Text for remarks at the Canadian-American Research Centre/Intellectual Property Law Institute Conference on "International Trade and Intellectual Property: The Search for a Balanced System (Faculty of Law, University of Windson, 20 February 1993). p. 142. Tradução livre do autor: "as condições das leis nacionais de propriedade intelectual têm sido – e são – baseadas na premissa do princípio territorial: a força da lei corre juntamente com o território".

6. CASTRO, Amilcar de. *Direito internacional privado.* 5. ed. Rio de Janeiro: Forense, 1995. p. 4-5.

7. Segundo Hildebrando Accioly, "a soberania é definida como sendo a autoridade que possui o Estado para decidir sobre as questões de sua competência, isto é, para dirigir os seus negócios internos e externos". Em ACCIOLY, Hildebrando. *Manual de Direito Internacional Público.* São Paulo: Saraiva, 1948. p. 26-27.

8. Affaire du Lotus, Arrêt nº 9, 1927, CPJI, série A, nº 10, p. 18. *In La Jurisprudence de la Cour Internationale I jusqu'à 1951.* Leyden: A. W. Sijthoff, 1966, p. 88. Tradução livre do autor: "O direito internacional regula relações entre Estados independentes. As regras de direito que unem os Estados decorrem da vontade destes, vontade esta manifestada nas convenções ou nos usos geralmente aceitos que consagram princípios de direito e são estabelecidos para regular a coexistência dessas comunidades independentes ou para a consecução de objetivos comuns. As limitações da independência, portanto, não se presumem."

9. PILLET, Antoine. *Principes de droit international privé.* 1903. Tradução livre do autor.
10. Conforme o art. 11 da Lei de Introdução ao Código Civil de 1942.
11. PILLET, Antoine. *Principes de droit international privé...* p. 255.
12. BEVILÁQUA, Clóvis. *Princípios Elementares de Direito Internacional Privado.* 2. ed. Rio de Janeiro: Freitas Bastos, 1934. p. 62.
13. A teoria de Savigny sobre o Direito Internacional Privado é encontrada em seu *Sistema del diritto romano attuale.* Tradução do original alemão por Vittorio Scialoja, 1898. v. 8.
14. BASSO, Maristela. *Da Aplicação do Direito Estrangeiro pelo Juiz Nacional: o Direito Internacional Privado à luz da Jurisprudência.* São Paulo: Saraiva, 1988. p. 33.
15. BASSO, Maristela. *O Direito Internacional da Propriedade Intelectual...* cap. 1.
16. Conforme seu art. 3º, "Os direitos autorais reputam-se, para efeitos legais, bens móveis".
17. Segundo seu art. 5º, "Consideram-se bens móveis, para os efeitos legais, os direitos de propriedade industrial".
18. PLAISANT, Robert. *Les règles de conflit de lois dans les traités.* Paris: Imprimerie Alençonnaise, 1946. p. 157.
19. ULMER, Eugen. *La propriété intellectuelle et le droit international privé.* Luxembourg: Office des publications officielles des Communautés Européennes, 1980, p. 9. Tradução livre do autor.
20. ULMER, Eugen. *La propriété intellectuelle et le droit international privé...* p. 10. Tradução livre do autor.
21. ULMER, Eugen. *La propriété intellectuelle et le droit international privé...* p. 9.
22. TORAYA, David R.. *Federal Jurisdiction over Foreign Copyright Infringement Actions – An Unsolicited Reply to Professor Nimmer,* 70 Cornell L. Rev. 1165, 1171-72, n.41 (1985). Apud BRADLEY, Curtis A. Territorial intellectual property rights in an age of globalism. Va. J. Int'l L. *Virginia Journal of International Law Association,* Charlottesville, v. 37, n. 2, p. 539, winter 1997. p. 539.
23. PLAISANT, Robert. *Les règles de conflit de lois dans les traités...* p. 50. Tradução livre do autor: "A propriedade intelectual funda-se em um compromisso entre as necessidades sociais e as prerrogativas individuais. O reconhecimento de um direito privado em favor do criador limita a utilização das criações do espírito, mas ele permite seu nascimento e multiplicação. O interesse coletivo e o interesse individual se unem dessa forma para reconhecer esse novo direito. A propriedade intelectual vem limitar, assim, a liberdade do comércio e a da indústria ou mesmo a liberdade do pensamento. Ela consiste em um monopólio de exploração cuja regulamentação é uma questão de oportunidade e de apreciação das condições econômicas ou sociais."
24. O Acordo sobre Aspectos dos Direitos de Propriedade Intelectual Relacionados ao Comércio, mais conhecido no Brasil como "TRIPS", acrônimo da expressão em inglês para *Trade Related Aspects of Intellectual Property Rights,* é um dos 28 acordos que compõem a Ata Final da Rodada do Uruguai. Este Acordo, também chamado de "Acordo Constitutivo da Organização Mundial do Comércio", foi incorporado ao sistema jurídico brasileiro pelo Decreto Presidencial n. 1.355, de 30 de dezembro de 1994. Para fins de simplificação, adotaremos neste estudo a expressão "Acordo TRIPS", ou simplesmente a sigla "TRIPS".
25. Veja-se, nesse sentido, a opinião de Robert Plaisant, em sua obra *Les règles de conflit de lois dans les traités...* p. 158 ("Il s'agit alors, comme nous l'avons dit, d'un monopole d'exploitation, d'une question de souveraineté dont les États se montrent particulièrement jaloux.").
26. Veja os arts. 68 a 74 da Lei nº 9.279/1996.
27. Observe-se, como exemplo, o art. 46 da Lei n. 9.610/1998.
28. BRADLEY, Curtis A. *Territorial intellectual property rights in an age of globalism. in* Virginia Journal of International Law, v. 37, nº 2, 1997, p. 584. Tradução livre do autor: "Para colocar a questão de uma outra forma, enquanto o Estado-nação continuar a ser o principal ator nas relações internacionais, a cooperação global e o desenvolvimento dependerão da territorialidade."
29. ULMER, Eugen. *La propriété intellectuelle et le droit international privé...* p. 1. Tradução livre do autor.
30. BODENHAUSEN, G. H. C. Problèmes actuels de droit international de la propriété industrielle, littéraire et artistique. *Recueil des Cours,* Paris, t. 74-I, p. 390, 1949.
31. LADAS. *La protection internationale de la propriété industrielle,* § 87, p. 175. Citado por PLAISANT, Robert. *Les règles de conflit de lois dans les traités...* p. 154.
32. Conforme os arts. 2º e 9º (1) do TRIPS.
33. Veja-se, por exemplo, o art. 3º (1) do TRIPS.
34. EVANS, Gail E. *The principle of national treatment and the international protection of industrial property. European Intellectual Property Review,* London, issue 3, p. 149, 1996. Tradução livre do autor: "A obrigação do tratamento nacional traz consigo a questão da discriminação interna e, conseqüentemente, tem impacto direto nas estratégias domésticas e políticas internas.

35. BRADLEY, Curtis A. *Territorial intellectual property rights in an age of globalism*... p. 547. Tradução livre do autor: "Conforme numerosas Cortes e doutrinadores têm observado, o princípio do tratamento nacional implica uma aproximação territorial na decisão do conflito de leis, de acordo com a qual a lei aplicável é a lei do país em que a conduta em questão ocorre."
36. Subafilms, Ltd. v. MGM-Pathe Communications Co., 24 F.3d 1088, 1097 (9th Cir. 1994). Tradução livre do autor: "Ainda que os tratados não abordem expressamente soluções de conflito de leis no espaço, é comumente aceito que o princípio do tratamento nacional implica uma regra de territorialidade."
37. Itar-Tass Russian News Agency *vs.* Russian Kurier, Inc., 153 F.3d 82, 89 n.8 (2d. Cir. 1998). Citado por DINWOODIE, Graeme B. *Private international aspects of protection of trademarks.* In: WIPO FORUM ON PRIVATE INTERNATIONAL LAW AND INTELLECTUAL PROPERTY, Genebra, 30-31 jan. 2001. p. 8. Tradução livre do autor: "O princípio do tratamento nacional não é de nenhuma forma uma regra de conflito; ele não determina a aplicação da lei de nenhum país. Ele simplesmente requer que o país no qual a proteção é reclamada trate autores estrangeiros e nacionais da mesma forma. Se a lei dos Estados Unidos determina às Cortes estadunidenses que olhem para a lei estrangeira ou doméstica em relação a certas situações é irrelevante para o tratamento nacional, desde que o escopo da proteção seja outorgado igualmente a autores estrangeiros e nacionais."
38. BRADLEY, Curtis A. *Territorial intellectual property rights in an age of globalism*... p. 548.
39. ULMER, Eugen. *La propriété intellectuelle et le droit international privé*... p. 2. Tradução livre do autor.
40. Ver seu art. 7º (6).
41. PLAISANT, Robert. *Les règles de conflit de lois dans les traités*... p. 189.
42. BRADLEY, Curtis A. *Territorial intellectual property rights in an age of globalism*... p. 549. Tradução livre do autor: "a maneira pela qual os direitos mínimos procuram atingir um nível de proteção da propriedade intelectual internacionalmente – pela busca de mudanças consensuais nas leis nacionais – é pelo menos conflituosa com a solução extraterritorial, que envolve uma imposição unilateral das leis de um país no território de um outro."
43. BASSO, Maristela. *Da aplicação do direito estrangeiro pelo juiz nacional*... p. 65.
44. BRADLEY, Curtis A. *Territorial intellectual property rights in an age of globalism*... p. 542.
45. Ver os comentários de Maitê Cecília Fabbri Moro sobre o princípio da territorialidade em sua obra *Direito de marcas*: abordagem das marcas notórias na Lei nº 9.279/1996 e nos acordos internacionais. São Paulo: Ed. Revista dos Tribunais, 2003. p. 63.
46. RUFFINI, Francesco. *De la protection internationale des droits sur les oeuvres littéraires et artistiques. Recueil des Cours de l'Académie de Droit International de la Haye*, Paris: t. 12, p. 522, 1927. Tradução livre do autor.
47. Art. 5º da Convenção de Berna.
48. Art. 6º (3) da Convenção de Paris.
49. Art. 4º *bis* da Convenção de Paris.
50. ULMER, Eugen. *La propriété intellectuelle et le droit international privé*... p. 15. Tradução livre do autor.
51. LUCAS, André. *Aspects de droit international privé de la protection d'oeuvres et d'objets de droits connexes transmis par Reseaux Numeriques Mondiaux.* In: COLLOQUE DE L'ORGANISATION MODIALE DE LA PROPRIÉTÉ INTELECTUELLE SUR LE DROIT INTERNATIONAL PRIVÉ ET LA PROPRIÉTÉ INTELLECTUELLE, Genebra, 30-31 jan. 2001. p. 21. Tradução livre do autor: "Não apenas deve-se recusar a falácia segundo a qual o espaço cibernético é um lugar sem direito, e notadamente sem direito internacional privado, mas a proposição que a desmaterialização causada por tecnologias digitais torna obsoleta qualquer solução territorial não resiste, como veremos, ao exame. Para limitar-nos a um único exemplo, a inserção de obras e performances em redes digitais supõe, no estado atual da técnica, uma fixação prévia que constitui indiscutivelmente uma reprodução, suscetível de ser localizada da mesma forma que qualquer fabricação de exemplares."
52. BRADLEY, Curtis A. *Territorial intellectual property rights in an age of globalism*... p. 573 (nota de rodapé 332).
53. ULMER, Eugen. *La propriété intellectuelle et le droit international privé*... p. 18. Tradução livre do autor.
54. Ver, a título de exemplo, os arts. 2º e 5º (3) da referida Convenção.
55. Cita-se, como exemplo, a decisão do Primeiro Tribunal de Alçada Civil do Estado de São Paulo, de 29 de agosto de 2002, na Apelação número 835.916-8, cujo teor pode ser encontrado no website do tribunal localizado no seguinte endereço eletrônico disponível em: <http://www.pta.sp.gov.br>.
56. LUCAS, André. *Aspects de droit international privé de la protection d'oeuvres*... p. 17.
57. GINSBURG, Jane C. *The private international law of copyright in an era of technological change. Recueil des Cours de l'Académie de Droit International de la Haye*, The Hague, t. 273, p. 324, 1998.
58. LUCAS, André. *Aspects de droit international privé de la protection d'oeuvres*... p. 27.

59. National Football League v. PrimeTime 24 Joint Venture, 211 F.3d 10 (2d. Cir. April 28, 2000).
60. LUCAS, André. *Aspects de droit international privé de la protection d'oeuvres...* p. 28. Tradução livre do autor: "Não se deve abusar do precedente dos satélites. A grande diferença é que, nas redes digitais, a difusão não é um processo unitário. No caso da radiodifusão tradicional, a ação determinante é a de emitir. Mas esse conceito não é mais pertinente na Internet. Enquanto os programas difundidos por satélite seguem o mesmo caminho na mesma hora para chegarem a clientes passivos, as obras e as informações circulam pelas grandes vias de informação de acordo com a demanda dos consumidores, seguindo itinerários, aliás impossíveis de serem redesenhados com detalhe (porque esse é o modo de funcionamento da rede, para o qual o itinerário é indiferente). Além disso, cada usuário é, ele próprio, um emissor em potencial. Essas particularidades fazem com que seja 'mais difícil imaginar que a recepção possa ser declarada alheia à exploração'."
61. *Armstrong v. Virgin Records, Ltd.*, 91 F. Sup. 2d 628 (S.D.N.Y. 2000). Tradução livre do autor: "não há uma razão principiológica para barrar, de maneira absoluta, ações de direitos autorais ajuizadas com base na legislação estrangeira por falta de jurisdição sobre a matéria. Não apenas essa Corte é chamada a entrar em moitas, arbustos e outros problemas legais espinhosos rotineiramente, mas um número de autoridades e doutrinadores persuasivos têm também indicado que o exercício de jurisdição em razão da matéria é apropriado nos casos de infração multiterritorial de direitos autorais."
62. Como se vê, essa análise funda-se na teoria da sede do fato de Savigny, cujas bases encontram-se descritas em seu *Sistema del diritto romano attuale*, vol. VIII, tradução original do alemão por Vittorio Scialoja, 1898.
63. Nesse sentido, pode-se destacar a posição de Clóvis Beviláqua, autor do projeto do Código Civil de 1916.
64. ARAUJO, Nadia de. *Contratos internacionais*: autonomia da vontade, Mercosul e convenções internacionais. 2ª ed. Rio de Janeiro: Renovar, 2000. p. 181.
65. É importante notar que a classificação tradicional que divide os contratos entre os que se formam instantaneamente ("entre presentes") e aqueles em que há um intervalo entre a oferta e a aceitação ("entre ausentes") tem sido criticada, por não se adequar completamente às necessidades do comércio internacional. Para uma abordagem mais aprofundada do tema, ver BASSO, Maristela. *Contratos internacionais do comércio*: negociação, conclusão, prática. 3. ed. Porto Alegre: Livraria do Advogado, 2002. p. 73 e ss.
66. BASSO, Maristela. *Contratos internacionais do comércio...* p. 25.
67. TENÓRIO, Oscar. *Direito internacional privado.* 11. ed. Rio de Janeiro: Freitas Bastos, 1976. v. 2, p. 180.
68. BAPTISTA, Luiz Olavo. *A vida dos contratos internacionais.* 1992. Tese (Titular de Direito do Comércio Internacional) – Faculdade de Direito, Universidade de São Paulo, 1992. p. 62.
69. VALLADÃO, Haroldo T. *Direito internacional privado, em base histórica e comparativa, positiva e doutrinária, especialmente dos estados americanos.* 4ª ed. Rio de Janeiro: Freitas Bastos, 1974.
70. STRENGER, Irineu. *Autonomia da vontade em direito internacional privado.* São Paulo: Ed. Revista dos Tribunais, 1986.
71. ARAUJO, Nadia de. *Contratos internacionais*: autonomia da vontade... p. 184.
72. Em linhas gerais, o princípio da *proper law* estabelece que o contrato deve ser regulado pela lei do país com o qual apresente uma conexão mais estreita.
73. Ver revisão da expressão "ausentes", in BASSO, Maristela. *Contratos internacionais do comércio...* p. 73 e ss.
74. LUCAS, André. Aspects de droit international privé de la protection d'oeuvres... p. 9; ULMER, Eugen. *La propriété intellectuelle et le droit international privé...* p. 112.
75. ULMER, Eugen. *La propriété intellectuelle et le droit international privé...* p. 66-67. Tradução livre do autor.
76. BAPTISTA, Luiz Olavo. *A vida dos contratos internacionais....* p. 91.
77. RODAS, João Grandino. Elementos de conexão *in* RODAS (org). *Contratos Internacionais.* São Paulo: Revista dos Tribunais, 1984. p. 29.
78. TENÓRIO, Oscar. *Direito internacional privado...* v. 2, p. 37.
79. É o que determina o art. 49, II, da Lei nº 9.610/1998.
80. ULMER, Eugen. *La propriété intellectuelle et le droit international privé...* p. 109. Tradução livre do autor.
81. Ver os arts. 58, 121 e 135 da Lei nº 9.279/1996.
82. Apelação Cível 128.569-4/4 – 3ª Câm. – rel. Des. Ênio Sanarelli, São Paulo, 30/07/2002, *Revista dos Tribunais*, São Paulo, nº 807, p. 236.
83. Conforme o art. 211 da Lei nº 9.279/1996, combinado com a Circular nº 2.816/1998 e a Carta Circular nº 2.795/1998, ambas expedidas pelo Banco Central do Brasil.
84. A título exemplificativo, citam-se as exigências do Ato Normativo do Instituto Nacional da Propriedade Industrial nº 160/2001, que contém os requisitos mínimos para a cessão de marcas.

7 NOTAS SOBRE A REGULAÇÃO INTERNACIONAL DA PROTEÇÃO DAS TOPOGRAFIAS DE CIRCUITOS INTEGRADOS E A CONSOLIDAÇÃO DO DIREITO DE *LAYOUT-DESIGNS* NO ORDENAMENTO BRASILEIRO*

FABRÍCIO BERTINI PASQUOT POLIDO**

---

* O autor agradece à Professora Associada Dra. Maristela Basso, do Departamento de Direito Internacional da Universidade de São Paulo (FDUSP), ao Professor Dr. Marco Ricolfi LL. M. e Dra.Cristiana Sappa, da Università degli Studi di Torino (Itália), e ao Professor Dr. Paul Torremans, da Universidade de Nottingham (Reino Unido), pelas sugestões feitas durante a elaboração do estudo preliminar intitulado "Da Proteção Internacional das Topografias de Circuitos Integrados ao 'Direito de Layout-Designs' no Brasil: Por uma reavaliação dos incentivos à indústria de semicondutores" (no prelo, junho de 2007). Agradece igualmente ao Dr. Alexandre Padilha, pelas discussões temáticas sobre o tema analisado nas reuniões temáticas do Grupo de Propriedade Intelectual e Tecnologias de Informação do Instituto de Direito do Comércio Internacional e Desenvolvimento (IDCID) durante o 1º semestre de 2006.

** Realizou estudos de Graduação na Faculdade de Direito da Universidade de São Paulo (FDUSP) e Eberhard-Karls-Universität Tübingen, Alemanha, Master in Laws pela Universidade de Turin, Itália, e Organização Mundial de Propriedade Intelectual. Doutorando em Direito Internacional pela Faculdade de Direito da Universidade de São Paulo. Membro do Grupo de Propriedade Intelectual do Instituto de Direito do Comércio Internacional e Desenvolvimento (IDCID). Professor Assistente de Direito Internacional da Faculdade de Direito da Fundação Armando Alvares Penteado. Advogado e Consultor em São Paulo.

1. Considerações introdutórias

A crescente tendência à privatização dos bens da tecnologia foi um dos resultados mais evidentes do desenvolvimento da indústria durante todo século XX e leva o jurista a refletir sobre as principais conseqüências na esfera de regulação dos direitos de propriedade intelectual e sua interação com a sociedade.[1] Há mais de 30 anos, a revolução calada da microeletrônica transformaria para sempre as novas tecnologias no cenário internacional. O desenvolvimento do primeiro microprocessador pela Intel desencadeou uma mudança significativa no tratamento da *informação* nos domínios da Economia e do Direito; sua "racionalização" em formato de material eletrônico passou a admitir uma redução significativa dos custos de acesso aos bens do conhecimento, bens informacionais.[2]

Justamente pelos benefícios da microeletrônica e o avanço científico relacionado e na mudança de comportamento de consumo na sociedade, os microchips e circuitos integrados de produtos semicondutores determinaram novos modelos e valor agregado na indústria de bens eletrônicos e digitais. A "miniaturização" da informação permitiu elevar padrões de inovação em setores da indústria de informática, bens de consumo eletrônicos, equipamentos de telecomunicações e de alta tecnologia, a partir de uma base técnica comum, normalmente conhecida como "complexo eletrônico", cuja abordagem resta atualmente confrontada com as novas bases da nanotecnologia.

Nesse passo, a evolução da indústria de semicondutores, nos Estados Unidos, Europa e Japão, transformou os contornos da disciplina da propriedade intelectual, distante de modelos dicotômicos estabelecidos nas clássicas Convenções de Paris, de 1883,[3] e de Berna, de 1886.[4] A evolução da disciplina da proteção das "topografias" ou *layout-designs* de circuitos integrados por direitos de propriedade intelectual no plano internacional[5] considerou inicialmente o desenvolvimento legislativo do tema, sobretudo com a entrada em vigor da US Semiconductor Chip Protection Act de 1984 (SCPA), nos Estados Unidos, e da Diretiva Européia nº 87/54, de 1986, relativa à proteção das topografias de semicondutores. De fato, como contraponto à experiência e iniciativa de harmonização normativa pelos Estados rumo à consolidação do Direito Internacional da Propriedade Intelectual, legisladores domésticos haviam alcançado a criação de uma categoria especial de direitos proprietários até então desconhecida no domínio dos direitos da propriedade intelectual – o direito de *layout-designs* ou direito de topografias de circuitos integrados.[6]

Como será analisado, a idéia de um regime de proteção *sui generis* de topografias de circuitos justificaria a apropriação de bens tecnológicos, por influência da propaganda internacionalizada da indústria de semicondutores relativamente à proteção de criações nesse domínio e da pressão para determinação de direitos de exclusividade sobre elas;[7] do ponto de vista normativo, seria um regime próprio e distinto daqueles tradicionalmente conhecidos no campo da propriedade intelectual, tais como os direitos de propriedade industrial e direitos de autor e conexos. A reivindicação de uma categoria "especial" para a proteção de *layout-designs* não foi além de retórica de opção legislativa e de política de harmonização da propriedade intelectual entabulada no plano doméstico e internacional. Essa assertiva se constata pela influência exercida pelo legislador norte-americano no caso do advento da SCPA de 1984, com referência imediata à proteção das *mask works* de semicondutores e as demandas da indústria de semicondutores. Em outros campos da propriedade intelectual, que igualmente se expandiram pelo domínio do direito internacional, são verificados tais regimes *sui generis* de proteção jurídica, como aparece evidente no caso das cultivares ou obtenções vegetais (e a conseqüente criação da UPOV para gerenciamento das novas políticas e negociações internacionais na área) e da proteção jurídica das bases de dados e softwares.[8]

A especialidade do direito de *layout-designs* e seu apelo difundido na indústria de semicondutores também justificariam o tratamento dispensado pelas normas substantivas contidas no Tratado de Washington relativo à Propriedade Intelectual de Circuitos Integrados de 1989 (TIPIC), retomado, em sua aplicabilidade, pelo próprio Acordo TRIPS/OMC.[9] Como a seguir analisado, as negociações internacionais levaram à criação de padrões mínimos de proteção das topografias de circuitos integrados, admitindo, ainda, a possibilidade de proteção jurídica por outros direitos de propriedade intelectual no contexto da regulação doméstica nos Estados.[10]

A experiência do tema das topografias de circuitos integrados no campo da propriedade intelectual mostra que a soberania dos Estados e o princípio da territorialidade no Direito Internacional, em particular, justificam um papel muito mais ordenador de políticas públicas nacionais. Os Estados-membros do TRIPS, funcionam como autênticos formuladores de direitos de propriedade intelectual, muitas vezes desconectados da linguagem normativa das obrigações substantivas do Acordo, porém em observância às obrigações ali estabelecidas. Por essa razão, assim como ocorre em outras áreas, são possíveis tanto a "não-exaustividade" das categorias dos direitos de PI como a "cumulatividade de formas" de proteção jurídica das tecnologias. A conveniência de tais políticas, obviamente, está submetida à mera unilateralidade dos Estados, para decidir qual solução a ser adotada em seus ordenamentos internos.

Em contextos propícios à adoção de políticas domésticas equilibradas de proteção da propriedade intelectual, sobretudo pela oportunidade a ser explorada por países em desenvolvimento, fica clara a dificuldade em se estabelecer a alocação de direitos de titulares e a necessidade de observância do interesse público de promoção da tecnologia e acesso à informação. No caso brasileiro, eu diria, essa questão aparece nitidamente na pauta de debates relativamente à interação entre a proteção jurídica das topografias de circuitos integrados e o desenvolvimento da indústria doméstica de semicondutores, refletida no recente exemplo do esforço legislativo em regular tal matéria. Desde 1995, com a entrada em vigor do TRIPS no plano internacional e o caminho percorrido pelo Brasil rumo ao ajustamento de seu ordenamento jurídico às obrigações do Acordo, a disciplina dos direitos de *layout-designs* permaneceu como "lanterninha" nas áreas da propriedade intelectual, ainda intocada por regulamentação normativa no contexto doméstico.

Com efeito, o histórico legislativo brasileiro permitiu observar uma primeira tentativa de implementação da proteção jurídica das topografias de circuitos integrados, ainda com a apresentação do Projeto de Lei nº 76, de 28/05/1992, de iniciativa do Senado, e arquivado em 13 de março de 1995.[11] Em seguida, por iniciativa do Poder Executivo, nova estratégia foi lançada ao Congresso Nacional, em particular o Projeto de Lei nº 1.787/1996, que dispõe sobre a proteção da propriedade intelectual de topografias de circuitos integrados. Após considerável tempo de tramitação, inclusive em regime de urgência, foi ele retirado de pauta dos trabalhos do Congresso (julho de 2005), o que teria frustrado momentaneamente o caminho rumo à consolidação do direito de topografias de circuitos integrados no ordenamento brasileiro.[12]

Possivelmente objetivando justificar a criação de um novo "marco regulatório", a partir da execução das Diretrizes de Política Industrial Tecnológica e de Comércio Exterior de 2002 e concretização das metas do Programa Nacional de Microeletrônica atualmente em vigor no Brasil, a recente adoção da Medida Provisória nº 352, de 22 de janeiro de 2007, que "dispõe sobre os incentivos às indústrias de equipamentos para TV Digital e de componentes eletrônicos semicondutores e sobre a proteção à propriedade intelectual das topografias de circuitos integrados" retoma os objetivos estabelecidos quanto à implementação das obrigações do Acordo TRIPS/OMC no ordenamento jurídico brasileiro.[13] A iniciativa concorre para a legislatura sobre a proteção das topografias de circuitos integrados no contexto doméstico e estabelece a criação de um regime jurídico de proteção dos *layout-designs* de circuitos integrados por direitos de propriedade intelectual no Brasil.[14]

O presente artigo analisa alguns aspectos da proteção jurídica das topografias de circuitos integrados em perspectiva internacional e comparada, sem esgotar a interpretação necessária e prospectiva dos dispositivos da recente Medida Provisória nº 352/2007 no contexto brasileiro. O item 2 trata fundamentalmente de uma breve notícia histórica sobre o direito de topografias de circuitos integrados e a legislatura norte-americana sobre o tema, bem como a influência nas negociações sobre o tema no Tratado de Washington de 1989 e no TRIPS/OMC. O item 3 concentra-se em uma releitura das normas substantivas relacionadas à proteção jurídica das topografias, em particular a matéria protegida, o escopo da proteção conferida, os requisitos de acesso para a proteção por direitos de PI, aplicação de princípio do tratamento nacional e as limitações aos direitos de *layout-design*. Observa-se a importância da consideração do licenciamento compulsório de topografias de circuitos, a licitude de atos de engenharia reversa relacionados, a aquisição por terceiros de boa-fé de topografias ilicitamente reproduzidas ou de bens semicondutores que as incorporem e o princípio da exaustão de direitos de *layout-designs*. Toda essa análise – como observam as conclusões – é importante para verificar os níveis de compatibilidade da lei brasileira com as obrigações assumidas pelo Brasil no TRIPS/OMC e a extensão da proteção da propriedade intelectual sobre topografias de circuitos integrados, segundo o modelo ora analisado.[15]

2. Notícia Histórica da Proteção das Topografias de Circuitos Integrados no Direito Internacional da Propriedade Intelectual

2.1. Da Fórmula Norte-Americana ao Regime *Sui Generis* de Proteção de *Layout-Designs*

O pioneirismo da proteção das topografias de circuitos integrados como objeto de uma categoria distinta dentre os direitos de propriedade intelectual deveu-se fundamentalmente à política legislativa adotada no contexto norte-americano a partir da aprovação da Semiconductor Chip Protection Act de 1984 (SCPA).[16] Ainda no início da década de 1980, a ascensão da indústria japonesa e sul-coreana de semicondutores fez com que a participação de empresas sediadas nos Estados Unidos no mercado internacional restasse substancialmente prejudicada. Com efeito, uma das principais preocupações da indústria norte-americana de semicondutores estava na facilidade com que empresas concorrentes japonesas adotavam estratégias de imitação envolvendo a criação e o desenvolvimento das topografias ou *layout-designs* de circuitos integrados e a tecnologia empregada na fabricação de componentes microeletrônicos.[17]

Nas décadas de 1970 e 1980, o ciclo de vida de um produto na indústria de semicondutores era relativamente constante e dependia, fundamentalmente, da introdução de novos bens nos mercados, mediante preços que permitissem as empresas recuperar os investimentos feitos pela empresa e igualmente gerar lucros razoáveis. Depois de algum tempo, produtos genéricos – normalmente chips tanto eletrônica como mecanicamente compatíveis com os produtos pioneiros – apareciam nos mercados, o que influenciou significativamente os comportamentos das empresas atuantes nos segmentos dos semicondutores, em especial pela redução natural dos preços de aquisição dos bens fabricados. Já no fim do ciclo de vida de um semicondutor, os lucros obtidos pela empresa fabricante recuariam significativamente em relação à projeção então conquistada no início de tal ciclo. A única solução seria avançar a uma nova rodada de inovação que permitiria a essa empresa alcançar novas participações de mercado e um mesmo padrão de lucratividade já experimentado nas etapas anteriores.[18]

Do ponto de vista da proteção dos direitos de propriedade intelectual, a indústria de semicondutores historicamente se baseou em ciclos de inovação, nos quais a proteção das tecnologias estava justamente apoiada muito mais na disciplina dos segredos empresariais do que nos direitos patentários. Em tais mercados, uma empresa inovadora não poderia apenas depender de uma *prioridade na oferta* dos chips, mas antes ser o primeiro agente econômico nas estratégias de inovação, dispensando estratégias de imitação em relação aos bens ofertados por outras empresas concorrentes. Com efeito, a proteção jurídica das tecnologias implicadas na indústria de semicondutores mediante normas de segredo industrial aparecia como variável crítica para o processo de elaboração e fabricação dos chips. Know-how considerável seria necessário para assegurar a oferta de chips caracterizados por aceitação no mercado e que pudessem ser diretamente absorvidos pela demanda na indústria de alta tecnologia. Mas os segredos empresariais não poderiam alcançar a proteção das criações relacionadas à funcionalidade dos chips: os *layout-designs*. Uma vez ofertados no mercado, os chips semicondutores poderiam ser facilmente pesquisados, com o que as informações nele contidas seriam reveladas mediante engenharia reversa.[19]

É importante observar que muitos fatores indicavam a pouca importância da proteção patentária na indústria de semicondutores no início de sua evolução histórica. Por um lado, os bens semicondutores relacionam-se às "plataformas de tecnologias cumulativas", nas quais a inter-relação entre processos e produtos exige licenciamento cruzado de patentes para que as empresas possam desenvolver e fabricar microchips caracterizados por elevado grau de miniaturização e tecnologia. Em segundo lugar, muitos dos principais clientes, como o governo norte-americano era à época de consolidação dessa indústria, buscavam atrair fornecedores de bens substitutos de segunda linha,[20] o que significa atrair concorrentes que pudessem satisfazer a demanda criada pela indústria de alta tecnologia doméstica com a oferta de chips compatíveis e, com isso, reduzir o risco de desabastecimento no mercado.[21]

Esse contexto propiciou um ambiente favorável para licenças cruzadas entre as empresas, justamente pelos incentivos trazidos pela demanda pelos microchips de segunda linha. Outro fator de importância seria justamente a velocidade pela qual a inovação se estabelecia e difundia na indústria, assim como o tempo reduzido de comercialização de muitos produtos semicondutores nos mercados. Esses fatores encurtariam a vida útil de patentes de invenção caso elas fossem sempre aplicadas para proteção de determinados bens microeletrônicos.[22] A prosperidade da indústria norte-americana de semicondutores esteve por muito tempo associada a tal cenário. O ciclo de vida dos produtos desenvolvidos, no entanto, parecia se interromper no inicio da década de 1980, de modo que as empresas pioneiras no segmento buscaram influenciar decisões governamentais até chegar a um modelo específico de proteção jurídica.[23]

Assim, naquele período, acreditava-se que o regime proprietário sobre as topografias de circuitos integrados seria absolutamente frágil, daí por que as justificativas da SCPA aparecem próximas ao objetivo de criação de uma forma de proteção *sui generis* de *layout-designs* de semicondutores dentro das categorias de direitos de propriedade intelectual. A Lei norte-americana estabelecia fundamentalmente prazo de proteção de direitos de *layout-designs* por 10 anos e a obrigatoriedade de registro após dois anos contados da data do primeiro ato de comercialização de um *mask work* – expressão que correspondia, à época da entrada em vigor da SCPA de 1984, à tecnologia empregada para a reprodução dos *layout-designs*.[24] Nessa visão, a Lei ofereceria uma solução inovadora ao assegurar proteção por meio de direitos de propriedade intelectual ao desenho original cuja finalidade é atribuir uma "funcionalidade eletrônica" ao circuito integrado.[25]

Além da criação de um regime *sui generis* de proteção, a Lei norte-americana prevê normas sobre atos de engenharia reversa sobre componentes semicondutores, já que tais práticas seriam consideradas freqüentes entre empresas atuantes em tais mercados. A Semiconductor Chip Protection Act incluiu ainda uma regra bastante restritiva prevendo reciprocidade na proteção das topografias de circuitos integrados, i.e, uma topografia de titularidade em outro país somente gozaria de proteção no território norte-americano se aquele também oferecesse proteção similar às topografias de circuitos desenvolvidas por empresas norte-americanas. Esse era o apelo básico para que outros Estados buscassem criar sistemas nacionais de proteção de *layout-designs* em seus ordenamentos, justamente em torno de um argumento de reciprocidade: os bens de titularidade de nacionais de outros Estados estariam protegidos no território norte-americano, se proteção idêntica fosse conferida em seus ordenamentos domésticos.[26]

A partir de tais justificativas, outros Estados foram encontrando mecanismos de proteção das topografias de circuitos integrados desenvolvidas por suas indústrias domésticas. Os dispositivos contidos na SPCA sobre a *reciprocidade da proteção* concedida pressionaram o Japão a adotar uma legislação que tivesse a mesma racionalidade da lei norte-americana, o que ficou concretizado com a aprovação da Lei nº 43, de 31 de maio de 1985, sobre "desenho de circuito de um circuito integrado semicondutor".[27] Nesse mesmo passo, as Comunidades Européias adotaram a Diretiva nº 87/54, de 1986, relativa à proteção das topografias de semicondutores.[28] A normativa européia passaria a harmonizar os direitos internos dos Estados-membros rumo à criação de um direito comum para proteção de topografias de circuitos integrados; era a resposta ao desenvolvimento da indústria de semicondutores no mercado comum à época da entrada em vigor da Diretiva no ordenamento comunitário.

2.2. As Negociações Multilaterais em Torno da Proteção das Topografias de Circuitos Integrados no Plano Internacional

Buscando reavaliar a situação de debate sobre a proteção das topografias de circuitos integrados, logo após a entrada em vigor da US Semiconductor Chip Protection Act, a OMPI deu início a uma série de estudos e consultas para a realização de uma Conferência Diplomática dos Estados-membros aberta à negociação de um tratado sobre a proteção da propriedade intelectual relativamente aos circuitos integrados.[29] Em outubro de 1986, criou-se um Comitê de Especialistas voltado especificamente para o exame da matéria e elaboração daquelas que seriam as primeiras minutas de negociação de um Tratado sobre a Proteção da Propriedade Intelectual relativamente aos Circuitos Integrados (futuramente, o Tratado de Washington de 1989). Em seus trabalhos, o Comitê concluiu que um sistema de proteção internacional sobre os direitos decorrentes do *design* ou *layout* dos circuitos integrados seria desejável para os Estados-membros da organização. Como resultado, tais categorias de *designs* não seriam objeto de proteção por direitos patentários ou direitos de autor, especialmente porque haveria incompatibilidade normativa com relação aos requisitos de proteção de cada uma dessas categorias tradicionais da propriedade intelectual, sem correspondente com qualquer outro tratado celebrado sob os auspícios da organização. [30]

Com efeito, a proposta de um tratado em matéria de propriedade intelectual relativa a circuitos integrados poderia assegurar o tratamento nacional a ser dispensado aos titulares nacionais dos Estados-membros da OMPI e estabelecer certas normas substantivas mínimas de proteção dos direitos conferidos. O mesmo seria dito para a previsão geral de um prazo de duração para a proteção de *layout-designs* e possíveis formalidades a serem adotadas pelos Estados para seu reconhecimento. Na Terceira Sessão do Comitê de Especialistas, 37 Estados da OMPI concordaram com a minuta apresentada para as negociações, com a ressalva de outros Membros, cujas delegações apresentavam reservas ao texto do tratado que seria negociado. Por essa razão a Secretaria da OMPI, em janeiro de 1987, instalou procedimento de consultas técnicas a serem encaminhadas por especialistas dos países em desenvolvimento interessados no tema, cujos resultados seriam submetidos à Conferência Diplomática dos Estados-membros da Organização. A preparação para as negociações continuavam em andamento, especialmente porque, em setembro de 1987, o Bureau Internacional da OMPI apresentou estudos e análises técnicas relacionados ao tema da propriedade intelectual relativamente às topografias de circuitos integrados.[31]

No ano seguinte, em 1988, quatro reuniões haviam sido realizadas, dentre as quais se destacaram a Reunião Consultiva de Especialistas de países em desenvolvimento, em maio; a Reunião de Revisão sobre o Avanço dos Trabalhos Preparatórios para a Conferência Diplomática, em maio e junho; a Quarta Sessão do Comitê de Especialistas sobre Propriedade Intelectual relativamente aos Circuitos Integrados e a Reunião Preparatória para a Conferência Diplomática, ambas em novembro. Após serem considerados os resultados alcançados nas reuniões de 1988, os Estados-membros se reuniram, em maio de 1989, na Conferência Diplomática de Washington para a conclusão de um tratado sobre a Proteção da Propriedade Intelectual relativamente aos Circuitos Integrados. Nessa ocasião, a OMPI adotou o Tratado de Washington sobre Propriedade Intelectual relativa aos Circuitos Integrados (TPICI),[32] como a primeira medida de tentativa de harmonização do tema por força do Direito Internacional convencional.

O Tratado de Washington buscou criar um sistema internacional de proteção das topografias ou *layout-designs* de circuitos integrados e os circuitos integrados individualmente considerados, além de um sistema de consultas e de solução de conflitos entre Estados-partes quanto à interpretação ou implementação de suas normas. Como o tratado requer cinco ratificações ou adesões para entrada em vigor, até hoje permanece sem efeito no plano internacional, já que apenas dois Estados – Egito e Santa Lucia – depositaram seus instrumentos de ratificação e adesão, respectivamente.[33]

Apesar de muito ter sido lamentado com relação ao desperdício de esforços durante as negociações da Conferência Diplomática para um Tratado, como se a oportunidade fosse perdida,[34] o instrumento manteve-se, de um lado, autêntica fonte normativa de Direito Internacional e foi ainda debatido em outros *fora* multilaterais, como no caso específico do GATT/OMC. No mesmo ano em que a OMPI se preparava para a adoção do Tratado de Washington, as pautas da Rodada Uruguai levaram adiante as negociações em torno do TRIPS/OMC incluindo igualmente a disciplina da proteção das topografias de circuitos integrados. As partes-contratantes do GATT buscavam uma abordagem menos conflitual para o tema da proteção das topografias, se comparadas com as negociações formuladas em outras áreas.[35] Todavia, estavam longe do consenso, em especial pelas discussões travadas entre países desenvolvidos e países em desenvolvimento. Vale destacar que Estados Unidos e Japão não eram partes-contratantes do Tratado de Washington e, por isso, tiveram amplo espaço para remodelar e elevar o padrão de proteção dos direitos de topografias de circuitos integrados anteriormente estabelecido entre membros da OMPI, projetando-o no texto do TRIPS.

Como será analisado, o Acordo TRIPS faz referência direta às normas do Tratado de Washington de 1989, vinculando-as à observância e aplicação dos direitos de propriedade intelectual sobre topografias de circuitos integrados, de acordo com os dispositivos estabelecidos nos arts. 35 a 38.[36] A controvérsia desencadeada pelo Japão e Estados Unidos durante as negociações do acordo estava justamente na extensão da proteção conferida pelos direitos de PI não apenas ao objeto topografia (*layout-design*), mas também aos bens industriais (bens semicondutores em si), e a imposição de obrigações de pagamento pelos adquirentes de boa-fé de produtos nos quais estivessem incorporadas topografias de circuitos resultantes de atos de violação por terceiros dos direitos do titular das topografias.

Nesse ponto em especial, seria possível observar uma espécie de "concorrência de abordagens" quanto à disciplina da proteção jurídica das topografias de circuitos integrados, que tivesse como objetivo imediato a modelação dos sistemas legislativos nacionais para a inclusão de um regime *sui generis* de proteção no domínio dos direitos de propriedade intelectual. Por um lado, observa-se a necessidade contínua de criação de novos *layout-designs* que pudessem reduzir as dimensões dos circuitos integrados existentes. Portanto, nesse caso, a proteção jurídica por direitos de PI deveria servir muito mais como fator de incentivo para processos de miniaturização envolvendo a fabricação de bens na indústria de semicondutores.[37] A proteção conferida seria efetivamente justificada quanto ao objeto da originalidade e técnicas das criações associadas aos bens da indústria de semicondutores. Por outro lado, a mesma justificativa poderia explicitar muito mais a criação de monopólios por meio de direitos de propriedade intelectual em mercados de produtos nos quais *layout-designs* protegidos estejam incorporados.

A orientação do Japão e dos Estados Unidos, ainda durante as negociações da Rodada Uruguai, pela própria experiência que lhes antecedia, era mais conducente à segunda assertiva, especialmente porque a gênese do debate sobre a proteção jurídica de tais bens estaria ligada aos resultados de litígios internacionais anteriores relativamente ao comércio internacional de bens semicondutores, práticas de *dumping* e a emergência de coalizões na indústria microeletrônica para a formulação de um código transanacional de proteção de microchips.[38] Duas opções seriam então muito mais coerentes: ao mesmo tempo em que um sistema de proteção proprietária das topografias de circuitos fosse desenhado, a partir da racionalidade dos direitos de propriedade intelectual, seria igualmente necessário equilibrá-lo com a introdução de mecanismos de limitação dos direitos dos titulares, como seria o caso do já existente licenciamento compulsório, exceção do *fair use*, e da prática de engenharia reversa pela indústria.

A proteção, extensiva aos ordenamentos jurídicos dos Estados-membros da OMC, compreende as "topografias de circuitos" (portanto os *layout-designs*), estendendo-se aos "circuitos integrados que contenham tais topografias", bem como, em certas circunstâncias, aos "produtos que incorporam os circuitos integrados protegidos". Como estabelece o art. 35 do TRIPS, a proteção das topografias baseia-se, em grande medida, no padrão de proteção estabelecido pelos dispositivos do Tratado de Washington de 1989 adotado no âmbito da Organização Mundial da Propriedade. Apesar de o Tratado de Washington até hoje não ter entrado em vigor no plano internacional, como mencionado, seus dispositivos são imediatamente recepcionados pela sistemática do TRIPS. A doutrina em geral identifica na resistência das indústrias domésticas a razão pela baixa adesão de muitos Estados-membros da OMPI ao Tratado de Washington de 1989.[39]

Por força do art. 35 do TRIPS, como será analisado, os membros da OMC, dentre eles o Brasil, estão vinculados à observância de obrigações mínimas relacionadas à proteção das topografias de circuitos integrados, em conformidade com os arts. 2º a 7º, art. 12 e art. 16(3) do Tratado de Washington de 1989. Nesse contexto normativo, seria então de se examinar como o legislador brasileiro passa a incorporar o modelo, hoje vigente, de proteção internacional das topografias de circuitos integrados em seu ordenamento doméstico. É justamente a partir dos modelos de legislação advindos da tradição norte-americana, japonesa e européia que um segmento especial de proteção de bens tecnológicos se estabelece no Direito Internacional da Propriedade Intelectual – o "direito de *layout-designs*" de produtos semicondutores.

2.3. O Acordo TRIPS/OMC e a Implementação de um Regime de Proteção Internacional das Topografias de Circuito Integrado

As negociações do Acordo TRIPS na Rodada Uruguai do GATT levaram à criação de padrões mínimos de proteção dos direitos de propriedade intelectual, aprofundando as obrigações decorrentes da sistemática das Convenções de Berna e Paris relativamente à proteção dos direitos de autor e conexos e proteção de marcas, patentes e desenhos industriais (por isso serem considerados dispositivos "Berna-plus" e "Paris-plus"). A mesma referência no TRIPS quanto à proteção das topografias de circuitos integrados (arts. 35 e seguintes) justificou-se por uma abordagem "Washington-Plus", a partir da qual Membros da OMC optaram por uma técnica mista. De um lado, o acordo prevê interação com o Tratado de Washington (no caso, incorporação normativa por referência) vinculando os Estados-membros à observância de obrigações mínimas de proteção das topografias de circuitos integrados; de outro, estabelece dispositivos aprofundando temas específicos materialmente regulados pelo TRIPS, excluindo expressamente determinadas normas do Tratado de Washington.[40]

Justamente com relação a esses temas específicos, pouco consenso na Rodada Uruguai havia sobre a extensão da disciplina de licenciamento compulsório e da das práticas empresariais de engenharia reversa aplicadas às topografias de circuitos integrados.[41] Em especial, o Anell Draft trazia um dispositivo permissivo aos atos que dispensavam a autorização do titular dos direitos sobre as topografias, como em relação à exclusão (por critério de isenção) da responsabilidade de terceiros por atos de violação decorrentes de reprodução de *layouts-designs* para finalidade de pesquisa, ensino ou avaliação durante o processo de elaboração de uma topografia que fosse, por si, original.[42]

O mesmo ocorria com relação à possibilidade ou não da admissão do licenciamento não-voluntário dos direitos decorrentes da proteção conferida às topografias de circuitos integrados, com diversas opções envolvendo a não aplicação das licenças em matéria de topografias, como a aplicação extensiva das licenças não-voluntárias de topografias de acordo com o regime de licenças não-voluntárias de patentes de produtos e processos, como também previsto no futuro Acordo TRIPS.[43] Os Estados negociavam ainda os termos da proteção estendida às topografias, como sendo não inferior a dez anos, contados da data do registro ou da primeira comercialização das topografias, bem como a necessidade ou não de registro para reconhecimento da proteção jurídica aplicável.

Com a apresentação do Brussels Draft, algo muito próximo à atual redação dos artigos do TRIPS relacionados aos *layout-designs* era estabelecido, primeiramente pela referência estabelecida pelo acordo à proteção a ser conferida pelos Estados-membros da OMC de acordo com as normas substantivas do Tratado de Washington de 1989.[44] Durante as negociações da Rodada Uruguai, países em desenvolvimento acenavam para alguns problemas sobre a abrangência da proteção conferida aos titulares de direitos de *layout-designs.* A controvérsia girava em torno da questão da aquisição, por terceiros, de produtos contendo circuitos integrados nos quais topografias ilicitamente reproduzidas estivessem incorporadas (portanto, objeto de violação). Como será examinado, o Acordo TRIPS reconhece direitos sobre a aquisição de boa-fé de circuitos integrados que incorporem *layout-designs* ilicitamente reproduzidos e, igualmente, de produtos que contenham tais circuitos.[45]

Com a conclusão da Rodada Uruguai do GATT no final de 1994 e a conseqüente entrada em vigor do Acordo TRIPS no plano internacional, em 1º de janeiro de 1995, integrando o Acordo Constitutivo da OMC, as topografias de circuitos integrados passam a ser objeto de proteção por direitos de propriedade intelectual pelos Estados-membros. Isso é reforçado pelo art. 1(2) do TRIPS, que trata da abrangência das obrigações substantivas nas várias áreas da propriedade intelectual, incluindo o direito de *layout-designs.*[46] De fato, a proteção das topografias de circuitos integrados encontra-se na Seção 6 da Parte II do Acordo, que disciplina a "existência, abrangência e exercício dos direitos de propriedade intelectual".

Do ponto de vista da relação normativa, como mencionado, o art. 35 do TRIPS remete diretamente os Estados-membros da OMC à observância da proteção das topografias de circuitos integrados em conformidade com as normas estabelecidas no Tratado de Washington de 1989.[47] Entre os tratados existem normas com diferentes alcances, em especial com relação: (i) ao prazo de proteção conferido pelos direitos sobre a criação do *layou-design*; (ii) à extensão dos direitos do titular para os artigos/bens que incorporam o *layout-design* protegido, na medida em que aqueles contenham um *layout-design* ilicitamente reproduzido; (iii) às exceções aos direitos conferidos e atos que dispensam autorização do titular; e (iv) à aquisição de boa-fé de bens incorporando topografias ilicitamente reproduzidas.

Na próxima seção são analisados os principais aspectos da proteção conferida às topografias, de acordo com a sistemática de proteção internacional adotada pelos Estados-membros da OMC, em relação à observância das obrigações previstas no Acordo TRIPS e no Tratado de Washington, no que concerne aos dispositivos normativos relevantes.[48] Importante observar que os *layout-designs* de circuitos integrados passam a compor a categoria dos objetos protegidos por direitos de propriedade intelectual em um mesmo nível normativo que aquele estabelecido pelo Acordo para os direitos de autor e direitos conexos, marcas, indicações geográficas, desenhos industriais, patentes e informações confidenciais.

3. Normas Substantivas Sobre Proteção *Sui Generis* das Topografias de Circuitos Integrados e sua Relevância para o Direito Brasileiro

3.1. Objeto Protegido pelo "Direito de *Layout-Designs*" e Definições Aplicáveis Segundo o Tratado de Washington de 1989 e TRIPS/OMC

Os arts. 35 a 38 do Acordo TRIPS estabelecem obrigações substantivas dos Estados-membros da OMC quanto à implementação de regimes domésticos de proteção jurídica das topografias (*layout-designs*) de circuitos integrados, justapondo-se às normas substantivas estabelecidas pelo TPICI de 1989. O art. 35 do TRIPS remete diretamente os Estados-membros à observância da proteção das topografias segundo os dispositivos do Tratado de Washington, mediante a técnica de incorporação normativa por referência.

Primeiramente, é importante observar que o art. 2º do Tratado estabelece que o circuito integrado é "produto, em sua forma final ou intermediária, na qual os elementos, pelo menos um dos quais seja um elemento ativo, e alguma ou todas as interconexões, constituam parte integrante do corpo e/ou da superfície de uma peça de material, e que seja destinado a realizar uma função eletrônica".[49] A topografia ou *layout-design*, por sua vez, diz respeito à "disposição tridimensional" de elementos expressada no circuito ou uma disposição tridimensional elaborada para um circuito integrado destinado à fabricação na indústria.[50]

A proteção referida pelo Tratado de Washington e, conseqüentemente, recepcionada pela norma contida no art. 35 do TRIPS, diz respeito à topografia de circuito, vale dizer, a "composição tridimensional ou *layout-design* incorporado ao circuito integrado", assim como uma "composição tridimensional a ser incorporada em um circuito integrado a partir de um processo de fabricação". Tanto o art. 2(iv) como o art. 3(1)(a) do TPICI referem-se ao "*layout-design* (topografia)" como objeto da proteção conferida pelos direitos de propriedade intelectual concernentes. Isso tem relevância específica para implementação das normas do tratado pelas partes-contratantes, estendidas igualmente aos Estados-membros da OMC. [51,52] A proteção isolada da topografia – conforme prevê o tratado – independe da fixação material da expressão tridimensional no produto fabricado (o circuito integrado em si considerado, por exemplo). Tal aspecto, por seu turno, é observado na SCPA de 1984 e na lei japonesa de topografias de circuitos integrados, quanto à inseparabilidade ou incindibilidade do *layout-design* e o chip semicondutor no qual esteja incorporado.[53]

Assim, quanto às características do objeto protegido, o Tratado de Washington não estabelece qual tipo de material um *layout-design* deva ser incorporado. Os Estados-membros da OMC poderiam, livremente, limitar a proteção conferida aos circuitos integrados aos "circuitos integrados semicondutores", vale dizer, aqueles circuitos integrados desenvolvidos e fabricados com silício e outros materiais semicondutores.[54] Em larga medida, as legislações domésticas incluem referências aos "produtos semicondutores" como objeto de proteção imediata por direitos de PI ou como "*objetos nos quais estão incorporadas as topografias/* layout-designs".[55] O Tratado de Washington de 1989 autoriza as partes-contratantes a assegurarem a proteção jurídica das topografias segundo suas concepções de política legislativa.

O Tratado de Washington de 1989 buscou delimitar o objeto dos direitos de propriedade intelectual sobre as topografias (art. 6º), o qual é igualmente ampliado pelo art. 36 do Acordo TRIPS. Serão objetos de proteção: *(i) os layout-designs protegidos, (ii) um circuito integrado no qual um layout-design esteja incorporado ou (iii) um produto que incorpore um circuito integrado apenas enquanto este contenha um layout-design reproduzido ilicitamente*.

3.2. Escopo da Proteção e Direitos Conferidos aos Titulares dos Direitos Sobre Topografias de Circuitos Integrados

Como visto, o objeto dos direitos de topografias de circuitos integrados aparece essencialmente ampliado pelas normas substantivas do Tratado de Washington de 1989, as quais restaram imediatamente incorporadas pelo art. 35 do TRIPS/OMC. Antes mesmo da entrada em vigor do Acordo no plano internacional, em 1º de janeiro de 1995, e da observância dos prazos de transição relativos à implementação das obrigações substantivas, alguns Estados-membros da OMC já haviam promulgado, em seus direitos internos, atos normativos relativos à proteção de "layout-designs" de microchips.

Do ponto de vista do escopo de proteção nas normas estabelecidas pelo regime *sui generis* segundo a concepção legislativa norte-americana na esteira da promulgação da SCPA de 1984, os direitos de *layout-designs* conferem ao respectivo titular as pretensões de excluir terceiros de fabricar, comercializar, importar e colocar à venda as topografias de circuitos em si, e ainda, circuitos integrados incorporando tais topografias e bens incorporando tais topografias. À primeira vista, poderia parecer que a proteção conferida se esgote na pretensão do titular de impedir a réplica ou "duplicação não-autorizada" de *layout-designs* de semicondutores,[56] todavia, de acordo com os modelos normativos atualmente existentes, outras limitações são estabelecidas pelas normas do Acordo TRIPS, em especial nos casos de atos de engenharia reversa e exaustão dos direitos do titular.

De fato, a delimitação de um modelo de proteção jurídica para as topografias de circuitos integrados parece ter sido, como analisado, justificada pela preocupação do legislador norte-americano em assegurar exclusividade sobre bens comercializados pelos Estados Unidos na indústria de alta tecnologia. O objeto protegido e o alcance da proteção conferida pelos direitos sobre topografias é que permanecem, até hoje, variáveis de acordo com a liberdade dos Estados-membros da OMC de implementação das obrigações do TRIPS de acordo com seus sistemas jurídicos e instituições domésticas, desde que o padrão mínimo de proteção dos direitos de propriedade intelectual, segundo o acordo, esteja assegurado.

A técnica geralmente empregada pelos legisladores domésticos na definição do escopo de proteção em relação aos titulares de direitos de topografias de circuitos integrados apareceu igualmente reproduzida na solução encontrada nas negociações do Tratado de Washington de 1989 e estabelecida, portanto, por hipóteses de exclusão. Os atos que exigem a autorização do titular delimitam os direitos conferidos pela proteção jurídica sobre as topografias, como basicamente justificados pelo art. 6(1) do tratado:

i) reprodução parcial ou total por incorporação em um circuito integrado ou outro modo, como, por exemplo, em papel, máscara de desenho, ou *computer tape*, ou por qualquer outro meio incluindo a fabricação de um chip semicondutor;
ii) importação, comercialização, ou outro meio de distribuição com intuito comercial, de uma topografia/*layout-design* protegida ou um circuito integrado no qual tal layout-design esteja incorporado.

O art. 36 do TRIPS ampliou o alcance da proteção conferida, prevendo, igualmente, quanto ao objeto dos direitos de *layout-designs*, a possibilidade de o titular impedir atos de importação, comercialização e distribuição, com intuito comercial, de *produtos que incorporem circuitos integrados,* apenas na medida em que estes contenham *layout-designs* ilicitamente reproduzidos.[57]

A abordagem com relação ao exercício dos direitos dos titulares de topografias poderia estar associada ainda à semelhança funcional relativamente à proteção de obras autorais, no que tange aos direitos de autor, e à proteção dos desenhos industriais. Com efeito, a expressão "reprodução", conforme empregada no art. 6(1) do Tratado de Washington e, igualmente, em normas domésticas, parece referir-se ao sentido de cópia não autorizada dos desenhos, como analogamente faz referência, por exemplo, o art. 9(1) da Convenção de Berna de 1886, delimitando-se, negativamente, à proteção de obras de autoria *vis-a-vis* a prática de atos de reprodução, por terceiros, submetidos à autorização do titular.[58]

Nesses casos, a proteção conferida busca impedir a reprodução não autorizada do bem objeto de proteção e atos relacionados a sua imediata exploração comercial. Essa dupla abordagem, nitidamente implicada na inspiração do art. 6(1) do Tratado de Washington (a partir das devidas distinções entre "atos de reprodução" e "atos de exploração comercial"), aponta claramente para o caráter especial ou anômalo do regime de proteção jurídica das topografias de circuitos integrados, sobretudo quando comparado, individualmente, com aqueles concernentes ao rol tradicional dos direitos de propriedade intelectual.

A mesma indicação já havia sido observada no Direito da União Européia, particularmente aquela proposta na redação do art. 5(1) da Diretiva nº 87/54/CEE, referindo-se aos direitos do titular das topografias sobre autorização ou proibição de atos envolvendo a reprodução dos desenhos, uma vez reunidos os requisitos para a proteção jurídica (no caso, segundo a opção feita pelo direito comunitário europeu, o preenchimento dos requisitos da "originalidade" e "esforço intelectual"),[59] e a exploração comercial ou importação para exploração comercial das topografias ou de circuitos integrados nos quais elas estejam incorporadas.[60] Segundo o modelo adotado pela Diretiva Européia, seria possível observar que os direitos conferidos ao titular alcançam a reprodução, importação e comercialização de topografias ou de produtos que as incorporem. Nesta última estão incluídas atividades integrantes das categorias relacionadas à "exploração comercial" do bem protegido, a qual, nos termos do art. 1.1(c) da Diretiva, referem-se à *"venda, aluguer, locação financeira ou qualquer outro método de distribuição comercial ou qualquer oferta para esse fim"*.

O caso brasileiro parece endossar tais técnicas. O modelo estabelecido no Projeto de Lei nº 1.787/1996 e reproduzido na Medida Provisória nº 352/2007, não se afasta da tendência observada na regulamentação internacional, e adota o padrão mínimo de proteção das topografias conforme estabelecido pelo Acordo TRIPS/OMC relativamente aos direitos conferidos. Estes se definem negativamente, considerando a racionalidade do art. 6(1) do Tratado de Washington e o art. 36 do TRIPS. O "direito exclusivo" do titular da topografia de circuito integrado contempla atos de exploração, sendo vedado a terceiros, sem consentimento, os atos de reprodução, total e parcial, da topografia, e atos de exploração comercial (importação, venda e/ou distribuição para fins comerciais) envolvendo a "topografia protegida", "circuitos integrados" incorporando topografias ilicitamente reproduzidas e, igualmente, "produto" que incorpore circuitos integrados contendo topografias ilicitamente reproduzidas.[61]

Ao menos no que tange aos direitos conferidos e escopo de proteção, como aqui analisados, a concepção de política legislativa encontrada no caso brasileiro contempla, em todos os graus, os interesses dos titulares de *layout-designs* de circuitos integrados. Em vários aspectos, estende a proteção dos direitos não apenas às topografias como igualmente aos bens, incorporando topografias dos semicondutores, alcançando, do ponto de vista do cumprimento das obrigações do TRIPS/OMC, uma resposta essencialmente compatível ao padrão mínimo de proteção estabelecido pelo acordo.

3.3. Requisitos de Acesso para Proteção Jurídica de Topografias de Circuitos Integrados

Como debatido na literatura, ainda não é precisa uma abordagem doutrinária comum relativa aos requisitos de acesso para proteção conferida ao titular dos direitos de *layout-designs*.[62] Genericamente tais requisitos são designados como sendo requisitos da "originalidade" e do "esforço intelectual".[63] Eles aparecem implicitamente mencionados nas normas substantivas do Tratado de Washington de 1989 incorporadas por referência pelo Acordo TRIPS/OMC e têm sido gradativamente observados na rara práxis jurisprudencial envolvendo litígios de violação de direitos de topografias de circuitos integrados.[64]

Primeiramente, segundo a concepção adotada pelo Tratado de Washington de 1989, a exigência de registro como requisito formal de proteção das topografias é aspecto de discricionariedade das partes-contratantes, segundo prevê pelo art. 7(2)(a).[65] Essa orientação foi originalmente proposta na Diretiva Européia, em especial pela dúvida existente no campo da legislatura comunitária em determinar se o ato registral ou de depósito de um pedido reivindicando a concessão de direitos de *layout-design* constituiriam condição necessária para reconhecimento da proteção jurídica por direitos de propriedade intelectual. No art. 4.1 da Diretiva há previsão de que:

> *Os Estados-membros podem dispor que a topografia de um produto semicondutor não beneficie ou deixe de beneficiar dos direitos exclusivos concedidos nos termos do artigo 2º, se não tiver sido apresentado um pedido de registo em devida forma junto de uma autoridade pública num prazo de dois anos a contar da sua primeira exploração comercial. Para além de tal registo, os Estados-membros podem ainda exigir o depósito, junto de uma autoridade pública, de material que identifique ou exemplifique a topografia ou qualquer combinação desta, bem como uma declaração da data da primeira exploração comercial da topografia, quando esta anteceda a data do pedido de registo.*

Como resultado de um verdadeiro esforço de harmonização de direito material das topografias de circuitos integrados, inicialmente objetivado pelas negociações multilaterais no âmbito da OMPI na apresentação textual do Tratado de Washington, os Estados passaram a adotar em seus sistemas domésticos critérios normalmente semelhantes para o reconhecimento da proteção jurídica das topografias por direitos de propriedade intelectual. Em alguns ordenamentos, no entanto, existe apenas exigência de registro, sem o exame material levado a cabo pelas autoridades domésticas. O direito sueco, por exemplo, assegura a proteção de *layout-designs* de semicondutores sem a necessidade de registro pelo titular.[66] Em casos de proteção automática, a única medida de controle da existência dos requisitos de originalidade e esforço intelectual seria efetivada a partir de litígios entre particulares, em casos de ilícitos de violação.[67]

É importante observar que o desenvolvimento de topografias a serem incorporadas em circuitos integrados pressupõe a existência de uma série de etapas verificadas no processo de fabricação industrial, em especial "atividade criativa" ou "ato de criação" por parte de seu projetista ou empresa. Por essa razão os dois requisitos de acesso aparecem concomitantes: a "originalidade" e o "esforço intelectual". Tais requisitos encontram sua origem legislativa na Semiconductor Chip Protection Act norte-americana e na Diretiva nº 87/54/CEE da União Européia.[68]

Fundamentalmente, o requisito da originalidade impõe que o *layout-design*, ao tempo de sua criação, não seja conhecido no campo da atividade de criação das topografias de circuitos, o que se estende, essencialmente, ao setor da indústria de semicondutores e microchips. Esse critério é amplo e restrito ao mesmo tempo. A proteção somente poderá ser conferida a uma topografia resultante de uma combinação de elementos e interconexões, conhecidos entre os criadores e fabricantes, somente se tal combinação – concebida como um todo – preencher o requisito da originalidade.[69] A mesma proteção por "direitos de *layout-designs*" não se estende a idéias, processos, procedimentos, sistemas, métodos de operação, conceitos, princípios ou descobertas, independentemente da forma pela qual sejam descritos, explicados, ilustrados ou incorporados em uma topografia protegida.[70]

Por força da norma contida no art. 36 do Acordo TRIPS, os Estados-membros da OMC devem observar o art. 3(2)(a) do Tratado de Washington de 1989, referindo-se imediatamente ao requisito da originalidade.[71] Esse dispositivo, na verdade, assegura um dos padrões mínimos de proteção das topografias de circuitos a partir do reconhecimento de direitos de propriedade intelectual atribuídos aos criadores. Políticas legislativas domésticas não poderiam reduzir o escopo da proteção, sem que a ela esteja associado tal requisito.

Confirmando a tendência observada em outros ordenamentos jurídicos e extravasando o conteúdo mínimo das obrigações substantivas no Acordo TRIPS/OMC relativamente aos requisitos para proteção de topografias de circuitos integrados, o caso brasileiro merece alguns comentários pontuais. O Projeto de Lei nº 1.787/1996 e a Medida Provisória nº 352/2007 adotam, expressamente, sistema registral para a concessão/reconhecimento de direitos de *layout-designs*, com competência atribuída ao Instituto Nacional de Propriedade Industrial (INPI).[72] O pedido de registro deve se referir individualmente à topografia sobre a qual se pretende obter direitos de propriedade intelectual, bem como atender aos requisitos administrativos a serem estabelecidos pelo INPI. A MP nº 352/2007 estabelece como requisitos mínimos do pedido: (i) requerimento; (ii) descrição da topografia e de sua correspondente função; (iii) desenhos ou fotografias da topografia, essenciais para permitir sua identificação e caracterizar sua originalidade; (iv) declaração de exploração anterior, se houver, indicando a data de seu início; e (v) comprovante do pagamento da retribuição relativa ao depósito do pedido de registro.[73]

Os efeitos do registro no regime jurídico que pretende ser estabelecido no Brasil são consideráveis. Primeiramente, o direito brasileiro parece reforçar a proteção de informações confidenciais relativamente ao pedido depositado, sem se referir, imediatamente, à justificativa de sigilo no tratamento de informações relativas a segredo industrial, conforme prevêem o Tratado de Washington e a concepção adotada pela Diretiva Européia.[74] O art. 32 da MP nº 352/2007 apenas estabelece a faculdade de o depositante requerer tratamento confidencial do pedido de registro da topografia por um prazo de seis meses a contar da data do depósito. Ainda com relação ao registro, há presunção de atribuição da titularidade dos direitos ao requerente do pedido depositado,[75] bem como referência expressa a normas relacionadas à co-criação de topografias[76] e titularidade de direitos de topografias em situações jurídicas envolvendo contrato de trabalho e demais vínculos de emprego e prestação de serviços.[77]

Quanto aos requisitos materiais para proteção conferida por direitos de propriedade intelectual aos *layout-designs* de circuitos integrados, o direito brasileiro destaca a exigência da "originalidade" na atividade de criação da topografia a ser registrada. O art. 29 da MP nº 352/2007 estabelece que a proteção "só se aplica à topografia que seja original, no sentido de que resulte do esforço intelectual do seu criador ou criadores e que não seja comum ou vulgar para técnicos, especialistas ou fabricantes de circuitos integrados, no momento de sua criação".[78] Exclui igualmente do âmbito de proteção dos direitos de *layout-designs* os "conceitos, processos, sistemas ou técnicas nas quais a topografia se baseie ou a qualquer informação armazenada pelo emprego da mesma".[79] A lei dispensa, ainda, o requisito da "fixação" da topografia a um produto semicondutor,[80] o qual parece ter sido abandonado pelos direitos domésticos, bem distante da opção legislativa originalmente estabelecida pelo Congresso norte-americano na US Semiconductor Chip Protection Act de 1984.

3.4. Aplicação do Tratamento Nacional Relativamente à Proteção das Topografias de Circuitos Integrados

O art. 5º do Tratado de Washington estabelece algumas condições quanto à aplicação do princípio do tratamento nacional relativamente à proteção das topografias de circuitos integrados. Os Estados-membros da OMC estão vinculados, por força do art. 36 do TRIPS, à aplicação da norma contida no art. 5º, que assegura, em especial, proteção não-discriminatória para os titulares de direitos de *layout-designs*. Segundo o dispositivo, cada parte-contratante concederá em seu território, com relação à proteção jurídica de topografias de circuitos integrados por direitos de propriedade intelectual, o mesmo tratamento conferido aos seus nacionais. Assim, a obrigação de proteção estabelecida pelo art. 3(1) do Tratado se estende:

i) às pessoas naturais que sejam nacionais ou domiciliadas no território de qualquer uma das demais partes-contratantes;
ii) às pessoas jurídicas ou pessoas naturais que, no território de uma das partes-contratantes,[81] mantenham estabelecimento efetivo e real para a criação de topografias de circuitos integrados ou produção de circuitos integrados.

A obrigação de tratamento nacional parece estar limitada às pessoas que tenham "estabelecimento real e efetivo" para a criação de *layout-designs* ou para a fabricação dos circuitos integrados. Na Convenção de Paris, por exemplo, o princípio do tratamento nacional não faz referência a esse requisito, de modo que o estabelecimento para distribuição de circuitos integrados ou a fabricação em outro território, que não aquele do Estado em que se invoca a proteção, não legitima o titular dos direitos de reivindicar o mesmo tratamento que aquele concedido aos nacionais.[82]

Quanto ao art. 5(2) do Tratado de Washington, uma parte-contratante poderia optar por não aplicar o tratamento nacional ao criador de *layout-designs* nas situações em que estejam envolvidos agentes ou encarregados para serviços, ou quando aplicáveis normas especiais para estrangeiros nos procedimentos perante os tribunais.[83] O direito brasileiro parece compatibilizar-se com a obrigação de tratamento nacional, conforme estabelecida no art. 5º do Tratado de Washington, incorporado por referência pelo art. 36 do TRIPS/OMC. A Medida Provisória nº 352/2007 assegura a proteção dos direitos de topografias de circuitos integrados aos nacionais e aos estrangeiros domiciliados no Brasil e às pessoas domiciliadas nos Estados que, em reciprocidade, concedam direitos iguais ou equivalentes aos brasileiros ou pessoas domiciliadas no Brasil.[84] A observância do tratamento nacional, segundo as normas estabelecidas pela MP nº 352/2007, também atinge pedidos de registro de topografias de circuitos integrados depositados por pessoas não domiciliadas no Brasil (portanto originados no estrangeiro) e que gozem de proteção assegurada por tratados e convenções ratificados pelo Estado brasileiro e que tenham sido incorporados ao ordenamento doméstico.[85]

3.5. Exceções e Limitações aos Direitos de *Layout-Designs*

A disciplina da proteção jurídica relativa à topografia de circuito integrado admite uma categoria de limitações e exceções, correspondendo ao modelo historicamente desenvolvido na história legislativa nos Estados Unidos e Europa, e igualmente refletidas nas obrigações substantivas do TRIPS/OMC com relação às normas do Tratado de Washington de 1989. Fundamentalmente, dentro de tal categoria estão compreendidos atos realizados por terceiros e que dispensam autorização do titular, assim como uso não-autorizado a partir de licenciamento compulsório e engenharia reversa realizada em torno das topografias de circuitos. Em tais hipóteses, de modo geral, o titular não poderá exercer, na totalidade, os direitos de exclusividade conferidos pela proteção jurídica que lhe é assegurada, de modo que determinadas modalidades de uso não-autorizado das topografias estariam excluídas do campo de incidência da disciplina da responsabilidade pelos atos de violação.

Como observado, o art. 6.1 do Tratado de Washington estabelece um padrão mínimo relativo ao alcance da proteção conferida pelos direitos de propriedade intelectual sobre *layout-designs*. As partes-contratantes podem considerar ilícitos atos praticados sem a autorização do titular, tais como aqueles relacionados à reprodução total ou parcial de uma topografia protegida, incorporando-a em circuito integrado, ou ainda atos de importação, comercialização e distribuição com intuito comercial de topografias protegidas ou circuitos integrados nos quais estejam incorporadas topografias protegidas.[86] O art. 6.2 do Tratado, por sua vez, compreende os atos que dispensam a autorização do titular dos direitos, e que estariam, portanto, fora do âmbito de proteção jurídica conferido aos *layout-designs* de circuitos integrados. Nessa primeira categoria estariam os atos de reprodução, total ou parcial, de um *layout-design*, quando realizados por terceiros, por exemplo, ou para intuito particular ou meramente para análise, avaliação, pesquisa ou ensino.[87] Na sistemática da Diretiva Européia sobre Proteção Jurídica das Topografias de Produtos Semicondutores, são excluídos do âmbito de proteção conferido pelos direitos de exclusividade do titular, o ato de *reprodução para uso privado* de uma topografia de circuito integrado, sem intuito comercial,[88] assim como de reprodução para fins de análise, avaliação ou ensino de conceitos, processos, sistemas ou técnicas incorporados na topografia ou da própria topografia.[89]

No direito brasileiro, a proposta de regulamentação normativa da proteção das topografias de circuitos integrados, segundo o conteúdo apresentado pela Medida Provisória nº 352/2007 também contempla as exceções aos direitos de exclusividade assegurados, dentre elas especialmente os atos que dispensam autorização do titular para serem praticados por terceiros. Observo que originalmente a mesma disciplina normativa relativa às exceções e limitações aos direitos de *layout-designs* vinha expressamente intitulada como tal na Seção III do Capítulo V do Projeto de Lei nº 1.787 ("Limitações dos Direitos"). A Medida Provisória nº 352/2007, no entanto, insere tal disciplina no mesmo feixe de direitos conferidos pelos *layout-designs*, na Seção V do Capítulo III ("Dos direitos conferidos pela proteção"). Sutileza no trocadilho ou não, parece que a MP quer evitar a força da expressão "limitações", como se isso, por seu turno, diminuísse a importância do indispensável equilíbrio dos direitos de propriedade intelectual (entre interesse de titulares e do público) em todos os seus subsistemas normativos.

De fato, o art. 37 da MP nº 352/2007 estabelece, por exemplo em seu inciso I, que os efeitos da proteção não se estendem aos "atos praticados por terceiros não-autorizados, com finalidade de análise, avaliação, ensino e pesquisa".[90] Aqui aparece claro o reconhecimento da finalidade exigida para o uso de *layout-designs* protegidos sem autorização do titular dos direitos de propriedade intelectual. O dispositivo compatibiliza-se com a norma contida no art. 6.1(a) do TPICI de 1989, com a obrigação de proteção das topografias de circuitos integrados estabelecida no art. 35 do Acordo TRIPS.

Nos próximos itens são examinadas as exceções aos direitos de *layout-designs*, abordadas nas seguintes categorias: (i) uso sem autorização do titular e licenciamento compulsório, (ii) atos de engenharia reversa sobre *layout-designs* de circuitos integrados; e (iii) aquisição por terceiros de boa-fé de produtos semicondutores contendo topografias de circuitos integrados ilicitamente reproduzidas, portanto incluindo nova figura concebida nas negociações da Rodada Uruguai do GATT relativamente ao art. 37.1 do TRIPS/OMC ("aquisição de boa-fé" ou "adquirente inocente").[2]

3.5.1. Uso Não Autorizado e Licenciamento Compulsório de Direitos Sobre Topografia de Circuito Integrado

A disciplina do licenciamento compulsório no domínio dos direitos de autor, direitos conexos e direitos patentários, também está relacionada, do ponto de vista normativo, ao regime *sui generis* de proteção das topografias de circuitos integrados. A referência expressa é feita pelo art. 37.2 do TRIPS/OMC à aplicação das condições previstas nos subparágrafos "a" a "k"do art. 31 do Acordo no caso de licença compulsória do *layout-design* protegido ou de uso governamental, portanto, sem autorização do titular.[92]

Fundamentalmente, as condições previstas no art. 31 são levadas em consideração pelos Estados-membros da OMC para a concessão de licenças compulsórias de patentes de invenção e, por força do art. 37.2 do TRIPS, aplicam-se igualmente às "licenças não-voluntárias" de topografias de circuitos integrados. Aqui, apenas é ressalvada a condição relativa às "patentes dependentes", a qual, no presente contexto, deve ser encarada no campo da engenharia reversa de *layout-designs.*[93]

Como visto, com a solução proposta pela Ata Final da Rodada Uruguai do GATT, a redação do art. 35 do TRIPS exclui expressamente a aplicação, pelos Membros da OMC, do art. 6(3) do Tratado de Washington de 1989, cujo alcance normativo foi objeto de intensa controvérsia durante as negociações do TRIPS, em particular a rejeição expressa pelos Estados Unidos e Japão (já manifestada na Conferência Diplomática da OMPI para adoção do tratado relativo à proteção da propriedade intelectual sobre topografia de circuitos integrados). O art. 6(3)(a) do TIPIC trata das situações que legitimam as autoridades administrativas ou judiciais das partes-contratantes à possibilidade de concessão de licenças compulsórias de direitos de *layout-designs*, de forma ampla e bastante flexível se comparada ao modelo estabelecido pelo TRIPS em seu art. 31. Segundo o Tratado de 1989, a licença deverá ser não exclusiva, justificada com base na necessidade de salvaguarda de um "objetivo nacional considerado vital" pela autoridade, ou "disponível para exploração somente no território" do Estado que a outorga, submetida ao pagamento de remuneração eqüitativa por terceiro – licenciado ao titular dos direitos de exclusividade sobre os *layout-designs* de circuitos.[94] Ainda de acordo com as normas do Tratado, tais licenças também podem ser estabelecidas em caso de controle de práticas restritivas à concorrência e de abusos de direito de *layout-designs* pelo titular, assim submetidos a processo administrativo ou judicial.[95]

A polêmica manifestada nas negociações do Tratado de Washington de 1989 claramente apontava para a frustração dos objetivos de harmonização pela OMPI da disciplina dos direitos de *layout-designs* de circuitos integrados. Os Estados Unidos, por exemplo, consideravam muito amplas as limitações estabelecidas no art. 6.3 do Tratado, sob o título "medidas concernentes ao uso sem o consentimento do titular". Essa teria sido uma das razões para sua não-adesão ao Tratado e que também guiou o debate do tema nas negociações do TRIPS na Rodada Uruguai.[96] Notadamente, o art. 35 do acordo ressalva a não aplicação do art. 6.3 do TIPIC, o que leva à norma contida no art. 37.2, quando se refere às condições exigidas para a concessão de licenças não-voluntárias segundo as normas do art. 31 do próprio acordo. Os Estados-membros da OMC, como é o caso do Brasil, não estariam, portanto, vinculados à obrigação decorrente do art. 6.3 do Tratado de Washington.

Mais restritivamente, o art. 31(c) do TRIPS diz respeito à condição específica para licenciamento compulsório de patentes de invenção envolvendo "tecnologia de semicondutores" e que pode ser concedida pelas autoridades domésticas dos membros da OMC em duas hipóteses: (i) como uso público com intuito não-comercial; e (ii) como medida para remediar condutas anticoncorrenciais ou ilícitos de concorrência desleal praticados pelo titular da patente, quando assim declarado em processo administrativo ou judicial.[97] Essa racionalidade é igualmente estabelecida, por exemplo, no art. 68, alínea "e", da Decisão nº 486 da Comissão da Comunidade Andina sobre o Regime Comum da Propriedade Intelectual, de 14 de setembro de 2000, que prevê expressamente a possibilidade de licenciamento compulsório de patentes sobre "tecnologias de semicondutores" nos casos de uso público não-comercial da invenção protegida e como mecanismo para neutralizar práticas anticoncorrenciais levadas a cabo pela empresa titular.[98]

No contexto brasileiro, a Medida Provisória nº 352/2007 buscou compatibilizar o regime do licenciamento compulsório de topografias de circuitos integrados de acordo com as obrigações substantivas estabelecidas pelo Acordo TRIPS/OMC, destacando a disciplina das licenças não-voluntárias e licenças para uso governamental com intuito não-comercial. O art. 48 estabelece a possibilidade de concessão de licenças compulsórias de topografias de circuitos integrados para "assegurar a livre-concorrência ou prevenir abusos de direito ou de poder econômico pelo titular do direito, inclusive o não atendimento do mercado quanto a preço, quantidade ou qualidade". Os requisitos para concessão também se compatibilizam com as obrigações do TRIPS: (i) o pedido de licença considerado com base no seu mérito individual; (ii) demonstração, pelo requerente da licença, que resultaram infrutíferas, em prazo razoável, as tentativas de obtenção da licença, em conformidade com as práticas comerciais normais; (iii) o alcance e a duração da licença devem ser restritos ao objetivo para os quais a licença seja autorizada; (iv) que a licença seja não-exclusiva; (v) que a licença seja intransferível, salvo se em conjunto com a cessão, alienação ou arrendamento do empreendimento ou da parte que a explore; (vi) que seja concedida para suprir predominantemente o mercado interno.[99] O art. 47 estabelece igualmente que o Poder Público poderá fazer uso público não-comercial das topografias protegidas, diretamente ou mediante contratação ou autorização a terceiros, observado o direito de remuneração adequada do titular, e determinadas condições gerais para concessão de licenças compulsórias.[100]

A lei brasileira ainda prevê direito à remuneração adequada do titular, em conformidade com as circunstâncias de cada uso e o arbitramento pelo valor econômico da licença concedida (art. 51); cancelamento da licença compulsória mediante requerimento fundamentado do titular dos direitos de *layout-designs*, desde que as circunstâncias que a justificaram deixem de existir e que haja improbabilidade de que elas novamente venham existir (art. 52); prazo de um ano para início de exploração das topografias objeto da licença compulsória, sendo admitida (i) prorrogação pelo mesmo período em caso de realização, pelo licenciado, de "preparativos substanciais e efetivos" para início da exploração (ou outras razões que legitimem) e (ii) interrupção da exploração devido à superveniência de razões legítimas que a justifiquem (art. 53, incisos I e II).[101]

3.5.2. Atos de Engenharia Reversa Aplicada aos *Layout-Designs* de Circuitos Integrados

Também estão excluídos do âmbito de proteção conferida pelos direitos de propriedade intelectual sobre topografias de circuito integrado os atos de criação de *layout-designs* originais, por terceiros, a partir do uso de uma topografia já existente e protegida. Fundamentalmente, isso é endereçado por atos de engenharia reversa associados à criação protegida. O art. 6.2 do Tratado de Washington, aplicável por força do art. 35 do TRIPS/OMC, prevê que um terceiro criador poderá incorporar, em um circuito integrado, um segundo *layout-design* por ele criado ou praticar qualquer um dos atos de reprodução, importação, comercialização e distribuição relativamente a sua criação, sem que tais configurem violação dos direitos do titular daquela primeira topografia.[102]

O art. 6.2(b) do Tratado esclarece o alcance da exceção à proteção jurídica estabelecida no caso de engenharia reversa. As partes-contratantes não considerarão ilícitos os atos de reprodução dos *layout-designs* que envolverem avaliação, análise, pesquisa e ensino. Na medida em que exista um esforço criativo "independente" (que por sua vez esteja relacionado ao requisito da originalidade), os direitos do titular do *layout-design* submetido à engenharia reversa não poderão ser exercidos contra o criador de uma segunda topografia de circuito.

Isso significa que os direitos da empresa titular sobre a topografia protegida não poderão ser opostos em relação aos direitos do titular do *layout-design* criado a partir de atos de engenharia reversa, porque este poderia constituir uma nova topografia protegida, desde que reúna os requisitos da originalidade e do esforço intelectual. Isso significa que os direitos de propriedade intelectual sobre topografias de circuitos integrados, conforme estabelecidos pelo TRIPS e modelo de proteção concebido pelas normas do Tratado de Washington, não conferem ao titular exclusividade sobre as funcionalidades do circuito integrado, nem sobre a topografia em si. Em essência, protegem o titular contra os ilícitos de violação manifestados concretamente, como seria o caso de cópia ilícita mediante reprodução fotográfica.[103]

A indústria de semicondutores integra a categoria da indústria tradicional de bens duráveis, no caso a microeletrônica. No entanto, semicondutores são produtos contendo tecnologia da informação, com elevado padrão de *know-how* necessário para sua fabricação. Isso torna tais bens extremamente vulneráveis à imitação, mediante custos reduzidos e concorrencialmente atrativos. Em alguns casos, tais fatores poderiam ser considerados desincentivos às novas criações no segmento da microeletrônica e barreiras à recuperação dos elevados custos em P&D necessários para criação de novos circuitos integrados. Como visto, na década de 1980 a resposta dada pelo Congresso norte-americano às preocupações da indústria de semicondutores em torno da "pirataria dos chips" foi ter criado o regime *sui generis* de proteção das topografias de circuitos integrados.

Tradicionalmente, a engenharia reversa justifica-se em um processo para obtenção de informações relevantes sobre *know-how* e tecnologias de um bem fabricado a partir do engenho humano-intelectual. Ainda que o objetivo final seja alcançar um produto que possa satisfazer a demanda de um produto similar, a engenharia reversa seria o instrumento mais adequado para a obtenção de tais informações.[104] A US Semiconductor Chip Protection Act, por várias razões, é digna de nota, por expressamente autorizar atos de engenharia reversa no campo da indústria dos semicondutores. A lei estabelece, de modo restrito e em casos excepcionais, a engenharia reversa para que terceiros possam reproduzir a topografia, como previsto em sua Seção 906.[105] Como justificativa da norma, haveria uma preocupação em assegurar a difusão (em termos multiplicativos e inovativos) das idéias materializadas em uma determinada topografia ou desenho; se a prática empresarial tiver esse escopo, a engenharia reversa estaria fora do âmbito de proteção conferido pela lei e, portanto, não enquadrada como ilícito de violação.[106]

A lei norte-americana ainda permite que a reprodução do chip semicondutor seja feita para fins de estudo de *layout-designs* de circuitos, justificando a possibilidade de inovação no segmento de produtos semicondutores, além da possibilidade de incorporação de *know-how* distinto da engenharia reversa em outros chips semicondutores criados.[107] A lei norte-americana vincula o uso da topografia protegida (*mask work*) para justificar a engenharia (aqui, a técnica empregada pela empresa) suficiente para desenvolver um *layout-design* original que a própria SCPA de 1984 vem proteger (qualificando-o como *layout* de circuito protegido). Nota-se que tal regra difere fundamentalmente daquelas que prevêem engenharia reversa em outros campos da indústria tradicional, destinada à fabricação de bens idênticos ou similares àqueles que foram objeto da engenharia reversa.

A modalidade de limitação ou exceção aos direitos de *layout-designs,* aqui analisada, impede que o titular oponha seus direitos de exclusividade relativos à reprodução, importação e distribuição da topografia protegida às atividades de terceiros relacionadas ao uso do bem protegido para fins de pesquisa e análise; como mencionado, a engenharia reversa no campo dos circuitos integrados aparece com a mesma lógica das patentes dependentes e legitima o desenvolvimento de uma nova topografia incorporada em um circuito com base em outra topografia protegida, o que remete à aplicação do conceito de funcionalidade eletrônica.

A SCPA norte-americana, por sua vez, aponta para incentivos permitindo que uma empresa-concorrente supere a primeira etapa do uso de um *layout-design* protegido para fins de análise e pesquisa. Em sua Seção 906(a)(2), por exemplo, a lei expressamente prevê a possibilidade de que uma empresa incorpore, em uma topografia de circuito subseqüente à original, os resultados da engenharia reversa realizada.[108] Do mesmo modo, a exceção da engenharia reversa, segundo a Semiconductor Chip Protection Act, não poderia ser utilizada para impedir que uma empresa copie o código-fonte de programas de computadores que estivessem sob a proteção da lei de direitos de autor naqueles casos em que a cópia seja necessária para a compreensão de "elementos funcionais não protegidos", como forma de justificar a exceção do *fair use* sobre a obra autoral.[109]

Em outros ordenamentos jurídicos, a engenharia reversa em matéria de topografias de circuitos integrados é estabelecida com o mesmo fundamento na US Semiconductor Chip Protection Act, considerada exceção aos direitos do titular, e, portanto, não compreendida nos efeitos da proteção conferida; não constitui ato de violação aos direitos de *layout-design.* Os arts. 5(3) e 5(4) da Diretiva Européia, por exemplo, referem-se à criação de topografia original concebida com base na análise e avaliação de outra topografia, portanto com base em atos de "reprodução para efeitos de análise, avaliação ou ensino de conceitos, processos, sistemas ou técnicas incorporados na topografia ou da própria topografia". Essa mesma racionalidade aparece no art. 12(2) da lei japonesa sobre topografias de circuitos integrados[110] e na Seção 226(4)(a) da UK Copyright Designs and Patents Act *1988,*[111] estabelecendo que os efeitos da proteção não se estendem à criação de um circuito integrado semicondutor que tenha sido elaborado a partir da utilização de um *layout* de circuito para fins de análise e avaliação de um outro circuito integrado.

A lei brasileira também ressalva a extensão dos efeitos da proteção conferida pelos direitos de *layout-designs* sobre atos de "criação ou exploração de topografia" resultante da "análise, avaliação e pesquisa de topografia protegida", desde que não haja, entre elas, "identidade substancial".[112] Sustento que o conceito de identidade substancial entre topografias deva ser determinado de acordo com o grau de semelhança e configuração dos *layout-designs* incorporados no circuito, e não com base na funcionalidade eletrônica a que estão associados. Isso porque a topografia diz respeito a uma "série de imagens relacionadas, construídas ou codificadas sob determinado meio, representando a "configuração tridimensional das camadas que compõem um circuito integrado".[113]

3.5.3. Aquisição por Terceiros de Boa-Fé de Produtos Semicondutores Contendo *Layout-Designs* Ilicitamente Reproduzidos

Segundo o art. 37.1 do TRIPS, os Estados-membros não deverão considerar ilícitos nenhum dos atos que se refiram especificamente a aquisição de circuitos integrados incorporando *layout-designs* ilicitamente reproduzidos ou algum produto contendo tal circuito integrado, quando a pessoa não sabia, ou não tinha nenhum motivo razoável para saber que, ao adquirir um produto ou circuito integrado, nele estaria incorporada uma topografia ilicitamente reproduzida. Nessa primeira parte do dispositivo, o TRIPS trata especificamente de uma forma de *aquisição por terceiros de boa-fé* de produto semicondutor contendo circuito integrado no qual haja sido incorporado uma topografia ilicitamente reproduzida.[114]

A novidade como tal não aparece clara na sistemática do Tratado de Washington de 1989. Seu art. 3.1(b) estabelece que os direitos de *layout-designs* sejam exercidos pelo titular independentemente de a topografia ter sido ou não fixada em um chip semicondutor, o qual, por sua vez, pode ser incorporado em um bem industrial.[115] No contexto normativo do tratado, os direitos do titular não são estendidos à "proteção de produtos contendo circuito integrado fabricado a partir de *layout-designs* ilicitamente reproduzidos", como expressamente estabelece a primeira parte do art. 37 do TRIPS. O art. 6(4) do tratado, por sua vez, refere-se à comercialização e distribuição de circuitos integrados, objetos de violação, adquiridos de modo inocente, como forma de justificar que nenhuma das partes-contratantes estaria obrigada, pelo tratado, a considerar ilícita a importação, comercialização ou distribuição com intuito comercial, de uma topografia/*layout-design* ou um circuito integrado que incorporasse tal *layout-design* protegido, quando tais atos sejam praticados pelos adquirentes de boa-fé.[116]

Com efeito, o art. 3(1)(b) do Tratado de Washington foi apresentado como proposta alternativa àquela formulada pelos Estados Unidos e Japão durante as negociações na Conferência da OMPI em 1989, para incluir, na incidência dos direitos de exclusividade conferidos ao titular, os produtos que incorporem circuitos integrados protegidos. A proposta havia sido rejeitada pelos países em desenvolvimento e Comunidades Européias, especialmente pelo fato de que seria muito difícil para um adquirente de boa-fé determinar se produtos eletrônicos e outros contendo semicondutores por ele adquiridos tenham sido fabricados a partir de topografias de circuitos ilicitamente reproduzidas. Essa realidade nas negociações do Tratado de Washington seria decisiva, inclusive, para determinar a racionalidade das normas contidas no art. 37.1 do TRIPS/OMC.[117]

No Direito Europeu a mesma limitação já vinha sendo prevista no art. 5(6) da Diretiva nº 87/54/CEE,[118] a qual isenta, dos atos de violação, a aquisição, por terceiros de boa-fé, de produtos semicondutores fabricados a partir de *layout-designs* ilicitamente reproduzidos. Nesse caso, a norma estabelece que, no momento de aquisição, a pessoa não tenha "motivos plausíveis" para supor a existência do ilícito quanto à reprodução não-autorizada do *layout-design* que resta incorporado no circuito integrado. Essa seria uma primeira situação – o desconhecimento justificável, pelo adquirente, de que o produto adquirido incorpora uma topografia de circuito ilicitamente reproduzida.

A situação do terceiro-adquirente de boa-fé e a conseqüente presunção quanto à aquisição de bens semicondutores que contenham topografias ilicitamente reproduzidas muda significativamente nas hipóteses em que a pessoa tenha conhecimento a respeito da procedência do *layout-design.* A segunda parte do art. 37.1 do TRIPS/OMC faz referência à "informação suficiente" de que a criação tenha sido obtida mediante reprodução ilícita.[119] Nesse caso, inverte-se a lógica da aplicação do dispositivo, já que a pessoa que adquiriu o produto – ciente da existência de *layout-design* ilicitamente reproduzido, incorporado em um circuito integrado – poderia praticar os atos de importação, comercialização e distribuição concernentes apenas com relação aos produtos que tiver em estoque ou previamente encomendados. O TRIPS prevê, nessa hipótese, que os Estados-membros assegurem a obrigação de pagamento, pelo terceiro-adquirente, de uma quantia equivalente aos *royalties* que seriam razoavelmente devidos ao titular em caso de uma licença voluntária (portanto, negociada livremente entre as partes), para fins de exploração comercial dos *layout-designs* protegidos.[120]

Assim, por exemplo, um terceiro-adquirente, que esteja ciente da existência de um *layout-design* ilicitamente reproduzido, incorporado ao semicondutor, somente poderia iniciar a revenda dos produtos no mercado e conseqüente fornecimento de insumos a setores da indústria de alta tecnologia, quando houvesse pago tais quantias de remuneração ao titular dos direitos. O critério para determinação dessa remuneração, ainda que se refira a um "royalty razoável", residiria justamente nas margens de negociação entre as partes envolvidas, como no caso de negócios de licenciamento. Dificuldades poderiam ser encontradas, por exemplo, na determinação do pagamento de remuneração por representantes comerciais, já que estes freqüentemente lidam com artigos acabados, fabricados a partir de circuitos integrados. As empresas fabricantes de chips semicondutores, por exemplo, não costumam licenciar os direitos sobre *layout-designs* a representantes comerciais, mas antes, para outras empresas, ou eventualmente para empresas fabricantes de bens industrializados que incorporam os circuitos integrados.[121]

No direito brasileiro, o art. 37, inciso IV, da Medida Provisória nº 352/2007 busca excluir dos efeitos da proteção jurídica conferida às topografias de circuitos integrados os atos praticados pelo adquirente de boa-fé ("inocente") quanto à importação, comercialização e distribuição, com intuito comercial, de produtos semicondutores que contenham topografias ilicitamente reproduzidas.[122] A lei prevê ainda uma salvaguarda aos direitos do titular relativamente à remuneração pela comercialização dos circuitos integrados ou produtos que os incorporem, e que tenham sido armazenados em estoque pelo adquirente de boa-fé. Este poderá praticar atos de exploração e comercialização das topografias adquiridas, desde que pague ao titular a remuneração equivalente àquela que seria paga em caso de licença voluntária. Curiosamente, a aquisição pelo "infrator inocente" de topografia de circuito integrado ilicitamente reproduzida poderá resultar, indiretamente, na obrigação de pagamento de *royalties* ao titular dos direitos pela exploração comercial do bem protegido.[123]

Com as necessárias distinções, as normas contidas no art. 6(4) do Tratado de Washington e o art. 37.1 do TRIPS/OMC estabelecem o modelo mínimo para implementação de uma modalidade inédita de limitação de direitos de propriedade intelectual sobre *layout-designs* e servem de parâmetro para as opções de política legislativa doméstica. O alcance da norma proposta no art. 37, inciso IV, da Medida Provisória nº 352/2007, deveria ser esclarecido, a fim de excluir dos efeitos da proteção jurídica *sui generis* os atos praticados por terceiros-adquirentes de boa-fé. Ênfase deve ser dada à "pessoa que não tenha conhecimento, nem razões suficientes e justificáveis para saber, no momento de aquisição, que o circuito integrado incorpora topografia protegida ilicitamente reproduzida ou um produto incorporando tal circuito". Seria difícil determinar, no presente estágio do debate, qual perspectiva de êxito de aplicação tal dispositivo teria em potenciais litígios envolvendo violação de direitos de *layout-designs*.

3.5.4. Aplicação do "Princípio da Exaustão" e o Exercício dos Direitos de Exclusividade Decorrentes da Proteção Jurídica Sobre Topografia de Circuitos Integrados

Pelo princípio da exaustão, o titular dos direitos de propriedade intelectual não pode invocar a exclusividade conferida quando ele já tiver colocado os bens protegidos no mercado para fins de exploração comercial. O art. 6(5) do Tratado de Washington expressamente introduz a exceção do princípio da exaustão em matéria de direito de *layout-designs*, com a possibilidade de as partes-contratantes considerarem lícitos os atos realizados sem autorização do titular, relativamente a topografias de circuitos protegidas ou circuitos integrados a partir delas fabricados, quando eles já tiverem sido colocados no mercado por sua iniciativa ou com seu consentimento.[124] Isso significa que o titular não pode invocar direitos de exclusividade em relação aos atos de exploração comercial quando ele mesmo, ou terceiro com seu consentimento, tiver ofertado no mercado o *layout-design* protegido ou o produto semicondutor fabricado mediante a utilização de uma topografia protegida.

Em seu aspecto temporal, a aplicação do princípio da exaustão se verifica com o "ato de primeira venda" do objeto protegido pelos direitos de propriedade intelectual,[125] o que é, no caso das topografias de circuitos integrados, enfatizado no art. 6(5) do Tratado de Washington. Vale destacar que norma contida no art. 6º do TRIPS/OMC, ao estabelecer que os Estados-membros poderão livremente adotar a exaustão nacional, regional e internacional dos direitos de propriedade intelectual, em nada restringe o alcance do princípio em questão. A referência feita pelo art. 6(5) do TPICI em relação à colocação do *layout* protegido – ou do circuito integrado que o incorpore – no mercado, não parece limitar os efeitos da exaustão à comercialização no mercado doméstico.[126]

A lei brasileira estabelece norma muito restritiva quanto à aplicação do princípio da exaustão na disciplina de proteção da topografia de circuito integrado. O art. 37, inciso III, da Medida Provisória nº 352/2007, refere-se à limitação aos direitos nos casos de "atos que consistam na importação, venda ou distribuição por outros meios, para fins comerciais ou privados, de circuitos integrados ou de produtos que os incorporem, colocados em circulação pelo titular do registro de topografia de circuito integrado respectivo ou com seu consentimento".

3.6. Prazo de Proteção Conferida Pelos Direitos Sobre *Layout-Designs*

Os diversos sistemas jurídicos nacionais têm adotado prazos de proteção similares para os direitos de topografias de circuitos integrados, distinguindo entre topografias dependentes e aquelas não-dependentes de ato registral perante autoridade patentária doméstica ou escritório especializado. O art. 38.1 do TRIPS faz referência a *layout-designs* dependentes de registro (membros exigindo registro como condição para proteção), submetidos a um prazo de proteção não inferior a 10 anos, contados da data da apresentação do pedido ou da data do primeiro ato de exploração comercial, qualquer que seja o local de sua ocorrência (dentro ou fora do território do Estado). Para os casos em que não se exija registro das topografias (*layout-designs* não dependentes de ato registral), como requisito para a proteção jurídica, o art. 38.2 do TRIPS estabelece que elas devam ser protegidas a partir da data do primeiro ato de exploração comercial, qualquer que seja o local de sua ocorrência.[127]

Essa orientação difere basicamente daquela perseguida nas negociações do Tratado de Washington de 1989. Este, em seu art. 8º, estabelece 8 anos como prazo mínimo de proteção conferida ao *layout-designs* de chips semicondutores.[128] O Tratado também não menciona quaisquer critérios temporais para a contagem do prazo de proteção, os quais, como examinados, são imediatamente endereçados pelas normas do TRIPS/OMC.

Como alternativa à contagem do prazo de proteção após a data de apresentação do pedido de registro ou da data do primeiro ato de exploração comercial, o art. 38.3 do TRIPS prevê 15 anos a partir do momento de *criação* da topografia.[129] A regra ali contida poderia ser considerada um incentivo à exploração econômica da topografia em determinado mercado doméstico. O TRIPS deixa ampla liberdade para que o Estado-membro fixe o prazo de proteção em 15 anos contados a partir da data em que a topografia é concebida, o que poderia ser interpretado como alternativa à dependência de registro para a concessão de proteção. Por essa razão, é possível que haja certa dificuldade em se determinar quando a criação se materializa para efeitos da delimitação do interregno do prazo de proteção, o que seria mais facilmente constatado com relação à data da apresentação do pedido de registro perante a autoridade doméstica competente e do primeiro ato de exploração comercial.

Segundo a concepção estabelecida pela Diretiva CE nº 87/54 no domínio do Direito da União Européia, o ponto de partida para determinação do início dos prazos de proteção das topografias de semicondutores reside no *momento de aquisição dos direitos de exclusividade* sobre as criações. A Diretiva elege alguns critérios para a delimitação do prazo de proteção, de um lado, quando estabelece o registro do *layout-design* como requisito formal de proteção, e, de outro, alternativamente, quando estabelece que a proteção conferida é independente de sistema registral. Assim, o prazo poderá ser contado a partir da data em que: (i) se verifique o primeiro ato de exploração comercial da topografia, qualquer que seja o local de sua ocorrência, (ii) o pedido de registro tenha sido devidamente apresentado no Estado-membro da União; e (iii) da data em que a topografia tenha sido codificada ou fixada.[130] Em qualquer uma das hipóteses, o prazo de proteção será de 10 anos.[131]

No caso brasileiro, a Medida Provisória nº 352/2007 busca oferecer uma solução centrada na generalidade da obrigação substantiva estabelecida no art. 38.1 do TRIPS, já que elege alternativamente o momento do depósito do pedido de registro e momento do primeiro ato de exploração comercial como critérios de início da vigência do prazo de proteção. Como escolha, a técnica legislativa aqui adotada faz referência ao ato que houver primeiro ocorrido no tempo.[132] Não parece claro, no entanto, qual dos critério relevantes à data da primeira exploração comercial da topografia protegida deve prevalecer. Carece ainda referência expressa sobre o território brasileiro como local exclusivo de ocorrência dos atos de exploração para efeitos da aplicação das normas da MP nº 352/2007, ou se eles podem ser verificados em "qualquer parte do mundo".

Uma interpretação plausível seria em torno da observância do art. 38 do TRIPS, em que se menciona que a primeira exploração comercial possa ocorrer em qualquer local do mundo, o que sugere a ocorrência de atos de exploração comercial em outros territórios que não o brasileiro. Isso poderia seria problemático quanto à verificação do princípio da exaustão de direitos no ordenamento brasileiro, mas especificamente no que tange à nova disciplina criada, a MP nº 352/2007 nada estabelece a respeito. Assim, nos casos em que o titular desenvolve uma topografia de circuito integrado no Brasil e ainda não-tenha registrado, a contagem do prazo de proteção será iniciada imediatamente à data da realização do primeiro ato de exploração comercial, seja ele constatado no território brasileiro ou fora dele.[133]

4. Conclusões: Consolidando o "Direito de *Layout-Designs*" no Domínio da Propriedade Intelectual

Embora a adjetivação empregada na prática pouco diga sobre a extensão do problema, a emergência de um regime *sui generis* de proteção de topografias de circuitos integrados por direitos de propriedade intelectual abriu espaço para uma nova realidade no contexto de apropriação de bens da tecnologia. O Direito Internacional da Propriedade Intelectual teve papel fundamental na formulação de normas substantivas sobre o tema e aparece hoje muito mais complexo em suas fontes e racionalidade. As normas do Tratado de Washington de 1989 e do TRIPS/OMC, como visto, pretendem ajustar verticalmente os ordenamentos domésticos, sem pretensão de criar um direito harmonizado ou uniforme. Antes, estabelecem padrões mínimos de proteção aos direitos de *layout-designs*, justificando a aplicação do tratamento nacional e das exceções e limitações.

Aqui, é imprescindível que as competências domésticas levem em consideração o indispensável equilíbrio entre direitos dos titulares e o interesse público na regulamentação das situações de apropriação dos bens tecnológicos. Muito pouco se sabe quanto aos efeitos do regime *sui generis* estabelecido sob as bases da legislação norte-americana e a efetividade da proteção conferidas e incentivos à inovação na indústria e desenvolvimento setorial. Vale questionar se esse modelo seria realmente adequado para a regulação dos direitos de *layout-designs* ou se ele perderia espaço para opções de proteção em outras áreas da propriedade intelectual, como é o caso da disciplina patentária. Empresas atuantes na indústria de semicondutores normalmente tendem a buscar, na estratégia de registro de patentes perante as autoridades domésticas, soluções alternativas para proteção das tecnologias associadas aos bens produzidos.

No caso brasileiro, qualquer reflexão é de particular importância, sobretudo pela recente adoção da Medida Provisória nº 352/2007, estabelecendo o regime jurídico doméstico de proteção de *layout-designs* e sua interface com políticas industriais e tecnológicas. Ainda é muito cedo para perquirir a extensão de tal relação, mas o exame dos dispositivos das normas brasileiras é relevante para verificar o quanto o legislador irá além na tarefa de implementação das obrigações do TRIPS/OMC. Talvez seja este um momento de cautela e de necessidade de espaços para reflexões sobre o tema aqui abordado.

Notas:

1. Cf. MASKUS, Keith E. e REICHMAN, Jerome H.(ed.), *International Public Goods and Transfer of Technology Under a Globalized Intellectual Property Regime.* Cambridge, UK: Cambridge University Press, 2005, especialmente p. 3 e ss (sobre os valores envolvidos em tal contexto de privatização ou apropriação de bens da tecnologia e interesses públicos); CHRISTIE, Andrew. *Integrated Circuits and Their Contents: International Protection.* London: Sweet & Maxwell, 1995 (Intellectual Property in Practice Series), p. 15 e ss.

2. Cf., fundamentalmente, BRAUN, Ernest e MACDONALD, Stuart. *Revolution in Miniature: the history and impact of semiconductor electronics.* Cambridge, UK: Cambridge Univ. Press, 1982, p. 119 (sobre a "incerteza da extensão dos efeitos sociais e econômicos" proporcionados pela criação do microchip na esteira da revolução

eletrônica deflagrada pela Intel); ver ainda FORESTER, Tom. *High-Tech Society: The Story of the Information Technology Revolution.* Cambridge, MA: MIT Press, 1989, p. 50 e ss. (analisando o surgimento da indústria dos chips semicondutores e os benefícios associados à redução de custos de armazenamento e processamento da informação na sociedade da alta-tecnologia).

3. Convenção de Paris para proteção da Propriedade Industrial, com a Revisão de Estocolmo, 1967, incorporada ao Direito brasileiro pelo Decreto nº 75.572, de 8 de abril de 1975.

4. Convenção de Berna para a Proteção das Obras Literárias e Artísticas, de 9 de setembro de 1886, com a Revisão de Paris, de 24 de julho de 1971, incorporada ao ordenamento jurídico brasileiro pelo Decreto nº 75.699, de 6 de maio de 1975.

5. No presente estudo, as expressões são empregadas como sinônimas, tendo em vista o desenvolvimento das normas no Direito Internacional da Propriedade Intelectual.

6. Adoto as seguintes terminologias por considerar, aqui, o conjunto de normas de propriedade intelectual relativas à proteção jurídica de *layout-designs* ou topografias de circuitos integrados, bem como sua delimitação em um domínio especial. Não pretendo, em hipótese alguma, concorrer pela autoria das mesmas, porque essa liberdade de criação ou de emprego das expressões deve ser permitida nos campos do conhecimento.

7. Cf. item 2.1 *infra* e seguintes, sobre a legislação norte-americana. A expressão *sui generis* é ao mesmo tempo vaga e controvertida. De acordo com o *Black's Law Dictionary* (5ª edição 1978, p. 1286), refere-se a tudo aquilo que seja "seu próprio tipo de classe", ou "o único de seu tipo", "peculiar".

8. Sobre isso ver importantes estudos de SAMUELSON, Pamela. "Creating a New Kind of Intellectual Property: Applying the Lessons of the Chip Law to Computer Programs", in *Minnesota Law Review*, vol. 70, 1985, p. 471 e ss; REICHMAN, Jerome H. "Legal Hybrids Between the Patent and Copyright Paradigms", in *Columbia Law Review*, vol. 94, 1994, p. 2432 e ss; REICHMAN, Jerome H. e SAMUELSON, Pamela. "Intellectual Property Rights in Data?", in *Vanderbilt Law Review*, vol. 50, 1997, p.52 e ss. Nesse último ensaio os autores apontam para os problemas dos novos regimes de proteção: *"The developed market economies, including the United States, enacted numerous special purpose intellectual property laws to protect industrial designs, plant varieties, integrated circuit designs, and other matter that typically failed to meet the eligibility requirements of either the patent or copyright models. The latest, and arguably most deviant, examples of this trend toward "sui generis" intellectual property rights are the European- and United States-sponsored initiatives in both national and international forums calling for creation of a new form of legal protection for the contents of databases".*

9. Acordo sobre os Aspectos dos Direitos de Propriedade Intelectual Relacionados ao Comércio, Anexo IC do Acordo Constitutivo da Organização Mundial do Comércio de 1994, incorporado ao ordenamento brasileiro pelo Decreto nº 1.355, de 30 de dezembro de 1994 (aqui simplesmente "Acordo TRIPS").

10. Assim, ver art. 4º do Tratado de Washington, relativamente à "forma jurídica de proteção": "*Cada Parte Contratante tendrá libertad para cumplir sus obligaciones derivadas del presente Tratado mediante una ley especial sobre esquemas de trazado (topografías) o mediante su ley sobre derecho de autor, patentes, modelos de utilidad, dibujos o modelos industriales, competencia desleal o cualquier otra ley o cualquier combinación de dichas leyes".*

11. O Projeto de Lei nº 76/1992 consolidava igualmente resultados do Grupo de Trabalho criado pela Portaria MCT nº 365/1990, no âmbito da antiga Secretaria Nacional de Ciência e Tecnologia.

12. Cf. DCD, 08 07 05, p. 32 –. 751, col. 2. Ver informações relativas à tramitação do Projeto 1.787/1996 em <http://www.camara.gov.br/sileg/Prop_Detalhe.asp?id=17213>. O PL nº 1787/1996 teria como um dos objetivos o de associar incentivos para a indústria doméstica de semicondutores e a proteção de *layout-designs* de circuitos integrados.

13. Até a conclusão do presente artigo, devo observar que o Ato nº 26, de 27 de março de 2007, do Presidente da Mesa do Congresso Nacional (D.O.U. de 28/3/2007), prorroga a vigência da Medida Provisória nº 352 em sessenta dias, contados a partir de 3 de abril de 2007. A MP permanece, portanto, na mesa de trabalhos parlamentares para sua conversão em lei. Difícil saber, no estado atual de desmando legislativo no país, qual a rapidez de tal empreitada.

14. A MP nº 352/2007 parece buscar associar medidas de políticas industriais e tecnológicas à definição da disciplina jurídica da proteção das topografias de circuitos integrados, como já aparecia no debate estabelecido com a formulação das Diretrizes de Política Industrial Tecnológica de 2002. Nesse sentido, o recente ato normativo institui o Programa de Apoio ao Desenvolvimento Tecnológico da Indústria de Semicondutores (PADIS) e o Programa de Apoio ao Desenvolvimento Tecnológico da Indústria de Equipamentos para TV Digital (PATVD). Com freqüência matérias relativas à propriedade intelectual têm sido introduzidas no ordenamento jurídico brasileiro mediante adoção de Medidas Provisórias pelo Executivo.

15. Aqui são realçadas as importantes noções de dispositivos normativos "TRIPS-plus" e "TRIPS-extra" para definir normas que tenham estabelecido níveis de proteção de direitos de PI superiores àqueles mínimos introduzidos pelo Acordo TRIPS, como decorre de seu art. 1º. Sobre isso ver BASSO, Maristela. *Propriedade Intelectual na Era Pós-OMC.* Porto Alegre: Livraria do Advogado, 2005, p.15 e ss.
16. 17 USC 901-914 (1988).
17. KASCH, Steven P. "The Semiconductor Chip Protection Act: Past, Present and Future" , in *High Technology Law*, vol. 7, 1992, p. 78-79; RASKIND, Leo J., "Reverse Engineering, Unfair Competition, and Fair Use", in *Minnesota Law Review*, v. 70, 1985, p. 385 (apresentando uma excelente descrição sobre o declínio da participação das empresas norte-americana no mercado internacional de semicondutores e a ascensão das concorrentes japonesas).
18. Cf. fundamentalmente KASCH, Steven P. "The Semiconductor Chip Protection Act: Past, Present and Future", cit. (nota 18 *supra*) p. 78-79.
19. SAMUELSON, Pamela e SCOTCHMER, Suzanne, "The law and economics of reverse engineering", in *Yale Law Journal*, vol.111, 2002, p. 1.596-97
20. Nesse caso, a estratégia é conhecida como "second sourcing" nos mercados. Sobre isso, ver KASCH, Steven P. "The Semiconductor Chip Protection Act: Past, Present and Future", cit (nota supra), p. 96-98
21. Cf. SAMUELSON, Pamela e SCOTCHMER, Suzanne, "The law and economics of reverse engineering", cit., (nota supra), p. 1. 598.
22. Cf. GOLDBERG, Morton David. "Semiconductor chip protection as a case study", in WALLERSTEIN, Mitchel et alli (eds.) *Global Dimensions of Intellectual Property Rights in Science and Technology*, Washington, DC: National Academy Press: 1992, p. 330 (comentando sobre as estratégias de inovação na indústria e redução da vida útil e a efetividade de patentes de invenção).
23. Muitos fatores foram responsáveis por tais, como a crise instalada em relação aos custos de produção de novos chips experimentados pela indústria, desde o momento de elaboração até a comercialização dos produtos. Os avanços no setor, em especial quanto à tecnologia de fabricação dos chips, reduziram os custos e o tempo necessário para a elaboração de chips compatíveis com os bens de alta tecnologia e entre si concorrentes, o que levou, ainda, a uma concorrência muito mais intensa pela posição de liderança de inovação em tais mercados e uma redução dos custos relativos à reprodução dos chips.
24. Em sua essência, a "mask work" seria a expressão ou manifestação do desenho de elementos de um chip semicondutor, cuja titularidade seria atribuída àquele que o desenvolveu, portanto, que pudesse garantir direitos de exclusividade sobre sua exploração comercial.
25. Cf., por exemplo, as justificativas da decisão no caso *Brooktree Corp. v. Advanced Micro Devices, Inc.*, 977 F.2d 1555, 1992 Copr. L. Dec. P 26, 997, 24 U.S.P.Q.2d 1401, Fed. Cir. (Cal.), decisão de 9 de outubro de 1992
26. Sobre essa questão, ver CORNISH, William R. e LLEWELYN, David. *Intellectual Property: Patents, Copyrights, Trademarks and Allied Rights.* London: Sweet & Maxwell, 2003, p. 565 e ss.
27. *The Act Concerning the Circuit Layout of a Semiconductor Integrated Circuit* (Lei nº 43/1985, reformada pela Lei nº 89, de 12 de novembro de 1993, disponivel em:).
28. *Directiva 87/54/CEE, de 16 de Dezembro de 1986, sobre a protecção jurídica das topografias de produtos semicondutores* (publicada no Jornal Oficial *L 024, 27/01/1987, p. 36-40).*
29. Cf., fundamentalmente, os documentos WIPO/MTN.GNG/NG11/W/20, *Negotiating Group on Trade-Related Aspects of Intellectual Property Rights, including Trade in Counterfeit Goods* (8th February of 1988); WIPO/MTN.GNG/NG11/W/5/Add.7, Negotiating Group on Trade-Related Aspects of Intellectual Property Rights, including Trade in Counterfeit Goods (June 20, 1989), item "e".
30. Cf.WIPO/MTN.GNG/NG11/W/20, *Negotiating Group on Trade-Related Aspects of Intellectual Property Rights, including Trade in Counterfeit Goods* (8th February of 1988), item 13. A indeterminação e incompatibilidade de requisitos de proteção exigidos na disciplina jurídica das patentes e dos segredos industriais é muito bem analisada por REICHMAN, Jerome H. "Legal Hybrids Between the Patent and Copyright Paradigms", cit. (nota 9 *supra*), p. 2.432 e ss.
31. Cf. WIPO/MTN.GNG/NG11/W/20, *Negotiating Group on Trade-Related Aspects of Intellectual Property Rights, including Trade in Counterfeit Goods* (8th February of 1988), item 14.
32. *Treaty on Intellectual Property in Respect of Integrated Circuits*, done at Washington, D.C., on May 26, 1989, disponível em: <http://www.wipo.int/treaties/en/ip/washington>.

33. Cf. especialmente disposto no Artigo 16(1) do Tratado de Washington, estabelecendo o numero mínimo de cinco ratificações ou adesões como condição para entrada em vigor no plano internacional. Até o presente, são nove as partes-contratantes: China, Egito, Gana, Guatemala, Índia, Libéria, Santa Lúcia, Sérvia e Montenegro e Zâmbia. Em 26 de julho de 1990, o Diretor-Geral da OMPI recebeu do Egito o instrumento de ratificação do TPICI.

34. Sobre isso ver KWAKWA, Edward. "Some comments on rulemaking at the World Intellectual Property Organization", in *Duke Journal of Comparative & International Law*, vol. 12, nº 1, 2002. p. 183-184 ("Most disappointing is the fact that certain treaties may never enter into force, even after considerable human and financial resources have been expended on their drafting, negotiation, and adoption. A classic example of this is the Treaty on the Protection of Intellectual Property in Respect of Integrated Circuits. The treaty was adopted in 1989, after more than five years of negotiations. As of October 2001, twelve years after its adoption, the treaty has been ratified by only one country and acceded to by another. Although it has been incorporated into the World Trade Organization's TRIPS Agreement, it seems unlikely that the treaty ever will enter into force").

35. Ver opinião nos Comentários UNCTAD/ICTSD, *Resource Book on TRIPS and Development*. New York: Cambridge Univ. Press, 2004, p. 505-519, especialmente p. 508

36. Ver em especial art. 35 [Relação com o Tratado sobre a Propriedade Intelectual em Matéria de Circuitos Integrados]: "*Os Membros acordam outorgar proteção às topografias de circuitos integrados (denominadas adiante "topografias") em conformidade com os arts. 2º a 7º (salvo o § 3º do Art. 6º), art. 12º e § 3º do art. 16º do Tratado sobre Propriedade Intelectual em Matéria de Circuitos Integrados e, adicionalmente, em cumprir com as disposições seguintes*".

37. Cf, por exemplo, *WIPO Intellectual Property Handbook*, 2nd ed. Geneva: World Intellectual Property Organization, 2004, p. 118 e ss.

38. Sobre isso ver HIRSCH, David. "International Trade-Arrangement between the government of Japan and the government of the United States of America concerning trade in semiconductor products, September 2, 1986", in *Harvard International Law Journal*, vol. 28, 1987. p. 175 e ss.

39. ABBOTT, Frederick. M., COTTIER, Thomas, e GURRY. *The International Intellectual Property System: Commentary and Materials*. The Hague/London/Boston: Kluwer Law International, 1999, p. 162 (mencionando especificamente a "preocupação da indústria sobre certos dispositivos" do Tratado de Washington).

40. Cf. GERVAIS, Daniel. *The TRIPS Agreement: Drafting History and Analysis*. 2nd Edition. London: Sweet & Maxwell, 2003, p. 263. Na visão do autor, à época das negociações do GATT a referência ao Tratado de Washington no texto normativo do TRIPS serviu para conferir legitimidade para um "tratado moribundo" que sequer entraria em vigor no plano internacional; conforme examinado anteriormente, isso realmente ocorreria no futuro. Na conclusão das negociações do acordo, os membros decidiram por estabelecer referência expressa aos artigos relevantes do TIPIC (portanto em uma perspectiva enumerativa), e excluir a aplicação de dispositivo relativo ao licenciamento compulsório de *layout-designs*.

41. No presente estudo, ver item 3.5 *infra*.

42. Cf. A proposta contida no Anell Draft sobre Article 4.A.I.

43. "[4A.3a] Non-voluntary licences shall not be granted for purposes or on terms which could result in a distortion of international trade.

44. Cf. GATT, MTN.TNC/W/35/Rev.1 (Dec.3, 1990), *Draft Final Act Embodying the Results of the Uruguay Round of Multilateral Trade Negotiations, Revision, Trade-Related Aspects of Intellectual Property Rights, Including Trade in Counterfeit Goods*: "[PARTIES agree to provide protection to the layout-designs (topographies) of integrated circuits (hereinafter referred to as "layout-designs") in accordance with the substantive provisions of the Treaty on Intellectual Property in Respect of Integrated Circuits as opened for signature on May 26, 1989 and, in addition, to comply with the following provisions. (...)]"

45. Cf. art. 37 do TRIPS/OMC. Sobre isso, ver artigo do Professor Carlos CORREA, "Intellectual Property in the Field of Integrated Circuits: Implications for Developing Countries", in *World Competition*, vol. 14, N. 2, 1990.

46. *Art. 1 – Natureza e Abrangência das Obrigações*.

47. Sobre o tema, ver *WIPO Intellectual Property Handbook*, cit. (nota 38 *supra*), p.119.

48. Arts. 2º a 7º, art. 12, art. 16(3), expressamente excluída a aplicação do art. 6(3) do Tratado de Washington.

49. Cf. art. 2(i) do Tratado de Washington: *"integrated circuit" means a product, in its final form or an intermediate form, in which the elements, at least one of which is an active element, and some or all of the interconnections are integrally formed in and/ or on a piece of material and which is intended to perform an electronic function.*

50. Cf. artigo 2(ii): *"layout-design (topography)" means the three-dimensional disposition, however expressed, of the elements, at least one of which is an active element, and of some or all of the interconnections of an integrated circuit, or such a three-dimensional disposition prepared for an integrated circuit intended for manufacture"*. Ver ainda as expressões em francês «schéma de configuration (topographie)» e em espanhol, «esquema de trazado» ou »topografia«, de acordo com as versões autênticas do texto do Tratado de Washington de 1989.

51. *Art. 3 – The Subject Matter of the Treaty*

52. Cf. art. 2(iv): *"protected layout-design (topography)" means a layout-design (topography) in respect of which the conditions of protection referred to in this Treaty are fulfilled*

53. Nesse sentido, ver especificamente Seção 902 da *Semiconductor Chip Protection Act of 1984*; art. 2(1) da Lei 43/1985, sobre a definição aplicada a circuitos integrados semicondutores e a incindibilidade da composição do *layout-design*: *A semiconductor integrated circuit in this Act shall mean a product having transistors or other circuitry elements which are inseparably formed on a semiconductor material or an insulating material or inside the semiconductor material, and designed to perform an electronic circuitry function*".

54. Art. 3(1)(c) do TPICI: *"Notwithstanding Article 2(i), any Contracting Party whose law limits the protection of layout-designs (topographies) to layout-designs (topographies) of semiconductor integrated circuits shall be free to apply that limitation as long as its law contains such limitation."*

55. Sobre isso, ver ainda UNCTAD/ICTSD, *Resource Book on TRIPS and Development. Cit.* (nota 36 *supra*), p. 511

56. Ver, por exemplo, as justificativas apresentadas na decisão do Tribunal de Apelação da Califórnia no caso *People vs. Gopal*, 171 Cal.Ap.3d 524, 217 Cal.Rptr. 487, Cal.Ap.1 Dist.,1985 ("We are also aware of the Semiconductor Chip Protection Act of 1984, which was designed to protect mask works of semiconductor chip products against unauthorized duplication"), observando ainda que a proteção oferecida pela lei norte-americana aos *layout-designs* de semicondutores não se confunde com o segredo empresarial, já que o escopo deste alcançaria, justa e estritamente, a técnica e o conhecimento implicados em determinada tecnologia.

57. Ver art. 36 [Abrangência da Proteção]: *"Sem prejuízo do disposto no § 1º do art. 37, os membros considerarão ilícitos os seguintes atos, se realizados sem autorização do titular do direito: importar, vender ou distribuir por outro modo para fins comerciais uma topografia protegida, um circuito integrado no qual esteja incorporada uma topografia protegida ou um artigo que incorpore um circuito integrado desse tipo, somente na medida em que este continue a conter uma reprodução ilícita de uma topografia."*

58. Art. 9 (1): *"Os autores de obras literárias e artísticas protegidas pela presente Convenção gozam do direito exclusivo de autorizar a reprodução das suas obras, de qualquer maneira e sob qualquer forma"*. Sobre a questão, ver ainda ABBOTT/ COTTIER/ GURRY, *The International Intellectual Property System*, cit. (nota 40 *supra*), p. 163, observando a similaridade entre o regime de proteção jurídica das topografias de circuitos e os direitos de autor.

59. Cf. especificamente item 3.3 *infra* sobre os requisitos de acesso para proteção por direitos de topografias de circuitos integrados.

60. Art. 5(1) da Diretiva 87/54/CEE (nota 29 *supra*), *in fine*: "Os direitos exclusivos referidos no art. 2º incluem os direitos de autorizar ou proibir qualquer um dos seguintes actos: (a) A reprodução de uma topografia, desde que esta esteja ao abrigo do nº 2 do art. 2º; (b) A exploração comercial ou a importação para esse efeito de uma topografia ou de um produto semicondutor fabricado mediante a utilização da topografia."

61. Cf art. 36 da MP nº 352/2007, que incorpora a redação dada pelo art. 14 do PL nº 1796/1996: *"O registro de topografia de circuito integrado confere ao seu titular o direito exclusivo de explorá-la, sendo vedado a terceiros, sem o consentimento do titular:*

I – reproduzir a topografia, no todo ou em parte, por qualquer meio, inclusive incorporá-la a um circuito integrado;

II – importar, vender ou distribuir por outro modo, para fins comerciais, uma topografia protegida ou um circuito integrado no qual esteja incorporada uma topografia protegida;

III – importar, vender ou distribuir por outro modo, para fins comerciais, um produto que incorpore um circuito integrado no qual esteja incorporada uma topografia protegida, somente na medida em que este continue a conter uma reprodução ilícita de uma topografia.

Parágrafo único. A realização de qualquer dos atos acima previstos por terceiro não autorizado, entre a data do início da exploração ou do depósito do pedido de registro e a data de concessão do registro, autorizará o titular a obter, após dita concessão, a indenização que vier a ser fixada judicialmente.

62. Sobre isso, cf. CHRISTIE, Andrew. *Integrated Circuits and Their Contents,* cit. (nota 2 *supra*) , p. 15 e s.

63. Cf fundamentalmente ABBOTT/COTTIER/GURRY, *The International Intellectual Property System*, cit. (nota 40 *supra*), p. 163.

64. Assim, no direito norte-americano, ver decisões nos casos *Brooktree Corp. v. Advanced Micro Devices, Inc.*, 977 F.2d 1555, 1992 Copr.L.Dec. P 26,997, 24 U.S.P.Q.2d 1401, Fed.Cir.(Cal.), de 9 de outubro de 1992; e *Altera Corp. v. Clear Logic Inc.*, 424 F.32d 1079 (9th Cir. 2005), de 15 de setembro de 2005.

65. *"Any Contracting Party shall be free not to protect a layout-design (topography) until the layout-design (topography) has been the subject of an application for registration, filed in due form with the competent public authority, or of a registration with that authority; it may be required that the application be accompanied by the filing of a copy or drawing of the layout-design (topography) and, where the integrated circuit has been commercially exploited, of a sample of that integrated circuit, along with information defining the electronic function which the integrated circuit is intended to perform; however, the applicant may exclude such parts of the copy or drawing that relate to the manner of manufacture of the integrated circuit, provided that the parts submitted are sufficient to allow the identification of the layout-design (topography)."*

66. Cf. art. 1º da Lei nº 1.685, de 17 de dezembro de 1992, sobre Proteção de Topografias de Produtos Semicondutores, reformada pela Lei nº 238, de 14 de abril de 1994:

67. ABBOTT/COTTIER/GURRY, *The International Intellectual Property System*, cit. (nota 40 *supra*), p. 163 (mencionando que "whether a registered mask work or layout design meets the relevant standards for protection is generally a matter that is left for the market to resolve through civil litigation following registration")

68. Cf. nota 29 *supra.*

69. Cf. por exemplo § 902 (b)(1) e (2), da *US Semiconductor Chip Protection Act.* Ver ainda art. 2(2) da Directiva nº 87/54/ CEE da União Européia (nota 29 *supra*), in fine: "A topografia de um produto semicondutor será protegida na medida em que resulte do esforço intelectual do seu próprio criador e não seja conhecida na indústria dos semicondutores. No caso de a topografia de um produto semicondutor consistir em elementos conhecidos na indústria de semicondutores, será protegida apenas na medida em que a combinação de tais elementos, encarada no seu conjunto, satisfizer as condições acima referidas"

70. Assim, ver por exemplo, § 902 (c) da Lei norte-americana de Protecao dos Chips Semicondutores, estabelecendo: "*In no case does protection under this chapter for a mask work extend to any idea, procedure, process, system, method of operation, concept, principle, or discovery, regardless of the form in which it is described, explained, illustrated, or embodied in such work.*

71. *"The obligation referred to in paragraph (1)(a) shall apply to layout-designs (topographies) that are original in the sense that they are the result of their creators' own intellectual effort and are not commonplace among creators of layout-designs (topographies) and manufacturers of integrated circuits at the time of their creation"*

72. Cf. especialmente art. 30 da MP nº 352/2007: *"A proteção depende do registro, que será efetuado pelo Instituto Nacional de Propriedade Industrial – INPI".*

73. Cf. art. 31, incisos I a V.

74. Cf. por exemplo Art. 4(2) da Diretiva: *"Os Estados-membros assegurarão que o material depositado nos termos do nº 1 não fique à disposição do público, quando constituir um segredo comercial. Esta disposição não impede que tal material seja divulgado na seqüência de uma decisão judicial ou de outra autoridade competente resultante de um litígio relativo à validade ou à infracção dos direitos exclusivos referidos no artigo 2º".*

75. Cf. art. 27, § 1º da MP nº 352/2007.

76. Cf. art. 27, § 2º , da MP nº 352/2007, dispondo sobre a possibilidade de depósito de pedido de registro de topografia desenvolvida por pluralidade de criadores (pessoas naturais ou jurídicas), "mediante nomeação e qualificação das demais para ressalva dos respectivos direitos".

77. Ver, por exemplo, art. 28 relativamente à titularidade dos direitos de topografia de circuitos integrados em caso de contrato de trabalho. Salvo disposição das partes, os direitos relativos à topografia de circuito integrado pertencem ao empregador, contratante de serviços ou entidade geradora de vínculo estatutário, quando "a atividade criativa decorra da própria natureza dos encargos concernentes" aos vínculos de trabalho ou "quando houver utilização de recursos, informações tecnológicas, segredos industriais ou de negócios, materiais, instalações ou equipamentos do empregador, contratante de serviços ou entidade geradora" de tais vínculos.

78. Cf. ainda a redação do § 1º do art. 29: *Uma topografia que resulte de uma combinação de elementos e interconexões comuns, ou que incorpore, com a devida autorização, topografias protegidas de terceiros, somente será protegida se a combinação, considerada como um todo, atender ao disposto no* caput *deste artigo.* Curiosamente, comparando-se com a redação do correspondente art. 7º, § 1º, do PL nº 1.787/1996, a Medida Provisória acrescentou a expressão *ou que incorpore, com a devida autorização, topografias protegidas de terceiros,* provavelmente por referencia a um grau desnecessário de ênfase aos direitos do titular

79. Cf, Artigo 29, § 2º, da MP nº 352/2007.

80. Art. 29, § 3º*: "A proteção conferida neste Capítulo independe da fixação da topografia".*

81. *Article 5º – National Treatment.*

82. Cf. UNCTAD/ICTSD, *Resource Book on TRIPS and Development.* cit. (nota 36 *supra*), p.513. A despeito da utilidade normativa do principio do tratamento nacional em outras categorias dos direitos de propriedade intelectual (como nas patentes, marcas e desenhos industriais), o Artigo 5(1) do Tratado de Washington de 1989 parece justificar a proteção da atividade criativa no campo industrial exatamente nos territórios em que ela seja efetivamente explorada do ponto de vista econômico. Assim, o tratamento nacional será concedido aos titulares de topografias de circuitos integrados que mantiverem estabelecimentos para criação e fabricação de *layout-designs* no território daquele Estado de que se trata. No que concerne ao Acordo TRIPS/OMC, essa medida promove o objetivo de

disseminação da tecnologia com base doméstica e não apenas forma tradicional de importação e exportação por Estados desenvolvidos e em desenvolvimento, com papéis já ajustados no domínio do comércio internacional.
83. *"Notwithstanding paragraph (1), any Contracting Party is free not to apply national treatment as far as any obligations to appoint an agent or to designate an address for service are concerned or as far as the special rules applicable to foreigners in court proceedings are concerned".*
84. Art. 24, incisos I e II.
85. Tal interpretação pretende superar a absoluta falta de tecnicidade empregada na redação do art. 25 da MP nº 352/2007 e igualmente referido no art. 3º do Projeto de Lei nº 1787/1996: *"O disposto neste Capítulo aplica-se também aos pedidos de registros provenientes do exterior e depositados no País por quem tenha proteção assegurada por tratado em vigor no Brasil".*
86. Cf. art. 6.1(a) do Tratado de Washington de 1989.
87. Ver, especificamente, a última parte do art. 6.2(a) do Tratado de Washington, referindo-se *"where that act is performed by a third party for private purposes or for the sole purpose of evaluation, analysis, research or teaching."*
88. Ver, assim, a norma contida no art. 5(2) da Directiva nº 87/54/CEE (nota 29 *supra*): *"Sem prejuízo do nº 1, um Estado-membro pode permitir a reprodução a título privado de uma topografia para fins não comerciais."*
89. Cf. art. 5(1) da Directiva nº 87/54/CEE (nota 29 *supra*), *in fine*, que excetua dos direitos de exclusividade do titular a reprodução para uso privado de uma topografia de circuito integrado, sem intuito comercial: *"Sem prejuízo do nº 1, um Estado-membro pode permitir a reprodução a título privado de uma topografia para fins não-comerciais."*
90. A mesma redação era adotada no Projeto de Lei nº 1.787, art. 15, inciso I.
91. Sobre isso, ver discussão no item 2.3 *supra*.
92. Art. 37.2 do TRIPS: *"As condições estabelecidas nos subparágrafos (a) a (k) do Artigo 31 aplicar-se-ão, mutatis mutandis, no caso de qualquer licenciamento não-voluntário de uma topografia ou de seu uso pelo ou para o Governo sem a autorização do titular do direito."*
93. Cf. item 3.5.2 *infra*. As condições para o licenciamento compulsório, segundo o Artigo 31, "a"a "k" são as seguintes: (a) a autorização do uso considerada com base no mérito individual; (b) uso permitido após tentativas prévias de licenciamento voluntário com o titular, em termos e condições comerciais razoáveis; (c) alcance e a duração do uso restritos ao objetivo para o qual ele tenha sido autorizado e, no caso específico de tecnologia de semicondutores, apenas para uso público não-comercial ou como remédios aplicados a práticas ilícitas do ponto de vista concorrencial, assim declaradas por um processo administrativo ou judicial; (d) uso não-exclusivo; (e) uso não sujeito à alienação (sublicenças), exceto conjuntamente com a empresa ou parte da empresa que dele usufruir; (f) uso autorizado para abastecimento do mercado interno do Membro que autorizou; (g) possibilidade de suspensão da autorização desse uso se e quando as circunstâncias que o propiciaram deixarem de existir e se for improvável que venham a existir novamente, ressalvada a possibilidade de revisão pela autoridade competente, mediante pedido fundamentado, se essas circunstâncias persistem, e sem prejuízo da proteção adequada dos legítimos interesses das pessoas autorizadas; (h) remuneração adequada do titular, de acordo com as circunstâncias de cada uso, levando-se em conta o valor econômico da autorização; (i) possibilidade de recurso judicial, em qualquer instância, para apreciar a validade de qualquer decisão relativa à autorização desse uso; (j) qualquer decisão sobre a remuneração concedida com relação a esse uso estará sujeita a recurso judicial ou outro recurso independente junto a uma autoridade claramente superior naquele Membro; (k) desnecessidade de aplicar as condições estabelecidas em (b) e (f) quando o uso for destinado a remediar casos de ilícitos antitrustes ou atos de concorrência desleal, após declarado em processo administrativo ou judicial
94. Cf. Artigo 6.3(a) do Tratado de Washington de 1989, sobre as medidas relacionadas ao uso de topografias sem autorização do titular: "*No obstante lo dispuesto en el párrafo 1) cualquier Parte Contratante podrá prever en su legislación la posibilidad de que su autoridad ejecutiva o judicial conceda una licencia no exclusiva, en circunstancias que no sean ordinarias, para la realización por un tercero de cualquiera de los actos mencionados en el párrafo 1) sin autorización del titular («licencia no voluntaria») después de esfuerzos infructuosos, realizados por dicho tercero conforme a las prácticas comerciales normales, para obtener tal autorización, cuando la autoridad otorgante considere que la concesión de la licencia no voluntaria es necesaria para salvaguardar un objetivo nacional considerado vital por esa autoridad; la licencia no voluntaria estará disponible para explotación solamente en el territorio de ese país y estará sujeta al pago de una remuneración equitativa por el tercero al titular".*
95. Cf. art. 6.3(b) do Tratado de Washington de 1989, *in fine*: *"Las disposiciones del presente Tratado no afectarán la libertad de cualquier Parte Contratante de aplicar medidas, incluyendo la concesión, después de un procedimiento formal por su autoridad ejecutiva o judicial, de una licencia no voluntaria, en aplicación de su legislación a fin de asegurar la libre competencia y para prevenir abusos por el titular."*
96. Cf. GERVAIS, Daniel. *The TRIPS Agreement: Drafting History and Analysis*, cit., (nota 41 *supra*), p.266 e s.
97. *Art. 31 – Outro Uso sem Autorização do Titular.*

98. *"Tratándose de patentes de invención que protegen tecnología de semiconductores, la licencia obligatoria sólo se autorizará para un uso público no comercial o para remediar o rectificar una práctica declarada contraria a la libre competencia por la autoridad nacional competente conforme al artículos 65 y 66."*

99. Cf. art. 49, incisos I a VI, da MP nº 352/2007, relativo aos "requisitos e condições" das licenças compulsórias de *layout-designs.*

100. *Art. 47. O Poder Público poderá fazer uso público não-comercial das topografias protegidas, diretamente ou mediante contratação ou autorização a terceiros, observado o previsto nos incisos III a VI do art. 51 e no art. 53.*

101. Tais exceções ao prazo de um ano para exploração devem ser observadas mediante requerimento formulado pelo licenciado ao Instituto Nacional da Propriedade Industrial, com fundamento nas razoes que as motivam e comprovação das alegações (ver art. 53, § 2º). O término ou verificação dos prazos de prorrogação e de interrupção da exploração determina a extinção automática da licença compulsória (ver art. 53, § 2º).

102. Cf. art. 6.2(b) do TPICI: *" [Actos que no requieren la autorización del titular]*

103. Refiro-me aqui à denominada "cópia eslava" (*slavish copying*) quando também recorrente no domínio das criações da indústria de microeletrônica. No caso dos semicondutores, trata-se da fabricação de um chip com funcionalidade eletrônica compatível a outro circuito integrado a partir da reprodução fotográfica de topografia nele incorporado, sem qualquer esforço ou técnica de engenharia de *design*. Sobre isso, ver fundamentalmente KASCH, Steven P. "The Semiconductor Chip Protection Act: Past, Present and Future", in *High Technology Law*, vol. 7, 1992, p. 71-93. Na falta de uma tradução mais adequada para a língua portuguesa, a prática de *slavish copying* compreende ilícitos de violação em que haja reprodução de má-fé de criações protegidas por direitos de propriedade intelectual a partir de fotografias; tal prática ocorre especialmente no campo dos direitos autorais e de nomes de domínio. Sobre isso, por exemplo, ver *TPI Holdings Inc. v. JB Designs*, Case No. D 2000 - 0216, WIPO Arbitration and Mediation Center, decisão do Painel Administrativo em 22 de maio de 2000, sobre o litígio envolvendo os nomes de domínio <yachtrader.com> e <yachtrader.net>, no qual a TPI alegava a reprodução de seu website pela JB Designs e de parte considerável do conteúdo nele existente.

104. Cf. REICHMAN, Jerome H. "Computer Programs as Applied Scientific Know-How: Implications of Copyright Protection for Commercialized University Research", in *Vanderbilt Law Review*, vol.42, 1989, p.659-62.

105. A jurisprudência norte-americana tem entendido que em tal categoria não está incluída a hipótese de cópia, por determinada empresa, da topografia de um circuito integrado contido nos jogos eletrônicos de computador de sua concorrente, quando tal ato tenha como escopo descobrir dados do programa de segurança que impedia o uso dos jogos em outros computadores. Diferente seria a situação se o concorrente não reproduzisse o chip ou a topografia nele contido, ou se utilizasse um chip diferente naquela máquina. Assim, ver fundamentalmente a decisão em *Atari Games Corp. vs. Nintendo of America Inc.*, 975 F.2d 832, C.A.Fed.(Cal.)1992, de 10 de setembro de 1992.

106. Sobre isso, ver opinião do Judge Rader afastando a aplicação da defesa da engenharia reversa no caso *Atari Games Corp. vs. Nintendo of America Inc.*, cit., considerando que a Atari teria utilizado outro chip que não aquele de propriedade da Nintendo.

107. Assim, ver § 906(a) da SCPA de 1984.

108. *"[I]t is not an infringement ... for ... a person who performs the analysis or evaluation described in paragraph (1) to incorporate the results of such conduct in an original mask work which is made to be distributed."*

109. Sobre isso, ver *Sega Enterprises Ltd. v. Accolade, Inc.*, 977 F.2d 1510, C.A.9 (Cal.),1992, decisão de 20 de outubro de 1992.

110. Ver especialmente Arts. 12(1) e 12(2) da Lei nº 43/1985:

111. *(4) It is not an infringement of design right in a semiconductor topography to–*
(a) create another original semiconductor topography as a result of an analysis or evaluation of the first topography or of the concepts, processes, systems or techniques embodied in it;"

112. A expressão decorre da norma estabelecida no art. 37, inciso II, da MP nº 352/2007, incorporando a redação do Artigo 15, do Projeto de Lei nº 1.787/1996.

113. Assim, por exemplo, comparar o conceito de "topografia de circuito integrado", como mencionado no art. 26, inciso II, da MP nº 352/2007, com o de "circuito integrado"; este se relaciona à constatação de uma determinada "função eletrônica" no bem em que esteja incorporado (art. 26, inciso I).

114. *Art. 37 (Atos que não Exigem a Autorização do Titular do Direito).*

115. *"El derecho del titular respecto a un circuito integrado es aplicable independientemente de que el circuito integrado se encuentre incorporado en un artículo".*

116. *"Art. 6(4) [Venta y distribución de circuitos integrados infractores adquiridos de buena fe] No obstante lo dispuesto en el párrafo 1)(a)(ii), ninguna Parte Contratante estará obligada a considerar ilícita la realización de los actos mencionados en ese párrafo respecto de un circuito integrado que incorpore un esquema de trazado (topografía) reproducido ilícitamente, cuando la persona que realice u ordene tales actos no sepa y no tuviera motivos razonables para saber, al adquirir tal circuito integrado, que éste incorpora un esquema de trazado (topografía) reproducido ilícitamente."*

117. Sobre isso, ver documentos relevantes em WIPO, IPIC/DC/3, *Diplomatic Conference for the Conclusion of a Treaty on the Protection of Intellectual Property in Respect of Integrated Circuits*, "Draft Treaty prepared under Rule 1(1) of the Draft Rules of Procedure", Director General of WIPO, Washington D.C., 31 Jan. 1989.

118. *Art. 5(6): "Uma pessoa que, ao adquirir um produto semicondutor, não saiba nem possua razões plausíveis para supor que o produto está protegido por qualquer direito exclusivo concedido por um Estado-membro, nos termos do disposto na presente Directiva, não será impedida de explorar comercialmente o referido produto. No entanto, para os actos praticados depois de a pessoa saber ou ter razões plausíveis para supor que o produto semicondutor está protegido nos termos acima referidos, os Estados-membros assegurarão que, a pedido do titular do direito, um tribunal possa exigir o pagamento de uma remuneração adequada em cumprimento do disposto na legislação nacional."*

119. *"Os Membros disporão que, após essa pessoa ter sido suficientemente informada de que a topografia fora reproduzida de forma ilícita, ela poderá efetuar qualquer daqueles atos com relação ao estoque disponível ou previamente encomendado, desde que pague ao titular do direito uma quantia equivalente a uma remuneração razoável, equivalente à que seria paga no caso de uma licença livremente negociada daquela topografia."*

120. Ver por exemplo, nesse mesmo sentido, a norma contida na segunda parte do Artigo 5(6) da Diretiva 87/54/CEE (nota 29 *supra*), referindo-se aos "atos praticados depois de a pessoa saber ou ter razões plausíveis para supor que o produto semicondutor esteja protegido".

121. Cf., por exemplo, UNCTAD/ICTSD, *Resource Book on TRIPS and Development*. cit. (nota 36 *supra*), p. 514-515

122. *Art. 37. Os efeitos da proteção prevista no art. 36 não se aplicam.*

123. Ver especialmente o Artigo 37, Parágrafo único, da MP 352/2007: *"No caso do inciso IV deste artigo, após devidamente notificado, o responsável pelos atos ou sua determinação poderá efetuar tais atos com relação aos produtos ou circuitos integrados em estoque ou previamente encomendados, desde que, com relação a esses produtos ou circuitos, pague, ao titular do direito, a remuneração equivalente à que seria paga no caso de uma licença voluntária."*

124. Art. 6(5): *"No obstante lo dispuesto en el párrafo 1)(a)(ii), cualquier Parte Contratante podrá considerar lícita la realización, sin autorización del titular, de cualquiera de los actos mencionados en ese párrafo, cuando el acto se realice respecto de un esquema de trazado (topografía) protegido, o respecto de un circuito integrado que incorpore dicho esquema de trazado (topografía), que haya sido puesto en el mercado por el titular o con su consentimiento."*

125. Assim ver, por exemplo, a norma específica contida no art. 5(5) da Directiva 87/54/CEE (nota 29 *supra*), estabelecendo: "O direito exclusivo de autorizar ou proibir os actos especificados na alínea b) do nº 1 não se aplica aos actos praticados depois de a topografia ou de o produto semicondutor ter sido colocado no mercado de um Estado-membro pela pessoa habilitada a autorizar a sua comercialização ou com o seu consentimento"

126. Sobre isso, ver ainda UNCTAD/ICTSD, *Resource Book on TRIPS and Development*. cit. (nota 36 *supra*), p. 516.

127. Ver a mesma regra prevista no § 904 (a) da *US Semiconductor Chip Protection Act* de 1984 (sobre a duração da proteção), estabelecendo a contagem dos prazos a partir da data do registro e da data do primeiro ato de exploração comercial, em qualquer lugar no mundo ocorrido; cf. ainda, o art. 10.2 da Lei japonesa sobre a proteção de layouts de circuitos integrados (nota), determinado a contagem do prazo de proteção a partir da data do registro para a fixação: *"The term of the circuit layout right shall be ten years from the date of its registration for establishment."*

128. *Article 8º – The Duration of the Protection.*

129. *"Sem prejuízo dos parágrafos 1 e 2, um Membro pode dispor que a proteção terminará quinze anos após a criação da topografia".*

130. Artigos 7.1(a), 7.1(b) e 7.1(c), Diretiva 87/54/CEE (nota 29 *supra*).

131. Cf. art. 7.3 da Diretiva 87/54/CEE (nota 29 *supra*): *"Os direitos exclusivos caducarão dez anos após o último dia do ano civil em que a topografia for pela primeira vez explorada comercialmente em qualquer parte do mundo ou, se o registo for condição de aquisição ou da manutenção dos direitos exclusivos, após um período de dez anos a contar da primeira das seguintes datas:*

132. "*Art. 35. A proteção da topografia será concedida por 10 (dez) anos, contados da data do depósito ou da primeira exploração, o que tiver ocorrido primeiro".* O dispositivo repete a redação do art. 17 do Projeto de Lei nº 1.787/1996.

133. Isso é factível nas situações em que uma empresa sediada no Brasil tenha desenvolvido um *layout-design* de circuito integrado e imediatamente o licencia para uma empresa sediada em outro Estado, para que esta ali explore a criação obtida. O prazo de proteção começa a correr da data de celebração do contrato de licenciamento da topografia, de cujas obrigações resultará o direito de a licenciada explorar economicamente o objeto protegido. Posteriormente, a empresa titular pode levar a topografia a registro perante a autoridade competente no Brasil, já tendo para si, plenamente assegurados, direitos de exclusividade sobre a criação.

8 ANTITRUSTE INTERNACIONAL E PROPRIEDADE INTELECTUAL*

ANDREAS HEINEMANN**

---

* O artigo *"International Antitrust and Intellectual Property"* foi objeto da conferência realizada pelo autor no Seminário *Intellectual Property and Free Trade Agreements: Multilateralism v. Bilateralism,* realizado pela Intellectual Property Law School (IPLS) do Instituto de Estudos Europeus de Macau (IEEM), nos dias 28 e 29 de junho de 2005. O artigo será igualmente publicado, em sua versão original, na coletânea *International Intellectual Property and Free Trade Agreements* (C. Heath e A. Kamperman Sanders, ed. – no prelo, 2006). Pelo trabalho de tradução e atualização agradece a Fabrício Pasquot Polido.

** Professor do Lehrstuhl für Handels, Wirtschafts und Europarecht da Universidade de Zurique.

1. Introdução

A relação entre Direito Antitruste e o Direito da Propriedade Intelectual (aqui referido como o problema da "interface") sempre foi objeto de muita controvérsia. Ns últimas décadas, no entanto, parece ter havido uma mudança considerável de concepções na doutrina especializada.[1] Enquanto no passado era enfatizado o conflito entre as duas disciplinas, observa-se hoje uma relação de complementaridade entre a constituição de direitos de exclusividade, de um lado, e a proteção da concorrência nos mercados, de outro. Os direitos de propriedade intelectual não são apenas vistos como "monopólios" ou posição dominante nos mercados relevantes, mas como direitos semelhantes à propriedade tangível. A idéia de uma derrogação da concorrência, limitada a certo período de tempo, é contraposta à promoção da inovação e de novas formas de competição nos mercados. Uma literatura abundante tem-se concentrado no estudo dos fundamentos econômicos e ideológicos do problema da interface entre concorrência e propriedade intelectual.[2]

Em nosso contexto, maior ênfase pode ser atribuída aos aspectos internacionais da disciplina. O termo "internacionais" pode ser aqui entendido de diferentes maneiras, as quais serão analisadas no presente artigo. Primeiramente, pode compreender as regras e princípios sobre o problema da interface no direito internacional, particularmente com relação ao Acordo sobre os Aspectos dos Direitos de Propriedade Intelectual Relacionados ao Comércio ("TRIPS"), adotado no âmbito da Organização Mundial do Comércio; em segundo lugar, a expressão faz referência à aplicação de questões materiais que apresentam importância no plano internacional, especialmente o abuso de posição dominante decorrente do exercício de direitos de propriedade intelectual; em seguida, são observados os aspectos internacionais diretamente relacionados à disciplina geral dos Acordos de Livre-Comércio (FTA's – Free Trade Agreements) e tendências rumo à integração regional.

2. Direito Antitruste e Acordo TRIPS/OMC

O principal objetivo do Acordo TRIPS é a redução das barreiras ao comércio internacional no que concerne aos padrões mínimos de proteção da propriedade intelectual. Normalmente, os sistemas normativos domésticos definem o escopo e os limites internos à proteção dos direitos de PI, mas não apresentam normas relacionadas a direito concorrencial. O mesmo é verdade para Tratados e Convenções Internacionais como a Convenção de Berna de 1886 ou Convenção de Paris de 1883. Uma exceção seria o art. 17 da Convenção de Berna que não proíbe a aplicação, pelos países-membros, de controle administrativo sobre os direitos de propriedade intelectual. Apesar de o direito antitruste não existir enquanto disciplina à época em que a Convenção de Berna era ratificada pelos Estados, admite-se hoje que a reserva prevista em seu art. 17 estabeleça, dentre outras, a aplicação do direito antitruste nacional.[3]

Assim, os limites aos direitos de PI estabelecidos pelo legislador doméstico (ou no plano supranacional/ comunitário) não seriam incompatíveis com os padrões do sistema internacional de proteção dos direitos de propriedade intelectual. O Acordo TRIPS, por sua vez, vai um passo além. Tanto no Preâmbulo, como em seus arts. 8(3) e 40, existem normas concorrenciais de controle dos direitos de propriedade intelectual.[4] O TRIPS/OMC seria, então, o primeiro Tratado Internacional a expressamente reconhecer a necessidade de submeter o regime dos direitos de propriedade intelectual ao controle pelo direito concorrencial.

2.1. Preâmbulo e Art. 8(2) do TRIPS

2.1.1. Princípios

De acordo com o Preâmbulo do Acordo TRIPS os Estados-membros devem assegurar "que medidas e procedimentos para observância dos direitos de propriedade intelectual não possam servir de barreiras ao comércio legítimo". Por meio dessa previsão geral, reconhece-se que a proteção dos direitos de propriedade intelectual – para além de ser um importante fator do comércio ótimo entre os países- pode se tornar um obstáculo ao "comércio legítimo", caso não esteja inserido em um sistema de normas gerais.

A advertência geral contida no Preâmbulo do TRIPS é reiterada no art. 8(2), o qual prevê que os Estados-membros da OMC estão autorizados a implementar as medidas apropriadas para evitar os abusos de direitos de propriedade intelectual pelos titulares ou práticas que restrinjam, injustificadamente, o comércio ou afetem adversamente a transferência internacional de tecnologia.[5] Esse artigo, que contém uma previsão geral, reconhece que os países-membros da OMC estão autorizados a controlar o abuso de direitos de propriedade intelectual a partir de mecanismos previstos na legislação nacional de defesa da concorrência.[6] É importante notar que tal regra (assim como outros dispositivos previstos no TRIPS sobre comportamento anticoncorrencial dos titulares de direitos de PI) foi introduzida no Acordo pela iniciativa dos países em desenvolvimento. O Direito Concorrencial é tomado como pressuposto para a equalização do poder dos titulares de direitos de PI, cuja posição possa ser consideravelmente fortalecida com a observância do Acordo TRIPS nos Estados.[7]

É importante mencionar ainda a existência de uma onda de mudança na concepção dos países em desenvolvimento. Na discussão sobre a necessidade de introduzir normas de direito concorrencial na sistemática dos Acordos da OMC, os países em desenvolvimento têm sido muito relutantes. O Direito da Concorrência, que aparece como um dos tópicos dos chamados "temas de Cingapura" foi removido da agenda de negociações da Rodada de Doha. Os países em desenvolvimento quiseram impedir que a adoção de um Acordo sobre Concorrência na OMC fosse destinada para desmantelar seus monopólios estatais. Igualmente, há certo receio de retaliação cruzada em caso de violação de normas de concorrência da OMC.[8]

Ainda que um Acordo sobre Direito da Concorrência no âmbito do sistema GATT/OMC não esteja previsto para o futuro próximo, os dispositivos já consagrados no Acordo TRIPS sobre a interface servirão como constante recordação aos países-membros de que muitas das disciplinas relacionadas à sistemática dos Acordos da OMC necessitam de um Acordo Geral sobre Regras de Concorrência.

2.1.2. Função das Normas Concorrenciais no Acordo TRIPS

O Acordo TRIPS não obriga os Estados-membros a tomarem medidas contra o abuso de direitos de propriedade intelectual, mas permite tais medidas. Tal constatação resulta de uma leitura cuidadosa do Art. 8(2) do Acordo, que prevê que "medidas apropriadas poderão ser necessárias", bem como de sua função de cláusula de exceção. Não se trata de estabelecer um *standard* mínimo para o direito concorrencial doméstico; apenas esclarece que o direito antitruste, sob certas condições, não deve violar as normas estabelecidas no âmbito do sistema internacional de proteção da propriedade intelectual.

2.1.3. Requisito de Compatibilidade

De acordo com o art. 8(2) do TRIPS, "medidas apropriadas contra o abuso de direitos de propriedade intelectual" são apenas permitidas se compatíveis com os dispositivos do acordo. Esse requisito de compatibilidade é muito intrigante no contexto de uma cláusula de exceção. O art. 8(2) autoriza exceções às regras gerais dentro da sistemática do TRIPS. Ao mesmo tempo, as tais exceções devem ser compatíveis com as regras gerais. Uma interpretação convincente dificilmente seria possível. O enunciado pouco claro resulta do conflito de interesses durante as negociações do acordo.[9]

A regra especial sobre abuso de direitos de propriedade intelectual foi introduzida segundo a proposta dos países em desenvolvimento. Por outro lado, os países industrializados objetivavam controlar atos de "abuso do abuso". Assim, o sentido específico do requisito da compatibilidade tem como escopo impedir que a cláusula de exceção seja excessivamente invocada, o que poderia levar a uma ingerência descontrolada das normas de direito concorrencial sobre o regime de proteção dos direitos de propriedade intelectual. O significado mínimo do requisito de compatibilidade exige a aplicação do direito concorrencial doméstico em conformidade com as normas e princípios básicos do TRIPS, tal como no tocante ao tratamento nacional e cláusula da nação mais favorecida: o direito antitruste nacional não deve ser aplicado de modo discriminatório.[10]

2.2. Art. 31 do TRIPS

2.2.1. Licenciamento Compulsório

O art. 31 do TRIPS diz respeito à disciplina das licenças compulsórias. Não se trata de uma norma antitruste especificamente, porque ela disciplina, de maneira geral, os casos nos quais deve ser determinado o uso da patente sem autorização do titular. No entanto, existe uma forte relação com o direito concorrencial, o que expressamente aparece no art. 31(c) e no art. 31(k) do acordo. Assim, o escopo da norma é suficientemente amplo para qualificá-lo como tendo, ao menos, caráter parcialmente concorrencial. Tal como o conteúdo normativo do art. 8(2a) do TRIPS, a adoção de regras de licenciamento compulsório no âmbito do acordo foi objeto de controvertido debate entre os negociadores. A proteção da propriedade intelectual, de um lado, e o estabelecimento de limites ao interesse público, de outro, aparecem como dois tópicos em contraposição. Conseqüentemente: há uma norma disciplinando o licenciamento compulsório, mas a autorização para concessão é objeto de doze (!) requisitos. Assim também, o art. 5A da Convenção de Paris de 1883 (aplicável por meio do art. 2º do TRIPS) deve ser levado em consideração.[11]

2.2.2. Uso Autorizado Predominantemente para Abastecimento do Mercado Interno?

A importância do art. 31 do TRIPS para o direito concorrencial pode ser mais bem explicada pelas referências aos 12 requisitos, dos quais certamente aparece a importante disciplina do art. 31(k). De acordo com esse requisito, a licença compulsória pode servir predominantemente para abastecimento do mercado interno do país no qual o uso foi autorizado. Na discussão a respeito da questão sobre TRIPS e saúde pública, essa regra tem sido objeto de debate e críticas, uma vez que os Membros da OMC que não contam com capacidade de produção local dificilmente poderiam – por conta de tal restrição – solicitar a importação de medicamentos fabricados em outro país mediante licenciamento compulsório.[12] Esse problema teria sido em tese resolvido pela decisão do Conselho Geral da OMC de 31 de agosto de 2003,[13] a partir da qual as obrigações de países-membros da OMC, de acordo com o art. 31(f), foram suspensas.

Um outro modo que não exige a reforma ou suspensão das obrigações de acordo com o art. 31(k) do TRIPS: os membros não estão obrigados a aplicar o art. 31(f) do TRIPS, caso tal uso seja permitido para corrigir uma prática determinada após processo administrativo ou judicial, quando considerada anticompetitiva.[14] Assim, se a concessão de uma licença compulsória é determinada pelas autoridades antitrustes, não se aplica o requisito do uso autorizado predominantemente para abastecimento do mercado interno do país-membro que o determinou. Certamente, os pressupostos para que haja uma violação antitruste devem ser identificados como, por exemplo, a existência de monopolização ilegal ou abuso de posição dominante pela empresa titular da patente. Igualmente, a conseqüência jurídica de tal violação deve ser a licença compulsória e não apenas o dever de indenização pelos danos decorrentes da conduta anticoncorrencial. Os membros da OMC estão livres – em ampla medida – para formular e implementar suas normas de direito concorrencial no plano doméstico. Assim, fica a cargo do legislador nacional determinar quais práticas relacionadas à utilização e ao exercício dos direitos de propriedade intelectual sejam consideradas "anticompetitivas". Limitações ao poder discricionário dos países-membros da OMC resultam do art. 8(2) do TRIPS: a aplicação do direito antitruste nacional não deve violar o requisito da compatibilidade, que aparece como decorrência dos princípios da nação mais favorecida e do tratamento nacional.

2.3. Art. 40 do TRIPS

2.3.1. Direito Antitruste e Contratos de Licenciamento

Uma regra mais detalhada sobre a interface entre o direito antitruste e propriedade intelectual aparece no art. 40 do TRIPS. Ele trata fundamentalmente de um problema que tem grande importância prática: as condutas anticompetitivas decorrentes de contratos de licenciamento de direitos de propriedade intelectual. O art. 40 não estabelece uma obrigação de os Estados-membros adotarem normas concorrenciais para o controle de cláusulas restritivas em tais negócios, mas esclarece que tais normas não podem violar os dispositivos do acordo.[15] Essa nota adquire importância, já que muitos países possuem sistemas especiais de normas de direito concorrencial disciplinando licenciamento de direitos de propriedade intelectual, ou, pelo menos, a aplicação de normas gerais em casos desse tipo.

O art. 40(2) autoriza os Estados-membros da OMC a especificarem, em suas legislações domésticas, práticas de licenciamento ou condições que possam constituir, em casos particulares, abuso de direitos de propriedade intelectual e que tenham efeitos adversos à concorrência no mercado relevante.[16] Exemplos podem ser considerados, tais como licenças exclusivas, retrolicenças, cláusulas impedindo que as partes questionem a validade das licenças e obrigação de adoção de "pacotes" de licenças. Do mesmo modo, o dispositivo deixa claro que há considerável discricionariedade para o legislador nacional, que pode detalhar as situações em que as práticas anticompetitivas serão objeto de controle antitruste. Os três exemplos de cláusulas restritivas em contratos de licenciamento não são exaustivos. O legislador nacional pode se valer de outras hipóteses ou ele mesmo pode abrir mão de uma técnica enumerativa/exaustiva e estabelecer uma cláusula geral para o exame casuístico das situações envolvendo licenças anticoncorrenciais. O art. 40 do TRIPS não interfere nessa liberdade.

2.3.2. Normas Nacionais e Supranacionais sobre Contratos de Licenciamento com Efeitos Anticoncorrenciais

2.3.2.1. Estados Unidos

Nos Estados Unidos, o problema da interface aparece disciplinado pelas Diretrizes para Licenciamento de Direitos de Propriedade Intelectual de 1995 (Antitrust Guidelines for the Licensing of Intellectual Property), publicado conjuntatente pelas autoridades concorrenciais norte-americanas, o Departament of Justice (DoJ) e a Federal Trade Commission (FTC).[17] As Guidelines partem de três presunções básicas. Primeiramente, para os propósitos do direito antitruste, normas concorrenciais são aplicadas aos direitos de propriedade intelectual da mesma forma que se aplicam a outras formas tangíveis de direitos proprietários. Em segundo lugar, não haveria a presunção de que os direitos de propriedade intelectual conferem poder de mercado ao titular. Por fim, não haveria ilicitude *per se* dos negócios de licença de direitos de PI. Pelo contrário, na concepção adotada pelas Diretrizes, o licenciamento é tido como pró-competitivo uma vez que permite que empresas combinem "fatores de produção complementares".

Tal modelo é uma revolução comparada, por exemplo, à jurisprudência do caso Nine No-No's nas décadas de 1970 e início de 1980, segundo a qual certas cláusulas em contratos de licenciamento eram consideradas anticoncorrenciais, sem que fosse observado o contexto econômico no caso particular. A mais importante orientação nas Diretrizes está justamente na idéia de que "as agências enfatizarão os efeitos atuais do contrato celebrado e não em seus aspectos formais".[18] Portanto, no direito norte-americano, não é o dispositivo abstrato do negócio de licenciamento, mas sim seus efeitos no mercado que são analisados do ponto de vista concorrencial. Há alguns ilícitos *per se* considerados, como a fixação de preços, divisão de mercado entre concorrentes. Fora dessas hipóteses de ilicitude *per se*, existe uma espécie de "*safe harbour*". Se os contratos não envolvem mercados, nos quais a participação conjunta das empresas-partes não exceda os 20%, então o negócio não é objeto de controle de comportamentos. Além de uma participação conjunta de 20%, a autoridade concorrencial é chamada a realizar um teste de razoabilidade, no qual se evidencia a aplicação da regra da razão.

2.3.2.2. Direito Europeu

Em grande medida, o modelo adotado na União Européia segue o tema da interface como ele se desenvolveu nos Estados Unidos.[19] Desde 1996, a Comissão Européia vem adotando uma abordagem econômica para os problemas concorrenciais envolvendo direitos de propriedade intelectual. No direito concorrencial comunitário, os efeitos dos negócios entre empresas é que são relevantes para a análise antitruste, dentro de um contexto jurídico e econômico. Isso é particularmente importante para o caso da disciplina das isenções e exceções em bloco. No passado, tais isenções continham listas extensas de cláusulas contratuais permitidas ou proibidas (Listas "branca", "preta" e "cinza"). Disso resultava um chamado efeito de "camisa-de-força": as empresas tinham de exatamente optar, em seus contratos de licenciamento, pelas cláusulas enumeradas na lista "branca" (cláusulas permitidas). Caso contrário, elas corriam o risco de que as exceções não seriam aplicáveis. Com a aprovação do Regulamento de Isenção por Categoria relativamente aos Acordos Verticais de 1999,[20] a Comissão Européia aplicou pela primeira vez uma abordagem econômica: a exceção é concedida não para certas cláusulas, mas para certos tipos de contratos. Não há mais listas branca, mas apenas uma lista negra (*black list*) com as proibições gerais. A partir daqui, adotou-se o princípio de que "tudo o que não estiver proibido está legalmente permitido".

Em 2004, essa abordagem foi então empregada no exame de contratos de licenciamento. O novo Regulamento sobre Contratos de Transferência de Tecnologia [21] não contém uma lista de negócios permitidos à luz da aplicação das normas concorrenciais previstas no Tratado que institui a Comunidade Européia (TCE), mas simplesmente estabelece uma norma geral, em seu art. 2º, "que o art. 81 (1) do TCE não será aplicado aos contratos de licenciamento celebrados entre duas empresas cujo escopo seja a fabricação de produtos".[22] Outros requisitos são estabelecidos nos demais artigos do Regulamento. Por exemplo, a exceção não é válida para certas restrições, tais como fixação de preços ou outras medidas para proteção territorial, assim como obrigações de retrolicenciamento com exclusividade. Diferentes normas aplicam-se ao caso de as partes do negócio serem concorrentes ou não.

Uma forte conexão com o contexto econômico é estabelecida no art. 3º do Regulamento, no caso de empresas concorrentes entre si, o Regulamento aplica-se em relação à participação conjunta de 20%; entre não concorrentes, o limite mínimo é de 30%. Se a soma das participações das empresas exceder o patamar mínimo, não necessariamente a conduta em questão não é proibida. É sempre possível recorrer à exceção geral estabelecida no art. 81(3) do TCE. Desde 1º de maio de 2004, esse dispositivo é imediatamente aplicável aos Estados-membros da União Européia. Outras isenções são previstas nas Orientações da Comissão Européia sobre os Contratos de Transferência de Tecnologia.[23] De acordo com a Comissão, "fora da área das restrições graves, não é provável que haja uma infracção ao art. 81, quando existem quatro ou mais tecnologias controladas independentemente, para além das tecnologias controladas pelas partes no acordo, que podem ser substituíveis em relação à tecnologia licenciada a um custo comparável para o utilizador". Na maioria dos casos, pode ser mais fácil determinar as tecnologias substitutíveis do que empreender cálculos de participação de mercado.

2.3.2.3. Japão

A autoridade concorrencial japonesa adotou recentemente as novas Diretrizes sobre Licenciamento de Direitos de Propriedade Intelectual de 1999.[24] O documento compartilha os mesmos princípios adotados nas Diretrizes FTC/DoJ e do Regulamento Europeu. Negócios de licenciamento são basicamente considerados pró-competitivos. Do mesmo modo, as Diretrizes estabelecem que o direito antitruste deve ser aplicado para impedir o "uso anticoncorrencial" das licenças negociadas. Em cada caso particular, a questão deve ser analisada pontualmente, a saber, verificar se os direitos de propriedade intelectual foram utilizados de acordo com o escopo da proteção conferida ou se dele desviam. Alguns exemplos específicos são mencionados nas Diretrizes da autoridade japonesa: restrições impostas ao licenciado com relação ao escopo da patente, *e.g.*, a separação entre licença para fabricação de licença, para uso ou comercialização de um produto protegido, não são consideradas práticas ilícitas.

O mesmo é válido para o âmbito das restrições sobre uso da patente, ou para a limitação do período de tempo de proteção conferido pelos direitos ou limitação da proteção a um certo território dentro do Japão. Restrições que não sejam decorrentes do exercício de direitos de exclusividade, de acordo com a legislação patentária, serão "apreciadas segundo a casuística, à luz de seus efeitos sobre a concorrência no mercado".[25] As Diretrizes oferecem recomendações detalhadas sobre como determinadas cláusulas ou práticas restritivas em negócios de licenciamento não ofereceriam riscos à concorrência e aquelas que seriam objeto de preocupação antitruste. Assim como observado nas Diretrizes norte-americanas, a preferência é justificada na análise casuística segundo a regra da razão. São previstos ilícitos *per se*, tais como a prática de fixação de preços nos contratos de licenciamento.

2.3.2.4. Conclusões

As normas de direito antitruste aplicáveis aos negócios de licenciamento afastam-se do modelo das proibições gerais e tendem a considerar uma análise casuística, levando em conta a totalidade do contexto econômico no qual o caso está inserido. Essa nova abordagem conduz a resultados mais eficientes. É claro que tal avanço acaba sendo confrontado com uma perda de segurança jurídica. Para uma empresa não seria tão simples avaliar a licitude do ponto de vista concorrencial de um contrato de licenciamento, porque não apenas o texto do contrato (aspectos formais) deve ser incluído na análise antitruste, mas também todo o contexto econômico no qual ele aparece e os efeitos dele decorrentes. Por outro lado, a segurança jurídica é fortalecida pelo fato de que muitos países (*e.g.*, o exemplo dos Estados Unidos, União Européia e Japão) foram adotando normativas que disciplinam questões práticas nos mercados decorrentes dos negócios de licenciamento. Assim, tais países fizeram uso efetivo das opções informadas pelo art. 40 do Acordo TRIPS.

3. Paradigmas do Problema da Interface: O Caso Microsoft

Os problemas enfrentados na interface entre propriedade intelectual e direito antitruste vêm se tornando cada vez mais freqüentes, por conta da grande inflação normativa em matéria de propriedade intelectual nas áreas da tecnologia da informação. Problemas nesse contexto variam consideravelmente e dizem respeito a uma série de negócios, como recusa de licenciar direitos de propriedade intelectual, a aplicação da doutrina das *essential facilities*, monopolização de mercados, abuso de poder econômico e assim sucessivamente. O caso mais internacional nesse contexto é certamente o caso Microsoft.[26]

3.1. Aspectos Fáticos

A Microsoft exerce posição dominante no mercado para sistemas operacionais empregados em computadores pessoais (PC's), justificada pela participação de mercado para diferentes versões do programa Windows (acima de 90%) e pelas elevadas barreiras à entrada decorrentes de efeitos de rede. A dominação alcançada pelo Windows é de tal modo estabilizada, que ela já tem sido considerada *standard* de fato. Diferentes estratégias de negócios da Microsoft acabaram sendo objeto de consideração no Direito Concorrencial. Em vários países, como nos Estados Unidos e na União Européia, as autoridades concorrenciais iniciaram procedimentos de investigação de práticas anticompetitivas levadas a cabo pela Microsoft e não atuaram paralelamente. Enfatizaram, antes, diferentes questões na análise antitruste.

Enquanto nos Estados Unidos, o DoJ e FTC analisavam o navegador e a questão da interface operacional (Java), a Comissão Européia concentrava-se no problema dos mercados de softwares e da integração do *media player* no sistema operacional. Em ambos os casos, as estratégias concorrenciais da empresa eram voltadas para perenizar a posição dominante no mercado de sistemas operacionais. Tanto nos Estados Unidos como na União Européia, a Microsoft foi condenada por prática de ilícito antitruste. No entanto, os resultados eram substancialmente diferentes. Enquanto no contexto americano, o caso era decidido por meio de compromisso de desempenho e cessação das práticas, na União Européia, a Comissão proferiu uma decisão unilateral condenando a Microsoft a determinadas práticas além de pagamento de multa.[27]

3.2. Conflito Entre Direitos de PI e Antitruste no Caso Microsoft

Para nosso contexto o aspecto da interface no caso Microsoft é de especial interesse. Na jurisdição norte-americana, a Microsoft invocou a proteção por meio de direitos de propriedade intelectual para justificar e legitimar seu comportamento anticompetitivo. O Tribunal de Apelação do Distrito de Columbia rejeitou os fundamentos da empresa e o reduziu a argumento *ad absurdum*:

> O primeiro argumento da Microsoft relativamente aos direitos autorais beira à frivolidade. A empresa invoca um direito absoluto e intocável para usar seus direitos de propriedade intelectual como bem entender: "Se tais direitos foram legalmente adquiridos", sustenta a empresa, "então seu subseqüente exercício não pode dar ensejo à responsabilidade do ponto de vista concorrencial", (...) Não é mais correto afirmar que o uso da propriedade pessoal, como, por exemplo, um bastão de baseball, não poderia dar ensejo à responsabilidade extracontratual. Como preceituou sucintamente o Tribunal Federal: os direitos de propriedade intelectual não conferem à empresa um privilégio que justifique violar normas de direito concorrencial.[28]

No cenário europeu, o conflito PI/antitruste aparece mais forte. O caso Microsoft apresenta dois diferentes componentes, *i.e*, a "integração do produto" e a "recusa de licenciar". De um lado, a Comissão Européia constatou a prática de conduta anticoncorrencial no tocante à interconexão entre o sistema operacional Windows e seu Media Player relacionado (Windows Media Player, um software necessário para reprodução, conteúdo de áudio e vídeo no computador). Por conta da integração entre o sistema operacional e o Windows Media Player, outros softwares de reprodução de áudio e vídeo estariam impedidos de funcionar adequadamente no Windows. A Comissão impôs a Microsoft a obrigação de oferecer uma versão totalmente funcional do sistema Windows, que não tivesse de incorporar necessariamente o referido dispositivo de reprodução de mídia.

De outro lado, conforme fundamenta a decisão da Comissão, a empresa teria incorrido em abuso de posição dominante no mercado para sistemas operacionais de computadores pessoais, justamente para conquistar participação no mercado de sistemas operacionais utilizados em plataformas de trabalho em rede, criando problemas de compatibilidade entre os softwares de reprodução de mídia e os sistemas operacionais utilizados em computadores pessoais. A Comissão determinou que a Microsoft tornasse disponíveis, a todas as empresas interessadas, informações sobre a interoperacionalidade dos sistemas, autorizando seu uso de "modo razoável e não discriminatório".[29]

A Microsoft divulgou uma nota pública criticando a decisão da Comissão, que teria determinado a concessão da "mais ampla licença compulsória de direitos de PI, desde a criação da Comunidade Européia".[30] Com efeito, o caso permite levantar uma questão geral sobre os fundamentos pelos quais o titular da patente pode ser compelido a licenciar sua patente para terceiros. Já existe uma jurisprudência do Tribunal de Justiça das Comunidades Européias (TJCE) nesse ponto, sendo os dois mais importantes exemplos os casos Magill e IMS Health.

3.3. Jurisprudência do TJCE: Casos Magill e IMS Health

3.3.1. Magill

No caso Magill, as emissoras de TV recusaram a licença de uma lista de programação para uma empresa que pretendia editar um guia semanal televisivo na Irlanda. O Tribunal de Justiça das Comunidades Européias observou, numa famosa citação, que "o exercício de um direito de exclusividade pelo titular pode, em circunstâncias excepcionais, envolver uma conduta abusiva".[31] No direito concorrencial comunitário, assim como no ordenamento norte-americano, os direitos de propriedade intelectual não estão imunes à aplicação do direito antitruste. No caso Magill o TJCE apresentou três critérios para a existência de abuso de posição dominante, de acordo com o art. 82 do TCE.

Primeiramente, ao recusar-se a licenciar seus direitos autorais, o titular impediria o surgimento de um novo produto no mercado comum (no caso, um guia semanal completo da programação de TV para Irlanda), o que constitui um abuso, de acordo com o art. 82(b) do tratado; em segundo lugar, não haveria justificativa para tal recusa de licenciamento; e, por fim, os titulares dos direitos de autor sobre o programa reservariam para si o mercado secundário de guias semanais de TV, ao excluírem potenciais concorrentes naquele segmento e por terem negado o acesso à informação básica que estaria na matéria-prima indispensável para a compilação de tal guia.[32]

Não houve, nem há ainda, uma discussão aprofundada sobre o exato significado de tais critérios. Abuso de posição dominante na extensão do que se refere o art. 82 do Tratado pressupõe que todas as três condições estejam simultaneamente reunidas? Ou elas poderiam ser preenchidas alternativamente, i.e, seria suficiente que houvesse uma restrição artificial na produção ou uma conquista abusiva do mercado secundário?

3.3.2. IMS Health

O TJCE fez questionamento acima no julgamento preliminar do caso IMS Health.[33] O Tribunal esclareceu que os três requisitos do teste formulado em Magill devem ser construídos como sendo cumulativos, e adicionou um outro requisito proveniente do contexto das *essential facilities* no caso Bronner.[34] Assim, todas as seguintes condições devem ser observadas para que se possa impor à empresa uma licença compulsória com base na disciplina do direito concorrencial comunitário:[35]

1) que o titular de um direito de propriedade intelectual detenha posição dominante no mercado comum ou em parcela substancial dele, de modo que o comércio entre os Estados-membros seja substancialmente afetado;
2) que o direito de PI dê acesso ao produto ou serviço indispensável para uma atividade econômica em particular (e aqui se procede ao *essential facilities-test*);

3) que haja dois mercados separados, i.e., um mercado origem para o produto considerado bem essencial ou indispensável e o mercado para a atividade ou negócio dependente (*two markets-test*);
4) que a recusa de licenciar tenha como efeito impedir o desenvolvimento e surgimento de um novo produto no mercado, não oferecido pelo titular do direito de propriedade intelectual, mas para o qual haja uma potencial demanda consumidora (*limiting of production-test* de acordo com o art. 82 (b) do TCE);
5) que a recusa não seja justificada por considerações objetivas (*objective considerations*);
6) que a recusa venha excluir a concorrência no mercado secundário (*leveraging-test*).

A cumulatividade de tais testes leva a um regime extremamente restritivo de licenciamento compulsório na Europa.[36] Apenas nas situações que combinam um fortalecimento de poder de mercado com limitação de produção, de acordo com o art. 82 (b) do TCE, é que existe abuso segundo tal dispositivo. Em casos envolvendo direitos de PI – de acordo com a jurisprudência do TJCE –, o fortalecimento de poder de mercado não constituiria abuso segundo o art. 82. Do mesmo modo, deve haver restrições impostas a um novo produto, i.e, de um produto que o titular do direito de propriedade intelectual não ofereça. Assim, os requisitos para a licença compulsória são mais restritivos do que aqueles para uma obrigação geral de contratar. [37]

3.3.3. Aplicação dos Critérios Observados em IMS Health ao Caso Microsoft

A decisão do TJCE no caso IMS Health foi proferida um mês antes da decisão da Comissão Européia no caso Microsoft. Assim, esta não poderia ter levado em consideração os novos requisitos do Tribunal com relação ao licenciamento compulsório. No entanto, a decisão da Comissão tem sido atacada pela Microsoft e será objeto de revisão em diferentes países na Europa. Assim, é necessário verificar se o caso Microsoft é compatível com os diferentes testes desenvolvidos pelo TJCE em IMS Health.[38] Nesse ponto em especial é muito problemática a abordagem do teste sobre limitação da produção (*limiting of production-test*): a recusa pela Microsoft em oferecer informação sobre a interface operacional impediria ou não o surgimento de um novo produto não ofertado pela empresa?

Com efeito, seria precisamente um objetivo estratégico da Microsoft se tornar a líder na oferta de softwares acessórios ao Windows. A empresa já oferece seus próprios softwares aplicativos com êxito crescente. Se nós considerarmos que os produtos Microsoft tenham qualidade comparável aos produtos concorrentes, então não haveria por que cogitar de limitação à produção em detrimento do consumidor, e, assim, nenhuma obrigação para tornar disponível a informação sobre a interface operacional. A parte da decisão da Comissão Européia que trata do licenciamento compulsório é muito problemática, especialmente quando considerada a recente jurisprudência sobre a matéria.

3.3.4. Uma Dose de Crítica

Em nossa opinião o ponto de partida definido pela TJCE não é correto. Não seria apropriado cumular o teste sobre limitação da produção com o requisito do fortalecimento de poder de mercado. Há duas modalidades distintas de abuso, já que – *inter alia* – o caso de abuso requer dois mercados distintos, enquanto no caso um típico caso de abuso por restrições à produção diz respeito apenas a um mercado independente. A cumulação de ambos os requisitos implica a negação da doutrina da elevação de poder de mercado no âmbito do direito patentário, especialmente porque empresas com posição dominante no mercado tendem a tornar-se ativas nos mercados secundários e também ali alcançar posição dominante.

O resultado não convence: a existência de um abuso em separado, por conta da conquista e elevação de poder de mercado, deve ser admitida apenas num contexto envolvendo direitos de propriedade intelectual. O titular recebe determinada recompensa sob a forma da exploração exclusiva de sua invenção, obra ou criação. No entanto, esse direito de exclusividade não confere um poder absoluto. Mercados conexos devem ser atribuídos ao titular dos direitos de PI apenas se ele chega à aptidão concorrencial. O mero uso de poder econômico não pode ser justificado pela existência de direitos de propriedade intelectual. O TJCE deveria, portanto, repensar o julgamento no caso IMS Health. O caso Microsoft é uma boa oportunidade para esclarecer sob quais circunstâncias um titular de direitos de PI, com poder de mercado, incorra em abuso de sua posição. Do mesmo modo, mercados conexos só podem ser atribuídos ao titular dos direitos de PI apenas nas situações em que ele tem, por seus méritos, êxito em concorrer por seu produto.

3.4. Conclusão: Inexistência de uma "Calibração" dos Direitos de Propriedade Intelectual pelo Direito Concorrencial

A discussão na jurisprudência do TJCE na aplicação do art. 82 para os direitos de propriedade intelectual revela que a tarefa principal do direito antitruste é a manutenção da livre-concorrência nos mercados. Mesmo que em certos mercados haja prevalência de um monopólio natural por um período de tempo (por conta da proteção de direitos de PI e dos efeitos de rede), há pelo menos a possibilidade de proteger a concorrência em mercados secundários contra estratégias anticompetitivas do monopolista. Muito mais importante é a missão atribuída ao direito concorrencial de possibilitar a contestação de mercados monopolizados. Estratégias que levem ao fortalecimento de efeitos de rede por meio de um sistema de eliminação da concorrência devem ser vistas como práticas suspeitas pelas autoridades concorrenciais nacionais. O papel do direito concorrencial nesse contexto não é corrigir ou ajustar direitos de PI domésticos.[39]

O direito concorrencial não propõe valorar os direitos de propriedade intelectual como tais, mas sim sua utilização em certos mercados. A jurisprudência do TJCE nesse ponto é perfeitamente clara. Certamente, no caso Magill e também em

IMS Health, a disciplina dos direitos autorais é definida (muito?) abrangentemente (no caso Magill há direitos autorais identificados num território para as listas de programação televisiva; no centro da discussão, os direitos autorais do titular aparecem como proteção para uma mera estrutura geográfica[40]). O caso Microsoft, todavia, mostra que os mesmos problemas podem ser identificados quando os direitos de propriedade intelectual são apropriadamente delineados. A conexão entre a superproteção de direitos de PI e direito concorrencial é muito mais de uma natureza estatística: quanto mais extensivamente os direitos de PI são definidos, mais provável que o conflito com o direito concorrencial venha ocorrer.

Assim, há uma tarefa essencial para o legislador doméstico em chegar ao ponto de equilíbrio no tratamento normativo dos direitos de PI, evitando ao mesmo tempo uma sub ou superproteção.[41] Mas ainda que ele consiga tal façanha, sempre haverá problemas na interface entre os dois domínios do direito. Para resolver tais problemas, uma finalidade comum do direito da propriedade intelectual e do direito concorrencial deve ser então enfatizada: a promoção de estruturas de inovação. Não é a proteção dos direitos de PI por si mesma que pode tal objetivo, mas sim a exploração de direitos de PI em certos mercados. Nestes, todavia, será papel do direito antitruste garantir a ausência de comportamentos anticompetitivos. Assim, deve ser alcançado um equilíbrio efetivo entre a propriedade intelectual e o direito antitruste.

4. A Interface Entre Direito Antitruste e Propriedade Intelectual nos Acordos de Livre-Comércio e Blocos Regionais

Uma outra matéria tratada na interface entre antitruste e propriedade intelectual diz respeito à integração regional por uniões aduaneiras e áreas de livre-comércio. Um dos objetivos das políticas de integração é justamente a livre mobilidade de bens e serviços. A proteção conferida aos direitos de PI pode conflitar com esse objetivo, como quando tais direitos sejam utilizados para impedir o comércio transfronteiriço de bens protegidos. Na Europa, o conceito de União Européia (respectivamente o conceito da EEA) sobre exaustão internacional foi elaborado justamente para superar esse conflito. Uma vez tendo sido o produto comercializado em algum ponto do território da União (ou na EEA) com o consentimento do titular dos direitos (ou por pessoa que os tenha licenciado), ele poderá circular livremente no domínio do mercado comum. O titular dos direitos não pode impedir futuros negócios envolvendo a atividade de comercialização de seu produto. Seu direito de distribuição está exaurido.

4.1. Direito Concorrencial Comunitário e Regras Sobre a Livre Circulação de Bens

Uma das funções do direito concorrencial comunitário é tutelar a liberdade de circulação de bens e serviços contra práticas restritivas pelas empresas. A queda das barreiras estatais não deve ser contrariada por atos restritivos que comprometem o conceito de mercado interno. Assim, acordos entre empresas que estabeleçam restrições territoriais devem ser examinados conforme sua compatibilidade com o art. 81 do TCE.

4.1.1. Importação Paralela

Normas diferenciadas foram desenvolvidas pelo legislador comunitário e pelos tribunais. A mais importante distinção reside nos conceitos de importação paralela e comercialização direta. Importações paralelas dizem respeito aos bens que tenham sido comercializados na União, desencadeando exaustão dos direitos do titular sobre seus direitos de distribuição. Este não poderá impedir novas vendas do produto em questão. O art. 81 do TCE impede que as empresas busquem outros efeitos por meio de um negócio privado no qual elas estabeleçam restrições sobre a circulação de produtos e serviços. Assim, serão absolutamente proibidas as práticas restritivas sobre atos de exportação de bens protegidos por PI e já submetidos à exaustão no mercado comum europeu.[42]

4.1.2. Restrições Territoriais em Contratos de Distribuição e Licenciamento

Contrárias a tal proteção territorial absoluta certas restrições territoriais "relativas" podem ser autorizadas. Em acordos verticais, como o caso da distribuição, um fornecedor pode reservar determinados territórios exclusivos para seus compradores. A Resolução sobre Acordos Verticais[43] contém normas específicas sobre a legalidade de tais restrições. O fornecedor pode (se a participação final de mercado não superar 30%) estabelecer restrições envolvendo vendas ativas dentro da área de atuação de outras empresas. As vendas ativas podem compreender todas as medidas destinadas aos compradores em um outro território exclusivo do distribuidor, como, por exemplo, mala direta, visitas, publicidades específicas ou estabelecimento de um centro de vendas no território. Por outro lado, as vendas passivas não podem ser excluídas. Uma venda é considerada "passiva" quando ela responde a pedidos não formulados por compradores individuais.[44]

Tais regras aplicam-se a contratos de distribuição simples, nos quais a propriedade intelectual apenas desempenha um papel mínimo. Para genuínos contratos de licenciamento, o Regulamento sobre Acordos de Transferência de Tecnologia[45] é aplicável ao permitir – no interesse da proteção dos direitos de PI – restrições à concorrência. Se as partes num contrato de licenciamento não forem concorrentes (e se a participação de mercado não supera 30%), até mesmo as vendas passivas reservadas a outros licenciados não podem ser excluídas por um período de dois anos. O mesmo vale para a impossibilidade de excluir a importação paralela por meio dos contratos de licenciamento.[46]

4.2. Sistemas de Preços Duais em Exportação

Acordos sobre restrições de exportações fora das exceções mencionadas são proibidos pelo art. 81 do TCE. Este não se aplica somente para proibições diretas às exportações, mas também para formas súbitas de proibições de exportações. No caso Glaxo Wellcome, a Comissão Européia decidiu pela proibição de um sistema dual de preços, por meio do qual vendedores na Espanha deveriam pagar um preço elevado para bens que seriam exportados do que para aqueles que seriam comercializados no mercado espanhol.[47] Preços duais vão de encontro mais aos objetivos da integração econômica. Diferenças nos sistemas domésticos de saúde pública não oferecem razões suficientes para divisão de mercados nacionais. No caso Glaxo a Comissão empregou um argumento especial em relação aos direitos de propriedade intelectual: como medicamentos são protegidos por patentes, a importação paralela seria a única "fonte alternativa" de abastecimento. Assim, o acesso a tais bens não pode ser dificultado ou encarecido.[48]

É necessário ainda observar que nesse caso, a função do direito concorrencial comunitário europeu, de integração do mercado interno, torna-se perfeitamente clara. Do mesmo modo, tributos aduaneiros nacionais sobre bens importados e exportados entre países-membros são proibidos (cf. arts. 23, 24 e 25 do TCE), e tarifas de exportação impostas por particulares também. Se assim não fosse, as fronteiras anteriormente abolidas pelo projeto do mercado interno (art. 14 do Tratado) poderiam ser reintroduzidas por agentes privados. Esse é um objetivo geral de proteção pelo direito concorrencial europeu, que impede tais estratégias pelas empresas. Argumentos pela proteção dos direitos de propriedade intelectual não são válidos nesse contexto, uma vez que já ocorreu a exaustão de direitos para tais bens.

4.3. Restrições Quantitativas

Problemas semelhantes podem ser identificados no caso de restrições quantitativas estabelecidas em negócios privados. A fixação de quotas de bens em contratos de distribuição e licenciamento pode estar ajustada com intuito de eliminar o potencial de exportação da outra parte. Ao limitar a oferta de bens, por exemplo, a outra parte pode justamente obter a quantidade suficiente de produtos necessários para satisfazer a demanda no mercado doméstico. Assim, não haveria quantidade adicional para exportação. Restrições quantitativas decorrentes de acordos devem se submeter ao controle antitruste.

4.3.1. Acordos Verticais em Geral

4.3.1.1. Ponto de Partida

O ponto de partida para a análise de acordos verticais é o fato de que cada agente deve ser livre para decidir quanto quer vender a certo comprador. Contratos de fornecimento de produtos ou serviços, como tais, não violam normas de Direito

Concorrencial. No entanto, pode haver um conflito quando as empresas-partes em contratos de tal espécie estabelecem restrições para que o comprador não possa, por exemplo, exportar os produtos adquiridos. As regras sobre acordos verticais, como descritas acima, aplicam-se perfeitamente. No caso de restrições à oferta de bens, deve-se questionar se a restrição quantitativa imposta oculta uma segmentação territorial, expressa ou implicitamente acordada pelas partes. A questão mais importante, nesse sentido, é saber se a restrição quantitativa foi imposta unilateralmente, ou se o comprador, ainda que relutantemente, consentiu a respeito.

4.3.1.2. O Caso Adalat

Este é exatamente o objeto do caso Adalat. A empresa alemã Bayer restringia a oferta de seu produto Adalat para vendedores espanhóis e franceses, a fim de impedir importação paralela para o Reino Unido, em que o preço do medicamento era muito mais elevado.[49] A Comissão Européia chegou à conclusão de que uma restrição quantitativa não era uma prática unilateral, mas decorrente do negócio entre o fornecedor e o comprador do produto. O Tribunal de Primeira Instância e o TJCE não compartilhavam da mesma orientação e anularam a decisão da Comissão. A mera coexistência de um negócio de venda do produto e uma restrição imposta unilateralmente sobre a venda não constituem acordo restritivo nos termos do direito concorrencial comunitário.[50]

4.3.1.3. Acordos ou Práticas Concertadas?

Embora o referencial adotado pelos tribunais seja correto, sua aplicação ao caso Adalat seria duvidosa. De acordo com a decisão da Comissão Européia, a Bayer restringia a oferta a certos compradores ao mesmo tempo em que era identificada como única fonte de importações paralelas do produto em outros mercados. Assim, as restrições sobre a oferta teriam um "caráter penal", objetivando justamente a eliminação de importações paralelas. Os compradores reagiram a essa ameaça suspendendo ou, pelo menos, mascarando suas importações. Essa estreita e evidente conexão de estímulo e resposta leva a uma coordenação dos comportamentos dos agentes, para a qual existe disciplina específica no direito concorrencial europeu: as categorias de práticas concertadas.

Assim, ainda que não houvesse um "acordo" entre a Bayer e seus compradores, haveria pelo menos prática concertada expressamente enquadrável no art. 81 do Tratado. Infelizmente, os Tribunais europeus não examinam a questão nem mesmo investigam os aspectos e efeitos de tal prática pelos agentes. A nosso ver, seria suficiente, para a aplicação da proibição de cartel segundo o Tratado, que o fornecedor, expressa ou implicitamente, manifestasse certas expectativas comportamentais em relação aos compradores, e estes, por sua vez, seguissem ou pretendessem seguir a intenção declarada pelo fornecedor. Por outro lado, seria possível que o fornecedor elidisse a aplicação da proibição do cartel por meio de um sistema de medidas aparentemente unilaterais que resultassem na divisão do mercado interno.

4.3.2. Contratos de Licenciamento

A situação é diferente para os casos de contratos de licenciamento. No direito concorrencial europeu, sob o regime do antigo Regulamento de Isenção por Categoria Relativo aos Acordos de Transferência de Tecnologia, as restrições quantitativas sobre contratos de licenciamento eram inseridas na lista negra. O licenciado estaria livre para produzir bens o quanto quisesse. Essa lógica seguia a concepção de que as restrições quantitativas poderiam gerar os mesmos efeitos que as proibições de exportações. Ao limitar as quotas de importações a um determinado nível exigido para abastecimento do mercado doméstico, não restaria nenhum produto para exportação.

Com o Regulamento (CE) nº 772/2004 da Comissão da União Européia, de 27 de abril de 2004, relativamente à aplicação do nº 3 do art. 81 do Tratado a categorias de acordos de transferência de tecnologia,[51] o regime de restrições quantitativas foi flexibilizado. Restrições à oferta são proibidas apenas em algumas situações.[52] Para outros casos, elas são permitidas. De acordo com a Comissão Européia, os aspectos pró-competitivos (no caso, a disseminação de tecnologia) são equilibrados com os riscos anticoncorrenciais existentes (redução da concorrência intratecnologias).[53] É verdade que o regime de isenções em bloco do Regulamento permite uma exclusão abrangente de vendas diretas em territórios de outros fornecedores. A possibilidade de restrições sobre a oferta de bens vai um passo adiante. Assim, até mesmo a importação paralela poderia ser impedida. Acaba se tornando muito alto o risco de divisão de mercados nacionais.[54]

4.4. O Papel da Interface Entre a Propriedade Intelectual e o Direito Concorrencial na Integração Regional

4.4.1. Reforço à Integração Regional

O exemplo aqui observado esclarece perfeitamente o papel de prevalência do Direito Concorrencial da Propriedade Intelectual no contexto da integração regional. O livre intercâmbio entre as fronteiras deve ser garantido. Os direitos de propriedade intelectual não podem ser explorados de modo a estabelecer uma proteção territorial absoluta dentro de um território integrado. Um difícil equilíbrio deve ser alcançado: de um lado, acordos restritivos de distribuição ou contratos de licenciamento são necessários para incentivar a disseminação de atividade inovativa nos mercados; de outro, cláusulas contratuais não podem simplesmente apresentar o escopo de fracionar mercados. A doutrina da primeira venda (*i.e* o princípio da exaustão) é de grande importância nesse sentido. Se as normas que tratam da livre circulação permitem a importação de bens protegidos, tal constatação não poderia ser simplesmente afastada por cláusulas extremamente restritivas. Assim, uma das tarefas do Direito Concorrencial da Propriedade Intelectual é justamente reforçar a integração de mercado.

Deve-se enfatizar ainda que a "função integrativa" do direito concorrencial não é uma característica específica da integração européia, mas antes necessária para todas as tentativas de adoção de Acordos de Livre-comércio (FTA's) pelos Estados. A livre circulação de bens e serviços só pode ser alcançada se forem eliminadas as barreiras ao livre-comércio, públicas e privadas. Além da União Européia, o caso do Nafta (North American Free Trade Agreement) pode ser aqui mencionado. O art. 1501(1) de tal acordo expressamente reconhece a função integrativa do direito concorrencial.[55]

4.4.2. Obrigação para Adoção de Normas de Direito Concorrencial?

Obviamente, também no âmbito da integração regional, o direito da concorrência mantém sua função geral de assegurar uma concorrência, praticável e funcional, no mercado, a partir da proibição de acordos restritivos e do sancionamento do abuso de poder econômico. Assim como o art. 8(2) do TRIPS, os acordos de livre-comércio contêm dispositivos que estabelecem que a aplicação do direito concorrencial aos direitos de propriedade intelectual não pode violar as obrigações relacionadas à PI, assumidas pelos Estados-partes nesses acordos. O acordo regional de livre-comércio recentemente adotado entre países da América Central, República Dominicana e Estados Unidos, o CAFTA-DR, exemplifica a situação aqui discutida.[56]

No capítulo relacionado aos direitos de propriedade intelectual, o Acordo CAFTA-DR estabelece que "as obrigações de proteção da propriedade intelectual não impedirão os Estados-partes de proibir práticas anticompetitivas".[57] Assim como prevê o art. 8(2) TRIPS, tal norma deixa margem para que os países implementem e adotem mecanismos de proteção da concorrência relacionados aos direitos de PI. Certamente, é muito útil a menção de que a aplicação do direito concorrencial não constitui uma violação de obrigações de proteção dos direitos de propriedade intelectual. Por outro lado, surge tal questão se os Estados não forem obrigados a introduzir normas de concorrência no campo dos direitos de PI. Se é essencial para o funcionamento eficiente de uma economia de mercado a existência de um arcabouço normativo de proteção da concorrência, por que não haveria de ter normas vinculantes então, em matéria antitruste, no âmbito dos direitos de propriedade intelectual?

Na esfera internacional, o Projeto de Código Antitruste Internacional, o DIAC (Draft International Antitrust Code), apresentado por um grupo de especialistas, reflete essa preocupação.[58] O DIAC é concebido enquanto acordo plurilateral para ser integrado ao sistema GATT/OMC. Em seu art. 6º, estabelece uma norma especial para o tratamento antitruste dos direitos de PI. O sistema GATT/OMC foi inserido no tópico na agenda do antitruste transnacional como um dos temas de Cingapura, mas acabou sendo retirado de pauta após o fracasso da Conferência Ministerial de 2003.[59] Em especial, considerando-se a perspectiva da propriedade intelectual, parece ser necessário dar continuidade aos esforços rumo à adoção de um acordo sobre direito concorrencial estabelecendo normas vinculantes entre os Estados-partes. As obrigações de proteção de direitos de propriedade intelectual devem ser acompanhadas de um arcabouço normativo sobre o uso de tais direitos nos mercados.

4.4.3. Direito da Concorrência nos Acordos de Livre-Comércio

O mesmo é verdade para a adoção de regras de direito concorrencial em acordos bilaterais e regionais de livre-comércio. A constituição de direitos proprietários a partir da inserção de capítulos sobre propriedade intelectual deve ser acompanhada por normas que limitam esses direitos. Certamente, como já observado, os países em desenvolvimento estão hoje mais reticentes em aceitar normas concorrenciais vinculantes.[60] No entanto, esse receio pode ser mitigado tanto pela adoção de normas especiais sobre monopólios estatais como pela renúncia às medidas de retaliação cruzada

Isso conduz à questão de determinar como tais regras serão implementadas. No Acordo Nafta, por exemplo, o mecanismo especial de solução de controvérsias ali estabelecido não se aplica a regras de direito concorrencial.[61] No âmbito da Organização Mundial do Comércio (OMC), até mesmo os defensores da adoção de um Acordo sobre Concorrência acreditam que um mecanismo de solução de controvérsias não seria apropriado para a implementação de um direito antitruste multilateral, já que isso poderia interferir nas decisões individuais das autoridades domésticas. Esse, por exemplo, é o caso da União Européia.[62] Em nossa visão, no entanto, tal reserva não se justifica. Muito freqüentemente, tratados e convenções internacionais, como é o caso do Tratado Constitutivo da OMC, não são reconhecidos como auto-executáveis ou diretamente aplicáveis nos ordenamentos domésticos. Conseqüentemente, os particulares não poderiam invocar suas normas perante tribunais nacionais ou autoridades administrativas.

Portanto, para assegurar a efetividade de tais regras, pelo menos um mecanismo internacional deveria ser criado para implementação de um direito concorrencial aplicável. Assim, as normas antitrustes em acordos de livre-comércio devem estar submetidas ao mesmo mecanismo de solução de controvérsias que se aplica a outras partes de tais acordos. A extensão do controle exercido pelo órgão competente depende do direito material adotado. Se for concedida uma flexibilidade suficiente (discricionariedade, exceções) para as autoridades domésticas, então o órgão de solução de controvérsia estabelecido por tal acordo de livre-comércio não funcionará como tribunal de apelação para demandas individuais. Sua tarefa será a de controlar a efetividade da implementação, pelas autoridades e tribunais nacionais, das normas de direito concorrencial estabelecidas no acordo de livre-comércio.[63]

5. Conclusões

O documento Asian Development Outlook 2005, publicado pelo Banco de Desenvolvimento Asiático (ADB – Asian Development Bank)[64] contém um capítulo inteiro dedicado à importância de políticas de concorrência para desenvolvimento em longo prazo. O texto trata, dentre outros temas, da disciplina aqui analisada, *i.e.*, a relação entre direito concorrencial e proteção dos direitos de propriedade intelectual. A concepção adotada busca mostrar como inexiste uma contradição intrínseca, como se acreditava, entre antitruste e PI, mas antes fundamentos de incentivo à inovação e de bem-estar do consumidor.[65] O Direito da Propriedade Intelectual se vale da tal objetivo a fim de conceder incentivos para que os agentes econômicos destinem esforços e recursos para pesquisa e desenvolvimento. O Direito Antitruste, por sua vez, fortalece tal objetivo porque as empresas terão cada vez mais incentivos para investir em inovação quanto maiores forem os incentivos para uma livre atuação nos mercados concorrenciais. Esse ponto de partida reflete a abordagem, hoje universalmente disseminada, de que proteção de direitos de propriedade intelectual e política de concorrência não são conflitantes, mas se complementam.[66]

Complementaridade aqui não significa "harmonia". No mundo real, sempre haverá tensões entre ambos os domínios, *e.g.*, como nas hipóteses relacionadas aos *pools* de patentes, contratos de licenciamento com cláusulas restritivas ou abuso de posição dominante decorrente do exercício de direitos de propriedade intelectual. Uma estratégia para o legislador doméstico, para a redução dos efeitos problemáticos da interface PI/antitruste, seria encontrar uma definição apropriada para os direitos de propriedade intelectual em seu escopo e duração. Dois extremos devem ser evitados. De um lado, a superproteção aumenta as hipóteses de conflito com o direito concorrencial. De outro lado, subproteção prejudica as políticas de inovação. Mas mesmo quando os direitos de PI são adequadamente disciplinados, o conflito persistirá. No contexto da integração regional, por exemplo, o problema da interface é complicado pelas metas de integração dos mercados. Os direitos de PI não podem ser exercidos de modo a manter segmentação dos mercados.

Portanto, deve-se dar especial atenção ao fato de que a eliminação das fronteiras não seja frustrada pela adoção de estratégias anticompetitivas envolvendo propriedade intelectual. A aplicação de normas gerais da interface no Acordo TRIPS deve ser enfatizada como de especial importância nesse campo do direito. No entanto, um equilíbrio real na sistemática do comércio multilateral, entre a proteção dos direitos de PI, de um lado, e a concorrência, de outro, somente poderá ser alcançado com a adoção de um Acordo de Normas sobre Concorrência na OMC. A relutância contra um Código Antitruste Transnacional é ainda muito forte no plano internacional, assim como teria revelado a Conferência Ministerial de Cancun em 2003. Talvez, o domínio do direito antitruste da propriedade intelectual possa claramente demonstrar que tais regras sejam necessárias. Assim, o problema Antitruste Internacional e Propriedade Intelectual possui uma dimensão que vai muito além dos seus limites originais.

Lausanne/Macau
Junho de 2005

Notas:

1. Para uma visão do problema, cf., fundamentalmente, HEINEMANN, *Immaterialgüterrecht und Kartellrecht: Konflikt oder Koexistenz?*, in BAUDENBACHER/SIMON, *Neueste Entwicklungen im europäischen und internationalen Immaterialgüterrecht*, 2003, p. 179 e ss.

2. Ver, por exemplo, ANDERMAN, *EC Competition Law and Intellectual Property Rights*, 1998; ANDERSON/GALLINI (Ed.), *Competition Policy and Intellectual Property Rights in the Knowledge-Based Economy*, 1998; GOVAERE, *The Use and Abuse of Intellectual Property Rights in E.C. Law*, 1996; HEINEMANN, *Immaterialgüterschutz in der Wettbewerbsordnung*, 2002; TOM/NEWBERG, "Antitrust and Intellectual Property: From Separate Spheres to Unified Field", *in Antitrust Law Journal* n. 66 (1997), p.167-229; *OECD*, Competition Policy and Intellectual Property Rights, Series Roundtables on Competition Policy No.18, DAFFE/CLP(98)18, 1998; *UNCTAD – Trade and Development Board*, Competition Policy and the Exercise of Intellectual Property Rights, TD/B/COM.2/CLP/22/Rev.1, 19 April 2002.

3. RICKETSON, Sam, *The Berne Convention for the Protection of Literary and Artistic Works: 1886-1986*, p. 546 e ss; NORDEMANN/VINCK/HERTIN/MEYER, *International Copyright*, 1990, p. 160. Essa constatação aplica-se igualmente àquelas convenções que não estabelecem reservas gerais, como a cláusula contida no art. 17 da Convenção de Berna. Exemplo disso é que o art. 10bis da Convenção de Paris somente diz respeito aos atos de concorrências desleal e não ao direito concorrencial. Por outro lado, é importante verificar a reserva especial estabelecida no art. 5.A(2) da Convenção de Paris de 1883, autorizando os Estados-membros da União a emitir licenças compulsórias, para "prevenir os abusos que poderiam resultar do exercício do direito exclusivo conferido pela patente, como, por exemplo, a falta de exploração".

4. Para uma análise das regras de direito da concorrência estabelecidas no Acordo TRIPS, ver *UNCTAD/ICTSD, Resource Book on TRIPs and Development*, 2005, p. 539 e ss.; ULLRICH, "Expansionist Intellectual Property Protection and Reductionist Competition Rules: A TRIPS Perspective", *in Journal of International Economic Law* n. 7, 2004, p. 401 e ss.

5. O art. 8(2) do TRIPS autoriza qualquer Estado-membro da OMC a estabelecer *"medidas apropriadas para evitar o abuso dos direitos de propriedade intelectual por seus titulares ou para evitar o recurso a práticas que limitem de maneira injustificável o comércio ou que afetem adversamente a transferência internacional de tecnologia".*

6. Para uma descrição geral sobre a relação entre o Acordo TRIPS e o Direito Concorrencial, ver FIKENTSCHER, "Historical Origins and Opportunities for Development of an International Competition Law in the TRIPS Agreement of the World Trade Organization (WTO) and Beyond", in: BEIER/SCHRICKER (Ed.), *From GATT to TRIPs*, 1996, p. 226 et seq.; FOX, Elleanor, "Trade, Competition, and Intellectual Property – TRIPS and its Antitrust Counterparts", in *Vanderbilt Journal of Transnational Law* n. 29, (1996); p.481 e ss.; ULLRICH, "TRIPS: Adequate Protection, Inadequate Trade, Adequate Competition Policy", in *Pacific Rim Law & Policy Journal* n. 4 (1995). p. 153 e ss.

7. Ver DREXL, Entwicklungsmöglichkeiten des Urheberrechts im Rahmen des GATT, 1990, p. 365 e ss.; PACÓN, "What Will TRIPs Do For Developing Countries?", in: BEIER/SCHRICKER (Ed.), *From GATT to TRIPS*, 1996, p. 329 e ss.; GERVAIS, Daniel, "Intellectual Property and *Economic Development Suflê"*, in *International Intellectual Property and Free Trade Agreements* (HEATH, Christopher e KAMPERMAN SANDERS, Anselm org., no prelo 2006). Sobre o tema geral abordando os interesses por detrás das negociações do Acordo TRIPS, ver KOURY MENESCAL, Andrea, "Those behind the TRIPS Agreement", in *Intellectual Property Quarterly* 2005, p. 155, com as demais referências à questão.

8. Essas preocupações, no entanto, podem ser afastadas ou pelo menos reduzidas. Sobre isso, ver HEINEMANN, "La nécessité d'un droit mondial de la concurrence", in RIDE 2004, p. 293 e ss.

9. Sobre isso, ver análise exaustiva em UNCTAD/ICTSD, *Resource Book on TRIPS and Development*, 2005, p. 460 e ss. (Disponível em: <http://www.iprsonline.org/unctadictsd/docs/RB2.5_Patents_2.5.8_update.pdf>).

10. Ver UNCTAD/ICTSD*, Resource Book on TRIPs and Development*, cit., p. 553.

11. O art. 5A da CUP estabelece (v. trechos).

12. Pelo menos se o país exportador não utilizar mais do que 50% dos medicamentos produzidos por meio da licença compulsória para seu mercado doméstico. Sobre isso, ver KAMPF, Roger, "Patents versus Patients?", *in Archiv des Völkerrechts* n. 40 (2002), p. 90.

13. Disponível em: <http://www.wto.org/english/tratop_e/trips_e/implem_para6_e.htm>.

14. Sobre isso, ver fragmento da redação adotada no art. 31(f) do TRIPS: "*where such use is permitted to remedy a practice determined after judicial or administrative process to be anti-competitive.*"

15. Para uma opinião diversa, ver UNCTAD/ICTSD, *Resource Book on TRIPs and Development*, p. 555: O art. 40(1) do TRIPS (lido conjuntamente com o art. 7º) *"pode bem ser entendido como sendo uma imposição para que os Estados membros disciplinem certas formas de práticas anticompetitivas em contratos de licenciamento".*

16. Art. 40(2): *"Nenhuma disposição deste Acordo impedirá que os Membros especifiquem em suas legislações condições ou práticas de licenciamento que possam, em determinados casos, constituir um abuso dos direitos de propriedade intelectual que tenha efeitos adversos sobre a concorrência no mercado relevante. Conforme estabelecido acima, um Membro pode adotar, de forma compatível com as outras disposições deste Acordo, medidas apropriadas para evitar ou controlar tais práticas, que podem incluir, por exemplo, condições de cessão exclusiva, condições que impeçam impugnações da validade e pacotes de licenças coercitivos, à luz das leis e regulamentos pertinentes desse Membro."*

17. O documento pode ser consultado na Internet em *http://www.usdoj.gov/atr/public/guidelines/ipguide.htm.*

18. Ver *Antitrust Guidelines for the Licensing of Intellectual Property*, nº 3.1.

19. Para uma comparação, ver FEIL, "The New Block Exemption Regulation on Technology Transfer Agreements in the Light of the U.S. Antitrust Regime on the Licensing of Intellectual Property", in *IIC* nº 36 (2005), p. 31.

20. *Regulamento (CE) nº 2.790/1999 relativo à aplicação do nº 3 do Art. 8181 do Tratado sobre certas categorias de acordos verticais e práticas concertadas, de 22 de dezembro de 1999*, OJ L 336/21.

21. Cf. *Regulamento (CE) nº 772/2004 relativo à aplicação do nº 3 do Art. 81 do Tratado a categorias de acordos de transferência de tecnologia*, de 27 de Abril de 2004. OJ L 123/11.

22. *"Art. 2º - Nos termos do nº 3 do art. 81 o do Tratado e nas condições previstas no presente regulamento, o nº 1 do art. 81 do Tratado é declarado inaplicável aos acordos de transferência de tecnologia concluídos entre duas empresas que permitam o fabrico de produtos contratuais".*

23. Comunicação da Comissão sobre as orientações relativas à aplicação do art. 81 do Tratado CE aos acordos de transferência de tecnologia, publicado no Jornal Oficial C101, de 27/04/2004, p. 2-42.

24. *Fair Trade Commission of Japan*, Guidelines for Patent and Know-how Licensing Agreements under the Antimonopoly Act, July 30, 1999; disponível online em *http://www2.jftc.go.jp/e-page/legislation/ama/patentandknow-how.pdf.*

25. Cf. *Guidelines*, p. 20.

26. A análise a seguir feita para o caso Microsoft é descrita ainda em HEINEMANN, "Compulsory Licences and Product Integration in European Competition Law", in IIC 36 (2005) p. 63.

27. *European Commission*, Case COMP/C-3/37.792 - *Microsoft*; decisão em 24 de março de 2004, disponível em: <http:// europa.eu.int/comm/competition/antitrust/cases/decisions/37792/en.pdf>.

28. Cf. *United States v. Microsoft Corp*, US Court of Appeals for the District of Columbia Circuit, decisão proferida em 28.6.2001, disponível em: <http://cnnfn.cnn.com/2001/06/28/microsoft_file/decision.pdf.>: *"Microsoft's primary copyright argument borders upon the frivolous. The company claims an absolute and unfettered right to use its intellectual property as it wishes: '[I]f intellectual property rights have been lawfully acquired,' it says, then 'their subsequent exercise cannot give rise to antitrust liability.' [...] That is no more correct than the proposition that use of one's personal property, such as a baseball bat, cannot give rise to tort liability. As the Federal Circuit succinctly stated: 'Intellectual property rights do not confer a privilege to violate the antitrust laws.' "*

29. *European Commission* (nota 29 *supra*), art. 5º (no final da decisão proferida).

30. Cf. a opinião do representante da Microsoft *Brad Smith*, em News Teleconference, 24.3.2004, disponível em: <http:// www.microsoft.com/presspass/legal/european/03-24steveballmer-us.asp>.

31. TJCE, Casos 241 e 242/91 P - *Magill,* [1995] ECR I-743, nº 50. decisão de 6 de abril de 1995.

32. TJCE, *Magill* (*supra* nota 333), itens 54/56. Ver ainda ANDERMAN, Does the *Microsoft* Case offer a New Paradigm for the 'Exceptional Circumstances' Test and Compulsory Copyright Licenses under EC Competition Law?, (2004) 1(2) CompLRev.

33. TJCE, Caso C-418/01, *IMS Health/NDC Health*, decisão em 29/4/2004, sem publicação na ECR.

34. *Idem, IMS Health,* especialmente §§ 37-38.

35. Os requisitos gerais do art. 82 do TCE são adicionados a fim de se obter uma lista completa.

36. Nesse sentido o julgamento da TJCE em *IMS Health* é comparável à decisão do *Trinko,* na qual a Suprema Corte norte-americana definiu estritamente uma obrigação geral de o monopolista lidar com seus concorrentes. Cf. *Verizon Communications Inc. v. Law Offices of Curtis V. Trinko*, 124 S. Ct. 872 (2004).

37. Para uma crítica sobre as diferentes abordagens em matéria de direito concorrencial e aspectos relacionados à propriedade de bens tangíveis, ver RITTER, "Refusal to Deal and "Essential Facilities": Does Intellectual Property Require Special Deference Compared to Tangible Property?", in *World Competition* vol. 28, nº 3, 2005 (no prelo).

38. Nesse sentido, ver os casos Killick, IMS e Microsoft, julgados na mesma orientação *do caso IMS*, disponíveis em <http:// www.clasf.org/CompLRev/assets/Vol1Issue2Article2.pdf.>

39. ULLRICH, "Intellectual Property, Access To Information, And Antitrust: Harmony, Disharmony, And International Harmonization", in: DREYFUSS/ZIMMERMAN/FIRST (Ed.), *Expanding the Boundaries of Intellectual Property - Innovation Policy for the Knowledge Society*, 2001, p. 365 e ss.

40. Para uma crítica da questão, ver LEENEN, *Urheberrecht und Geschäftsmethoden*, 2005.
41. Ver HILTY, *Entwicklungsperspektiven des Schutzes Geistigen Eigentums in Europa*, in BEHRENS (Hrsg.), *Stand und Perspektiven des Schutzes Geistigen Eigentums in Europa*, 2004, p. 139 e ss.; para reflexões sobre como definir os melhores escopos e limites para a proteção conferida pelos direitos autorais, ver HILTY/PEUKERT (Hrsg.), *Interessenausgleich im Urheberrecht*, 2004.
42. Para casos mais recentes, ver TJCE, *JCB CFI*, Case T-67/01, decisão em 13 de janeiro de 2004, especialmente itens 85 e ss.; *European Commission*, 26/5/2004 – *Pokémon stickers*, Press Release IP/04/682.
43. Cf. nota 22 *supra*.
44. Para uma definição geral sobre vendas ativas e passivas, ver Comissão Européia, *Guidelines on Vertical Restraints*, OJ 2000, C 291/1, nº 50.
45. Cf. nota 23 *supra*.
46. CONDE GALLEGO, *Handelsbezogene Aspekte des Lizenzkartellrechts*, 2003, p. 225, analisa a manutenção de importação paralela como tarefa principal do "direito concorrencial da propriedade intelectual".
47. *Comissão Européia*, Decisão 2001/791/EG – *Glaxo Wellcome*, de 8 de maio de 2001, OJ 2001 L 302/1 (submetido a recurso de apelação para o Tribunal de Justiça de Primeira Instância, sob o caso T-168/01).
48. Sobre as regras gerais aplicáveis à importação paralela, ver documentos COM (2003) 839, *Comunicação da Comissão sobre as importações paralelas de especialidades farmacêuticas cuja colocação no mercado já foi autorizada*, atualizado em 30 de dezembro de 2003; e COM (1998) 588, *Comunicação da Comissão relativa ao mercado único dos medicamentos*, Boletim Europeu 11-1998.
49. *European Commission*, 10/1/1996, IV/34.279/F3 – *Adalat*, OJ 1996 L 201/1.
50. Caso T-41/96, *Bayer/Commission*, julgado pelo Tribunal de Primeira Instância em 26/10/2000, publicado na ECR 2000, II-3383; e pela TJCE em 6 de janeiro de 2004; cf. casos C-2/01 P e C-3/01 P, *Bundesverband der Arzneimittel-Importeure*. Para uma opinião favorável sobre as decisões do Tribunal em tais casos, ver BROWN, Christopher, "Case Comments – Bayer v Commission: The ECJ Agrees", in *European Competition Law Review*, vol. 25, nº 7, 2004, p. 386-389.
51. Cf. nota 22 *supra*.
52. Para o caso de restrições recíprocas entre concorrentes, ver art. 4(1)(b) do Regulamento nº 772/2004.
53. Ver Orientações da Comissão Européia sobre Transferência de Tecnologia (nota 23 *supra*), item 175 e ss.
54. Ver o alerta da Comissão Européia nas Orientações sobre Transferência de Tecnologia (nota 23 *supra*), item 98.
55. Art. 1501 (1) do NAFTA estabelece: *"Each Party shall adopt or maintain measures to proscribe anticompetitive business conduct and take appropriate action with respect thereto, recognizing that such measures will enhance the fulfillment of the objectives of this Agreement [...]"*.
56. *Central America-Dominican Republic-United States Free Trade Agreement* ("CAFTA-DR"). Ver ainda art. 1704 do Acordo NAFTA.
57. Art. 15.15 do CAFTA-DR estabelece: *"Nothing in this Chapter shall be construed to prevent a Party from adopting measures necessary to prevent anticompetitive practices that may result from the abuse of the intellectual property rights set out in this Chapter, provided that such measures are consistent with this Chapter."*
58. O DIAC foi publicado, por exemplo, na obra de FIKENTSCHER/IMMENGA (Ed.), *Draft International Antitrust Code*, 1995, p. 53 e ss.. Para as discussões sobre o tema, ver ainda FIKENTSCHER, "Competition Rules for Private Agents in the GATT/WTO System", in *Aussenwirtschaft* 1994, p. 281; PETERSMANN, "Proposals for Negotiating International Competition Rules in the GATT-WTO World Trade and Legal System", in *Aussenwirtschaft* 1994, p. 231.
59. Sobre isso, ver DREXL, "WTO und Kartellrecht", in *Zeitschrift für Wettbewerbsrecht* 2004, p. 191; HEINEMANN, cit., (nota 10 *supra*), p. 303.
60. Cf. item 2.1.1. *supra*.
61. Art. 1501(3) do NAFTA.
62. Cf. WT/WGTCP/W/229, Comunicado da Comunidade Européia e seus Estados-membros, de 14/05/2003, disponível em: <http:// docsonline.wto.org:80/DDFDocuments/t/WT/WGTCP/W229.doc>.
63. Para um debate mais aprofundado, ver HEINEMANN (*supra* nota 10), p. 312 e ss.
64. *O* documento está disponível em <http://www.adb.org/documents/books/ado/2005/default.asp.>
65. *Asian Development Outlook 2005* (nota 66 *supra*), p. 283 e ss.
66. Sobre isso, ver o documento *UNCTAD – Trade and Development Board*, "Competition Policy and the Exercise of Intellectual Property Rights", TD/B/COM.2/CLP/22/Rev.1, 19 April 2002, item 32.

Parte V

POLÍTICA E COMÉRCIO INTERNACIONAIS E TRANSFERÊNCIA DE TECNOLOGIA

1 MUDANDO OS TORTOS CAMINHOS DA OMPI? A AGENDA PARA O DESENVOLVIMENTO EM PERSPECTIVA HISTÓRICA

ANDRÉA KOURY MENESCAL*

1. Introdução

Pode não parecer agradável, mas eu poderia muito bem lhes dizer que sou da opinião de que existe um sério movimento contrário à atual tendência – bastante desejável – de modernizar e fortalecer a proteção da propriedade industrial da qual falei um minuto atrás. Como vocês sabem, vários ataques têm sido feitos ao sistema de propriedade industrial nos últimos anos, tendo o sistema como um todo enfrentado críticas severas, não apenas em países em desenvolvimento, mas também em países altamente industrializados.

Este movimento geral para enfraquecer os direitos de propriedade industrial tem sido particularmente forte na área farmacêutica... mas o que acontece agora em uma determinada área pode, em breve, se estender a outras.[1]

* Doutoranda pelo Instituto de Pesquisa em Ciência e Tecnologia (IWT), da Universidade de Bielefeld na Alemanha. *E-mail*: andrea.menescal@uni-bielefeld.de.

Esta declaração poderia facilmente ter sido feita por aqueles insatisfeitos com a Declaração de Doha da Organização Mundial do Comércio (OMC), de 14 de novembro de 2001[2] – que possibilita explicitamente aos Estados-membros, em situações de emergência, dar maior prioridade às políticas de saúde em vez de aos direitos de patentes, ou com a proposta apresentada pelo Brasil e pela Argentina na Assembléia Geral da Organização Mundial da Propriedade Intelectual (OMPI), em outubro de 2004, solicitando o estabelecimento de uma "Agenda para o Desenvolvimento" neste organismo das Nações Unidas.[3] Mas, na verdade, trata-se de uma declaração feita em 1963 por Jürg G. Engi, um defensor explícito dos detentores de patentes.[4] Engi referia-se aos desdobramentos da chamada "Resolução Brasileira" apresentada à Assembléia Geral das Nações Unidas no final de 1961.

Há mais de 40 anos, o Brasil e muitas outras nações em desenvolvimento requereram, pela primeira vez dentro do sistema das Nações Unidas, o estabelecimento de regras para a proteção da propriedade intelectual que fossem favoráveis a seu desenvolvimento econômico e que incluíssem controles adequados contra abusos. Introduziam-se, assim, as questões de desenvolvimento e defesa do interesse público na agenda internacional de propriedade intelectual.

A proposta de criação de uma "Agenda para o Desenvolvimento", apresentada à OMPI em 2004, faz reivindicação semelhante. Apoiada por países em desenvolvimento, organizações não-governamentais de interesse público, e intelectuais de países em desenvolvimento e desenvolvidos,[5] essa proposta representa o início de um esforço que vai muito além dos corredores da política de propriedade intelectual (PI) dentro da OMC, da OMPI ou de qualquer outro organismo nacional ou internacional. À medida que esse esforço também alcança os domínios do ensino e da pesquisa em PI, o apoio de intelectuais, especialmente da área jurídica, é simplesmente tão crucial quanto foi, no passado, o engajamento de juristas em favor de um sistema de PI que garantisse a proteção e o fortalecimento dos direitos dos detentores de patentes.[6] Nesse caso, acadêmicos e profissionais da área (advogados e agentes de patentes) influenciaram, direta ou indiretamente, os processos de tomada de decisão e o desenho da legislação internacional de PI, utilizando-se tanto da pesquisa em PI e de seus resultados como da credibilidade que a ciência possui nos meios políticos, a fim de fortalecer o sistema de patentes.[7]

A "Resolução Brasileira" de 1961 e a iniciativa Brasil-Argentina de 2004 serão discutidas e comparadas neste artigo. Ambas possuem características semelhantes, e a última deve ser compreendida no contexto do fracasso da primeira. Uma perspectiva histórica pode ajudar o novo movimento – que se opõe ao crescente fortalecimento da proteção e ao uso abusivo dos direitos de PI – a avaliar seus opositores e a se preparar para o longo e árduo processo de mudança das regras na legislação e na política de PI. A ciência do direito, mais especificamente o ensino e a pesquisa em PI, terá um papel decisivo neste processo que, com certeza, se estenderá por décadas.

O sistema internacional de direitos de propriedade industrial foi estabelecido pela União Internacional para a Proteção da Propriedade Industrial (referida aqui como União de Paris), em 1883, por meio da Convenção para a Proteção Internacional da Propriedade Industrial (a Convenção de Paris).[8] Novas propostas e emendas a essa Convenção eram apresentadas nas Conferências de Revisão[9] organizadas pelo Secretariado Internacional da União de Paris, isto é, os Bureaux Internationaux Réunis pour la Protection de la Propriété Intellectuelle (BIRPI).[10]

Dentro da União de Paris, países em desenvolvimento não tiveram sucesso em defender e fortalecer as salvaguardas que visavam impedir e/ou controlar os abusos por monopólios de patentes. Pelo contrário: a influência de especialistas em PI que apoiavam e defendiam os interesses dos detentores de patentes,[11] tanto nas Conferências de Revisão da União de Paris quanto dentro do próprio BIRPI,[12] fez com que as cláusulas de interesse público,[13] já existentes na Convenção de Paris, se tornassem cada vez mais restritas. Exemplos notáveis do exercício de tal influência foram as Conferências de Revisão em 1925 e 1958.[14]

Durante a década de 1950, houve um debate intenso e crítico sobre os abusos dos monopólios de patentes possibilitados pelo sistema da União de Paris e sobre a prevalência dos interesses dos detentores de patentes na Convenção de Paris.[15] Este debate foi estimulado pela decepção dos países em desenvolvimento ao verem seus interesses sendo continuamente negligenciados na União de Paris. No intuito de obter "uma posição mais eqüitativa" no regime internacional de PI, os países em desenvolvimento tentaram efetivamente questionar "a posição dominante da União de Paris".[16] Para isso, transferiram estrategicamente o debate para as Nações Unidas.[17] Estas eram vistas como um fórum neutro, sem os "interesses investidos"[18] representados na União de Paris e que favoreciam os países desenvolvidos e suas corporações, principais detentoras de patentes.[19]

A iniciativa partiu do Brasil, que, já àquela época, vinha sofrendo com inúmeros casos de abusos relacionados a patentes, especialmente por parte de corporações multinacionais farmacêuticas. A questão era tão grave que o Congresso Nacional chegou a constituir, em 16 de junho de 1961, uma Comissão Parlamentar de Inquérito (CPI) para analisar esses abusos e suas conseqüências econômicas e sociais para o país. Os abusos referidos por essa CPI relacionavam-se à falta de exploração de patente por estrangeiros, às práticas restritivas em acordos de licenciamento, ao pagamento de *royalties* altos, incluindo os de patentes vencidas, e ao alto custo dos medicamentos.[20]

Dentro desse contexto, o Brasil foi o primeiro país em desenvolvimento a apresentar uma proposta de "Agenda para o Desenvolvimento" no regime de propriedade intelectual, questionando as vantagens da proteção internacional dada aos países em desenvolvimento.

2. A Resolução Brasileira de 1961[21]

2.1. A Resolução Apresentada

Antes mesmo de apresentar qualquer minuta de resolução nas Nações Unidas, o Brasil expôs sua insatisfação com o sistema internacional de patentes existente, pela primeira vez, em outubro de 1961, frente ao Segundo Comitê da 16a. Sessão da Assembléia Geral da Organização das Nações Unidas (ONU). Ali, o delegado brasileiro Alberto Guerreiro Ramos[22] denunciou, *inter alia*, o desequilíbrio entre os setores nacional e estrangeiro da economia do país, atribuído a patentes e *royalties*, e concluiu:

> Les organes techniques des Nations Unies pourraient apporter une aide inestimable au Brésil et aux autres pays d'Amérique Latine, d'Asie et d'Afrique, en étudiant de manière approfondie le statut juridique des redevances (royalties) et des brevets (patents). Le versement de redevances et de brevets constituent en effet une partie importante de la balance des paiements de ces pays, où leur statut juridique manque parfois de clarté.[23]

Em 8 de novembro de 1961, o Brasil, co-patrocinado pela Bolívia,[24] submeteu, então, àquele Segundo Comitê sua primeira minuta de resolução dentro da agenda sobre o "desenvolvimento econômico de países subdesenvolvidos" e as "questões relativas a ciência e tecnologia". Intitulava-se: "O Papel das Patentes na Transferência de Tecnologia para Países Subdesenvolvidos".[25] Antes de ser examinada pelo Comitê, os patrocinadores revisaram a minuta original, retirando dela, especificamente, as partes que descreviam casos de abuso do monopólio de patentes (talvez para "não gerar dolorosas polêmicas").[26] As passagens excluídas afirmavam que:

- o acesso ao conhecimento e à experiência científicos e técnicos é freqüentemente limitado por patentes e arranjos similares delineados para proteger o direito de propriedade e exploração por investidores de novos processos, técnicas e produtos;
- em certos casos, patentes são requeridas por não-nacionais sem nenhuma intenção de manufaturar localmente o produto patenteado ou de aplicar a nova técnica, o que restringe o campo aberto à indústria e à iniciativa locais;
- os acordos de licenciamento por meio dos quais uma empresa local ou um grupo de empresas é autorizado a utilizar a invenção patenteada freqüentemente contêm cláusulas restritivas, tais como (a) restrição na liberdade dos licenciados de venderem produtos em certas áreas, (b) exigência de que o licenciado compre do licenciador matérias-primas ou componentes fabricados por este último, (c) exigência de que o licenciado utilize pessoal técnico empregado pelo licenciador e (d) restrições sobre preço e níveis de produção, que impedem o uso otimizado de recursos, penalizam o consumidor e criam injustificáveis pressões monopolistas na economia;
- os *royalties* pagos para uso de invenções estrangeiras em muitos casos constituem um grande ônus na balança de pagamentos de países subdesenvolvidos;

- as dificuldades com a balança de pagamentos podem se agravar com a importação de produtos patenteados com preços em níveis artificialmente altos estabelecidos pelos produtores, em conseqüência de sua posição monopolista, contribuindo, assim, para a deterioração das condições de comércio de países subdesenvolvidos;[27]
- em algumas instâncias, os *royalties* continuam a ser pagos apesar das evidências indicando que as patentes originais expiraram.[28]

Depois dessa revisão, que resultou de discussões com "representantes de vários países",[29] Brasil e Bolívia apresentaram, em 1º de dezembro de 1961, uma nova minuta de resolução a ser discutida no Segundo Comitê,[30] destacando o seguinte:

A importância da cooperação internacional no campo da ciência e tecnologia aplicadas para a promoção do intercâmbio de conhecimentos e experiência e a "disseminação de know-how científico, técnico e industrial" (referindo-se à Resolução nº 1.429 (XIV) da Assembléia Geral das Nações Unidas, de 5 de dezembro de 1959);[31] a importância do acesso a esse conhecimento e experiência "para acelerar o desenvolvimento econômico de países subdesenvolvidos e ampliar a produtividade total de suas economias".[32]

As discussões anteriores sobre os abusos do monopólio de patentes nas Nações Unidas, ao se referir à Resolução nº 375 (XIII) de 13 de setembro de 1951 do Conselho Econômico e Social (ECOSOC) e aos "relatórios sobre práticas comerciais restritivas elaborados pelo Secretariado Geral e pelo Comitê Ad Hoc constituído por meio da resolução citada anteriormente".[33] Esses relatórios[34] listam alguns "tipos de atividades comerciais consideradas ilegais"[35] em relação a patentes. São elas, *inter alia*: fixação de preços, exclusão de empresas, discriminação contra determinadas empresas, limitação de produção, falta de exploração de patentes, e mau uso de patentes, marcas registradas e direitos autorais.[36]

O reconhecimento do sistema internacional de patentes existente, conforme definido na Convenção de Paris, ao afirmar "que a proteção dos direitos dos detentores de patentes, tanto em seu país de origem quanto em países estrangeiros, é um imperativo de justiça internacional e, como tal, é integralmente reconhecida pela maioria dos países em tratados e convenções internacionais".[37] Com essa afirmação, os patrocinadores pretendiam deixar claro que não era sua intenção pleitear a extinção do sistema internacional de patentes.[38]

A necessidade de uma "Agenda para o Desenvolvimento" no sistema internacional de patentes, em particular: o sistema internacional de patentes deve "ser aplicado de tal maneira a conciliar as reivindicações legítimas dos patenteadores com as necessidades e exigências do desenvolvimento econômico de países subdesenvolvidos";[39] a legislação referente a patentes deve ser analisada "enfatizando, principalmente, o tratamento dado a patentes requeridas por estrangeiros",[40] considerando "os efeitos das patentes sobre a economia de países subdesenvolvidos"[41] e "as características [específicas dessa legislação em] (...) países subdesenvolvidos, à luz de [seus] objetivos de desenvolvimento econômico";[42]

deve-se considerar a possibilidade "de revisar tal legislação em concordância com princípios do direito internacional [que regem a matéria], com vistas a permitir a rápida absorção de novos produtos e técnicas para acelerar o desenvolvimento econômico [em países subdesenvolvidos]";[43] países em desenvolvimento, "na concessão de patentes e na elaboração ou revisão de suas leis de patentes, devem levar em consideração as necessidades e peculiaridades de suas economias, bem como os direitos dos patenteadores, a fim de estimular a incorporação produtiva de novos produtos e técnicas à economia nacional e de melhorar seus níveis de produtividade sem prejudicar os direitos de propriedade industrial, conforme reconhecido pela legislação internacional".[44]

A necessidade de revisão do sistema internacional de patentes fora dos auspícios da União de Paris, "promovendo-se uma conferência internacional com o objetivo de ajustar as convenções sobre patentes existentes às necessidades dos países em desenvolvimento".[45]

Em sua minuta de resolução, os patrocinadores solicitavam, por fim, a elaboração de um relatório pelo Secretariado Geral das Nações Unidas, "em consulta a instituições internacionais apropriadas",[46] para ser "submetido ao Comitê de Desenvolvimento Industrial, ao Conselho Econômico e Social e à Assembléia Geral".[47]

Tão logo a minuta de resolução foi apresentada ao Segundo Comitê, a Câmara de Comércio Internacional (CCI) e, em particular, o Presidente de sua Comissão para a Proteção Internacional da Propriedade Industrial,[48] Stephen P. Ladas, soaram alarmes sobre "as graves repercussões que tal resolução poderia ter no sistema de proteção da propriedade industrial, caso fosse adotada".[49] Os Membros da Comissão de PI da CCI aconselharam que sua organização, imediatamente, "emitisse uma declaração com o intuito de defender o sistema de patentes dos ataques [dirigidos] a ele".[50] A Declaração foi apresentada, subseqüentemente, ao Secretário-Geral das Nações Unidas.[51] Também a Associação Internacional para Proteção da Propriedade Intelectual (AIPPI)[52] seria envolvida nesses esforços para defender o sistema de patentes.[53]

Também o BIRPI reagiu prontamente à minuta da Resolução Brasileira. Seu Diretor "enviou imediatamente uma carta ao Secretário-Geral das Nações Unidas chamando sua atenção para o interesse do BIRPI na Resolução, por ser esse o único organismo [intergovernamental] internacional engajado exclusivamente no desenvolvimento da proteção da propriedade industrial, e oferecendo sua cooperação em quaisquer trabalhos futuros que pudessem surgir como resultado da Resolução Brasileira".[54]

2.2. O Debate Dentro do Segundo Comitê

Em 7 de dezembro de 1961, o delegado brasileiro Guerreiro Ramos apresentou a minuta da resolução àquele Segundo Comitê da Assembléia Geral,[55] mostrando-se plenamente ciente de como a questão era delicada[56] e já prevendo possíveis resistências ao que propunha a resolução:

> Tenho alguma experiência das desagradáveis controvérsias que o assunto costuma suscitar, notadamente no círculo restrito dos que têm grandes interesses investidos no vigente sistema internacional de patentes. Em tais círculos, posso dizê-lo com conhecimento de causa, é, por assim dizer, difícil, senão impossível, ter uma discussão inteligente do assunto. Aí, muito pouco se logra ir além dos reflexos condicionados; prevalecem pontos de vista preconceituosos, distorcidos por algo que gostariam que fosse, em resumo, esclerosados, como se não admitisse revisão o que até agora tem sido praxe no domínio da transferência da tecnologia para os países subdesenvolvidos.[57]

Guerreiro Ramos argumentou que, dada a evolução histórica, as patentes adquiriram "novo significado, à luz do qual [seria] (...) necessário examinar o tradicional sistema internacional que tem regido a sua utilização",[58] considerando, *inter alia*: as mudanças na definição de uma invenção que "se torna, cada vez mais, resultado de trabalho em equipe, produto da pesquisa socialmente organizada. Vivemos em uma era de planejamento de invenções, em que o inventor se forma no laboratório";[59] e as mudanças no escopo de uma invenção, à medida que "as grandes empresas privadas planejam a criação de invenções para suprir seus interesses, e o êxito de seus negócios depende da permanente busca por inovações e aperfeiçoamentos tecnológicos, a cargo de quadros profissionais institucionalizados".[60]

Segundo Guerreiro Ramos:

> ... a institucionalização da tecnologia [e da pesquisa científica] no nível das empresas privadas nem sempre coincide com interesses públicos dos quais os Governos devem ser sempre os guardiões zelosos...[A] utilização e disseminação de tecnologia [e o monopólio de patentes a ela associado] é uma questão que requer tratamento à luz de critérios públicos [porque] o sistema internacional de patentes existente não tem sido capaz de impedir abusos que são prejudiciais aos interesses públicos... [e] sofre, em apreciável escala, de interferências monopolistas ou oligopolistas, que devem ser eliminadas.[61]

Embora o Governo brasileiro não visasse promover a extinção do sistema de patentes, era preciso que o sistema existente fosse "curado de suas imperfeições".[62] Guerreiro Ramos conclui afirmando que "se verificam abusos que merecem acurado exame, da parte de entidades como as Nações Unidas, não comprometidas com os interesses investidos nesses abusos".[63] Ou, como Penrose afirmou antes, "a Convenção [de Paris] de modo algum (...) [estava ajudando] a aliviar as restrições na atividade comercial e industrial que eram permitidas pelo sistema internacional de patentes existente."[64]

A minuta da resolução foi discutida durante cinco reuniões do Segundo Comitê. Países desenvolvidos insistiram na exclusão do parágrafo referente a iniciativas anteriores da ONU sobre práticas comerciais restritivas, que claramente mencionavam abusos de monopólios de patentes,[65] sem sucesso.[66] Contudo, os patrocinadores tiveram o cuidado de analisar e incluir a maioria das emendas e sugestões apresentadas na discussão, "de modo a assegurar que a minuta da resolução pudesse ser adotada unanimemente".[67]

As emendas mais significativas foram propostas pela delegação holandesa.[68] Apoiada pelo representante dos Estados Unidos,[69] essa delegação fez com que os patrocinadores aceitassem mudanças expressivas na minuta de resolução, moderando, e muito, o tom das críticas apresentadas na versão original. O resultado foi, na verdade, a transformação da minuta em uma resolução que refletia mais um tributo ao sistema internacional de patentes vigente que o questionamento desse – como desejado, em princípio, pelo Brasil. Basta simplesmente comparar o seguinte parágrafo da versão original: "Percebendo que a proteção aos direitos dos detentores de patentes, tanto no país de origem quanto em países estrangeiros, é um imperativo de justiça internacional e, como tal, é integralmente reconhecida pela maioria dos países em tratados e convenções internacionais,"[70] com a versão adotada: "Percebendo que a proteção aos direitos dos detentores de patentes, tanto em seu país de origem quanto em países estrangeiros, tem contribuído para a pesquisa técnica e, portanto, para o progresso industrial nacional e internacional".[71]

2.3. A Resolução Adotada pela Assembléia Geral

De fato, a Resolução nº 1713 (XVI) adotada pela Assembléia Geral das Nações Unidas em 19 de dezembro de 1961, intitulada "O Papel das Patentes na Transferência de Tecnologia para Países Subdesenvolvidos",[72] diferia "consideravelmente da Minuta original apresentada".[73] Embora os documentos das Nações Unidas não explicitem a maneira profunda com que os especialistas em PI da CCI e da AIPPI influenciaram as discussões sobre a Resolução Brasileira, anuários dessas organizações e a publicação mensal do BIRPI (La Propriété Industrielle/Industrial Property) são evidências dessa influência. Como a própria Aippi reconheceu, foi graças a seu próprio esforço, juntamente com o da Comissão de PI da CCI e, particularmente, de Stephen P. Ladas, que a Resolução Brasileira, conforme adotada, "foi aceita em sua moderada versão final".[74]

A emenda mais crucial e decisiva que essas organizações conseguiram que fosse aprovada, em particular por intermédio das delegações de países desenvolvidos, foi aquela sobre o envolvimento do BIRPI nas iniciativas previstas pela resolução.[75] A inclusão do BIRPI significava que "a posição da União de Paris em quaisquer desdobramentos futuros que resultassem da resolução" estava assegurada.[76] Nenhuma revisão do sistema internacional de patentes poderia se efetivar fora da União de Paris, um organismo no qual os países desenvolvidos vinham exercendo sua hegemonia por quase cem anos, no qual qualquer emenda na Convenção requeria unanimidade. Conforme apontado pelo representante dos Estados Unidos, "A Convenção de Paris só poderia ser revisada por uma conferência especial de seus países-membros; sozinha, [a conferência] seria competente para decidir sobre as conclusões da conferência internacional [de revisão] propostas na minuta da resolução".[77] Isso foi, com certeza, uma decepção para o Brasil, cujo principal objetivo ao apresentar a Resolução foi o de desafiar a União de Paris e deslocar a definição das futuras regras internacionais em PI para o âmbito das Nações Unidas.

De fato, a Secretaria do Segundo Comitê já havia declarado durante a discussão que "se a minuta de resolução em estudo fosse adotada, a União para Proteção da Propriedade Industrial seria automaticamente consultada".[78] Uma vez que a emenda proposta pela Dinamarca fora aceita pelos patrocinadores, os Países Baixos retiraram sua proposta alternativa de envolver "um grupo de especialistas",[79] que deveria assistir as Nações Unidas na preparação do relatório sugerido.[80] Mesmo porque, segundo afirmação da Secretaria, "o trabalho [relativo ao relatório solicitado pela resolução] seria técnico demais para ser feito apenas pelo Secretariado Geral" e envolveria, com certeza, "a assistência de consultores".[81]

De qualquer forma, o envolvimento do BIRPI, "com seu conhecimento especializado dos problemas de desenvolvimento industrial e patentes",[82] ou a elaboração de um relatório "em consulta a instituições internacionais e nacionais apropriadas" significava, automaticamente, que os influentes especialistas em PI da AIPPI e da CCI, astutos defensores dos interesses dos detentores de patentes, desempenhariam seu papel na preparação do relatório solicitado.

Aqueles que desconhecem as relações existentes entre o BIRPI, a CCI e a Aippi desde o começo do século XX, e a forte influência que as duas últimas tiveram na União de Paris, não perceberiam que o envolvimento de tais especialistas na preparação do relatório solicitado pela Resolução Brasileira significava, na verdade, colocar a raposa tomando conta do galinheiro. Mas, apesar das modificações significativas, a resolução final aprovada pela Assembléia Geral das Nações Unidas parecia refletir as expectativas dos países em desenvolvimento de que as normas internacionais sobre patentes seriam ajustadas com vistas a aprimorar o desenvolvimento econômico, científico e tecnológico desses países. Isso foi, contudo, mera uma ilusão.

2.4. O Relatório Resultante

Da mesma forma que a resolução adotada, o relatório preparado pelo Secretariado Geral das Nações Unidas, "em consulta a instituições internacionais e nacionais", foi fortemente influenciado pelos especialistas em PI da CCI e da Aippi, assim como do BIRPI.[83] Além dos países-membros, essas organizações foram convidadas a responder um questionário e a apresentar suas posições sobre o assunto. A dedicação para tanto foi intensa, como ressaltou a AIPPI:

> Trabalhamos em ligação estreita com a CCI na resposta ao questionário e submetemos pontualmente nossas respostas em conjunto, acompanhadas dos necessários relatórios nacionais. (...)
>
> Nosso contato com a Câmara de Comércio Internacional está sendo constantemente cultivado, especialmente através do Comitê Misto CCI/AIPPI.[84] Este último reuniu-se várias vezes para a coordenação ou determinação e o compartilhamento das variadas questões de mútuo interesse, e também agora para lidar com o questionário da ONU com relação ao impacto das patentes sobre o desenvolvimento tecnológico de países subdesenvolvidos. A esse respeito, Relatórios Nacionais foram compilados por membros da CCI e da AIPPI para ambas as organizações e, mais tarde, um relatório elaborado pelo Sr. Ladas para a AIPPI foi apresentado à ONU por nosso Secretário-Geral".[85]

De fato, o BIRPI,[86] a AIPPI e a CCI estiveram intensamente envolvidos na preparação do relatório[87] e conseguiram influenciar as decisões dentro das Nações Unidas de forma bastante profunda. Por fim, o relatório "The Role of Patents in the Transfer of Technology to Developing Countries",[88] elaborado como resultado da Resolução Brasileira, tornou-se, na verdade, um tributo ao sistema internacional de patentes em vigor,[89] o que o Brasil e outros países em desenvolvimento certamente não desejavam e nem esperavam.[90]

2.5. O Debate Subseqüente Sobre Patentes e Transferência de Tecnologia

A Resolução Brasileira e o relatório dela resultante deflagraram um debate internacional sem precedentes sobre o sistema de PI e, mais particularmente, sobre o papel das patentes na transferência de tecnologia para os países em desenvolvimento.[91] A partir de 1964, a Conferência das Nações Unidas sobre Comércio e Desenvolvimento (UNCTAD) passou a ser o fórum internacional onde essas questões se concentraram.[92] E foi em 1974[93] que as discussões sobre a matéria chegaram a uma situação bastante favorável para os países em desenvolvimento, como nunca haviam estado antes. Naquele ano, a UNCTAD publicava um relatório intitulado "The Role of the Patent System in the Transfer of Technology to Developing Countries".[94]

Esse relatório[95] justificava as mudanças nas legislações de PI de países em desenvolvimento com relação a, por exemplo, "provisões mais rígidas para o licenciamento compulsório e a revogação como punição pela falta de exploração" de patentes e "provisões rigorosas contra abusos em acordos de licenciamento de patentes" como sendo "uma mudança do enfoque principal de proteção dos interesses privados do detentor da patente (em sua maioria, estrangeiros, no caso de países em desenvolvimento) para a salvaguarda do interesse público geral e das necessidades econômicas do país em questão".[96] Com base nessas conclusões, o relatório recomendou uma revisão do sistema internacional de patentes em vigor com o propósito "de fazer com que as leis e práticas relativas a patentes sejam capazes de efetivamente complementar outros instrumentos de política para o desenvolvimento nacional".[97]

Entretanto, nenhuma das conferências, grupos de trabalho e resoluções subseqüentes no âmbito da UNCTAD,[98] da OMPI[99] e de outras agências das Nações Unidas[100] vinculadas a essas questões levou à desejada e sugerida revisão do sistema internacional de patentes.[101] As negociações na UNCTAD, por exemplo, com relação a um Código Internacional de Conduta sobre Transferência de Tecnologia,[102] incluindo questões de patente, começaram na década de 1970,[103] continuaram durante os anos 1980 e terminaram em 1993,[104] pouco antes do advento do Acordo OMC/TRIPS, sem resultados concretos.

Durante todos esses anos de discussões, não foi possível para os países desenvolvidos e em desenvolvimento "chegar a um acordo pleno quanto a todos os tópicos pendentes relativos à minuta do código internacional de conduta sobre transferência de tecnologia".[105] E, infelizmente, as longas negociações não levaram à conclusão de um código "contendo cláusulas internacionais de antitruste e um certo número de cláusulas a serem observadas no Direito Contratual Internacional, (...) [o que seria] um primeiro passo importante na direção de um 'novo' sistema de regulação do comércio internacional" que controlasse os abusos dos monopólios de patentes e estimulasse a transferência de tecnologia, especialmente para os países em desenvolvimento.[106]

2.6. O Trio Perfeito em Defesa dos Interesses Privados: AIPPI, CCI e BIRPI/OMPI

Toda vez que os interesses privados dos detentores de patentes estiveram em risco de se sujeitar a qualquer prevalência do interesse público, os especialistas em PI da AIPPI e da CCI entraram em ação[107] para conter qualquer "erosão" do sistema internacional de patentes.[108] E seus esforços eram geralmente endossados pelo BIRPI/OMPI.[109] Assim, logo após a publicação do relatório das Nações Unidas de 1964,[110] essas três organizações - vale ressaltar, uma intergovernamental e duas não-governamentais - consideraram seu dever "usar as conclusões deste Relatório [no qual elas, com empenho, conseguiram imprimir suas posições] para educar o público e os políticos", especialmente em países em desenvolvimento, e criar "uma consciência da importância do sistema de proteção internacional de patentes e outros direitos de propriedade industrial no desenvolvimento de economias nacionais e no progresso econômico".[111]

Conseqüentemente, a AIPPI, a CCI, e o BIRPI/Ompi lançaram uma intensa "campanha publicitária em favor da proteção da propriedade industrial e [começaram] a incentivar a publicação de artigos favorecendo a proteção de patentes e marcas registradas em periódicos que não fossem lidos exclusivamente por especialistas na área, mas que alcançassem o público em geral".[112] O objetivo era, por um lado, "impedir ataques ao sistema de propriedade industrial, informando o público dos méritos daquele sistema",[113] e, por outro, influenciar o processo internacional de decisão e elaboração da legislação em PI.[114] Naturalmente, menções a abusos do sistema de patentes por corporações multinacionais não eram freqüentes nem proeminentes nas discussões promovidas por essas organizações.

Na década de 1970, à medida que os países em desenvolvimento começaram "a impor restrições e controles aos direitos de propriedade industrial de países com alto grau de desenvolvimento industrial" com o intuito de evitar abusos de monopólios de patentes, a AIPPI e a CCI começaram a "protestar contra a nova legislação e regulamentação nesses países em desenvolvimento" e empreenderam esforços para lembrar a eles que tal legislação só iria desestimular a transferência de tecnologia que tanto ansiavam em obter para acelerar seu processo de desenvolvimento econômico e industrial.[115]

Subseqüentemente, os especialistas em PI da AIPPI e da CCI, que eram, principalmente, professores e acadêmicos de destaque, advogados especializados em patentes ou diretores responsáveis por patentes de corporações multinacionais, começaram a publicar artigos e livros[116] enfatizando a importância do sistema de patentes para o avanço econômico de países em desenvolvimento.[117] Argumentos em defesa do sistema internacional de patentes – que também foram usados junto às Nações Unidas[118] – eram repetidos quase como um mantra,[119] freqüentemente sustentados por pouca evidência científica.[120]

Seguindo a mesma tendência, o BIRPI e, mais tarde, a OMPI organizaram seminários e conferências na Ásia, África e América Latina, bem como cursos sobre questões ligadas à PI, contando, freqüentemente, com o apoio dos especialistas em PI da AIPPI e da CCI. Esses eventos objetivavam, principalmente, convencer os países em desenvolvimento dos benefícios do sistema de patentes e atrair "por persuasão e sugestão"[121] um número cada vez maior desses países a aderirem à União de Paris.[122] A cooperação e a assistência técnica a países em desenvolvimento seguiu, a partir de então, o mesmo padrão.[123]

Essa posição foi fortemente defendida, por exemplo, por Georg Hendrick Christian Bodenhausen, (na época) Diretor-Geral do BIRPI/OMPI, em um Congresso da AIPPI em 1963:

> Uma das tarefas mais importantes em nosso campo de interesse parece ser demonstrar a estes países [em desenvolvimento] quais são seus reais interesses e convencê-los de que, ao participar da União, não apenas melhorariam a situação de seus interessados locais, como inventores, empresas comerciais, etc., mas também criariam o clima apropriado para investimentos em seus territórios por meio de contratos de licença com mais países desenvolvidos, cujos investimentos parecem ser extremamente desejados.[124]

Vale ressaltar aqui que Bodenhausen foi praticamente o arquétipo do forte e perfeito entrosamento entre o BIRPI/OMPI, a CCI e a AIPPI: antes de sua nomeação como Diretor-Geral do BIRPI e, posteriormente, da OMPI,[125] Bodenhausen era membro ativo da AIPPI[126] e da Comissão de PI da CCI[127]. Nos anos 50, foi um dos delegados do comitê conjunto CCI-AIPPI[128] e, em 1961, seu presidente.[129] Mesmo no cargo de Diretor-Geral do BIRPI/OMPI, Bodenhausen continuou participando assiduamente dos congressos anuais da AIPPI,[130] das reuniões da Comissão de PI da CCI[131] e dos encontros do comitê conjunto CCI-AIPPI.[132]

Sem poder ignorar esse fato, a campanha pública da CCI e da AIPPI, sempre afinadas com o BIRPI/OMPI, teve efeitos expressivos, e o impacto das atividades dessas organizações sobre a política e a legislação internacional de PI não pode ser subestimado. Os esforços de *lobby*, eficaz e eficientemente empreendidos pela CCI e pela AIPPI, junto com seus especialistas, tiveram uma influência duradoura sobre os acordos da OMPI, o Acordo OMC/TRIPS e as muitas legislações nacionais de PI.

Com freqüência, os especialistas vinculados à AIPPI e à CCI eram (e continuam sendo) acadêmicos[133] ou pesquisadores[134] que, utilizando-se da credibilidade que resultados de pesquisa e produção acadêmica usufruem junto aos meios políticos e ao público em geral, desenharam (de maneira despercebida para muitos) um sistema jurídico favorável à indústria e à iniciativa privada, destinado a ser aprovado pelos políticos ou apropriado pela indústria para seus próprios interesses. É muito provável que os protagonistas de tal pesquisa voltada para os interesses privados dos detentores de patentes estivessem convencidos da causa que apoiavam[135] e, no debate internacional sobre a legislação de PI, subestimassem ou ignorassem conscientemente os abusos constantes do sistema de patentes. Por essa razão, o ensino e a pesquisa em Direito de PI têm sido fortemente dominados pela visão de que os direitos dos detentores de patentes devem ser defendidos e fortalecidos.[136]

Hoje em dia, mais do que nunca, tem-se questionado[137] o argumento de que "a proteção de patentes estimula atividades de pesquisa e leva, portanto, a maiores gastos em pesquisa, mas, em conseqüência, resulta em mais produtos novos",[138] ou de que "as patentes incentivam a pesquisa nacional e criam a base para promover a industrialização".[139] E com razão, uma vez que esses argumentos foram impostos por interesses (privados) investidos como paradigma definido e consensual, especialmente no campo do ensino e da pesquisa em Direito de PI, sem evidências empíricas científicas conclusivas.[140]

3. A Proposta Brasileira de 2004

Considerando a discussão acima sobre a Resolução Brasileira de 1961, suas conseqüências e a influência que organizações de interesse privado e seus especialistas têm exercido sobre o sistema internacional de PI, não é de surpreender que a proposta brasileira de 2004 venha requerer uma "Agenda para o Desenvolvimento" na OMPI. Ela é mais ousada e de maior alcance do que a Resolução de 1961 - não só por se referir à proteção da propriedade intelectual como um todo mas, também, por reivindicar o equilíbrio entre interesses privados e públicos na política e na legislação internacional de PI que vai muito além do conflito Norte-Sul e dos interesses somente de países em desenvolvimento.

3.1. Proposta de uma "Agenda para o Desenvolvimento" na OMPI

A iniciativa Brasil-Argentina[141] apresentada na OMPI em agosto de 2004 defendia uma discussão sobre os seguintes temas:[142] a relação com as discussões internacionais anteriores e seus resultados no que diz respeito à implementação de uma agenda para o desenvolvimento, particularmente as iniciativas que "colocaram o desenvolvimento no cerne de suas preocupações e ações", isto é, a rodada de negociações multilaterais da OMC em Doha, em 2001, e a "Agenda de Doha para o Desenvolvimento"; a necessidade de considerar a proteção da propriedade intelectual dentro de um equilíbrio entre custos e benefícios para todos os países.

A proteção da propriedade intelectual não pode ser vista como um fim em si mesma, nem deve ser vista assim a harmonização das leis de propriedade intelectual que levem a padrões de proteção mais elevados em todos os países, independentemente de seus graus de desenvolvimento.

O papel da propriedade intelectual e seu impacto no desenvolvimento deve ser cuidadosamente avaliado caso a caso. A proteção da PI é um instrumento de políticas cuja operação pode, na prática real, produzir tanto benefícios quanto custos, que podem variar de acordo com o grau de desenvolvimento de um país. Necessita-se, portanto, empreender ações que garantam, em todos os países, que os custos da proteção da PI não ultrapassem seus benefícios.

Atividades da OMPI relativas a:

Estabelecimento de normas de propriedade intelectual

Algumas das atividades em comitês técnicos da OMPI relacionadas ao estabelecimento de normas, se aprovadas, forçariam os países em desenvolvimento e os países menos desenvolvidos a "concordar com normas de proteção da PI que ultrapassam, em muito, as obrigações vigentes no Acordo TRIPS da OMC, embora esses países ainda estejam enfrentando, com dificuldade, o processo dispendioso de implementar o próprio TRIPS".

Com relação, especialmente, às discussões dentro do Comitê Permanente sobre o Direito de Patentes a respeito de uma minuta do Tratado sobre o Direito Substantivo de Patentes (Substantive Patent Law Treaty - SPLT), "o tratado proposto elevaria consideravelmente os padrões de proteção das patentes, criando novas obrigações que os países em desenvolvimento dificilmente seriam capazes de cumprir."

O acréscimo ao ambiente digital de novas camadas de proteção da propriedade intelectual "obstruiria o livre fluxo de informações e descartaria tentativas de estabelecer novos arranjos para promover a inovação e a criatividade por meio de iniciativas como a do Creative Commons."

Transferência de tecnologia

Muitos dos países em desenvolvimento e países menos desenvolvidos que assumiram obrigações mais elevadas no campo da PI em anos recentes simplesmente carecem da infra-estrutura e da capacidade institucional necessárias para absorver tal tecnologia. Mesmo em países em desenvolvimento que possam ter capacidade de absorver tecnologia, padrões mais altos de proteção da propriedade intelectual não têm obtido êxito em fomentar a transferência de tecnologia através de investimentos estrangeiros diretos e licenciamento.

Aplicação da lei (*Enforcement*)

- O Comitê Consultivo de Aplicação da Lei (Advisory Committee on Enforcement - ACE) "não pode abordar o problema da aplicação da lei exclusivamente da perspectiva dos detentores de direitos, nem adotar um foco estreito nas discussões sobre formas de impedir a infração dos direitos de PI."
- A assistência técnica deve ser "neutra, imparcial e voltada para a demanda".
- Participação de ONGs na OMPI: A maneira como a OMPI usa o termo ONG "cria confusão e não parece consistente com a prática em vigor nas Nações Unidas, conforme implementada na maioria das agências especializadas das Nações Unidas" (veja também o item 7, adiante).

A OMPI como fórum internacional para discussão de questões de PI e desenvolvimento:

- A OMPI já está conseqüentemente obrigada a considerar os mais amplos compromissos e resoluções relativos ao desenvolvimento que fazem parte do sistema das Nações Unidas como um todo.
- As preocupações com o desenvolvimento devem ser integralmente incorporadas a todas as atividades da OMPI. Seu papel, portanto, não deve se limitar à promoção da proteção da propriedade intelectual.
- A Convenção da OMPI (1967) deve receber emendas de modo a "assegurar que a Organização esteja inequivocamente determinada a fazer com que a 'dimensão do desenvolvimento' constitua elemento essencial de seu programa de trabalho".
- A Assembléia Geral da OMPI deve "empreender ação imediata para propiciar a incorporação de uma 'Agenda para o Desenvolvimento' ao programa de trabalho da Organização".

A necessidade de considerar, em iniciativas da OMPI, as normas de PI já estabelecidas no Acordo TRIPS. "Todas essas provisões do Acordo TRIPS devem adequadamente ser incorporadas à estrutura da OMPI":

> Art. 1.1: Os direitos dos países de implementarem suas obrigações internacionais de acordo com seus sistemas jurídicos e suas práticas (...) devem ser salvaguardados.
>
> Art. 7: A aplicação das leis de PI deve ser "abordada no contexto de interesses societários mais amplos e de preocupações com o desenvolvimento".
>
> Art. 8: Quando necessário, medidas corretivas devem ser aplicadas, a fim de prevenir e/ou controlar "práticas abusivas por parte de detentores de direitos que possam restringir indevidamente a concorrência legítima" ou afetar "a transferência internacional de tecnologia".
>
> Art. 40: "práticas anticompetitivas em licenças contratuais" devem ser eliminadas pela raiz, e sua prevenção se enquadrar nas atividades e iniciativas da OMPI.

Todas as provisões do Acordo TRIPS devem ser aplicadas, "incluindo aquelas que imputam obrigações também aos detentores de direitos". A assistência técnica da OMPI deve ser dada a países em desenvolvimento para que "implementem o Acordo TRIPS".

Passos para a implementação de uma "Agenda para o Desenvolvimento" na OMPI:

- "Adoção de uma declaração de alto nível sobre propriedade intelectual e desenvolvimento" pela Assembléia Geral da OMPI "ou por uma conferência especialmente constituída sobre propriedade intelectual e desenvolvimento".
- "Emendas à Convenção da OMPI" que "incorporem explicitamente a dimensão de desenvolvimento aos objetivos e funções da OMPI", no intuito de "garantir que questões de desenvolvimento sejam plenamente incluídas nas atividades da OMPI".

- Tratados em negociação na OMPI "devem incluir provisões sobre a transferência de tecnologia, sobre práticas anticompetitivas, bem como sobre a salvaguarda das flexibilidades de interesse público", com "cláusulas específicas sobre princípios e objetivos", como, por exemplo:
  - Discussões sobre o Tratado de Direito Substantivo de Patentes anteriormente mencionado "devem se basear na minuta de tratado como um todo, incluindo todas as emendas que foram apresentadas por países em desenvolvimento. Além disso, os membros devem se esforçar para atingir um resultado que inequivocamente reconheça e busque preservar as flexibilidades de interesse público e o espaço de políticas dos Estados-membros".
  - As provisões de tratados sobre o uso de medidas de proteção tecnológica no ambiente digital "devem ser equilibradas e levar em conta claramente os interesses de consumidores e do público em geral. É importante salvaguardar as exceções e limitações constantes nas legislações nacionais de Estados-membros."
  - A OMPI deve considerar a realização de atividades visando a explorar a promessa feita por projetos de colaboração abertos de desenvolver bens públicos, como exemplificado pelos Projetos Genoma Humano e de Software Livre.
  - O Tratado sobre Proteção a Organismos de Radiodifusão proposto "deve ser analisado levando em consideração os interesses de consumidores e do público em geral".

Atividades relativas à cooperação e à assistência técnica "devem contribuir para a garantia de que os custos sociais da proteção da PI sejam mantidos mínimos":

- Devem-se estabelecer programas consistentes "entre a OMPI e países em desenvolvimento com o objetivo de fortalecer os organismos nacionais de propriedade intelectual, de modo que possam efetivamente se tornar elemento atuante nas políticas nacionais de desenvolvimento".
- "A assistência jurídica da OMPI deve garantir que as leis nacionais de propriedade intelectual sejam definidas de maneira a corresponder ao nível de desenvolvimento de cada país e considerem plenamente as necessidades e os problemas específicos de cada sociedade. Ela também deve ser direcionada a auxiliar os países em desenvolvimento na utilização plena da flexibilidade em acordos de propriedade intelectual em vigor e, em particular, na promoção de objetivos importantes das políticas públicas".

Essas atividades devem, também, incluir o envolvimento de organizações não-governamentais de interesse público:

- Criação de "um Comitê Permanente sobre Propriedade Intelectual e Transferência de Tecnologia para estudar medidas que garantam uma transferência efetiva de tecnologia para países em desenvolvimento e países menos desenvolvidos".

Exemplo disso seria o estabelecimento de um "Tratado sobre o Acesso ao Conhecimento e à Tecnologia" para "promover o acesso de países em desenvolvimento aos resultados de pesquisas financiadas com verbas públicas nos países desenvolvidos".

- Realização de um "Seminário internacional conjunto OMPI-OMC-UNCTAD sobre propriedade intelectual e desenvolvimento (...), com a participação ativa de todos os interessados de relevância, incluindo a sociedade civil e a academia".
- Implantação de um "Grupo de Trabalho sobre a Agenda para o Desenvolvimento", para discutir em profundidade a implementação da Agenda para o Desenvolvimento e os programas de trabalho a serem adotados pela Organização".
- "Participação da sociedade civil em atividades da OMPI", conforme definido adiante.

Revisão das normas de participação de organizações não-governamentais (ONGs) na OMPI:

- Alteração da terminologia da OMPI com relação às ONGs: "É necessário (...) que a OMPI tome as medidas apropriadas para distinguir entre organizações usuárias que representam os interesses dos detentores de direitos de PI e ONGs que representam o interesse público".[143]
- Envolvimento de "uma faixa comensuravelmente ampla de interessados nas discussões sobre propriedade intelectual, em níveis tanto nacional quanto internacional, incluindo uma atividade exclusiva de estabelecimento de normas".
- "Participação ativa de organizações não-governamentais de interesse público nos organismos subsidiários *da OMPI* para assegurar que, no estabelecimento de normas de PI, seja alcançado um equilíbrio adequado entre os produtores e os usuários de conhecimento tecnológico, de maneira a atender plenamente o interesse público."

Ao defender que as decisões sobre políticas e legislação de propriedade intelectual sejam "mais sensíveis às preocupações de interesse público e às necessidades específicas de países em desenvolvimento",[144] o Brasil e a Argentina, demonstram, na realidade, que a OMPI não mudou nada desde a Era BIRPI. As questões dos países em desenvolvimento e do interesse público em PI ainda não foram levadas em conta – ou, pelo menos, não suficientemente – nas decisões e iniciativas da OMPI, colocando em xeque a credibilidade do sistema de PI como tal. Ao convidar a Assembléia Geral a fazer comentários sobre o documento apresentado e suas propostas, os patrocinadores concluíram:

> Uma visão que promove os benefícios absolutos da proteção da propriedade intelectual sem reconhecer as preocupações com políticas públicas enfraquece a própria credibilidade do sistema de PI. Por outro lado, a integração da dimensão do desenvolvimento ao sistema de PI e às atividades da OMPI irá fortalecer a

credibilidade do sistema de PI e incentivar sua aceitação mais ampla como importante instrumento de promoção da inovação, da criatividade e do desenvolvimento.[145]

3.2. A Declaração de Genebra Sobre o Futuro da OMPI

A proposta de 2004 de uma "Agenda para o Desenvolvimento da OMPI" tem sido apoiada em diversas iniciativas por países em desenvolvimento, organizações não-governamentais de interesse público e intelectuais de países em desenvolvimento e desenvolvidos.[146] Tão logo a proposta foi apresentada à Assembléia Geral da OMPI no final de setembro de 2004, o texto da proposta circulou pela internet, enviado para muitas organizações e indivíduos em todo o mundo.[147] Uma das reações mais significativas de grupos da sociedade civil foi a "Declaração de Genebra sobre o Futuro da Organização Mundial da Propriedade Intelectual".[148]

Em apoio à proposta da Argentina e do Brasil, acadêmicos e pesquisadores, inventores, bibliotecas públicas, ONGs de interesse público e outros indivíduos pediram "uma mudança de direção, novas prioridades e melhores resultados para a humanidade" em relação à OMPI. Segundo esta Declaração de Genebra, tal proposta "reformularia profundamente a agenda da OMPI em direção ao desenvolvimento e a novas abordagens em apoio à inovação e à criatividade" – "um primeiro passo, há muito tempo esperado e necessário, rumo a uma nova missão e a um novo programa de trabalho da OMPI":

> A proposta de uma agenda para o desenvolvimento criou a primeira oportunidade real de debater o futuro da OMPI. Não é apenas uma agenda para países em desenvolvimento. É uma agenda para todos, Norte e Sul. Ela deve ser levada adiante. Todas as nações e pessoas devem se juntar ao debate sobre o futuro da OMPI e ampliá-lo.

Questões apresentadas e destacadas na Declaração de Genebra:

- Crise global na governança do conhecimento, da tecnologia e da cultura:
  - sem acesso a medicamentos essenciais, milhões sofrem e morrem;
  - moralmente repugnante, a desigualdade de acesso à educação, ao conhecimento e à tecnologia enfraquece o desenvolvimento e a coesão social;
  - práticas anticompetitivas na economia do conhecimento impõem custos imensos a consumidores e retardam a inovação;
  - autores, artistas e inventores enfrentam barreiras cada vez maiores para acompanhar a inovação;
  - a concentração da propriedade e o controle do conhecimento, da tecnologia, dos recursos biológicos e da cultura prejudicam o desenvolvimento, a diversidade e as instituições democráticas;
  - medidas tecnológicas destinadas a garantir os direitos de propriedade intelectual em ambientes digitais ameaçam as exceções importantes do Direito Autoral para pessoas portadoras de deficiência, bibliotecas, educadores, autores e consumidores, e enfraquecem a privacidade e a liberdade;

  - mecanismos-chave para compensar e dar apoio a indivíduos criativos e comunidades são injustos, tanto para pessoas criativas quanto para consumidores;
  - interesses privados apropriam-se indevidamente de bens públicos e sociais e restringem o domínio público.
- Alternativas positivas para contrabalançar os problemas citados anteriormente:
  - Campanhas altamente bem-sucedidas para acesso a medicamentos para a AIDS, revistas científicas, informações sobre genoma e outras bases de dados, e centenas de esforços inovadores de colaboração para criar bens públicos, incluindo a internet, World Wide Web, Wikipedia, Creative Commons, GNU Linux e outros projetos de software livre e gratuito, bem como ferramentas de educação a distância e de pesquisa médica.
  - Sistemas de compensação alternativa têm sido propostos no intuito de expandir o acesso e o interesse em obras culturais, propiciando, ao mesmo tempo, tanto a artistas quanto a consumidores, sistemas de compensação eficientes e justos. Existe um interesse renovado em normas compensatórias [que substituam normas exclusivas], prêmios para inovações ou intermediadores competitivos como modelos de incentivo econômico à ciência e tecnologia que podem facilitar inovações seqüenciais evolutivas e evitar abusos monopolistas.

A orientação atual da OMPI:

- A OMPI incorporou uma cultura de criação e expansão de privilégios de monopólio, sem considerar as conseqüências. A expansão contínua desses privilégios e de seus mecanismos de aplicação levou a sérios custos econômicos e sociais e tem prejudicado e ameaçado outros importantes sistemas de criatividade e inovação.
- Os mantras "mais é melhor" ou "menos nunca é bom" são enganosos – e têm comprometido enormemente a reputação da OMPI, especialmente entre especialistas em políticas de propriedade intelectual.
- A abordagem "tamanho único" incorporada aos níveis mais altos de proteção da propriedade intelectual para todos leva a resultados injustos e onerosos para países que estão enfrentando dificuldades para satisfazer as necessidades mais básicas de seus cidadãos.
- Durante gerações, a OMPI tem respondido basicamente às preocupações estreitas de editoras poderosas, fabricantes farmacêuticos, cultivadores de plantas e outros grupos de interesses comerciais.

A orientação futura da OMPI:

- A OMPI precisa capacitar seus Membros a entender as reais conseqüências econômicas e sociais das proteções excessivas à propriedade intelectual e a importância de atingir um equilíbrio entre domínio público e concorrência, de um lado, e a esfera dos direitos de propriedade, de outro.

- A OMPI deve adotar uma visão mais equilibrada e realista dos benefícios e custos sociais dos direitos de propriedade intelectual como um instrumento, embora não exclusivo, de sustentação da atividade intelectual criativa.
- A OMPI também deve manifestar uma visão mais equilibrada dos benefícios relativos da harmonização e da diversidade e buscar impor uma conformidade global apenas quando for verdadeiramente benéfica para toda a humanidade.
- As funções da OMPI não devem se limitar a apenas promover "a proteção eficaz" e a "harmonização" das leis de propriedade intelectual, mas devem incorporar formalmente aos sistemas de inovação nacionais, regionais e transnacionais as noções de equilíbrio, adequação e estímulo aos modelos de atividade criativa – tanto competitivos quanto colaborativos.

Apoio à proposta de uma "Agenda para o Desenvolvimento":

- A Convenção da OMPI deve reconhecer formalmente a necessidade de considerar as "exigências de desenvolvimento de seus Estados-membros, particularmente dos países em desenvolvimento e menos desenvolvidos", como tem sido proposto.
- Deve haver uma suspensão, no âmbito da OMPI, de novos tratados e da harmonização de normas que expandam e fortaleçam monopólios e restrinjam ainda mais o acesso ao conhecimento.
- "A OMPI deve atentar para os interesses substantivos" de grupos da sociedade civil, "tais como a proteção aos direitos do consumidor e direitos humanos. Deve ser dada prioridade aos interesses, há muito negligenciados, dos pobres, doentes, deficientes visuais e outros".
- As propostas de criação de comitês permanentes e grupos de trabalho sobre transferência de tecnologia e desenvolvimento são bem-vindas. A OMPI também deve estudar a criação de um ou mais organismos para tratar sistematicamente do controle de práticas anticompetitivas e da proteção aos direitos do consumidor.
- Deve ser dado apoio a um Tratado sobre Acesso ao Conhecimento e à Tecnologia. O Comitê Permanente sobre Patentes e o Comitê Permanente sobre Direitos Autorais e Direitos Conexos devem solicitar a opinião de países-membros e do público sobre elementos de tal tratado.
- "Os programas de assistência técnica da OMPI devem ser fundamentalmente reformados. (...). Se o Secretariado da OMPI não conseguir entender as preocupações e representar os interesses dos pobres, todo o programa de assistência técnica deve ser transferido para um organismo independente que conte com a confiança dos países em desenvolvimento".

- A OMPI deve ajudar os países em desenvolvimento a lidar com as limitações e exceções nas leis de patentes e de direito autoral que sejam essenciais para a eqüidade, o desenvolvimento e a inovação.
- A OMPI deve respeitar e apoiar indivíduos criativos e comunidades, investigando a natureza de práticas comerciais injustas e promovendo modelos de melhores práticas e reformas que protejam indivíduos e comunidades nestas situações, coerentemente com as normas das comunidades em questão.

3.3. A Participação da Sociedade Civil na OMPI

A recente aquiescência da OMPI à participação da sociedade civil e de grupos de interesse público "é bem-vinda".

Uma das observações mais importantes confirmada pela Declaração de Genebra é a de que tanto uma "Agenda para o Desenvolvimento" como as questões de interesse público em PI não são mais um problema apenas de países em desenvolvimento ou de ativistas e ONGs que reivindicam a prevalência de questões sociais e de saúde sobre o comércio e o lucro com direitos de PI. Mais do que isso, essas questões são relevantes para uma rede internacional de ONGs de interesse público, acadêmicos e consumidores de países em desenvolvimento e de países desenvolvidos.

Além disso, ao requerer "a suspensão, no âmbito da OMPI, de novos tratados e da harmonização de normas que expandam e fortaleçam monopólios", a Declaração de Genebra demonstra que a OMPI não pode continuar, indiscriminadamente, a impor tratados e acordos baseados na suposição de que mais é melhor. Ao defender e fortalecer principalmente os interesses privados dos detentores de direitos de PI, a OMPI tem ignorado as questões de interesse público na legislação e na prática internacional de PI. Conseqüentemente, vêm ignorando as graves repercussões sociais e econômicas de tais tratados para a humanidade como um todo ao obstruir e negligenciar "outros sistemas de criatividade e inovação igualmente importantes".

De fato, a atitude da OMPI é, de uma certa maneira, inconsistente com sua missão como uma organização das Nações Unidas. Pode-se até dizer que desde 1974 a OMPI tem continuamente falhado em agir como um organismo responsável "por promover a atividade intelectual criativa e por facilitar a transferência de tecnologia relativa à propriedade industrial para os países em desenvolvimento a fim de acelerar o desenvolvimento econômico, social e cultural".[149] Diante disso, pode-se até questionar se a transformação da OMPI em uma agência das Nações Unidas não foi meramente mais uma estratégia dos especialistas em PI – defendores dos intereses privados – no intuito de legitimar suas ações e continuar um trabalho, de quase um século, de fortalecimento da proteção da PI sob os auspícios da credibilidade e da suposta neutralidade de uma organização das Nações Unidas.

3.4. A Decisão da Assembléia Geral da OMPI Sobre a Proposta de 2004

Ao apresentar a proposta diante da Assembléia Geral da OMPI, o representante brasileiro[150] destacou o caráter global do documento:

> A Agenda para o Desenvolvimento não é apenas de interesse de países em desenvolvimento, ela é essencialmente de interesse global; de fato, é o requisito global mais importante, que se irradia positivamente para todas as outras agendas. Um sistema adequado e equilibrado de propriedade intelectual para o nosso tempo, que promova a inovação, a criatividade e a ampla disseminação do conhecimento, é inclusivo para todos os povos e atende plenamente ao interesse público, é de crucial importância para os povos do mundo desenvolvido e em desenvolvimento. Seria, portanto, errôneo ver o estabelecimento de uma Agenda para o Desenvolvimento na OMPI como uma tentativa de polarizar o debate nesta instituição.[151]

As discussões que se seguiram na Assembléia Geral da OMPI, de 30 de setembro e 1º de outubro de 2004, aconteceram, de modo geral, em um clima positivo, embora as posições de representantes de países em desenvolvimento e países desenvolvidos divergissem radicalmente. Os países em desenvolvimento, em sua maioria, apoiavam a proposta, enquanto os países desenvolvidos defendiam principalmente o histórico de longa data da OMPI de ajuda e apoio aos países em desenvolvimento.

A delegação dos Estados Unidos opôs-se abertamente ao princípio básico que motivou a Agenda para o Desenvolvimento, argumentando que o fortalecimento da proteção da propriedade intelectual leva muito mais a estimular o desenvolvimento, que a prejudicá-lo. A Agenda para o Desenvolvimento parecia questionar esforços anteriores e lançar dúvida sobre a relevância da PI para o desenvolvimento econômico.

Subseqüentemente, "a Assembléia Geral da OMPI concordou em analisar com maior profundidade" a proposta inicialmente apresentada pelo Brasil e pela Argentina, de se "dar mais ênfase à dimensão do desenvolvimento em todo o trabalho da OMPI",[152] e decidiu:

Primeiro: "convocar reuniões intersessionais intergovernamentais para analisar as propostas originalmente apresentadas pelo Brasil e pela Argentina, bem como propostas adicionais de Estados-membros".

Segundo: "As reuniões serão (...) abertas a organizações intergovernamentais e organizações não-governamentais (ONGs) credenciadas pela OMPI".

Terceiro: "Em 2005, será apresentado à Assembléia Geral um relatório sobre essas questões, para apreciação. Essa decisão também requer a organização, em cooperação com outros organismos multilaterais, de um seminário internacional sobre propriedade intelectual e desenvolvimento, aberto a todos os interessados, incluindo ONGs, sociedade civil e academia".

Nos primeiros meses de 2005, o debate sobre a proposta ousada de uma Agenda para o Desenvolvimento na OMPI prosseguiu. Se isso resultará na implementação das propostas, é um outro assunto.[153]

4. Conclusões

À luz das discussões ocorridas desde a Resolução Brasileira de 1961, pode-se chegar a algumas conclusões com respeito às ultimas iniciativas e a seus desdobramentos.

4.1. A Distinção Entre Interesse Público e Privado Antes e Depois do Acordo TRIPS

Questões de interesse público sobre PI vinham sendo defendidas principalmente por países em desenvolvimento, com a argumentação de que suas economias e seu desenvolvimento científico e tecnológico sofriam com abusos por parte dos detentores de patentes e com os preços elevados de produtos patenteados. Quando os países em desenvolvimento pleiteavam a consideração de questões de interesse público na União de Paris e nas Nações Unidas, eles requeriam instrumentos legais para prevenir abusos do monopólio de patentes e práticas anticompetitivas prejudiciais para o desenvolvimento econômico doméstico. Interesses privados, por outro lado, eram (e continuam sendo) associados a interesses de corporações multinacionais de países desenvolvidos e seus esforços para fortalecer e expandir os direitos de PI. Foi com essa compreensão de interesses privados e públicos que se realizou a discussão em torno da Resolução Brasileira de 1961.

Desde o estabelecimento do Acordo TRIPS, contudo, a abordagem dessas questões mudou. A prevalência de questões de interesse público na legislação e na política de PI tem sido cada vez mais defendida, não somente por países em desenvolvimento, mas também em países desenvolvidos.[154] Questões sobre o interesse público em PI são atualmente discutidas por acadêmicos, ONGs de interesse público e outros indivíduos em países desenvolvidos. Como a Declaração de Genebra mostra nitidamente, esse envolvimento significa muito mais que um mero apoio aos países em desenvolvimento dentro do conflito Norte-Sul. Mais do que isso, atualmente os custos sociais e econômicos de uma proteção cada vez maior dos direitos de PI têm repercutido tanto em países desenvolvidos quanto nos em desenvolvimento e têm sido vistos como uma questão de desenvolvimento humano em geral, não importando se nos países do Norte ou do Sul.

As preocupações em defesa do interesse público relacionam-se agora, também, ao livre fluxo de informação para pesquisa e à promoção da inovação e da criatividade no mundo inteiro. A tendência crescente de "capitalização do conhecimento"[155] ou "comercialização da ciência"[156] tem sido considerada com apreensão por muitos acadêmicos, especialmente pesquisadores financiados com recursos públicos.[157] Isto se refere tanto ao patenteamento dos resultados de pesquisas feitas pelos próprios acadêmicos quanto à apropriação (privada) da informação científica e do conhecimento públicos pela indústria, em detrimento dos usuários, do bem comum[158] e da própria ciência como um todo.[159]

Interesses privados e públicos na legislação e na política referentes a PI devem ser entendidos conforme a definição de bens privados e bens públicos: Enquanto bens privados "tendem a ser excludentes e a conflitar com outros",[160] bens públicos são não-divisíveis no consumo e não-excludentes.[161] Embora direitos de PI sejam *per se* excludentes, são concedidos para acomodar não somente interesses privados (recompensa dos custos) mas, também, interesses públicos (avanço da ciência e bem-estar da sociedade).

Um aumento da proteção dos direitos de PI significa um aumento de direitos excludentes, e uma diminuição de bens públicos não-excludentes.[162] Nos últimos cem anos, a tendência na legislação de PI tem sido de expandir o poder dos detentores de direitos de PI de excluir outros. Cada vez mais, tal poder de excluir também abrange resultados de pesquisa e informações relevantes para a pesquisa.

4.2. A Definição de ONGs

A discussão em torno da definição de ONG está relacionada aos supracitados conceitos de interesses e bens privados e públicos. Como o Brasil e a Argentina justificadamente mostraram, o uso do termo ONG pela OMPI "gera conflito" e tem englobado muito mais organizações de interesse privado que de interesse público. Esta prática da OMPI em relação a ONGs e o pedido dos dois países a esse respeito podem ser mais bem entendidos quando se consideram dois pontos principais: a) A definição da ONU de ONGs; e b) O contexto teórico da origem de ONGs.

4.3. A Definição da ONU de ONGs

A definição bastante abrangente de ONGs, que tem sido predominantemente usada pelas Nações Unidas e por suas agências especializadas, foi adotada sob a Resolução nº 288 X (B) do Conselho Econômico e Social (ECOSOC) como segue: "Qualquer organização internacional que não seja estabelecida por acordo intergovernamental deverá ser considerada como uma organização não-governamental".[163]

Esta definição engloba organizações de diferente áreas (social, econômica, cultural, educacional etc.) e com propostas e metas muito distintas quanto ao que pretendem alcançar utilizando-se de seu status consultivo dentro do sistema das Nações Unidas.[164] A questão para quem as ONGs advogam não parece ser um aspecto relevante dentro dessa definição da ONU. Ao invés disso, a ONU simplesmente faz a distinção entre organizações governamentais e não-governamentais. Entre as exigências do ECOSOC por um status consultivo na ONU, a autonomia das ONGs[165] é considerada meramente *vis-à-vis* governos e não *vis-à-vis* indústria (setor privado) ou outros atores sociais como, por exemplo, igrejas ou partidos políticos.[166]

Assim, organizações de interesse privado, embora estabelecidas de caráter sem fins lucrativos, estão advogando por interesses (privados) com fins lucrativos dentro do sistema das Nações Unidas. Essas organizações não representam "uma preocupação na geração de lucro" por elas mesmas, mas são "projetadas para servir a geração de lucro".[167] A CCI e a AIPPI são bons exemplos desse tipo de organização, como foi explicado anteriormente.[168] Ambas são consideradas ONGs dentro do sistema da ONU, inclusive pela OMPI.[169]

4.4. O Contexto Teórico da Origem de ONGs

A origem de ONGs tem sido geralmente relacionada ao setor sem fins lucrativos,[170] ao terceiro setor,[171] ou à sociedade civil,[172] isto é, ONGs surgem em uma determinada esfera entre Estado e Mercado. No entendimento tradicional, ONGs emergem como uma compensação pelo "fracasso do Estado"[173] ou pelo "fracasso do Mercado"[174] em suprir a sociedade de bens coletivos. Contudo, existe uma outra visão de que ONGs, na verdade, não são criadas para suprir esses "fracassos" de fato, mas surgem para prover a sociedade de bens e serviços que nem o Estado nem o Mercado podem - isto é, têm a capacidade - proporcioná-los.[175] Esses bens e serviços fornecidos por ONGs são bens coletivos públicos[176] disponíveis para toda a sociedade, e bens sociais[177] cujo propósito central é atender às necessidades da sociedade.[178]

As ONGs visam prover a sociedade - em nível local, nacional, regional ou global - com bens públicos, sem limitá-los a grupos específicos da sociedade.[179] As ONGs estão, assim, comprometidas em fornecer "bens públicos globais"[180] como justiça social,[181] eqüidade social,[182] saúde[183] e conhecimento.[184]

As ONGs possuem uma peculiaridade especial: a solidariedade[185]: "Onde o mercado se constitui por troca e o governo atinge efetividade por hierarquia, ONGs no terceiro setor garantem sua oferta de bens públicos para a sociedade por atos de solidariedade."[186] Sendo parte da sociedade civil, ONGs pertencem a esta "esfera de solidariedade social",[187] na qual solidariedade não significa meramente uma "comiseração altruística para com alguém que necessita de ajuda"[188] mas particularmente uma "solidariedade advocatória".[189]

Considerando essas especificidades das ONGs e o modelo que Cohen propõe de cinco "peças-chave", pode-se melhor entender as diferenças entre ONGs de interesse público e as organizações de interesse privado que vêm há muito tempo fazendo *lobby* dentro da OMPI (e de seu antecessor BIRPI). Além do modelo já anteriormente referido dos três provedores de bens para a sociedade - Sociedade Civil, Estado e Mercado–, Cohen adiciona uma "Sociedade Política" e uma "Sociedade Econômica" fora da Sociedade Civil.[190]

Uma vez que tal distinção não é imposta pela definição da ONU de ONGs, as organizações que possuem *status* consultivo podem, assim, pertencer a e advogar pela "Sociedade Econômica" em vez da própria Sociedade Civil.[191] As "ONGs" que vêm atuando dentro da OMPI fazem parte principalmente dessa "Sociedade Econômica", cujo caráter não lucrativo e de não pertencer a um governo não é suficiente para que sejam consideradas parte da Sociedade Civil. Advogar pela "Sociedade Econômica" significa claramente advogar por interesses privados. ONGs, por outro lado, por fazerem parte da Sociedade Civil, advogam por interesses públicos.

Quando, na Agenda para o Desenvolvimento de 2004, Argentina e Brasil requerem "a alteração na terminologia da OMPI com respeito a ONGs", pedem, na verdade, uma definição de ONGs que corresponda muito mais aos argumentos teóricos extensivos (anteriormente brevemente expostos) que à difusa definição de ONGs estipulada pelas Nações Unidas. Isto é: ONGs como provedoras de bens públicos (advogando por saúde, informação, cultura etc. para todos), porta-vozes da coletividade e que não fazem parte da "Sociedade Econômica".

A OMPI deveria reconhecer que já se foram os tempos em que organizações de interesse privado eram as únicas "organizações não-governamentais" advogando em questões de PI, e que a ampla definição da ONU de ONGs já não pode mais ser usada indiscriminadamente. Em todo caso, a OMPI deve distinguir entre organizações de interesses privados e públicos, e assegurar que ambas estejam igualmente representadas nas discussões sob seus auspícios.

4.5. A Prevalência de Interesses Privados

A similaridade mais importante entre as propostas de 1961 e 2004 é o questionamento feito pelos países em desenvolvimento ao sistema vigente de PI e à prevalência de interesses privados sobre os interesses de consumidores e do domínio público: O sistema de PI tem sido, de maneira crescente, excludente por diferentes iniciativas que favoreceram os detentores de direitos de PI.

O fato de a proposta de 2004 reiterar a necessidade de "promover a transferência de tecnologia por meio de investimentos estrangeiros diretos e licenciamento" para países em desenvolvimento é evidência clara de que as iniciativas a partir da década de 1960 trouxeram bem menos para países em desenvolvimento do que os esforços propagandísticos de especialistas da AIPPI e da CCI fizeram o mundo acreditar. O fato de uma proposta como a de 2004 ter sido efetivamente apresentada demonstra que a Resolução Brasileira de 1961 fracassou em seus objetivos iniciais e que a influência dos especialistas de interesses privados vinculados à AIPPI e à CCI continuou imperturbada, mesmo depois de a OMPI ter se tornado uma agência especializada das Nações Unidas em 1974.

O problema da assistência técnica, que praticamente se iniciou após ser sugerida pelo relatório de 1964 sobre O Papel das Patentes na Transferência de Technologia para Países em Desenvolvimento,[192] é um caso em questão. Certamente tal assistência tem sido fornecida pela OMPI, como os representantes de países desenvolvidos fazem questão de argumentar. Contudo, para implementá-la a OMPI (até mesmo nos tempos do BIRPI) tem se utilizado, com freqüência (já desde os anos 1960), de especialistas vinculados à AIPPI e à CCI, cuja atuação tem se voltado mais a garantir o fortalecimento e a aplicação da proteção da PI que de cumprir com as exigências e os interesses do país assistido.

Justiça seja feita: mesmo que o BIRPI/OMPI tivesse buscado especialistas com uma postura diferente, não teria achado tantos. Além disso, embora houvesse alguns acadêmicos e intelectuais da área jurídica que defendiam questões de interesse público e a posição de países em desenvolvimento,[193] eles não estavam agrupados em nenhuma organização específica para contrabalançar a especialização e a influência da AIPPI e da CCI ou advogar junto à OMPI para defender questões de interesse público. Concluindo: a "Ajuda ao desenvolvimento" dada pela OMPI tem sido entendida, especialmente depois da Resolução Brasileira de 1961, como o desenvolvimento e o fortalecimento do sistema de PI existente, e não como a promoção do desenvolvimento científico, técnico e tecnológico do país a ser assistido, e não tem levado em consideração as necessidades e peculiaridades das economias de países em desenvolvimento.

4.6. O Apoio de ONGs e Acadêmicos

A notícia mais bem recebida do debate iniciado em 2004 é a de que os governos de países em desenvolvimento não estão mais sozinhos ao se contraporem ao fortalecimento, cada vez maior, dos direitos de PI e da prevalência de interesses privados na área de PI. Afinal, a Declaração de Genebra foi assinada por ONGs de interesse público, acadêmicos, pesquisadores e um grande número de indivíduos em todo o mundo, que têm demonstrado interesse crescente nas atividades e reuniões da OMPI assim como em questões de PI em geral.

Por ocasião da Resolução Brasileira de 1961, os países em desenvolvimento não tiveram aliados que os apoiassem na proposta de inclusão do interesse público na agenda internacional de PI ou reforçassem os argumentos do Brasil nos processos de tomada de decisão. Naquela época, a maioria dos especialistas em PI vinha de países desenvolvidos, e quase todos estavam vinculados à AIPPI e/ou à CCI.[194] Por quase 100 anos, do final do século XIX até o início dos anos 90, essas duas organizações – unidas por uma causa comum e relações pessoais – tiveram um monopólio de fato do fornecimento de informação, serviços especializados e consultoria (como ONGs com *status* consultivo, *nota bene*) para a elaboração da legislação e para a definição da política de PI em nível internacional.[195]

A partir do final da década de 90,[196] outras organizações, *i.e.*, ONGs que defendem o interesse público, ingressaram nas discussões em questões de PI, e seu número tem crescido a cada ano. Governos de países em desenvolvimento estão claramente cientes de seus novos aliados ao requererem a "participação ativa de organizações não-governamentais de interesse público"[197] nas discussões dentro da OMPI.

Deve-se mencionar, ainda, o número crescente de intelectuais de países desenvolvidos e em desenvolvimento que levantam suas vozes em defesa do interesse público.[198] Este apoio é importante, mas não suficiente. Representantes de ONGs de interesse público e intelectuais também precisam participar de delegações oficiais de países desenvolvidos e em desenvolvimento junto a organismos internacionais como a OMPI,[199] de fóruns internacionais sobre PI, e fazer *lobby* junto a organismos legisladores nacionais e internacionais relevantes. E, acima de tudo, devem fortalecer sua influência no ensino e na pesquisa em PI.

4.7. A Importância do Ensino e da Pesquisa em PI

A estratégia mais importante para mudar as agendas nacional e internacional sobre legislação e política de PI é a de questionar a hegemonia dos interesses privados na pesquisa sobre PI e buscar o equlíbrio entre os interesses públicos e privados. Este questionamento é particularmente fundamental no campo jurídico, pois este pode influenciar diversas outras áreas da ciência permeadas por direitos de PI. Um número cada vez maior de pesquisas deve ser realizado levando em conta os interesses públicos. As legislações de PI devem ser reinterpretadas tendo em mente o interesse público. E, por fim, mas não menos importante, estudantes de Direito de Propriedade Intelectual devem ser conscientizados do equilíbrio necessário e delicado entre interesses público e privado neste campo.[200] Como Anselm Kamperman-Sanders ressalta:

> Aqueles que assinaram a Declaração de Genebra sobre o Futuro da OMPI, e eu estou vendo que vários dos meus colegas aqui presentes assim o fizeram, devem aceitar o desafio de assegurar que a necessidade de uma Agenda para o Desenvolvimento na OMPI não seja esquecida. O papel de acadêmicos na área [de PI] é o de lecionar estudantes e conscientizar os responsáveis pela tomada de decisão da necessidade de reequilibrar o sistema de direito de propriedade intelectual. As possibilidades são inúmeras e ainda há muito trabalho a ser feito.[201]

Nesse sentido, uma nova geração de acadêmicos de Direito pode ser educada e treinada como especialistas em PI, prestando assistência e consultoria a organismos internacionais como a OMPI: Especialistas que não tenham interesses investidos, que estejam conscientes de que um sistema de PI tem de servir ao desenvolvimento técnico, científico e tecnológico, à inovação e à criatividade de um país, e não vice-versa, e que sejam capazes de considerar o equilíbrio apropriado entre interesses privado e público em questões de PI em nível mundial.

Em outras palavras, especialistas como os que fazem parte da equipe da profa. Maristela Basso, tanto na Universidade de São Paulo quanto no Instituto de Direito do Comércio Internacional e Desenvolvimento (IDCID),[202] a quem ela ensinou e treinou para buscar o equilíbrio no Direito de Propriedade Intelectual e considerar as questões anteriormente referidas. Por meio de suas atividades de ensino e pesquisa em PI, a profa. Maristela Basso tem contribuído imensamente para o longo e árduo processo de mudar as normas sobre política e legislação nessa área.

Além disso, considerando que o sucesso dos especialistas em PI em influenciar o ensino e a pesquisa em favor de interesses privados deveu-se, em grande parte, à presença difundida e à estrutura da AIPPI e da CCI com seus subgrupos nacionais, acadêmicos defensores dos interesses públicos em PI precisam buscar adotar estratégia semelhante. Iniciativas de ensino e pesquisa que levem em conta o equilíbrio entre interesses público e privado devem surgir em todos os lugares nos países em desenvolvimento e desenvolvidos. O IDCID, coordenado pela profa. Maristela, faz parte desse esforço. Outros exemplos são: o projeto A Ciência e a Propriedade Intelectual no Interesse Público (SIPPI),[203] a Rede Global em Pesquisa de Direito de PI,[204] e o Centro para o Estudo do Domínio Público.[205]

Nas palavras da Declaração de Genebra, "nós não podemos esperar por outra geração. Está na hora de aproveitar o momento e seguir adiante". Embora haja ainda um longo caminho a ser percorrido, a profa. Maristela Basso terá sempre o mérito de haver plantado as sementes do futuro.

Notas:

1. AIPPI *Annuaire* 1/1963, 88/9.
2. WTO Doc. W/MIN(01)/DEC/2, disponível em: <www.wto.org/english/tratop_e/dda_e/dda_e.htm> Acesso em: 15/jun./2003. A "Declaração sobre o Acordo TRIPS e Saúde Pública" foi um marco, ressaltando que esta discussão deveria prosseguir <www.wto.org/english/thewto_e/minist_e/min01_e/mindecl_trips_e.htm> Acesso em: 15 jun. 2003.
3. "Proposal for Establishing a 'Development Agenda' for the World Intellectual Property Organization", WIPO Doc. WO/GA/31/11, 27 Ago. 2004, disponível em: <www.wipo.int/documents/en/document/govbody/wo_gb_ga/pdf/ wo_ga_31_11.pdf> Acesso em: 11/out./2004.
4. Engi era à época presidente do Comitê para a Coordenação Internacional dos Direitos de Propriedade Intelectual da Associação Internacional para Proteção da Propriedade Intelectual (AIPPI). Foi também diretor na empresa farmacêutica suíça CIBA S.A. e membro ativo da Comissão para a Proteção Internacional da Propriedade Industrial da Câmara de Comércio Internacional (CCI).
5. Ver "Geneva Declaration on the Future of the World Intellectual Property Organization", disponível em: <www.cptech.org/ip/wipo/genevadeclaration.html> Acesso em: 14 out. 2004.
6. De fato, o estabelecimento da Convenção de Paris em si já refletia a posição das "patentes como direitos de propriedade privada em contraposição a patentes como instrumentos de política pública". (KRONSTEIN, Heinrich. A Re-evaluation of the International Patent Convention (1947). Em: KRONSTEIN, Heinrich. *Law and Economic Power: Selected Essays.* Karlsruhe: Müller, 1962, (357-375), p. 363).
7. BEIER, Friedrich-Karl. *Hundert Jahre Pariser Verbandsübereinkunft: Ihre Rolle in Vergangenheit, Gegenwart und Zukunft.* GRUR Int., 1983, 347. A versão em inglês encontra-se em *idem*, *One Hundred Years of International Cooperation – The Role of the Paris Convention in the Past, Present and Future, 15 IIC* (International Review of Industrial Property and Copyright Law), 1984, p. 1-20.
8. Essa Convenção entrou em vigor em 7 de julho de 1884 e teve o Brasil como um dos membros fundadores. Para obter detalhes sobre a história da Convenção de Paris, ver PLASSERAUD, Yves / SAVIGNON, François. *Paris 1883: Genèse du droit unioniste des brevets.* Paris: Litec, 1983; Bureau International pour la Protection de la Propriété Industrielle [BIRPI]. *L'Union Internationale pour la Protection de la Propriété Industrielle – 1883–1933:* sa fondation et son développement. Berna: BIRPI, 1933. Ver, também, <www.wipo.org/treaties/ip/paris/index.html> Acesso em: 26 mai. 2003. Para um comentário descritivo da Convenção de Paris, ver BODENHAUSEN, G. H. C. *Guide to the application of the Paris Convention for the protection of industrial property:* as revised at Stockholm in 1967. Genebra: BIRPI, 1968.
9. Art. 14 da Convenção de Paris, conforme revisão de Lisboa, 1958: "A presente Convenção será submetida a revisões periódicas com vistas à introdução de emendas destinadas a aprimorar o sistema da União". Até 1961, aconteceram sete Conferências de Revisão nos seguintes anos: 1886, 1890/91, 1897/1900, 1911, 1925, 1934 e 1958 (LADAS, Stephen P. *Patents, Trademarks, and Related Rights: National and International Protection.* v. I. Cambridge, Mass.: Harvard University Press, 1975, p. 68 e s.).

10. Este Secretariado, mais conhecido por sua sigla em francês (BIRPI), era a estrutura administrativa da União de Paris. Semelhante a um organismo internacional, o BIRPI foi estabelecido em 1893 como um Secretariado conjunto para administrar a Convenção de Paris de 1883 e a Convenção de Berna de 1886 para Proteção das Obras Literárias e Artísticas. Antes disso, contudo, a Convenção de Paris já vinha sendo administrada por um "Bureau International" criado em 1885. Ver BIRPI, *op. cit.* nota 8, 129 et seq.; e Ladas, *op. cit.* nota 9, 59 et seq. Em 1970, o BIRPI tornou-se a Organização Mundial da Propriedade Intelectual (OMPI) e, em 1974, a OMPI transformou-se em uma agência especializada das Nações Unidas. Para obter detalhes sobre a OMPI, ver Ladas, *op. cit.* nota 9, 145 et seq., e <www.wipo.org> Acesso em: 5 mai. 2003.

11. Estes especialistas em defesa de interesses privados eram, em grande maioria, membros da Comissão para a Proteção Internacional da Propriedade Industrial da Câmara de Comércio Internacional (CCI) e da Associação Internacional para Proteção da Propriedade Intelectual (mais conhecida pela sigla em francês: AIPPI – *Association Internationale pour la Protection de la Propriété Industrielle* – posteriormente alterado para *Intellectuelle*). Detalhes abaixo.

12. A relação estreita entre o BIRPI e a CCI/AIPPI era bem conhecida e, particularmente, fomentada por laços pessoais (Veja Bureau de l'Union Internationale pour la Protection de la Propriété Industrielle [BIRPI]. *Union Internationale pour la Protection de la Propriété Industrielle. Actes de la Conférence réunie a Lisbonne* – du 6 au 31 octobre 1958. Genebra: BIRPI, 1963, p. 88; AIPPI *Annuaire* 1956/III, p. 56; e ANDERFELT, Ulf. *International Patent-Legislation and Developing Countries.* The Hague: Martinus Nijhoff, 1971, p. 218). Veja, também, AIPPI *Annuaire* 1963/I, p. 16.

13. Isto é, aquelas referentes às salvaguardas contra abusos dos monopólios de patentes.

14. MENESCAL, Andréa Koury. Those behind the TRIPS Agreement: The influence of the ICC and the AIPPI on international intellectual property decisions. **I.P.Q.** (Intellectual Property Quarterly), nº 2, 2005, p. 155-182.

15. Ver KRONSTEIN, Heinrich / TILL, Irene. A Reevaluation of the International Patent Convention. *Law and Contemporary Problems*, Vol. 12, 1947, p. 765-781; PENROSE, Edith T. *The Economics of the International Patent System.* Baltimore: Johns Hopkins Press, 1951; MACHLUP, Fritz. *The Political Economy of Monopoly:* Business, Labor and Government Policies. Baltimore: John Hopkins Press, 1952; PRETNAR, Stojan. La protection internationale de la propriété industrielle et les différents stades de développement économique des États. *La Propriété Industrielle,* 1953, p. 213-223; MACHLUP, Fritz. An Economic Review of the Patent System, Study nº 15 of the Subcommittee on Patents, Trademarks and Copyright of the Committee on the Judiciary, U.S. Senate, 85th Cong., 2d Sess. Washington, 1958. Uma visão geral, não crítica, dos temas discutidos foi apresentada por BODENHAUSEN, G. H. C. Problèmes actuels concernant la protection internationale de la propriété industrielle: L'obligation d'exploiter les brevets d'invention e ses sanctions. *La Propriété Industrielle,* 1950, p. 66-70. Este debate foi mais amplo do que apenas uma crítica ao sistema em vigor na época. Battersby, Razzano e Tenser, por exemplo, ilustram a chamada "crise das patentes" nos Estados Unidos: "Os anos 50 demonstraram ser uma época difícil para patentes e para o Departamento de Patentes dos Estados Unidos. A Suprema Corte parecia ser contra as patentes. Essa atitude encontrou expressão em uma afirmação do meritíssimo Juiz Jackson em seu parecer divergente no caso Jungersen em 1949, de que 'a única patente válida é aquela em que este Tribunal não conseguiu pôr as mãos' (335 U.S. 560, 572) e refletiu-se nas decisões dos tribunais de menor alçada. Em 1954, a situação do Departamento de Patentes era desesperadora – o acúmulo de pedidos pendentes havia alcançado proporções alarmantes, o moral estava baixo, os funcionários deixavam o órgão mais rápido do que se conseguia encontrar substitutos." (BATTERSBY, Gregory J.; RAZZANO, Pasquale A; TENSER, Arthur S. *A Seventy-Five History of NYIPLA*, (sem data), disponível em: <www.nyipla.org/public/01_history.html> Acesso em: 2 jan. 2004.

16. ANDERFELT, *op. cit.* nota 12, p. 278.

17. STOLL, Peter-Tobias. *Technologietransfer: Internationalisierungs- und Nationalisierungstendenzen*: Die Gestaltung zwischenstaatlicher Wirtschaftsbeziehungen, privater Verfügungsrechte und Transaktionen durch die Vereinten Nationen, die UNCTAD, die WIPO und die Uruguay-Runde des GATT. [Max-Planck-Institut für ausländisches öffentliches Recht und Völkerrecht]. (Beiträge zum ausländischen öffentlichen Recht und Völkerrecht, Band 113). Berlim et seq.: Springer, 1993, p. 236. Após a Segunda Guerra Mundial, os primeiros esforços dentro das Nações Unidas para elaboração das regras internacionais sobre direitos de propriedade intelectual – já relacionados ao comércio internacional – foram no âmbito da discussão sobre a Carta de Havana e a tentativa de criar uma Organização Internacional do Comércio (OIC) em 1948. Para obter informações sobre a Carta de Havana, ver

<www.worldtradelaw.net/misc/havana.pdf> Acesso em: 5 mai. 2003. Questões sobre patentes foram especialmente discutidas durante o debate sobre práticas comerciais restritivas. Penrose (*op. cit.* nota 15, 200) refere-se a tais práticas como "práticas restritivas de patente", uma vez que dizem respeito principalmente a patentes.

18. *Statement by Professor Guerreiro Ramos introducing the draft resolution contained in document A/C.2/L.565/ Rev.: "The role of patents in the transfer of technology to under-developed countries"*, em: MRE. *Ofícios Recebidos da Missão do Brasil junto às Nações Unidas* (nº 1444, 8/12/1961), I, Dezembro 1961, Annex [posteriormente como *Statement by Professor Guerreiro Ramos*], 5. Ver, também, BERGE, Wendell. *Cartels:* Challenge to a Free World. Washington, D.C.: Public Affairs Press, 1944, p. 3.

19. PENROSE, *op. cit.* nota 15, p. 125 e 233.

20. Resolução nº 52, *Diário do Congresso Nacional*, XVI (100), 27 de Junho 1961, 1. No relatório final da Comissão Parlamentar de Inquérito (CPI), de janeiro de 1963, houve até mesmo uma proposta para que o Brasil denunciasse a Convenção de Paris, "acabando com as patentes e permitindo a utilização de conquistas científicas, que devem estar a serviço do homem e sua saúde" (*Diário do Congresso Nacional*, Seção I, Suplemento, 31 de janeiro de 1963, 90). Desde então, houve mais quatro CPIs (1979, 1988, 1996 e 1999-2000) para investigar as mesmas questões, sem, contudo, resultarem em mudanças concretas. Veja PACHECO, *Mário Victor de Assis. Indústria Farmacêutica e Segurança Nacional. (Retratos do Brasil*, vol. 69). Rio de Janeiro: Civilização Brasileira, 1968; PACHECO, M. V. A. *A máfia dos remédios.* Rio de Janeiro: Civilização Brasileira, 1978; PACHECO, M. V. A. *Abusos das multinacionais farmacêuticas.* (*Retratos do Brasil*, vol. 170). Rio de Janeiro: Civilização Brasileira, 1983; PACHECO, M. V. A.. Depoimento na Terceira Comissão Parlamentar de Inquérito relativa a medicamentos no Congresso Nacional – Reunião realizada em 8 de novembro de 1979, em *Diário do Congresso Nacional* (Seção I) – Suplemento, 11 de novembro de 1980, p. 565-82.

21. O documento foi chamado de "Resolução Brasileira" por ter sido apresentado pelo Brasil, embora, posteriormente, a Bolívia tenha se juntado como co-patrocinadora da proposta de resolução. Ver UN General Assembly Doc. A/C.2/L.565/Add.1, 24 Nov. 1961; MRE. *Ofícios Recebidos da Missão do Brasil junto às Nações Unidas* (nº 1387, 1/12/1961 e nº 1421, 5 /12/1961), I, Dezembro de 1961 [Arquivo do Ministério das Relações Exteriores em Brasília]; *Industrial Property*, 1962, 39; ANDERFELT, *op. cit.* nota 12, 172 et seq., e STOLL, *op. cit.* nota 17, p. 235 e ss.

22. Sociólogo e político, Guerreiro Ramos era um ardoroso defensor do interesse público (nacional): "Sou um homem que tem a responsabilidade de pensar o Brasil 24 horas por dia" (citado por SCHWARTZMAN, Simon. *A Sociologia de Guerreiro Ramos.* Disponível em: <www.schwartzman.org.br/simon/gramos.htm> Acesso em: 23 abr. 2005. Ver RAMOS, Guerreiro. *A Redução Sociológica*: Introdução ao estudo da razão sociológica. 2ª edição, corrigida e aumentada. (Coleção Tempo Novo 2). Rio de Janeiro: Tempo Brasileiro, 1965.

23. MRE. *Ofícios Recebidos da Missão do Brasil junto às Nações Unidas* (nº 1053, de 17/10/1961), Outubro 1961.

24. UN GA Doc. A/C.2/L.565/Add.1, *op. cit.* nota 21.

25. UN General Assembly Doc. A/C.2/L.565, 8 Nov. 1961, in UNITED NATIONS. *Official Records of the General Assembly, Sixteenth Session.* Annexes. 19 September 1961 – 23 February 1962 and 7-28 June 1962. New York, 1963 (posteriormente como UN GA Official Records (XVI), Annexes), 43 et seq., e MRE. *Ofícios Recebidos da Missão do Brasil junto às Nações Unidas.* (n° 1225, 9/11/1961), I, Dezembro 1961. Esta minuta de resolução pode também ser encontrada em: <www.uni-bielefeld.de/iwt/gk/Kollegiaten/AndreaMenescal/draftresolution.htm> Acesso em: 13 abr. 2005.

26. *Statement by Professor Guerreiro Ramos, op. cit.* nota 18, p. 5.

27. Para dados mais atualizados sobre este assunto, ver SILVA, Ricardo Isidoro da. *Indústria Farmacêutica Brasileira*: Estrutura e a Questão dos Preços de Transferência. Tese (Doutorado em Tecnologia de Processos Químicos e Bioquímicos). Universidade Federal do Rio de Janeiro, Rio de Janeiro, 1999.

28. UN GA Doc. A/C.2/L565, 8/11/1961, *op. cit.* nota 25.

29. *Statement by Professor Guerreiro Ramos, op. cit.* nota 18, p. 1.

30. UN General Assembly Doc. A/C.2/L.565/Rev.1, 1/12/1961. Ver, também, MRE. *Ofícios Recebidos da Missão do Brasil junto às Nações Unidas* (Nº 1421, 5/12/1961), I, dezembro de 1961.

31. UN General Assembly Doc. A/RES 1429 (XIV), de 5 de dezembro de 1959 (Disponível no banco de dados eletrônico das Nações Unidas, em: <http://documents.un.org/advance.asp> Acesso 23 abr. 2005. Por meio desta resolução, a Assembléia Geral da ONU apelou "especificamente aos países mais avançados econômica e tecnicamente para ajudar e apoiar os países menos desenvolvidos a adquirir conhecimentos científicos e técnicos que tornariam possível um desenvolvimento acelerado e uma elevação dos padrões de vida".

32. UN GA Doc. A/C.2/L.565/Rev.1, 1/12/1961, *op. cit.* nota 30, terceiro parágrafo do preâmbulo.
33. O documento original faz referência aos documentos do ECOSOC E/2379 e Add.1, E/2380, E/2443, E/2671, e E/ 2675. Ver nota 34.
34. Foram eles: a) *Restrictive Business Practices. Report of the Ad Hoc Committee on Restrictive Business Practices* – UNITED NATIONS. *Economic and Social Council Official Records*, Sixteenth Session, Supplement Nº 11 (E/2380). New York, 30 March 1953 [posteriormente como UN ECOSOC Official Records (XVI), Supplement Nº 11]; b) *Restrictive Business Practices: Analysis of Governmental Measures Relating to Restrictive Business Practices* – UNITED NATIONS. *Economic and Social Council Official Records*, Sixteenth Session, Supplement nº 11A (E/2379 and E/ 2379/Add.1). New York, 29 April 1953 [posteriormente como UN ECOSOC Official Records (XVI), Supplement Nº 11A].
35. UN ECOSOC Official Records (XVI), Supplement nº. 11A, *op. cit.* nota 34, p. 20 e ss., e UN ECOSOC Official Records (XVI), Supplement nº 11, *op. cit.* nota 34, p. 13. Ver, também, Ladas, *op. cit.* nota 9, p. 718.
36. Embora apenas as duas últimas atividades mencionem patentes em particular, também as outras podem se referir a patentes. A análise do Comitê apresentou alguns exemplos de questões de patentes em cada uma das práticas comerciais restritivas mencionadas anteriormente (UN ECOSOC Official Records (XVI), Supplement N. 11A, *op. cit.* nota 34, 5-7 e 24).
37. UN GA Doc. A/C.2/L.565/Rev.1, 1/12/1961, *op. cit.* nota 30, quarto parágrafo do preâmbulo.
38. *Statement by Professor Guerreiro Ramos*, *op. cit.* nota 18, p. 7.
39. UN GA Doc. A/C.2/L.565/Rev.1, 1/12/1961, *op. cit.* nota 30, quinto parágrafo do preâmbulo.
40. *Ibid.*, parágrafo operativo 1 (a).
41. *Ibid.*, parágrafo operativo 1 (b).
42. *Ibid.*, parágrafo operativo 1 (c).
43. *Ibid.*, parágrafo operativo 1 (d).
44. *Ibid.*, parágrafo operativo 2.
45. *Ibid.*, parágrafo operativo 1 (e).
46. Estas palavras foram introduzidas à minuta de resolução logo após a primeira revisão feita pelos patrocinadores.
47. UN GA Doc. A/C.2/L.565/Rev.1, 1/12/1961, *op. cit.* nota 30, parágrafo operativo 1.
48. Esta Comissão, que está constituída desde a fundação da CCI em 1919 (*La Propriété Industrielle*, 1922, 100), será referida subseqüentemente como Comissão de PI da CCI.
49. *Industrial Property*, 1962, p. 38. A Comissão de PI da CCI reuniu-se nos dias 23 e 24 de novembro de 1961 para discutir este assunto. Ver, também, *Nouvelles de la CCI* , nº 2, fevereiro de 1962, 2.
50. *Industrial Property*, 1962, p. 38.
51. *Ibid.*, p. 39.
52 A AIPPI foi constituída em 1897 a partir de "*un groupe important d'ingénieurs, d'industriels, de commercants et de jurists*" como "*une société de propagande pour le développement de la propriété industrielle*" (*La Propriété Industrielle*, 1897, 94). Desde o início, seu objetivo é, *inter alia*, a) "disseminar a idéia da necessidade da proteção internacional da propriedade industrial", "estudar e comparar legislações existentes a fim de prover aperfeiçoamentos e a unificação" e "trabalhar pelo desenvolvimento das convenções internacionais que regem a proteção da propriedade industrial". AIPPI. Annuaire de l'Association Internationale pour la Protection de la Propriété Industrielle, 1897, I Congresso, Viena, outubro de 1897. Berlim: Carl Heymanns, 1898, 27; *La Propriété Industrielle*, 1897, 94, e www.aippi.org Acesso em: 20/mar./2005.
53. *Industrial Property*, 1962, 39. Ladas e outros membros da Comissão de PI da CCI também eram, paralelamente, membros ativos da AIPPI, o que possibilitava uma perfeita e ágil coordenação entre essas organizações. Ver ICC. *Better Protection of Industrial Property Rights*: ICC. Recommendations for the Revision of the Paris Convention. 1951, p. 2; *GRUR Ausl.*, 1958, p. 469; *GRUR Int.*, 1968, p. 93; AIPPI *Annuaire* 1956/II, p. 135; 'Estudios de Propriedad Industrial y Derecho de Autor en Homenaje a Stephen P. Ladas' [Escritos em Homenagem a Stephen P. Ladas], *Revista Mexicana de la Propriedad Industrial y Artistica*, 1973, p. 21-22.
54. *Industrial Property*, 1962, p. 40. Veja, também, UN Docs. E/CONF.46/69 e E/C.5/52/Rev.1, e *Industrial Property*, 1964, p. 144 e ss.
55. UNITED NATIONS. *Official Records of the General Assembly*, Sixteenth Session, Second Committee: Economic and Financial Questions, Summary Records of Meetings, 20 September 1961 – 18 December 1961, (A/C.2/ SR.715-793). New York, 1962 [posteriormente como UN GA Official Records (XVI), Second Committee, Summary Records of Meetings], p. 347 e ss.

56. *Statement by Professor Guerreiro Ramos, op. cit.* nota 18, 1. A versão em português desta apresentação diante da Nações Unidas está reeditada em RAMOS, *op. cit.* nota 22, p. 247 e p.
57. RAMOS, *op. cit.* nota 22, 247 et seq. Ver, também, *Statement by Professor Guerreiro Ramos, op. cit.* nota 18, 1.
58. *Statement by Professor Guerreiro Ramos, op. cit.* nota 18, p. 2.
59. *Ibid.*, 3.
60. *Ibid.*, 5.
61. *Ibid.*, 5 et seq. Para obter detalhes de tais abusos na época, no Brasil, ver, *e.g.*, SOARES, José Carlos Tinoco. *Regime de Patentes e Royalties. Causas de nosso subdesenvolvimento*: Patentes Nulas, Royalty indevido, Know-how superado. São Paulo: Editora Revista dos Tribunais, 1972.
62. *Statement by Professor Guerreiro Ramos, op. cit.* nota 18, p. 7.
63. *Ibid.*, p. 8.
64. PENROSE, *op. cit.* nota 15, p. 233.
65. UN GA Official Records (XVI), Second Committee, Summary Records of Meetings, *op. cit.* nota 55, p. 350, 352 e 392.
66. Esta emenda proposta pelos Países Baixos foi rejeitada: 27 votos a 18, com 9 abstenções (UN GA Official Records (XVI), Annexes, *op. cit.* nota 25, p. 45).
67. UN GA Official Records (XVI), Second Committee, Summary Records of Meetings, *op. cit.* nota 55, p. 351.
68. UN GA Official Records (XVI), Annexes, *op. cit.* nota 25, p. 45; e UN GA Official Records (XVI), Second Committee, Summary Records of Meetings, *op. cit.* nota 55, p. 350.
69. UN GA Official Records (XVI), Annexes, *op. cit.* nota 25, p. 45; e UN GA Official Records (XVI), Second Committee, Summary Records of Meetings, *op. cit.* nota 55, p. 393.
70. UN GA Doc. A/C.2/L.565/Rev.1, 1/12/1961, *op. cit.* nota 30, quarto parágrafo do preâmbulo.
71. UN GA Official Records (XVI), Annexes, *op. cit.* nota 25, p. 57. Uma discussão profunda sobre estas mudanças na minuta de resolução é feita em STOLL, *op. cit.* nota 17, p. 236 e ss.
72. A/RES 1713, 19 de dezembro de 1961, in: UN GA Official Records (XVI), Annexes, *op. cit.* nota 25, p. 57.
73. *Industrial Property*, 1962, p. 40.
74. AIPPI *Annuaire* 1963/I, p. 74. Ver, também, ANDERFELT, *op. cit.* nota 12, p. 175. Foi realmente devido à influência de Ladas que os interesses privados em questões de propriedade intelectual foram defendidos e fortalecidos junto aos organismos das Nações Unidas. Ver, por exemplo, a resolução adotada pelo Conselho da CCI em sua 103ª Reunião, em 26 de maio de 1964, 'Patentability of Inventions and Economic Progress'. Para obter detalhes sobre a posição que os especialistas em PI da AIPPI e da CCI defendiam no debate sobre patentes nas Nações Unidas, ver, p. ex., *Industrial Property*, 1964, 133; AIPPI *Annuaire* 1963/I, 74; AIPPI *Annuaire* 1964/II, p. 121 et ss.
75. Esta emenda foi proposta pela delegação dinamarquesa e adotada com pequena margem de diferença: 21 votos a favor (a maioria de países desenvolvidos), 20 votos contra (todos de países em desenvolvimento e socialistas) e 25 abstenções. Ver UN GA Official Records (XVI), Annexes, *op. cit.* nota 25, p. 46.
76. ANDERFELT, *op. cit.* nota 12, p. 174 e 198 e ss.
77. UN GA Official Records (XVI), Second Committee, Summary Records of Meetings, *op. cit.* nota 55, 392.
78. *Ibid.*, p. 354.
79. *Ibid.*, p. 393.
80. *Ibid.*, p. 350, 353 e 393.
81. *Ibid.*, p. 366.
82. *Ibid.*, p. 350.
83. *Industrial Property*, p. 1964, 56 e ss. Ver, também, AIPPI *Annuaire* 1963/I, p. 89.
84. A cooperação entre a CCI e a AIPPI data do início do séc. XIX, (ver AIPPI. *Association Internationale pour la Protection de la Propriété Industrielle (Travaux du Groupe Français, nº 2), 1923-1925.* Paris: Librairie Belin Frères, p. 1925, 9 e 13) embora esse comitê conjunto específico tenha sido constituído entre 1950 e 1970 com o intuito de compilar e apresentar propostas conjuntas em fóruns internacionais de discussão das questões de PI (*La Propriété Industrielle*, 1950, p. 143; *Nouvelles de la CCI*, 7 (XXII), p. 1956, p. 3 e ss).
85. AIPPI *Annuaire* 1963/I, p. 74.
86. Ver STOLL, *op. cit.* nota p. 17, p. 245.
87. *Nouvelles de la CCI*, nº 5, mai 1962, p. 3.

88. UNITED NATIONS. *The Role of Patents in the Transfer of Technology to Developing Countries*. Report of the Secretary-General. Department of Economic and Social Affairs (E/3861/Rev. 1), 1964. Para a versão em alemão desse relatório, veja MAX PLANCK INSTITUT FÜR AUSLÄNDISCHES UND INTERNATIONALES PATENT-, URHEBER- UND WETTBEWERBSRECHT [MPI]. *Patentschutz und Entwicklungsländer, Dokumente und Materialien*. Schriftenreihe zum gewerblichen Rechtsschutz, Band 15, Carl Heymanns Verlag, Munique, 1966.
89. Ver, *e.g.*, FILSECK, Richard Moser von. Arbeiten der Internationalen Handelskammer auf dem Gebiete des gewerblichen Rechtsschutzes, in: *GRUR Int.*, 1968, p. 93-96; LADAS, Stephen P. Summary of and Commentary on the Report of the Secretary General of the United Nations on the Role of Patents in the Transfer of Technology to under-developed Countries, in: *AIPPI Annuaire* 1964/II, p. 209. Ver, também, HEINE, H.-G. / FILSECK, Moser von. Das gewerbliche Eigentum in den Entwicklungsländern – Bericht erstattet im Namen der Deutschen Landesgruppe [der AIPPI], in: *GRUR Ausl.*, 1965, p. 623-625.
90. ANDERFELT, *op. cit.* nota 12, p. 175 et seq. Em 1971 Anderfelt já escrevia sobre a influência dessas três organizações na política e na legislação em PI e ressaltou como elas uniram seu considerável poder para influenciar os resultados das questões em torno da Resolução Brasileira e do sistema de patentes em geral, de tal maneira a salvaguardar os direitos dos detentores de patentes, não importando se as ações destes últimos tinham um valor positivo ou não para os países em desenvolvimento que concediam patentes (*Ibid.*, p. 218).
91. STOLL, *op. cit.* nota 17, p. 236.
92. Ver FIKENTSCHER, Wolfgang: *The Draft International Code of Conduct on the Transfer of Technology* [IIC Studies, Vol. 4]. Munich: Max Planck Institute for International Patent, Copyright and Competition Law, 1980, p. 1-21.
93. Naquele ano, as Nações Unidas empreenderam um esforço para estabelecer uma Nova Ordem Econômica Internacional (NOEI). Um dos princípios da NOEI referia-se a "promover a transferência de tecnologia e a criação de tecnologia autóctone em benefício dos países em desenvolvimento em formas e em concordância com procedimentos que sejam adequados a suas economias" (UN General Assembly Resolution A/RES 3201 (S-VI), 4). As discussões da NOEI sobre propriedade intelectual seguiram linhas similares às das discussões na UNCTAD e na OMPI e, por quase 20 anos, perpetuaram o *status quo* sem levar a uma revisão da Convenção de Paris que fortalecesse cláusulas em favor do interesse público. Para obter detalhes sobre a NOEI, ver *e.g.*, ERAMUS, Marthinus Gerhardus. *The New International Economic Order and International Organizations*: Towards a Special Status for Developing Countries? Frankfurt/Main: Haag und Herchen, 1979; e BERMEJO, Romualdo. *Vers un Nouvel Ordre Économique International*. Étude Centrée sur les Aspects Juridiques. Fribourg: Éditions Universitaires, 1982. Ver, também, SCHÜTZ, Raimund. *Solidarität im Wirtschaftsvölkerrecht*: Eine Bestandaufnahme zentraler entwicklungsspezifischer Solidarrechte und Solidarpflichten im Völkerrecht [Schriften zum Völkerrecht; Band 114]. Berlin: Duncker & Humblot, 1994.
94. UNCTAD. *The Role of the Patent System in the Transfer of Technology to Developing Countries*. Report prepared jointly by the United Nations Department of Economic and Social Affairs, the UNCTAD secretariat and the International Bureau of the World Intellectual Property Organization (TB/B/AC.11/19), 23 April 1974. New York: 1974 (posteriormente como UNCTAD Report 1974). Ver, também, UNCTAD. *Major issues arising from the transfer of technology to developing countries*: Report by the UNCTAD Secretariat (TD/B/AC.11/10/Rev.2). New York: United Nations, 1975. O Relatório da UNCTAD de 1974 foi traduzido, adaptado e organizado por João Augusto Lustosa e publicado no Brasil pela IESA – Internacional de Engenharia S.A. e pelo Instituto de Tecnologia Internacional: *O Papel do Sistema de Patentes na Transferência de Tecnologia aos Países em Desenvolvimento*: Relatório preparado pelo Departamento das Nações Unidas para Assuntos Econômicos e Sociais, pelo Secretariado da Conferência das Nações Unidas sobre Comércio e Desenvolvimento (CNUCED) e pelo Escritório Internacional da Organização Mundial de Propriedade Intelectual. Rio de Janeiro: Forense-Universitária, 1979.
95. Era certamente o relatório que o Brasil esperava ver elaborado como resultado de sua resolução proposta em 1961. De qualquer forma, a Resolução 30 (III) da UNCTAD, de 16 de maio de 1972, determinava exatamente a atualização do relatório de 1964 resultante da Resolução Brasileira. Ver UNCTAD Report 1974, *op. cit.* nota 94, viii (foreword).
96. Citações de UNCTAD Report 1974, *ibid.*, p. 140.
97. *Ibid.* Veja também STOLL, *op. cit.* nota 17, p. 243 e ss.
98. STOLL, *op. cit.* nota 17, p. 90 e ss.

99. Ver, *e.g.*, KUNZ-HALLSTEIN, Hans Peter. Revision der Pariser Verbandsübereinkunft zugunsten der Entwicklungsländer - neuere Entwicklungen und Vorschläge, in: *GRUR Int.*, 1976, p. 64-75; KUNZ-HALLSTEIN, Hans Peter. Konventionsrechtliche Probleme eines „Präferenzstatus" für Entwicklungsländer, in: *GRUR Int.*, 1977, 293-298; KUNZ-HALLSTEIN, Hans Peter. Die Reform des internationalen Patentschutzes im Interesse der Entwicklungsländer, in: *GRUR Int.*, 1979, p. 369-378; (sem autor). Pariser Union: Genfer Revisionskonferenz in der Sackgasse, in: *GRUR Int.*, 1980, p. 194-195; KUNZ-HALLSTEIN, Hans Peter. Die Ergebnisse der Konferenz von Nairobi zur Revision der Pariser Verbandsübereinkunft, in: *GRUR Int.*, 1982, p. 45 e ss. Ver, também, FIGUEIRA, Barbosa, A. L. *Propriedade e quase-propriedade no comércio de tecnologia.* Brasília: CNPq, 1981, p. 56.

100. STOLL, *op. cit.* nota 17, p. 246 e ss. Ver, também, LADAS, *op. cit.* nota 9, p. 147 e ss., *GRUR Int.*, 1982, p. 686; *GRUR Int.*, 1983, p. 59; *GRUR Int.*, 1984, p. 317; *GRUR Int.*, 1985, 604; e *GRUR Int.*, 1987, p. 440.

101. Ver, *e.g.*, STOLL, *op. cit.* nota 17, p. 246 e ss.

102. Sobre a elaboração deste código de conduta, ver UNITED NATIONS. *Compendium of International Arrangements on Transfer of Technology*: Selected Instruments. Relevant provisions in selected international arrangements pertaining to transfer of technology, (UNCTAD/ITE/IPC/Misc.5), p. 261 e ss., disponível em: <www.unctad.org/en/docs// psiteipcm5.en.pdf> Acesso em: 13 abr. 2005.

103. Um primeiro documento como referência de trabalho dessas discussões foi um estudo de 1967 preparado por pesquisadores da Universidade de Sussex (*Science Policy Research Unit* - SPRU), na Grã-Bretanha (G. Oldham, C. Freeman, E. Turkcan): UNCTAD. *The transfer of technology to developing countries with special reference to licensing and know-how agreements.* (TD/28/Sup.1 e Corr.l), 1967. Em seqüência, a UNCTAD preparou o documento: UNCTAD. *Transfer of technology, including know-how and patents.* Elements of a programme of work for UNCTAD. (TD/B/310 e Corr.l), 1970. A primeira reunião intergovernamental sobre transferência de tecnologia na UNCTAD foi realizada em 1971. Ver, também, FUNG, Shing K. / CASSIOLATO, José E. *The International Transfer of Technology to Brazil through Technology Agreements*: Characteristics of the Government Control System and the Commercial Transactions. Massachusetts Institute of Technology, Center for Policy Alternatives, 1976; BIATO, Francisco *et al. A transferência de tecnologia no Brasil.* Brasília: IPEA, 1973.

104. Os principais documentos produzidos durante essas décadas - de 1970, 1980, até 1991 - de negociações sobre esta questão dentro da UNCTAD foram apresentados em http://r0.unctad.org/stdev/compendium/themes/general.htm. Acesso em: 20 mai. 2003. Também um sumário das reuniões e os respectivos relatórios do Grupo Intergovernamental sobre Transferência de Tecnologia e do Comitê sobre Transferência de Tecnologia, durante todo o período, estavam disponíveis no endereço http://r0.unctad.org/stdev/ compendium/themes/intergovernmental.htm Acesso em 20/mai./2003. Contudo, o endereço de internet da UNCTAD http://r0.unctad.org não existe mais e os documentos estão disponíveis, principalmente, na sede da UNCTAD em Genebra.

105. Isto foi reconhecido pela Assembléia Geral das Nações Unidas em sua última resolução sobre o Código Internacional de Conduta sobre Transferência de Tecnologia (A/RES 48/167, 21 December 1993). Algumas das resoluções anteriores foram: A/RES 34/195 (1979), A/RES 36/140 (1981), A/RES 38/153 (1983), A/RES 40/184 (1985), A/RES 41/ 166 (1986), A/RES 42/172 (1987), A/RES 44/216 (1989), A/RES 45/204 (1990), A/RES 46/214 (1991) e A/RES 47/182 (1992).

106. FIKENTSCHER, *op. cit.* nota 92, p. 7.

107. AIPPI *Annuaire* 1963/I, 87 et seq. Ver, também, CONNOR, John T. Zur Verteidigung des Patentsystems, in: *GRUR*, 1963, 161-164; JUCKER, Ernst M.. Patenterosion in Entwicklungsländern: Ursagen und Folgen des Widerstandes in den Entwicklungsländern gegen den Patentschutz von Erfindungen, vom Gesichtpunkt der stark industrialisierten Länder aus gesehen, am Beispiel der chemisch-pharmazeutischen Industrie, em *AIPPI* **Annuaire** 1972/I, 85-104; JUCKER, Ernst M. Gegenwärtige Einschränkungen des Patentrechts, in: *AIPPI* **Annuaire** 1973/I, 266-269; e LADAS, Stephen P. Some Suggestions on the Future of Industrial Property, *IIC*, 1973, 326-335.

108. AIPPI *Annuaire* 1956/III, 56; and AIPPI *Annuaire* 1964/II, p. 121 e ss.

109. BIRPI, *op. cit.* nota 12, 88; AIPPI *Annuaire* 1956/III, p. 56

110. Ver item D acima.

111. LADAS, *op. cit.* nota 89, 209 e p. 214 e ss.

112. AIPPI *Annuaire* 1963/I, p. 90.
113. AIPPI *Annuaire* 1963/I, 90. Provavelmente a expansão da AIPPI na América Latina fez parte desses esforços. Em 1964 foram admitidos os novos grupos nacionais da AIPPI no Brasil, no México e no Peru: respectivamente, a Associação Brasileira para a Proteção da Propriedade Industrial (ABPI), a Asociación Mexicana para la Protección de la Propiedad Industrial (AMPPI) e a Asociación Peruana de Propiedad Indutrial (Appi). Ver AIPPI *Annuaire* 1964/II. Sobre a ABPI, veja: DANNEMANN, SIEMSEN, BIEGLER & IPANEMA MOREIRA. *Propriedade Intelectual no Brasil.* Rio de Janeiro: PVDI Design, 2000, p. 14 e 24; e www.abpi.org.br Acesso em: 10 mar. 2005.
114. Como bem argumentado por Drahos nas discussões de PI pós-Acordo TRIPS, "Esses atores que têm mais a ganhar com o fortalecimento dos direitos de propriedade intelectual rotineiramente mobilizam a linguagem dos direitos privados para legitimar suas reivindicações por um nível ainda mais elevado de proteção." (DRAHOS, Peter (ed.). Intellectual Property. [The International Library of Essays in Law & Legal Theory, Second series]. Aldershot et seq.: Ashgate/Dartmouth, 1999, xxiv).
115. LADAS , *op. cit.* nota 107, p. 332.
116. Ver, *e.g.*, POINTET, Pierre Jean. *The Role of Industrial Property in the Economic Development of States.* Reprinted from *Industrial Property*, March 1967. Geneva, 1967; GANSSER, Georges. L'érosion de la propriété industrielle, in:, *CCI Doc. nº 450/352* - 7.12.72 (1972); GANSSER, Georges. *Rechtsschutz für Medikamente.* Basel: Pharma Information [Informationsstelle der forschenden pharmazeutischen Firmen CIBA-Geigy, Roche und Sandoz], 1975; e LADAS, Stephen P.. Constructive Proposals, em *AIPPI Annuaire* 1973/I, p. 274-281. Ver, também, AIPPI *Annuaire* 1973/I, 27 et seq. Grande referência para o ensino e a prática do Direito de Propriedade Intelectual tem sido a "enciclopédia" publicada por Ladas: LADAS, Stephen P. *Patents, Trademarks, and Related Rights.* National and International Protection. Vols. I, II, III. Cambridge, Mass.: Harvard University Press, 1975.
117. Referindo-se a "um número de artigos em propriedade industrial e países em desenvolvimento" que apareceram depois da Resolução Brasileira, Anderfelt escreve que "com poucas exceções (...) eles [esses artigos] raramente chegaram a questionar a adequação do sistema de patentes existente às necessidades e às demandas particulares dos países em desenvolvimento." ANDERFELT, *op. cit.* nota 12, p. xv. Em verdade, Anderfelt foi uma dessas exceções; outra foi Edith Penrose em 1973 (PENROSE, Edith. International Patenting and Less-Developed Countries, *Economic Journal*, 1973, vol. 83, nº 331, p. 768-786). À época o livro de Anderfelt foi comentado (BOOK REVIEW !!) por Hans Peter Kunz (mais tarde como Kunz-Hallstein), um especialista em PI ligado à AIPPI, que concluiu: "Em suma, o trabalho em questão pode dificilmente ser considerado uma contribuição significativa para a discussão sobre a importância da Convenção de Paris para os países em desenvolvimento. Em seus justificados esforços para ajudar os países em desenvolvimento, o autor pareceu sucumbir no perigo de ter se tornado demasiadamente emocional em vez de se manter *sine ira et studio*". KUNZ, Hans Peter. Book review, 4 *IIC*, 1973, p. 266-269.
118. *Industrial Property*, 1962, p. 38 e ss.
119. Ver, também, BARTLING, Dieter. Die Rolle der Patente bei der Übertragung von Technologie auf Entwicklungsländer aus der Sicht der pharmazeutischen Industrie, em: *GRUR Int.*, 1972, p. 396-407; BEIER, Friedrich-Karl / KUNZ, Hans Peter. Die Bedeutung des Patentrechts für den Transfer von Technologie in Entwicklungsländer, in: *GRUR Int.*, 1972, p. 385-396; KUNZ_HALLSTEIN, Hans Peter. Patent Protection, Transfer of Technology and Developing Countries - A Survey of the Present Situation, in: 6 *IIC*, 1975, p. 427-455; LADAS, Stephen P. *Industrial Property as a Factor in Technical Development and Economic Progress.* Geneva: WIPO, 1967; e UNCTAD. *Restrictive Business Practices*: An analysis of the World Intellectual Property Organization models laws for the developing countries from the point of view of the export interests of the developing countries. (Doc. TB/B/398). New York: United Nations, 1972.
120. Ver, *e.g.*, BEIER, Friedrich-Karl. The Significance of the Patent System for Technical, Economic and Social Progress, in: 11 *IIC*, 1980, p. 563-584; BEIER, Friedrich-Karl. Scientific Research, Patent Protection and Innovation, in: 6 *IIC*, 1975, p. 367-381; BEIER, Friedrich-Karl / STRAUS, Joseph. *Der Schutz wissenschaftlicher Forschungsergebnisse*: zugl. eine Würdigung des Genfer Vertrages über die internationale Eintragung wissenschaftlichen Entdeckungen. Weinheim: Verl. Chemie, 1982.
121. DRAHOS, Peter Drahos e BRAITHWAITE, John. Who Owns the Knowledge Economy? Political Organising behind TRIPS. Corner House Briefing 32, 2004; disponível em: <www.thecornerhouse.org.uk/pdf/briefing/32trips.pdf> Acesso em: 25 abr. 2005. Drahos e Braithwaite mencionam como referência intervistas que realizaram com funcionários da OMPI.

122. AIPPI *Annuaire* 1964/II, 27 et seq., 89 et seq., 108 e 114 et seq. Veja, também, AIPPI *Annuaire* 1963/II, 16; e SECRETAN, Jacques. *Structural Evolution of the International Unions for the Protection of Intellectual Property*. Geneva: BIRPI, 1962.

123. Os especialistas da AIPPI e da CCI eram parte integrante desse esforço e lecionavam, por exemplo, nos "cursos-palestras" do BIRPI sobre PI para países em desenvolvimento (ver, BIRPI. *BIRPI Lecture Course on Industrial Property* (*Cours des BIRPI de Propriété Industrielle*), Geneva, 1965; e BEIER, *op. cit.* nota 7, p. 18). Contudo, um exemplo notável desse tipo de assistência técnica por parte do BIRPI/OMPI foi a elaboração e a implementação da Lei Modelo sobre Invenções para Países em Desenvolvimento (BIRPI Model Law for Developing Countries on Inventions - BIRPI-Publication nº 801 - E), para debate da qual a AIPPI criou um comitê de trabalho específico (veja www.aippi.org - dissolved committees - Acesso em: 25 abr. 2005). Veja, também, FILSECK, *op. cit.* nota 89; e AIPPI *Annuaire* 1964/II, p. 108 e ss., e 126.

124. AIPPI *Annuaire* 1963/II, p. 16 (ênfase da autora).

125. Bodenhausen esteve por dez anos (1963-1973) na direção desse órgão internacional de PI (*La Propriété Industrielle*, 1973, p. 371).

126. Ele foi, *inter alia*, presidente do grupo holandês da AIPPI (BIRPI, *op. cit.* notas 12, 61; AIPPI *Annuaire* 1955, 36; AIPPI *Annuaire* 1961/II, p. 94).

127. ICC, *op. cit.* nota 53, p. 3.

128. AIPPI *Annuaire* 1955, p. 36.

129. AIPPI *Annuaire* 1961/II, p. 94.

130. Ver, *e.g.*, AIPPI *Annuaire* 1963/II, p. 16; *GRUR Ausl.*, 1965, p. 14; AIPPI *Annuaire* 1967/III, p. 33; e AIPPI *Annuaire* 1972/II, p. 147. A participação de Diretores-Geral do BIRPI/OMPI nos congressos anuais da AIPPI tem sido uma prática rotineira e uma das estratégias da organização para influenciar os processos de decisão dentro desse organismo internacional, já desde 1897. À época, os próprios Diretor-Geral (Henri Morel), Secretário-General (Léon Poinsard), e Secretário (Bernhard Frey-Godet) do BIRPI aparecem como membros da AIPPI (AIPPI *Annuaire*1898, p. 19; AIPPI *Annuaire*1899, xxix et seq.); e a partir de 1900, o próprio BIRPI como instituição (AIPPI *Annuaire* 1901, xxi).

131. *Nouvelles de la CCI*, 4 (XXX), Avril 1964, 4; e *Industrial Property*, 1965, p. 35-36.

132. Ver, *e.g.*, AIPPI *Annuaire* 1964/II, p. 90. Após sua saída da OMPI em 1973, Bodenhausen continuou a participar das atividades da AIPPI: tornou-se representante da delegação suíça da AIPPI nas discussões da OMPI sobre a revisão da Convenção de Paris (AIPPI *Annuaire* 1975/III, p. 16), participou das discussões sobre patentes do Comitê Executivo da AIPPI (AIPPI *Annuaire* 1977/I, p. 97), foi um dos delegados da AIPPI nas reuniões do Comitê Preparatório Intergovernamental para a Revisão da Convenção de Paris, *e.g.*, em 1976 (AIPPI *Annuaire* 1977/I, 133), 1977 (AIPPI *Annuaire* 1978/II, p. 93), e na Conferência Diplomática sobre a Revisão da Convenção de Paris em 1980 (AIPPI *Annuaire* 1980, p. 93).

133. Estes estavam engajados no ensino e na pesquisa em PI em universidades - como, por exemplo, na Suíça, França, Alemanha, Reino Unido, Países Baixos, Suécia, Estados Unidos, Bélgica e Itália -, ou em institutos de pesquisa como o Instituto Max Planck de Propriedade Intelectual (nome atual: *Max Planck Institute for Intellectual Property, Competition and Tax Law*), em Munique/Alemanha. Sobre este último, veja KUNZ-HALLSTEIN, Hans Peter. Friedrich-Karl Beier und die Internationale Vereinigung für gewerblichen Rechtsschutz - AIPPI, em STRAUS, Joseph. *Aktuelle Herausforderungen des geistigen Eigentums*: Festgabe von Freunden und Mitarbeitern für Friedrich-Karl Beier zum 70. Geburtstag. Köln et seq.: Carl Heymanns, 1996, XXIII-XIX.

134. *E.g.*, advogados especialistas em patentes que usaram suas informações e experiência prática sobre procedimentos de patentes para publicar e contribuir para o debate acadêmico sobre o Direito de PI.

135. *E.g.* Friedrich-Karl Beier, que em um de seus numerosos artigos enfatizou existir "sustentação suficiente à [sua] (...) tese básica de que o sistema de patentes, em sua forma historicamente desenvolvida e atualmente praticada, constitui um instrumento comprovadamente indispensável para o progresso técnico, econômico e social" (BEIER, *op. cit.* nota 120, p. 569 (1980)).

136. É interessante notar que, em 1980, o ex-diretor-geral da OMPI, Arpad Bogsch, convocou uma mesa-redonda de professores universitários especializados em PI com o intuito de discutir maneiras de "promover o avanço deste ramo do direito e sua aplicação prática" ("Round Table of University Professors on the Teaching of Industrial Property Law", em: 11 *IIC*, 1980, p. 350-356). Naquele encontro, os participantes criaram a "International Association for the Advancement of Teaching and Research in Intellectual Property" (ATRIP - www.atrip.org - acesso em: 26 abr. 2005). Friedrich-Karl Beier, na época diretor do Instituto Max Planck de PI

e defensor explícito dos detentores de direitos de PI, foi eleito presidente desta organização, que deveria, *inter alia*, "ampliar as atividades de ensino e pesquisa nos campos da propriedade industrial e direitos autorais em países em desenvolvimento e naqueles outros países em que esses campos do Direito não [eram e não] são ainda, ou o são apenas marginalmente, disciplinas de programas de ensino ou pesquisa nas universidades." (*Ibid.*, 357). Ver, também, "Satzung der Internationalen Vereinigung für die Förderung von Lehre und Forschung auf dem Gebiet des geistigen Eigentums", em *GRUR Int.*, 1981, p. 628-631. A visão de que os direitos dos detentores de PI deveriam ser protegidos e fortalecidos era a prática.

137. Ver, *e.g.*, MERGES, Robert P. / NELSON, Richard R. "On the Complex Economics of Patent Scope", in: *Columbia Law Review*, Vol. 90, nº 4, 1990, p. 839-916; DRAHOS, Peter / MAYNE, Ruth. *Global Intellectual Property Rights: Knowledge, Access and Development.* Oxford: Oxfam, 2002; DRAHOS, Peter / BRAITHWAITE, John. *Information Feudalism: Who Owns the Knowledge Economy?* London: Earthscan, 2002. Hettinger afirma: "Concentrar-se nos problemas de justificar a propriedade intelectual é importante não apenas porque essas instituições carecem de algum tipo de justificativa, mas também porque elas não estão tão obviamente nem facilmente justificadas como acham muitas pessoas. Devemos começar a pensar mais abertamente e imaginativamente nas alternativas disponíveis para nós em termos de trabalho intelectual estimulante e recompensador." (HETTINGER, Edwin C. (1989): "Justifying Intellectual Property", em *Philosophy and Public Affairs*, 18, 31-52). Ver também Drahos, *op. cit.* nota 114, p. 117-138).

138. JUCKER, Ernst. ***Patents. Why?*** Basle: 1972, p. 78.

139. *Ibid.*, p. 16.

140. PENROSE, *op. cit.* nota 117, p. 776. Machlup afirma: "O fato de estados possuidores de uma lei de patentes não terem tido um rápido progresso técnico não implica que seu progresso teria sido mais lento sem as leis de patentes. Nenhuma evidência empírica disponível para nós e nenhum argumento apresentado até o momento conseguiu sustentar ou contradizer o ponto de vista de que o sistema de patentes promoveu decisivamente o progresso tecnológico e a produtividade econômica." (MACHLUP, Fritz. Die wirtschaftlichen Grundlagen des Patentrechts, em *GRUR Int.*, 1961, 537.). Isto não mudou muito na Era TRIPS. Como pretendem mostrar Ha-Joon Chang e Ilene Grabel, ainda há pouca evidência de que a adoção de direitos de propriedade intelectual – conforme definido no Acordo TRIPS – estimula, por exemplo, a transferência de tecnologia de países desenvolvidos para países em desenvolvimento (CHANG, Ha-Joon/GRABEL, Ilene. *Reclaiming Development*: An Alternative Economic Policy Manual. London; New York: Zed Books *et al.*, 2004, 92 et seq.).

141. Esta iniciativa nasceu na Divisão de Propriedade Intelectual (Dipi) do Ministério das Relações Exteriores, em Brasília, e foi posteriormente elaborada por diplomatas da Missão Permanente do Brasil em Genebra, na Suíça. Mais tarde a Argentina foi convidada a ser co-patrocinadora. Adicionalmente, essa resolução contou com o apoio da Bolívia, Cuba, República Dominicana, Equador, Irã, Quênia, Serra Leoa, África do Sul, Tanzânia e Venezuela e, subseqüentemente, também Egito e Peru. A autora agradece a Gustavo de Sá Duarte Barboza pelas informações fornecidas.

142. Todas as referências a seguir remetem ao documento "Proposal for Establishing a 'Development Agenda'' for the World Intellectual Property Organization", WIPO Doc. WO/GA/31/11, *op. cit.* nota 3.

143. Brasil e Argentina pretendem que o termo ONG seja limitado àquelas organizações que, na verdade, trabalham em defesa do interesse público, mais que do interesse privado. Essa distinção está mais bem elaborada no item V. 1 adiante.

144. WIPO Doc. WO/GA/31/11, *op. cit.* nota 3.

145. *Ibid.*

146. Ver, também, SOUTH CENTRE e CENTRE FOR INTERNATIONAL ENVIRONMENTAL LAW. *Integrating Development into Wipo* Activities and Processes: Strategies for the 2004 Wipo Assemblies, South Centre Doc. SC/TADP/ AN/IP/2, South Centre Analytical Note, Geneva, August 2004 (disponível em: www.southcentre.org/tadp_webpage/ research_papers/ipr_project/wipo_ass_2004_bkgrdndoc_aug04.doc); BOYLE, James. A Manifesto on Wipo and the Future of Intellectual Property, *Duke Law and Technology Review*, September 2004 (disponível em: www.law.duke.edu/ journals/dltr/articles/2004dltr0009.html). É relevante notar que, em 7 de julho de 2003, 69 cientistas remeteram uma carta a Kamil Idris, Diretor-General da OMPI, "requerendo que a OMPI realizasse um encontro sobre desenvolvimento colaborativo e aberto" (***Sign-on letter from 69 scientists and economists to Kamil Idris, Director General of the World Intellectual Property Organization*** requesting that WIPO host a meeting on open and collaborative development, 7 July 2003; disponível em: www.cptech.org/ip/wipo/kamil-idris-7july2003.pdf). Essa solicitação não foi, contudo,

levada adiante pela OMPI. Para detalhes, ver: MACDOWALL, Bob. WIPO accedes to USA pressures?, *IT-Anaysis.com*, 6 novembro 2003 (disponível em: www.it-anaysis.com/article.php?articleid=11400); e LESSIG, Lawrence. Open-Source, Closed Minds, *eWeek.com*, 1 de outubro de 2003 (disponível em: www.eweek.com/article2/0%2C1895%2C1309535%2C00.asp). Outros documentos de apoio à "Agenda para o Desenvolvimento da OMPI" por parte da sociedade civil, ver a página da ONG "Consumer Project on Technology" (CPTech): *W*IPO Development Agenda, disponível em: www.cptech.org/ip/wipo/da.html.

147. *E.g.*, pela ONG GRAIN: www.grain.org/rights/tripsplus.cfm?id=60 Acesso em 10 set. 2004.

148. Geneva Declaration, *op. cit.* nota 5.

149. Essa missão da OMPI está expressa no acordo firmado com as Nações Unidas, quando foi transformada, em 1974, em uma agência do sistema ONU. Ver *Agreement between the United Nations and the World Intellectual Property Organization*, art. 1º, disponível em: www.wipo.int/treaties/en/agreement/pdf/un_wipo_agreement.pdf.

150. Embaixador Roberto Jaguaribe, atual diretor do Instituto Nacional de Propriedade Intelectual (Inpi), falou pelo Brasil.

151. Apresentação da delegação brasileira na OMPI (*Statement by the Delegation of Brazil, 40th Series of the Assemblies of the Member States of WIPO, Item 12: Proposal for the Establishment of a Development Agenda for WIPO*, 30 September 2004), disponível em www.cptech.org/ip/wipo/brazil09302004.html e www.twnside.org.sg/title2/twr171e.htm (acesso em 13 abr. 2005).

152. WIPO Press Release 387, de 05/10/2004 (www.wipo.int/edocs/prdocs/en/2004/wipo_pr_2004_397.html#. Acesso em: 12 fev. 2005).

153. Para informações atualizadas sobre o desenvolvimento subseqüente das discussões em torno da Agenda para o Desenvolvimento, ver a página da ONG "Consumer Project on Technology", *op. cit.* nota 146; e *W*IPO: Development Agenda, disponível em: www.ipjustice.org/WIPO/WIPO_DA.shtml. Acesso em: 12 fev. 2005.

154. Ver COMMISSION ON INTELLECTUAL PROPERTY RIGHTS. *Integrating Intellectual Property Rights and Development Policy*. Report of the Commission on Intellectual Property Rights. Londres: Great Britain's Department for International Development, 2002, p. 137 e ss., e p. 152. Em: www.iprcommission.org. Acesso em: 19 dez. 2003.

155. ETZKOWITZ, H.; WEBSTER, A.; HEALEY, P. (eds.): Capitalizing Knowledge. New Intersections of Industry and Academia. Stony Brook: State University of New York Press, 1998.

156. WEINGART, Peter (2001): Die Stunde der Wahrheit? Zum Verhältnis der Wissenschaft zu Politik, Wirtschaft und Medien in der Wissensgesellschaft. Weilerswist: Velbrück Wiss, p. 329. Ver também THE ROYAL SOCIETY. *Keeping science open*: the effects of intellectual property policy on the conduct of science. Disponível em: www.royalsoc.ac.uk/ document.asp?tip=0&id=1374. Acesso em: 26/abr./2005.

157. Para esses pesquisadores, se a informação científica básica não está "livremente disponível para todos que desejem interpretá-la, modificá-la ou trocá-la, como no movimento de *software* livre" (SULSTON, John. 'Nobel Prize for Discoveries in Genetics: Heritage of humanity'. Dezembro 2002; disponível em: http://lists.econ.utah.edu/pipermail/ rad-green/2002-December/005611.html. Acesso em: 1/set./2004, o nervo central da própria ciência foi atingido (WEINGART, *op. cit.* nota 156, p. 222). Na ciência, a informação deve estar disponível para todo e qualquer pesquisador como um instrumento de pesquisas. "As implicações da exploração econômica [são tais que] os interesses da indústria em manter segredo e as restrições para patentear contrastam com a liberdade da ciência" (*Ibid.*). De acordo com Weingart: "Do ponto de vista da comunidade acadêmica, patentes ou a orientação da ciência para um possível uso comercial e o potencial patenteamento de resultados científicos carregam o perigo de que o conhecimento gerado não possa mais ser comunicado livremente." (*Ibid.*, 221 et seq.). Embora essa discussão venha sendo apresentada nos últimos anos (SULSTON, John e FERRY, Georgina Ferry. *The Common Thread*: A Story of Science, Politics, Ethics, and the Human Genome. London: Bantam Press, 2002; COHEN, Wesley M.; NELSON, Richard R.; WALSH, John P. Protecting Their Intellectual Assets: Appropriability Conditions and Why U.S. Manufacturing Firms Patent (or Not). In: *NBER Working Paper*, 7552, 2000; BARTON, John H.. Intellectual Property Rights: Reforming the Patent System.in: *Science*, 287, 2000, 1933-4; BARTON, John H.; MASKUS, Keith E. *Economic Perspectives on a Multilateral Agreement on Open Access to Basic Science and Technology*, (2004), em: www.law.ed.ac.uk/ahrb/script-ed/issue3/barton-maskus.asp. Acesso em: 20 abr. 2005, a análise e as críticas às limitações e restrições da pesquisa científica devidas ao monopólio de patentes não são novas. Para obter detalhes, ver nota 159 abaixo.

158. EISENBERG, Rebecca S.; HELLER, Michael A., 'Can Patents Deter Innovation? The Anticommons in Biomedical Research', *Science*, 280, (1998), p. 698-701.

159. WEINGART, *op. cit.* nota 156, p. 221 e ss. Wendell Berge já denunciava nos anos 40 as limitações e restrições impostas à pesquisa em áreas como as de medicamentos, hormônios sintéticos, vitaminas, instrumentos óticos e titânio devido às patentes, ou melhor, ao abuso por parte dos detentores de patentes. Ele argumenta que "a pesquisa científica tem sido pervertida e usada de maneira inadequada com o objetivo de fortalecer ilegalmente as restrições de monopólio baseadas em patentes" (BERGE, *op. cit.* nota 18, p. 39); e observa ainda que, "no esforço de controlar o desenvolvimento tecnológico e de confinar a pesquisa aos seus domínios feudais, interesses monopolísticos dividem o universo da tecnologia exatamente da mesma maneira que eles parcelam o território mundial. Usando as enormes estruturas de patentes por eles erguidas, os gigantes da indústria dividem entre si os maiores ramos de tecnologia e não permitem que ninguém invada suas reservas. (*Ibid.*,43).

160. KAUL, Inge; GRUNBERG, Isabelle; STERN, Marc A.(1999). Defining Global Public Goods, in: KAUL; GRUNBERG; STERN (eds.). *Global Public Goods.* International Cooperation in the 21st Century. Nova Iorque; Oxford: Oxford University Press, p. 3.

161. Não-divisibilidade "refere-se à possibilidade de todos se beneficiarem de um bem público, uma vez que esse seja produzido, e não-excludabilidade a impossibilidade de se excluir qualquer indivíduo ou grupo dos benefícios" (CHEN, Lincoln C.; EVANS, Tim G.; CASH, Richard A. (1999). Health As a Global Public Good, in: KAUL; GRUNBERG; STERN, *op. cit.* nota 160, p. 284 (284-304).

162. A distinção entre bens divisíveis e não-divisíveis é difícil de ser aplicada aos direitos de PI, uma vez que as criações intelectuais seriam todas não-divisíveis, mas exclusivas (uma vez que seu detentor recebe justamente o direito de excluir terceiros). Veja STIGLITZ, Joseph E. (1999): Knowledge As a Global Public Good. In: KAUL; GRUNBERG; STERN, *op. cit.* nota 160, p. 308-323.

163. UN ECOSOC Official Records (II), Annex 8, Doc. E/43, 314. Semelhante definição tem permanecido dentro do sistema das Nações Unidas.

164. Além disso, grande parte dos acadêmicos de política internacional tem escrito sobre organizações não-governamentais utilizando-se da mesma definição: LADOR-LEDERER, J. J. (1963): International Non-Governmental Organizations and Economic Entities: A Study in Autonomous Organization and Ius Gentium. Leyden: A.W. Sythoff, 59 et seq.; WHITE, Lyman Cromwell (1968): International Non-Governmental Organizations: Their purposes, methods, and accomplishments. Nova Iorque: Greenwood Press; and HUNTINGTON, Samuel P. (1979): 'Transnational Organizations in World Politics', in Fred A. Sondermann, David S. McLellan and William C. Olson (eds.): The Theory and Practice of International Relations. Englewood Cliffs, N.J.: Prentice-Hall, 36; CHARNOVITZ, Steve (1997): Two centuries of participation: NGOs and international governance. *Michigan Journal of International Law*, v. 18, nº 2, p. 183-286.

165. Autonomia é compreendido como um *continuum*, ou seja, organizações não são nem absolutamente autônomas nem completamente não autônomas; ao invés disso, elas possuem uma certa autonomia. Contudo, tal autonomia só se provará pelo processo de definição pela própria organização de suas tarefas e seus objetivos, i.e., de "autoformular os padrões de qualidade de seus processos de decisão, em relação ao conteúdo, ao tempo e socialmente" (GLAGOW, Manfred; SCHIMANK, Uwe (1983): Die Nicht-Regierungs-Organisationen in der deutschen Entwicklungspolitik. In: Glagow, Manfred (ed.): Deutsche Entwicklungspolitik: Aspekte und Probleme ihrer Entscheidungsstruktur. Bielefelder Studien zur Entwicklungssoziologie, Nr. 19. Saarbrücken; Fort Lauderdale: breitenbach, 151). Autonomia é uma das características mais relevantes para ONGs serem consideradas parte da sociedade civil.

166. "Qualquer organização que não seja estabelecida por uma entidade governamental ou através de um acordo intergovernamental deverá ser considerada uma organização não-governamental (...), incluindo organizações que aceitem membros designados por autoridades governamentais, dado que tal associação não interfira na livre expressão de visões da organização." Resolução ECOSOC 1996/31, parágrafo 12 (disponível em: www.un.org/esa/coordination/ngo/ Resolution_1996_31/index.htm. Acesso em: 15/mai./2003).

167. RIDGEWAY, George L. (1938): Merchants of Peace: Twenty years of business diplomacy through the International Chamber of Commerce, 1919-1938. Nova Iorque: Columbia University Press, 263. White (*op. cit.* notas 164, 269) claramente refere-se a ONGs como organizações de "caráter tanto lucrativo quanto não-lucrativo".

168. Deve-se lembrar, contudo, que mesmo antes da OMPI tornar-se uma agência especializada da ONU, a CCI e a AIPPI já haviam muito bem sedimentado suas relações com esse organismo de PI.

169. Desde 1946, a CCI tem o nível mais elevado de status consultivo, ou seja, o geral; e à AIPPI foi concedido status consultivo especial em 1960 (www.un.org/esa/coordination/ngo. Acesso em: 13 mai. 2003).
170. POWELL, Walter W. (ed.) (1987): The Non-profit Sector: A Research Handbook. New Haven; Londres: Yale University Press.
171. ANHEIER, Helmut K.; SEIBEL, Wolfgang (eds.) (1990): *The Third Sector: Comparative Studies of Nonprofit Organizations*. Berlim; Nova Iorque: de Gruyter.
172. Sociedade civil é entendida "como uma esfera de interação social entre economia e estado, composta, acima de tudo, da esfera íntima (especialmente a família), a esfera das associações (especialmente associações voluntárias), movimentos sociais, e formas de comunicação pública" (COHEN, Jean L.; ARATO, Andrew (1992): Civil Society and Political Theory. Cambridge; Londres: The MIT Press, ix). Ver também: COHEN, Jean (1995): Interpreting the Notion of Civil Society. In: WALZER, Michael (ed.): Toward a Global Civil Society. Providence; Oxford: Berghahn Books, p. 37; ANHEIER, Helmut; GLASIUS, Marlies; KALDOR, Mary (2001): Global Civil Society. Oxford: Oxford University Press; Tandon, Rajesh (1992): Civil Society is the First Sector. Em: *Development – Journal of the Society for International Development*, nº 3, Roma/Itália, p. 38 e ss.
173. WEISBROD, Burton (1978): Problems of Enhancing the Public Interest: Toward a Model of Governmental Failures. In: Idem. (ed.): Public Interest Law: an economic and institutional analysis. Berkely: University of California Press, p. 30-41. Veja também SALAMON, Lester M. (1992): Social Services, in: CLOTFELTER, Charles T. (ed.): Who Benefits from the Nonprofit Sector? Chicago; London: The Universtiy of Chicago Press.
174. ROSE-ACKERMAN, Susan (ed.) (1986): The Economics of Nonprofit Institutions. Studies in Structure and Policy. (Yale Studies on Nonprofit Organizations). New York: Oxford University Press; WEISBROD, Burton (1988): Private Goods, Collective Goods: The Role of the Nonprofit Sector. In: CLARKSON, K.; MARTIN, D. (eds.): The Economics of Nonproprietary Organizations, Grennwich: JAI Press, p. 139-179; HANSMANN, Henry (1987): Economic Theories of Non-profit Organization, in: POWELL, *op. cit.* nota 170, p. 27-42.
175. SALAMON, Lester M. (1987): On Market Failure, Voluntary Failure and Third Party Government: Toward a Theory of Government Nonprofit Relations in the Modern Welfare State. In: *Journal of Voluntary Action Research* 16 (Spring), p. 29-49.
176. Bens coletivos públicos são definidos como determinados bens que, uma vez fornecidos, podem ser utilizados por vários consumidores coletivamente (ARNOLD, Volker (1992): Theorie der Kollektivgüter. München: Vahlen, p. 79).
177. WEBER, W. (1965): Gut. In: Handwörterbuch der Sozialwissenschaften, 4. Band. Göttingen: Hubert&Co., p. 740.
178. A crescente diferenciação das interações sociais dentro da sociedade não pode mais ser analisada somente em termos de esferas pública e privada, mas exige a existência do "social" – a esfera social – a ser levada em conta (ARENDT, Hannah (1958): *The Human Condition*. Chicago: University of Chicago Press). A sociedade forma-se nessa esfera social, ou seja, nesse "tecido da sociedade" (HANSEN, K. V. (1987): Feminist Conception of Public and Private: A Critical Analysis. In: *Berkely Journal of Sociology*, Vol. 32. Berkely: University of California Press, p. 119). Habermas também faz referência a essa esfera social que se desenvolve ao lado das esferas pública e privada: "Entre a esfera privada publicamente relevante da sociedade civil uma esfera social repolitizada desenvolveu-se onde instituições sociais públicas e privadas fundem-se em um único contexto funcional que não pode mais ser distinguido utilizando-se critérios tais como público ou privado" (HABERMAS, Jürgen (1971): Strukturwandel der Öffentlichkeit: Untersuchungen zu einer Kategorie der bürgerlichen Gesellschaft. 5. Aufl. Neuwied; Berlin: Luchterhand, p. 180. Veja também CALHOUN, Craig (ed.) (1992): Habermas and the Public Sphere. Cambridge/Londres: The MIT Press).
179. FREI, Daniel (1977): Weltpolitische Entscheidungen im nationalen oder im universalen Interesse? In: Müller, A. (ed.): Gesellschaftliche Entscheidungsvorgänge: Vorträge der Ringveranstaltung, durchgeführt von der Eidgenössischen Technischen Hochschule Zürich und der Universität Zürich 1975/76. Basel; Stuttgart: Birkhäuser, p. 195-205.
180. KAUL; GRUNBERG; STERN, *op. cit.* nota 160, p. 16.
181. KAPSTEIN, Ethan B. (1999): Distributive Justice As an International Public Good. A Historical Perspective. In: KAUL; GRUNBERG; STERN, *op. cit.* nota 160, p. 89.

182. RAO, J. Mohan (1999): Equity in a Global Public Goods Framework. In: KAUL; GRUNBERG; STERN, *op. cit.* nota 160, p. 82.
183. Chen; Evans; Cash, *op. cit.* nota 161.
184. Stiglitz, *op. cit.* nota 162.
185. MERLE, Marcel (1974): *Sociologie des Relations Internationales* (*Études Politiques Économiques et Sociales*). Paris: Dalloz, 308 et seq. (Em português, ver: MERLE, Marcel (1981): *Sociologia das Relações Internacionais.* Trad. de Ivonne Jean. Brasília: Editora Universidade de Brasília). Para Bader, solidariedade é "a alternativa aos aparentemente incontestáveis comandos da política e da economia, e isso permite agir de acordo com considerações éticas onde, para outros [atores], tal possibilidade não existiria mais" (BADER, Erwin (1991): Christliche Sozialreform. Beiträge zur Soziaphilosophie in einer veränderten Welt. Wien: Herder, p. 117).
186. GLAGOW, Manfred (1990): Zwischen Markt und Staat: Die Nicht-Regierungs-Organisationen in der deutschen Entwicklungspolitik, in: Glagow, Manfred (ed.): Deutsche und internationale Entwicklungspolitik: zur Rolle staatliche, supranationaler und nicht regierungsabhängiger Organisationen im Entwicklungsprozeß der Dritten Welt. Opladen: Westdeutscher, 165. Ver também COHEN; ARATO, *op. cit.* nota 172, p. 472 e ss.; HONDRICH, K.-O.; KOCH-ARZBERGER, C. (1992): Solidarität in der modernen Gesellschaft. Frankfurt a.M.: Fischer, p. 14; e LANDIM, Leilah (1993): *Para Além do Mercado e do Estado? Filantropia e Cidadania no Brasil.* Rio de Janeiro: Núcleo de Pesquisa/ISER, p. 7.
187. KEANE, John (ed.) (1988): *Civil Society and the State: New European Perspectives.* London; Nova Iorque: Verso, 364. Ver também KEANE, John (1998): *Civil Society: Old Images, New Visions. Oxford: Polity Pres*; Kaufmann, Franz-Xavier (1984): Solidarität als Steuerungsform – Erklärungsansätze bei Adam Smith, in: KAUFMANN, F.-X.; KÜSSELBERG, H.-G. (Hrsg.): Markt, Staat und Solidatität bei Adam Smith. Frankfurt/ Nova Iorque: Campus, p. 167.
188. NEARY, Peter James (1976): Self and Solidarity: An Investigation into a Predicament in Western Ethics With Special Reference to the History of Ideas in America. Inaugural-Dissertation zur Erlangung der Doktorwürde des Evangelisch-theologischen Fachbereichs der Johannes Gutenberg-Universität zu Mainz, p. 160.
189. *Ibid.*, p. 164 e ss.
190. "Eu não (...) identifico sociedade civil com toda vida social fora das esferas de estado e da economia. Primeiro, deve-se distinguir sociedade civil ambos do que eu chamo uma 'sociedade política' de partidos, organizações políticas, e esferas públicas políticas (parlamentos) e uma 'sociedade econômica' composta de organizações de produção, distribuição, e públicos associados, geralmente firmas, cooperativas, instituições de negociação coletiva, uniões, conselhos etc. Os atores e instituições das sociedades econômica e política estão diretamente envolvidos com poder de Estado e com produção econômica. Eles não têm recursos para subordinar critérios instrumentais e estratégicos aos padrões de integração normativa e à característica flexível de comunicação da sociedade civil. Enquanto as associações da sociedade civil são coordenadas comunicativamente, instituições econômicas e políticas modernas devem ser coordenadas por meio de poder e dinheiro." (COHEN, *op. cit.* nota 172, p. 38).
191. Referência aqui não é feita à "Sociedade Política", uma vez que nenhuma organização a ela possivelmente ligada pode ser identificada dentro do contexto da OMPI. Trata-se muito mais de organizações pertencentes à "Sociedade Econômica".
192. Ver UNITED NATIONS, *op. cit.* nota 88, p. 7; e MPI, *op. cit.* nota 88, p. 226 e ss.
193. Uma das vozes mais abertamente críticas – surpreendentemente também vinculada à CCI – foi Stojan Pretnar. Pretnar foi professor na Universidade de Ljubljana, Eslovênia e esteve vinculado à Comissão de PI da CCI (*La Propriété Industrielle*, 1954, p. 76-80). No entanto, ele manteve uma distância crítica e se absteve de votar em resoluções da CCI quando percebia que eram prejudiciais aos países em desenvolvimento (Ver, por exemplo, *Nouvelles de la CCI*, p. 5-6 (XXV), (1959), p. 46; e *Industrial Property*, 1962, 39). Ver PRETNAR, *op. cit.* nota 15; e STOJAN Pretnar, 'More on the legal Protection of Industrial Property', *La Propriété Industrielle*, 1955, 1-5 e 9-14. Ver, também, STRAUS, Joseph. 'In Memoriam Stojan Pretnar', *GRUR Int.*, 1999, p. 425. Mas Pretnar estava claramente em minoria e, infelizmente, suas posições não prevaleceram dentro da CCI e nem no debate internacional. Era Ladas quem prontamente se contrapunha aos argumentos de Pretnar: LADAS, Stephen P. 'Les bases fondamentales de la protection internationale de la propriété industrielle', em: *La Propriété Industrielle*, 1954, p. 93-97; LADAS, Stephen P., 'Propriété industrielle et développement économique', em: *La Propriété Industrielle*, 1955, p. 134-142.

194. Durante um longo período, os congressos anuais destas organizações eram os únicos fóruns para discutir e desenvolver questões de legislação e política de PI.
195. Semelhante à CCI e à AIPPI, outras organizações internacionais como a Associação de Direito Internacional – ADI (www.ila.org) e a *Fédération Internationale des Conseils en Propriété Industrielle* – FICPI (www.ficpi.org. Acesso em: 6 abr. 2004) têm feito *lobby* internacional para fortalecer a proteção de PI. No entanto, o impacto do trabalho dessas organizações nas questões aqui consideradas não pode ser comparado ao da CCI e da AIPPI.
196. ONGs de interesse público têm estado envolvidas, principalmente a partir dos anos 60, no campo tradicional da política de desenvolvimento e da ajuda humanitária ("development aid"). Com a criação da OMC e o estabelecimento do Acordo TRIPS elas se viram impelidas a enfrentar questões de PI, que se relacionam cada vez mais com sua atuação no campo do desenvolvimento social e humano. As ONGs Oxfam e Médecins Sans Frontièrès (MSF) são dois exemplos. A Declaração de Doha de 2001 da OMC sobre o Acordo TRIPS e Saúde Pública é um exemplo significativo da influência que ONGs de interesse público já têm exercido em questões de PI.
197. WIPO Doc. WO/GA/31/11, *op. cit.* nota 3.
198. Além da Declaração de Genebra, ver, também, o grande número de intelectuais assinantes do "Manifesto à OMPI por Transparência, Participação, Equilíbrio e Acesso: Carta Aberta à Organização Mundial da Propriedade Intelectual da Organização das Nações Unidas (OMPI), 9 de março a 19 de abril de 2005" (conclamava ao engajamento imediato de organizações da sociedade civil, ONGs e defesa do consumidor nas atividades da OMPI), em: <www.cic.unb.br/docentes/pedro/trabs/wipo-stats.html>. Ver, também, <www.cptech.org/ip/wipo/iim1.html>. Acesso em: 20 abr. 2005.
199. Particularmente nas reuniões de comitês nas quais muitas das diretrizes e grande parte da estrutura de PI têm sido produzidas. As ONGs de interesse público e os acadêmicos voltados para a defesa destes interesses têm de se envolver efetivamente com os mínimos detalhes do processo.
200. Na opinião dessa autora, não se pode estudar e pesquisar a evolução da legislação de PI sem conhecer as posições e discussões da CCI e da AIPPI, apresentadas em seus anuários e em "*La Propriété Industrielle*". É certamente surpreendente o quão profundo essas organizações têm contribuído para e influenciado questões de PI.
201. KAMPERMANN-SANDERS, Anselm. The Development Agenda for Intellectual Property. Rational Humane Policy or "Modern-day Communism"? Inaugural Lecture, Maastricht University, 20 May 2005, 27.
202. www.idcid.org.br. Acesso em: 20/abr./2005.
203. Ver a página desse projeto em <http://sippi.aaaas.org>. Acesso em: 06 jun. 2004.
204. Ver a página dessa rede em <www.ipr.bbk.ac.uk/global/index.shtml>. Acesso em: 10 set. 2004.
205. Ver a página desse centro em <www.law.duke.edu/cspd>. Acesso em: 13 abr. 2005.

2 PROPRIEDADE INTELECTUAL E MERCADOS FARMACÊUTICOS: UMA ABORDAGEM DE GOVERNANÇA NODAL*

PETER DRAHOS**

1. Introdução

Os mercados regulamentados de produtos farmacêuticos estão fracassando no mundo subdesenvolvido, ou seja, onde a maior parcela da população mundial vive. O problema básico é bem conhecido.[1] Os governos regulam o acesso à informação tecnológica farmacêutica por intermédio da criação de sistemas de patentes e do estabelecimento de agências reguladoras (escritórios de patentes) para administrá-los. A proposta por detrás dessa regulação é corrigir falhas de mercado. Sem esse sistema regulatório, as empresas farmacêuticas não investiriam na geração de informação.

Os mercados farmacêuticos regulados operam baseados nas preferências dos consumidores, os quais as expressam por meio de sua disposição de pagar por informações farmacêuticas que estão contidas em produtos. Os consumidores pobres do mundo também têm preferências por remédios, é claro, mas não têm condições de pagar os preços cobrados nos mercados regulamentados. Como resultado, estes consumidores recorrem aos mercados desregulamentados de medicamentos tradicionais.[2]

---

* Traduzido e adaptado por Caroline de Camargo Silva Venturelli e Camila de Camargo Silva Venturelli.

** Diretor do Centro para Governança do Conhecimento e Desenvolvimento e coordenador do Programa de rede de instituições regulatórias da Universidade Nacional Australiana. Ex-professor de Direito da Propriedade Intelectual no Centro para Estudos Legais Comerciais, Queen Mary College, Universidade de Londres.

O desfecho desta realidade é que ou os mercados regulamentados fracassam na distribuição de medicamentos para doenças que afligem as populações empobrecidas materialmente ou os medicamentos gerados pelos mercados regulamentados - os quais são também importantes para a saúde das populações pobres - ficam além de seu alcance.

Assim como tema da teoria moral, não é difícil encontrar argumentos que conduzam à conclusão de que mercados farmacêuticos regulamentados estão produzindo resultados equivocados. Uma linha simples de argumento, baseada numa abordagem utilitarista, afirma que se deve tomar em consideração a utilidade para cada sujeito individual quando se calcular a proporção de felicidade sobre a de sofrimento desse mesmo sujeito.[3] Como afirmou Jeremy Bentham, "*everybody to count for one, nobody for more than one*".[4] Claramente os mercados farmacêuticos desconsideram os potenciais benefícios às camadas mais pobres ao redor do mundo. De fato, é difícil pensar em outro caso, no qual tantos benefícios individuais relacionados às necessidades fundamentais são rotineiramente desconsiderados.

A dimensão do problema de acesso a medicamentos foi trazida à baila pela crise do HIV/AIDS. Mas para as populações materialmente fragilizadas e os países em desenvolvimento - que abrigam a maior parcela desta população -, o problema já existe há bastante tempo: desde o surgimento dos antibióticos de amplo espectro, nos anos 50, quando o preço da tetraciclina, em muitos países em desenvolvimento, foi mantido constante por mais de dez anos, ao menos, em parte, como decorrência do poder de fixação de preços do cartel formado pelas farmacêuticas Pfizer, Cyanamid, Bristol-Squibb e Upjohn.[5] O problema estava lá em 1975, quando o senador Kennedy fez um discurso apontando que "neste ano internacional da criança... 2,6 milhões de crianças morrerão de doenças imunizáveis porque não têm acesso a vacinas já desenvolvidas e disponíveis".[6] Nessas datas comemorativas, tornou-se parte da etiqueta para políticos ocidentais importantes a abordagem do tema da disseminação do HIV/AIDS em países em desenvolvimento.

Fazer discurso e falar é fácil. O que se deve ter em mente é que os legisladores racionais e sensatos, confrontados pelas falhas dos mercados regulamentados, deveriam começar um processo de exame crítico desses mercados e deveriam, ainda, conduzir a uma reforma global e séria. Uma razão a mais para se pensar desse modo é que uma era em que as virtudes da desregulamentação, globalização e livre-comércio, continuam a ser apregoadas, uma atuação mais intensa no sistema de patentes (farmacêuticas) carregaria consigo alguns apelos ideológicos. Mas, como este artigo mostra, a tendência tem sido seguir, exatamente, a direção oposta. Todas as áreas da propriedade intelectual, incluindo as patentes, estão se globalizando. Os mercados farmacêuticos de todos os países estão se tornando mais e mais regulados pelo sistema de patentes.

Este artigo analisa a razão pela qual mercados farmacêuticos estão explorando, cada vez mais, a regulação das patentes, quando seria de se esperar que a reação dos Estados fosse inversa ou, ao menos, que esse sistema pouco efetivo fosse paralisado.

O presente artigo desenvolve uma resposta a essa questão, por intermédio de uma abordagem teórica chamada "governança nodal", conforme artigo recente de Scott Burris.[7] Como poderemos ver, um tipo distinto de governança nodal emergiu para pressionar os mercados farmacêuticos em direção a uma regulação patentária mais intensa e aprofundada.[8] Scott Burris apresenta a teoria da governança nodal e o presente artigo trata, de modo sintético, desse tema.[9] As seções restantes do trabalho aqui exposto recorrem às teorias da pirâmide de execução[10] e de mudança[11] de foro, e mostram como a coordenação nodal de uma pirâmide de execução internacional oferece, a atores não-estatais, a possibilidade de exigirem de Estados nacionais obediência a padrões globais emergentes de proteção dos direitos de propriedade intelectual, que, por sua vez, dão corpo, atualmente, ao mercados farmacêuticos regulamentados (via patentes).[12] Esse caso de governança nodal é um caso de política pela força, já que os Estados passam a ser governados por terceiros.

A seção final do artigo discute a proteção do conhecimento tradicional (CT) mantido por povos indígenas.[13] Há muitas dimensões para o conhecimento tradicional.[14] Nosso interesse aqui é o fato de que muitas pessoas no mundo empregam CT's e produtos tradicionais para tratarem de suas enfermidades. Nos países em desenvolvimento, os locais muitas vezes não dispõem de outra opção de tratamento. Não há dúvida de que o CT e os medicamentos tradicionais são recursos valiosos. Entre outras coisas, um número significativo de produtos farmacêuticos que vêm sendo liberados nos mercados ao longo dos anos possui suas próprias origens em tradições localizadas no tempo e no espaço.[15] Contudo, os direitos de propriedade disponíveis para proteção desses recursos não se equiparam aos tipos de direitos de propriedade intelectual disponíveis para as empresas privadas protegerem seus compostos e processos. Provavelmente o nível de proteção atual para o CT está abaixo do ideal.[16] A criação de um sistema regulatório para a proteção desse ramo indica, ao menos, que o mundo está tomando iniciativas para preservar um recurso que a saúde pública geral irá se beneficiar. Empregando a abordagem de governança nodal, esse artigo mostra como a proteção para o conhecimento tradicional poderia ser melhorada em nível global. Esse caso pode ser pensado como um exemplo potencial de estratégia de governança nodal a ser seguida pelos mais fracos.

2. Governança Nodal em Poucas Palavras

A idéia de uma coordenação nodal deriva de uma recente abordagem teórica que fez das redes de trabalho e de nódulos a principal categoria na teorização de mudanças na governança.[17] Manuel Castells, por exemplo, argumenta que as redes têm superado sua histórica fraqueza em coordenar funções e trazer recursos para condução de seus objetivos traçados ao tornarem-se redes de informação.[18] Estas redes possuem adaptabilidade e níveis superiores de coordenação e administração.

Os principais efeitos das redes de informação são as mudanças nas relações de poder, em que os centros tradicionais são ultrapassadas por novas redes de capital, produção, comércio e comunicação. O poder tem ainda de ser exercido no mundo interligado. A governança nodal é uma teoria que enfoca o papel dos nódulos na governança e, especialmente, na direção em que as redes podem ser ligadas para criarem concentrações de poder, com o propósito de exercerem governança. Nódulos são atores dentro de uma rede ou são o produto organizacional de duas ou mais redes que estão amarradas entre si para uma proposta comum.

Este último tipo de nódulo (denominado "nódulo superestrutural") não integra a rede, mas antes é uma estrutura que traz junto atores que representam a rede a fim de concentrar recursos e tecnologias orientados para a realização de um objetivo comum[19]. Os nódulos superestruturais são centros de comando da rede de governança.

Em termos gerais, a governança nodal é uma resposta adaptada ao problema de informação enfrentado por governanças de todos os tipos, sobretudo a de redes. Governança requer informação. A dramática proliferação de novos tipos e novas escalas de redes tem sido possibilitada pela tecnologia da informação, o que significa que a informação que importa para a governança está dispersa por meio de uma multiplicidade de redes, muitas das quais operam independentemente. Nenhuma rede, pública ou privada, dispõe de informação onisciente. A resposta dos atores para essa complexidade tem sido procurar caminhos para ligar redes, a fim de produzir novas estruturas de governança; uma resposta que pode ser rotulada como "governança nodal". Essas estruturas não trazem informação onisciente para os atores, mas trazem mais informações e, o mais importante, recursos e tecnologia que capacitam os atores a se tornarem centros de governança. Nódulos nas redes mundiais são centros organizacionais no tempo e espaço, a partir dos quais fluem as ações de governança.

3. A Supra-Regulação dos Mercados Farmacêuticos: Foro Móvel e a Engrenagem Global da Propriedade Intelectual

O Acordo TRIPS, negociado como parte da Rodada Uruguai de negociações multilaterais de comércio (1986-1993), foi, provavelmente, tratado sobre propriedade intelectual mais importante do século XX, pois interligou os padrões desse tipo de propriedade às ferramentas de observância das regras comerciais internacionais.[20] Tendo em vista os interesses comerciais das indústrias farmacêuticas, TRIPS é o acordo mais significativo, pois, por exemplo, implica que países como a Índia, a qual dispõe de uma das maiores plataformas de produção de medicamentos genéricos, passassem a conceder patentes de produtos sobre compostos farmacêuticos.[21] O cerne do trabalho de todas estratégias patentárias para remédios "mais vendidos" gira em torno da concessão de patentes sobre os compostos *per se*. Sem tais instrumentos, as empresas de genéricos podem competir, pressionando os preços dos medicamentos para baixo.[22]

Durante os anos de 1980, os Estados Unidos estabeleceram o cenário para o TRIPS, por meio de uma série de negociações bilaterais estratégicas em propriedade intelectual com países-chave, dentre eles a Coréia do Sul e o Brasil. Um incentivo proposto para aos países em desenvolvimento, com vistas a alcançar êxito nas negociações do TRIPS, consistia em que os Estados Unidos desistiriam de empregar instrumentos unilaterais de retaliação comercial para obtenção dos padrões tidos como aceitáveis em outros países.[23]

Depois da conclusão do Acordo TRIPS, os Estados Unidos intensificaram o nível de suas atividades bilaterais; passaram a utilizar seus instrumentos unilaterais de retaliação, previstos no *Trade Act* de 1974, para revisar os padrões da propriedade intelectual de cada vez mais países, o que levou à conclusão de muitos outros acordos bilaterais relativos à propriedade intelectual, em nível maior que o da década de 1980.[24] Com efeito, tal postura, silenciosamente, criou uma engrenagem de regulação global em matéria de propriedade intelectual. Os Estados Unidos foram o principal arquiteto do arcabouço regulatório global, junto com a União Européia, porém esta, em menor nível de atuação.[25]

Em poucas palavras, a referida engrenagem é dependente de:

- um processo de mudança de foro, uma estratégia por meio da qual os Estados Unidos e a União Européia transferem sua agenda de estabelecimento de patamares mais altos de proteção da propriedade intelectual de fóruns nos quais encontram dificuldades para outros, a fim de serem bem-sucedidos;
- estratégias bilaterais e multilaterais coordenadas em matéria de propriedade intelectual;
- o estabelecimento, nos acordos de propriedade intelectual, do princípio do padrão "mínimo-mas-não-ótimo" de proteção.

A mudança de foro na regulação internacional é construída sob três estratégias básicas: mover a agenda de uma organização para outra, deixar determinada organização e perseguir agendas em mais de uma organização, simultaneamente.[26] A razão básica para a mudança de foro é o aumento das chances de vitória dos operadores. A mudança de foro é o caminho para constituir um novo jogo vitorioso. Ao enfrentar a derrota ou um resultado insatisfatório em determinado foro, os operadores poderão alcançar melhores resultados por meio da mudança da agenda para um novo foro. Em estudo sobre a regulação global do comércio, John Braithwaite e Peter Drahos apontam que a mudança de foro tornou-se importante após a II Guerra Mundial e que os Estados Unidos foram o principal ator a fazer uso desse instrumento.[27]

O princípio da "proteção mínima-mas-não-ótima" participa dessa engrenagem regulatória com papel vital. Cada acordo bilateral ou multilateral que lida com propriedade intelectual possui uma cláusula que permite a uma parte implementar uma proteção mais extensiva que a requerida pelo acordo ou que o acordo não derrogue outros que concedam tratamento ainda mais favorável às partes.[28] Isso significa que cada acordo bilateral ou multilateral subseqüente pode estabelecer padrões mais elevados. A engrenagem, por isso, pode migrar apenas na direção de padrões mais rígidos.

Enfim, a engrenagem global para a propriedade intelectual consiste em tendências bilaterais (começo dos anos 80) seguidas por ocasionais exercícios de padrões multilaterais (ver Diagrama 1 a seguir). Cada tendência de tratados bilaterais ou multilaterais nunca derroga padrões existentes e, muito freqüentemente, estabelece novos.

Diagrama 1: A Engrenagem Global da Propriedade Intelectual

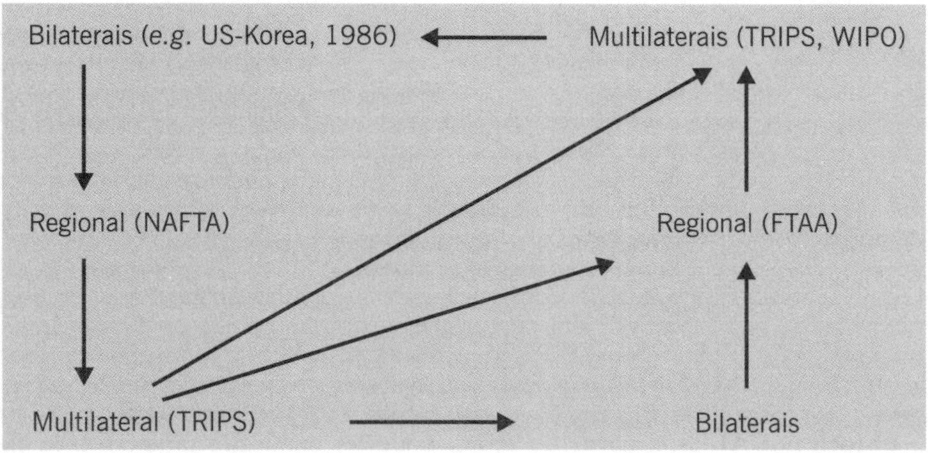

As flechas indicam que os Estados Unidos têm capacidade e recursos para perseguir negociações em diferentes foros ao mesmo tempo. A posição ocupada pelos Estados Unidos ou União Européia na engrenagem varia, basicamente, de acordo com a resistência que encontram para alcançar seus objetivos nas negociações. O bilateralismo que precedeu o TRIPS e que subjazia ao estabelecimento do Acordo foi desencadeado pela resistência com que os Estados Unidos se depararam no seu programa relativo à propriedade intelectual no Acordo Geral de Tarifas e Comércio (GATT).[29] Atualmente, é claro que os Estados Unidos estão na fase bilateral. A Declaração Ministerial que lançou a Rodada Doha de negociações multilaterais de comércio, em 2001, continha somente um programa modesto de trabalho com relação ao TRIPS, e as indicações geográficas figuravam como o principal item listado para negociação.[30]

Bilateralmente, entretanto, os Estados Unidos têm sido ativos na negociação de acordos de livre-comércio (ALC) com países que se apresentam como importantes modelos regionais.

O índice 1 indica da recente atividade negocial de ALCs.

Índice 1: Os Estados Unidos e os Recentes Acordos sobre Livre-Comércio e Negociações

Aprovado pelo Congresso	Concluído, mas não aprovado pelo Congresso	Em andamento ou para iniciar negociações
Jordânia (2001)	Austrália (2004)	Bahrain
Chile (2003)	Costa Rica (2004)	Bolívia
Cingapura (2003)	El Salvador (2004)	Botswana
	Guatemala (2004)	Colombia
	Honduras (2004)	República Dominicana
	Nicarágua (2004)	Equador
	Marrocos (2004)	Lesoto
		Namíbia
		Panamá
		Peru
		África do Sul
		Suazilândia
		Tailândia

O foco nos ALCs, a partir de agora, pode ser explicado também pela efetiva resistência que os Estados Unidos têm encontrado no Conselho TRIPS, nos últimos anos.[31] O Conselho para TRIPS foi o palco, no qual os Estados africanos, em junho de 2001, lançaram uma iniciativa que objetivava o exame do papel dos direitos de propriedade intelectual no acesso a medicamentos. Ao final de 2001, os Membros da Organização Mundial do Comércio (OMC) aprovaram a Declaração sobre o Acordo TRIPS e Saúde Pública, que foi considerada pela indústria farmacêutica dos Estados Unidos um golpe contra os seus interesses e que fez com que empregassem seus melhores instrumentos para esvaziá-la.[32] De modo semelhante, a revisão do art. 27(3)(b), que se iniciou em 1999, não prosseguiu como os Estados Unidos teriam gostado. Em essência, os Estados Unidos querem colocar o TRIPS em linha com sua política patentária interna – "quase tudo é patenteável".[33] No mais, o que aconteceu durante o curso da revisão foi um diálogo muito abrangente no Conselho para TRIPS, que levantou muitos temas sobre patentes, incluindo a necessidade de se integrar e harmonizar as cláusulas do TRIPS com os dispositivos da Convenção sobre Diversidade Biológica.[34] Países em desenvolvimento foram capazes de resistir às propostas dos EUA no contexto do Conselho para TRIPS, especialmente porque receberam assistência técnica fornecida por atores da sociedade civil.[35] Estes atores ofereceram expertise e, por meio de campanhas globais, provaram alta eficiência em levantar questões sobre as origens do TRIPS e sobre sua legitimidade moral. Isso, por sua vez, possibilitou a expansão da arte do possível em relação ao Acordo TRIPS. Além do que foi uma vantagem para que o Conselho para TRIPS se tornasse um foro altamente visível, induzindo a sociedade civil e países em desenvolvimento a concentrarem todos os seus recursos. A resposta dos Estados Unidos foi concentrar-se nos ALCs. Nos ALCs recentemente concluídos pelos Estados Unidos, estes obtiveram, em muitos casos, padrões de proteção da propriedade intelectual muito aproximados de sua posição doméstica.[36]

4. Os Titulares da Propriedade Intelectual e suas Pirâmides de Execução Nodal Coordenada

A seção anterior mostrou como os Estados Unidos, por meio de uma estratégia de mudança de foro, têm sido capazes de criar uma engrenagem global de propriedade intelectual. Para os países em desenvolvimento, o aumento do custo de investimento para a execução de padrões cada vez mais elevados de propriedade intelectual é revertido para o benefício dos principais titulares estrangeiros de propriedade intelectual.[37] Supondo que tais países fossem atores racionais com recursos limitados, poder-sei-ia prever que aprovariam procedimentos/legislações de execução e fariam "vistas grossas" para sua efetiva aplicação. Entretanto, para os titulares de propriedade intelectual, o cumprimento estatal de suas obrigações em matéria de propriedade intelectual, especialmente no que concerne à observância, tornou-se a maior preocupação.

Esta seção observa que os titulares de propriedade intelectual têm procurado alcançar os objetivos de cumprimento por meio da criação de uma pirâmide de execução internacional, coordenada nodalmente. A teoria que existe por detrás das pirâmides de execução é bem conhecida e resumidamente explicada a seguir. Veremos também que o uso pelos Estados Unidos de suas ferramentas de execução segue a teoria da pirâmide. A característica distintiva dessa pirâmide de execução internacional é a sua coordenação nodal feita por atores do setor privado. Nódulos são meios organizativos específicos, nos quais as múltiplas redes são concentradas para produzirem uma dada ação. O ponto crucial sobre as pirâmides coordenadas nodalmente é que o limite de alcance da pirâmide cresce. No caso dos direitos de propriedade intelectual, a pirâmide tem real alcance internacional e oferece aos atores do setor privado os meios para a concretização do objetivo de garantir a proteção dos direitos de propriedade intelectual.

4.1. Pirâmides de Execução

A partir do desenvolvimento da teoria de John Braithwaite sobre a pirâmide de execução, estudos acadêmicos mostraram, teórica e empiricamente, como as pirâmides de execução podem aumentar o respeito às normas.[38] A idéia-básica que existe por trás da pirâmide é que a punição e persuasão devem estar ligadas em determinada seqüência, a qual se inicia com a persuasão na base da pirâmide e tem a sanção mais gravosa em seu topo. O pressuposto sobre a natureza humana que permeia esta seqüência é que existem atores de diferentes tipos (*e.g.* racional, virtuoso e irracional). Os diferentes níveis de execução da pirâmide são construídos nesses diferentes tipos. Na base da pirâmide estão as ferramentas de regulação "suaves", tais como os protocolos, as diretrizes e as estratégias educacionais ou, em linguagem genérica, as ferramentas de diálogo e persuasão. Essas ferramentas suaves supõem que os atores estejam dispostos a fazer a "coisa certa" e com vontade de cooperar.

Conforme se segue em direção ao cume da pirâmide, as ferramentas de regulação começam a assumir um caráter mais coercitivo até que, no topo da pirâmide há algumas formas de medidas restritivas (estas dependem da área de regulação, mas podem envolver prisão, suspensão de comércio, revogação de licenças, dentre outras). Se a autoridade regulatória não tiver sucesso na base da pirâmide poderá se mover para cima e usar, efetivamente, as ferramentas mais coercitivas. Uma pirâmide de execução oferece ao regulador um conjunto unificado de estratégias regulatórias que podem ser desdobradas contra todos os tipos de atores (virtuoso, calculista racional, resistente, incompetente). Se um dos tipos de estratégia falhar por conta do perfil do ator envolvido, outro será empregada. Defensores da pirâmide de execução discutem que deve existir uma presunção favorável em se começar da base da pirâmide, por meio de estratégias baseadas no diálogo.[39] Tal estratégia é menos custosa, respeitada e, por último, faz com que o uso da coerção seja legitimado, pois foi dada às estratégias não coercitivas uma chance para atuarem.

O uso pelos Estados Unidos dessas ferramentas de observância das regras comerciais, no contexto das disputas de comércio, incluindo a propriedade intelectual, segue a forma de uma pirâmide de execução (veja Diagrama 2 adiante).[40] Tipicamente, os Estados Unidos começarão um diálogo informal com o Estado, se acreditarem que este não esteja cumprindo com padrões de proteção efetiva e adequada para os direitos de propriedade intelectual. Depois de um tempo, o diálogo vai se tornando mais formal. Se o Estado falhar em suas ações, será listado para receber mais atenção. As várias listas mantidas pelo Escritório de Relações Comerciais dos Estados Unidos (USTR) permitem escalonar, de maneira ótima, as ações de desincentivo à violação aos patamares ótimos de proteção da propriedade intelectual.[41] Isso também significa que os Estados que realizarem tentativas efetivas para resolverem seus problemas relacionados à propriedade intelectual podem ser retirados da lista ou deslocados para uma categoria menos séria.

Integrar perdão e a recompensa na pirâmide acrescenta a ela mais racionalidade e razoabilidade e, por último, efetividade ao conscientizar os Estados demandados que a pirâmide não congrega um sistema de coação irracional. No topo da pirâmide estão as sanções de comércio, como a suspensão de benefícios comerciais ou a imposição de taxas sobre as mercadorias que entram no mercado norte-americano.

Diagrama 2: As Ferramentas de Execução Comercial dos Estados Unidos como Pirâmide de Execução para a Propriedade Intelectual.

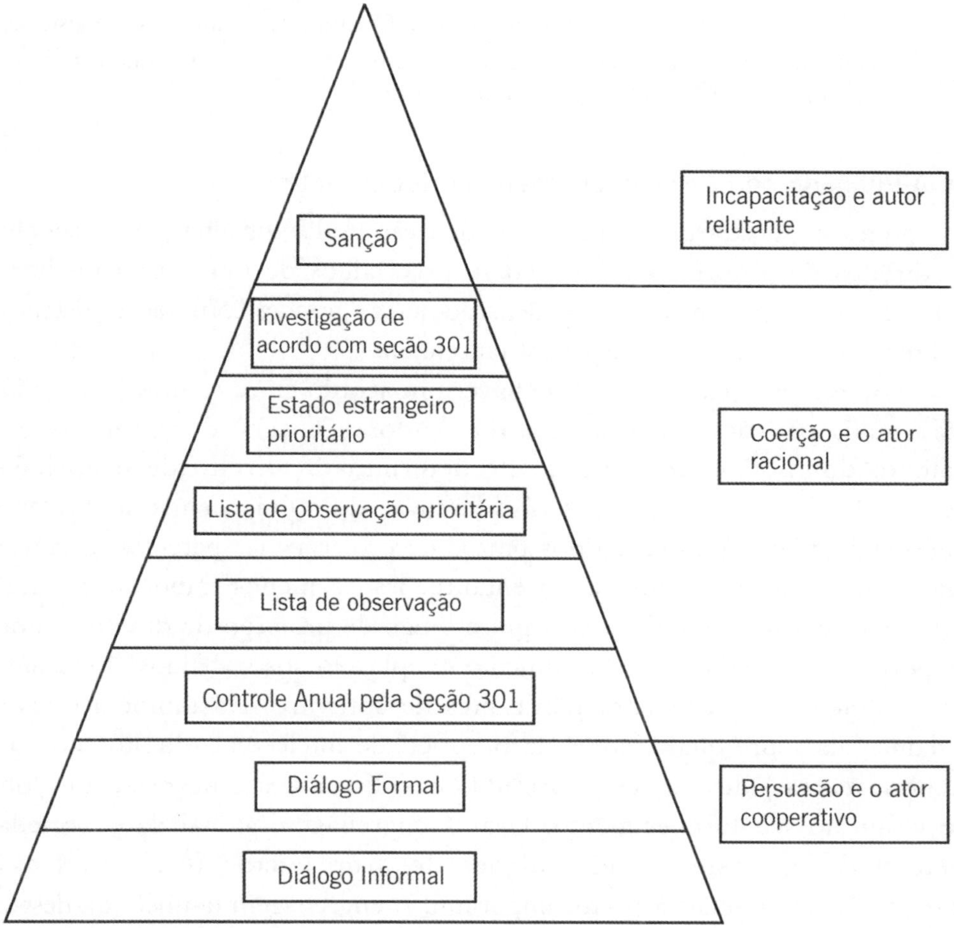

A habilidade do USTR para bloquear a entrada de produtos de outros países no mercado interno americano, por meio da aplicação de sanções comerciais, seria um reflexo da política do *big stick*, porém, tal medida extremada não é empregada com freqüência. A teoria e o trabalho empírico sobre pirâmides de execução mostram que as agências reguladoras que sustentam essa política repressiva raramente a utilizam.[42] É a sua simples existência combinada com a crença sobre a inexorabilidade de seu uso que conduz muitos alvos da pirâmide a concordarem em reformar suas políticas e práticas, antes que o *big stick* seja usado. Ao mesmo tempo, o uso ocasional de coerção projeta credibilidade e faz os alvos de execução, ainda sujeitos aos patamares mais baixos da pirâmide, a considerarem friamente os custos potenciais da desobediência. Uma recente declaração de Robert Zoellick, USTR, cuidadosamente exprime a lógica da pirâmide:

> Nós resolvemos a maioria dos problemas sem recorrer a procedimentos formais de solução de disputa, os quais demandam tempo adicional e envolvem resultados incertos. A maioria das empresas americanas sugere procedimentos formais de solução de disputas somente como último recurso. Quando determinamos que este seja o caminho mais efetivo para solução de controvérsias, nós apresentamos casos no âmbito da OMC, Nafta ou dos recentes ALCs.[43]

4.2. A Pirâmide de Execução Coordenada Nodalmente

Antes de mostrarmos como a coordenação nodal trabalha pela observância dos direitos de propriedade intelectual, precisamos de uma visão melhor da informação e dos problemas de coordenação que as grandes corporações detentoras de direitos de propriedade intelectual enfrentam.

No nível mais elementar, deve haver um acordo entre empresas individuais sobre quais padrões precisam ser reforçados e observados, por exemplo, aumento dos prazos de proteção de determinado direito de propriedade intelectual. Mas ainda aqui haverá diferenças de opinião entre as titulares e setores industriais. A extensão dos prazos de proteção das patentes é relevante para a indústria farmacêutica, no entanto, isso é menos importante para as fabricantes de semicondutores. Um prazo longo de proteção de direitos autorais é importante para editores, mas somente se aplicado aos trabalhos já existentes. Isso raramente importa para fabricantes de software. Há também questões fundamentais sobre quais ramos da propriedade intelectual (direitos do autor, patentes, marcas) devem ser priorizados nas discussões e negociações globais que visam ao seu fortalecimento. Usar a engrenagem global da propriedade intelectual para estabelecer padrões de propriedade intelectual exige coordenação sobre quais aspectos importam. A engrenagem também dá destaque para outros tipos de temas de coordenação. Quando os Estados Unidos deveriam retroceder na OMC e transferir o jogo principal para o âmbito bilateral? Quais países deveriam ser os alvos das estratégias bilaterais? Quais países deveriam ser os alvos da ação de execução da pirâmide? Empresas sediadas nos Estados Unidos com investimentos diferentes e interesses em propriedade intelectual em países distintos, são adequadas para dar respostas diversas para essas questões. A Pfizer pode pensar que a Índia deve ser a prioridade; a Microsoft pode estar muito mais preocupada com a questão da pirataria na Rússia e países vizinhos e Hollywood (na forma de Associação Cinematográfica Norte-Americana) pode pensar que os problemas reais estão na Itália, Malásia e China.

A pirâmide de execução do comércio dos Estados Unidos é caracterizada por gradações, dando ao USTR muitas opções de execução. Entretanto, analisar essa pirâmide seria um exercício de alto conhecimento de informação. Em que local, por exemplo, nos vários níveis da pirâmide, o USTR coloca a Ucrânia de ano em ano? Como o USTR sabe, por exemplo, que a Ucrânia está envolvida no esquema de pirataria de CDs? Se a informação vem de uma empresa, como ela sabe? Se a Ucrânia aprova uma lei, como o USTR sabe se ela conhece o teste norte-americano sobre adequação e efetividade? Como o USTR sabe que a política e o judiciário ucranianos estão executando a lei adequadamente? É suficiente contar com um relatório anual expedido pelo governo ucraniano? Se não, o que é uma fonte idônea de informação? Esses tipos de questões devem ser respondidas para 80 ou mais países que agora estão sob o controle anual feito pelo USTR relativo às práticas em propriedade intelectual.[44]

O caminho pelo qual as empresas americanas resolveram esse tipo de problema consiste em criar um aglomerado de nódulos em volta da pirâmide de execução comercial. Desde que um pequeno número de nódulos esteja envolvido, a possibilidade de coordenação entre eles torna-se possível. A coordenação entre as redes que os nódulos representam cria quase um problema intratável de coordenação, porque as redes têm centenas de empresas como membros. A Aliança Internacional da Propriedade Intelectual (IIPA), por exemplo, tem um grupo de membros de mais de 1.100 empresas, e a Organização da Indústria Biotecnológica (BIO) tem mais de 1.000 membros.[45] A possibilidade de coordenação nodal tem sido aprofundada pelo fato de os nódulos terem sobreposto os membros. A Aliança dos Negócios de Software (BSA), por exemplo, é um nódulo-chave nos temas de direitos autorais e é também membro do IIPA e do Comitê Consultivo da Indústria Funcional em matérias de Direitos de Propriedade Intelectual para Problemas Políticos Comerciais (IFAC-3), estando legitimado a apontar ao Congresso e ao Presidente se os acordos de comércio de que os Estados Unidos são parte alcançam os objetivos locais em propriedade intelectual. Às vezes, a sobreposição do quadro de membros ocorre no âmbito do indivíduo que representa mais que um chapéu nodal. Por esse exemplo, Eric Smith, o presidente do IIPA, é também o presidente do IFAC-3.

O diagrama 3 a seguir mostra a pirâmide de execução coordenada nodalmente para a propriedade intelectual (todo o aglomerado de nódulos e suas relações cruzadas não estão representados por razões de espaço e clareza).

Diagrama 3: Pirâmide de execução Internacional Coordenada Nodalmente para os Direitos de Propriedade Intelectual.

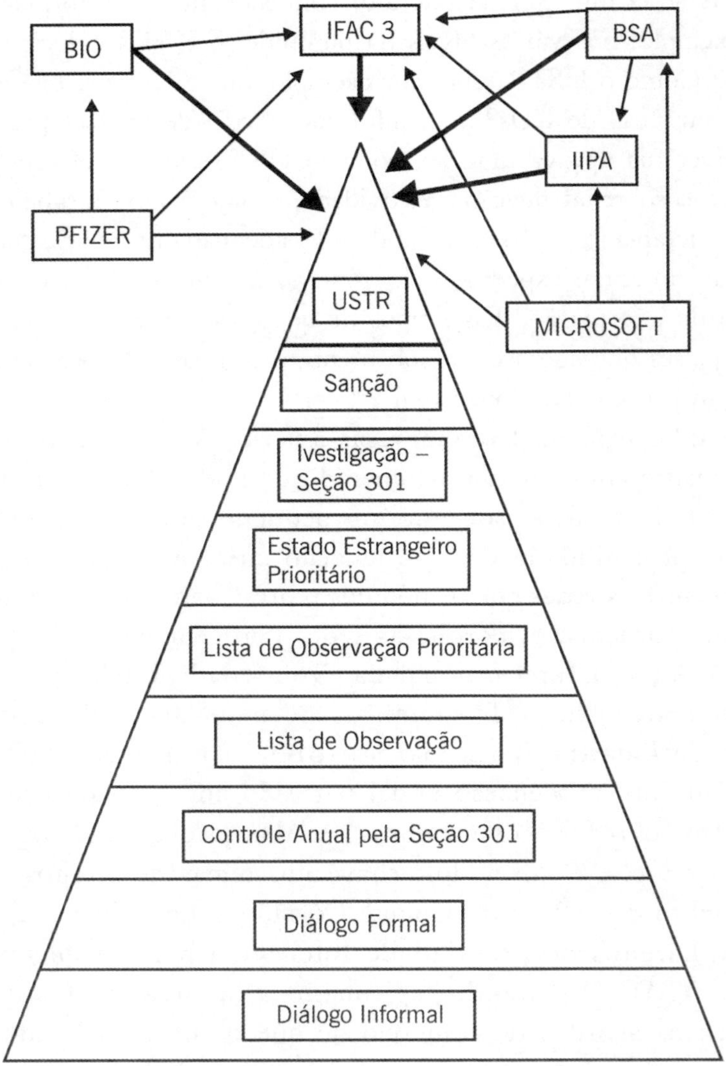

No diagrama, a seta representa os membros de nódulos relacionados (por exemplo: Microsoft é um membro do IIPA, do BSA e do IFAC-3). As outras flechas indicam que cada um desses nódulos pode trabalhar e se comunicar diretamente com o USTR, se surgir necessidade. As setas mais grossas indicam que o nódulo relevante tem um importante papel de coordenação. O IFAC-3 tem o papel de coordenação mais importante na pirâmide de execução para propriedade intelectual, coadunando mais redes que qualquer outro nódulo e, portanto, está em melhor posição para lidar com os problemas de coordenação e informação que foram descritos anteriormente.

O IFAC-3 representa uma parcela do setor de sistema privado consultivo que aconselha e influencia a política comercial dos Estados Unidos. Este sistema é composto por comitês consultivos que compreendem, por sua vez, aproximadamente 1.000 membros.[46] É um sistema de três níveis: o Comitê Consultivo em Política Comercial e Negociações figura no topo, seis órgãos consultivos figuram no segundo nível e 26 comitês consultivos técnicos, setoriais e funcionais no terceiro.

Em uma negociação comercial, informação e conhecimento especializado é tudo. Isso é especialmente verdade no caso da propriedade intelectual, porque os Estados Unidos tipicamente procuram impor padrões positivos em diversos países. Isto requer negociadores comerciais para identificar as brechas nos marcos legais dos países-alvo, ou a interpretação vigente das regras de propriedade intelectual. Os negociadores que são capazes de recorrer ao conhecimento jurídico especializado terão vantagens na negociação. Essa *expertise* deve advir de empresas que realmente comercializem bens relacionados à propriedade intelectual e que conheçam melhor as regras jurídicas que querem impor sobre os concorrentes de outro país: afinal, todo negociador comercial quer ir para casa com lucros.

No caso de acordos de comércio que se relacionam com propriedade intelectual, os detalhes técnicos são monitorados pelo IFAC-3. Este é composto de 20 membros oriundos dos comitês consultivos do setor industrial e de outros 20 advindos das áreas do setor privado, os quais proporcionam ao comitê uma grande associação de *expertise* em propriedade intelectual.[47]

Sob esse contrato, o IFAC-3 providencia material detalhado nos temas de propriedade intelectual em acordos de comércio negociados pelo USTR.[48] Então, por exemplo, no caso do Acordo de Livre-Comércio concluído entre Estados Unidos e Cingapura, o IFAC-3, nas palavras do relatório, alertou os negociantes dos Estados Unidos e revisou os rascunhos dos textos do Acordo de Livre-Comércio entre os dois países no capítulo de propriedade intelectual.[49] O IFAC-3 é um comitê que trabalha ativamente pela revisão e delineamento dos acordos específicos. Importante assinalar que o IFAC-3 revisou o Acordo de Livre-Comércio entre Estados Unidos e Cingapura, no contexto dos outros acordos bilaterais e multilaterais, além de outras iniciativas na área que os Estados Unidos já haviam logrado. O IFAC-3 faz esse trabalho em todas as iniciativas comerciais sobre propriedade intelectual em que os Estados Unidos estejam envolvidos, no âmbito bilateral, regional ou multilateral. Assim, tal organização é hábil para coordenar o trabalho no nível técnico, assegurando, assim, que as iniciativas negociais comerciais dos Estados Unidos conduzam os padrões de propriedade intelectual na direção que a indústria dos Estados Unidos deseja. A *expertise* técnica do IFAC-3, bem como a *expertise* disponível de seus membros dos departamentos jurídicos das empresas, significa que, por exemplo, esta organização está apta a avaliar os padrões de propriedade intelectual de um país em detalhes, quando esse país desejar aderir à OMC, podendo oferecer avaliações detalhadas aos negociadores comerciais norte-americanos sobre como devem conduzir as negociações.

Formalmente, o IFAC-3 precisa informar para o presidente, o USTR e Congresso, sobre a intenção de participar das negociações comerciais. Este papel formal, entretanto, representa somente uma pequena parte do mais complexo sistema de governança nodal do setor privado. Membros do IFAC-3 trabalham fora do comitê para assegurar que os Estados Unidos permaneçam ligados a um programa de globalização dos padrões de propriedade intelectual dos Estados Unidos. Então, por exemplo, a BIO, que é membro do IFAC-3, tem feito pressão nos últimos anos sobre o USTR nas questões referentes a direitos de propriedade intelectual. Seu programa é público e está resumido em carta de Robert Zoellick, datada de 29 de janeiro de 2003: "o sistema de propriedade intelectual dos Estados Unidos é o melhor do mundo e a BIO defende o estabelecimento de padrões de proteção de propriedade intelectual global comparáveis aos dos Estados Unidos".[50]

Naturalmente, quando a BIO se tornar parte do IFAC-3, trará sua posição defensiva para este. Um assento no IFAC-3 dá à BIO a habilidade de oferecer, em cooperação com outros membros, orientações técnicas para o USTR sobre os tipos de padrões desejados pelas organizações que a BIO representa. Há um grande número de incentivos para que o USTR esteja atento às sugestões do IFAC-3, incluindo a expertise superior do comitê, o fato de o mandato de negociação previsto na Lei de Comércio de 2002 exigir que o USTR busque alcançar padrões de proteção comparáveis aos adotados domesticamente nos Estados Unidos, e o fato de o IFAC-3 precisar, finalmente, publicar relatório, conforme ocorreu no caso do ALC entre Estados Unidos e Cingapura, que aponte que o acordo celebrado protege os interesses econômicos dos Estados Unidos. O desfecho disso é que os padrões que os membros do IFAC-3 perseguem são, muito freqüentemente, aqueles alcançados, especialmente nas negociações bilaterais, em que os Estados Unidos têm quase sempre um poder de barganha superior. Por exemplo, a BIO insistiu que nos países em que haja atrasos no processo de concessão de patentes, deve haver extensão compensatória dos prazos de proteção. Defendeu também que os parceiros comerciais adotem os padrões dos EUA sobre proteção dos dados não divulgados associados a produtos farmacêuticos. A BIO também trabalha em outros projetos fora do IFAC-3. Por exemplo, responde aos pedidos do USTR sobre quais países devem ser adicionados à lista "Special 301" e, na condição de organização não-governamental reconhecida pela Organização Mundial da Propriedade Intelectual (OMPI), pode atuar pró-ativamente, visando a impulsionar sua posição em patentes no processo de negociação da agenda patentária da OMPI.

Pela aglomeração dos nódulos em volta da pirâmide de execução bem como pela coordenação nodal sobre seu uso, os principais agentes do setor privado norte-americano conseguiram um instrumento, por meio do qual possam persuadir outros governos a levarem a sério suas obrigações em propriedade intelectual. O IFAC-3 não é somente o nódulo que atua na criação de uma cultura de observância global da propriedade intelectual. Outros nódulos e redes, os quais são ligados ao ou são partes do IFAC-3, também fornecem ao USTR informações sobre pirataria e infrações, fazendo sugestões quanto ao nível das atividades de observância. O IIPA e o BSA apresentam, separadamente, recomendações e relatórios para o USTR relacionados a "Section 301" da *Tradc Act* americana. Mas, em virtude de serem parte da mesma estrutura nodal compacta, eles podem coordenar e projetar consenso para o USTR em assuntos vitais, capacitando o órgão a trabalhar com os governos que são os piores transgressores, assim como com aqueles que precisam maior pressão para observarem os patamares de proteção da propriedade intelectual.

Há um último ponto a ser tratado sobre a relação entre governança nodal e a pirâmide de execução. Pela concentração dos recursos em torno da pirâmide de comércio, titulares de direitos de propriedade intelectual vêm aumentando o alcance da estrutura considerada. O alcance de execução da pirâmide é dependente de informação sobre não-obediência, projetando consenso sobre seu uso e aumentado o número de foros nos quais isso opera. Quanto mais empresas e redes alimentarem, com informações, a estrutura nodal sobre as práticas dos países infratores de direitos de propriedade intelectual e quanto mais países sobre os quais houver informações, mais a pirâmide expande seu alcance.

O Diagrama 4, a seguir, apresenta um caso simples da relação entre os nódulos e o alcance das pirâmides de execução.

Diagrama 4: Nódulos e Alcance da Pirâmide Nodal

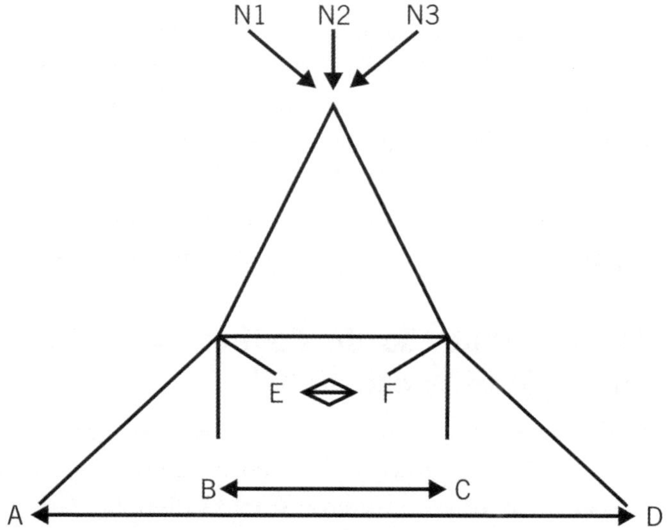

Nesse caso particular, quando o nódulo 1 está fornecendo informação relevante para o uso efetivo da pirâmide, o alcance da execução é E-F. Quando o nódulo 2 junta-se ao 1, o alcance da execução torna-se B-C e, quando o nódulo 3 junta-se, alcança A-D. Isso não significa, entretanto, que o aumento do número de nódulos sempre conduzirá para um crescimento proporcional na execução do alcance da pirâmide.

A coordenação nodal, que é baseada na criação de nódulos supra-estruturais, como o IFAC-3, permite redes maiores e complexas que reúnem recursos para coordená-los. O efeito desse tipo de coordenação nodal é a limitação do número de atores participantes, economizando, desse modo, nos custos de coordenação e tomada de decisões. Conforme cada nódulo vai se juntando à estrutura nodal, os custos dessa ligação são excedidos pelos benefícios: em algum ponto, a informação trazida pelos novos nódulos adicionará pouco sobre a execução, e os custos de coordenação e a tomada de decisão irão aumentar. Há, em outras palavras, um aglomerado ótimo de nódulos para uma pirâmide de execução.

A estrutura nodal para propriedade intelectual tem duas características importantes. Em primeiro lugar, há, comparativamente, um pequeno número de nódulos, mas eles representam redes, algumas das quais contêm muitos membros, incluindo muitas das maiores empresas mundiais. O que está sendo nodalmente coordenado em seguida são grandes redes poderosas, em termos de informação e recursos. Em segundo lugar, o alcance dessa pirâmide é genuinamente global. Isto tem relação com o fato de as ferramentas de execução da pirâmide serem baseadas no acesso ao mercado dos Estados Unidos que, no momento, é o mais influente no mundo. Mas a coordenação nodal da pirâmide aumenta seu próprio alcance. Por exemplo, por meio da estratégia de mudança dos foros multilaterais para os bilaterais, os Estados Unidos lograram estabelecer novos e mais elevados padrões de propriedade intelectual. Muito importante destacar que cada um desses acordos bilaterais vem acompanhado de um conjunto de ajustes institucionais para sua fiel execução.[51] Mediante a criação de novos foros e padrões (TRIPS-plus), a atividade de execução sob a pirâmide pode alcançar um maior número de padrões em maior quantidade de países. Por exemplo, a art. 6º do Acordo diz que, para o propósito de solução de disputas, nada no TRIPS pode ser usado para dirimir disputas relacionadas a temas da exaustão de direitos de propriedade intelectual. Entretanto, os Estados Unidos podem usar os ALCs para disciplinarem essa questão.

5. Um Tratado para Proteção do Conhecimento Tradicional (CT): Uma Aplicação da Governança Nodal

Nos últimos dez anos, mais e mais organizações internacionais e redes políticas vêm conduzindo um trabalho de proteção do conhecimento tradicional (CT). Um dos temas que tem crescido é se deve existir um tratado disciplinando a proteção desse ramo da propriedade intelectual. Um número importante de organizações internacionais está trabalhando nisso, incluindo a OMPI.[52] Em 2000, a Assembléia Geral da OMPI estabeleceu o Comitê Intergovernamental em Propriedade Intelectual e Recursos Genéticos, Conhecimento Tradicional e Folclore (“Comitê Intergovernamental”), como foro para a discussão de temas de propriedade intelectual relacionados ao CT. Dentro deste Comitê Intergovernamental, há pressões para que a OMPI se movimente no sentido de elaborar um projeto internacional vinculante para proteção de CTs.[53]

Na última seção, vimos como os titulares de direitos de propriedade intelectual utilizaram a estratégia da governança nodal para resolver seus problemas de coordenação e execução. Esses problemas de coordenação e execução são ainda maiores para grupos indígenas. Por exemplo, se o tratado contiver uma norma geral contra apropriação indevida dos CTs, como os grupos indígenas individuais rastreariam os pedidos depositados de patente relativos ao uso não autorizado de seus conhecimentos tradicionais? Até mesmo alguns escritórios de patentes lutam dentro do próprio sistema patentário. Em 1999, o Escritório Sueco de Patentes, ao comentar sobre a reforma do sistema internacional de classificações de patentes (IPC), observou que o IPC "é muito complicado e detalhado tanto para o público em geral quanto para pequenos escritórios que precisam apenas pesquisar pequenos bancos de dados de literatura patentária", e que os problemas com o IPC tinham crescido ao ponto "que mesmo especialistas enfrentariam problemas para conduzir pesquisas detalhadas".[54] Apesar dos progressos permitidos desde 1999, tais observações têm algum destaque para aqueles grupos indígenas que cogitam proteger CT por meio do sistema de patente usando o IPC.[55] A organização humanitária Médicos Sem Fronteiras (MSF), em relatório sobre patentes farmacêuticas, observou que a pesquisa em bancos de patentes "farmacêuticas requer habilidades técnicas em química para assegurar que você encontre, exatamente, quais patentes protegem quais remédios".[56]

Grupos indígenas estarão em pior posição que escritórios nacionais de patente ou ONG's abastadas como os MSF para utilizar o sistema de patentes.[57] Grupos indígenas individuais, agindo sozinhos, têm poucas chances de resolver esse tipo de problema de informação complexa e de execução. Mas uma agência multilateral transparente, criada a partir de um tratado internacional sobre CT deve ser capaz de, especialmente se aquela tiver agindo nodalmente, coordenar uma pirâmide de execução internacional.

Os vários estudos técnicos produzidos pela OMPI sugerem que muitos dos elementos desta pirâmide de governança nodal já estão presentes nacionalmente.[58] O tratado poderia pretender alcançar três grandes objetivos relativos à criação da pirâmide. O primeiro seria coordenar a construção da norma em diferentes níveis da pirâmide (ver Diagrama 5 adiante). Ajudar grupos indígenas a desenvolverem protocolos sobre suas leis costumeiras e práticas é um exemplo de algo que o futuro tratado poderia priorizar. Similarmente, Estados poderiam comprometer-se a desenvolver melhores procedimentos administrativos, fixando meios de divulgar as circunstâncias sob as quais materiais genéticos ou CTs foram adquiridos.

Um segundo objetivo vital do tratado seria a criação de uma agência única multilateral (nos moldes da Sociedade Global de Biocoletora – GBS),[59] que ofereceria aos grupos indígenas e Estados em desenvolvimento a capacidade de usarem a pirâmide de execução internacional (ver Diagrama 5). Sem uma entidade que seja capaz de monitorar e assistir na coordenação da ação de execução, a partir da utilização dos mecanismos nacionais disponíveis dentro de uma jurisdição, um tratado sobre CT seria como um tigre de papel.

Um terceiro objetivo fundamental do Tratado seria a criação de um mecanismo de revisão de seus dispositivos. A intenção de tal mecanismo seria o comprometimento dos Estados com um processo de contínua implementação dos patamares de proteção dos CT's. Há diferentes linhas que podem ser seguidas para um mecanismo de revisão do tratado, mas uma alternativa é que os Estados poderiam concordar em um conjunto de indicadores de desempenho nessa esfera de ação. Isto poderia incluir relatórios como os que seguem:

- evolução no campo de proteção dos direitos sobre territórios habitados por titulares dos CTs;
- a implementação de boas práticas para lidar com o requisito de divulgação de origem de CTs em patentes;
- assistência conferida a outros países para execução do tratado;
- assistência dada aos grupos indígenas para o desenvolvimento de estruturas de representação comercial.

Os Estados poderiam concordar, como foi feito no Mecanismo de Revisão da Política Comercial da OMC, que todos os membros estariam sujeitos às revisões regulares.[60] Um mecanismo de revisão ampliaria a transparência das tomadas de decisão interna pelos Estados. Os indicadores de desempenho ajudariam a avaliar a evolução e poderiam também oferecer um caminho de assistência técnica coordenada para Estados que enfrentassem dificuldades para fazer o processo.

Diagrama 5: Pirâmide de Execução Internacional para Proteção de Conhecimento Tradicional (CT).[61]

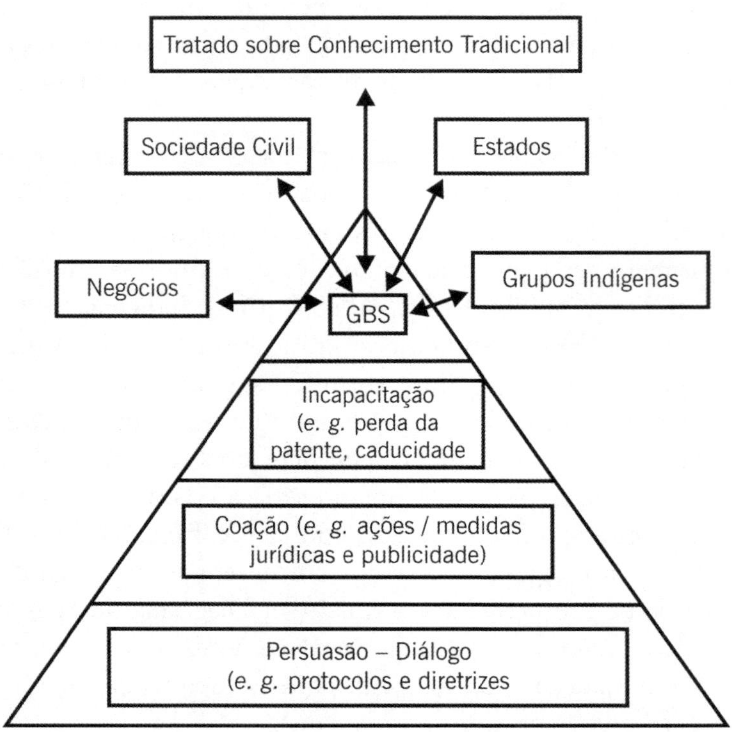

A pirâmide de execução internacional é diferente da usual pirâmide regulatória baseada na figura de uma única autoridade ou entidade regulatória. No caso, entretanto, do GBS, não há um regulador no sentido clássico, mas um coordenador nodal de outros atores. O GBS pode encarregar-se da ação de execução em certos casos, tal como procedimento de oposição de uma patente quando um grupo indígena seja incapaz de fazê-los ou quando houver evidência de conduta desleal dos depositantes de pedidos de patentes. Mas em outras ocasiões, pode apresentar informações aos escritórios de patente, grupos indígenas ou atores da sociedade civil que poderiam, por sua vez, adotaria ações apropriadas. A pirâmide, permanecendo com a filosofia da regulação, parte da presunção de que é melhor ter como sua base o diálogo e persuasão. Outros atores estarão, freqüentemente, em melhor posição que o GBS para começar o processo de oposição. Se, por exemplo, uma companhia farmacêutica violar um código de conduta, isso poderá mudar seu comportamento, quando esse fato novo for trazido ao seu conhecimento. Nesses casos, o GBS pode mostrar a extensão de seu poder, alertando um ofensor potencial para a possibilidade de uma escalada nas sanções, se a persuasão e o diálogo não funcionarem. O desafio surge quando tarefa de observância ultrapassar as fronteiras e for complicado acomodar a diversidade de padrões e valores, não havendo, pois, nenhum ator que possa gerir todas as ferramentas de observância. Por isso, deve haver um ator que possa administrar os muitos problemas de informação que ocorrem nesse tipo de ambiente de observância e que possa coordenar uma resposta, entre os atores de melhor posição, de forma a seguir para o próximo estágio dos degraus de execução. No contexto internacional, no qual o CT estará submetido à proteção regulatória, será essa coordenação que constituirá a pirâmide de execução e, portanto, assegurará seus efeitos responsivos pontuais. Sem este tipo de coordenação, as respostas de execução seriam iniciativas *ad hoc* dos diferentes atores. O resultado será que, às vezes, a punição será desnecessariamente severa porque um nível excessivo de resposta foi alcançado, em primeiro lugar ou haverá uma falha de punição porque a cooperação dos atores capazes de implementar uma resposta no âmbito do topo da pirâmide (por exemplo: escritórios de patente) não logrou o êxito desejado. O efeito será criar incerteza e ressentimento entre atores que acreditam que foram atingidos injustamente. Em um mundo assim, a confiança declina e a desobediência cresce brutalmente.[62]

6. Conclusão

A governança nodal tem sido empregada nos últimos vinte anos para aumentar a regulação dos mercados farmacêuticos por meio de patentes e outros tipos de direitos de propriedade intelectual. Por meio de acordos de comércio, códigos de propriedade intelectual estão sendo injetados nos sistemas regulatórios nacionais de todo o mundo. Uma pirâmide de execução internacional está sendo nodalmente empregada para garantir que esses códigos sejam respeitados por todos os Estados. O presente nível de proteção da propriedade intelectual que presenciamos, em todo mundo, terá efeitos na pesquisa médica, em fabricantes de genéricos e, portanto, na concorrência de mercados farmacêuticos. E isso, por sua vez, afetará a capacidade estrutural desses mercados para servirem às necessidades fundamentais de pessoas pobres dos Estados Unidos ou Etiópia. Até o momento, estes mercados regulados não serviram às demandas de saúde dos pobres. Mas, regulação patentária do tipo que está sendo formulada pelas engrenagens globais da propriedade intelectual não é a resposta. A governança nodal que notamos ou discorrermos na área de propriedade intelectual é um bom exemplo da teoria de Scott Burris, que sustenta que a governança nodal estrutura a saúde no mundo. Um tratado para proteção de CT (constituído e administrado nodalmente), o qual é importante recurso para a saúde pública, seria um exemplo do tipo de abordagem dispositiva positiva que Scott Burris discute, e que tende a ser inserido nos sistemas sociais, para que estes funcionem, no futuro, "naturalmente", produzindo melhores resultados na saúde das pessoas. Interessante notar que o progresso que se tem feito, em matéria de CT, mostra que nosso mundo nodal é repleto de oportunidades para alianças, parcerias e mudanças de foros, de forma a possibilitar aos fracos o exercício de sua influência sobre agendas que, até então, nunca fizeram parte do poder político dos Estados em outras eras da governança.

Notas:

1. Ver LANJOUW, Jean O., *A New Global Patent Regime For Diseases: U.S.and International Legal Issues,* Harvard Journal of Law & Technology, v. 16, 2002, p. 85,88-89 (notando como a falta de desenvolvimento no mundo dos direitos de patente para remédios reduz incentivos em pesquisa de doenças); KATTLER, Hannah E., *Using Intellectual Property Regimes to Meet Global Health R&D Needs,* Journal of World Intellectual Property, v. 5, 2002, p. 655,656-59 (discussão de como a pesquisa e o desenvolvimento das doenças dos pobres é subdesenvolvida por causa dos poucos retornos para os investidores potenciais sem direitos de patente); Médecin Sans Frontières & Drugs for Neglected Diseases Working Groups, *Fatal Imbalance: The Crisis in Research and Development for Drugs for Neglected Diseases,* 2001, p. 16-18 (observando que a distribuição de fundos monetários para pesquisa e desenvolvimento não é gasto com as demandas da saúde global, mas com uma variedade de incentivos, incluindo o sistema de patentes e o retorno de potencial investimento), disponível em: <http:// www.msf.org/ source/access/2001/fatal/fatalshort.pdf> (última visita em 7 de setembro de 2004).

2. CORREA, Carlos M., *Protection and Promotion of Traditional Medicine: Implications for Public Health in Developing Countries,* 2002, p. 6-7, disponível em: <http:// www.southcentre.org/publications/traditionalmedicine/ traditionalmedicine.pdf> (última visita feita em 7 de setembro de 2004).

3. Para outras abordagens mais aprofundadas, ver BARRY, Brian, *Humanity and Justice in Global Perspective,in Contemporany Political Filosofy,* em Robert E. Goolding & Phillip Pettit (eds.), 1997, p. 525.

4. STUART MILL, John, *Utilitarianism,* Roger Crisp., 1997, p. 105 (adágio atribuído a Jeremy Bentham).

5. Veja BRAIHWAITE, John, *Corporate Crime in the Pharmaceutical Industry,* 1984, p. 176-82 (discutindo a evidência entre o preço fixo e o do cartel).

6. *Id.*, p. 246 (citação do senador Kennedy).

7. BURRIS, Scott, *Nodal Governance,Microgovernance and Health,* Temple Law Review, v. 77,2004, p. 335,357 (2004).

8. Ver *infra* parte III para uma discussão da regulação dos mercados farmacêuticos por meio da mudança de fórum e a engrenagem global da Propriedade Intelectual.

9. Ver SHEARING, Clifford e WOOD, Jennifer, Nodal Governance, Democracy and the new denizens, *Journal of Law and Society*, v. 30, 2003, p. 400, 401-06 (discussão da mudança de uma governança puramente centralizada no estado da segurança e justiça na qual o Estado constitui um dos inúmeros atores); BURRIS, Scott *et alii. Nodal Governance as an approach to regulation (manuscrito do arquivo com o autor); Lês Johnston & Clifford Shearing,* Governing Security: Explorations in Policing and Justice. Cap. 8, 2003 (discute a pluralização da governança de segurança). Ver *infra* parte II para uma descrição da governança nodal.

10. Ver BRAITHWAITE, John, *To Punish or Persuade Enforcement of Coal Mine Safety,* cap. 5, 1985 (descreve a pirâmide de execução como uma "estratégia de escalação regulatória da auto-regulação para executar a auto-regulação, para comandar a regulação com discrição para punir, para comandar a regulação com punição não discricionária"); AYRES, Ian Ayres e BRAITHWAITE, John, *Responsive Regulation: Transcending the Deregulation Debate,* cap. 2, 1992 (sustintando que as agências que empregam níveis de escalonamento de penas são mais efetivas em manter a obediência regulatória. Ver *infra* parte IV para uma discussão do uso da pirâmide de execução internacional no contexto dos Direitos da Propriedade Intelectual)

11. Ver BRAITHWAITE, John e DRAHOS, Peter, *Global Business Regulation,* cap. 24, 2000 (discute o papel das estratégias de mudança de foro na regulação internacional). Ver *infra* notas 36-44 e o texto que as acompanha e os diagramas para discussão do desenvolvimento da mudança de foro entre Estados para executar as regulações em Propriedade Intelectual.

12. Ver *infra* notas 45-49 e o texto que as acompanha e os diagramas para uma explicação de como o setor privado expandiu o alcance das pirâmides de execução internacional.

13. Ver *infra* Parte V para discussão do conhecimento tradicional (CT).

14. Para outras visões ver CORREA, Carlos, Quaker United Nations Office, *Traditional Knowlwdge and Intellectual Property,* 2001, p. 3-5, disponível em: <http://www.geneva.quno.info/pdf/tkmono1.pdf> (última visita feita em 7 de setembro de 2004); The Crucible II Group, The International Development Research Centre, Seeding Solutions, v.1 (2000), disponível em: <http://web.idrc.ca/en/ev-31619-201-1-DO_TOPIC.html> (última visita em 7 de setembro de 2004); DUTFIELD, Graham, *Intellectual Property rights, Trade and Biodiversity,* 2000, p. 61-71 (2000); *Trading in Knowledge,*cap.16-21 (Christophe Bellmann et al.eds., 2003); Organização Mundial da Propriedade Intelectual (OMPI), *Intellectual Property Needs and Expectations of Traditional Knowledge Holders,* 2001, disponível em: <http:// www.wipo.int/tk/en/tk/ffm/report/final/index.html> (última visita em 7 de setembro de 2004).

15. Muitos dos remédios à base de plantas foram descobertos por meio de uma pesquisa etnobotânica. "O uso do conhecimento e experiência das pessoas nas propriedades medicinais de plantas e outros recursos genéticos". KATE, Kerry Tem e LAIRD, Sarah A., *The Commercial Use of Biodiversity: Acess to Genetic Resources and Benefit Sharing,* 199, p. 61. Para uma discussão das regras dos produtos naturais na indústria farmacêutica, ver *id.* em cap. 3.

16. Isso não significa, entretanto, que deva ter uma maior proteção de propriedade intelectual. Veja HEALD, Paul, The Retoric of Biopiracy, *Cardozo Journal of International and Comparative Law,* v. 11, 2003, p. 519, 531-34 (notando que os direitos de propriedade em foco são freqüentemente prejudiciais aos interesses de longo prazo das comunidades indígenas; defendem um relacionamento renovado de trabalho entre as grandes companhias e as comunidades indígenas).

17. Ver, *e.g.,* CASTELLS, Manuel, Materials for an Exploratory Theory of the Network Society, *British Journal of Sociology,* v. 51, 2000, p. 5, 13-14 (note que os Estados-nações começaram a construir parcerias para reter influências dentro das "redes de sociedades" que estão predominando); RHODES, R.A.W., *Understanding Governance,* 1997, p. 51-59 (descrevem como a governança britânica se desenvolve gradualmente por meio do desenvolvimento de parcerias em redes público-privadas interconectadas); SHEARING e WOOD, *supra* nota 9, p. 401-03 (discutindo a mudança de uma governança de segurança originada de um sistema puramente estatal para um sistema cooperativo entre Estados e Agências não estatais). Para uma análise das redes no contexto do direito internacional, ver RAUSTIALA, Kal, The Architecture of International Cooperation: Transgovernmental Networks and the Future of International Law, *Virgínia Journal of International Law,* v. 43, 2002, p. 70-90.

18. Castells, *supra* nota 17, p. 14-17.

19. BURRIS *et alii.*, *supra* nota 9.
20. REICHMAN, Jerome observa que o TRIPS foi "uma revolução nos direitos internacionais da propriedade intelectual". REICHMAN, Jerome H., The TRIPS Agreement Comes of Age Conflict or Cooperation with the Developing Countries?, 32 Case *Western Reserve Journal of International Law*, 2000, p. 441, 442. A história do TRIPS foi bem documentada. Veja DRAHOS, Peter e BRAITHWAITE, John, *Information Feudalism: Who Owns the Knowledge Economy?*, 2002, p. 10-13 (discute-se a razão justificando a assinatura do TRIPS); MATTHEWS, Duncan, *Globalizing Intellectual Property Rights: The TRIPS Agreement*. 2002, p. 7-45 (detalha a origem, os contribuidores, e os fundamentos por trás do Acordo TRIPS); RYAN, Michael, *Knowledge Diplomacy: Global Competition and Politics of Intellectual Property*, 1998, p. 1-2 (notando que o TRIPS foi assinado em 1994 junto com as ramificações do Acordo); SELL, Susan K., *Private Power, Public Law, The Globalization of Intellectual Property Rights*, 2003, p. 108-20 (discutindo os acontecimentos anteriores ao TRIPS).
21. Ver TRIPS, 15 de abril de 1994, o Acordo de Marraqueche estabelece a Organização Mundial de Comércio, anexo 1C, art. 27.1, Intellectual Legal Materials, v. 33, 1994, p. 81 (submetendo todas as novas invenções aos direitos de patente independentemente do lugar da invenção).
22. Para uma discussão dos efeitos do preço na competição dos genéricos, ver F. Trade Comm., Generic Drug Entry Prior to Patent Expiration: An FTC Study, 2002, p. 9-11, disponível em: <http:// www.ftc.gov.os/2002/ 07/ genericdrugstudy.pdf> (última visita em 7 de setembro de 2004).
23. Ver, por exemplo, as declarações de Emory Simon, membro do Escritório de Representação Comercial dos EUA - (USTR), em SIMON, Emory, Trade-Related Aspects of Intellectual Property, *Vanderbilt Journal of Transatinaol Law*, v. 22, 1989, p. 367, 370.
24. Ver DRAHOS, Peter, Bits and Bips- Bilateralism in Intelecttual Property, *Journal World Intellectual Property*, v. 4, 2001, p. 791, 792 (discutindo o uso pelo USTR da Sessão 301 do Ato de Comércio dos EUA em revisão da adequação das leis de propriedade intelectual de mais de 70 países).
25. BRAITHWAITE e DRAHOS, *supra* nota 11, p. 566.
26. Para uma explicação detalhada dessa estratégia e alguns exemplos, ver *id.* em cap. 24.
27. *Id.*, p. 564-65.
28. Ver, por exemplo, o Acordo entre os EUA e o Reino Hashemita da Jordânia sobre o estabelecimento de uma área de comércio, 24 de outubro de 2000, art. 4, International Lega Materials, v.4, 2000, p. 63 [a partir de agora EUA-Jordânia FTA] (sobre as obrigações mínimas a serem implementadas para cada parte); Acordo de Livre-Comércio Norte-Americano, 1º de janeiro de 1994, art. 1.702, International Legal Materials, v. 32, 1994, p. 60 [a partir de agora Nafta] (apontando para a possibilidade de uma maior extensão da proteção na lei interna de cada parte); Acordo de Livre-Comércio EUA-Austrália, 18 de maio de 2004, art. 17.1.1 [a partir de agora EUA-Austrália FTA] (a opção de uma melhor proteção interna e execução dos direitos de propriedade intelectual), disponível em: <http://www.ustr.gov/ Trade_Agreements/Bilateral/Australia_FTA/Final_Text/ Section_Index.html>.
29. DRAHOS e BRAITHWAITE, *supra* nota 11.
30. Ver Doha Ministerial Declaration on the TRIPS Agreement and Public Health, WTO, 4º sessão, p. 17-19, WT/ MIN(01)/DEC1 (14 de novembro de 2001) (sobre negociações para a proteção de indicações de geográficas para vinhos e bebidas alcoólicas), disponível em: <http://www.wto.org/english/thewto_e/minist_e/min01_e/ mindecl_e.htm>.
31. DHAROS, Peter, Developing Countries and International Intellectual Property Standard-Setting, *Journal of World Intellectual Property*, v. 5, 2002, p. 765, 780-83.
32. Ver SELL, Susan K., TRIPS and the Access top Medicines Campaign, *Wisconsin International Law Journal*, v. 20, 2002, p. 481, 518-19 (note a resposta da pesquisa farmacêutica e manufatureiros da América (PhRMA) e a reiteração do seu continuado compromisso face ao TRIPS).
33. Hughes Aircraft Co. vs. EUA, 148F.3D 1384, 1385 (Fed.Cir.1998) (opinião dissidente J. Clevenger).
34. Para uma análise das respostas das organizações não-governamentais e Estados em desenvolvimento para o TRIPS, veja HELFER, Laurence R. e SHIFTING, Regime, The TRIPS Agreement and New Dynamics of International Intellectual Property Lawmaking, *Yale Journal of International Law*, v. 29, 2004, p.1-67. Ver também Boniface Guwa Chidyausiku, Art. 27.3 (b) do Acordo TRIPS: o processo de revisão e desenvolvimentos nos níveis nacional e regional, em Trading in Knowledge: Development Perspectives on TRIPS, *Trade and Sustainability*, p. 101-04 (BELLMANN, Christophe *et alii.* eds. 2003) (discutindo as implicações do art. 27.3 (b) para países em desenvolvimento sobre proteção de patentes para organismos vivos).

35. Ver SELL, supra nota 32 (observando que as organizações não-governamentais envolvidas neste debate mudaram o cenário político em favor dos países em desenvolvimento); MAYNE, Ruth, *The Global Campaign on Patents and Access to Medicines: An Oxfam Perspective,em Global Intellectual Property Rights: Knowledge, Access and Development,* p. 244-46 (Peter Drahos & Ruth Mayne eds. 2002) (discutindo sobre os maiores contribuidores não-governamentais, incluindo Oxfam, que ajudou no "esclarecimento da saúde pró-pública" do TRIPS).
36. Sob o Ato de Autoridade de Promoção Comercial Bipartido de 2002, o Congresso estatuiu que o objetivo de todas as negociações para os EUA é obter, em acordos multilaterais e bilaterais, provisões que "reflitam um padrão de proteção similar àquele encontrado nas leis americanas". Ver 19 U.S.C. § 3802 (2004) (esboço dos objetivos das negociações).
37. U.N. Conference on Trade & Dev. ("UNCTAD"), *The TRIPS Agreement and Developing Countries,* p. 15, U.N. Doc. UNCTAD/ITE/1,U.N. Sales nº 96. II.D.10 (1996).
38. Primeiro ver BRAITHWAITE, *supra* nota 10 (discutindo as pirâmides de execução resolvendo problemas de jogo teórico na regulação); BRAITHWAITE, John, *Restorative Justice and Responsive Regulation,* 2002, cap. 2 (aplica a teoria da pirâmide de execução às teorias de justiça restaurativa).
39. Ver BRAITHWAITE, *Restorative Justice, supra* nota 38 (descrevendo como o diálogo e a regulação restaurativa podem ser usadas antes dos métodos coercitivos para submissão efetiva).
40. Seção 301 do Ato de Comércio de 1974 é a principal ferramenta de execução.Ver 19 U.S.C.§ 2411 (1999) (esboça o escopo de autoridade e mecanismos de execução para as violações comerciais do Escritório de Representação Comercial dos EUA "USTR")
41. A Lista Especial 301 é produzida pelos Estados Estrangeiros Prioritários, a Priority Watch List e a Watch List. O USTR criaram estas duas últimas listas. Para critérios estatutários para identificação dos Países Estrangeiros Prioritários, ver 19 U.S.C. § 2242 (b) (1) (1999) (observando os critérios selecionando Estados Estrangeiros Prioritários).
42. AYRES e BRAITHWAITE, *supra* nota 10.
43. International Trade Agenda: Hearing before the Committee on Senate Finance, 108th Cong.4 (9 de março de 2004) (estabelecido por USTR, Robert B. Zoellick).
44. No caso da Ucrânia, o USTR eventualmente decidiu sobre a imposição de deveres proibitivos. Ver *Determination of Acts to Increase Duties on Certain Products of Ukraine Pursuant to Section 301 (b): Intellectual Property Laws and Practices of the Government of Ukraine,* 67 Fed.Reg.120 (USTR 31 de Janeiro de 2001) (note) (imposição de sanções em certas importações ucranianas).
45. Detalhes sobre os Membros destas associações estão disponíveis em seus respectivos sites, em <http://www.iipa.com> e <http://www.bio.org> (última visita em 12 de julho de 2004).
46. Uma descrição pode ser achada no *The President's 2002 Annual Report on the Trade Agreement Program,* disponível em: <http://www.ustr.gov/reports/2003.html> (última visita em 12 de julho de 2004).
47. Os membros são: International Intellectual Property Alliance; The Gorlin Group; Pfizer Inc.; Law Offices of Hope H. Camp, representando Eli Lily and Company; Pesquisa Farmacêutica e Manufaturadores da América; Cowan, Leibowitz & Latman, P.C.; Anheuser- Busch Companies, Inc.; Merck & Company, Inc.; National Foreign Trade Council, Inc.; Powell, Goldstein, Frazer & Murphy, LLP, representam a Organização da Indústria Biotecnológica; Time Warner Inc.; International Anticounterfeiting Coalition; Recording Industry Association of America; Intellectual Property Owners Association e Levi Strauss & Company. U.S. Dep't of Comm., Int'l Trade Admin. disponível em: <http://www.ita.doc.gov/ td/icp/finalist23.html> (última modificação em 17 de novembro de 2003).
48. O contrato está disponível em: <http://www.ita.gov/td/icp/Charter-23.html> (última visita em 12 de agosto de 2004).
49. Industrial Functional Advisory Committee on Intellectual Property Rights for Trade Policy Matters (IFAC-3); The U.S. Singapore Free Trade Agreement (FTA). Os dispositivos sobre propriedade intellectual (28 de fevereiro de 2003), disponível em: <http://www.ustr.gov/assets/Trade_Agreements/Bilateral/Singapore_FTA/asset_upload_file273_3234.pdf>.
50. Carta de Carl B. Feldman, Presidente, *Biotechnology Industry Organization (BIO),* para o Representante Comercial dos EUA, Robert Zoelleck (29 de janeiro de 2003), disponível em: <http://www.bio.org/ip/action/20030129.pdf.>
51.Ver, por exemplo, o FTA entre Austrália e EUA, Ajustes Institucionais e Solução de Disputas, *supra* nota 28 (define os procedimentos de solução de disputas para o FTA entre EUA e Austrália).

52. Para uma síntese do trabalho do Comitê Intergovernmental, ver WIPO Secretariat, Overview of Activities and Outcomes of the Intergovernmental Committee, Intergovernmental Commission on Intellectual Property & Genetic Research, Traditional Knowledge and Folklore, 5ª Seção, WIPO Doc. WIPO/GRTKF/IC/5/12 (3 de abril de 2003), disponível em: <http://www.wipo.int/documents/en/meetings/>.

53.Ver Chair's Conclusions: Fifth Session of the Intergovernmental Committee, WIPO (discute as preocupações do Comitê sobre a proteção do conhecimento tradicional) disponível em: <http://www.wipo.int/documents/en/meetings/2003/igc/ grtkf_ic_5_conclusions.htm> (última visita em 12 de julho de 2004).

54. Arquivo do Projeto de Reforma, Comissão de Experts da WIPO para o IPC Union, Anexo 10 em 1-2, WIPO Doc. IPC/R1/99Rev. 1 (26 de outubro de 1999), disponível em: <http://www.wipo.int/classifications/ipc/en/w_groups/ reform/project/r1/r1_rev1.pdf>.

55. Uma força-tarefa da OMPI na Classificação de Conhecimento Tradicional está trabalhando em uma proposta para a revisão do IPC para acomodar suas classificações ao conhecimento tradicional. A força-tarefa preparou uma proposta de revisão para as formulações médicas contendo plantas. A próxima edição do IPC entrará em vigor em 1º de janeiro de 2005. Ver *WIPO Secretariat, Practical Mechanisms for the Defensive Protection of Traditional Knowledge and Genetic Resources within the Patent System, Intergovernmental Commission on Intellectual Property & Genetic Research, Traditional Knowledge and Folklore*, WIPO Doc. WIPO/GRTKF/IC/5/6, (14 de maio de 2003) (expressando o desejo do comitê em revisar o IPC na parte concernente ao conhecimento tradicional de 1 de janeiro de 2005), disponível em: <http:/ /wipo.int/documents/en/meetings/2003/igc/pdf/grtkf_ic_5_6.pdf>.

56. PASCALE BOULET *et alii.*, *Drug Patents under the Spotlight* (2003).

57. Sobre o problema de Escritórios de Patentes com poucos recursos nos países em desenvolvimento, ver LEESTI, Mart e PENGELLY Tom, *Institutional Issues for Developing Countries in Intellectual Property Policymaking, Administration & Enforcement*, Comissão em Direitos de Propriedade Intelectual, Study Paper 9 (2002), disponível em: <http://ww.iprcommission.org/papers/word/study_papers/sp_pengelly_study.doc> (última visita em 7 de setembro de 2004).

58. Para um resumo dos trabalhos preparados para o Comitê Intergovernamental, ver *WIPO Secretariat, Brief Summary of Working Documents, Intergovenmental Commission on Intellectual Propery & Genetic Research, Traditional Knowledge and Folklore*, WIPO Doc. WIPO/GRTKF/IC/5/INF/5 (25 de junho de 2003), disponível em: <http:/ /wipo.int/documents/en/meetings/2003/igc/pdf/grtkf_ic_5_inf_5.pdf>.

59. Ver DRAHOS, Peter, *Indigenous Knowledge, Intellectual Property and Biopiracy. Is a Global Bio-Collecting Society the Answer?*, European Intellectual Property Review, v. 22, 2000, p. 245, 245-50 (explicando a necessidade de uma Sociedade Global de Coleção Biológica (GBS) e explora o modelo para tal organização). O Encontro de Expert em Sistemas e Experiências Nacionais para Proteção do Conhecimento Tradicional, Inovações e Práticas observou que o "possível papel para a Sociedade Global de Coleção Biológica em monitorar o acesso para o Conhecimento Tradicional poderia ser explorado". *Systems and National Experiences for Protecting Traditional Knowledge, Innovations and Practices: Outcome of the Expert Meeting, UNCTAD*, U.N. Doc.TD/B/COM.1/EM.13?L.1 (9 de novembro de 2000), disponível em: <http://r0.unctad.org/trade_env/docs/clem13l1.en.pdf>. Suporte para a consideração da idéia foi expresso também em *Report of the International Seminar on Systems for the Protection and Commercialization of Traditional Knowledge*, UNCTAD (2002), disponível em <http://r0.unctad.org/trade_env/test1/meetings/delhi/Report.New%20Delhi.final.doc> (última visita em 7 de setembro de 2004).

60. Ver General Agreement on Tariffs and Trade: Multilateral Trade Negotiations Final Act Embodying the Results of the Uruguay Round of Trade Negotiations, Trade Policy Review Mechanism, 15 de abril de 1994, Anexo 3C, International Legal Materials, v. 33, 1994, p. 1.125 (estabelece a revisão periódica como um modelo de avaliação técnica), disponível em: <http://www.sice.oas.org/trade/ur_round/UR28E.asp>.

61. Esta pirâmide esboça a pirâmide de John Braitwaite para uma integração da justiça de dissuasão, restaurativa e incapacitativa. Ver Braithwaite, *Restorative Justice*, nota 38 *supra* (que explica como o modelo da "pirâmide regulatória responsiva" aplica uma regulação negocial).

62. Para as razões por que os desafios podem crescer, ver BRAITHWAITE, *Restorative Justice*, nota 38 *supra.*

3 COMBINAÇÃO BRASILEIRA: TROPICÁLIA, OMPI E O SURGIMENTO DO MIX DE CULTURA E POLÍTICA EM NÍVEL GLOBAL*

SAM HOWARD-SPINK**

Mas Gilberto Gil não tem dúvida de que os fundamentalistas fracassarão. "O mundo aberto pelas comunicações não pode permanecer fechado na visão feudal da propriedade", diz ele. "Nenhum país – nem mesmo os Estados Unidos ou a União Européia –, poderá resistir a esse caminho. É uma tendência global. É parte do processo de civilização. É a abundância semântica do mundo moderno, do mundo pós-moderno. E é inútil oferecer resistência a isso". Gil ri...[1]

1. Introdução

O Brasil é um dos países mais interessantes para o estudo das questões políticas envolvendo tecnologias da informação, participação na produção cultural, propriedade intelectual e desenvolvimento econômico. Sabemos que a cultura musical e a indústria dela emergente são as principais forças na formação da identidade brasileira, representando um valor importante na economia da criatividade e da informação (Castells, 1991; Benkler, no prelo; Florida, 2002; Shalini, 2001; Yudice, 2004). Há uma crescente tensão entre as instituições brasileiras e internacionais em matéria de propriedade intelectual. O exame dessas tensões nos fornece interessantes *insights* a respeito das formas pelas quais os países em desenvolvimento poderiam deter maiores poderes em negociações econômicas globais, bem como uma maior autonomia sobre políticas de desenvolvimento cultural e informacional. Nesse contexto, a música apresenta-

---

* Doutorando em Ecologia das Mídias no Departamento de Cultura e Comunicações da Universidade de Nova York, nos Estados Unidos.

** Tradução de Guilherme C. Carboni e Aline Lamha.

se bastante adequada para a revelação, exploração e exame da dinâmica entre essas questões.

Este artigo procura explorar tal dinâmica, principalmente para colocar questões importantes sugeridas pela herança do movimento social-musical denominado Tropicália,[2] que se caracterizou pela hibridez, pela apropriação cultural dos estilos musicais tradicionais e dos estilos estrangeiros (conhecida no contexto cultural brasileiro como antropofagia), juntamente com uma filosofia de justiça social. A Tropicália sugere uma pré-disposição do país a uma "mistura cultural", que hoje se torna politicamente forte se considerarmos o clima de expansionismo global dos direitos de propriedade intelectual, como conseqüência do desenvolvimento das redes digitais. A esse respeito, também devem ser consideradas as relações entre o estado da Bahia e o restante do Brasil, bem como entre o Brasil (como país em desenvolvimento) e os países desenvolvidos.

Inicialmente, examinaremos o movimento da Tropicália e a noção de antropofagia para, após, tratarmos do atual debate sobre a chamada "Agenda para o Desenvolvimento" – da qual o Brasil é o protagonista mais importante – no âmbito da Organização Mundial da Propriedade Intelectual (OMPI). Por fim, discorreremos sobre a importância da música brasileira para o surgimento de uma força de resistência ao sistema de propriedade intelectual desenvolvido nas últimas décadas.

2. "O Pop Comerá a Si Mesmo": Tropicália e Antropofagia

De acordo com Robert Stam, "a música popular tem obtido maior sucesso do que qualquer outra área da cultura brasileira no que diz respeito à geração de sínteses que são, simultaneamente, locais e cosmopolitas, populares e experimentais, prazerosas e políticas... Ela é a manifestação cultural menos colonizada e o ramo mais africanizado da cultura popular brasileira, bem como o mais bem-sucedido na sua disseminação, não somente no Brasil, mas em todo o mundo".[3]

A seguir, exploraremos alguns elementos discursivos da Tropicália com base na assertiva anterior, procurando examinar se, de fato, a afinidade brasileira com a música popular é importante para a postura política que o país vem adotando perante os Estados Unidos da América em questões relativas a direitos de propriedade intelectual.

A estética da Tropicália tem como base a noção de "mistura", composição e hibridez. A Tropicália apropriou-se do passado e do presente, do nacional e do internacional. Foi uma crítica político-econômica à música, tendo sido concebida para comprometer o público e não para aliená-lo. A Tropicália valeu-se dos meios de comunicação de massa para alcançar sua proeminência, em uma era de consolidação dos oligopólios das empresas desse setor.[4] Dunn explica que o impulso dialógico da Tropicália gerou um extraordinário florescer de inovação artística durante um período de conflito político e cultural no Brasil.

Os artistas que articularam o movimento da Tropicália e sua filosofia – notadamente Caetano Veloso, Gilberto Gil e Tom Zé – são provenientes de pequenas cidades do estado da Bahia,[5] que é o epicentro da vida cultural afro-brasileira, com o candomblé e a capoeira, além de ser o local dos primeiros sons do samba. O fato de a força política e cultural da Tropicália ter surgido em uma região economicamente marginalizada permite uma certa analogia com o papel que o Brasil vem assumindo perante a dominância norte-americana em questões políticas e culturais relativas à economia da informação em rede.[6]

Igualmente, o fato de, mesmo após algumas décadas de seu surgimento, o movimento da Tropicália permanecer tão atual – Gilberto Gil é hoje ministro da Cultura no governo de Lula, com opiniões que repercutem internacionalmente, inclusive no âmbito da OMPI –, pode significar uma visão otimista para o futuro.

É interessante observar que essa dinâmica talvez esteja calcada no pensamento sociocultural brasileiro graças ao livro *Casa-grande & Senzala*, de Gilberto Freyre, que representa um modelo trans-histórico para a cultura e a sociedade brasileiras. Entretanto, as seguintes questões poderiam ser levantadas: a cultura seria, de fato, o local onde as mudanças ocorrem de forma gradual? A cultura poderia ser considerada um recurso conveniente para os oprimidos adquirirem poder e influência, na forma sugerida por Yudice (2004)? Essas são questões intrigantes. Pode-se também adotar uma posição mais cautelosa com relação a uma visão extremada dos movimentos culturais. De acordo com Sovik (1996), as imagens confortantes sugeridas pela bossa nova, como "o amor, o sorriso e a flor" e também "sal, sol, sul", não estavam em consonância com as contestações nas ruas em 1964.

Os tropicalistas foram mais diretos quanto aos impulsos políticos por detrás de seus trabalhos. Sua música representou uma importante crítica às falhas, para que se pudesse estabelecer uma sociedade justa pré-1968, tornando-se, ainda, uma genuína ameaça ao governo militar no início dos anos 1970.

Mas tal ameaça não se deu no sentido de exaltar o povo e as massas como agentes da transformação revolucionária; nem mesmo as canções abordavam os anseios, desejos e frustrações dos habitantes das cidades. Na verdade, uma das primeiras explicações sobre a Tropicália foi publicada em 1970 por Roberto Schwarz, em um ensaio divisor de águas, que criticava o movimento no que diz respeito à sua idéia atemporal do Brasil, negando, assim, qualquer potencial de transformação social.[7] A posição de Schwarz foi duramente contestada com base em diversos argumentos.[8] Celso Favaretto defendeu a alegoria tropical como proveniente de um "efeito crítico precisamente por não resolver contradições históricas e, portanto, gerando uma imagem indeterminada e fragmentária do Brasil que poderia, então, ser utilizada para satirizar a cultura oficial".[9] Silviano Santiago disse que Schwarz tinha privilegiado razões dialéticas sobre práticas artísticas e teóricas baseadas nas especificidades culturais e históricas do Brasil.[10] Por outro lado, Heloisa Buarque de Hollanda defendeu que a Tropicália propunha uma nova linguagem crítica, que recusava reivindicações de redenção dos esquerdistas mais ortodoxos que ainda diretamente influenciavam as atitudes e comportamentos individuais e, portanto, preparavam o caminho para práticas e discursos da contracultura.[11]

Todas essas perspectivas estavam em consonância com o momento cultural e político, não apenas do Brasil, mas de um mundo conectado globalmente. Santiago indaga se as ações, que vêm sendo tomadas pelo Brasil no que diz respeito aos direitos da propriedade intelectual, permanecerão significativas apenas para si mesmo ou se, devido ao poder que o país exerce na América Latina, seu papel de questionador perante a OMPI e as Nações Unidas funcionaria como um contrapeso à hegemonia cultural norte-americana. Em um sistema global de fluxos através de uma "sociedade em rede" (Castells, 1996), as fronteiras nacionais são muito mais difusas e sujeitas a simbioses multidirecionais do que na década de 1970. Isso revela o fato de a música ser a forma mais "fluida" de expressão cultural devido à sua universalidade e, também, o fato de agora ser relativamente barato participar da sua execução, gravação e distribuição em meios digitais. Cabe indagar se isso seria uma mera coincidência com o fato de a música ser tão importante - como de fato ela é - para o Brasil, ou ainda, se haveria alguma conexão entre o papel que o país está tomando para si nas negociações internacionais envolvendo direitos de propriedade intelectual e as formas culturais particulares caracterizadas pela hibridez e pela distribuição de massa em âmbito digital. A linguagem crítica da Tropicália é certamente necessária para que essa importante questão possa encontrar seu caminho na esfera pública, e não permanecer como um discurso exclusivo dos executivos da indústria do entretenimento, economistas, advogados e burocratas. Tal projeto já está em andamento entre cidadãos da sociedade em rede e, institucionalmente, com esforços concretos de movimentos como o "Free Culture" e o Grupo de Amigos do Desenvolvimento da OMPI. As intervenções no comportamento do dia-a-dia são uma das armas discursivas do movimento *copyfight* em propriedade intelectual, já que as práticas cotidianas de ler, experimentar e comentar obras culturais estão se tornando, cada vez mais, objeto de uma marcha agressiva para a sua "proprietarização".

O escritor modernista Oswald de Andrade exerceu uma grande influência não apenas nos tropicalistas, mas também na auto-imagem dos brasileiros. Em seu *Manifesto antropofágico*, de 1928, Oswald de Andrade criou uma metáfora importante para o século XX: a noção de antropofagia ou canibalismo. Ele antecipou um modelo para criticamente "devorar" influências estrangeiras, que foi resgatado por Caetano Veloso. Em seu livro de 1997, intitulado *Verdade Tropical*, Caetano Veloso disse o seguinte:

> A idéia do canibalismo cultural servia-nos, aos tropicalistas, como uma luva. Estávamos 'comendo' os Beatles e Jimi Hendrix (p. 247).

Deve-se observar que a metáfora do canibalismo não é uma idéia simples, como por exemplo, escolher seu próprio *cocktail* de referências:

> Nós, brasileiros, não deveríamos imitar e sim devorar a informação nova, viesse de onde viesse (...) A cena da deglutição do Padre d. Pero Fernandes Sardinha pelos índios passa a ser a cena inaugural da cultura brasileira, o próprio fundamento da nacionalidade (p. 247).

A noção de canibalismo (cultural, mas agora também industrial) pode hoje ser vista em contextos variados. A indústria fonográfica resistiu por muito tempo em explorar o mercado digital, principalmente em razão do receio de vendas "canibalistas" de bens materiais sobre as quais ela historicamente exerceu altos níveis de controle na produtividade e na distribuição. Os estilos musicais "remixados" – ou o recente termo cunhado como *mash-up* para descrever duas músicas, imagens ou outras obras culturais combinadas para a produção de uma obra híbrida que não é inteiramente nova – ainda se vale de fontes materiais reconhecidas para dar origem a novos significados simbólicos (Howard-Spink, 2004). Tal fato também permite a ressurreição de velhas canções, que são reintroduzidas de forma renovada.

O canibalismo é um termo impreciso tendo em vista que, em um mundo de fluxos de informação, algo está sempre sendo produzido, não meramente consumido. Também carrega algo perverso de destruição pelo fato de o processo ser pensado como fluidez cíclica de um estado para outro. Caetano Veloso diz que ele foi considerado "suspeito por simplificação". Entretanto, trata-se de um termo que tem uma poderosa ressonância nos discursos culturais brasileiros, e seu uso na economia informacional e cultural aponta mais para paralelos do que para contradições.

A noção de hibridez também é crucial na Tropicália e emergiu de um esforço de Gilberto Gil e Caetano Veloso para desenvolver o que eles chamaram de "som universal", que foi executado em uma performance durante um festival de música televisionado em 1967. Garcia Canclini (1995) chamou isso de "hibridização" de esferas culturais e, de fato, Gilberto Gil e Caetano Veloso apresentaram sua inovação como uma forma de reivindicar sua participação na modernidade internacional (Dunn, p. 69). O primeiro "tiro de advertência" foi a canção Alegria, Alegria, de Caetano Veloso, que agora podemos entendê-la como anunciadora da sociedade global de informação. Ao passar por uma banca de jornal, o personagem da canção vê:

> Em caras de presidentes,
> Em grandes beijos de amor,
> Em dentes, caras, bandeiras,
> Bombas e Brigitte Bardot

Em termos de dimensão política, cabe também explorar a Tropicália como uma forma de pastiche. Para Caetano Veloso, a Tropicália não propunha um novo estilo *per se*, mas era um pastiche não preconceituoso de diversos estilos, novos e velhos, nacionais e internacionais. Frederic Jameson (1991, p. 17-18) condenou o pastiche como "paródia em branco", vazia de motivos ulteriores, "amputada de impulso satírico, destituída de riso e de qualquer convicção". Para ele, a idéia de antropofagia cultural pós-moderna é condenatória, pois a vê como "a canibalização aleatória de todos os estilos do passado". No entanto, essa noção precisa ser reavaliada no contexto digital. Se é crime apropriar-se de imagens, sons e símbolos "proprietarizados" nos trabalhos de pastiche de alguém ou mesmo em qualquer processo de consumo ou troca cultural em rede – como sugerem a indústria cultural e os titulares de direitos de propriedade intelectual –, tal fato torna essa troca inerentemente política. O próprio pastiche adquire significado político com a "comodificação" e a imposição de direitos de propriedade intelectual sobre signos culturais que constituem o *pool* dos recursos semióticos que utilizamos. Benkler, comentando sobre o trabalho de Jéssica Litman (2001), leva-nos à seguinte conclusão com sua explanação aguda de como o discurso da criminalidade é tão perverso nos debates sobre propriedade intelectual:

> A opção pela criminalização no direito da informação (...) surge em decorrência da economia da informação em rede, onde todos podem potencialmente ser competidores devido à descentralização radical da produção; assim, o único modo de controlar uma população inteira é através da lei criminal.[12]

Um dos aspectos principais da atual tensão no sistema de propriedade intelectual diz respeito ao transnacionalismo e às negociações internacionais, que são a *raison d'être* da OMPI. Na Tropicália, o transnacionalismo da música pop é algo a ser celebrado; seus músicos foram influenciados pelo *rock* anglo-americano e causaram controvérsia ao deliberadamente adotarem a guitarra elétrica e outros instrumentos musicais.[13] Para Caetano Veloso e Gilberto Gil, a indústria da música *pop* era um espaço em que os músicos poderiam ser artistas ativos. A idéia contém ecos de Walter Benjamin e sua percepção de possibilidades positivas oferecidas pela cultura de massa, em vez do pessimismo de Theodor Adorno, seu colega da Escola de Frankfurt. Sovik articula bem essa questão:

> Para os tropicalistas, a resistência cultural dos artistas *pop* não é um ato voluntário. É isso que acontece quando a arte, entendida como experimentação e descoberta, é enraizada em uma tradição cultural rica e sofisticada, ou ainda, exposta para o que o mundo pode oferecer de melhor, e encontra um nicho na indústria da cultura. A sua parte voluntária é a vontade de questionar consensos e a luta pela liberdade artística antes que política.[14]

É de extrema importância a questão envolvendo a transnacionalização das leis de propriedade intelectual em favor dos detentores de direitos nos países desenvolvidos. A "Agenda para o Desenvolvimento" foi recentemente proposta por uma coalizão de nações em desenvolvimento na OMPI, uma jogada que ameaça alterar dramaticamente aquela organização. Devido à sua importância cultural, é natural que o Brasil lidere essa mudança. Caetano Veloso cita o poeta concretista Haroldo de Campos sobre a necessidade de:

> ... assimilar a experiência estrangeira nas espécies brasileiras para reinventá-la nos nossos próprios termos, com as qualidades locais que vão dotar o produto de caráter autônomo e conferir a isso, em princípio, como um produto para exportação.

Trataremos, a seguir, do papel emergente do Brasil como antagonista às políticas norte-americanas em matéria de propriedade intelectual, bem como de determinadas deliberações recentes da OMPI sobre a "Agenda para o Desenvolvimento".

3. A Batalha Entre o Norte e o Sul: Brasil, Estados Unidos e OMPI

Cabe, inicialmente, contextualizar o desafio brasileiro, não somente na harmonização de regimes de propriedade intelectual, imposta internacionalmente, mas também na redefinição de relações internacionais, principalmente perante o governo norte-americano e o mundo corporativo. Para tanto, há que se tratar das iniciativas do país com relação ao software livre, à recusa da ajuda financeira norte-americana para o programa HIV/AIDS, e – por que não –, à prática da obtenção de impressões digitais de cidadãos estrangeiros.

Desde a sua posse, o governo do presidente Luiz Inácio Lula da Silva tem liderado o desafio de sacudir os discursos sobre direitos da propriedade intelectual que começaram com o seu predecessor, Fernando Henrique Cardoso, que fez bastante pressão sobre empresas farmacêuticas para reduzirem os preços dos medicamentos contra a AIDS. Com a ajuda de Sérgio Amadeu (que liderou a política tecnológica do presidente Lula) e com o apoio de Gilberto Gil (atual ministro da Cultura), diversas iniciativas de incentivo às obras com código-fonte aberto foram implementadas (Wade, 2005; Benson, 2005). O Brasil foi o primeiro país a defender que todos os programas de computador desenvolvidos com o dinheiro do contribuinte fossem licenciados com o código-fonte aberto. Antes de deixar o governo, afirmava Sérgio Amadeu: "Combata a pirataria. Compre software com código-fonte aberto." O programa "PC Conectado" visa a ajudar milhões de brasileiros pobres a comprar seus primeiros computadores, que já virão com software livre. Em vista disso, a Microsoft ofereceu uma versão simplificada e com desconto do programa Windows para a iniciativa governamental, mas tal versão veio a ser criticada por Amadeu e seus apoiadores pelo fato de ser muito limitada.[15]

Em maio de 2005, o governo Lula rejeitou US$ 40 milhões de financiamento norte-americano para seu programa nacional de combate à AIDS, em virtude das condições impostas pelo governo de George Bush, especialmente no que diz respeito a uma cláusula condenando a prostituição, que fora incluída por insistência dos religiosos. Pedro Chequer, o diretor do programa brasileiro DST/AIDS, foi citado dizendo: "eu gostaria de confirmar que o Brasil tomou essa decisão com o intuito de preservar sua autonomia em assuntos relacionados às políticas nacionais de HIV/AIDS, assim como os princípios éticos e os direitos humanos" (Boseley, 2004). Um dos exemplos mais divertidos da nova atitude de confronto do Brasil – exceto para turistas estrangeiros – veio no início de 2004, quando um juiz federal decidiu que todos os visitantes norte-americanos deveriam ter suas impressões digitais registradas na ocasião de sua entrada no país, em retaliação à inclusão do Brasil em uma lista de nações que deveriam fazer o mesmo quando entrassem nos EUA (BBC News, 2004). E, na área da cultura, Gilberto Gil pregou a distribuição de músicas mediante licença Creative Commons, apesar da oposição da Time-Warner.[16]

Essa nova abordagem das relações diplomáticas e comerciais permite uma analogia com as posições dos tropicalistas em face do governo militar, trinta anos atrás. Em outras palavras: a cultura como arma política. Também há algo de "canibalístico" na apropriação das iniciativas norte-americanas de negociação de direitos de propriedade intelectual. Isso pode ser verificado pelo estilo mais forte de negociação que vem sendo adotado pelo Brasil; pelo registro de impressões digitais de estrangeiros de acordo com critérios relativamente arbitrários; pelos programas de computador com código-fonte abertos desenvolvidos em universidades norte-americanas; e pelas licenças Creative Commons. Todos esses conceitos foram originados nos Estados Unidos, mas agora estão adquirindo um particular tempero brasileiro, ao menos na afirmação de uma identidade e de uma autonomia nacionais quanto à utilização inovadora de algumas idéias estrangeiras e rejeição deliberada de outras. Tudo isso pode, sem dúvida, ser pensado como "resistência canibalística".

4. A OMPI e a "Agenda para o Desenvolvimento"

Conforme apontado por Benkler, o atual sistema internacional de propriedade intelectual é altamente modelável devido à natureza de sua estrutura e à sua prática política. Enquanto os custos de direitos de propriedade intelectual são largamente espalhados pela população global, o retorno em termos econômicos tende a ser altamente concentrado nos titulares dos direitos e nos países que são exportadores de autorizações para utilização de obras intelectuais protegidas, particularmente os Estados Unidos e a União Européia. Os governos desses países têm feito *lobbies* pesados de suas indústrias nacionais de forma a expandir os direitos de propriedade intelectual além de suas fronteiras. Os movimentos emergentes de *copyfight* e Free Culture têm como base a crescente força de resistência pública que visa a contrapor-se ao forte sistema de proteção, especialmente no campo dos fármacos – que enfrenta uma resistência quase insuperável – e, mais recentemente, os chamados *dirty tricks* (golpes ou truques sujos).[17] A esse respeito, Benkler explica o seguinte:

> A vitória em uma rodada no contexto do TRIPS sempre remete a negociações bilaterais, nas quais os Estados Unidos ou a União Européia podem forçar um país exportador de arroz ou algodão a um comprometimento maior com a proteção de direitos de propriedade intelectual em contrapartida a um tratamento mais favorável para a exportação de suas *commodities*. As nações exportadoras de direitos de propriedade intelectual podem então recorrer à OMPI e tentar adotar novos tratados baseados na emergente prática internacional de acordos bilaterais. Ou, podem, ainda, negociar suas próprias leis e, em nome da "harmonização", levar a outros países padrões mais elevados de proteção dos direitos de propriedade intelectual.

A OMPI surgiu em 1967 e, em 1974, tornou-se uma agência especializada da ONU. Seu predecessor – o Bureaux Internacionaux Réunis pour la Protection de la Propriété Intellectuelle (BIRPI) –, administrou as Convenções de Paris e Berna. É interessante apontar dois fatores fundamentais para a criação da OMPI e que são fontes para o entendimento da atual tensão que essa organização internacional vivencia. Primeiramente, a proposta de estabelecer a OMPI teve o intuito de desviar qualquer iniciativa de outras agências (como, por exemplo, do Conselho Econômico e Social da ONU), de absorver o tema da propriedade intelectual. Portanto, essa foi a fórmula encontrada para separar o assunto da propriedade intelectual de outros temas econômicos e sociais. Podemos dizer que essa mesma idéia de isolar o tema da propriedade intelectual de outros assuntos ainda perdura, principalmente no que diz respeito à "Agenda para o Desenvolvimento": os exportadores de direitos de propriedade intelectual alegam que tais direitos não devem estar relacionados a questões de desenvolvimento. Além disso, a OMPI foi ironicamente criada para transformar um "clube de países desenvolvidos" em uma organização com caráter multilateral para atrair países em desenvolvimento, inclusive os recém-independentes (Musungu e Dutfield, 2003:4). Hoje, apesar de os países em desenvolvimento constituírem a maioria dos membros da OMPI, o organismo ainda mantém o caráter de "clube de países desenvolvidos" ao qual deveria substituir.

Houve tensão na OMPI nos três dias da Inter-Sessional Intergovernamental Meeting on a Development Agenda for WIPO, dos dias 11 a 13 de abril de 2005. Oficialmente, a proposta para adotar a "Agenda para o Desenvolvimento" – de forma a que as políticas da OMPI refletissem as necessidades específicas dos países em desenvolvimento em vez dos interesses dos titulares de direitos do mundo desenvolvido – foi realizada por uma coalizão de 14 membros denominada "Grupo de Amigos do Desenvolvimento" (GAD). A força motriz por detrás desse grupo é o Brasil, em parceria com a Índia e com o apoio de aliados, como a África do Sul, por exemplo.

As razões para a adoção dessa agenda foram articuladas na declaração de forma ambígua, conforme manifestação do governo indiano (Índia, 2005). Cabe destacar o seguinte trecho:

> "Desenvolvimento", na terminologia da OMPI, significa o crescimento da capacidade de um país em desenvolvimento de prover proteção aos titulares de direitos de propriedade intelectual. Isso é o oposto do que os países em desenvolvimento entendem quando eles se referem à "dimensão de desenvolvimento"...
>
> O real imperativo "desenvolvimento" significa garantir que os interesses dos titulares de direitos de propriedade intelectual não sejam assegurados à custa dos usuários desses direitos, dos consumidores e da política pública em geral...
>
> Direitos de monopólio conferidos aos titulares de direitos de propriedade intelectual são incentivos especiais que precisam ser cuidadosamente calibrados em cada país, de acordo com suas próprias circunstâncias...

> A harmonização das leis de propriedade intelectual mediante países com distribuição assimétrica de recursos provenientes desses direitos é, claramente, objetivada a servir aos interesses de investidores dos países desenvolvidos, em vez da população dos países em desenvolvimento...

Em termos de propostas concretas, o GAD ofereceu uma espécie de *quid pro quo*: se países em desenvolvimento proverem proteção de direitos de propriedade intelectual aos titulares desses direitos nos países desenvolvidos, mas não obtiverem retornos similares no que diz respeito aos seus próprios direitos de propriedade intelectual, seria necessário pensar em uma forma de retorno, como, por exemplo, a transferência e a disseminação de tecnologias dos países desenvolvidos aos países em desenvolvimento e com menor desenvolvimento relativo.

De acordo com a declaração indiana, se "ausente uma obrigação de transferência de tecnologia, o fluxo assimétrico de renda com direitos de propriedade intelectual tornar-se-ia uma característica permanente, e os benefícios da proteção desses direitos iludiria, para sempre, os consumidores dos países em desenvolvimento". O GAD também propõe que o "auxílio técnico" deva se deslocar da implementação e da imposição para uma avaliação dos impactos desses direitos aos países em desenvolvimento.

Em suma, a "Agenda para o Desenvolvimento" chama a atenção da OMPI para o fato de que a proteção da propriedade intelectual é um instrumento de política para os países em desenvolvimento, e de que os custos reais do sistema atual tendem a ser mais relevantes do que os benefícios teóricos. Para tanto, dever-se-ia flexibilizar o sistema, especialmente no que diz respeito aos seus limites.[18]

A "Agenda para o Desenvolvimento" não foi bem recebida pelos Estados Unidos. Para os países desenvolvidos, não seria necessário incluir debates sobre desenvolvimento no âmbito da OMPI, uma vez que esse tema estaria ligado a outras agências da ONU. Os norte-americanos também propuseram uma base de dados global de informações para a imposição de direitos de propriedade intelectual, assim como um "sistema de coleguismo", por meio do qual as nações desenvolvidas seriam designadas parceiras dos países em desenvolvimento, no que diz respeito à prestação de assistência na elaboração de leis de direitos autorais e patentes, além do aconselhamento em regimes de imposição. Tais propostas foram consideradas apressadas pelo GAD. Entretanto, a "Agenda para o Desenvolvimento" parece ter gerado reflexões importantes para os futuros debates na OMPI.

5. Conclusão

Nas décadas de 1960 e 1970, a relação entre cultura e política era essencialmente comunicativa, educacional e, em algumas instâncias, contra-hegemônica – e é por isso que o governo militar de direita veio a se opor ao movimento e a exilar Gilberto Gil e Caetano Veloso. No atual contexto de redes globais digitais – que canalizam trabalhos culturais em tempo real e a custo zero –, cultura e política, além de se interpenetrarem ainda mais, talvez tenham, em si mesmas, entrado em colapso. A necessidade de se proteger direitos de propriedade intelectual é agora função da política comercial dos Estados Unidos e da União Européia, o que traz uma nova forma de engajamento na comunidade global.

Entre as possíveis analogias envolvendo a Tropicália e essa nova dinâmica, merece destaque o fato de que Caetano Veloso e Gilberto Gil conseguiram provocar tanto a direita militar quanto a esquerda intelectual com a sua música: a direita, por subversão; e a esquerda, por abraçarem o hegemônico *rock pop* anglo-americano, o que é muito similar à atual indistinção entre as linhas de direita e esquerda em debates sobre políticas de propriedade intelectual. Na verdade, a distinção entre direitos "densos" e "tênues" (Vaidhyanathan, 2001) é mais útil quando se trata de propriedade intelectual. Este paralelo também revela como os conceitos de direita e esquerda tornaram-se anacrônicos em um mundo dominado pelos fluxos de informação e pelas comunicações em rede.

Cabe, também, verificar como o Brasil enfrenta a questão envolvendo a substituição do modelo da "Economia da Informação Industrial" para a "Economia da Informação em Rede". Benkler afirma que esta última oferece novas possibilidades, não apenas de desenvolvimento econômico para os países em desenvolvimento e de menor desenvolvimento relativo, mas também de aperfeiçoamento da democracia e da justiça. Nesse sentido, as posições adotadas pelo Brasil no que diz respeito ao software livre, às políticas de saúde (especialmente envolvendo a AIDS) e, às discussões sobre patentes de biotecnologia são todas aplicações práticas inconscientes dos modelos teóricos de Benkler.

As características definidoras da Tropicália estão presentes no modo como o Brasil vem tratando a questão do comércio internacional e dos direitos de propriedade intelectual: ganhar controle sobre sistemas rígidos sustentados pelo poder não apenas do Estado, mas também de organizações supranacionais. Podemos argumentar que a cultura brasileira já estava predisposta a isso em função de sua história, formação étnica e experiência (genuína ou imaginada) com a "mistura cultural", que agora estão gerando frutos políticos e, potencialmente, econômicos. Também podemos levantar a tese de que o Ocidente como um todo está para entrar em um "estágio de Tropicália", devido à crescente penetração das formas híbridas de cultura e de formas sociais. Ou talvez afirmar que a hibridez "canibalística", como força social, ajudaria a trazer, a médio e longo prazos, uma melhoria no que diz respeito às forças totalitárias extremistas que normalmente se manifestam na política interna dos Estados Unidos, e nos seus efeitos para a esfera política global. Essa canção não chegará ao fim tão cedo...

5.1. Coda

É interessante constatar como a música brasileira está em ascensão no cenário de alta hibridez da música global. O baile *funk* das favelas do Rio de Janeiro alterou a *dance music* ao redor do mundo e suas estilizações tornaram-se populares em clubes por toda a Europa, com crescente interesse nos Estados Unidos (Bellos, 2004). A nova encarnação do *funk* é uma forma musical altamente contestadora, que deriva, em parte, dos *breakbeats* de Miami, fundida com as distinções de classe brasileiras, além de medo e desejo ardente. É, ao mesmo tempo, uma celebração e um aviso, "a favela CNN" (Cumming, 2003), com suas raízes na atividade política da Tropicália.

6. Bibliografia

BBC News. "Rio starts ID checks on US flyers." January 4, 2004. Disponível em: <http:// news.bbc.co.uk/2/hi/americas/3366519.stm>.

Baker, C.E. *Media, Markets and Democracy*. Cambridge: Cambridge University Press. 2002.

Bellos, A. "Samba? That's so last year." *The Guardian*, 11/3/2004. Disponível em: <http:// www.guardian.co.uk/brazil/story/0,12462,1166938,00.html>.

Benkler, Y. (forthcoming). *Freedom in the Commons*: A Political Economy of Information. New Haven: Yale University Press.

Benson, T. "Brazil: Free Software's Biggest and Best Friend." *The New York Times*, 29/3/ 2005. Disponível em: <http://www.nytimes.com/2005/03/29/technology/ 29computer.html>.

Boseley, S. "Brazil Spurns US Terms for AIDS Help." *The Guardian*, 4/5/2005. Disponível em: <http://www.guardian.co.uk/print/0,3858,5185219-106925,00.html>.

Castells, M. *The Rise of the Network Society*. Oxford: Basil Blackwell. 1996.

Cumming, A. "Brazil - Hyperdub Kolony" 2003. Disponível em: <http:// www.hyperdub.com/softwar/marlboro.cfm>.

Dibbell, J. "Tropicalia 2.0." *Wired Magazine*, novembro de 2004.

Dunn, D. *Brutality Garden: Tropicalia and the Emergence of a Brazilian Counterculture*. Chapel Hill: University of North Carolina Press 2001.

Florida, R. *The Rise of the Creative Class*. New York: Basic Books, 2002.

Garcia Canclini, *N. Hybrid Cultures: Strategies for Entering and Leaving Modernity*. Minneapolis: University of Minneapolis Press 1995.

Hogge, B. "Democracy and Dissent at the World Intellectual Property Organisation." *OpenDemocracy*, 26/4/2005. Disponível em: <http://www.opendemocracy.net/ debates/ article-8-40-2452.jsp>.

Howard-Spink, S. "Grey Tuesday, online cultural activism and the mash-up of music and politics." *First Monday*, volume 9, número 10, Outubro de 2004. Disponível em: <http:// firstmonday.org/issues/issue9_10/howard/index.html>.

India. "India's statement at WIPO." Disponível em: <http://lists.essential.org/ pipermail/a2k/ 2005-April/000241.html>.

Jameson, F. *Postmodernity*; or, The Cultural Logic of Late Capitalism. Durham: Duke University Press, 1991.

Lessig, L. *The Future of Ideas* – The Fate of The Commons in a Connected World. New York: Random House, 2001.

Lessig, L. *Free Culture*. New York: Penguin, 2004.

Litman, J. *Digital Copyright: Protecting Intellectual Property on the Internet*. New York: Prometheus Books, 2001.

Musungu, S.F; Dutfield, G. *Multilateral Agreements and a TRIPS-plus World: The World Intellectual Property Organization (WIPO)*. Geneva: Quaker United Nations Office (QUNO), 2003.

Sovik, L. "Pop Music as Everyday Resistance: Tropicalismo Contests Protest Music." *Media Development*, Fevereiro de 1996. Disponível em: <http://www.wacc.org.uk/wacc/publications/media_development/archive/1996_2/pop_music_as_everyday_resistance_tropicalismo_contests_protest_music>.

Schwarz, R. *Misplaced Ideas: Essays on Brazilian Culture*. Gledson, J, (ed). New York: Verso, 1992.

Shalini, V. "From the Information Economy to the Creative Economy: Moving Culture to the Center of International Public Policy." Washington, D.C.: Center for Arts and Culture, 2001.

Vaidhyanathan, S. *Copyrights and Copywrongs – The Rise of Intellectual Property and How It Threatens Creativity*. New York: New York University Press, 2001.

Veloso, C. *Verdade Tropical*. São Paulo: Companhia das Letras, 1997.

Wade, T. "Brazil Reshapes Exclusive Rights Discourse." *Reuters*, 2/2/2005. Disponível em: <http://story.news.yahoo.com/news?tmpl=story&cid=572&e=16&u=/nm/brazil_patents_dc>.

Yudice, George. *The Expediency of Culture*: Uses of Culture in the Global Era. Durham: Duke University Press, 2004.

Notas:

1. Cf. Dibbell (2004). Na versão em inglês: *"But [Gilberto] Gil has no doubt that the fundamentalists will fail. 'A world opened up by communications cannot remain closed up in a feudal vision of property,' he says. 'No country, not the U.S., not Europe, can stand in the way of it. It's a global trend. It's part of the very process of civilization. It's the semantic abundance of the modern world, of the postmodern world – and there's no use resisting it.' Gil laughs...".*

2. Nota dos tradutores: optamos por manter o termo "Tropicália" referido no texto original do autor (em vez de "Tropicalismo"), com base na argumentação de Caetano Veloso, ao dizer que "o movimento que, nos anos 60, virou a tradição da música popular brasileira (e sua mais perfeita tradução – a bossa nova) pelo avesso, ganhou o apelido de 'tropicalismo'. O nome inventado pelo artista plástico Hélio Oiticica e posto como título em uma canção minha pelo homem do Cinema Novo Luís Carlos Barreto, Tropicália, de que o derivaram, me soa não apenas mais bonito: ele me é preferível por não se confundir com o 'luso-tropicalismo' de Gilberto Freyre (algo muito mais respeitável) ou com o mero estudo das doenças tropicais, além de estar livre desse sufixo *ismo*, o qual, justamente por ser redutor, facilita a divulgação com *status* de movimento do ideário e do repertório criados". (Veloso, 1997).

3. Cf. Dunn (2004), p. 10. No original em inglês: *"Popular music has been more successful than any other area of Brazilian culture in generating syntheses that are simultaneously local and cosmopolitan, popular and experimental, pleasurable and political... [It is] the least colonized and the most Africanized branch of Brazilian popular culture, as well as the most successful in disseminating itself not only within Brazil but also around the world".*

4. Apesar da perspectiva de participação nos aspectos industriais da produção musical, a distribuição e o consumo estão passando por um processo de democratização e, portanto, representam uma ameaça à indústria cultural norte-americana e ao interesse comercial das grandes corporações.
5. Cf. Dunn, p. 45.
6. Ver Benkler, no prelo.
7. Ver também Dunn, p. 98-99.
8. Ver Dunn, p. 4.
9. Na versão em inglês: *"critical effect precisely by leaving unresolved historical contradictions, thereby generating an indeterminate and fragmentary image of Brazil that could then be activated to satirize official culture".*
10. Na versão em inglês: *"privileged dialectic reasoning over other artistic and theoretical practices grounded in the cultural and historical specificities of Brazil".*
11. Todos citados por Dunn, p. 4.
12. Este trecho foi retirado de uma cópia da revisão de um manuscrito do futuro livro de Benkler, que não contém números de páginas.
13. De fato, isso levou a demonstrações de rua em 1966, freqüentadas pelo próprio Gil. Sovik sintetiza bem os tópicos em questão: "a combinação de música, negócios e política e o passo febril da discussão é, talvez, mais bem ilustrada pela marcha que tomou as ruas de São Paulo em 1966 contra o uso de guitarras elétricas.... que foram emblemáticas das forças comerciais e políticas. Os que protestavam não se diferenciavam entre rivais estéticos e inimigos políticos".
14. Essa idéia é relevante para as questões em torno da legalidade do compartilhamento de arquivos por meio de redes entre as pessoas (*peer-to-peer*) e a disseminação de "remixes" amadores de faixas populares pela internet. Em um ambiente de redes digitais, há uma forma inerente e implícita de resistência cultural no ato de produzir, consumir e distribuir esses trabalhos derivativos. O único aspecto voluntário é a escolha entre participar ou não com consciência das ações de alguém, o que se tornou muito fácil e barato, mas agora isso traz novas formas de punição em potencial.
15. Walter Bender (diretor executivo do Media Lab do MIT e consultor do governo brasileiro) diz que o software livre provou ser mais eficiente para estimular o uso de computadores entre os mais carentes – além de ser uma plataforma mais forte para o crescimento e o desenvolvimento a longo prazo – do que o software proprietário.
16. Cf. Dibbell (2004).
17. Incluindo o roubo e a inutilização de papéis de organizações não-governamentais (ONGs) e de organizações de reforma de direitos autorais afixados em locais públicos; a recusa, de última hora, à concessão do *status* de "observador participante" a todos os "observadores *ad hoc*" (que incluíam quase todas as ONGs e grupos que reivindicavam reformas nos direitos autorais) em favor de "observadores permanentes", que é o grupo dominado por grandes estúdios de cinema, gravadoras e outros detentores de direitos de propriedade intelectual (mais tarde, essa posição foi alterada devido ao clamor dos rejeitados...); e a declaração de que a participação direta das audiências constituiriam "abuso de hospitalidade", em oposição a uma maior transparência de todo o processo. Para maiores detalhes, ver Hogge, 2005. Uma das testemunhas que participaram da reunião escreveu: "O esforço dos donos de direitos é coordenado atrás das cenas, com enorme cooperação e pressão dos EUA e de outros países desenvolvidos. Os EUA formaram uma força-tarefa para atacar a "Agenda para o Desenvolvimento... Vejam que os EUA e os governos europeus colocarão grande pressão nos governos de países em desenvolvimento para tentar isolar o Brasil ou a Índia nessas questões" (do *weblog* BoingBoing. Disponível em: <http://www.boingboing.net/2005/02/24/wipo_pulls_out_dirty.html>).
18. Como sugerimos (apesar de não haver espaço para expandir suficientemente o assunto neste artigo), tal fato corresponde harmoniosamente com as idéias de Benkler sobre a eficácia econômica e social de sistemas de produção em pares (*peer production systems*) em economias de informação em rede. O referido autor sugere que esta forma de orientação política é mais adequada para se chegar a uma justiça democrática, que é um dos principais objetivos da ONU.

4 TRANSFERÊNCIAS INTERNACIONAIS DE TECNOLOGIA: UMA PERSPECTIVA BRASILEIRA

KARINA CORREA PEREIRA*

1. Introdução

Transferências de tecnologia são assunto de grande importância no mundo atual. Em sociedades cada vez mais dependentes da racionalização da produção e com a rapidez com que informações são trocadas, possuir a titularidade dos direitos referentes a uma determinada tecnologia equivale a possuir o poder e a habilidade de estar mais bem posicionado no cenário globalizado dos dias de hoje.

Observando as transferências de tecnologia que acontecem atualmente entre as diversas nações do globo, os países em desenvolvimento estão constantemente na posição de compradores de tecnologia; enquanto os países desenvolvidos estão comumente na posição de vendedores. Esta situação é refletida na maneira em que os dois grupos de países visualizam o acesso à tecnologia.

---

* Graduada pela Universidade Presbiteriana Mackenzie em 2000, especialista em Direito Empresarial pela Pontifícia Universidade Católica (2001), LL.M. em Direito e Tecnologia pela Universidade de Ottawa, Canadá (2005), doutoranda pela Universidade de Ottawa.

Enquanto "países em desenvolvimento acreditam que ciência, tecnologia e conhecimento são parte da herança comum da humanidade e devem ser disponibilizados a todos com o mínimo de restrições possível",[1] países desenvolvidos preferem que as tecnologias de sua propriedade sejam negociadas em termos lucrativos e com a devida proteção legal, uma vez que são o resultado de altos investimentos em pesquisa e desenvolvimento.

Esta visão distinta do conhecimento tecnológico resulta em políticas distintas para a negociação da tecnologia. Governos de países em desenvolvimento tendem a "proteger" empresas nacionais que negociam transferências de tecnologia no exterior mediante da imposição de certas condições nos contratos de transferência de tecnologia, enquanto governos de países desenvolvidos geralmente não interferem nestas transações.

Neste artigo pretende-se apresentar o caso específico do Brasil. Apesar das medidas regulatórias impostas às transferências de tecnologia do exterior para o Brasil, os últimos anos apresentaram grandes mudanças no cenário local. Ademais, o interesse de estudar o Brasil justifica-se também pelo fato de o país ser a maior economia da América Latina, de maneira que suas decisões e políticas influenciam outros países da região.

É importante ressaltar que a expressão "transferência de tecnologia", conforme utilizada neste artigo, engloba transações envolvendo ativos de propriedade intelectual, tais como tecnologia patenteada, segredo de negócio e know-how. A licença ou transferência destes ativos é usualmente parte de uma negociação maior; i.e. investimento de capital ou *joint venture*; que não será objeto deste artigo.

2. A Propriedade Intelectual e a OMC – o Acordo TRIPS

É impraticável pensar-se num sistema de proteção à propriedade intelectual que não seja internacional. Percebemos esta necessidade com maior clareza quando colocamos a proteção à tecnologia como exemplo. Em um mundo que busca eficiência e em que barreiras territoriais perdem cada vez mais o significado, a grande maioria das nações busca alinhar-se de maneira uniforme no tocante à legislação, para que aqueles que decidam investir em tecnologia tenham a segurança de conhecer e entender as regras do jogo. Dessa maneira, se em determinado país a tecnologia puder ser explorada em melhores condições do que em outros para produzir bens que serão vendidos em todo o mundo, o custo da produção e a qualidade final do produto serão os melhores possíveis.

Foi com este cenário em mente que, saindo do âmbito da OMPI,[2] foi deflagrado um processo de negociação sobre propriedade intelectual na Rodada Uruguai do GATT,[3] que resultou no acordo TRIPS[4] da OMC.[5] Os acordos da OMC são um exercício de harmonização mundial necessário em razão da globalização.

O Acordo Constitutivo da OMC, concluído em Marrakesh, em 1994, determina que sua aceitação implica a adoção de acordos multilaterais anexos, dentre os quais se destaca o Acordo sobre Aspectos dos Direitos de Propriedade Intelectual Relacionados ao Comércio, conhecido como TRIPS. Isso significa que a proteção da propriedade intelectual passou a constituir aspecto fundamental do sistema de comércio internacional criado pela OMC. Um dos propósitos básicos do TRIPS foi o de estabelecer um padrão mínimo internacional de proteção à propriedade intelectual que fosse obedecido pelos países integrantes do GATT.

Nesse aspecto, o TRIPS não foi nem original nem inovador, uma vez que para o mesmo propósito já existiam convenções internacionais.[6] Com efeito, o TRIPS começa por determinar a aplicação das convenções internacionais já em vigor, as quais o TRIPS não pretende substituir. Além disso, em alguns aspectos, os padrões mínimos estabelecidos pelo TRIPS foram mais modestos do que aqueles já buscados pela OMPI dentro do processo de revisão dessas convenções. Exemplo disso é o prazo de proteção dos direitos autorais, que é de 50 anos no TRIPS e de 70 anos em propostas em estudo pela OMPI.

É evidente, portanto, que a verdadeira finalidade do TRIPS dentro do contexto da Rodada Uruguai do GATT deve ser explicada adicionalmente por outros aspectos.

Em primeiro lugar, o acordo tende na prática a enfraquecer a base territorial dos direitos de propriedade intelectual, substituindo-a por um regime universal de tendência uniforme, dentro da mesma filosofia que se implantou no sistema da União Européia. Para que esse propósito fosse conseguido, foi necessário, uma vez mais, definir um ponto de equilíbrio entre os interesses dos países industrializados e aqueles dos países em desenvolvimento. O entendimento que prevaleceu durante a Rodada Uruguai foi o de que os países desenvolvidos aceitariam um período de transição, durante o qual os demais ajustariam suas economias, em troca do compromisso de adoção de padrões mais elevados de proteção da propriedade intelectual.

Outro grande efeito do Acordo TRIPS é o de assegurar que um número cada vez maior de países implemente compulsoriamente os padrões mínimos de proteção à propriedade intelectual, em grande parte já contidos nas convenções internacionais, mas anteriormente não dotados de coercitividade eficaz.

Por último, veio preencher uma grande lacuna na sistemática das convenções internacionais existentes, qual seja, a questão das medidas de defesa da propriedade intelectual e das limitações que podem ser impostas pelos países para evitar práticas anticoncorrenciais e abusivas.

O art. 7º do acordo define os objetivos básicos a serem implementados por meio do TRIPS. Segundo esse dispositivo, pretende-se:

a) que a proteção e observância dos direitos de propriedade intelectual contribuam para a promoção da inovação tecnológica e da transferência e difusão da tecnologia;

b) que essa contribuição seja em benefício recíproco dos produtores e dos usuários e dos conhecimentos tecnológicos;
c) que a proteção e observância de tais direitos favoreçam o bem-estar social e econômico e o equilíbrio entre direitos e obrigações.

Percebe-se aqui a intenção de harmonizar legislações e de contribuir para a igualdade entre grupos de países em estágios distintos de desenvolvimento. Entretanto, a internalização dos objetivos básicos do TRIPS depende dos esforços de cada país individualmente.

3. Um Conceito Diferente

Apesar dos esforços internacionais para que a proteção à propriedade intelectual seja uniforme e apesar das legislações nacionais de países em desenvolvimento no mundo terem sido internalizadas segundo os parâmetros estabelecidos pelo TRIPS, as realidades enfrentadas por cada país são extremamente distintas. Conforme já delineado na introdução deste artigo, países em desenvolvimento tendem a visualizar a tecnologia como algo que deve ser dividido entre todas as nações para o desenvolvimento do mundo. Considerando-se que países em desenvolvimento são normalmente receptores de novas tecnologias e não investem tanto em pesquisa e desenvolvimento quanto países desenvolvidos, esta é uma posição confortável para este grupo de países.

Do outro lado, países desenvolvidos investem somas astronômicas ao longo de grandes períodos de tempo para o desenvolvimento de uma nova tecnologia. O recebimento de compensação financeira por estes novos desenvolvimentos não significa somente lucro mas também a recuperação dos valores investidos. Além da preocupação com as finanças, detentores de tecnologia preocupam-se especialmente com a existência e a aplicação de leis de propriedade intelectual nas nações em que a tecnologia é negociada.

Ou seja, apesar de tanto países em desenvolvimento quanto países desenvolvidos terem comprometido-se com a mesma natureza de obrigações no meio dos acordos internacionais firmados durante a Rodada Uruguay do GATT, as diferenças entre os dois grupos tornam-se claras quando os signatários destes acordos se propõem a negociar tecnologia, uma vez que a visão de cada grupo decorre diretamente do seu grau de desenvolvimento.

Em outras palavras, o comprometimento com obrigações internacionais estandartizadas não é internalizado da mesma maneira nestes dois grupos distintos. Um bom exemplo desta diferença de adaptação de um modelo preconcebido e de suas conseqüências práticas é o caso da licença compulsória de patentes. A possibilidade de outorga de uma licença compulsória é prevista no acordo TRIPS, em casos de emergência nacional, circunstâncias de extrema urgência ou para uso não comercial ou público.[7] Esta provisão legal foi internalizada na legislação brasileira e o governo brasileiro anunciou sua intenção de utilizar-se deste mecanismo para algumas patentes de medicamentos para o tratamento da AIDS. O anúncio desse posicionamento foi amplamente criticado por países desenvolvidos – onde a maioria dos detentores de patentes dos medicamentos está localizada – e houve a tentativa de caracterizar o Brasil como inadimplente quanto às suas obrigações com a comunidade internacional.

Os países signatários do TRIPS devem não somente internalizar as disposições do acordo. Existe ainda grande pressão dos mercados internacionais com a aplicação das leis, especialmente nos países em desenvolvimento, famosos por sua inatividade no que diz respeito à contrafação de marcas e patentes. Apesar destes países terem suas leis em consonância com princípios internacionais determinados por tratados internacionais, eles não possuem a habilidade e a estrutura administrativa para tomar medidas efetivas contra a pirataria de produtos protegidos por propriedade intelectual.

Por essa razão, o que acontece na prática é que países desenvolvidos olham com muita cautela para os países em que pretendem licenciar ou transferir suas tecnologias e impõem o maior número de restrições possíveis para que possam se assegurar de que seus contratos sejam respeitados, uma vez que desconfiam da capacidade dos governos locais de colocar em prática a legislação que está no papel. Ou seja, o sistema internacional da propriedade intelectual é baseado em dois princípios fundamentais que não afastam o caráter territorial da propriedade intelectual: de um lado, no estabelecimento de padrões mínimos de proteção que os Estados-contratantes obrigam-se a cumprir em suas legislações nacionais e, de outro lado, na regra do tratamento nacional, segundo a qual cada país deve conceder aos estrangeiros tratamento equivalente àquele outorgado a seus próprios nacionais com relação à proteção da propriedade intelectual.

Com a universalização dessa sistemática de normatização internacional, por meio da adesão de diversos países aos tratados que explicaremos a seguir, algumas críticas foram feitas pelos países desenvolvidos. Dentre elas, duas parecem ser as mais importantes: a constatação de que o processo de atualização das convenções internacionais nem sempre acompanhou as exigências do próprio processo de modernização da economia global e a constatação de que a mera afirmação de padrões mínimos de proteção é insuficiente quando os mecanismos de aplicação desses direitos revelam-se inadequados.

4. Tecnologia e seu Tratamento Legal

Neste tópico, o ponto importante não é definir o que é tecnologia e sim entender como as autoridades brasileiras entendem o conceito. A autoridade governamental responsável pela averbação de contratos de transferência de tecnologia é o INPI.[8] Contratos de tecnologia – entendida como a aplicação prática de conhecimento técnico em uma determinada área[9] – de acordo com a perspectiva do INPI podem ser de cinco diferentes tipos: transferência de tecnologia, licença de patentes, licença de marcas, prestação de serviços de assistência técnica e contratos de franquia. Cada um destes contratos deve seguir os direcionamentos do INPI para que possa ser registrado.

Faz-se necessário ressaltar que as autoridades brasileiras não permitem o licenciamento de tecnologia não patenteada. Segundo o conceito brasileiro – resultante das diferenças mencionadas neste artigo – transferência de tecnologia ou de know-how é aquisição de conhecimento e, portanto, o uso da tecnologia transferida após o termo contratual não pode ser restringido.

Neste sentido, pagamentos por transferência de tecnologia equivalem a pagamentos por aquisição de um ativo. Seguindo este raciocínio, não somente a parte receptora da tecnologia poderá utilizar a tecnologia de acordo com sua própria vontade, como também poderá livremente transferir a tecnologia para terceiros, da maneira que lhe seja conveniente. Basta aguardar o término do período de confidencialidade, caso tenha sido estabelecido no contrato inicial.

Outro tipo de contrato, que pode ser entendido como de transferência de tecnologia dependendo da jurisdição, é o contrato que negocia *know-how*. No Brasil, contratos de *know-how* não são entendidos como contratos negociando tecnologia. Alguns autores estrangeiros entendem *know-how* como tecnologia.[10] Os defensores desta corrente acreditam que o *know-how* é informação subsidiária à transferência de informação confidencial ou ao uso de uma patente.[11] Uma vez que o Brasil entende que uma tecnologia deve ser inovativa em seu campo de conhecimento e que o *know-how* é somente acessório, o último prescinde das características necessárias para que seja considerado transferência de tecnologia. Uma alternativa para que o *know-how* estrangeiro possa ser internalizado no Brasil é associá-lo a uma tecnologia inovativa e denominá-lo assistência técnica, uma vez que o limite entre *know-how* e assistência técnica pode ser bastante tênue.

5. INPI

A autarquia responsável pela averbação de contratos de transferência de tecnologia no Brasil é o INPI. O registro no INPI deve ser realizado para que o contrato produza os seguintes efeitos:

a) seja válido perante terceiros. Isto significa que um contrato não averbado perante o INPI será válido somente perante as partes. No caso de qualquer quebra, por uma das partes, das disposições do contrato, a parte que sofreu a quebra não disporá de um documento válido para apresentar perante o judiciário;

b) permita a remessa de valores para o exterior pelo pagamento da tecnologia. Esta previsão torna-se importante somente em contratos que envolvam a negociação de tecnologias estrangeiras. Os pagamentos entre nacionais não prescindem de registro. Entretanto, remessas de valores ao exterior só serão permitidas após a averbação do contrato pelo INPI. Esses pagamentos, além do registro no INPI, requerem também o registro perante o Banco Central do Brasil, mediante um sistema declaratório eletrônico;

c) permita que os pagamentos sejam dedutíveis, pela parte brasileira, para efeitos de Imposto de Renda.

Diante dos motivos que justificam a averbação de um contrato pelo INPI, observamos que a política brasileira de transferência de tecnologia não se preocupa somente com propriedade intelectual mas principalmente com o fluxo de valores que transita em decorrência de negociações envolvendo tecnologia, em função do mercado internacional de reservas estrangeiras.

Apesar do INPI possuir um determinado protocolo a seguir para averbar contratos, esta autarquia poderá optar por acelerar ou atrasar sua decisão final em razão da balança comercial brasileira. Ou seja, a averbação de um contrato será mais rápida ou mais lenta em razão da intenção governamental de permitir ou não determinadas remessas de valores para o exterior.

Esta restrição velada e nem sempre passível de antecipação não é a única aplicada a este tipo de negociação. De acordo com a Portaria nº 436/1958, a remessa de *royalties* e de pagamento por assistência técnica bem como as deduções de impostos no Brasil por este tipo de remessas só poderão ser realizadas até o limite máximo de 5% das vendas brutas do produto manufaturado com a tecnologia recebida. O percentual varia de acordo com o ramo de negócio adquirindo a tecnologia. Licenças de marcas estão limitadas a 1% das vendas brutas, não importando o produto ou serviço a que esteja associada a marca licenciada.

6. Evolução Histórica da Legislação

Em razão de diversos fatores que afetaram a economia mundial, entre eles a internacionalização do comércio e a admirável transformação técnica pela qual passaram as comunicações, o conceito de essencialidade de certos fatores mudou radicalmente nos últimos anos.

Se nas décadas de 1950 e 1960, na ótica da política governamental brasileira, as indústrias de base (tais como, siderúrgicas, petroquímicas, automobilísticas e outras semelhantes) eram consideradas essenciais para tornar o país auto-suficiente, e assim foram favorecidas até pela legislação fiscal, atualmente o que é reconhecido como essencial é o conhecimento, a informação e a tecnologia.

Diante deste novo quadro de essencialidade de fatores econômicos, os ramos do direito que tenderão a crescer em importância são justamente aqueles que visam à proteção da informação, do conhecimento, da tecnologia, ou seja, a propriedade industrial, os direitos de autor, a proteção aos segredos industriais e de negócios, a legislação antitruste, tanto no aspecto de proteção à livre concorrência como no aspecto da proteção contra a concorrência desleal.

A discussão deste tema reacendeu-se entre nós há alguns anos, diante da necessidade de interpretação dos dispositivos da Nova Lei de Propriedade Industrial,[12] que tratam dos contratos de licenciamento de marcas e patentes e da transferência de tecnologia.

6.1. Histórico Recente da Legislação Brasileira em Termos de Tratamento dos Contratos de Licença de Marcas e Patentes e de Transferência de Tecnologia

Anteriormente à criação do atual INPI, pela Lei nº 5.648, de 11 de dezembro de 1970, e à promulgação do Código de 1971, os contratos de licença de marcas e patentes ficavam sujeitos a averbação por parte do DNPI – Departamento Nacional da Propriedade Industrial, e os contratos de transferência de tecnologia, ao registro por parte da Sumoc – Superintendência da Moeda e do Crédito, subseqüentemente substituída pelo Banco Central do Brasil.

Com a entrada em vigor do Código de 1971, o INPI herdou do Banco Central não só o dever, ou o ônus, de analisar os contratos de transferência de tecnologia, mas também o poder discricionário de outorgar ou denegar aprovação a esses contratos. Esse poder deriva claramente da lei que criou a autarquia, que, no texto original de seu art. 2º, estabelecia:

> Art. 2º – O Instituto tem por finalidade principal executar, no âmbito nacional, as normas que regulam a propriedade industrial, tendo em vista a sua função social, econômica, jurídica e técnica.
>
> Parágrafo único: Sem prejuízo de outras atribuições que lhe forem cometidas, o Instituto adotará, com vistas ao desenvolvimento econômico do País, medidas capazes de acelerar e regular a transferência de tecnologia e de estabelecer melhores condições de negociação e utilização de patentes, cabendo-lhe ainda pronunciar-se quanto à conveniência da assinatura, ratificação ou denúncia de convenções, tratados, convênios e acordos sobre propriedade industrial."

O poder do INPI exercia-se, por um lado, com base nas normas contidas no Código de 1971, que continha uma série de restrições relativas aos contratos de licença de marcas e patentes e, por outro lado, com base em uma política de proteção ao empresariado nacional contra abusos potenciais dos fornecedores de tecnologia externa, de desconfiança quanto às práticas das empresas multinacionais[13] e de controle e restrição à saída de pagamentos em moeda estrangeira.

A política implementada pelo INPI na década de 1970, com relação à aprovação e averbação destes contratos, refletia nitidamente a política geral do governo, no sentido de estimular a substituição de importações mediante a capacitação nacional e de controlar remessas de divisas ao exterior. Esta política geral do governo, aliás, não era unicamente brasileira. É interessante notar a simetria existente entre as práticas adotadas pelo Brasil nessa área e as políticas adotadas por outros países da América do Sul na mesma época, principalmente os países integrantes do Pacto Andino.[14]

De fato, o INPI, entre 1972 e 1975, passou a aplicar uma série de normas bastante restritivas a contratos de licenciamento de marcas e patentes e de transferência de tecnologia, que, por não serem escritas, traziam uma insegurança muito grande às partes contratantes, que nunca sabiam se seus contratos seriam aprovados ou se sofreriam exigências. Essas normas não escritas do INPI refletiam, até certo ponto, a política adotada pelos países componentes do Pacto Andino, e consubstanciada na Decisão 24 da Comissão do Acordo de Cartagena, adotada em 31 de dezembro de 1970.

Diante dessa insegurança gerada pela aplicação de normas não escritas, acabou o INPI por adotar, em 11 de setembro de 1975, o famoso Ato Normativo nº 15. Apesar de sua natureza autoritária e restritiva, o Ato Normativo nº 15/1975 tinha, pelo menos, a grande vantagem de estabelecer as regras do jogo. Regulava cinco tipos de contratos: licenças de marcas, licenças de patentes, contratos de fornecimento de tecnologia industrial, contratos de cooperação técnico-industrial e contratos de serviços técnicos.

Ao longo dos mais de 15 anos durante os quais o Ato Normativo nº 15/1975 vigorou, ocorreram inúmeras mudanças de circunstâncias, políticas, necessidades de aperfeiçoamentos e de esclarecimentos, que resultaram na emissão de vários Atos Normativos complementares, dos quais os mais importantes foram:

- Ato Normativo nº 32/1978 – que instituiu o sistema obrigatório de consultas prévias com relação a contratos de licenciamento e de transferência de tecnologia. De fato, apesar das normas relativamente claras do Ato Normativo nº 15/1975, muitas vezes os contratos, principalmente os elaborados no exterior, eram apresentados ao INPI contendo cláusulas não aceitáveis, o que provocava um considerável transtorno às partes, que eram obrigadas a emendá-los. O Ato Normativo nº 32/1978, passou a obrigar todas as partes interessadas em assinar contratos deste tipo e apresentá-los para revisão prévia por parte do INPI, dando assim maior segurança às partes contratuais.
- Ato Normativo nº 55/1981 – que definia em detalhe os tipos de serviços que podiam ser pagos ao exterior.
- Ato Normativo nº 56/1981 – que proibia pagamentos de *royalties* ou de taxas de assistência técnica em determinadas circunstâncias, na indústria de hotelaria.
- Ato Normativo nº 64/1983, que exigia das empresas que adquirissem tecnologia externa, que investissem certas quantias mínimas em pesquisa e desenvolvimento. Esse Ato Normativo tinha característica bastante discriminatória, no sentido de que subsidiárias de empresas estrangeiras, estabelecidas no Brasil, ao adquirirem tecnologia externa de outras fontes, eram obrigadas a receber de suas controladoras investimentos em capital estrangeiro, em quantia pelo menos igual aos gastos a serem efetuados com a aquisição de tecnologia.

- Ato Normativo nº 81/1986, que simplificava o processo de aprovação e averbação de licenças de marcas, desde que essas licenças obedecessem ao formato-padrão estabelecido pelo INPI.
- Ato Normativo nº 93/1988, que simplificava o processo de aprovação e averbação de contratos de transferência de tecnologia, quando a parte nacional tivesse apresentado Programa de Desenvolvimento Técnico-Industrial (PDTI) para fins de obtenção de incentivo fiscal.

Já a partir do fim da década de 1980, o INPI havia iniciado, mesmo informalmente, um processo de flexibilização das averbações desses contratos, como bem lembrado por Gabriel F. Leonardos.[15] Mais uma vez, nota-se a simetria com o que ocorria nos países vinculados ao Pacto Andino. A Decisão nº 24 do Acordo de Cartagena foi bastante flexibilizada com relação a contratos de transferência de tecnologia, a partir de 1987, por meio da Decisão nº 220.

No Brasil, a partir do início dos anos 90, com a mudança de governo, foi implementada alteração bastante radical na política nacional relativa ao comércio exterior e na atitude em relação a investimentos externos.

As listas de produtos de importação proibida foram reduzidas e, a partir do final de 1991, obstáculos em relação a investimentos estrangeiros foram sendo exterminados, mediante eliminação de imposto suplementar sobre remessas de lucro ao exterior, eliminação da proibição de remessas de *royalties* por licenciamento de marcas e patentes entre subsidiárias brasileiras e suas controladoras no exterior e outras medidas fiscais que tiveram por finalidade tornar o Brasil um país mais atraente para os capitais estrangeiros.

A concorrência com os produtos importados obrigou as empresas nacionais a procurar melhorar sua produtividade e sua competitividade, o que, evidentemente, passava também pela possibilidade de se adquirir tecnologia externa de forma mais favorável.

Diante dessa nova realidade, em 27 de fevereiro de 1991, o INPI emitiu a Resolução nº 22, que não só cancelava o Ato Normativo nº 15/1975, como também vários outros atos normativos relacionados a contratos de licenciamento e transferência de tecnologia, entre os quais todos os mencionados anteriormente. A Resolução nº 22 foi posteriormente regulamentada pela Instrução Normativa nº 1, de julho de 1991, e trouxe maior flexibilidade quanto a pagamentos – entre partes independentes – de *royalties* e taxas de assistência técnica, que deixaram de ficar estritamente limitados aos percentuais permitidos, para fins de dedutibilidade fiscal, pela antiga e defasada Portaria nº 436/1958.[16]

Igualmente importante, no rol das medidas de flexibilização adotadas pelo governo nessa época, é a Circular nº 2.022 do Banco Central, de 22 de julho de 1992, que passou a permitir aos bancos autorizados a operar em câmbio, que fizessem remessas ao exterior, em pagamentos de contratos de consultoria, sem qualquer aprovação prévia do INPI ou do Banco Central, desde que não incluíssem licenciamento de propriedade intelectual ou transferência de tecnologia.

Esta Circular do Banco Central, com suas alterações subseqüentes,[17] encontra-se em vigor e representa hoje um dos mais importantes instrumentos de flexibilização de remessas ao exterior em pagamento por serviços técnicos profissionais ou serviços de consultoria.

No âmbito do INPI, vários Atos Normativos foram emitidos, nos anos subseqüentes, visando a permitir ou facilitar a averbação de certos contratos de franquia (Ato Normativo nº 115, de 30 de setembro de 1993) e os contratos de rateio de custos de pesquisa e desenvolvimento (Ato Normativo nº 116, de 27 de outubro de 1993). A onda liberalizante do INPI culminou com a emissão do Ato Normativo nº 120, de 17 de dezembro de 1993, que claramente retirou do INPI aqueles poderes discricionários de que o mesmo se valia para interferir e exigir alterações em contratos de licenciamento e de transferência de tecnologia.

Atualmente, com a entrada em vigor, em 15 de maio de 1997, da nova Lei de Propriedade Industrial, o INPI acabou substituindo os três últimos Atos Normativos aqui mencionados pelos Atos Normativos seguintes: nº 135, de 15 de abril de 1997, que "normaliza a averbação e o registro de contratos de transferência de tecnologia e de franquia", e nº 136, que "dispõe sobre a instituição de formulários para averbação ou registro de contratos e faturas".

O Ato Normativo nº 135/1997, de redação simples e aparentemente liberal, traz em seu bojo um potencial de retorno ao passado intervencionista, uma vez que indica que o INPI procederá à averbação de contratos de licença e de transferência de tecnologia, na forma da Nova Lei de Propriedade Industrial, bem como de outras leis tais como a Lei de Capitais Estrangeiros,[18] a Lei de Software,[19] a Lei de Imposto de Renda,[20] a Lei Antitruste[21] e outras leis correlacionadas.

Um potencial problema trazido pelo Ato normativo nº 135/1997 é a ausência de qualquer menção à possibilidade de registro de contratos de rateio de custos de pesquisa e desenvolvimento (*cost-sharing*). Com o cancelamento do Ato Normativo nº 116/1993, criou-se uma dúvida quanto à viabilidade destes contratos continuarem a ser registrados pelo INPI e pelo banco Central.

A posição do INPI é a de que estes contratos classificam-se dentro da categoria geral de "transferência de tecnologia" e, portanto, continuam a ser registráveis. É interessante notar, entretanto, que, dependendo das circunstâncias, este tipo de contrato, se enquadrável dentro da categoria de "serviços profissionais" prestados no exterior, prescindiria de qualquer registro no Brasil, como indicado anteriormente.

7. O Papel do INPI na Averbação e Registro de Contratos, Após a Promulgação da Lei nº 9.279

A nova Lei de Propriedade Industrial tem, indubitavelmente, um caráter liberalizante. Veja-se, a respeito, a eliminação das restrições anteriormente existentes no Código de 1971 com relação a licenciamento de marcas e patentes.[22] Esta eliminação indica claramente que aquelas restrições, adotadas na década de 1970 como reflexo daquelas políticas de controle e de desconfiança em relação aos investidores estrangeiros, já não encontram ressonância na maioria do Congresso Nacional na década de 1990.

Além da eliminação das restrições a pagamentos de *royalties* pelo licenciamento de marcas e patentes, o legislador da nova Lei de Propriedade Industrial preocupou-se em expressamente limitar as funções do INPI, alterando o art. 2º da Lei nº 5.648 como segue:

> Art. 240. O artigo 2º da Lei nº 5.648, de 11 de dezembro de 1970, passa a ter a seguinte redação:
> Art. 2º. O INPI tem por finalidade principal executar, no âmbito nacional, as normas que regulam a propriedade industrial, tendo em vista a sua função social, econômica, jurídica e técnica, bem como pronunciar-se quanto à conveniência de assinatura, ratificação e denúncia de convenções, tratados, convênios e acordos sobre propriedade industrial.

Fica absolutamente claro, pois, que o legislador retirou do INPI exatamente aquelas funções a que nos referimos anteriormente, de "acelerar e regular a transferência de tecnologia e de estabelecer melhores condições de negociação e de utilização das patentes."

Entretanto, a posição do INPI é a de que não houve qualquer redução ou alteração nas funções do órgão quanto à averbação ou registro de contratos de licença e de transferência de tecnologia, tendo em vista que o INPI recebeu, por força de decreto-lei,[23] delegação de competência para "auxiliar a fiscalização dos tributos sob a administração do Ministério da Fazenda". Além disto, teria igualmente recebido delegação de competência do Banco Central, para auxiliá-lo no controle cambial relativo à saída de divisas em pagamento de *royalties* e de taxas de assistência técnica.

Por outro lado, a observância das normas da Lei Antitruste cabe a todos, inclusive ao INPI. Diante disto, entende o INPI continuar autorizado e, mais que isto, obrigado, por força legal, a controlar, além dos aspectos de propriedade intelectual, também os aspectos relativos à tributação, os aspectos cambiais e os aspectos anticoncorrenciais dos contratos de licenciamento e de transferência de tecnologia submetidos à sua apreciação.

Mesmo que se admitisse estar o INPI legalmente autorizado a tanto, pelas delegações de competência do Ministério da Fazenda e do Banco Central, algumas das atitudes tomadas pelo Instituto poderiam ser reavaliadas.

7.1. Pagamento de *Royalties* por Marcas Licenciadas, até 31 de Dezembro de 1991

Com a emissão, em 31 de dezembro de 1991, da Lei nº 8.383,[24] cancelou-se a proibição anteriormente existente para que subsidiárias brasileiras de empresas estrangeiras pagassem *royalties* a suas controladoras no exterior pelo licenciamento de marcas e patentes. Como condição dessa possibilidade, determina o art. 50 da lei em referência que (i) os respectivos contratos devem ser assinados posteriormente a 31 de dezembro de 1991 e que (ii) sejam eles averbados pelo INPI e registrados no Banco Central.[25]

O INPI toma a posição de que, se uma determinada marca vinha sendo licenciada gratuitamente antes de 31 de dezembro de 1991, mesmo que outro contrato, oneroso, seja assinado posteriormente a essa data, não serão permitidos os pagamentos de *royalties*.

7.2. Pagamento de *Royalties* por Licenciamento de Marcas, Quando o Licenciamento Faz Parte de Pacote de Contratos, que Contém Igualmente Transferência de Tecnologia e/ou Licenciamento de Patentes

O item II da Portaria nº 436/1958 estabelece que o limite máximo para pagamento dos *royalties* pelo licenciamento de marcas é de 1%, "quando o uso da marca ou nome não seja decorrente da utilização de patente, processo ou fórmula de fabricação".

Quando houver essa decorrência, no entendimento do próprio INPI, o pagamento pela licença de marca será igual a zero.

Ocorre, entretanto, que:

> Em não raros casos, o uso da marca é de tal importância que o licenciamento da mesma é o elemento principal da negociação, e que a transferência de tecnologia ou licenciamento de patente a serem cobertos pela marca passam a ser simplesmente acessório a esse elemento principal, inclusive para permitir que o titular da marca controle a qualidade dos produtos portadores desta marca. Nesse caso, admitir que não poderá haver pagamento pela marca simplesmente porque a licença faz parte de pacote que inclui transferência de tecnologia ou patente, não parece coerente. Além disto, existe uma limitação temporal quanto a contratos de transferência de tecnologia (cinco anos) e quanto à licença de patentes (limitada à vida da patente), que não se aplica, necessariamente, à licença das marcas.

De outro lado, o texto da Portaria nº 436/1958 decorre do art. 74 da Lei nº 3.470, de 29 de novembro de 1958, que não traz qualquer menção à proibição de dedutibilidade quando o uso da marca for decorrente de utilização de patente, processo ou fórmula de fabricação.[26] Considerando que uma portaria não pode ter disposições legais que ultrapassem o sentido estrito da lei que lhe dá suporte, parece certo que a redação do item II da Portaria nº 436/1958, posto que não suficientemente clara, significa simplesmente que os limites máximos contidos na Portaria aplicam-se à totalidade dos pagamentos, mesmo quando tais pagamentos originam-se de diversos contratos.

Mais uma vez, peca a Portaria nº 436/1958 quanto à escala de valores nela contida. Não só a graduação dos produtos considerados essenciais, e merecedores de dedutibilidade máxima, já não correspondem aos produtos e/ou serviços hoje considerados essenciais, mas também a norma revela, pela redação desse item II, que, quando há um pacote de contratos, o pagamento principal deve ser pela patente ou processo ou fórmula de fabricação, não reconhecendo o redator da Portaria o enorme valor das marcas, que, em muitos casos, supera o valor da tecnologia usada na fabricação dos produtos ou prestação dos serviços correspondentes.

O INPI deveria interpretar esse item da Portaria nº 436/1958 estritamente. Percebe-se, pelos exemplos expostos anteriormente, o tratamento discricionário que o INPI confere ao exame dos contratos submetidos a registro e/ou averbação.

8. Características dos Contratos de Transferência de Tecnologia

O contrato para aquisição de conhecimentos tecnológicos tem por finalidade específica a aquisição de técnicas não protegidas pelo regime de patentes[27] que servirão para a produção de bens de consumo.

Este tipo de contrato deve compreender o fornecimento de dados técnicos de engenharia do processo ou do produto, inclusive a metodologia do desenvolvimento tecnológico utilizada para sua obtenção, além de todas as informações necessárias à atualização do processo ou do produto.

Pode incluir ainda assistência técnica a cargo de técnicos do fornecedor e formação de pessoal técnico especializado do adquirente. Entretanto, as disposições de assistência técnica podem ser reguladas por instrumento separado, caso não haja necessidade de sua efetiva prestação quando da celebração do contrato de transferência de tecnologia.

O contrato deverá detalhar o conjunto de dados e informações técnicas relativas à tecnologia a ser transferida, bem como identificar os produtos e o setor industrial em que será aplicada a tecnologia.

Deve também estabelecer o fornecimento de dados e informações técnicas complementares, ligadas especificamente à tecnologia transferida e fixar a responsabilidade pelo pagamento do Imposto de Renda.

As formas e os prazos de pagamento serão de acordo com a negociação contratual, devendo ser levados em conta os níveis de preços praticados nacional e internacionalmente em contratações similares, excetuando-se os contratos de Prestação de Serviços de Assistência Técnica e Científica, cujo valor é usualmente calculado a partir dos salários dos técnicos contratados. No caso de empresa com vínculo majoritário de capital, além dos níveis de mercado, devem ser respeitados os limites estabelecidos na Portaria MF nº 436/1958, conforme art. 50 da Lei nº 8.383/1991.

O valor da remuneração será apurado com base em percentagem ou em valor fixo por unidade de produto, em qualquer dos casos incidente ou correlacionado com a receita líquida das vendas[28] do produto fabricado a partir da tecnologia recebida. Quando for necessário, poderá ser estabelecido um valor fixo para o envio da documentação técnica inicialmente fornecida, que representará um adiantamento da remuneração devida.

Com relação ao prazo contratual, contratos de transferência de tecnologia em geral são averbados por um prazo máximo de anos, excetuando-se os que incluam em seu objeto marcas e patentes. As licenças de patentes ou marcas são averbáveis pelo prazo de validade desses privilégios.

Cinco anos é o período que o INPI entende como razoável para aquisição dos conhecimentos necessários à aplicação da tecnologia recebida no processo produtivo de determinado produto pela parte receptora. Este prazo pode ser renovado por mais cinco anos, apenas uma vez.

9. Conclusão

Ante o exposto podemos visualizar os esforços que vêm sendo realizados pelo governo brasileiro no sentido de modernizar a legislação referente às transferências de tecnologia. A mudança de posicionamento do governo brasileiro é resultado de uma nova perspectiva que não considera mais o fornecedor da tecnologia como o vilão da relação contratual.

Apesar da regulamentação da transferência de tecnologia estar longe de ter atingido uma posição clara e justa, esforços estão sendo realizados neste sentido. O INPI vem atualizando-se e o Brasil centra seus esforços na modernização da legislação de propriedade intelectual. Atualmente o país ocupa uma posição de vanguarda e liderança no cenário internacional, sugerindo a alteração do atual mecanismo de proteção a propriedade intelectual por um mecanismo que privilegie o acesso ao conhecimento sem deixar de lado a proteção à obra criativa.

Aos poucos o Brasil vem se conscientizando de que a tecnologia é uma poderosa arma no desenvolvimento das nações e que o detentor da tecnologia não precisa ser o inimigo temido.

Notas:

1. J. G. Castel, A. L. C. de Mestral e W. C. Graham, *The Canadian Law and Practice of International Trade with Particular Emphasis on the export and Import of Goods and Services*, Toronto: Emond Montgomery, 1997, p. 189.
2. OMPI - Organização Mundial da Propriedade Intelectual
3. GATT - General Agreement on Tariffs and Trade (Acordo Geral de Tarifas e Comércio)
4. TRIPS - Agreement on Trade Related Aspects of Intelectual Property Rights
5. OMC - Organização Mundial do Comércio
6. Convenção de Berna, Convenção de Paris, Tratado de Cooperação em Matéria de Patentes
7. O art. 31 do TRIPS prevê que "Where the law of a Member allows for other use XREF(7) of the subject matter of a patent without the authorization of the right holder, including use by the government or third parties authorized by the government, the following provisions shall be respected: (...)
8. INPI - Instituto Nacional da Propriedade Industrial.
9. Encyclopaedia Britannica online (www.britannica.com).
10. J. G. Castel, A. L. C. de Mestral and W. C. Graham
11. Nota 1 *supra*, p. 189.
12. Lei nº 9.279, de 14 de maio de 1996.
13. Tal desconfiança é justificada, em alguns casos, por abusos cometidos no passado em relação a remessas de *royalties*.

14. O Pacto Andino foi criado pelo Acordo de Cartagena, datado de 1969. Seus membros originais foram o equador, o Peru, a Colômbia, a Bolívia e o Chile. A Venezuela, que originalmente participava somente como observadora, ingressou oficialmente no Pacto em 1º de janeiro de 1974. O Chile retirou-se do Pacto em 1976 e o Peru em 1992, permanecendo o Peru como membro observador.
15. *Tributação da Transferência de Tecnologia*, Rio de Janeiro: Forense, 1997.
16. A Portaria nº 436/1958 ainda está em vigor para fins de (i) dedutibilidade fiscal dos pagamentos feitos a título de *royalties* e taxas de assistência técnica e de (ii) limites de remessas ao exterior entre subsidiárias brasileiras e suas controladas no exterior.
17. Atualmente, a possibilidade de remessas ao exterior em pagamento por serviços técnicos profissionais ou de consultoria sem aprovação prévia do INPI ou do Banco Central encontra-se consubstanciada na Circular nº 2.685 do Banco Central, de 16 de maio de 1996.
18. Lei nº 4.131, de 3 de setembro de 1962.
19. Lei nº 7.646, de 18 de dezembro de 1987.
20. Lei nº 8.383, de 31 de dezembro de 1991.
21. Lei nº 8.884, de 11 de junho de 1994.
22. Com relação ao licenciamento de patentes, o Código de 1971 determinava, no art. 29, § 2º, que: "§ 2º A concessão não poderá impor restrições à comercialização e à exportação do produto de que trata a licença, bem como à importação de insumos necessários à sua fabricação."
23. Decreto-Lei nº 1.718, de 27 de novembro de 1979.
24. Art. 50, parágrafo único.
25. Esta disposição não surtiu efeitos práticos até a entrada em vigor da nova Lei de Propriedade Industrial, tendo em vista as restrições contidas no Código de 71 ao pagamento de *royalties*, que faziam com que esses pagamentos fossem uma exceção. Com a revogação destas restrições, a partir da entrada em vigor da nova lei, a Lei nº 8.383 passou a adquirir substancial importância.
26. "Lei nº 3.470, de 29/11/1958. - Art. 74 - Para os fins de determinação do lucro real das pessoas jurídicas como o define a legislação do imposto de renda, somente poderão ser deduzidas do lucro bruto a soma das quantias devidas a título de royalties, pela exploração de marcas de indústria e de comércio e patentes de invenção, por assistência técnica, científica, administrativa ou semelhantes até o limite máximo de 5% (cinco por cento) da receita bruta do produto fabricado ou vendido.
Parágrafo 1º - Serão estabelecidos e revistos periodicamente, mediante ato do Ministro da Fazenda, os coeficientes percentuais admitidos para as deduções de que trata esse artigo, considerados os tipos de produção ou atividades, reunidos em grupos, segundo o grau de essencialidade.
Parágrafo 2º - Poderão ser também deduzidas do lucro real, observadas as disposições deste artigo e do parágrafo anterior, as quotas destinadas à amortização do valor das patentes de invenção adquiridas e incorporadas ao ativo da pessoa jurídica.
Parágrafo 3º - A comprovação das despesas a que se refere este artigo será feita mediante contrato de cessão ou licença de uso da marca ou invento privilegiado, regularmente registrado no país, de acordo com as prescrições do Código de Propriedade Industrial (Decreto-Lei nº 7.903, de 27 de agosto de 1945), ou de assistência técnica, científica, administrativa ou semelhante, desde que efetivamente prestados tais serviços.
27. Lei nº 9.279/96 - Art. 8º. É patenteável a invenção que atenda aos requisitos de novidade, atividade inventiva e aplicação industrial.
28. Para o cálculo da remuneração, é considerado preço líquido o valor do faturamento, baseado nas vendas efetivas deduzindo-se os impostos, taxas, insumos e componentes importados necessários para a aplicação da tecnologia.

5 O IMPACTO DAS NOVAS TECNOLOGIAS NA REGULAMENTAÇÃO E GOVERNANÇA DO COMÉRCIO MULTILATERAL*

THOMAS COTTIER**

"Nós não podemos nem devemos colocar os gênios de volta nas garrafas. Mas nós devemos dedicar muito mais de nossa atenção às implicações de políticas públicas resultantes da integração e do desenvolvimento tecnológico mundial."

F. M. ABBOT, 1995

1. Introdução

Os últimos cinqüenta anos testemunharam mudanças dramáticas no desenvolvimento do direito internacional e das relações internacionais. O processo de descolonização elevou o número de agentes estatais, porém, com o tempo, veio afirmar noções clássicas de soberania na nova era da cooperação internacional. O advento dos direitos humanos, como tema de grande preocupação no âmbito internacional, redefiniu novos valores e mecanismos de intervenção naqueles contextos anteriormente considerados nacionais e baseados nas exceções relacionadas a direitos de uma minoria. Ainda assim, se tivéssemos de escolher uma única e mais influente variável no direito internacional, em particular no que tange à regulação das atividades econômicas desde a Segunda Guerra Mundial, visualizaríamos justamente o progresso da ciência e tecnologia. Tal avanço deu forma tanto ao conteúdo de normas e modelos como também às fontes tradicionais

* Traduzido e adaptado por Fabrício Polido.

** Professor de Direito Europeu e Internacional Econômico da Faculdade de Direito da Universidade de Berna, na Suíça. Diretor do World Trade Institute.

do direito internacional, muito mais do que contribuíram outros fatores, tais como a multiplicação de atores estatais e não-estatais e as mudanças valorativas que afetaram o comportamento e ações humanas nas relações internacionais.[1]

No direito internacional consuetudinário, a evolução da doutrina da plataforma continental, no domínio do direito do mar,[2] nos idos das décadas de 50 e 60 do século passado, bem como a doutrina relativa à zona econômica exclusiva,[3] alguns anos mais tarde, estão entre os mais expressivos e recentes exemplos dos efeitos das tecnologias sobre a estrutura do direito internacional. Assim como ocorria no passado, com o advento da artilharia estabelecendo a profundidade dos mares territoriais (*e.g.* a regra da "bala de canhão"), foi justamente a tecnologia que fez surgirem novas exigências e, talvez, novos direitos de soberania sobre os recursos naturais. Sem as novas tecnologias para explorar os recursos de gás e petróleo na plataforma continental, tal desenvolvimento não teria acontecido. Sem o advento das atividades de pesca em escala industrial e tecnologias de congelamento, não haveria nenhuma necessidade de reivindicar a proteção das zonas econômicas exclusivas.

No campo específico da regulamentação do comércio multilateral a partir dos tratados e convenções internacionais, uma observação comparativa pode ser feita: quando o Acordo Geral sobre Tarifas e Comércio, o GATT, foi arquitetado em 1947, havia relativamente poucas regras regulando diretamente a tecnologia ou tecnologias específicas. Desde a Revolução Industrial, no entanto, surgiram tecnologias que permitiram a produção de inúmeros bens. Um olhar para as tendências tarifárias estabelecidas demonstra a imensa variedade de produtos que a tecnologia se encarregou de fabricar. Igualmente, ela permite considerar relativamente menos custoso o transporte de bens e serviços e explica a razão do crescimento, sem precedentes, do comércio internacional desde o fim da Segunda Guerra Mundial. Enquanto a produção mundial quintuplicou, o volume de negócios no comércio multilateral cresceu 14 vezes no mesmo período.[4] Por muito tempo, simplesmente não pareceu necessário regulamentar tecnologias específicas, ou determinados problemas que lhes são relacionados no âmbito do GATT.[5] Progressos técnicos sofisticados, mais uma vez, mudariam a percepção do Acordo na década de 1970. Primeiramente, tornou-se necessário adotar normas multilaterais sobre barreiras técnicas durante as negociações do Acordo na Rodada Tóquio.

Essas normas estavam diretamente relacionadas às exigências tecnológicas para garantir segurança, ao mesmo tempo em que serviam para evitar barreiras protecionistas à importação de produtos similares e concorrentes.[6] Além disso, a produção da indústria de aviação tornou-se o primeiro setor de alta tecnologia a ser diretamente disciplinado em um tratado multilateral em separado.[7] Em segundo lugar, uma nova geração de normas orientadas pela tecnologia, brevemente discutidas, nasceu no período de negociações da Rodada Uruguai. Em terceiro, a necessidade de regras efetivas sobre proteção ambiental surgiu, em grande medida, como resposta ao uso de tecnologias tradicionais, e muitas vezes prejudiciais, criadas e aplicadas antes daquelas que seriam concebidas como tais na era do desenvolvimento sustentável.[8] Essa necessidade contribuiria para formular futuras agendas nas negociações comerciais no âmbito da Organização Mundial do Comércio.[9]

O presente artigo pretende explorar alguns dos fatores que constatam a influência das novas tecnologias na recente regulamentação do comércio internacional, em especial durante a Rodada Uruguai. Ele sugere que tanto no campo da propriedade intelectual como no de serviços, as novas tecnologias foram as forças propulsoras de criação de novos direitos e da busca de novos acessos aos mercados. O artigo, no entanto, não está apenas interessado no conteúdo das normas, mas também nos problemas presentes e futuros decorrentes para tais regras das justificativas, e quais os efeitos das novas tecnologias sobre aquilo que poderíamos chamar de "governança" ou "governança multilateral" na regulamentação do comércio internacional.[10] Eu sustento que as novas tecnologias são importantes tanto para o substrato das decisões como para a estrutura do processo decisório.

2. Tecnologia e Gênese dos Acordos TRIPS e GATS

Observando-se a gênese dos dois novos pilares da Organização Mundial do Comércio, o Acordo sobre Aspectos dos Direitos de Propriedade Intelectual Relacionados ao Comércio ("TRIPS")[11] e o Acordo Geral sobre Comércio e Serviços (GATS),[12] as novas tecnologias passaram a desempenhar um papel essencial em ambos os Acordos. Enquanto isso era aparente no campo da propriedade intelectual, restava pouco evidente no caso dos serviços.

2.1. Acordo TRIPS

A importância dos direitos de propriedade intelectual no comércio internacional tem sido há muito tempo reconhecida. Com efeito, no século XIX, as Convenções de Paris de 1883 e de Berna de 1886[13] significaram as primeiras tentativas de alcançar *standards* de proteção dos direitos multilateralmente aceitos pelos Estados, bem antes de o GATT ter entrado em vigor no plano internacional, o que ocorreu apenas em 1947. Curiosamente, no entanto, tais regras nunca se desenvolveram no domínio do direito internacional consuetudinário. Uma comparação dos *standards* e regras sobre a proteção dos investimentos, da propriedade imobiliária no estrangeiro e da propriedade intelectual, revela a completa ausência da última no campo do costume internacional. Nenhuma norma foi originada nesse contexto em relação à compensação pela expropriação de bens protegidos pela propriedade intelectual ou relativo à proteção dos segredos empresariais nas últimas décadas.[14] É interessante e um tanto surpreendente observar que o direito internacional consuetudinário ainda é silente nesse domínio e não oferece, por exemplo, nenhuma diretiva para a solução de controvérsias relacionadas a direitos de propriedade intelectual, investimentos e comércio entre Estados-membros e não Membros da Organização Mundial do Comércio.

Parece ser um problema de especulação se isso foi ou não uma omissão pela ignorância ou se por tanto tempo não houve necessidade de se buscar proteção para os direitos de PI no direito internacional consuetudinário. A história das tentativas de revisão da Convenção de Paris, no entanto, sugere que tais problemas seriam bem conhecidos, mas que as estratégias dos Estados estariam concentradas exclusivamente no direito internacional convencional. Mesmo assim, tais estratégias encararam a oposição permanente dos países em desenvolvimento à época em que se buscava estabelecer a Nova Ordem Econômica Internacional, nas décadas de 1970 e 1980,[15] antes da mudança das atitudes anteriormente hostis à proteção dos Direitos de Propriedade Intelectual, observadas durante a Rodada Uruguai.[16] Essa mudança foi induzida por vários fatores – ambos relacionados e não relacionados aos direitos de propriedade intelectual –, mas seria justo afirmar que as novas tecnologias e os interesses para dividir e delas participar foram as forças motrizes para que os países em desenvolvimento passassem, ativamente, a negociar os dispositivos do Acordo TRIPS.[17] De modo significativo, as antigas políticas de formulação de normas internacionais para proteção de determinados bens não promoveram a transferência de tecnologia e estímulos a economias domésticas, como esperavam muitos dos países.

Da perspectiva dos países industrializados, tornou-se premente a necessidade de estabelecer *standards* de proteção dos direitos de PI que fossem efetivos e sujeitos à observância pelos Estados-membros da OMC. Primeiramente, com a crescente integração dos países desenvolvidos e em desenvolvimento no cenário mundial, não foi mais possível, do ponto de vista financeiro, rejeitar, nos mercados, a proteção que os direitos de propriedade intelectual gozavam nos países da Europa Ocidental e América do Norte, em suas tradições e modelos. Se é verdade que a primeira motivação para o início das negociações do TRIPS esteve assentada na ausência de proteção adequada nos países em desenvolvimento e menor desenvolvimento relativo, seria errôneo também partir do pressuposto de que tais resultados eram limitados às relações Norte-Sul. Muito pelo contrário. No decorrer das negociações, foram surgindo mais e mais problemas entre países industrializados e tornou-se muito dificultoso superá-los nesse período.

A necessidade de se promover a proteção dos direitos de PI residiria menos no crescente fluxo de comércio internacional e mais na natureza e qualidade dos novos bens tecnológicos. Comparando-se com a situação existente ainda quando o GATT era negociado, a quantidade de insumos e componentes intelectuais e componentes submetidos aos direitos de propriedade intelectual cresceu significativamente. Nos Estados Unidos, por exemplo, estima-se que mais do que 77% das exportações contenham produtos protegidos por direitos de propriedade intelectual, enquanto o índice era menor que 10% à época em que o GATT era negociado.[18] O valor dos bens protegidos por direitos de PI, objeto de exportação, aumentou de US$ 7,5 bilhões para US$20 bilhões em 1992.[19] Talvez ainda mais importante seja o fato de que novas tecnologias, ao exigirem investimentos mais elevados em pesquisa e desenvolvimento, possam ser reproduzidas e copiadas de modo relativamente fácil – graças, mais uma vez, a novas tecnologias. Formulações químicas e farmacêutica, discos compactos, circuitos integrados e softwares imediatamente vêm à mente. Estima-se que, em 1986, houve um prejuízo de US$ 50 bilhões nos Estados Unidos devido a uma inadequada proteção dos direitos de propriedade intelectual no estrangeiro.[20]

Muito do esforço para melhorar a proteção dos direitos de PI, nas negociações do TRIPS, buscava justamente evitar tais perdas por meio da criação de *standards* substantivos e normas de procedimento que assegurassem a efetiva observância dos direitos nos ordenamentos jurídicos nacionais. A partir da implementação das normas, acreditava-se que a propriedade intelectual seria não apenas mais bem protegida, mas também que o Acordo TRIPS seria capaz de proporcionar o avanço de novas tecnologias e estimular o uso das mesmas nos países. Isso tem importância particular para a promoção das tecnologias para o desenvolvimento sustentável em países industrializados e em desenvolvimento na mesma medida.

Novas tecnologias também induzem mudanças qualitativas no regime dos direitos de propriedade intelectual. O TRIPS não significou meramente uma questão de transposição das normas domésticas existentes ou aquelas oriundas de outras convenções no sistema GATT/OMC. Houve necessidade de os Estados criarem novas regras para a proteção da propriedade intelectual. Em muitas áreas, as novas tecnologias desafiam modelos e tornam necessária sua interface com diferentes tradições jurídicas. No campo dos direitos de autor, por exemplo, novas tecnologias e estruturas modificaram o sistema de proteção continental europeu (*droit d'auteur*) que sempre esteve, tradicionalmente, muito mais centrado no indivíduo do que nas demandas empresariais. Elas operaram a transição, em grande medida, da ênfase sobre a proteção dos autores individuais e suas obras para uma regulamentação global da atividade industrial relacionada às criações. A transição para, e a interface com o sistema de proteção de direitos de autor de tradição jurídica anglo-americana permanece ainda hoje como o maior desafio.

As transformações jurídicas ocorridas a partir da adoção do TRIPS são de grande importância para o sistema do comércio internacional. Elas podem indicar – após considerarmos que políticas de intervenção, propriedade estatal e expropriação se tornaram problemas do passado – que a proteção da propriedade intelectual foi aos poucos removendo a proteção tradicional, baseada em regras costumeiras, dos investimentos e propriedade imobiliária, já que a garantia principal seria assegurar a atração do investimento estrangeiro e comércio. Em grande medida essa mudança é causada pela natureza onipresente da propriedade intelectual (i.e presente em diversos lugares simultaneamente), das novas tecnologias e sua importância num mercado mundial altamente competitivo.

2.2. O Acordo Geral sobre Comércio e Serviços

O impacto das novas tecnologias na formação do GATS é menos óbvia, mas foi, sem dúvida, uma de suas forças propulsoras.[21] O advento dos modernos instrumentos de comunicação eletrônica e satélite reduziu substancialmente os custos de transporte da informação e permitiu a criação de mercados mundiais. Eles proporcionaram ainda o controle de negócios no exterior muito mais do que seria possível no passado, quando uma viagem de avião tornava o mundo um lugar de distância reduzida. Sem tais tecnologias, a capacidade de oferta de serviços em escala internacional e, portanto, o impulso para liberalização do acesso aos mercados para uma indústria de serviços cada vez mais crescente, teria dificilmente ganhado importância.[22]

Enquanto o GATS compreende todos os serviços, foi justamente a indústria, ao empregar modernas tecnologias, que esteve na dianteira da busca de um acordo quadro para a liberalização do acesso aos mercados no longo prazo. Não coincidentemente, tal liberalização, baseada nos recursos humanos, tais como o trabalho, chocou-se com a oposição de países industrializados relutantes em promoverem a abertura de seus mercados para fontes de trabalho de países de baixa renda.[23]

3. Os Desafios Regulatórios Sobre as Novas Tecnologias

Enquanto as novas tecnologias contribuíram consideravelmente para o alargamento do comércio multilateral baseado no sistema GATT/OMC, os desafios regulatórios causados por tais novas tecnologias estão longe de serem transpostos.

3.1. Engenharia Genética (Biotecnologia)

Admite-se geralmente que a engenharia genética e a moderna biotecnologia sejam parte de um grupo das chamadas tecnologias-chaves.[24] Liderança científica e tecnológica na área da biologia, nutrição, agricultura e ciência médica dependeram amplamente desse conceito em especial.[25] Como tais tecnologias afetam o sistema do comércio internacional e a regulamentação multilateral do comércio? Em grande medida, normas existentes e experiências serão aplicáveis a esses campos como não seriam em outras áreas (tais como princípios gerais do direito do comércio internacional, regras sobre barreiras técnicas ao comércio e medidas fitossanitárias). O mesmo parece válido para métodos de rotulagem e classificação de produtos. A biotecnologia, no entanto, levanta uma série de novas e complicadas questões ainda não resolvidas: biossegurança, direitos de propriedade intelectual e direitos proprietários sobre recursos genéticos não modificados.

O lançamento de plantas, microorganismos e animais geneticamente modificados exige padrões de segurança para melhor proteger o público de danos potenciais à saúde.

Igualmente, além da dimensão científica, o problema tem importantes vertentes psicológicas e éticas. Não existe nenhum *standard* internacionalmente admitido além de um princípio geral de precaução sobre riscos,[26] quer dentro ou fora da Organização Mundial do Comércio. As regulamentações domésticas estão apoiadas em recomendações de autoridades governamentais e/ou organizações internacionais, em particular a OCDE.[27]

Embora haja obrigações de negociação e obtenção de padrões comuns, em particular a Convenção sobre a Biodiversidade,[28] esforços para alcançar tais *standards* são estendidos no tempo. É provável que países, como Estados Unidos e outros, que pretendem se manter relativamente abertos e oferecer condições favoráveis para atrair investimentos e atividades de pesquisa, gozem de uma boa margem comparativa em relação à Europa, em que o público geralmente é mais cético, quando não hostil à biotecnologia. A harmonização da opinião internacional é prejudicada pela força concorrente de ambos os públicos. Políticas e ações governamentais em matéria de biossegurança, portanto, além de regras mínimas expressadas pelo princípio da precaução e oriundas do Direito Internacional consuetudinário (como os padrões de arbitragem da Trail Smelter),[29] podem permanecer uma questão de legislação nacional ou regional.

Outro é o cenário relativo ao patenteamento de invenções biotecnológicas. Diferentes normas nacionais sobre proteção patentária criam distorções no comércio. Uma proibição sobre o patenteamento de determinada invenção pode ter o efeito paradoxal de permitir que outras invenções desenvolvidas no exterior sejam utilizadas não apenas para fins de pesquisa, mas também como base para a comercialização de um produto dela derivado.

O art. 27 do TRIPS/OMC barra a comercialização de produtos em qualquer país no qual a concessão da patente tenha sido negada. Essa é uma inovação ainda ignorada, que não existe no contexto da regulamentação doméstica e regional dos direitos de propriedade intelectual. Mesmo com essa proibição é evidente que as indústrias e governos estejam profundamente interessados em alcançar normas harmonizadas. Enquanto as regras autorizam um produtor estrangeiro a impedir a comercialização de produtos nacionais não protegidos por patentes, as mesmas normas também barram a importação e comercialização de produtos estrangeiros não patenteados. Obviamente, devem ser feitos esforços para evitar barreiras não tarifárias, caso sérias disputas comerciais sejam travadas no próximo século.

A questão do patenteamento das formas de vida permanecerá na agenda da Organização Mundial do Comércio. O Acordo TRIPS exige um procedimento de revisão sobre a questão até o ano 2000.[30] Em particular, os Estados-membros da OMC precisarão examinar os objetivos de proteção normativa da exceção geral que proíbe o patenteamento de plantas e animais (salvo microorganismos). Apesar de estabelecer obrigações sobre outras formas de proteção de obtenções vegetais, o Acordo prevê exceções que limitarão a proteção patentária e causarão problemas nos próximos anos para todas as questões envolvendo o comércio. Por outro lado, isso envolve problemas éticos. Na Suíça, por exemplo, que depende de condições favoráveis para pesquisa e desenvolvimento como sua principal diretriz na economia globalizada, existe uma iniciativa pendente que, *inter alia*, proibiria o patenteamento de organismos vivos fossem patenteados.[31] Na mesma linha, o Parlamento Europeu rejeitou a primeira Diretiva, em 1995, adotada pelo Conselho da UE, que teria expandido a patenteabilidade das formas de vida.[32]

Esses problemas não terão uma resposta fácil em escala global. Talvez seja a primeira vez em que uma regulação econômica é confrontada com sérios problemas éticos causados por novas tecnologias (tais como normas de segurança que foram estabelecidas na era nuclear); e enquanto haja pouca experiência no tratamento dessa dimensão de questões relacionadas às políticas e decisões governamentais no âmbito internacional. A questão surge em saber se o sistema do comércio teria condições de lidar com e resolver as questões a partir dos moldes tradicionais do processo decisório diplomático internacional.

Com relação aos países de menor desenvolvimento relativo, a questão da patenteabilidade de formas vivas dependeria de outro e igualmente difícil problema relacionado às novas tecnologias. Os direitos internacional e nacional da propriedade intelectual, criados em e para uma era tecnológica, fazem as vezes da inovação mediante aplicação de normas técnicas. Não existem títulos sobre recursos genéticos cultivados pelo tempo por meio do costume e experiência. Considerando o fato de que noventa por cento de todos os recursos genéticos de interesse potencial podem ser encontrados nos países em desenvolvimento e países de menor desenvolvimento relativo, é bem provável que os avanços no sistema de normas internacionais sobre a patenteabilidade de organismos vivos – necessários para a biotecnologia – somente possam ser alcançados após ter sido encontrado um equilíbrio entre os direitos proprietários sobre recursos existentes e direitos sobre recursos não modificados geneticamente. O modo pelo qual tais direitos (geralmente conhecidos como *farmers' rights*) podem ser introduzidos, e para quem devem ser alocados, constitui objeto de debate no âmbito da Organização das Nações Unidas para Agricultura e Alimentação (FAO),[33] além de serem incluídos no projeto da Declaração da ONU sobre Direitos dos Indígenas.[34]

Do ponto de vista conceitual, o problema é muito dificultoso e ainda aparece em seus estágios iniciais. Estamos tratando aqui da criação, por força das novas tecnologias, de conceitos inteiramente novos em relação aos direitos proprietários de caráter privado. Isso talvez seja um exemplo moderno de como as tecnologias contemporâneas afetam os fundamentos dos sistemas jurídicos tradicionais e do direito internacional atual, baseado em direitos individuais e proprietários.

Em minha opinião, seria necessário desenvolver tais privilégios de fazendeiros dentro da regulamentação do comércio multilaterial e relacioná-los à proteção tradicional da propriedade intelectual.[35] Primeiramente, por se tratar de uma questão de eqüidade e de justiça global nas relações entre Estados do hemisfério norte e sul. Segundo porque oferece uma base de cooperação na coleção e análise de recursos genéticos. Terceiro por ser realista do ponto de vista geralmente defendido no ambiente empresarial, especialmente porque o progresso sobre as formas de patenteamento de organismos vivos dificilmente teria êxito sem a regulamentação eficiente dos direitos de propriedade intelectual sobre recursos não modificados, a partir dos quais são obtidos benefícios bioteocnologicamente induzidos.

3.2. Novas tecnologias de comunicação

A comunicação tem sido essencial para o comércio internacional desde o advento das grandes navegações e das primeiras rotas comerciais na história da civilização ocidental. Os serviços postais, o telefone, o telégrafo e o fac-símile, além do transporte aéreo revolucionaram as formas de comunicação. Hoje, uma outra geração está surgindo: a comunicação assistida por meios informáticos. Multimídia e redes internacionais, tais como a internet e a rede mundial de computadores,[36] oferecem novas oportunidades para a comunicação interativa. É evidente que o controle de tais tecnologias seria igualmente decisivo, assim como a biotecnologia, para modelar a liderança econômica e a equação de poder entre as nações do globo.[37]

Ainda assim, não seriam claros seus impactos sobre o comércio internacional e os fluxos de comércio. Com efeito, enquanto disponíveis, tais tecnologias reduzem custos de transação, descentralizando informação e oportunidades de negócio; tornam a informação e a interação mundial factíveis e virtualmente instantâneas. É bem provável, ainda, que elas contribuam de modo considerável para o crescimento econômico e aumento do volume das operações econômicas. Igualmente, tendem a promover a cooperação e intercâmbios que não ocorreriam de outra maneira.

As formas de competição também serão expandidas para novos objetos. Particularmente no campo dos serviços, a internet possibilita que os vendedores alcancem os compradores em qualquer lugar do mundo, e, por sua vez, dá a estes a oportunidade nunca antes imaginada de comparar os preços dos produtos e de novas variedades de compra. Enquanto o mercado de bens tende a se tornar mais regionalizado, justamente pelos custos ambientais internalizados (e, portanto, mais elevados) relacionados aos transportes, o cenário mundial tornar-se-á um mercado para serviços invisíveis.

É provável ainda que a natureza jurídica de tais redes de comunicação seja algo absolutamente inédito. Elas parecem ser serviços comerciais nos termos dos dispositivos do GATS – são sistemas comerciais de titularidade privada, acessíveis a pagadores/assinantes/ usuários. Eles estão ainda indiretamente subsidiados por universidades ao redor do mundo, as quais pagam não apenas uma taxa de manutenção e custos variáveis, mas também oferecem parte da infra-estrutura. Igualmente, ainda hoje, não é muito claro quais seriam os impactos das novas tecnologias sobre a regulamentação do comércio internacional. Até o presente, não existem, virtualmente, restrições impostas a tais redes. Elas são disponíveis em escala mundial, quaisquer que sejam os meios técnicos. Não há necessidade de liberalização no sentido que emprega o Acordo GATS, mas sim, um problema de examinar quais políticas e decisões devem ser adotadas pelas autoridades governamentais nos países, tanto doméstica como internacionalmente. De fato, as redes mundiais levantam novas questões jurídicas ainda não resolvidas sobre direitos de autor, proteção de dados e privacidade e comportamento humano.[38]

Uma interessante questão para ser explorada pelos especialistas é saber quais tecnologias podem ainda ser, de modo expressivo, regulamentadas nos planos doméstico e internacional. Considerando-se sua operação ilimitada e mundial, seria necessário estabelecer padrões internacionalmente aceitos no âmbito do sistema internacional? Estariam essas normas dentro da sistemática das normas e princípios da Organização Mundial do Comércio ou em outros sistemas normativos? Talvez as novas tecnologias da comunicação exijam um novo tipo de abordagem regulatória. As fronteiras nacionais não mais existiriam e os instrumentos de regulamentação pelo Estado, tais como tributos e restrições quantitativas, seriam assim ausentes. Eles também poderiam ser negociados inteiramente pelo comércio transfronteiriço. Por outro lado, talvez as novas tecnologias não sejam realmente diferentes dos outros métodos de comunicação, tais como o telefone ou fax. Na verdade, diálogos podem também ocorrer instantaneamente, pelo telefone, e negócios por escrito podem ser celebrados internacionalmente por meio de aparelhos de fax. Será que a natureza transnacional das novas tecnologias pode tornar os sistemas de regulamentação similares aos de outras questões jurídicas transfronteiriças, tais como aquelas relacionadas ao direito internacional tributário, penal e ambiental, úteis para a formulação de respostas ao complexo sistema jurídico e questões práticas relacionadas às novas tecnologias?

Essas são questões para as quais nós ainda não temos resposta. No entanto, são importantes e merecem ser objeto de estudo em todos seus aspectos. Poderíamos bem imaginar, no entanto, que a tarefa não é aquela de liberalização de estruturas velhas e ultrapassadas (como as que aparecem nas tradicionais telecomunicações), mas antes, a formatação de políticas públicas em escala mundial. Isso teria de ocorrer sem que fosse retirado o tempo de experiência nacional em que tais questões foram apreciadas, em primeiro lugar, e exigiria abordagens inteiramente novas no contexto do sistema multilateral do comércio. Os desafios para o processo de produção das normas são óbvios nesse sentido.

3.3. Tecnologia e Força de Trabalho

Novas tecnologias sempre estiveram mescladas com as formas de manter a agitação social. O termo "*sabotage*" em francês foi criado para expressar os atos de protesto dos tecelões que jogavam seus sapatos de madeira (*sabots*) nas novas máquinas que reduziam dramaticamente as oportunidades de trabalho na França do fim do século XIX. A experiência do Unabomber[39] nos Estados Unidos é apenas uma outra - ainda que extrema - expressão dessa preocupação.

Hoje, novas ferramentas eletrônicas quase desencadeiam a mesma redução de oportunidades de trabalho humano nos escritórios e repartições públicas outrora constatada na indústria. Com os elevados custos trabalhistas e o acirramento da competição internacional, várias plataformas de negócios têm orientado seus investimentos para equipamentos de capital intensivo, modificando, assim, as oportunidades de trabalho daqueles mais treinados aos menos capacitados. Estamos falando de uma sociedade biestratificada que surge nos países industrializados. Qual é o impacto de tais evoluções no sistema de comércio multilateral? O conhecimento econômico e tradicional pode pleitear por se abster da resolução de tais questões, ou continuar a seguir, do ponto de vista econômico, os princípios da alocação eficiente dos bens, serviços, capitais e investimento. A questão, no entanto, é a seguinte: um sistema de comércio internacional, do qual participam as democracias e que é dependente de eleitores, proporcionaria uma negação dos custos sociais que seus muitos princípios ameaçam impor?

A legitimidade e aceitação de um sistema de comércio relativamente livre, no longo prazo, dependeriam de uma contraprova: será que ele oferece satisfação também para uma grande maioria, e não apenas para poucos? Não poderíamos nos esquecer que as grandes metas de emprego foram uma das maiores preocupações no contexto das negociações do Pós-Segunda Guerra sob os auspícios da Organização Internacional do Trabalho.[40] Esse objetivo permaneceu com o GATT[41] e manteve-se como o primeiro – talvez de maior pressão – objetivo da Organização Mundial do Comércio.[42] Questões, como os direitos trabalhistas, foram surgindo nas negociações comerciais por razões muito parecidas.[43] Ainda que elas possam nos oferecer uma resposta errada, a preocupação é verdadeira. O insucesso em direcionar a solução de questões fundamentais sobre o desgaste dos postos de trabalho resultará em protecionismo e eventualmente poderá minar o frágil sistema do comércio multilateral. Mais uma vez, é importante visualizar que as tecnologias apresentam novas questões que as abordagens tradicionais empregadas na regulamentação do comércio não conseguem equalizar.

4. O Impacto das Novas Tecnologias na Governança do Comércio Multilateral

4.1. A Troca de Poderes

Os desafios na regulamentação da biotecnologia, assim como de novas comunicações e questões trabalhistas, ainda não tão bem explorados, indicam que o problema deve ser, ao menos em parte, objeto de disciplinas específicas do direito internacional no âmbito multilateral. Em outras palavras, a tendência, testemunhada na Rodada Uruguai, de invasão dos domínios que formalmente pertenciam à legislação doméstica, continuará em ritmo considerável.[44] Formas de regulamentação nos sistema de apoio à agricultura nos países e *standards* de proteção dos direitos de propriedade intelectual tendem a permanecer intocados, seja em parte em razão das novas tecnologias, seja pelas futuras barreiras ao comércio, em sua maioria, constatadas nos países e regulamentadas pelo direito e prática domésticos.

A mudança de paradigmas rumo à produção normativa na esfera internacional, principalmente motivada pelo advento das novas tecnologias, levanta questões extremamente difíceis, não apenas em relação à adequação da matéria (como, p. ex., *standards* apropriados de patenteabilidade de organismos vivos). Ela também apresenta novos problemas sobre estruturas e procedimentos a partir dos quais as normas são criadas. Em todos os campos, nos quais os padrões internacionais de regulamentação se tornam necessários para dar sustentáculo a um sistema de comércio aberto, modelos constitucionais de produção normativa e de democracias representativas são diretamente questionados.

Quanto mais normas sobre comércio interpenetram em questões que, no passado eram nacionais, maior é a necessidade de se legitimar sua observância e aplicação de modo bem-sucedido. Trata-se de uma questão de tempo até que as discussões sobre os déficits democráticos e regras democráticas no contexto do sistema do comércio internacional venham à tona, tal como elas aparecem na União Européia,[45] ou aquelas que existirão no Nafta e em outros acordos de livre-comércio e que transpassam o domínio do ordenamento interno dos Estados.

Hoje, a influência dos parlamentos nacionais e dos processos democráticos domésticos estão desgastando os benefícios do processo de produção normativa pelas autoridades do Executivo, órgãos diplomáticos e especializados. Talvez isso não seja sentido na mesma medida nos Estados Unidos ou na União Européia, como o é em muitos outros pequenos países do globo. Atualmente, poucos Estados têm o privilégio de se tornar a parte dominante nos tratados e convenções. O cerne dessas posições é virtualmente limitado aos poderes hegemônicos que poderiam se dar ao luxo de rejeitar a adesão a acordos multilaterais do comércio e perseguir seus interesses a partir de outros atos unilaterais e bilaterais. Partindo-se de uma abordagem realista e baseada na força, as normas e os *standards* do comércio internacional podem assim ser percebidos como um instrumento de dominação por poucos, à custa da autodeterminação e governança democrática de muitos.

Não pensamos que esse estágio já tenha sido alcançado. Os resultados da Rodada Uruguai do GATT passaram nos sistemas domésticos, sem muitos percalços, pelo processo de barganhas sobre a compensação de interesses. Isso ocorreu até mesmo na Suíça, onde tal processo foi objeto de um direito a referendo não obrigatório, e que não se concretizou. Devido à oposição dos ambientalistas e produtores agrícolas o número necessário de assinaturas para a convocação da consulta pública não foi alcançado.[46] Todavia, o impacto das novas tecnologias e, possivelmente, uma necessidade de regulamentação das relações domésticas podem alterar a legitimidade global e a aceitação das normas da Organização Mundial do Comércio no futuro. No longo prazo, isso pode resultar em uma menor legitimidade. Ninguém que esteja ocupado com temas do sistema de comércio estável e orientado por esquemas normativos teria interesse em ver o fracasso da autoridade e legitimidade da estrutura regulatória do comércio internacional.

Por essas razões, é essencial atentar para as justificativas de tais normas. A estrutura do processo decisório torna-se tão importante quanto a materialidade e qualidade das normas. A última, é claro, mantém-se de grande importância. As normas ruins destroem um sistema, mesmo que produzidas a partir de estruturas perfeitas. No entanto, regras satisfatórias, formalmente aprovadas, mas promulgadas por mecanismos insuficientes, correm o risco de perder a legitimidade e o suporte adequados para implementação.

Atualmente, a principal máxima do fortalecimento das normas do comércio internacional está centrada no conteúdo, na substância. A constitucionalização de tais normas talvez se justifique em uma proeminente escola de pensamento, justamente montada para tal propósito. A definição de acesso a mercados, em termos de direitos individuais, imune de restrições arbitrárias e discricionárias, e submetida a controle judicial por tribunais nacionais e internacionais, é uma importante estratégia, particularmente analisada por Ernst-Ulrich Petersmann.[47] De fato, a experiência dentro do contexto regional e supranacional da União Européia (e muito diferentemente das relações externas da Comunidade) mostra, de modo concreto, que a realização dos objetivos do mercado comum depende, em muito, de direitos individuais dotados de plena aplicabilidade e proteção. O mesmo é valido para os contextos domésticos e isso não é diferente no que concerne à esfera internacional.

Ainda assim, como aparece no contexto da União Européia e, com efeito, em qualquer Estado-nação, seja ele de estrutura central ou federalista, o advento das novas tecnologias nos lembra que a doutrina constitucional deve prestar igual atenção às estruturas a partir das quais direitos são estabelecidos e modelos regulatórios são esboçados. Devemos encontrar formas estruturais e materiais de conciliação ou emparelhamento da regulação do comércio internacional, da mesma forma que isso se encontre no cerne do direito constitucional doméstico.[48] Em outras palavras, devemos alcançar formas adequadas de governança multilateral.[49] Elas devem ser aptas a lidar com questões cada vez mais complexas, tais como aquelas anteriormente discutidas. O tratamento de tais questões será, por sua vez, algo inédito e não mais mera extensão ou superação das normas nacionais. Assim também, tal regulamentação deve ser legítima para que possa funcionar adequadamente.

No contexto do sistema do comércio internacional assentado sob a estrutura e normas da Organização Mundial do Comércio surge, então, a questão de saber quais seriam as formas de processo decisório tradicional – atualmente desenhado pelas normas e comitês da diplomacia envolvida nas negociações comerciais – mais aptas à manutenção da legitimidade *vis-a-vis* as normas de comércio que cada vez mais penetram no domínio da legislação dos Estados.

Poderia ser a tradição da diplomacia, sozinha, com todas as habilidades e avanços no discurso e consenso internacionais apta a justificar a legitimidade democrática das futuras normas? Seria concretizável o princípio da representação pelas negociações levadas a cabo pelos governos eleitos e complementadas a partir da aprovação dos resultados pela representação democrática? Ou haveria o risco de que a mudança no real poder desestruturaria tais normas, levando à não-observância, em momentos críticos, da primazia do direito internacional e do princípio basilar do *pacta sunt servanda*, muito em detrimento do sistema internacional? Tais questões não podem ser respondidas de forma conclusiva no presente estágio de desenvolvimento da regulamentação das novas tecnologias. No entanto, o cuidado com o problema recomenda certa dose de ceticismo e a busca por novas alternativas.

Em escala mundial, ainda estamos no começo de um processo de elaboração do esquema de uma boa governança para a regulamentação multilateral das complexas questões envolvendo comércio e tecnologia. O modelo do Pós-Segunda Guerra, assentado nas bases da Organização das Nações Unidas, não confere poderes regulatórios suficientes e não serve totalmente de modelo para solucionar os desafios tecnológicos e problemas da globalização. Por outro lado, o processo de integração européia, tal como se move rumo a uma confederação de Estados, vai além, muitas vezes, daquilo que pode e talvez deva ser alcançado no âmbito internacional.

Novas abordagens são necessárias nesse contexto. John Jackson[50] estabelece uma estrutura de análise para um "edifício constitucional" que vai além de um apelo pela observância de normas jurídicas e das premissas do Estado de Direito. Baseada nos resultados alcançados na Rodada Uruguai e na tradição constitucional do GATT, a estrutura proposta por Jackson inclui questões envolvendo a consideração e medidas das reais configurações do poder, participação de cidadãos e necessidade de freios e contrapesos nos processo decisórios. Essas e outras questões (tais como o papel dos atores internacionais) devem ser levadas em conta no momento de formulação das bases do sistema multilateral, que provavelmente devem prevalecer como o modo mais desejável de governança internacional em um mundo complexo.

Além de tais aspectos estruturais, acreditamos que novas questões como biotecnologia, desemprego induzido por fatores tecnológicos ou degradação ambiental sejam indicativos de que os avanços da ciência e formas de tecnologia tornam igualmente necessário incluir, no processo de "edificação constitucional", uma apreciação das metas valorativas Além dos direitos individuais, a teoria econômica e jurídica deve definir valores básicos para uma economia globalizada, na qual a boa governança venha responder muito mais do que a idéia geral dos economistas a respeito das falhas de mercado. As implicações das doutrinas da justiça e eqüidade no direito internacional (liberais, distributivas e intergeneracional)[51] devem ser examinadas a fundo nas futuras regulamentações do comércio internacional e dos processos decisórios. E vice-versa: as implicações de um sistema de comércio liberal devem ser avaliadas para a futura "teoria internacional da justiça".

O mesmo parece ser verdadeiro para a teoria geral do direito, à luz da globalização econômica orientada pela tecnologia. Ainda existe muito trabalho pela frente. Somente após duzentos anos do surgimento do ensaio de Immanuel Kant sobre a Paz Perpétua[52] os principais acadêmicos do século XVIII e filósofos começam a tratar do problema geral da justiça global, para além das relações Norte-Sul,[53] abandonando a concepção da sociedade do Estado-nação pluralista e democrática que tem sido, até hoje, encarada a partir de uma estrutura de análise filosófica.[54]

Tudo isso não sugere que seja necessário fazer grandes esforços para arquitetar essa constituição-base na esfera da regulamentação e governança do comércio internacional. A experiência do GATT e da Rodada Uruguai ensina que tal processo de construção não é revolucionário, mas antes evolucionário. O sistema foi montado pedra sobre pedra, e assim deve continuar. Isso vale, igualmente, para os impactos e uso de novas tecnologias e dos valores que devem acompanhar tal uso. O mesmo se aplica para evolução dos novos processos de tomada de decisões, que são também induzidos a partir das novas tecnologias. Passaremos, nas linhas a seguir, a abordar essa questão em especial.

4.2. Capacidades Procedimentais e os Riscos da Nova Tecnologia

As novas formas de tecnologia não apresentam apenas difíceis questões de regulamentação normativa. Elas modificam e moldam, igualmente, os processos de tomada de decisões. Assim, por exemplo, a televisão alterou a vida política nos Estados, ainda que a estrutura do constitucionalismo do século XVIII tivesse permanecido, em grande medida, inalterada. O mesmo é verdadeiro para políticas de regulamentação do comércio internacional.

É justamente nesse ponto que a reflexão sobre o impacto das novas tecnologias da comunicação sobre a governança deve então iniciar no curso do processo de edificação de uma constituição do comércio mundial. Quais seriam os riscos e as capacidades dessa nova era das comunicações? Poderiam os novos meios auxiliar a criação e uma ampla participação influenciando a formação das formas de regulamentação do comércio internacional e moldando o direito em geral? É concebível que as consultas internas ao Estado não estejam mais limitadas aos interesses de alguns poucos produtores interessados, porém que sejam abertas a todos os interessados, no âmbito doméstico ou no exterior?

As redes mundiais de comunicação eletrônica interativa podem oferecer novas oportunidades. É claro que existem riscos de abuso, pelos problemas práticos nesse contexto: como seria possível, por exemplo, avaliar as contribuições pelos cidadãos interessados? Existem nesse ponto problemas de princípio, como a questão de saber em que medida a participação deve estar fundada na titularidade de uma tecnologia específica e avançada. O que poderia ser dito a respeito das sociedades nas quais as tecnologias – até mesmo o telefone – ainda não estão suficientemente disponíveis? Todos esses problemas, no entanto, não devem desestimular a exploração dos potenciais da nova era tecnológica. É cada vez mais animador observar como os governos têm lançado mão da internet para apresentar minutas de decisões e projetos de lei ao público em geral para fins de comentários e sugestões de alteração das propostas.[55]

É bem provável, portanto, que as novas tecnologias também passem a alterar o processo de tomada de decisões no âmbito da Organização Mundial do Comércio e em outras organizações internacionais. Isso lhes permitirá maior transparência e veiculação nos canais abertos a partir, justamente, das novas formas de comunicação. Tal constatação não diz respeito meramente a uma questão de oferta *on line* de documentos ou abandono das políticas diplomáticas de confidencialidade, caso tal requisito seja exigido para melhor servir aos benefícios públicos envolvidos. Trata-se, igualmente, de uma forma de explorar os meios de aperfeiçoamento das interações entre cidadãos de um país e outros agentes privados e seus governos e organizações internacionais, naqueles problemas e questões de seu interesse. Novas tecnologias podem ajudar a alcançar um discurso robusto e abrangente entre indivíduos e governos preocupados com os parâmetros da ética do discurso – *Diskursethik* – [56] com vistas a alcançar soluções consensuais centradas na participação de todas as normas internacionais concernentes e, portanto, dotadas de elevado grau de legitimidade.

Isso tudo não seria uma questão de criação de novos modelos. Pelo contrário, a existência única de tais tecnologias exerce pressão sobre os governos e sobre a Organização Mundial do Comércio para que estes venham a público. As novas tecnologias tendem a motivar e incrementar a vontade, por parte de órgãos executivos (em governos ou organizações internacionais), de abrir processos de tomada de decisões para o controle e exame pelo público. Em muitos países, nem todos os cidadãos têm o direito de examinar documentos oficiais e prestação de contas. Com a pressão exercida e orientada pela tecnologia, para que tais processos decisórios sejam abertos, uma nova ordem internacional pública pode ser criada. Estes processos estão igualmente apoiados em regras mais elaboradas, da Organização Mundial do Comércio, sobre transparência, além do uso das tecnologias de comunicação pelos governos, organizações internacionais e atores privados. A democracia pode ser, nesse ponto, estimulada, e a legitimidade das normas internacionais, fortalecida.

5. Conclusão

As novas tecnologias são, em minha opinião, a força propulsora mais importante no processo de globalização da economia. Elas apresentam significativo impacto sobre o futuro do direito internacional, assim como a elaboração de normas para a regulamentação do comércio internacional tende a se tornar mais complexa. Novas tecnologias trazem novas questões envolvendo políticas governamentais, até agora ainda não familiarizadas com o sistema do comércio internacional e do Direito Internacional. No campo da biotecnologia, observamos que aspectos éticos e outras questões fundamentais estão sob debate. A interação entre tecnologia e trabalho é inteiramente desconhecida no campo do Direito do Comércio

Internacional. Sem que ela seja adequadamente equacionada, corremos o risco de cair, novamente, na "questão social" que permeou o tema no século XIX.

Nas novas tecnologias da comunicação, os contornos das futuras normas ainda são incertos e pouco claros, mas é bem provável que tais tecnologias possam exigir muito mais do que normas internacionais sobre a matéria. Tais normas eventualmente desencadearão uma crescente interferência regulatória sobre domínios anteriormente pertencentes ao direito nacional, em seus processos legislativo e decisório. Essa mudança corre o risco de desestruturar tanto as estruturas constitucionais tradicionais, como o sistema do comércio internacional em sua totalidade.

Além de chamar atenção para a qualidade das normas, as novas tecnologias nos obrigam, portanto, a repensar as estruturas do processo de produção normativa na esfera internacional, sobretudo quanto ao interesse de preservação da legitimidade das normas, dentro de um sistema de comércio internacional relativamente livre. A efetividade, em longo prazo, depende de uma legitimidade democrática das normas, em particular se elas são elaboradas para resistir a períodos de dificuldade.

Como observado, a questão principal não é simplesmente a adoção de princípios estabelecidos no constitucionalismo e sua transferência para o âmbito da governança global. A sociedade internacional está longe de ser um governo internacional e as estruturas projetadas sobre tal idéia podem não ser bem-sucedidas. Igualmente, as doutrinas majoritárias e modelos de boa governança, justiça e democracia, são ainda muito centradas na noção de Estado-nação e sociedade. As teorias sobre justiça global e eqüidade, tratando dos desafios do século XXI, estão ainda em plena fase de maturação. Isso, no entanto, não exclui a realização gradual, em um processo de "edificação constitucional", daqueles elementos do constitucionalismo democrático. Este provou ser, na longa experiência humana, um dos principais pilares da contínua legitimidade das normas: direitos individuais, sociedade aberta, freios e contrapesos, participação ampla e aberta e intenso debate sobre os processos de legislação e políticas legislativas; e tudo isso combinado com as tradições bem-sucedidas das consultas democráticas, negociações e consenso. As novas tecnologias da comunicação trazem consigo o potencial de assistência a tais processos e a criação de um espaço público amplo, necessário para atingir a legitimidade das normas internacionais. Assim, novas tecnologias criam complexas demandas por regulamentação. Mas elas também oferecem novos horizontes e alternativas no sentido de preencher as necessidades de um emparelhamento adequado da estrutura material de uma "constituição" do comércio mundial.

Notas:

1. Cf. GOTLIEB, Allan E., "The Impact of Technology on the Development of Contemporary International Law", in *Recueil des Cours* n.170 (1981-I), p. 125-329.

2. Ver BROWN, Edward Duncan, "The Legal Regime of Hydrospace". Londres: Stevens & Sons Limited, 1971, p.03-78; CHURCHILL, Robin Rolf e LOWE, A.V., *The Law of the Sea,* 1ª ed., Manchester, UK: Manchester University Press, 1983, p. 108-22.

3. Ver ATTARD, David Joseph, The Exclusive Economic Zone in International Law (1989); VICUNA, Francesco Oriego, *The Exclusive Economic Zone: Regime and Legal Nature Under International Law* Cambridge: Cambridge Press, 1989; HOLLICK, Anne, "Note and Comment: The Origins of 200-Mile Offshore Zones", in *American Journal of International Law*, v. 71, 1977, p. 494.

4. Cf. World Trade Organization, *International Trade, Trend and Statistics* v. 15, 1995, em que são medidos os aumentos reais no volume de negócios do comércio internacional.

5. Um exemplo - talvez único - diz respeito ao art. IV do GATT de 1947, especificamente no que concerne à execução de obras cinematográficas e, portanto, um aspecto relacionado a serviços culturais. É possível notar o mesmo na Carta de Havana de 1948 para a criação da Organização Internacional do Comércio e na Conferência das Nações Unidas para Comércio e Emprego, U.N. Doc. ICITO/1/4 (1948). Além das obras cinematográficas, nenhum dispositivo em especial no GATT 47 tratava de tecnologias em especial.

6. Ver *Acordo sobre Barreiras Técnicas ao Comércio*, 12 de abril de 1979, que foi objeto, na versão dos textos da Rodada Tóquio, reformado pela Rodada Uruguai; cf. ainda World Trade Organization, *The Results of the Uruguay Round of Multilateral Trade Negotiations: The Legal Texts*, 1994, p. 138; ver também *Acordo sobre Aplicação das Medidas Sanitárias e Fitossanitárias.*

7. *Acordo da Rodada Tóquio sobre Comércio e Aviação Civil* (Tokyo Round Agreement on Trade in Civil Aircr*aft*), versão constante dos textos da Rodada Tóquio, p. 181. Vale destacar que as negociações durante a Rodada Uruguai não produziram emendas a esse acordo plurilateral.

8. Cf. *Rio Declaration on Environment and Development*, U.N. Doc. A/CN.151/5/Rev.1, republicada em *International Legal Materials*, v. 31, 1992, p. 876 [aqui designada como a Declaração do Rio 92]; *Agenda 21*, republicada em JOHNSON, Stanley P. (ed.), *The Earth Summit: The Conference on Environment and Development (UNCED)*, Graham & Trotman/ Martinus Nijhoff Publishers, London, 1993, p. 138, em particular Capítulo 2 (B), sobre comércio e meio ambiente mutuamente relacionados.

9. Ver Decisão sobre Comércio e Meio Ambiente, de 14 de abril de 1994, republicada na coletânea *International Legal Materials* n. 33, p. 1267, 1994; ver ainda trabalho subseqüente adotado na Conferência Ministerial de 1996. Para uma pesquisa e discussão sobre questões relacionadas ao comércio, p. ex., ANDERSON, Kym e BLACKHURST, Richard (eds.), *The Greening of World Trade Issues,* Londres: Harvester Wheatsheaf and Ann Arbor: University of Michigan Press in English, 1992.

10. No direito internacional e nas relações internacionais contemporâneas, as expressões "governança" e "boa governança" são comumente empregadas no contexto do desenvolvimento de projetos e estratégias, caracterizando atributos e condições públicas essenciais para explicar o desenvolvimento econômico e social sustentável. A introdução, nos programas de desenvolvimento, do tema e importância do direito, além da estrutura e processos normativos, são abordagens que têm muito futuro pela frente.

11. *Agreement on Trade-Related Aspects of Intellectual Property Rights*, republicado em *International Legal Materials*, v. 33, Abril, 1994, p. 365, 365-403.

12. *General Agreement on Trade in Services*, também publicado em *International Legal Materials*, vol.31, p. 325-64, modificado pelo Segundo Protocolo ao Acordo Geral sobre Comércio e Serviços (S/L 11, de 24 de julho de 1995) e decisões relacionadas. Cf. *International Legal Materials*, vol. 35, 1996, p.199, 199-205.

13. *Paris Convention for the Protection of Industrial Property*, march 20, 1883, de acordo com a última Revisão de Estocolmo em 14 de julho de 1967, publicada em *United Nations Treaty Series*, v. 828, p. 305; *Berne Convention for the Protection of Literary and Artistic Works*, Sept. 9, 1883, como revisada em Paris, em 24 de julho de 1971, publicada em *United Nations Treaty Series*, v. 828, p. 221.

14. REICHMAN, Jerome H., Intellectual Property in International Trade: Opportunities and Risks of a GATT Connection, em *Vanderbilt Journal of Transnational Law*, v. 22, 1989, p. 747, 776-81, 796-800 (tratando sobre a distinção obsoleta entre direitos de propriedade tangíveis e intangíveis).

15. *Charter of Economic Rights and Duties of States*, Dec. 12, 1974, UN (G.A. Res. 3281) (1974), republicada em *International Legal Materials* n.14 (1975), p. 251-65. O pensamento em tal período está refletido nas obras *Legal Aspects of the New International Economic Order* (Kamal Hossain ed., 1980) e *International Law and Development* (Paul de Waart *et alii.* eds.), 1988.

16. Cf. RAGHAVAN, Chakravarthi, *Recolonization: GATT, The Uruguay Round & the Third World*, London: Zed Book, 1990, p. 114, sobre os "esforços dos países industrializados para reduzir o processo de industrialização e desenvolvimento autônomo dos países em desenvolvimento".
17. Ver, por exemplo, ABBOTT, Frederick M., Protecting First World Assets in the Third World: Intellectual Property Negotiations in the GATT Multilateral Framework em *Vanderbilt Journal of Transnational Law* n. 22, 1989, p. 689-775; BRONCKERS, Marco C.E.J., *The Impact of TRIPS: Intellectual Property Protection in Developing Countries*, em *Common Market Law Review* n. 31 1994, p. 1245-81; COTTIER, Thomas, "The Prospects for Intellectual Property in GATT", em *Common Market Law Review* n. 28 1989, p. 386-92; COTTIER, Thomas, "Intellectual Property in International Trade: the GATT Connection", em *Swiss Review of International Economic Relations* n.47 1992, p. 88-94.
18. GADBAW, Michael, Intellectual Property and International Trade: Merger or Marriage of Convenience?, em *Vanderbilt Journal of Transnational Law* n. 22 1989, p. 229.
19. Ver, nesse sentido, *Bureau of Economic Analysis*, U.S. Dept. of Commerce, Bureau of Economic Analysis, Intellectual Property Rights are a Growing Source of Export Revenues 1986-1992 (arquivo mimeo com o autor).
20. Ver U.S. Int'l Trade Comm'n, Pub. Nº. 2065, *I.T.C. Foreign Protection of Intellectual Property Rights and the Effects on the U.S. Industry and Trade*, 1988; ver também ABBOTT, Frederick M., nota 17 *supra*, p. 699-702.
21. Cf., por exemplo, REYNA, J.V., Services, em Terence P. STEWART (ed.), *The GATT Uruguay Round: A Negotiating History* 1986-1992, p. 2342 1993)("The technological advances in the 1960s, particularly in the area of electronics and computers, spurred the growth of international trade in services.").
22. Os custos de transportes tecnologicamente reduzidos são considerados o principal fator no aumento do comércio de serviços. Sobre isso, ver ZWEIFEL, Paul, Overview and Synthesis, em *Services in Switzerland: Structure, Performance, and Implications of European Economic Integration*, 1993, p. 3.
23. As negociações sobre essa matéria vão continuar. Ver, por exemplo, *Decision on Negotiations on Movement of Natural Persons*, publicada em *International Law Materials*, 1992, p. 458-59.
24. Ver, por exemplo, THUROW, Lester C., *Head to Head: The Coming Economic Battle Among Japan, Europe and America*, New York: Warner Books Edition, 1992, p. 45.
25. Ver P. KENNEDY, *Preparing for the Twenty-First Century*, London: Fontana, 1993, p.65-81.
26. Cf. Declaração Rio 92, nota 8 *supra*, p. 879, cujo Princípio 15 assim estabelece: *"Para que o ambiente seja protegido, serão aplicadas pelos Estados, de acordo com as suas capacidades, medidas preventivas. Onde existam ameaças de riscos sérios ou irreversíveis, não será utilizada a falta de certeza científica total como razão para o adiamento de medidas eficazes, em termos de custo, para evitar a degradação ambiental"*. ("Where there are threats of serious or irreversible damage, lack of full scientific certainty shall not be used as a reason for postponing cost-effective measures to prevent environmental degradation."). Simplificando o raciocínio, se uma ação tem conseqüências incertas, mas potencialmente negativas e irreversíveis, então impõe-se um dever de prudência exigindo que ela seja evitada.
27. De particular importância era o Relatório da OCDE sobre Segurança de DNA Recombinante (OECD Doc. 9386021) e o Relatório de 1992 sobre Considerações de Segurança para Biotecnologia (OECD Doc. 9391051). Para uma ampla pesquisa sobre o tema, ver artigo de CANTLEY, M.F. The Regulation of Modern Biotechnology: A Historical and European Perspective, em BRAUNER, Dieter (ed.), *Biotechnology, A Multivolume Comprehensive Treatise*, v. 12, *Legal, Economic and Ethical Dimensions*, 2ª ed. 1995, p. 505-795.
28. Convenção sobre Diversidade Biológica, de 5 de junho de 1992, especialmente artigo 14, também publicada em *International Legal Materials*, v. 31, 1992, p. 818, 827-28.
29. Cf. as decisões *Trail Smelter Arbitral Tribunal*, em *American Journal of International Law*, v. 33, 1939, p. 182; e *Trail Smelter Arbitral Tribunal*, em *American Journal of International Law*, v. 35, 1941, p. 684. Sobre os *standards* do direito consuetudinário, ver BIRNIE, Patrícia W. e BOYLE, Alan E., *International Law and the Enviroment*, Oxford (UK): Oxford Claredon Press, 1992, p. 88-89.
30. Cf. Art. 27 (3) (b) do TRIPS/OMC, assim dispondo: "*Os Membros também podem considerar como não patenteáveis:[...] b) plantas e animais, exceto microorganismos e processos essencialmente biológicos para a produção de plantas ou animais, excetuando-se os processos não biológicos e microbiológicos. Não obstante, os Membros concederão proteção a variedades vegetais, seja por meio de patentes, seja por meio de um sistema* sui generis *eficaz, seja por uma combinação de ambos. O disposto neste subparágrafo será revisto quatro anos após a entrada em vigor do Acordo Constitutivo da OMC".*
31. Botschaft über die Volksinitiative "zum Schutz von Leben und Umwelt vor Genmanipulation Gen-Schutz-Initiative", de 6 de junho de 1995, Gov't. Doc. 95.044, in *Bundesblatt* (Federal Reporter) nº 36, v. III, 1995, p. 1333.

32. O Parlamento rejeitou a Diretiva sobre a proteção jurídica das invenções biotecnológicas no que se refere à versão adotada pelo Conselho, publicada no *Jornal Oficial* C44, de 1993, p. 36, com emendas publicadas no *Jornal Oficial* C 68, de 20/3/95, p. 25-26. Uma minuta revisada foi apresentada à Comissão em 13 de dezembro de 1995 [COM (95) 661], a qual excluía, em particular, a patenteabilidade das formas de vida humana e introduzindo privilégios para fazendeiros. Ver *Bulletin de l'Union européenne* n. 12, 1995, 1.3.29, p. 70.

33. Ver, nesse sentido, Resolução nº 4/1989 da FAO, publicada em CPGR-Ex1/94/Inf 1, at 7; Resolução nº 3/ 1992 da Conferência para a adoção do texto da Convenção da Diversidade Biológica, de 22 de Maio de 1992, Ver ainda BROUWER, Hans, STOHOF, Erik M. e BUNDERS, Joske F.G., *Biotechnology and Farmers' Rights: Opportunities and Threats for Small-Scale Farmers in Developing Countries*, Amsterdam, V.U. University Press, 1992.

34. Cf. arts. 29 e 30, legitimando o controle cultural e propriedade intelectual; direito ao controle, proteção e desenvolvimento da ciência, tecnologias e manifestações culturais, incluindo recursos genéticos e humanos; direito ao consentimento prévio, livre e informado, para a aprovação de quaisquer projetos envolvendo o patrimônio de povos indígenas; direito à compensação justa). Cf. *United Nations*, Economic and Social Council, Report of the Sub-Commission on Prevention of Discrimination and Protection of Minorities on its Forty-Sixth Session, U.N. Doc. E/CN.4/1995/2 (1995), *International Legal Materials*, v. 34, 1995, p. 553.

35. COTTIER, Thomas, *Current and Future Issues Relating to the TRIPS Agreement: A European Perspective*, em AIPPI, XXXXVIe Congrés de Montreal 1995, Workshops I-X, em especial p. 89-91; COTTIER, Thomas, *The Protection of Intellectual Property Rights: A Requirement for Technology Cooperation, Foreign Investment and Equitable Returns in Biotechnology Prospecting*, em *Biotechnologie forum für Entwicklungsländer: Chancen und Risiken der Biotechnologie bei landwirtschaftlichen Nutzpflanzen,* 1995, p. 65-72.

36. Para uma breve história sobre a evolução de tecnologias associadas à Internet, desde seus primórdios na CERN, Geneva, em 1976, até seu uso acadêmico e comercial no mundo, ver SEGAL, B.M. *A Short History of Internet Protocols at CERN* (1995), disponível online em <http://www.w3.org>.

37. Cf. NYE, Joseph S. Jr. e OWENS, William A., America's Information Edge, em *Foreing Affairs*, v. 75, 1996, p. 20. 35.

38. Ver, por exemplo, CAMERON, Jonathan, Approaches to the Problems of Multimedia, em *European Intellectual Property Review*, v. 18, 1996, p. 115., JOHN, Sara, What Rights Do Record Companies Have on the Information Superhighway?, em *European Intellectual Property Review*, v. 18, 1996, p. 74.

39. Theodore John Kaczynski, cidadão norte-americano, também conhecido como *Unabomber*, foi condenado pelo assassinato de inúmeras pessoas entre 1976 e 1995, vitimas de suas cartas-bombas. Kaczynski justificava seus crimes na tentativa de "luta" contra o que ele considerava ser o "mal" do progresso tecnológico. (N.T.)

40. Ver Organização Mundial do Comércio, *International Trade, Trend and Statistics,* cit (nota 4 *supra*,), assim considerando os objetivos estabelecidos na Carta das Nações Unidas, particularmente a concretização de padrões de vida elevados, pleno emprego e condições de progresso e desenvolvimento econômicos e sociais, tal como contemplados em seu art. 55, além dos objetivos e preâmbulo da Carta de Havana para a Organização Internacional do Trabalho.

41. Ver o Preâmbulo do GATT 1947, referindo-se à expressão "assegurando pleno emprego".

42. Cf. Preâmbulo do Acordo Constitutivo da OMC, também publicado em *International Legal Materials*, v. 33, 1994, p. 13 ("Recognizing that their relations in the field of trade and economic endeavor should be conducted with a view to raising standards of living, ensuring full employment and a large and steadily growing volume of real income and effective demand...").

43. Ver, por exemplo, *Comunicados dos Estados Unidos ao Conselho do GATT*, Doc. L/6196, de 3 de julho de 1987. (*"Trade which is based on denial of worker rights does not benefit workers in either exporting or importing countries. It runs counter to the GATT objective of raising standards of living through expansion in the context of a liberal trading regime")*. Ver, ainda, *Comunicado dos Estados Unidos ao Conselho do GATT*, Doc. L/6729, de 21 de setembro de 1990, solicitando, por meio de consultas, a criação de grupo de trabalho para tratar de três direitos básicos: liberdade de associação, o direito de negociações e de organização coletiva; e liberdade de trabalho. Nenhuma referência aos direitos dos trabalhadores foi inserida na Ata Final da Rodada Uruguai. Um acordo com os países em desenvolvimento opositores havia sido incluído nas declarações da Presidência do Conselho-Geral sobre futuros trabalhos. Sobre isso, ver nota na revista *Agence Europe*, de 8 de abril de 1994, p. 8. A França anunciou que levaria o tema para essa agenda em 1995. Cf. ainda CHARNOVITZ, Steve, Fair Labor Standards and International Trade, em *Journal of World Trade Law*, v. 20, 1994, p. 17 , idem, The World Trade Organization and

Social Issues, em *Journal of World Trade Law*, vol. 28, 1994, p.17.; CHAMBOVEY, D., *Das multilaterale Handelssystem und die Problematik der Arbeitsnormen,* 1995 (mimeo com o autor).

44. Sobre o impacto da globalização e internacionalização sobre o Estado-nação e suas funções dentro do contexto do sistema internacional, ver fundamentalmente SALADIN, Peter, *Wozu noch Staaten?: zu den Funktionen eines modernen demokratischen Rechtsstaats in einer zunehmend überstaatlichen Welt*, Bern/München/Wien: C.H.Beck/ Manz, 1995.

45. A meta de legitimidade por meio de democracia e transparência é uma das principais metas da Conferência Intergovernamental da União Européia. Sobre isso, ver Commission Report for the Reflection Group (1995); Reflection Group's Report of June 2, 1995, (march 1996) em: <http://europa.eu.int/en/agenda/igc-home/eu-doc/reflect/final.html>; sobre a Agenda de Maastricht II, de negociações, de 29 de março de 1996, ver <http:/ /europa.eu.int./en/record/turin.html>.

46. Cf. COTTIER, Thomas e SCHEFER, K. Nadakavukaren, *Switzerland: the Challenge of Direct Democracy*, em JACKSON, John H. e SYKES, Alan O. (eds.), *Implementing the Uruguay Round*, Oxford: Clarendon Press Oxford, 1997.

47. Ver *Constitutional Problems of International Law*, in HILF, Meinhard e PETERSMANN, Ernst-Ulrich (eds.), *National Constitutions and International Economic Law,* New York/The Hague: Kluwer, 1993, p.3-52; idem, *Limited Government and Unlimited Trade Policy Powers? Why Effective Judicial Review and a Liberal Constitution Depend on Individual Rights*, in *National Constitutions and International Economic Law*, cit., p. 537-61; idem, Proposals For a New Constitution For the European Union: Building-Blocks For a Constitutional Theory and Constitutional Law of the EU, em *Common Market Law Review*, vol. 32, 1995. p. 1123.

48. Sobre essa abordagem, ver COTTIER, Thomas, *Constitutional Trade Regulation in National and International Law: Structure-Substance Pairings in the EFTA Experience*, in HILF, Meinhard e PETERSMANN, Ernst-Ulrich (eds.), *National Constitutions and International Economic Law*, cit., p. 409-42.

49. Sobre a expressão, ver nota 10 *supra.*

50. *The Uruguay Round, World Trade Organization, and the Problem of Regulating International Economic Behavior*, Hyman Solaway Lecture on Business and Trade Law, Centre for Trade Policy and Law, Carleton University, Ottawa, May 1994. Ver também do mesmo autor, "Reflections on Constitutional Changes to the Global Trading System", Chicago Kent Law Review, v. 72, 1996, p. 511.

51. Tais obras incluem, dentre vários autores, ALLOTT, Philip, *Eunomia: New Order for a New World,* Oxford University Press, 1990; KOSKENNIEMI, Martti, *From Apology to Utopia the Structure of International Legal Argument*, Cambridge: Cambridge Press, 1989; FALK, Richard S., *The End of World,* New York: Holmes & Meier, 1983; NARDIN, Teny, *Law, Morality, and the Relations of States*, Princeton, NJ: Princeton University Press, 1983; STONE, Julius, Visions of Wolrd Order: Between State Power and Human Justice, Baltimore: Johns Hopkins University Press, 1984; FALK, Richard S., KIM, Samuel S.e MENDLOVITZ, Saul H., *Toward a Just World Order: Studies on a Just World Order,* Boulder, Colo.: Westview Press, 1982.

52. *Perpetual Peace: A Philosophical Essay* (M. Campell Smith, M.A. trans., 1903) (1795).

53. MÜLLER, Jörg Paul, *Kants Entwurf globaler Gerechtigkeit und das Problem der republikanischen Repräsentation im Staats- und Völkerrecht*, in A. AUER e P.M. Zen RUFFINEN (eds.) *Melanges J.-F. Aubert* , 1996.

54. Cf. RAWLS, John, *A Theory of Justice,* Oxford: Oxford University Press, 1971 (sobre as limitações dos modelos das relações internacionais e sociedades hierárquicas); idem, *The Law of Peoples*, in SHUTE, Stephen e HUERLEY, Susan (eds.), *On Human Rights: The Oxford Amnestry Lectures*, New York: Basics Books, 1993, p. 41-82.

55. O governo suíço, por exemplo, disponibilizou na Internet a minuta de 1995 da Constituição Federal para comentários dos cidadãos: http://www.admin.ch/ch/d/gg/pc/pendent.html. Trata-se de uma inovação desde o momento em que as consultas ao Parlamento foram estabelecidas por meio de convites públicos. Elas estavam limitadas a círculos interessados, partidos políticos e governos cantonais. Resta saber em que medida a comunicação por meio da Internet pode alterar as formas de consultas legislativas.

56. Ver HABERMAS, Jürgen, *Erläuterungen zur Diskursethik*, Frankfurt am Main: Suhrkamp, 1991; idem, *Faktizität und Geltung: Beitrage zur Diskurstheorie des Rechts und des Demokratischen Rechtsstaats*, Frankfurt am Main: Suhrkamp, 1992; MÜLLER, Jörg Paul, *Demokratische Gerechtigkeit. Eine Studie zur Legitimität politischer und rechtlicher Ordnung.* München 1993.

6 REGULAÇÃO TECNOLÓGICA E JURÍDICA DAS REDES SOCIAIS DIGITAIS (*SOCIAL NETWORKS*)

SEIITI ARATA JR.*

Introdução, justificativa do tema e plano de exposição

As redes sociais digitais (*online social networks*) receberam uma surpreendente e notável aceitação do mercado brasileiro a partir do ano de 2004. São apresentadas neste estudo breves reflexões sobre a relação entre a estrutura tecnológica e termos de uso implementados e seus efeitos jurídicos, focando em temas como propriedade intelectual, bancos de dados, privacidade, direito à imagem e proteção ao consumidor.

Diferentemente de formas anteriores de utilização de meios digitais de comunicação, as redes sociais congregam uma massa crítica de usuários em múltiplas dimensões de forma a aumentar o potencial de abusos.

Para explorar essa premissa, o presente estudo é dividido em duas partes: (i) uma introdução multidisciplinar explorando aspectos sociológicos, psicológicos e de teoria geral do direito, e (ii) a aplicação de institutos jurídicos ao cenário

---

* Graduado em Direito pela Universidade de São Paulo - USP (2001). Mestre em Direito Internacional pela Universidade de São Paulo - USP (2006). Ex-Pesquisador da Fundação de Amparo à Pesquisa do Estado de São Paulo - FAPESP (1998-1999). Membro da Comissão Especial de Informática Jurídica da Ordem dos Advogados do Brasil - Secção São Paulo. Fundador da Arata Academy - www.arataacademy.com. UN Fellow no escritório das Nações Unidas em Genebra no Grupo de Trabalho sobre Governança da Internet (2005).

identificado. A Parte I é necessária para a delimitação dos aspectos de novidade que justificam um estudo separado das redes sociais digitais, sobretudo considerada a escassa literatura a respeito do tema até o momento.

Neste estudo, não se pretende esgotar a rica discussão que envolve o tema, porém demonstrar a necessidade de ponderação tecnológica, valorativa e jurídica ao oferecer ou aderir a um serviço de rede social.

Por se tratar, ainda, de tema pouco explorado, a analogia a atividades semelhantes será empregada, bem como o eventual uso de termos técnicos. Para não prejudicar a leitura daqueles já familiarizados com tal terminologia, o detalhamento será realizado por meio de uso intenso de notas de rodapé.

1. Introdução às Redes Sociais

1.1. A Dramaturgia da *Persona*

A palavra latina *persona*, composta pelo prefixo *per* (por, através) e sufixo *sono* (som), era usada originalmente como referência à máscara usada pelos atores nas representações teatrais. Em seu *Vocabulário Jurídico*, De Plácido e Silva observa a conexão da *persona* com a expressão "*dramatis personae*", alusão aos representantes ou personagens dramáticos, isto é, os próprios atores.[1]

Essa análise etimológica revela uma noção teatral relacionada à idéia de pessoa que é constantemente explorada pelas artes e ciências humanas. Abordando a evolução histórica do conceito de pessoa humana, Fábio Konder Comparato,[2] identifica o estoicismo como o primeiro marco na elaboração teórica do conceito de pessoa, em que a *persona* teatral (o papel exercido pelos indivíduos em relações sociais) é separada da essência individual de cada ser humano (que passa a ser denominada personalidade), de modo que o papel dramático que cada um de nós representa na vida não se confunde com a individualidade pessoal.

O conceito dramaturgo de persona é também desenvolvido em *The Presentation of Self in Everyday Life*[3] do sociólogo canadense Erving Goffman, o qual defende que quando um indivíduo está na presença de outros, estes outros procuram obter informações a seu respeito e também trazer à discussão elementos de informação que já possuam sobre ele. A interação é vista como uma performance moldada de acordo com a audiência e ambiente social cujo *script* busca transmitir impressões coerentes com os objetivos dos atores. A atuação independe do estado mental do indivíduo de modo que a *persona* teatral ocorre independente de sua vontade consciente em realizar a performance.

Resumidamente, as informações necessárias para a atuação podem ser obtidas por meio de duas formas: aquelas verbalmente fornecidas e aquelas expressas de modo contextual, não verbal, não intencional. O indivíduo busca o controle sobre a conduta alheia no que toca à sua pessoa; esse controle é obtido por uma mudança em seu próprio comportamento de modo a transmitir uma impressão que faça com que os outros ajam de acordo com seus planos e para apresentar uma versão idealizada de si que seja mais consistente com as normas sociais, comparativamente com seu comportamento quando não está diante de uma audiência. Esse uso da *persona* como máscara define o palco de uma peça de infinitos atos de falsas revelações e subterfúgios até que um determinado consenso seja atingido.

As atuações sofrem invariavelmente o efeito da segregação de audiências, de modo que performances específicas são feitas para determinadas platéias, conforme suas expectativas. A espontaneidade, nesse processo, é fundamental para que não seja transmitida uma impressão artificial do comportamento.

1.2. Viver na Verdade: a Multiplicidade de Opiniões

Goffman reconhece que existem diferenças culturais na representação do eu. Seu estudo identifica que membros de uma cultura anglo-americana têm a tendência de viver vidas sociais enclausuradas, interagir em ambientes determinados, manter estranhos à distância, dar aos atores uma certa privacidade para que realizem seu show e, em geral, compartilham uma seriedade e união quanto aos dramas cívicos comuns. Estudos culturais como o realizado por Goffman foram realizados em diversos contextos e locais; no Brasil merece destaque o magistral estudo sobre o povo brasileiro feito por Sérgio Buarque de Holanda, em *Raízes do Brasil*, que apresenta o conceito do "homem cordial", cuja intimidade marca uma indistinção entre o público e o privado e todos são amigos em todos os lugares.[4]

Entretanto, independentemente destes comportamentos, geralmente compartilhados em uma determinada coletividade, existe uma multiplicidade de opiniões que os indivíduos podem tomar diante da questão de como ser espontâneo e verdadeiro.

A esse respeito, dentre tantas grandes obras da literatura, a dificuldade da comunhão de opiniões e mesmo da mútua compreensão quando as vidas das pessoas já estão bem definidas e construídas com base em diferentes experiências é bem ilustrada por Milan Kundera. O autor dedica a terceira parte de sua obra para as palavras incompreendidas entre Sabina e Franz, elaborando um léxico de noções opostas sobre diversos temas, das quais a publicidade e a privacidade são assim tratadas:

> VIVER NA VERDADE
> É uma fórmula que Kafka usou em seu diário ou numa carta. Franz não se lembra bem. Está seduzido por essa fórmula. O que era viver na verdade? Uma definição negativa é fácil: é não mentir, não se esconder, não dissimular nada. Desde que conheceu Sabina, vive na mentira. Conversa com sua mulher sobre congressos em Amsterdã, e conferências em Madri que jamais aconteceram, tem medo de passear com Sabina nas ruas de Genebra. Acha divertido mentir e se esconder, justamente porque nunca o fez antes. Sente o prazer de um primeiro da classe que decide um dia, finalmente, cabular.
> Para Sabina, viver na verdade, não mentir nem para si nem para os outros, só é possível se vivermos sem público. Havendo uma única testemunha de nossos atos,

> adaptamo-nos de um jeito ou de outro aos olhos que nos observam, e nada mais do que fazemos é verdadeiro. Ter um público, pensar num público, é viver na mentira. Sabina despreza a literatura em que o autor revela toda a sua intimidade, e também a de seus amigos. Quem perde sua intimidade perde tudo, pensa Sabina. E quem a ela renuncia conscientemente é um monstro. Por isso, Sabina não sofre por ter que esconder seu amor. Ao contrário, para ela esta é a única forma de viver "na verdade". Quanto a Franz, está convencido de que na separação da vida em domínio privado e em domínio público está a fonte de toda mentira: a gente é uma pessoa em particular e outra em público. Para Franz, viver "na verdade" é abolir a barreira entre o privado e o público. Mencionava com prazer a frase de André Breton em que ele dizia que gostaria de viver "numa casa de vidro" onde nada é segredo e que está aberta a todos os olhares.[5]

Por meio de seus personagens, Kundera trabalha uma de suas principais preocupações pessoais: a luta pela defesa de seu direito à vida íntima. Para ele existe uma fronteira mística entre a vida íntima e a pública que não se pode atravessar impunemente.[6]

1.3. Enfraquecimento da Fronteira Entre o Público e o Privado

A divisão entre a vida pública e a privada, porém, cada vez torna-se mais tênue conforme são difusas as novas tecnologias de computação e as inovações multimídia de comunicação que aumentam as conexões entre locais e pessoas que estavam anteriormente isolados, num processo de virtualização.[7] Como resultado, o indivíduo já não mais pode confiar em seus sentidos imediatos na determinação de que tipo de ambiente ele se encontra para o uso da *persona* como a máscara de Goffman.[8] Ademais, com os avanços tecnológicos, o indivíduo perdeu significativa parte de seu controle sobre a noção de estar sendo observado, ouvido e mesmo filmado. O espaço físico percebido ao redor do indivíduo não é mais um indicador dos locais ou pessoas que possam estar a ele conexos. Assim, locais que parecem privados podem ser públicos.

Hannah Arendt discorre com detalhes o surgimento e evolução dos conceitos de "público" e "privado", indicando que o individualismo moderno contribui para o enriquecimento da esfera privada que, inicialmente, indicava que o indivíduo assim estaria privado das mais dignas capacidades do homem que eram exercidas nos negócios da *res publica*. Existem algumas informações que devem ser ocultadas e outras que devem ser expostas em público para que possam adquirir alguma forma de existência. Para ela a distinção é necessária, pois somente longe da luz do espaço público a vida íntima é possível.

Quando as duas esferas são claramente distintas, é possível comportar-se conforme as expectativas e necessidades sociais. Quando as esferas se entrelaçam,[9] isso fica mais difícil e existe uma tendência à retração comportamental e menor interação social ou, então, em um comportamento inconseqüente e sujeito a erros estes não seriam cometidos se os indivíduos estivessem em um ambiente mais claro.

1.4. Círculos Sociais

Paralela e complementarmente à visão dual (e gradual) público/privado, para compreender os fenômenos sociais é útil a identificação de círculos sociais, nos quais determinadas informações sobre o indivíduo podem estar mais públicas que outras. Cada um dos círculos sociais compartilha, genericamente, de um feixe de pontos de vista de nossa individualidade projetada. A multiplicidade de círculos sociais é assim tratada por Pontes de Miranda:

> O fato social é a relação de adaptação (ato, combinação, fórmula) do indivíduo à vida social, a uma, duas ou mais coletividades (círculos sociais) de que faça parte, ou dessas aos indivíduos, entre si. Tais círculos, pré-histórica e historicamente, foram o par, o clã, a fratria, a família, a tribo, a nação de tribos, etc. Na mesma época, podem ser, quanto à extensão: o par sexual, a amizade, a família, a escola, a classe social, o partido, o bairro, o Município, o Estado-membro, o Estado etc.[10]

Sobre o tratamento jurídico dessa multiplicidade de círculos sociais, o clássico autor aponta que em tempos de evolução social é necessária uma referência à sociologia, em particular à lei da crescente dilatação e integração dos círculos sociais.

1.5. Integrando os Círculos Sociais: as Redes

As redes sociais são formadas por grupos de pessoas conectadas por meio de distintas formas e graus de familiaridade. Têm sido objeto de numerosos estudos de sociologia e antropologia. Seu estudo matemático é feito por meio da teoria dos grafos, que representa objetos mediante vértices e elos que possibilitam atribuir valores quantitativos às redes sociais e assim melhor interpretar como os indivíduos interagem em situações complexas, como epidemias virais, organizações terroristas e contatos potenciais para o sucesso profissional. Por meio de sistemas de reputação que podem ser construídos a partir de redes sociais, é também vislumbrada uma solução técnica para melhor filtragem de spam.[11] Apesar da utilidade das diversas aplicações práticas com finalidade de aperfeiçoamento de mercado e redução de custos de transação, sua utilização deve ter em mente os riscos de violações ao direito à privacidade, direito à imagem e abusos na manipulação de bancos de dados, entre outros que serão brevemente abordados neste estudo.

As redes, quando bem utilizadas, permitem que o homem alcance objetivos antes remotos[12] e otimize as suas relações de oferta e demanda. Nesse sentido, são extremamente positivas para a efetivação dos objetivos e princípios traçados pela Cúpula Mundial sobre a Sociedade da Informação.[13] Como toda tecnologia, porém, os seus usuários devem ser suficientemente educados para utilizarem as novas ferramentas da melhor forma possível e evitarem situações que possam implicar riscos morais e patrimoniais.

1.6. As Redes Sociais no Ciberespaço

Por meio da Internet as redes sociais ganham eficiência e possibilitam diversas aplicações pela facilidade em cruzamento de bancos de dados. Tornaram-se uma grande sensação a partir de 2003 com a popularidade de certos websites.[14] Assim como os primeiros estudos feitos sobre o ciberespaço freqüentemente faziam referência à obra *Neuromancer* do escritor de ficção *cyberpunk* William Gibson, os escritos iniciais feitos sobre as redes sociais na Internet fazem invariavelmente alusão à expressão "seis graus de separação",[15] associada ao Small World Experiment de Stanley Milgram, que mostra que os círculos sociais estão muito próximos uns dos outros e muitas vezes com amplas áreas de intersecção. Deste modo, a atuação da *persona* deve, cada vez mais, adequar-se a mais de uma platéia simultaneamente.

Apesar do sucesso em angariar grande número de usuários utilizando marketing viral[16] e interface popular, conectando os indivíduos aos seus diversos círculos sociais, é possível defender que as redes sociais não são inovadoras,[17] pois, desde os primórdios da comunicação digital em rede, diferentes plataformas foram disponibilizadas para relacionamentos, seja por meio dos *bulletin board services*,[18] Usenet,[19] *multi-user dungeons*,[20] Internet *relay chat*,[21] WELL,[22] home pages,[23] websites de serviços de recolocação profissional, namoros, fóruns de discussão diversos, *weblogs*,[24] *fotologs*,[25] *wikis*,[26]... de modo que a nova geração de redes sociais não é arauto do conceito de social software.

Independentemente dos questionamentos que possam ser feitos sobre a novidade na técnica de comunicação, é fato que as redes sociais na Internet conquistaram popularidade a partir de 2003. São tecnologias pautadas por uma série de valores e conseqüências, algumas previstas e outras inesperadas. É o primeiro princípio do tecnorrealismo:[27] as tecnologias não são neutras. Cada um destes possui valores diferentes, e devem atentar para determinados riscos jurídicos, principalmente àqueles advindos das novas formas de interação social anteriormente descritas. Cada um dos meios de comunicação é reflexo de uma tecnologia sendo adaptada para permitir uma interação social e uma apresentação do eu social e consciente.

O meio pelo qual os indivíduos se conectam digitalmente é, porém, tão distinto do mundo físico que os comportamentos sociais tendem a ser diferentes: a tecnologia não apenas conecta as pessoas, mas define como elas interagem. "O meio é a mensagem." Assim, cumpre analisar como cada manifestação de rede social lida com a frágil redoma da intimidade. Cada uma delas é pautada com diferentes valores e objetivos. Nesse sentido, Paul Heyman, em "Distributed Social Network Protocol", diz que a informação fornecida nas redes sociais varia conforme a premissa do serviço oferecido. Heyman classifica algumas redes sociais que implicitamente postulam que os amigos de amigos podem ser potenciais amigos ou parceiros românticos, e outros que postulam que os amigos de amigos tendem a compartilhar uma confiança mútua maior, facilitando sua inserção profissional.

A escolha em focar um determinado círculo social é meramente opção tecnológica e estratégica do plano de negócios daquele que disponibiliza os serviços de uma rede social. Existem projetos que integram diversos círculos simultaneamente. Isso pode tanto estimular contatos não óbvios (colegas de trabalho deparando-se com informações sobre a intimidade tradicionalmente familiar) como também gerar conflitos, pois as informações que a *persona* busca representar não encontram mais os limites tradicionais e são distribuídas a todos os membros de todos os círculos sociais indistintamente.

1.7. *Code Is Law*

Considerando-se que as tecnologias implicam sempre uma série de efeitos, tanto positivos quanto negativos,[28] é fundamental analisar quais são os valores que orientam uma determinada tecnologia para a análise dos efeitos que esta pode causar por meio de sua adoção. Lawrence Lessig, em *Code and Other Laws of Cyberspace*, lidera forte corrente doutrinária próxima da Teoria Tridimensional do Direito de Miguel Reale, que postula que o "Direito é uma integração normativa de fatos segundo valores".[29] A teoria *Code is Law* de Lessig dá forte ênfase a essa dimensão tecnológica (fática) pela sua força regulatória que interage com a força jurídica.

Philip Agre[30] relata que registros de dados não podem causar problemas de privacidade se a base tecnológica não permitir sua atribuição aos indivíduos cujas vidas representam. Caso os bancos de dados identifiquem os indivíduos por meio de métodos universais como nome ou número de documento de identidade, os dados podem ser facilmente propagados e cruzados, e assim empregados para finalidades secundárias em detrimento do indivíduo.[31] Assim, Chaum apresenta a abordagem alternativa de empregar pseudônimos digitais. Entretanto, a coleta de dados de uma rede social verdadeira[32] é justamente oposta à de um sistema que protege a privacidade usando pseudônimos.

A inexistência de um sistema seguro permite, tecnologicamente, que dados falsos sejam lançados ao sistema, encontra-se, desde as primeiras manifestações de comunicações digitais, homens passando-se por mulheres, crianças por adultos, em uma alta insegurança de comunicação. As tentativas de redes sociais verdadeiras são prejudicadas pela ausência de sistemas seguros que não evitam que falsos perfis sejam inseridos, representando personagens de ficção literária, cinematográfica ou mesmo pessoas reais diferentes daquelas que criaram o perfil virtual, com conseqüências jurídicas analisadas na segunda parte do estudo. Os falsos perfis permitem aplicações inovadoras,[33] porém apresentam riscos de infração à propriedade intelectual, calúnia, difamação, injúria, falsidade ideológica, entre outras infrações jurídicas que diminuem a confiança no sistema e, portanto, seu funcionamento otimizado.

Observa-se que parte dos problemas encontrados nas interações em redes sociais verdadeiras ocorre pelas diferentes expectativas que cada um dos usuários tem sobre o sistema, o que é reduzido em casos de redes sociais que utilizam pseudônimos ou são focadas para aplicações em dimensões reduzidas e determinadas, como os jogos interativos, namoros, busca de emprego... e assim evitam a colisão de diferentes círculos sociais. Para lidar com as múltiplas necessidades e expectativas dos usuários de uma rede social verdadeira, além das forças éticas, jurídicas e mercadológicas, é necessária a construção de uma arquitetura tecnológica de comunicação que possibilite maior controle aos usuários.

Essa escolha tecnológica deve estudar que efeitos são obtidos por meio da infra-estrutura e da interface do serviço oferecido. Ilustra essa relação a preocupação quanto à interface a discussão sobre controle de recebimento de e-mails com fins publicitários: dependendo do padrão utilizado no preenchimento de um cadastro on line, existe maior tendência dos usuários a aceitarem ou rejeitarem a oferta de envio de mensagens publicitárias em seu e-mail. Durante as discussões sobre a regulação (tanto a auto-regulação como a regulação jurídica) houve defensores para um padrão *opt-in*.[34] Essa alternativa resulta em menos aceitações que a inversa: pressupor a aceitação do usuário, que deve atuar para não receber as mensagens. Cada uma das alternativas representa um valor diferente quanto à facilidade ou dificuldade da manifestação de vontade do usuário em controlar o recebimento de mensagens.

Adicionalmente, a tecnologia tem papel fundamental no processo de virtualização que dificulta a percepção dos indivíduos em saber se estão em um ambiente público ou privado para determinar como moderar sua exposição e expectativa de privacidade: Victoria Bellotti, analisando a arquitetura de comunicação, aponta dois fenômenos que influem no controle de fluxo de informações, e, portanto, no gerenciamento de privacidade: desincorporação e dissociação.[35]

Desincorporação ocorre quando os recursos de comunicação não permitem que a apresentação pessoal seja tão efetiva quanto em um ambiente cara a cara. A representação em uma *chat room*[36] pode ser limitada apenas a palavras, *smileys*[37] e eventual foto estática[38] do avatar.[39] A desincorporação também significa que o comunicante pode estar inconsciente sobre a quantidade de informações que está transmitindo publicamente, por uma falta de *feedback* da arquitetura de comunicação. Alguns sistemas de rede social permitem que o usuário tenha um controle *ex post* de quem obtém suas informações, valendo-se de um registro de todos os usuários que obtiveram acesso ao seu perfil. Outros, mais zelosos com a necessidade de controle, usam políticas *ex ante* de modo que apenas revelam informações pessoais a outros usuários do sistema mediante prévia e expressa autorização do indivíduo. Outros, ainda, revelam qualquer informação a qualquer usuário, sem manter qualquer registro (ou apenas quanto ao número de usuários que obteve acesso a seu perfil) ou selecionam algumas informações que têm caráter mais sensível apenas a determinados grupos de pessoas – sendo, assim, necessário que os usuários classifiquem seus contatos em diferentes categorias, conforme o grau de intimidade ou círculo social a que fazem parte, dependendo, portanto, de uma rotulagem que pode ser aproximada ou refinada, conforme a tecnologia adotada. Um dos efeitos da desincorporação é uma maior tendência à bisbilhotagem quando a estrutura de comunicação permite que eu observe o comportamento alheio sem ser observado.

Dissociação é identificada quando uma pessoa remota não possui qualquer presença detectável. Os resultados das ações são compartilhados, mas os atores em si são invisíveis ou os atos não são atribuíveis a determinado ator. Não se pode determinar quem está fazendo determinada ação ou quem fez o quê. Assim, pela dissociação as pessoas remotamente conectadas e suas respectivas ações são difíceis de detectar ou identificar. A possibilidade de completa dissociação é relativa quando usadas técnicas de *computer forensics*[40] e investigação. Entretanto, para a maior parte dos usuários, a escolha entre um ou outro padrão tecnológico influencia no grau de dissociação.

Tanto a desincorporação como a dissociação podem ser reduzidas mediante a implementação de um retorno maior sobre as informações pessoais que são capturadas e projetadas por usuários da rede social. Os usuários devem dispor de meios técnicos para controlar suas informações pessoais. Bellotti aponta alguns princípios a serem seguidos e boas práticas necessárias para resgatar a consciência que pode ser perdida na virtualização: podemos não mais saber que tipo de informação estamos transmitido, como ela se parece, quão permanente ela é, a quem é transmitida e quais podem ser os limites daqueles que pretendem utilizá-la.

Paralelamente à decisão sobre a base tecnológica que orientará os limites fáticos sobre o que se pode ou não fazer em uma rede social, é necessário refletir sobre aspectos mercadológicos, éticos, e, sobretudo, jurídicos na elaboração das políticas de uso da rede social.

A título exemplificativo, tomemos o famoso acrônimo YOYOW, que representava os mais fundamentais valores da WELL: "You own your own words".[41] Por meio de mecanismo contratual, os usuários assumem a responsabilidade jurídica[42] e ética pelos seus escritos e pelas imagens e arquivos disponibilizados mediante os serviços de uma rede social. Os usuários são responsáveis em respeitar direitos de terceiros, incluindo os de propriedade intelectual, privacidade, de não caluniar outros membros, enfim, de comportar-se de acordo com padrões éticos e legais. Outro efeito da política contratual YOYOW é que todo o conteúdo publicado pela WELL continua a ser direito patrimonial de seus autores, a não ser na hipótese de sua expressa renúncia. Assim, aceitando a propriedade pelas próprias palavras, seus interlocutores são impactados pela maior responsabilidade quanto às suas conseqüências. Ainda, o usuário tem o direito de remover seus trabalhos da WELL a qualquer tempo.

Essa propriedade contratual assegurada pela rede social, decerto, não se sobrepõe à liberdade de expressão e aos limites do direito autoral, de modo que continua sendo possível, dentro do razoável, fazer citação de comentários publicados em um fórum da WELL independentemente da autorização prévia do seu locutor.[43]

Entretanto, o oposto não é necessariamente verdadeiro: se, ao invés da política YOYOW, a rede social contratualmente retivesse para si, com exclusividade, todos os direitos transferíveis sobre todas as formas de expressão manifestas por meio de seu sistema, a regra geral é que seria juridicamente impossível utilizar qualquer material que tenha ali sido publicado sem uma licença prévia dos representantes legais da rede social, a não ser em casos excepcionais.

Ademais, tal política hipotética daria à rede social a capacidade jurídica (que, por sua vez, legitimaria a implementação de mecanismo para a possibilidade técnica) de restaurar qualquer conteúdo ali publicado, de modo a preservar o trabalho coletivo.[44] Essa alternativa desperta, por um lado, legítimas preocupações quanto ao direito moral de autor de retirada de circulação previsto no art. 24, VI, da Lei de Direitos Autorais, Lei nº 9.610, de 19/02/1998. Por outro lado, se não existe qualquer garantia de que as contribuições em discussões de fóruns não serão apagadas pelos usuários, é possível deparar-se com tamanho "suicídio digital"[45] coletivo que torne sua leitura incompreensível. Uma abordagem tecnológica para o problema de corrupção do conteúdo é o *self-help* que mantém um histórico de tudo o que fora anteriormente publicado, possibilitando a restauração, como um *wiki*. No caso de fóruns e comunidades de discussão temática em que exista um moderador, usuário com maiores poderes tecnológicos de controle sobre as contribuições individuais de seus participantes, é possível uma analogia com a obra coletiva.[46]

Reconhecidas as forças tecnológica e jurídica[47] é necessário combiná-las de forma harmoniosa para efetivar os valores buscados pela rede social.

2. Tratamento Jurídico das Redes Sociais Digitais

2.1. Proteção ao Consumidor

Inicialmente, questiona-se se as disposições de direito do consumidor seriam aplicáveis nas relações entre os prestadores desses serviços de redes sociais digitais e seus usuários brasileiros, o que implicaria em um tratamento jurídico diferenciado, geralmente com maior proteção ao usuário do que aquele previsto contratualmente nas cláusulas comumente encontradas nos contratos de adesão que os prestadores destes serviços pretendem impor.

Para ilustrar alguns aspectos desse tratamento diferenciado, vale mencionar mecanismos como o da possibilidade de inversão do ônus da prova, segundo o qual cabe ao fornecedor provar que as alegações dos consumidores são infundadas. Merece destaque, também, o dever de precaução e segurança, que aponta para uma obrigação em manter um sistema razoavelmente seguro para proteção de dados sensíveis. Proteções contra cláusulas abusivas também são garantidas, como a proibição de limitação de responsabilidade do fornecedor por vícios de qualquer natureza dos produtos e serviços.

Mesmo sendo geralmente uma relação que envolve prestador de serviço localizado fora do País, os prestadores destes serviços devem ter em mente o artigo primeiro do Código de Defesa do Consumidor, que dispõe que as normas de proteção e defesa do consumidor são de ordem pública e interesse social. Nosso ordenamento, por meio da Lei de Introdução ao Código Civil, Lei nº 10.406, de 10/01/2002, determina a ineficácia de leis estrangeiras que ofendam a soberania nacional, a ordem pública e os bons costumes.

Além disso, a doutrina aponta para a interpretação que nenhuma lei ou nenhum julgamento que de alguma forma prejudique ou restrinja os direitos dos consumidores deverá ser reconhecido no Brasil.[48] Assim, mesmo se o contrato de prestação de serviços (inclusive freqüentemente disponibilizado somente no idioma inglês – o que por si só já levanta controvérsias quanto à sua efetiva aplicação) contemplar a aplicabilidade de leis estrangeiras, tal provisão pode não ser aceita e o direito estrangeiro pode não ser aplicado se no caso concreto resultar em uma proteção menor que a do Código de Defesa do Consumidor brasileiro.

Ainda, considerando-se que os serviços submetidos à legislação de proteção ao consumidor, conforme § 2º do art. 3º do Código de Defesa do Consumidor, devem ser prestados "mediante remuneração", é necessário ponderar se eventual gratuidade dos serviços de redes sociais digitais poderia ser apresentada como excludente à caracterização da relação de consumo.

Aparentemente a gratuidade dos serviços perante o usuário final não descaracteriza a relação de consumo. Este entendimento é elucidado nos casos em que o serviço de consumo é remunerado indiretamente por terceiros, como no caso do uso de transporte coletivo por idosos que, não obstante inexistir remuneração direta destes, o custo do serviço é repassado aos outros usuários. De forma análoga, entende-se haver a remuneração quando o consumidor fornece seus dados, que possuem valor econômico para a realização de estatísticas, aumento de tráfego implicando em maior visibilidade de anúncios, e outras modalidades típicas de modelos de negócios relacionados à Internet. Em A Empresa na Velocidade do Pensamento, Bill Gates ilustra o conceito de "chegar primeiro ao mercado" valendo-se de exame do banco Bradesco, altamente informatizado, e que dispõe de complexa base de dados a respeito de seus clientes. "Esse histórico dos dados do cliente é um dos ativos mais valiosos do banco", segundo Gates.

Claudia Lima Marques, sobre o tema, assevera:

> Mediante remuneração: A expressão utilizada pelo art. 3º do CDC para incluir todos os serviços de consumo é "mediante remuneração". (...) Parece-me que a opção pela expressão "remunerado" significa uma importante abertura para incluir os serviços de consumo remunerados indiretamente, isto é, quando não é o consumidor individual que paga, mas a coletividade (facilidade diluída no preço de todos), ou quando ele paga indiretamente o "benefício gratuito" que está recebendo. A expressão "remuneração" permite incluir todos aqueles contratos em que for possível identificar, no sinalagma escondido (contraprestação escondida), uma remuneração indireta do serviço de consumo. (...) Remuneração e gratuidade: Como a oferta e o marketing de atividades de consumo "gratuitas" estão a aumentar no mercado de consumo brasileiro (...), importante frisar que o art. 3º, § 2º, do CDC refere-se à remuneração dos serviços e não a sua gratuidade. "Remuneração" (direta ou indireta) significa um ganho direto ou indireto para o fornecedor. "Gratuidade" significa que o consumidor não "paga", logo, não sobra um *minus* em seu patrimônio. (...)[49]

Sendo uma relação de consumo, aplica-se o princípio da solidariedade legal entre os causadores de danos ao consumidor de modo que, havendo mais de um autor desses danos, todos eles responderão solidariamente pela reparação, segundo o art. 7º, parágrafo único, do Código de Defesa do Consumidor. Em mesmo sentido regula o Código Civil, no art. 942. O consumidor pode, assim, exigir de qualquer devedor a indenização pelo seu todo, sem necessariamente aguardar a discussão sobre a responsabilidade entre os devedores solidários.

A legislação do consumidor também traz regras específicas sobre privacidade. O art. 43 estabelece que o consumidor terá acesso às informações existentes em cadastros, fichas, registros e dados pessoais e de consumo arquivados sobre ele, bem como sobre as suas respectivas fontes. Que os cadastros devem ser objetivos, claros, verdadeiros e em linguagem de fácil compreensão, não podendo conter informações negativas referentes a período superior a cinco anos. E que a abertura de cadastro, ficha, registro e dados pessoais e de consumo deverá ser comunicada por escrito ao consumidor, quando não solicitada por ele.

Ainda conforme o art. 43 do Código de Defesa do Consumidor, o consumidor sempre que encontrar inexatidão nos seus dados e cadastros poderá exigir sua imediata correção devendo o arquivista, em cinco dias úteis, comunicar a alteração aos eventuais destinatários das informações incorretas. Os bancos de dados e cadastros relativos a consumidores, os serviços de proteção ao crédito e congêneres são considerados entidades de caráter público. É assim possível o uso do *habeas data* para acessibilidade aos dados e para certificar-se de que os dados serão corrigidos.

A inobservância a tais regras pode configurar crime contra relações de consumo, além de outros tipos de violações materiais e morais. Nesse sentido os arts. 72 e 73 do Código de Defesa do Consumidor estabelecem infrações penais em relações de consumo: aquele que impede ou dificulta o acesso do consumidor às informações que dele constem em bancos de dados e aqueles que deixam de corrigir informações sobre consumidores em banco de dados que sabem ou deveriam saber inexatas estão sujeitos a detenção ou multa. Desse modo, é fundamental que a estrutura tecnológica permita aos administradores da rede social promoverem buscas e retificarem dados com facilidade e baixos custos.

Em função disso, considerando-se a aplicabilidade das normas de proteção ao consumidor a relações envolvendo os prestadores dos serviços de redes sociais digitais, as questões relativas especialmente à proteção de dados devem ser consideradas.

Diante de dano alegado pelo usuário por uma ineficiência do sistema, que não permita a devida retificação de informação a seu respeito, ou não possua mecanismo de notificação aos administradores da rede sobre conduta abusiva de outros usuários que ofendam sua honra e integridade, do ponto de vista do direito do consumidor, não há significativa diferença no tratamento jurídico aplicável a outros serviços, como os *fotologs*, *weblogs* e mesmo as home pages que contribuíram para a popularização da internet nos anos 1990.

Seguindo algumas tendências jurisprudenciais recentes no campo da responsabilidade por intermediação de negócios consumer-to-consumer, o prestador de serviços não responde, a princípio, pela intermediação. Entretanto, pode-se falar em uma obrigação em manter, na medida do razoável, um sistema eficiente de administração e controle para a correção de informações imprecisas e suspensão de contas de usuários que infrinjam os termos de uso, na medida que estes sejam denunciados aos administradores do sistema, o que será analisado logo a seguir.

Conforme avança a tecnologia, é cada vez mais interessante considerar a viabilidade de implementação de sistemas de reconhecimento e autenticação dos dados de usuários cadastrados, evitando assim os clones (apelidados de "*bogus*" no Orkut e "*fakesters*" no Friendster) que não raramente personificam indivíduos, celebridades ou não, criando perfis falsos e acompanhados de informações injuriosas, caluniosas ou que induzam terceiros a erros. Trata-se de aspecto a que os prestadores de serviços devem atentar, uma vez que podem, inclusive, culminar em obrigações indenizatórias, sem considerar o envolvimento em eventuais ações penais.

2.2. Proteções e Responsabilidade do Banco de Dados e Conteúdo da Rede Social

A estrutura de uma rede social é oferecida aos seus usuários, que alimentam o sistema basicamente de dois modos: informações pessoais em seus perfis individuais e mensagens publicadas em fóruns coletivos de discussão. Tanto essas informações diretamente produzidas pelos usuários como as estatísticas de medição do sistema, realizadas pelos administradores da rede social, compõem um de seus maiores valores: um banco de dados que deve ser protegido juridicamente. Assim, é necessária a distinção entre a base de dados e o sistema de administração desta base.[50]

Esses valiosos dados armazenados pelo sistema podem ser capturados por diversas técnicas, que exploram brechas de software ou brechas humanas, o que é conhecido como "engenharia social". Os ataques utilizando software são errônea e popularmente chamados de "ataques de hackers", como por exemplo o *spidering*, técnica usada por muitos mecanismos de busca para coletar dados. Do outro oposto, para ilustrar a engenharia social podemos imaginar o agente malicioso que deixa abandonado no corredor de uma empresa um disquete com os dizeres "confidencial" ou "folha de pagamento", esperando que um funcionário inadvertidamente insira o disquete no seu computador motivado pela curiosidade e assim execute por conta própria arquivos escondidos que facilitem a posterior invasão.

Na esperança de garantir um reforço contratual contra ataques, muitos serviços de rede social digital inserem em seus termos de uso uma proibição contratual de realização de *spidering* e outras técnicas. Essa medida, por si só, não é juridicamente adequada, pois os "termos de uso" somente obrigam contratualmente o prestador e seus usuários, não alcançando terceiros que não tenham aberto uma conta de usuário no sistema. Pelo lado tecnológico, tampouco é suficiente para proteger o titular do banco de dados e os indivíduos cujos dados compõem a base de dados: uma vez capturadas as informações, não há volta, dada sua volatilidade e facilidade de reprodução, principalmente quando nenhuma tecnologia de digital *rights management*[51] é utilizada.

É necessário lidar com expectativas dos usuários que, ao depositarem informações em uma rede social, não desejam que estas sejam capturadas ou repassadas a terceiros, fora da rede social.[52] Como visto na primeira parte, a informação assume diferentes papéis conforme o contexto e essa mudança pode se revelar suficiente para legitimar demandas jurídicas.

A Lei de Direitos Autorais, em seu art. 7º, arrola, dentre as obras intelectuais protegidas, as bases de dados e outras obras que, por sua seleção, organização ou disposição de seu conteúdo, constituam criação intelectual. Entretanto, referida proteção é quanto à base de dados como um todo e não quanto a cada item de informação individual.

O art. 87 da Lei de Direitos Autorais dispõe ainda: "O titular do direito patrimonial sobre uma base de dados terá o direito exclusivo, a respeito da forma de expressão da estrutura da referida base, de autorizar ou proibir: (i) sua reprodução total ou parcial, por qualquer meio ou processo, (ii) sua tradução, adaptação, reordenação ou qualquer outra modificação, (iii) a distribuição do original ou cópias da base de dados ou a sua comunicação ao público, (iv) a reprodução, distribuição ou a sua comunicação ao público dos resultados das operações mencionadas no inciso II deste artigo". O Direito brasileiro[53] oferece, assim, boas proteções contra abusos cometidos contra os titulares de bancos de dados, atendidos os requisitos de criatividade e originalidade.[54] Os empreendedores que envidam esforços em construir sistemas inovadores de redes sociais podem garantir a proteção jurídica de seus ativos contra concorrentes que busquem aproveitar-se de bancos de dados já existentes.

Ao lado dos problemas que envolvem os bancos de dados como um todo, existem problemas relacionados aos dados ali armazenados. Podem ocorrer abusos de direitos de propriedade intelectual por meio da rede social pelos usuários. Um exemplo de violação de direitos patrimoniais de autor seria o hipotético caso de publicação em um fórum de discussão de todo o conteúdo de um livro de poemas, com direitos reservados, sem autorização. Caso os poemas sejam publicados sem indicação adequada de autoria, estaríamos diante de uma violação de direitos morais de autor. Em situações como essas, poderia ser feita uma analogia com casos mais conhecidos de violações de direitos autorais em home pages em que o prestador, provedor de conteúdo, acaba sendo trazido à lide.[55]

Nesses casos, em que o prestador de uma rede social pode ser exposto devido ao comportamento dos usuários, a técnica dos termos de uso tem maior eficácia. As licenças de publicação e reprodução, entre outras, devem ser obtidas de todos os seus usuários. Porém a política de uso não elimina por completo o risco nos casos em que o usuário da rede que veicula o conteúdo não tem legitimidade para autorizar a rede social, sendo nula a pretensa autorização obtida por meio dos termos de uso.

O prestador de uma rede social deve, assim, estar precavido com as ações cometidas mediante seu intermédio. É observada, atualmente, uma tendência de atribuição de responsabilidade ao prestador de serviços sobre o conteúdo das discussões, perfis de usuários e toda forma de informação publicada diretamente ou por meio de *hyperlink* a informações hospedadas fora do sistema da rede social, o que tem deixado os prestadores de serviços *on line* preocupados sobre as repercussões negativas em suas atividades.

A organização operacional do prestado deve ser cuidadosamente revisada, do que se depreende do Recurso Especial nº 566.468-RJ (2003/0132555-7) que considerou existência de "fragilidade operacional" de prestador de serviço de website de encontros.

O Acórdão proferido pela Quarta Turma do Superior Tribunal de Justiça ao referido recurso especial propugna a responsabilização do fornecedor face à inexistência de mecanismos eficientes de controle sobre os cadastros de usuários e eventuais abusos como no caso de personificação alheia.

O caso confirmou o juízo de primeira instância que condenava a Terra Networks do Brasil S/A por danos morais sofridos por psicóloga que, sem sua autorização, teve dados pessoais cadastrados e divulgados em website de encontros como uma "pessoa que se propõe a participar de programas de caráter afetivo e sexual".

De acordo com o julgado, a autora foi "vítima da fragilidade operacional da ré, visto que, sem contratar com ela, acabou-se por permitir a veiculação dos dados da autora em página de serviços de sua responsabilidade".

A tendência de responsabilização do fornecedor, nessas hipóteses de abuso, tem significativo impacto para a indústria de serviços pela Internet.[56] Para evitar a responsabilidade, os fornecedores seriam obrigados a atingir altíssimos níveis de segurança de sistemas e certificação de usuário, hoje ainda um pouco distantes do mercado de massa. Desse modo, suas atividades seriam inviabilizadas ou então os custos jurídicos e operacionais deveriam ser repassados aos consumidores, o que prejudicaria o consumo. Por outro lado, decisões como essa estimulam a pesquisa e desenvolvimento de tecnologias mais seguras a preços mais acessíveis.

Na aplicação das teorias de responsabilidade, duas correntes têm sido debatidas. Uma entende que os serviços em discussão não envolvem, em sua natureza, mais risco que outra atividade, sendo então aplicável a regra geral de obrigação de indenizar mediante ato ilícito nos termos dos arts. 186 e 187 do Código Civil. A outra possibilidade é assumir que os riscos de abusos dos serviços pelos próprios usuários e de invasões por agentes maliciosos são inerentes aos próprios serviços, seguindo, portanto, a teoria do risco criado e dispensando a comprovação de culpa.

A primeira corrente anterior defende que os serviços prestados por meio da Internet não implicam, por sua própria natureza, um risco maior que outros serviços de comunicação, como atividades telefônicas ou de correios. Os riscos surgem ocasionalmente dependendo da implementação do plano de negócios de cada fornecedor, conforme a administração e implementação de sistemas de certificação, segurança e proteção de dados.

É reconhecido que a interatividade permitida pela Internet descentraliza muito do controle prévio que o prestador teria em mídias mais tradicionais como a televisão ou o rádio. Assim, os canais abertos à interação podem ser usados de modo abusivo tanto pelos próprios consumidores que aderem à prestação de serviços como por terceiros que buscam invadir os sistemas digitais. Sendo uma característica desse modelo de comunicação, o fornecedor somente seria responsável se, após ciente da existência de abuso em seus sistemas, não tomasse qualquer medida para a repressão e controle.

A segunda corrente entende que na Internet não existe alternativa totalmente segura contra os abusos,[57] aplicando-se então a teoria do risco criado, com base no defeito do serviço. É necessário identificar um defeito envolvendo o serviço para a configuração da responsabilidade objetiva. Assim como na hipótese do fato do serviço regulado no art. 14 do Código de Defesa do Consumidor, a responsabilidade objetiva baseada no parágrafo único do art. 927 do Código Civil se manifesta quando o serviço não é prestado com a segurança esperada.

Caberá ao julgador identificar no caso concreto o grau da periculosidade e a legítima expectativa. As expectativas são legítimas conforme o estado da arte e condições econômicas da época, mostrando-se plausíveis, justificadas e reais.

A aplicação da teoria do risco criado deve ser cautelosa, por sua amplitude que, como visto, pode abranger qualquer serviço disponibilizado por meio da Internet, o que prejudicaria as atividades *on line* nacionais em grande escala. Os fornecedores, por sua vez, devem estar atentos ao nível de desenvolvimento tecnológico do mercado que configure o estado da arte. Assim, estarão menos vulneráveis ao serem confrontados com demandas fundamentadas na teoria da responsabilidade objetiva, com base na expectativa dos consumidores quanto à implementação de sistemas e métodos operacionais condizentes com o estágio tecnológico vigente.

Uma analogia também pode ser feita com o caso dos "leilões virtuais" em operação no Brasil, apesar de ser muito controverso o posicionamento dos tribunais: existem decisões no sentido que referidos websites apenas atuam como um classificado, aproximando-os da corretagem, divulgando relações as quais não possuem qualquer vínculo ou responsabilidade[58] e, de outro lado, decisões que, entendendo haver comissão paga quando o negócio se aperfeiçoa, o website atua como intermediário e, portanto, sujeito à responsabilidade solidária nos termos do parágrafo único do art. 7º do Código de Defesa do Consumidor.[59]

A responsabilidade dos websites em caso de transações de produtos que infrinjam direitos de terceiros implicaria a necessidade de um controle prévio a cada informação divulgada por seus sistemas.[60] Isso imporia uma onerosa obrigação de monitoramento prévio do conteúdo publicado desses serviços para evitar a responsabilidade solidária em virtude do art. 186 do Código Civil.

Em vista da inexistência de legislação específica sobre o assunto e dos controversos posicionamentos dos casos julgados até o momento, é prudente a implementação de mecanismos tecnológicos e contratuais para resguardar os interesses das partes envolvidas e reduzir o risco de imputação de responsabilidade por mau uso dos sistemas de rede social.

Estudo feito pelo Comitê Jurídico da Câmara Brasileira de Comércio Eletrônico, em 13 de abril de 2004,[61] ressaltou que existem riscos de responsabilidade para os websites principalmente se estes forem coniventes com situação de fraude e se receberem comissão pela intermediação. De outro lado, se figuram como um mero classificado, sem qualquer relação com os anunciantes, os argumentos para sua isenção de responsabilidade tornam-se mais fortes, exceto nos casos de dolo e culpa.

Algumas redes sociais possuem regras de repressão a comportamentos indesejados, que podem ser sutis como *ranking* feito pela comunidade de usuários buscando estabelecer um sistema de reputações[62] que afeta a projeção da personalidade dos usuários, até outros métodos como a eliminação de perfis cadastrados ou sua suspensão temporária. Apesar da plasticidade da analogia desta repreensão a uma prisão digital, por restringir a liberdade do indivíduo dentro da rede social, não é juridicamente possível o aproveitamento da analogia para a concessão de *habeas corpus* em tais situações.[63] Entretanto, mediante percepção de dano decorrente da impossibilidade de celebrar tempestivamente qualquer ato jurídico por meio da rede social, justamente por motivo dessa suspensão temporária de seus direitos de publicação de mensagens, pode o usuário ter legítima expectativa de reparação.

Mais uma questão a ser enfrentada pelos arquitetos das redes sociais é como proceder no caso de falecimento, no mundo físico, do usuário que possui cadastro na rede social. Deve ser indicado, junto a suas informações pessoais, o estado de falecido? Caso contrário, será necessário lidar com eventuais terceiros induzidos em erro. Em redes sociais verdadeiras, o perfil de um usuário apresenta uma natureza jurídica pessoal e intransferível, não constituindo patrimônio a ser partilhado ou negociado.

Em redes sociais verdadeiras, essas questões estão intimamente ligadas à importância e risco em promover certificação dos usuários. A segurança e a privacidade estão intimamente ligadas, pois por um lado o sistema deve ser seguro de modo a não permitir que terceiros de má-fé possam obter acesso a dados pessoais, enquanto, de outro lado, as informações que são fornecidas a um banco de dados de uma rede social devem ter credibilidade, caso contrário é possível a criação de perfis personificando terceiros, celebridades ou não, com propósitos jocosos ou mesmo visando fraude.[64]

O problema que se apresenta é que quanto maiores as medidas adotadas pela empresa para a certificação dos dados (p. ex. solicitação de comprovante de residência, número de cartão de crédito, comparecimento pessoal em estabelecimento da empresa que disponibiliza a rede social, ou outros meios de comprovação), maior é a confiança depositada no sistema e, assim, maiores os prejuízos que podem ocorrer no caso de um roubo de identidade. Interessante dilema jurídico pode ser desenvolvido no tocante à responsabilidade: conforme as tecnologias de reconhecimento, como a biometria, por exemplo, são desenvolvidas, e formas mais avançadas de controle de identidade são estimuladas pelo Governo Federal, pode-se afirmar que o estado da arte, como um todo, progride e permite a implementação de meios mais seguros de certificação. Aceita essa teoria, poderia ser argumentada a culpa na omissão do prestador de serviço em não implementar os meios disponíveis, como no caso analisado do provedor Terra Networks. A análise casuística deve ser feita com cuidado pelos desenvolvedores do sistema e seu corpo jurídico de modo a aconselhar a rede social digital a tomar medidas buscando a certificação dos usuários ou então a abster-se completamente, pautada pelo princípio da boa fé. O *business plan* deve optar pela modalidade mais equilibrada, de menores riscos, o que deve ser conjuntamente alcançado pela apropriada confecção de contratos de política de uso, privacidade e implementação de mecanismos tecnológicos para prevenir e eliminar abusos.[65]

Enquanto, de um lado, os prestadores devem estar cada vez mais atentos em desenvolver e adotar sistemas que reduzam a fraude e aumentem a veracidade das informações, tanto o legislador que se depara com a problemática apresentada quanto o intérprete das leis e princípios existentes devem tomar cautela com efeitos negativos ao mercado. Caso haja exigência jurídica de implementação de níveis tecnológicos desproporcionalmente altos, sob risco de condenação por abusos cometidos em seus sistemas, ou se inviabilizará por completo o serviço ou então o aumento de seu custo será repassado aos consumidores, implicando redução da demanda e, conseqüentemente, menor quantidade de usuários conectados e redução do valor de rede.[66]

2.3. O Equilíbrio da Privacidade e a Vedação do Anonimato no Brasil

Apesar de árdua, a definição de privacidade é necessária para que o Direito possa lidar com violações identificadas. Etimologicamente, privacidade significa privar, separar, alusão ao distanciamento das coisas públicas. Apesar de sua fama e certo lirismo, em termos práticos, expressões como "o direito de ser deixado em paz"[67] ou "o direito a uma personalidade inviolável"[68] não contribuem para grande esclarecimento. Na definição prática de Kent Walker, a privacidade é a capacidade de evitar que terceiros utilizem, armazenem, compartilhem informações sobre o indivíduo. Alan Westin, por sua vez, define a privacidade de informação como "o direito de indivíduos, grupos ou instituições para determinar por si quando, como e em que proporção uma informação a seu respeito é comunicada a terceiros".

O controle sobre a informação pessoal é o controle sobre a personalidade projetada ao mundo, de modo que o direito à privacidade é a liberdade contra limitações desarrazoadas em relação à construção da sua identidade.[69]

Parte dessas limitações injustas acontece quando apenas um ou outro elemento a respeito do indivíduo é considerado, criando uma associação a um estereótipo muito distinto da percepção que seria formada caso o indivíduo tivesse a oportunidade de ser consultado e fornecer informações complementares para uma impressão mais consistente e completa. É o caso de uma hipotética situação de um encarregado pelo recrutamento de um funcionário que, deparando-se com a informação que o candidato gosta de carros velozes imediatamente o associa com o estereótipo de "apostador de rachas" e, sem buscar se informar melhor sobre a personalidade e comportamento do candidato, o exclui da lista de entrevistados.

O exemplo não constitui violação direta a direito líquido e certo e repousa principalmente no campo da subjetividade de tomadores de decisão. Porém, conforme mais e mais essa prática acaba sendo adotada por profissionais de recursos humanos, analistas de crédito, avalistas de apólices de seguro, administradores de clubes e todos aqueles que, antes de tomar uma decisão, consultam os dados abertamente disponíveis na Internet e, de forma mais restrita, dentro de um banco de dados de redes sociais, a respeito de um indivíduo, os defensores de padrões mais rígidos de privacidade acreditam estar diante de uma sociedade que apresenta graves problemas.

Nessas situações, é necessário distinguir as informações que foram tornadas públicas diretamente pelo indivíduo ou por meio de um terceiro com ou sem seu consentimento. Vale ressaltar que mesmo a publicidade de informação na Internet tem diversos níveis. Dados extremamente públicos são aqueles publicados em websites sem qualquer restrição de acesso e que sejam *searchable*.[70] Em um grau menor de publicidade estão as páginas que não estão com seu conteúdo indexado pelos mecanismos de busca, porém que não contêm restrições de acesso, assim como as páginas somente acessíveis por meio de livre cadastro em um sistema, como ocorre na maior parte das redes sociais. Em outro extremo existem as páginas que somente são visualizáveis a usuários restritos por meio de autenticação. Em todos esses ambientes, caso o indivíduo por conta própria tenha disponibilizado as informações sobre sua pessoa, as possibilidades de violações à privacidade são menores quando um terceiro faz a publicação. E, quando a publicação é feita pelo próprio indivíduo, a probabilidade de violação à privacidade é menor conforme maior for o caráter público da página.

Assim, privacidade pode ser definida como a capacidade de determinar o que o indivíduo deseja revelar e o quanto quer ser acessível.[71] Utilizar esse conceito para a elaboração de norma acaba sendo tarefa difícil, pois para isso dependerá do caso concreto, em que fatores como o grau de intimidade entre os envolvidos, o ambiente em que os relacionamentos ocorrem, as expectativas de cada um, entre outros, estão envolvidos.

Fica claro que a privacidade não é um conceito unitário. O professor Daniel Solove[72] argumenta que a privacidade não pode ser adequadamente definida pelo isolamento de um denominador comum em todas as miríades situações que entendemos haver uma violação da privacidade. Ele sugere um conceito *bottom-up* que focalize determinados problemas relacionados, mas que não necessariamente partilham um elemento comum. Existem muitos tipos de problemas de privacidade que, apesar de relacionados, distinguem-se significantemente.

A percepção de privacidade em determinado sistema jurídico e em determinado momento histórico deve servir como base para controle de riscos legais que os sistemas de redes sociais enfrentam e das possibilidades de manifestação que os usuários possuem com amparo legal.

Assim, é ressaltada a importância da identificação se as informações são livre e espontaneamente disponibilizadas a todos, indistintamente de ser seu observador um usuário credenciado ou não, ou somente a usuários que tenham intimidade em determinado círculo social.

Um ponto primário da discussão envolve definir se a privacidade deve ser encarada de forma objetiva ou subjetiva. Como visto na parte introdutória, são diversas as concepções subjetivas sobre a intimidade, aí localizada uma grande dificuldade na definição legislativa de um patamar mínimo necessário e aceitável. Se somente houver violação da esfera da intimidade a partir do momento que um outro ser humano tem acesso a informações sensíveis, como opção religiosa, sexualidade, histórico de doenças, um sistema de inteligência artificial que receba tais informações, e esteja hermeticamente programado a não divulgá-las de modo algum, utilizando-as apenas com propósitos de levantamentos estatísticos, não infringiria a privacidade, de acordo com esta definição.

De qualquer forma, na busca de definições e respostas a indagações sobre a natureza jurídica da privacidade, é necessário aceitar que, assim como a noção de subjetividade, ela varia conforme o momento histórico vivido e, assim, não é apropriado que a lei engesse seu conceito.

Apesar da inexistência de diploma específico sobre o tema, a proteção da privacidade é garantida pela Constituição Federal de 1988 (CF/1988) e legislação esparsa sobre o assunto. O art. 5º, X, da CF/1988 diz que "são invioláveis a intimidade, a vida privada, a honra e a imagem das pessoas, assegurado o direito à indenização pelo dano material ou moral decorrente de sua violação". Assim, a intimidade configura-se, pela redação constitucional, distinta do conceito de vida privada, honra e imagem das pessoas. Como esclarece José Afonso da Silva, a terminologia não é precisa e assim seu Curso de Direito Constitucional Positivo adota a expressão "direito à privacidade" em um sentido genérico e amplo.

Comentando o mesmo dispositivo constitucional, Celso Ribeiro Bastos[73] afirma compreender a faculdade individual de obstar a intromissão de estranhos em sua vida privada e familiar e de impedir o acesso a informações sobre a privacidade de cada um e de evitar que sejam divulgadas informações sobre esta área da manifestação existencial do ser humano.

A proteção à privacidade é considerada tanto um direito fundamental como um direito da personalidade. São direitos de mesma essência, mas para Gilberto Haddad Jabur, o primeiro é uma proteção do indivíduo contra o arbítrio do Estado e o último pertence ao direito privado, direcionado às relações entre particulares.

Uma solução de arquitetura é proposta por Lawrence Lessig para os problemas de privacidade com base em duas premissas: 1) conferir a cada indivíduo um direito proprietário sobre suas informações pessoais; e 2) empregar protocolos de transmissão como o Privacy Preferences Project (P3P)[74] que permitem ao usuário controlar seu acesso a websites dependendo de suas preferências preestabelecidas de privacidade, de modo que, por exemplo, descontos em preços de mercadorias pudessem ser concedidos caso o usuário decidisse divulgar maiores informações pessoais.

No ordenamento jurídico nacional, a discussão que se coloca em torno do P3P e da solução de Lessig merece análise quanto ao caráter irrenunciável da privacidade enquanto direito fundamental. Caso prevaleça o entendimento de ser completamente irrenunciável, a negociação sugerida seria nula e, portanto, permaneceria o prestador sujeito à responsabilidade caso posteriormente o usuário, sentindo-se violado em sua privacidade por uma transação realizada, decida processá-lo. Os riscos ficam ainda mais agravados considerando-se a imprescritibilidade desse direito.[75]

Em 1980, a Organização para Cooperação Econômica e Desenvolvimento – OECD estabeleceu linhas mestras de proteção à privacidade.[76] Quanto ao Princípio da Participação Individual defendido pela OECD, que busca fornecer ao indivíduo o poder de obter a confirmação se dados a seu respeito estão inseridos em determinado banco de dados, de modo satisfatório, bem como providenciar sua retificação, merece destaque o instituto do *habeas data* previsto no art. 5º, LXXII, da CF/1988 e regulado pela Lei nº 9.507, de 12/11/1997.

Ainda no campo de princípios gerais sobre tratamento legal da privacidade, é interessante comentar também a nova disposição legal implementada no art. 21 do Código Civil, que estabelece que a vida privada da pessoa natural é inviolável, e o juiz, a requerimento do interessado, adotará as providências necessárias para impedir ou fazer cessar ato contrário a esta norma.

São, assim, diversos os recursos jurídicos e técnicos para o controle da privacidade. Quanto a esse controle, é válido um comentário adicional: apesar do interesse dos indivíduos em controlar a informação que chega a eles, manifestada por exemplo nos casos do *telemarketing* e do *spam*, independentemente de se configurar ou não uma violação à privacidade em tais casos, existe um valor das informações compartilhadas em sociedade que pode ser perdido no caso de controle total.[77] A economia capitalista e a sociedade livre dependem de trocas de informações independentemente de prévia solicitação, como campanhas eleitorais, anúncios em outdoors, passeatas..., as quais devem respeitar limites preestabelecidos. Um equilíbrio pode ser atingido a partir do momento inicial em que é facultado receber informações adicionais conforme interesse do indivíduo.

Os benefícios da troca de informação, como diminuição de preços pela redução dos custos de transação a partir de um mercado mais transparente,[78] são analisados por Kent Walker, que aponta, entre outros, para ampliação de acesso de informações e conveniência do atendimento customizado. Conforme informações pessoais são disponibilizadas, o senso comunitário também é fortalecido, possibilitando assim a formação de elos de afinidade por intermédio de sistemas de comunicação sem que a localização geográfica seja um ponto de partida ou uma coerção.[79] A segurança é também aperfeiçoada pela maior confiabilidade das informações: números seriais de identificação em hardware e software podem ser utilizados para saber em que local surgiram ataques a sistemas protegidos, e mesmo criação de vírus, como ocorreu no caso do autor do vírus Melissa.[80]

A anonímia, em situações como essa, desestabilizaria a responsabilidade social e jurídica que pode ser atribuída em atos repreensíveis. A anonímia pode ter papel de importância no contexto de sistemas políticos repressores em que a liberdade de expressão não poderia de outra forma ser exercida, sob risco de retaliação. Mas, em situações ordenadas, não é um valor a ser defendido, de modo que o anonimato é vedado pela CF88, em seu art. 5º, IV.

Comentando a proibição ao anonimato, Alexandre de Moraes diz ser essa "ampla, abrangendo todos os meios de comunicação (cartas, matérias jornalísticas, informes publicitários, mensagens na Internet, notícias radiofônicas ou televisivas, por exemplo). Vedam-se, portanto, mensagens apócrifas, injuriosas, difamatórias ou caluniosas. A finalidade constitucional é destinada a evitar manifestação de opiniões fúteis, infundadas, somente com o intuito de desrespeito à vida privada, à intimidade, à honra de outrem; ou ainda, com a intenção de subverter a ordem jurídica, o regime democrático e o bem-estar social".[81]

A vedação constitucional busca, assim, viabilizar a atribuição de responsabilidade àqueles que exercem a liberdade de pensamento evitando os abusos que podem decorrer da impunidade facilitada pela ocultação. Os excessos devem ser sempre evitados: a demasiada preocupação com a privacidade, expressa na forma de normas rígidas, pode fazer com que outros valores sejam perdidos. A regulação apressada e sem reflexão pode causar o término de uma série de atividades empreendedoras legítimas e inovadoras, e também prejudicar o livre fluxo de informações, necessário para a promoção de objetivos individuais, comunitários e sociais.

Como já observado, as tecnologias trazem aspectos tanto positivos como negativos. A atitude da sociedade perante assuntos de privacidade muda, conforme novas tecnologias, apresenta benefícios, como a filmagem de ruas. A maior exposição das pessoas em ambientes públicos perante autoridades imperceptíveis contribui para a melhora na prestação de serviços públicos, especialmente quanto à redução da criminalidade.[82] Além do peso imediato a ser suportado pela implantação desses sistemas, o que deve ser feito é uma análise dos danos que podem ocorrer caso o sistema seja violado por terceiros de má-fé ou saia de controle.

As reflexões sobre a natureza jurídica da privacidade são necessárias para a sua proteção. A identificação do momento de sua violação é um dos pontos que requer maior definição: quando ocorre? No momento da coleta não autorizada? Quando um terceiro não autorizado obtém acesso aos dados? No processamento dos dados? Quando os resultados dos dados processados são publicados? Quando atitudes, baseadas nos dados processados e publicados, são tomadas?

Semelhantes questionamentos foram levantados pelo grupo de trabalho convocado pela OMPI para tratar da proteção dos bancos de dados: na ausência de uma autorização expressa por parte do titular do direito de autor, constituiria o aproveitamento de sua obra violação ao direito de autor ou somente a saída é que a caracterizaria? Antônio Chaves relata que fora concluído "que a entrada (incluída a fixação na memória interna de um computador) deveria ser considerada uma reprodução, tanto mais que a saída não implica necessariamente qualquer violação ao direito de autor e que a autorização necessária deveria ser solicitada por ocasião da entrada". Pode-se fazer uma analogia com relação ao momento em que pode ocorrer uma violação aos direitos de privacidade quando ocorre a mera inclusão dos dados em um sistema?

Nesse sentido, é necessário um alerta: dependência excessiva das técnicas de estatística e mapeamento de perfil pode acabar rotulando os usuários a ponto de diminuir sua exposição a determinados conteúdos que o sistema de banco de dados entenda que não são de interesse pelo perfil analisado. Essa excessiva rotulagem diminuiria a liberdade dos cidadãos.[83]

2.4. Direito à Imagem

O art. 5º, X, da CF/1988 também protege expressamente o direito à imagem, que goza de autonomia no ordenamento jurídico nacional, existindo independentemente de outros direitos da personalidade. Sua indisponibilidade deve ser entendida de modo relativo, por ser possível sua disposição parcial pelo indivíduo consentindo com a exposição, reprodução ou mesmo o comércio de sua imagem.

Os recursos das redes sociais em disponibilizarem imagens de seus usuários ampliam a aplicação dessa exceção, o que, se por um lado facilita a expressão da personalidade e interação social, implica também potenciais violações ao direito de autor do fotógrafo quando suas obras são veiculadas sem autorização[84] e, principalmente, agressões ao direito de imagem dos retratados, que podem não ter consentido em ser fotografados ou, em outra hipótese, apesar de consentirem em serem fotografados em determinada circunstância (por amigos, para que fosse guardada em álbum de fotografias e com moderada exposição), podem não consentir em sua exposição a uma platéia indistinta e ampla como a que possui acesso à rede social. A esse respeito, Zulmar Antonio Fachin parafraseia o clássico trabalho de Adriano de Cupis:

> O consentimento para uso da imagem, seja tácito ou expresso, gratuito ou mediante pagamento, tem limites. O Professor De Cupis estabelece hipóteses e limites para o uso da imagem: a) alguém permite ser retratada para deixar uma recordação a determinada pessoa: o retrato não pode rodar o mundo, pois a pessoa ao consentir que fosse tirada a fotografia, o fez para um fim determinado e não para outros fins; b) se a pessoa consente em divulgar a própria imagem por um modo, sua imagem não pode ser divulgada por outro (ex.: consente tirar a foto para uma vitrine e não pode ser usada para cartão-postal); c) se a pessoa consente ter a imagem usada por determinado tempo, não pode a publicidade durar indefinidamente; d) se a pessoa consente divulgar a imagem perante certas pessoas, perante os outros resta inalterado o direito à imagem.[85]

Além das situações referidas anteriormente, cometem ato ilícito aqueles que promovem montagens e deformações de fotos que impliquem em dano, ainda que exclusivamente moral, conforme disposto no art. 186 do Código Civil.

Vale o alerta para os desenvolvedores de sistemas de redes sociais para que implementem mecanismos de denúncia aos administradores do sistema, de modo que àqueles que se sintam prejudicados com a publicação de imagens possam requerer a retirada da publicação das imagens.

2.5. Marcas

Uma breve observação merece ser feita com relação a marcas: em ambientes promovidos pelas redes sociais digitais, os direitos dos titulares de marcas registradas não são afetados pela nova tecnologia. Ao contrário: além de plenamente efetivos, constituem importante ferramenta para a defesa da imagem da instituição ou produto a qual se referem. O entendimento que começa a ser firmado pela jurisprudência brasileira[86] indica que o titular de marca tem legítimo interesse em promover sua retirada quando não houver autorização.

2.6. Direito de Autor

Deixando de lado os aspectos de direitos autorais do criador do sistema da rede social, passamos a explorar o tema sob outro aspecto: os direitos autorais dos participantes das redes sociais.

Desde os tempos da WELL era vibrante a "vida *on line*". Como analisado por Tim Jordan[87], a Whole Earth 'Letronic Link começou timidamente como uma BBS em São Francisco, um serviço que permitia pessoas brilhantes a se conectarem, deixarem mensagens e interagir. A WELL cresceu e gradualmente atraiu uma comunidade que se sentia e agia como uma comunidade, se transformando em um paradigma para outras sociedades *on line*. A WELL organizava conferências em diversos tópicos e os participantes usavam seus homônimos de modo que sua personalidade era percebida de acordo com as mensagens publicadas. Os indivíduos não precisavam, reporta Jordan, se encontrar fisicamente, apesar de fazê-lo esporadicamente, para criarem vínculos de amizade.

Uma das histórias da WELL reportada não apenas por Jordan e Rheingold, mas por diversos observadores de redes sociais digitais, é o caso de um usuário identificado pelo heterônimo "Philcat" que compartilhou com seus colegas da WELL a tristeza em saber que seu filho havia contraído leucemia. Philcat não apenas recebeu compaixão e mensagens de apoio como também mensagens técnicas sobre formas de tratamento e diagnose.

A interatividade possibilitada pela Internet ganha grande força nas redes sociais digitais que permitem espaços públicos de discussão. Nas redes sociais digitais em funcionamento atualmente, existem as mais variadas comunidades dedicadas a discutir política, ciência, amenidades, entretenimento, lazer ou mesmo propagar o ódio ou racismo. O direito autoral, porém, não entra no mérito da qualidade e relevância do seu objeto, garantindo ao autor dois conjuntos de prerrogativas: os direitos morais e os direitos patrimoniais de autor.

Novamente as especificidades do direito brasileiro devem ser observadas pelos fornecedores de redes sociais digitais com modelos de negócio estruturados em mercados estrangeiros. De acordo com o art. 27 da Lei de Direitos Autorais, os direitos morais são inalienáveis e irrenunciáveis. Assim, a mera tradução de políticas de uso que transferem tanto os direitos patrimoniais como morais de autor dos usuários para o fornecedor não é suficiente.

Portanto, reforçando novamente o objetivo do presente estudo, que é a integração tecnológica e jurídica das redes sociais, é importante atenção se o sistema tecnológico permite, por exemplo, o exercício do direito de arrependimento. Após publicação de uma determinada mensagem no sistema, é possível a sua retirada de circulação?

Retomando aos direitos morais de autor, também se observa que o sistema deve garantir o direito de paternidade de sua obra. Assim, considerando o que foi analisado na parte referente à responsabilidade civil, vemos que o sistema que apresenta fragilidade e permite que um terceiro se aproprie de conteúdo elaborado e publicado por determinado indivíduo, tomando para si os créditos de sua contribuição, está sujeito à responsabilidade.

É o que aconteceu no final do ano de 2004, ocasião em que o usuário conhecido como "Vinicius K-Max" usurpou a moderação de cerca de 26 das maiores comunidades do Orkut, explorando uma vulnerabilidade do software de navegação Internet Explorer, interceptando *cookies* das vítimas com a finalidade de obter direito de acesso a suas contas.

Segundo Túlio Vianna:

> Tal como em uma obra coletiva na qual vários autores escrevem capítulos de um livro que é publicado com créditos em destaque para seu organizador, as comunidades do Orkut têm como co-autores todos os seus membros e como organizadores os seus moderadores. Estes são responsáveis não só por apagarem conteúdo ofensivo, repetitivo e desviado do tema da comunidade, mas também pela seleção dos co-autores da obra que mesmo em comunidades abertas podem ser banidos pelos moderadores, caso estejam perturbando o processo de criação dos demais co-autores.[88]

Observa-se que são ricas as discussões sobre direitos autorais e ambientes sociais digitais, permitindo a formação de comunidades que organizam obras coletivas das mais diversas espécies, como, por exemplo, a Wikipedia. É necessária maior reflexão sobre a validade de dispositivos contratuais de transferência de direitos nesses casos e da efetivação dos direitos morais do autor.

3. Conclusões

Observa-se, quanto à responsabilidade solidária decorrente de comportamento dos usuários do sistema, uma tendência à analogia com as teorias sobre responsabilidade de provedores de acesso (Internet Service Providers) debatidas no fim dos anos 90 sobre a infração de marcas e direitos autorais, a violação de direito à imagem, a calúnia, entre outras. Existem, contudo, novos conflitos trazidos pelas redes sociais, especialmente aqueles ligados à privacidade e à difusão de informações pelos diversos círculos sociais simultaneamente.

As redes sociais apresentam novas formas de interação social e um questionamento sobre os limites legais, contratuais e tecnológicos para a sua utilização. Pela sua natureza de rede, conforme maior sua utilização, maior poder possui para a atração de novos usuários, influenciando na análise de custo e benefício de estar ou não cadastrado em um sistema de rede social.

A proteção a bancos de dados diferencia-se da proteção conferida à privacidade. Entretanto, sua regulação jurídica é difícil por existir uma pluralidade de concepções sobre os espaços públicos e privados, uma diferente valoração de custo e benefício dos usuários de redes sociais, que se transforma em uma colaboração dos próprios indivíduos para uma maior exposição de sua vida particular ao público. A liberdade de escolha é um valor que deve ser preservado, entretanto, evitando a comoditização da privacidade, caso entendida como um valor constitucional indisponível.

A lei não deve impor concepções sobre o que é público e o que é privado, mas sim oferecer mecanismos para aqueles que desejam proteger sua esfera íntima e fornecer meios de reparação caso essa seja devassada. Existindo relação de consumo e sendo ferramentas que permitem violações de proporções antes desconhecidas, as redes sociais devem estar atentas e responsáveis para orientarem seus usuários sobre os riscos envolvidos e providenciarem mecanismos tecnológicos e contratuais buscando a máxima proteção e menor oportunidade de realização de práticas abusivas por meio de seus sistemas. Os riscos apresentados diante da operação de redes sociais são consideráveis, dada a subjetividade do conceito de privacidade.

Para bem gerenciar os riscos do negócio, a tecnologia do sistema de rede social deve possibilitar tornar privada determinada informação a determinado grupo de pessoas ou a um grupo indistinto. Assim, combinar tecnologia e direito é essencial. Para isso, os termos de uso e políticas de privacidade são importantes, devendo-se ressaltar que o direito brasileiro não aceita negociação particular sobre provisões de matéria pública e cogente, existindo limitação à liberdade contratual que deve ser considerada.

A construção colaborativa da regulação das redes sociais inclui os usuários, desenvolvedores destes sistemas, e, principalmente, legisladores que estabelecerão limites legais mínimos para atingir um equilíbrio apropriado e saudável entre o público e o privado.

Por fim, fica o questionamento a respeito da responsabilidade daqueles que oferecem serviços de comunicação digital em autenticar seus usuários, criando ambientes seguros.[89] A discussão jurídica desse ponto ainda não atingiu consenso, visto que a tendência atual de adoção de medidas repressoras, após ocorrido o dano, pode dar lugar a um controle prévio que evite sua ocorrência.

De fato, já dizia o brocado latino, onde está a sociedade, está o direito. Conforme mais intensas as relações sociais, maiores as possibilidades de ocorrência de diversos atos jurídicos, inclusive de violações a direitos garantidos. Cada vez mais é relatada pela imprensa a ocorrência de novos abusos, de modo que maiores estudos sobre esse rico tema serão bem-vindos por toda a sociedade da informação.

4. Bibliografia

Agre, Philip; Rotemberg, Marc (Org.). *Tecnhology and Privacy*: The New Landscape. London, The MIT Press, 1998.

Arata Jr., Seiiti. O Processo de Regulação do Comércio Eletrônico na Internet: Critérios e Conseqüências. 2000. 76 f. Relatório de Iniciação Científica apresentado para Fundação de Amparo à Pesquisa do Estado de São Paulo – FAPESP, Universidade de São Paulo, 2000.

_____. O Equilíbrio do Poder na Regulação da Internet. Revista da Associação *Brasileira da Propriedade Intelectual*, São Paulo, nº 53, p. 03 – 17, jul.-ago. 2001.

_____. Enhancing the Digital Democracy Architecture. In: *32nd ISC Symposium*, 2002, Sankt Gallen.

_____. Dimensões Jurídicas da Governança da Internet. 2003. Artigo vencedor do 2º prêmio, categoria Direito da Informática, no 2º Concurso de Monografias da ABDI. In: *17º Seminário Internacional da ABDI.*

Arendt, Hannah. A *Condição Humana.* Rio de Janeiro: Forense Universitária, 2004, 10ª ed.

Arruda Alvim *et al. Código do Consumidor Comentado.* São Paulo: Revista dos Tribunais, 1995, 2ª ed.

Bastos, Celso Ribeiro; Martins, Ives Gandra. *Comentários à Constituição do Brasil: promulgada em 5 de outubro de 1988.* São Paulo: Saraiva, 1989.

Bittar, Carlos Alberto; Bittar Filho, Carlos Alberto. *Tutela dos direitos da personalidade e dos direitos autorais nas atividades empresariais.* São Paulo: Revista dos Tribunais, 1993.

Boyd, Danah. Faceted Id/Entity: Managing representation in a digital world. Disponível em: <http://smg.media.mit.edu/people/danah/thesis/> Acesso em: 14 jul. 2004.

Casa Do Saber. Que País É Este – Pensando o Brasil. Curso ministrado por Edgar de Decca. 2004, São Paulo.

_____. A Construção da Subjetividade do Homem Moderno. Curso ministrado por Clóvis de Barros Filho. 2004, São Paulo.

Chaves, Antônio. *Direitos Autorais na Computação de Dados: software, circuitos integrados, videojogos, embalagem criativa, duração dos direitos conexos.* São Paulo: LTr, 1996.

Coelho, Marcelo. A estrutura viscosa do Orkut. *Folha de S. Paulo.* Disponível em: <http://www1.folha.uol.com.br/fsp/ilustrad/fq3006200414.htm> Acesso em: 07 jul. 2004.

Comparato, Fábio Konder. *A afirmação histórica dos direitos humanos.* São Paulo: Saraiva, 2003, 3ª ed.

Consultor Jurídico. Legítima Defesa. Promotor alega que matou estudante para se defender. Disponível em <http://conjur.uol.com.br/textos/252284/> Acesso em: 12 fev 2005.

Fachin, Zulmar Antonio. *A Proteção Jurídica da Imagem.* São Paulo: Celso Bastos Editor – Instituto Brasileiro de Direito Constitucional, 1999.

Guerra, Sidney Cesar Silva. *O Direito à Privacidade na Internet: uma discussão da esfera privada no mundo globalizado.* Rio de Janeiro: América Jurídica, 2004.

Heymann, Paul. Distributed Social Network Protocol. Disponível em: <http://www.cs.duke.edu/~pbh/downloads/dsnp-paper.pdf> Acesso em 24 jul 2004.

Jabur, Gilberto Haddad. *Liberdade de Pensamento e Direito à Vida Privada.* São Paulo: RT, 2000.

Jordan, Tim. *Cyberpower: The Culture and Politics of Cyberspace and the Internet.* London: Routledge, 1999.

Keunecke, Karla. Das Bases de Dados – Proteção Jurídica no Âmbito da Propriedade Intelectual. *Revista da Associação Brasileira da Propriedade Intelectual*, São Paulo, nº 57, p. 48 – 55, mar/abr/2002.

Leonard, Andrew. You are who you know. Salon.com. Disponível em: <http://www.salon.com/tech/feature/2004/06/15/social_software_one/> Acesso em: 16 jul. 2004.

Leonardi, Marcel. *Responsabilidade Civil dos Provedores de Serviços de Internet.* São Paulo: Editora Juarez de Oliveira, 2005.

Lessig, Lawrence. *Code and Other Laws of Cyberspace.* New York: Basic Books, 1999.

Limberger, Têmis. As informações armazenadas pela instituição bancária e o direito à intimi/. 2002.

Macedo Jr., Ronaldo Porto. Privacidade, Mercado e Informação. *Revista de Direito do Consumidor.* São Paulo, nº 31, p. 13, jul-set 1999.

Marques, Claudia Lima. *Comentários ao Código de Defesa do Consumidor*, São Paulo: Editora Revista do Tribunais, 2003, p. 94.

Messa, Eric Eroi. Começa a era do software social. Disponível em: <http:// www.dcomercio.com.br/noticias_online/339640.htm> Acesso em: 24 jul. 2004.

Mieszkowski, Katharine. Faking out Friendster. Salon.com. Disponível em: <http:/ / www.salon.com/tech/feature/2003/08/14/fakesters/print.html> Acesso em: 14 jul. 2004.

Moraes, Alexandre de. *Constituição do Brasil interpretada e legislação constitucional.* 2ª ed., São Paulo: Atlas, 2003.

Poster, Mark. CyberDemocracy: Internet and the Public Sphere. Disponível em <http:// www.hnet.uci.edu/mposter/writings/democ.html> Acesso em 14 jul. 2004.

Postman, Neil. *Technopoly – The Surrender of Culture to Technology.* New York: Vintage, 2000.

Reale, Miguel. *Fundamentos do Direito.* 3ª ed., São Paulo: RT, 1998.

______. *Teoria Tridimensional do Direito.* São Paulo: Saraiva, 1968.

Rheingold, Howard. *A Comunidade Virtual.* Lisboa: Gradiva, 1996.

Shapiro, Andrew. *The Control Revolution: How the Internet is Putting Individuals in Charge and Changing the World We Know.* New York: Public Affairs, 1999.

Shirky, Clay. Social Software and the Politics of Groups. Disponível em: <http:// www.shirky.com/writings/group_politics.html> Acesso em 24 jul. 2004

Silva, José Afonso da. *Curso de Direito Constitucional Positivo.* 12ª ed., São Paulo: Malheiros 1996.

Silveira, Clovis. Bancos de Dados Originais e Não-Originais. *Revista da Associação Brasileira da Propriedade Intelectual,* São Paulo, nº 69, p. 31–35, mar.-abr. 2004.

Solove, Daniel J. Conceptualizing Privacy. Disponível em: <http://law.shu.edu/ faculty/ fulltime_faculty/soloveda/concept_privacy.pdf> Acesso em: 24 jul 2004.

Sullivan, Dany. Google's Orkut Personal Information offered outside Orkut. Disponível em: <http://searchenginewath.com/sereport/article.php/3350791>.

Sunstein, Cass. Republic.com. New Jersey, Princeton University Press, 2001.

Schwartz, Paul M. Beyond Lessig's Code for Internet Privacy: Cyberspace Filters, Privacy-Control, and Fair Information Practices. Disponível em: <http:// www.paulschwartz.net/pdf/Schwartz_final.pdf> Acesso em: 24 jul. 2004.

Tognolli, Claudio Julio. Domingo Legal – Promotora Processa Gugu por Danos Morais e Pede R$ 750 mil. *Consultor Jurídico.* Disponível em: <http://conjur.uol. com.br/static/ textos/246975,1.shtml> Acesso em: 24 jul. 2004.

Walker, Kent. Where Everybody Knows Your Name: A Pragmatic Look at the Costs of Privacy and the Benefits of Information Exchange. *Stanford Technology Law Review.* Disponível em: <http://stlr.stanford.edu/STLR/Articles/ 00_STLR_2> Acesso em: 08. jul. 2004.

Webster, Frank (Org.). *Theories of the Information Society.* London: Routledge, 1995.

Whittle, David. *Cyberspace: the Human Dimension.* New York: W. H. Freeman and Company, 1997.

Notas:

1. Os romanos usavam o termo *persona* com significado geral de ser humano, independentemente de sua condição como pessoa física, sujeito de direito, ou de sua condição como escravo, objeto de direito.
2. Comparato, *A Afirmação Histórica dos Direitos Humanos*, p.16.
3. Apesar de rica, essa obra não é a única de Goffman a realizar uma descrição do processo interativo. A natureza de indivíduos marginalizados, a importância do ritual e cerimônia na dramaturgia e na construção de personagens é aperfeiçoada em outras obras posteriores, como *Stigma* e *Interaction Ritual*.
4. As idéias de Sérgio Buarque de Holanda contribuem também para a compreensão do grande sucesso de softwares sociais entre brasileiros, como *fotologs* e redes sociais digitais, cujas estatísticas demonstram que sua adoção no Brasil lidera com impressionante quantidade de usuários cadastrados. A análise cultural também explica a menor preocupação do ordenamento jurídico brasileiro com questões ligadas à privacidade e liberdade de expressão, que ganham cunho mais severo nos Estados Unidos da América. Apesar das diferenças entre os sistemas jurídicos, valemo-nos no presente estudo da doutrina e experiência americana na definição da problemática relacionada à privacidade e soluções propostas, com as devidas ressalvas na análise do direito comparado.
5. KUNDERA, Milan, *A Insustentável Leveza do Ser*, Tradução Teresa Bulhões Carvalho da Fonseca. São Paulo: Companhia das Letras, 1999. p. 133.
6. Em *Testaments Betrayed: An Essay in Nine Parts,* London, Faber, 1995, Milan Kundera diz que apenas um hipócrita afirmaria que, por inexistir tal fronteira, vive a mesma pessoa tanto na vida pública como na íntima. Aqueles que assim o fazem seriam monstruosos, acabando por abdicar de espontaneidade na sua vida íntima e agindo de modo irresponsável na vida pública. A posição de Kundera é oposta à kantiana, para a qual o mal é, por definição, secreto e que o moral é aquilo que é apto a ser visto, de modo que a moralidade se traduz exatamente na coincidência entre o público e o privado.
7. Pierre Lévy em *O que é o Virtual?,* São Paulo: ed. 34, 1996, define o processo de virtualização como uma "heterogênese, um devir outro, processo de acolhimento da alteridade", sendo que o "virtual" não é oposto ao "real". O "virtual" está oposto ao "atual": enquanto a atualização é a solução de um problema não anunciado, uma produção de novas qualidades, a virtualização é seu movimento inverso, uma "elevação à potência" da entidade considerada.
8. O tema da construção da subjetividade é tratado por inúmeros teóricos que dedicaram estudos sobre este complexo assunto. Goffman é escolhido para o presente estudo como o autor mais apropriado para identificar a problemática da harmonização das relações em redes sociais que permitem a conexão simultânea de diversos círculos sociais. Para referências em outras searas da subjetividade, pode-se recorrer a René Descartes, Jean-Jacques Rousseau, Michel Foucault, Gilles Deleuze, David Hume, Lev Vygotsky, Mikhail Bakhtin, Anthony Giddens, George Berkeley, entre outros. Em São Paulo, a *Casa do Saber* realiza periodicamente interessantes cursos e palestras tocando o tema.
9. Ou mesmo quando o espaço público deixa de ser geograficamente definido (como era a Ágora ateniense) e a pauta dos debates passa a ser definida pela mídia. Maiores considerações sobre as transformações do espaço público são desenvolvidas por Habermas em *A Transformação Estrutural da Esfera Pública.* Celso Lafer, em *A Reconstrução dos Direitos Humanos: um diálogo com o pensamento de Hannah Arendt*, São Paulo, Companhia das Letras, 2001, aponta para a crescente interferência na esfera da vida privada por parte do poder público e uma maior possibilidade de terceiros se intrometerem no âmbito da intimidade das pessoas. Observa-se que não se trata de um fenômeno de uma via apenas: a discussão e exposição das intimidades ao domínio público trivializam a bisbilhotice e banalizam o público.
10. PONTES DE MIRANDA, *Tratado de Direito de Família.* 3ª ed., São Paulo: Max Limonad, 1947, p. 37.
11. GOLBECK, Jennifer, *Reputation Network Analysis for Email Filtering*, disponível em: <http:// www.mindswap.org/papers/Email04.pdf>.
12. As redes de movimentos sociais, por exemplo, potencializam a força do discurso político e de articulação "entre o local e o global, entre o particular e o universal, entre o uno e o diverso, nas interconexões das identidades dos atores com o pluralismo", observa Ilse Scherer-Warren em *Redes de Movimentos Sociais*, São Paulo, Edições Loyola, 1993, p. 10.
13. Disponível em: <www.itu.int/wsis/>.

14. Segundo matéria de David Pescovitz, *The Technology of the Year: Social Network Applications. Business 2.0.* San Francisco, v. 4, nº 10, p.113, nov. 2003, dentre os projetos mais populares pode-se destacar o SixDegrees.com, fundado em 1997 e com atividades encerradas em 2000. Posteriormente, Ryze, eCademy, Spoke Software e LinkedIn para *networking* profissional, Friendster com foco em relacionamentos românticos, Visible Path focado em comércio, e Tribe.net e Orkut, versões beta, congregando distintos usos simultâneos. No Brasil, destaca-se o 1Grau, Beltrano, NetQI, LINK, entre outros, além do lançamento de Gazzag e Multiply.

15. Postulado de que qualquer indivíduo estaria conectado a qualquer outro no mundo por meio de uma pequena seqüência (seis intermediários) de conhecidos, o que é parcialmente explicado pela existência de *hubs*, pessoas que têm uma vasta rede de contatos e aproximam diferentes grupos.

16. Técnica de marketing que procura explorar redes sociais existentes para um aumento exponencial em fortalecimento de marcas e produtos. Mais detalhes podem ser encontrados no artigo *An Epidemic of Viral Marketing* disponível em <http://www.businessweek.com/bwdaily/dnflash/aug2000/nf20000830_601.htm).

17. O professor da New York University, Clay Shirky, inclui em sua definição de *software* social todo o tipo de *software* que permita comunicação coletiva, desde o campo "c.c." no *email* até vastos mundos virtuais como o de EverQuest, podendo ser não-direcionados como uma sala de bate papo ou visando uma determinada tarefa, como um wiki. ver <http://www.shirky.com/writings/group_politics.html>.

18. Sistema de computadores que utiliza *software* que permite que seus usuários façam conexões por linha discada e, usando um programa de terminal, desempenhe funções como troca de programas e dados, troca de mensagens, notícias e interação com outros usuários da mesma BBS. Muito populares, especialmente entre 1985 e 1995, sendo a Mandic BBS uma das pioneiras no Brasil.

19. Sistema de Internet discussão pelo qual os usuários podem trocar mensagens eletrônicas para determinados *newsgroups* de modo muito semelhante ao de BBS. É o meio mais antigo de comunicação de rede de computadores ainda em uso massivo.

20. Os MUDs são jogos de computador para múltiplos jogadores no formato *role playing game*, no qual os participantes representam o papel de personagens entre descrições de ambientes, objetos, outros personagens (os quais podem ser comandados por outros jogadores, pelos administradores do sistema ou de modo automático conforme definido pelo sistema). Entre suas modalidades mais tradicionais, destacam-se os ambientes de fantasia como o de J. R. R. Tolkien.

21. Forma de comunicação instantânea pela Internet, principalmente utilizada para comunicação de grupos em fóruns chamados *channels*.

22. O "Whole Earth 'Letronic Link" é a mais antiga comunidade virtual ainda *on line*. Segundo estatísticas da Wikipedia http://en.wikipedia.org/wiki/WELL, atualmente possui cerca de 4.000 membros. Inicialmente começou suas atividades como uma BBS e é um dos temas principais da clássica obra de Howard Rheingold, *A Comunidade Virtual* (1996).

23. Sinônimo para o *website* de um indivíduo, empresa ou comunidade.

24. O weblog, ou blog, é uma aplicação web que contém *posts*, anúncios, em uma *webpage*. São em muitos casos publicados em ordem cronológica reversa, possibilitando que seu leitor habitual encontre com mais facilidade as últimas publicações.

25. Modalidade de weblog que permite a publicação de fotos e eventualmente de comentários e outras modalidades opcionais de rede social.

26. Do havaiano "wiki", que significa "veloz", é um website que permite que seus usuários acrescentem comentários como um fórum, mas também permite a edição de seu conteúdo. Permite a elaboração de documentos colaborativos usando um simples navegador de Internet.

27. Disponível em: <www.technorealism.org>.

28. A esse respeito, vide intróito de *Technopoly: The Surrender of Culture to Technology*, de Neil Postman.

29. Reale reconhece que no processo de regulação existem três vértices: fato, valor e norma, enquanto Lessig identifica um quarto vértice, mercado, que pode ser compreendido como uma manifestação fática. Assim, as decisões comportamentais ponderam a influência exercida em cada um destes vértices, de modo a prosseguir ou abster-se de determinada atitude. Além de atuar diretamente sobre os indivíduos, essas dimensões interagem mutuamente umas sobre as outras. Um exemplo é a campanha de combate ao fumo, que utiliza a força da lei para impor ilustrações nas caixas de cigarros que procuram desestimular o tabagismo, criando assim uma força valorativa. Limites legais também são impostos aos níveis de tabaco e nicotina de modo a evitar um vício químico, vetor fático.

30. Agre, *Beyond the Mirror World*, in: *Technology and Privacy: The New Landscape*, p. 52

31. Essa preocupação é expressa em artigo de 25.08.2005 do *New York Times* por Gary Rivlin, "Usurping Microsoft, Google becomes new 'evil empire'", a respeito dos serviços oferecidos pela Google, Inc. Rivling sustenta que o uso de *cookies* pela Google permite que seja realizado um cruzamento de dados de pesquisas no mecanismo de busca Google com determinada conta de email Gmail, entre outros serviços oferecidos pela empresa. Mais detalhes em <http://www.iht.com/ articles/2005/08/24/business/valley.php>.

32. Para o presente estudo, utiliza-se a expressão "rede social verdadeira" como referência àquela que busca dados pessoais verdadeiros dos seus usuários para permitir a interação por meio de afinidade de interesses e relacionamentos já existentes no mundo material. Essas redes buscam, contratual e tecnologicamente, evitar que informações falsas ou parciais sejam alimentadas ao sistema, pois causam ruído e prejudicam sua operação otimizada. Observe-se que até o presente momento não se encontra registro de operação comercial de serviço de rede social verdadeira com certificação das informações disponibilizadas, o que se dá principalmente em vista do custo operacional face ao estado da arte atual. Uma iniciativa que merece destaque é a rede de relacionamentos True – <http://www.true.com/default.htm> – que exige provas de antecedentes criminais e que anuncia que participantes casados serão processados. De outro lado, outros modelos de redes sociais buscam justamente as personalidades fictícias, como aquelas destinadas a *role playing games* como o Multi-User Dungeon. Redes sociais voltadas a relacionamentos amorosos, por sua vez, estimulam uma combinação: utiliza-se um heterônimo para o contato inicial (como "Advog@ta25SP"), que assegura uma maior privacidade e somente em um segundo momento o homônimo é revelado conforme os usuários julguem conveniente. Como a distinção entre "verdadeiro" e "falso" é controversa, vale esclarecer que sua utilização neste estudo é feita de modo vulgar, sem qualquer reflexão filosófica.

33. Por exemplo, alguns estúdios de cinema vêm experimentando estratégias de divulgação pela criação de perfis de personagens de seus filmes em redes sociais. Ver mais em Daniel Terdiman. Friendster's Fakester Buddies. *Wired News*. Disponível em: <http://www.wired.com/news/culture/0,1284,64156,00.html?tw= newsletter_topstories_html>.

34. Considerando-se que o custo de recebimento e armazenamento é suportado pelo destinatário dos e-mails (pelo tempo de conexão e recursos computacionais, por exemplo), o *spam* passou a ser comparado a uma mala direta "a cobrar". Entretanto, os defensores do marketing direto apontam para a existência do marketing legítimo, quando o usuário opta por receber as mensagens (*opt-in*).

35. BELLOTTI, Victoria, *Design for Privacy in Multimedia Computing and Communications Environments*, In: AGRE, Philip; ROTEMBERG, Marc (Org.). *Tecnhology and Privacy: The New Landscape*, p. 74.

36. Fórum *on line* por meio do qual os usuários podem "bater papo" *on line*.

37. O *smiley*, ou *emoticon*, é uma seqüência de caracteres como :-) ou ^-^ ou ;-) ou uma pequena imagem que busca representar uma expressão facial e assim facilitar a comunicação de sentimentos em uma comunicação textual.

38. Sobre a importância do contato visual com o rosto em interações mediadas por sistemas de comunicação, ver *Mediated Faces*, de Judith Donath, disponível em: <http://smg.media.mit.edu/papers/Donath/MediatedFaces/ MediatedFaces.CT2001.pdf>.

39. Na cultura hacker, e em interfaces de realidade virtual, o *avatar* é um ícone ou representação do usuário.

40. Análise de equipamentos de processamento de dados, como computadores pessoais e servidores, para averiguação de uso ilegal, não autorizado ou incomum.

41. Disponível em: <www.well.com/member_agreement.html>.

42. Será oportunamente analisado que a limitação de responsabilidade por meio de instrumento particular é relativa no direito brasileiro.

43. WHITTLE, *Cyberspace: the Human Dimension*, p. 248.

44. Inúmeros outros questionamentos relacionados à propriedade intelectual podem ser apresentados, como os conflitos que podem surgir entre a política de uso da rede social e eventuais acordos firmados entre empregado e empregador em que a produção intelectual do primeiro é transferida ao último, limites ao *fair use*, os debates em torno dos *hate sites*... A intenção deste estudo é discutir apenas alguns dos aspectos jurídicos das redes sociais para despertar a atenção para a importância da harmonização entre as normas jurídicas legais e contratuais com a tecnologia e os valores sociais de modo a minimizar os riscos jurídicos de operação e uso de uma rede social.

45. Blair Newman, após vários anos de participação *on line* com demais colegas da WELL, decidiu apagar todos os seus comentários escritos na rede. Sua atitude despertou indagações a respeito do trauma gerado por uma rasura em massa, como um suicídio intelectual, que precedeu seu suicídio físico semanas depois. O suicídio virtual de Blair foi facilitado por um software disponibilizado por um dos técnicos da WELL que passou a ser utilizado com tamanha freqüência em alguns fóruns que "faltava tanta coisa que se tornou desesperadamente impossível seguir o fio da meada", conforme relata Howard Rheingold em *A Comunidade Virtual.*
46. Disponível em: <http://www.tuliovianna.org/blog/index.php>.
47. Conforme o próprio título do estudo indica, os valores éticos e sociais e as forças de mercado apontados por Lessig em *Code and Other Laws of Cyberspace* não são enfatizados, apesar de reconhecidos.
48. É fato que a localização das empresas fornecedoras dos serviços fora do território nacional dificulta a efetividade da aplicação dos direitos previstos na legislação nacional. Entretanto, mais e mais novas técnicas regulatórias vêm sendo aperfeiçoadas visando maior controle, como no caso do estado norte-americano da Pensilvânia, cujas leis permitem que o seu Procurador Geral obtenha ordem judicial contra os provedores de acesso de Internet a determinados websites aos cidadãos desse Estado. Mais detalhes em *Internet Points of Control* de Jonathan Zittrain, disponível em < http:// papers.ssrn.com/sol3/Delivery.cfm/SSRN_ID388860_code 030319570.pdf?abstractid=388860&mirid=1 >
49. *Comentários ao Código de Defesa do Consumidor*, 1ª ed., São Paulo: Editora Revista dos Tribunais, 2003, p. 94.
50. SILVEIRA, Clovis, em *Bancos de Dados Originais e Não-Originais*, esclarece que o sistema de administração de base de dados é software utilizado para efetuar o armazenamento, a recuperação e o tratamento dos dados de uma determinada base de dados.
51. Também conhecido como *digital restrictions management*, trata-se de termo genérico para descrever método que permite um controle de material pelo seu produtor. Geralmente o material é uma obra protegida por direitos autorais e o controle pode ser realizado sobre a possibilidade técnica de sua cópia, modificação, impressão, entre outros.
52. Sobre a possibilidade de terceiros utilizarem dados de redes sociais, ver Danny Sullivan em *Google's Orkut Personal Information Offered Outside Orkut,* disponível em: http://searchenginewatch.com/sereport/article.php/ 3350791.
53. Sobre proteções no direito norte-americano, ver artigo de Karla Keunecke: *Das Bases de Dados – Proteção Jurídica no Âmbito da Propriedade Intelectual. Revista da Associação Brasileira de propriedade intelectual.* São Paulo, nº 57 p. 48-55, mar–abr. 2002.
54. SILVEIRA, Clovis (op. cit.) aponta para estudos em que, analisadas propostas de proteção também das bases de dados desprovidas do caráter de originalidade, os custos para acesso à informação aumentariam e assim o acesso à informação encareceria.
55. Sobre situações de responsabilidade civil em serviços de comunicação por meio de Internet, vale a consulta a *Responsabilidade Civil dos Provedores de Serviços de Internet*, de Marcel Leonardi, São Paulo: Juarez de Oliveira, 2005.
56. Um dos dispositivos que não vem recebendo suficiente atenção nos debates sobre a responsabilidade é o art. 4º, III, do CDC, segundo Marco Aurélio Brasil, em *A Responsabilidade Civil do Site que Publica Conteúdo de Terceiros*, artigo publicado em *EDicas*: *O Direito na Sociedade da Informação*, organizado por Regina Ribeiro do Valle.
57. Não obstante existirem movimentos em desenvolvimento buscando padrões cada vez mais robustos e confiáveis de tecnologias, como o *trusted computing*, independente das críticas que se possam fazer a respeito de como vêm essas sendo desenvolvidas pela indústria de TI. Mais detalhes em <https://www.trustedcom putinggroup.org/home>.
58. Ver, por exemplo, Processo nº JEC05-1-0489/2003 do 5º Juizado Cível de Aracaju e Recurso nº 2003.700.006915-1 da Primeira Turma Recursal do Conselho Recursal dos Juizados Especiais Cíveis e Criminais da Comarca da Capital do Estado do Rio de Janeiro.
59. Processo nº 2003.03.1.014088-5 do Juizado Especial/DF.
60. Disponível em: <http://www.terra.com.br/istoedinheiro/346/ecommerce/346_leilao_pirata.htm>.
61. Disponível em: <http://www.camara-e.net/_upload/Ata_13_04_04.pdf>.
62. Como, por exemplo no site <http://slashdot.org>.

63. A respeito, ver *Liberdade Virtual: Juiz indefere HC para garantir locomoção no ciberespaço*, por Omar Kaminski, disponível em <http://conjur.uol.com.br/textos/16887/>.
64. Ver um caso reportado de fraude em "Hackers, obrigado", *post* publicado em 20.12.2004 no *blog* do dramaturgo Gerald Thomas http://geraldthomas.blog.uol.com.br.
65. Nesse último aspecto, o sucesso de mecanismos colaborativos como o *wiki* e o desenvolvimento de *software open source* indica que a descentralização e colaboração são ferramentas valiosas que devem ser consideradas.
66. Robert Metcalf postulou, pela "lei de Metcalf", que o valor ou poder de uma rede aumentam em proporção ao quadrado do número de nódulos da rede. Pode-se dizer que a lógica por trás desse conceito é aplicável não apenas em termos de engenharia de redes, mas também da utilidade de uma rede social. Listas telefônicas, por exemplo, somente têm utilidade quando a quase totalidade dos titulares de linhas telefônicas estão nelas listados.
67. "*the right to be let alone*" é expressão que ficou popular no caso *Olmstead vs. United States, 277 U.S. 438, 478 (1928)*.
68. "*the right to an inviolate personality*", expressão usada por Louis Brandeis e Samuel Warren em *The Right to Privacy*, artigo publicado na Harvard Law Review em 1890.
69. Agre, op.cit. p. 7.
70. A página (*web page*) *searchable* é aquela que não possui qualquer restrição aos mecanismos de *spidering* que os buscadores como Google, Yahoo, Alltheweb, Cadê, entre outros utilizam para responder às solicitações de busca. Observe-se que o responsável por uma página *web* que não deseje ter o conteúdo de sua página indexada por um mecanismo de busca tem uma possibilidade de usar um arquivo chamado robots.txt com essa finalidade. Mais informações em: <http:// www.robotstxt.org/wc/norobots.html>.
71. BELLOTTI, op.cit. p. 89.
72. SOLOVE, *Conceptualizing Privacy,* p. 1093.
73. BASTOS, *Curso de Direito Constitucional*, v. 2, p. 63.
74. O protocolo P3P não foi maciçamente adotado por uma série de fatores, como a falta de interesse dos consumidores e falta de um mecanismo de marketing para incentivar sua implementação e uso. Entretanto, continua sendo uma alternativa técnica para lidar com a privacidade na Internet.
75. Quanto a questionamentos sobre a eficácia das criativas propostas de Lessig, é válida a consulta a *Beyond Lessig's* Code *for Internet Privacy: Cyberspace Filters, Privacy-Control, and Fair Information Practices*, de Paul Schwartz.
76. Disponível em: http://www.oecd.org/document/18/0,2340,en_2649_34255_1815186_1_1_1_1,00.html>.
77. Esse excesso de controle é um fenômeno descrito como *oversteer* por Andrew Shapiro em *The Control Revolution: How the Internet is Putting Individuals in Charge and Changing the World We Know*. Basicamente, Shapiro alerta para os riscos que existem no controle absoluto das informações, que diminui os encontros aleatórios necessários para uma experiência comum, uma cola social, entre os cidadãos de uma democracia. Essa teoria é posteriormente desenvolvida por Cass Sunstein, em *Republic.com.*
78. MACEDO JR., op. cit., p. 20.
79. LÉVY, op. cit., p. 20.
80. WALKER, Kent, *Where Everybody Knows Your Name: A Pragmatic Look at the Costs of Privacy and the Benefits of Information Exchange*, p. 17.
81. DE MORAES, Alexandre, *Constituição do Brasil Interpretada e Legislação Constitucional*, Atlas, 2002, p.207.
82. A reportagem *Olhos por Toda Parte* publicada na revista V*eja*, edição 1865, ano 37, nº 31, de 04.08.2004, relata a experiência de monitoramento por câmeras instaladas nas ruas de Londres, Nova York, Washington, Paris, Berlim, Joinville, Recife, Suzano, Belo Horizonte e Curitiba. Quanto à capital do estado do Paraná, reporta que "houve protestos por parte da população assim que as filmadoras foram implantadas. Mas, com o passar do tempo, as pessoas se acostumaram com a presença delas".
83. O estudo promovido por Lada Adamic, Orkut Buyukkokten e Eytan Adar, *A Social Network Caught in the Web*, disponível em <http://www.firstmonday.dk/issues/issue8_6/adamic/>, já traçava determinadas regras de fundamentalismo de acordo com a análise do Club Nexus. Já se começa a observar tentativas de rotulagem de personalidade a partir de tópicos de discussão dos quais os indivíduos participem – ver defesa apresentada nos autos do processo nº 118.836-0, em trâmite perante o Tribunal de Justiça do Estado de São Paulo, cujo Relator é o Eminente Desembargador Menezes Gomes.

84. Observadas as limitações do art. 46 da Lei de Direitos Autorais.

85. FACHIN, *A Proteção Jurídica da Imagem*, p. 95.

86. Processo nº 2004.061.008554-0, julgado pela 2ª Vara Cível de Teresópolis, RJ.

87. JORDAN, *Cyberpower*, p. 56.

88. Disponível em: http://www.infoguerra.com.br/infonews/talk/1105654396,59747,shtml.

89. Apesar de não constituir a forma mais rigorosa para a criação de ambiente seguro e repressão do anonimato, o uso de cadastro por meio de CPF na rede *Link* (www.link.estado.com.br) é enaltecido por jornalistas de *O Estado de S. Paulo* como meio para combate de abusos: "(...) não há anonimato total no *Link*. Quem entra aqui pode até inventar um nome. Mas é obrigado a cadastrar seu CPF. Antigos usuários da Internet protestam contra a exigência. Consideram invasão de privacidade. Mas, por outro lado, ela corta pela raiz a possibilidade de florescimento do racismo e da violência encobertos pelo véu do anonimato", diz o trecho da reportagem *Sem o véu do anonimato, Link é isento de racismo*, publicado em 14 de fevereiro de 2005 no caderno LINK de *O Estado de S. Paulo*.

Outras maneiras fáceis de receber informações sobre nossos lançamentos e ficar atualizado.

- ligue grátis: **0800-265340** (2ª a 6ª feira, das 8:00 h às 18:30 h)
- preencha o cupom e envie pelos correios (o selo será pago pela editora)
- ou mande um e-mail para: **info@elsevier.com.br**

ELSEVIER

EDITORA CAMPUS — NEGÓCIO EDITORA — Alegro

Nome: ________________________________

Escolaridade: ________________ ❑ Masc ❑ Fem Nasc: __/__/__

Endereço residencial: ________________________________

Bairro: ____________ Cidade: ____________ Estado: ____________

CEP: ____________ Tel.: ____________ Fax: ____________

Empresa: ________________________________

CPF/CNPJ: ________________ e-mail: ________________

Costuma comprar livros através de: ❑ Livrarias ❑ Feiras e eventos ❑ Mala direta ❑ Internet

Sua área de interesse é:

❑ **UNIVERSITÁRIOS**
- ❑ Administração
- ❑ Computação
- ❑ Economia
- ❑ Comunicação
- ❑ Engenharia
- ❑ Estatística
- ❑ Física
- ❑ Turismo
- ❑ Psicologia

❑ **EDUCAÇÃO/ REFERÊNCIA**
- ❑ Idiomas
- ❑ Dicionários
- ❑ Gramáticas
- ❑ Soc. e Política
- ❑ Div. Científica

❑ **PROFISSIONAL**
- ❑ Tecnologia
- ❑ Negócios

❑ **DESENVOLVIMENTO PESSOAL**
- ❑ Educação Familiar
- ❑ Finanças Pessoais
- ❑ Qualidade de Vida
- ❑ Comportamento
- ❑ Motivação

20299-999 - Rio de Janeiro - RJ

O SELO SERÁ PAGO POR
Elsevier Editora Ltda

CARTÃO RESPOSTA
Não é necessário selar

ELSEVIER

EDITORA CAMPUS — NEGÓCIO EDITORA — Alegro

Cartão Resposta
050120048-7/2003-DR/RJ
Elsevier Editora Ltda
CORREIOS

VOZES IMRIMIU